U0947727

國家清史編纂委員會·文獻叢刊

張之洞全集

一

奏議

◎主編/趙德馨◎副主編/吴劍杰　馮天瑜

◎本册點校/谷遠峰　周秀鸞

武漢出版社

(鄂)新登字08號

圖書在版編目(CIP)數據

張之洞全集/趙德馨主編；吴劍杰、周秀鸞等點校．
—武漢：武漢出版社，2008.11
ISBN 978－7－5430－3848－6

Ⅰ．張…　Ⅱ．①趙…②吴…　Ⅲ．張之洞(1837～1909)—全集
Ⅳ．K256.1

中國版本圖書館CIP數據核字(2008)第035789號

書　名：張之洞全集

出品人：彭小華
主　編：趙德馨
項目統籌：彭小華　洪　濤
編輯部主任：潘長勝
責任編輯：潘長勝　陳木保　郭庭軍　蕭德才　劉理忠　萬洪濤
呂植壯　廖國放　孫　敏　張建平　王遠彦
美術編輯：劉福珊　劉　勍
督　印：方　雷　戴　湧
出　版：武漢出版社
社　址：武漢市江漢區新華下路103號　郵　編：430015
電　話：(027)85606403　85600625
http：//www.whcbs.com
E-mail：wuhanpress@126.com
印　刷：武漢中遠印務有限公司　經　銷：新華書店
開　本：787mm×1092mm　1/16
印　張：409.25　字　數：12750千字　插　頁：61
版　次：2008年11月第1版　2008年11月第1次印刷
印　數：0001—2000冊
定　價：2800.00元(全12冊)

國家清史編纂委員會出版委員會

（按姓氏筆畫排序）

于　沛　成崇德　朱誠如　李文海　孟　超

馬大正　徐兆仁　陳　樺　鄒愛蓮　戴　逸

《張之洞全集》編委會

主　任　李憲生

副主任　趙德馨　張岱梨

編　委　李　珠　張述傳　彭小華　盧福咸

吴劍杰　馮天瑜　周秀鸞　洪　濤

潘長勝

刊》、《檔案叢刊》，二者廣收各種史料，均為清史編纂工程之重要組成部分，一以供修撰清史之用，提高著作質量；二為搶救、保護、開發清代之文化資源，繼承和弘揚歷史文化遺産。

清代之史料，具有自身之特點，可以概括為多、亂、散、新四字。

一曰多。我國素稱詩書禮義之邦，存世典籍汗牛充棟，尤以清代為盛。蓋清代統治較久，文化發達，學士才人，比肩相望，傳世之經籍史乘、諸子百家、文字聲韵、目録金石、書畫藝術、詩文小説，遠軼前朝，積貯文獻之多，如恒河沙數，不可勝計。昔梁元帝聚書十四萬卷于江陵，西魏軍攻掠，悉燔於火，人謂喪失天下典籍之半數，是五世紀時中國書籍總數尚不甚多。宋代印刷術推廣，載籍日衆，至清代而浩如烟海，難窺其涯涘矣。《清史稿藝文志》著録清代書籍九千六百三十三種，人議其疏漏太多。武作成作《清史稿補編》，增補書一萬零四百三十八種，超過原志著録之數。彭國棟亦重修《清史稿藝文志》，著録書一萬八千零五十九種。近年王紹曾更求詳備，致力十餘年，遍覽群籍，手抄目驗，成《清史稿藝文志拾遺》，增補書至五萬四千八百八十種，超過原志五倍半，此尚非清代存留書之全豹。王紹曾先生言：「余等未見書目尚多，即已見之目，因工作粗疏，未盡鈎稽而失之眉睫者，所在多有。」清代書籍總數若干，至今尚未能確知。

清代不僅書籍浩繁，尚有大量政府檔案留存于世。中國歷朝歷代檔案已喪失殆盡（除近代考古發掘所得甲骨、簡牘外），而清朝中樞機關（内閣、軍機處）檔案，秘藏内廷，尚稱完整。加上地方存留之檔案，多達二千萬件。檔案為歷史事件發生過程中形成之文件，出之於當事人親身經歷和直接記録，具有較高之真實性、可靠性。大量檔案之留存極大地改善了研究條件，俾歷史學家得以運用第一手資料追踪往事，瞭解歷史真相。

二曰亂。清代以前之典籍，經歷代學者整理、研究，對其數量、類别、版本、流傳、收藏、真偽及價值已有大致瞭解。清代編纂《四庫全書》，大規模清理、甄别存世之古籍。因政治原因，查禁、篡改、銷毁所謂「悖逆」、「違礙」書籍，造成文化之浩劫。但此時經師大儒，聯袂入館，勤力校理，盡瘁編務。政府亦投入巨資以修明文治，故所獲成果甚豐。對收録之三千多種書籍和未收之六千多種存目書撰寫詳明精切之提要，撮其内容要旨，述其體例篇章，論其學術是非，叙其版本源流，編成二百卷《四庫全書總目》，洵為讀書之典要、後學之津梁。乾隆以後，至於清末，文字之獄漸戢，印刷之術益精，故而人競著述，家嫻詩文，各握靈蛇之珠，衆懷崑岡之璧，千舸齊發，萬木争榮，學風大盛，典籍之積累遠邁從前。惟晚清以來，外强侵凌，干戈四起，國家多難，人民離散，未能投入力量對大量新出之典籍再作整理，而政府檔案，深藏中秘，更無由一見。故不僅不知存世清代文獻檔案之總數，即書籍分類如何變通、版本庋藏應否標明，加以部居舛誤，界劃難清，魯魚亥豕，訂正未遑。大量稿本、抄本、孤本、珍本，土埋塵封，行將澌滅。殿刻本、局刊本、精校本與坊間劣本混淆雜陳。我國自有典籍以來，其繁雜混亂未有甚于清代典籍者矣！

三曰散。清代文獻、檔案，非常分散，分别庋藏于中央與地方各個圖書館、檔案館、博物館、教學研究機構與私人手中。即以清代中央一級之檔案言，除中國第一歷史檔案館所藏一千萬件以外，尚有一大部分檔案在戰争時期流離播遷，現存于臺灣故宫博物院。此外，尚有藏于瀋陽遼寧省檔案館之聖訓、玉牒、滿文老檔、黑圖檔等，藏于大連市檔案館之内務府檔案，藏于江蘇泰州市博物館之題本、奏摺、録副奏摺。至於清代各地方政府之檔案文書，損毁極大，但尚有劫後殘餘，璞玉渾金，含章藴秀，數量頗豐，價值亦高。如河北獲鹿縣檔案、吉林省邊務檔案、黑龍江將軍衙門檔案、河南巡撫藩司衙門檔案、湖南安化縣永歷帝與吴三桂檔案、四川巴縣與南部縣檔案、浙江安徽江西等省之魚鱗册、徽州契約文書、内蒙古各盟旗蒙文檔案、廣東粤海關檔案、雲南省彝文傣文檔案、西藏噶厦政府藏文檔案等等分别藏于全國各省市自治區，甚至清代兩廣總督衙門檔案（亦稱《葉名琛檔案》），英法聯軍時遭搶掠西運，今藏于英國倫敦。

清代流傳下之稿本、抄本，數量豐富，因其從未刻印，彌足珍貴，如曾國藩、李鴻章、翁同龢、盛宣懷、張謇、趙鳳昌之家藏資料。至於清代之詩文集、尺牘、家譜、日記、筆記、方志、碑刻等品類繁多，數量浩瀚，北京、上海、南京、廣州、天津、武漢及各大學圖書館中，均有不少貯存。豐城之劍氣騰霄，合浦之珠光射日，尋訪必有所獲。最近，余有江南之行，在蘇州、常熟兩地圖書館、博物館中，得見所存稿本、抄本之目録，即有數百種之多。

某些書籍，在中國已甚稀少，在海外各國反能見到，如太平天國之文書。當年在太平軍區域内，為通行之書籍，太平天國失敗後，悉遭清政府查禁焚毁，現在中國，已難見到，而在海外，由於各國外交官、傳教士、商人競相搜求，携赴海外，故今日在外國圖書館中保存之太平天國文書較多。二十世紀内，向達、蕭一山、王重民、王慶成諸先生曾在世界各地尋覓太平天國文獻，收獲甚豐。

四曰新。清代為傳統社會向近代社會之過渡階段，處於中西文化衝突與交融之中，産生一大批内容新穎、形式多樣之文化典籍。清朝初年，西方耶穌會傳教士來華，携來自然科學、藝術和西方宗教知識。乾隆時編《四庫全書》，曾收録歐幾里得《幾何原本》、利瑪竇《乾坤體儀》、熊三拔《泰西水法》、《簡平儀説》等書。迄至晚清，中國力圖自强，學習西方，翻譯各類西方著作，如上海墨海書館、江南制造局譯書館所譯聲光化電之書，後嚴復所譯《天演論》、《原富》、《法意》等名著，林紓所譯《茶花女遺事》、《黑奴籲天録》等文藝小説。中學西學，摩蕩激勵，舊學新學，鬥妍争勝，知識劇增，推陳出新，晚清典籍多别開生面、石破天驚之論，數千年來所未見，飽學宿儒所不知。突破中國傳統之知識框架，書籍之内容、形式，超經史子集之範圍，越子曰詩云之牢籠，發生前所未有之革命性變化，出現衆多新類目、新體例、新内容。

清朝實現國家之大統一，組成中國之多民族大家庭，出現以滿文、蒙古文、藏文、維吾爾文、傣文、彝文書寫之文書，構成為清代文獻之組成部分，使得清代文獻、檔案更加豐富，更加充實，更加絢麗多彩。

清代之文獻、檔案為我國珍貴之歷史文化遺産，其數量之龐大、品類之多樣、涵蓋之寬廣、内容之豐富在全世界之文獻、檔案寶庫中實屬罕見。正因其具有多、亂、散、新之特點，故必須投入巨大之人力、財力進行搜集、整理、出版。吾儕因編纂清史之需，賈其餘力，整理出版其中一小部分；且欲安裝網絡，設數據庫，運用現代科技手段，進行貯存、檢索，以利研究工作。惟清代典籍浩瀚，吾儕汲深綆短，蟻銜蚊負，力薄難任，望洋興嘆，未能做更大規模之工作。觀歷代文獻檔案，頻遭浩劫，水火兵蟲，紛至沓來，古代典籍，百不存五，可為浩嘆。切望後來之政府學人重視保護文獻檔案之工程，投入力量，持續努力，再接再厲，使卷帙常存，瑰寶永駐，中華民族數千年之文獻檔案得以流傳永遠，沾溉將來，是所願也。

前言

趙德馨

一九八八九年四月本書編輯組成立時，確定以北平文華齋一九二八年刊刻的王樹枏編《張文襄公全集》為底本，做如下三項工作：一、輯佚。二、求真。三、斷句。努力的目標是：文獻求完備，編次求有序，版本求真實，校勘求精審，斷句求準確，校注求簡約，便于使用，有裨研究工作。

在本書編輯整理工作已進行四年并被列入國家第九個五年出版計劃的重點圖書之後，一九九三年，河北人民出版社組織編輯《張之洞全集》，并於一九九八年出版（下文簡稱河北版）。該書收録豐富，使我們受益匪淺。但覺得仍有繼續工作的必要，并力求做得比該書在各方面都有所前進。

一

二十世紀五十年代，我在收集中國近代經濟史資料的過程中，發現一些張之洞文獻未收入《張文襄公全集》，遂萌生輯佚補充之念，留心遺漏之篇，經二十餘年，小有積累。本書編輯組成立後，搜集工作的足迹遍及可能藏有張之洞文獻之所。多年的搜尋，得新文獻九千餘件。在編輯整理中，除去重復者、經考證實非張之洞所作者、有疑待考證者以及不符合本書收録原則（反映張之洞的生平、思想、行動和他生活的環境）者，餘下的補入底本。本書收録文獻共一萬四千四百五十三件，比底本多七千八百零二件，比河北版多三千四百七十三件。在當前階段，它應當算是一種比較完備的本子。

此處計件的標準是標題，一個標題為一件。為了與底本編輯體例一致，本書有某一標題包含多件文獻者，如「致李蘭蓀宫保」標題下含九十五首，均為底本及河北版所未録。按照河北版的做法，這可以列為九十五個標題，算成九十五件。依此種口徑統計，僅書札類便比原統計數多一百九十五件。因此，實際字數的增加多於件數的增加：與底本比，件數增加一倍有零，字數則增加兩倍多；與河北版比，件數增加約四分之一，字數則增加約二分之一。

本書中的一些文獻，標題與底本、河北版同但内容不同。完全不同的，新舊文本在同一標題下並存。部分不同的，依《凡例》版本互校所定的格繩處理。這樣做，既保存文獻原貌，又便於讀者辨析。事實上，這是或增添新文獻，或用新文獻置换舊文獻。在統計件數時，這些新文獻理應歸入新增數列。出於對底本的尊重，仍將它們納入底本原有數中。若改放在新增文獻類，則新增部分比上文所説的數量更多，增加的比例更大。以奏議為例，底本七百三十二件，本書三千一百零八件，比底本多二千三百七十六件，是底本的四點三倍。且底本的七百三十二件中，有一百六十三件奏摺已被《光緒朝硃批奏摺》、《宫中檔光緒朝奏摺》、《京報》中的版本所置换，保留在本書的為五百六十八件，僅占本書奏議的百分之十八點七。其餘百分之八十一點三是新增的。就此而言，本書的奏議部分大概可以稱之為《新編張之洞奏議》。就全書言，按文獻件數計是底本的兩倍多，按字數計則是三倍多，若將本書稱之為《新編張之洞全集》，似乎也是可以的。

我想强調的是，本書雖稱「全集」，實則難全。這是因為：張之洞的部分文獻已經失落，存世者已經不全；可能存世的某些文獻，無人知其藏處；知道藏處的，又出於種種原因得不到；得到的文獻中，有的真偽待考，不便收入；有些真文獻，因與本書收録原則不符，没有收入；張之洞的文獻仍在不斷被發現或披露中。看來，將來編輯《張之洞全集補遺》，勢在必然。

我於一九八七年六月開始本書的籌劃工作，至今已逾二十年，交給讀者的却是一個仍然不全的本子，留在心中的是無法驅散的無奈與遺憾。

二

編輯整理前人的文集，第一要緊的事是收録的文獻必須是集主的。這就要做求真工作。對於以《張文襄公全集》為底本編輯《張之洞全集》來説，要做求真工作還有其特殊的原因。我們在編輯整理過程中發現，底本所録與清代檔案中所藏或《京報》所載的同一件奏摺，在内容上往往有出入，有的且立意相反。出現這種情況的原因，在於王樹枏編輯《張文襄公全集》所據的主要是張之洞的「遺草」，即奏摺的草稿。

在張之洞文獻中，最重要的當數奏議。王樹枏在刊本《張文襄公全集·凡例》中寫道：「文襄公久歷疆圻，晚登樞府，平生勛業，每多見諸奏議。無錫許君同莘輯公遺集，搜羅甚富。兹集復就當時朝章邸報及京外官署檔案中勤加補輯，碩畫訏謨，粲然大備。」而許同莘在《編輯張文襄公全書·叙例》中，對奏議部分的依據有如下説明：「公揚歷中外，垂四十年，前席陳言，封章論事，樞機縝密，不得備聞。而遺草滿篋，猶數百册。兹輯為五十卷。遺篋無存稿者，就史館月摺、總署檔案及邸鈔官報之屬檢鈔增補。」於此可見底本中奏議的基本來源是張之洞的「遺草」。衹是「遺篋無存稿者」，才「就史館月摺、總署檔案及邸鈔官報之屬檢鈔增補。」問題就出在基本來源是遺草而不是定本。我們將底本與清代檔案、《京報》中的張之洞奏摺加以比對，發現兩類情況。一類是所言之事相同但文字不同，其中又有完全不同與部分不同兩種情況。另一類是有無之别，其中又分底本有而檔案和《京報》無，與底本無而檔案和《京報》有這兩種情況。這最後一種情況，可能是許同莘所説的「遺篋無存稿者」，又未及「檢鈔增補」，也可能是由於底本編者認為那些奏摺不甚重要，棄而不録，今人無從揣斷。

為什么會出現底本有而檔案、《京報》無這種情况？可能性之一是定稿而未奏呈。這種奏摺現存三件，均屬張之洞去世前夕之事。對張之洞文獻而言，這是一種例外。第二種可能性是這些遺草未成定稿，也未奏呈，故檔案中不可能有，《京報》也不可能刊載。可能性之三是檔案遺失，《京報》恰巧也未刊載。《京報》漏刊某一件奏摺，這有可能。檔案保存過程中遺失某一件奏摺，也有可能。這兩種情况發生在同一件奏摺上，只能是一種巧合，可能性極小。現在的事實是底本中這種情况的奏摺多達五百六十七件，它們是不同年份的，内容又并非不可保存和不能公開的。據此推測，其中的一部分很可能是具草未奏之摺。底本中的這類奏摺約占底本奏摺總數的百分之七十七點六。因對它們的性質不能作出準確判斷，故本書仍保留之，請讀者使用時多加留意。

從涉及同一事件而文字完全不同這種情况的出現，可以推斷檔案所藏或《京報》所載是定本，底本所録是廢稿。這類廢稿的産生，大概是由於張之洞認為僚屬所擬之稿没有修改的基礎，棄之不用，重新另擬。從所言之事相同而部分文字不同的情况的出現，可以推斷檔案所藏或《京報》所載的，是由僚屬草擬經張之洞修改定稿之後的奏本，底本所録則是修改之前的草稿，自然也屬廢稿。上述兩種情况下出現的廢稿與其他奏稿一起被保留下來，存于「遺篋」，成為「遺草」，後被收入底本。底本未收録定本卻收録這些廢稿，造成以廢稿代奏本，以偽亂真。這些廢稿屬于僚屬的作品，不應收入張之洞奏議之中。問題在於，這種情况并非一篇二篇，而是為數不少。這是許同莘、王樹枏等人的一個疏忽。前人的疏忽給後人留下去偽求真的任務。

求真的主要手段，一是釐清文獻來源，二是考訂文獻真偽，三是版本互校。

在知道底本部分文獻失真原因後，我們特别注重文獻來源的可靠性。采取的相應措施是，收集資料從檔案、碑刻、張之洞手迹、當年的報紙和張之洞審定的初刻本或他在世時的精刻足本入手。版本互校嚴守以下準則：凡有檔案本者，以檔案本為準；未見於檔案而刊於《京報》者，以《京報》為準；凡有碑刻者，以銘文為準；凡有張之洞手迹者，以手迹為準；凡有經張之洞審定的版本，不用其他版本。為了便于讀者查核，本書在增補文獻下注明出處。文獻數量不能盡全令我們不安，而件件有據使我們聊以自慰。

考訂貫穿工作的全過程。收集資料時，對出處不明者考證之。整理文獻時，對有疑者研究之。能得出結論的，或録或棄。不能得出結論的，暫不收入。如一個省級圖書館藏有張之洞函札稿一本，館中人不能言其來歷，細審其內容，疑竇叢生，遂棄而不録。又如張之洞以善對聞名於世。社會上流傳他的聯語甚多。我們收集的亦不少。河北版設有聯語專目，經過考證，有的是他人作品。由于真偽一時難以逐項考明，故暫付闕如，俟他日補上。

許同莘在編張之洞奏議時，「其數銜會奏而確知非公主稿者，雖結銜在前，概不入集，意在征實，匪有町畦」，此種用意極好。許同莘習聞張之洞居官治事之要，能確知哪些會奏非張之洞主稿。我們離張之洞辭世已近一個世紀，無法確知會銜奏摺由誰主稿。但從現存文獻的對照中，可以知道有些張之洞結銜在前的會奏，是經他修改後定稿的。一般説來，凡經他同意署名的，代表他的主張，理應收入他的奏議之內。

在逐字比對中發現，同一件奏摺，底本所録的遺草與檔案所藏和《京報》所載奏摺的文句不同，有占絶大部分者，有超過半數者，從中可知張之洞修改之多；也有僅數句或一二字不同者，有的改一字而意境全非，從中體會到什么叫做「一字之師」。這種情況不僅奏摺中有，電牘等部分中亦有。正是由于一二字的不同事關一篇奏摺或一件電牘版本之真實性，故本書不僅求一篇之真，而且求一字之真。

依據標準文獻逐字校勘，是既細緻又繁重的勞動。有一些字句，不是校勘所能判斷的，還要進行考證、研究。有時為了一個字，查閱資料竟日，或研究經年，仍有不能作出判斷的，衹好出注存疑。

通過求真過程，發現根據張之洞遺稿編輯的《張文襄公全集》中有一些不代表張之洞思想的文獻，是我的收獲之一。有了這種經驗，再去閱讀同類性質的文集，便有了新的審視的目光。這種發現與經驗，對後來的文獻整理者與使用者，或許會有某種借鑒意義。

三

本書是點校本。魯迅説過：「標點古文，確是一種小小的難事」。即令名家高手，錯誤也難免。就張之洞文獻而言，對已經出版的點校整理本中標點的當否，多有商榷。使用標點符號的種類也各不相同。其所以出現這種情况，除張之洞文獻的特殊性外，還在於古代漢語與現代漢語存在差異，適用現代漢語的標點符號并不完全適用於古代漢語。

鑒於用現代標點符號標點古文之難，我們將斷句準確放在首要地位。句子是語言運用的基本單位。斷句準確就是要斷在該斷之處，使每一句都能表達一個完整的意思。或者説，當斷即斷，不要因漏斷出現讓人費解的長句；不該斷不斷，不要因錯斷出現乖離文獻原意的破句。相對于斷句的準確而言，用多少種標點符號便是第二位的。在十多種標點符號中，與斷句有關的是逗號、頓號、分號、冒號、句號、問號、感嘆號、引號。張之洞文獻的性質，適宜用問號、感嘆號之處極少，故略而不用。在一個完整句子結束之處，一律使用句號。由於本書標點符號的使用專注於斷句，所以只用那些功能與斷句直接相關的標點符號，如逗號、句號、頓號以及冒號、引號，其他如着重號、專名號、書名號等注釋性標點符號，均不在使用之列。

斷句準確度是點校者學養的體現。有鑒於此，秉少而精原則慎邀同事。本書編輯組由九位專業人士組成。其中七位教授，兩位副教授；七位研究中國近代史（或通史，或政治史，或經濟史，或文化史，或思想史），兩位研究文獻學；每人有十五年以上研讀古文文獻的經歷，其中多數是《張文襄公全集》的使用者，深知它的長處與不足。我們相約，文責自負，不假手他人。在此基礎上，組內互相審閱，發揮集體優勢；聘請組外專家審閱；拜託出版社編審在三校中嚴加挑剔，以求盡可能地減少不準之處。

本書的編輯出版歷經幾二十載，我和我的編輯同仁雖不敢不力求精審、準確，然疏漏錯失仍恐不免，敬祈讀者、方家批評指正，匡我不逮。

凡例

一、本集以北平文華齋一九二八年刊本《張文襄公全集》為底本，依奏議、電奏、公牘、電牘、書札、家書、勸學篇、輶軒語、書目答問、讀經札記、論金石札、古文、駢體文、詩集、弟子記等項排列，分為十二册，不分卷次。

二、每册設編輯説明，簡要介紹該册文獻起迄時間、出處以及與底本卷次的對應關係等情况。

三、奏議、電奏、公牘、電牘按項依時間順序編排。底本原有順序，凡未發現編排有誤者，概仍其舊。增補各件，凡年月日俱詳或可考明者，依次插入相應之處。有年月而日期不可考者，排於該月之末。有年而月日不可考者，排於該年之末。年月日均缺且無從考訂者，排於該項之末。

四、底本與增補各件原有標題者，一般沿用；原無標題或原有標題文字冗繁者，由編者概括其内容擬定。

五、為便於讀者檢索，凡底本未收録而河北人民出版社一九九八年版《張之洞全集》收録者，在目録上標以「〇」形符號。凡底本未收録而河北人民出版社一九九八年版《張之洞全集》亦未收録者，標以「⊙」形符號。凡底本已録而河北人民出版社一九九八年版《張之洞全集》未録者，標以「●」形符號。

六、本集的整理校勘，凡有檔案者，以檔案本為準。未見於檔案而刊於《京報》、《申報》者，以報載為準。有手稿、拓件者，則以手稿、拓件為準。

七、凡收録的文獻概仍其舊。錯訛、顛倒和衍文，置於圓括號（　）中，校正的文字置其下，并加方括號〔　〕。補入的脱文亦加方括號〔　〕。如疑有誤而又不能斷定的文字，則加〔?〕。無從查明的殘缺字、模糊字，依字數用□表示，無法計算字數者，用文字説明。

八、本集校勘出注，主要為：（一）依據他本訂正文獻中的錯訛、顛倒、衍文、脱文。（二）增補文獻的出處。（三）前後矛盾，但無從糾正，提出問題，表示存疑。

九、函牘及電奏中的標題和文内每有只書某人姓氏、職銜或字號者，知其本名的，一般於各該册中首次出現時注其本名。

十、凡文獻中原有的尊稱、避諱及蔑稱，因反映當時的制度及作者的思想，一般不作改動。

十一、本集採用繁體字。正文用宋體，附件及原編者按用仿宋體，硃批、諭旨用楷體。原文中的俗體字、異體字、通假字一般不改。

十二、原件中的雙行夾注，改用單行小號字排印。旁注、眉批均移入正文中相應之處，亦用小號字單行排印。

十三、標點斷句，使用逗號、頓號和句號，慎用分號、冒號、引號和間隔號。

總目

第一册

總序……戴逸 一
前言……趙德馨 一
凡例……一
奏議（同治六年九月至光緒十三年六月）……一—五六六

第二册

奏議（光緒十三年七月至光緒十八年閏六月）……一—五六六

第三册

奏議（光緒十八年七月至光緒二十六年十二月）……一—五八〇

第四册

奏議（光緒二十七年三月至宣統元年八月）……一—三四四
電奏（光緒十年閏五月至光緒三十三年八月）……三四五—五五六

第五册

公牘·咨札（光緒八年二月至光緒二十二年八月）……一—五一六

第六册

公牘·咨札（光緒二十三年正月至光緒三十三年五月）……一—五一五

第七册

公牘·批牘（光緒八年正月至光緒三十三年二月）……一—二二三
公牘·諭示（光緒八年十月至光緒三十三年八月）……二二三—二七〇
電牘（光緒十年六月至光緒十四年十二月）……二七一—四三六

第八册

電牘（光緒十五年正月至光緒二十一年六月）……一—三七六

第九册

電牘（光緒二十一年七月至光緒二十五年四月）……一—四〇〇

第十册

電牘（光緒二十五年五月至光緒二十八年六月）……一—四一一

第十一册

電牘（光緒二十八年七月至宣統元年六月）……一—三八四

第十二册

書札……一—一四五
家書……一四七—一五四
勸學篇……一五五—一九二
輶軒語……一九三—二二〇
書目答問……二二一—三〇三
讀經札記……三〇五—三三三
論金石札……三三五—三六二
古文……三六三—三九二
駢體文……三九三—四一八
詩集……四一九—五〇四
弟子記……五〇五—五一八
張之洞傳……馮天瑜　五一九
後記……趙德馨　五三九

第一册編輯説明

本册收録同治六年九月至光緒十三年六月，即張之洞出任湖北學政、四川學政、國子監司業、左春坊左中允、司經局洗馬、翰林院侍講、右春坊右庶子、日講起居注官、翰林院侍講學士、内閣學士兼禮部侍郎、山西巡撫、兩廣總督期間的奏章共七百九十二件。包括底本《張文襄公全集》（北平文華齋一九二八年刊本）第一至二十二卷及第七十一卷中的二百四十六件，另增補五百四十六件。增補各件，主要録自抄本《張中丞撫晋奏疏》（中國社會科學院經濟研究所圖書館藏）、《光緒朝硃批奏摺》（中國第一歷史檔案館編，中華書局一九九五年版）、《宫中檔光緒朝奏摺》（臺北故宫文獻編輯委員會編，臺北故宫博物院發行，一九七三年版）和《京報》等。凡增補各件，均在目録中相應標題的上方標示圓圈，并隨文分别注明出處。

本册文獻的點校整理，谷遠峰負責同治六年至光緒十年四月的部分，其餘由周秀鸞負責。增補的文獻主要由周秀鸞、趙德馨、班耀波搜集，參加搜集文獻的還有周軍、尤小文、黎浩、王秀蘭、李慶珠、吴光全、蕭建忠、王聖奇、羅美香、趙華麗。

第一册目録

總序……戴　逸　一
前言……趙德馨　一
凡例……一
總目……一

奏議　同治六年九月至光緒十三年六月

同治六年

謝授湖北學政摺　同治六年九月十六日……三

同治十二年

謝授四川學政摺　同治十二年九月十三日……三
〇恭報到任日期摺　同治十二年十月　日……三
⊙親族同省候補應否迴避片　同治十二年十月　日……四

光緒元年

⊙爲參革訓導片　光緒元年十月　日……四
〇川省隨棚録遺片　光緒元年　月　日……四

光緒二年

〇整頓試場積弊摺　光緒二年三月　日……五
〇奏請敕議申明嚴飭辦理片　光緒二年三月　日……八

光緒五年

謝授國子監司業摺　光緒五年三月初一日……九
遵旨妥議摺　光緒五年四月初十日……九
請再降懿旨片　光緒五年四月初十日……一一
重案定擬未協摺　光緒五年五月十一日……一一
陳明重案初起辦理各員情形片
附陳蜀民困苦情形片　光緒五年五月十一日……一三

大員關涉重案請令聽候部議摺
光緒五年五月十一日……一四
請修省弭災摺
光緒五年五月二十日……一四
直言不宜沮抑摺
光緒五年七月十八日……一五
謝授左春坊左中允摺
光緒五年七月　日……一七
畿輔旱災請速籌荒政摺
光緒五年八月初八日
翰林院掌院學士代奏……一八
謝授司經局洗馬摺
光緒五年八月　日……一八
災象可憂請儲糧平糶摺
光緒五年九月初十日
翰林院掌院學士代奏……二〇
請飭查災區片
光緒五年九月　日……二〇
熟權俄約利害摺
光緒五年九月　日……二一
詳籌邊計摺
光緒五年十二月初五日……二一
光緒五年十二月十六日……二三

光緒六年

邊防實效全在得人摺
光緒六年正月二十一日……二七
俄事機可乘善籌抵制摺
光緒六年正月二十一日……二八
會議未盡事宜片
光緒六年正月二十一日……二八
請飭疆臣詳籌改約片
光緒六年正月二十一日……二九
酌改國書字樣片
光緒六年正月二十二日……二九
謝授翰林院侍講摺
光緒六年二月初九日
翰林院掌院學士代奏……二九
敬陳經權二策摺
光緒六年五月十九日……三〇
謝授右春坊右庶子摺
光緒六年六月初七日……三一
謝充日講起居注官摺
光緒六年七月初五日……三一
謹陳海防事宜摺附片
光緒六年七月初十日……三一
改約重要各條必應堅持片
光緒六年七月初十日……三三

議約迫促急圖補救摺　光緒六年七月三十日……三四
請防範崇厚片　光緒六年七月三十日……三五
海警日迫急籌戰備摺　光緒六年八月十二日……三五
重臣辦防宜降明旨片　光緒六年八月十二日……三七
遵議奏陳摺　光緒六年八月二十四日……三七
條陳防務片　光緒六年八月二十四日……三八
俄約最重數端必宜抵制片　光緒六年八月二十四日……三九
議約期迫請籌挽救摺　光緒六年九月十二日……三九
敬陳東防西防事宜片　光緒六年九月十二日……四一
預籌鈐制松花江行船辦法片　光緒六年九月十二日……四一
日本商務可允球案宜緩摺　光緒六年十月初一日……四二
臺防重要敬舉人才片　光緒六年十月初一日……四三
請飭李鴻章節制防務片
⊙奏請勅下妥議章程片　光緒六年十月初一日……四三
閹宦宜加裁抑摺　光緒六年十月　日……四三
　光緒六年十二月初四日……四四

光緒七年

○請發伊犁參贊大臣升泰往東三省差遣片　光緒七年二月初七日……四五
謝授翰林院侍講學士摺　光緒七年二月十一日……四五
○集重臣籌議急務摺　光緒七年三月二十九日……四五
謝授內閣學士兼禮部侍郎銜摺　光緒七年六月初四日……四六
請修政弭災摺　光緒七年六月初十日……四六
星變修省勿過憂慮片　光緒七年六月初十日……四七
疆寄虛懸請早處置摺　光緒七年閏七月初五日……四七
請勸俄主除去苛政片　光緒七年閏七月初五日……四八
謝授山西巡撫摺

光緒七年十一月十六日……四九
到山西任謝恩摺
光緒七年十二月二十六日……四九

光緒八年

⊙光緒七年十二月分雪澤糧價摺
光緒八年正月二十六日……五〇
⊙查明錢糧完歉數目摺并清單
光緒八年正月二十六日……五〇
⊙核明生息銀兩完欠動存數目摺并清單
光緒八年正月二十六日……五二
⊙特參限滿未能獲犯人員摺
光緒八年正月二十六日……五三
⊙查明徵存應解銀兩已未完數目摺并清單
光緒八年正月二十六日……五三
⊙籌解各餉銀兩片
光緒八年正月二十六日……五四
⊙河東道籌撥金營餉銀片
光緒八年正月二十六日……五四
⊙查明晋省甄别千總不及分數摺
光緒八年正月二十六日……五四
○將晋省撫標精兵編作練軍片
光緒八年正月二十六日……五五
⊙委署知縣等印務片
光緒八年正月二十六日……五五
⊙查明孫毓琛前保案内誤將教諭寫爲訓導片
光緒八年正月二十六日……五五
⊙請將王文錦李秉衡發往山西委用片
光緒八年正月二十六日……五六
⊙請飭高崇基來晋清理交代片
光緒八年正月二十六日……五六
⊙籌撥金營月餉片
光緒八年二月初四日……五六
⊙請將緝捕不力各員弁議處片
光緒八年二月初四日……五七
⊙查明時承瀛係由廩貢生報捐訓導片
光緒八年二月初四日……五七
⊙籌辦陽曲等處差徭片
光緒八年二月初四日……五七
閻敬銘定期赴闕摺并抄件
光緒八年二月十六日……五七
⊙籌解金營軍餉銀兩片
光緒八年二月十六日……五九
⊙籌解甯夏並西征餉銀片
光緒八年二月十六日……五九
⊙阿克達春暫緩引見片
光緒八年二月十六日……六〇
⊙本年正月分雪澤糧價情形摺
光緒八年三月初三日……六〇

⊙例鐵攤款銀兩請借銅本生息動用片 光緒八年三月初三日……六〇
⊙盤查司庫錢糧摺 光緒八年三月初三日……六一
⊙委署河東道員缺片 光緒八年三月初三日……六一
⊙本族外甥應否迴避片 光緒八年三月初三日……六一
⊙本省官紳辦賑出力各員聲請改奬片并清單 光緒八年三月初三日……六一
⊙續請豁免州縣坍荒地糧片 光緒八年三月二十一日……六三
⊙籌解伊犁償款銀兩片 光緒八年三月二十一日……六三
⊙地丁項内籌動銀一萬兩兑給嵩武軍領解片 光緒八年三月二十一日……六四
⊙光緒七年冬季分委署過知縣摺并清單 光緒八年三月二十一日……六四
⊙委員兼署藩司篆務片 光緒八年三月二十一日……六四
⊙吉州知州與武鄉縣知縣調署片 光緒八年三月二十一日……六四
⊙黄汝香並非奏調來晋片 光緒八年三月二十一日……六五
〇請將軍政展緩併案辦理摺 光緒八年四月二十日……六五
臚舉賢才摺并清單 光緒八年四月二十日……六五
越南日蹙宜籌兵遣使先發豫防摺 光緒八年四月二十日……六八
請遣重臣駐粤籌辦越事片 光緒八年四月二十日……七〇
閻敬銘遵旨赴京供職片 光緒八年四月二十日……七〇
⊙請將溥蔚留操旗兵片 光緒八年四月二十日……七一
⊙黄縉榮降調處分請抵銷片 光緒八年四月二十日……七一
⊙揀員調補要缺知縣摺 光緒八年四月二十日……七一
⊙河東己卯綱引分年帶徵查明覆奏片 光緒八年四月二十日……七二
⊙天鎮縣知縣以渾源州知州調署片 光緒八年四月二十日……七三
⊙五寨縣知縣張書紳飭赴發審局學習片 光緒八年四月二十日……七三
⊙七年奏銷請予展限一年造報片 光緒八年四月二十八日……七三
⊙本年春秋撥册請展限辦理片 光緒八年四月二十八日……七四

⊙撥解西征並金營察哈爾等餉片
光緒八年四月二十八日……七四
⊙新授藩司方大湜接印松椿飭回本任片
光緒八年四月二十八日……七四
⊙委署道府縣各員缺片
光緒八年四月二十八日……七四
⊙潞安協員缺以呼延霖借補摺
光緒八年四月二十八日……七五
⊙洋人遊歷腹省片
光緒八年四月二十八日……七五
⊙知州鹽大使期滿甄別片
光緒八年四月二十八日……七六
⊙節婦許吴氏等請旌表片
光緒八年四月二十八日……七六
特參害民不職各員摺
光緒八年四月二十八日……七六
保獎循良片
光緒八年四月二十八日……七七
⊙四月分雨水糧價摺
光緒八年六月初二日……七七
⊙近日得雨情形片
光緒八年六月初二日……七八
⊙陽曲縣帶徵民欠錢糧懇恩緩徵摺
光緒八年六月初二日……七八
⊙請飭奎斌辦理押荒事宜片
光緒八年六月初二日……七八
○請將劉定邦革審片
光緒八年六月初二日……七九
⊙籌解京餉籌撥金營餉銀片
光緒八年六月初二日……七九
⊙光緒八年春季委署代理過州縣摺并清單
光緒八年六月初二日……八〇
⊙調署知縣各員缺片
光緒八年六月初二日……八〇
⊙知縣期滿甄別片
光緒八年六月初二日……八一
⊙高作礪等奉駁呈請改獎官階片
光緒八年六月初二日……八一
整飭治理摺
光緒八年六月十二日……八一
未墾荒地請寬限起徵摺
光緒八年六月十二日……八二
豁除累糧片
光緒八年六月十二日……八三
裁減差徭片
光緒八年六月十二日……八三
禁種罌粟片
光緒八年六月十二日……八四
裁革公費餽送摺
光緒八年六月十二日……八五

特參貽誤善後各員片 光緒八年六月十二日……八六
裁抵攤捐摺 光緒八年六月十二日……八八
籌補鐵款片 光緒八年六月十二日……八九
請折解綢絹紙張片 光緒八年六月十二日……九〇
建倉積穀摺 光緒八年六月十二日……九一
清釐善後庫款片 光緒八年六月十二日……九二
⊙籌解京餉並邊防經費等片 光緒八年六月十九日……九三
⊙光緒五年分舊賦完欠數目摺并清單 光緒八年六月十九日……九三
⊙高崇基暫留晉省差委片 光緒八年六月十九日……九四
⊙請將副將茹春華以守備降補片 光緒八年六月十九日……九五
裁免科場支應片 光緒八年六月十九日……九五
清查庫款摺 光緒八年七月二十九日……九六
請展緩協撥各餉摺 光緒八年七月二十九日……九八
請變通邊缺摺 光緒八年七月二十九日……一〇〇
⊙查葆亨王定安等各款責令賠繳片 光緒八年七月二十九日……一〇一
⊙籲懇來年京餉移撥河東十萬片 光緒八年七月二十九日……一〇二
⊙藩司籌動甯夏等款片 光緒八年七月二十九日……一〇二
⊙塔爾巴哈台催餉情形片 光緒八年七月二十九日……一〇三
⊙請頒空白部照片 光緒八年七月二十九日……一〇四
⊙通省二麥約收分數摺并清單 光緒八年八月初六日……一〇四
⊙學臣丁憂請旨迅賜簡放摺 光緒八年八月初六日……一〇五
⊙同知知縣期滿甄別片 光緒八年八月初六日……一〇五
⊙冀甯道員缺請旨簡放摺并清單 光緒八年九月初四日……一〇五
⊙籌解京餉等餉銀片 光緒八年九月初四日……一〇六
⊙安頤留辦清查片 光緒八年九月初四日……一〇六

⊙魯燮光縱丁擾民請革職片
光緒八年九月初四日……一〇六
⊙鄉試内簾同考官不敷循例遴選充當摺
光緒八年九月初四日……一〇七
⊙汾州府知府員缺委劉鼎新代理片
光緒八年九月初四日……一〇七
⊙揀員調補要缺知縣以資治理摺
光緒八年九月初四日……一〇七
⊙趙廷澍改獎片
光緒八年九月初四日……一〇八
⊙委署潞安協副將員缺片
光緒八年九月初四日……一〇八
⊙李聯芳請假回籍省親片
光緒八年九月二十九日……一〇八
⊙周學濬陸學源等改獎片
光緒八年九月二十九日……一〇八
⊙汾陽縣請補豁錢糧摺
光緒八年九月二十九日……一〇九
⊙籌解京餉金營餉片
光緒八年九月二十九日……一〇九
⊙周天麟署理平陽府李義銘調署高平縣片
光緒八年九月二十九日……一一〇
⊙知縣期滿甄别片
光緒八年九月二十九日……一一〇
籌議豐甯押荒辦法摺
光緒八年十一月初三日……一一〇
⊙藩司積習太深治理難期整頓摺
光緒八年十一月初三日……一一二
⊙歸化城税務仍令歸綏道阿克達春接管片
光緒八年十一月初三日……一一三
⊙籌解察哈爾餉銀片
光緒八年十一月初三日……一一三
⊙卓勝營餉項晋省力難籌解摺
光緒八年十一月初三日……一一三
⊙查明錢糧完欠數目摺并清單
光緒八年十一月初三日……一一四
⊙特參緝盗不力人員摺
光緒八年十一月初三日……一一六
⊙奏參善寶嗜好甚重曠公營私片
光緒八年十一月初三日……一一六
⊙改給獎叙以清捐案片并清單
光緒八年十一月初三日……一一六
⊙平遥縣王氏捐助膏火銀照例建坊片
光緒八年十一月初三日……一一八
⊙光緒八年夏季分委署代理過知縣摺并清單
光緒八年十一月初三日……一一八
⊙學政幕友人數片并清單
光緒八年十一月初三日……一一九
⊙張書紳飭赴新任穆長椿等飭赴讞局學習片
光緒八年十一月初三日……一一九

請停分發摺
光緒八年十一月二十五日……………一一九
⊙覆陳籌解烏科兩城經費摺
光緒八年十一月二十五日……………一二〇
⊙籌撥京餉軍餉片
光緒八年十一月二十五日……………一二一
⊙道員高崇基留晋補用片
光緒八年十一月二十五日……………一二一
⊙奏參裕厚等革職片
光緒八年十一月二十五日……………一二一
⊙通省秋禾約收分數摺并清單
光緒八年十一月二十五日……………一二二
⊙揀員調補要缺知縣摺
光緒八年十一月二十五日……………一二二
〇查明壬午科鄉試老生榜發未中摺
光緒八年十一月二十五日……………一二三
⊙陽曲等州縣民欠懇遞緩蠲免摺
光緒八年十二月初四日……………一二三
⊙請將弓沛霖等改奬移奬以清捐案片并清單
光緒八年十二月初四日……………一二四
⊙勾瑞春等原捐銀兩移給吴壽錢等片并清單
光緒八年十二月初四日……………一二五
⊙光緒五年分應徵節年錢糧比較上三年完欠數目片并清單
光緒八年十二月初四日……………一二六
⊙光緒六年分應徵舊賦完欠數目摺并清單
光緒八年十二月初四日……………一二七
⊙潞安協一缺請仍以呼延霖借補摺
光緒八年十二月初四日……………一二八
⊙臬司松椿署理藩篆臬篆片
光緒八年十二月初四日……………一二九
〇平陽府知府李秉衡暫緩赴任片
光緒八年十二月初四日……………一二九
⊙盜匪案情重大請即行正法摺
光緒八年十二月初四日……………一二九
⊙大同鎮拿獲口外盜犯請就地正法片
光緒八年十二月初四日……………一三〇
通行保甲法并請定就地正法章程摺
光緒八年十二月十六日……………一三一
設立教案局片
光緒八年十二月十六日……………一三二
⊙光緒七年下忙錢糧完欠數目摺并清單
光緒八年十二月十六日……………一三三
⊙籌解土默特台站等處經費片
光緒八年十二月十六日……………一三四
⊙揀員請補繁缺直隸州知州摺
光緒八年十二月十六日……………一三四
⊙稷山縣知縣與永和縣知縣對調片
光緒八年十二月十六日……………一三五
⊙遴員更調要缺知縣摺
光緒八年十二月十六日……………一三五

⊙拿獲馬賊就地正法年終彙奏摺
光緒八年十二月十六日……一三六
⊙招募精健馬勇來晋訓練片
光緒八年十二月十六日……一三六
⊙光緒八年分上忙錢糧徵收完解數目摺
光緒八年十二月二十日……一三六
⊙報解各餉片
光緒八年十二月二十日……一三七
⊙蔣慶榮等二員改給獎叙片
光緒八年十二月二十日……一三七
⊙光緒八年秋季委署代理州縣摺并清單
光緒八年十二月二十日……一三八
⊙請將緝捕不力員弁交部議處片
光緒八年十二月二十日……一三八
⊙長子縣豫謙與屯留縣劉鐘麟對調片
光緒八年十二月二十日……一三九
⊙陽曲等州縣被災懇蠲緩錢糧摺
光緒八年十二月二十日……一三九
⊙陽曲縣等處被災來春再行查報摺
光緒八年十二月二十日……一四一
⊙奏參交代不清各員勒限清結摺
光緒八年十二月二十日……一四一
⊙年終文武大員循例出考摺
光緒八年十二月二十日……一四二
⊙山西省文武大員年終考語清單
光緒八年十二月二十日……一四二

光緒九年

新募馬隊並未增餉摺
光緒九年正月二十日……一四三
密陳北軍應練情形片
光緒九年正月二十日……一四五
擬調營哨各官片
光緒九年正月二十日……一四六
⊙查明各屬交代案内銀兩已未完數目摺
光緒九年正月二十日……一四六
⊙請將清查限期改歸八年年底片
光緒九年正月二十日……一四六
⊙委署藩臬篆務片
光緒九年正月二十日……一四七
⊙委署甯遠榆社兩缺片
光緒九年正月二十日……一四七
⊙查明儲濟倉實存穀石摺
光緒九年正月二十日……一四七
⊙核明息穀變價等銀完欠動存數目片并清單
光緒九年正月二十日……一四八
⊙晋省並無私鑄小錢片
光緒九年正月二十日……一四八
⊙續查民欠錢糧米豆懇恩蠲免摺

光緒九年二月初七日……一四九
⊙王守愚請開缺葬親委員接署片
光緒九年二月初七日……一四九
⊙委署安邑等缺片
光緒九年二月初七日……一五〇
⊙晉省千總内現無應劾人員片
光緒九年二月初七日……一五〇
⊙請展緩庚辰綱奏銷等銀摺
光緒九年二月初七日……一五〇
⊙河東籌撥金營西征各餉銀片
光緒九年二月初七日……一五一
審辦劉定邦摺
光緒九年三月十一日……一五一
⊙請緩九年春撥册片
光緒九年三月十一日……一五三
⊙籌解金營餉銀片
光緒九年三月十一日……一五三
⊙晉省軍需各項用款奏咨立案摺
光緒九年三月十一日……一五三
⊙晉省軍需各項用款奏咨立案單
光緒九年三月十一日……一五四
⊙綏遠城留防官兵奏咨立案片并清單
光緒九年三月十一日……一五九
⊙晉撥山海關防餉歸曾國荃奏銷片
光緒九年三月十一日……一六〇
○地方營務善後報銷統歸清源局辦理片
光緒九年三月十一日……一六一
○裁撤湘軍片
光緒九年三月十一日……一六一
○添練撫標親軍營片
光緒九年三月十一日……一六二
⊙晉省賑捐第十次請獎摺
光緒九年三月十一日……一六二
⊙查辦姚文枏情形片
光緒九年三月十一日……一六二
⊙委署大同府員缺片
光緒九年三月十一日……一六二
⊙委署洪洞縣缺片
光緒九年三月十一日……一六三
年例積案懇改題爲奏摺
光緒九年四月二十日……一六三
⊙河東道報解京餉片
光緒九年四月二十日……一六三
⊙孝婦汪宫氏等請旌片
光緒九年四月二十日……一六四
⊙和添眷徵糧騰收擬議罪名摺
光緒九年四月二十日……一六四
⊙請將清結交代各員開復摘頂處分片
光緒九年四月二十日……一六六
⊙調署通判知縣員缺片

光緒九年四月二十日…………………………………… 一六六
⊙董萼蘭等期滿甄别片
光緒九年四月二十日…………………………………… 一六七
⊙搭放驛站錢文因停鑄擬變通片
光緒九年四月二十日…………………………………… 一六七
⊙採購馬匹免徵進口税銀片
光緒九年四月二十日…………………………………… 一六八
○沁源等縣疏防不力請分别議處摺
光緒九年五月初三日…………………………………… 一六八
⊙請定緝捕懲勸章程片
光緒九年五月初三日…………………………………… 一六九
⊙北路獲盜照章正法另擬片
光緒九年五月初三日…………………………………… 一七〇
⊙南路獲盜照章正法片
光緒九年五月初三日…………………………………… 一七〇
⊙審明多案要犯先行正法摺
光緒九年五月初三日…………………………………… 一七一
⊙獲盜出力人員給奬死者議恤片
光緒九年五月初三日…………………………………… 一七二
⊙河東庚辰綱未完鹽引請分年帶徵摺
光緒九年五月初三日…………………………………… 一七三
⊙晋省光緒八年冬季委署知縣摺并清單
光緒九年五月初三日…………………………………… 一七三
⊙林拱樞告病請旨簡放片
光緒九年五月初三日…………………………………… 一七四
⊙光緒七年分未完地丁錢糧各職名摺并清單
光緒九年五月二十八日………………………………… 一七四
⊙委解京協各餉片
光緒九年五月二十八日………………………………… 一七五
⊙籌解關外裁撤各營餉銀片
光緒九年五月二十八日………………………………… 一七六
⊙請將光緒八年奏銷展緩片
光緒九年五月二十八日………………………………… 一七七
⊙請開復姚官澄降調處分摺
光緒九年五月二十八日………………………………… 一七七
⊙調署知縣片
光緒九年五月　日…………………………………… 一七七
籌解經費撫恤蒙部摺
光緒九年六月二十九日………………………………… 一七八
請免造交代細册片
光緒九年六月二十九日………………………………… 一七八
⊙光緒九年春季委署州縣摺并清單
光緒九年六月二十九日………………………………… 一七九
⊙委署潞安府各缺片
光緒九年六月二十九日………………………………… 一八〇
⊙籌解京協各餉片
光緒九年六月二十九日………………………………… 一八〇
⊙請補潞安府員缺摺
光緒九年六月二十九日………………………………… 一八〇
⊙藩司易佩紳到任日期片

⊙請留李秉衡辦理營務片
光緒九年六月二十九日……一八一
⊙飭催朱采到任片
光緒九年六月二十九日……一八一
⊙請補甯武府知府員缺摺
光緒九年六月二十九日……一八一
⊙酌補應州知州員缺摺
光緒九年六月二十九日……一八二
⊙臺站北路得雨情形片
光緒九年六月二十九日……一八三
○展緩巡閱軍政片
光緒九年六月二十九日……一八三
⊙甄别庸劣不職各員摺
光緒九年六月二十九日……一八三
○籌款捐資協濟東賑緣由摺并清單
光緒九年七月初七日……一八四
⊙奏調洪汝奎來晉差遣委用片
光緒九年七月初七日……一八五
⊙光緒九年夏季委署知縣摺并清單
光緒九年七月初七日……一八六
○誤考文生准以原名應試摺
光緒九年七月初七日……一八六
⊙總兵馬陞呈請開缺回籍養親據情代請摺
光緒九年七月　日……一八七
知縣外補壅滯懇恩量予變通摺
光緒九年八月二十日……一八七
知縣丁憂起復仍歸原省候補片
光緒九年八月二十日……一八八
○委大員勘議邊外各廳片
光緒九年八月二十日……一八九
○籌濟順直災賑摺
光緒九年八月二十八日……一八九
⊙委署道篆片
光緒九年八月　日……一八九
⊙特報水災情形片
光緒九年八月　日……一九〇
⊙審明謀殺期親尊長定擬摺
光緒九年八月　日……一九〇
⊙委署蒲州府知府榆次縣知縣片
光緒九年八月　日……一九一
⊙請准以錢榮增補授絳州知州摺
光緒九年八月　日……一九一
⊙遵飭李秉衡赴任啓程日期片
光緒九年八月　日……一九一
○請緩换防官兵起程片
光緒九年八月　日……一九二
籌議七廳改制事宜摺并清單
遵查革員侵蝕各款擬議結案摺
光緒九年九月二十九日……一九二

光緒九年九月二十九日……一九八
各員捐修貢院片 光緒九年九月二十九日……一九九
○票商隱匿賑款勒繳定擬摺 光緒九年九月二十九日……一九九
請將侵匿釐税各員革職追繳片 光緒九年九月二十九日……二〇一
參劾不職武員片 光緒九年十月二十三日……二〇一
設立鐵絹局片 光緒九年十月二十三日……二〇二
⊙獲盜不力請將各員議處片 光緒九年十月　日……二〇二
⊙揀員接署副將等職片 光緒九年十月　日……二〇三
法釁已成敬陳戰守事宜摺 光緒九年十一月初一日……二〇三
法患未已不可罷兵摺 光緒九年十一月初一日……二〇六
越事關係大局請斷自宸衷片 光緒九年十一月初一日……二〇七
籌議京員津貼摺 光緒九年十一月十七日……二〇八
請加翰詹科道津貼片 光緒九年十一月十七日……二〇九
請明定報銷飯銀摺 光緒九年十一月十七日……二一〇
年例物料請分別免解摺 光緒九年十一月十七日……二一一
太汾兩府試行潞鹽片 光緒九年十一月十七日……二一二
⊙參革石樓縣知縣汪恩湛片 光緒九年十一月　日……二一三
⊙特參城關被劫疏防不力各員摺 光緒九年十二月十二日……二一三
陳明禁種罌粟情形摺 光緒九年十二月十二日……二一三
清查庫款完竣摺 光緒九年十二月二十日……二一四
報銷營務善後用款摺 光緒九年十二月二十日……二一六
○票商隱匿賑款擬請加等治罪摺 光緒九年十二月二十一日……二一七
覆奏捐工各員並無劣蹟摺 光緒九年十二月二十一日……二一八
謝賜福字摺 光緒九年十二月二十六日……二一九
⊙調署州縣片 光緒九年十二月　日……二一九
⊙奏對調知縣摺

⊙奏請再停分發片 光緒九年十二月 日……二一九
光緒九年十二月 日……二二〇

光緒十年

⊙知縣人地相需遴員對調摺 光緒十年正月 日……二二〇
⊙知縣人地相需遴員對調摺 光緒十年正月 日……二二一
⊙知縣人地相需遴員對調摺 光緒十年正月 日……二二一
⊙委署知州片 光緒十年正月 日……二二二
⊙請將知縣降補片 光緒十年正月 日……二二二
⊙程遵濂鄧元文捐助地方公舉請予建坊片 光緒十年正月 日……二二二
⊙總兵張樹屏患病懇請賞假片 光緒十年正月 日……二二二
⊙請以姚官澄補授解州直隸州知州摺 光緒十年二月 日……二二三
⊙特參各員片 光緒十年二月 日……二二三
⊙請留武職各員補用片 光緒十年二月 日……二二三
⊙仍請以錫良升補代州直隸州知州摺 光緒十年二月 日……二二四
光緒十年二月 日……二二四
〇暫留知州清釐局事片 光緒十年三月十六日……二二五
口外編籍無礙游牧摺 光緒十年三月二十六日……二二五
謝頒賞聖訓摺 光緒十年三月二十六日……二二七
密陳奎英阻撓邊事片 光緒十年三月二十七日……二二八
⊙參革疏防司獄拿問摺 光緒十年三月 日……二二八
⊙委署各員缺片 光緒十年三月 日……二二九
⊙奏參各員議處片 光緒十年三月 日……二二九
⊙補用同知等四員試用期滿甄別片 光緒十年三月 日……二二九
⊙榆次縣知縣吴師祁人地不宜開缺留省片 光緒十年三月 日……二三〇
籌改營制摺並單 光緒十年四月初七日……二三〇
⊙請緩解年例物料價脚例價銀兩摺 光緒十年四月初七日……二三四

○遵議安置軍流各犯摺　光緒十年十二月　日……二六九
⊙請補守備片　光緒十年十二月　日……二七〇
⊙飭知縣各員赴任片　光緒十年十二月　日……二七一

光緒十一年

特參不職文武各員摺　光緒十一年正月十九日……二七一
⊙請旌表烈婦摺　光緒十一年正月　日……二七二
⊙知縣史光溥留省學習片　光緒十一年正月　日……二七三
⊙考試用期滿各員甄别摺　光緒十一年正月　日……二七三
⊙試用各員期滿甄别片　光緒十一年正月　日……二七三
⊙委署知府片　光緒十一年正月　日……二七三
謝賜福字摺　光緒十一年二月二十日……二七四
謝京察議叙摺　光緒十一年二月二十日……二七四
⊙請准以郭樹榕調補南海縣知縣摺　光緒十一年二月　日……二七四
⊙懇准以王承彦補授昌化縣知縣摺　光緒十一年二月　日……二七五
⊙特參知縣徵存地丁延不完解摘頂勒追摺　光緒十一年二月　日……二七五
黄照臨調粤差委片　光緒十一年三月初二日……二七六
⊙都司嚴廣齡因公殞命議恤片　光緒十一年三月　日……二七六
⊙剿辦瓊州黎匪出力各員酌保摺　光緒十一年三月　日……二七七
⊙請准以鄭荄調補海陽縣知縣摺　光緒十一年三月　日……二七七
⊙知縣奏銷後續完錢糧請改議緣由摺　光緒十一年三月　日……二七八
⊙請准以裘伯玉調補潮陽縣知縣摺　光緒十一年三月　日……二七八
⊙籌解第一批鹽課京餉等銀兩摺　光緒十一年三月　日……二七九
廣軍會合各軍保關克諒撤兵回界摺　光緒十一年四月初二日……二七九
請褒賞馮子材李秉衡片
景軍越境會剿及撤兵還界摺并清單　光緒十一年四月初二日……二八二

唐景崧可任兵事片　光緒十一年四月初二日……二八三
籌議闈姓利害暫請弛禁摺　光緒十一年四月初二日……二八六
請派瑞璋兼辦洋務片　光緒十一年四月二十日……二八六
⊙北海關税礙難遽定額數摺　光緒十一年四月　日……二八九
⊙粤海關籌解第一批京餉銀兩摺　光緒十一年四月　日……二九〇
⊙參革知縣王懋官審辦片　光緒十一年四月　日……二九〇
⊙參革遊擊蕭慶勝片　光緒十一年四月　日……二九一
⊙奏請停撥釐息銀兩緣由摺　光緒十一年四月　日……二九一
⊙魏長熙調署澄海縣知縣片　光緒十一年四月　日……二九二
續增勇丁并規越援臺各營補陳備案摺　光緒十一年五月二十五日……二九三
補陳保衛教堂情形片　光緒十一年五月二十五日……二九三
請留蕭韶片　光緒十一年五月二十五日……二九四
籌議海防要策摺　光緒十一年五月二十五日……二九五
教練廣勝軍專習洋戰片　光緒十一年五月二十五日……二九五
雇募德弁片　光緒十一年五月二十五日……二九八
展設欽廉雷瓊電綫片　光緒十一年五月二十五日……二九九
試造淺水輪船摺　光緒十一年五月二十五日……二九九
創造礮划設立廣安水軍摺　光緒十一年五月二十五日……三〇〇
⊙南海等縣圍基被水冲決及委勘撫恤情形摺　光緒十一年五月　日……三〇〇
⊙擬赴被水地方查勘撫恤片　光緒十一年五月　日……三〇一
⊙奏請變通鼓鑄片　光緒十一年五月　日……三〇三
⊙兩粤被災賑撫情形摺　光緒十一年五月　日……三〇三
⊙灊陳被水並請款籌捐撫辦摺　光緒十一年五月　日……三〇三
⊙參革通判遞籍片　光緒十一年五月　日……三〇四
⊙劉永福稟已整隊待發片　光緒十一年五月　日……三〇五
三〇七

光緒十一年五月　日……三〇七
籌辦劉永福内徙情形摺　光緒十一年六月初六日……三〇八
劉永福舊部另投別軍片　光緒十一年六月初六日……三〇九
妥籌安置劉永福事宜摺　光緒十一年六月二十九日……三〇九
緩開塞河片　光緒十一年六月二十九日……三一一
⊙克復諒山賞給諸軍銀片　光緒十一年七月初一日……三一二
添建礮臺軍械所片　光緒十一年七月初一日……三一二
租購調撥各輪船補陳備案片　光緒十一年七月初一日……三一三
廣西梧州至龍州展設電綫動用經費開單報銷摺　光緒十一年七月初一日……三一三
○呈四月分電旨電奏摺　光緒十一年七月初二日……三一四
謝賞戴花翎摺　光緒十一年七月二十八日……三一四
⊙委署知府片　光緒十一年七月　日……三一五
⊙委署司道片　光緒十一年七月　日……三一五
⊙調員留營差遣片　光緒十一年七月　日……三一五
⊙請照例補給世職片　光緒十一年七月　日……三一五
○籌借晋款陳明片　光緒十一年七月　日……三一六
⊙試用知縣期滿甄別片　光緒十一年七月　日……三一六
甄別貪劣不職正佐各員摺　光緒十一年八月初一日……三一六
特參鹽務洋務營伍不職各員摺　光緒十一年八月初一日……三一七
密陳求治需才情形片　光緒十一年八月初一日……三一七
○爲陳嘉請恤摺　光緒十一年八月　日……三一八
○徐賡陛被參活埋人命審明定擬摺　光緒十一年八月　日……三一九
⊙知縣各飭赴本任片　光緒十一年八月　日……三二一
⊙岑傳霖調署新會縣知縣片　光緒十一年八月　日……三二二
⊙籌解鹽課京餉等款銀兩摺　光緒十一年八月　日……三二二
⊙委護署道篆片

光緒十一年八月　日……三二三
各路防營分別裁留摺
光緒十一年九月初四日……三二三
查明洋款數目請飭各省關分還摺
光緒十一年九月初四日……三二四
籌議大治水師事宜摺
光緒十一年九月初四日……三二五
勸令僑商捐資購造護商兵船片
光緒十一年九月初四日……三三〇
籌辦廉瓊礮臺摺
光緒十一年九月初四日……三三〇
購配克虜伯礮解交畿輔各軍摺
光緒十一年九月初四日……三三一
○沙面案賞恤款向滙豐洋行借發片
光緒十一年九月初五日……三三二
⊙請留武員差遣補用片
光緒十一年九月　日……三三二
⊙揀員請補守備片
光緒十一年九月　日……三三三
⊙籌解第三批鹽課京餉等款銀兩摺
光緒十一年九月　日……三三三
⊙粵海關籌解第三批京餉銀兩摺
光緒十一年九月　日……三三四
恭聆懿訓瀝陳下忱摺
光緒十一年十月初九日……三三五
派員隨勘滇桂邊界摺
光緒十一年十月初九日……三三五
派員先勘欽越交界片
光緒十一年十月初九日……三三六
密陳滇桂勘界機宜片
光緒十一年十月初九日……三三七
酌留湘軍摺
光緒十一年十月初九日……三三七
○潮屬被水堤工竣事片
光緒十一年十月　日……三三八
⊙藩司因病出缺委員署理摺
光緒十一年十月　日……三三九
⊙查明部行改補知縣摺
光緒十一年十月　日……三三九
⊙甄別大挑知縣片
光緒十一年十月　日……三四〇
⊙知府到省委赴讞局學習片
光緒十一年十月　日……三四一
⊙知府應行迴避揀員對調摺
光緒十一年十月　日……三四一
⊙請補授水師守備片
光緒十一年十月　日……三四一
⊙奏請建坊片
光緒十一年十一月　日……三四二
⊙奏請量予獎勵張樹聲之子片

光緒十一年十一月　日……三四二
○知縣王懋官委辦礮臺工程浮冒請懲儆摺
光緒十一年十一月　日……三四三
欽越邊界亟應改正摺
光緒十一年十二月初一日……三四四
請定盜案就地正法章程摺
光緒十一年十二月初一日……三四六
爲沈鎔經請恤摺
光緒十一年十二月初一日……三四七
請開缺回籍調理摺
光緒十一年十二月十八日……三四八
查辦匪鄉摺
光緒十一年十二月二十七日……三四九
請嚴定械鬭專條摺
光緒十一年十二月二十七日……三五〇
剿捕洋匪摺
光緒十一年十二月二十七日……三五二
分撥毛瑟槍摺
光緒十一年十二月二十七日……三五三
陳明同時告病片
光緒十一年十二月二十七日……三五四
⊙張聯桂捐賑請旌獎片
光緒十一年十二月　日……三五四
⊙請調補知府摺
光緒十一年十二月　日……三五四
⊙知縣飭赴本任片
光緒十一年十二月　日……三五五
⊙覆查保甲完竣摺
光緒十一年十二月　日……三五五
⊙暫緩同知赴部片
光緒十一年十二月　日……三五六
⊙奏參承審知府片
光緒十一年十二月　日……三五六
⊙調署總兵片
光緒十一年十二月　日……三五七
⊙委員暫署運司片
光緒十一年十二月　日……三五七
⊙粵海關籌解第四批京餉銀兩摺
光緒十一年十二月　日……三五七
⊙籌解第四批鹽課京餉等款銀兩摺
光緒十一年十二月　日……三五八
⊙光緒十一年廣東省司道府各員考語單
光緒十一年十二月　日……三五九
⊙光緒十一年廣西省司道府各員考語單
光緒十一年十二月　日……三五九
⊙光緒十一年廣東省提督總兵考語單
光緒十一年十二月　日……三五九
⊙光緒十一年廣西省提督總兵考語單
光緒十一年十二月　日……三六〇
⊙粵桂學政甫經到任尚未開考片

光緒十一年十二月　日……三六〇

光緒十二年

劉永福到粤摺　光緒十二年正月十九日……三六〇
⊙特參各員革職嚴追摺　光緒十二年正月　日……三六二
⊙請准建坊片　光緒十二年正月　日……三六三
⊙特參各廳州縣擇尤懲限通緝摺　光緒十二年正月　日……三六三
⊙奏參武職員弁分別示懲摺　光緒十二年正月　日……三六五
⊙特參革降知縣片　光緒十二年正月　日……三六五
⊙請准以曾紀渠補授南雄直隸州知州片　光緒十二年正月　日……三六六
⊙飭部查核施行片　光緒十二年正月　日……三六六
已塞沙路永遠不宜復開摺　光緒十二年二月二十五日……三六七
潮綱廢弛委府兼辦片　光緒十二年二月二十五日……三六八
籌議廣西邊防摺　光緒十二年二月二十五日……三六九
會籌保護僑商事宜摺　光緒十二年二月二十五日……三七一
請催設香港領事摺　光緒十二年二月二十五日……三七四
⊙委員被擄起回獲犯並專派營將會緝片　光緒十二年二月　日……三七五
⊙請免撥銀兩片　光緒十二年二月　日……三七六
⊙特參疏防典史革拿摺　光緒十二年二月　日……三七七
⊙藥廠失事人員請賜恤片　光緒十二年二月　日……三七八
⊙請將歸善縣知縣鄭葵開缺片　光緒十二年二月　日……三七八
⊙請開復知縣廖鴻詞摺　光緒十二年二月　日……三七八
⊙調署知縣片　光緒十二年二月　日……三七九
⊙調署知縣片　光緒十二年二月　日……三七九
⊙籌解第一批鹽課京餉等款銀兩摺　光緒十二年二月　日……三七九
查革肇潮兩府稅廠積弊摺　光緒十二年三月二十一日……三八〇

存儲礮臺專款片　光緒十二年三月二十一日……三八四
廠書罰款助修堤工片　光緒十二年三月二十一日……三八四
查革梧關積弊摺　光緒十二年三月二十一日……三八四
停止沙田各捐摺　光緒十二年三月二十一日……三八八
懇恩續假摺　光緒十二年三月二十一日……三九一
謝賜福字摺　光緒十二年三月二十一日……三九二
籌設鎮缺摺　光緒十二年三月二十四日……三九二
陳明廣東洋務情形并委蔣澤春兼辦片　光緒十二年三月二十四日……三九三
⊙大員之母年未百齡五世同堂請旌表摺　光緒十二年三月　日……三九五
⊙調補知府片　光緒十二年三月　日……三九五
⊙特參貪劣不職各員摺　光緒十二年三月　日……三九六
⊙查閱旗緑各營附省各營陣式技藝摺　光緒十二年三月　日……三九六
⊙奏參清遠縣知縣羅煒片　光緒十二年三月　日……三九七
⊙裁減各衙門公費片　光緒十二年三月　日……三九七
⊙舊案盜犯悉照新例處決片　光緒十二年三月　日……三九七
⊙陳明籌辦軍械等項片　光緒十二年三月　日……三九八
⊙參革都司懲辦片　光緒十二年三月　日……三九八
瀝陳華僑被害粵省辦理情形並請敕催懲辦摺　光緒十二年四月十六日……三九八
駁斥法領事索賠銀兩片　光緒十二年四月十六日……四〇一
洋商夥串華民包送私貨請旨知照外洋約禁摺　光緒十二年四月二十六日……四〇二
⊙粵海關籌解第一批京餉銀兩摺　光緒十二年四月　日……四〇四
⊙請獎勵武弁片　光緒十二年四月　日……四〇四
○學臣出缺請旨簡放摺　光緒十二年四月　日……四〇五
⊙在籍侍衛何綸章恃勢武斷究辦片　光緒十二年四月　日……四〇五
○保獎籌濟滇桂餉械異常出力人員摺　光緒十二年五月二十二日……四〇六

財政艱窘分擬辦法摺 光緒十二年五月二十二日……四〇七
請指定專款備還本省洋款摺 光緒十二年五月二十二日……四一一
籌捐巡緝經費摺 光緒十二年五月二十二日……四一二
試造淺水輪船工竣摺 光緒十二年五月二十七日……四一三
⊙奏參府州縣各員片 光緒十二年五月　日……四一四
⊙籌解第二批鹽課京餉等款銀兩摺 光緒十二年五月　日……四一四
剿辦九頭山洋匪摺 光緒十二年六月二十日……四一五
力疾銷假並謝兼署撫篆摺 光緒十二年六月二十二日……四一七
⊙籌解第二批京餉片 光緒十二年六月　日……四一七
⊙委署代理州縣各缺摺 光緒十二年六月　日……四一八
⊙遵章彙奏片 光緒十二年六月　日……四一八
⊙委署代理各缺片 光緒十二年六月　日……四一八
⊙籌解第二批地丁京餉片 光緒十二年六月　日……四一八
⊙查明欠解銀米各員勒限嚴追摺 光緒十二年六月　日……四一九
⊙欠解銀米參後全完各員請旨開復摺 光緒十二年六月　日……四一九
⊙保員鹽大使以知縣留原省補用片 光緒十二年六月　日……四一九
⊙道員華祝三暫緩引見片 光緒十二年六月　日……四二〇
⊙甄別知縣片 光緒十二年六月　日……四二一
⊙革員欠解銀米勒限嚴追摺 光緒十二年六月　日……四二一
⊙揀員調補知縣摺 光緒十二年六月　日……四二一
⊙提督鄭紹忠丁憂請暫留署任摺 光緒十二年六月　日……四二二
⊙知縣應行迴避揀員對調摺 光緒十二年六月　日……四二二
⊙委署總兵片 光緒十二年六月　日……四二三
⊙革員王序賢被參藉案詐贜勒索審明定擬摺 光緒十二年六月　日……四二三
⊙委署總兵片 光緒十二年六月　日……四二三

⊙革員章逢吉聽信丁役詐贓審明定擬摺
光緒十二年六月　日……………………四二七
⊙請旌獎片
光緒十二年六月　日……………………四二九
⊙鹽運各司至省飭赴新任片
光緒十二年六月　日……………………四三〇
⊙舊金山華商集捐給匾奏明立案片
光緒十二年六月　日……………………四三〇
⊙紳商在洋捐助防費懇請獎敍摺
光緒十二年六月　日……………………四三〇
⊙特參貪黷昏惰各員摺
光緒十二年六月　日……………………四三一
⊙請獎敍獲盜各縣片
光緒十二年六月　日……………………四三二
請頒沙田部照摺
光緒十二年七月初一日……………………四三三
請派大員潵辦瓊州客黎各匪摺
光緒十二年八月初十日……………………四三四
⊙請獎勵都司連美片
光緒十二年八月十七日……………………四三六
⊙請獎勵同文館各員等摺
光緒十二年八月二十日……………………四三七
⊙總兵出缺請旨簡放摺
光緒十二年八月　日……………………四三七
⊙審明逆倫犯婦按律懲辦摺
光緒十二年八月　日……………………四三七
⊙副將戴美武守備歐陽煥防營不力請革職片
光緒十二年八月　日……………………四三八
⊙飭令知縣各回本任片
光緒十二年八月　日……………………四三九
⊙請獎勵粵海關監督海緒片
光緒十二年八月　日……………………四三九
〇請旨查辦劣幕沈彬摺
光緒十二年八月　日……………………四三九
⊙請頒發關防片
光緒十二年八月　日……………………四四一
⊙南韶連三屬歲科併考請旨遵行摺
光緒十二年八月　日……………………四四一
⊙調員差遣片
光緒十二年八月　日……………………四四一
大修廣肇兩屬圍堤工竣摺
光緒十二年九月初三日……………………四四二
修築潮州府屬各堤工竣片
光緒十二年九月初三日……………………四四五
辨認欽州老界繪圖列證請旨飭辦摺
光緒十二年九月初七日……………………四四五
⊙委署道篆片
光緒十二年九月　日……………………四四九
⊙上年水災籌措賑款奏請立案摺
光緒十二年九月　日……………………四四九

⊙第九十三次盗犯正法開單彙奏摺　光緒十二年九月　日……四五〇
⊙知縣欠解請旨革職勒追摺　光緒十二年九月　日……四五一
⊙副將利輝參案覆奏議結片　光緒十二年四月至九月　日……四五一
〇酌保粤東西兩省勘界出力員弁摺并單　光緒十二年十月二十四日……四五二
密陳于蔭霖才堪大用片　光緒十二年十月二十四日……四五三
密陳瓊防人才片　光緒十二年十月二十六日……四五四
⊙請换總兵敕諭片　光緒十二年十月　日……四五五
⊙知縣留省學習片　光緒十二年十月　日……四五五
⊙革員徐賡陛專辦省城西南路盗匪片　光緒十二年十月　日……四五五
⊙瓊州府知府謙貴兼護道篆片　光緒十二年十月　日……四五六
⊙查明十一年分征收錢糧銀米未完一分以上各員摺　光緒十二年十一月初十日……四五六
⊙請旌恤摺　光緒十二年十一月初十日……四五七
查覆大南沙築圍一案摺　光緒十二年十一月二十五日……四五八
瓊軍獲勝籌辦招撫摺　光緒十二年十一月二十七日……四六二
⊙拿獲滋事首要各犯訊明正法摺　光緒十二年十一月　日……四六五
請復拐匪就地正法舊章摺　光緒十二年十二月初七日……四六六
請開鐵禁摺　光緒十二年十二月初七日……四六七
⊙光緒十一年分催征舊賦完欠數目摺　光緒十二年十二月十九日……四六七
⊙征收光緒十一年分錢糧比較上三年數目摺　光緒十二年十二月十九日……四六八
⊙盤驗藩庫銀數及通省征收錢糧銀米完欠數目摺　光緒十二年十二月十九日……四六八
查覆收支款目尚無歧誤摺　光緒十二年十二月二十六日……四六九
請編定瓊州鄉會試中額摺　光緒十二年十二月二十六日……四七〇
⊙前任同知知州欠解銀米勒限嚴追摺　光緒十二年十二月二十六日……四七一
⊙彙奏光緒十二年五月至十月咨結交代各案摺　光緒十二年十二月二十六日……四七二
⊙特參革降武員弁摺　光緒十二年十二月二十六日……四七二

⊙奏報十一月分雨水糧價摺
光緒十二年十二月二十六日……四七三
⊙前修佛山河道工程丈尺銀數開單奏報摺
光緒十二年十二月二十六日……四七三
薦舉州縣人才摺
光緒十二年十二月二十七日……四七四
⊙候補試用各員期滿甄别片
光緒十二年十二月二十七日……四七五
⊙特參遊擊革留片
光緒十二年十二月二十七日……四七五
⊙特參各員片
光緒十二年十二月二十七日……四七五
⊙查明禁革桂皮把持商人覆陳摺
光緒十二年十二月二十七日……四七六
⊙光緒十二年九至十一月電旨電奏開單具奏摺
光緒十二年十二月二十七日……四七七
⊙揀員調補知縣摺
光緒十二年十二月　日……四七八
⊙揀員委署知縣片
光緒十二年十二月　日……四七八
⊙團練捐資協防出力官紳擇尤保奬摺
光緒十二年十二月　日……四七八
⊙粤防出力員弁擇尤保奬摺
光緒十二年十二月　日……四七九
⊙保舉前廣州將軍長善政績情形片
光緒十二年十二月　日……四七九
⊙保薦李秉衡片
光緒十二年十二月　日……四八〇
⊙奏請旌表摺
光緒十二年十二月　日……四八〇
⊙甄别千總片
光緒十二年十二月　日……四八〇
⊙官紳捐助賑銀請准建坊片
光緒十二年十二月　日……四八一
⊙廣西平糶費用在備荒經費下開支片
光緒十二年六月至十二月　日……四八一

光緒十三年

⊙升授雲南藩司于蔭霖丁憂請旨簡放摺
光緒十三年正月十七日……四八二
⊙揀員調補知縣摺
光緒十三年正月十七日……四八二
⊙奏報十二月分雨水糧價摺
光緒十三年正月十七日……四八三
⊙丁憂副將暫留署任摺
光緒十三年正月十九日……四八三
⊙剿辦洋匪出力人員擇尤酌保摺
光緒十三年正月十九日……四八三
⊙彙奏請襲世職摺

⊙甄别千總片　光緒十三年正月十九日……四八四
購辦機器試鑄制錢摺　光緒十三年正月十九日……四八五
試鑄銀元片　光緒十三年正月二十四日……四八五
⊙籌解第一批鹽課京餉等款銀兩摺　光緒十三年正月二十四日……四八六
⊙廣東洋藥税釐照原數劃留專還本省洋款摺　光緒十三年正月二十四日……四八七
⊙知府嚴家疇被參縱丁訛索案先行議結摺　光緒十三年正月二十四日……四八八
⊙開復各員處分片　光緒十三年正月二十四日……四八九
⊙迭次拿獲會匪洋盜訊明正法摺　光緒十三年正月二十四日……四九〇
⊙迴避知縣仍留原省補用片　光緒十三年正月　日……四九一
⊙運篆委臬司兼署片　光緒十三年正月　日……四九二
⊙彙奏第九十四次正法盜犯名數摺　光緒十三年正月　日……四九二
⊙委署道員片　光緒十三年正月　日……四九三
⊙委署道員片　光緒十三年正月　日……四九三
⊙斥革舉人李廷槐片　光緒十三年正月　日……四九三
恭報交卸兼署撫篆日期並懇賞假調理摺　光緒十三年二月十七日……四九四
剿撫各黎開通山路摺　光緒十三年二月十七日……四九四
⊙請獎勵瓊州官軍摺　光緒十三年二月十七日……四九七
添調福軍赴瓊片　光緒十三年二月十七日……四九八
爲張福啓等請恤片　光緒十三年二月十七日……四九八
⊙謝賜福字摺　光緒十三年二月十七日……四九九
⊙署任總兵賴鎮邊丁憂服滿摺　光緒十三年二月十九日……四九九
⊙揀員升補陸路參將摺　光緒十三年二月十九日……四九九
⊙請以朱國安補授連陽營遊擊摺　光緒十三年二月十九日……五〇〇
⊙請將黄榮華等十員留粤差委片　光緒十三年二月十九日……五〇〇
⊙請准以謝玉泉補授守備片　光緒十三年二月十九日……五〇〇
⊙請准以白琚補授守備片　光緒十三年二月十九日……五〇一

⊙徵信册與奏銷册並造片 光緒十三年五月　日……五三五
⊙調署知府片 光緒十三年五月　日……五三六
⊙故令周濟仁革追摺 光緒十三年五月　日……五三六
全瓊肅清分别裁留營勇通籌善後事宜摺 光緒十三年五月　日……五三七
爲楊玉書等請恤片 光緒十三年六月十三日……五三七
查辦匪鄉已有端緒摺 光緒十三年六月十三日……五四〇
肇慶稅收加倍請分年購礮摺 光緒十三年六月十三日……五四一
⊙籌解第二批鹽課京餉等銀片 光緒十三年六月十三日……五四四
⊙總兵鄧安邦暫緩陛見片 光緒十三年六月十三日……五四六
⊙劉永福調署碣石鎮總兵片 光緒十三年六月十三日……五四六
⊙劉永福暫緩陛見片 光緒十三年六月十三日……五四七
⊙添調福軍赴瓊片 光緒十三年六月十三日……五四七
⊙請開復瓊州知府片 光緒十三年六月十三日……五四七
⊙行銷湘省粤鹽請予停止加價摺 光緒十三年六月十三日……五四八
創辦水陸師學堂摺 光緒十三年六月十四日……五四八
續造兵輪摺 光緒十三年六月十四日……五五〇
查明潯梧兩廠短徵稅銀請分别著賠寬免摺 光緒十三年六月十四日……五五二
量開河道口門與英使妥商交犯辦法摺 光緒十三年六月十四日……五五四
⊙請開復知縣丁墉片 光緒十三年六月十四日……五五四
⊙懇准將遊擊黄龍韜以原品休致片 光緒十三年六月十四日……五五五
⊙請暫免查缺對調都司片 光緒十三年六月十四日……五五五
⊙懇准將吴鈔等留粤差委片 光緒十三年六月十四日……五五六
⊙驗收軍器數目片 光緒十三年六月十四日……五五六
創建廣雅書院摺 光緒十三年六月十四日……五五六
遵保提鎮各員摺并清單 光緒十三年六月十六日……五五六

光緒十三年六月十六日……五五八
再請開缺回籍調理摺
光緒十三年六月十六日……五五九
⊙揀員升補都司摺
光緒十三年六月十六日……五六〇
⊙總兵林宜華留省差遣片
光緒十三年六月十六日……五六〇
⊙請准以李榮陞補授守備片
光緒十三年六月十六日……五六〇
⊙請仍以原擬之員補授遊擊片
光緒十三年六月十六日……五六一
⊙請准以聶顯彰升補都司片
光緒十三年六月十六日……五六二
⊙請准以何貴龍調補都司片
光緒十三年六月十六日……五六二
⊙請准以王啓明升補守備片
光緒十三年六月十六日……五六三
⊙委署提督總兵篆務片
光緒十三年六月十六日……五六三
⊙新設道員一缺另刊關防片
光緒十三年六月　日……五六三
⊙正法盜犯案由罪名造册送部查核摺
光緒十三年六月　日……五六三
⊙請旌表貞女摺
光緒十三年六月　日……五六四
⊙委署州縣各缺片
光緒十三年六月　日……五六四
⊙請准以王耀曾補授澄海縣知縣摺
光緒十三年六月　日……五六五
⊙請旌表貞烈婦摺
光緒十三年六月　日……五六五
⊙知縣留省學習片
光緒十三年六月　日……五六五
⊙候補府州縣期滿甄别片
光緒十三年六月　日……五六六

奏議

同治六年

謝授湖北學政摺 同治六年九月十六日

竊臣荷蒙恩命，典試浙中，於九月十五日揭曉後，准浙江撫臣咨，接准吏部咨，八月初一日内閣奉上諭：湖北學政著張之洞去。等因。欽此。咨會到臣。聞命之下，感激難名。臣近畿下士，詞館庸材，上第本出於殊恩，持衡重叨夫渥寵。乃會稽竹箭，方懼有搜羅遺棄之材，而江漢文章，復畀以提倡振興之任。鴻施稠疊，愚悃慚惶。臣惟有俟到任後，矢慎矢勤，於士習文風，力求整頓，以仰答高厚鴻慈於萬一。

同治十二年

謝授四川學政摺 同治十二年九月十三日

竊臣奉命典試四川，出闈後，接准四川督臣吳棠咨，八月初一日奉上諭：四川學政著張之洞去，現出試差者，俱著各赴新任，不必來京請訓。等因。欽此。聞命之下，感悚難名。臣學識譾陋，迭忝持衡，復邀重巽，俾留視學。蜀才衆多，誨養非易，聖慈優渥，報稱爲難。惟有力持廉介，事事認真，以仰答高厚鴻慈於萬一。俟前任學臣夏子錫將報部册籍料理完竣，即行接印任事。除由正考官臣鍾寶華回京恭覆恩命外，所有微臣感激下忱，理合繕摺叩謝天恩，伏祈皇上聖鑒。再，臣尚未接篆，此摺係借用四川總督關防，合併聲明。

恭報到任日期摺[一] 同治十二年十月 日

竊臣於四川試差差次，荷蒙恩命簡放四川學政，出闈後，當即具摺叩謝天恩在案。茲於十月十五日，准前任學政臣夏子錫委員齎送學政關防一顆，並一應文卷書籍，移交到臣。臣恭設香案，望闕叩頭謝恩訖，即於是日祇領任事。伏念臣畿輔下士，秉性迂愚，猥荷殊施，畀以視學之任，寸衷感悚，莫可名言。竊查四川省分人文素優，惟棚數較他省爲多，弊端亦較他省爲甚。至軍興

[一] 以下二件録自同治十二年十二月十七日《京報》。

以還，學額日廣，品行實學尤須極力講求。臣惟有首勵以廉恥，次勉以讀有用之書。至於剔弊摘奸，惟力是視。總期有裨士類，少答鴻慈。現已檄飭通省，次第舉行歲試。所有微臣到任日期，理合恭摺具奏，伏乞皇上聖鑒。

知道了。

親族同省候補應否迴避片 同治十二年十月　日

再，道員用四川候補知府張桐，係臣堂姪。查例載，各省現任學政有祖孫、父子、親伯叔、兄弟升選至一省者，督撫藩臬自行奏明請旨，道府具呈吏部具奏，在外詳明督撫具奏，其應否迴避，恭候欽定等語。今張桐與臣房分雖與例文所稱親伯叔及升選實缺者有間，但既係親族，臣未敢擅便，其應否迴避之處，謹據實奏聞請旨。

吏部議奏。

光緒元年

爲參革訓導片〔一〕 光緒元年十月　日

再，石柱廳訓導曾懋官，性情貪鄙，聲名素劣，在臣衙門被控多案。此次考試，該廳因文童田時松與書斗争論新生田時習卷價，該訓導遂將田時松辱詈毆擊，以致衆情憤怒，士林以爲深耻，實屬粗暴鄙謬，有玷師儒。相應請旨將曾懋官即行革職，以爲教職無品者戒。伏乞聖鑒。

川省隨棚録遺片 光緒元年　月　日

再，前因順天學政錢寶廉奏請隨棚録遺，嗣據御史孫鳳翔奏請仍照舊制，經禮部議，由各省學政酌量情形奏明辦理。臣詳加體察，隨棚録遺，於川省情形約有數便。川省遼闊，寒士旅費艱難，取録有名者，可俟鄉闈期近再行赴省，便一。川省人情浮動好事，免致多人早聚省城，閑蕩生事，便二。川省積弊，録遺一場，大率代替，十無一真。緣七月中旬以前，本生到者寥寥，若竟聽其假冒，殊非政體。若必核實，則須待下旬開棚，又難趕辦。今隨棚收録者，皆係本生，補者有限，開棚可緩。責令本生入場，不准代替，法令可行，積弊可除，便三。川省録遺生監一萬餘人，向來七月初旬開棚，考核册送已極怱促，布政司卷局造册序卷，

〔一〕以下二件録自光緒元年十一月二十八日《京報》。

十分繁冗。每届迭次來文催促，急如星火。今將隨棚收録者六月内造册預送，則卷局諸事從容，不致倉皇錯亂，便四。惟隨棚未取者，不准補録一條，則懸揣號舍録送多少，均屬爲難，誠有如該御史所慮者。竊謂變通録遺，本爲體恤士子，莫若准令不取者，如志切觀光，仍許到省補録，考期臨時酌定，則一切毫無窒礙。回省總計人數若少，儘可從寬，號舍不敷，擯亦無怨。如此辦法，既可以恤寒畯，省事端，除積弊，兼免公事迫促，於川省情形實爲有利無弊。此次在川北接到部文，試辦數棚，宣敷德意，士類歡欣。回省於録遺場復加體察，輿論僉同。所有酌量川省應准隨棚録遺並准補録情形，謹附片具奏。是否有當，伏乞聖鑒訓示。

知道了。

光緒二年

整頓試場積弊摺[一] 光緒二年三月　日

竊惟弊端，各省皆有，然未有如川省今日之甚者。弊竇日巧，盤結日深，幾乎併爲一局，牢不可破。士子以舞弊爲常談，廪保視漁利爲本分，以致寒士短氣，匪徒生心，訟端日多，士習日敝，於人才風氣大有關繫。臣謬其愚駑，多方整飭，似尚漸覺廓清。特是立法必要其久，除惡務絶其根，若暫就清肅而不思立爲成法，誠恐作奸犯科者逾時復萌，仍無裨益。謹擇其尤爲切要者，就臣兩年以來體察研求之所得，分條臚舉，敬謹奏陳。

一、懲鬻販。川省槍替之多，固不待言，尤可惡者，莫如販賣。廪保於府、州、縣試時，多撰空名，覓人代卷，院試時則雇槍頂名朦取，並代覆試，懸價出售，賣與同姓之人，名曰一根葱。其府、州、縣試卷，早已暗賄禮書抽换，無從核對筆跡。且有此人已經頂買，又得善價，遂復轉賣，有販至三人者。以致彼此互訐，真已而僞人，直同兒戲。若倉卒不得售主，便報此人病故，久之售主又報病愈，前禀云係訛傳。至覆試册上三代與正場册結往往不符，或云原係過繼，或云當初是號非名。若賣於異姓，則云出繼外家，呈請歸宗，或弟轉爲兄，或叔推與姪。壞法亂紀，至斯而極。所以能如此混亂者，由于川省童試册結所填三代之名，

[一] 以下二件録自光緒二年五月十二日至十三日《京報》。

多非真實，故可任意推移。擬令以後册結，務填祖父真名，不准妄填假名、别號。祖父有功名者，無論捐考保舉，職銜必須註明，如此則外人難于假借。其出繼者，兼寫本生祖父某字樣，府、州、縣試時即如此辦理，含混者不得給卷録送取進。覆試日查出參差不合者，扣除。此法似尚簡易。至於廪保，飭知府、州、縣試卷須印封存内，不容私換，由學臣嚴飭辦理。應請敕定專條，若販賣問實者，認真懲辦，以挽頽風。

一、禁訛詐。川省訟風最熾，遇有試場，遂爲此輩利藪。凡身家不清，刑喪歧冒，一切違礙，府、州、縣試及院試放告日，大率不攻，必待榜後始行呈控，紛擾喧呶。臣周歷通省，此等案所見數十百起，遇有纏訟不已者，親提研訊。大抵被控者必須有因，而攻人者多由訛詐。初則聯名迭控，勢不兩立，及至傳訊，或原告不到，或並無其人。或初訊時極力攻擊，覆訊則認誣具悔，避匿無蹤。蓋慾壑已盈，因作罷論矣。擬令以後凡攻訐一切違礙者，止許文武生童呈控外，非學校中人，無論職員、武弁、貢、監、軍、民，一概不准。榜發多日始來呈控者，不准。府、州、縣試列在前二十名，而院試榜前不先呈控者，不准。蓋生童人數不少，儘能稽察，何待局外插訟。一學新進有限，其根據易於訪知，若發榜已久，必係索詐未遂，因以一呈恐嚇。至府、州、縣前列，姓名昭彰，尤可早爲清查。蹈此三條，圖詐無疑，應請敕部明定條例，此類置之不理。即或所控似有端倪，應飭提調另傳學校中人詢訪研究，亦不容此輩到堂攪擾，圖利朋分。倘敢有插入混擾者，即按事不干己，健訟圖詐之條治罪。如學校中人呈控並非虛妄者，應飭該府、州、縣暨提調認真訊究，不得徇庇迴護。蓋公則民服，民服則事少。若地方官一味濫收偏袒，而欲禁衆口之沸騰，匪徒之訛詐，不可得也。府、州、縣暨提調徇庇不公者，亦應請敕部嚴定處分。

一、禁拉搕。川省試場有一惡習尤爲可慮，凡新進稍有疑似可議者，即有匪徒探知，先與索錢。若拒而不與，與而不饜，則糾黨數十人，將本童、廪保拉至僻處，關閉毆擊，拘押多日，逼出銀票乃釋，名曰拉搕。常有多人持械徑入轅門，將本童、廪保拉去者。於是新進有瑕者，亦必擁衆自保。每至招覆日，試院門外彼此汹汹，市衆驚駭，實屬不成事體。臣前年開考時，即行拿辦素行不法之松潘武生蘭映太，設法調兵擒獲，咨商督臣永遠監禁。以故匪徒頗懼，尚覺安静，然由寓所拉去者仍間有之。近來無此嚴辦重案，此輩漸思萌動，若日久事忘，必然一切復發，不惟有害考試，必釀成事端。大抵川省風氣，但從寬縱則無不滋事之人，但有錢財則無不能化之事。應請敕定專條，嚴辦數起，方可期塞此横流。此類每有武舉、弁兵、武生、武童在内，合無仰懇明降諭旨，如有武舉、武弁干預試事，恣行不法者，即由學臣奏參革辦，不容佼飾倖脱。職員恃符鬧考者，同營兵立飭該營革辦，並飭提調多派兵役在外彈壓。如有此等情事，惟提調是問。

一、拿包攬。凡槍替販賣撞騙，皆有一種匪徒居間包辦。外省爲槍架，川省名曰親家。或係游民，或係鋪販，甚至有捐納職官者。平日收養槍手多人，隨棚煽惑，誘人犯法，坐漁重利，若得利未飽，則又勾串匪徒告訐重詐。臣到任時，訪出著名十餘人，開明年貌住址，知照按名通緝。積慣爲此者，稍知斂戢，然新進無名者，仍復不免。此輩不惟包攬，兼能招撞，捏稱與各衙門上下相識，童蒙先受其欺，榜後始悟，追詰無從。大抵清試場在於絶槍架，亦猶治盗賊在于絶窩主，實爲探源之務。且槍手究屬文士，本童或係鄉愚。事發後，槍手、本童不免枷責，而罪魁遠颺，逍遥法外，尤非情理之平。由其耳目甚廣，差役賄縱，地方官亦遂付之不問。應請勅議引誘説合者與窩槍包攬者並無區别，應與同罪。如學臣查出窩槍包攬招撞飭令提調緝拿之案，不能獲一者，嚴定處分。再，凡定擬罪名，須將全案供招咨部。若欲辦包攬，必須槍手、廩保、本童人證一一全備，方能定讞。此輩詭祕狡譎，必將蔓引株連，以圖延宕，終歸不能成獄。若川省此輩匪徒，既有親家綽號者，必係積慣作奸，人人指目，止有狡脱，斷無枉濫。擬請以後包攬舞弊、引誘説合者，止須生童、槍手供證確實，或曾經各衙門查拿有案仍復隨棚者，無論本案已成未成，人證已齊未齊，先將包攬引誘説合者定擬發遣，全案另行詳結。如此則無所牽制，方能真加懲創。若槍手、廩保、本童事發後供出包攬之人，指引捕獲者，准予免罪。包攬既絶，槍弊自無。

一、責廩保。川省無論何弊，廩保無不知情。認保持正，百弊俱無。此臣逐案推求確鑿不易者也。所以肆無忌憚者，例定廩保舞弊之罪甚重，當其事發審辦，必且多方飭辯。凡爲廩保者，若非優等能文，必是老邁窮困。學臣雖甚嚴，豈肯施以桁楊，加之流徒〔一〕。獄既不成，不旋踵而乞恩開復矣。竊謂法不貴嚴，貴于必行。法不宜過重，過重則必不行。雖以懲之，適以縱之。擬請勅議以後認保廩生舞弊者，先由學臣以濫保兩字劾語，咨部黜革。其全案人證罪名，該廩保情節輕重，俟訊明詳覆日另結，即使重情辯脱濫保，總不爲誣。凡廩生坐此咨革者，永遠不准開復。如此則廩保知法之能加而不犯，學臣以不傷于刻而易行，此實整頓一切弊端之樞要也。

一、禁滋事。川省武童過多，最易生事，其弊較文場爲甚，而其横悍藐法則尤過之。至于歧考、重名諸弊，尚不足論。臣到任後，查向來文武童册結，例填業師。武童之業師俗稱教習，平日操練，臨考食宿，皆惟教習是賴，事事皆其主使。故武童作弊生事，廩保不欲究詰，惟教習能知其底裏，加以鈐束。因飭各教習于場前來臣衙門具結，開明所教武童姓名，試日各率其徒識認。稽查每一教習所教武童併爲一牌，又將同姓者彙聚一處。如有作弊滋事，責在該教習。無教習具結者，扣考。此法既行之後，馭繁以簡，不惟弊竇澄清，即在街市，亦俱馴謹。此舉簡便易行，已有成效，通省官民生童僉以爲便。應請勅議著爲川省定章，以後照辦。其責成處分，一如廩保，止許填寫本縣武生爲教習。至于武舉、武弁、武童、營兵難辨其僞，不受約束，一概不得填寫。間有本非武生教習者，自投認一武生作教習，不准空填庭訓字樣。如此辦法，固足杜頂替販賣、歧考重名之弊，尤足禁其恃衆爲非，實于試場地方均有裨益。

一、杜規避。川省文武生五萬有奇，人多則雜，佳士固多，刁劣生事者亦復不少。而川省捐局太多，文武生犯事應行查辦者，往往趕捐一貢監職銜，以爲逃免之計，經由該局來文知照出學。各局空白執照甚多，是否倒填年月，無從查考，以致學校衙門不能約束，屢據各學詳禀，深以爲患。且既係職貢，州、縣亦諸多礙難。應請敕議凡文武生報捐，除部捐者接到部文即行開除外，其川省局捐者，令本生自赴該學呈驗執照，申詳學臣批准，方爲出學。如查出有案未結，朦捐規避及倒填年月者，追照註銷嚴究。

〔一〕「流徒」疑誤，似應為「流徙」。

並請敕下督臣行知川省各捐局，如有文武生報捐者，一面行文本學查明有無事故，方予詳咨報部，亦不得輕移學臣教官出學。

一、防鄉試頂替。川省録遺，向多代替，俊秀、貢監尤甚。緣川省近來此項太多，往往雇人代入鄉場，臣衙門録送時，實無從知其是否本人，與其事後查辦，不如事前清釐。去年録遺時，據合州知州申送鄉試監生數名，並解試卷數本。文内聲稱向來監生弊竇太多，因於該監起文時面試文理，原卷申送請對筆跡等語，竊以爲其法甚善。蓋貢監録科録遺，例由本籍起文，真僞易辨，必係本生親到。若有州、縣面試卷可與録科録遺卷核對，又有録送卷可與鄉場墨卷核對，則入場必係本生，無論文藝有無假借，總不至公然場外中舉。應請敕議以後由俊秀捐保之貢監職員，起文録科録遺，即由該州、縣面試，不在文理高下，止須確係本人，亦將原卷申送。鄉闈填榜時，學臣將由俊秀捐保之録送卷，携帶入闈，核對墨卷。如筆跡不符，即會商監臨主考撤换。如此則録送者較有分曉，不致混亂難稽。

以上八條，皆係詳究原委，斟酌時勢，敬擬上陳。竊惟士爲民望，邊省尤甚。川省人性浮動，獄訟繁多。大凡户業公局唆訟詐財之案，必有文生在内。燒香結盟糾衆滋事之案，必有武生在内。激揚之道，固不僅在考試一端。然童試乃士子進身之始，棚場爲萬衆薈萃之時，若此時即專以作奸犯科、抗官滋事爲務，通省郡縣相習成風，則異日成名，必蹈故轍。愚氓見慣，羣思效尤，爲患殆非淺鮮。故欲治川省之民，必先治川省之士。仰祈敕部核議，如有可採，伏望明頒諭旨，嚴飭遵行。俾通省士民，濯磨振勵。庶幾試事永遠清肅，地方亦少事端，川省幸甚。至於嚴密關防，稽核槍替，培材除莠，勸學厲行，係臣衙門自理事件，謹當隨事竭力辦理，不敢瀆陳。伏乞皇太后、皇上聖鑒。

旨：著該部議奏。欽此。

奏請敕議申明嚴飭辦理片 光緒二年三月 日

再，川省最多訟棍，而訟棍多係貢監文武諸生，暗地唆架，當堂扛幫。遇有上控事件，尤所樂聞，出頭承辦，廣募衆資以爲訟費，浮開迭斂，藉此爲生。且徧嚇富家，若不厚贈，便當牽引拖累。此輩大爲民害，所以地方官平日不能拿辦，事後不聞坐誣者，緣川省州縣每處必有數局，每局除他項紳士外，必有數文武生。既預局事，與官丁吏胥皆有來往，多有陰事爲其所挾，喜則爲關説助惡之人，怒則爲反顔訐控之舉。以故官吏雖甚苦之，而無可如何，此爲川省敗壞士習之根。查學政全書，本有生監搆訟立簿申報之條，前學臣鍾駿聲曾經通飭辦理，多不奉行。但案案申報，未免過繁，不如專報刁健，各了各棚，較有下手之處。擬令各州縣暨各學，除平日隨案詳辦外，其有素行狡譎不能遽行定案詳辦者，凡遇學臣按臨，此一府之州、縣暨教官，各將健訟諸生姓名按據簡明開單，各自呈遞，不得互相關會。如既爲州縣學官開報，放告日又被人控或無故控人，健訟屬實，立飭懲辦，局士被控，不准徇隱。此舉與定例舉報優劣之意略同。無如習俗失真，以爲學政一官，但司校閲文章，無暇整飭士習。川省教官直不知有註劣之例，尤爲可怪。屢經諭飭，無一開報。應請敕議申明嚴飭辦理，徇匿者照例處分。此條不涉試事，尤關士習。理合附奏，伏乞聖鑒。

著該部議奏。

光緒五年

謝授國子監司業摺光緒五年三月初一日

二月三十日，吏部以國子監司業一缺帶領引見。奉旨：國子監司業員缺，著張之洞補授。欽此。竊臣畿疆下士，詞館備員，文柄濫叨，華銜忝領。十七載玉堂供職，愧鶴料之虛糜。三千人璧水觀型，荷龍綸而晋秩。仰承恩命，倍切悚惶。伏念成均爲建學之宗，司業處師資之地，深虞譾陋，未稱班聯。臣惟有守道持躬，因材造士。陳五經而肅拜，庶整諸生講學之規。校十鼓以編摩，益光聖代右文之治。勉攄蟻悃，冀答鴻慈。

遵旨妥議摺光緒五年四月初十日

閏三月十七日欽奉兩宫皇太后懿旨，以吏部主事吴可讀遺有密摺，請豫定大統之歸，前降旨時，即是此意，命諸臣妥議具奏。竊謂爲穆宗毅皇帝立嗣，繼嗣即是繼統，此出於兩宫皇太后之意，合乎天下臣民之心，而即爲我皇上之所深願，乃萬古不磨之（意）[義]，將來必踐之言。臣敬吴可讀之至忠至烈，然謂其於不必慮者而過慮，於所當慮者而未及深慮也。

恭查爲穆宗繼嗣之語，同治十三年十二月初五日、光緒元年正月十七日及本年閏三月十七日，三奉懿旨，炳如日星。從來人君子孫，凡言繼嗣者，即指纘承大統而言，天子諸侯，並同一理。蓋人君以國爲體，諸侯不得祖天子，公廟不設於私家，苟不承統，何以嗣爲。下至三代之世卿大夫，漢魏以至本朝之世爵世職，但云以某爲嗣，即是紹封襲蔭。故繼嗣繼統毫無分别，徧稽羣經諸史，從無異説。其分繼統繼嗣爲兩事者，乃前明張璁、桂蕚之怪妄謬説，高宗純皇帝欽定儀禮義疏早已辭而闢之矣。今懿旨申命至於再三，金匱寶籙何待他求。設有迷妄小人舞文翻案，則廷臣中凡讀書識字者，皆得執簡而争，所謂不必慮者一也。前代人君授受之際，事變誠多，然就該主事所舉二事論之。宋太宗背太祖而害其姪沂王德昭矣，德昭非太宗子也。明景帝背英宗而廢其姪太子見深矣，見深非景帝子也。若皇上以皇子嗣穆宗，名（曰）[則]先朝之繼體，實則今日之麟振，有何嫌疑，有何吝惜。以皇上仁孝之聖質，受兩宫皇太后高厚之殊恩，起自宗支，付之神器，必不忍負皇太后，必不忍負穆宗。且夫遵慈命，孝也。篤天顯，友也。使皇子廣孝思於不匱，慈也。躬膺寶祚，而使大統名分歸之於先帝，讓也。無損於實而四美具焉，中主亦能勉爲之，况聖主乎，所謂不必慮者二也。該主事所慮趙普、黄竑之輩，誠難保其必無，然忠佞不齊，數年前曾有請頒鐵券之廣安矣。大小臣工，豈遂絶無激發。明世宗紊大統而昵私親者，以興獻王已没，故得藉口親恩，恣爲越禮，羣臣不能抗也。假使興獻而在，必尚能以禮自處，少加裁制。今醇親王天性最厚，忠直恪恭，該主事既知其賢，萬一果如所慮，他日有人妄進異言，醇親王受累朝之厚恩，必能出一言以救正，所謂不必慮者三也。然而竟如該主事所請，明降懿旨，將來大統仍歸（於）穆宗之嗣子，意則無以易矣，詞則未盡善也。緣前奉懿旨，謂生有皇子即承繼穆宗爲嗣。今若參以該主事之説，是一生而已定爲後之義，即一生而已定大寶之傳，合併爲一，將類建儲。我朝列聖以立儲爲大戒，高宗九降綸音，至繁也，九州至廣也，法宫高遠，見聞或有未周，即樞府諸大臣，密勿勤勞，思慮或有未盡，拾遺補缺，豈得無人。語曰，君明則臣直。若非實見皇太后、皇上仁智聰明，至誠求治，誰敢言者。若非灼知執政者皆宣力舊臣，恪稟宸謨，不敢如前代大臣作威攬權，壅蔽言路，誰肯言者。夫戇直悚切之言，即或不干譴怒，而招怨必多，於國則利矣，於身何利焉。愚則愚矣，謂非忠乎。古文尚書云，言逆於心，必求諸道，言遜於志，必求諸非道。故直言者，在朝廷則芻蕘也，在大臣則藥石也，雖無可采，亦不訶責。既足彰聖人善善從長之懷，並足見大臣休休有容之度。昔者堯設謗木，禹懸鞀鐸，至今不聞道堯禹之失，但聞稱堯禹之聖。鄭鄉學論執政，然明欲禁之，子産不許。漢諸葛亮誡其屬吏曰勤攻吾闕。明王守仁誡其屬吏曰願聞己過。由今思之，論執政者傳乎，抑子産傳乎。攻亮之闕、規守仁之過者傳乎，抑亮與守仁傳乎。宋唐介劾文彦博，仁宗怒介，彦博解之，由今論之，唐介賢乎，抑彦博賢乎。如遇上意不懌，樞臣職在獻替，亦當委婉開陳。從來一家有急，則聚族謀之，國事多艱，則舉朝憂之，固當以爲助我，不當以爲難我也。誠恐無識之人，見嚴旨屢下，森懍可畏，從此恇懼緘口，不幾因噎而廢食乎。伏望朝廷遇有直言，俯加優容，以（來）〔求〕忠讜，此修政之首務也。

一曰肅臣職。臣聞地道，臣道也。春秋，地震必謹書之傳，義以爲責在臣下。邇來中外臣工習爲罷玩，或上有德意而不能宣布，或詔令已下而未見奉行，或屢蒙教戒而怙過不改。即使敷衍支吾，幸免吏議，求其真能仰體宵旰憂勤，關心國家大計，講求利病，蒐拔人才者，頗罕其人。且比年習氣，往往有大員奉旨貶黜，而督撫旋即奏調者。有大員謫戍未久，而邊臣旋即設法乞恩者。有大員奉旨來京另候簡用，而旋即引疾竟不入京者。即曰人才可惜，何妨稍遲歲月，俟朝廷果不録用，再列薦章。即曰志在退閒，何不俟入都展覲後再爲陳請。竊思送部引見者，若竟不到部，吏議綦嚴，然則候簡者，不亦事同一律乎。循此流弊，必至惟感臣門之私恩，而不復知朝廷之威福。既往雖可不咎，將來不可不防。伏望大整乾綱，務期賞信罰必令行禁止。蓋當修之政，非三數端可盡，惟令羣臣咸體聖心，而重臣尤懍朝命，自能竭智盡力，以求各舉其職，不勞朝廷之事事教督矣。

一曰厚民生。謹案周易大象曰，山附于地，剥。上以厚下安宅。程子傳曰，山而附著於地，（圮）〔圮〕剥之象。居人上者，觀剥之象，則安養民人，以厚其本，乃所以安其居也。甘肅地震處所，山（圮）〔圮〕地裂，正與易義有合。竊惟固邦本，養民生，今日約有二義。一在奬廉吏。朝廷於民之生計，不能事事爲謀，惟官吏廉潔，自然隨方培養，良懦受惠。自古來，養民之道，言興利者擾而無終，求循良者逆而有功。伏考聖祖之朝，（褒）〔褒〕奬清官〔一〕，擢舉廉吏之詔不可勝紀。所以吏治蒸蒸，康阜盛隆，比於三代。方今宦途日雜，能吏雖多，廉吏頗少。病國以肥身家，剥民以媚大吏，民生日蹙，職此之由。擬請敕下各省督撫，訪察屬吏清操卓著者，露章保薦，特加奬擢，以風其餘。一在省釐税。查抽釐之舉，餉項所資，勢難裁罷。然朝廷所取者有制，局員苛索者無窮。食用瑣屑，亦加幸榷，不守舊章，日增月盛。乾没之數，少者等於官收，多者三倍不止，故外省嘗謀釐差，

〔一〕以上舛誤四處，據光緒五年七月二十六日《京報》校正。

與得缺等。三江、兩湖、川、廣諸省，因員役暴征，鬧局釀案者不一而足，商民愁困，禍基不淺。欲救今日之弊，不在減局卡，而在禁私征。伏請嚴飭各省督撫認真察禁，勿見小利。籌一妥善章程，寬比較之數，慎任用之人，以約束稽覈之權付之該地方府州縣官。庶幾弊可少息，而民可少安乎。

一曰謹河防。史傳所載，太白爲變，亦或主水。今年黄河伏汛甚猛，河南省城外險工可危。夏間清江浦一帶奇風爲灾，黄河故道民居吹壞無數，或是河將南徙，地氣先動之徵。設有不虞，不獨汴城爲魚，雖再費帑金千萬，無益於事，目前幸免無患，秋汛不可不防。擬請諄諭東河總督、河南巡撫早籌萬全，勿惜工費。或於險工處所相度水衝，於大堤內數里之遥急築月堤，仿堵築決口之法，挑掘引河一道，因土爲堤。所挑引河，令其東趨，於十里內外仍令歸入大河。萬一有變，決流必順引河東下，省城可保。或照此引河月堤之法，作於北岸，則溜勢可分，不至南決。即使今歲安瀾，而汴省地形太窪，黑崗口溜勢太險，將來恐亦未嘗無益。此事關繫汴省全城民命，此工除帑金外，仍可兼資民力，當非難成。可否敕交該省督撫酌度籌辦。

以上各條，不過微臣一隅之見，推廣儆惕，惟賴聖明。漢劉向條灾異疏有曰，和氣致祥，乖氣致異。衆賢和於朝，則萬物和於野，朝臣和於內，則萬國和於外。以和致和，則獲天助。是惟廟堂之上，開誠布公，任賢遠佞。大臣以不虛心爲戒，小臣以不正言爲恥，協恭以謀國，同心以禦侮，所謂和也。人事既盡則天庥至，內治既修則外憂絶，恐懼致福，是在聖心而已矣。臣迂愚之儒，偶有管窺，不敢自安緘默，謹竭誠上奏，以備裁擇。

直言不宜沮抑摺 光緒五年七月　日

臣聞古人之言曰，君明則臣直。蓋上不導之，下不肯言也，上不究之，下不敢言也。方今時事多艱，兩宮皇太后、皇上宵旰憂勤，勵精振作，敬天愛民，從諫如流。近年來言事諸臣，感激思奮，不避嫌怨，不計禍福，競以直言進，漸改從前媕婀容默之積習。朝野中外，同聲稱頌，曰，此我皇太后、皇上求治之誠心，納言之盛德有以致之也。臣方以此爲朝廷慶，乃五六月間，御史孔憲瑴以言事而被嚴旨矣，編修何金壽以言事而又被嚴旨矣，森凜可畏，讀者悚然。兩臣所言之當否，臣亦無庸置詞，要其上疏之意，皆爲君國起見，可知也。言而當，采之，言而不當，置之，似亦於事體無害，不意以此而被冒昧詆諆之責也。且十日之前，方以破除情面責羣臣，而指斥情面之專疏又譙訶之，臣下將何所適從乎。在兩臣仰蒙訓示，當更增長學識，從此論事益審，擇言益精，於兩臣則有益矣，而言者從此奪氣。是皇太后、皇上本有求直言之意，而詔書轉啓天下以拒直言之疑，臣竊爲朝廷惜之。軍機大臣等輔弼獻替，職所當爲，即上意不懌，亦當委婉開陳，如魏徵勸唐太宗霽威納諫故事。若必慮言多聽淆，則上有聖明之主裁，下有樞府及廷議之參酌。狂夫之言，聖人擇焉，惟其擇而已矣，何必因噎而廢食哉。近世人多畏葸，士少純忠，獎之猶不敢盡，怵之其誰肯前。不特此也，兩宮聽政，聖主沖齡，樞臣等責專任重，與尋常執政不同。羣僚多指摘時政之疏，正足見中朝無作威攬權之臣。羣言善而采之，則集思廣益之美也，羣言未善而恕之，亦休休有容之度也。即或以機務繁難，思慮偶未周，措置偶未協，而辦事有誤之名可居，壅蔽言路之名不可居。若糾繩寂於朝而非議騰於野，恐亦非樞臣之福也。

竊謂人臣之事君，如人子之事父母也，大臣如家督，羣臣如餘子。大臣謀之，小臣匡之，小臣議之，大臣裁之。謇諤之争論，正由同氣之相關。若以爲難我，則巽言而亦怒。以爲助我，則逆耳而可原。故一家雍睦則家肥，舉朝協恭則國理。昔者，漢諸葛亮誡其屬官曰勤攻吾闕，明王守仁誡其吏民曰願聞己過。然則有闕有過，不害爲賢，惟求其闕而補之，求其過而改之，此兩賢之所以不可及也。爲臣子者，皆當以達聰廣聽之舜、禹望朝廷。爲樞臣者，即當以諸葛亮、王守仁自待。伏讀諭旨有云，國家廣開言路，原期裨補闕失。大哉聖人，孰不欽服。竊惟皇太后、皇上聖明如此，虚懷如此，固無闕失之可言。然九重之耳目難周，即樞臣之見聞亦恐未盡。若讜直過遭摧抑，以後萬一果有大闕失，誰敢言者。言路通塞，關繫至重，仰懇明降諭旨，將朝廷樂聞直言之意，剴切宣示曉諭言事諸臣，毋得瞻顧。天下幸甚。

謝授左春坊左中允摺 光緒五年八月初八日　翰林院掌院學士代奏

據新授左春坊左中允張之洞呈稱，本月初七日奉旨：張之洞補授左春坊左中允。欽此。竊之洞畿疆下士，學識迂疏，冑司方愧乎竽吹，坊秩仰蒙夫簡擢。在漢代官稱中盾，實依徼衛之清嚴。在國朝名襲東寮，無異詞垣之典校。之洞惟有研精耽道，益殫蛾術之修來，稽古讀書，冀答鴻慈之高厚。

畿輔旱災請速籌荒政摺 光緒五年八月　日

竊查直隸本年亢旱，灾歉已成。前經直隸督臣李鴻章奏明，飭屬查勘灾區，籌議奏辦，采買奉糧，平糶備賑，請免釐税，奉旨允准在案。仰見皇上軫念畿疆，惠恤灾黎之至意。乃自入秋以來，雨澤稀少，蝗蝻未淨，今節逾寒露，種麥已恐無及。糧價日昂，灾形日甚，直隸素稱貧瘠，民鮮蓋藏。去年至今，洊遭荒旱，惟附京三四百里以内，秋收尚有數成，餘則保定以西，河間以南，旱蝗相乘，灾區甚廣。即有田頃許者，尚且不能自存，下户疲氓，困苦更難言狀。春間猶采苜蓿、榆葉、榆皮爲食，繼食槐柳葉，繼食穀秕、糠屑、麥藍。大率一村十家，其經年不見穀食者十室而五，流亡轉徙者十室而三，逃荒乞丐，充塞運河官道之旁，倒斃滿路。有業者賤賣田畝以謀一月之糧，宰食牲畜以延數日之命。過此以往，寖至有産者無以爲産，可耕者無以爲耕。轉瞬入冬，饑寒交迫，難保無匪徒竊發，煽惑滋事。京畿密邇，可慮尤深，拯救之方，萬不可緩。然山西、河南皆罹大祲，朝廷賑恤業已不遺餘力，竊就今日時勢尚能舉辦者，酌擬數條，以備聖明裁擇。

一曰借款平糶。去年直境旱荒，經督臣李鴻章於各州縣發平糶，糧價賴以少減，人心藉以稍定，惟時止一月，爲期較促。目前距明年麥秋尚遠，擬請敕下督臣，於津省庫款中，無論何項，暫行借動二三十萬，多購奉糧，分撥灾區，源源平糶。得價比買價稍增，便可補出運費。此於國帑無虧，而於民生有益。古名臣如文彦博、范仲淹、蘇軾、畢仲游諸人之救荒，惟以平糶爲事，其效可睹也。不費之惠，無過於此。

一曰分地勸貸。方今各直省待澤者多，請帑發倉，勢難博濟。

惟有勸本地之富户，拯本地之窮民，則事分而易舉。直境富室雖少，然彼善於此者尚屬不乏。若使擁其餘粟，倍利居奇，乘人之危，坐收賤産，揆諸情理，未免不仁。特是傾囊施賑，人情所難。嘗考經典之言，救荒必以賑貸並舉。蓋賑偏枯，而貸兩利，故賑有限，而貸無窮。擬請略仿社倉之法，敕下督臣，嚴飭各州縣查明災區，不得諱飾。勸諭紳富，凡收穀百石以上者出穀二成，三百石以上者三成，存於公所。富户無田者，出錢買穀，比照辦理。每州縣設立公倉四五處，選公正紳董司其事。有本州縣貧民借貸者，籍之，令其秋收後加息償交公倉，給還本主。若穀價仍貴，酌量減免其利。能還不還者，官爲究處。次年歉則令勸，豐則暫停。其出穀較多者，以穀價合銀，酌請獎叙，給予封典虚銜等項。其計銀給獎之數，視報捐者酌增一兩倍，應俟督臣籌議以爲可行時再行奏咨酌議。出穀少者，或官給扁額旌獎，或許零星併計移獎。此項在朝廷雖未受其輸納，然能爲國家拯救饑饉，消弭亂源，亦與急公者無異。且義田、義學、贍宗、收族尚得請獎，以彼方此，義亦何殊。上之所予者虚榮，下之所霑者實惠，此蓋本宋朱子社倉之意而變通之，而加以旌獎勸勵，則富室較爲樂從。查雍正、乾隆年間，直隸各處皆有社倉，嗣後修舉無人，寖以廢墮。今日勸貸之舉，正復舊制，非創新章也。

一曰井工代賑。直隸災荒，多由亢旱，自元、明以至本朝，論者多言北方宜興水利。惟地勢、水性、土宜、民風不盡與稻田相宜，且河渠大工難興易廢，故雍正年間雖經興修，終未能徧行通省。惟井泉溉田一法，鑿鑿可行，臣土著燕南，灼知其利，若甯津、定州、趙州、藁城之間，所在多有。大率轆轤井一口可溉田十畝，水車井一口可溉田五十畝，凡用井澆灌者，一畝所入可多常地三倍。除山麓、海濱、浮沙、窪鹻之地，水皆可用，徒以工費較多，貧者但倖天功，惰者苟安不變。昔乾隆間，崔紀、陳宏謀巡撫陝西時，飭屬開井甚多，民賴其利。督臣李鴻章於同治年間，曾經通飭勸辦，農民憚於煩費，未盡信從。救患興利，正在此時。若及今廣興井工，勸導富民出貲倡辦，今年固可養無數之窮民，來年即可得無數之沃壤，有雨則豐者益豐，遇旱則歉者不歉。其出資甚鉅者，由州縣禀請驗收，查實錢數，比照捐辦官工，酌請獎叙。其獎叙章程，亦俟督臣定議必行時再爲酌議，出貲少者外獎。其開掘多少，無從欺飾，此一時救荒之策，即永遠備荒之計，所謂一舉兩利者也。擬請敕下督臣詳加規畫，專派賢員，督率有司，因地制宜，實心辦理。不准州縣畏難搪塞，開辦多者優獎。古人云，救荒無善策，然則僅講救荒，固不如備荒之爲愈矣。

以上三條，似尚切近易行。若夫應蠲應緩，出自朝廷之特恩，不敢妄冀。施錢施粥，聽諸富民之義舉，不能强求。所有一切撫恤事宜，應請併敕督臣急爲籌畫，迅速舉行。其不盡心荒政之官吏，嚴加參劾，則畿輔災民全活必多。抑臣之愚，竊謂此三條均屬惠而不費之方，經久可行之計，不特最切於近畿，並可推行於秦、晉、豫、東諸省。蓋北方苦旱既已連年，今歲偏災不止十省，以後天時人事正未可知。奇荒不可以預料，曠恩不可以頻邀，正供不可以屢蠲，盜萌不可以玩視。可否并敕交北五省督撫核議預籌，或亦可備一義。至於燕、晉沿邊，或旗或民，力行屯（懇）[墾]，圍場牧廠，酌量省併，廣舉農功，則可以增無窮之穀粟。南北各省山澤之利，設法開采，毅然不惑，則可以養無數之游民。此尤阜財足食之本務，富民强國之宏規。較之臨時補苴，艱難捐助，其爲功大小，固不可同日而語矣。惟賴聖謨宏遠，及時規畫施行。民生幸甚。

謝授司經局洗馬摺 光緒五年九月初十日 翰林院掌院學士代奏

據新授司經局洗馬張之洞呈稱，本月初十日奉旨：張之洞補授司經局洗馬。欽此。竊之洞勃海軨材，詞林膚學，備員胄監，晋秩承華。愧涓壤之未酬，惕冰淵而增悚。被楓陛重申之命，躋芝坊六局之班，恩渥龍光，感深鼇戴。伏思唐志則司經列職，有典藏圖籍之文。班書則洗馬標名，具導引威儀之義。雖制殊今古，而秩等清華。之洞惟有懔彼鵜濡，策其駑鈍。研經訓而培根柢，冀窺聖道之藩籬。飭官箴而勵廉隅，仰答天施之高厚。所有之洞感激下忱，理合循例呈懇代奏，恭謝天恩等語。臣等謹繕摺奏聞，伏祈聖鑒。

灾象可憂請儲糧平糶摺 光緒五年九月 日

本年河南、山、陝等省被灾甚重，直隸境内亦大半灾荒，糧價騰踊。秋令缺雨，種麥已遲，新陳不接，爲期太遠。近日外縣饑民來京覓食者，絡繹不絶，一入寒冬，不特京邑之内，粥廠闐溢而不能容，盗賊公行而無所忌。且燕、豫、晋、秦數千里，粒食日艱，生計日蹙，設有揭竿嘯聚，更將若何收拾。朝廷發帑截漕，至再至三，皇上如天之仁，固已遠邁前古，惟是荒政多端，賑止其一，晋、豫雖荷鴻施，而京畿未聞有備，眉睫之患，尤宜豫防。

竊謂虧帑博濟，則勢有所難，騰挪調劑，則毫無所損，爲今之計，惟有大舉儲糧平糶一策。擬請敕下直隸督臣李鴻章，於天津庫款無論何項經費借撥銀二三十萬，再借洋款數十萬，共湊百萬。派員分領，南赴上海收買洋米，北赴牛莊收買奉天雜糧，兼於東昌收買山東雜糧。今年北口外尤屬豐收，能否在彼采買，由灤河入口運津，應聽其察度辦理。於天津設立糶運總局，所購之糧，隨到隨運，北發京師，南發晋、豫，查照市價，減值平糶。運晋者分兩路。一由運河舟運至泊頭，陸運至獲鹿以達太原。一由運河舟運至衛輝，陸運至□□以達懷慶。一由利津海口入大清河至道口，陸運以達開封。所以必分數路者，米糧重滯，若道塗壅塞，周轉遲鈍，則運糶無多。聞晋省現在雜糧市價每石約八兩，省外約皆十餘兩，奉糧每石約一兩二三錢，洋米每石約二兩。聞招商局自津運晋，每石運費約二兩二錢，以買本、運費合計，洋米每石四兩以外，奉糧每石四兩以内，便抵太原。即使采買漸貴，較之該省市價仍相懸絶，除去局費、耗折、洋款利息，尚覺有餘。豫省糧價較賤，而道口距汴省止一百八十里，衛輝距懷慶止二百餘里，陸運無多，運費更省。應於山西之太原、平陽，河南之開封、懷慶，分設平糶局四處，由李鴻章選派廉潔能事之員經理，兩省撫臣派員會辦，糶本隨時解繳，米糧陸續接運。京城亦由李鴻章派員發運，設一總局兑收，請特派京員經理，不必經由倉場。由八旗都統、順天府五城自派人力赴總局運領，各自設局平糶，糶本亦解還津局。循環糴糶，不定限期，直至明年秋冬糧價大減，灾象漸紓，方爲停止。目前河海可行，尚可趕辦兩運，俟來春冰泮，仍行接辦。要之，此事止在得人，價直隨時消息，運法隨處變通，即使運轉不能甚速，而積米天津，可南可北。北地各省聞知已隱然有根深柢固，恃而不恐之勢。竊謂此舉約有數利。京外數省食廣價平，一利也。米綱充途，人心自定，盜萌自息，二利也。南北五路分運，皆在直境，無論車船驢贏，小車擔負，無非直隸農民得雇直以延殘喘，留牲畜以備春耕，是爲以役代賑，不費之惠，三利也。上無損於庫款，下有益於灾區，利國利民，但不利於海商囤户而已矣。果使行之一年，著有明效，即請以後源源照辦，大可永裕民食，不致令壟斷者得操利權。此即管子、李悝、耿壽昌、劉晏諸人輕重斂散之遺意也。

竊思李鴻章重臣夙望，素顧大局。天津爲南北衿喉，呼應最捷。方今海道往來之官紳，熟悉商情物價者不乏其人，若蒙特旨責成李鴻章辦理，必有宏益實效。且本月初，天津糧行聞有購米賑晋之議，糧價驟昂，由一兩五錢暴長至二兩二錢，若不早爲設法，官買官運，必至日長不已。京城聞風效尤，晋、豫受其福，而近畿轉受其累，亦非計也。或謂買多糧貴，恐致虧折。然縱使略有耗減，終是潤及於民，亦不難籌捐歸款，此事無待深求。總之，爲北數省增無數之糧，自然暗裕數百萬饑民之食，銷亦利，滯亦利，贏亦利，虧亦利，事理昭然。伏望宸斷施行，飭令李鴻章迅速規畫辦理。如必以爲難行，或即獎勸招商局籌借資本，令其大批購運，亦可稍有裨益。歲已深秋，不可再緩，若稍一游移展轉，奸商大賈乘便而起，廣運居奇，糧價益騰，窮民益困，彼時雖欲補救，圖之已晚。況事機一失，轉瞬海封河凍，欲辦不能，思患豫防，此其時矣。

請飭查灾區片 光緒五年九月　日

再，直隸自去年即苦旱荒，今年又復亢旱，加以蝗孽蟲灾，保定、河間、正定、深州、冀州所屬數十州縣，其秋收差可支持者不過數處，其餘收成大率不過一分。此外大名、廣平亦俱荒歉，困苦不堪，逃荒北來者紛紛不絶，沿途僵斃，聞該州縣尚報五六分、六七分不等。前經督臣李鴻章奏稱飭查灾區，未知近來各處禀報若何，有無籌畫。仰懇天恩，諭令李鴻章速派賢員認真詳查，早籌拯救，以仰副聖主惠恤灾黎，不忍一夫失所之意。臣無任屏營激切之至。

熟權俄約利害摺 光緒五年十二月初五日

竊臣近閲邸抄，因俄國定約，使臣辱命，奉有廷臣集議之旨。所有條約，傳聞大概，臣竊不勝憤懣，謹將此約從違利害，縷晰爲我皇太后、皇上陳之。

新約十八條，他姑勿論。其最謬者，如陸路通商由嘉峪關、西安、漢中直達漢口。秦隴要害，荆楚上游，盡爲所據。馬頭所在，支蔓日盛，消息皆通。邊圉雖防，堂奥已失。不可許者一。東三省，國家根本，伯都訥，吉林精華，若許其乘船至此，即與東三省全境任其游行無異。陪京密邇，肩背單寒，是於綏芬河之西，無故自蹙地二千里。且内河行舟，乃各國積年所力求而不得者，一許俄人，效尤踵至。不可許者二。朝廷不争税課，當恤商民。若準、回兩部，蒙古各盟，一任俄人貿易，概免納税，華商日困，猶末也。以積弱苦貧之蒙古，徒供俄人盤剥，以新疆鉅萬之軍餉，徒爲俄人委輸。且張家口等處内地開設行棧，以後逐漸推廣，設啓戎心，萬里之内，首尾銜接。不可許者三。中國屏藩全在内外蒙古，沙漠萬里，天所以限俄人。即欲犯邊，迤北一面，總費周折。若蒙古臺站供其役使，彼更將指重利以陷蒙人。一旦有事，音信易通，糧運無阻，勢必煽我藩屬，爲彼先導。不可許者四。條約所載，俄人准建卡倫三十有六。延袤太廣，無事而商往，則譏不勝譏，有事而兵來，則禦不勝禦。不可許者五。各國商賈從無明言許帶軍械之例，今無故聲明人帶一槍，其意何居。假如千百爲羣，闖然徑入，是兵是商，誰能辨之。不可許者六。俄人商税種種取巧，如各國希冀均霑，洋關税課必至歲絀數百萬。不可許者七。同治三年，新疆已經議定之界，又欲内侵，斷我南通八城之路。新疆形勢，北路荒凉，南城富庶，争磽瘠，棄膏腴，務虚名，受實禍。不可許者八。伊犁、塔爾巴哈台、科布多、烏里雅蘇台、喀什噶爾、烏魯木齊、古城、吐魯番、哈密、嘉峪關等處准設領事官，是西域全疆盡歸控制。有洋官則有洋商，有洋商則有洋兵。初則奪我事權，既則反客爲主，馴至彼有官而我無官，彼有兵而我無兵。且各國通例，惟沿邊沿海准設外邦領事，若烏里雅蘇台、科布多、烏魯木齊、古城、哈密、吐魯番、嘉峪關，乃我境内。今自俄人作俑，設各國援例，將十八省腹地徧布洋官。不可許者九。名還伊犁，而三面山嶺内、卡倫以外盤踞如故，據高臨下，險要失矣。割霍爾果斯河以西，格得滿島以北，屯墾無區，畜牧無所，地利盡矣。金頂寺久爲俄人市廛，既與約定俄人産業不更交還，是伊犁一綫東來之道必穿俄巢，出路絶矣。寥寥遺黎，彼又盡遷以往，人民空矣。擲二百八十萬有用之財，當一無險要、無地利、無出路、無人民之伊犁，將安用之。不可許者十。俄人索之，可謂至貪至横，崇厚允之，可謂至謬至愚。皇太后、皇上赫然震怒，譴使臣，下廷議，可謂至明至斷。上至樞臣、總署、王大臣以至百司庶官，人人知其不可，所以不敢公言改議者，誠恐一經變約，或招釁端，然臣以爲不足懼也。必改此議，不能無事，不改此議，不可爲國。請言改議之道，其要有四。一曰計決，二曰氣盛，三曰理長，四曰謀定。

何謂計決。無理之約，使臣許之，朝廷未嘗許之。崇厚誤國媚敵，擅許擅歸，國人皆曰可殺者也。伏望拏交刑部，明正典刑，治使臣之罪，即可杜俄人之口。按之萬國公法，既有不准違訓越權之例，復有臣執全權，可否仍在朝廷之條，正與崇厚不遵密函，不請諭旨之罪相合。耆英之獄，成憲昭然，故立誅崇厚則計決。

何謂氣盛。俄人欺我使臣孤弱，逼脅畫押，施一償百，意猶未饜。不料俄羅斯靦然大國，乃至出此，不特中國憤怒，即環海萬國，亦必皆不直其所爲。至俄使不待定議，聲言歸國，外洋亦無此例。況凱陽德係署理公使，豈能擅歸。其爲恫喝無實，情狀顯然，儘可去留不必過問。莫若明降諭旨，將俄人不公不平，臣民公議不願之故，布告中外，行文各國，評其曲直。並屬各國會堂，將我國家情理兼盡之處刊入新聞紙。明諭邊臣整備以待，據衆怒難犯之情，執國敝不從之志。俄國雖大，自與土耳其苦戰以來，師老財殫，臣離民怨。近歲其國主屢有防人行刺之舉，若更渝盟犯順，圖遠勞民，必且有蕭墻之禍，行將自斃，焉能及人。故明示中外則氣盛。

何謂理長。種種要約皆由伊犁而起，若盡如新約，所得者伊犁二字之空名，所失者新疆二萬里之實際。而每年尚須耗四五百萬餉需，以供邊帥防軍建城開屯之用，是有新疆，尚不如無新疆也。索伊犁而盡拂其請，則曲在我，置伊犁而仍肆責言，則曲在俄。況使臣畫押未奉御批，未鈐御寶，一如載書未歃，豈足爲憑。俄人理屈詞窮，焉能生釁。故緩索伊犂則理長。

何謂謀定。俄人而講信義，兵端可以不開。若俄人必欲背公法，棄和好，設防之處大約三路，一新疆，一吉林，一天津。左宗棠席屢勝之威，兵力素强，金順、劉錦棠、錫綸、張曜亦皆健將，以静待動，俄人必敗。聯絡喇嘛棍噶札拉泰遏其歸路，彼將隻輪不返。若出吉林，邊地遼夐，林谷叢雜，其地去俄都二萬餘里，懸軍深入，饋餉艱難，不能用衆。如特簡兼資文武之將帥，授以重權，資以的餉，分南北洋海防經費之半，爲經略東三省之資。命左宗棠、金順選撥籍隸東三省之知兵將官數人東來聽用，招集索倫赫津打牲人衆教練成軍，其人素性雄勇，習與俄鬬，定能制勝。即小有挫衂，堅守數月，必解而去。天津一路，逼近神京，然俄國兵船扼於英法公例，向不能出地中海，即强以商船載兵而來，亦非西洋有鐵甲等船者比。李鴻章高勳重寄，歲縻數百萬金錢以製機器，而養淮軍，正爲今日，若並不能一戰，安用重臣。伏請嚴飭李鴻章，諭以計無中變，責無旁貸，及早選將練兵，仿照德國新式增建礮臺。戰而勝則酬以公侯之賞，不勝則加以不測之罰。設即以贖伊犂之二百八十萬金顧募西洋勁卒，亦必能爲我用。俄人蠶食回疆，吞併浩罕，意在拊印度之背，不特我之患，亦英之憂也。李鴻章若以此開悟英使，輔車脣齒，當可同仇。近年立功宿將如彭玉麟、楊岳斌、鮑超、劉銘傳、善慶、岑毓英、郭松林、宋慶、喜昌、彭楚漢、郭寶昌、曹克忠、李雲麟、陳國瑞等，或現任，或退閒，或處廢籍，如酌量宣召來京，令其詳議籌策，分駐京通、津沽及東三省，以備不虞。山有猛虎，自可建威銷萌。故急修武備則謀定。

臣非敢迂論高談，以大局爲孤注。惟深觀世變日益艱難，西洋撓我權政，東洋思啓封疆，今俄人又故挑衅端，若更忍之讓之，從此各國相逼而來，至於忍無可忍，讓無可讓，又將奈何。無論我之禦俄本有勝理，即或疆埸之役利鈍無當，臣料俄人雖五戰不能越嘉峪關，雖三勝不能薄甯古塔，終不至掣動全局。曠日持久，頓兵乏食，其勢自窮，何畏之有。然則及今一決，乃中國强弱之機，尤人才消長之會。此時猛將謀臣，足可一戰，若再閲數年，左宗棠雖在而已衰，李鴻章未衰而將老，精鋭漸盡，欲戰不能。而俄人已城於東，屯於西，行棧於北，縱横窟穴於口内外，通衢藏，脅朝鮮，不以今日捍之於藩籬，而待他日鬥之於庭户，悔何及乎。要之，武備者，改議宜修，不改議亦宜修。伊犂者，改議宜緩，不改議亦宜緩。崇厚者，改議宜誅，不改議亦宜誅。此中外羣臣之公言，非臣一人之私言也。輔謀在疆臣，作氣在百寮，據理力辯在總理衙門，而决計獨斷，始終堅持則在我皇太后、皇上。事關宗社大計，坐視不能，緘默不敢，仰懇將臣此疏一并發交廷臣會議，不勝憂憤迫切之至。

詳籌邊計摺光緒五年十二月十六日

竊臣於本月初五日曾上一疏，備論俄約從違利害，皇太后、皇上既一再下廷議矣。臣前疏之意，要以急修武備爲主，竊揆朝廷之意，亦未嘗不以修備爲是，而似不免以修備爲難。豈非洞見二十年來邊備一無可恃，遂覺中國大勢斷不足以禦强鄰，故不免長慮却顧，不得已而出於講耶。臣愚以爲無備則不能戰，無備則并不能講。及今而言備，尚有可備之兵，尚有可備之餉，尚有可備之人。敢就前疏未盡之意，詳切臚陳，唯聖明垂察焉。備之法，曰練兵，曰籌餉，曰用人。

練兵如何。首練蒙古兵，蒙古各盟與聖清累朝同休戚，與今日中華同利害。雍、乾間征討準、回各部，均資其兵力，以集大勳。近年各藩無才，日就貧弱，俄人乘機闌入。烏梁海南北受其牢籠，喀魯倫河東西侵爲田牧，漸且盡奪膏腴，雜居無限。一旦有事，卡倫鄂博直如虚設，彼將徑叩邊墻。擬請特命蒙古王大臣隨帶曉習邊事文武數員，周歷各盟，體察土謝圖等四汗所屬情形，息耗强弱，諸王台吉才智高下，縷晣以聞。布告各盟，曉以俄人叵測，意在蠶食蒙疆，激勵所部，講求牧政，簡練成軍，創辦之始，酌給餉需。蒙人以畜牧爲耕鑿，若多發帑金，市其戰馬，配給邊軍，蒙人得金，我軍得馬。邊軍多馬則兵强，蒙馬易售，則蒙人因富而亦强。設俄人内犯，我堅守邊墻，蒙人截其輜重，擊其惰歸，其師必盡。蒙古强則我之候遮也，蒙古弱則彼之魚肉也，出入之間，利害不可以道里計矣。其次，練西兵。沙漠荒寒，馳驟搏擊，南人十不敵北人一，關内人三不敵邊外人一。劉錦棠之軍名爲湘營，實多隴西壯士，關外流人，以故所向有功。額魯特種人，質性强悍，阿拉善王部内向練有喇嘛兵數千，亦甚可用。若推廣於西北各部喇嘛，擇其桀出者，多假以呼圖克圖名號，必能號召約束，執殳前驅。哈薩克雖爲俄人所脅，逃出歸化者不少，若令錫綸招徠此輩，加以訓練，庶湘營之勢不孤，以後屯戍之役，更不煩征調南軍矣。其次，練東兵。黑龍江人素樸勇，古有滿萬無敵之稱，國朝名將，多産其間。將軍得人，則盡人皆爲勁旅。吉林金匪盤踞日久，黨類繁多，必欲勦捕驅除，盡空其地，斷無是事。莫若撫之，使爲我用，免爲俄人所誘，轉致多樹一敵。又其次，練北洋兵。李鴻章新購蚊子船，頗稱便利，惜爲數不多。其價尚廉，似宜向歐洲續造數十艘，專派統領分屯北洋大沽、營口、煙臺三處。一方有警，兩口赴援，伺敵登岸，圍其舟而焚之，敵無歸矣。惟舟師海戰，淮人十不敵閩、廣人一，請敕閩、廣督臣擇熟悉海戰將弁數人，招募閩、廣精卒來津聽用。水陸之備既完，如更密諭曾紀澤結英圖俄，攻所必救，以掣敵勢，此亦一奇也。

籌餉如何。北洋所需本有海防經費，新疆所需本有西征專餉，東三省餉項，可於南洋海防經費或各關提存二成内酌撥。惟整頓蒙軍及沿邊重鎮如科布多、烏里雅蘇台、歸化城、庫倫、張家口諸處，雖係次衝，如從容布置，亦須增兵增餉。竊思各省營勇，除津防、西征兩軍外，現存不下數百營，節腹地之虚糜，即可供邊軍之騰飽。擬請敕下各督撫酌量裁撤，大約汰四存六，而邊餉出矣。此外，若倍徵洋藥税，歲可得數百萬。酌提江、廣漕折運脚，亦可得二三十萬。整頓淮綱，但能專杜商私，所得亦不下數十萬。錢流地上，得人斯理耳。

用人如何。蒙古部當以蒙古王率之，科爾沁親王伯彦諾謨祜世篤忠貞，廉樸勇敢，若令其總統各盟，副以大臣，分防烏里雅蘇台、庫倫兩路，當能遠追超勇親王策凌之英風，近紹忠親王僧格林沁之餘烈。劉錦棠前敵大將，若假以重權，則聲威益振。錫綸現扼塔爾巴哈台，爲極邊，張曜可使備科布多，爲後路。均宜重其任，厚其兵，裕其餉，使三軍相與犄角，則俄馬不敢西牧矣。至東三省内撫外攘，斷非長才不辦。現任各將軍才皆不逾中人，恐不足以備緩急。可否於京外大員中遴選數人，特降諭旨，令將經畫關東方略條議以聞。就中察其實有條理、器閎志壯者，授以東方之任。若夫總攬九邊指揮諸將，一如問耕問織，當責之素習之人，似宜密諭左宗棠，將各路戰守機宜明白條上。設異日俄人敗盟，必開兵端，即令左宗棠別薦老成，屬以隴事，而身自來朝入閣，以備廟堂咨訪籌策，亦無不可。昔范仲淹自請行邊，識者以爲措置西事，當在中書。可見運籌決勝，不在自將臨邊，鎮一方何如策全局乎。其籌餉事理，尤在度支得人。侍郎閻敬銘長於綜核，理財有效，朝野咸知。今雖養痾山居，並非篤老，閻敬銘之心，何嘗一日忘天下哉。若蒙温旨宣召，動以時艱，諭以大義，該侍郎豈忍堅辭，得閻敬銘以理度支，朝廷當不憂饋饟矣。此外文武之才，儲備宜廣，擬請敕李鴻章、左宗棠切實薦舉，以備録用。邊才本屬專門，方今京外通弊，冗員多而真才少。不索何獲，不學何能。即如李鴻章、左宗棠等，若非中原多事，久歷兵間，其才何由而成，何由而見。伏望敕下各部堂官，各省督撫，就屬員中訪求志節可造之人，有願講求邊事者，即行奏請發往東西兩邊，以資練習。隱逸者，士未仕者，一體列薦。數年之後，人才輩出，安知不更有駕李鴻章、左宗棠而上之者，何至令朝廷西顧東瞻，興不得頗、牧之嘆哉。出使絶國，漢有專科，必如陸賈之辯，蘇武之節，傅介子、陳湯之權略，常惠、班超之勇，方稱斯職。並請諭令疆臣，亟爲物色，備行人之選，庶可與謀臣戰士相輔爲功。有備如此，可以戰矣。然臣知國家之意，非欲戰也，即臣之言，亦非求戰也，必實有戰心，實有戰具，而後可以爲講之地也。則請更籌講法。

一曰責以義。自我聖祖以來，與俄國久通盟聘，不以藩屬畜之，并不以外夷目之。我兵圍雅克薩城，俄人窮蹙，聖祖不忍，舍而弗攻。前有徐元文之碑，後有察畢那之案，載在盟府，炳若日星。是我之有德於俄一也。迭次所獲羅刹宜番等百餘人，不加誅戮，賜居京師，編爲佐領。是我之有德於俄二也。世宗時，俄國官生來學，於是建俄羅斯館，於是立俄羅斯學。學醫則遣蒙古醫往，學喇嘛經典則遣託波爾番僧往。是我之有德於俄三也。恰克圖開關互市以利俄商，縱茶、黄出口以活俄民。乾隆間，俄人渝約犯禁，我高宗如天之度，不加以兵，因其悔罪，仍許通商。是我之有德於俄四也。我有四德，俄不知報。咸豐八年，乘我方有兵事，紿奕山而攘我烏蘇里江東之地五千里，又誑我沿邊常住卡倫以外之地萬餘里。文宗念舊盟，重鄰衅，閔兩國生靈，因而畀之。環海四洲，莫不以俄爲曲。今又乘我天子沖齡，邊圉甫定，挾小惠以徼大利，俄之君臣，獨不畏罹違天不祥之咎乎。

二曰折以約。陸路通商不便，原許酌商，不得節外生枝，則有咸豐十年之續約第十四條在。有緊要妨礙之處，尚未滿限，立即議改，則有同治八年改訂之約第二十二條在。界牌永無更改，他地並不侵佔，則有咸豐十年之續約第一條在。邊界既定，登册繪圖，兩國永無此疆彼界之爭，則有咸豐十年之約第九條在。張家口不設領事，不立行棧，則有同治八年改定之約第四條在。京城、恰克圖二處公文，准用臺站，站費兩國共之，今云在蒙古地方，天山南北，行路、寄信概用臺站，新約有，舊約無。准設領事，向止伊、塔、喀三城，今又增烏魯木齊六處，新約有，舊約無。入邊道路止恰克圖，近邊馬頭止張家口，今又取道關隴以達漢口，新約有，舊約無。松花江行船至伯都訥，與沿江一帶居民貿易，新約有，舊約無。俄人來路向出北道，尚免西防，今由科布多過歸化城，運貨前往天津，新約有，舊約無。蒙古貿易，或准或未准，今忽以中國蒙古並蒙古各盟，已設官、未設官之處括之，新約有，舊約無。不納稅者向止兩國邊界百里内爲然，今云在中國蒙古地方、關外、天山南北概不納稅，新約有，舊約無。通商總例，向完正稅、子稅，今云陝、甘、漢口不納子稅，新約有，舊約無。交易原須兩利，華商豈可偏枯，今云准以貨物抵帳，新約有，舊約無。通商許人帶兵器一件，未言火器。查洋槍、洋礮、洋火藥向爲禁物，今云人帶一槍，新約有，舊約無。領事官向止與地方官平行，自不得與大憲抗禮。今云領事與大憲往來用信函，會晤用友邦禮，新約有，舊約無。就臣所指駁者固已如此其多，其他或自相矛盾，或影射欺蒙，若總理衙門更按各國條約參酌比例，並檢俄國歷屆照會逐細研求，可駁者更復何限。以此詰俄，俄其何辭。

三曰怵以勢。俄人懾於義，箝於約，善矣。若猶不聽，則請說之曰，俄逞威貪利，將謂中國仁讓，不能勝也。我守已固，我軍已蒐，閉關絶市，茶、黄不出，東結混同江思歸之義民，西收哈薩克、布魯特反正之舊部。俄西犯，則我以將軍襲尼布楚，東寇，則我輕騎以破浩罕，復伊犁。俄人萬里孤軍，長城前，戈壁後，士卒頓，芻糧絶，俄軍必殲。即或我軍不克，我力不支，則我猶出下策，擲孤注。西委阿里以賜英吉利，使之越裏海以取土爾扈特舊牧地。東捐臺灣山後以賜日本，使之復庫頁島以斷東海口。激土耳其以宿憾，使仇俄。啗日耳曼以重利，使絶俄。兵連禍結，俄之精鋭竭於外，俄之亂黨起於内，恐比得羅堡國都非俄之有也。俄人自命大國，比年收納難民，代采軍糈，其心頗欲市義沽名，今見我有備，而又參理勢、兼剛柔以動之，蔑不聽矣。至使臣緩急變通，則當更求操縱之法。或新約不許，而增兵費、卹款之數，以易伊犁。或新約不許，而令左宗棠畫窮邊荒遠無關要害之地數百里與之，使盡歸伊犁山川要隘，是我棄一石田而得完伊犁也。新約不許，伊犁不歸，則令歸我罪人白彦虎，我仍以償款酬之。此一役也，俄有所得，既足以戢戎心，我除遺孽，亦足以存國體。此三者爲奇兵，爲活著，臨事相機，是在使臣之善應矣。

總而論之，備爲主，講爲輔，操縱爲變化。我苟無備，俄人知我虚實，肆其恫喝，雖有辯士，將不得言，言亦不信。雖然修備之道，並非朝廷頒一詔書，疆吏辦一覆奏已也。竊念自咸豐以來，無年不辦洋務，無日不講自强。因洋務而進用者數百人，因洋務而糜耗者數千萬。冠蓋之使交錯於海邦，市舶之司日增於腹地。屈己捐愛，將曰待時，事閲三朝，積弱如故。一有俄事，從違莫決，縉紳束手，將帥變色。即號憂國持高論者，亦徒吁嗟太息而不能知其所以然，泄泄悠悠，委其憂於君父。今猶中興時也，不知十餘年後，又將何以處之。有七年之病而不蓄三年之艾，此古來志士仁人所爲搤腕而歎恨者也。伏願皇太后、皇上自今日始，君臣上下，卧薪嘗膽，戒鴆毒之安，惕肘腋之患，專心求賢才，破格行賞罰。如仍有以含垢姑安，養晦縱敵之説進者，一切斥勿用，然後修備始非虚文矣。昔者，晉無失德，（符）〔苻〕堅恃强而伐之〔一〕，渡淮而堅滅。宋無亂政，完顏亮恃强而伐之，臨江而亮亡。天眷所在，雖偏安之朝猶足以勝强敵，況以國家德澤之深，疆域之廣，物力雖絀而未窮，人才雖稀而未盡。如謂修德修政，竭禹跡九州之全力而不能與一鄰國抗，殆亦數千年來史册所未有

〔一〕「符堅」，應為「苻堅」。

者也。仰懇皇太后、皇上將臣此疏交再議之王大臣等一併議奏，以備裁擇。茲事體大，臣書生之見，不知有當萬一否。

光緒六年

邊防實效全在得人摺 光緒六年正月二十一日

竊臣仰承諭旨，於會議事件累與咨商邊防之法，現經王大臣等籌議覆奏。臣惟邊防事宜，不外廷議數端，而究之邊防有益無益，有效無效，必以得人不得人爲斷。得其人，則皆勝算也，不得其人，則盡空文也。大抵得人之道約有數端。一曰至誠。責大臣以薦舉，不薦不止。廣條目以求才，不得不休。二曰秉公。務采物望，務拔幽滯，黜尸素，禁濫竽，不以喜怒爲愛憎，不以異同爲去取。三曰虛心。不患下無才，但患上不求才，朝廷以樞臣爲耳目，樞臣當以公論爲耳目。宜預儲之於夾袋，不可取辦於臨時。四曰破格。勿計年資，勿泥成例。奇傑之才，不拘文武，艱鉅之任，不限疏戚。五曰器使。足食足兵，量能授任，南船北馬，各用所長。即塞外番僧，泰西智巧，駕馭有方，皆可供我策遣。六曰節取。邊才每多偏駁，健將每涉不羈，不以一眚掩大德，不以二觳棄干城，或取其技能，或採其議論。七曰造就。有邊事始有邊才，頗、牧、衛、霍非本天生，皆由習練。疆圉孔棘之秋，正磨練人才之具，我朝平準回，平金川，平川楚教匪，平粵捻，每辦一次軍務，即出一次人才，是其明證。

總之，朝議之所能籌，臣下之所能請者，不過曰簡命重臣，不過曰宣召宿將，不過曰飭大臣薦舉，不過曰請旨考核對調。至於派何人，召何將，薦舉之用與不用，考核之嚴與不嚴，則其中真精神、真消息，全在朝廷。惟有仰懇皇太后、皇上責成軍機大臣，將廷臣所稱派重臣、召宿將、保薦考核各條平心鑒裁，竭誠翊贊。然後邊防一事，不至勞師糜餉，徒令海内騷然，而終歸於有名無實也。

俄事機可乘善籌抵制摺 光緒六年正月二十一日

竊維俄事大端，界務以伊犁全境爲最重，商務以西漢通商爲最重。前此廷臣所以請緩索伊犁者，以俄人不還帖克斯川，伊犁無出路故也。應令曾紀澤反復辯論。若伊犁南境或有可商，則西漢重而伊犁亦未嘗不重，取一棄一，非計也。臣愚以爲今日之計，彼既有可乘之機，我亦宜出兩全之策。伊犁南境如可讓還，即當據爲鐵案，不必更動。西漢一條，當別籌相抵之方，或令曾紀澤商之俄人，令其別議一款與之相抵，或於伊犁原議償款之數酌量加增，以之相酬。洋人唯利是視，事必可行。蓋無路之伊犁則可舍，而有用之伊犁則不可棄，無名之兵費則當拒，而挽回謬約之償款則不當惜。夫西漢一條，實爲商民生計形勢要害之所關，我皇太后、皇上重義輕利，損上益下，豈有爲民生，爲險要而吝此區區資財，而遂至捐有用之疆土，擲已返之侵地者。本末得失之間，稍一失算，不亦重可惜乎。伏望敕下曾紀澤速與設法商議，兩條並争。如慮限期將滿，即請一面電寄曾紀澤，一面告知凱陽德，屬其速達本國。但令照會俄使，在本月晦前，彼自不得以逾限藉口。臣等私憂竊議，同此拳拳。

會議未盡事宜片 光緒六年正月二十一日

再，邊防各條現經廷議覆奏，惟尚有餘義數端，敬爲朝廷陳之。

一、北洋師船宜得人也。天津雖購有外洋戰艦數艘，聞水手運用猶未嫻習，臨戰恐不足恃。水陸人才，各有所宜，海戰舟楫非閩、廣將士不可，故大學士曾國藩奏疏中曾發此義。至於教練海戰，實是西人所長。聞赫德願覓西士助我教練海防，其説未嘗不可酌采，但須權操自我耳。

一、北路亟宜練邊兵邊將也。現在廷議調張秋鎮淮軍駐張家口，調劉連捷楚軍駐綏遠城，兵不另募，餉不另籌，自係目前良策。第邊外征戰，總宜北人。東三省練兵，現經議及，若再令察哈爾都統、綏遠城將軍各就本地邊人，無論旗民、蒙古，簡募成軍，奏調知兵將領前往訓練，方可一戰。竊揆以後時勢，九邊防務，正無已時，正宜及此整頓邊軍，提倡風氣。則因地爲良，他日可與湘、淮各軍接踵而起矣。

一、蒙古練兵之藩臣宜擇將佐也。現既請派重臣行邊，撫練蒙古，治兵固爲要圖，屯牧尤爲切務。文武將佐，均宜精選。將校宜擇曾經戰陣者，不宜用游惰之徒，文吏宜擇幹練耐勞者，不宜用虚浮之輩。應請朝廷簡派發往，以資臂助。

一、蒙古屯牧生計宜求簡要之方也。蒙人性拙，夏秋百草豐美，長至數尺，彌漫山原，牲畜蕃息，用不勝用，不知收儲，及至冰雪被野，則聽其餓病。近來蒙人貧弱，實由於此。擬請敕下各部王公，勸諭所屬，務惟儲草禦冬之計，畜蕃則富，馬壯則强。至庫倫一帶可耕之地甚多，惟時令早寒，宜派員董勸，令種夏熟之穀，足可無誤收穫。農功作，地利興，斯生計益饒矣。

一、近邊兵屯可舉行也。口外屯田，歷年臣工屢經陳奏，他處姑不具論。查察哈爾附近圍場地方，彌望沃壤，私墾甚多。其地本屬蒙部，不徵錢糧，今若聽其曠廢則可惜，徒聽私墾不能升科，則仍於國計無補，且私墾率係莠民，亦多流弊。惟有募軍屯田，可以練兵，可以省餉，實爲鞏固邊圉之良策。擬請敕下該處都統，體察速辦。

一、西路僧兵宜有統率也。查棍噶札拉參現經給假三年，伏思彼既爲俄所憚，似不宜久離本部。彼之所惡，乃我之所寶，若自棄干城，聽其閒散，正墮敵人狡謀。似宜令其銷假赴軍，俾資犄角。論者或慮該呼圖克圖不易控制，然錫綸既與投契，當不至無駕馭之方也。

以上六條，雖爲餘義，亦屬要圖，謹推闡廷議未盡之意，附片具陳。

請飭疆臣詳籌改約片 光緒六年正月二十一日

再，此次實廷奏請另派參贊一節，經王大臣等議駁。查參贊既無衆論推許之人，自屬無從另派。至廷議之意，擬俟曾紀澤到彼察看情形，隨時奏明請旨，此時無從懸揣，條約未能議及。

竊謂崇厚既經獲罪，所定條約自應作爲廢紙。惟曾紀澤此次所奉之命，既以另議妥議爲辭，自應實有另議妥議之事。既須授方略於請旨之後，必當議方略於請旨之先。此事關係重大，僅使總理衙門議之，不如兼使廷臣議之，而後能集思廣聽。廷臣議之，不如兼使疆臣議之，而後可實見施行。擬請此時即敕下總理衙門王大臣，將如何另議之方，迅速妥籌，有利於中國者争之，有害於中國者避之。一面敕李鴻章、左宗棠亦將另議之策詳籌速奏。俟總署及兩督臣議上時，仍敕王大臣等會議，即諭知曾紀澤遵辦。務使從違有準，抵制有方，操縱有法，庶幾詢謀僉同，不至一誤再誤。會議之日，臣謂不派參贊一節意見相同，唯使臣另議之方亦宜預爲籌及。管見擬另行陳奏，曾向沈桂芬等詳細聲明。

酌改國書字樣片 光緒六年正月二十二日

再，此次所擬國書，大致自係仿照舊式。俄爲盟聘之國，措詞原宜和平。惟中間稱俄國君主之處，似可於大皇帝三字上冠以大俄國字樣，語氣較爲相宜。且與篇首稱謂本屬一律，並非更改舊式，顯爲抑揚，彼亦無從挑剔。至中有惋惜一語，想係援照與英國通書之式。竊思前次所謂惋惜，乃指馬加利被戕而言，施之此事，似未相符。恐彼國繙譯不得其解，轉致疑問，似不如直以行人失辭立言，較爲光明磊落。

謝授翰林院侍講摺 光緒六年二月初九日 翰林院掌院學士代奏

據新授翰林院侍講張之洞呈稱，本月初八日奉旨：張之洞補授翰林院侍講。欽此。竊之洞承華末秩，藝苑疏材。業守經生，實典中古文之簿。班躋侍從，俾觀太史氏之書。顧蟄集而滋慙，被龍光而知悚。伏念唐開文館，始號詞林。宋重儒修，多居講職。幽冀之士多椎鈍，勉承樸學之宗風。武宣之世考文章，未覩緝熙之聖業。之洞惟有研覃造道，獻納攄誠，以仰答高厚鴻慈於萬一。

所有之洞感激下忱，理合循例呈懇代奏，恭謝天恩等語。臣等謹繕摺奏聞，伏祈聖鑒。

敬陳經權二策摺 光緒六年五月十九日

竊自冬春以來，俄事初起，臣屢次上疏，大意不外修備籌防，以爲操縱之地。悠悠數月，軍容闃然。今者，俄人恫喝，英、法居間，首以赦免崇厚爲請。而南北洋大臣張皇入告，樞臣不再計，廷議無深謀。既無能戰之人，安有萬全之策，覩此時局，不勝憤惋。然臣謂當此難於著手之時，尤不宜倉皇失措，謹籌二策爲皇太后、皇上陳之。

守正之策，曰必誅無赦，以存國權。在請免崇厚者，不過曰使臣不誅，則俄人不怒，俄人不怒，則兵端不開。臣愚以爲不然。英、法之調停，但保接新使，不保翻舊約。俄人以罪使爲辱，必更以翻約爲辱，若我必欲翻約，兵端不仍開乎。謬約不能翻，罪臣不能殺，是俄再勝而我再辱也。從此賞罰不信，威令不行，聽命敵人，受制諸國。賊臣有護符，奸民無忌憚，紀綱蕩然，何以立國。且即使條約之無關緊要者略改數條，俄人見我甘受要挾，不待數年，一修約而十八條仍盡許之矣，再修約而十八條之外又加十八條矣。故既不能正崇厚之罪，而謂能改崇厚之約，此必無之事也。爲今之計，惟有善言以覆英、法，婉詞以謝俄人。明諭中外，謂我自治罪臣，並無侮辱鄰國之意，命邵友濂先行達知。或將英、法二使賞給寶星，酬其厚誼，託以轉圜，屬其致書俄邦，先告以伊犁可緩，償款可給。俾俄人知我之另議條約，但欲除其窒礙，並非一味翻駁。以此作爲和好實據，自然接待使臣。夫與其屈法而仍無把握，何如持正而別圖轉機哉。昔晋文公不肯棄信取原，何況刑賞大柄非止一諾之微乎。宋華元不受楚人之鄙，而殺楚使，卒之宋亦不亡，何況中國非如宋之小弱乎。諸葛亮不肯廢法而誅馬謖，何況崇厚非如謖之有用乎。此古來謀國之常經，兼是非，權利害，而並非迂闊難行者也。

變通之策，曰赦此罰彼，以示不測。如俄怒必不敢攖，英、法之請必不敢拒，崇厚必不敢誅，則莫如明詔昌言，徑赦其罪，而姑驅策之，勒令捐銀百萬，以充邊餉。責令仍往俄國交曾紀澤差委，戴罪自效，更議條約。如條約不改，邊釁終開，即令曾紀澤在彼處將該革員即行正法。蓋使過棄瑕，恩猶自上，畏鄰貸死，轉屬無名。至北洋大臣李鴻章、南洋大臣劉坤一，身爲干城，甘心畏葸，不能任戰以解君父之憂，但恃曲赦以爲僥倖之計，致令慈安端裕康慶昭和莊敬皇太后深宮旰食，慈禧端佑康頤昭豫莊誠皇太后扶病臨朝，何以爲心，何以爲顔。如果欲釋崇厚，則必將南北洋大臣立加嚴譴，仍責令戴罪急修水陸防務。樞臣等職司籌筆，亦宜訓諭督責，飭令實心捍患，戰守兼權，無得專恃遷就爲長策。但一赦一罰，勢如張弛相資，必須並用。諸大臣身受厚恩，爲國任過，當亦有所不辭。若不能用臣之言而譴疆臣，即亦不必因臣之言而赦罪臣。海外各國見中朝剛柔互用，恩威不測，死囚雖赦而名尚正，排解雖聽而氣尚雄。不挑敵，不怒鄰，而禦侮之備不弛，報人之志不衰。則彼莫測我之淺深，或猶長慮卻顧而不敢逞。此英主應變之權略，或不得已而用之者也。由前之策，正也。由後之策，變而猶不失其正也。若猶豫不決，既無鬭志，又昧機宜，是爲無策。

總之，今日國家大勢，中原無事，金甌屹然。溯自咸、同以來，髮、捻、苗、回之變亂，寇雖多而難卒平。燕、秦、晉、豫之旱荒，灾雖深而民不變。比年綏豐成象，時暘時雨，有禱必靈，良由列祖列宗之澤厚仁深，皇太后、皇上之至誠求治，上蒼眷佑，福應昭然。方今雖似有才難之歎，積弱之形，而中外將吏，正不少智勇兼備之才，草野士民，未嘗挫忠義激昂之氣。天命如此，人心如此，即使四鄰窺伺，果其將相得人，或剛或柔，相機維持，大局斷可無慮。惟望兩宫皇太后寬懷頤養，萬勿過於憂勞，但使慈闈安健，餐衛日强，萬幾之繁，從容措置，自可徐圖修内攘外之方，此則薄海臣民之大願也。臣懇懇愚忱，謹抒一得，以爲因時補救之計。

再，臣欽奉懿旨，前往内閣諮商，因會議覆奏迅速，臣摺若由本衙門代奏，恐致周折稽延，即由内閣代爲呈遞，合并聲明。

謝授右春坊右庶子摺 光緒六年六月初七日

六月初六日奉旨：張之洞補授右春坊右庶子。欽此。竊臣勃碣軨材，瀛壺忝列。中經許讀，初陪文學侍從之班。邊事方殷，未副獻納論思之職。兹荷鸞章之新命，更除燕義之古官，霑澤彌深，循涯滋悚。伏考晉馬彪之續志，東西京職亞率更。唐龍朔之初年，左右列名標中護。自非儁選，鮮歷清塗。臣惟有學勉芻蕘，誠殫葵藿。慕前徽於雅士，敢忘春秋華實之箴。守大義於經生，聊酬天地栽培之厚。

謝充日講起居注官摺 光緒六年七月初五日

本月初三日奉旨：張之洞著充日講起居注官。欽此。竊臣起家芸館，洊領芝坊，愧塵益之毫無，荷天施之疊被。佩皁囊而珥筆，旁丹扆以紬書。伏考順治朝之典章，日講官職司經義。四庫書之史例，起居注古號專門。臣惟有非道不陳於前，所書可法於後。瞻天仰聖，幸獲依香案之仙風。補闕拾遺，豈徒詠玉珂之夜月。益勤豹直，冀答鴻慈。

謹陳海防事宜摺 附片 光緒六年七月初十日

竊惟俄警日聞，罪臣已蒙曲赦，成事不説，惟有憤懣。夫俄之發兵恐脅，早在意計之中，是以臣屢疏瀆陳，總不外乎以備爲講一語。今使臣雖已接待，條約尚未置詞。設全不能改，而此外復加要求，和不能和，戰不能戰，豈堪設想。故今日而欲保全和局，仍惟有急修戰備一法。海防虛實，敵人周知，我多一分兵威，則敵人少一分要挾，即旁觀諸國亦尚易於調處。至海防不外籌地、籌人兩端，而人爲尤要，不得良將與無兵同。敬抒管見，以效土壤涓流之助。惟事目較繁，謹分繕另片條上，以便垂覽。

謹將應防各要地事宜臚陳管見，仰懇敕下沿海督撫酌量籌辦。

一、天津重兵不宜全聚海口。聚兵一處，設礮臺有失，敵人闌入，遂無阻遏。天津之兵宜分數層扼劄，大沽、北塘爲頭敵，新城爲二敵，紫竹林爲三敵，三岔河北爲四敵。豫先擇要築壘，諸軍半守老營，半赴前敵。戰即或不利，仍有退步，敵雖登岸，不能長驅深入。

一、蘆臺宜屯重兵。天津東北一帶海濱小口，歧路雖多，皆以蘆臺爲總匯之路，舊制通永鎮駐此，具有深意。宜選健將專屯重兵於此。

一、天津內河宜扼守。天津海河大鐵船不能駛入，果能節節阻遏，較之海口尤易。

一、（燕）［煙］、旅順諸島宜急籌固守。庚申之役，洋人據此爲窟穴，可以接濟煤水，休息兵士，急宜設法堅守。宜責成山東巡撫親駐（燕）［煙］臺防扼，無令敵人得之，則彼後路終有不便。

一、營口海口難守，宜專備陸戰。營口地勢平迤，船可近岸，宜於陸地早籌可扼處所，勿致臨時倉皇驚潰。

一、大沽、營口宜備水師以爲奇兵。雖無戰艦，宜速調閩、粵熟習海戰之將，厚募習水死士，即用沿海漁船分泊淺處，相機圍攻焚燬其船。船小而散，彼之巨礮失其所長，雖擊沉數船，無損於我。可以來往自如，鐵甲船雖堅，尋常兵輪船仍可燬也。即或敵已深入，若燬其船，彼安歸乎。

一、天津、奉天沿海處所宜辦團練。非謂民團能與洋人搏戰也，但能處處有團，不與交通，彼運械買糧等事，自多窒礙，藉此亦可少清漢奸。彼若與民團爲難，激成衆怒，尤我之利也。

一、盛京將軍宜擇人。營口距盛京太近，將軍岐元未經兵事，戰守恐非所長。可否量移他處，別選八旗知兵大員往代，以固陪京。

一、江防宜專派重臣督辦。此時宜令彭玉麟、楊岳斌親駐吳淞、江陰等處，及早防備。

一、上海賣煤與俄宜禁阻。聞俄人近在上海煤行購定煤數千萬斤，此後若源源購買，敵船將更游行無忌。宜令上海道密查，設法牽制。

一、日本宜連和以伐其交。俄人遠來，專恃日本爲後路。宜速與聯絡，彼所議辦商務，可允者早允之。但得彼國中立，兩不相助，俄勢自阻。

一、吉林金匪宜招撫以爲我用。既無勦捕禁絶之方，不如化私爲官，撫而用之，亦可藉以禦侮。

一、宜發防海新論令各營講習。近年西人著有防海新論一書，經上海道譯出刊板通行。於外洋争戰，防外海，防內河，種種得失利鈍，（辦）［辨］論至詳[一]。京師洋書肆現有其書，擬請先購數十部發交東三省。一面令沿海各督撫向上海多購，分發諸將領細心講求，觸類引伸，必有實效。綜而論之，欲禦洋人，斷以講陸戰，扼內河，截後路三者爲要義，伏祈聖明裁度施行。

謹將知名宿將臚陳數人以備擇。

提督劉銘傳。該員勳望勇略最爲淮軍推服。兵無强弱，惟在一將。天津淮軍雖多，精鋭較前稍減，必得該員爲之統領調度，方可以戰。雖其性情頗傲，而將略實優，昔在陝西督辦無功，由於專任之故。若責令速起赴津，假以事權，會同李鴻章辦理防務，當能維持調護，舍短取長。

湖南提督鮑超。該員威望，中外咸知，若當大敵，必須任用。雖其紀律稍遜，然長處實多，將士隸其麾下，自然氣壯。似可令別統一軍，與劉銘傳犄角。

提督曹克忠。該員智勇兼備，現已在津差委。似宜令募重兵一枝，扼劄蘆臺，本係津人，地勢民情較熟，尤爲相宜。

福建建甯鎮總兵張得勝。該員征戰三十年，在諸將中資望最老，劉銘傳、陳國瑞皆其舊部。樸勇不貪，猛鷙之氣，至今未減。

［一］據楚學精廬一九三七年版《張文襄公全集校勘記》改。

現在請假回湘，可否令募楚軍北來聽用。

安徽壽春鎮總兵郭寶昌。該員驍勇趫捷，才能應變。可否令率所部，添募大枝淮勇，北來聽用。

廣東總兵鄧安邦。該員謀勇兼優，心術最正，爲粵將第一，衆論僉同。可否令其赴津，或水或陸，隨宜任用。粵人習見洋人，殊不覺其可畏，直令多帶所部精鋭數營同來。此外并宜多調閩廣水師將士，實爲要着。

前侍衛陳國瑞。該員猛勇無匹，專能以少擊衆，屢立奇功，諸將無不亟口贊服。惟獨當一面則非所宜，可否令其效力自贖，交奉天統兵大臣差委，使募四五營扼防營口，必能得力。時勢如此，若有驍將而不用，未免可惜。

前呼蘭副都統依克唐阿。該員驍勇善戰，爲東三省諸將最知名者。現因丁憂在吉林原籍，可否俟百日後，飭赴營口帶兵。

甯夏將軍善慶。關東設有戰事，必須有八旗將領方能相習。善慶戰功素著，可否令赴山海關、營口一帶辦理防務。

直隸正定鎮總兵婁雲慶，直隸宣化鎮總兵王可陞。該二員素皆著名健將，近在畿輔，可否令各帶所部赴津聽用。

前布倫托海辦事大臣李雲麟。該員在胡林翼軍營知名最早，久歷戎行，亦屢經蹉跌。於東南十餘省軍務，西北萬餘里邊防，皆所身經目擊，閱歷最多。當此需才之際，曾國荃來京時，朝廷若任以兵事，可否即發交差委。察看是否可用，可則用之，不可則罷之。

總之，全才難得，若以瑕掩瑜，則可用之將希矣。以上諸將，各有所長，亦各有所短，惟在位置得地，駕馭有方，相輔而行，自能奏功。與其少調一人而貽後時之悔，不若多調一人而爲未雨之謀。與其少練一軍而疏蟻穴之防，不如多練一軍而爲閒著之備。綜計天津、奉天海防，除舊有防軍外，每處約須增軍二萬人，方可敷分布應援之用。餉需雖覺浩繁，不過半年可定，即使和局已成，將來邊備萬不能已。儘可汰疲留鋭，或發東省，以維不拔之根本，或發西陲，以代思歸之防軍，亦非無用。冬春以來，已多遲誤，若再不急急選將練兵，速爲自强自存之計，後悔何追。臣不勝迫切之至。

改約重要各條必應堅持片 光緒六年七月初十日

再，改約各節，曾紀澤自必力爲辯論。然其中關係極要之條，尤須堅持定見，期於必行。竊謂界務、商務兩大端，形跡則界務重，隱患則商務重，商務中以陝、楚陸路通商一條爲尤重。緣俄商運茶出洋及由天津改行陸路回國，道途紆遠，以致俄之茶價每較他國爲昂。西北一路若通，運捷利重，俄人必以全力争之。惟穿行三省，流弊太多，彼若肯改固善，設萬不肯改，惟有於兩難之中曲謀挽救。查左宗棠原議，本擬招徠華商由漢口販運至關，俄商就關外市買。惟其不便有二。一則由鄂達隴，道阻且長，商貨不旺，零星販到之茶，多少無常，不足以供俄商之購買。一則疊經關卡，例納税釐，成本漸重，市價仍昂，俄人必仍不願。竊謂若令江漢關監督於漢口廣勸股分，創設運茶公司，起運之地援洋商成例，但完正半税，即不再重徵，源源販往，不使缺乏。關外茶多價賤，而俄商又省跋涉之勞，揆以人情，或可轉圜。如此則雖稍減西傾之榷税，而可絕腹省之隱憂。輕重權衡，顯然易見。伏望朝廷裁奪，如以爲可，即將此條發交曾紀澤酌辦。

至松花江行船一條，查咸豐八年愛琿約載，由黑龍江、松花江、烏蘇里河，此後祗准中國、俄國行船。又載，黑龍江左岸由額爾古訥河至松花江海口爲俄國屬地，右岸順江流至烏蘇里河爲中國屬地。詳繹約文，乃由黑龍江順流至松花江會處，由松花江順流至烏蘇里河會處，皆係兩國分界，故連文總言由黑龍江、松花江、烏蘇里河准中國、俄國行船。公法有云，江河夾兩國之間者，以中流爲界，二國同享其利。是約中所指松花江，係專就夾於二國之間一段江流而言。若松花江未與黑龍江會流以前，本係中國地方，約中但言准俄國行船可矣，何必又贅言准中國行船耶。參考約法，詞義甚明。此條可否亦寄知曾紀澤以爲辯論之助。

上諭：詹事府右庶子張之洞奏，俄約中陸路通商一條，設萬不肯改，惟有照左宗棠原議，招徠華商由漢口販運至嘉峪關，俄商就關外市買。令江漢關監督於漢口廣勸股分，創設運茶公司，起運之地援洋商成例，但完正半稅，即不再重徵，庶關外茶多價賤，俄商又省跋涉之勞。至松花江行船一條，咸豐八年約中所指，准中國行船之松花江，係專就夾於二國之間一段江流而言。若松花江未與黑龍江會流以前，本係中國地方，約中但言准俄國行船，不必又贅言准中國行船等語，籌慮尚屬周詳。著曾紀澤於議約時揆度情形，參酌辦理。欽此。

議約迫促急圖補救摺 光緒六年七月三十日

竊惟曾紀澤抵俄已久，計目前正與俄議崇厚之釋。中國既已示弱，曾紀澤未及議事，先爲乞恩，將來約章已可想見。竊就議約一端，謹抒管見，敬爲我皇太后、皇上陳之。

一、責使臣以羈縻。固不宜率爾决裂，更不可率爾允定，理正詞婉，何至遽激敵怒，總須時日稍寬，朝廷方能詳酌。若憑曾紀澤一人定議，所見一偏，更將不可救藥。竊謂不必以强争必行責之，但當以羈縻無絶責之。不得藉口决裂，任意允許。

一、條約應駁改處，宜全數達知彼國。發出準駁章程，所欲改者，必應一氣告知俄人，則彼之意嚮所在，孰重孰輕，自然可見。敵情既得，我方有以應之，萬勿囁嚅不吐，陸續辯駁。不然彼將謂我隨口增長，我將不得盡其辭矣。

一、辯駁宜先重後輕。我已事事遷就俄人，彼礙於情面，或於末節略改一二處，聊以搪塞。若先以全力争論輕者，彼既應允，我豈能再與之争重者乎。

一、先詰俄人無故遽發兵船，商令撤回。俄船久泊日本，近又駛至北洋，愈近我境。夫無故發兵，俄原不直。我釋罪臣，彼撤兵舶，正足相當，如此方是兩國和好實據。此時宜令曾紀澤以此詰問，緩議改約，先議撤兵。兵撤以後，辯論即可從容，此實緊要關鍵。如彼不認發兵來華，而以自防俄境海面爲辭，則他日定議後，不能藉口索取兵費矣。

一、責他國使臣以調處。英、法、德諸國公使所請，我已無求不應，若俄約全不容商酌，威妥瑪、賓海、巴蘭德諸人豈能置身事外。應請飭總理衙門以此詰問，令其調處挽回。即曾紀澤在彼稍有争執齟齬，該使臣亦可託諸國轉圜。

一、最要數事宜百計挽回，以顧國體。陝甘陸路通商至漢口一也，松花江行船至伯都訥二也，張家口設行棧三也，伊犁未還全境四也。原約之有害者甚多，而此四條則害之尤大者也。能改固善，即或萬難徑改，無論如何，設法抽换抵制，總以挽回爲期。

不然使命再勞，一無救正，不惟後患太深，於國體亦太損矣。

一、約如不改，惟有誅崇厚以存國權。崇厚本無可赦之理，亦知朝廷本無願赦之心，不過藉此睦鄰，冀改原約。設萬不能改，請飭曾紀澤與俄人商論，謂和約定後，中之與俄，顧全鄰好，事事曲從，惟崇厚實因不俟諭旨，犯我律條，絕不與俄國相涉，中國必須誅之，俄國不必過問。如此則雖無補於覆轍，尚可示儆於將來。中國不失其自主之權，他日或尚有自强之望。若曾紀澤此行，兵不能撤，約不能改，崇厚亦不能誅，三者一無所得，徒貿貿然發一乞免罪臣之報，恐人將以議崇厚者議其後也。宜令曾紀澤熟思審處，無貽咎戾。

前數條爲目前入手之事機，末兩條爲萬一無可挽回之退步。謹於萬難之際，勉效維持之方，仰懇敕下總理衙門，嚴切電致曾紀澤，詳慎辦理，無得意爲輕重，終誤大局。

請防範崇厚片 光緒六年七月三十日

再，臣聞崇厚之家於本月初三日即已知有奏請開釋之信，延請星士，占問何日可奉恩旨。查曾紀澤電報初六日始到，何以崇厚先期得知，此事都下鬨傳，詫爲怪事。顯係外國洋人在俄與曾紀澤商有成説後，即有人先用電信報慰崇厚。蓋崇厚辦理洋務多年，家本鉅富，與各國使臣厚爲結納，以故交情甚深。觀其羽翼如此之廣，消息如此之靈，此日難保不胸懷怨懟，將中國虛實輸情外國，從中播扇，務使原約不改，更加要求，以掩其前此所辦之罪。且雖蒙貸死，正宜杜門齚舌，省愆悔罪。乃出獄數日，即已各城内外拜客，輿馬烜赫，賀客盈門，不知謝絕，可謂毫無愧恥，毫無畏憚。當此俄人兵船正在海上之際，尤恐其造言恫喝，摇惑人心。其應如何防範禁絕之處，伏候聖裁。

海警日迫急籌戰備摺 光緒六年八月十二日

竊聞俄船將近，俄使將來，沿海防軍尚未趕到。儻再因循數日，敵兵臨境，必至束手而聽要求。若與争執，彼突然決裂，我將何以應之。故此時必有實可以戰之方，始可免於倉卒浪戰之害。敬將切近急務數端，循序聯貫條列以聞。

一、急速徵兵，並急速籌給的餉軍火。俄船既來，必將禁阻我之援兵，以遂其要挾之計。彼時調兵則礙和，撤兵則受制，從古敵國脅和，無不如此。同治庚午天津之事，法國聞李鴻章將到，力阻其兵，不准入境，方允議和，前車可鑒。查已經奏調各軍及臣前疏所請諸將，如曹克忠、張得勝、鄧安邦、依克唐阿、善慶、陳國瑞、王可陞、婁雲慶等，亟宜促令募練成軍，星馳到防。並須嚴飭各該省督撫，移緩就急，立撥餉銀，發給軍火，刻期起程，如誤軍行，即罪督撫。若欲調此將而與該省督撫往返商酌，則遲緩耽延，與不調同。調將而不令募兵，與無將同。募兵而不指撥的餉軍火，與無兵同。儻必待決裂而後徵召勤王之師，悔之晚矣。

一、鮑超之兵宜速調輪船迎取。鮑超聞已成軍，然由漢口顧募長江輪船，船數無多，往返裝載，到防太遲，必致誤事。惟有速令沿海督撫，將向泊福建官局輪船暨招商局輪船，盡數飭赴漢口運載此軍，庶免到津在俄船之後，致被阻遏不能入口。

一、各輪船宜調齊停泊北洋。船政局輪船共有二十餘隻，分泊各省海口，零星三兩，毫無益處。宜俟運載霆軍到津後，即令分駐大沽、營口兩處，聽李鴻章、曾國荃調度，不必遣回本省。此船雖非鐵艦之比，然以之攔截敵人運煤、運械之船，牽綴敵人後路守島之兵，以及海面偵探馳報，亦非無用。北洋爲兩京門户，萬不准各省督撫扣留。

一、煙臺必宜有良將重兵。煙臺爲北洋第一重門户，欲固天津，必宜以全力争之，方爲先著。臣前疏請飭周恒祺親駐扼守，現聞該撫調兵往剳，未經親往，且並無著名將弁，兵力亦弱。若欲就近籌調，惟有於江防各軍如吴長慶、唐定奎、章合才三將内酌選其一。令統所部由輪船迅速赴東，併力扼守煙臺及登州、威海衛口岸，五六日可到。江防較緩，江防自狼山以上之陸路更緩，儘可另調他營填剳。

一、大孤山泉水急宜斷絶。大連灣爲敵船入北洋停頓之所。大孤山有泉一眼，甘而且盛，自咸豐十年洋人踞此益加開鑿，泉水更旺。查洋船非淡水無以爲命，近日雖有製造氣水之法，然止可敷十日之用，若無淡水接濟，彼到海口，自難持久。宜令盛京金州防守大臣速即密往查看，將大孤山此泉設法窒塞毁斷，萬勿顧惜。但貴速貴密，若機事不密，必有他國洋人阻撓。近年德國所以力争此口者，固爲停泊，實欲奪據此泉之利，此舉正不獨爲一時一事計也。

一、天津内河事急時宜斷船路。沈船、浮篺、下樁皆斷船路要法，西洋各國行之屢效。查下樁須早爲布置，事多窒礙，惟沈船可以倉卒取辦，浮篺兼可藏設水雷，爲用較便。宜令李鴻章早購壞廢沙船、巨材竹木備用，臨時相機酌辦。

一、劉銘傳宜特召備用。臣言劉銘傳屢矣，未蒙明旨徵召。查淮軍非有劉銘傳督戰不能取勝。該提督功高負氣，李鴻章知其才而畏其傲，以故不便奏調。當此危急之際，豈可令良將投閒，似宜特旨徵召來京，量加任用。即或天津無可位置，亦可令其自募一軍，或守煙臺，或防天津後路。該提督現雖引病家居，臣聞其實非沈痼，皖人多知其詳。

一、京師根本宜速調知兵大臣。外間傳聞大學士陝甘總督左宗棠已蒙宣召來京，中外均賀得人，惟恐該大學士因布置西防，北來遲緩。竊謂凡事當權輕重，如和議竟成，新疆自無戰事，何必左宗棠身在行間。如戰局終開，京師重乎，新疆重乎，不待智者而決矣。況新疆現有良將勁兵，足資控扼哉。擬請再降密旨，催令迅速來京，毋許推託延緩。京師必有此等緩急可恃之重臣，方免宵旰獨憂，人心震動。

一、籌巨餉必須借洋款。此時兵力宜厚，萬不可吝惜餉需。惟庫儲正患支絀，如或兵集餉匱，將有譁潰之憂。目前救急之策，止有商借洋款一法，宜令上海道速向各洋商議借數百萬巨款，以應急需。若俟交兵以後再議及此，必致刁難重利，且恐緩不濟急矣。聞俄國現向上海匯借銀數百萬以供來華兵餉，寇能爲此，我獨不能爲此乎。多用數百萬餉銀，即可免賠敵國千餘萬兵費，孰得孰失，此理易明。部臣仰屋持籌，萬不可吝小費而誤大局也。

以上數條，有未辦者，有現雖議及而並未決意速辦者，有聽疆臣自爲布置而中旨未經嚴切責成者。當此大局緊迫，臣是以苦口危言，不憚瀆請。斷宜審其緩急，權其輕重，勿再游移，勿再延緩，勿再惜餉，勿再吹毛求疵而棄將材，勿再任聽督撫推宕粉飾，勿再恃鄰國調護遂存僥倖，勿再聽敵國甘言遂懈軍心。俄人見我實有戰心，庶可早成和議。仰懇皇太后、皇上察臣愚悃，即飭樞臣迅速籌畫施行，敕下各督撫將軍分別辦理，毋得有名無實。

勿因出於小臣之口，遂以人微言輕而棄置之。天下幸甚。

重臣辦防宜降明旨片 光緒六年八月十二日

再，曾國荃内召，中外多知爲督辦山海關外一帶防務。惟以晋撫僑居邊外，名不正，權不尊，既未便以寄諭徧示鄰省，更不能以客官策遣諸軍，士氣不揚，安能制勝。現聞其因此爲難，不免疑惑顧慮，似宜明降諭旨，以一事權。彭玉麟亦宜特頒明旨，將江海各防飭令督辦。兩臣名有專屬，責有攸歸，然後威令能行，事無掣肘矣。如恐有礙和局，或渾涵其詞亦無不可，曾國荃督辦奉天、山海關一帶事宜，彭玉麟但稱督辦江海一帶事宜，似亦可行。是否有當，伏祈聖鑒。

遵議奏陳摺 光緒六年八月二十四日

本月二十日欽奉皇太后懿旨，以俄使將來，令廷臣通盤籌畫，顧全大局，妥議具奏。竊謂布策未來，俄人意指如何，無從懸擬。然而謀國禦敵之道，有須待臨幾因應者，有必當素定於先者，不然或游移不決而誤事，或一時惶恐而乖方，非計也。查俄國外部來文，有要務全駁，無從和衷議改等語，是未嘗不可駁也。又有和平商辦等語，是未嘗不可商也。臣謂布策此來，固是危局，亦未必非（事）[是]機緣[一]。曾紀澤多執己見，在彼定議，亦屬無益。從古敵國交際之事，謀戰爲本，辯論爲末，形勢相禁制爲上，婉詞懇請爲下。計其到來，尚須一月，即或決裂，又須兼旬，及此之時，惟有急修邊備，靜以待之。布策來時，自上海、煙臺、天津一路入京，沿海兵備皆在目中，若知我實有必戰之心，則十八條之中必可商改，若見我實無能戰之具，則十八條之外必多要求。俄人必欲來華定議，詭謀不過如此。若慮要挾過横，與其聽命於人，不若求之在我。至於議約一節，亦須豫定等差，胸有成算，方可臨時操縱。謹分別備法、講法，另片臚陳。

伏思去冬詔議俄約以來，至今十閲月矣。臣不揣愚陋，迭有奏陳，猥荷聖恩，屢與諮議。第一次疏請緩索伊犁，即西洋所謂布魯太斯特辦法也。若使總署當時照此電商俄國，何至興此波瀾，此一誤也。上年十二月總署會議，臣奉旨諮商，即面向王大臣言之，請毋庸遣使，可即令邵友濂與商。原以邵友濂昔爲參贊，今署使臣，本係崇厚議約時事中之人，俄人不能拒不與議。則俄之或可或否，早有回音，我之或戰或和，早可定計，何至遲至目前並不知俄人准駁確信。此二誤也。正月初會議邊防並崇厚罪名，臣於上年十二月二十五日即向王大臣面陳，請調李鴻章來京與議。如該大學士灼知邊備萬不足恃，自能造膝密陳，早思轉圜之計，何至崇厚已定罪名，復來請赦，致辱國體。此三誤也。上年十二月，臣即疏請宣召左宗棠、鮑超、劉銘傳、郭寶昌、喜昌諸臣。若當時即召，召來即用，早已内有運籌，外有折衝，何至此時倉卒無備。此四誤也。上年十二月，臣曾疏言東三省將軍不足以備緩急。正月初會議，臣復力向沈桂芬言之，謂東三省將軍如暫難破格，或派大臣巡歷，或派良將訓練，公摺曾列此條入奏。若早請簡派，何至曾國荃至今尚未到防，銘、寶、喜昌之軍至今尚無軍火。此五誤也。五月内議免崇厚罪名，臣疏言既無能戰之人，

[一] 據楚學精廬一九三七年版《張文襄公全集校勘記》改。

即宜電致邵友濂，告知俄國，緩伊犁，給償款，其餘各款並非一味翻駁。若不專待曾紀澤，早將此數條達知，何至中使赴俄，俄使赴中，兩相錯迕，成此緊迫之局。此六誤也。上年十二月臣第二疏，曾請購造戰船，分屯大沽、營口、煙臺三處，調募閩、廣將卒。正月總署會議擬陳各條，復切言之。七月上疏，又請徵調粵將鄧安邦率領所部北來。若使早有水師戰船，何至明知敵人欲入遼海，旅順、煙臺無法攔截，大沽、北塘無術牽制。此七誤也。種種失機，悔之已晚。

臣每逢會議之期，恭親王頗爲虛心諮訪。止以臣人微言輕，樞臣等成見過重，總覺書生之見，無當機宜。又復存希冀無事之心，不欲徵兵動衆，用將則刻意吹求，籌兵則靳惜巨餉。心既以戰爲不然，又不敢痛切力陳，早爲准約退兵之策，進退無據，以至斯失。事至今日，臣亦不忍歸咎樞臣，自矜先見。惟往不可諫，來猶可追，不得不披瀝上陳。欲望飭諭樞臣等博采羣言，早謀速斷，勿致始終鑄錯。惇親王、恭親王、醇親王，國之懿親，休戚最切。樞臣等身任秉鈞，責無旁貸。伏懇皇太后懿旨，將臣此次摺片發交惇親王、恭親王、醇親王暨軍機大臣，妥商速辦。如別有良策，亦望早爲謀定，施行天下。幸甚。

條陳防務片 光緒六年八月二十四日

謹陳目前防務數條，恭候聖裁。

一、催知兵重臣以備戰。大局必宜顧全，故臣始終意在以備爲講，斷不欲輕挑衅端。特恐布策毫不與我以可轉，且更有無理要求，迫我以不得不戰，又將奈何。然則力維和局，仍須實籌戰計。竊計布策到華總須九月半後，議事或妥或否，定局約在冬初。其時距封河之期不過一月，若彼驟開戰局，爲期過促，豈能持久。然則即啓兵衅，亦在明春，趁此數月之間，急籌防務。此時惟有與布策往復辨論，姑與羈縻。一面徵軍調將，一面再頒諭旨，促令左宗棠迅速來京籌畫戎機，並令將戰守方略先行奏上。約計該大學士正月可到，其時海防已完，諸軍已集，該大學士老於兵事，臨時操縱，自有卓見定衡也。

一、詰俄兵以杜兵費。此時宜電致曾紀澤照會俄人，詰其兵船東來之故。謂兩國議約，自應和平商辦，若挾兵要盟，於中國體面有關，且恐沿海將士，一見敵船，誤發大礮。囑其國知照來華水師，暫勿駛至中國海面，儻和議不成，再戰不遲。彼若覆以並非來華搆兵，將來即不能要索兵費。此條臣前經陳奏，今布策雖來，事尚可行。

一、速購軍火。聞調防諸軍皆苦於軍火短缺，兵無利器，豈能徒手搏戰。李鴻章津防緊要，豈能供衆人之取求。若姑以各省舊存鈍朽土槍、土礮充用，亦非制勝之策。惟有立發數十萬金，飭南、北洋大臣向上海洋行迅速購買各種精巧後膛洋礮、洋槍，及戈登所云之春坎礮，並火藥、炸彈等物，務令足敷各軍半年之用。除見有外，速寄信外國定買，往返三閲月可到，不可再緩再吝。

一、調水師將士。臣屢疏請調閩、粵熟悉海戰將士，並請調廣東總兵鄧安邦率所部前來北洋，其利害前疏已詳。查海口雖無戰艦，然輕舟水師亦有大用。且粵人長於海鬬，習見洋人，性所不畏，與長江水師不同。此層極爲要務，仍宜趕辦。

一、用現有之將。曹克忠雖交李鴻章差委，然至今未聞成軍，坐閒良材，實爲可惜。宜令募練數千人自成一隊，即用天津忠義驍果之士，尤爲相宜。或即劄蘆臺，或備天津後路策應，均屬有益。依克唐阿，臣前疏請令百日後赴營口帶兵，如已蒙俞允，應即催其速來。令岐元將旗兵内揀選精鋭一二千人，交其統帶，以爲曾國荃之助。此二將近在咫尺，可以應急。此外，如臣前疏所請，劉銘傳諸人儻蒙召用，即宜促令北來。至於借洋款以籌巨餉，增大將重兵以扼煙臺，均爲要義，可否查臣原疏，酌量采用，伏祈聖鑒。

俄約最重數端必宜抵制片光緒六年八月二十四日

竊惟條約一節，臣閲總署奏片，如果所許尚在十八條以内，即行請旨批准等語。此懸揣曾紀澤之語言，可想即應付布策之大意。諸臣爲救急紓禍起見，亦屬謀國苦心。臣愚以爲時勢不同，處置亦異。假如許條約而立誅崇厚，則原約雖稍與通融，猶之可也，今崇厚既釋，則原約不能不争。假如置伊犁而全約可翻，則用沈葆楨之議，竟棄伊犁亦未嘗不可也。今俄使已來，條約勢難多改，則伊犁不能不取，取伊犁則仍不能不索伊犁全境。罪臣赦矣，五案結矣，屈意强鄰，無微不至。若原約一字不易，不惟膏肓貽害，實於顔面有傷。從此四裔交侵，何以立國。今縱不宜開決裂之端，然亦必思抵制之法。

查最重四條内，如張家口設行棧，此易争者也。松花江行船本係專條，可以剔開緩議者也，漢口通商一條，若用臣前疏所議，設立運茶公司，招商减税，令彼在嘉峪關接販，務令茶多價賤，較之恰克圖一路省費獲利，彼當肯允。查俄國外部來文，但渾言伊犁割地，推廣商務，均須允行，並未指明此件。若他項商務准其推廣，有准有駁，彼詎拂然。至伊犁南路，固是彼之所争，若權其輕重，於塔、喀二城所屬遼遠邊地，酌商劃給，與此互换，似亦可行。如此則以窮邊易形勝，在我未爲失策。占理本足，又加情商，諒不至絲毫不可變通也。

總之，原約最重數端，無論如何設法抽换，要以改動爲期，甚至伊犁償恤款量爲增給，亦無不可。蓋予以可欲，則敵心饜，實有戰具，則敵勢阻。俄人素性持重，若謂必欲横生戰衅，當不其然。臣意實欲外洋見中國作事堅定不變，所不願者，不能强以必行，雖至別項受損，勞費興兵，亦不甘俯從謬約。庶幾不至肆其貪欲，效尤生心。此中權宜，伏惟聖明裁奪。

議約期迫請籌挽救摺光緒六年九月十二日

臣聞俄使已經東來，曾紀澤要之使回，重與訂議。廷臣皆喜，臣獨以爲不然，何也。俄使爲我追回，若不開誠決計，速爲定局，令其挾忿重來，是怒敵國也。既無分别輕重簡約易行之策，又無不畏決裂準備一戰之語，徒令使臣吐茹不得，剛柔皆非，是窘使臣也。使臣多執成見，但論界務，不争商務。若不予限制，不受機宜，必致逞臆率定，一翻不能再翻，是誤國事也。夫使布策到京，總署自可從頭另議，果能持以堅忍之心，輔以變通之法，或可争回要義數條。今曾紀澤再議，必承該使臣五條上文而言。

查原議五條本有難解，内止索還伊犁全境一條爲要務，爲實争，其餘已屬次等，措詞又甚浮游。如領事暫緩一條即言暫字，終歸必設，是名争而實不争也。如天山兩路不全免税一條，將來新疆各城但納税一兩處即算如約，是争其所不必争也。如塔、喀邊界派員議定一條，空言議定，並未言分界限以何處，是竟以不争强稱爲争也。如哈、巴、古三城一處留貨一條，尤爲瑣屑，本非十八條之一，是雖争尚不如不争也。試思伯都訥、西安、漢中既許通商，張家口既許設棧，内地近畿暢行無阻，而於關外沙漠計較留貨之區，亦顛倒之甚矣。大抵曾紀澤之意，既苦俄人强横，又復偏執己見，於最要者止争伊犁全境一條，而以四條，或不關緊要，或並非實争者搪塞充數，名爲五條，實止一耳。雖俄人慨允，我已大失便宜。況布策追回，譬如賈人出門，我復招之使返，必須增價無疑，可知曾紀澤此次必至降格相就。據彼外部來文，伊犁割地，俄志甚堅。即使布策十分通融，極之准改其四，亦必不允其一，然則伊犁全境終不可得。夫曾紀澤既有五條不權輕重之上文，失言於前日，又有總署八月初八日漫無限制之電寄，横亘於胸中，將來轉圜結局，不過新疆俄商稍有一兩處納税而已。夫以中外大局擾攘近一年，徵調半天下，九重怒，羣臣争，再遣行人，六下廷議，而究竟止歸於争得邊外區區一兩處税銀而止。以言實則大傷，以言名則不正，天下萬世將謂之何。臣謂彼既有不强概允一言，正可就此與之力争要著。此時必宜速飭曾紀澤掃除前文，從新另議，注意重務，專力籌商。除其他各條應由使臣相機辯駁外，竊謂西漢通商一節，尤爲大利大害之所關。臣上年十二月第一疏已經備陳，而大學士左宗棠覆奏疏中，病國、病官、病商、病民諸説尤爲詳盡。

至於目前維持，臣已兩疏，陳有減税、招商中俄兩利之策，此時與俄人辯論，但當以華商生計爲言。蓋新疆賈販本皆西商，今准俄貿易，准俄免税，則山西、甘肅數省之商民於關外已無所獲，何忍并此而奪之。查張家口、恰克圖一路，舊有茶商一十八家，利息豐盛，自咸豐季年俄商盛行，今存者止三家耳，西漢若引入俄商，吾民生計尚堪設想哉。捐關外之利予俄商，留關内之利予華民，可謂極寬，極讓，極和，極平。俄人於他條所得已多，於此條亦復有利，何至決裂。就令敵國不顧情理，使臣何忍不一啓口乎。嘗讀同治六年九月故大學士曾國藩覆奏豫籌修約疏有云，總就小民生計與之切實理論，自有顛撲不破之道。如果洋人争辯不休，儘可告以即使京師勉强應允，臣等在外亦必以全力争回。即使臣工勉强應允，而中國億萬小民窮極思變，與彼爲仇，亦斷非中國官員所能禁止。中國之王大臣爲中國之百姓請命，不患無辭置辯。甚至因此決裂，而我以救民生而動兵，並非争虚儀而開釁，上可以對天地、列聖，下可以對薄海蒼生，中無所懼，後無所悔等語。又云，害我百姓生計，則當竭力相争，不設抵制之詞，不用嚴峻之語，但以誠意動之，始終不可移易。彼知理直不可奪，衆怒不可犯，或者至誠所感，易就範圍等語。縱樞臣以臣爲書生之見，獨不思左宗棠固嘗連篇累牘而上陳乎。縱使臣以爲不曉洋務，獨不思其父曾國藩固嘗腐心切齒而力争乎。伏請敕取左宗棠、曾國藩兩疏上呈御覽，令諸臣等一再思之。

至如松花江行船一條，曾紀澤本有提開緩議之説。即不能争，亦當姑置勿議，免致説斷無可轉移。如伊犁全境一條，即不能争，當與俄人婉商，酌分南境爲中國留一南通八城之路，免致棄伊犁孤城爲絶地。如領事一條，則烏里雅蘇台、科布多兩處尤要。我之防兵稀少，一設洋官，數千里蒙古盡爲彼用。即不能全争，亦當擇此切迫者實力阻止，免致以一暫字自伏禍胎。即或智窮勢迫，此三端必不能争，而西漢一節斷不可讓。聞曾紀澤之意，目前著重專在伊犁全境。然臣謂萬一彼此相持，和議難成，中國可爲商民生計而興兵，亦不值爲伊犁屬地而決裂。輕重之權，此亦易曉者也。爲勢至此，補救將窮。限期一展不能再展，敵使一追不能再追。樞臣因惶惑而全無定衡，使臣執己見而不度利害。使臣既以當争者爲不必争，樞臣又不肯籌一審敵情、箝敵口之法以指授使臣，則雖争亦如不争。若再不乘此數日未定之轉關，力争此一綫實在之利害，臣不知樞臣、使臣諄諄瀆請頒國書，釋崇厚，結五案，展限期，卑遜包荒，無微不至，所爲者果何事也。臣誠迂陋，亦知相時勢，諒使臣，獨以區區愚誠既蒙厚恩，使與諮議，有見不敢不争，有言不敢不盡，惟聖明垂察焉。

敬陳東防西防事宜片 光緒六年九月十二日

謹將目前西防東防事宜敬陳數條，以備裁擇。

一、左宗棠内召，劉錦棠素爲軍鋒，該大學士自必薦爲西帥。惟是劉錦棠勳績雖多，資望非左宗棠之比。張曜百戰宿將，名位相埒，恐懷觖望之心，致成不相下之勢。西陲兵衝，豈可令將領自生疑忌。臣聞張曜才兼文武，智略老練，實非一介武夫。似宜予以幫辦之名，庶幾益加鼓舞，彼此和衷，自於邊事有益。

一、聞曾國荃之意，欲駐劄山海關。竊惟關外形勢，營口爲前敵，錦州爲重鎮，統帥宜駐於此，方可左右策應。今日海防情事，敵船若入遼海，必趨營口。設由此登岸，必就近東窺奉天，決無西突關門，自斷後路之理。彼若欲擾畿疆，則徑犯津沽矣，然則宜備者奉天也，非山海關也。統帥不出關，備營口則鞭長莫及，援奉天則著著落後，似無大益。至宋慶、郭寶昌、劉連捷、劉維楨四將之軍，分相敵而情相浹。且湘、楚、皖、豫餉之厚薄不同，共處相形，必懷嗟怨。輕則有逃潰之憂，重則有私鬬之患。尤須主帥較近，方能施鎮撫調護之方。曾國荃近頗衰病，神識銷減，大爲可憂，朝廷宜豫籌替人，方免臨時失措。總之，即使俄人與我無衅，恐亦將逞志朝鮮，以後遼防勢不能已。伏冀廟謨廣運，於東方將士早爲籌畫周密，以固陪京。再，目前應急之計，止可徵調南軍。若計久長，則關外征防，總以選練北將北兵爲上，客兵斷不相宜。臣前此具疏，具説帖，屢經瀝陳，惟望聖明留意。

一、鮑超不日到津，該提督功高氣盛，必須位置得宜，方免主客參差。即不願受李鴻章節制，又難驟假重權，竊謂若使調補直隸提督，則不亢不卑，自然形迹默化。即使俄事粗定以後，各國修約等事，無年無之，防將防軍，斷難遽罷。而畿甸之間，尤須有大將重兵，方免受人要挾，臨事徵召，又蹈後時之悔。霆軍皆係楚人，北邊東陲皆不相宜，自以屯駐畿輔爲便。直隸年年水患，苦於無力修治，將來防秋之暇，即以兼供濬河開渠之用，亦未嘗非一舉兩得之事也。

以上三條，關乎將帥之乖和，即繫乎邊疆之利害，臣愚私憂過計，不能默然。

預籌鈐制松花江行船辦法片 光緒六年九月十二日

再，松花江行船一條，如萬一必不能改，惟有二策可以鈐制。一則烏蘇里河之西，淀泊甚多，若於松花江南岸决口數處，放水入淀，以舉行水利爲辭，江流漸淺，輪船自阻。一則松花江沙洲極多，若於淺處沈船墜石，或倣江南沙田之法，種植挂淤之物，數年後淤積洲成，可礙輪船。此則目前無形，日久有效。查上海吴淞江口内，於咸豐末年沈有洋船一隻，積年沙阻成洲，輪船多礙，繞行喫力。前數年，上海洋人修築鐵路徑達海塘，蓋恐日後沙洲愈高，船路竟阻，因欲别通口岸。觀此可知沙洲確是輪船所忌。

以上二策，應擇其易行者舉辦，擬請敕下銘安、吴大澂酌采此意，相機推廣，密行籌辦。管窺之愚，伏祈聖鑒。

日本商務可允球案宜緩摺 光緒六年十月初一日

竊惟日本擅滅琉球，中國屢行責問。彼遂賂我兩島，而因以推廣商務、改立新約爲請。近聞其使臣屢催總署，迫我速結，臣以爲此不可不審也。七月初十日，臣爲俄事所上邊防一疏，曾有聯日本以伐交，商務可允者允之，使彼中立，不助俄勢等語。所云聯日本者，專指商務，且必可允者方允，與球事無涉也。既允商務，則必與之立約，中俄有衅，彼不得助俄，爲寇濟餉、屯兵，非無故而曲徇其請也。蓋商務所争在利，方今泰西諸族，麕集中華，加一貧小之日本，亦復何傷。夫中國不過分西洋諸國之餘瀝以沾丐東洋，而藉此可以聯脣齒之歡，孤俄人之黨。此所謂不費之惠，因時之宜，臣所以敢爲朝廷請者也。若球案率結，寥寥荒島，即復封尚氏，終難自存。我不能庇累朝臣僕之琉球，復不敢抗蕞爾暴興之日本，從此海環萬國，接踵效尤，法踞越南，英襲緬廓，俄吞朝鮮，數年之後，屏藩盡失。他國猶緩也，朝鮮一爲俄有，則奉、吉兩省，患在肘腋之間，登萊一道，永無解甲之日矣。竊念俄事擾擾，將及一年，廟堂無欲戰之心，將相無决戰之策，將來結局，大略可知。夫撫俄猶可言也，畏倭不可言也。情見勢絀，四裔交侵，其能堪乎，此則臣所不能不爲國家深憂之者也。從古來諸國角立之世，大率須審鄰國之治亂强弱，於我之遠近緩急，分别應之，固無一律用武之道，亦無一概示弱之理。經傳所謂度德量力，史策所謂遠交近攻。故與俄戰，則不得不與倭和，與俄和，則不妨與倭戰，此謀國不易之策也。

臣愚以爲此時宜酌允商務以餌貪求，姑懸球案以觀事變，並與立不得助俄之約。俄事既定，然後與之理論，感之以推廣商務之仁，折之以興滅繼絶之義，斷不敢輕與我絶。設必不復球，則撤回使臣，閉關絶市。日本甚貧，華市一絶，商賈立窘。嚴修海防，静以待之，中國之兵力財力縱不能勝俄，何至不能禦倭哉，相持一年，日本窮矣。臣聞近日外間文武將吏語及日本，皆謂可討。臺灣生番一案，志士扼腕太息，以爲失計。比者自俄警以來，徵兵選將，沿海森然。今日移防俄者以防日本，即借懾日本者以懾外洋各國，計孰有便於此者。儻此舉再誤，則中國安有振作之日哉。若夫出師跨海，擣横濱，奪長崎，掃神户，臣雅不欲爲此等大言。至於修防以拒之，絶市以困之，此亦平實而甚易行者矣。

臣所争者非琉球之存亡，所計者乃國家之利害。仰懇廟謨裁斷，將商務擇無弊者允行，球案抽出緩辦。如聖意不决，即望飭李鴻章、左宗棠速議具奏，庶免倉卒定約，日後追悔。即或總署諸臣難於峻拒，但使封疆重臣執奏不允，即可據以爲辭。昔宋真宗欲徇遼人所請，而寇準以爲不可，卒改前議。此等大計，亦不可不令疆臣與議也。竊恐朝廷不察臣七月初十日上疏之本意，而又蹈生番一案之故轍，不得不縷析懇切言之。

臺防重要敬舉人才片 光緒六年十月初一日

再，日本若有違言，南北海防他無足慮。北洋兵力尚厚，不能攻也。上海洋商所萃，彼不能包各國之利息，不敢擾也。所防者惟臺灣爲急。夫議臺防者已五六年矣，而毫無成效者，不得人故也。閩省兵既不練，將材又少。竊聞甘肅軍營差委候補道劉璈，曩在左宗棠軍中，才識雄毅，兼有權略，前官浙西，治行第一，曾隨沈葆楨渡臺辦理倭案。聞其平居私議，自謂惡寒喜熱，若有事臺灣，慨然願以身任。又廣東潮州鎮總兵方耀，智勇沉深，身經百戰，聲威赫然。臺灣距潮甚近，其地商務半係潮人，若令帶所部潮勇數營前往，風土尤爲相習。

竊思若得此文武兩人，責以臺務，畀以重權，必能左提右挈，闢土阜財，撫番捍敵，爲八閩之藩衛。蓋臺灣瘴熱，任此者不惟擇其才，又必服習水土不致疾病者，該兩員尤爲相宜。兩人材器，敢請詢之浙、粤兩省官吏士民，决無異詞。朝廷如以爲可用，即當先其所急，不得任聽督撫扣留。夫日本滅球，乃垂涎臺灣之漸，爲保臺灣計，爲保閩省計，此亦不可緩者也。惟望宸斷，早爲决計施行。

請飭李鴻章節制防務片 光緒六年十月初一日

再，俄人貪横，决裂與否尚不可知，誠恐彼目前與我閃爍其詞，姑作和勢，懈我戰心。俟其琿春等處水陸之兵大集，沿海虚實盡已偵探詳確，然後肆意要求，昌言索戰。若稍存冀幸無事之念，日後必受其愚，故邊防必宜趕辦。近來惟天津一路粗有戰守之備，營口、煙臺斷不可恃。曾國荃病日深而氣日衰，頓軍臨榆，自關以東絶不敢引爲己任。關東四將，惟宋慶、郭寶昌能戰耳。劉維楨、劉連捷兩軍平日空籍太多，臨行湊募。劉維楨所部多係黄陂、孝感游手浮惰之徒，劉連捷所部半是直隸、山西沿途烏合之輩，以此臨陣，豈特不能當俄人乎。周恒祺撫東尚無劣蹟，然素不知兵，諸將皆玩而凌之。調防登州之總兵全祖凱，新募之勇大半濟南乞丐，致土人有丐兵之嘲。總兵王正起在東將中略勝，而桀(鷘)[驁]太甚，不受鈐束。夫營口乃盛京近岸，煙臺乃渤海首衝，同爲北洋門户，而疆臣如此，諸將如此，可不爲寒心哉。竊謂曾國荃素有大勳，周恒祺幸無官謗，朝廷用人，自宜因其所長而不窘其所短。可否分别回任量移，另擇干城之選，則北洋全局庶可無虞。聞劉銘傳近來目疾漸痊，實無大病，亟宜促召北來。如李鴻章必以爲天津無須此人，或令專防關外，駐劄錦州，亦必能壁壘一新，遇敵不敗。且聞劉銘傳與盛京副都統富陞素稱投契，極相引重，則以後共事關東，可期同心戮力。

至於北洋大勢，總須聯爲一氣，方能戰守兼權，犄角相助，論地理、論人事皆合如此。竊謂宜令李鴻章節制北洋三口防務，責令通籌方略，簡汰將士。該大學士究係更事重臣，精力猶壯，儻專其責成，當可力圖禦侮，固勝於今日之散渙推諉者遠矣。否則兵劣而無律，將雜而無統，餉浩而無實，一旦有警，豈不危哉。區區管見，敬備聖擇。

奏請勅下妥議章程片〔一〕 光緒六年十月　日

再，停捐之舉，斷自宸衷。朝野士民翕頌聖政。顧捐職雖停，

〔一〕 録自光緒六年十二月十九日《京報》。

而分發無限。以致比年來，京外各官到部到省者人數絡繹，轉倍於前。夫正途疏通之效，尚待收於十餘年以後。而冗員闐塞之害，反先見於一二年之中。此亦朝廷實有美意，而部臣不思良法乎。擬請勅下吏部、户部妥議章程，各項人員，每月到部到省，各不得過幾員，嚴示限制，庶足副特旨停捐之至意。

閹宦宜加裁抑摺 光緒六年十二月初四日

竊近日護軍玉林等毆太監一案，劉振生混入禁地一案，均稟中旨處斷訖。查玉林固係毆太監之人，而劉振生實因與太監素識，以致冒干禁籞，是兩案皆由太監而起也。伏維閹宦恣横，爲禍最烈，我朝列聖馭之者亦最嚴。我皇太后、皇上恪守家法，不稍寬假，歷有成案，紀綱肅然。即以此兩案言之，玉林因藐抗懿旨而加重，並非止以太監被毆也。劉振生一案，道路傳聞，謂内監因此事被罪發遣者數人，是聖意灼見弊根，並非嚴於門軍而寬於暬御也。仰見大中至正，宫府一體，曷嘗有偏縱近侍之心哉。

惟是兩次諭旨俱無戒責太監之文，竊恐皇太后、皇上裁抑太監之心，臣能喻之，而太監等未必喻之，各門護軍等未必喻之，天下臣民未必盡喻之。太監不喻聖心，恐將有藉口此案恫喝朝列，妄作威福之患。護軍等不喻聖心，恐將有因噎廢食，見奸不詰之憂。天下臣民不能盡喻聖心，恐將有揣摩近習，諂事貂璫之事。夫嘉慶年間林清之變，則太監爲内應矣。本年秋間有天棚搜出火藥之案，則太監失於覺察矣。劉振生擅入宫禁不止一次，則太監從無一人舉發矣。然則太監等當差之是否勤慎小心，所言之是否忠實可信，聖明在上，豈待臣言。萬一此後太監等竟有私自出入，動託上命，甚至關係政務，亦復信口媒蘖，充其流弊所至，豈不可爲寒心哉。相應請旨嚴飭總管内務府大臣，將太監等認真約束稽察。申明鐵牌禁令，如有藉端滋事者，奏明重加懲處。

至内監出入，舊例應有門文，即使謂禁中使令繁多，向來或有便宜辦理，非外廷所能盡悉者，亦望敕下總管内務府大臣、前鋒統領、護軍統領妥議章程，以後應如何勘驗，以謹傳宣而杜影射之處，奏明遵守。其劉振生一案，如有懲辦太監，亦懇明旨宣示，則聖心之公，國法之平，天威之赫，曉然昭著於天下。庶幾宿衛班軍知感知悚，可以各舉其職矣。

臣記注之官，職在拾遺補闕，聞之經曰履霜堅冰，防其漸也。傳曰城狐社鼠，惡其託也。迂愚之見，不敢不竭知上陳，伏祈聖鑒。

光緒七年

請發伊犁參贊大臣升泰往東三省差遣片〔一〕光緒七年二月初七日

再，伊犁參贊大臣升泰，由雲南布政使，自請前赴邊地效力，是以命往西域經理界務。其人才器如何，臣未深知，第觀其慷慨請纓，志氣甚壯，已爲人所難。抑臣思之，語云：大巧拙於熟習。今新疆分疆界，即使劉錦棠、金順、張曜、錫綸諸人爲之，則軍威久播，諳悉地形，俄、回、哈、隆、支布魯特各部，皆所特憚，均易就理。茲添一不知地理，又不知名之參贊，恐無大益也。恐多一生事，特致横生意見耳。且該大臣祖父富俊曾鎮遠東，於東陲形勢、掌故，嘗加講求。夫其人習於東而用之西，上不足以盡其所長也。可否將分界責成劉錦棠等，而升泰則發往東三省，量加差遣，或尚有可觀。臣爲慎重界務，珍惜人才起見。是否有當，伏候聖裁。

謝授翰林院侍講學士摺光緒七年二月十一日

本月初十日奉旨：張之洞補授翰林院侍講學士。欽此。竊臣北土迂儒，西清濫列。目論方慚於測海，頭銜遽擬於登瀛。疊被鴻慈，難名鼇戴。伏念唐興講幄，自開元中始播賡歌。宋定官儀，於學士下親書名姓。顧惟薄植，謬忝華資。臣惟有守道不回，竭忠無隱。喬笙晦磬，敢誇並軌於閻圖。帶赤荔青，當紀殊恩於杜句。益勵冰兢之操，庶酬露湛之施。

集重臣籌議急務摺〔二〕光緒七年三月二十九日

奏爲急務不可再緩，宜速集重臣籌議，恭摺仰祈聖鑒事。目前新遭國恤，皇上宸衷哀慕，典禮殷繁。皇太后聖體違和，尚需頤養，尋常政務，理宜從容措置，惟敵國邊防關係緊要，機不可失，約有二端。

一曰禦侮豫防事宜。日本自球案梗議，使臣遽歸，目前相持未定，雖聞其餉絀船敝，人心驚惶，然彼已成騎虎難下之勢，設或鋌而走險，何以待之，故海防斷不可懈。除北洋較緩外，南洋以江防爲最重，福建以臺灣爲最衝。南洋大臣是否勝任。北洋將吏是否得人。似宜佈置嚴密，以備緩急。江防情形，請旨敕下彭玉麟確查詳籌復奏。山東防務，應請敕令李鴻章節制兼顧，此急務之一也。

一曰禦俄持久事宜。俄事粗完而後患方長，除西路現有重兵宿將，三姓、琿春從此不能罷戍。近聞俄船窺伺朝鮮，欲與生事，則吉林之防重。自哈克圖至張家口，漸成俄商熟路，自宜開屯置鎮，永固藩籬，則庫倫、張家口之防亦重，此急務之二也。

以上二條，應請諭令軍機大臣迅速詳議方略以聞，及早籌辦，免貽後悔。大學士李鴻章於北洋軍情素稱諳習，現值來京，應請

〔一〕録自苑書義等主編《張之洞全集》第一册第七五頁，河北人民出版社一九九八年版。

〔二〕録自苑書義等主編《張之洞全集》第一册第七六頁，河北人民出版社一九九八年版。

命其一律併與議，以期廣益。邊防本屬急務，又以李鴻章行將還鎮，是以急切上陳，不勝惶悚屏營之至，伏祈皇太后、皇上聖鑒。

謝授内閣學士兼禮部侍郎銜摺光緒七年六月初四日

本月初三日奉旨：張之洞補授内閣學士兼禮部侍郎銜。欽此。聞命之下，感悚難名。竊臣幽州鈍士，翰院疏才，數持節於輶車，洊簪毫於柱下。溯自蓬池濫列，積資則十八年有奇。豈期薇省超遷，拔置於同三品之上。鴻施逾分，鼇戴難酬。伏維左掖班清，春卿秩重，絲綸所繫，批答攸司。考北宋之舊聞，惟龍圖偶同其稱號。讀乾隆之寶訓，知鳳諾非可以沿譌。臣惟有益罄愚衷，不渝素守。孤根獨立，肫誠同葵藿之專。千慮一長，獻納備芻蕘之采。冀殫所學，少答殊知。

請修政弭災摺光緒七年六月初十日

自上月二十九日夜間，彗星見於參井之分，至今已十日矣。竊惟古來遇變修省之義，不外乎修德修政。方今皇太后仁聖恭明，勤勞庶政，皇上敦孝典學，日就月將，斷無失德，上干祲沴。至今日修政之要，敢敬爲朝廷陳之。

一曰用人。夫用人，不過進賢退不肖。然不肖不去，雖有賢不得而用也。近日大患，宵旰憂勞於上，而臣工泄沓於下，其膜視君國，痼習已深，斷非空言訓戒所能悛改。而激濁揚清自大臣始，擬請聖明獨斷，默加審察，並飭軍機大臣切實秉公考核。内而部、院、卿、寺各堂官，外而將軍、督、撫諸大臣，其有蠹國害民，曠官廢事，昏庸鄙劣，物論不孚者，擇尤請旨立予罷黜數人，以儆其餘。僉壬既去，俊良自升，長官既賢，舉劾自當。夫然後可以講求自强之略，儲材之道，察吏之方，理財治軍之策。昔王猛治秦，不過斤斤焉以黜尸素、拔幽滯爲務，而國勢以强。轉移風氣之樞要，將在是矣。

一曰言路。伏讀四月初二日求言之詔，諭以不可稍存避忌。誠矣，切矣。今既數月，言者寥寥，他官姑不論，科道獨無愧乎。臺諫失職，官邪民隱，何由上聞，此臣之所大懼也。擬請申諭有言責諸臣，於臣僚賢否，時政遺闕，直言無隱。言而當者奬之，不當者容之，則讜言日至矣。而朝廷亦可因其所言以知其心術之所存，才識之所至，未嘗非觀人求才之一道也。

一曰武備。各省防軍，歲餉費至二千萬以外。防營之弊，空額吞蝕一，游惰充數二，不加訓練三，滋擾防所四。夫罄庫藏，竭民膏，乃徒以飽統領營官之囊橐，而遇事仍不得其用，誠可痛惜者也，擬請嚴飭各督撫統兵大臣，稽核所部，務令足額、精選、約束、習勞。防營若蹈諸弊，一經彈劾發覺，則罪其督撫主將。至於戰必資火器，守必藉礮臺，防海必需戰艦。而土槍土礮萬不如洋槍洋礮，舊式礮臺萬不足以資捍禦，木質兵船萬不如西式裹鐵諸兵船，稍習行陣者皆能言之。疆臣、統將尤宜於此刻意考求，多方購備，隨宜建造。安不忘危，此則古聖人未雨綢繆之義也。

一曰禁衛。各門護軍職司環衛，所繫匪輕，比來禁衛之懈弛亦甚矣。臣愚以爲，欲整飭之，先體恤之，似可仿照神機營之例，加給餉項，使之生計贍足，庶可盡心當差。至於督率稽察，嚴定章程，各舉其職，則責在前鋒護軍諸統領。擬請敕下軍機大臣，會同各該衙門速議舉行。

要之，雖無妖祥，亦當有整綱飭紀之道。既覩變異，尤不可無防微慮患之心。人事既修，天心自格。若夫臺官占星，出何宮，掃何宿，主何占，此乃拘墟膠柱之談，儒者不道。謹約舉數事，以備聖人應天以實之一助。

星變修省勿過憂慮片 光緒七年六月初十日

再，星辰變異，正由上天仁愛人君，因事垂象，俾得早爲之備。此次彗星較之以前數次所見，迥不如彼之甚。光淡氣薄，亦無芒歧，所出所經部位，亦非要地。嗣後距垣星漸近，尾即漸短，臣仰觀目驗，逐日遞減，始終未犯入垣中，夜來已將消滅。謹案春秋傳曰：齊有彗星。晏嬰曰，君無違德，方國將至，何憂於彗。蓋彗之取義在於除穢布新，澄汰不職。滌盪積弊，即除穢也。登進賢良，奮發振作，即布新也。若不加儆惕豫防，則爲禍。若因此而增修政事，益臻治安，則轉可爲福。前史具在，實非必不可解之災也。

側聞皇太后因星變之故，過於憂焦，寢食不怡，仰見敬畏之誠，修省之切。惟是聖體尚未大安，正需攝養，儻焦勞過甚，轉非所以仰副上天仁愛之懷。即如近年，俄事方棘，而俄主自斃，中華安如磐石，是天之眷顧中國，福祚我朝，信而有徵。伏望寬懷頤養，惟剴切以盡人格天，諸事責之樞臣，萬勿過於憂慮。但使聖體早臻康復，祥孰大焉。此非獨微臣一人之愚悃，實九州四海臣民之同心也。謹再披瀝上陳，伏冀聖明垂察。宗社幸甚，天下幸甚。

疆寄虛懸請早處置摺 光緒七年閏七月初五日

竊自夏間彗星示儆，省愆修德，下詔求言，乃邇日星象復有變異，上蒼仁愛，告戒如此深切著明，若猶不急思弭災防患之道，則真可懼矣。臣誠愚陋，不敢毛舉細故。竊謂今日防患之道，其大者無如西北之邊防，東南之海防。

新疆初定，濟兵轉餉，遏亂萌，安反側，調和將士，綏徠遺黎，創開商務，撫馭遠人，惟陝甘總督之責，厥任可謂重矣。今曾國荃自拜命以來半年矣，養疴故鄉，殊無行意。或云病體孱弱，或云家事憂煎，其進退維谷之實情自亦可閔，然而雍涼西域之事將誰屬乎。且聞近日陝回之安插在甘者紛紛潛歸，陝民洶懼。楊昌濬暫時護篆，才望無奇。馮譽驥入關未久，將吏不習。曾國荃病痊無時，若待其固請解任，然後謀帥，展轉抵任，必在冬春之交矣，設有意外之事，誰當任之。臣愚以爲曾國荃勳望素盛，功在中興，其舊勞當録，其私情當恤，斯乃國家所以勸大臣也。伏望將曾國荃開去陝甘總督之缺，温詔慰問，酌量情形別加優禮委任。速簡重臣，疾馳度隴。必須清强任事，於理民治戎兼能諳悉，而又能調和楚軍者，始稱是選，庶乎朝恩邊寄兩不相妨矣。

兩江總督劉坤一現蒙内召，令彭玉麟署理，綸音一下，萬口驩然，爲東南得人賀。方今中外大僚勝此任而無愧，無如該侍郎者。惟是該侍郎秉性超曠，不樂居官，恐其必有辭讓之舉，必且謂兩江繁劇，病軀不任。臣聞其年齒雖長而志氣甚壯，宿疾雖在而神明不衰，性情雖豪邁疎闊，而宏綱大體洞中竅要，爲總督者若是亦足矣。該侍郎公忠直諒，海内咸知，一聞莅任，墨吏駑材必且望風解綬，驕兵悍將必且不戒而戢，吏治軍威，立見起色。

即至外洋各國亦將敬憚，日本聞之，必且悚懼改圖，就我範圍。至於尋常吏事，責之蘇撫及兩藩、臬、運四司，而該侍郎受其成，足可無誤。夫總督一官，原貴其總攬綱要，策厲僚屬耳，豈以刀筆筐篋、簿書期會爲能哉。即使該侍郎坐鎮卧治，亦勝他人十倍。儻必須既上遜讓之章，始下强起之詔，往返周折，動淹旬月，似宜於此時先頒寄諭，催其赴任。優旨敦勉，責以大義，謂該侍郎當以擔荷艱鉅爲純忠，不當以不受美官爲高節。並諭以但持大綱，勿過勞煩。總之，必令該侍郎受任而後已。

此二事一以定西北，一以安東南，實關天下大計。若待曾國荃始終謝病不起，西事已棘，然後蒼黄謀之，則已晚。若待彭玉麟辭疏已來，朝廷處置已定，然後臣僚上章論之，則已遲。故不敢不豫爲早計，披瀝言之。至於江蘇、山東兩巡撫，皆係海邦重任，命下數月，尚未到官。今福建巡撫岑毓英早經自黔抵閩，遠者已達，而近者無期，此可爲長太息者也。臣於六月内已疏請飭催，不憚再瀆，伏惟聖明垂察，趣令赴任，海疆幸甚。又若劉錦棠、張曜二員，如朝廷察其能勝邊帥，亦望早降明旨，實授以欽差幫辦之任，俾其各專責成，以堅將心，以作士氣，亦於邊防有益。

今日天時、人事、内憂、外患可慮者甚多，當言者甚多，然未有如封疆重寄虚懸未定之最可慮者。安危所係，夙夜憂灼，不能自已，謹繕摺上陳，無任焦思迫切之至。

請勸俄主除去苛政片 光緒七年閏七月初五日

再，聞俄國自舊主被刺後，其嗣主亦屢被人謀害，捕之不勝捕，防之不勝防。於是終日惶懼，無策可施，現在居於礮臺之上，以兵士環而守之。其嗣主素稱英壯，自即位後，憂懼太過，半年以來，面目頓如老翁。蓋俄民深惡其君，必欲逞其凶謀，使無人敢爲嗣主，方可改爲民政之國。推原其故，由俄國政令苛急，賦重役煩，好兵不已。國人苦之，冀改爲民政，則一切略用西洋之法，政事聽之公議，民生得以休息，如斯而已。

竊謂外國禍變如此，此中華大有可爲之機也。爲我中國計，莫如發一國書，遣曾紀澤赴俄，先道存問安慰之意，繼申恤災聯好之誼。略言俄國亂民爲害，中朝眷顧盟好，深爲念之憂之，但如此憂懼防範，終非長策。勸其除去苛政，務行寬大，輕刑薄賦，弭兵息争，親睦四鄰，與本國民人及各國公使堅立約信，政寬民樂，自無叛心。謂此乃中華自古來安民禁亂之法，願俄主納此以爲自安之計，並向各國使臣、俄國官民昌言之。俄主若聽之，則亂黨必解，俄主必安。從此兵端漸戢，且感我之推誠親睦，其君其民皆德我矣。若不聽而苛暴如故，則禍變必且再見。而我之德意，亦已播聞，則各國皆智我，而俄民亦德我矣。

嘗考西洋風俗，鄰邦公使常有排難解紛之事，堂堂中國豈可無此舉動哉。夫不乘危，大信也。除鄰國之虐政，息海外之兵端，大仁也。中國能定俄國之亂，使地球上下萬國無不讚服，大威也，長駕遠馭之略，昭德懷遠之經，實在於此。孔子云：懷諸侯則天下畏之。正謂是也。機不可失，伏惟宸斷施行。

謝授山西巡撫摺 光緒七年十一月十六日

本月十八日奉上諭[一]：山西巡撫著張之洞補授。欽此。聞命之下，感惕莫名。竊臣以迂儒，歷官翰苑，言事則屢煩貂鐸，超資而忝掌絲綸。朝議叨陪，曾無汲黯居中之益。聖慈曲庇，豈有仲淹乞外之心。渥荷恩言，遽膺疆寄。伏念晋省山河表裏，饑饉洊臻。地險陿則重在巡防，民彫劬則難於撫字。知臣情殷戀闕，俾近依右輔之封。察臣志在籌邊，命遠扼偏頭之塞。逾涯增悚，刻臆難酬。臣惟有殫竭愚忱，勤宣德意。獎廉黜墨，祗知以盡己爲忠。教旅利甿，一本於愛人之道。以仰答高厚鴻慈於萬一。

到山西任謝恩摺 光緒七年十二月二十六日

竊臣於本月初八日跪請聖訓，仰蒙慈闈温諭，訓勉周詳，莫名欽感。陛辭後，於十二日束裝就道，馳抵山西省城。二十四日准前任撫臣衛榮光派員將山西巡撫關防并提督、鹽政印信暨王命旗牌、文籍等件齎送到臣。當即恭設香案，望闕叩頭謝恩，祗領任事訖。

伏念臣以文學侍從之下才，被天地生成之殊遇，容其愚戇，寄以撫綏。入境以來，沿途體訪，民生重困，吏事積疲，貧弱交乘。激揚並要，當以課吏安民之道，先爲深根固柢之圖，墾荒積穀以厚生，節用練兵以講武。至於鹽鐵理財之政，邊屯固圉之謀，苟爲勢所（便）[使]而時所宜[二]，豈敢辭其勞而避其怨。惟有虔稟懿訓，奉宣皇仁，期無負公正之特褒，誓一掃因循之錮習。身爲疆吏，固猶是瞻戀九重之心，職限方隅，不敢忘經營八表之略，庶殫駑鈍，少答鴻慈。所有微臣到任日期，除恭疏題報外，

謹繕摺恭謝天恩。

再，本月二十四日、二十六日省城連得大雪，傳聞省外郡縣霑足頗廣。堪以仰慰宸廑，合併上聞。

旨：知道了。欽此。

[一]「十八日」，疑誤，據中華書局一九七七年版《清史稿》二〇四卷《疆臣年表》推算，當為「十一月十四日」。

[二]據《京報》第十二號校正。

光緒八年

光緒七年十二月分雪澤糧價摺[一] 光緒八年正月二十六日

竊查山西省光緒七年十一月分雪澤糧價，經前撫臣繕具清單恭摺奏報在案。茲查七年十二月分據各屬申報，得雪者九十九廳州縣，自一寸至一尺一寸不等。土脉均尚滋潤，地方静謐，民氣熙和，堪以仰紓宸廑。至市集糧價，潞安、汾州、大同、甯武、蒲州五府，平定、絳州二州併屬較前稍減，解州一州併屬較前畧有增減，餘與上月相同。謹將十二月分雪澤糧價情形分别繕具清單，恭呈御覽。理合專摺具奏，伏乞皇太后、皇上聖鑒。

旨：知道了。欽此。

查明錢糧完欠數目摺并清單 光緒八年正月二十六日

竊照各屬錢糧完欠，向隨奏銷分晰查明具奏，歷經遵辦在案。茲據布政使紹諴詳稱，山西省應徵光緒四年分地丁銀二百九十八萬七千七百六十五兩零。已完銀四十二萬一千一百三十三兩零。陽曲等處被旱被雹成灾，豁免銀二百五十五萬六千六百六十六兩零。各屬未完銀九千九百六十四兩零，内有榮河縣紙范等村被沖地畝所缺糧銀八百三十四兩零。業經奉部覆准，在於通省額編官俸内攤扣，應俟攤扣齊全，歸於下届册内造報。又應徵米折、土鹽税、池灘地租銀三萬六千七百四十五兩零。已完銀六千七百九十一兩零，又被灾蠲免銀二萬一千六百三十四兩零，又緩徵銀一百七十九兩零，又拋荒地畝未完銀一千四百四十七兩零，又續報逃户無著缺額銀五千六百兩零。查此二項拋荒地畝無著銀兩，前經奉部行查委員查勘明確，實係沙壓石露，不堪種植，並無指熟爲荒，以少報多情弊。已奉部咨覆，准其豁免，缺額糧銀，行令籌款歸補。因節年辦理防務，支用浩繁，庫項支絀，無款動撥，尚未完銀一千九十二兩零。又各屬節年並清水河廳節年未完米折銀一百七十六萬四千七百二十兩零，内已完銀五千五百三十二兩零，又陽曲等處並清水河廳被灾豁免銀一百三十四萬六千二百一十九兩零，又榮河縣紙范等村被沖地畝所缺糧銀三千三百三十八兩零，業經奉准部覆，在於通省額編官俸内攤扣，應俟攤扣齊全，歸於下届核收。又清水河廳拋荒地畝未完銀四萬一百八十九兩零，續報逃户無著米折銀一十四萬一十兩零。查此二項無著銀兩，前經奉部行查委員勘查明確，實係沙壓石露，不堪種植，並無指熟爲荒，以少報多情弊。已奉户部咨覆，准其豁免，缺額糧銀，行令籌款歸補。因節年辦理防務，支用浩繁，庫款支絀，無法籌補歸款，尚未完銀二十二萬九千四百三十一兩零。又應徵光緒四年分本色糧一十二萬六千二百二石零，内已完糧五萬二千一百九十七石零，又陽曲等處被灾豁免糧五萬一千一百二十一石零。甯遠廳拋荒地畝未完糧四百一十二石零，尚未完糧二萬二千四百七十一石零。又各屬並口外各廳節年未完糧五十六萬六千一百三十五

[一] 以下十七件録自抄本《張中丞撫晉奏疏》。

石零，内已完糧一十五萬七千六百七十七石零，又陽曲等處豁免糧一十六萬三百四十二石零，甯遠廳抛荒地畝未完糧二千四百七十二石零，尚未完糧二十一萬一千四百四十石零，内有已入清查案内追補糧二萬一百五十九石零，仍歸清查案内辦理。又仍歉未完糧三萬四千二百二石零，現催完解等情，具詳前來。

前撫臣未及辦理卸事，臣接准移交，覆核無異。除將未完銀糧飭司嚴催趕解，其大、朔二府屬應造已未完糧石册籍，尚未送到，並飭催造到日歸於下届造報外，理合恭摺具陳，並分繕清單，恭呈御覽。伏乞皇太后、皇上聖鑒。

旨：户部知道。單二件併發。欽此。

謹將山西省光緒四年分應征並帶征地丁暨米折銀兩已完數目，開繕清單，恭呈御覽。

計開

一、光緒四年分各屬額征地丁銀二百九十八萬七千七百六十五兩零。内已完銀四十二萬一千一百三十三兩零。陽曲等處被旱、被雹成灾，豁免銀二百五十五萬六千六百六十六兩零。各屬未完銀九千九百六十四兩零，内有滎河縣紙范等村被沖地畝所缺糧銀八百三十四兩零，業經奉部覆准，在於通省額編官俸内攤扣，應俟攤扣齊全，歸於下届册内造報核收，相應登明。

一、口外清水河廳額征米折銀一萬七千七百九十四兩零。内已完銀三千七百六十一兩零。蠲免銀六千九百八十五兩零。抛荒地畝未完銀一千四百四十七兩零，又續報逃户無著缺額銀五千六百兩零。查此二項抛荒地畝無著銀兩，前經奉部行查，現在委員查勘明確，實係沙壓石露，不堪種植，並無指熟爲荒，以少報多情弊，已奉户部咨覆，准其豁免，缺額糧銀行令籌款歸補。因節年辦理防務，支用浩繁，庫款支絀，無法籌補歸款，相應登明。

一、陽曲等三十州縣光緒四年分應征土鹽税銀一萬七千八百五十八兩零。内已完銀三千二十九兩零。蠲免銀一萬四千六百四十九兩零。緩征銀一百七十九兩零。

一、安邑等四縣光緒四年分應征池灘地租銀一千九十二兩零，全數未完。業經隨同地丁錢糧奏奉諭旨，概行蠲免，應於五年奏銷案内删除，相應登明。

一、各屬節年未完銀一百五十七萬六千一百八十五兩零。内已完銀五千一百八十八兩零。陽曲等處被灾豁免銀一百三十三萬八千二百二十七兩零，滎河縣紙范等村被沖地畝所缺糧銀三千三百三十八兩零。業經奉部覆准在於通省額編官俸内攤扣，應俟攤扣齊全，歸於下届核收，相應登明。未完銀二十二萬九千四百三十一兩零。内有平陽等處被賊搶刦，併墊辦兵差，製造器械，及岢嵐州前任病故知州恩隆等虧挪動用銀兩，均經另案奏參查辦在案，相應登明。

一、口外清水河廳節年未完米折銀一十八萬八千五百三十五兩零。内已完銀三百四十三兩零。豁免銀七千九百九十一兩零。抛荒地畝未完銀四萬一百八十九兩零，又續報逃户無著銀一十四萬一十兩零，查此二項抛荒地畝無著銀兩，前經奉部行查，現在委員查勘明確，實係沙壓石露，不堪種植，並無指熟爲荒，以少報多情弊。已奉户部咨覆，准其豁免，缺額糧銀，行令籌款歸補。因節年辦理防務，支用浩繁，庫款支絀，無法籌補歸款，相應登明。

謹將山西省光緒四年分應征併節年本色糧石已未完數目，開繕清單，恭呈御覽。

計開

一、光緒四年分，各屬額征糧一十二萬八千八百七十六石零。内已完糧五萬二千一百九十七石零，陽曲等處被災豁免糧五萬一千一百二十一石零，甯遠廳拋荒地畝未完糧四百一十二石，未完糧二萬二千四百七十一石零。

一、各屬併口外各廳節年未完糧五十六萬六千一百三十五石零。内已完糧一十五萬七千六百七十七石零，陽曲等處豁免糧一十六萬三百四十二石零，甯遠廳拋荒地畝未完糧二千四百七十二石零，尚未完糧二十一萬一千四百四十石零。

核明生息銀兩完欠動存數目摺并清單　光緒八年正月二十六日

竊照晉省於道光元年籌議酌減州縣攤捐款項案内，請在息穀變價及減半餘平銀内借動銀二十萬兩，發交典商生息，每年可得息銀二萬四千兩，有閏之年，可得息銀二萬六千兩。所得息銀一半歸還原本，一半抵給攤捐款項，及留備地方不時之需。俟原借本銀全數歸還原款之後，存典生息之項，永遠存留地方公用。經前撫臣成格具奏，道光元年五月十二日奉上諭：晉省州縣攤捐，款項繁多，每年計共銀八萬二千四百餘兩，現經該撫酌定章程，刪減銀一萬二千六百餘兩，開除銀九千二百餘兩。請將藩庫存儲息穀變價及減半餘平二款内，借銀二十萬兩發商生息，將所得息銀，一半歸還借本，其餘一半息銀内，動撥銀九千二百餘兩，抵撥捐款，計連刪除之項，州縣每年可少捐銀二萬一千九百餘兩。着照所議辦理，每届年終彙奏一次，藩司另册交代，毋庸報部核銷。等因。欽此。當經遵照，在於社義息穀變價並減半餘平項内，各借銀一十萬兩，飭發陽曲等九十三廳州縣具領轉發。計自道光元年冬季起，所有此項息銀，均分別歸還原本，撥抵攤捐。嗣因原借款銀，業已撥還清楚，每年所收息銀，仍照道光元年奏案，全數抵撥攤捐，及留備地方公用，歷經開單具奏在案。兹據藩司紹諴將光緒六年十月初一日起，截至七年九月底止，動存撥抵各款，開單詳請具奏前來。

臣覆查舊管銀一萬七千九百六十一兩零，新收銀二萬五千二百一十七兩零，開除撥抵捐款及地方公用銀四萬六百九十二兩零，實在存儲銀二千四百八十六兩零。各屬欠解銀五萬九千六百二十三兩零。除將欠解銀兩飭司嚴行提解外，所有生息完欠動存數目，理合恭摺具奏，並開繕清單，恭呈御覽。伏乞皇太后、皇上聖鑒。

旨：户部知道，單併發。欽此。

謹將光緒六年十月初一日起，至七年九月底止，息穀變價及減半餘平生息銀兩，完欠動存數目，開繕清單，恭呈御覽。

計開

舊管。截至光緒六年九月底止，存儲生息留備公用銀一萬七千九百六十一兩零，各屬欠解銀五萬八千八百七十七兩四錢零，應徵光緒六年十月初一日起，至光緒七年九月底止生息銀二萬六千兩。

新收。自光緒六年十月初一日起，至光緒七年九月底止，共收息銀二萬五千二百一十七兩六錢零，内有各屬完解光緒二年起至六年九月底止銀一萬一千八百六十九兩四錢零，又自光緒六年十月以後，續完銀一萬三千三百四十八兩二錢零。

開除。自光緒六年十月初一日起，至光緒七年九月底止，撥抵各項捐款，及地方公用銀四萬六百九十二兩三錢零。

實在。截至光緒七年九月底止，存儲生息留備地方公用銀二千四百八十六兩四錢零，各屬欠解銀五萬九千六百二十三兩七錢零。

特參限滿未能獲犯人員摺 光緒八年正月二十六日

竊據介休縣知縣吴匡詳報，縣屬張蘭鎮趙毓棠義順恒錢舖，於光緒七年十月初二日夜，被賊八九人撞門入舖，拒傷舖夥郭定成，刼去銀錢衣物逃逸，計贓逾貫。又據太原縣知縣薛元釗禀報，縣屬劉家堡捐職王邦安家，於光緒七年十月初二日夜，被賊七八人入室行竊，臨時行强，拒傷事主，並用洋槍轟傷更夫屈開玉身死，刼去衣物逃逸各等情。

查村鎮人烟稠密，盗匪竟敢夤夜 夥衆肆刼，拒傷事主，並槍斃更夫，該縣等事前既疎於防範，事後又未能追獲一賊，捕務實屬廢弛。當經前撫臣勒限兩個月，嚴緝贓盗，務獲究報。迄今限滿，仍未報獲一賊，若不從嚴參辦，不足以示懲儆。兹據藩臬兩司詳請奏參前來。前撫臣未及具奏卸事，移交到臣，覆核無異。相應請旨將介休縣知縣吴匡、分駐張蘭鎮汾州府同知倪承寬、太原縣知縣薛元釗，一併先行交部，照例議處，以警玩泄。除仍飭勒緝贓盗，務獲究報外，理合恭摺具奏。伏乞皇太后、皇上聖鑒。

旨：著照所請。吏部知道。欽此。

查明徵存應解銀兩已未完數目摺 并清單

光緒八年正月二十六日

竊照道光四年，户部具奏，嗣後各省交代徵存應解之款，以初次限滿起，勒限兩個月，提解藩庫，逾限不完，即將結報之員參辦，統令年終開單奏報一次等因，歷經遵行在案。

兹據藩司紹諴詳稱，查各屬交代，每年截至十一月底止，餘歸下年奏報。今自光緒六年十二月初一日起，至光緒七年十一月底止，共計交代二十二案。內除十七案並無徵存未解銀兩，其餘五案，統共徵存未解銀一萬一千四百八十兩零，內已完銀九百五十五兩零，仍未完銀一萬五百二十五兩零。現在嚴催完解，造册具詳請奏前來。臣覆查無異，除將清册咨送户部外，謹繕清單，恭呈御覽。

再，上届册造徵存未解銀四千二百兩零，容催解到日，另案辦理，合併陳明。理合循例恭摺具陳，伏乞皇太后、皇上聖鑒。

旨：户部知道。單併發。欽此。

謹將光緒六年十二月初一日起，至光緒七年十一月底止，各屬交代案內，徵存應解銀兩已未完數目，開繕清單，恭呈御覽。

計開

光緒六年十二月初一日起，至光緒七年十一月底止，各屬交代，共二十二案。

太原府一案，平陽府一案，太平縣一案，介休縣一案，澤州府一案，鳳台縣二案，陵川縣二案，蒲州府四案，沁州二案，霍州二案。以上十七案，並無徵存未解銀兩。

太原府一案，平陽府一案，太平縣一案，介休縣一案，沁州一案。以上五案，共徵存未解銀一萬一千四百八十兩零，內已完銀九百五十五兩零，仍未完銀一萬五百二十五兩零。現在嚴催，俟完解到日，另案咨報，合併陳明。

籌解各餉銀兩片 光緒八年正月二十六日

再，晉省應撥光緒七年京餉，並東北邊防經費，暨應協金順軍營月餉，嵩武軍駝乾及奉撥甯夏滿營城工各銀兩，所有陸續籌解過各銀數，節經前撫臣奏咨在案。

茲據藩司紹誠詳稱，遵在於司庫光緒七年地丁項内，籌動銀一十萬兩作爲京餉，差委即用知縣王寯頤管解。又在於司庫光緒七年地丁項内，籌動銀二萬五千兩，作爲東北邊防經費，差委候補府經歷王治平管解。均於七年十二月二十日起程，前赴户部交納。所有奉撥京餉並東北邊防經費，均已如數解清。又在於司庫光緒四年畜税等項内，共籌動銀三萬兩，交金營提餉委員補用道岳壽承領，於七年十二月初十日起程，前赴歸化城金營轉運局投交，轉解伊犁將軍金順軍營交納。又在於司庫光緒七年地丁項内，籌動銀一萬兩，於七年十二月十六日，兑給嵩武軍委員王兆槐領解交納。又在於司庫兵餉減二成項内，籌動銀五千兩，兑交甯夏滿營領餉委員阿爾芳阿領解，於光緒七年十二月十九日起程，取道潼關，前赴甯夏將軍衙門交納。奉撥甯夏滿營城工銀兩，亦已如數解清各等情，先後詳請具奏前來。臣覆核無異，除分咨查照外，理合附片陳明，伏乞聖鑒。

旨：户部知道。欽此。

河東道籌撥金營餉銀片 光緒八年正月二十六日

再，河東辛巳綱應分協金營餉銀十八萬兩，有三次籌解過銀十萬兩，節經奏報在案。茲據河東道江人鏡詳稱，遵查河東引鹽，積年疲滯，己卯綱引，始於六年九月開辦，且又帶銷各綱剩引，新舊並運，積引尚多。若俟辛巳綱開辦後，按綱撥解，實屬緩不濟急，自應先行設法騰挪，陸續報解。茲又在於光緒五年分鹽引雜課項内，湊撥銀三萬兩，差委候補鹽巡檢金寶城管解，於光緒八年正月二十一日起程，前赴包頭鎮伊犁將軍金順糧臺交納等情，詳請具奏前來。臣覆查無異，除分咨查照外，理合附片陳明，伏乞聖鑒。

旨：知道了。欽此。

查明晉省甄別千總不及分數摺 光緒八年正月二十六日

竊照定例，每年甄別千總百之二三，倘無可劾之員，准其聲明，據實具奏等因，歷經遵辦在案。茲查山西省撫標暨太原、大同二鎮屬千總，舊額共六十四員。咸豐四年，經前撫臣恒春裁改六缺。五年十一月，復經前撫臣王慶雲添設訓練精兵千總二缺。六年六月，裁汰偏關營原設千總一缺。十一年又經前撫臣英桂裁汰大同前營千總二缺。同治十年，復經前撫臣何璟添設訓練精兵千總二缺，遼州營、吉州營、老營營、瓦窑口、東井集堡千總各一缺，靖安營、甯武營、應州城改設千總各一缺，潞安營並雲頭汛各添設千總一缺。現止千總五十九員，以百之二三計算，每年應甄別一二員。今光緒七年分，僅止降補過平魯營千總任國棟一員，核計不足分數。查撫標左右兩營千總，臣甫經到任，尚未考驗，前撫臣衛亦無移交應劾之員。並准太原、大同兩鎮，以所屬千總，亦均年壯技嫻。並無衰庸應劾之員，移咨前撫臣核辦在卷。

臣接准移交，查千總職司操防，必須年壯操勤，方能稱職。現在雖未據查有衰庸老弱之弁，而考核不容稍疎。臣於開篆後，先將撫標千總，逐一考驗，再與該鎮等隨時認真察核，如有怠惰不職者，立即據實劾參，不任濫竽充數，以肅營伍。除咨明兵部外，所有晉省甄別千總，劾不足數緣由，理合恭摺具奏。伏乞皇太后、皇上聖鑒。

旨：知道了。欽此。

將晉省撫標精兵編作練軍片 光緒八年正月二十六日

再，晉省所設撫標精兵一千名，上年六月間，經前任撫臣衛［榮光］奏准，汰弱補强。當將步隊八百四十名，編作練軍左右兩營，派員管帶訓練在案。嗣因修治直、晉所屬四天門道路工程，即令練軍兩營與留晉湘毅軍兩營赴工操作，急切均難回省。近來北路因添練大同鎮馬隊，地方始漸形安静，而省南時有馬賊游勇竊發。去年以來，刦案頗多，非調撥騎隊，隨時巡緝，不足以資震懾。查此項精兵，尚有存營馬兵一百六十名，頓置日久，徒糜底餉。臣已嚴飭中軍參將瑞璋，將此項兵丁馬匹，認真選汰，編作撫標練軍馬隊營，另派得力將弁管帶，專備巡緝之用，其應加餉乾，悉照晉省練軍章程辦理。是否有當，理合附片具奏。伏乞聖鑒訓示。

旨：知道了。欽此。

委署知縣等印務片 光緒八年正月二十六日

再，平遥縣知縣錫良，現經飭赴准調陽曲縣知縣新任，所遺平遥縣知縣係屬繁缺，應行酌委。查有現署長治縣事陵川縣知縣徐炢，堪以調署。遞遺長治縣知縣印務，應令調署陵川縣長治縣知縣李楨仍回本任供職，以專責成。

又署理太谷縣知縣侯承熙，前因聽斷未能允協撤省，所遺太谷縣知縣，雖係簡缺，惟該縣地方富庶，訟獄殷繁，治理不易，查有現任介休縣知縣吴匡，堪以調署。遞遺介休縣知縣係屬繁缺，查有前經調省差委之天鎮縣知縣崔繼俊，堪以調署。由藩臬兩司會詳經前任撫臣衛［榮光］移交前來，除分飭遵照外，理合附片陳明，伏乞聖鑒。

旨：知道了。欽此。

查明孫毓琛前保案内誤將教諭寫爲訓導片 光緒八年正月二十六日

再，晉省前次辦理賑務，所有在事出力各員，經前撫臣曾［國荃］、前護撫臣葆［亨］先後繕具清單，奏請奬叙各在案。嗣准部咨，以襄陵縣候選訓導孫毓琛請以訓導儘先選用，曲沃縣貢生王連請以訓導不論雙單月選用。惟查部章，增生、附生出身，無論何項勞績，如保加教職各項班次者，一律議駁。該員等係何項出身，仍未聲叙，應令查明覆奏，再行核辦各等因，即經先後轉飭遵照去後。

兹據襄陵縣候選教諭孫毓琛稟稱，該員前由廪生於咸豐辛酉科考取拔貢，就職州判，光緒三年賑捐案内改捐，復設教諭，歸部選用。前因辦賑出力，查取職名，誤將候選教諭寫爲訓導，係屬錯誤。

又據曲沃縣廪生王連稟稱，該員係道光二十五年入學，咸豐四年補廩，十年遵籌餉例，在京銅局報捐貢生各等情，由善後局詳請覆奏前來。臣覆查無異，除咨部查照外，理合附片陳明，伏乞聖鑒。

旨：該部知道。欽此。

請將王文錦李秉衡發往山西委用片光緒八年正月二十六日

再，山西近數年來，屢有民教交涉之案，上年大同、天鎮等縣，目前汾陽、潞城等縣，皆因事涉教堂，該教士屢向地方大吏，争論不休。比年復疊據察哈爾都統、綏遠城將軍轉據庫倫辦事大臣來咨，俄屬布里雅特人等，屢有來五臺山貿易之説。至歸化城新准俄商通行以後，晉省沿邊，皆爲俄人孔道，此類事體，非操縱得宜，備禦有方，誠恐易生枝節，必須有得力之員，專於洋情邊務，極意講求，庶有事足供臂指。

查有翰林院編修王文錦，清介厚重，膽識俱優。降調直隸永平府知府李秉衡，治績著聞，才能定變。該二員於辦理中外交涉事件，必能得力。相應請旨將王文錦發至山西練習洋情邊務，以資襄助。李秉衡現經奉旨引見，仰懇天恩，俟該員引見後，無論用何官職，發至山西，交臣差委，於方微應變之道，均有裨益。臣爲中外交涉綜理需才起見，是否有當，伏祈聖鑒。

旨：另有旨。欽此。

請飭高崇基來晉清理交代片光緒八年正月二十六日

再，晉省州縣交代，二十年來，積案過多，前後轇轕，經前撫臣衛〔榮光〕奏明清理，其有因事回籍者，均經調晉會算，便爲完結。已結者六百餘案，未結者尚有二百餘案。查有補用道丁憂安徽甯國府知府高崇基，前在山西陽曲縣任内，尚有經手未完事件，惟恭閲邸報，該員現經安徽撫臣裕禄奏調，俟該員服闋後，即行來皖，接辦皖南保甲釐務，奉旨允准在案。因思該員既有在晉未完事件，未便任令他適，以致交案懸宕，牽引不清。該員籍隸直隸静海縣，相應請旨飭下直隸督臣李〔鴻章〕轉飭該員迅速來晉，一俟經手事件清理完結，再行赴皖。理合附片陳明，伏乞聖鑒。

旨：另有旨。欽此。

籌撥金營月餉片光緒八年二月初四日

再，晉省應協金順軍營月餉，業將陸續籌解過銀數，節經奏咨在案。兹據藩司紹諴詳稱，遵又在於司庫文職一二三成養廉，裁汰舖司兵工食節省各項内，共籌動銀八千兩，兑交金營提餉委員補用道岳壽承領。於光緒七年十二月二十九日起程，前赴歸化城地方金營轉運局投交，轉解伊犁將軍金順軍營交納等情，詳請具奏前來。臣覆核無異，除分咨查照外，理合附片陳明，伏祈聖鑒。

旨：知道了。欽此。

請將緝捕不力各員弁議處片光緒八年二月初四日

再，前據署翼城縣知縣龔履（垣）［坦］稟報[一]，城內木牌坊北憶聚昌錢舖，於光緒七年十月初二日夜，被賊撞門入室，刦去匯票銀兩，拒傷舖夥逃逸等情。當查城內人烟稠密，盜匪竟敢黃夜肆刦，拒傷舖夥，該地方文武員弁，事前疎於防範，事後又未追獲一賊，經前撫臣衛［榮光］專摺奏參，請摘頂勒緝。奉旨：著照所請。該部知道。欽此。即經轉行勒限嚴緝去後，迄今限滿，雖據先後報獲夥盜三名，臨時畏懼不行之盜首一名。惟案關城內被刦夥衆十餘人之多，尚有首先拒捕之夥盜未獲，獲犯尚未及半，緝捕究屬懈弛，據藩臬兩司詳請奏參前來。除仍飭勒緝逸盜，務獲究報外，相應請旨將署翼城縣知縣龔履坦，翼城縣城守營外委張燕，一併交部照例議處。理合附片陳明，伏乞聖鑒。

旨：著照所請。該部知道。欽此。

查明時承瀛係由廪貢生報捐訓導片光緒八年二月初四日

再，晋省賑務在事出力各員，經前撫臣曾［國荃］繕具清單，奏請奬叙在案。嗣准部咨，以候選訓導時承瀛，請遇缺選用。查該員係何項出身，並未聲叙，應令查明覆奏，再行核辦等因。即經前撫臣曾［國荃］轉飭遵照去後。兹據徐溝縣知縣王動祥稟稱，該員時承瀛，於咸豐九年八月初六日，由廪貢生報捐候選訓導，不論雙單月選用等情，由善後局詳請覆奏前來。臣覆查無異，除咨部外，理合附陳，伏祈聖鑒。

旨：吏部知道。欽此。

籌辦陽曲等處差徭片光緒八年二月初四日

再，晋省差徭，最爲民病，前工部右侍郎閻［敬銘］與前撫臣曾［國荃］剔弊改章，西南各路有驛州縣，一湔積患。惟省會陽曲一縣，東路平定州並所屬盂、壽、陽共三州縣，南路靈石一縣，此三路差累尤甚，徒以役繁費重，措手爲難，未遑定議，經前撫臣衛［榮光］奏明議籌辦法在案。臣履任後，衛［榮光］與臣痛切言之。竊思陽曲所治，爲大吏親臨之區，平定全州，乃入疆問俗之始，靈石蕞爾山縣，地瘠而衝，豈可擾累公行，致令商旅相戒爲畏途，殘黎日朘於苛政。况向隅抱憾，政亦非平，亟宜速畫良規，早蘇民困。

查候補知府馬丕瑶，素有循聲，前辦蒲、絳減徭，解州清丈諸事，成效燦然。當飭委赴靈石、平安兩路，察奪核議，勒限舉行。其陽曲一路，由臣督飭辦理，如需用經費，即在善後餘款動支。惟平定州知州張彬到任後，籌辦差徭事宜，未中肯綮，於目前此缺，不甚相宜，飭司將該員撤省。查有准調絳州直隸州知州沈晋祥，處事甚有條理，堪以接署，責令會同委員，實力籌辦。據藩臬兩司具詳前來。理合附陳，伏祈聖鑒。

旨：知道了。欽此。

閻敬銘定期赴闕摺并抄件 光緒八年二月十六日

竊臣於上年陛辭日仰蒙皇太后聖諭，令召閻敬銘來京。同日

[一]「龔履垣」應爲「龔履坦」。「履坦」，語本《易·履》：「履道坦坦」。

承准軍機大臣字寄奉上諭：前工部右侍郎閻敬銘疊經召令來京，均以疾辭，現在時勢多艱，需才孔急。等因。欽此。臣到任後，知閻敬銘久寓解州，因訪諸久在河東及南路來省官吏，將其近年精力若何，衷曲若何，考證詳確。知其心力精健，足以任事。當具公牘咨會，並致書函，恭述欽奉寄諭有宣示之件，趣其來省。閻敬銘答書，似已揣知朝廷有召用之意，以天寒疾作爲辭。臣訪知候補知府馬丕瑶，因居官甚好，素爲閻敬銘所敬愛，可以婉曲盡言，即委該府再持手書馳赴解州。書中動以聖朝眷注耆碩之深恩，責以老臣共濟時艱之大義，並飭馬丕瑶相機敦勸。旋接部咨，閻敬銘已蒙簡授户部尚書，又具函牘百方規勉。頃接閻敬銘咨送謝恩摺稿，並致臣手書，略言辭遜高官而定期入覲。其摺徑由解州驛遞，計已早達宸覽。據摺稿有三月先至太原，即行北上，四月内泥首宫門之語。函内有無論病體若何，必遵斯語，諸皆奏明，一無更改之語。具見感激之誠，瞻戀之切，北上之期，當非推緩。

查閻敬銘今年才六十五歲，自僑寓山西以來，查賑、減徭諸事，無不殫精勤力，智慮周裕，不覺疲勞。每與人談及時事艱難，晋民困苦，輒爲搤捥泣下。是其愛國憂民之心，未嘗一日去諸懷抱，所稱春寒痰喘，不過一時微疴。且行路既多，偶然發喘，亦係五旬以外人常態。至於左臂（疼）［疲］痛，更無妨於辦公。聞其（上）［近］年講授生徒，娓娓不倦，即讀其此次摺稿，事理詳盡，真氣充溢，足見神識聰强，並無衰徵。所以屢徵不起者，因前撫山東，奪情視事，引爲心疚。此次來函，録示（同治八年四月）［前］答友人書稿，專發斯義，此其苦衷所在，固非以辭榮遜世爲高也。

伏思閻敬銘本非篤老之年，又無沈痼之疾，平日未忘君國，此時躬詣闕廷。值茲宵旰焦勞，求賢孔亟，若聽其固守辭讓之節，虚置康濟之材，實覺可惜，可否再頒優旨，促其啓行。將來到京召對時，如蒙皇太后、皇上剴切開諭，褒勉與責備兼施，並將其前此金革奪情，移孝作忠之義宣示大廷。則閻敬銘既感奮於殊恩，又見迫於大義，出處心跡，皎然無疵，當可以拜命就（職）［官］，力任艱鉅。謹將所寄答友人書稿鈔呈御覽。除俟閻敬銘啓程日再行奏聞外，理合繕摺覆奏，伏祈聖鑒。

旨：知道了。昨據閻敬銘奏請收回成命，已有旨催令仍遵前旨，即行來京供職矣。欽此。

［據奏閻敬銘精神尚健，深慰朕懷，著促令北上，俟其來京陛見時再降諭旨。金革無辟，載在禮經，天下人所共知者，似不必特爲宣布。即著傳諭該尚書權衡出處之義，迅速來京。］〔一〕

謹將閻敬銘寄來同治八年四月答友人書稿鈔録，恭呈御覽。

來札以詔書五下，鄙人伏疾未出為責，深感厚教。惟事君期於竭忠，立身必先守禮。敬銘負罪人也，同治壬戌、癸亥冬春數月，四奉詔敕，從軍齊魯，奪情任事，屢辭不獲。是時海内十九行省，除山西外，寇盗徧天下，山東九府州屬，羣賊如毛，揭竿指名可八九股，鄰邦捻匪不在此數。餉竭兵弱，將吏疲苶。詔旨峻迫，忠勇多公面以畏死質責，亡弟病中亦謂時事岌岌，即當以死報國。干犯禮義，拚身前赴，並誓先人墓，東土稍安，即行避位贖愆。賴僧邸兵力僚將，羣策馳驅，一年齊境盗熄，疏陳背禮之人，不可任官，切詞求退。嚴旨詰責，以刑政未修，重申厲飭。

〔一〕以上行、夾四處及硃批係據中華書局一九九五年版《光緒朝硃批奏摺》第三輯，第七四八至七五〇删、校、補。

抑情忝顏，又事一載，諸廢略復。正思陳情，乙丑夏初僧軍失利，捻賊二十餘萬自豫東趨，深恐釀成流寇，建議圈制河壖。三齊餉力養兵僅四萬餘，敵賊六七分之一，愧無奇謀獨滅捻匪，議定自任東面臨邊勦禦，俾不入境。計各路征軍十餘萬衆，若西南兩面同力圈賊於曹州、河套，誠為聚殲善地。徒著此議，迄無成功。戰守兩年，賊衆兇突七次，僅使賊未深入齊魯，腹地無恙。捻蹤遠遁，入楚入秦，久不北窺。捻賊縱横皖、豫，並非東寇，時有督帥專任勦捻，而齊民安堵，政事粗具，庫儲略蓄，兵政稍有規模，勉可自立。且海内静謐，除陝、甘、滇、黔邊事外，共戴昇平之福，非復壬、癸之際矣。敬銘以疾病負罪之軀，處安靖無事之邦，國計民生，無補萬一，久辱高位，夙夜疚心，乞疾兩載，前後疏十餘上，幸蒙恩宥，丁卯三月，始得去官。自忖前違孔子從利之訓，名教不容，惟早避名，罪或末減。若久周旋利禄，復觸往來屑屑之譏，則累咎增尤，擢髮未足。自來奪情起復，皆被刺斥，惟南朝袁粲聞變奪情，變靖辭位，前史褒之。不肖初出以山東賊亂，亂平不歸，貪位戀禄，百喙莫解。歷古致仕之人，退而復出，前史且譏其不能固志，況負罪人哉。往昔愆謬，追悔莫及。病免以來，未敢再行出山，末路硜硜，瀆補萬一，不知見許君子否。若謂急病而讓夷，鯫生不敏，愧非其人。生值聖明，歷官二十餘年，敢言逃跡託隱。此情此意，不敢瀆入章疏，亦不敢公白於人，因閣下相責以義，敢布區區，伏希教其愚謬。

籌解金營軍餉銀兩片〔一〕光緒八年二月十六日

再，光緒八年正月初一日欽奉寄諭：户部奏，遵議金順軍餉，請飭各省關趕解一摺。伊犁接收，需款甚急，山西提銀五萬兩，河東提銀五萬兩，限三月前，掃數批解等因。欽此。當以接收邊城，乃中外交涉要務，分別飭令依限籌解，免誤要需去後。

茲據藩司紹諴詳稱，晋省積歉之後，元氣過傷，省南膏腴郡縣，田野未盡墾闢，應完丁賦，仍難照舊徵收，支絀情形，甚於往昔。第以邊圉要務，提款急需，先於司庫兵餉減成款内，竭力籌撥銀三萬兩，兑交金營提餉委員山西候補道岳壽承領，於本年二月初十日解赴包頭金營轉運局交納。并據河東道江人鏡詳稱，河東引鹽滯銷，課項掣納不前，庚綱額引，甫擬開辦，辛綱引票，尚未領回，以致運庫窘竭萬狀，祇因現提之款，大局攸關，不得不儘力籌解。當於光緒五年分鹽引大課項下，籌動銀五萬兩，委候補監掣同知李潮海管解，於本年二月十二日啓程，前赴包頭金營轉運局交納各等情，詳具奏前來。除分咨外，理合附陳，伏祈聖鑒。

旨：知道了。欽此。

籌解甯夏並西征餉銀片光緒八年二月十六日

再，據藩司紹諴詳稱，於司庫留支核減三成，京中鈔本各項内籌動銀一萬兩，兑交甯夏催餉委員佐領阿爾芳阿領解，於本年二月初一日起程，前赴甯夏將軍衙門交納，作爲晋省本年應解之項。又於司庫兵餉減成、請領留支減成、京中鈔本、文職一二三成養廉、裁汰鋪司兵工食節省及光緒六年當税各項内，共籌動銀

〔一〕以下十七件録自抄本《張中丞撫晋奏疏》。

三萬兩，委試用同知張承熊管解，於本年二月初六日起程，前赴陝西西征糧臺交納，作爲晉省本年應協新餉。

並據河東道江人鏡詳稱，於光緒五年分鹽引正課，並四年暨帶徵二年分靈寶正雜引課，二、三、四等年加費、羡餘各項內，湊撥銀三萬兩。委聖惠司巡檢苑春和管解，於本年二月二十一日起程，前赴西征糧臺交納各等情，詳請具奏前來。除分咨外，理合附陳，伏祈聖鑒。

旨：知道了。欽此。

阿克達春暫緩引見片 光緒八年二月十六日

再，歸綏道阿克達春六年俸滿，上年十一月奉文調取引見，比經行司轉飭去後。茲據該道禀，將經手要件清釐完結，以便請咨等情前來。臣查該道所轄各廳，多係蒙民雜處，現因爭墾地畝，蒙古驅逐地户，會辦未結，隱患方深，必須綏輯得法，方免搆成衅端。且馬賊游勇，竊發時虞，樹軍練軍，防營萃集，所有彈壓蒙民，調護防軍，均關緊要，該道穩練周詳，諳悉情勢，措置尚屬合宜。合無仰懇天恩俯念地當邊要，山西候補道員較少，接替難得其人，准令該道暫緩引見，俾收駕輕就熟之效。一俟邊事漸有頭緒，接替有人，即行給咨北上。謹附片奏陳，伏祈聖鑒訓示。

旨：著照所請。該部知道。欽此。

本年正月分雪澤糧價情形摺 光緒八年三月初三日

竊查山西省光緒七年十二月分雪澤糧價，經臣繕具清單，恭摺奏報在案。茲查八年正月分，據各屬申報得雪者一十九廳州縣，自一寸至三寸不等。土脉均屬滋潤，麥苗出土，日見長發，民情安謐，堪以仰慰宸廑。至市集糧價，潞安一府，較前稍增，太原、朔平二府，遼州、解州二州，併屬較前稍減，餘與上月相同。謹將正月分雪澤糧價情形，分别繕具清單，恭呈御覽。理合專摺具奏，伏祈皇太后、皇上聖鑒。

旨：知道了。欽此。

例鐵攤款銀兩請借銅本生息動用片 光緒八年三月初三日

再，晉省每年解部例鐵五批，其中平鐵一批八萬四百餘觔，好鐵四批共二十萬觔，除例支價脚銀一萬一千三百餘兩外，其不敷價脚及部飯盤費等銀三萬九千餘兩，向歸各州縣常年按日攤派，藉資補苴。惟查光緒三、四、五等年，各州縣因災停徵，公私萬分窘累。所有此三年攤捐，經前撫臣曾國荃，飭司通行立案，全行寬免。刻值催解欠鐵之際，此三年之例款雖准開銷，而此三年之幫貼，久歸無著，將重攤諸州縣，是今日之牧令，既有現年應納之攤，又代受從前無名之累，固非力所能支，亦且無此政體。

溯查道光三、四、五並十二、二十六等年，以及咸豐九年，均因添辦平好鐵觔，應需幫貼無出，節經前撫臣奏明在於本省商捐之銅本生息項下動支，欽奉諭旨允准各在案。現在災年，攤派早行寬免，災年例鐵，礙難積懸。合無仰懇天恩俯准援照成案，將光緒三、四、五等年所免州縣攤派幫貼例鐵銀兩，在於商捐銅本生息項下核實動支抵補，出自聖主鴻慈。是否有當，理合附片陳請，伏祈聖鑒訓示。

旨：户部議奏。欽此。

盤查司庫錢糧摺 光緒八年三月初三日

竊照督撫到任，例應將藩司一切正雜錢糧盤查具奏。臣仰蒙恩命補授山西巡撫，於光緒七年十二月二十四日接篆任事後，即檄飭藩司將實在庫儲銀兩，按款造册詳送，並將各屬倉庫錢糧，分委隔屬之道、府、直隸州互相盤查。嗣據藩司紹諴，將司庫實在正雜等項銀九十七萬四千四百一十六兩零，分款造册詳報前來。臣於二月初四日親赴司庫，按款逐一盤查，均係實儲在庫，並無虧缺挪移情事。除各屬倉庫錢糧，委員盤查，俟結報到日，另行具題外，所有臣盤查過藩司庫儲錢糧緣由，理合循例恭摺具奏，伏祈聖鑒。

旨：知道了。欽此。

委署河東道員缺片 光緒八年三月初三日

再，恭閲邸鈔，光緒八年二月十二日奉上諭：山西河東道江人鏡，著開缺交吏部帶領引見。欽此。嗣於二月二十八日，准吏部咨，二月十六日奉上諭：山西河東道員缺，著唐咸仰補授。欽此。

查江人鏡開缺部文，至今尚未接到。河東道員缺緊要，而唐咸仰現在河南，到任尚需時日，未便久任虚懸。所有河東道篆務，自應先行委員署理，以專責成。查有候補道吴其復，明練沈静，堪以署理，當經檄飭遵照。除咨明吏部，詢查江人鏡開缺部文，因何日久未到，暨飭司按站挨查外，理合附陳，伏乞聖鑒。

旨：知道了。欽此。

本族外甥應否迴避片 光緒八年三月初三日

再，澤州府知府蔣宗啓，係臣同族之甥，早無服制。查吏部迴避章程，凡外姻親屬中，父之姊妹夫，母之父及兄弟，母姨之子，妻之祖，妻之父，妻之兄弟，妻之胞姪，妻之姊妹夫，己之女婿，嫡甥女之子，嫡姊妹之夫，孫女之夫，本身兒女姻親中表兄弟，如有與該省地方督撫、兩司同官一省者，應令官小者迴避等語。今蔣宗啓係臣本族外甥，并無應行迴避明文，惟有此姻誼，不敢壅於上聞，謹據實陳明。是否仍令官小者迴避之處，相應請旨敕部核議遵行。

旨：吏部議奏。欽此。

本省官紳辦賑出力各員聲請改獎片 并清單 光緒八年三月初三日

再，前撫臣曾［國荃］兩次查明山西本省官紳辦賑出力，並轉運東漕暨轉運賑糧分局在事出力各員，分案彙單，先後奏請獎叙，均奉旨允准在案。嗣准部咨，或以原請官階，核與定章不符，或因未經聲叙出身，行令查覆另核，並照章改給獎叙各在案。節經前撫臣暨前護撫臣轉飭遵照去後。

兹據各該員等，或已詳叙出身，或請照章改給應得升銜，由善後局司道詳請具奏前來。臣覆核無異，相應彙繕清單，請旨勅部查照，核給獎叙。並請將各員前次聲叙暨字畫錯誤之處，一并更正。除咨部外，理合附片陳明，伏祈聖鑒。

旨：吏部議奏。單併發。欽此。

謹將聲請改奬並查明聲覆暨請更正各員開繕清單，恭呈御覽。

計開

襄陵縣訓導王培厚，原保請加翰林院待詔銜。長子縣訓導侯賓周，原保同上。高平縣訓導張金堂，原保同上。猗氏縣訓導劉充和，原保同上。滎河縣訓導楊維鏞，原保同上。榆次縣訓導王六勳，原保同上。清源鄉訓導徐九錫，原保同上。文水縣訓導李養静，原保同上。候選訓導申兆奎，原保同上。令狐鐸，原保同上。試用訓導范渤，原保同上。劉萬亨，原保同上。

以上各員，係山西本省官紳辦賑出力案内請奬，嗣准部咨，以查與章程不符，均改給應得升銜核覆在案。今查教諭爲訓導應升職銜，應請將王培厚等十二員均改給教諭職銜。

鄉甯縣訓導桑俱備，原保請加翰林院待詔銜。壺關縣訓導常周，原保同上。襄垣縣訓導閆慶祺，原保同上。絳州訓導劉兆雲，原保同上。遼州訓導常維善，原保同上。蒲縣訓導郝春齡，原保同上。舉人賈煦，原保請加國子監學正銜。甯鄉縣教諭石燦廷，原保請加内閣中書銜。

以上各員，係山西本省官紳辦賑出力案内請奬。嗣准部咨，以查與章程不符，均改給應得升銜核覆在案。今查桑俱備係咸豐戊午科舉人，常周係咸豐辛酉科舉人，閆慶祺係咸豐壬子科舉人，劉兆雲係道光丙午科舉人，並常維善均由舉人借補訓導，郝春齡係咸豐辛酉科舉人，由教諭借選訓導，應請與舉人賈煦、教諭石燦廷等均改給翰林院待詔銜。

陽曲縣教諭劉恒業，原保請加内閣中書銜。潞城縣教諭温晋昌，原保同上。孝義縣教諭孟兆桐，原保同上。永甯州學正侯光賓，原保同上。渾源州學正張吉元，原保同上。浮山縣教諭王瓚，原案同上。前直隸武强縣教諭趙光藻，原保同上。候選教諭武克明，原保請加中書銜。右玉縣教諭王文化，原保同上。

以上各員係續查山西本省官紳辦賑出力案内請奬，嗣准部咨，以查與章程不符，均改給應升職銜核覆在案。今查翰林院待詔爲教諭、學正應升職銜，應請將劉恒業等九員均改給翰林院待詔銜。

汾州府訓導靳執鎮，原保請加翰林院待詔銜。汾陽縣訓導李師愬，原保同上。渾源州訓導王寅恭，原保同上。署平陸縣訓導馮志沅，原保同上。委用訓導段翰邦，原保同上。候選訓導柴淇，原保同上。李戴恩，原保同上。王安權，原保同上。鄭永德，原保同上。衛清連，原保同上。試用訓導安成，原保同上。董家興，原保同上。張鳳詔，原保同上。陳秉田，原保同上。前鳳台縣訓導高鼎恩，原保同上。聞喜縣訓導李春華，原保請加光禄寺署正銜。候選訓導韓子泰，原保同上。

以上各員，係續查山西本省官紳辦賑出力案内請奬，嗣准部咨，以查與章程不符，均改給應升職銜核覆在案。今查教諭爲訓導應升職銜，應請將靳執鎮等十七員均改給教諭銜。

前太原縣教諭趙培元，原保請加内閣中書銜。該員係續查山西本省官紳辦賑出力案内請奬，嗣准部咨，因未經聲叙出身，查與教諭加銜不符，改給應升職銜核覆在案。今查該員係咸豐乙卯科舉人，應仍請給予内閣中書銜。

分發試用訓導張履和，原保請以訓導遇缺選用。靈石縣教諭曹振鐮，原保請以應升之缺升用。

以上各員，係續查山西本省官紳辦賑出力案内請奬，嗣准部咨，以該員張履和，查部中官册内已報捐教諭雙單月並分發。該員曹振鑣未經聲叙何項出身，令聲覆另核請獎在案。今查張履和係由廪貢生報捐訓導，不論雙單月選用，並分發試用，並未報捐教諭，應請仍照原保歸訓導勞績班遇缺選用。曹振鑣係由廪生捐貢復加捐教諭選授今職。覆查知縣爲教諭應升官階，應請以知縣升用。

指分湖南試用通判譚治清，原保請侯補缺後以知州補用。該員係轉運東漕出力案内請獎，奉部照章核准在案。今查該員前次轉運事竣回籍，措咨於六年四月在部驗放，分發山西試用，業經領照到省，應請更正作爲山西試用字樣注册。

候補縣丞直隸獲鹿縣典史高炘，原保請補縣丞後以州同用。該員係轉運賑糧分局出力案内請獎。嗣准部咨，以查與章程不符，改爲侯補縣丞後以應升之缺升用核覆在案。今查該員係名高珩，原保案内誤寫高炘，應請將誤寫字樣更正。

續請豁免州縣坍荒地糧片 光緒八年三月二十一日

再，晋省自遭大祲以後，閭閻元氣未復，當經前撫臣曾［國荃］先將查明太谷等五十六廳州縣坍荒地畝銀糧、米豆等項，請自光緒五年上忙起，永遠豁免。嗣又續行查明交城等十二州縣坍荒地畝糧銀、米豆，及平魯縣缺額丁徭銀兩開缮細數清單，奏請概予永遠豁免，先後欽奉諭旨俞允，均即恭刊謄黄，遍行曉諭在案。惟應於何時免徵，前次奏案内漏未聲明，由善後局司道詳請具奏前來。臣覆核無異，合無仰懇天恩俯准將續請豁免之交城等一十二州縣坍荒地畝糧銀、米豆，及平魯縣缺額丁徭銀兩，亦以光緒五年上忙起，一併永遠豁免，以歸畫一。除咨部立案外，理合附陳，伏祈聖鑒。

旨：著照所請。户部知道。欽此。

籌解伊犁償款銀兩片 光緒八年三月二十一日

再，前准通商大臣兩江督臣劉［坤一］咨，籌備伊犁償款，酌提各省關款項數目項下，山西地丁銀八萬兩，應令按數籌解兩江。又准兩江督臣劉［坤一］咨，山西省應撥之銀，解交兩江督臣衙門查收，暫存江甯司道各庫，即行解滬各等因。業經籌解過七年償款銀八萬兩，派委候補知州阮志謙管解，經前撫臣奏咨在案。

兹據藩司紹諴詳稱，遵查晋省本年地丁，尚未起征，前項償款，事關緊要，不得不竭力騰挪，以期無誤。兹在於司庫光緒七年地丁項内，借動銀八萬兩，差委候補通判鳳鼎管解，定期起程，詳請先行分咨在案。正擬發銀起解間，適前次解銀之阮志謙回省。據稱此項銀兩，爲數既鉅，程途又遠，越山浮水，艱險異常，雖晝夜嚴防，尚無貽誤，究屬疎失堪虞等情。查遠道解餉，本多未便，自應發商匯兑，較爲妥速。晋省有日昇昌匯號，素稱殷實可靠，江甯城内，亦設有該本號匯局。當將前項奉撥伊犁償款銀八萬兩兑交，該匯號照數具領，仍按庫平匯解江甯。前委候補通判鳳鼎，另有差委，現已改委試用通判王鎮濤，於光緒八年三月十三日起程，前赴江甯，督飭該匯號解呈南洋大臣兩江總督衙門交納，以備撥用。

再，晋省奉撥光緒七、八兩年伊犁償款銀十六萬兩，業已先後全數解清，合併聲明等情，詳請具奏前來。臣覆核無異，除分咨外，理合附陳，伏祈聖鑒。

旨：知道了。欽此。

地丁項内籌動銀一萬兩兑給嵩武軍領解片 光緒八年三月二十一日

再，晋省應協嵩武軍駝乾銀兩，所有陸續籌解過銀數節，經前撫臣暨臣奏咨在案。茲據藩司紹諴詳稱，遵又在司庫光緒七年地丁項内籌動銀一萬兩，於八年二月二十九日兑給嵩武軍委員王兆槐領解交納等情，詳請具奏前來。臣覆核無異，除分咨查照外，理合附片陳明，伏祈聖鑒。

旨：知道了。欽此。

光緒七年冬季分委署過知縣摺 并清單 光緒八年三月二十一日

竊查前准吏部咨，咸豐十一年十一月二十三日奉上諭：嗣後各省州縣，無論奏調委署代理，每届三月彙奏一次，由吏部嚴行查核，如有違例更調等弊，即將督撫藩司分别參奏。欽此。歷經欽遵，按季彙報在案。茲據藩司紹諴、臬司松椿，將光緒七年冬季分委署過知縣開摺，詳請具奏前來。臣覆核無異，謹繕清單，恭摺具奏。伏祈皇太后、皇上聖鑒。

旨：吏部知道。單併發。欽此。

謹將光緒七年冬季分，委署過知縣開繕清單，恭呈御覽。

計開：十月分，芮城縣知縣廣魁，告請病假，遺缺酌委儘先補用通判毛世黼署理。十一月分，五台縣知縣孫汝明病故，遺缺輪委試用新外奬儘先拔委試用知縣袁敬署理。十二月分，調署岳陽縣絳縣知縣劉斌，飭回本任，遺缺輪委裁缺代理留省另補知縣葉廷楝署理。潞城縣知縣崔曉然告病，遺缺酌委儘先拔貢知縣盧策署理。調署陵州縣長治縣知縣李楨，飭回本任，遺缺酌委候補知縣柳增慧署理。調署山陰縣臨晋縣知縣艾紹濂請咨引見，遺缺輪委正途正委即用知縣馬毓芝署理。

委員兼署藩司篆務片 光緒八年三月二十一日

再，光緒八年二月二十四日奉上諭：紹諴著來京，另候簡用，山西布政使著方大湜補授。等因。欽此。查新任藩司方大湜，現在直隸，到任尚需時日，所有藩司篆務，自應委員先行署理，以專責成。查有按察使松椿，端潔寬和，簡而有要，曾署藩篆，措置裕如，堪以兼署。除檄飭遵照外，理合附陳，伏祈聖鑒。

旨：知道了。欽此。

吉州知州與武鄉縣知縣調署片 光緒八年三月二十一日

再，查吉州知州一缺，地居萬山之中，著名磽确，土客雜處。光緒三、四等年，迭遭大祲，户口逃亡過半，一時難於復業。維時署該州之武鄉縣知縣吴葵之查辦荒地，草率不清，以致現多棘手。應將武鄉吴葵之仍調署吉州知州印務，責令該員再行核實清理，以觀後效。所遺武鄉縣知縣一缺，即以吉州知州陳寶楨調署，各專責成。由藩臬兩司會詳前來，除分飭遵照外，理合附陳，伏祈聖鑒。

旨：知道了。欽此。

黄汝香並非奏調來晋片光緒八年三月二十一日

再，晋省辦理賑務所有出力各員，經前護撫臣葆亨繕具清單，奏請獎叙在案。嗣准部咨，以翰林院庶吉士黄汝香請加五品銜，因查該員于何年月日奏調辦賑，應令查明聲叙覆奏，再行核辦等因，當經前護撫臣葆亨轉飭遵照去後。據直隸保定府望都縣知縣黄汝香禀稱，該員係丁憂在籍人員，經前撫臣曾國荃奏明襄辦賑務，並非奏調來晋等情由，善後局詳請更正前來。臣覆查無異，除咨部外，理合附陳，伏祈聖鑒。

旨：吏部知道。欽此。

請將軍政展緩併案辦理摺光緒八年四月二十日

竊查晋省應辦光緒三年軍政，前撫臣因荒政冗迫，節經奏准展緩在案。去年前撫臣衛榮光查閲營伍時，奏明將三年軍政隨時考核存記，統俟查閲事畢，彙案辦理。嗣因時届年終，兩鎮册造未齊，調任江蘇卸事，奏明移交臣核辦。

臣到任後，本應接辦，因兩鎮將、備，多未接見，無憑舉劾，惟有仍行照例調考，歸入本年軍政併案辦理。但今秋適值鄉試之年，應辦文武兩闈，萬難兼顧。軍政鉅典，未敢草率從事，合無仰懇天恩俯准，將光緒三年及八年軍政，展緩至九年併案辦理，俾得分班調考，核實舉劾，以昭慎重。臣仍當隨時訪察各營將、備內如有貪劣衰庸、營伍廢弛之員，即當據實嚴參，以仰副聖主整飭戎行之至意。是否有當，理合恭摺具奏。伏祈皇太后、皇上聖鑒。

旨：著照所請。兵部知道。欽此。

臚舉賢才摺并清單　光緒八年四月二十日

竊惟人臣之義，無急於以人事君者。光緒六年正月，有旨令中外大臣保舉人才。臣備官侍從，綜計平日所博蒐而詳記者，不乏其人。因品秩殊絶，不得與薦賢之科，僅於隨時條奏時務疏中，因事論及。上年冬間，蒙恩簡任晋撫，陛辭之日，欽奉皇太后懿旨，諭以時事艱難，朝廷廣開言路，命臣如有所見，准其隨時陳奏，并諭臣以留心訪求人才。仰見淵懷求治，納言籲俊之誠，曷勝欽服，曷勝感激。

抵晋以後，夙夜不遑，求民生之疾苦，考官常之淑慝，振頹廢之紀綱，清盤結之弊竇，迄今三月，略具規模。然而宵旰之憂勞，時局之日棘，未嘗一日去諸寤寐。竊念臣雖殫精勤職，而自囿方隅，何補於天下大計。顧惟厚恩，悚仄難釋，用敢敬舉所知，仰塞明詔，以備聖擇。嘗見巡撫胡林翼，官止鄂撫，而性好舉賢，畛域無分，歲時不絶。中朝士夫，鄰省將吏，並皆蒐采，列於剡章。其所稱引，不識面者居多，以故薦賢滿天下，卒收其用，爲中興之功首。世稱其忠，今享其利。臣雖不肖，心竊慕之。臣所舉中外文武官吏凡五十九人，素無通識者居其什之七。學術不同，而同歸於濟世，器量不同，而同歸於端人。其秉性回譎、品行凡下、作用偏駁者，不敢濫及。臣之愚闇，誠不足以知人，惟此絶無一毫私曲之心，可以上質天鑒。間有官階已崇，任寄已重，因論列人才，究其所用，未便遺而不舉。至於量才任之以盡其長，破格拔之以厲其氣，則裁成鼓舞之妙用，敬俟聖人之權衡，非微臣所敢擬議者也。謹別繕清單，上呈宸鑒，不勝惶悚屏營之至。

謹將遵旨臚舉人才繕列清單，恭呈御覽。

京秩十四人

翰林院侍講張佩綸　內行純美，秉性忠貞，清鯁不阿，能謀能斷，誠摯可以共艱危，警敏可以應急變，內政外事，皆所優爲。論其志節才略，實爲當代人才第一。

太僕寺卿吴大澂　多才而沈厚，精密而耐勞，勇於任事，長於用人，賑務邊防，卓著成效。大抵事事能破常格，而步步皆占穩著，可謂全才。數年後邊事大定，使治腹地，必有異政。

前右春坊右中允于蔭霖　學術純正，直諒篤實，論事詳盡，不涉空疏，正色立朝，可以處斷大事。

前翰林院侍講學士李文田　學識博通，託志忠雅，進退出處，合於古義，兼之任事有膽，熟悉洋情。或置之朝列，或任以洋務，必能有益時局。

翰林院侍讀學士朱逌然　行修學邃，好善至誠，可以坐鎮雅俗，扶持正氣。

翰林院侍講學士陳寶琛　才思敏鋭，慮事精詳，沈毅不浮，勇於爲義。比年來殫心洋務，若試之外任，以擴其才，將來使備總署之選，必能綜核入微，斟酌得宜。

翰林院編修王文錦　植品清嚴，篤於風義，厚重練事，有膽有識，堪備司道之選。

翰林院編修黄國瑾　趣向正大，宅心誠厚，勤學好問，研求經濟。忠義所激，不爲威愓利疚，可以内居言路，外任監司。

翰林院編修吴大衡　事理通達，才力精練，於吏事洋務閱歷甚深，兼有權略，可以備司道之任。

前詹事府少詹事文治　講求理學，内行甚篤，沈静方嚴，可以矜式浮靡。

前工部主事夏震川　學贍才高，而能潛心理學，貞苦讜直，大有古人之風，加以歷練，其材器實邁凡庸。早年論事，與臣大爲齟齬，然薦賢爲公，臣不敢是己非人，致蹈蔽賢之咎。

翰林院修撰王仁堪　志遠才長，究心經濟，處事明鋭，毫無凝滯。現在山西學政任内，清廉精核，體恤地方，提倡實學，頌聲翕然，是其明徵實效。

翰林院侍講盛昱　學博文雅，熟於掌故，翰詹各員中罕有其比。志趣不俗，究心時務，洵爲雋才。

刑部山東司郎中胡清瑞　法律精熟，風操勁挺，迥異凡庸。

以上各員，因衡論才品，各從其類，是以未按官階叙列，合并聲明。

外官二十九人

廣西布政使徐延旭　正直强明，兼資文武。在粤有年，威惠及於僚屬。任襄陽道數月，政績已彰。才品俱優，洵堪大造。

貴州按察使易佩紳　廉正有爲，條理精密，愛民察吏，風軌卓然。

直隸按察使剛毅。操行堅卓，吏事精詳。

直隸永定河道游智開　清强幹練，不徇流俗，實惠在民，輿情愛戴。

補用道高崇基　廉樸誠慤，才力剛果，綜核計密，不避艱難。所至頌聲輒起，官民無一間言。

湖北安襄鄖荆道黄彭年　品望清峻，學術深純，吏事洋防，皆能博綜。可以化導屬吏，激濁揚清。

廣東督糧道孫鳳翔　樸厚直方，切實可任。

河南河北道陳寶箴　通識長才，盡心民事，政聲播於鄰境。

福建臺灣道劉璈　才力沈雄，素以剿賊治匪得名，至於撫民課吏，尤能慈惠精嚴。

廣東候補道陳彝　志操端雅，翛然拔俗，慮事深穩，有體有用。

河南南汝光道任愷　仁恕老練，臨事綽有風力，素有循吏之目。

直隸口北道奎斌　操守廉謹，吏才明練，遇事必求實際。

分發江蘇補用道凌蔭庭　端正明達，久在兵間。近年從軍新疆，所辦善後事宜，最稱核實，爲關外局員之冠。

浙江督糧道廖壽豐　心性慈祥，學行恭謹，當官治（辦）[事]〔一〕，切實不浮。

山西補用知府李秉衡　德足懷民，才能濟變，政聲遠播，成績宏多，實爲良材大器。

甘肅甯夏府知府陶模　廉惠勤民，不染官氣，心細才長，所造未可限量。

山西候補知府馬丕瑶　潔清愛民而有威，勇決任事而有謀，天資勁直，器幹恢張，可期遠到。

山東候補知府全士錡　實心愛民，不畏彊禦，官聲甲於三齊。

甘肅候補知府龍錫慶　樸遬懇至，勤於舉職，篤於愛民。

陝西候補知府黄照臨　才氣權奇，堅强不屈，蒞官最有廉名，處事絶無霸氣。

河南南陽府知府鞠捷昌　綜核名實，悃愊無華，口碑流傳，循良之選。

四川補用知府華聯輝　品行清逸，澹於榮利，綜核之才，獨出冠時。

廣東惠州府知府李用清　堅確勤苦，不爲習俗所奪，可以挽回風氣。

直隸候補知府朱采　志正識遠，綜核精勤，於洋務能見其大。

江蘇徐州府知府桂中行　力果才長，優於理繁治劇。

山東青州府知府李嘉樂　操履清約，處事明决。

直隸候補知府薛福成　學識淹通，持躬循謹，洋務極深，切於世用。

浙江候補知府鄒仁溥　志趣不俗，才調兼人。

貴州鎮遠府知府莫勒賡額　端謹切實，不染時趨。

現任、前任口外八旗大臣可膺邊寄者六人。

塔爾巴哈台參贊大臣錫綸　膽略雄傑，禀有奇氣，極耐勞苦，而文理頗優，清、漢、蒙古、回、俄語言文字皆能通曉。守邊有年，俄人畏而忌之。似宜漸加事權，將來可以爲北邊長城。

甯古塔副都統德平阿　久更兵事，曉暢戎機，明達沈重，可當一面。

琿春副都統依克唐阿　樸誠驍勇，毫無習氣，久於東三省，威望屹然。

盛京副都統富陞　忠勇知兵，不避艱險。雖性好負氣，然自是邊陲緩急可恃之材。

〔一〕「治辦」應作「治事」，據楚學精廬一九三七年版《張文襄公全集校勘記》改。

前布倫托海辦事大臣李雲麟　廉勇鯁直，才兼文武。三十年來，東南軍務，西北邊防，多在行間，閱歷最博，大局瞭然，自是間出之才。惟稍欠沈細，以故屢有蹉跌。方今全才甚難，若與深穩者相輔而行，勝於庸材百倍。

伊犁參贊大臣升泰　幹局壯偉，志趣不凡。

武職十人

廣東陸路提督張曜　器量閎偉，文武兼資，規畫設施，能知大局。將來新疆軍事大定以後，該提督於治軍、治民、興屯、榷稅之事，皆可倚任。

四川提督宋慶　樸勇久著。上年，關外諸軍紀律、軍實最爲嚴整，使防遼海，可謂得人。以後宜籌經久之局，不再移調。該提督籍隸山東，其部下中原及北省將士不少，朝廷若擇其部將多任以北方營鎮，於籌備北邊，練訓北軍，必有裨益。

廣東水師提督吴長慶　忠壯廉潔，深明中外大局形勢，戢兵安民，秋毫無擾。淮將中節制最勝，有事可當一面。

前固原提督曹克忠　材器雄闊，謀勇兼備，爲故將軍多隆阿部下上將，屢建奇功。欲練邊軍，必須北地將才方能相習，值此邊圉需才，該提督投閒可惜。

直隸通永鎮總兵唐仁廉　素稱霆軍健將，忠勇善戰，血性過人。

安徽壽春鎮總兵郭寶昌　在剿捻宿將中，最以驍健著名，然果鋭而能審機宜。

廣東廣韶南鎮總兵方耀　毅勇沈細，威望素著。

江西南贛鎮總兵程文炳　事理通達，部署井然，淮將中最爲穩練者。

記名提督程允和　爲宋慶部下知名良將，長於訓練，能使行陣和睦，優劣得所。

記名提督宋得勝　驍勇功多，亦宋慶部將中最著名者。

越南日蹙宜籌兵遣使先發豫防摺 光緒八年四月二十日

竊惟法國圖越窺滇，蓄謀已久。五年前與立十四條之約，越已爲法所箝，比者，海上傳聞，法人兵船已突入彼東京而踞之，則越將爲法所并。從此溯流入滇，强開商岸，南徼亦爲兵衝。中國自固藩籬，斷無坐視之理，廟算深遠，想已確有成謀。臣目擊時艱，不勝焦灼，敢就愚慮所及，規畫次第，敬謹臚陳，以備聖裁。

第一，成算。法人狡謀已遂，情勢已彰，徒遣密使偵探無益，徒在法京辯論亦無益。惟有遣使帶兵，赴援保護，助越之勢，沮法之氣。上可令退出越京，次可以代定條約，相機操縱，進退綽然。越禍既紓，滇防自緩，此古人所謂守四境不如守四夷之説也。

第二，發兵。雲南、兩廣，省省設防，年年勞費，無所底止。待其根蒂已固，路徑已通，雖有防軍，何益於事。故今日斷宜迅速發兵，非芸人之邊功，乃自守之先著也。

第三，正名。外國通例，原有保護屬國、保護商人之條。我兵之出，無妨明告諸邦，並非勤遠挑戰。

第四，審勢。勢者何，緩急是也。他年受病之處在滇，而今日制敵之道則在粵。論敵之注意則滇急而粵緩，論我之下手則滇緩而粵急。法人新入粵東，經營未定，斷無即窺滇境之理。然聽其安據越京，數年後亦斷無不通滇路之理。若不從兩粵進兵，批亢擣虛，則滇防徒糜費耳。

第五，量力。閩、粵人與洋人狎，不畏洋兵，而皆習於海戰。粵西兵勇，自同治年間深入越境，代平土寇，近年復踰境剿平李揚材，兵氣頗壯，地利亦熟。滇界雖亦與越鄰，但道路迴遠，聲息較阻，滇軍亦較弱。必須及早措置，訓練經年，始可用耳。

第六，取道。粵西陸師萬人出龍州鎮南關，粵東水師二萬人出廉州海，入越南港口，皆會於越東京。若調集兵輪一二十艘，益以粵東購辦及自製快船，再由粵東量募艇船、商船，不患濟師缺乏。至需用戰艦，何項宜多，何項宜少，應聽使臣斟酌。

第七，擇使。宜派忠正明幹大員兩人爲出使越南大臣，辦理護商議約事宜。中外賢才，自當不乏。如聖意一時尚難其人，臣敢敬舉所知，以備選擇。查有船政大臣黎兆棠，老練沈雄，久任海疆，才勝正使。在籍侍講學士李文田，才敏膽決，熟精洋防，才勝副使。可否即以該兩臣量加虛銜，爲出使越南護商議約大臣，令其統領閩、粵師船，并節制廣西陸軍。密授以統兵之權，而陽畀以尋常出使之名，外國亦不至驚詫。其參贊等官，如熟悉洋務之徐建寅、馬建中等，即可徑發數員前往，聽該使臣酌用，免致奏調躭延。船政局近來事簡，本有提調綜理一切，可令岑毓英暫爲兼權。該兩臣皆博究洋情，深明大局，斷不至孟浪粗疏。特任重道遠，必須正副二使相輔相濟。兩臣偕往，必能取成約而還。

第八，選將。廣東廣韶南鎮總兵方耀，身經百戰，沿海知名，可統越船。黃巖鎮總兵貝錦泉，習於水戰，兵輪多其舊部，可統閩船。兩將皆屬使臣調遣。廣西布政使徐延旭，可統援軍出關。雲南布政使唐炯，可統滇軍臨邊布置。徐延旭、唐炯尤宜假以事權，責成滇、粵督撫勿掣其肘。

第九，籌餉。援餉取給於閩海、粵海兩關四成洋税。廣西庫儲近年稍裕，半年内尚可支持，半年外廣東接濟。滇餉取給於川，丁寶楨必能力籌。

第十，議約。我師入越，詰問法國公使兵官，責以公法，示以戰意，爲之居間調處。法不得逞，則與越立約，必有限制，有損於華之條自不能萌。兼與法、越議定中國常駐一軍，在越南港口護越、護商，其餉可借資越民、華商，分半資助。此非徒有益越事，從此兵船更番屯劄外海，更可練習水師。

第十一，相機。我師在越，然後曾紀澤在法京得以行其説。駐越、駐法使臣互相關會操縱，相機爲之，法人必可就範。

第十二，刻期。所論諸臣及戰艦兵勇皆在沿海，自中樞定議之日始，分投調撥部署，速行兩月，可集廣州，再二十日，可達越京。粵西防營本在邊境，惟待徐延旭到彼整飭調度後，水師十日亦可會於越京城下。唐炯自川赴滇，自滇省成軍，出蒙自，臨越界後，粵西軍一月亦可到防，聲息自可相聞。此時奮迅赴機，於越事猶可及挽，若少遷延，便恐後時。

第十三，廣益。大局須自内定，其調將吏、遣間諜、添船、募士諸事宜，除飭李鴻章及南北洋大臣，滇、粵、沿海督撫籌議外，如黎兆棠、李文田、方耀、貝錦泉、徐延旭、唐炯等，儻加委任，並可令其自抒所見，隨時條議采擇。但不必待羣議既集而後行，致類道謀。

第十四，定局。大要此事即使一切迅速，亦必須秋間始有端倪。彼時李鴻章百日已滿，似可令其先赴粵省一行，詳酌條約，布置久計，再返天津。

第十五，兼籌。倭事觀望不決，勢同騎虎。越事既定，然後催問球案。我師東還，聲言順赴東洋察看琉球三島形勢。法人轉圜，倭事迎刃而解矣。

第十六，持久。廣東爲洋舶來華第一重門户，越事既須經營，則以後粤防愈要。查當年曾國藩建議，南洋大臣本擬駐粤，擬請增設南洋大臣一員，以兩廣總督兼之。不惟經略南交，兼可先得各國要領，免以增兵置帥，致啓各國猜疑。其兩江總督所兼，或即更名爲東洋大臣。三口鼎峙，首尾聯絡，氣局較緊。

總之，今日事勢，不防不可，欲防不能。非庇屬國無以爲固吾圉之計，非揚兵威無以爲議條約之資。士卒必須閩、粤之人，師行必須水陸並進。責兩廣以援，責雲南以守，防援同此一兵，動静同此一餉。即使越之東京不復，而法之鋒鋩必衰。即使滇之商路終開，而我之守備已固。語云，守則不足，攻則有餘。此事有進無退，有益無損。伏望聖明垂察，燭幾慮遠，斷在不疑，敕下軍機大臣、總理衙門王大臣迅籌辦理，大局幸甚。

請遣重臣駐粤籌辦越事片 光緒八年四月二十日

再，丁憂大學士李鴻章，固辭奪情，自是常經正性。朝廷開其實官，專理洋務，仰見皇上經綸海甸，體恤臣工，仁至義盡，特李鴻章應命與否，尚未能知。臣惟方今時勢，內憂雖弭，外患日深，球社未封，越警又告，他邦抵隙絡繹而來。此時即合天下現有之人才，竭力撐柱，猶未從容，若更令重臣去官，大局實爲棘手。竊意李鴻章如已承百日後駐津之旨，固爲甚善，否則更有一策。

臣此次疏請遣使帶兵援護越南，事體重大，若有威望素高之大臣駐粤督辦，尤可得力。可否飭下李鴻章，百日後馳赴粤東，頒給關防，指授各員，於發兵議約諸事宜總籌督辦，既可資其聲威，規畫必更精密。夫金革勿避，禮意昭然，此舉乃關繫國勢海防，豈得謂之輕於髮、捻軍務。俟越難既解，即令其還津措置倭防。如仰賴國家威靈，南越、東倭一切順軌，彼時再詔，聽李鴻章還里終制，豈不忠孝兼完。儻李鴻章於此時一意堅辭，或更有無識者流，不體朝廷不得已之苦衷，横生訾議。伏望聖明獨斷，置之不論，庶幾全局不致周章。臣爲中外大局私憂過慮，附片上陳，伏祈聖鑒。

閻敬銘遵旨赴京供職片 光緒八年四月二十日

再，新授户部尚書閻敬銘，於本月初二日由解州抵省。臣接晤後，知其所患氣喘、臂痛諸證，自春令暄暖，逐漸得瘥。察其體履俱强，氣充神炯，當將前奉諭旨敬謹傳知。據稱渥受殊恩，亟思圖報，惟自揣頹老迂執，無用於世，徒玷高位，恐負國家。擬俟到京展覲，一抒瞻戀之誠，仍行懇辭乞歸等語。

臣當即遵旨，將時艱天眷剴切敷宣，正言規切。略謂，方今安攘並亟，度支爲先，司農一官，乃擔荷艱鉅之時，非安富尊榮之地。該尚書蒙被累朝恩知，學道有年，濟時有效，盡瘁亦所當然，何況並非癃老。若目睹疆事孔棘，老成稀寡，宵旰憂勞，尚不肯慷慨致身，出而任事，則是小丈夫硜硜之爲，而非古大臣蹇蹇之義。儻必以抗命鳴高，自甘疏懃，即使聖明曲宥，誠恐天下萬世責備難寬。開陳數日，反覆累數百千言。閻敬銘於是幡然奮發，謂主恩如此，何忍言辭。此行到京，即當遵旨拜命受職，竭此桑榆，惟力是視。屬臣先爲覆奏，即日束裝北上等語。適因天氣多陰，感患泄利，調理數日，日來亦已平復，定於本月二十五日啓行入京。相應先行奏聞，以慰宸廑。

請將溥蔚留操旗兵片〔一〕光緒八年四月二十日

再，山西太原城守尉溥蔚到任三年期滿，例應奏請陛見。查山西駐防旗兵積弱已久，近因撫標添練馬步精兵，該城守尉亦於所部極力整頓，逐日教演槍礮打靶，兼習刀矛技藝，刻下正值加意訓練，未便遽令交卸北上。合無仰懇天恩俯准將該城守尉留晉督操旗兵，一俟稍有成效，再行具摺請覲，以符定制。是否有當，伏祈聖鑒訓示。

旨：著照所請。欽此。

黄縉榮降調處分請抵銷片光緒八年四月二十日

再，降調試用知縣黄縉榮，歷署數縣，官聲尚好。前署虞鄉縣時，正值大祲，籌賑甚爲出力。後署夏縣，散放籽種，開墾荒地，均能認真將事，實惠及民。因光緒七年四月署永濟縣任内疎防，東關外恒興魁錢舖被刦一案，限滿贓盗無獲，部議降一級調用，無級可抵，例應降調。查處分則例載，官員如遇因公降調並無加級紀録，准以不論俸滿即陞一次，或俸滿即陞一次，或卓異一次，或俸滿保薦一次，俱准抵降一級等語。今該員黄縉榮於同治二年奉委管解甘肅慶陽軍餉無誤，經前陝甘督臣熙齡保奏，俟補缺後以應陞之缺陞用。光緒三、四年在署虞鄉縣任内因辦賑出力，經前撫臣曾國荃保奏，俟補缺後以直隸州用，均經吏部覆准在案。應請將前得兩次保陞註銷一次，准抵降一級調用處分，由兼署布政使按察使松椿詳請具奏前來。合無仰懇天恩俯准將降調試用知縣黄縉榮前得兩次保陞註銷一次，照例抵降一級，免其降調之處，出自逾格鴻施。是否有當，理合附陳，伏祈聖鑒訓示。

旨：吏部議奏。欽此。

揀員調補要缺知縣摺光緒八年四月二十日

竊查平遥縣知縣錫良，調補陽曲縣知縣，業經奉准部覆，准其調補，所遺之缺，令揀員請補。當將截缺緣由，咨部查照在案。

查平遥縣員缺，係衝、繁、難兼三要缺，例應在外揀選題補。該縣地當孔道，政務殷繁，且民情好訟，治理較難，非精明幹練之員，弗克勝任。查應題缺出，如候補應升無人，准於現任内揀選調補。晉省雖有曾任實缺、候補及即用知縣人員，非初登仕版，即人地未宜，佐貳中亦無堪升斯缺之員。隨於通省現任知縣内，逐加遴選。查有文水縣知縣楊恩溥，現年五十一歲，直隸大名縣人，由廪生中式，咸豐戊午科順天鄉試舉人，十一年東匪竄擾直境，在籍守城出力，彙案保奏，同治元年十一月十一日，奉以知縣不論雙單月選用。欽此。三年直隸團防案内保奏，奉賞加五品銜。欽此。八年三月，選授陝西安定縣知縣，親老告近，改選山西沁水縣知縣，十月初一日到任。九年庚午科鄉試調簾，十三年計典案内保薦卓異，光緒元年復調簾差，是年十月調署臨晉縣知縣，二年八月調補文水縣知縣，四年五月調署鳳台縣知縣，五年

〔一〕以下十五件録自抄本《張中丞撫晉奏疏》。

十一月初八日仍回文水縣本任。旋於辦理賑務案内保奏，六年四月二十七日奉旨，以直隸州在任升用。欽此。該員任内，並無積案及欠解錢糧，暨承緝已起四參之案，其餘一切因公處分，例免核計。

臣查該員守潔才裕，諳練勤能，以之調補平遥縣知縣，實堪勝任。惟題缺請調，與例稍有未符，但人地實在相需，例得專摺奏請等情，由藩臬兩司會詳請奏前來。合無仰懇天恩，俯念員缺緊要，准以文水縣知縣楊恩溥，調補平遥縣知縣，實於地方有裨。如蒙俞允，該員係現任知縣，今請調補知縣，銜缺相當，毋庸送部引見。所遺文水縣知縣員缺，係屬衝、繁中缺，應歸部選。晋省現有應補人員，例得留外請補，容俟奉准部覆截缺後，再行請補。是否有當，理合恭摺具奏。伏祈皇太后、皇上聖鑒訓示。

旨：吏部議奏。欽此。

河東己卯綱引分年帶徵查明覆奏片 光緒八年四月二十日

再，河東鹽引，前因己卯綱奏銷展限屆滿，引仍積滯，經前撫臣衛［榮光］奏請，援案分年帶徵，奉旨允准在案。嗣准部咨，以原奏係援照從前何案辦理，應於何年月日起徵，欠解陝甘各餉，應如何籌解，令即詳查奏明辦理等因。經臣轉行遵照去後。旋據河東道江人鏡詳稱，遵查河東引課積年滯銷，自乙亥綱奏准將未完賸引，分作二年帶徵起，復將丙子、丁丑兩綱未完各引，奏准俟前綱賸引帶銷完竣，再行各分三年，接續帶徵。此後除乙亥綱賸引已隨丙、丁兩綱帶徵全完外，其丙子綱賸引，復隨戊寅綱起限接徵。迨光緒六年八月戊寅綱截數奏銷，奉部行令將未完戊寅及丙、丁各綱賸引，儘此三四年中一併帶徵，遵於開辦己卯新綱，併案帶銷丙、丁、戊三綱賸引。是帶徵各案，本有接續帶徵者，亦有併案帶徵者。惟鹽本計口授食，河東引地，叠遭災祲，户口凋殘，未能驟復。又每綱帶銷陳引，致新引更積，設法疏銷，遽難見效。故己卯綱奏銷截至光緒七年十二月底止，雖經帶徵過丙、丁、戊三綱賸引一千一百六十餘名，而己卯綱新引又積九百餘名。前請援案分作三年接續帶徵，欽奉恩旨允准，旋即奉部咨詢，援照何案辦理。因思丙、丁、戊三綱賸引，既自六年九月開辦己卯起，於三四年中一併帶徵，現在三綱尚有未完引三千五百餘名，若將己卯綱賸引，同時并徵，力更未逮。自應仍請援照丙、丁各綱，奏准接續帶徵原案，俟丙、丁、戊三綱賸引帶銷完竣之日起，再將未完己卯綱賸引，接續分年帶徵，以紓商困。其本綱帶銷各綱鹽引，均屬遵照奏案，按限行銷，現在統計未完丙、丁、戊三綱暨己卯綱各引，共賸四千五百餘名。此己卯綱賸引，請援照丙、丁各綱接續帶徵成案，並查明未完積引數目之原委情形也。

至潞鹽引課，本爲撥解甘省額餉，無如大祲之後，不特引積課懸，且經欽差臣閻［敬銘］督辦賑務，奏提鹽課，買糧賑糶，並會同前撫臣曾［國荃］截留京協各餉，撥充賑需運費，共計銀六十餘萬兩，節經奏報並造銷有案。是以從前西征餉項，未能照案清解。該道江人鏡，於光緒五年四月抵任，當因款既撥賑，引復壅積，而奉撥京協各餉，又不得不先其所急，隨將是年京餉銀一十五萬儘數解清。各路協餉，詳經奏准緩至六年開春後，陸續匀解。

查河東協甘常餉内，每年應分解西征糧臺銀三十四萬兩，解金營銀一十八萬兩，計自六年春間開解起，至本年二月止，業已將光緒六、七兩年應解金營餉銀三十六萬兩，全數解清，並解過西征餉銀五十萬兩。誠以引課積滯以來，如七年辛巳綱引，甫經委員赴部請領，即六年庚辰綱引，亦甫於本年正月開辦。而六、七等年應解西征及金營各餉，勢難枵腹以待，不得不設法籌動，於接辦本綱及前銷各綱積存引課銀兩內，分別騰挪，隨徵隨解，用佐軍需，均經詳請奏報有案。此西征並金營各餉，均已按綱籌款抵解之情形也。

再，查餉出於課，課出於引，值此銷滯引積，如壬午年應協餉銀已奉部撥，而庚辰綱引課，甫經起徵。若俟本綱徵收課款分解，緩不濟急，自應遵照部示，籌款撥抵。再四思維，惟有將奉撥各餉，按年抵解足數，以清年額。仍一面督飭三省辦運官民，設法實力營運，多銷一分積引，以期多清一分積欠。至已未完己卯綱及帶銷各綱引課，暨籌解過西征金營各餉銀兩，均歸奏銷案內，分別造報等情，詳請覆奏前來。臣覆核無異，除咨部外，理合附陳，伏乞聖鑒。

旨：户部知道。欽此。

天鎮縣知縣以渾源州知州調署片光緒八年四月二十日

再，代理天鎮縣知縣李德埏補授岢嵐州知州，奉部覆准，應即給咨引見。所遺天鎮縣知縣員缺，查有渾源州知州姚啓瑞堪以調署。其遞遺渾源州知州印務，查有候補知縣鄭景福堪以署理。由兼署按察使松椿具詳前來。除分飭遵照外，理合附陳，伏祈聖鑒。

旨：知道了。欽此。

五寨縣知縣張書紳飭赴發審局學習片光緒八年四月二十日

再，新選五寨縣知縣張書紳於上年十二月二十七日到省，本應即飭赴任。惟查該員甫經到晋，於地方民情均未熟悉，應先赴讞局幫審案件，藉資閱歷，再飭赴任。由兼署藩司按察使松椿具詳前來。臣覆核無異，除檄飭遵照外，理合附片陳明，伏祈聖鑒。

旨：知道了。欽此。

七年奏銷請予展限一年造報片光緒八年四月二十八日

再，晋省自光緒三、四等年，災祲頻仍，各屬錢糧，蠲緩減收，頭緒紛繁，不克依限造報。業將三、四、五、六年奏銷，詳經前撫臣先後奏准，各予展限一年在案。

茲查七年分正雜錢糧各項奏銷，例應於八年查造，以符定制。惟上年甫辦五年奏銷，所有六年分奏限，應於本年接續造辦，勢難將七年奏銷，越次兼營。且六年分老荒地畝若干，豁免正耗銀兩若干，無主有主地畝各若干，應分別停徵三年、四年錢糧米豆各若干，仍應由各州縣分晰查明，造具細册送司，由司按一州一縣奏銷散册原額，逐細更改妥協，方能彙造總册。現在前項册籍，尚未據各屬造送齊全，而是年成災地方，錢糧分別蠲緩之處，放款亦未清楚，千頭萬緒，如理棼絲，必須精密詳審，方免舛誤。

若將七年奏銷，與六年奏銷，同時趕辦，非惟時有所不及，亦且勢有所不能。惟有懇請將光緒七年奏銷，仍照前案展緩等情，由兼署布政使按察使松椿詳請具奏前來。臣覆加查核，委係實在情形，合無仰懇天恩俯准，將七年奏銷展限一年，俾得逐款清查，分晰造報，以免舛錯。除咨部查照外，理合附陳，伏祈聖鑒。

旨：著照所請。該部知道。欽此。

本年春秋撥册請展限辦理片 光緒八年四月二十八日

再，准户部咨，以晋省應造八年春季撥册，未據依限到部，行令查取職名，照例議處等因。遵查晋省每年造報正雜各款春秋撥册，向係依限分季造送，惟自光緒三年大祲以後，各年錢糧奏銷，未能依限造報，以致春秋撥册，節次奏請展緩，均奉諭旨允准各在案。

茲查八年春撥款册，必須俟七年秋撥後，方能循序造送，而七年秋撥，已請緩至六年奏銷後，始克查造。現值甫辦六年奏銷，所有八年秋撥，亦須俟辦理八年春撥並六年奏銷後，再行接續核辦，實係不能提前趕辦，委非無故遲延等情，由兼署藩司松椿詳請再行展限，並請免議前來。臣覆加查核，委係實在情形，合無仰懇天恩俯准，將八年春撥款册，仍照前案，准予展限，俟七年秋撥後，即行趕緊造送。其八年秋撥，並請俟八年春撥暨七年奏銷後，再行造册報撥，以昭核實，而免舛錯。並懇聖主逾格鴻慈，免其查議。除咨部查照外，是否有當，理合附陳，伏祈聖鑒訓示。

旨：著照所請。該部知道。欽此。

撥解西征並金營察哈爾等餉片 光緒八年四月二十八日

再，河東奉撥辛巳綱西征餉銀，陸續奏解過銀一十六萬兩。茲據署河東道吴其復詳稱，又於光緒五年分鹽引雜課，並靈寶鹽引正雜課暨帶徵四年分靈寶正雜課各項内，共籌動銀三萬兩，差委試用鹽巡檢張沖霄管解，於光緒八年四月二十二日起程，前赴陝西省城西征糧台交納。又據兼署藩司松椿詳稱，現於光緒三年當税等款項内，共籌動銀二萬兩，兑交金營提餉委員山西候補道岳壽承領，前赴伊犁將軍金順軍營交納，以符本年提前銀五萬兩之數。又於核減三成鈔本項内，籌動銀四千兩交察哈爾委員佐領阿爾蔡領解，前赴察哈爾都統衙門交納。作爲奉撥察哈爾台站銀兩，均於光緒八年四月二十三日起程各等情，詳請具奏前來。除分咨查照外，理合附陳，伏祈聖鑒。

旨：知道了。欽此。

新授藩司方大湜接印松椿飭回本任片 光緒八年四月二十八日

再，新授山西布政使方大湜於本年四月二十二日到省，當即飭赴新任。兼署布政使按察使松椿，亦即飭回臬司本任。除檄飭遵照外，理合附陳，伏祈聖鑒。

旨：知道了。欽此。

委署道府縣各員缺片 光緒八年四月二十八日

再，據冀甯道王定安詳稱，前在軍營感受潮溼，脾胃素虧，近患心跳，夜不成眠，迹近怔忡，據醫者云由於心血過虧，必須安心調養，懇請開缺回籍調理等情。並據兼署布政使松椿據咨轉詳前來，當即飭司驗明患病屬實。除照例具題開缺外，所遺冀甯道篆務自應先行委員接署。查有太原府知府左雋，誠實老練，堪以署理。所遺太原府知府篆務，查有候補知府馬丕瑶，廉惠剛明，堪以署理。又太平縣知縣勞文慶告病開缺，所遺太平縣篆務，查有萬泉縣知縣朱光綬曾署該縣，能得民心，堪以調署。所遺萬泉縣篆務，查有輪委到班之優貢知縣鹿學典堪以署理。據藩臬兩司具詳前來，理合附陳，伏祈聖鑒。

旨：知道了。欽此。

潞安協員缺以呼延霖借補摺 光緒八年四月二十八日

竊照山西潞安協副將向鵬舉告病，遺缺經前撫臣衛榮光以記名總兵呼延霖奏明借補。茲准兵部咨覆，以山西潞安協副將員缺係題補第一輪第三缺輪用揀發人員，該省揀發正班無人，照章應以歸揀發班之保舉補用升用人員請補。今請以記名總兵呼延霖借補，核與輪缺章程不符，行令另行揀員請補前來。

竊惟潞安協轄境界連河北，隘口紛歧，爲游勇馬賊出没之所。近年屢有豫、直匪徒竄入晉境，劫案漸多，必須威望素優、熟悉邊隘人員方足以資鎮遏。晉省武職人員寥寥可數，雖有保舉補用升用者數人，或資望尚淺，或未歷戎行，皆於此缺人地不宜。惟查該記名總兵呼延霖，現年四十四歲，係山東青州府樂安縣人，由軍功投效江南軍營，久經大敵，屢著戰功。官軍克復金陵，該總兵身在行間，保至儘先參將，並賞勇號。旋經調晉差遣，因積年帶隊防河，逾境剿賊，叙功洊保記名簡放總兵提督銜。光緒三年委署東路營參將，六年委署太原營參將，嗣經委帶臣標練軍左營。

臣查該總兵老成持重，熟習戎機，前署各營參將，均臻穩協，現帶練軍，甚能約束訓練。并率所部承修四天門工程，自去秋至今，督飭操作，不辭勞瘁，實爲晉省營伍中器幹兼勝之員。合無仰懇天恩俯念潞安協邊缺緊要，輪補班次不得其人，仍准以記名總兵呼延霖借補，庶於邊隘營務大有裨益。臣爲慎重邊要將領擇人起見，未敢稍事拘泥，理合專摺陳明。是否有當，伏祈聖鑒。

旨：兵部議奏。欽此。

洋人遊歷腹省片 光緒八年四月二十八日

再，洋人遊歷腹省，近年日漸加多，臣到任才三數月，接准各處咨文，已有十四起之多，並不盡由總理衙門知照，多有外省督撫，但憑領事官聲請，遽爾給照咨行，其中遊歷之地，往往並不指定一方，動稱遊歷十八省。

竊思異邦殊俗，周行九州，毫無禁阻，本多流弊，特成約難改，無可如何，然斷不可不示以限制。以後似宜與之約定，止准指定一兩處，以便照料保護。若泛言十八省，不惟城市關梁，疲於警備，且恐地廣路歧，設有疎虞，誰執其咎。至所執護照，似宜專由總理衙門蓋印給發，即稍加推廣，亦必由南北洋大臣給照，且必須接准該國公使照會，始允其請。不得但以領事官一紙爲憑，免致取携太易，淆雜難稽，滋生事端，又煩唇舌。擬請敕下總理衙門，與各國公使詳議辦理，務必嚴立限斷。臣爲豫防交涉多事起見，伏祈聖鑒。

旨：該衙門議奏。欽此。

知州鹽大使期滿甄別片 光緒八年四月二十八日

再，嘉慶十六年欽奉上諭：嗣後各省督撫，遇有分發試用人員，務須嚴加甄別，如才具明晰，辦事勤能者，准予保留。等因。欽此。又同治五年欽奉上諭：外省試用人員，著各督撫於期滿時，考以大清律例，察其能否熟習，分別繁簡補用。等因。欽此。又吏部定章，道、府、州、縣，無論何項勞績，歸入候補班者，以到省之日起，予限一年，令督撫詳加察看，出具切實考語，分別繁簡補用。又准吏部咨，同知、通判等官，凡係補缺應題者，試用期滿，亦應甄別具奏各等因，歷經遵辦在案。

茲查候補班前儘先即補知州陳道濟，候補班前先補用鹽大使孟起鳳二員，到省均已一年期滿，自應詳加甄別，據藩臬兩司、河東道造具履歷考語清册會詳前來。

臣查陳道濟明白穩練，孟起鳳年强才裕，面加考試，尚能通曉例意，堪以歸入知州鹽大使各本班，照例序補。除將該員等履歷清册送部外，理合附陳，伏祈聖鑒。

旨：吏部知道。欽此。

節婦許吴氏等請旌表片 光緒八年四月二十八日

再，據山西太原府知府左雋等禀稱，同鄉現存節婦許吴氏，湖南巴陵縣監生吴衡峰之女，文童許俊臣之妻，夫故時氏年二十七歲，奉親撫孤，歷數十年如一日，苦節可風，現年七十七歲，計守節五十一年。又現存節婦鄒許氏，湖南巴陵縣監生許玉班之女，已故平江縣監生鄒若璋之繼妻，夫故時氏年二十九歲，侍奉邁姑，撫養幼子，現年七十八歲，計守節四十九年。又已故節婦湛鄒氏，湖南平江縣監生鄒若璋之女，候選州同湛光熙之子培璋之妻，夫故時氏年二十八歲，清操自守，撫孤成立，計守節二十二年。又已故節婦左屈氏，湖南長沙縣人，夫故時氏年二十五歲，勤儉守節，孝事翁姑，夫故無子，繼胞姪學鼎爲嗣，撫育教誨一如己出，計守節已逾三十年。又現存節婦金賀氏，湖南長沙縣人，該氏夙嫻閨訓，于歸後，夫故在京，時氏年二十七歲，聞信哀毁絶粒，翁姑勤慰，該氏誓以守節事親，現年五十歲，計守節二十四年。又據候補知府魏元瑞等禀稱，同鄉已故節婦劉邊氏，直隸任邱縣庠生邊學溥之女，山西洪洞縣寄籍直隸從九品劉昀之妻，夫故時氏年二十七歲，生計甚窘，奉親撫子，備極艱辛，計守節四十一年。該府等誼切桑梓，見聞較確，不忍聽其湮没，各造事實册結，取具同鄉官印結，禀由藩司詳請具奏前來。臣覆查無異，合無仰懇天恩俯准將節婦許吴氏、鄒許氏、湛鄒氏、左屈氏、金賀氏、劉邊氏等勅部照例旌表，以彰清節而維風化。除將事實册結咨部查照外，謹會同山西學政臣王仁堪附片陳請，伏祈聖鑒訓示。

旨：均著准其旌表。禮部知道。欽此。

特參害民不職各員摺 光緒八年四月二十八日

竊惟山西承災祲之後，四民困苦，官司叢脞，尤賴良有司盡心撫（字）〔守〕，勵精整飭。庶幾由庶而富，由富而教，漸復全盛舊觀。臣愚以爲糾劾以害民爲先，害民以貪墨爲首，至於侵蠹廢弛，亦當沙汰及之。臣到任以來，悉心察核，考諸實事，驗諸公評，謹擇其尤據實劾奏。

查有薩拉齊同知定福，貪縱害民，行檢不修，聲名最劣。候補直隸州知州李春熙，行徑鄙俗，私加釐金，剥商擾民。補用知縣洪貞頤，習染最惡，徵收弊混。以上三員，應請即行革職。甯武縣知縣蕭樹藩，居心（很）〔狠〕鷙，放利而行。石樓縣知縣王景羲，昏惰無能，縱丁滋擾。汾陽縣知縣慶文，抽釐不實，不能聽斷。以上三員，應請以府經歷縣丞降補。和林格爾通判惠俊，秉性浮巧，不愜輿情。長治縣知縣李楨，闇昧無識，動招民怨。高平縣知縣慶鍾，嗜好太重，公事模糊。以上三（縣）〔員〕應請開缺[一]，留省另補。綜計此次所參九員，皆係實蹟彰聞，斷難寬假。

此外尚有不知振作及不免疵累者，臣當指陳其失，嚴檄教戒，責令改過。如仍不悛悔，再行隨時奏參。所參各員缺，其應歸部選者，晋省現有應補人員，應請扣留外補。合并聲明。

旨：另有旨。欽此。

保奬循良片 光緒八年四月二十八日

再，激揚之術，道貴兼施。嘗考西漢之世，循良之吏，璽書褒勉，所以吏治蒸蒸，最爲近古。臣於晋省害民不職之員，已經專摺奏參。至實心愛民，爲守兼優者，亦應上達宸聰，懇加褒奬，然後羣吏知所趨向。

查有現署太原府知府候補知府馬丕瑤，廉惠剛明，所至有聲。前署永濟縣，痛除差錢數萬緡，民困大蘇。洎知解州，辦灾最善，清丈招墾，精密有法，以故解州既無荒地，亦無累糧。至今徵收最易，官賦不虧，民力不困，成效益彰。候補直隸州知州方龍光，學道愛人。前署汾陽縣，正值光緒二三年，當灾象初成，首請停徵，觸怒上官。於是早籌荒政，設法儲糧，苦心糴運，全活甚多。若使再任一年，該縣罹灾尚不甚酷，至今縣民稱之。朔州知州姚官澄，操守廉潔，政事勤明。晋省早年州縣不染賣粟惡習者，不過數人，而姚官澄兼以有才。陽曲縣知縣錫良，守清識定，自其候補時，抽釐辦賑，早著賢聲，到陽曲任兩月，革除差累，商民咸悦。萬泉縣知縣朱光綬，廉潔慈祥，上次任萬泉時，荒政盡心，饑而不害，所到皆有惠政。太原縣知縣薛元釗，廉樸至誠，專心民事。前署垣曲灾區，於禁種罌粟，極爲認真。現任太原，孜孜講求渠利。以上六員官聲最好，衆論僉同。合無仰懇天恩降旨嘉奬勉勵，以爲晋省官吏之勸。

旨：另有旨。欽此。

四月分雨水糧價摺[二] 光緒八年六月初二日

竊查山西省光緒八年三月分雨水、糧價，業經臣繕具清單，恭摺奏報在案。兹查本年四月分據各屬申報，得雨者六十三廳、州縣，自一寸至四寸及深透不等。東西南三路郡縣麥收尚好，秋

[一] 以上舛誤三處據《京報》第一三一號校正。

[二] 以下十件録自抄本《張中丞撫晋奏疏》。

禾亦均滋長。北路忻、代、保三屬，邊外歸綏道屬，目前雨水尚可敷用。惟省會、陽曲縣暨北路大、甯、朔三府至今未得透雨，亟盼甘霖。

至市集糧價，忻州、代州、保德三州併屬較前稍增。平陽、汾州、朔平、甯武、澤州、蒲州六府，解州、霍州二州併屬較前稍減。太原、大同二府屬較前畧有增減，餘與上月相同。因南路糧賤，北路糧不外販，以故糧價尚未昂貴。謹將四月分雨水糧價情形分別繕具清單，恭呈御覽。理合專摺具奏。伏乞皇太后、皇上聖鑒。

旨：知道了。欽此。

近日得雨情形片 光緒八年六月初二日

再，五月内附省地方暨北路州縣漸有旱象，不勝焦灼，率同司道府縣各官連日設壇祈禱，於廿三日以後屢得小雨，至廿九日雨勢始暢，四郊霑足。昨日、本日接據忻代大朔甯保等府、州所屬馳報得雨，雁門關以内已獲深透，關以外尚未報齊。惟察度此數日間密雲廣布，雨勢舒徐，得雨之處必多。至邊外歸綏一帶，省南平、霍、潞、沁一帶亦均得雨，南路尤爲霑足。目前民情欣豫，秋禾滋長，堪以仰慰宸廑，理合奏聞。

旨：知道了。欽此。

陽曲縣帶徵民欠錢糧懇恩緩徵摺 光緒八年六月初二日

竊據調署陽曲縣知縣盧壽昌詳稱，該縣光緒六年夏秋，被雹被水，圪料等二十村應完錢糧、米豆、土鹽税，緩至七年麥熟後徵收。該縣遵於麥後帶徵，除徵完外，尚有民欠丁糧銀四千七十七兩零，體察情形，皆係畸零小户。災祲之餘，收成歉薄，若完納七年正賦之外，復帶徵六年民欠錢糧，民力實有未逮，懇請遞緩至八年秋後帶徵等情，由藩司詳請具奏前來。臣覆加查核，委係實在情形，合無仰懇天恩俯准，將陽曲縣圪料等二十村緩徵民欠光緒六年丁糧銀四千七十七兩零，遞緩至八年秋後帶徵，以廣皇仁而紓民力。是否有當，理合恭摺具奏。

旨：另有旨。欽此。

請飭奎斌辦理押荒事宜片 光緒八年六月初二日

再，晋省豐鎮、甯遠兩廳境内，有各旗官荒馬廠，光緒六年，曾經奉旨，令晋省查明籌辦。前任撫臣叠次派員往查，至今未得要領，現據察哈爾都統謙禧咨催委員會辦前來。

查押荒濟餉，誠爲籌邊善策，惟塞下廣漠，地户雜糅，或押租久納，升科多年，或私墾牧場，避匿觀望，今日此舉，既須覈實清釐，尤貴審情度勢，方無梗阻之虞。該兩廳距太原千里而遥，鞭長莫及，晋省各員中，又絶少習於邊塞，堪以獨任之人，措置乖合，無憑遥制。竊思直隸口北道奎斌，守邊有年，辦理張、獨、多三廳押荒事宜，已有成效。該道詳慎明練，深悉邊情，又去兩廳最近，合無仰懇天恩即派口北道奎斌兼辦晋省豐、甯兩廳押荒事宜。至某户應交，某户應免，此項銀兩應歸地方幾何，應歸都統幾何，以及一切機宜，即責成該道查照直隸章程，斟酌本地情形，督率妥辦。臣一面檄飭兩廳，實力勘查，添派委員，隨同勸諭，均聽該道指揮，並咨行署大同鎮總兵張樹屏酌撥勇營，以資鎮撫。大要驅策之官吏，彈壓之弁兵，責之於晋省，綜核之條理，操縱之權宜，責之於該道。臣如有所見，仍當隨時與該道知照商確。如此辦理，庶幾責成有屬，不致曠日無功，於邊餉民生，均有裨益。除檄飭候補知府三照、候補同知松昌、題補澤州府同知陳廷瑞前往聽候差委外，理合附片陳懇。是否有當，伏祈聖鑒。

旨：另有旨。欽此。

請將劉定邦革審片光緒八年六月初二日

再，代州棍徒劉定邦在口外歸化城、薩拉齊等處開設糧店，前數年提督劉景芳駐軍包頭鎮，劉定邦由監生捐納遊擊銜，竄身入營，倚勢横行，久爲地方之害，前以句結大青山匪徒游六，經大同鎮總兵馬陞緝獲脱逃。上年據民人周大禮，現據職員牛承恩、糧店廣豐號衆舖户等控告有案，劣蹟多端。該職員惡霸狡黠，專以買空賣空爲事，情同賭博。忽作錢盤，則定買銀十餘萬兩，忽作油盤，則定買胡麻油數百萬斤，行市猝有長落，各商立可蕩産。劉定邦既作錢盤、油盤，恃其多財，句串衙門，把持行市，前後坑害商民資本數十萬金，因此頓致豪富。出入隨帶打手多人，各執槍械，於己有嫌隙者，則架訟誣累。一人横行罔利，而兩廳商民終歲惶惶，不安其業，人人切齒。由其手眼甚廣，羽翼甚多，口外文武員弁，除張樹屏一人外，無不結交。省城各衙門丁胥，各營武弁，半皆認識，爲之傳通聲氣。官吏既餌其利，復畏其勢，不敢舉辦。臣密囑署大同鎮總兵張樹屏緝獲解省，飭發太原府審訊，見其戴用二品頂戴，查詢官階則止有捐納遊擊銜執照，自稱係將軍善慶保奬副將銜候補遊擊，並無保案行知。

查該職員多年皆在口外糧店經商，何從得有戰功，即使勞績保奬，亦不能由監生遊擊虛銜遽保遊擊實職副將銜，顯有虛冒情弊。似此違例買空害商擾民，句匪健訟，實爲棍徒之尤。相應請旨將遊擊銜劉定邦革去職銜，並請敕部查明，如保有候補遊擊副將銜，亦祇係冒濫蒙保，并即請旨褫革，以便嚴審懲辦，俾除民害而靖邊方。除咨兵部暨甯夏將軍善慶查覆外，理合附陳，伏祈聖鑒。

旨：另有旨。欽此。

籌解京餉籌撥金營餉銀片光緒八年六月初二日

再，據布政使方大湜詳稱，山西省光緒八年奉撥京餉銀五十萬兩，兹於司庫光緒八年地丁項内籌動銀一十萬兩，差委候補知縣吴達管解，於光緒八年六月初一日起程，前赴户部交納。又據署河東道吴其復詳稱，河東協甘常餉銀五十二萬兩，每年分協金營銀十八萬兩，奉撥庚辰、辛巳兩綱餉銀，均經照數解清，奏咨各在案。所有奉撥壬午綱餉銀，兹又於光緒五年分鹽引雜課，並帶徵二年靈寶正雜課暨三年正課以及三、四年靈寶正雜課各項内，共湊撥銀三萬兩，差委候補鹽大使松濤管解，於光緒八年五月十二日起程，前赴包頭鎮伊犁將軍金順糧台交納各等情，詳請具奏前來。臣覆核無異，除分咨查照外，理合附片陳明，伏祈聖鑒。

旨：户部知道。欽此。

光緒八年春季委署代理過州縣摺并清單

光緒八年六月初二日

竊查前准吏部咨，咸豐十一年十一月二十三日奉上諭：嗣後各省州縣，無論奏調委署代理，每屆三月，彙奏一次，由吏部嚴行查核，如有違例更調等弊，即將督、撫、藩司分別參奏。欽此。歷經欽遵按季彙報在案。兹據藩司方大湜、臬司松椿將光緒八年春季分委署代理過州縣開摺，詳請具奏前來。臣覆核無異，謹繕清單，恭摺具奏，伏祈聖鑒。

旨：吏部知道。單併發。欽此。

謹將光緒八年春季分委署代理過州縣開繕清單，恭呈御覽。

計開

正月委署代理無人。

二月分：

平定直隸州知州張彬撤省，另有差委，遺缺酌委准補絳州直隸州知州沈晋祥署理。

平遥縣知縣錫良，飭赴陽曲縣調任，遺缺酌委調署長治縣陵川縣知縣徐炑調署。該員到任需時，委儘先候補知縣曹鑠先行代理。

神池縣知縣江震，因案降調，遺缺輪委勞績正委補用知縣曹憲署理。

甯武縣知縣蕭樹藩撤任，遺缺酌委即用知縣馬存樸署理。

三月分：

署保德直隸州知州王智和調省差委，遺缺酌委候補直隸州知州蔣拱辰署理。

石樓縣知縣王景羲撤任，遺缺酌委候補班前先補用知縣汪恩湛署理。

代理天鎮縣准補岢嵐州知州李德埏請咨引見，遺缺酌委渾源州知州姚啓瑞調署。所遺渾源州篆務，酌委候補知縣鄭景福署理。

署臨縣知縣胡鑑斗，飭赴准補汾西縣新任，遺缺酌委分缺間用知縣張嵐奇署理。

沁源縣知縣董餘三調省差委，遺缺輪委試用正委試用知縣程宏繼署理。

署浮山縣知縣何金聲調省差委，遺缺應用正途勞績試用三項舊外獎尋常拔委，均無人過班，輪委同通借委代理試用同知丁啓宇署理。

署翼城縣准補興縣知縣龔履坦調省考試，遺缺酌委儘先優貢知縣蔣良術署理。

調署臨晋縣、山陰縣知縣成熙飭回本任，遺缺酌委候補知縣杜懷庚署理。

榆社縣知縣葛士達調省差委，遺缺酌委即用知縣施朝銓署理。

署岢嵐州知州聶鴻年調省差委，遺缺酌委試用正委儘先候補知縣李士珍署理。該員現在蒲灘緝私，到任需時，委大挑知縣馬汝良先行代理。

調署知縣各員缺片

光緒八年六月初二日

再，汾陽縣知縣慶文，高平縣知縣慶鍾，長治縣知縣李楨，前經臣分別奏參降補並開缺另補在案。所遺汾陽縣知縣印務，查有飭回本任之山陰縣知縣成熙，潔己勤民，堪以調署。所遺高平縣知縣印務，查有偏關縣知縣任閶，老成篤實，堪以調署。遞遺偏關縣印務，輪委試用知縣丁嘉琳署理。所遺長治縣知縣印務，查有右玉縣知縣李其滋，盡心民事，堪以調署。遞遺右玉縣印務，輪委儘先補用知縣朱世增署理。由藩臬兩司具詳前來，除分飭遵照外，理合附陳，伏祈聖鑒。

旨：知道了。欽此。

知縣期滿甄別片 光緒八年六月初二日

再，道府州縣無論試用、候補，到省一年，例應考試甄別，分別繁簡補用，歷經遵辦在案。茲查大挑試用知縣林齊璇，候補班補用知縣石正榮，試用知縣趙爾頤等三員，到省均已一年期滿，自應詳加甄別，據藩臬兩司造具履歷考語清冊會詳前來。臣查林齊璇明晰安詳，石正榮樸實耐勞，趙爾頤謹飭勤奮，面加考試，尚能通曉例意，堪以歸入知縣各本班照例序補。除將該員等履歷清冊送部外，理合附片陳明，伏祈聖鑒。

旨：吏部知道。欽此。

高作礪等奏駁呈請改獎官階片 光緒八年六月初二日

再，晉省紳民捐賑第四次請獎案內，絳縣捐生高作礪、石鳴鸞俱由廩生各捐銀二百三十兩，請均以訓導雙單月選用。嗣准部咨，以所捐銀兩核與所請獎叙各不敷銀六十二兩，應令補交等因，即經轉飭遵照去後。茲據該捐生高作礪等稟稱，該捐生高作礪、石鳴鸞俱因無力補交銀兩，請照改獎章程各由。廩生議叙十成，貢生給予復設訓導以雙月選用，核與原捐銀數有盈無絀，由善後局司道造具清冊，詳請奏請改獎前來。臣覆核無異，相應仰懇天恩俯准敕部查照改給獎叙，以遂各該員報效之忱。除清冊送部外，理合附陳，伏祈聖鑒。

旨：該部議奏。欽此。

整飭治理摺 光緒八年六月十二日

竊惟今日治晉之道，議者皆以培養元氣爲言。然而元氣之傷，必有所以奪之而始傷，元氣之復，亦必有所以助之而後復。若不爲之抉去病根，祛其所奪，益其所助，而徒以彌縫姑息，矯託鎮靜之治，坐收富庶之功，無是理也。臣以爲國之元氣，在户口蕃息，田野墾闢，政事有紀綱，經賦無侵盜，而聚斂吝嗇不與焉。民之元氣在官吏無苛擾，四民無游惰，而末富奸利不與焉。官之元氣在官項無虧累，上司無誅求，賢否不顛倒，功過有黑白，而濫恩曲法不與焉。

山西自咸豐以來，較稱完善。公私積弊，本多沿襲。前撫臣曾國荃治晉之日，饑饉薦臻，專意荒政，多用權宜，勢不能過加繩削。自葆亨由藩司而接護撫篆，因緣爲奸，壞法亂紀，於是民困未起，吏道益衰。至衛榮光之來，始漸整肅，考究經年，方欲有所設施，遽移蘇撫以去，因以一切利病原委，娓娓告之於臣。加以臣數月來之鈎考思索，灼見晉省公私困窮，幾乎無以自立，物力空匱，人才艱難。上司政出多門，屬吏愍不畏法。民習頹惰以蹙其生，士氣衰微而廢其學。軍律日即蕩弛，吏胥敢於爲奸，譬如尪羸之軀，而復爲百病諸創之所攻削，固非表裏兼治不可。

千里以外之蒲州供紙，行户藉口支差，從中漁利。科場之年，百物騰踊不止三倍，因以累及赴試之士子，在省之居民。首縣每遇科場，輒稱賠累。緣監臨、提調、監試以下文武各官，位皆出首縣之上，各衙門之家丁吏役，百端需索，勒取使費。承辦者不堪誅求，以致食物濫惡，闈舍敝漏，疾病叢生。故承辦之知縣，支應之工商農民，入闈之官員士子，皆以爲患，而市儈衙蠹則利焉。計文武場一次實用不過二萬餘金，首縣賠累至三四萬金，騷擾奔命者，省内外十餘州縣。此時晋省官民交困，必應優恤，本年壬午科鄉試，臣督飭司道另籌公款，將民間各項（應支）[支應]一律永遠除免，禁止行户藉口擡價。

查江南、浙江、湖北諸省，戡定以來，科場事宜皆是設局委員經理，其法甚善。兹特設科場供給所，遴派候補知府周天麟爲總辦，並派正佐數員幫辦差委。百物必求豐潔，價值必求核實，浮華靡費痛加禁改，各色陋規全行裁除。應用各物，刊單定數，鈐蓋監臨、提調關防，張貼各所，額外勒索者，徑禀監臨立即懲辦。惟藩司胥吏及陽曲縣頁書向來據爲利窟，最稱騷擾，此次改章，已經優予津貼，難保不意存無饜，藉端挑剔。已責成藩司嚴查，各該吏如有勒索誤公者，從重懲辦。至貢院年久失修，圍墻（卑）[庳]下[一]，屋宇傾圮，實不足以重試典。現已籌擬修理，務令整嚴完固，並於大門外創建兩廊七十餘間，以備士子止息。所有設局辦理科場、裁免行户支應各緣由，理合附陳，伏祈聖鑒。

[旨：知道了。欽此。][二]

清查庫款摺 光緒八年七月二十九日

竊維晋省患貧，至今日而極，然非匱乏之患，而弊混之患，何也。自咸豐軍興，費廣用急，紛紜牽補，不爲限斷，以至於今。蓋上距道光二十九年，未經澈底清查者三十三年矣。外困於供億之繁，内困於墊款之鉅，虧挪掩覆，無有窮期。藩吏以淆雜爲秘扃，有司以拖欠爲得計，若再不爲之所，譬如上填下漏，雖休養數十年，歲入數百萬，無救於貧。一由於軍需報銷之案歲月過陳。一由於善後之案挪移過鉅。一由於交代之案未結過多。而三案之盈絀虚實，則相爲鉤連，隱互於其間。三案不清，遂生五弊。

一曰籌墊。第一案軍需籌墊者十三萬，搭入次案。第二案軍需籌墊者五十萬，搭入三案。第三案軍需籌墊者四百三十三萬有奇，懸宕至今。其墊欠之主名，正雜、攤捐、兵差、生息無一不有。即如歲底造送軍機處、户部常年藩庫實存册，尚列舊管實存銀一百五六十萬，大率皆嘉慶、道光以來正雜各款之尾數，凡已用未銷確係有著者，例報實存。夫案庫儲之籍，則曰實存多金，檢軍需之案，則又曰籌墊巨款，忽絀忽盈，矛盾已極。雜攤諸款，大率類是。竊思既係部核准銷之案，若當日報銷時即爲劃撥清楚，豈不徑直分明。今擬檢核司册，查對部案，凡在核准數内軍需例得動用者，即將所借之款各就本款開支，毋庸虚立墊欠名目，徒多撥還文案。其有本款現須應用，或本款墊（發）[撥]軍需，又借（欠）他項以供本款之用，必須展轉歸還，勢難開除者，分列

[一] 以上舛誤二處據《京報》第一八二號校正。

[二] 據《京報》第一八二號補充。

簡明確數，從容籌還。如此則塵牘簡省，眉目分明，雖欲侵挪，無從影射。故以劃清籌墊爲第一義。

一曰濫支。查籌墊諸款中，當日固係實在動用，屢經詳核，然歷年久遠，有此項可就現款支持，陳欠無須歸還者。有前案早已渺茫，欠款無人承領者。葆亨在任時，於此等款項放手濫發，縱容家丁書吏與承領者按成朋分，倒扣三七、二八，糜費無算。今雖頹波不能復迴，而覆轍不可不鑒。擬即確切查核，如有此類，即予勾除，不准再行歸還。庶免以有限之正供，飽無涯之羣蠹。故以删除濫支爲第二義。

一曰撥抵。凡州縣墊辦兵差，核准而未發者，則本員以抵解款。溯查咸豐之季，同治之初，軍書旁午，供（頓）［項］浩繁，且其時上司執法皆務謹嚴，屬吏風尚亦多（愿）［厚］樸，賠累誠所不免。近年巧僞萌生，開報已難深問，甚至本員兵差長餘，用之不盡，並可借與他人，賤售得價，於是州縣欠解實銀化爲空帳。從此人人覬覦，交代誰肯清完，徒爲藩署丁胥之利藪。病國長奸，莫此爲甚。查從前已經撥抵結案者不可勝數，礙難追究。今日所存者尚多，臣已嚴飭司局，速將兵差墊款已抵未抵確數查清截止，除本員外不准再行借抵，俾州縣不致效尤，故虧［故挪］。故以禁止撥抵爲第三義。

一曰借動。司庫遇有急需，難免權宜借放，然未有如晋省庫帳之紊雜者。或零星湊集，並不專借一項，或展轉墊補，並不隨時歸還。如甲既欠乙，乙又欠丙，丙或復欠之甲，雖有算士法家，猝難窮其端緒。遇有動撥之款，坐聽書吏指揮，吏曰撥甲則甲，吏曰撥乙則乙。此皆司吏幕友故作紛糅，以爲居奇之地，索費之門。以致司庫存款孰虚孰實，州縣欠款孰完孰否，並無確數。今擬層遞撥正，從流溯源，務令本款之有無多少，一一披露，以後各支各款，不許紛紛借動。其有必須移緩就急者，宜整勿散，刻期歸還，即將庫簿、庫劄借撥之條注銷。如此則可以得存款欠款之實，而量入爲出之策有所施。故以釐正借動爲第四義。

一曰隱匿。晋省近日法紀廢弛，迥異他省。往往入款出款至數十萬，而漫收漫放，不奏不詳。撫臣並不與聞，必待他年報銷而後知，則已時過人非，虚實莫（辧）［辨］。即如臣六月十二日所奏，查出善後餘款兩起，共三十七萬有奇。此款從何而來，以前臣衙門並無隻字案據，實（可）［屬］駭人聽聞。此外牽混之處尚多，現仍以次清理。又如光緒六、七兩年撥解曾國荃山海關防餉四十八萬兩之内，有二十三萬兩直待光緒七年十二月曾國荃撤防半年而後補詳請奏。四十八萬之外，又有十萬兩直待本年五月曾國荃來咨造銷而後得知。種種參差，多不可解。鉅款如此，何論其餘。現飭司局將各案各項通盤澈查開報，並飭按月詳報收支，其有動用鉅款及不在例支之内者，隨時詳核。庶幾一切均有限制。故以稽核隱匿爲第五義。

蓋籌墊清，則度支之數確矣。濫支除，則侵盜之風息矣。撥抵禁，則州縣之虧少矣。借動正，則書吏之權（失）［衰］矣。隱匿核，則監臨之職舉矣。至於催結交代以清舊欠，趕辦奏銷以察新虧，除免攤捐以省司墊，裁減浮費以節衆流，皆與清查庫款相爲表裏。除隨案分別飭辦外，統於此次一律清理。夫繁碎繳繞者，吏之所樂而官之所苦也。混淆牽搭者，盗臣之利，而國家之害也。能去以上五弊，則簡易明白，盈虚在目。藩司可以持籌而會計，撫臣可以按籍而考稽。惟歷年過久，積案如山，首尾二三十年，款目四百餘萬，而其事又爲作弊者之所不便，必將百計推宕而阻撓。蓋此實爲奸蠹窟穴之所藏，而帑藏漏卮之所在，若不於此著手，晋省終無理財節用之方。臣於上月奏設清源局，此次庫款、兵差、交代、攤捐、借款、撥款各案清查，統歸一局辦理，庶可通盤呈露。

查藩司方大湜起家州縣，利弊素悉，且到任未久，無所庸其迴護。臣即責成該司會同臬司、冀甯道，並添（派）委［補］用道員高崇基〔一〕，督飭局員迅速辦理，限以五箇月，於年内將各案一律清查完竣。相應請旨嚴戒晋省大小官吏勒限辦理，庶各該員知所悚惕，不致諉延。總期於斷棼絲而攬宏綱，塞旁流以歸正派。臣賦性迂直，不敢避勞怨而不爲。俟辦有規模，再行詳晰奏聞，並開單咨部查核。

旨：另有旨。欽此。

請展緩協撥各餉摺光緒八年七月二十九日

竊惟晋省磽确之地，荒歉之餘，財用所資，惟在丁耗歲入，今止二百五六十萬。本省旗緑額餉、湘樹練軍、綏遠馬隊防餉、俸工、驛站、解部物料一切雜支，極省亦須一百六十餘萬，協撥之餉至二百五十餘萬，積欠之餉至一千餘萬，計不敷銀約一百六十萬。而河東鹽課歲撥五十二萬，積欠二百餘萬不與焉。此其贏絀之大較，固已久爲聖明之所鑒照，計臣之所周知，前撫臣之所縷陳而呼籲，無待於微臣之瀆告者也。惟是目前情形，則更有艱難於前數年者。蓋光緒三、四、五等年，通省賦稅雖多停徵，京協各餉亦不催解，復合天下之全力以相資助，恃有賑捐之鉅款，猶得挹彼而注茲，六、七年之間，餘波未竭。今則捐協都止，挪墊已空，而滿目荒蕪，閭閻彫敝。正賦既已蠲緩拖欠而不足額，兼以人物不蕃，工商不至，榷務奪於海票，鹽筴壓於鄰私，零稅殘釐僅同拾瀋，故歲入之數，不能大加於光緒六、七兩年。然而自六年以來，歲加東北邊防經費十萬，七、八兩年加撥伊犁償款各八萬，七年始撥京餉四十萬，八年加撥京餉十萬，七年、八年加籌還部墊烏、科二城經費五萬五千，八年加撥烏、科四萬八千，七年、八年加金營提前各五萬。是派撥之數，較之六年，極相懸殊，固不敢引爲常例，然較之七年，已增多十四萬有奇。在部臣自爲湘軍漸撤，晋力漸紓，而不知湘軍僅撤七營，尚有曾國荃所部留晋湘軍馬步三營，上年衛榮光以沿邊不靖，新增大同練軍馬隊五旗，其費當步隊練軍三營。且自近兩年來，西征金營之餉亦已逐年添解，雖不及額，除鹽庫不計，藩庫已在三十萬之外。是本省内支之數，較之六年則略減，較之七年則頓增。外協之數，本已不遺餘力，有加無已，論省嗇則無術，論派撥則屢增，論歲入則仍缺，論通挪則已竭。而各路邊臣將帥，方謂晋事已有起色，火急追逋，急奏督趣，差員沓至。夫以極貧之晋，枕漠環山，既不比江湖嶺蜀諸省地大物博，百川匯流，華蕃走集，可以別畫生財之策，呼應於倉卒之間，又不能向煙火寥落之墟，鳩形鵠面之衆悍然追呼而取盈。僅恃此二百餘萬歲入之常，欲爲四百餘萬之供億，雖有研桑，亦難爲計，矧如臣之迂疎無術者哉。

且晋省所以困敝至此極者，議者亦知其故乎。案北方五省，惟晋號爲殷實，非其物産盛、蓄積多也，皆未富也。自咸豐軍興

〔一〕以上衍、脱、舛九處據《京報》第二二〇號删、補、校正。

以來，各省被擾，而晉省驟貧，然而三十年來，徵兵轉餉，率以晉爲大宗。官斯土者，從井救人，悉索敝賦以應四方之求，甚至減成兵糈又停兩季，藩司印券借貸票商，以供協餉。加以客兵來往，（人）［入］塞〔一〕防河，民間供頓，所糜又無慮萬數。河東自免商以後，領運但出於販夫，腹引責銷於州縣，課税所出，罔非晉民。以晉民筋力口食之所餘，百方㪣榷，盡濟鄰疆，而本省曾不得其一錙一銖之用，由是蓋藏盡空，公私俱竭。屢逢歉歲，追比如前，至丁、戊之際，遂成奇災。以國家之福，聖上之仁，四海之力，晉民之良，僅乃得免於亂。設有不靖，誰爲厲階。蓋嘗綜計晉省一隅所出以給天下之饋餉者，不下五六千萬。今幸四方已定矣，譬如農田，地力乏者必一休之。譬如乘馬，勞憊過者必少息之。況晉省善後事理，待用尤繁。查善後之款，除兩次報銷開支湘、樹兩軍防餉一百二十餘萬兩毋庸歸還外，其奏明墊欠應還者爲數尚鉅。夫此款所自來，乃堯舜博施濟衆之殊恩，薄海内外匹夫匹婦銖積寸累之義舉，爲司牧者豈忍坐視民困，久假不歸。臣愚以爲此時宜爲晉省稍留有餘，俾司庫借欠善後之款陸續抽還，以備利民之用。開源固圉，以次經營，待其内實外充以後，仍可爲國家不涸不竭之區，其爲度支計者，不已多乎。

臣督同藩司綜核盈虚，熟權利害，與其枝梧於追呼之際，莫若披瀝於聖主之前。惟有將應解各餉分别輕重緩急，上懇宸裁。除本年京餉五十萬自當督催解足，本年應交伊犁償款八萬、金營提前藩庫五萬、鹽庫五萬，業已如數完解外，其東北邊防、西征協款，原應竭力併解。惟京餉加撥十萬，爲數已多，去年因京餉東方驟增，遂致西征協款頗少。一勺之水，此盈彼絀，勢有固然。竊謂西征爲戎索藩籬，東防爲陪都後路，西征爲善後之計，東防爲開辦之功，此時邊情，自是東爲急而西漸緩，合無仰懇天恩准予量力酌劑。其西征一款，即使百事俱廢，亦斷難解足十成。惟現當裁兵定制之際，所需孔急，現已恪遵諭旨，籌撥大批解往，必較去年所解之數力求增多。至於東防所需，必不敢稍有蒂欠。其喀城張曜一軍，塔城錫綸一軍，皆係前敵重兵，烏、科兩城舊章經費，西甯王公常年俸餉，皆係窮邊口食，亦必如數應付。若固本餉六萬兩，先經前撫臣衛榮光奏准緩至今年起解，現已届期，實難設措。且本省營伍，半菽不飽，衣甲不完，乃代爲直隸謀練軍之具，實無解於舍己芸人之譏。擬懇聖明垂諒，再行展緩三年，以光緒十一年起解。又若部墊烏、科之款，擬請每年勻解五千，陸續繳部。其餘各項協餉，以及本年新撥各路舊欠，惟有盡其力之所能，視其事之緩急，酌量籌解。至於河東鹽課，自光緒六年來又已隨時掃括，輸之於劉錦棠、金順兩大營，每年三十七八萬，今年已二十六萬。晉省之協力與否，公論難誣。各路統兵大臣，固知必有恕施節用，不肯苛求者矣。

臣以陋儒薄植，仰蒙高厚，授任封圻，分應力維全局，動分畛域，決非素心。若謂自安貧弱，不求綜核開節之方，漫無區分，專以訴貧搪債爲計，臣實恥之。然而奔命不遑，耗竭元氣，將使疆事敗壞於無形，不爲國家之遠謀，苟免目前之吏議，則臣亦所不爲。既守晉疆，臣責攸在，時勢所限，不敢不據實披露，仰籲恩慈，伏祈敕部核議施行。

旨：户部議奏。欽此。

〔一〕「人塞」應作「入塞」，據楚學精廬一九三七年版《張文襄公全集校勘記》改。

請變通邊缺摺光緒八年七月二十九日

竊惟晋省北境邊墻以外，舊設理事同知、通判七員，管理蒙民交涉事務。隸於雁平道者，曰豐鎮廳、甯遠廳。隸於歸綏道者，曰歸化廳、薩拉齊廳、托克托城廳、清水河廳、和林格爾廳。其轄境東接張家口、察哈爾，西當甯夏河套、鄂爾多斯，北走大青山外扎薩克諸部。蒙回雜厠，客民往來，在平時已號稱難治。迨及近日，有司曠官，奸徒叢聚，闤闠苦於盤剥，倉庫耗於侵牟，乘墉伏莽，方且環顧圖萬一之逞，賈誼所謂厝火積薪，正此之謂。再不及此量能授官，修明政事，將爲邊圉大憂。其大要約有數端。

如蒙古放地一案，自咸豐三年將烏拉特三公旗地奏明封禁二十六處，蒙古貪圖押租，私放如故，明拒暗招，一不遂意，即以奉文攆逐爲詞。甚至東公出租，中公攆逐，屬下出租，本公攆逐。招新奪舊，仇殺相尋，弱肉强食，無能阻遏，將來終恐釀成事端。往者，民蒙交涉，不過通易有無。在内地生齒日繁，相率耕於塞下，游民屯聚日多。及西陲用兵，秦隴道梗，如宋慶、張曜、金運昌、劉景芳等軍，頻年屯駐、轉運其間，其他西軍，亦多設轉運分局，諸軍往來，早成孔道。而市井白徒，與夫脱離伍籍者相爲依附，擾害蒙部，劫掠行商，聚衆稱亂。如曹鴻照、劉大刀、杜二，致煩官兵追剿，日久甫行撲滅。至歸化爲漠南領袖，包、薩乃河套下游，均屬商賈走集之所。因市廛錢缺，行使短陌錢，一減再減，僅以四十餘文作抵，千錢以上遂皆寫帳過撥。而大猾奸商遂以意增減銀價，便利私圖。又因油米麕集，買空賣空，名曰作盤定買，實則大注賭博。每一盤長落贏虧必在數十萬緡上下，因而賄通官吏，把持行市。如臣前拏之劉定邦等，皆得逞其心計，句串衙蠹，内外分肥，擾害商民，以致市廛終歲惶惶，不安其業。又各廳藩部荒遼，民不地者，趨利骫法，自爲風氣，健訟鬭狠，視等故常。往往一呈控告多人，一案懸及數載。其命、盗巨案，地方並不依限呈報，届及詣驗，兇賊早已脱逃，法令弁髦，幾同化外。夫以各廳目前治理情形，其難已十倍内地州縣。何況近來洋人游歷，動有蒙古字樣。而中俄新約，增入俄界運貨赴津准由科布多、歸化城行走之條，該洋人形狀殊異，言語侏離，假令稍有齟齬，難免滋生事端。

内憂外患，有如此者。乃歷考各廳員，多不稱職，由來已久。即如近數年間，豐鎮同知玉麟、甯遠通判佛爾根額、富明，歸化同知常桂，清水河通判慶啓，托克托城通判賡熙，薩拉齊同知定福，皆因虐民害政，先後被參落職。核其交代，則又無人不短，無任不虧。查各廳經徵旗租米豆以供兵糈，與州縣錢糧無異。無如廳員揮霍者多，謹慎者少，以倉庫官物視等私財，用之無少吝色。如已革甯遠理事通判佛爾根額，虧短正雜各款銀四萬九千餘兩。已革豐鎮理事同知玉麟，虧短正雜各款銀三千五百餘兩。已革甯遠理事通判富明，虧短地租銀二萬八千餘兩。已故署豐鎮同知薩麟，虧短正雜銀二千餘兩。已參和林格爾通判惠俊，虧短米二千餘石。前署豐鎮同知福增，虧短旗租銀七千餘兩。推原其故，由其不諳律令，惟家丁書役之言是聽，故上而虧國，下而朘民，終以覆厥身家。

臣與在省司道、歸綏道暨曾任邊廳各員博議深思，在今日欲謀綏邊柔遠之規，必求因時制宜之道。查豐鎮、歸化、薩拉齊三同知缺，向例於理事同知、通判中升調。甯、清、和、托四通判缺，專於臣衙門俸滿筆帖式奏准以理事同通用者請補，如無人，題請補放。大率此項人員，在各部院中原非上等出色之選，其才具固非絶無可造，而不能通曉政體者居多，以故既苦竭蹶，兼貽身累。考國初疆理建置之時，蒙多民少，政簡俗樸，不得不專以旗員治之。然豐鎮本治以通判，甯遠本治以衛所，和、托、薩、清本治以協理筆帖式。自乾隆二十五年後始一律改設同通，自以事變日多，法制日密。今則出塞民人，數倍於土著，蒙部即土默特人等言語嗜欲，亦全與漢民無異，多不能通曉蒙古語言文字。遇有獄訟公事，則每廳設有繙譯書識一二人，循例繙成滿、蒙文，其實官之與民都未甚解。今昔情形迥異，則斷宜以爲地擇人爲先。

竊見比年來直隸、奉天、吉林等省，皆以籌邊切要，於用人成格屢有變通，並蒙俞允，仰見聖人之道，時措皆宜。擬請將晋省口外七廳均改爲撫民同通要缺，并酌照直隸張、獨、多三廳滿漢統用成案，遇有七廳同知缺出，先儘本省實缺、候補同知直隸州或調或補，如調補無人，以實缺州縣升用。遇有七廳通判缺出，先儘本省實缺、候補通判或調或補，如調補無人，以實缺知縣升用。不拘滿漢，惟取人地相宜。仍責令該管道員隨時督飭，將緝捕、詞訟、錢糧，交代暨綏輯蒙部、交涉華洋各事宜，加意講求整頓，庶於化俗安邊，均有裨益。其廳屬佐雜，分防營汛，原已無闕，一切應循其舊。惟口外七廳户口，至今皆稱寄民，不編籍貫，亦未立學，士無進步，農鮮恒心。目前民人讀書者甚衆，歸化廳舊有文廟，近年兼有書院、義學，士類喁喁，久濡雅化。若將七廳一律設立學官、學額，澤以文教，則爲士爲民，各有歸宿。民氣馴擾，政教易施，爲益甚大。所有增置學官，擬於內地簡僻州縣有雙缺教官者改撥，將來即附於朔平府棚考試。其未盡事宜，各廳學額，以及現任各廳員作何分別留任、改調之處，俟部議覆准，再飭司道詳議，續行奏陳。

抑臣更有請者，現擬將七廳員缺援案改補，乃爲邊要擇人。但外而六年俸滿，內而候題請放之筆帖式暨太原理事通判，升階較隘，未免向隅。查山西內地通判僅止三缺，同知裁剩五缺。除太原同知管理鼓鑄，潞安同知管理緝私，澤州同知管理礦廠，責重事繁，未便更張外，擬請將汾州、蒲州同知二缺，專以本省實缺、旗缺通判酌量請升，及筆帖式俸滿引見後之候補理事同通酌量請補放。平陽、汾州、大同通判三缺，專以臣衙門俸滿之筆帖式酌量請補，如無人則題請補放。期於有益邊政，無妨仕途。儻部臣以爲內地同通向無專用旗員之缺，或即仿照直隸成案，此七廳員缺徑改爲滿漢兼用，勿庸另行抵還。將太原府理事通判、臣衙門俸滿以同通用之筆帖式，於內地同通一律升調請補，則辦理尤爲簡易。臣爲邊缺緊要、中外交涉起見，伏祈敕部核議施行。

旨：該部速議具奏。欽此。

查葆亨王定安等各款責令賠繳片[一]　光緒八年七月二十九日

再，正緒摺間，承准軍機大臣字寄，七月二十三日奉上諭：前據張之洞奏，已革藩司葆亨、道員王定安貪黷營私各節，當經降旨將該革員等懲辦。所奏濫支各款內，並有奏結不發之款，國帑攸關，不容稍有虧短。著張之洞詳細確查，將不應支發及朦混

[一] 以下二十三件録自抄本《張中丞撫晋奏疏》。

開銷款項，責令葆亨、王定安分別賠繳，並此外有無侵蝕之款一併查明具奏。等因。欽此。

臣此次奏請清查，固爲釐正積年陳款，杜塞將來漏卮，原不僅關葆亨、王定安二人之事。然使徹底查清，則以前經手各員之濫發蒙銷，有無侵蝕，更可呈露。俟查核詳確，即行專案奏明，請旨辦理。謹附片陳明，伏祈聖鑒。

旨：户部議奏。欽此。

籲懇來年京餉移撥河東十萬片 光緒八年七月二十九日

再，各省鹽課，雖皆有指撥專項，而於本省用款，仍多取給，緩急相濟，有無相通，獨河東鹽課，罄其所入，每年專供協甘軍餉，涓滴不遺。近三年來，派撥五十二萬之數，雖未足額，然光緒六年解過三十八萬，七年解過三十七萬，本年已解過二十六萬，爲數實已不資。竊思潞鹽行銷，自除免充商以後，其陝豫引岸，皆零星民販，並無大賈。本省平、蒲、澤、潞、解、絳、霍、隰等府州所屬縣四十四處額引，分派州縣官封交引課，無一非出自晉民之輸將，即無一非出自州縣之籌解。夫鹽課所入，仍是晉地脂膏，掃庫以濟鄰疆，本省毫無分任，似非情理之平。

查晉省丁賦缺額尚多，藩庫於境內之需，協濟之款，窮於揩柱。即如京餉一項，本年加撥十萬，而他餉有增無減，九邊軍戍，無一處可以漠然。欲乞恩則輦轂要需，未敢遲緩。欲肆應則彫瘵之地，羅掘無方。再四籌思，除本年京餉自當速飭完解外，擬懇逾格天恩，於今年預撥來年京餉時，准將地丁項下奉撥京餉五十萬兩，就中劃出十萬兩，改派河東道，於鹽課項下撥解藩庫，或可稍爲騰出物力，抽還前借善後之款，以應善後急用。目前鹽庫爲藩庫分其仔肩，既有益於民事，日後户口日蕃，生計日裕，仍有益於鹺綱。至於新疆已經大定，西軍漸罷，伊犂來歸，且餉源甚廣，不恃一隅。今年河東必當籌濟大批明年河東協甘之款，惟有儘力籌解，萬一不繼，仰懇恩予從寬，臣仍當竭力督催，不容推宕。如此一轉移間，京餉仍可無闕，而於晉省善後事體，可以稍有實際，不至以空言懸欠，致負窮黎，晉民幸甚。理合附片奏陳，伏祈聖鑒，敕部核議施行。

旨：户部知道。欽此。

藩司籌動甯夏等款片 光緒八年七月二十九日

再，據藩司方大湜詳稱，於司庫兵餉減二成，文職一、二、三成養廉各項內，籌動銀五千兩，兑交甯夏催餉委員佐領那昆領解，本年六月二十三日起程，前赴甯夏將軍衙門交納，作爲晉省本年應解之項。

又於司庫兵餉減成請領留支核減三成，文武職養廉減成，裁汰舖司兵工食節省，及光緒六年土鹽税餘平各項內，共籌動銀一萬兩，兑交塔城委員分省補用知府王輯瑞領解，本年六月二十九日，由歸化一帶，前赴（城）〔塔〕爾巴哈台〔一〕參贊大臣衙門交納，作爲光緒八年應解塔城之項。

又於司庫光緒八年地丁兵餉減二成各等款項內，共籌動銀一

〔一〕「城」應為「塔」。

十萬兩，光緒八年地丁項内籌動銀九千一百兩，均差委試用知縣吴之桓，補用巡檢曾德重管解，本年七月初八日起程，前赴陝西西征糧台交納。以一十萬兩作爲山西省本年應解西征糧台新餉，以九千一百兩聽候轉撥西甯辦事大臣衙門交納，作爲山西省本年應解西甯青海蒙古王公俸銀之項。

又於司庫光緒八年地丁、兵餉減二成，留支核減三成，京中鈔本以及文職一、二、三成養廉各項内，共籌動銀二萬兩，兑交金營提餉委員山西候補道岳壽承領，光緒八年七月十六日起程，前赴歸化城金營轉運局投交，轉解伊犁將軍金順軍營交納。

又於司庫光緒八年地丁項内，籌動銀三萬三千三百三十三兩，兑交烏城提餉委員佐領銜驍騎校舒敏泰、筆帖式賡音山承領，本年七月十六日起程，由歸化一帶行走回城交納，作爲光緒八年應解烏、科二城經費。

又據署河東道吴其復詳稱，於光緒五年分鹽引大課並扣存監掣同知養廉、坐商置畦投税、鹽引雜課支發，扣存各官役養廉工食空曠空缺、鹽引雜課支發，扣存各項内節省及扣存各官役紙硃工食三成暨陸續帶征三年雜課各項内，共籌動銀三萬兩，差委試用從九品葉恩沛管解，本年七月初十日起程，前赴包頭鎮伊犁將軍金順糧台交納。

又於光緒五年分鹽引大課項内，凑撥銀三萬兩，差委候補鹽巡檢温紹先管解，本年八月初六日起程，前赴陝西省城西征糧台交納各等情，詳請具奏前來。除分咨外，理合附陳，伏祈聖鑒。

旨：知道了。欽此。

塔爾巴哈台催餉情形片 光緒八年七月二十九日

再，據塔爾巴哈台參贊大臣錫綸催餉委員知府王輯瑞稟稱，光緒七年十一月奉委赴晋守催餉項，接奉錫大臣札開，奏請將安徽、四川、廣東、江西、湖南、兩淮、河南、山東、陝西各省關每年應解之餉，歸併山西，以期便於領解。本年六月到晋後，知此奏已經户部議駁，當即飛稟塔城委員分催。惟塔城去晋萬餘里，即迅速派員進口，已在臘正之交，再由歸綏分赴各省，又須兩三月不等，即各省批發，亦已緩不濟急。計今歲半年之久，惟豫東有撥解兩批之信，合晋省新蒙撥發之款，統計不過五六萬金，其餘各省關絲毫未解，邊軍萬口，立有枵腹之虞。塔城絶徼孤懸，强鄰逼處，設或將士解體，將致狡啓戎心。查四川、安徽、廣東、湖南、江西、兩淮、山東、河南、陝西等省關應解塔城之餉，均係户部指撥釐金、鹽釐項下有著專款，惟以道路遼遠，不克按期撥解。而每省爲數無多，又礙難處處派員守催。今既不能歸併一省，營中委員，遥遥無期，實覺萬分焦灼。爲此稟懇由晋據情咨催各省關，并分委妥員執持咨文，前往守提以應急用，而固孤軍等情前來。

臣核閲王輯瑞所稟，均係實在情形。塔城在西陲爲極衝，而去内地又極遠，錫綸一軍，素稱得力，鄰國視之，頗有老羆當道之勢。該大臣九省協餉，一省墊解之議，其勢萬萬難行，已經部駁。若必待其自行催提，往返必須經歲，設有饑潰，實繫西事安危。惟該委員所請由晋派員代提，實多窒礙，不特有越俎之嫌，乞鄰之誚，且各省付之不荅，於事仍屬無益。然邊事大局所關，誼不當漠然坐視，除晋省已竭力籌撥銀一萬兩外，惟有據情奏聞。

仰懇聖恩，垂念窮邊待餉，至爲急迫，敕下樞臣部臣，從長計議。或請特旨飭催各省關，迅速委解至晋，交該城委員王輯瑞轉解。或一面先由户部暫行酌墊少許，聊濟目前，由各省關歸款，以後不得援以爲例。庶幾程途較近，日期較速，此則朝廷自有權衡，未敢妄擬。所有塔城提餉，緩不濟急各情，理合據情代爲上達。是否有當，伏祈皇太后、皇上聖鑒。

旨：户部速議具奏。欽此。

請頒空白部照片 光緒八年七月二十九日

再，臣前以豐、甯兩廳押荒事宜，奏請特派直隸口北道奎斌兼辦，仰蒙俞允。兹據奎斌禀稱，直隸各地開辦之初，先行奏請空白部照，轉發地局收存，俟丈清地畝，措交押荒，立刻填給部照。既無守候耽延，又無刁難需索，由是民情信悦，遂無阻滯。晋省情形，如與直隸相仿，應請奏明，由部查照直隸章程，先行頒發空白部照二三千張，轉發應用，以免掣肘，并請委派知府以下正佐八九人來口設局襄辦等語。

臣查押荒升科，自須填給部照，方能取信於民，與直隸事同一律。相應請旨仿照直隸辦法，敕部頒發空白執照三千張到晋，以便轉發應用。現已檄飭奎斌於八月初間早到豐鎮，並添委候補知府董夢蘭、通判萬世清，隨帶佐雜三員，迅速前往，會同前派之知府三照，同知松昌、陳廷瑞等，擇地設局，聽候差遣。一面咨照都統謙禧，速飭各旗羣蒙員，會勘辦理。并請敕下謙禧嚴飭旗蒙各員，於耕牧畫分地界之處，確切指定，不得藉端需索，意爲出入，以致將來仍留葛籐。地户既無復累，則輸納押荒，方可期其踴躍耳。理合附陳，伏祈聖鑒。

旨：另有旨。欽此。

通省二麥約收分數摺 并清單 光緒八年八月初六日

竊照二麥約收分數，例應先期具摺呈奏。兹據布政使方大湜將山西省太原等九府，遼州等十直隸州，並所屬各廳州縣，暨歸綏道所屬各廳二麥約收分數，開摺彙詳請奏前來。臣覆加詳細確核，統計山西省一百八廳州縣多寡均匀牽算，約收五分有餘。理合循例敬繕清單，恭呈御覽。謹具摺陳奏，伏乞皇太后、皇上聖鑒。

旨：知道了。欽此。

謹將光緒八年各屬二麥約收分數，開繕清單，恭呈御覽。

約收七分有餘者：翼城縣，虞鄉縣。

約收七分者：祁縣，鳳台縣，高平縣，萬泉縣，安邑縣，夏縣。

約收六分有餘者：太原縣，徐溝縣，襄陵縣，曲沃縣，鄉甯縣，長治縣，壺關縣，平遥縣，孝義縣，永甯州，神池縣，陽城縣，沁水縣，臨晋縣，榮河縣，猗氏縣，沁州，壽陽縣，芮城縣，絳州，稷山縣，聞喜縣，趙城縣，大甯縣。

約收六分者：交城縣，嵐縣，太平縣，岳陽縣，屯留縣，襄垣縣，黎城縣，介休縣，甯鄉縣，渾源州，沁源縣，盂縣，忻州，定襄縣，静樂縣，代州，五台縣，河津縣，絳縣，靈石縣，蒲縣，和林格爾廳，薩拉齊廳。

約收五分有餘者：陽曲縣，榆次縣，太谷縣。文水縣，岢嵐州，興縣，臨汾縣，洪洞縣，浮山縣，汾西縣，吉州，長子縣，潞城縣，汾陽縣，臨縣，石樓縣，應州，大同縣，懷仁縣，山陰縣，靈邱縣，廣靈縣，陽高縣，天鎮縣，豐鎮廳，朔州，右玉縣，左雲縣，平魯縣，甯遠廳，甯武縣，偏關縣，五寨縣，陵州縣，永濟縣，遼州，榆社縣，和順縣，武鄉縣，平定州，繁峙縣，崞縣，保德州，河曲縣，解州，平陸縣，垣曲縣，霍州，隰州，永和縣，歸化城廳，清水河廳，托克托城廳。

學臣丁憂請旨迅賜簡放摺 光緒八年八月初六日

竊臣接准山西學政王仁堪咨稱，該學政於光緒八年八月初五日接到家信，知親父刑部主事王傳璨，於七月二十六日在京寓病故。該學政係屬親子，例應丁憂等情，將學政關防、書籍、文卷，委員移送前來。

臣查該學政自光緒七年二月二十一日到任後，接辦大同、朔平、甯武三府，忻、代、保德三直隸州，並太原府屬之岢、嵐、興三州縣歲科考試，暨太原、平陽、潞安、汾州、澤州、蒲州六府，遼、沁、平定、解、絳、霍、隰七直隸州科考，現已録遺事竣。據報聞訃丁憂，例應回籍守制，所有山西學政員缺，相應請旨迅賜簡放，以專責成。除將學政關防，照例由臣接收，暫行兼理，其整飭學校，培養士林各事宜，前與該學政商度，經畫已有規模，由臣次第舉辦外，所有學臣聞訃丁憂日期，理合專摺具奏。

旨：已有旨簡放呂鳳岐矣。欽此。

同知知縣期滿甄別片 光緒八年八月初六日

再，道、府、同知、通判、州、縣，無論試用、候補，到省一年，例應考試甄別，分別繁簡補用，歷經遵辦在案。茲查試用鹽掣同知李潮海，孝廉方正試用知縣唐安仁等二員，到省均已一年期滿，自應詳加甄別，據藩臬兩司造具履歷考語清册會詳前來。

臣查李潮海才具開展，唐安仁趣向端謹，面加考試，尚能通曉例義，堪以歸入同知、知縣各本班照例補用。除將該員等履歷清册送部外，理合附陳，伏祈聖鑒。

旨：吏部知道。欽此。

冀甯道員缺請旨簡放摺 并清單 光緒八年九月初四日

竊照冀甯道王定安因案奏參，奉旨革職，所遺員缺，係衝、繁、難兼三要缺，例應在外揀選請補。查該道駐劄省城，統轄四府三直隸州，政務殷繁，且時有委審交辦事件，非精明幹練之員，不足以資治理。謹就晋省道員中詳加遴選，如候補道實誠、岳壽，或身弱多病，或資格尚淺，未便遷就開列。惟查有在任候補道太原府知府左隽，現署斯缺，措置裕如，於晋省情形最爲熟悉，堪以勝任，與例相符，且係正途出身，以之請補斯缺，實屬相宜。又查有遇缺題奏道吴其復，亦係合例之員。溯查咸豐十年、同治六年、光緒六年成案，冀甯道員缺，前撫臣均係開單請旨。相應將該二員簡明履歷加具切實考語，謹繕清單，請旨簡放一員，以重職守。所有省會道員要缺，援照成案開單請旨簡放緣由，理合恭摺具陳。

旨：另有旨。欽此。

謹將左隽、吴其復二員出身履歷加具切實考語開單恭呈御覽。

計開

在任候補道太原府知府左雋,年五十三歲,湖南進士,由庶吉士散館改授禮部儀制司主事,升祠祭司員外郎。同治九年京察一等,奉旨:記名以道府用。欽此。是年題升祠祭司郎中,十年十一月奉旨補授山西太原府遺缺知府,十一年二月補授大同府知府。光緒三年十二月調補太原府知府,於辦理賑務案内保奏,奉旨:左雋着以道員在任候補。欽此。臣查該員老成諳練,和易愛民。

遇缺題奏道吴其復,年五十二歲,湖南監生,由候選同知以軍功洊保知府,留於山西補用。光緒二年五月到省,四年二月因朔州教匪案内保奏,奉旨:吴其復著免補本班,遇有山西道員缺出,儘先題奏。欽此。臣查該員穩細安詳,任事奮勉。

籌解京餉等餉銀片 光緒八年九月初四日

再,據藩司方大湜詳稱,於光緒八年地丁項内籌動銀一十萬兩,差委試用知縣高錡管解,於本年九月初一日起程前赴户部交納,連前兩次共解過本年京餉三十萬兩。又於光緒八年地丁項内,籌動銀一萬兩,於本年八月十六日兑交幫辦新疆軍務張曜,委員知州王兆槐領解交納,連前兩次,共解過本年應解嵩武軍駝乾銀三萬兩。又於兵餉減二成、核減鈔本、文武職減成養廉、舖兵節省,光緒七年税契並税契盈餘,商税、筏税,並商税、筏税盈餘各項内,共籌動銀一萬兩,於本年八月二十九日兑交塔爾巴哈台參贊大臣錫綸,委員知府王輯瑞領解交納,連前次共解過本年應解塔城餉二萬兩。

又據署河東道吴其復詳稱,於光緒五年大課項内,籌動銀三萬兩,差委候補鹽巡檢王德潤管解,於本年八月十八日起程,前赴包頭鎮伊犁將軍金順糧台交納。又於光緒五年大課項内籌動銀三萬兩,差委鹽池司巡檢袁縉業管解,於本年八月十八日起程,前赴陝西省城西征糧台交納各等情,詳請具奏前來。除分咨外,理合附陳,伏祈聖鑒。

旨:户部知道。欽此。

安頤留辦清查片 光緒八年九月初四日

再,候補知府安頤,經臣以該員於局款未能細加清釐,請旨交部議處。茲准部咨,議以降一級調用公罪。奉旨:不准抵銷。欽此。

查該員安頤在晋年久,歷辦局務,經手之事尚多,現當奏辦清查緊要之際,各案款目繁雜混淆,在晋日淺及局務不熟者,雖才具明敏,斷不能抉摘隱微。若遽令該員離省,則晋省庫款益難窮其底藴。相應請旨將降調知府安頤暫行留晋,責令隨同辦理清查,仍由臣詳加察看,儻再稍有舛誤,即當從嚴奏參。如能力改前非,殫心竭慮,盡除叢弊,有益庫儲,亦當據實上聞。是否有當,理合附片陳明,伏祈聖鑒。

旨:著照所請。該部知道。欽此。

魯燮光縱丁擾民請革職片 光緒八年九月初四日

再,和順縣知縣魯燮光,因追催該縣光緒五年錢糧尾欠,輒派家丁下鄉按户追呼,勒索川資,立逼花户即日以賤價售産,以致頃刻之間,房産蕩盡。買補倉穀,分派各里,家丁從中舞弊,勒令按斗折價,中多浮收。平日信任子姪干預公事,抑勒騾行,支應擾累。此外控案纍纍，民怨沸騰，當經委員查明屬實。其家丁陳二、趙二先已潛逃，現飭緝拏懲辦，其索詐錢文，責令魯燮光退還各户。查和順山陬小邑，民生瘠苦非常，該令縱容家丁種種苛擾，實屬違法害民。據藩臬兩司會詳請參前來，相應請旨將和順縣知縣魯燮光即行革職，以儆昏貪。

再，和順係部選之缺，晋省現有應補人員，應請扣留外補，合併聲明，伏祈聖鑒。

旨：魯燮光著即行革職。餘依議。該部知道。欽此。

鄉試内簾同考官不敷循例遴選充當摺

光緒八年九月初四日

竊查前准禮部咨，各省鄉試内簾同考官，先期調取科甲出身之現任各員，試以文藝，遴選充當。如現任各員内實在不敷考選，准於即用分發人員中擇其文理優長者，與實缺人員一體充當，仍專摺具奏等因，歷經遵辦在案。兹值光緒八年壬午科鄉試，山西應派内簾同考官九員。據藩司方大湜於實任各州縣内調取科甲出身八員。因實任人員多有經手要件，未便調取，不敷揀選，復在候補知縣人員内揀取科甲出身十三員，一并送考前來。臣於八月初二日將調選各員親加扃試，初六日入闈，即在至公堂於現任人員中遴取鄉甯縣知縣李羲銘、襄垣縣知縣李汝霖、崞縣知縣龍朝言、永和縣知縣馬鑑四員，又於候補人員中遴取即用知縣韓仲荆、王文員、馮仲侯、截取知縣隋聿脩、儘先補用知縣張祖均五員，均派充内簾同考官，分司校閲。其餘各員分派内簾收掌及外簾執事。所有晋省鄉試内簾同考官調取現任人員考選不敷，循例於候補科甲出身内遴選充當緣由，理合恭摺具奏。

旨：知道了。欽此。

汾州府知府員缺委劉鼎新代理片光緒八年九月初四日

再，汾州府知府林栱樞，因調省入簾派充内監試事務，所遺該府篆務應行委員代理。查有儘先補用知府劉鼎新，樸質勤能，堪以代理，由藩臬兩司詳請具奏前來。除檄飭遵照外，理合附陳，伏祈聖鑒。

旨：知道了。欽此。

揀員調補要缺知縣以資治理摺光緒八年九月初四日

竊照汾陽縣知縣慶文因降補府經縣丞，接准部覆開缺，當經截缺咨部在案，所遺係繁、疲、難兼三要缺，例應在外揀選調補。該縣爲汾州府附郭首邑，政務殷繁，民情多訟，素苦水患，兼多累糧，非清强愛民之員，弗克勝任。臣與藩臬兩司於通省現任知縣應調人員内逐加遴選，非現居要缺，即人地不宜。惟查有山陰縣知縣成熙，現年四十五歲，係鑲黄旗滿洲潤保佐領下人。由監生遵籌餉例報捐知縣，指分山西試用，咸豐十一年七月十一日到省。同治四年在上永和江地方攻破賊寨出力，彙案保奏。奉旨：着仍以知縣歸候補班前先補用。欽此。遵例在陝甘米捐分局報捐同知銜，題署山陰縣知縣，於光緒六年九月十九日到任。七年四月調署臨晋縣知縣，本年六月調署汾陽縣知縣，於六月十八日到任。該員操守廉肅，治事勤明，且現署斯缺，辦理一切俱臻妥協。各任内並無積案及欠解錢糧承緝盜案有關降調處分，以之調補汾陽縣知縣，實堪勝任。據藩臬兩司會詳前來。合無仰懇天恩俯念員缺緊要，准以山陰縣知縣成熙調補汾陽縣知縣，實于地方有裨。如蒙俞允，該員係現任知縣，調補知縣銜缺相當，毋庸送部引見。所遺山陰縣知縣員缺係屬簡缺，應歸部選。晉省現有應補人員，應請扣留外補，俟部覆截缺後再行請補。是否有當，理合恭摺具奏。

旨：吏部議奏。欽此。

趙廷澍改奬片 光緒八年九月初四日

再，直隸州用四川補用知縣趙廷澍，因運賑糧出力，經前撫臣曾國荃會同閻敬銘彙入買運南糧事竣擇尤酌保案内，擬請俟補直隸州後以知府用。奉旨：該部議奏。單併發。欽此。經部駁查，以該員究於何年月日奉委，應令詳細聲叙。復經前撫臣衛榮光查明覆奏，仍擬照前請給奬。奉旨：著照所請奬勵。吏部知道。欽此。茲准吏部咨稱，奏定章程，尋常勞績不准層遞預保，該員所請奬叙，核與定章不符，應令另核請奬等因。

臣查趙廷澍經閻敬銘派辦南糧，適值車贏缺乏，道途阻滯，該員設法挽運，由皖、豫以達晉疆，歷時年餘，備極艱辛，其勞績實不可泯。今查照部咨，另核請奬，合無仰懇天恩俯准賞給該員趙廷澍隨帶加三級，以昭激勸。理合附片陳明，伏乞聖鑒。

旨：吏部議奏。欽此。

委署潞安協副將員缺片 光緒八年九月初四日

再，署潞安協副將茹春華因案業經奏參，以守備降補，奉旨允准在案。所遺該協員缺，應即揀員接署。查有候補副將劉瑞卿，穩練安詳，熟習營務，堪以署理。除檄飭遵照外，理合附片陳明，伏祈聖鑒。

旨：知道了。欽此。

李聯芳請假回籍省親片 光緒八年九月二十九日

再，准山西正考官翰林院編修李聯芳咨稱，本年七月奉旨典試山西，於九月初十日揭曉，文闈事竣，應即回京復命。在京供職已歷五年，未得回籍省親。今山西距陝西原籍較近，擬自備資斧回籍省親，除往返程途不計外，請假兩箇月。咨請代奏前來，理合據情代陳，伏祈聖鑒。

旨：李聯芳著賞假兩月。欽此。

周學濬陸學源等改奬片 光緒八年九月二十九日

再，四品銜前山東道監察御史周學濬、刑部員外郎陸學源、試用典史邱翰斌，因辦捐辦賑出力，經前撫臣曾國荃先後奏保周學濬請加三品頂戴，陸學源請加四品頂戴，邱翰斌請以本班儘先補用，均奉旨：該部議奏。欽此。嗣准部咨，周學濬、陸學源二員於何年月日奏調辦賑，邱翰斌係分缺間用典史，今請本班儘先補用，與例不符，應令詳細聲叙，另核請奬等因，當經咨行查覆去後。茲准浙江撫臣陳士杰咨，周學濬前在山東道監察御史任内回籍省親，呈請終養，光緒四年會同本籍地方官紳勸辦晉賑捐務。

陸學源於光緒二年十一月間在部請假回籍，嗣奉委會同地方官紳勸辦晋賑捐務，五年五月事竣，均非奏調辦賑，咨請核奏等因。又據善後局司道詳稱，邱翰斌係分缺間用典史，前於光緒三、四兩年在鳳台縣地方隨辦賑濟並轉運事宜出力。遵照部駁，另擬呈請改獎前來。

臣查周學濬前以告養，陸學源前以告假，均在浙江原籍籌辦捐輸勸集鉅款，遠濟晋災，兩載辛勤，其勞自不可泯。邱翰斌襄辦鳳台縣賑務，奔走災區，慎勤將事，亦屬著有微勞。惟查周學濬原請三品頂戴，係屬銜上加銜，亦逾加銜限制，與例不符，自應改給獎勵。合無仰懇天恩俯准將四品銜前山東道監察御史周學濬賞給隨帶加三級，刑部員外郎陸學源賞給四品頂戴，分缺間用典史邱翰斌改給俟補缺後以主簿用，俾昭激勸。理合附片陳明，伏祈聖鑒。

旨：吏部議奏。欽此。

汾陽縣請補豁錢糧摺 光緒八年九月二十九日

竊據汾陽縣知縣慶文禀稱，光緒六年該縣夏秋被水，經該前署知縣方家駒禀請委員勘明，被災不及五分之西馬寨等五村，應徵六年錢糧、土鹽稅，並原緩分兩年帶徵之五年下忙錢糧、土鹽稅，及乾河等十三村應徵六年並帶徵五年下忙錢糧、土鹽稅，暨西河堡等十九村原緩五年下忙並六年下忙錢糧、土鹽稅。以上各村莊內，被水較重各户，大祲之後，元氣已傷。今復被災，經前撫臣奏奉上諭，將應完錢糧、土鹽稅一律蠲免，刊刻謄黄，徧行曉諭在案。維時各該村社首鄉約查報，應蠲五年分被水較重各户帶徵錢糧内，有乞食外出及靠他村，未能查明細數，恐致舛錯，未敢代爲開報。嗣外出各户，陸續回歸，查明應蠲帶徵五年分地丁正銀一千五百五十三兩七錢三分，耗銀二百一兩九錢八分五釐，補報到縣，經該縣覆加確查，委係漏報。此項帶徵銀兩，本在欽奉恩旨准蠲之內，惟以當時被災各户外出，未能查明細數，恐有參差，故於奏銷五年地丁錢糧案內，未敢開除。今既據報確數，應請補豁，由布政使方大湜詳請咨部更正前來，當經臣據詳咨明户部。茲准户部咨覆，以汾陽縣漏報，被水較重，西馬寨等村各户，帶徵五年下忙正耗等銀，未便據咨率准，應令自行奏明辦理等因。

臣查汾陽縣六年被災之西馬寨等村各户，漏報帶徵光緒五年下忙正耗銀兩，原在前撫臣奏奉諭旨准蠲數內，自未便因被災外出，開報細數稍遲，獨令向隅。合無仰懇天恩俯准將汾陽縣光緒六年被水之西馬寨等各村，漏報帶徵五年下忙正耗銀一千七百五十五兩七錢一分五釐一律蠲免，以廣皇仁。理合恭摺具奏。伏乞

皇太后、皇上聖鑒。

旨：著照所請。户部知道。欽此。

籌解京餉金營餉片 光緒八年九月二十九日

再，據藩司方大湜詳稱，於光緒八年地丁項內，籌動銀一十萬兩，差委候補知縣石正榮管解，於十月初一日起程，前赴户部交納，連前三次共解過本年京餉銀四十萬兩。又於兵餉減成、留支減成、文職養廉減成、鋪兵節省，光緒六年稅契並盈餘，商筏稅暨畜稅盈餘，土鹽稅餘平，光緒七、八年稅契並盈餘、畜稅並

盈餘，暨商筏稅、當稅、應放雜款各項內，共籌動籌借銀三萬兩，兑交金營提餉委員山西候補道岳壽承領，於光緒八年九月十三日起程，赴歸化金營轉運局投交，轉解伊犁將軍金順軍營交納。

又據河東道唐咸仰詳稱，於光緒五年分鹽引雜課項內，籌動銀三萬兩，差委候補鹽經歷任植元管解，於本年九月二十五日起程，前赴陝西省城西征糧台交納各等情，詳請具奏前來。除分咨外，理合附陳，伏祈聖鑒。

旨：户部知道。欽此。

周天麟署理平陽府李羲銘調署高平縣片 光緒八年九月二十九日

再，平陽府知府林鳳官因病稟請開缺回籍調理，業經批飭委員驗視屬實，另行具題開缺。所遺該府印務，例應先行委員接署。查有補用知府周天麟，才具開展，堪以署理。又調署高平縣偏關縣知縣任閭在途次病故，所遺高平縣印務，查有鄉甯縣知縣李羲銘，守正才勤，堪以調署。據藩臬兩司會詳前來，除檄飭遵照外，理合附陳，伏祈聖鑒。

旨：知道了。欽此。

知縣期滿甄別片 光緒八年九月二十九日

再，道、府、州、縣，無論試用、候補，到省一年，例應考試甄別，分別繁簡補用，歷經遵辦在案。茲查候補知縣李蘊芳、湯建藩、姜誥等三員到省均已一年期滿，自應詳加甄別，據藩臬兩司造具履歷考語清册會詳前來。臣查李蘊芳明慎耐勞，湯建藩歷練安詳，姜誥年壯才明。面加考試，尚能通曉例意，堪以歸入知縣各本班照例序補。除將該員等履歷清册送部外，理合附陳，伏祈聖鑒。

旨：吏部知道。欽此。

籌議豐甯押荒辦法摺 光緒八年十一月初三日

竊臣前以墾荒濟餉爲籌邊善策，晋省絶少習於邊事、堪以獨任之員，奏請特派直隸口北道奎斌兼辦豐鎮、甯遠兩廳押荒事宜，並請敕頒空白部照三千張轉發應用，均蒙俞允，當經欽遵，轉飭設局勘辦在案。疊據直隸口北道奎斌來稟，該道於八月十二日抵晋，親歷豐、甯兩廳體訪輿情，詳審地勢，分飭委員前赴各地勘丈。計豐、甯兩廳奉文報墾地十處，內有二處尚未指定，其餘均經商人放墾。應徵押荒，交過商人地價者，照直隸章程，商佃各半分交，民户補交銀一錢，填給部照，執爲永業。商人名下，承追銀一錢。革退商人不准干預地事。拖欠不交，勒限監追。其有當日未交地價之户，查照部章，視地肥瘠，按則徵收，均（由）[令]民户交納，不追商人。如民户僅執商約，不交押荒，無論種地多寡，曾否交過地價，一概不准另佃。應徵租銀，均遵部章。豐、甯兩廳，歷辦官荒馬廠租則，每畝徵銀一分四釐，遇閏每兩加徵銀三分，每正銀一兩隨徵耗銀五分。王公馬廠每畝加徵私租銀四釐，不加閏耗。牧地官荒不徵私租，統以此次查填部照爲限。其開墾已滿三年者，即造册報部升科，自光緒九年起徵。其有近日新墾，扣至光緒九年未滿三年者，俟三年屆滿再行升科。聲叙明晰，册報存案。至地局房租、旗蒙直晋委員薪水、書役工食、心紅紙張、勘丈地畝挑掘界壕人夫工價，一切用款，均照直隸成案，於押荒項下撙節動支，作正〔項〕開銷。稟請具奏前來。

臣查蒙古各旗游牧，定例不准私開，現議辦理押荒升科，皆係各王公馬廠官荒之地。承平日久，變牧爲耕，雖云官荒，實已溝塍櫛比，無異内地田疇。特以未經勘丈，未報升科，涣散隱匿，流弊百出。墾户領地於商人，無官府文書之憑執，視若儻來，不同世業，荒熟任天，耕耘不力。而旗員衙蠹互串需索，予奪不常，科派百出。且未經升科，終屬私墾，遂致大小并兼，强弱魚肉，械鬬相尋，訟獄煩數，此害之中於墾户者。蒙古放墾，奸商賄勾蒙員，以意出入，隱匿侵欺，頃畝既無定數，承種亦無定名。歉薄者竟舍地而去，收獲者或負欠而逃，租課虚懸，每至無著。數百里膏腴之地，徒歸中飽，此害之中於蒙古者。且廣（莫）〔漠〕遼闊，無地方有司之編查。地户雜糅，無里正鄉保之約束。藏垢納污，散無（友）〔法〕紀。竊留馬賊，藪萃逋逃，雖有内地幹捕窺得蹤跡，而徒黨繁衆，來去飄忽，莫敢誰何，此又害之中於地方者。若不廓清而要束之，不特墾户之受困日深，地利之坐棄可惜。行且積成悍俗，爲草澤亡命所趨，必釀爲沿邊之巨患而不可收拾。此微臣之所以亟亟籌辦押荒升科，固不僅爲區區賦税計也。

顧其舉辦之牽掣艱難，亦迥有不同於内地者。蓋各王公馬廠，類皆世遠年湮，道里四至，殊少確證。全憑蒙員指示界限，含糊約略，稍不遂意，輒以有礙游牧爲詞。自來開辦升科之案，一切供支費用，無不取之佃民。屢有墾種一區而查勘數次，無藝之費累百盈千，承辦之人久已視爲利藪。今既盡祛積弊，觖望者多，樂成者少。難保不藉端爲煽惑之計，或且影射啓私放之謀。臣疊次文檄痛切指陳，無論旗蒙印委各員，不准仍蹈從前故習。現經察哈爾都統謙禧派出蒙員，與奎斌所帶各員分投勘辦。責令嚴禁需索，力戒欺蒙，指示地界必公必確。從前節節攤派索費之弊，概予蠲除。曉諭佃民，務使深信，一經清丈，呈交押荒，即可領照，承爲世業，毫無擾累。不准旋種旋拋，不致忽予忽奪，則墾户之害可除。昔日私墾私租，雖云客民與蒙古平分花利，其實霸犁强割，此攘彼争，逋欠逃亡，無非蒙古受累。從此租有常額，户有定名，官爲經徵，利可坐享，則蒙古之害可除。經此變通之後，設立鄉里保約，稽察一如内地。務使人皆著籍之人，户盡編牌之户，奸暴斂跡，耕鑿相安。廣屯墾以養邊氓，清盜源以靖塞下，則地方之害可除。

口北道奎斌矢懷堅白，力任怨勞，規畫精詳，事事求實。屢次謁見察哈爾都統謙禧，力陳利弊，不激不隨。約束旗蒙印委各員，亦能破除情面。前辦張、獨、多三廳墾務，誠信早孚，故一經布置，民户咸能敬服。現據墾户彭敦厚等百餘户聯名呈墾勘丈，願交押荒，聞風争奮，惟恐不及。若得蒙員協力，自可順（機）〔勢〕利導〔一〕，足以仰慰聖廑。所擬章程各條，核與直隸前辦成案相符，由臣咨明户部立案。惟口外地勢散漫，村舍蕭條，天氣早寒，雪霜被野，跋涉艱辛，十倍腹地，而其中地脉不齊，或鹹或沙，沃瘠迥異。非各委員親自履勘，酌量上下以定科則，必致有拂輿情。上年直隸辦理押荒，在事各員仰荷恩施，給予奬勵。晋省事同一律，所派旗蒙印委各員，如能遇事和衷，力除積習，始終不懈，蕆事之後，可否由臣查明，援案給奬之處，出自逾格

〔一〕以上舛、脱五處據《京報》第三〇九號校正、補充。

鴻慈。謹恭摺具陳，伏祈聖鑒。

旨：著照所請。該部知道。欽此。

藩司積習太深治理難期整頓摺[一] 光緒八年十一月初三日

竊惟晉事之墮廢，中外所共知，晉民之困苦，聖明所軫念。全賴爲上司者，一秉公忠，勵精任事，庶可以挽回風氣，蘇起疲氓。查布政使方大湜，起家州縣，公事甚爲熟練，操守亦稱謹飭。到晉之初，臣私心竊喜，以爲可資臂助，深相引重，遇事咨詢。乃與之言及晉省積弊，痛切相告，該司聽之漠然，意甚平淡，心竊異之。臣復開誠勉勵，謂臣與該司俱受聖上殊恩，不次擢用，尤宜殫竭血誠，破除俗習，整頓疆事，以報朝廷。乃數月以來，不聞有所贊畫，不惟所見不如所聞，其事事沮撓，迥出情理之外。即如前奉寄諭，飭查葆亨王定安任内濫發朦銷，有無侵蝕諸款，當即札委該司暨委用道高崇基等詳查。及高崇基入闈監試，該司但開一清摺回覆，謂查明放款領款，與庫簿均屬相符。夫例所准發而其實可以緩發減發者謂之濫，案所能銷而其實則係浮銷冒銷者謂之朦。至於侵蝕，則更必陽合例案，陰入私橐。自來貪吏作奸，從無不傍例案，不具文領而可以徑攫公帑之事。此理甚淺，盡人所知。臣面飭再查，該司勃然忿爭，强言文飾，謂案卷之外，無從查覈。不思臣所舉弊端，何者非從案卷中查出。豈有並不鉤稽案牘，亦不查訊虛實，但憑領放相符之一紙，遂謂無弊者哉。臣於是指出數款，自令局員查覆。數日内即已查出多條，而該司以後仍不聞查出何事。竊思但責賠繳，不興大獄，在朝廷已屬寬大之恩。即微臣亦斷不爲已甚之事，不過欲以勵廉節用，稍儆將來。而該司故存成見，若恐傷其一毫，果何心也。

又如晉省藩司書吏，弊竇太深，勒索文武，舞文骫法，實爲害政。故臣於六月十二日奏陳整飭晉省事宜疏内，列有杜吏奸一條。近如陵川縣民控告書吏錢糧浮收一案，經臣提省發訊，縣吏以使費繁多爲詞。查開使費數目，惟司吏爲最鉅。除向有解費、册費、平餘雜項外，又有補平、補耗名目，每百加銀二兩，乃咸豐年間增加者。查陵川縣於咸豐二年，因錢糧浮收，釀成人命巨案。經前署撫臣奏明斷結，此次豈可再不亟爲清理。此項補平、補耗，必應删減，臣嚴札面囑，並飭催多次。該司或則曰，此項删去，恐有窒礙，只可別減尾零。或則曰，俟各屬錢糧收齊，比較平法，再爲覈減。查刻下正在催收下忙之時，若俟明春各屬收齊，比較，今年又已照舊加收，年復一年，民困何時得解。以致提省半年，不能斷結。

又如孝義縣當商控告解交官項生息銀兩，使費太多，懇予酌減一案。查此項浮費，各縣皆同，累商太甚，批令該司議減，限五日議覆，乃八十日尚未覆到。臣面與婉商，謂司吏各項房費甚優，若官項發當生息，乃係官藉商力，交息不宜取費。且生息多起於近年，亦非該吏所固有，此項宜予全裁，他項足資津潤。該司謂書吏各有得項，不能挹彼注兹。此等微細易辦之事，何至無術調停，以致又逾兩月，尚未議覆。如補平、息費兩事，臣何難毅然裁除，祇以藩司衙門事體，欲令自行辦理，於該司局面較爲

[一] 録自中國第一歷史檔案館編《光緒朝硃批奏摺》第一二〇輯，第五四五至五四七頁，中華書局一九九五年版。

有益。此意屢經明告，乃臣多方體諒，而該司一味抗延。以上略舉數大端，其他遇事推宕情形，大率類此。大抵該司性情，例案雖熟，而殊少實在愛民之念。官場之利弊雖悉，而絕無認真整頓之心。其見好劣員，袒護蠹吏之見，更屬牢不可破。總由老吏之積習太深所致。至於奉旨飭查之件，竟敢執意不查。以錢糧浮收，書吏勒索，關涉本衙門之事，公然不減不覆。其悍妄如此，則恐亦尋常老吏之所不敢爲。

竊惟一省之事，奉行分理，全在兩司得力。今該司諸事沮撓，遂致羣吏觀望。雖有察吏之政，不能必行，雖有恤民之政，不能下究。臣雖獨力盡瘁，恐亦無補國家。且屢奉嚴旨，戒責中外臣工，凡爲大員者，宜如何激勵振作，任勞任怨，仰紓宵旰，共濟時艱。似此積習不悛，恐致貽誤治理，相應據實奏聞。除陵川縣補平、補耗名目，通省當商解交生息使費徑行檄飭裁除，飭查之件再行催查外，謹繕摺具奏。伏祈皇太后、皇上聖鑒。

藩司爲通省錢糧總匯，若庇護同官，縱容奸吏，安能望其整頓耶。方大湜著來京聽候諭旨。

歸化城稅務仍令歸綏道阿克達春接管片（一） 光緒八年十一月初三日

再，歸化城稅務，歷係循照舊章奏委歸綏道管理。茲據歸綏道阿克達春以兼管歸化城監督印務，自光緒七年十月十三日起，至光緒八年十月十二日止，計一年期滿，移經藩司方大湜，以應委何員接管，詳請奏委前來。

臣查阿克達春自光緒二年兼管稅務以來，稽查綜核，甚屬盡心，管理六年有餘，均無遺誤。相應請旨，將歸化城稅務，仍令歸綏道阿克達春接管，以期整頓。除稅課銀兩，俟年滿另行題報外，理合循例附陳，伏祈聖鑒。

旨：著照所請。該衙門知道。欽此。

籌解察哈爾餉銀片 光緒八年十一月初三日

再，據藩司方大湜詳稱，於兵餉減二成項內，籌動銀六千兩，兑交察哈爾委員防禦海清阿領解，於光緒八年十月十九日起程，由大同宣化一帶行走至張家口，前赴察哈爾都統衙門交納，以濟要需等情，詳請具奏前來。除分咨查照外，理合附陳，伏祈聖鑒。

旨：知道了。欽此。

卓勝營餉項晋省力難籌解摺 光緒八年十一月初三日

竊臣承准軍機大臣字寄光緒八年十月十四日奉上諭：劉錦棠奏，山西應協卓勝軍半餉，積欠過多，現在該軍裁撤各營，月需餉項，勢難再行籌墊，請飭山西趕籌協濟等語。近年關內外遣撤營勇，請發欠餉，並防營月需餉銀，需款甚鉅，若再兼籌卓勝軍餉，恐有顧此失彼之虞，亟應趕緊籌解，以應要需。此後該軍月需餉銀一萬六千兩，著張之洞按月如數批解，毋稍延欠。其山西積欠該軍餉項，仍應陸續歸還，彌補從前墊款，並著該撫按月酌量籌解，俾資接濟，原片著抄給閱看。等因。欽此。

（一）以下十一件録自抄本《張中丞撫晋奏疏》。

查卓勝軍駐晉時，安徽撫臣裕祿，因裁兵節餉，請將該軍酌量裁減。前撫臣鮑源深以邊防緊要，擬留全軍，仍請將月需全餉銀三萬六千兩，由皖籌給。皖省復以勢難兼顧，堅持前説。維時西事未定，晉防未解，不得已撤本省精鋭四營、楚軍兩旗，騰出餉力，移給該軍。自光緒二年七月爲始，皖、晉各半分籌，原期長爲晉用。迨左宗棠奏調該軍出關，自認皖省一半餉銀，仍以半餉責之於晉。鮑源深勉籌數月半餉，截止二年十二月底，一律發清，遣令該軍出關。仍以餉絀時艱懇請停解，兩次格於部議，未敢再陳。然自該軍出關後，止解過三年正月分半餉銀一萬八千兩，以後遂未續解。

茲奉諭旨，飭臣批解該軍月餉，籌還該軍舊欠，但有一綫可籌，敢不竭力應付。惟晉省財賦之絀日甚，加撥之款日多，各路將帥之追逋日急，苟且抵搪，實非長策，是以於八月十三日有請紓餉力之奏，諒蒙聖明鑒察。今若驟增巨款，實非彫敝之晉省力所能支。且當日該軍半餉，初無可籌，前撫臣之所以勉允者，因大枝勁旅，防晉有年，以爲藉半餉之資，可得全軍之用，議裁晉勇，以濟客軍，此乃貧窘之拙謀，非有協鄰之餘力。自該軍西去，晉防空虛，四年春間，朔州熊六滋事，曾國荃遂有召募湘軍之舉。迨湘軍分別留撤，兵力過單，上年衛榮光乃增大同鎮練軍馬隊五旗，以顧邊境。問其餉項所出，則所恃以展轉騰那者，仍即此一款而已。臣督同藩司殫竭籌畫，萬無餘力顧及該軍。目前地荒民窮，正賦短缺，内慚撫字，外困轉輸，主兵不充，武備不足，蒿目疚心，正苦無策。在微臣絶無稍分畛域之心，當亦劉錦棠等所能相諒者也。伏思卓勝軍自出關後，即爲西征之軍，劉錦棠統籌全局，深知晉事艱難，數年以來，力任全餉。今該軍已撤大半，月需銀一萬六千兩，即以左宗棠原認皖省半餉撥給該軍，已屬有盈無絀。合無仰懇天恩俯念晉省財殫民困，自謀不暇，悉索無方，可否飭下劉錦棠照舊解濟，抑或敕部改撥之處，伏候聖裁。

旨：户部議奏。欽此。

查明錢糧完欠數目摺 并清單 光緒八年十一月初三日

竊照各屬錢糧完欠，向隨奏銷分晰查明具奏，歷經遵辦在案。茲據布政使方大湜詳稱，山西省應征光緒五年分地丁銀二百九十九萬六百八十五兩零内，除各屬坍荒地畝，自光緒五年爲始，永遠豁免銀六萬三千三百二十一兩零，實征銀二百九十二萬七千三百六十四兩零。内已完銀二百六萬五千一百一十一兩零，查明荒地應行停征，及被災豁免銀七十六萬七十九兩零，陽曲等處被水被雹成災，緩征銀六萬三千二百三十六兩零，各屬未完銀三萬八千九百三十五兩零。

又應征米折、土鹽税、池灘地租銀三萬六千七百四十五兩零，已完銀二萬五千五百九十一兩零，被災蠲免銀二千四百五十一兩零，又停徵緩徵銀一千二百二十兩零，實未完銀一千八百八十二兩零。又續報逃户無着缺額銀五千六百兩零，查此項無着銀兩，前經奉部行查，現在委員查勘明確，實係沙壓石露，不堪種植，並無指熟爲荒，以少報多情弊。已奉户部咨覆，准其豁免，缺額糧銀行令籌款歸補。現因庫款支絀，無款可籌，應俟庫儲稍裕，再行設法籌補歸款。又各屬節年並清水河廳節年未完米折銀四十二萬九千九百八十一兩零，内已完銀四千兩零，又榮河縣紙范等村被沖地畝所缺糧銀四千一百七十二兩零，業經奉准部覆，在於通省額編官俸内攤扣，應俟攤扣齊全，歸於下届核收。又清水河廳抛荒地畝未完銀四萬一千六百三十六兩零，續報逃户無着米折銀一十四萬五千六百一十一兩零，查此二項無着銀兩，前經奉部行查，委員查勘明確，實係沙壓石露，不堪種植，並無指熟爲荒，以少報多情弊，已奉户部咨覆，准其豁免，缺額糧銀，行令籌款歸補。現因庫款支絀，無款可籌，應俟庫儲稍裕，再行設法籌補歸款，尚未完銀二十三萬四千五百六十兩零。

又應征光緒五年分本色糧一十二萬九千四十六石零，内除查明各屬坍荒地畝，自光緒五年爲始，豁免糧五千三百一石零，實征糧一十一萬八百三十四石零，内已完糧八萬二千七百四十七石零，查明荒地應行停征及被灾豁免糧七千九百八十三石零，陽曲等處被灾緩征糧二千二百三十八石零，尚未完糧一萬七千八百六十四石。又各屬併口外各廳，節年未完糧二十七萬九百九十八石零，内已完糧一萬一千一百三十一石零，甯遠廳抛荒地畝未完糧二千八百八十四石零，尚未完糧二十五萬六千九百八十二石零，内有已入清查案内追補糧二萬一百五十九石零，仍歸清查案内辦理。現催完解等情，具詳前來。臣覆核無異，除將未完銀糧飭司嚴催趕解，其大、朔二府屬應造已未完糧石册籍尚未送到，並飭催造到日，歸於下届造報外，理合恭摺具陳，並分繕清單，恭呈御覽。伏祈皇太后、皇上聖鑒。

旨：户部知道。單二件併發。欽此。

謹將山西省光緒五年分應徵並帶徵地丁暨米折銀兩已未完數目開繕清單，恭呈御覽。

計

一、光緒五年分，各屬額徵地丁銀二百九十九萬六百八十五兩零，内除各屬坍荒地畝自光緒五年爲始，永遠豁免銀六萬三千三百二十一兩零，實徵銀二百九十二萬七千三百六十四兩零。内已完銀二百六萬五千一百一十一兩零，查明荒地應行停徵及被灾豁免銀七十六萬七十九兩零。陽曲等處被水被雹成灾，緩徵銀六萬三千二百三十六兩零。各屬未完銀三萬八千九百三十五兩零。

一、口外清水河廳，額徵米折銀一萬七千七百九十四兩零，内除查明坍荒地畝自光緒五年爲始，永遠豁免銀一千四百四十七兩零，實徵銀一萬六千三百四十六兩零。内已完銀一萬七百四十六兩零，續報逃户無着缺額銀五千六百兩零。查此項無着銀兩，前經奉部行查，現在委員查勘明確，實係沙壓石露，不堪種植，並無指熟爲荒，以少報多情弊。已奉户部咨覆，准其豁免，缺額糧銀，行令籌款歸補。現因庫款支絀，無款可籌，應俟庫儲稍裕，再行設法籌補歸款，相應登明。

一、陽曲等三十州、縣，光緒五年分應徵土鹽税銀一萬七千八百五十八兩零，内已完銀一萬四千八百三十九兩零，停徵緩徵銀一千二百二十兩零，蠲免銀四百六十兩零。實未完銀一千三百三十九兩零。

一、安邑等四縣，光緒五年分應徵池灘地租銀一千九十二兩零，内已完銀五兩零，蠲免銀五百四十三兩零，實未完銀五百四十三兩零。

一、各屬節年未完銀二十四萬二千七百三十三兩零，内已完銀四千兩零。榮河縣紙范等村被沖地畝所缺糧銀四千一百七十二兩零，業經奉部覆准，在於通省額編官俸内攤扣，應俟攤扣齊全，歸於下届核收，相應登明。未完銀二十三萬四千五百六十兩零，內有平陽等處被搶劫，併墊辦兵差，製造器械，及岢嵐州前任病故知州恩隆等虧挪動用銀兩，均經另案奏參查辦在案，相應登明。

一、口外清水河廳節年未完米折銀一十八萬七千二百四十八兩零，內拋荒地畝未完銀四萬一千六百三十六兩零，又續報逃户無着銀一十四萬五千六百一十一兩零。查此二項拋荒地畝無着銀兩，前經奉部行查，現在委員查勘明確，實係沙壓石露，不堪種植，並無指熟爲荒，以少報多情弊，已奉户部咨覆，准其豁免，缺額糧銀，行令籌款歸補。現因庫款支絀，無款可籌，應俟庫儲稍裕，再行設法籌補歸款，相應登明。

謹將山西省光緒五年分應徵併節年本色糧石已未完數目，開繕［清］單，恭呈御覽。

計開

一、光緒五年分各屬額徵糧一十二萬九千四十六石零，內除各屬坍荒地畝自光緒五年爲始，豁免糧五千三百一石零，實徵糧一十一萬八百三十四石零。內已完糧八萬二千七百四十七石零，查明荒地應行停徵及被災豁免糧七千九百八十三石零，陽曲等處被災緩徵糧二千二百三十八石零，未完糧一萬七千八百六十四石。

一、各屬併口外各廳節年未完糧二十七萬九百九十八石零，已完糧一萬一千一百三十一石零，甯遠廳拋荒地畝未完糧二千八百八十四石零，尚未完糧二十五萬六千九百八十二石零。

特參緝盜不力人員摺 光緒八年十一月初三日

竊據洪洞縣知縣崔長清稟報，本年十月初二日夜，城內榮茂興錢鋪被賊十餘人撞門入室，明火持械，劫去銀錢煙土等物逃逸。又據孝義縣知縣孔廣熙稟報，本年十月初八日，該縣正在考試，傍晚時被賊八九人混入城中，至豐蔚厚錢鋪，以易錢爲名突入鋪中，施放洋槍，拒傷鋪夥，劫去銀物。該縣聞報馳往追捕，致被拒傷民壯及守門人役，奪門逃逸各等情。臣查縣城之內竟有盜匪貪夜糾搶，甚至白晝混入肆劫，並拒傷鋪夥、民壯、守門人役，該地方文武事前既疏於防範，事後又未能追獲一賊，捕務實屬廢弛，若不從嚴參辦，不足以示懲儆。據藩臬兩司詳揭請參前來。相應請旨將洪洞縣知縣崔長清、城守營外委張建坊，孝義縣知縣孔廣熙、城守營外委劉洪科，一併摘去頂戴，勒限兩箇月嚴緝贓盜，務獲究報。限滿不獲，再行照例參辦。理合繕摺具奏，伏祈皇太后、皇上聖鑒。

旨：著照所請。該部知道。欽此。

奏參善寶嗜好甚重曠公營私片 光緒八年十一月初三日

再，靖遠營都司善寶，嗜好甚重，聲名狼籍。與訟棍蘇三、張寶元常相往來，遠赴甯遠廳爲之關説訟事，實屬不顧職守，曠公營私。據署大同鎮總兵張樹屏轉據該管殺虎協副將揭參前來。相應請旨將靖遠營都司善寶即行革職，以肅營規。理合附片具陳，伏祈聖鑒。

旨：著照所請。兵部知道。欽此。

改給奬叙以清捐案片 并清單 光緒八年十一月初三日

再，晉省前辦賑捐，請奬實職銜封，旋准户部核定准駁，開單咨覆。查三次奬案內，有單薦紳原請由分發試用復設訓導以分缺先選用，並加翰林院孔目銜。段乙卯原請由武生以守備選用。衛壽昌、衛鴻陸均原請由俊秀捐監生以巡檢雙單月選用，衛鴻章原請由監生以巡檢雙單月選用。五次獎案內，有董麟原請由河南候補知府加道員升銜，李玉田原請由監生給予布理問銜並加尋常一級，郭泰平原請由俊秀捐監生給予守禦所千總銜。又晉省官紳士民捐助賑銀案內，有劉大貞原請由俊秀作十成監生以通判本班儘先選用，並加同知升銜。或以原案奏停，或以銀數不足，先後准部議駁，飭令改獎、補交，再行核辦各等因，即經行局轉飭遵照去後。茲據臨汾等縣詳稱，捐生單薦紳等各遵部駁，呈請改獎及移獎弟兄，劉大貞請將同知升銜註銷，抵交捐免保舉銀兩，由繕後局司道核明詳請改獎前來。

臣查該捐生等原捐銀兩核與改獎及抵交免保舉銀數均屬相符，合無仰懇天恩俯准將單薦紳等九員原捐銀兩改給獎敘。劉大貞一員原捐同知升銜註銷，抵交捐免保舉，以清捐案。除清册咨部外，理合開列清單，附片奏陳。伏祈聖鑒，敕部核議施行。

旨：該部議奏。單併發。欽此。

謹將晉省前辦賑捐請獎實職虛銜經部議駁各捐生分別改獎移獎，開繕清單，恭呈御覽。

計開

單薦紳　臨汾縣人，由分發試用復設訓導，在賑捐第三次案內捐實銀五百二十兩，請分缺先用並加翰林院孔目銜，經部議駁。茲據呈請改獎，由分發試用復設訓導加捐州判，歸雙月選用，並加布理問升銜。核其銀數有盈無絀。查此案於六年正月初五日准議駁未滿三年之限。

段乙卯　臨汾縣人，由武生在賑捐第三次案內捐實銀一千二百兩，請以營守備用，經部議駁。茲據呈請據實銀一千一百兩改請遊擊職銜，餘銀一百兩移獎胞弟段丕基。

段丕基　臨汾縣人，請於胞兄段乙卯捐項內撥實銀一百兩，由武生請給予把總職銜。

趙作垣　趙城縣人，由俊秀在賑捐第四次案內捐實銀六百二十七兩，請作監生以縣丞雙單月選用，經部駁令補交銀兩。茲據呈請撥實銀二百四十五兩，請給予州同職銜。其餘銀兩移獎堂弟趙作墉。

趙作墉　趙城縣人，請於堂兄趙作垣捐項餘銀三百八十二兩內撥實銀四十八兩，由俊秀請給予未入流職銜下。餘銀三百三十四兩由趙作墉續行請獎。

衛壽昌　趙城縣人，由俊秀在賑捐第四次案內捐實銀二百一十六兩，請作監生以巡檢雙單月選用，經部駁令補交銀兩。茲據呈請改獎給予按察司經歷職銜。

衛鴻章　趙城縣人，由監生在賑捐第四次案內捐實銀一百五十二兩，請以巡檢雙單月選用，經部駁令補交銀兩。茲據呈請將前捐銀兩移給堂弟衛鴻陸併案請獎。

衛鴻陸　趙城縣人，由俊秀在賑捐第四次案內捐實銀二百一十六兩，請作監生以巡檢雙單月選用，經部駁令補交銀兩。茲據呈請於堂兄衛鴻章捐項內撥銀一百四十九兩，連原捐共實銀三百六十五兩，改請給予國子監典簿職銜。

董麟　洪洞縣人，由河南候補知府在賑捐第五次案內捐實銀九百六十八兩，請加道員升銜，經部議駁。茲據呈請將前捐銀兩移獎胞弟董麐。

董慶　洪洞縣人，請將胞兄董麟原捐實銀九百六十八兩由監生給予光禄寺署正職銜加一級，給予生母張氏正六品封典。

李玉田　洪洞縣人，由監生在賑捐第五次案内捐實銀三百三十兩，請給予布理問職銜並加尋常一級，經部議駁。兹據呈請撥實銀一百八十兩給予布理問職銜，餘銀一百五十兩續行請奬。

郭泰平　屯留縣人，由俊秀在賑捐第五次案内捐實銀二百四十兩請作監生給予守禦所千總銜，經部駁令補交銀兩。兹據呈請改給營千總職銜。

劉大貞　洪洞縣人，由俊秀捐助同善堂賑款實銀四千五百八十六兩，請作十成監生以通判儘先選用並加同知升銜，經部駁令補交免保舉銀兩。兹據呈請無力補交，仍請作十成監生以通判不論雙單月儘先選用，並請注銷同知升銜。原捐實銀一千一百七十五兩，抵交通判捐免保舉銀八百兩，核其銀數有盈無絀。

平遥縣王氏捐助膏火銀照例建坊片 光緒八年十一月初三日

再，據汾州府知府林拱樞詳稱，平遥縣紳士游擊職銜李五玉之母二品命婦王氏，素性好（喜）[善]，凡有地方義舉，如給舍棉衣，修建義塾等事，無不樂於捐助。現因書院經費無多，不足以嘉惠士林，該命婦又捐銀三千兩以助膏火，實屬樂善不倦。由藩司方大湜轉請建坊前來。

臣查士民人等捐助地方善舉，銀至一千兩者例准請旨建坊，給予樂善好施字樣。今李五玉之母二品命婦王氏，心存利濟，捐助書院膏火銀至三千兩之多，實於寒士大有裨益。合無仰懇天恩俯准照例建坊，以示旌奬。謹附片陳請，伏祈聖鑒。

旨：著照所請。該部知道。欽此。

光緒八年夏季分委署代理過知縣摺 并清單 光緒八年十一月初三日

竊查前准吏部咨，咸豐十一年十一月二十三日奉諭：嗣後各省州縣，無論奏調、委署、代理，每届三月彙奏一次，由吏部嚴行查核，如有違例更調等弊，即將督、撫、藩司分别參奏。欽此。歷經欽遵按季彙報在案。兹據藩司方大湜、臬司松椿將光緒八年夏季分委署代理知縣各缺開摺，詳請具奏前來。臣覆核無異，謹繕清單，恭摺具奏。

旨：吏部知道。單併發。欽此。

謹將光緒八年夏季分委署代理知縣各缺開繕清單，恭呈御覽。

計開

四月分

署蒲縣知縣王仲燾因病請假，遺缺飭令准補斯缺之署河津縣知縣楊漢章赴任。惟該員到任尚需時日，酌委大挑知縣張道一代理。

太平縣知縣勞文慶告病，遺缺委萬泉縣知縣朱光綬調署。所遺萬泉縣印務，委優貢知縣鹿學典署理。

五月分

長治縣知縣李楨撤省另補，遺缺委右玉縣知縣李其滋調署。所遺右玉縣印務，委儘先補用知縣朱世增署理。

高平縣知縣慶鍾撤省另補，遺缺委偏關縣知縣任閶調署。所遺偏關縣印務，委試用知縣丁嘉琳署理。

汾陽縣知縣慶文奏參降補，遺缺委卸署臨晉縣山陰縣知縣成熙調署。

嵐縣知縣任之騮，因病請假，委候補知縣丁兆彬署理。

六月分委署代理無人。

學政幕友人數片 并清單 光緒八年十一月初三日

再，各省學政到任，應將閱卷幕友人數、籍貫由督撫查明具奏，歷經遵辦在案。茲山西學政翰林院編修臣吕鳳岐於本年十月十一日到任，將閱卷幕友人數、姓名、籍貫造册咨送前來。臣覆查該學政所延閱卷幕友，並無山西本省之人，相應照繕清單，恭呈御覽。理合附片具奏，伏祈聖鑒。

旨：知道了。欽此。

謹將山西學政閱卷幕友姓名、籍貫，繕具清單，恭呈御覽。

計開

董鴻誥，浙江瑞安縣拔貢生。夏承禧，江蘇高郵州增生。江世組，安徽旌德縣歲貢生。王荃本，安徽桐城縣附生。

張書紳飭赴新任穆長椿等飭赴讞局學習片 光緒八年十一月初三日

再，部選五寨縣知縣張書紳，前經飭赴讞局幫審案件。茲查該員自到局學習以來，計將十月，漸臻諳練，應即飭赴新任。又新選靈邱縣知縣穆長椿，靈石縣知縣祝裕，於光緒八年九月十八、二十九等日到省。該員等均係初任地方官，并飭赴讞局學習，藉資歷練，再令赴任。由藩臬兩司先後會詳前來。臣覆查無異，除檄飭遵照外，理合附片陳明。伏祈聖鑒。

旨：知道了。欽此。

請停分發摺 光緒八年十一月二十五日

竊惟山西地瘠官貧，經傳所謂狹隘迫小，今日猶然。候補向無多員，同治年間，道府州縣尚不足百人，同通佐雜不足二百人，似較之東南各大省爲少。然已苦無差可委，即有差者亦甚拮据。自緣東南軍興以後，帳行（閉）［關］歇，稱貸不通，官場大困。自光緒三年前撫臣曾國荃以奇荒之故，逾恒惠恤，薪水而外，加給夫價。踵之者益肆浮濫，省會局差增出數倍，每月薪水夫價，費至六千餘金，局勢一變。況當賑捐痛減之際，正值奏停實官之時，佐貳雜職，捐納三班及分發指省，不過一二百金，至多者三數百金，營謀得差，半年即可取償。於是官幕［之］子弟，流寓營員，下逮市井駔儈，少解囊橐，盡化爲晉省之官。正印以上來者略少，他項人員數年間驟增三百餘人，蓋多於舊日者十之七矣。計晉省同通共八缺，候補者四十二員。佐雜共一百六十六缺，候補者四百一十二員。河東鹽務共九缺，候補者八十七員。現各省停發，每月繳照到省者尚復雜遝而來，闐塞無聊，伊於胡底。

臣承晉省凋敝之餘，惟務養民節用，一切虚誕之例差，濫竽之薪水，無稽之局費，凡昔之病民蠹國，藉以周濟閒員而習以爲常者，次第裁除。差委日少，人數日多。該員等既鮮讀書窮理之士，又居不甚愛惜之官，麇聚省垣，專以告饑求差爲事。謂之官吏，則一無職司，謂之四民，則一無生計。天寒歲暮，顛踣相聞。

而司道府州見其貧窘，又將爲之設法位置，糜費帑金，騷擾州縣。夫以窮迫之人，偶（被）［處］差委〔一〕，官箴在所不恤，雖曰閒曹，其足以害政擾民一也。蓋此間公私物力，止如蹄涔之水，實不足以贍無數閒冗之官。若不停止分發，於澄清吏治既有所妨，其誤入窮途亦殊可憫。合無仰懇天恩俯念晋省灾後瘠區，閒員困塞，除道府州縣俟明年察看情形再行奏明辦理外，擬請將勞績、捐納兩項，同知、通判並府經歷，以至未入流暨鹽務各官，無論指省、改省，一律停止分發三年，於吏治仕途均有裨益。據藩臬兩司、河東道具詳前來，理合恭摺具陳。

旨：吏部議奏。欽此。

覆陳籌解烏科兩城經費摺〔二〕

光緒八年十一月二十五日

竊臣欽奉八月二十四日暨九月二十八日兩次寄諭，因杜嘎爾、清安等奏催解款，敕將烏里雅蘇台、科布多經費餉需，督飭藩司如數撥發。

竊查晋省應解烏、科兩城經費，三年共銀二十萬兩，乃咸豐以前舊章。自咸豐五年議定，每年匀解銀六萬六千六百六十六兩零，仍（荇）［符］三年二十萬之數，沿襲二十餘年，中間惟同治九年，因草地軍情緊急，籌解略爲擴充，此外並無增益。西陲用兵以來，兵差如織，不過就此支持，自晋省大祲，全數停解，光緒六年，僅解三萬四千七百兩，七年始行解足。上年該將軍等屢請添撥，户部酌核定議，令山西於八年分應解烏、科兩城經費銀六萬六千六百餘兩之外，暫給科城添解銀三萬一千餘兩，再與烏城暫添解銀一萬六千餘兩，撥解一年。其部墊銀五萬五千兩，令於積欠科城經費内，籌款歸還。是晋省既須添解該兩城歲需，又須代還該兩城墊欠，爲此一路，頓增數款。臣前次奏懇展緩協餉摺内，曾經聲明該兩城經費，必按舊章應付，並請分年歸還部墊。是解至兩城者雖仍原數，而出之晋省者，實已加多。七月間業已籌解經費一半，奏明在案，嗣後該兩城遂無領餉委員至晋。茲奉飭催之旨，當經行知藩司籌撥，該司以此款於舊章之外增而又增，委實無從羅掘爲辭。且諸軍皆欠，而兩城獨加，更何以自解於各路將帥。臣目睹支絀情形，實難設措。夫晋省物力充裕之年，止照常額，而民生彫耗之後，轉欲求多，事理所難，顯然易見，况認還部墊，固已溢於舊章之外乎。惟是户部責令晋省添解之議，已經奏准，且議以暫添一年，則户部之持籌派撥，深費躊躕，亦可想見。臣既不敢不諒計臣之苦衷，而又無術以起三晋之貧乏，惟有量力添解，以稍塞該兩城之望。查科城委員，頃甫到晋，臣當飭司勉籌迅發，俾得遄歸。

茲據布政使方大湜詳稱，於光緒八年地丁項下，籌動銀三萬三千三百三十三兩零，十月二十六日兑交科城委員筆帖式惠廉領解回城，作爲光緒八年應解烏、科兩城一半經費，二城分用。又於八年地丁項下籌動銀一萬兩，以四千兩作爲科城添撥之款，以四千兩作爲科城台費，以二千兩作爲烏城添撥之款，統交該筆帖式領解，分赴烏城、科城交納。並據聲稱，現值趕解西征餉需，催提部墊西餉，十分竭蹙，此於無可設法之中，勉力攢集等語，

〔一〕以上舛、脱三處據《京報》第三四二號校正、補充。

〔二〕以下十七件録自抄本《張中丞撫晋奏疏》。

詳請具奏前來。所有解足烏、科兩城常年經費，並籌解兩城暫添經費，暨科城台費各情，除分咨外，理合專摺奏聞。

旨：知道了。欽此。

籌撥京餉軍餉片光緒八年十一月二十五日

再，據藩司方大湜詳稱，光緒八年分奉撥京餉銀五十萬兩，前曾四次解過銀四十萬兩。茲於光緒八年地丁項下，籌動銀一十萬兩，委儘先補用同知炳玉管解，於本年十一月二十三日起程，赴部交納。又於本年地丁項下籌動銀五萬兩，作爲東北邊防經費，委候補巡檢周浚蕃管解，於本年十一月二十三日起程，赴部交納。所有奉撥八年分京餉五十萬兩，東北邊防經費十萬兩，均已全數解清。又據詳稱，應解嵩武軍駝乾銀兩，現於八年地丁項下籌動銀二萬兩，兑交嵩武軍委員王兆槐領解，於本年十一月初六日起程，回營交納。

又據河東道唐咸仰詳稱，於光緒五年分鹽引雜課項下，湊撥銀三萬兩，委候補鹽巡檢王承熙管解，於本年十一月二十六日起程，前赴陝西省城西征糧台交納，以符辛巳綱應協三十四萬兩之數各等情，詳請具奏前來。除分咨查照外，理合附陳。伏祈聖鑒。

旨：户部知道。欽此。

道員高崇基留晋補用片光緒八年十一月二十五日

再，山西差遣委用道高崇基，到晋已八閱月，經臣派委督辦善後局及清源局務，句稽詳密，朝夕勤勞。查善後局所司，乃釐荒、清丈、差徭、倉穀、禁罌粟、開道路諸事宜，此皆晋省經常久大之政，無有停期。至清源局所司，乃清查三十餘年庫款，抉摘以前弊竇，釐定以後章程，適户部又有催辦報銷之舉，浩穰繁難，一時并集，亦非旦夕可了，是該員不能離晋，事勢顯然。且該員熟習晋事，衆望素孚，將來任以地方，自能得力。特晋省道員可倚任者寥寥，而該員尚係差遣委用之員，遇有缺出，既不能列名請補，又不便量才委署，既少臂助，亦覺向隅。合無仰懇天恩俯念晋省善後清查諸事，正在喫緊需人之際，即將道員高崇基留於山西，仍照原班以道員補用，俾其分定力專，實於晋事大有裨益，出自逾格鴻慈。理合附陳，伏祈聖鑒。

旨：著照所請。吏部知道。欽此。

奏參裕厚等革職片光緒八年十一月二十五日

再，陽城縣知縣裕厚，性情謬妄，習氣亦深，官評素多不協。茲經臣查出該縣於民間私種罌粟者，不惟不加禁止，且每畝收税錢一千，愚民恃已納税於官，從此廣加種植，實屬違法罔利，導民爲非。並查出該縣於省城頒發緩徵荒糧告示，有剜改要字情事。左雲縣知縣蔣濂，辦事昏率，前於署臨汾縣任内查灾，徵收不得其平，深爲士民所惡，至今怨憤不休。相應請旨將該二員均即革職，以示懲儆。其裕厚剜改告示一節，仍再委員切實查辦。至陽城、左雲，均係選缺，晋省現有應補人員，應請扣留外補，合併聲明，伏祈聖鑒。

旨：另有旨。欽此。

通省秋禾約收分數摺并清單　光緒八年十一月二十五日

竊照秋禾約收分數，例應詳細查明，先行奏報。茲查光緒八年山西省太原等九府，遼州等十直隸州，暨歸綏道所屬共計一百八廳、州、縣。秋禾約收七分餘者，崞縣一縣。約收七分者，岢嵐等五州縣。約收六分餘者，徐溝等二十八州縣。約收六分者，陽曲等二十八廳州縣。約收五分餘者，太原等四十六廳州縣。據藩司彙詳前來，除俟查明實在收穫分數，或減或增，另行恭疏具題外，理合將秋禾約收分數，循例先行具奏，開繕清單，敬呈御覽。伏祈皇太后、皇上聖鑒。

旨：知道了。欽此。

謹將山西省光緒八年各屬秋禾約收分數，開繕清單，恭呈御覽。

計開

約收七分有餘者

崞縣。

約收七分者

岢嵐州，朔州，鳳台縣，高平縣，沁州。

約收六分有餘者

徐溝縣，嵐縣，曲沃縣，翼城縣，鄉甯縣，長子縣，屯留縣，黎城縣，壺關縣，平遥縣，介休縣，廣靈縣，陽高縣，右玉縣，平魯縣，神池縣，偏關縣，陽城縣，臨晋縣，虞鄉縣，猗氏縣，代州，繁峙縣，五台縣，解州，芮城縣，聞喜縣，靈石縣。

約收六分者

陽曲縣，交城縣，襄陵縣，長治縣，襄垣縣，潞城縣，孝義縣，甯鄉縣，渾源州，豐鎮廳，甯武縣，沁水縣，和順縣，沁源縣，武鄉縣，平定州，壽陽縣，盂縣，定襄縣，静樂縣，安邑縣，夏縣，絳州，河津縣，大甯縣，蒲縣，和林格爾廳，薩拉齊廳。

約收五分有餘者

太原縣，榆次縣，太谷縣，祁縣，文水縣，興縣，臨汾縣，洪洞縣，浮山縣，太平縣，岳陽縣，汾西縣，吉州，汾陽縣，臨縣，石樓縣，永甯州，應州，大同縣，懷仁縣，山陰縣，靈邱縣，天鎮縣，左雲縣，甯遠廳，五寨縣，陵川縣，永濟縣，榮河縣，萬泉縣，遼州，榆社縣，忻州，保德州，河曲縣，平陸縣，稷山縣，絳縣，垣曲縣，霍州，趙城縣，隰州，永和縣，歸化城廳，清水河廳，托克托城廳。

揀員調補要缺知縣摺光緒八年十一月二十五日

竊照太平縣知縣勞文慶告病，接准部覆開缺，當經截缺咨部在案。所遺係衝、繁、難兼三要缺，例應在外揀選調補。該縣地當孔道，政務殷繁，必須精明幹練之員方克勝任。臣與藩臬兩司於通省知縣内逐加遴選，非現居要缺，即人地未宜，惟查有萬泉縣知縣朱光綬，現年五十四歲，係浙江歸安縣人，由監生於咸豐四年在江南徐州遵籌餉例報捐未入流分發指省山西，六年五月到省。九年三月捐升縣丞分缺間補用，同治三年驗看，因解京餉議敘，奉以應升之缺升用。八月，丁繼母降服憂，十二月遵例捐免補本班，加倍補足三班，以知縣仍留山西，歸候補班補用，並捐免保舉。又在江南徐州加捐同知升銜，四年十一月服滿，起復赴部。五年四月初六日到省，復遵例報捐本班儘先前補用，光緒元年題補萬泉縣知縣，二年七月十八日到任。因歷年辦理賑務出力，經前撫臣曾國荃彙案保奏，請以直隸州知州在任候補。奉旨：依議。欽此。五年十二月調署太平縣知縣，七年四月調署聞喜縣知縣，八年二月復調署太平縣知縣，於八年五月二十七日到任。

該員慈祥静細，實心爲民，任内並無積案及欠解錢粮、承緝未獲盗案處分，且兩署斯缺，措置裕如，以之調補太平縣知縣，實堪勝任。核計該員歷俸早滿三年，惟試俸尚未請銷，業經飭令該員赴部捐免，與調補之例相符。據藩臬兩司會詳請奏前來，合無仰懇天恩俯念員缺緊要，准以萬泉縣知縣朱光綬調補太平縣知縣，實於地方有裨。如蒙俞允，該員係現任知縣調補知縣，銜缺相當，毋庸送部引見。所遺萬泉縣知縣員缺係屬簡缺，應歸部選，晋省現有應補人員，應請扣留外補。是否有當，理合恭摺具奏。

旨：吏部議奏。欽此。

查明壬午科鄉試老生榜發未中摺 光緒八年十一月二十五日

竊照各省鄉試年老諸生，如果三場完竣，例准查明實在年歲，奏請恩施。茲光緒八年壬午科山西省文闈鄉試，於放榜後查有年届八十以上之附生李榮震，現年八十之附生周中規等二名，均未中式，據提調冀甯道左雋具詳請奏前來。臣調閱該老生等三場試卷完全，文理俱屬通順，當經咨准學政臣吕鳳岐查覆，核對學册，年歲與例均屬相符。欽惟我皇上治焕堯章，教敦周物。錫壬林之福禄，英賢脱穎而同升。耀午運之文明，耆碩希光而並至。（核）［該］老生李榮震等夙勤雪案，久閲風簷。鐵硯將穿，益顯窮經之士。襴衫未换，猶充觀國之賓。朱墨本已具乎三場，甲乙榜未陪乎羣彦。睹此杖藜矍鑠，春熙久育乎深仁。即其炳燭精勤，秋賦亦傳爲瑞事。考鄉飲酒之禮，曾邀五豆隆儀。比特奏名之科，宜荷九乾曠典。除將該老生等入學年歲清册咨送禮部查核外，理合專摺具奏，並繕具該老生等名單，恭呈御覽。伏祈皇太后、皇上聖鑒，敕部核覆施行。

旨：禮部議奏。單併發。欽此。

謹將光緒八年壬午科山西省鄉試三場完竣未經中式年老諸生，繕具名單，恭呈御覽。

計開

李榮震　年八十五歲，平遥縣附生。

周中規　年八十歲，忻州附生。

陽曲等州縣民欠懇遞緩蠲免摺 光緒八年十二月初四日

竊查晋省民風厚樸，輸納正賦，向係年清年款，甚至荒粮逋户，多由社長同里賠完，從無故意拖欠之事。自罹灾祲，或蠲或緩，或止徵一忙，或分限啓徵，聖澤汪洋，固已至優極渥。惟灾後開徵以來，各州縣經徵欠緩，全完者固多，而累年蒂欠者，尚復不少。實因户口彫耗，傭作缺乏，刈穫之資，不敷工本，加以近年穀賤銀昂，謀生完粮，均形拮据。今夏雨澤愆期，入秋又復雨多晴少，諸水漲溢，旱潦交乘，間有偏灾，收成不無歉薄。所有陽曲等四十五州縣，今年所入，僅敷餬口，本届正賦尚可勉力輸將，其舊欠並因災緩徵光緒五、六兩年錢粮，若同時併徵，實屬力有未逮。又左雲、遼州等十三廳州縣民欠同治十一、二、三年並光緒三、四等年錢糧，雖按年催徵，而終無實濟。緣左雲等十屬，皆雁門關内外山坳陰晦、沙礫荒寒之區，每年五月始雨，八月即霜。所種不過蕎稞，即豐收已屬微末，設遇雨遲霜早，則一無所穫。遼州等三屬，則係太行山脊磽确峻削之地，平日多於嶺谷之間，搜尋片壤，强闢而耕，一二年後，風吹土薄，輒復棄去，此晋民方言所謂苦墾地也。以上各屬所欠，本皆畸零小户，災後逃絶尤多，完納正賦，已甚竭蹶，若再責以累歲積逋，災年舊欠，是徒有追呼之擾，文牘之繁，不惟不忍，且亦無益。本年秋間，即有州縣紛紛籲懇，臣未敢率行上瀆，因復詳加體察，參考通省，委係實在情形。茲據各廳州縣稟由該管道府州詳咨藩司核明，詳請奏懇分別蠲緩前來。合無仰懇天恩俯准將陽曲、榆次、太谷、交城、長治、汾陽、臨汾、吉州、萬泉、榮河、平陸、應州、山陰、陽城、陵川、沁水、遼州、榆社、和順、沁源、武鄉、平定、忻州、崞縣、靈石、隰州、大甯、太原、祁縣、徐溝、文水、平遥、介休、孝義、大同、神池、代州、岢嵐、襄陵、曲沃、甯武、五寨、高平、稷山、絳縣等四十五州縣，民欠未完，暨因災緩徵光緒五、六兩年錢糧米豆、土鹽税，緩至九年秋後徵收。其左雲、岢嵐、興縣、大同、豐鎮、甯遠、崞縣、應州、右玉、保德、遼州、和順、盂縣等十三廳州縣，民欠同治十一、二、三年並光緒三、四等年錢粮米豆概予蠲免，出自逾格鴻施。

蓋寬舊所以督新，俾民力可以稍紓，有司亦無從藉口。臣前於九月間，奏劾和順縣魯燮光一案，即由胥役催追舊欠，逼令農民，多於一夜内賤賣田房，頃刻之間，生產蕩盡，可爲痛心疾首。此等情形，在他屬恐亦不免，與其擾窮黎而無裨於國計，誠莫若廣皇仁而專力於新徵。如蒙聖慈俯允，臣謹當刊刻謄黄，徧貼曉諭，務使實惠均霑。是否有當，理合繕摺具奏。

旨：另有旨。欽此。

請將弓沛霖等改奬移奬以清捐案片并清單

光緒八年十二月初四日

再，晋省前辦賑捐二次請奬案内，有弓沛霖原請由歲貢生以訓導分缺間選用。三次請奬案内，有邢士廉原請由花翎雙單月知府指分河南試用。四次請奬案内，有喬景儀原請由俊秀捐監生以鹽運同分缺先選用，加尋常四級給予父母及本身妻室從二品封典。崔道普原請由候補守備加四品銜。先後經户部議駁，飭令補交銀兩，並登明原捐案據，再行核辦各等因，即經行局轉飭去後。茲據壽陽等縣查覆，轉據捐生弓沛霖等呈請改奬、移奬，由善後局司道核明具詳前來。臣查該捐生等改奬、移奬銜職，與例相符，原捐銀數有赢無絀。合無仰懇天恩俯准將弓沛霖等各員前捐銀兩改奬、移奬，以清捐案。除咨部外，理合開單附奏，伏祈聖鑒，敕部核議施行。

旨：户部議奏。單併發。欽此。

謹將晋省前辦賑捐請奬實職封銜，經部議駁，各捐生分別改奬，開繕清單，恭呈御覽。

計開

弓沛霖　壽陽縣人，由歲貢生在賑捐第二次請奬案内捐實銀二百二十九兩，請以（請）［訓］〔一〕導分缺間選用，經部駁令補交例銀四百兩。茲據呈請，弓沛霖已於光緒己卯科中式本省鄉試舉人，擬改請由舉人給予翰林院待詔職銜。

邢士廉　崞縣人，由監生於咸豐八年在京銅局報捐雙月知府並免保舉。同治四年本籍捐輸案内議叙，以知府不（諭）［論］〔二〕雙單月選用。當在賑捐第四卯先後三次請獎案内捐實銀一千七十五兩二錢，請以知府指分河南試用，經部行查報捐原案，茲據查明，同治四年本籍捐輸議叙不論雙單月之案，經部議駁，呈請將前捐指省分發銀兩改獎，由雙月知府捐足三班以知府不論雙單月選用。

喬景儀　祁縣人，由俊秀在賑捐第四次請獎案内捐銀八千三百八十兩，請作十成監生以鹽運同分缺先選用，加尋常四級，給予父母及本身妻室從二品封典。經部駁令補交實銀五千七百五十四兩，並免保舉銀兩。茲據呈請改獎，仍給予十成監生以鹽運司運同不論雙單月選用，並捐免保舉，加尋常四級，給予父母及本身妻室從二品封典，毋庸再給分缺先用花樣。

崔道彰　永甯州人，在崔道普捐銀六百五十兩内撥銀二百八十一兩移獎，由從九品職銜請給予布理問職銜。

崔道增　永甯州人，在崔道普捐銀内撥銀一百八十兩移獎，由監生給予州同職銜。

崔道濬　永甯州人，在崔道普捐銀内撥銀四十八兩移獎，由俊秀給予未入流職銜。

崔其德　永甯州人，在崔道普捐銀内撥銀四十八兩移獎，由俊秀給予未入流職銜。

崔其藻　永甯州人，在崔道普捐銀内撥銀四十八兩移獎，由俊秀給予未入流職銜。

勾瑞春等原捐銀兩移給吴壽籛等片并清單

光緒八年十二月初四日

再，隰州城工捐輸請獎案内，有捐生吴壽籛、李新鄂二名，俱應補交免保舉銀兩，傅鳴鶴一名，尚欠銀九十兩，經部駁飭補交。旋據捐生勾瑞春、梁成請將原捐銀均移給吴壽籛，傅廷琛請將原捐銀分移給李新鄂、傅鳴鶴，當經前撫臣曾國荃咨部更正在案。嗣准部覆，移獎咨文雖在光緒五年十二月二十五日展限章程以前到部，惟與光緒四年八月十二日奏章不符，應令奏明辦理等因，即經轉飭去後。茲據隰州知州謝洸轉據該捐生等呈由藩司核明詳請移獎前來。臣覆查銀數相符，合無仰懇天恩俯准將勾瑞春等三員原捐銀兩移給吴壽籛等三員補交免保並前欠，以清捐案。理合繕具清單附奏，伏祈聖鑒，敕部核議施行。

旨：户部議奏。單併發。欽此。

謹將捐修隰州城工請獎案内，捐生勾瑞春等三員原捐銀兩移給吴壽籛等三員補交免保舉及前欠不敷各銀數，開繕清單，恭呈御覽。

計開

一、捐生吴壽籛，原捐實銀二千二百六十八兩，由勾瑞春移獎銀三百兩，梁成移獎銀一百二十六兩，共捐輸實銀二千六百九

〔一〕「請導」似應為「訓導」。
〔二〕「不諭」似應為「不論」。

十四兩。擬請由俊秀捐監生以鹽課大使選用，並請捐免保舉，有贏無絀。

一、捐生李新鄂，原捐銀二千二百六十八兩，由傅廷琛移獎銀四百兩，共捐輸實銀二千六百六十八兩。擬請由俊秀捐監生以鹽課大使選用，並請捐免保舉。

一、捐生傅鳴鶴，原捐銀一千八十兩，由傅廷琛移獎銀九十兩，共捐輸實銀一千一百七十兩。擬請由俊秀捐監生以州吏目分缺先選用。

一、報捐職銜典史勾瑞春，捐輸實銀三百兩。現查實官請獎職銜與例不符，擬請移獎吴壽錢，本身請免議叙。

一、捐生梁成，由增生捐輸實銀二百四十六兩。除本身撥銀一百二十兩議叙增貢生，由部核准外，撥餘銀一百二十六兩，擬請移獎吴壽錢。

一、報捐職銜教職傅廷琛，捐輸實銀五百兩。現查實官請獎職銜與例不符，擬請移獎李新鄂銀四百兩，傅鳴鶴銀九十兩，本身請免議叙。

光緒五年分應徵節年錢糧比較上三年完欠數目片并清單 光緒八年十二月初四日

再，准户部咨，山西省奏報額徵光緒五年地丁錢糧，比較上三年完欠數目摺内，除新賦錢粮已據聲明歸於上下忙案内辦理外，其舊賦比較，仍補報光緒五年分應徵舊賦錢粮，與奏案不符。且清單内並未將本年帶徵若干，積年舊欠若干各項數目聲叙，亦未開列分數，無從稽核。其六、七兩年舊欠錢粮比較，亦未奏報等因。行司遵照去後。

查晋省六、七兩年奏銷，均經展限，前此奏報比較之時，正值五年奏銷甫經辦竣，是以比較之數，亦祇能先就五年開列。茲據布政使方大湜詳稱，遵照部示，先將光緒五年分應徵節年舊賦錢粮，除蠲免、參追等款一概豁除，毋庸開列分數外，所有實徵銀兩分別已完、未完，比較上三年最多最少之數造册請奏前來。臣覆核無異，除清册咨部外，理合開單附奏。

旨：覽。欽此。

謹將山西省光緒五年應徵節年錢糧，比較上三年完欠數目，繕具清單，恭呈御覽。

計開

舊賦項下：

光緒五年應徵同治十一年起至光緒四年民欠地丁，並道光二十八年起至光緒四年地粮米折，共銀四十六萬六百二兩零。内除道光二十八年起至光緒四年，豐鎮、甯遠、清水河三廳應徑解綏遠城廳庫徵存未解地粮，並清水河廳逃户無著地粮，共銀二十一萬八千四百七十三兩零。又除咸豐三年起至光緒二年，平陽等處被賊擾害搶劫，並墊辦兵差，及岢嵐等處虧挪，右玉、保德二州縣應存留光緒四年俸工地丁共銀二十一萬二千一百二十四兩零外，實在共應徵銀二萬九千九百九十四兩零。截至是年奏銷止，已完銀三千三百九十五兩零，内造入光緒六年秋撥册内新收項下各屬完解光緒三年地丁銀一千四百一兩零。又造入光緒七年春撥册内新收項下各屬完解光緒三年地丁銀一千一百一兩零，内銀六百八十八兩零，黄絲地丁銀一百三十四兩零。光緒四年地丁銀七百二十一兩零，内銀六百四十兩零。又造入光緒七年秋撥册内新收項下各屬完解同治六年地丁銀六十五兩零，同治十二年地丁銀一百六十八兩零，同治十三年地丁銀一百五兩零，光緒四年地丁銀一百九十一兩零。未完銀二萬六千五百九十八兩零。已完一分一厘三毫二絲二忽。未完八分八厘六毫七絲八忽。

比較光緒二年，實應徵銀五萬二百八兩零。截至是年奏銷止，已完三分一厘八毫七絲四忽，銀一萬六千三兩零。未完六分八厘一毫二絲六忽，銀三萬四千二百五兩零。計少完二分五毫五絲二忽。

比較光緒三年，實應徵銀三萬三千八十五兩零。截至是年奏銷止，已完一分三厘二毫七絲七忽，銀四千三百九十二兩零。未完八分六厘七毫二絲三忽，銀二萬八千六百九十二兩零。計少完一厘九毫五絲五忽。

比較光緒四年實應徵銀二萬六千一百一十四兩零。截至是年奏銷止，已完一分九厘八毫六絲九忽，銀五千一百八十八兩零。未完八分一毫三絲一忽，銀二萬九百二十五兩零。計少完八厘五毫四絲七忽。

光緒六年分應徵舊賦完欠數目摺并清單

光緒八年十二月初四日

恭照道光二年十月初七日奉上諭：户部覈議，御史劉尹衡奏，州縣錢粮，責成交該官上司實力催解一摺。著照部議，設立比較之法，於奏銷題報外，照例具奏，開具清單，明列通省三年比較，或贏或絀，一一註明。等因。欽此。嗣後歷經户部奏咨定章比較上三年分數，各按十分計算，註明或溢或少，於奏銷截數後，開單奏報。已完數下註明造入春撥若干，秋撥若干，耗羡雜款，毋庸開列。新賦歸上下忙案内考核。舊賦將積欠、帶徵、已完、未完，比較上三年之數，按年專案奏報各等因。

茲據藩司方大湜將山西省徵收光緒六年分新賦錢粮，遵章統歸上下忙考核外，所有光緒六年分應徵舊賦已未完數目，比較光緒三四五等年徵收舊賦分數，各截至各年奏銷止，造册詳請具奏前來。臣覆核無異，除清册咨部，並七年舊賦比較，應俟六年奏銷後再行接續辦理外，理合開单具奏。伏祈皇太后、皇上聖鑒。

旨：户部知道。片一件，單二件併發。欽此。

謹將山西省光緒六年應徵節年錢糧，比較上三年完欠數目，繕具清單，恭呈御覽。

計開

舊賦項下：

光緒六年應徵同治十一年起至光緒五年民欠地丁，並道光二十八年起至光緒五年地粮米折，共銀五十六萬五千七百四十二兩零。内除道光二十八年起至光緒五年，豐鎮、甯遠、清水河三廳，應徑解綏遠城廳庫徵存未解地粮，並清水河廳逃户無着地粮，共銀二十二萬四千八百三十七兩零。又除咸豐三年起至光緒二年，平陽等處被賊擾害搶劫並墊辦兵差，及岢嵐等處虧挪，右玉、保德二州縣應存留光緒四年俸工地丁共銀二十一萬二千一百三十四兩零，又除光緒五年汾陽等處被灾豁免銀四千九兩零，徐溝等處被灾分年帶徵銀七千二百六十六兩零外，實在共應徵銀一十一萬七千四百九十四兩零。截至奏銷止，已完銀一萬一千五百兩零，内造入光緒八年春撥册内新收項下各屬完解光緒五年地丁銀九千八百七十兩零，内銀五千七百二十二兩零，光緒五年農桑地丁銀四兩零，户科地丁銀二百一十二兩零。又造入光緒八年秋撥册内新收項下，各屬完解光緒三年地丁銀二百三兩零，光緒四年地丁銀一千五百六十四兩零，光緒五年地丁銀三千七百九十一兩零。未完銀一十萬五千九百九十四兩零，已完九釐七毫八絲八忽，未完九分二毫一絲二忽。

比較光緒三年，實應徵銀三萬三千八十五兩零。截至是年奏銷止，已完一分三釐二毫七絲七忽，銀四千三百九十二兩零，未完八分六釐七毫二絲三忽，銀二萬八千六百九十二兩零，計少完三釐四毫八絲九忽。

比較光緒四年，實應徵銀二萬六千一百一十四兩零。截至是年奏銷止，已完一分九釐八毫六絲九忽，銀五千一百八十八兩零。未完八分一毫三絲一忽，銀二萬九百二十五兩零。計少完一分八絲一忽。

比較光緒五年，實應徵銀二萬九千九百九十四兩零。截至是年奏銷止，已完一分一釐三毫二絲二忽，銀三千三百九十五兩零。未完八分八釐六毫七絲八忽，銀二萬六千五百九十八兩零。計少完一釐五毫三絲四忽。

潞安協一缺請仍以呼延霖借補摺 光緒八年十二月初四日

竊照山西潞安協副將向鵬舉告病，遺缺經前撫臣衛榮光以記名總兵呼延霖奏明借補。嗣准兵部咨覆，應用歸揀發班之保舉補用升用人員。經臣以員缺緊要，補用升用人員，人地未宜，呼延霖老成持重，熟悉戎機，仍請以該總兵借補。衛榮光及臣摺内，曾經節次將履歷勞績，詳晰聲叙在案。復准部咨，補用升用人員，既不相宜，應用應升人員等因。自應遵照部議，另行揀補。惟晋省武職各員，寥寥可數，前准部咨，已於通省實缺、候補、應升、應補班内逐加遴選，皆於此缺，不甚相宜。因前撫臣衛榮光初次請補摺内，曾經聲叙，晋省雖有候補儘先及實任參將應升人員，均於此缺不甚相宜。臣前奏所稱升用，即該括應升一班在内，並非另有應升相宜之人，不以叙補也。

查同治六年六月兵部奏定章程内開，新設、改駐各員缺，如按例揀選，委係難得其人，而實在員缺緊要，人地相需，准其專摺奏請等語。溯查潞安協原名潞澤營，向設參將駐守。咸豐十一年十一月，前撫臣英桂奏稱，潞安與河南壤錯當衝，宜設重鎮，方與澤、遼首尾相應，奏准升營爲協，改設副將，增兵六百餘名。又以澤州爲河北門户，改設澤州營，都司爲參將，增兵五百餘名，歸潞安協節制，以一事權。又以遼州界連豫、直，隘口亦多，改遼州營千總爲粟城營都司，增兵六百餘名，歸潞安協統轄，以便調度。是潞安協一缺，係屬新設改駐，責任綦重，洵屬員缺緊要。

按例，揀選不得其人，本可專摺奏請。衛榮光及臣兩次具奏，乃係遵照部章，並非未按輪次遴選，率請借補。兼以近年盜風日熾，叠經拏獲，皆係直、豫匪徒竄入，緝捕巡防，必須嚴於平日，而該協所轄綿亙七八百里，適皆三省接壤，沿邊要地。綜計晋省副將三缺，除殺虎口副將，專係駐口旗缺外，内地止有原設蒲州協及新設潞安協二缺，轄境遼闊，所屬營汛亦多，較之他省，多至六七缺十餘缺者，職任輕重，頗爲有間。當初撫臣奏改，部臣議准，均因營制緊要，是以因時變通。今若揀補不得其人，是徒存改設之名，莫收得人之效，似與因地擇人之義未符。且潞安府知府，本係部選中缺，經前撫臣沈桂芬以該府管轄七屬，勢控太行，毘連河朔，同治四年正月奏銷，改爲繁、疲、難三項題調要缺，仰蒙特旨照准。并於未改缺之先，即經破格以直隸州知州葉桂芬升補，亦蒙特允。文武情形，自當相仿，况潞安協所轄，兼有潞、澤、遼三府州之境，較潞安府地段，尤爲廣闊，更形喫重。歷經前任撫臣改定文缺，移營添兵，揀員借補，持論如出一轍。臣自亦未敢稍事遷就，必於應升員内請補。相應將同治六年兵部奏定章程，詳細聲明，專摺奏請，仰懇天恩仍以記名總兵呼延霖借補，於新設邊要員缺，實有裨益。臣爲遵照例章，人地相需起見，伏祈皇太后、皇上聖鑒。

臬司松椿署理藩篆臬篆片光緒八年十二月初四日

再，准吏部咨，十一月十一日奉上諭：山西布政使方大湜著來京另候簡用。欽此。自應遴員接署，以便方大湜交卸北上。查按察使松椿心地慈良，任事明爽，前曾兩攝藩篆，於晉省吏治、度支均極熟悉，堪以署理。至所遺臬篆，本應接署，惟恭閱邸鈔，松椿已奉旨調補直隸按察使，已蒙簡放口北道奎斌到任，必當不遠。若再委道員署理臬篆，又須一一遞署，徒多紛擾，於政事轉致廢閣，當經飭令松椿以臬司兼署。除檄飭遵照外，謹附片奏明，伏祈聖鑒。

旨：知道了。欽此。

平陽府知府李秉衡暫緩赴任片光緒八年十二月初四日

再，接准部咨，知府李秉衡已蒙簡放平陽府知府，本應即飭赴任，惟該員自到晉後，臣稔知其曩在直隸曾帶練軍防勦，曉暢軍事，擒捕盜匪所至有效。晉省營務廢弛，兵氣頽弱，亟宜上緊整頓，即派該員會同太原府知府馬丕瑶總理營務處，並統領湘練兩軍馬隊。該員守潔律嚴，勤於訓練，數月以來，漸覺改觀。治兵爲晉省今日急務，以後尚須規畫全局，大加修飭。各員中曉此者尤難其人，應令暫緩赴任，責成該員竭力經理，以期武備日有起色。理合附陳，伏祈聖鑒。

旨：知道了。欽此。

盜匪案情重大請即行正法摺光緒八年十二月初四日

竊據解州直隸州知州魏象乾禀報，城内福牲基錢鋪，於光緒八年十月初二日夜三更後被賊撞門入室，執持洋槍刀械劫去贜銀二千餘兩逃逸等情。即經批飭勒限嚴緝，旋於是月初八日經南溝汛外委劉漢璋等督率各路兵役，在史家灘地方將盜匪牛兆明等追及。該盜匪逞兇拒捕，兵丁趙亨被金方印、姜汰榮砍傷，外委劉漢璋被胡灝詳用鐵鐗打傷右臂。該外委率衆奮勇格鬬，立將牛兆明、曹玉領、曹雙成、李復莀、劉順興、牛瓶、牛九誠、王雙足、趙起、李向等十名擒獲，餘盜向東逃逸。解州勇役追至垣曲縣地方，協同各路兵役拏獲逸盜胡灝詳、李難穩、姜汰榮、高添誠四名，詎該犯姜汰榮乘間脱逃，高添誠投河身死。分别將所獲各犯就近解交平陸、垣曲等縣訊供，轉解解州提訊。牛兆明等據供分隸山東鉅野、菏澤，直隸東明，河南孟津、滑縣等處。於九月間在孟津地方糾夥十四人，二十七日到澗灣對渡占得舊船，當夜曹玉領等七人搶得不知地名炭店錢銀衣物，打傷事主。三十日胡灦詳等十三人分携洋槍四桿並刀棍，到朝邑縣西關不識字號鋪户，撞門入室，搶得元寶三定，銀五百餘兩，並烟土錢物。初二日仍携洋槍刀械於晚間到解州，踰城而入，到一錢鋪撞開鋪門，搶得銀錢衣物，計元寶十定，碎銀不記數目，由原路分携回船。初四日傍晚到靈寶縣城南客店，尚未關門，禁嚇事主，得衣包兩個，內有銀兩洋表等物，事主追趕，被曹雙成等打退，得贜逃逸，欲回孟津分贜。船至三門遇風覆没，同夥十四人一齊落水，遇救得生，先後被獲，並認拒傷弁兵不諱。李難穩一名，據供前在山東搶奪犯案，充軍福建，到配脱逃，驗有刺字痕跡。陝西朝邑、河南靈寶等縣，各將案情移會該州。於該犯等隨身搜得元寶一定，認係朝邑縣原贜。疊據平垣營遊擊竇齡、平陸縣知縣馮壽全、垣曲縣知縣趙錫恩、解州直隸州知州魏象乾將獲犯情形查訊供詞先後禀報，經臣批飭河東道就近親提牛兆明等全案盜犯詳細研訊確情去後。兹據河東道唐咸仰禀報，查獲盜牛兆明、王雙足、李向、曹玉領、曹雙成、趙起均已先後病斃。親提胡灦詳、李難穩、劉順興、李復莀、牛九誠研鞫，供認結夥執持洋槍刀械迭劫三省，拒傷弁兵，贜證確鑿，録供禀報前來。

查晋省近年南北各路盜風甚熾，屢經臣嚴檄通省文武城汛防營認真巡緝。該犯等竟敢糾結夥黨，携帶火器，游行肆掠，今幸被獲到案，亟應從嚴懲辦，以儆匪徒。若解省審勘，不特距省窵遠，疏脱堪虞，且恐庾斃在獄，倖逃顯戮。該犯胡灦詳等爬越入城行劫，按例已俱應斬梟。且糾衆至十四人，執持洋槍多桿，八日之内轉劫三省，連犯四案，贜逾數千，迨被追捕，竟敢拒傷弁兵，實屬案情重大，核與就地正法章程相符。除勒緝逸盜金方印、姜汰榮務獲嚴辦外，相應請旨將胡灦詳、李難穩、牛九誠、李復莀、劉順興五犯即行就地正法，傳首犯事地方，梟示以炯戒。病故之牛兆明等六犯，均仍照例戮尸示衆。至牛瓶一犯年止十五，訊係僅止聽從，伊父牛兆明在外看守船隻，並未隨行上盜，仍飭照例辦理。理合專摺具奏，伏祈聖鑒。

旨：刑部速議具奏。欽此。

大同鎮拿獲口外盜犯請就地正法片 光緒八年十二月初四日

再，省北口外地方時有匪徒出没，屢經咨行大同鎮督飭各軍，於旗民各屬加意巡防緝捕，以安民蒙。本年十一月，准署大同鎮總兵張樹屏咨報，據樹軍營官副將董履貞督帶隊勇，先後拏獲盜匪王灦誠即王幅得、賀得詳、白奶羊仔三名，解交歸化廳審辦。當經檄飭歸綏道督廳研訊確情，録供禀報。兹據歸化同知謙吉詳稱，提訊王灦誠供稱，素與逸盜張均、邱瑞、李小全子等相好，今年八、九、十等月，張均等糾夥十三人迭次行劫四子部落白銀不浪郭武家，大北號馮安國家，温圪氣萬裕永鋪户等處，得贜均爲窩留收藏。並於十月内轉糾賀得詳入夥，與逸盜張均等同夥七人，持械搶劫四子部落孤營子張續仲家衣物，回至王灦誠家俵分得贜不諱，質之獲盜賀得詳供亦相同。白奶羊仔供認，聽從逸盜王環仔糾邀同夥三人，在茂明安旗屬哈拉門山溝騎馬持械，施放洋槍，白晝劫奪車户曹旺馬四匹變賣。飭傳事主郭武、馮安國、萬裕永、張續仲認明贜物屬實各等情，録供通報前來。

臣查晋省奏定章程，口外遊勇、馬賊糾夥肆劫，獲訊明確，實係真正盗匪，即行就地正法，歷經遵辦在案。今王澒誠等三犯，或糾夥持械行劫，積慣窩盗收贜，或騎馬持械劫奪馬匹，實爲邊地大害，非立置重典，不足以儆匪徒。除勒緝各逸盗務獲嚴辦外，相應請旨將王澒誠即王幅得、賀得詳、白奶羊仔三犯，即行就地正法，以昭炯戒。理合附片具陳，伏祈聖鑒。

旨：刑部速議具奏。欽此。

通行保甲法并請定就地正法章程摺 光緒八年十二月十六日

竊惟晋省二十年前稀有盗案，非無盗也，本省民情謹弱，不能爲盗。曩年殷盛之時，聚落稠密，屋宇堅完，游民頗少。村規甚嚴，流丐亦不容棲止，匪頭更無敢窩留。外來之盗，既無引綫，又無窩家，自然無從託足。自同治年間設防河之軍，客勇數十營，紛紜累年而後罷。以後屢駐大枝營勇，遣者不盡還鄉，於是晋有游勇。邊外七廳土地荒闊，亡命潛蹤。自新疆用兵，大軍出塞入塞者，皆以歸綏爲轉輸屯駐之場，莠民萃焉，於是晋有馬賊。自丁戊荐饑，户口大減，墟落蕭條，村規稍弛。貧民誘於小利，漸有勾賊窩匪之事。此罅一開，趨之若鶩，於是晋有外來糾夥刦盗。比年日益横肆，光緒五年，通省刦案凡四十九起，六年刦案凡二十九起，七年刦案凡五十七起，本年十［一］月以前刦案凡二十九起。最甚者，莫如去年三月，蒲縣黑龍關有盗匪直入（汎）［汛］署，刦奪獲犯，戕殺把總王標一案。今年十月，孝義縣有盗匪多人白晝入城，開放洋槍，刦奪錢鋪，奪門逃逸一案。解州有盗匪十三人踰城而入，開放洋槍，刦奪錢鋪，旋於五日内連刦陝、豫境内，拒傷弁兵一案。各盗大率皆直、東、豫三省界上游匪，平日冒充賣布賣帶小販，分股入境，混匿城市，伺便而發。蓋直、豫兵力較壯，未能大逞，稔知晋省兵單而民懦，輾轉招引，踵接而來。此據各盗供詞與諸［路］採訪一一相同。加以今年大青山後荒旱，流民南徙就食者麇集歸綏，多方彈壓，時虞滋事。

臣節次嚴檄通省文武防營將領，講求緝捕，協力擒拏，調派馬步兵勇，於南北路分段梭巡。惟是兵役之力，僅能及於城汛要衝，非激勸民間自謀守衛不可。因飭通省地方官力行保甲，勸諭居民聯爲守助約。查晋俗，每一村，每一社，若一村有二三公廟，則一村爲二三社，社各有長，村民悉聽指揮。因令即以社長爲約長，仿古人連村置鼓之法，令其鳴鐘鳴鑼相聞。平日則自清窩匪，聞警則互相救援，協助兵役攔截追捕。優懸賞格，詳定條規，不令造册點名，以免吏胥滋擾。如將［來］辦有成效，戢匪安民，其勸辦有效之地方官，捕獲巨盗尤爲出力之約長（來），可否由臣查明，奏懇恩施，酌予獎勵。庶可以鼓民氣之積懦，輔官力之不周。惟查歷任撫臣奏定章程，皆以南北路盗風未息，迭請將就地正法章程懇免停止。而查辦過成案，於糾夥持械、搶刦兇暴衆著者，亦多有酌量情形，即比照土匪、馬賊、游勇辦理。實所以力懲奸宄，俯順輿情。本年四月准刑部咨，酌議就地正法章程原奏内稱，各省實係土匪、馬賊、會匪、游勇，案情重大並形同叛逆之犯，均暫准就地正法，隨時具奏，録供咨部。其餘尋常盗案，統限一年一律規復舊制。儻實係距省窵遠地方，長途恐有疎虞，人犯解赴該管巡道訊明，詳由督撫分別題奏。等因。查核所指六項，既見執法之慎，仍示戢暴之嚴，極爲明允。惟原議語意渾括，不得不再請明晰定章，以資遵守。蓋刦盜中多有五方游匪，猝然聚會，糾夥多人，執持刀械、火槍，出没各省界上，攔路搶掠，迭刦多次，逞兇傷人，公然拒捕，復有窩盜招匪，作綫分贜。謂之馬賊，則仍係徒行。謂之游勇，則未著號衣。謂之會匪，則不肯供出會黨姓名。謂之土匪，則非籍隸本境。而其爲害，則較之馬賊、游勇、會匪、土匪僅止二三人者而有甚焉。其人數既多，器械既利，則擒獲不易。其鄉貫既雜，則追捕無蹤。即如目前解州盜案，幸而兵役促之河干，始克陸續全獲。若在平原，必已大半竄逸。而悍盜兼爲窩主之姜太榮[一]，就縛以後，依然遁去。歸綏道温圪齊[二]等處盜案，賴有大隊樹軍防營，窮搜山後，始獲數名，然盜首張均等尚未弋獲。若羈禁解勘，既恐難免疏虞，且不在刦所行誅，亦不足以昭炯戒。擬請嗣後晉省盜案，如有執持刀械、火槍者，衆至三人以上者，行刦二次者，行刦致傷事主者，拒捕傷人者，入城行刦贜數較多者，窩綫分贜至二次者，有一於此，即由該州縣録供，通稟撫臣查核情形，批飭該管道府前往提訊，供證確實，暫准就地正法。如距本管道府較遠者，由省派委道府大員前往提訊，供證確實，亦即就地正法，均即隨時奏咨。緣此七項，實與部議馬賊、游勇、會匪、土匪案情重大諸條情節相等，則辦法亦應一律。[設過事拘牽，必致因噎廢食，俾盜風止息再復舊制。]如不在部議原定諸條及此七項之内者，仍照例解勘。其尋常盜案而距省窵遠者，仍照此次部章辦理。如此明列條目，則奸暴既可知儆，而州縣亦不致含糊遷就，上下（重輕）[其手]，與部章防濫殺、重民命之意正相符合。抑或遇有糾夥持械搶刦、兇暴衆著者，暫准酌量情形，即比照土匪、馬賊、游勇一律辦理，無庸分別條目，統俟部臣核議。

夫弭亂於既兆，不如防患於將然。以晉省近輔臨邊，而盜風日熾，若不極力懲遏，則南路爲他省匪徒所[垂]涎，皆將以晉爲壑。北路控引朔漠，藩部雜居，尤多隱患。養癰伏莽，臣實懼焉。竊謂撫良民，則以煦嫗寬平爲治。懲亂民，則以剛斷疾速爲功。地方官果能於訟獄賦斂時存愷悌之心，不以敲撲拖累使良懦困斃於無形，則一省之中，一年之内，（所）全活者已不下數百（千）[十]人，正不在稍緩此數十强暴匪徒之死而後爲慎重民命也。臣爲晉省盜風日熾，因時因地制宜起見，所有力行保甲以資守助，並請詳定就地正法章程各緣由，理合繕摺奏陳，伏祈[皇太后、皇上聖鑒。]敕部速議施行[三]。

旨：刑部速議具奏。欽此。

設立教案局片 光緒八年十二月十六日

再，晉省民教交涉事件，近年日漸繁多。緣奸民恃其護符，無理生衅，該教堂包攬袒庇，動輒徑向巡撫衙門投遞信函，時來慁擾。教堂日横，民怨日深，實屬可慮。臣到任後，察此情狀，因設立教案局，派令冀甯道專司其事。並先後派委候補直隸州知州錢榮增、杜崧年充當該局委員。遇有教案，令教堂函致該局，衡量事理，依據條約，分別准駁。其來臣處徑瀆者，斥之不答。

[一] 前文作「姜汰榮」。
[二] 前文作「温圪氣」。
[三] 以上衍、脱、舛十一處據《京報》第三六〇號删、補、校正。

飭令各州縣，遇案必秉公剖斷。其逞刁之教民，飭其驅逐出教，生事之教士，責令主教撤换。教堂之安分講理者，亦即施以嘉奬。秋冬以來，稍覺安静。

查晋民最稱良懦，斷不存與教堂爲難之心。詳核新舊各案，皆悉教曲民直，又皆地方事體，無關傳教之事。大率各州縣教民來省朦聳主教，省城主教又到京朦聳該國公使，但使該公使不受朦聳，則教堂無所倚恃，不能干預扛訟，自然相安無事，庶免激成衆怒，轉難收拾。仰懇敕下總理衙門，遇有晋省教案，捏詞朦聳該國公使向總署攬擾者，一切據理駁斥，切囑該公使不可偏聽受欺。臣於外間斟酌操縱，斷不容其長成氣燄，亦不致滋生事端。

旨：該衙門知道。欽此。

光緒七年下忙錢糧完欠數目摺[一] 并清單

光緒八年十二月十六日

竊照前准户部咨，令將各州縣上下兩忙錢糧，除例准留支，並實欠在民外，所有徵存銀兩，儘數批解司庫，上忙限五月底，下忙限十二月底，截清數目，造册詳報，專摺具奏等因。歷經遵行在案。兹據布政使方大湜詳報，光緒七年額徵應解司庫地丁並耗羡共銀二百八十四萬六千九百七十九兩零，又實該各州縣存留官俸、役食、雜支、祭祀並徑解、廉費、豁除等項銀五十四萬九千五百一十四兩零，內除上忙完解司庫併徵起、存留、徑解、廉費暨應行豁除等項銀一百二十萬九千二百八十五兩零，下忙實應解司庫銀二百一十八萬七千二百八兩零，又實該存留、徑解暨應行豁除等項銀三十六萬一千三百三十九兩零。截至光緒八年二月底止，續據各屬已完司庫並徵起、存留、雜支、徑解暨應行豁除等項，共銀一百七十六萬一千二百八十六兩零，尚未完銀四十二萬五千九百二十一兩零。核計通省應完正耗錢糧八分七釐，未完一分三厘等情，詳請奏報前來。臣覆核無異，現飭該司移行各該管道府直隸州，查明未完銀兩，如係實欠在民，飭令經徵官嚴行催徵，務於奏銷前掃數全完。倘有徵存未解情弊，立即從嚴參辦。除原册咨送户部查核外，所有光緒七年分下忙錢糧完欠數目，理合開繕清單，恭摺具奏。伏祈皇太后、皇上聖鑒。

再，該前司紹誠督催光緒七年下忙錢糧徵解，已在五分一釐以上，核與議叙章程相符，應隨册咨部核辦，合併陳明。

謹將山西省光緒七年分下忙錢糧完欠數目繕具清單，恭呈御覽。

通省額徵光緒七年分地丁正項銀三百二萬五千六百七十六兩零，實該解司起運銀二百五十八萬四千六百二十一兩零。又實該各州縣存留官俸、役食、雜支、祭祀並徑解、豁除等項銀四十四萬一千五十四兩零，內除上忙完解司庫，併徵起、存留、徑解暨應行豁除等項銀一百六萬八千二百九十一兩零，下忙實應解司銀一百九十五萬七千三百八十五兩零。又實該存留、徑解暨應行豁除等項銀三十萬三千七百九十六兩零。今截至光緒八年二月底止，共已完解司庫並徵起、存留、徑解暨應行豁除等項銀一百五十六萬七千八百三十六兩零。連前通共完過地丁併徵起、存留、徑解、豁除等項銀二百六十三萬六千一百二十七兩零，未完起運地丁銀

[一] 以下十七件録自抄本《張中丞撫晋奏疏》。

三十八萬九千五百四十八兩零。

通省額徵光緒七年分耗羨銀三十七萬八百一十八兩零，實該解司起運銀二十六萬二千三百五十八兩零，又實該留支各州縣全年養廉、繁費並豁除等項銀一十萬八千四百五十九兩零，內除上忙完解司庫併徵起、存留、廉費暨應行豁除等項銀一十四萬九百九十四兩零，下忙應完銀二十二萬九千八百二十三兩零，又實應存留並豁除銀五萬七千五百四十二兩零。今截至光緒八年二月底止，共已完解司庫並徵起、存留暨應行豁除等項銀一十九萬三千四百五十兩零。連前通共完過耗羨併存留、豁除等項銀三十三萬四千四百四十四兩零，未完耗羨銀三萬六千三百七十三兩零。

以上地丁正項並耗羨各款，共完解司庫併徵起、存留、雜支、徑解暨應行豁除等項銀二百九十七萬五百七十二兩零，未完銀四十二萬五千九百二十一兩零。通年核算，已完銀八分七釐，未完一分三釐。

旨：户部知道。單併發。欽此。

籌解土默特台站等處經費片光緒八年十二月十六日

再，據布政使方大湜詳稱，奉籌借撥土默特台站經費，現於光緒八年地丁項下，籌動銀五千兩，差委試用未入流陳恩湛管解，本年十一月十九日起程，前赴歸綏道衙門交納，俟土默特減成銀兩積有成數，即行籌解歸款。

又據兼署布政使松椿詳稱，於本年地丁項下，籌動銀一十萬兩，作爲本年西征協餉，委試用知縣唐鈺管解，十二月十六日起程，赴西征糧台交納。又於本年地丁項下，籌動銀一萬兩，兑交塔城委員王輯瑞領解，十二月初六日起程赴塔交納。連前解兩次，計晉省本年應解塔城銀三萬兩，業已全數解清。又於本年地丁並核減鈔本等項下，共籌動銀一萬兩，作爲新疆月餉，內撥解巴里坤之餉，兑交委員佐領桂英等領解，十二月初九日起程，前赴巴里坤領隊大臣衙門交納各等情，詳請具奏前來。除分咨外，理合附陳，伏祈聖鑒。

旨：知道了。欽此。

揀員請補繁缺直隸州知州摺光緒八年十二月十六日

竊查霍州直隸州知府楊立旭告病，業經具題開缺，並補行截缺，咨部在案。所遺係衝、繁、難兼三要缺，例應在外揀選請補。該州地當孔道，政務殷繁，現值清減該州並所屬靈石、趙城差徭之際，尤須立法精良，永除民困，非廉潔幹練之員，弗克勝任。臣督同藩臬兩司詳加遴選，晉省雖有記名分發候補勞績、候補班前儘先及勞績保舉、候補本班暨現任州縣勞績保舉以直隸州知州在任候補、候升並應調、應升各員，均於此缺不甚相宜，未便稍涉遷就。惟查有候補直隸州知州杜崧年，現年五十一歲，係直隸天津府静海縣人，由附生應道光己酉科順天鄉試中式第三十六名舉人，同治壬戌科會試後大挑一等以知縣用，籤掣浙江，親老告近改掣山西。同治元年十月初一日到省，二年調赴直東軍營，帶勇勦賊，畿輔肅清。案奏奉旨：著歸軍功班儘先補用。欽此。四年九月，調赴河東防營辦理文案、營務、募勇等事宜。六年河防出力案内保奏，奉旨：著俟補缺後以直隸州知州用。欽此。七年九月初十日，接准部覆，准其題補大甯縣知縣，十月十八日到任，應以奉准補大甯縣知縣部文之日，作爲候補直隸州到省日期。係曾經驗放分發到省人員，保舉升階，仍留原省補用，無庸甄別。因六年冬間辦理省城城防出力保奏。奉旨：給予加一級。十一年十一月初六日聞訃丁父憂，報明交卸。十二年經前撫臣鮑源深以沿河水陸各營地方文武在防堵禦尤爲出力保奏，奉旨，著俟補直隸州，後以知府用。欽此。自聞訃丁憂之日起，不計閏，扣至光緒元年二月初六日服滿起復，由籍請咨，於二年三月十三日到省。

臣查得該員廉直果斷，練覈政術，以之請補霍州直隸州知州，實堪勝任，與例亦屬相符。據藩臬兩司具詳前來。合無仰懇天恩俯念員缺緊要，准以候補直隸州知州杜崧年補授霍州直隸州知州，洵於地方有裨。如蒙俞允，該員係候補直隸州知府，銜缺相當，應毋庸送部引見。是否有當，理合恭摺具奏，伏祈聖鑒。

旨：吏部議奏。欽此。

稷山縣知縣與永和縣知縣對調片光緒八年

十二月十六日

再，稷山縣知縣馬家鼎，人尚强幹，惟履任以來，措置未能悉合，與此缺不甚相宜。查有永和縣知縣馬鑑，堪以調署，所遺永和縣知縣篆務，即以馬家鼎署理。署興縣知縣楊葆藩調省另有差委，遺缺查有卸署山陰縣、臨晉縣知縣艾紹濂堪以署理。據藩臬兩司具詳前來，除分飭遵照外，理合附奏，伏祈聖鑒。

旨：知道了。欽此。

遴員更調要缺知縣摺光緒八年十二月十六日

竊照汾陽縣知縣慶文，降補府經歷縣丞，遺缺前經臣請以山陰縣知縣成熙調補在案。茲准部覆，以該員未經捐免試俸歷俸，核與調補例章不符，行令另行揀選等因。臣查該縣爲汾州府附郭首邑，政務殷繁，民情多訟，素苦水患，兼多累糧，非廉明幹練之員弗克勝任。隨於通省現任知縣應調人員内詳加遴選，非現居要缺，即人地未宜。惟查有右玉縣知縣李其滋，現年五十四歲，係江西撫州府崇仁縣人，咸豐八年十二月由廩貢生報捐復設教諭，九年十月選授南昌府武甯縣教諭，十年六月初七日到任，同治三年十二月經江西撫臣題請兼襲雲騎尉世職。六年初次俸滿保薦，八年八月初一日吏部帶領引見，奉旨以知縣用，二十日欽派王大臣驗放，奉旨以知縣兼襲雲騎尉世職。九年應本省鄉試，中式第十七名副榜。十三年十二月籤掣山西右玉縣知縣。光緒元年二月初五日蒙欽派王大臣驗放，奉旨補授今職。是年六月十三日接印任事。旋因辦賑出力保奏，四年十二月初九日奉旨，丁彝綬等著照所請獎勵等因。欽此。五年三月二十二日准吏部咨，右玉縣知縣李其滋准以直隸州知州在任候補，業經註册在案。

臣查該員學行端雅，吏事精明，歷俸早滿三年，任内並無積案及欠解錢糧事件。合無仰懇天恩俯念員缺緊要，准以右玉縣知縣李其滋調補汾陽縣知縣，實於地方有裨。如蒙俞允，該員係現任知縣調補知縣，銜缺相當，毋庸送部引見。所遺右玉縣知縣員缺係屬衝繁中缺，應歸部選。晋省現有應補人員應請扣留外補，俟接准部覆後另行請補。理合繕摺具奏。伏祈聖鑒。

旨：吏部議奏。欽此。

拿獲馬賊就地正法年終彙奏摺 光緒八年十二月十六日

竊查晋省歸綏道所屬各廳素多馬賊土匪，騎馬持械，攔路搶擄，爲害地方。經前撫臣節次奏定章程，於拏獲審明後就地正法。復經前撫臣鮑源深以逐案奏咨，徒煩案牘，請將前項馬賊土匪等犯拏獲訊明，隨時懲辦，統於年終摘叙各犯案由彙奏一次，毋庸逐案咨送供招。奉旨：著照所請。刑部知道。欽此。欽遵在案。

據按察使松椿詳稱，光緒七年九月二十二日，據歸化廳詳報，獲盗郭(二)[小]禿仔一名，訊係迭次聽從已獲正法之閻白套仔結夥持械攔路搶奪事主趙連才馬匹等物之犯。又於光緒七年十二月二十三日，准河南、河北鎮咨解獲盗張奇一名，發交太原府，訊係聽從逸盗高三在歸化城等處兩次結夥攔搶得贓，逃回河南湯陰縣原籍，迨河北鎮官兵緝拏時，施放洋槍拒殺兵丁一名之犯。又於光緒八年二月初九日，據薩拉齊廳詳報獲盗張五仔、苗保仔二名，訊係迭次爲從爲首，結夥騎馬持械攔搶事主王登明馬匹錢文之犯。郭小禿仔、張奇二犯均經前撫臣衛榮光先後批飭歸綏道太原府提犯覆訊明確，照章於七年十月二十日將郭小禿仔就地正法，張奇一犯於八年正月二十五日在省城正法，未及叙入七年年終案内彙奏。張五仔、苗保仔二犯經臣批飭該管歸綏道覆訊確切供情，於八年三月初十日就地正法。以上各犯，均傳首犯事地方示衆各在卷。除本年十月間拏獲解州案内盗犯胡⿰氵鳳詳等，十一月間拏獲歸化廳案内盗犯王⿰氵鳳誠等，專案奏明辦理外，所有上年年終未經彙奏，並本年就地正法過馬賊，理合摘叙案由，恭摺彙奏。伏祈聖鑒。

旨：刑部知道。欽此。

招募精健馬勇來晋訓練片 光緒八年十二月十六日

再，巡緝盗匪，自以馬隊爲得力。晋省緑營疲弱過甚，湘練各軍。除步隊承修四天門路工外，將馬隊分撥南北各路，按段巡緝，惟人數較少，西南路自平陽以至蒲州，東南路自子洪口以至潞澤，不敷分布。現飭知府李秉衡選派得力武弁，於直、東等省，招募精健馬勇四五百名來晋，加意訓練，以備空虚之處應用。目前則以之巡緝盗匪，將來則使之練習邊防，如行之有效，再爲推廣。其餉項及一切費用，較之湘、淮各軍，諸爲節省。惟係外省募至，應較本省練軍，酌予加增。俟此軍募齊後，議定營制章程，再爲詳晰咨部立案。理合附片奏明，伏祈聖鑒。

旨：該部知道。欽此。

光緒八年分上忙錢糧徵收完解數目摺 光緒八年十二月二十日

竊照前准部咨，令將每年上忙錢糧，限五月底截清數目，專摺具奏等因，歷經遵照在案。茲據兼署布政使松椿詳稱，光緒八年分應徵地丁正耗錢糧共銀三百三十九萬三千三百四十八兩二錢零，内除秋後起徵外，上忙實應解交司庫並存留、雜支、徑解、豁除等項一半銀一百六十九萬六千三百八十兩三錢零。今截至七月底止，已據各屬陸續徵解司庫，並徵起、存留、雜支、徑解暨應行豁除等項共銀一百七十萬九千三百九十三兩四錢零。尚未完銀六十一萬六千九百八十六兩九錢零。照章三分覈計，已完地丁三分一釐以上。其未完銀兩内，尚有分年停徵，現在分別催徵等情，具詳前來。臣覆核無異，除將未完銀兩，責令該管道府直隸州，查明嚴催徵解，俟完解到司，統歸下忙案内辦理。所有本年上忙錢糧徵收完解數目，理合循例具奏。再，查前藩司方大湜，督催本年上忙地丁錢粮徵解，已在三分一釐以上，核與咸豐元年十二月户部奏准議叙章程相符。除隨册咨部查核外，合併陳明。伏祈聖鑒。

旨：户部知道。欽此。

報解各餉片 光緒八年十二月二十日

再，據兼署布政使松椿詳稱，於光緒八年地丁項下，籌動銀六萬兩，歸還户部本年墊發限年内歸款之西征餉銀。於光緒七年地丁項下，籌動銀五千兩，歸還户部前墊烏、科二城經費。均委試用府經歷文炘管解。於本年十二月十九日起程，前赴户部交納。又於光緒八年地丁項下，籌動銀三萬兩，放給金營提餉委員候補道岳壽兑收，於本年十二月十三日領解，起程前赴伊犂將軍金順軍營交納。又於光緒八年地丁項下，籌動銀一萬兩，放給嵩武軍催餉委員王兆槐等兑收，於本年十二月十六日領解，起程前赴新疆幫辦軍務張曜軍營交納。所有本年應解嵩武軍駝乾銀六萬兩，業已全數解清各等情，詳請具奏前來。除分咨外，理合附片具陳，伏祈聖鑒。

旨：户部知道。欽此。

蔣慶棻等二員改給獎叙片 光緒八年十二月二十日

再，光緒六年十月准户部咨，晉省賑捐第五次請獎案内，有蔣慶棻由雙單月縣丞捐銀四千二百七十兩，請以通判雙單月本班儘先選用，免試用並免保舉，加鹽提舉升銜。查選用人員，毋庸捐免試用，應删去免試用字樣，並應聲明監生四成實銀案據，再行核辦。又查前於光緒五年十二月准户部咨，晉省推廣新捐第四卯三次請獎案内，有蔣慶棻由提舉銜本班儘先免試用通判，捐銀二百五十六兩，請指分河南本班儘先補用。該員原捐儘先通判係在賑捐何次案内報捐，何時覆准，應令聲明，並補交本班儘先五成銀兩，再行核辦。又四次請獎案内，有梁榮甲由分缺先選用巡檢捐銀五百九十二兩，請加布經歷升銜。查由巡檢報捐布經歷銜，係屬逾品升銜，該局不得兑收，所請應毋庸議等因。節經行局轉飭遵照去後。

茲據查覆，蔣慶棻於光緒叁年在襄垣縣捐輸助賑，請以通判雙單月免試用儘先選用，並加鹽提舉銜。展轉彙覈具詳，於五年五月間歸入賑捐第五次案内具奏。該員復於光緒五年遵推廣新捐報捐，以通判指分河南儘先補用。因正在截卯之際，亦於五年五月間歸入新捐第四卯三次案内出咨。嗣准户部將新捐第四卯三次咨案核覆在先，將賑捐第五次奏案覈覆在後，現經核明先後案據，遵駁飭查。該員蔣慶棻實在無力補交本班儘先五成銀兩，懇請註銷儘先花樣，仍以鹽提舉升銜雙單月選用通判，指分河南試用。除監生四成實銀自行赴部呈交外，所餘本班儘先六成實銀一千三百九十六兩内，撥銀八百兩改獎本身，請給予從五品封典。撥銀四百一十兩移獎伊子蔣煌，給予布經歷職銜。撥銀一百八十兩移獎伊子蔣燿、蔣炳，各給予未入流職銜。梁榮甲遵照部駁，將原捐銀五百九十二兩移獎伊子梁耀宗，由俊秀捐監生給予守禦所千總職銜，並從五品封典。由善後局司道核明具詳前來。

臣查該捐生等原捐銀兩，覈與改獎、移獎銀數相符，合無仰懇天恩俯准將蔣慶榮等改給獎叙，以清捐案。除清册咨部核辦外，理合附陳，伏祈聖鑒，敕部核議施行。

旨：該部議奏。欽此。

光緒八年秋季委署代理州縣摺 并清單 光緒八年十二月二十日

竊查前准吏部咨，咸豐十一年十一月二十三日奉上諭：嗣後各省州縣，無論奏調、委署、代理，每届三月彙奏一次，由吏部嚴行查覈。如有違例更調等弊，即將督撫藩司分别參奏。欽此。歷經欽遵按季彙報在案。兹據兼署布政使松椿，將光緒八年秋季分委署代理州縣開單詳請具奏前來。臣覆核無異，謹繕清單具奏。

謹將光緒八年秋季分委署代理州縣開繕清單，恭呈御覽。

計開

七月分：

霍州直隸州知州楊立旭告病，遺缺委候補直隸州知州方龍光署理。

代州直隸州俞廉三調省差委，遺缺委候補班前先補用直隸州知州余振芳署理。

鄉甯縣知縣李羲銘調簾，遺缺委大挑知縣莫奎林代理。

壺關縣知縣胡燕昌調簾，遺缺委大挑知縣張建功代理。

永和縣知縣馬鑑調簾，遺缺委大挑知縣李誠蔚代理。

屯留縣知縣劉鍾麟調簾，遺缺委大挑知縣劉壽椿代理。

襄垣縣知縣李汝霖調簾，遺缺委孝廉方正試用知縣唐安仁代理。

繁峙縣知縣何才价調簾，遺缺委大挑知縣李祥年代理。

崞縣知縣龍朝言調簾，遺缺委即用知縣吴兆基代理。

榆次縣知縣吴師祁調簾，遺缺委試用同知張承熊代理。

署山陰縣知縣馬毓芝，飭赴准補猗氏縣知縣新任，遺缺委大挑知縣林齊璇署理。

和順縣知縣魯燮光撤省察看，遺缺委候補知縣左兆熊署理。

八月分：

署岳陽縣知縣葉廷棟調省察看，遺缺委儘先候補知縣李士珍署理。

九月分：

署平陸縣知縣馮壽金調省察看，遺缺委試用同知汪寶晋代理。

調署高平縣知縣任閶病故，遺缺委鄉甯縣知縣李羲銘調署。

旨：吏部知道。單併發。欽此。

請將緝捕不力員弁交部議處片 光緒八年十二月二十日

再，前據洪洞縣知縣崔長清禀報，本年十月初二日夜，城内榮茂興錢舖被賊十餘人撞門入室，明火持械，劫去銀錢煙土等物逃逸。又據孝義縣知縣孔廣熙禀報，本年十月初八日傍晚，被賊八九人溷入城中，至豐蔚厚錢舖，以易錢爲名突入舖中施放洋槍，拒傷舖夥，劫去銀物。該縣聞報馳往追捕，致被拒傷民壯及守門人役，奪門逃逸各等情。當查城内竟有盗匪黄夜糾搶，甚至白晝混入肆劫，並拒傷舖夥民壯守門人役。該地方文武各官事前既疎於防範，事後又未能追獲一賊，經臣專摺奏參將疎防各員摘去頂戴，勒限兩箇月嚴緝。奉旨：著照所請。該部知道。欽此。迄今勒限已滿，贓盜仍未弋獲，緝捕實屬廢弛。據藩臬兩司詳揭請參前來，相應請旨將洪洞縣知縣崔長清、城守營外委張建坊、孝義縣知縣孔廣熙、城守營外委劉洪科，先行一併交部照例議處，以儆玩泄。理合附陳，伏祈聖鑒。

旨：著照所請。該部知道。欽此。

長子縣豫謙與屯留縣劉鍾麟對調片 光緒八年十二月二十日

再，長子縣知縣豫謙自到任以來，公事尚無謬誤，惟人地不甚相宜。查有屯留縣知縣劉鍾麟，老練勤明，堪以調署。所遺屯留縣篆務，即以豫謙調署。新選岳陽縣知縣舒清阿，本年十月到省，於晋省地方民情尚未熟悉，應飭赴讞局幫審案件，藉資歷練，再令赴任。據兼署布政使松椿具詳前來。除分飭遵照外，理合附陳，伏祈聖鑒。

旨：知道了。欽此。

陽曲等州縣被災懇蠲緩錢糧摺 光緒八年十二月二十日

竊據陽曲、太原、榆次、徐溝、文水、汾陽、平遥、介休、孝義等縣先後禀報被水，並太谷、徐溝、忻州等州縣先後禀報被雹，又山陰縣禀報被霜，薩拉齊廳禀報被鹻各等情，當經飭司委員馳往會勘。茲據勘明，各該廳州縣，或濱臨汾、水文、峪磁窯等河，因雨水過大，沖決河堤。或雷雨帶雹，或地勢高寒，霜信過早。或積潦甫退，鹻氣上蒸，以致田禾被傷，收成歉薄。且各該村大祲之後，元氣未復，今復田禾被灾，若不將應徵錢糧量予蠲緩，民力實有未逮。

查例載被灾六分、五分者，蠲正賦十分之一。七分者，蠲正賦十分之二。八分者，蠲正賦十分之四。九分者，蠲正賦十分之六。蠲餘錢糧，被灾八分、九分者，分作三年帶徵。五分、六分、七分者，分作二年帶徵等語。所有被水成灾九分之陽曲縣沙河北等四村，並續報之古城共五村，應徵八年正耗錢糧、米豆、土鹽税，若照例蠲免十分之六，蠲餘錢糧，分年帶徵，深恐民力拮据，徒貽日後追呼，擬請全行蠲免。又被水歉收之太原縣西賈等六村，應徵八年錢糧米豆，緩至光緒九年秋後帶徵。又被水歉收之榆次縣鳴李等三村，應徵八年下忙錢糧，緩至光緒九年麥熟後帶徵。又被水成灾八分之徐溝縣孟封村，應徵八年下忙錢糧，蠲免十分之四。成灾五分之小南社村，應徵八年下忙錢糧。蠲免十分之一。又被水成灾六分之文水縣南徐等四村，應徵八年上忙錢糧、米豆、土鹽税，蠲免十分之一，内南徐中社兩村，尚有未完七年下忙錢糧，遞緩至光緒十年秋後帶徵。成灾八分之營兒桑子等五村，應徵八年下忙錢糧米豆、土鹽税，蠲免十分之四。成灾七分之南徐等十六村，暨續報之北徐村，並汾陽縣百金堡寄莊，共十八村，應徵八年下忙錢糧、米豆、土鹽税，蠲免十分之二。成灾六分之石侯鎮等四村，應徵八年下忙錢糧、米豆、土鹽税，蠲免十分之一。其南武等三村，尚有未完帶徵五年下忙錢糧，南徐等八村未完帶徵六年上下忙錢糧，北徐等七村，未完七年上忙錢糧，一併遞緩至光緒十年秋後帶徵。又被水成灾八分、七分、五分之汾陽縣西馬寨等四十七村，應徵八年下忙正耗錢糧、土鹽税，並被灾各村内有帶徵民欠未完五、六兩年正耗糧銀。該村等連遭水灾，元氣已虧，今復被水，民力實在困苦，擬請一併豁免。又被水成灾九分之平遥縣安固等三村，應徵八年下忙錢糧、土鹽税，蠲免十分之六。成灾八分之閻長頭等五村，應徵八年下忙錢糧、土鹽税，蠲免十分之四。成灾七分之南北侯等八村，應徵八年下忙錢糧、土鹽税，蠲免十分之二。成灾五分之南堡等十九村，應徵八年下忙錢糧、土鹽税，蠲免十分之一。其香樂等六村，尚有帶徵原緩五六兩年錢糧、土鹽税，遞緩至光緒十年秋後帶徵。又被水成灾七分之介休縣北辛武等十村，應徵八年錢糧、土鹽税，蠲免十分之二。成灾六分之霍家堡等十三村，應徵八年錢糧、土鹽税，蠲免十分之一。又被水成灾七分之孝義縣萬家堡等十二村，應徵八年錢糧、土鹽税，蠲免十分之二。其南小堡等兩村，尚有未完五年被水案内蠲餘錢糧，遞緩至光緒十一年起，分作二年帶徵。又被雹成灾八分之太谷縣賀家堡等九村，應徵八年下忙錢糧、米豆、土鹽税，蠲免十分之四。成灾七分之朱家堡等八村，應徵八年下忙錢糧、米豆、土鹽税，蠲免十分之二。被灾六分之南楊家莊等十八村，暨成灾五分之東山底等八村，應徵八年下忙錢糧、米豆、土鹽税，蠲免十分之一。其被灾各村内，尚有未完七年錢糧、米豆，遞緩至光緒九年秋後帶徵。又被雹成灾四分之徐溝縣西懷遠一村，應徵八年下忙錢糧，緩至光緒九年麥熟後徵收，其九年上忙，遞緩至秋後帶徵。又被雹成灾八分之忻州北義井等六村，應徵八年下忙錢糧、米豆、土鹽税，蠲免十分之四。被灾五分餘之南義井等十一村，應徵八年下忙錢糧、米石、土鹽税，蠲免十分之一。又被霜成灾不及五分之山陰縣八步堰等二十六村，應徵八年錢糧、米豆，緩至光緒九年麥熟後帶徵。又被鰜歉收之薩拉齊廳七星湖等十七村，並朱公營等二十七村中歉收之郝公等各户，應完八年米石，緩至光緒九年秋後帶徵。又該四十四村内，有民欠四、五、六、七等年舊欠米石，於上年被灾案内，原請遞緩至光緒八、九兩年秋後帶徵，今各該村又復被鰜歉收，再請一併遞緩至光緒十年秋後帶徵。以上蠲餘錢糧，被灾八分、九分者，分作三年帶徵，被灾五分、六分、七分者，分作二年帶徵。灾地錢糧，報灾之日，即行停徵，如有溢完在官者，准抵作次年正賦。徐溝、孝義等縣乏食貧民，援照道光九年歸化城被水成案，無論極貧次貧，先行正賑一月口糧。孝義縣民間被沖房屋，業經該縣捐給修葺，毋庸再行加賑等情。

臣查晋省自遭大祲後，各廳州縣復叠被水雹霜灾，民情困苦，元氣未舒。臣接據禀報，即經分飭委員馳往勘查，另行籌款撫恤，無使一夫失所。其積水地方，已飭設法疏消，據報漸次涸復，尚可無誤春耕。惟汾陽縣之西馬寨等村，受文峪河漫溢之患，已非一年。陽曲縣北沙河等村，濱臨汾河，地勢卑下，田禾淹没，積水未消，非從汾水下游施工，節節上溯，則上游各支河，仍不免於漫決。特以工費浩大，非倉猝所能舉行。尚須設法統籌，爲一勞永逸之計。第該兩縣臨河，被水各村，民遭重困，較他屬尤爲可憫。是以不敢拘泥成例，籲求逾格鴻施，以拯饑溺。據兼署布政使松椿轉據該管道府詳請具奏前來。臣覆核無異，合無仰懇天恩俯准，將陽曲等廳州縣新舊錢糧、米豆、土鹽税分別蠲緩，用示體恤。除飭造蠲緩錢糧細數册結到日咨部，並來年青黄不接之際，應否接濟，業已察看情形，另行辦理外。所有查明陽曲等處被灾，請分別蠲緩錢糧緣由，理合恭摺具陳，伏祈聖鑒。

旨：另有旨。欽此。

陽曲縣等處被灾來春再行查報摺 光緒八年十二月二十日

竊查光緒八年十月初三日奉上諭：本年直隸、浙江、山東、山西、陝西被水、被雹、被旱、被風等處，節經各該省奏到，將新舊錢糧，分別蠲免緩徵，均經該督撫等查勘撫恤，小民諒可不至失所。惟念來春青黄不接之時，民力未免拮据，著傳諭該督撫等，體察情形，如有應行接濟之處，即查明據實覆奏。此外各省有無被灾地方，應行調劑撫恤之處，著該將軍督撫等，一併查奏，候旨施恩等因。欽此。仰見皇上軫念民依，無微不至。當經欽遵轉行查議去後。

茲據陽曲、太原、榆次、太谷、徐溝、文水、山陰、汾陽、平遥、介休、孝義、薩拉齊、忻州等廳州縣詳稱，本年夏麥秋禾，被水、被雹、被霜、被鹻，各村莊成灾分數，業經會同委員勘明，將應徵錢糧、米豆、土鹽税，詳請分別蠲緩、遞緩，並量加撫恤在案。其餘未經被灾各處收成，尚稱中稔，被灾各村貧民，就食有資，不致失所。如果來春應須借糶倉穀接濟之處，臨時再行察看詳辦等情，由兼署布政使松椿詳請具奏前來。臣覆查無異，合無仰懇天恩俯准，將本年被水、被雹、被霜、被鹻之陽曲縣等各廳州縣，均俟來春青黄不接之時，察看各地方情形，如須接濟，再行酌量辦理，以廣皇仁。理合繕摺具奏，伏祈聖鑒。

旨：知道了。欽此。

奏參交代不清各員勒限清結摺 光緒八年十二月二十日

竊查晋省交代未結之案，多至數百，首尾二三十年，牽引數十百款，上懸國帑，下壞吏風。上年四月，經前撫臣衛榮光奏准寬免以前遲延處分，勒限清算。臣到任後，竭力查催，並將交代局提歸藩司衙門，以便督趣。無如山西官場，狃於向來姑息之政，例章嚴檄，視若弁髦，其陸續清結者固多，而玩泄狡執者，仍復不少。蓋晋省積弊，與他省不同，或前任有意拖欠而不交，或後任無故推宕而不接，以致蔓延積累，永無了期，必應新舊並催，方能有濟。現在飭據藩司將不交不接各案，查開清單，詳報前來。

查有潞安府同知銀沅，前在徐溝縣任内，虧短雜款二千四百餘兩，鳳臺縣任内虧短雜款銀二千二百餘兩。署介休縣知縣崔巒俊，本任天鎮縣任内，虧短正雜款銀一千一百餘兩。候補直隸州知州福增，前在豐鎮廳任内虧短旗租銀七千餘兩。候補知縣方家駒，前在汾陽縣任内，虧短正雜款銀七千三百餘兩。候補知縣王家坊，前在潞城、榆社兩縣任内，虧短雜款銀一千八百餘兩，穀價銀七百餘兩。以上五員，均係屢催罔應。銀沅、崔巒俊、福增、方家駒、王家坊應請旨均即摘去頂戴，勒限三箇月清交。

前盂縣知縣胡德本，虧欠盂縣任内正雜款銀三千八百餘兩，陽城縣任内雜款銀四百餘兩。前靈石縣知縣孫鴻恩，虧欠正雜款一千一百餘兩。該二員均因丁憂離省，遂置交代於不問。查胡德本係奉天漢軍旗人，孫鴻恩係河南安陽縣人，應請敕下奉天總督、河南巡撫，均勒限三箇月清交，如限滿不交，或交不如數，再由臣從嚴參辦。

又查有交城縣知縣賈成霖，稷山縣知縣馬家鼎，署臨晋縣知縣杜懷庚，該三員均係司局算明前任無虧，而藉詞枝梧，延不出結。崞縣知縣龍朝言，洪洞縣知縣崔長清，盂縣知縣劉鴻逵，署芮城縣知縣毛世黼，署臨縣知縣張嵐奇，該五員均係司局算明前任無虧，飭其結報，而既不出結，亦不禀覆，實屬藐法無理。若按例限，該員等已干褫職之條，惟晋省積年庫款不清，法令不行，屬員眩惑，本管府州束手。加以兵差挪墊，灾賑耽延，膠葛太多，懸宕太久，容或有一綫藉口之端。且積習相沿，非止一年一任，若獨於此數人繩以嚴法，亦不足以服其心。今值整頓之初，不得不從寬辦理。賈成霖、馬家鼎、杜懷庚、龍朝言、崔長清、劉鴻逵、毛世黼、張嵐奇，應請旨均即摘去頂戴，勒限一箇月結報。如逾限不結，即照勒揹不接及署任延挨之例，分別嚴參。

此次擇尤薄懲，新舊兼責，庶幾此外各員，稍加忌憚，庫款得以速清。理合繕摺具奏，伏祈聖鑒。

旨：該部知道。欽此。

年終文武大員循例出考摺光緒八年十二月二十日

竊照各省總兵、城守尉、司、道、府等官，每届年終，例應督撫出具考語，密摺陳奏。臣於通省文武各員心術才守，隨時隨事，悉心體察，考其實政，覈其案牘。接見者則導之使言，以察其志趣器識之高卑，地方情形之明昧，公事例案之生熟，加以博考旁諮，參觀互驗。大抵府州中，頗不少出色之材，此外各員，目前似皆小心奉職，尚不致有公然害民骫法之事。惟質地不一，有才分太低，雖黽勉從公，而終鮮作爲者。有向來習染太俗，雖稍知振動，而痼弊難除者。惟有因材節取，隨時察看，加以激揚。除學臣吕鳳岐到任未及三月，新授布政使易佩紳、按察使奎斌尚未到任，平陽府知府係屬署事人員，例不加考外，其餘各員，謹就臣考察所及，出具切實考語，密繕清單，敬呈御覽。

山西省文武大員年終考語清單[一]光緒八年十二月二十日

謹將山西省總兵、城守尉、司、道、府等官出具切實考語，密繕清單，恭呈御覽。

計開

調署大同鎮太原鎮總兵張樹屏　沈實周密。於營務鋭意整飭，悉心籌畫，防邊緝匪深爲得力。識解頗爲遠大，武職罕見。

調署太原鎮大同鎮總兵馬陞　和平穩静，尚無不洽。早年曾在軍營出力，近來精力漸遜，營務難望整飭，聞其現擬引病。

太原城守尉溥蔚　循分供職，勤慎無疵。

兼署布政使按察使松椿　端謹慈祥，作事明爽。待屬吏則曲體下情，處同列則與人無競。

冀甯道左隽　平穩熟練，職守無虧，惟未能擺脱疲俗，當勉以力求進境。

河東道唐咸仰　在省接見多次，大致是老到瞭亮，自守省事一流。惟到任甫逾三月，其才識究竟若何，須俟考核政績，方知

[一] 録自中國第一歷史檔案館編《光緒朝硃批奏摺》第三八輯，第三六三至三六四頁，中華書局一九九五年二月版。

其深。

雁平道廣蔭　奉公守法，拘謹有餘。

歸綏道阿克達春　精明幹練，遇事奮勉。

太原府知府馬丕瑶　剛正明決，迥異時趨，實爲大器。

蒲州府知府博啓　地方公事案件，未見透澈。惟係初膺外任，容隨時加以策勵。

潞安府知府何林亨　事理明達，才具開張，於所屬吏事民事，知無不爲，洵爲出色之員。大抵該員爲人乃極好用心而力圖作事者。

汾州府知府林拱樞　心術純正，操履謹嚴，識解風裁，不染習俗。該員乃故總督林則徐之子，實能無忝家學。

澤州府知府蔣宗啓　操守清廉，吏事明敏，刻意自好，可造之才。

大同府知府莊錫級　端謹樸實，老練勤明。

甯武府知府王守愚　素爲物望所薄，識解亦多庸闇，例行公事雖無貽誤，表率恐難得力。

朔平府知府毓銘　小心謹慎，公事理路頗清。

光緒九年

新募馬隊並未增餉摺 光緒九年正月二十日

竊臣前奏於直、東等省招募馬隊四五百名來晉訓練，以備巡緝盜匪，練習邊防。奉旨：該部知道。欽此。兹准兵部咨，節用爲今日先務，無事之區，轉籌添募，恐此端一開，各省紛紛奏請，囂然繁費，靡有了期。查該省實存防勇五千七百餘名，但就現存兵勇訓練求精，足資鎮撫。若謂緑營疲弱，或汰舊易新，或減兵加餉，皆可轉弱爲强。所請添募馬勇，應毋庸議，等因前來。

查山西勇營自歷年移防裁撤後，現止湘軍馬、步一千名，淮軍馬、步一千二百餘（人）［名］。湘軍亦稱湘毅軍，淮軍爲總兵張樹屏所部，故稱樹軍。樹軍全數常年屯駐口外歸化、包頭等處巡防地段，東抵察哈爾右翼邊界，西抵烏喇特及河套、鄂爾多斯，北抵大青山後四子部落，南至歸化、薩拉齊兩廳止，與邊墻以内不相涉也。通計晉省口内防勇止有湘軍一枝，餘則光緒七、八兩年新挑練軍而已。而湘軍步隊七百餘名，撫標練軍步隊八百餘名，前年秋間經前撫臣奏明，派修四天門道路，地廣工艱，尚未竣事，此係奏辦要工，斷難中輟。其湘軍馬隊二百四十名，分派省城南北路巡緝，北自雁門關内起，南至平陽府止。其自平陽以南達於蒲、解，盡晉省之西南境，自子洪口以南達於潞、澤，盡晉省之東南境，不能分布也。撫標練軍馬隊一百六十名，上年三月甫經成軍，留省訓練。大同鎮［練］軍馬隊七百餘名，巡防地段，北自薩拉齊之纏金起，跨殺虎口一帶，沿邊各口門内外以爲汛地，南至雁門關止，關以内不能兼顧也。此晋省内地防營練軍有限，又爲工作所占之實在情形也。

臣上年六月十二日，奏整飭晋省事宜一疏，第十八條曰練主兵。主兵者，對客勇而言，臣之意，固欲將防勇盡化爲練軍，以爲本省經久不拔之計，尚不止爲節餉一端也。審察經年，規畫略定，本擬於今春舉行。蓋湘、淮各勇需餉過多，戰事方殷，非此不濟，操防持久，未免虚糜。然行之多年，自爲風氣，驟欲更制減餉，勢有難行。晋省防營，如樹軍久駐塞外，尚稱得力，由其籍隸江北，皆能騎戰，與北地風土亦尚相習，擬從容與張樹屏籌商，畫一經久之策。至湘毅軍馬步三營，臣熟加體察，並非百戰精鋭，其馬隊於馬上技藝，究非所長，又與此間水土不甚服習，民情亦多扞格，不如裁之爲便。故臣擬即以此餉另募北省馬隊。一取其餉需較省。一取其騎戰便利，於邊防相宜。一取其風土性情相近，與軍民相安。且訓練既成，或即以挑補練軍，彼時再當酌度情形，奏明辦理，諸多活便。而其選募，則早已嚴定章程，專取確有身家，樸質習勞、力强膽壯者，游民散勇禁絶不收。此軍將成，［即將］湘軍遣撤回籍。因去冬遣撤之説未經宣播，故前奏亦未便分晰指陳，並非欲增餉以募勇也。

自上年十二月二十六日欽奉寄諭，兵部奏請飭裁各省防勇，確核兵額，以節餉需一摺。（國家經制有常，度支竭蹶，不可不力圖撙節。應如該部所稱，查明各該省制兵缺額數目，並將現存兵丁汰去老弱廢疾，或再酌裁汛鋪。其原缺與現裁兵額，悉擇防勇之精壯者挑補，倣直隸章程，作爲練軍，其餘設法裁撤。著該大臣、督、撫等各就該省情形悉心酌度，奏明辦理。）［等因］欽此。仰見聖謨宏遠，於節用之中不忘經武之道，自當欽遵，酌度籌議辦理。惟晋省經營疲敝，殆爲各直省之最，風氣本甚怯弱，［復］因月餉微薄，饑困藍縷，加以沾染嗜好者，什之七八，經臣疊次嚴檄各營勒限戒斷，沙汰選補。然痼疾已深，止可徐圖變化，斷無立時將各伍褫革一空之理。即使加餉改作練軍，亦必須假以時日，方可徐臻有用。夫以晋省外（枕）［控］邊塞，内多匪徒，武備空虚，豈可終日。故爲今日之計，非急儲勁兵，無以安邊而自固，非盡改緑營爲練軍，無以節餉而持久。而當此練軍未成之際，非仍有得力之防營，無以備不虞。目前鎮撫有資，則練軍事宜庶可以次從容籌辦。總之，改勇爲兵，減兵加餉，乃廟堂之至計，部臣之深心，而即微臣年來籌畫設施之本意。特裁減制兵，非孟浪可爲之事，練懦卒成勁旅，尤非咄嗟可辦之功，行之必有其序，變之必有其方，總期節用整軍兩無偏廢。

至部臣所慮此端一開，他省紛紛奏請一節。臣現已聲明，係屬另募節餉，他省自無從藉口。又所慮素多獷悍一節，臣此次召募所定章程，專選身家樸實之人，且分赴四處選募，人數寥寥，尚可無慮。合無仰懇聖恩俯准仍照前請，由臣於直、東等省召募馬隊四五百名來晋訓練，以應急需。晋省幸甚。其整頓練軍各事宜，容臣詳悉籌議，續行奏上。

再，以上所陳晋省營伍疲敝情形，不敢不據實上達，伏望敕知部臣，將臣此疏勿庸宣布，免致傳播四（達）［遠］，匪徒生心。不勝悚切之至。

［緑營疲弊，痼習已深，招募勇營，又耗帑項。所請改勇爲兵，計慮周密，切實辦理，於營務當有裨益。練軍事宜，即著詳議奏聞。

代北多馬，山西出將，該省固用武之地也。所擬添募北勇，寔爲要圖，著照議興辦。」[一]

密陳北軍應練情形片 光緒九年正月二十日

再，今日大局，北徼之商路日開，西陲之藩籬未固，此殆非弭兵忘戰之時也。深謀本計，邊備爲先，而欲爲籌邊經久之計，非急練北軍不可。竊惟咸豐、同治以來，討平諸寇，湘軍爲首，淮軍次之，各省則少遜焉。今腹地雖安，外憂未弭，海防、邊防，皆不可緩。臣愚以爲必宜因時因地儲備干城，如海防則以閩、粵之軍爲宜，邊防則以北軍爲宜。臣在晉言晉，敢先以整頓邊兵之說進。蓋九邊内外，風霜嚴勁，沙磧荒闊，飲食粗糲，惟有北人與之相習。且其地皆宜於騎兵馳騁衝突，尤非北人不便。北五省外，惟淮北人亦爲近之。查勦捻諸軍，宋慶、張曜所部豫軍素稱善戰，劉錦棠、金順等肅清西域，前敵摧鋒，亦頗藉甘肅關外土勇之力，聞近年直隸、正定等處練軍亦有可觀，可見北兵非不可用，患在無人提倡，以故風氣未開。光緒六年，奉、直諸省籌備海防，倉卒徵調，糜費無算，罕見得力。其可恃者，惟宋慶一軍耳。然則無事不籌邊兵，有事專募南勇，不惟餉糈過費，亦恐遷地弗良，彼時幸而無事，萬一有警，豈不可爲寒心。誠宜乘此國家閒暇之時，亟作深根固柢之計。

臣到晉後，鋭意欲辦山西練軍，而練軍不可猝成，故有募練北省馬隊之請。前奏所言直、東等省，蓋兼直、東、豫三省而言。大抵北方數省風氣，近日惟山西最弱，陝西南路次之，若直隸、山東、河南、甘肅及陝西之北山人皆可用。惟甘肅相距過遠，陝西北山人數無多，故擬先就三省募之。其選募格式有七。一、身家良善者。一、質性樸實者。一、力舉百二十斤以上過頂者，一、能控騎生劣馬趫捷如飛者。一、試使放槍敏疾不怯火者。一、能超躍八尺濠塹者。一、膽量絶人者。不必嫻於技藝，惟擇七事俱合格者取之。大意專取生兵，練以熟將。其沾染嗜好，曾充營混，以及浮蕩無籍，桀驁夸詐，回民鹽販，概不收入。到晉後再加挑選，使之專練馬上洋槍，兼練步下長矛。俟教練既成，就中察收此數省中以何省爲勝，達之朝廷，以備他日推廣，即以裁汰湘軍之餉，移作此用。微臣區區之愚，固不獨爲尋常巡緝計，並不獨爲山西一省計也。果使此軍練成勁旅，不惟可以挑補晉省練軍，沿邊萬餘里，隨處皆可用之，但嫌其少，豈患其多乎。

從來治國之道，理財、治兵，兩義互相維繫。非阜財不能養兵，非安邊不能足食，二者相倚，如環無端。至於籌餉、練兵，皆爲疆臣專責，值此度支竭蹶，斷不敢以不節之嗟作法自困也。前奏不敢張皇其詞，故但渾以緝匪防邊爲言。而臣意所注，實在於開北軍之先聲，籌防邊之全局，既經部臣議駁，不得不詳晰陳明。溯憶光緒五六年冬春之交，邊事方棘，皇太后、皇上宵旰憂勞，盈廷束手，無非以沿海沿邊兵力俱不可恃，種種爲難。此事猶在目前，可爲悚戒。臣曩官侍從，荷蒙聖恩，與聞邊事，其時曾屢有請練北軍之疏。今身膺守土，目擊晉省武備墮廢，邊圉空虛，若再不早爲之計，便爲有負國家。未雨綢繆，所關實大，晉省一隅辦法，不過小試其端。惟望聖明千萬留意，天下幸甚。

[一] 以上漏、衍、舛八處及硃批據《光緒朝硃批奏摺》第三三輯，第八〇〇至八〇二頁，補、刪、校正。

擬調營哨各官片 光緒九年正月二十日

再，晉省現募北省馬隊，又亟須籌辦本省練軍，自以物色營哨官爲先，臣自到任以來，即時時留心物色。本省實缺、候補武職中可任用者頗少，無嗜好者亦不多得，更無論其膽略材武矣。

查近年北將中，惟提督宋慶、曹克忠兩人，最爲立功知名。宋慶暨提督張曜所部皆係北軍，曹克忠雖罷兵家居，舊日部曲仍當不少。擬與署北洋大臣李鴻章咨商，詢訪宋慶、曹克忠，令其各舉得力將弁數人，由李鴻章咨送來晉差委。並咨商提督張曜，挑選得力將弁數人，咨送來晉差委，以備挑作營哨官之用。但須擇其樸誠勇敢，久經戰陣，習勞耐苦，籍隸奉、直、豫、東、陝、甘諸省而又向來未充營官者，官階必須在都司以下。緣近來軍營習氣，若官階稍大，即不免習染油滑，專講應酬。惟知剋扣漁利，安逸娛樂而誇張驕惰，不肯赴急用命。必其官秩較卑未充營官者，習氣尚淺，加以拔擢，尚可出力。此等卑微將弁需用甚多，位置亦易。俟其到後，察其材具，量爲委用，其不得力者當仍隨時咨回。如此則將弁得人，訓練可收實效。如蒙俞允，臣當函咨李鴻章、張曜斟酌辦理，俟調到後再行咨部查照。

查明各屬交代案内銀兩已未完數目摺〔一〕 光緒九年正月二十日

竊照道光四年户部具奏，嗣後各省交代徵存應解之款，以初次限滿起，勒限兩箇月提解藩庫，逾限不完，即將結報之員參辦，統令年終開單奏報一次等因，歷經遵行在案。茲據兼署布政使松椿詳稱，各屬交代，每年截至十一月底止，餘歸下年奏報。今自光緒七年十二月初一日起，至光緒八年十一月底止，共計交代五十四案。内除四十七案並無徵存未解銀兩，其餘七案，統共徵存未解銀一萬五百一十四兩零，内已完銀二千八百一十兩零，仍未完銀七千七百三兩零。現在嚴催完解造册、詳請具奏前來。臣覆查無異，除將清册咨送户部外，謹繕清單，恭呈御覽。再，上届册造徵存未解銀一萬五百二十五兩零，容俟催解到日另案辦理，合併陳明。理合循例恭摺具陳，伏祈聖鑒。

旨：户部知道。單併發。欽此。

請將清查限期改歸八年年底片 光緒九年正月二十日

再，臣前因清查晉省庫款，奏明設立清源局辦理，限以五箇月完竣，當經設局派員，於上年九月初一日開辦。原議將各款截至八月底止，由司道等督率各委員，分認門類，晝夜勾稽，以期依限竣事。旋准部咨，催辦軍需善後報銷，近省限六箇月到部等語。臣以軍需善後各案，與清查事本相因，即飭統歸該局一手經理。查部咨報銷各數，既令截至光緒八年年底，則清查截止之期，亦應截至八年十二月底爲止，以歸畫一。截數之案改後，則清結之期，勢須加展。且清查、報銷兩案，一時並舉，款目既雜，銷算益繁，止可稍展限期，遵照部定報銷之限，一律辦理，同時告竣，核報較爲簡易。據清源局司道具詳前來。臣查所請尚係實在

〔一〕以下十三件録自抄本《張中丞撫晉奏疏》。

情形，理合附片陳明，伏祈聖鑒。

旨：户部知道。欽此。

委署藩臬篆務片 光緒九年正月二十日

再，據兼署布政使按察使松椿稟稱，以調任直隸按察使，遵旨進京陛見，請派員接署前來。自應遴員接署，以便松椿交卸起程。所遺布政使篆務，查有補用道高崇基，篤實精密，衆望素推，堪以署理。且該道現辦清源、善後兩局，均與藩司政務相爲表裏，委令權攝藩篆，更可期呼應得力。所遺按察使篆務，查有冀甯道左雋辦事穩妥，且該道事務較簡，堪以兼署，以免遞署紛擾。調任直隸按察使松椿交代後即遵旨起程北上。除分檄飭遵外，理合附片奏陳，伏祈聖鑒。

旨：知道了。欽此。

委署甯遠榆社兩缺片 光緒九年正月二十日

再，甯遠廳通判訥勤隨辦押荒，未能得力，應即撤省察看。所遺員缺，查有大同府通判豫臨，明白穩練，堪以調署。署榆社縣知縣施朝銓調省差委，查有芮城縣知縣廣魁堪以署理。據藩臬兩司會詳前來。除批飭遵照外，理合附陳，伏祈聖鑒。

旨：知道了。欽此。

查明儲濟倉實存穀石摺 光緒九年正月二十日

竊照山西省北州縣常平倉穀，額儲無多，兼以連年動用，存積益少，原糶及扣存穀價，不敷買補。經前撫臣申啓賢奏請在於息穀變價餘平續收一半息銀內，給價採買，於道光十九年欽奉上諭，准在閒款生息銀內，將續收一半息銀，挨次給價採買，設倉收儲。仍責成該管道府隨時稽查，按季結報，年終彙奏一次，免其報部覈銷等因。欽此。當經酌定買穀三萬石，在雁平道駐劄之代州及所屬之朔平府、甯武府、保德州四處設倉分儲，節經年終具奏在案。

茲查朔平府代管儲濟倉，原儲穀八千石，於光緒二年三月間，據該府詳請出糶穀三千石，三年又據詳請將餘存穀五千石，全數借給碾行減價糶賣，所借穀石自三年秋季爲始，分作三年買補。嗣據該碾行等於光緒四年交還穀一千五百石，除發給右玉縣賑濟動用穀一千石，實存穀五百石。又於五、六兩年，交還穀三千五百石，並右玉縣買還賑濟動用穀一千石，共實儲穀五千石。代州經管儲濟倉原儲穀一萬石，該州前因被旱歉收，詳明出糶穀三千石，餘穀七千石。除奏明提運來省穀六十六石二斗，並光緒五年被雹賑濟案内動用穀一千四百石外，實儲穀五千五百三十三石八斗。甯武府代管儲濟倉原儲穀七千石，除提運省倉賑濟穀二千三百石外，餘穀四千七百石，詳明全數散給被匪滋擾各村乏食貧民口糧。嗣於光緒六年採買穀三千石，又於七年採買穀四千石，共實儲穀七千石。保德州經管儲濟倉，原儲穀五千石，除盤出黴變穀七百三十二石外，餘存穀四千二百六十八石，前經稟明全數出糶，變價解省賑濟在案，並無存儲。所有朔平府存穀五千石，代州存穀五千五百三十三石八斗，甯武府存穀七千石，均係實儲在倉，並無虧短。由兼署布政使松椿取具該管道府印結，詳請具奏前來。臣覆查無異，除飭各府州妥爲收儲，勤加曬晾，由該管道隨時認真稽查，勿任黴變私動，俟今春察看情形，應否借糶，再行妥議詳辦，並飭將出糶倉穀，俟今歲豐稔，由司頒價買補外，理合繕摺具陳，伏祈聖鑒。

旨：知道了。欽此。

核明息穀變價等銀完欠動存數目片 并清單 光緒九年正月二十日

再，晉省於道光元年，籌議酌減州縣攤捐案內，請在息穀變價及減半餘平項下，借動銀二十萬兩，發商生息。所得息銀，一半歸還原本，一半備抵攤捐。俟原本全數歸還，此項生息，仍留備抵攤及地方公用，經前撫臣成格專案奏明。道光元年五月十二日奉上諭：晉省州縣攤捐，款項繁多，現經該撫酌定章程，删減開除，請將藩庫存儲息穀變價，及減半餘平二款內，借銀二十萬兩，發商生息。將所得息銀，一半歸還借本，其餘一半息銀，抵撥捐款，著照所議辦理。每届年終彙奏一次，藩司另册交代，毋庸報部核銷等因。欽此。當於社義息穀變價並減半餘平項内，各借本銀一十萬兩，飭發陽曲等九十三廳州縣具領轉發。自道光元年冬季起，原借本銀已陸續提還清款，每年所得息銀，仍照道光元年奏案，全數抵撥攤捐，及留備地方公用，歷經開單具奏在案。

茲據兼署布政使松椿將光緒七年十月初一日起，截至八年九月底止，動存撥抵各款，開單詳請具奏前來。臣覆查舊管銀二千四百八十六兩零，新收銀二萬三千三百九十七兩零，開除撥抵捐款及地方公用銀二萬三千二百六十五兩零，實在存儲銀二千六百一十九兩零，各屬欠解銀六萬二百二十五兩零。除將欠解銀兩飭司嚴催提解外，理合開繕清單，附片具奏，伏祈聖鑒。

謹將光緒七年十月初一日起，至八年九月底止，息穀變價及減半餘平生息銀兩，完欠動存數目，開繕清單，恭呈御覽。

計開

舊管。截至光緒七年九月底止，存儲生息留備公用銀二千四百八十六兩四錢零，各屬欠解銀五萬九千六百二十三兩七錢零，應徵光緒七年十月初一日起至光緒八年九月底止，生息銀二萬四千兩。

新收。光緒七年十月初一日起，至光緒八年九月底止，共收息銀二萬三千三百九十七兩七錢零，内完解光緒七年九月以前積欠息銀一萬一千一百三十二兩八錢零，完解光緒七年十月以後息銀一萬二千二百六十四兩八錢零。

開除。光緒七年十月初一日起，至光緒八年九月底止，撥抵各項捐款及地方公用銀二萬三千二百六十五兩零。

實在。截至光緒八年九月底止，存儲生息留備公用銀二千六百一十九兩一錢零，又各屬欠解銀六萬二百二十五兩九錢零。

旨：知道了。欽此。

晉省並無私鑄小錢片 光緒九年正月二十日

再，前准部咨，道光十年，御史徐培深請飭禁私鑄小錢一摺，奉上諭：著各直省督撫一體飭屬查禁，年終具奏。等因。欽此。歷經通飭在案。

臣查晉省市廛日用，均係官板制錢，尚無私鑄及行使小錢情事。據各廳州縣查明出結，由藩臬兩司會詳前來。理合循例附陳，伏祈聖鑒。

旨：知道了。欽此。

續查民欠錢糧米豆懇恩蠲免摺 光緒九年二月初七日

竊臣前據藩司方大湜轉據陽曲等各廳州縣稟報，因災緩徵，民欠舊賦，力難完納，於光緒八年十二月初四日具摺奏懇恩施，將陽曲等四十五州縣民欠未完及因災緩徵錢糧、米豆、土鹽稅，並左雲等十三廳州縣舊欠錢糧、米豆，分別遞緩蠲免。十二月十二日欽奉諭旨允准，遵即刊刻謄黃，頒發各該廳州縣，徧貼曉諭在案。

臣因晋省錢糧奏銷，前以灾荒，疊請展限，積壓三年，以致檔案參差，難以稽核。節經督催藩司趕辦奏銷，分限造送，務於一年内外將積案一律廓清，以復舊制。茲據將光緒六年分奏銷各册，陸續造送。臣覆加考覈。看出上次奏准蠲免舊賦之大同、豐鎮、甯遠、左雲、崞縣、岢嵐、保德七廳州縣册内，尚有民欠未完光緒元、二兩年錢糧米豆，顯係司詳脱落年分，當經嚴札飭查，並此外有無遺漏。

茲據署布政使高崇基詳稱，查出屯留等八州縣，續行稟報民欠及因灾緩徵光緒五、六兩年米豆，偏關等四縣民欠未完光緒三四等年穀石、米豆，均係實欠在民，十分竭蹷，無力完納，與陽曲等州縣情形相同。籲懇分別蠲緩，由該管府州查明詳道移司，前司未及詳辦卸事。至遵札飭查之大同等七廳州縣，除民欠同治十一二三等年，暨光緒三、四兩年錢糧米豆，業經前司彙入前詳奏請蠲免外，其間尚有舊欠未完光緒元、二兩年錢糧米豆，實係積欠在民。查詢原辦書吏，前司具詳之際，正值交卸之時，倉猝趕辦，以致歸併錯誤，中間脱落兩年。現經查明，詳請補豁前來。

臣查屯留等八州縣，既據查明民欠屬實，完納十分竭蹷，與陽曲等廳州縣情形相同，偏關等四縣尤係邊塞瘠區，自未便因具報在後，致令向隅。其大同等七廳州縣，前次請蠲舊賦案内，遺漏光緒元、二兩年民欠錢糧，實係司詳倉猝趕辦，歸併錯誤，自應併請補蠲，以紓民力。合無仰懇天恩俯准，將續據查報之屯留縣、保德州光緒五年米石，洪洞縣、盂縣光緒六年米豆，偏關縣光緒五年穀豆，繁峙縣、河曲縣光緒五、六兩年米豆，黎城縣光緒五、六兩年米石，緩至九年秋後，再行啓徵。偏關縣光緒三、四兩年穀豆，繁峙縣光緒四年米豆，河曲縣光緒四年米豆，神池縣光緒三、四兩年豆石，及上案遺漏年分之大同縣、豐鎮廳、甯遠廳光緒元、二兩年錢糧，崞縣光緒元、二兩年米豆及二年錢糧，左雲縣光緒二年錢糧，岢嵐州、保德州光緒二年米石，概予蠲免，出自逾格鴻施。如蒙聖慈俞允，臣謹當刊刻謄黃，迅速徧貼曉諭，務使實惠及民。是否有當，理合繕摺具奏。伏祈聖鑒。

旨：另有旨。欽此。

王守愚請開缺葬親委員接署片 光緒九年二月初七日

再，甯武府知府王守愚，人地不宜，難資表率，應行撤省察看。所遺員缺，查有候補知府欒以紱堪以署理。據藩臬兩司具詳前來，當經檄飭遵照。旋據該府王守愚呈懇回籍葬親，由司轉詳開缺。除照例題報外，理合附片奏聞。

查晋省選缺知府，係澤州、甯武二缺，按例一咨二留。上届甯武府缺出，咨送部選，此次應歸外補。晋省現有應補人員，遵例聲請扣留，合併陳明。伏祈聖鑒。

旨：吏部知道。欽此。

委署安邑等缺片 光緒九年二月初七日

再，安邑縣知縣趙輔堂，公事尚無大謬，惟人地不甚相宜。查有襄陵縣知縣錢鏞，端明老練，堪以調署，所遺襄陵縣缺，政務較簡，即以趙輔堂調署。新選靈邱縣知縣穆長椿，留省學習數月，諸能明晰，應即飭赴新任。署陵川縣知縣柳增慧，調省差委，查有新選靈石縣知縣祝裕，留省學習數月，尚屬穩細，堪以署理。代理鄉甯縣知縣莫奎林，調省差委，查有新選岳陽縣知縣舒清阿，留省學習數月，尚屬循謹，堪以署理。據藩臬兩司先後會詳前來。臣覆查無異，除分檄飭遵外，理合附陳，伏祈聖鑒。

旨：知道了。欽此。

晉省千總内現無應劾人員片 光緒九年二月初七日

再，查定例，每年甄別千總百之二三，倘實無可劾之員，准其聲明等因，歷經遵辦在案。兹查山西省撫標並太原、大同二鎮屬千總舊額共六十四員，疊經前撫臣裁汰添設，現共五十九員，以百之二三計算，每年例應甄別一二員。查光緒八年分撫標兩營暨太原、大同兩鎮所屬千總，經臣及該鎮等隨時考察，目前尚無衰庸應劾之員，不職者，仍當隨時查參。除咨明兵部外，理合循例附奏，伏祈聖鑒。

旨：知道了。欽此。

請展緩庚辰綱奏銷等銀摺 光緒九年二月初七日

竊據河東道唐咸仰詳稱，河東鹽務，歷係按年奏銷，嗣因災祲虛耗，引鹽疊積數綱，行銷壅滯，節經奏准遞緩造銷例限在案。現查庚辰綱引，自光緒八月正月接徵以後，迭經設法疏銷。無如食鹽人少，兼以車駝缺乏，脚價倍增，並因帶銷丙子、丁丑、戊寅三綱，新陳遞壓，勉力銷運，自八年正月起，截至十二月止，共完庚辰綱引三千二十餘名。帶銷各綱陳引，除丙子綱陳引二百八十七名，業已帶銷全完，丁、戊兩綱，亦帶銷一百八十七名。其己卯綱賸引，原奏請俟丙、丁、戊三綱銷竣後，分作三年接續帶徵，現亦儘力設法帶銷四百一十三名，統共銷過新陳各引三千九百餘名。計庚辰綱引尚有未完二千二百七十餘名，其已封配而因車脚缺少，未運口岸者，約二三百名，實已智力俱窮，無可籌措。現在奏銷届限，無論如何營運，斷難剋期完竣，依限造報，援案詳請奏懇展緩。

並據另詳稱，近年運銷正引，已屬竭蹶異常，帶銷各綱陳引，並多虧耗。查己卯綱以後，應徵三省加費，及先後續增羨餘，經前撫臣奏懇恩施，一概裁除，經部議准亦在案。現查除丙子綱賸引應徵加費、羨餘等銀，業已勉强帶銷徵完外，其丁丑綱所存陳引一千五百六十九名零，戊寅綱所存陳引一千五百一十一名零，加費、羨餘未蒙照減。成本過重，運售益艱，恐各商觀望裹足，此後帶銷，更形滯阻，轉於正課有礙，自應援案請減，以昭平允。援照光緒六年二月部議，一併懇予奏請裁免。

兩案均據閤綱坐商運販姚長盛、王恒盛等公呈，由監掣同知轉稟具詳請奏前來。臣查河東鹽務，疲敝有年，未荒以前，已有江河日下之勢。自丁、戊之歲，晉、豫、陜同時大饑，户口流亡，十存三四。其三省被灾最酷之區，適當潞鹽行引徵課之地，此乃計口授食之需，疏銷益苦無策，故前撫臣屢有展緩裁免之請。今雖年歲少轉，而庶富之謀，亦必需之十數年，以後銷路日窄，車價日昂，加以陜、豫各私之浸灌，新陳數綱之積壓，本重利微，官商皆困。臣到晉以來，深以鹾政積疲爲慮，屢經督飭河東道博訪利病，籌議整頓。去冬委員配引，前赴陜西蒲富一帶試辦督銷，並探訪南陽各口岸，力爲規復之計，然積重非可以驟返，商困非可以驟蘇。竊思加費及續增羨餘各項，本非河東額徵之款，前因咸豐年間，皖、豫用兵，道路多梗，蘆綱不能南流，淮引不能西上，於是潞鹽得以孤行其間，縱横四溢。既銷倍蓰之鹽，自宜納溢額之課，是以計臣續議增加此款。今商利日減，何從加費，正額尚欠，何有羨餘。且己卯綱原以灾荒蒙恩允免，丁丑、戊寅兩綱，正係奇荒之歲，情事相同，似應一律，方昭平允。若不量予援案減免，則新引徵少，舊引徵多，一鹽兩課，顯分軒輊，置新掣陳，斷非商情之所願。即使勉强抑配，而一引之課數雖多，所銷之引數自少，徒貽商人之口實，終無裨於裕課之實際。查光緒八年一歲之中，僅帶銷丁、戊兩綱陳引一百八十七名，商情已大可見，若必困之以帶銷，必至有礙於正課。該道來詳，所請展緩裁免各節，尚係實在情形。合無仰懇天恩俯念河東三省引地，灾餘彫敝，新陳疊積，准將庚辰綱引奏銷，援案暫予展緩四箇月，至九年四月底造報。並准將丁丑、戊寅兩綱所存未銷陳引三千八十名零，應徵之三省加費及先後續增羨餘等銀，援照六年議准己卯綱成案，一併免徵，以恤疲商而督正課之處，出自逾格鴻慈。除飭河東道上緊督催運銷，並咨部查照外，理合繕摺具奏，伏祈

皇太后、皇上聖鑒。

旨：户部議奏。欽此。

河東籌撥金營西征各餉銀片 光緒九年二月初七日

再，據河東道唐咸仰詳稱，於光緒五年鹽課内籌動銀三萬兩，委候補鹽經歷岳昉管解，前赴包頭鎮伊犁將軍金順糧台交納。又於光緒五年雜課内，籌動銀三萬兩，委候補鹽巡檢繆紀書管解，前赴陜西省城西征糧臺交納，均定期於光緒九年二月十四日起程等情，詳請具奏前來。臣覆核無異，除分咨查照外，理合附片陳明，伏祈聖鑒。

旨：知道了。欽此。

審辦劉定邦摺 光緒九年三月十一日

竊查代州棍徒劉定邦向在口外歸、薩等處倚勢横行，積爲商民之害。恃其雄於貲財，廣通聲氣，屢被控告到廳、到道、到省，均經展轉營脱。經臣飭拏奏革，委提人卷來省，發交太原府審辦去後。

兹據該府馬丕瑶訊明，由藩臬兩司解勘前來，臣親提研訊。緣劉定邦籍隸代州，寄居薩拉齊廳，向在歸化城等處開設糧店，素性狡黠强横，人人畏懼。同治九年報捐游擊職銜，輒敢捏稱由軍營保舉副將銜游擊，擅用二品頂戴。勾串防營將弁、各衙門官吏丁役，囑託詞訟，把持行市。並顧打手金全仔等十餘人，各執刀槍出入自衛，威嚇商民。十餘年來，專以買空賣空爲事，贏則

立時取貨，虧則恃强狡騙，由此致富，商民多被坑害，各城街市爲之惶惶。前大同鎮總兵馬陞訪聞劉定邦勾結匪徒游六，緝獲脱逃，疊被民人周大禮等控告多案。光緒七年夏間，劉定邦因歸、薩等處商民畏避不敢與之交易，復起意（於）［赴］薩拉齊廳（所）屬之包頭鎮買空賣空，從中漁利。在聚源、元純兩店内謊立福星聚字號，定買廣豐等十八家糧店麻油二百四十萬斤，每油百斤價銀四兩三錢至五兩七錢不等，共合價銀十四萬餘兩，詭稱秋標付銀取油，轉運他處售賣。廣豐店等信以爲真，立有定帖。嗣届標期，油價賤落，劉定邦既無現銀，又慮虧折，復狡稱油有攙雜，堅欲退回。廣豐等店不允，屢向索價。劉定邦即率領金全仔等將廣豐等店油斤封存，不許售賣，價仍分毫未付。復先架詞控廳傳訊，將油驗明加封，諭令分別交銀取油，或酌給油店賠項，劉定邦均抗不遵斷，以致各商民被封之油，既不能照帖取銀，復不能轉售他主，十餘萬金之資本，盡成虚懸。一時闔鎮鋪户凡與十八家糧店來往者，因封貨興訟，帳不能結，債不能收，受累者甚多，竟有閉門歇業者，被各商民來省控告。臣素聞其劣蹟多端，爲害地方，當即密飭署大同鎮總兵張樹屏設法捕獲解省，並將其職銜奏革，復咨准甯夏將軍善慶查復，並無劉定邦保案，提集人卷，審悉前情不諱，應即擬結。

查例載，兇惡棍徒，屢次生事行兇，無故擾害良人，人所共知，確有實據者，發極邊足四千里安置。凡係一時一事，實有情兇勢惡者，亦照例擬發。又奸民買空賣空，賭賽市價長落，其賣空者，照用計詐欺局騙人財物計贜，准竊盗論罪，止杖一百，流三千里。買空之犯，照爲從律減一等。又凡無官而詐稱有官，並未造有憑劄，但係圖騙一人，圖行一事，犯該徒罪以下者，發近邊充軍各等語。此案劉定邦起意買空賣空，從中漁利，向廣豐等店定買麻油二百四十萬斤，值銀十四萬餘兩之多。嗣因油價賤落，挑剔狡賴，並率領金全仔等赴廣豐等店將油封存，不准售賣，架詞捏控，該廳斷令分別交銀取油，復斷酌給油店賠項，一味狡抗不遵，以致各商民鉅貲虚懸，事外鋪户多家亦因之賠折苦累。且其平日以遊擊虚銜假冒副將銜遊擊，勾串文武營署，顧養打手，威嚇街里，擾害商民，實屬情兇勢惡，大爲地方之害。查該犯空買麻油，尚未空賣，自應按例問擬。劉定邦除勾結大青山匪徒游六，訊明僅止結交匪人，尚未隨同滋事，免其置議。及起意空買空賣，假冒副將銜遊擊諸輕罪不議外，合依兇惡棍徒屢次生事行兇，無故擾害良人，人所共知，確有實據者，發極邊足四千里安置。凡係一時一事，實有情兇勢惡者，亦照例擬發極邊足四千里充軍，到配折責安置。遊擊職銜部照，追出繳銷。廣豐店夥朱永明、恒興店夥牛承恩、公盛泉店夥王銘復、盛錦店夥施德潤、永和成店夥張翩，於劉定邦買麻油，訂期交價，均係實貨存店，經該廳驗明加封，並非空賣，且不知劉定邦有意空買，未便科以賣空之罪。惟口外糧店悉兼兑换銀錢，該鋪均係行頭。當劉定邦謊立福星聚字號，並未照五家互保之例報官存案，又未查明劉定邦有無貲本，輒與交易，致興訟端，累及案内案外衆鋪户，實屬不合。所有廣豐店朱永明、恒興店牛承恩、公盛泉店王銘復、盛錦店施德潤、永和成店張翩，應與未經到案之各店夥並代開福星聚字號之聚源店夥冀步青、楊椿齡、元純店夥丁如佐，均酌照不應重律，各擬杖八十。張翩係廪生，照律納贖，追取贖銀，入（官）

册報［官］。〔一〕朱永明等折責發落。匪徒游六早經在保病故，已據歸化廳驗訊擬結。周大禮控案亦經訊結，均無庸議。金全存等緝獲另結。劉定邦所定油斤雖係空買，而廣豐等店所賣之油係屬實存，不得謂爲賣空，免其入官。案已訊結，未到人證免提省累。

查山西買空賣空之風甚熾，名曰虎盤，銀錢、米麥、花布、油鹼、洋藥一切大宗百貨，皆可爲之。大抵皆奸商地棍借此以陷無知之富人，籠愚弱之賈販。始則情同賭博，繼則計等局騙，其因此而破家蕩産者，指不勝屈。皆由地方官吏貪其陋規，以致悍然無忌。省城附近之平遥、祁縣、太谷等處皆所不免，口外歸化、薩拉齊兩廳尤甚。臣現已嚴飭地方官認真禁絶，如有得規庇縱者，即當嚴行參處。除將全案供招咨部查核外，所有審擬緣由，理合繕摺具奏，伏祈聖鑒。

旨：刑部議奏。欽此。

請緩九年春撥册片〔二〕 光緒九年三月十一日

再，晋省自光緒三年後，每年應造春秋撥册，未能依限造送，歷經奏請展緩，奉旨允准。並經臣飭催將七年秋季、八年春季各撥册，趕造齊全，於八年十二月、九年正月，兩次咨送户部在案。惟春撥册，非俟上年秋撥後，不能接續造報。秋撥册非俟上年奏銷後，核計有無存賸銀兩，亦不能截數報撥。茲届應造光緒九年春季撥册之期，因七年奏銷甫經開辦，其九年春撥，勢難越次先造，實非無故遲延等情，由署布政使高崇基詳請援案展限，並請免議前來。臣覆加查覈，尚係實在情形。因灾荒而累及奏銷，又因奏銷而緩及撥册，合無援案仰懇天恩俯准將光緒九年春撥册，量予展緩，俟八年秋撥辦竣，即行循序趕造。其九年秋撥册，仍俟九年春撥暨八年奏銷辦竣後，再行接續造送，以免舛紊，並懇逾格鴻施，免其查議。仍由臣上緊查催，次第趕辦，除咨部查照外，理合附陳，伏祈聖鑒。

旨：著照所請。該部知道。欽此。

籌解金營餉銀片 光緒九年三月十一日

再，臣欽奉寄諭：户部奏，於積欠金順餉銀之山西等省並河東道，各提銀五萬兩，均限本年六月以前，掃數批解等因。欽此。當經欽遵分飭去後。

茲據署布政使高崇基詳稱，此次奉提金營餉銀五萬兩，現值庫款支絀，籌措維艱，擬先解銀三萬兩，下餘二萬兩，俟上忙收有成數，再行續解，總不出六月之限。當於兵餉減二成、核減鈔本、文職一二三成養廉，裁汰舖司節省各項内，共籌動銀三萬兩放給金營提餉委員山西候補道岳壽兑收，於本年二月初九日起程，由歸化轉運局轉解伊犁將軍金順軍營交納等情，詳請具奏前來。除分咨並另飭河東道趕緊籌外，理合附奏，伏祈聖鑒。

旨：知道了。欽此。

晋省軍需各項用款奏咨立案摺 光緒九年三月十一日

竊前准户部咨，議奏御史梁俊、右庶子張佩綸奏，軍需善後

〔一〕以上舛、衍三處，據《京報》第四一八號校正。
〔二〕以下十三件録自抄本《張中丞撫晋奏疏》。

報銷內外辦法一摺，奉旨：依議。欽此。計原奏內開，凡從前未經奏明兵勇數目、營制、員弁薪水、口糧、軍火、雜用等項，統限三箇月奏明報部，不准於奏銷後補報，亦不得隨册聲明。光緒八年八月以前未經報銷各案，向來開單者，截至八年十二月止，照舊開單等語。

臣查晋省軍需用款，大率多經前撫臣奏咨有案，但歷年既久，時勢變遷，用款繁雜，正餉之外，間有捐益變通。現當清釐報銷之際，亟應澈查開報。其防練各軍，應歸此次報銷之案，光緒八年前裁撤者，爲劉連捷所部湘軍步隊六營、馬隊五營，練軍馬步合隊左右二營，大同鎮殺虎協抽調巡緝馬兵三百名。九年後裁撤者，爲留晋湘軍步隊二營、馬隊二營，大同鎮隨帶馬步兵八十名，保德州防堵馬步兵三百七十三員名。現存者爲臣標練軍馬隊一營、步隊二營，共馬步官弁兵夫一千一百四十七員名。大同鎮練軍馬隊五旗共官弁兵夫一千九十員名。張樹屏所部樹軍礮隊一哨步隊二旗，馬隊二旗，共馬步官弁勇夫一千六百六十二員名。係各照奏定湘、淮營制練軍章程。其緑營調防兵丁津貼及委員薪水，係照同治五年四月初一日奏案。其沿途運送脚價，支應兵差，係照軍需則例。其修製采辦軍裝等件，向按市價核實支銷，亦係照同治五年四月初一日奏案。其各營請領，係隨時酌量情形給發，其文武員弁夫價、局費、吏役工食，自光緒三年以後，政務繁冗，食物昂貴，量予增加。以上三類，有礙難定價定數者，有前後章程岐出者，是以未能畫一。經臣考求綜核，案據尚屬可信，爲數亦不甚多，既係實用實銷，自當照數造報。此後應由臣督率司道，力加核減。能定數者立爲定章，不能定數者設法稽核，總期事事求節求實，一照户、兵兩部奏定章程辦理。此外尚有同治十二年，光緒四年兩次調防烏里雅蘇台大同官兵，光緒元年、光緒六年兩次調防科布多大同官兵，同治十二年、光緒八年兩次調防塔爾巴哈台大同官兵，共六案內，惟八年調防塔城一案，尚未據報起程日期，未經具奏。其餘五案，應支行裝、行糧、軍火等件，均經隨時奏明。因各處細册未齊，至今均未造報，現已飛檄飭催，統於此次報銷限內，改題爲奏，分案造銷，以清積牘。由清源局司道具詳前來。除各案詳開細數咨部外，理合將兵勇數目、營制、餉章、添設腰撥薪水、局費、製造、軍火采運、支應一切雜支，繕具簡明清單，恭呈御覽。

再，此次奏報定限三箇月，查户部原奏係光緒八年十月十五日奉旨，按第五日行文，照程限減半計算，應以十一月初五日作爲晋省准咨日期，再展封印一箇月，扣至九年三月初五日，三箇月限滿。因款目瑣雜，檔案紛淆，歷年用款章程，皆非臣任內承辦之事，必須循流溯源，考核明確，是以具奏未能迅速，合併陳明。伏祈皇太后、皇上聖鑒，飭部立案施行。

晋省軍需各項用款奏咨立案單 光緒九年三月十一日

謹將晋省練軍、湘軍、樹軍兵勇數目，營制章程，口外腰撥委員薪水，暨製造、采運、沿途支應，及一應雜支，遵照定限奏明立案，繕具簡明清單，恭呈御覽。

計開

兵勇數目、營制、餉章程項下：

精兵營練軍馬步左右兩營。

該軍本係就臣標咸豐六年新設精兵兩哨，抽練以後屢練屢撤。此兩營自光緒六年十月初一日成軍起，至七年四月底裁撤止，光緒六年十月二十八日前護撫臣葆亨，七年五月二十五日前撫臣衛榮光，先後奏明在案。每營官弁兵夫五百三十四員名，馬五十匹，月支薪水、公費、底餉、練餉、底乾、練乾銀二千四兩一錢，照奏定晋省練軍章程細數咨部。左營管帶官副將呼延霖，右營管帶官總兵何鳴高。

精兵營練軍步隊左右兩營。

該軍即係前練馬步二營，前撫臣衛榮光因積習太深，裁撤原隊另行挑補，馬步分練。左營自光緒七年五月十七日成軍起，右營自光緒七年六月初八日成軍起，均截至八年十二月底止，現在直晋交界四天門修工，光緒七年五月二十五日前撫臣衛榮光奏明在案。每營官弁兵夫四百七十一員名，月支薪公底練餉銀一千六百五十八兩，照晋省練軍章程細數咨部。左右營並馬隊營統領官知府李秉衡，左營管帶官副將呼延霖，右營管帶官叅將申萬禄。

精兵營練軍馬隊營。

該營自光緒八年二月初一日成軍起，截至八年十二月底止，現在省城巡緝訓練，光緒八年正月二十六日，經臣奏明在案。該營官弁兵夫二百六員名，馬一百六十匹，月支薪公底練餉乾銀一千三百五十九兩五錢，照晋省練軍章程細數咨部。管帶官先派副將劉瑞卿，即派守備王萃管帶，親兵總哨官都司張福啓。

大同鎮三營，殺虎協兩營，抽調巡緝馬隊官兵一起。

該起官兵因湘軍赴山海關防所，北路空虛，檄調巡緝，自光緒六年十月初一奉調之日起，至七年十月初一同字練軍成軍之先一日歸伍止，光緒六年十月二十八日前護撫臣葆亨檄調有案，今由臣飭司局查明，奏明立案。一起共馬兵三百名，馬三百匹，月支津貼餉乾銀五百四十兩，照同治五年四月初一日奏定晋省軍需章程細數咨部。統帶官調署大同鎮總兵張樹屏。

大同鎮同字練軍五旗。

該軍因湘軍赴山海關防所，北路空虛，大同鎮前項巡緝馬隊官兵不敷分布，就大同鎮屬各營路挑練，自光緒七年十月初一日成軍起，截至八年十二月底止，現在分紮雁門關外暨歸、薩迤南巡緝。光緒七年八月初二日，前撫臣衛榮光奏明在案。每旗官弁兵夫二百一十八員名，馬一百五十六匹，月支薪公底練餉乾銀一千二百四十七兩一錢，照晋省練軍章程細數咨部。中旗管帶官都司陳萬霖，前旗管帶官遊擊何正宗，後旗管帶官參將胡光藩，左旗管帶官遊擊袁得勝，右旗管帶官遊擊駱國祥。

湘毅軍護旗一營，步隊七營，馬隊五營。

該軍係光緒四年二月間，前撫臣曾國荃募調來晋，原係步隊十營，護旗一營，嗣經陸續裁改，定爲此數。均自光緒六年正月初一上案開單報銷之日起，步隊正後營至六年二月回漢口遣撤，四月初一日復招，五月十七就地遣散之日止。護旗一營，步隊正中、副中、正左、副左四營，馬隊威字、毅字、正中、副右、副後五營，均至六年六月底，前撫臣曾國荃帶赴山海關防所止。七月以後，由曾國荃另案造銷。步隊正前、副前兩營，截至六年七月二十日裁減步隊二成，改練馬隊之日止，裁改以後，另行開列，光緒六年七月初四日，前撫臣曾國荃奏明在案。護旗營統領官弁勇夫二百三十六員名，月支薪公口糧銀一千三百九十三兩五錢。步隊七營，每營官弁勇夫六百六十九員名，月支薪公口糧銀二千八百五十五兩。威字、毅字馬隊二營，每營官弁勇夫二百九十八員名，馬一百一十八匹，月支薪公餉乾銀一千五百三兩三錢。正中馬隊一營，官弁勇夫一百三十一員名，馬五十四匹，月支薪公餉乾銀六百五十兩九錢。副右、副後馬隊貳營，每營官弁勇夫五百六十七員名，馬二百五十二匹，月支薪公餉乾銀二千八百五十三兩，均照湘軍章程細數咨部。統領官記名布政使劉連捷，改派刑部郎中劉鴻年。

留晋湘毅軍步隊二營，馬隊二營。

該軍自光緒六年七月二十一日裁減步隊二成，改練馬隊二營之日起，截至八年十二月底止。現定遣撤，業已起程，光緒六年七月初四日，前撫臣曾國荃奏明在案。步隊每營官弁勇夫五百五十九員名，月支薪公口糧銀二千四百一十四兩三錢。馬隊二營，共官弁勇夫四百七十五員名，馬二百四十匹，月共支薪公餉乾銀二千五百九十八兩四錢，均照湘軍章程細數咨部。統領官道員凌蔭廷，改派道員吴其復，又改派總兵何鳴高。步隊正前營管帶官總兵徐上達，副前營管帶官總兵賀振麒，馬隊二營管帶官總兵賀星明。

樹軍礟隊一哨，步隊二旗，馬隊二旗。

該軍係同治九年前撫臣李宗羲奏調總兵張樹屏統帶來晋。歷經前撫臣裁改今數，自光緒六年正月初一上案報銷之日起，截至八年十二月底止。現在歸化城、薩拉齊、包頭鎮一帶巡防，同治九年七月十八日前撫臣李宗羲，光緒五年五月二十八日前撫臣曾國荃，先後奏明在案。統領月支薪公夫價銀三百三十兩。礟隊一哨，官弁勇夫一百五十二員名，月支薪糧銀六百四十九兩八錢。步隊每旗官弁勇夫五百三十五員名，月支薪公口糧銀二千三百二十二兩二錢。馬隊每旗官弁勇夫二百二十員名，馬一百五十九匹，月支薪公餉乾銀一千五百二十二兩五錢。均照淮軍章程細數咨部。統領官調署大同鎮總兵張樹屏，步隊中旗幫帶官總兵衛天成，前旗幫帶官總兵林成興，馬隊三旗管帶官副將張千功，七旗管帶官副將董履貞。

大同鎮隨帶本標馬步兵丁一起。

該起兵丁，係光緒六年八月十五日張樹屏調防口外咨明，前護撫臣葆亨覆准，自隨帶之日起，截至八年十二月底止，現於九年正月底遣撤歸伍。光緒六年八月十五日前撫臣咨覆行司有案。今由臣飭司局查明奏明立案。一起共馬步兵八十名，馬五十匹，月支津貼銀一百二十六兩，照晋省軍需章程細數咨部。統帶官大同鎮總兵張樹屏。

河保營調防官兵一起。

該起官兵，係同治九年閏十月間，前撫臣何璟檄調一百名，嗣後陸續添調今數，自光緒六年正月初一上案報銷之日起，截至八年十二月底，經臣遣撤歸伍之日止。同治九年閏十月二十七日，前撫臣何璟奏明在案。一起共官弁兵丁三百七十三員名，馬三十九匹，月支津貼銀二百一十八兩二錢九分八釐，照晋省軍需章程細數咨部。管帶官河保營參將佛凝額，改派都司福善。

添設腰撥項下：

歸化廳設腰撥四處，和林格爾廳設腰撥三處，薩拉齊廳設腰撥五處。

各腰撥係同治九年七月間前綏遠城將軍檄飭添設，自光緒六年正月初一上案報銷之日起，截至八年十二月底止。同治九年七月十二日前綏遠城將軍臣定安咨明兵部核准添設有案，今由臣飭司局查明奏明立案。各該腰站共驛書人夫七十九名零，馬一百二十四，照驛站章程細數咨部。

薪水、局費、書役工食項下：

文案處。知府直隸州二三員不等，同通州縣五六員不等，佐雜五六員不等，字識九名。

營務處。候補道府一二三員不等，同通州縣一二三員不等，佐雜二三四員不等，親兵十名，字識二名。

籌防局。候補道一二員不等，知府直隸州二三員不等，同通州縣五六員不等，佐雜六七員，字識八名，夫役九名。現將一切事件，歸併清源局辦理。

軍裝局。候補道一員，知府直隸州一二員不等，同通州縣二三員不等，佐雜三四員不等，字識三名，看庫勇丁八名。

保甲局。道員一二員不等，知府直隸州二三員不等，同通州縣二三員不等，佐雜十二三員不等，字識三名，夫役十二名，現在酌減。

總司巡緝候補道一員，分司巡緝同通州縣十一員，佐雜十六員，巡丁七十六名，現在酌減。

光緒六年七月起，至十一月底止，河南清化鎮採辦軍裝佐雜二員，往返五箇月。

隨轅差委總兵一二員不等，副參遊都守四五六員不等。

營務處差委武職，有無不等。

軍裝局差委武職，有無不等。

各路偵探文武委員，有無不等。

五路巡緝總兵一二員不等，各帶親兵二名，副參遊都守十員，千把外委十員，兵丁三十名。

光緒六年七月起，至十一月底止，南路查驗軍裝副將一員，書職親兵十六名，往返五箇月。

光緒六年正月起，至十月底止，查拏游勇遊擊一員，親兵六名，往返十箇月。

各該局員委員一切經費，自光緒六年正月初一上案報銷之日起，截至八年十二月底止，歷年參差不齊。俟造報時，查明委派日期，及支領薪水員數各案據，核實分晰開報，文職委員薪水，照晉省軍需章程，武職委員薪水，比照湘、淮章程及晉省歷辦成案。各局房租、紙張、油燭、飯食，視員數多少，公事繁簡酌給，字識、人役視此。自光緒三年大祲以後，諸物奇昂，前撫臣曾國荃，於差委文武各員，按照官階，加給夫價。凡派委之員，支領之數，均經歷前撫臣飭司局議詳批准有案。臣前於八年十一月二十五日奏請停止分發同通佐雜摺內，曾經據實聲明細數咨部。

以上文武各員薪水，均照奏章，員數、局費，現經臣大加嚴減，自九年爲始，酌定員額，另案報部。其加夫一項，現經臣概行裁除，至從前業已支領之數，應請准其核實造銷。今由臣飭司局查明，奏明立案。

製造採運項下：

練軍馬步隊左右兩營，每營每次領單帳房九十五架，夾帳房十七架。

練軍步隊左右兩營，每營每次領單帳房八十架，夾帳房一十二架。

練軍馬隊營，每次領單帳房七十八架，夾帳房一十六架。

大同鎮同字練軍五旗，每旗每次領單帳房四十架，夾帳房一十四架。

留晉湘毅軍步隊兩營，每營每次領單帳房六十三架，夾帳房一十七架。

留晉湘毅軍馬隊兩營，每營每次領單帳房七十九架，夾帳房一十七架。

樹軍礮隊一哨，每次領單帳房一十一架，夾帳房一十一架。

樹軍步隊兩旗，每旗每次領單帳房六十四架，夾帳房二十八架。

樹軍馬隊兩旗，每旗每次領單帳房四十架，夾帳房十四架。

湘毅軍馬步各營，每次共領單帳房六百七十八架，夾帳房一百七十六架，馬棚二百一十七架。

以上各營，應需帳房，每屆成軍發給一次。成軍以後，或按半年，或按一年更換一次，以該營曾否移調，隨時酌定。均經司局議詳，歷任撫臣批准有案。至製造價值，照晉省軍需章程細數咨部。

練軍馬步左右兩營，成軍製造旗幟、號衣一次。練軍步隊左右兩營，成軍製造旗幟、號衣一次。練軍馬隊營，成軍製造旗幟、號衣、銅號、金鼓等件一次。

大同鎮同字練軍五旗，成軍製造旗幟、號衣一次。

留晉湘毅軍光緒六年七月裁改馬隊，製造旗幟、號衣一次。

留晉湘毅軍光緒六年七月裁改馬隊，製買洋槍、馬槍、鞍韂、鍬轡、草袋一次。

軍裝局歷年添製火藥、火繩、鉛丸、馬槍、馬腰刀、得勝袋、白蠟矛桿、大小火藥皮簍、荆簍、大小藥壺盧、各種藥筒、大刀、解手刀、斬馬刀、鍘刀、三鉡噴筒、大小槍架、大小礮架、馬槍皮條、洗把、各種矛竿、矛頭、矛攢，修理馬槍、小槍、抬槍、劈山礮、大刀、解手刀、朴刀、腰刀、三鉡藥壺盧、帳房、旗幟、鑼鍋，以及隨時因事添製修理各項軍火器械、軍裝等件。

以上各營，添製旗幟、號衣什物，及軍裝局製造修理各項軍火器械、軍裝等件，並無一定價值。向係比較成案，按照市價，實用實銷，均經司局議詳，歷任撫臣批准各營請領有案，細數咨部。

留晉湘毅軍，光緒六年七月裁改馬隊，請領馬匹一次，按照市價採買。

湘毅軍馬隊各營，光緒六年三月找領，光緒四年十一月成軍起，至五年十二月止，買補倒斃馬價一次。此項倒斃馬價，係照湘淮章程，由營陸續籌墊，彙總請領，六年間，由該軍營務處劉鴻年呈請補發。

留晉湘毅軍馬隊營，每年請領倒斃馬價一次。該營倒斃馬價，原照湘淮營制計數請領，因恐漫無限制，飭籌防局詳定，改照晉省緑營章程，每年每馬百匹，准倒斃二十匹，照例價發給。

以上各營採買馬匹，找領倒斃馬價，買補倒斃馬匹，均由該營請領，司局覈發，歷任撫臣批准有案，細數咨部。

光緒六年七月派員赴河南清化鎮，採辦竹矛竿一次。

光緒六年七月，留晉湘毅軍采辦馬匹鞍韂等件一次。

光緒八年十月，天津采辦洋馬槍一次。

軍裝局陸續運送火藥荆簍。

以上歷次採運軍裝，沿途脚價，皆係查照歷年成案，按照民價顧備核實支銷，細數咨部。

光緒六年二月，甯夏將軍委員雙祥等，由晉省領取軍火，自山西陽曲縣起，至永濟縣出境止。

光緒七年四月，烏魯木齊都統委員穆津布等三員，由神機營領回軍火等件，自山西平定州入境起，至永濟縣出境止。

光緒八年七月，塔爾巴哈台委員錢亨，由天津採辦軍裝等件，自山西平定州入境起，至歸化廳止。

光緒六年以後，沿河各州縣，存儲軍裝軍火提運來省，司局具詳，沿途支應，各州縣稟明有案。

光緒六年以後，在防各軍，歷次領取軍裝軍火運解回營，沿途支應，各州縣稟明有案。

光緒六年以後，在防練軍各營，歷次奉調赴防，南北更調，沿途支應，各州縣稟明有案。

以上提運領取軍裝軍火，係按照斤重，練軍調防出省，未設長夫，均由各該當站州縣，按照軍需則例，支應軍騾，細數咨部。

通計以上製造、採運各項，各該營請領支應，州縣稟報，司局核發，均有案據。其修製、採運，向按市價，核實支銷。同治五年四月初一日，前護撫臣王榕吉，於軍需章程十條內，奏明在案。

雜支項下：

光緒六年八月，建蓋軍裝局一所，火藥庫一十六間，添造窯房十間，並修理籌防局房屋，火藥庫門。應需工料，按照市價核實支銷，細數咨部。

在防各軍分期操演，分別等差酌給賞項。在防各軍，每遇冬令，帶勇官並勇丁，酌賞皮衣，兵丁酌賞棉衣。在防各軍冬春嚴寒之際，酌給煤炭。

以上賞項皮衣、棉衣、煤炭，照晉省軍需章程，酌量情形，核實支給，細數咨部。

校閱在防各軍會操，分別等差，酌給賞項銀牌。

差委在防各軍，緝獲積匪巨盜，分別等差，酌給賞項。

在防各軍，修工出力，分別等差，酌給賞項。

以上賞項，向無定數，或比照成案，或視其緝匪勞績，隨時酌發，應查明案據，核實開報。

在防各軍，官弁兵勇，傷亡病故，酌給卹賞。

以上兵勇卹賞，照同治七年六月十四日奏准章程，官弁卹賞，參酌湘淮營制，並晉省成案核發，應查明案據，核實開報。

通計以上雜支各項，操賞、皮棉衣賞、緝匪賞、工賞、卹賞，各該營請領，司局覈發，均有案據，今由臣查明奏明立案。

旨：該部議奏。單併發。欽此。

綏遠城留防官兵奏咨立案片 并清單 光緒九年三月十一日

再，綏遠城留防官兵所需餉項，同治十二年以前，由歸綏糧臺自行報銷。同治十三年以後，至光緒五年止，糧台撤歸入晉省報銷，分案辦理。惟前准綏遠城將軍來咨，自光緒七年爲始，歲需銀三萬兩有奇，請由晉省籌解銀一萬兩，不敷之數，由歸綏道籌措。究竟如何籌措，及留防兵數一切章程，曾否奏明有案，晉省無案可稽。現當清釐報銷，臣當即咨照該將軍，自行造報。嗣准綏遠城將軍臣豐紳咨覆，仍歸晉省造銷，並將歷次奏案餉章飭發歸綏道，移送省局。茲據清源局司道核明，先將各項章程，詳請奏咨立案前來。臣覆核無異，除將細數咨部外，理合繕具簡明清單，附片奏明，伏祈聖鑒。

謹將綏遠城留防官兵，自光緒六年正月初一日起，截至八年十二月底止，營制章程及薪水雜支等項數目，奏明立案，繕具簡明清單，恭呈御覽。

計開

營制項下：

綏遠八旗挑選精壯官兵，作爲親軍小隊。共計馬隊官兵二百一十四員名，鹽菜米折、馬乾，大建月支銀一千六百六兩三錢八分五釐。同治七年九月十二日奏准，現仍留防。

綏遠八旗挑選精壯官兵，歸併前練馬隊内合爲一隊。共計馬隊官兵五十八員名，鹽菜米折、馬乾，大建月支銀四百八十六兩七錢，小建月支銀四百七十兩四錢七分七釐，光緒二年三月二十九日奏准，現仍留防。

薪水、雜支項下：

綏遠城將軍印房辦理摺奏，每月支給紙張薪水等項銀四十四兩，同治三年十二月初八，七年三月二十八等日兩次奏准。

綏遠城添設營務處、文案處。共計委員書手一十三員名，薪水鹽乾每大建月支銀一百七十七兩二錢，小建月支銀一百七十一兩二錢九分三釐四毫。同治七年九月十二日奏准。

幫給四子郡王旗所管湖濟爾鄂博、固爾板哈沙圖兩台，並達爾漢貝勒旗所管達漢德勒一臺，每年共津貼銀一千五百兩。同治九年奏明，援照土默特台站章程，按春秋二季，在防餉内支發，俟軍務稍鬆，再行奏請停止。

經管支發書吏，暨歸化營看守軍火弁兵，共十九名，工食心紅紙張飯食大建月支銀六十二兩九錢，小建月支銀六十一兩九錢。

以上營制薪水雜支各項，上案報銷，均截至光緒五年十二月底止，今自光緒六年正月初一日起，截至八年十二月底止。

欠發項下：

綏遠城防餉上案報銷，自同治十三年正月初一日起，至光緒五年十二月底止，核計該城餉章，此六年内共應支鹽乾等項銀五十三萬九千一百七十三兩二錢八分一釐七毫。光緒六年三月，經前撫臣將已發給領銀四十三萬七千四兩八錢八分四釐八毫，彙入本省支銷各項銀兩内，開單造報。尚有欠發各營鹽乾並委員薪水、書吏工食、看守軍火弁兵口分共銀一十萬二千一百六十八兩四錢一分六釐九毫。因光緒六年六月，始據將册籍咨送到省，是以上案報銷，未經列入，茲據造送前來，查係光緒五年以前積欠之款，至今未清。按照户部咨行報銷章程，勢難補發。但既據詳報，應請補銷，俟報銷核覆後，再令查照部章。專案報部核辦。

旨：該部議奏。單併發。欽此。

晉撥山海關防餉歸曾國荃奏銷片 光緒九年三月十一日

再，光緒六年六月，前撫臣曾國荃奉旨督辦山海關防務，奏明隨帶湘毅馬步各軍，並添募三營，所需餉項，由晉籌解。經前撫臣衛榮光，於光緒七年十二月附片具奏，歷次解過銀四十八萬兩。迨臣接准曾國荃來咨，始知晉省前解山海關防餉，於前數外，尚有十萬兩。臣檢查案據，此款係營務處候補道凌蔭廷在晉請領，統領郎中劉鴻年在關支發，確有曾國荃在防所收到此款後知照前護撫臣葆亨之咨，并行知海防支應局之札。文件甚多，覈對庫簿，均屬符合。不知以前海防支應局司道何以疏舛草率，未經詳請具奏，以致前撫臣漏未奏報。當於上年七月二十九日奏請設局，勒限清查，摺内據實聲明在案。疊次准户部咨，山海關防營月餉，專指山西地丁接濟。自光緒六年七月起，至七年六月止，節次解過及匯解銀兩，沿途支發採買等項，應再專案行催前山西巡撫、署兩廣總督曾國荃，務令經手各員，逐款分晰，造册送部核銷。並將支發各項章程，先行專案送部，以爲核銷案據等因。臣查晋省先後共解過曾國荃防營月餉銀五十八萬兩内，以五十五萬四千四百四十兩七錢八分六釐解交山海關，應由曾國荃自行造報。以二萬五千五百五十九兩二錢一分四釐，撥歸晋省後路海防支應局，以備接濟採買之用。計代發赴防湘毅軍馬價銀八千兩，委員解餉解礮匯費川資共銀三千三十五兩八錢，局費書吏飯食共銀一千二百六十三兩一錢九分，採辦藥材銀三百一十兩三錢三分一釐，通共開支庫平銀一萬二千六百九兩三錢二分一釐，均屬確實有案可稽。現飭經手各員，趕造細册，由臣咨送曾國荃，彙案造銷，以歸畫一。其晋省局存銀一萬二千九百四十九兩八錢九分三釐，已飭藩司收歸地丁項下，入册報撥。茲據清源局司道詳請奏咨立案前來。臣覆覈無異，理合附片奏明，伏祈聖鑒。

旨：該部知道。欽此。

地方營務善後報銷統歸清源局辦理片光緒九年三月十一日

再，此次部咨，光緒八年以前稱軍需報銷，九年以後稱善後報銷。查山西自灾賑以後，設有善後局，專辦墾荒、積穀、差徭、清丈、修工、利商一切恤民之政。其賑務餘款，即名善後之款，將來尚須專辦善後報銷。若軍需事體，亦名善後，無從分析。擬請以後報銷之案，如辦理民事，動用善後款者，即稱地方善後報銷，辦理兵事，動用地丁正雜款者，即稱營務善後報銷，以示區別。上年奏設清源局，專爲清釐庫款，此兩項支發報銷，應即統歸清源局司道督率該局委員辦理，毋庸另設善後局、報銷局，以專責成，而免紛岐。理合附片奏明，伏祈聖鑒。

旨：知道了。欽此。

裁撤湘軍片光緒九年三月十一日

再，湘毅軍馬步四營，自前撫臣曾國荃赴山海關後，留晋巡防。查該軍需餉浩繁，且與此間風土人情，不甚相習，現經欽奉諭旨裁勇節餉，自應即時遣撤。該軍自前年秋間，派修四天門道路承修地段，刻已告竣，未訖之工，責成練軍辦理。計此項正勇一千名，並各項人夫，經臣派委候補道吴其復、記名總兵何鳴高，督率原派營哨各官，統帶該軍，於三月初二日啓行。取道天津，載以輪船，泝江至鄂回湘遣散，以免散漫逗遛。已咨照署北洋大臣直隸督臣張樹聲，飭招商局僱備輪船，所需價值，由晋籌給。

查同治八年，遣撤前臬司陳湜所部湘軍舊案，係發給兩月餉項，以到湘之日，作爲遣撤之日。此次湘軍在晋累年，修工巡緝，尚屬勤勞不懈，自應比照成案，量爲加優。當經查照餉章，發給三箇月口糧，以示犒獎，俾得及早遄行。惟此軍駐晋有年，湘中閒弁散勇，聞風踵至，冀得收留，以及渝關不歸之衆、秦隴罷遣之軍紛紛投至。若不設法資遣，則正軍既撤，游勇徒存，必致隨地漂流，無所統紀，重爲民害。因飭詳細查明此項閒弁散勇，約共三百餘人，已編造名籍，酌賞口糧，飭令吴其復等率之，一律附舶南歸。理合附片陳明，伏祈聖鑒。

旨：該部知道。欽此。

添練撫標親軍營片光緒九年三月十一日

再，湘毅軍現經裁撤，通計山西一省，雁門關以内，止有精兵營練軍一千名，而步隊兩營，均在四天門一帶修工，省垣腹地兵力過薄。竊惟歷奉諭旨，整頓練軍，誠爲治戎節餉要道，擬即先從省標辦起。茲於臣標左右兩營額兵内挑選步隊一百名、馬隊五十名，共一百五十名，作爲撫標親軍營。務擇壯健樸勇之士，不及格者汰，募以足之，率以管帶總哨官一員，副哨官二員，嚴申紀律，勤加訓練，緑營積習故套，掃除務盡，以爲整頓通省緑營練軍之漸。自二月内議裁湘軍之日即令舉辦。今據報於三月初一日成軍，所需練餉練乾，悉照練軍馬步親兵章程。除員名細數咨部外，理合附陳，伏祈聖鑒。

旨：知道了。欽此。

晉省賑捐第十次請奬摺光緒九年三月十一日

竊查晉省於光緒三年，勸捐助賑，經前撫臣曾國荃奏明，准照天津賑捐章程請奬。先後共計捐銀二百一十三萬七千七兩三錢零，均於光緒五年八月以前，截數奏報。並將捐銀一百九十萬二千二百六十二兩八錢零，分作九次造册奏請給奬各在案。茲據善後局司道詳稱，續據洪洞等州縣册造請奬捐生一百九十七名，共捐實銀二萬八千三百五十三兩四錢。又官捐陳丙昌等六名，共捐實銀三千五兩一錢二分。通共實銀三萬一千三百五十八兩五錢二分。均已收清充賑，造具各捐生擬請奬叙清册，詳請奏奬前來。

臣查籌餉事例，及天津賑捐章程，凡屬虛銜，例銀統減四成，其加銜請封，減四成外，遞減二成，今核所請奬叙，均與例章相符。惟因捐數畸零，該捐生等散處各屬，展轉行查，致逾期限，自不得再奬實官。應遵照奏定章程，給予封典虛銜，用示限制。合無仰懇天恩敕部按名核奬，給發執照，俾得咸沐鴻施。除將請奬清册，分送部監查核外，所有晉省賑捐十次請奬緣由，理合繕摺具奏，伏祈皇太后、皇上聖鑒，敕部覈覆施行。

旨：該部議奏。欽此。

查辦姚文枏情形片光緒九年三月十一日

再，臣欽奉寄諭：有人奏候選道姚文枏及其子山西候補道姚寶勳在晉豫賑款中營私牟利，請飭查辦等語。著李鴻章、張樹聲、張之洞確切會查，據實參奏，毋稍徇隱等因。欽此。當經欽遵，札飭善後局司道督飭局員按款確查，並將所查情形開具清册，粘籤指出，咨詢直省。旋經李鴻章飭據長蘆運司、津海關道等覆查，數目均屬相符，咨覆前來。

臣查姚文枏及其子姚寶勳經手晉捐，事在隔省，晉省止能查其解數而不能知集捐之主名，祇能知其捐數而不能悉其折收之底據。現經臣檢集案卷，詳細勾稽，其略有疑竇者均已指出，咨詢尚無參差。至其中有無以少報多，移甲就乙情弊，實非晉省所能查辦。應請敕下李鴻章、張樹聲就近確查，另行具奏。合將晉省查明情形先行據實覆奏，伏祈聖鑒。

旨：知道了。李鴻章等已查明覆奏矣。欽此。

委署大同府員缺片光緒九年三月十一日

再，大同府知府莊錫級，據報於光緒九年二月初二日在任聞訃丁母憂，自應委員接署。查有儘先候補知府丁體常，廉明練達，堪以署理。所遺大同府知府，係衝、繁、難三字要缺，相應請旨簡放，以重職守。據藩臬兩司具詳前來，除另行題報開缺并檄飭遵照外，理合附片陳明，伏祈聖鑒。

旨：知道了。欽此。

委署洪洞縣缺片 光緒九年三月十一日

再，洪洞縣知縣崔長清，因人地不宜撤省。所遺該縣篆務，查有臨汾縣知縣李榮和堪以署理。所遺臨汾縣知縣篆務，查有即用知縣馬存樸堪以署理。據藩臬兩司會詳前來，除檄飭遵照外，理合附片具奏，伏祈聖鑒。

旨：知道了。欽此。

年例積案懇改題爲奏摺 光緒九年四月二十日

竊查晋省每年專案請銷各件，陳陳相因，迄未造報，竟有積壓至數十年之久者。推求其故，約有三端，而句稽之遲誤，吏胥之奸弊不與焉。一由於上届清查未截尾數，難以接算也。一由於軍需交代互相出入，迄未畫撥也。一由於灾荒年分展轉挪借，款仍懸宕也。臣自奏明設局清查庫帑以來，將從前挪墊之款遞撥歸源，將歷年懸支之項推求落實。查有叢積未銷者，共十三款。一、常平倉穀。二、大朔二府本色米豆。三、學租。四、科場經費。五、寶晋局鼓鑄錢文。六、武職養廉。七、緑營公費。八、各營(朋)〔棚〕馬。九、各營賞卹、兵丁白事。十、節省鋪司工食。十一、川、甘回目土司過境食物。十二、護送遣犯弁兵盤費。十三、獄囚冰水、棉衣、煤炭。以上諸款，自道光、咸豐、同治年間以逮今日，遠或三四十年，近亦十一二年不等。相距太久，爲數太繁，若必一一責令補册追銷，不特簿籍繁碎，繕寫不能驟齊，抑且款目參差，考覽難於明晰。現在清查將次告蕆，更不值因此零星雜項致令全案停待。惟有呈請改題爲奏，以期簡易等情，由清源局司道具詳請奏前來。

臣查此項銷册，歷年過遠，補造爲難。其款則均爲動撥無存之款，其數則皆係照例應銷之數，因糾棼而遂致遷延，因懸閣而益啓牽混，徒妨綜核，無益庫儲。該司道等所請自係實在情形，合無仰懇天恩俯念晋省庫款久未清釐，銷案繁多，限期急迫，准將光緒七年以前未報各案，一律開單奏報，免其題銷。其自光緒八年起，仍照定例辦理。庶塵牘得以清理，而清查鉅案不致藉延。

旨：著照所請。該部知道。欽此。

河東道報解京餉片〔一〕 光緒九年四月二十日

再，據河東道唐咸仰詳稱，於光緒五年並帶征二、三、四等年鹽課内，共籌銀五萬兩，作爲應解光緒九年京餉，委候補鹽經歷任植元管解，三月二十二日啓程，前赴户部交納。於光緒六年分鹽引大課，帶徵三年大課、雜課，五年靈寶大課、雜課各項内，共籌銀三萬兩，作爲本年提解金順營餉，委候補鹽巡檢温紹先管解，三月二十二日啓程。又於光緒五、六兩年大課、雜課，並帶徵四年大課、雜課各項内，共籌銀三萬兩，以二萬併前解過三萬作爲

〔一〕以下二十二件録自抄本《張中丞撫晉奏疏》。

本年提解金順營餉，以一萬作爲壬午綱應協月餉，委候補鹽經歷曾繼棨管解，四月二十六日起程，均赴包頭鎮伊犂將軍金順糧臺交納。於光緒五年鹽引雜課項内，籌銀三萬兩，作爲壬午綱應協西征餉，委中場大使吴傳綸管解，三月二十二日起程。又於光緒六年鹽引雜課，並帶征五年大課各項内，共籌銀三萬兩，委候補鹽經歷汪壽坤管解，四月二十六日啓程，均赴陝西省城西征糧臺交納各等情，詳請具奏前來。除分咨外，理合附陳，伏祈聖鑒。

旨：户部知道。欽此。

孝婦汪宫氏等請旌片 光緒九年四月二十日

再，據河東監掣同知張元鼎、署平陽府候補知府周天麟等先後禀稱，同鄉江蘇如皋縣人現任山西神池縣知縣汪澍之妻宫氏，侍奉翁姑，夙以孝稱。咸豐元年八月間汪澍赴京應試，其姑馬氏病篤，該氏焚香默禱，潛刲臂肉和藥以進，疾賴以瘳。光緒四年正月翁殁，該氏哀毁盡禮，體本柔弱，遘疾身故。又汪澍胞弟原任山東西繇場大使汪栻之妻吕氏，同治七年三月汪栻病故，該氏痛不欲生，誓以身殉，戚族勉以撫孤大義，茹痛守貞，奉親盡孝，教子成立。於光緒八年病故，計守節已逾十年。又江蘇溧陽縣人前山西山陰縣岱岳鎮巡檢謝兆瑢之妾金氏，生有至性，曾兩次刲臂救療夫病，奉事嫡長，柔順和睦。光緒八年謝兆瑢病故，金氏時亦患病，慟絶而蘇者數次，囑家人并備棺木，却絶醫藥飲食，越十有四日，沐浴更衣含笑而逝。又據定襄縣知縣曾光煦等禀稱，同鄉現存節婦江西撫州府崇仁縣人陳守宗之妻艾氏，道光二十年陳守宗病故，氏年二十九歲，家貧如洗，遺一子陳名揚投效新疆軍營，委赴山西催餉，迎養陳艾氏來晋，嗣名揚亦故，該氏與其媳程氏撫養孤孫，煢獨異鄉，冰霜共勵，現年七十一歲，計守節已逾四十三年。該丞等誼屬梓桑，見聞既確，不忍聽其湮没，各造事實册結，聯名籲懇具奏前來。

臣查汪宫氏、汪吕氏、陳艾氏，或刲臂療姑，竭誠以盡孝。或截髮矢志，撫孤以完貞。謝金氏以妾媵之弱質，能從容而殉夫，在巾幗尤稱奇行，其貞烈咸屬可風。覆核尚無捏飾，例得就近請旌，合無仰懇天恩俯准敕部照例旌表，以彰節烈而維風化。除將事實册結咨部查照外，謹會同山西學政臣吕鳳岐附片陳請，伏祈聖鑒。

旨：均著准其旌表。禮部知道。欽此。

和添眷徵糧朦收擬議罪名摺 光緒九年四月二十日

竊查陵川縣錢糧，於咸豐二年，因縣民侯𢥞周聚衆求減銀價，赴縣挾制，經前署撫臣郭夢齡，提省審辦，奏明擬結。於額徵地丁銀二萬八千四百餘兩，仍照向章，每正銀一兩，例加耗銀一錢三分，該處習用肚銀，成色低潮，又須加平加色，並傾鎔火耗解費等項，共徵市平肚銀一兩三錢五分。如有零星小户，按照市價長落合錢完納者，聽從民便，不准絲毫加增，嚴飭遵辦在案。光緒八年三月二十日，據署陵川縣知縣柳增慧禀報，縣民王恒山等，因該縣刑書和添眷派徵錢糧，朦收平色，糾衆滋事等情一案。臣因事關錢糧，案情重大，當經飭司委員馳往，確查此案起衅根由，一面行提人卷來省，飭發太原府審辦去後。

茲據該府馬丕瑶訊明，由署藩臬兩司審勘前來，臣親提研鞫。緣和添眷、王恒山均籍隸陵川縣，和添眷充該縣刑書，王恒山充當社首。該縣開徵錢糧，向派吏、户、禮、兵、刑、工、倉七房徵收，一切均照舊章，侯懊周率衆滋事原案，發交刑房，粘卷存檔。和添眷每向人言，近年解司，時加增平、補耗名目，爲數甚多，恐致賠累，獨自起意，遇收朦收平色，藉口彌補解費，從中漁利。咸豐三年開徵上忙時，和添眷遇僻村零星花户，間有不知舊章者，即按庫平足銀收納，俟投櫃拆封後，將多餘平色入己。自歷年至今，共朦收過多餘平色銀五百五十餘兩，歷任該縣各房書，均不知情。光緒七年冬間，王恒山風聞花户間有按庫平足銀完納錢糧者，知是書吏舞弊，並欲求減向來支應縣署乾草、木炭、木植、民工等項差徭。控經澤州府知府蔣宗啓飭委調署鳳臺縣知縣張貽琯前赴陵川縣，會同該前署縣李楨查訊，和添眷言語支吾。飭檢咸豐二年原案，和添眷慮被查出刑責，起意塗改規避，將文内市平肚銀字樣，改爲庫平足銀，送經該縣等究出實情。當將該書斥革收禁，稟府鈔發案據，並飭將支應差徭，分別減免。該委員張貽琯面諭具呈各花户，均照奏案徵收，稟請藩司出示，李楨旋即卸事。該署縣柳增慧到任，王恒山恐新官不知舊章，欲赴縣署懇求，由該縣先出告示。又恐一人出頭難准，起意糾允已獲花户李全忠、李春芳並在逃之徐焕奎、王鳳杉等二十一人，定於八年三月初一日，齊集龍王山，隨同赴縣，冀圖人多挾制。李全忠等，先不依允，被王恒山逼脅勉從。是日正在龍王山會齊，經該署縣柳增慧訪聞，恐滋事端，帶差會營前往彈壓，勸諭錢糧照舊完納。因其恃衆要求，諭令人衆退散，即行出示。王恒山等急不能待，同聲嚷鬧，當將王恒山、李全忠、李春芳拏獲，餘衆逃散。該縣初次具稟，内有聚衆抗糧等語，當經臣嚴加駁斥。詳考案據，備悉該縣徵收錢糧原委。旋據該縣將實情詳晰稟陳，行司飭查，提省審悉前情不諱，案無遁飾，應即擬結。

查律載，增減官文書，有所規避，杖罪以上，各加規避本罪二等止，杖一百，流三千里，當該官吏，自有所避增減者罪同。又倉官斗級多收斛面，若以附餘糧計，贓重者坐贓論。註云，此皆就在倉者言，如入己，以監守自盗論。又例載，監守盗錢糧入己，數至三百三十兩，杖一百，流二千里。又刁徒直入衙門，挾制官吏者，發近邊充軍。又律載，斷罪無正條，援引他律，比附定擬，又不應爲而爲，事理重者，杖八十各等語。此案已革刑書和添眷，分派徵收錢糧，輒向不知定章花户朦收平色，於入櫃拆封後，侵吞入己，計銀五百五十餘兩。迨奉官飭檢原案，又復塗改字樣，希圖規避。查該革書派收錢糧，即有監守之責，其糧銀既已投櫃，與附餘糧數在倉者情事相同，多收平色亦與多收斛面理無二致，其歷年弊混入己，實與侵蝕錢糧無異。徧查律例，並無恰合專條，自應比例問擬。和添眷一犯，應比照監守盗錢糧入己，數至三百三十兩，杖一百，流二千里例。上加增減官文書，規避本罪二等罪，應滿流。係書吏知法犯法，從重擬發附近充軍。該犯雖年逾七十，不准收贖。仍將歷年多收平色銀兩，照數著追入官册報，無論限内能否完贓，亦不准其免罪。王恒山充當社首，因聞書吏收糧朦混，控府委查究辦，並飭將差徭分別減免。委員面諭各里花户，仍照奏案徵收，稟請藩司出示。迨因柳增慧到任，慮及新官不知舊章，輒敢糾邀花户李全忠等二十一人，欲赴縣署，求縣官先行出示，恃衆同聲嚷鬧。雖無抗糧及閧堂塞署情事，實屬意圖挾制。第尚未到署，即被訪獲，究與直入衙門挾制者有間，亦應比例量減問擬。王恒山應比依刁徒直入衙門，挾制官吏，發近邊充軍例上量減一等，擬杖一百，徒三年，定地折責，充徒年滿，預詳請釋。李全忠、李春芳，均係被脅隨行，未便科以爲從之罪。李全忠、李春芳，均酌照不應重律，杖八十，折責發落。徐煥奎等，緝獲另結。該縣徵收錢糧，仍照咸豐二年奏案，每正銀一兩，例加耗銀一錢三分，又加平色、火耗、解費等項，每兩連正耗共徵市平肚銀一兩三錢五分。零星花户，自願以錢完納者，聽從民便。概照市價長落，隨時核算。嚴禁書吏，不准絲毫浮收。

查和添眷等提解到省後，詰其何以敢於朦收平色，輒以近年解司，加增使費名目甚多爲辭。因開呈清單一紙，內有解司補平銀四百二十六兩九錢，補耗銀一百六十四兩九錢，二項共五百九十餘兩。惟單內已有該縣銀匠工費火耗銀三百兩，是該縣起運時，業已鎔成庫平足色，何以到省又須加補，且並不在歷久相沿解費雜項之內，顯係司吏格外挑剔，重疊繞算。雖據稱該縣近年解款平色，每多短欠，必須重加傾銷，以故有此補平補耗名目，然亦斷不能如此之多，其中難保無苛求影射之處，自應立予裁除，以杜縣吏藉口累民之具。當將此項近年加增解司，加平加耗銀五百九十餘兩，嚴札裁禁。並飭司製給較準部頒砝碼一副，以免吏胥朦混浮收。至里民支應縣署乾草、木炭、木植、民工等項差徭，業經分別減免。現復飭司將錢糧差徭章程，一併繕發告示曉諭，勒石該縣大堂通衢，以垂久遠。該前縣李楨等失察胥吏得贓，該署縣柳增慧到任之時，正值開徵之際，不即明白出示，解釋民疑，以致王恒山等率衆懇求，幾釀事端。初禀又不免張皇其詞，雖續禀已據實陳明，並經彈壓開導息事，究屬不合，應請與李楨一併交部，分別議處。至藩司衙門，經收該縣錢糧書吏，借傾銷爲名，重疊繞算，以致該縣書吏，有所藉口，亦有應得之咎。從前收科書吏，或經滿役，或已身故，應免其追究。現充收科書吏，斥責革役。除全案供招咨部外，理合繕摺具陳，伏祈皇太后、皇上聖鑒。

旨：該部議奏。欽此。

請將清結交代各員開復摘頂處分片光緒九年四月二十日

再，前因晋省交代，前後任均狃積習，曾將延不清結各員，專案奏參，欽奉諭旨允准在案。茲查署介休縣知縣崔鑾俊，虧短本任天鎮縣任內正雜款銀一千一百餘兩，業經悉數清繳。交城縣知縣賈成霖、稷山縣知縣馬家鼎、署臨晋縣知縣杜懷庚、崞縣知縣龍朝言、洪洞縣知縣崔長清、盂縣知縣劉鴻逵、署芮城縣知縣毛世黼、署臨縣知縣張嵐奇等應接歷前任交代，亦均先後結報，據署藩司高崇基彙詳前來。

臣查該員等欠繳正雜銀兩及應接各前任交代，均能於限內迅速清結，是雖玩泄於前，尚知愧奮於後，除將原參案內未交各員嚴催清結外，合無仰懇天恩俯准將崔鑾俊、賈成霖、馬家鼎、杜懷庚、龍朝言、崔長清、劉鴻逵、毛世黼、張嵐奇等九員前參摘頂處分悉予開復，以示激勸。理合附陳，伏祈聖鑒。

旨：著照所請。該部知道。欽此。

調署通判知縣員缺片光緒九年四月二十日

再，署汾州府磧口通判吉昌調省差委，該通判有稽察蒙鹽之責，現當整飭鹺綱，應即遴委幹練之員前往署理。查有署大同府通判周桂敷堪以調署，所遺大同府通判篆務，查有准補汾州府磧口通判汪爾艎堪以調署。滎河縣知縣王希濂撤省察看，查有沁源縣知縣董餘三堪以調署。據藩臬兩司會詳前來，除檄飭遵照外，理合附片陳明，伏祈聖鑒。

旨：知道了。欽此。

董夢蘭等期滿甄別片 光緒九年四月二十日

再，道、府、州、縣，無論試用、候補，到省一年，例應考試甄別，分別繁簡補用，歷經遵辦在案。茲查候補知府董夢蘭，試用直隸州知州甘永熙，候補知州唐元齡，候補知縣謝淇、陸叙釗，孝廉方正試用知縣楊光銓，試用知縣高錡，均到省一年期滿，自應詳加甄別，據藩臬兩司會詳前來。

臣查董夢蘭奮勉耐勞，甘永熙循謹安詳，唐元齡奉公穩妥，謝淇年壯差勤，陸叙釗材質明敏，楊光銓端正樸實，高錡辦事清晰。面加考試，尚能通曉例意，堪以歸入各本班照例補用。除履歷清册送部外，理合附片具陳，伏祈聖鑒。

旨：吏部知道。欽此。

搭放驛站錢文因停鑄擬變通片 光緒九年四月二十日

再，據清源局司道詳稱，晋省奏請清查庫款，聲明將司庫借款，從流溯源，層遞撥正等因。茲查各屬請領驛站不敷夫馬工料銀兩，於道光二十三年，寶晋局開鑪鼓鑄錢文案內，經前撫臣梁萼涵奏准，每請領銀一百兩，搭放鼓鑄制錢五千四百一十文，扣收銀五兩四錢一分，放實銀九十四兩五錢九分。無閏之年，應搭制錢三千二百三十三串六百八十四文，有閏之年，應搭制錢三千五百串六百四十文。咸豐年間，寶晋局奉文分鑄當十大錢，議以制錢、大錢各半搭放，每百兩扣收銀五兩四錢一分，隨時借撥，協防各餉。旋因寶晋局停鑄，其應搭一半制錢，詳明暫於省城三營修理堆房等項生息錢文内搭放，扣收一半制錢，銀二兩七錢五釐，亦經隨時動用。扣收一半當十大錢，銀二兩七錢五釐，另款存儲，以備各州縣具領在案。惟查當十大錢，原屬一時權宜之計，各省多未通行，即使寶晋局設法開鑄，亦斷無再鑄當十大錢之理，將來仍須查照舊案，全數搭放制錢。歷年借動生息制錢，借數既鉅，待用亦亟，舊欠既未便久假不歸，以後亦無款時時續借，以致借鉅難還。因查每銀百兩，扣銀五兩四錢一分，搭放制錢五千四百一十文，以晋省市估計之，是發之州縣者居其半，扣收司庫者居其半，爲數均不過二兩七錢餘。因一款而牽及數款，以致混淆不清，必須設法釐正。擬請將各屬請領驛站不敷夫馬、工料銀一百兩内，扣收銀五兩四錢一分，以一半銀二兩七錢五釐發交州縣，作爲全數領清，不再搭放制錢，以一半銀二兩七錢五釐，扣存司庫報撥，於庫款仍敷原數，於各屬領款，亦無增減。一俟寶晋局開鑪鼓鑄，存有錢文，再復咸豐年間舊案，扣存司庫之款，先儘前借生息制錢撥還，俟清款後，即行報部候撥等情，詳請具奏前來。

臣查滇銅現産不旺，價值昂貴。晋省地僻道阻，購運維艱，寶晋局能否開鑪鼓鑄，一時尚難定議，將來開鑪，斷不至再鑄當十大錢。現當清釐庫款之日，若拘泥舊案，借動搭放，展轉扣算，殊多膠葛。嗣後驛站不敷夫馬工料一項，擬就向搭制錢大錢，應扣銀五兩四錢一分，以一半銀二兩七錢五釐，由州縣具領，作爲全數發清。其餘銀二兩七錢五釐，扣儲司庫，按年彙總易錢，先儘前借生息制錢撥還，一俟清款，即將扣存之銀，全數報部候撥。如此辦理，於奏案折錢扣銀之數，仍屬相符，於州縣實領之數，並無出入。而報部入撥之款，每年增多一千六百餘兩，即可作爲常額，且於綜核款目，較爲簡易。除批飭藩司照議變通辦理外，理合附片奏明，伏祈聖鑒，敕部備案施行。

旨：該部知道。欽此。

採購馬匹免徵進口税銀片 光緒九年四月二十日

再，臣欽奉寄諭，准於直、東等省招募馬隊四五百名，認真訓練，俾成勁旅等因。欽此。當經欽遵派員分投選募，所需馬匹，札飭歸綏道，選購驃壯頭槽生馬五百匹，隨帶鞍韂鞦轡五百分，分批解省。茲據稟請奏明免税前來，除咨兵部暨照會殺虎口監督查照，免徵進口税銀外，理合附片陳明，伏祈聖鑒。

旨：知道了。欽此。

沁源等縣疏防不力請分別議處摺 光緒九年五月初三日

竊查接管卷内沁源縣知縣董餘三詳報，光緒七年十月初七日該縣衙署被賊越墻進内，撬門入室，竊去銀物逃逸，經兵丁姚在舟追捕，被該盜犯用鐵尺拒擊斃命，經前撫臣批飭嚴緝未獲。董餘三旋經卸事，移交署沁源縣知縣程宏繼接緝，迄未弋獲。又據黎城縣知縣董慶咸詳報，光緒八年十二月初四日夜，該縣衙署被賊越墻進内，家丁楊喜喊捕，賊即施放洋槍將楊喜轟斃，撞門入室劫去銀物逃逸。又據臨汾縣知縣李榮和先後詳報，本年正月二十五日夜，縣屬賈莊張萬洪家被賊撞門入室，劫去衣服首飾，拒傷事主張萬洪、霍景洮逃逸。本年正月二十八日夜，縣屬刁家莊王金盛家被賊越墻進院，撞門入室，劫去衣服首飾，拒傷事主王金盛、王三魁逃逸。三月二十四日夜，縣城東關德昌合錢舖被賊撬門入舖，臨時行强劫去銀錢等物逃逸。又據署岳陽縣知縣李士珍稟報：本年二月初二日夜，縣屬孫寨村孫維祖家被賊三十餘人用石撞門入室，劫去銀錢衣飾逃逸。又據調署稷山縣知縣馬鑑稟報，本年三月初四日夜，城内永裕公錢舖被賊擁入舖内，劫去銀物，拒傷舖夥三人並追捕勇丁二人逃逸各等情。

臣查沁源縣盜入官署，雖尚未至行强，然拒斃官兵，案情頗重。黎城縣劫署殺人，均至今贓賊未獲。臨汾縣於兩月之内，疊出劫案三起，關厢亦遭盜劫。岳陽縣孫維祖家劫案，賊衆至三十餘人，贓物甚鉅。稷山縣城内錢舖被劫，贓逾千兩，事主、巡勇被傷。該地方文武員弁事前既疏於防範，一任盜賊横行，事後又未能跟蹤緝拏，破獲全案，捕務實屬廢弛。臨汾縣張萬洪、王金盛家被劫兩案，直至一月有餘，該縣協同洪洞縣獲盜七名之後，始行具報，殊屬遲延。德昌合被劫之案具報雖未遲延，至今未獲一盜。

竊維晋省惟北路口内各屬漸就清謐，而口外劫案未絶，南路盜風尤熾。沁源、黎城、臨汾等縣外，上年十月尚有屯留縣衙署被賊十人臨時行强劫去銀物一案，已於限内獲盜五名，兼獲盜首，現正擬辦。其餘鄉鎮行搶劫之案，批飭勒緝。照例届限再行核辦者，尚有多起。人數皆不甚少，大率皆有洋槍。且有至今尚未報到者，更難保無諱匿情事。現經臣疊次檄飭催辦保甲，講求緝捕，嚴查諱盜，若不從嚴示懲，不足以儆疲玩。除屯留縣應免查參外，至現署榮河縣沁源縣知縣董餘三，接署沁源縣知縣程宏繼，均未便因原案未至行强，遂置拒斃官兵盜匪無獲於不問。臨汾縣知縣李榮和，先已調署洪洞縣知縣，未便因協獲兩案盜犯，遂並具報遲延暨關厢被劫未獲之案亦予從寬。前署岳陽縣知縣李士珍，先經調省交卸，亦未便因甫經離任，令其置身事外。據藩臬兩司詳揭請參前來，相應請旨將現署榮河縣沁源縣知縣董餘三，接署沁源縣知縣程宏繼，黎城縣知縣董慶咸，交卸臨汾縣知縣現署洪洞縣知縣李榮和，均先行交部議處。前署岳陽縣知縣李士珍，摘去頂戴，仍留於岳陽縣地方，責令協同接任之員一體勒緝。調署稷山縣知縣馬鑑、沁源汛外委姚樂善、黎城汛外委郭華、平陽營把總楊幸喜、岳陽汛外委賈春華、稷山汛外委武占鼇，均摘去頂戴，仍各勒限兩箇月嚴緝贜賊，務獲究報，届限不獲，再行從嚴參辦。

再，治盜一事，專責本在臬司，而當盜夥衆多之時，得力兼在將弁，至於隨時督察，耳目較近，分任尤在各道。向來積習，往往以盜案開參，不過下僚末弁身當其咎，而大員殊無大損，遂覺蕭然無與，置身事外，若容此日之尸素，必釀將來之亂階。現經臣分別移行大同、太原兩鎮，臬司、各道，諄切嚴飭，各懔責成，加意巡緝。如一任盜賊橫行，不能督捕，甚至有司諱匿，不能舉發，即於照例題參疏防之外，將該臬司、鎮、道先行專摺從嚴奏劾，俾其提挈綱領，各盡職司。其府、廳、州、縣營汛，如所屬境内盜劫頻聞，案情重大，緝捕不力者，亦當於照例題參疏防之外，從嚴特參。理合繕摺具奏，伏祈皇太后、皇上聖鑒。

旨：著照所請。該部知道。欽此。

請定緝捕懲勸章程片 光緒九年五月初三日

再，臣前因晋省劫盜日多，恐成巨患，通飭各屬城關村社力行保甲守助之法，於光緒八年十二月十六日奏明請旨敕部詳定盜案章程。摺内聲明，如有成效，勸辦之地方官，捕獲巨盜尤爲出力之守助約長，可否由臣查明奏懇恩施，酌予奬勵。奉旨：刑部速議具奏。欽此。嗣經刑部咨覆，晋省拏獲盜犯，暫准酌量情形，比照土匪馬賊游勇章程，一律就地正法。而於奬勵保甲守助一節，未經議及。

臣查晋省盜風之熾，年甚一年，夥繁路熟，兵疲民弱。自光緒七年冬至八年冬，一年之内，盜入官署拒捕殺人之案，已有三起，實駭聞聽。涓涓不塞，隱患方深，非官民協力，不能有功，非信賞必罰，不能風動。惟有藉資保甲守助之力，以輔官吏兵役之所不周。亟宜破格懲勸，揭示官民，則人人思奮，各存自效之心。蓋事前激勵，比之事後奬黜，尤易得力。近以沁源竊署傷兵，黎城劫署無獲，暨臨汾、稷山、岳陽三縣，或劫案叠出具報遲延，或人衆贜多，盜未弋獲，已由臣專摺奏參。并經聲明，以後盜案，責成臬司、鎮、道，督察地方員弁，當於題參之外，從嚴參奏。如有能聯絡保甲力行守助，捕獲悍盜者，無論官弁兵民，亦應仰懇天恩，准臣擇允奏奬。似此懲勸兼施，庶足以振起積弱，遏絶奸宄，用防微杜漸之功，收曲突徙薪之效，實於地方有裨。理合附片瀝陳，伏祈聖鑒訓示。

旨：著照所請。該部知道。欽此。

北路獲盜照章正法另擬片 光緒九年五月初三日

再，前准大同鎮總兵張樹屏先後咨報，光緒八年十月十五日據副將董履貞督飭把總陳華勛、吴洪烈拏獲盜犯賈怔奇，並寄買贓物之魏二鬼、楊三海等三名。十一月初二等日，據總兵林成興督飭把總李宏勝，拏獲冀老利、張金魁、劉義才、段得魁、喬富、孟老七等六名。九年二月初間，據副將董履貞督飭六品軍功董大林拏獲富根保、仇世源、王尚典、王保成、張有根等五名。二月十八日，據副將徐仕海拏獲王錫罄一名，起獲原贓，解交地方官審辦，經歸化城同知謙吉、署薩拉齊同知阿克敦佈訊明詳報。又據歸廳另詳，二月十六日拏獲趙鎖娃仔、蔡二毛仔二名，均即批飭歸綏道親提督審。茲據該道阿克達春督同歸、薩兩廳訊明，賈怔奇於光緒八年十月初九日夜隨從已獲正法之王鳳城同夥七人，各携刀棍行劫孤營子張續仲家，撞門入室，賈怔奇在外把風，得贓俵分。冀老利、張金魁、劉義才、段得魁、喬富等五名，於光緒八年十月二十日夜隨從另案被獲之富根保同夥九人，八人上盜，分携洋槍刀械，行劫孔都崙昭蒙古喇嘛的力圪帳房。富根保傷斃事主，夥同劫得皮衣銀物俵分。富根保先於光緒八年十月二十日夜糾邀冀老利等九人，八人上盜，行劫蒙古喇嘛的力圪帳房，用刀砍斃的力圪，並扎傷的力圪之妻松禿箇爾，得贓俵分。又於本年二月初一日夜與仇世源、王尚典、王保成，隨從在逃之郭二後生同夥八人，分携洋槍刀械，行劫紫墩黑爾馬池郝狗子家，打門進屋，用刀劈打事主郝狗子、郝來保、郝雙牛等致傷，劫得衣飾錢文俵分。王錫罄於光緒八年十月二十日夜，隨從富根保等夥劫孔都崙昭蒙古喇嘛的力圪帳房。富根保傷斃事主，該犯施放洋槍助威，劫得贓物俵分。趙鎖娃仔於光緒八年正月二十二日糾邀王連潰仔、張玉金仔、在逃之曹喜臭仔同夥四人，分携洋槍刀械，在四子部落官道地方，該犯與王連潰仔騎馬搶劫蒙古五十二套車馬匹，均屬供證確實，贓物認領。且張金魁、段得魁、劉義才、王尚典、王錫罄，查訊均係游勇，稟覆前來。均經臣查照歷次奏定章程，暨本年二月初五日刑部議覆晋省奏准新章，先後批飭將賈怔奇、冀老利、張金魁、劉義才、段得魁、喬富、富根保、仇世源、王尚典、王保成、王錫罄、趙鎖娃仔等十二名就地正法梟示。其冀老利案内中途畏懼不行之孟老七，賈怔奇案内僅止買贓寄贓之魏二鬼、楊三海，仇世源案内訊係誣攀之張有根、趙鎖娃仔，另犯竊案内聽從夥竊之蔡二毛仔，另行照例分別擬辦開釋。趙鎖娃仔搶案内先經被獲之張玉金仔，已於上年十月擬遣咨部。甫據詳報，續獲之王連潰仔，訊明再行核辦。除將分案詳細供招由道移司轉詳咨部，並勒緝賈怔奇案内逸盜邱瑞、王毛子、張均、趙保弓仔，冀老利案内趙光威，仇世源案内郭二後生、小楊、邢四、孟老九，趙鎖娃仔案内曹喜臭仔等務獲外，理合將北路獲盜正法緣由，先行附片奏聞，伏祈聖鑒。

旨：著照所請，該部知道。欽此。

南路獲盜照章正法片 光緒九年五月初三日

再，光緒七年八月初四日，潞城縣東關榮茂長土店被劫一案，限滿無獲，經前撫臣奏參勒緝在案。本年三月經署潞城縣知縣盧策會同河南涉縣將此案盜犯江伫得、董舜、董洤、小李三和、郭春喜、耿保宜等拏獲，移解訊明詳報，當即批飭潞安府親提督審。

茲據該府知府何林亨督同該縣提犯訊明，江芒得起意糾夥到山西行劫，邀同董舜、董泩、小李三和、郭春喜、耿保宜，並被直隸大名縣拏獲病斃之劉三黑、江鳳鳴暨劉三黑轉糾不識姓名二人，一共十人，於光緒七年八月初四日夜到該縣東關榮茂長土店，分持洋槍、片刀、繩鞭，點著火亮兩把，江芒得、董舜用石撞開舖門，李三和、董舜在外把風，餘俱一擁進舖，禁嚇事主，劫得煙土、衣服、銀物俵分，散往河南、直隸等處。上年八月，耿保宜、李三和又約該犯等來山西搶劫，九月內行至涉縣被獲。所供犯事月日，得贓數目，與事主呈報涉縣原審一一相符，均屬供證確實，稟覆前來。此案江芒得等糾夥十人，執持洋槍、刀械，明火肆劫得贓。查供內同劫之劉三黑、江鳳鳴即係黑龍關戕官劫署案內要犯，前經臣親訊劉二桿旗等供詞，皆稱此人最爲兇悍。江芒得等既與合夥，足見徒黨繁多，展轉勾結，聲氣相通。該犯等同夥斷不止此數人，行劫亦必不止此一次，且漏網經年，又來山西行劫，情節尤爲可惡，實屬大夥積慣巨盜，凶暴衆著，非尋常盜案可比。當經查照本年二月初五日刑部覆准晋省奏定新章，批飭潞安府將江芒得、董舜、董泩、小李三和、郭春喜五名就地正法梟示。其耿保宜一犯，獲案即行病故，照例戮屍。除飭緝逸犯，並全案供招由司轉詳咨部外，理合將南路獲盜正法緣由，先行附片奏聞。伏祈聖鑒。

旨：刑部知道。欽此。

審明多案要犯先行正法摺 光緒九年五月初三日

竊查前於光緒七年三月初七日，蒲縣黑龍關分汛把總王標因緝獲盜犯，旋被衆盜入署劫奪拒捕戕官一案，光緒八年九月經河南河北鎮總兵崔廷桂派兵將首犯劉二桿旗拏獲，審明黑龍關戕官劫署各情。本年二月，河北鎮弁兵續將夥犯李鳴岐拏獲，由河南撫臣李鶴年飭將該二犯先後咨解來晋，飭發太原府審辦去後。茲據該府馬丕瑤訊明，由兼署按察使左隽解勘前來，臣親提研訊。

緣劉二桿旗即劉其桂，又名劉成德，係河南安陽縣人。李鳴岐係直隸大名縣人，務農，小本營生。光緒六年十一月初六日，劉二桿旗與已獲同縣人李六，並在逃之張雲路、張方成，聽從剛克榮同夥五人，夥竊河南陽武縣城內陳傳富首飾舖，臨時强劫，劫得首飾碎銀數十兩。七年三月不記日期，劉二桿旗糾允剛克榮、劉三黑、張虎、孫會、李鳴岐、姜鳳鳴、張樹德、張柱則、劉東拐即劉二吉了同夥十人，行劫山西不識縣名村莊煙館，用繩捆石塊撞開舖門，一同進內，搶得煙土、銀錢、布疋，分拏逃逸。是月初七日行至蒲縣黑龍關外，李鳴岐、張虎、孫會分携煙土上街賣錢易銀，經該汛把總王標看出盤詰捉拏，張虎、孫會棄錢逃逸，李鳴岐落後被獲。王標因天色已晚，即將李鳴岐鎖繫汛署房簷柱上，派兵看守，俟天明送縣訊究。張虎等逃至關外，告述前情，劉二桿旗起意劫署奪犯，商允剛克榮等，是夜二更時各携朴刀、洋槍、繩鞭、木棍等械，闖進汛署吶喊，姜鳳鳴等施放洋槍，轟傷民人劉元壽逃避，劉東拐將李鳴岐鎖鍊扭斷，放出助勢。王標聞喊，持刀出捕，劉二桿旗接過姜鳳鳴手內洋槍，轟傷王標左骽左胯倒地，劉三黑等又各用刀砍毆傷王標偏右等處，立時殞命。劉二桿旗等復用刀械將幫捕汛兵邱雲、趙俊、邱建、劉成連拒傷，與李鳴岐一同擁進內署，劫得現銀四十餘兩，現錢數千文，木質鈐記一顆，補褂夾襖、棉袍各一件，負贓逃至僻處俵分。鈐記、補袿撩棄，棉袍、夾襖變錢，與李鳴岐等分路走散。維時蒲縣知縣托克托歡公出，隰州知州謝洸馳往勘驗訊供通報，經前撫臣衛榮光批飭嚴緝，並奏請將把總王標照例議卹。嗣因限滿無獲，開送疏防二參職名，分別題參在案。詎劉二桿旗逃回河南後，八月二十八日復糾邀崔廷、剛克榮、孫會同夥四人，搶劫河内縣陽邑廟京貨舖銀錢、洋布等物。九月二十八日又糾邀已獲之李六、崔廷、申五仔、翟重陽並未獲之剛克榮、唐會林、張方成、閻蓋照、榮尚林、吴老牛皮、李四，並李四又轉糾袁牛仔等共十三人，行竊滑縣城内魁盛永茶葉舖，臨時行强，劫得煙土、銀錢、衣服等物。八年九月十八日，逃至安陽縣水冶鎮地方，經河北鎮總兵崔廷桂派都司吴名揚督率弁兵，協同太原鎮弁兵、滑縣差役將劉二桿旗拏獲，解交彰衛懷道審訊，究出山西黑龍關奪犯戕官，及疊次搶劫各案。劉二桿旗所劫滑縣茶葉舖案内分得贓衣等物，在豆公集典舖起獲，由滑縣傳主認領，稟經河南撫臣李鶴年咨查原案。上年十二月、本年三月，將劉二桿旗同續獲之李鳴岐，先後解晋歸案，審悉前情不諱。至劉二桿旗所劫滑縣案内原贓，已經認領。該犯等先後被獲，所供各案月日、贓數相符，案無遁飾。

查例載，强盗拒捕官兵，即行斬决。又强盗拒殺官兵之案，其同在一處，雖非下手之人，在旁目睹，即係同惡共濟，法所難寬，即行斬决。又强盗殺人，干係衙門，隨即奏請審决梟示。又前准刑部奏定章程，各省土匪、馬賊、游勇案情重大，並形同叛逆之犯，均准就地正法。又本年二月初五日准刑部議覆，晋省奏定新章，盗匪糾夥持械搶劫、兇暴衆著者，暫准酌量情形，比照土匪、馬賊、游勇一律就地正法各等語。此案劉二桿旗在河南、山西疊劫多案，並因夥犯李鳴岐被獲，輒敢起意糾衆奪犯劫署，戕殺黑龍關把總王標並拒傷兵民五人。不惟倚强肆掠，兇暴衆著，尤屬案情重大，形同叛逆。李鳴岐聽糾行劫被獲，且當劉二桿旗戕官劫署，該犯在旁目睹，實屬同惡相濟，法所難寬。查劉二桿旗爲屢次糾劫下手戕官之犯，李鳴岐爲夥劫得贓劫署起衅之人，最爲此案要犯，幸而先後駢獲，自應按例嚴辦，以伸法紀而儆兇徒。劉二桿旗即劉其桂又名劉成德、李鳴岐二犯，合依强盗拒捕殺傷官兵，即行斬决例擬斬立决。當即遵照歷次奏定章程，於審明後即在省垣將該犯劉二桿旗、李鳴岐先行就地正法，傳首犯事地方梟示。其黑龍關戕官劫署一案同夥十人，僅獲首犯、夥犯各一名，獲犯尚未及半，仍應照例開參。所有首先拏獲鄰省戕官劫署斬梟兇盗二名係河南練軍馬隊營官儘先補用都司吴名揚，步隊哨官儘先都司降補千總崔從龍，外委杜金鏞。至獲盗李六等，應歸河南省另案審辦。逸犯剛克榮等，緝獲另結。獲贓給領，未獲追賠。除全案供招咨部外，理合恭摺奏陳，伏祈聖鑒。

旨：刑部知道。欽此。

獲盗出力人員給奬死者議恤片光緒九年五月初三日

再，查同治三年兵部奏定章程内開，嗣後直省水陸各營獲盗人員，除把總、外委仍照奏定章程，准其以千總、把總儘先拔補，毋庸調取引見外，其千總以上官員，有舉發巨案，拏獲著名大盗，及鄰境大夥案犯，並外來潛匿兇盗與尋常盗犯不同者，准聲明案由，擇尤保奏等語。茲查蒲縣黑龍關奪犯戕官劫署一案内，劉二桿旗、李鳴岐二名最爲此案首要之犯，且劉二桿旗戕官一次，糾劫四次，肆掠各省，黨夥衆多，尤爲兇悍。經河南河北鎮總兵崔廷桂不分畛域，懸賞購線，督飭都司吳名揚、降補千總崔從龍、外委杜金鏞將該犯等拏獲，解晉審明正法。又盜犯張奇在口外歸化城、口内左雲縣等處，兩次結夥持械搶劫過客錢物馬匹，逃回河南原籍，亦經總兵崔廷桂督飭都司吳名揚、千總陳玉崑、外委杜金鏞帶兵拏獲，解晉審明正法。當弁兵捕拏時，張奇用洋槍拒斃兵丁王春山，并傷兵七名，經臣於光緒八年十二月十六日彙奏在案。各該員弁疊獲鄰省迭劫戕官傷兵悍盜，核與舉發巨案，拏獲著名大盜、鄰境案犯章程相符，自應擇尤保奬。當此晉、豫盜風日熾之際，尤須激勸將來。合無仰懇天恩俯准將河南儘先補用都司吳名揚賞給隨帶加三級儘先補都司，降補千總崔從龍賞加四品銜升用守備，千總陳玉崑俟補缺後以守備儘先補用，外委杜金鏞以把總儘先拔補，以示鼓勵，出自逾格鴻施。其捕盜傷斃之河北鎮兵丁王春山，咨部照例議卹。理合附片具陳，伏祈聖鑒。

旨：兵部議奏。欽此。

河東庚辰綱未完鹽引請分年帶徵摺 光緒九年五月初三日

竊查近年潞鹽疲滯，未能依限銷竣，歷經前撫臣奏准展限分年帶徵在案。前因庚辰綱額引，於光緒八年正月開辦，截至十二月底止，未封課者尚有二千二百七十餘名，勢難刻期封運，依限奏銷。經臣奏請援案，展至本年四月底造報，奉旨允准。當經嚴飭河東道上緊督銷去後。

茲據河東道唐咸仰詳稱，庚辰綱三省並靈寶正加各引，截至本年三月底，已運銷四千一百四十餘名，並帶銷丙、丁、戊、己四綱陳引一千三十餘名，實已不遺餘力，計尚有未銷庚辰綱引一千一百餘名。實緣晉、豫、陝潞鹽引地，祲後人稀，遠邇共悉，又苦於以前陳引遞積，銷新顧舊，商累益深。雖極力設法整頓，較前略見疏通，銷數仍難如額。刻當奏銷，展限又届，五月間即須開辦辛巳新綱，若先顧陳引，則新引領運無期，若專顧新引，則陳引掃數無日，新陳交迫未便偏廢。惟有懇請援案帶徵等情，詳請具奏前來。

查潞綱壅滯已非一年，臣自到晉以來，無日不以課懸餉絀爲慮，疊經督率河東道剔弊恤商，多方整頓。計自庚辰綱開辦至今，新舊各引，銷至五千一百餘名，較之舊額，所絀無幾，已比前數綱略有起色。惟歲事雖已漸轉，丁口不能驟增，必待生齒日繁，方能行銷日暢。況新陳並運，更難遽復舊觀，年清年額。該道所請，係屬實在情形。合無仰懇天恩俯念河東三省鹽務，承户口彫耗之餘，受陳綱積壓之累，准將庚辰綱未銷賸引，援照歷届成案，分作三年接續帶徵，以期兼顧。除飭河東道設法督銷，並查明三省暨靈寶口岸引票名數，截至本年四月底止，另行造册咨部核辦外，理合繕摺奏陳，伏祈聖鑒。

旨：户部議奏。欽此。

晉省光緒八年冬季委署知縣摺并清單 光緒九年五月初三日

竊查咸豐十一年十一月二十三日奉上諭：嗣後各省州縣，無論奏調、委署、代理，每届三月彙奏一次，由吏部嚴行查覈。如有違例更調等弊，即將督撫藩司分別參奏。欽此。歷經欽遵按季彙報在案。茲據藩臬兩司，將光緒八年冬季分委署知縣各缺，詳請具奏前來。臣覆核無異，理合開繕清單具陳，伏祈聖鑒。

謹將光緒八年冬季分委署知縣開繕清單，恭呈御覽。

計開

十月分：

代理浮山縣知縣丁啓宇撤省，遺缺委即用知縣馮仲侯署理。

十一月分：

署靈邱縣知縣嚴潤林撤省，遺缺委准補壽陽縣知縣陳守中調署。

左雲縣知縣蔣濂撤省，遺缺委試用通判鳳鼎代理。

大同縣知縣許貞元調省差委，遺缺委截取知縣隋聿修署理。

十二月分：

陽城縣知縣裕厚撤省察看，遺缺委試用通判劉劭安代理。

長子縣知縣豫謙，與屯留縣知縣劉鍾麟互相調署。

稷山縣知縣馬家鼎，與永和縣知縣馬鑑互相調署。

署興縣知縣楊葆藩調省差委，遺缺委臨晋縣知縣艾紹濂調署。

署榆社縣知縣施朝銓調省差委，遺缺委芮城縣知縣廣魁調署。

旨：吏部知道。單併發。欽此。

林拱樞告病請旨簡放片 光緒九年五月初三日

再，汾州府知府林拱樞，因近患風濕，右腕拘攣，艱於步履，幾成偏廢，稟請開缺回籍調理。臣以該府林拱樞自到任以來，誠厚廉勤，迥非俗吏，堪資表率，爲山西知府中不可多得之員。批飭給假醫治，並委員前往驗視病狀，設法慰留。茲據稟稱，藥餌未能見功，病軀日就頹廢，急須回南就醫，仍請派員接署，情詞堅切。併據委員查驗屬實，自應准其開缺。所遺篆務，查有候補知府張鵬，端重諳練，堪以署理。據藩臬兩司會詳前來。除檄飭遵照，另行恭疏題報開缺外，所遺汾州府知府一缺，管轄八屬，政務殷繁。所屬汾陽、平遥、孝義等縣，連年皆被水患，已成切膚之災，現正委勘汾水、文峪、磁窯等河水勢，亟須設法施治，以衛民田。且當籌辦善後，均減差徭，尤爲該府專責，員缺極爲緊要。相應請旨迅賜簡放，以重職守。理合附片具陳，伏祈聖鑒。

旨：知道了。欽此。

光緒七年分未完地丁錢糧各職名摺 并清單 光緒九年五月二十八日

竊准户部來咨，光緒六年正月間，於遵議籌備餉需摺内，嚴核各項奏銷一條，行令各督撫於所屬各州縣應徵地丁錢糧，分作十成，將未完一分以上各員，先行開單奏報，咨催速將光緒六、七兩年經徵各員職名，專摺具奏等因，當經檄飭藩司查開去後。茲據署布政使高崇基詳稱，晋省經徵錢糧，未完分數各官職名，向於各節年奏銷案内開揭送參。今部定新章，行令開單奏報，係爲稽核欠完，自應遵辦。惟查光緒六年未完錢糧米豆，因灾後民力拮据，併徵力有未逮，業經奏奉恩旨，准緩至九年秋後帶徵，經徵各官未完職名應免開送。合將光緒七年分經徵錢糧未完一分以上各職名開單，詳請具奏前來。

臣查錢糧奏銷，繕寫繁重，銷算稽遲，即照例具題，已在次年四月以後。况晋省因灾遞緩，未能如期，迨户部核明完欠，將不足分數者，分别議處，咨行到晋，已在十年之外。經徵各員，早經離任，甚或離省、參、故。吏議雖嚴，不知儆畏，而欠者已欠，無可著追，殊非慎重正供之道。今部章嚴核催科考成，誠足因時救弊。現經臣將光緒六、七兩年奏銷督趣趕造，先後分案具題。六年分應開經徵不力各員職名，因是年尾欠錢糧，蒙恩展緩，應請免其查開。所有光緒七年分經徵地丁錢糧未完一分以上各職名，先行開單奏報。伏祈聖鑒，敕部覈議施行。

謹將山西省光緒七年分地丁錢糧未完一分以上各職名，開繕清單，恭呈御覽。

計開

地丁錢糧項下：

經徵官

和順縣知縣前任魯燮光　未完銀二分四釐，查該員業已另案革職。

陽曲縣前署知縣盧壽昌　未完銀二分三釐，查該員已於二參限内交卸，不復回任。

陵川縣前署知縣李楨　未完銀一分六釐，查該員已於二參限内交卸，不復回任。

榆次縣前任知縣吴師祁　未完銀一分一釐，查該員已於二參限内交卸，尚未回任。

絳縣前署知縣姜振岐　未完銀一分一釐，查該員已於二參限内交卸，不復回任。

豐鎮廳前任同知德溥　未完銀一分，查該員已於二參限外交卸，不復回任。

接徵官

山陰縣前署知縣艾紹濂　未完銀一分一釐，查該員已於二參限内交卸，不復回任。

倉糧項下：

經徵官

長治縣前署知縣徐炑　未完糧五分七釐，查未完糧石，已據續報全完，經徵各官處分，應請扣除免議。

神池縣前任知縣江震　未完糧二分四釐，查該員已於二參限内另案降調，不復回任。

崞縣現任知縣龍朝言　未完糧一分八釐，查未完糧石已據續報全完，經徵各官處分，應請扣除免議。

岢嵐州前署知州聶鴻年　未完糧一分三釐，查該員已於二參限内交卸，不復回任。

潞城縣前任知縣崔曉然　未完糧一分，查該員已於二參限内交卸，不復回任。

接徵官

太谷縣前署知縣侯承熙　未完糧一分九釐，查該員已於二參限内交卸，不復回任。

旨：該部議奏。單併發。欽此。

委解京協各餉片 光緒九年五月二十八日

再，據署布政使高崇基詳稱，於光緒九年地丁項内，籌銀十萬兩，委大挑知縣王緝熙管解，五月二十八日起程，赴户部交納，作爲本年應解京餉。於光緒九年地丁項内，籌銀十萬兩，委候補知縣趙業南管解，五月二十三日起程，赴西征糧臺交納，作爲本年應解西征餉。於光緒九年地丁並核減鈔本、文武職養廉減成、兵餉朋合減成、鋪司節省各項內，共籌銀五萬兩，放給金營提餉委員山西候補道岳壽，五月二十三日領解起程，以二萬兩並二月內解往之三萬兩，作爲本年提前五萬兩全數解訖。以三萬兩作爲本年應解金營常餉。於光緒九年地丁項內，籌銀四萬兩，放給烏城催餉委員侍讀德蔭，五月二十三日領解起程，作爲烏、科二城經費，各半分用。於光緒九年地丁項內，籌銀二萬兩，放給嵩武軍催餉委員山西候補知州王兆槐，五月二十三日領解起程，作爲本年應解嵩武軍駝乾銀兩。於光緒九年地丁項內，籌銀一萬兩，放給甯夏催餉委員佐領興泰，五月二十三日領解起程，作爲晉省上年並本年應解甯夏滿營餉。

又據河東道唐咸仰詳稱，於光緒六年鹽引雜課並帶徵五年雜課內，共籌銀三萬兩，委候補鹽巡檢原作霖管解，五月二十八日起程，赴西征糧臺交納，作爲壬午綱應解西征餉各等情，具詳請奏前來。除分咨外，理合附陳，伏祈聖鑒。

旨：户部知道。欽此。

籌解關外裁撤各營餉銀片 光緒九年五月二十八日

再，臣欽奉寄諭：劉錦棠奏，前墊卓勝軍餉銀，請仍由晉省補解，並擬續裁該軍各營，亟需大批銀兩一摺。據稱卓勝軍餉銀山西欠解甚多，前請由晉省每月補解舊墊銀二萬兩，並月協該軍餉銀一萬六千兩。旋經户部奏明，令將此項月餉，仍由西征餉內撥給，並將該軍各營，酌量裁撤。現因協餉難繼，擬照部議，將卓勝軍馬步五營裁撤，以節餉需。晉省自八年七月起，至本年六月止，按月應解銀一萬六千兩，共銀十九萬二千兩，請飭先行趕緊措解，以便資遣，並請嗣後每月由晉補解前欠卓勝軍半餉銀一萬兩等語。卓勝軍裁撤馬步五營，需餉甚殷，即著張之洞竭力籌措，提前撥解，以應要需。等因。欽此。

竊惟卓勝軍餉銀，前撫臣鮑源深屢經奏請免解，光緒四年三月，復經前撫臣曾國荃奏明停解。奉旨：著知照左宗棠酌度辦理。欽此。欽遵在案。自此該軍月餉，悉由西征餉內統籌匀撥，歷辦已久。上年九月，劉錦棠奏請由晉補還舊墊，並每月由晉協銀一萬六千兩。當經臣聲明前案，擬請或由西征匀給，或由户部改撥，經户部議覆，請仍由西征餉內按月撥給，奏蒙俞允，欽遵行知亦在案。是該軍所謂欠餉，晉省早已停解有年。所謂月餉，自光緒八年七月起，至九年六月止，此十二箇月月餉，並非議准之案。在晉省已經詳切奏明，力難認解。在朝廷亦深知晉民困苦，仍由西征統籌，固無庸微臣再爲瑣陳者也。惟是西陲初定，未可動搖，裁遣各營，需費實鉅，劉錦棠身膺邊寄，焦急自不待言。臣既困持籌，又難膜視，當經督飭藩司，竭力籌畫，擬即措銀三萬兩，迅速解往，作爲關外裁撤勇營之用。總之，在邊在晉，同爲國事，西征、卓勝，同是邊軍。力之所能，何分畛域，何論新陳。惟瘠疆繁餉，悉索無從，連歲偏灾未弭，賦額未復，凡有協餉，皆屬百計騰挪，未能如數。以後但能年豐用足，雖無應解卓勝專案，亦必竭力轉輸。

茲據署布政使高崇基詳稱，於光緒九年地丁項下，籌銀三萬兩，委員趙業南管解，五月二十三日起程，前赴西征糧臺交納，作爲關外裁撤勇營之用等情前來。理合附奏，伏祈聖鑒。

旨：知道了。欽此。

請將光緒八年奏銷展緩片 光緒九年五月二十八日

再，晋省自灾荒以來，歷年奏銷，經前撫臣暨臣遞年奏請展緩，奉旨允准。臣惟奏銷之設，乃稽覈錢糧考成之大綱，疊經督趣藩司，併力趕辦。擬於本年將光緒六、七、八三年奏銷，一律辦出，此後即可仍符年例。所有光緒六年分奏銷，已於二月初八日具題在案。現正趕辦七年分奏銷，月内即可題報。惟八年分奏銷，例應於光緒九年四月截止造辦。茲據署布政使高崇基詳稱，七年奏銷册籍，現經趕造詳送。八年奏銷，甫擬接續核辦，各屬正雜收支册籍，尚未查造齊全。且歷年各屬錢糧，蠲緩停減。條緒紛岐，而是年復有報墾新荒，應行啓徵者，亦有報而未墾，禀懇復勘者。非一一確查完竣，正耗應徵之額，無從截數。且現當辦理清查釐正庫款，亦與奏銷相爲表裏，必待徵額核明，清查報竣，方能接辦八年奏銷等情，詳請奏展前來。

臣查晋省奏銷，因遞年展緩，以致八年奏銷不能超前越辦。且確核啓徵，牽涉清查，均須截實收數，方能議及銷法。今責令於一年之中，趕造三年奏銷，果能於年内辦出，較前已倍形迅速。合無仰懇天恩俯准將八年奏銷展至九年冬間造報，以免歧誤，而昭詳慎。除咨部外，理合附陳，伏乞聖鑒。

旨：著照所請。户部知道。欽此。

請開復姚官澄降調處分摺 光緒九年五月二十八日

竊准户部咨，山西省同治九年地丁奏銷案内，汾陽縣未完七年分耗羨銀四百四十五兩。再限不完之朔州知州前汾陽縣姚官澄照例降一級調用等因，當經行司轉飭遵照去後。茲據署布政使高崇基詳稱，姚官澄汾陽縣任内未完同治七年耗羨銀兩，業於同治十二三年兩次完解銀三百五十八兩零，下短銀八十六兩零，恭逢光緒元年恩詔，便應豁免。復於山西灾賑案内經前撫臣曾國荃會同稽查山西賑務，臣閻敬銘將光緒三四等年，暨二年以前民欠正耗，奏准蠲免，均於各該年奏銷節年册内聲請開除在案。查例載，錢糧未完、例應降革人員，於未奉部議之先續報全完者，無論調缺、選缺，俱准開復留任等語。此案姚官澄於未奉部議以前，既經續完，下賸之數疊奉詔旨蠲免，即與全完無異。所有降調處分，例得開復留任等情，詳請具奏前來。臣覆查無異，合無仰懇天恩俯准將朔州知州姚官澄開復降調處分，仍留原任，免其送部引見。理合繕摺奏陳，伏祈聖鑒。

旨：該部議奏。欽此。

調署知縣片〔一〕 光緒九年五月 日

再，鳳臺縣知縣陳繼三調省，所遺篆務，查有現署汾陽縣事山陰縣知縣成熙，堪以調署。遞遺汾陽縣篆務，查有現署平遥縣事陵川縣知縣徐炑，堪以調署。遞遺平遥縣篆務，飭調補平遥縣文水縣知縣楊恩溥即赴新任。遞遺文水縣篆務，飭准補文水縣知縣吴曾楚即赴新任。黎城縣知縣董慶咸撤省察看，所遺篆務，查有榆社縣知縣葛士達堪以調署。據藩臬兩司會詳請奏前來。除檄飭遵照外，理合附片具奏，伏乞聖鑒。

旨：知道了。欽此。

〔一〕録自《京報》第四九三號。

籌解經費撫恤蒙部摺 光緒九年六月二十九日

竊臣於六月初三日欽奉寄諭：昨據吉和等奏，軍臺亢旱成災，請撥銀兩撫恤，當有旨令户部速議具奏，茲據署都察院左副都御史張佩綸奏，内外蒙古地方亢旱太甚，被災頗廣，請飭妥籌辦理等語。内外蒙古各旗向以畜牧爲生，默霍爾嘎順、布魯圖等處自上年夏秋以來，旱災甚重，赤地千里，蒙古人等困苦情形，殊堪軫念。著張樹聲、吉和、永德、張之洞確切查明，應如何妥籌撫恤及安設臺站之處，即行具奏。欽此。

查喀爾喀各部蒙古連年乾暵，延袤千餘里，不見青草。東自布魯圖，西至默霍爾嘎順，此十二臺爲北走庫倫、西通烏里雅蘇台各城之要衝。今駝馬斃盡，臺丁潰散。烏蘭察布盟六旗亦因災困，無力幫差。事關軍站通塞，外藩生計，奉旨飭籌撫恤，自應竭力措畫。且慮災蒙流徙，轉至山南，尤須善爲安撫。當經飛飭歸綏道大同鎮總兵體察籌辦，並咨商直隸督臣、綏遠城將軍、歸化城副都統辦理。

查烏蘭察布盟在軍臺大路之南，既已請綏幫臺，則臺站勢難向南移改。至附近軍臺，雖別有商路，而同係災區，均無水草。今年商民赴外藩貿易者，皆因草乏駝稀，停待抑鬱，則商路亦屬難行。訪之臺員、商旅、西北兩路轉運差員，所言僉同。此時别擬安設臺站，實苦無策。惟有寬籌經費，由察哈爾都統仍就原設各臺購備駝馬，招復臺丁，不惟郵置疏通，兼可以臺代賑。山西雖極支絀，不得不急顧邊外大局，當即督飭藩司趕緊籌撥。據署布政使高崇基於光緒九年地丁項下籌銀四萬兩，以三萬兩委從九品杜永富，星夜趲行，解交察哈爾都統，以備安臺撫蒙之用。以一萬兩委縣丞李謹業解交歸綏道，以備撫恤入境災蒙之用。均於六月初六日啓程，計此時早已解到。至臺路距晋遼遠，所有購備駝馬、安設臺站、撫恤蒙衆各事宜，應請敕下吉和等酌量妥辦。頃據歸綏道阿克達春稟報，本年五月中旬以後，邊外連得透雨，大青山附近一帶可望草生禾熟，目前尚無災蒙入境。以後如見有流亡，即當妥爲撫恤遣歸。

旨：知道了。欽此。

請免造交代細册片 光緒九年六月二十九日

再，州縣交代算結後，歷造細數清册，由本管道府州並監交加結，申送咨部。近年晋省交案陳積太多，册結並非現交，皆係補造。而此項細册，每一州縣均十數款，每款一册存案，及本管道、府、州、藩司、臣衙門、户部各一分，共須册八九十本，結八九十張。一任即須此數，若一人而接數任、十數任交代，則須代爲補造册結四五百分以至八九百分不等。而此册到部之時，距本員在任時已在數年、數十年之後。其款早已支用，奏銷之人早已升、調、參、故，於綜核之方、勸懲之道毫無關涉，徒令勞費紙墨，耽延時日。而款目繁碎，豈能絶無點畫錯誤，不過爲各上司衙門書吏挑駁勒索之資而已。

查州縣經管款項，若丁糧、耗羨、雜税、常年倉穀、兵米、學租之屬，其常年實徵、實欠、動支各數，有本管道府州按季盤查册，有藩司衙門按年奏銷册，又有後任正雜無虧總結。層層覆核，防制極嚴，其有無虧短，原不待檢此細册而後知。交代定章，以最後出結之員是問，設有舛錯，責有攸歸。況現在辦理清查各屬錢糧，虛實畢露。如其交結未清，咎在何任，不難按籍鉤考，分別參辦。即無此册，亦屬無從弊混。且晋省未結新舊各案交代尚有二百餘起，其已結而未經册報者不下四五百起。光緒七年十二月，經前撫臣衛榮光奏准，將七年三月以前未結交案寬免遲延處分，勒限清算。臣於上年十二月間擇尤奏參，勒限清理。現在甫據各屬陸續呈送總結，若必責令挨任造具細册，奪其句稽之日力，無關庫帑之虚盈。且吏胥勒索，挑駁换造，必致遷延時日，欲速不能。惟有將光緒八年十二月以前新舊各案例造細册，一概免其造送，俾得專力核報，庶幾積案可望速清。由清源局司道詳請具奏前來。

臣查該司道等所請，均係實在情形，合無仰懇天恩俯念晋省交案陳積，細册繁難，准令將光緒八年十二月以前各案，取具倉庫正雜無虧，印加各結，咨部備案，免其造送細數清册，以歸簡速。所有城垣衙署例應造報各項，臣仍隨時察看，不任稍有廢弛。其自九年正月起，仍照定例辦理。臣爲核實際以清交案起見，伏祈聖鑒。

旨：著照所請。該部知道。欽此。

光緒九年春季委署州縣摺并清單〔一〕 光緒九年六月二十九日

竊查咸豐十一年十一月二十三日奉上諭，嗣後各省州縣，無論奏調、委署、代理，每届三月彙奏一次，由吏部嚴行查覈。如有違例更調等弊，即將督撫藩司分別叅奏。欽此。歷經欽遵，按季彙報在案。

茲據藩臬兩司將光緒九年春季分委署州縣各缺，詳請具奏前來。臣覆核無異，理合開繕清單具陳，伏祈聖鑒。

謹將光緒九年春季分委署州縣各缺，開繕清單，恭呈御覽。

計開

正月分：

署芮城縣知縣毛世黼撤省，遺缺委儘先即用知縣王雋頤署理。

調署屯留縣、長子縣知縣豫謙調省差委，遺缺委大挑知縣張建功署理。

調署介休縣、天鎮縣知縣崔繼俊調省差委，遺缺委教習知縣李延恩署理。

二月分：

應州知州湯學治因病撤省，遺缺委候補知縣陸叙釗代理。

署陵川縣知縣柳增慧調省差委，遺缺委靈石縣知縣祝裕調署。

署岳陽縣知縣李士珍調省差委，遺缺委試用知縣楊光銓署理。

代理鄉甯縣知縣莫奎林調省差委，遺缺委岳陽縣知縣舒清阿調署。

安邑縣知縣趙輔堂與襄陵縣知縣錢鏞互相調署。

洪洞縣知縣崔長清撤省，遺缺委臨汾縣知縣李榮和調署。

署甯武縣知縣馬存樸調署臨汾縣知縣，遺缺委即用知縣吴兆基署理。

三月分：

榮河縣知縣王希濂撤省，遺缺委沁源縣知縣董餘三調署。

旨：吏部知道。單併發。欽此。

〔一〕以下十六件録自抄本《張中丞撫晋奏疏》。

委署潞安府各缺片 光緒九年六月二十九日

再，潞安府知府何林亨，於本年五月二十二日因病出缺，業經恭疏題報開缺在案。所遺篆務，查有試用知府周悝然，老練安靜，堪以署理。廣靈縣知縣楊亦銘因案撤任，所遺篆務，查有榆次縣知縣吳師祁堪以調署。據藩臬兩司會詳請奏前來。除檄飭遵照外，理合附片具陳。伏祈聖鑒。

旨：知道了。欽此。

籌解京協各餉片 光緒九年六月二十九日

再，據署布政使高崇基詳稱，於光緒九年地丁項下，籌動銀十萬兩，委候補理事通判榮昌管解，六月十六日起程，赴户部交納，作爲本年應解京餉，連前共解過銀二十萬兩。於光緒九年地丁項下，籌動銀二萬兩，放給塔爾巴哈臺催餉委員候選知府徐常鎬領解，六月初三日起程，作爲本年應解塔城餉。於光緒九年地丁項下，籌動銀二萬七千六百六十七兩，委試用縣丞李謹業管解，六月初六日起程，赴歸綏道衙門交納轉解。連上年七月十月兩籌解過銀三萬七千三百三十三兩，作爲科布多光緒八年分原額暨部議暫添經費共銀六萬五千兩，全數解清。

又據河東道唐咸仰詳稱，於光緒六年並帶徵三年各項鹽課内，籌銀五萬兩，委候補監掣同知李潮海管解，六月二十七日起程，赴户部交納。連前解五萬兩，本年河東奉撥京餉，全數解清。於光緒六年鹽引大課内，籌銀三萬兩，委候補鹽經歷章餘慶管解，六月二十七日起程，赴包頭鎮伊犂將軍金順糧台交納，作爲本年應解金營餉各等情，具詳請奏前來。除分咨外，理合附陳，伏祈聖鑒。

旨：户部知道。欽此。

請補潞安府員缺摺 光緒九年六月二十九日

竊查潞安府知府何林亨病故，業經臣具題開缺，並咨部截缺在案。所遺員缺，係繁、疲、難兼三要缺，例應由外揀選題補。該府勢控太行，毘連河朔，與直、豫兩省處處相連，管轄七屬，政務殷繁。且現值籌辦善後事宜，清賦輕徭，在在均關緊要，必須爲守兼優之員，方足以資治理。臣督同藩臬兩司，於通省現任應調、應升各員内逐加遴選，非現居要缺，即人地不宜。惟查有儘先候補知府丁體常，現年三十九歲，係貴州平遠州人，由附貢生報捐郎中，籤分刑部陝西司行走，同治六年八月到部。八年請假回籍，因捐資募勇勦平安順府鍾華山等處賊巢出力奏保，九年七月十五日奉上諭：著免補本班，以知府籤掣省分歸軍功候補班前先補用，並賞戴花翎。欽此。十年二月丁母憂，十二年五月服闋，起復到部。旋報捐指省山西歸原班補用，經欽派王大臣驗放，奏請發往。光緒元年十二月十一日奉旨：依議。欽此。二年四月初九日到省，報捐儘先補用期滿甄別，奏准以繁缺補用。四年於勦平朔州會匪出力案内奏保。三月二十七日奉上諭：著賞加鹽運使銜。欽此。嗣於晉省辦賑出力案内奏保俟補缺後以道員用。是年十二月初九日奉旨：著照所請獎勵。欽此。歷委代理太原，署理蒲州、大同等府篆務，均能措置裕如。該員操履端廉，通達治體，以之請補潞安府知府，實堪勝任，與例亦屬相符。據藩臬兩司會詳前來。合無仰懇天恩俯念員缺緊要，准以儘先候補知府丁體常補授潞安府知府，實於地方有裨。如蒙俞允，該員係儘先候補知府，銜缺相當，毋庸送部引見。該員並無違礙處分，合併聲明。理合恭摺具奏。

旨：吏部議奏。欽此。

藩司易佩紳到任日期片 光緒九年六月二十九日

再，新授布政使易佩紳，於六月十九日到省，當即飭赴新任。署布政使補用道高崇基交卸後，仍委令督辦清源局務，以專責成。除檄飭遵照外，理合附片具陳，伏祈聖鑒。

旨：知道了。欽此。

請留李秉衡辦理營務片 光緒九年六月二十九日

再，晉省武備廢弛，各省所無。臣設法整頓，委令平陽府知府李秉衡總理營務處，兼統練軍馬步各營，當經奏奉諭旨允准在案。茲准吏部來咨，欽奉上諭：廣東高廉道員缺著李秉衡補授。欽此。自應飭赴新任，惟查晉省兵事，臣責之李秉衡一人，該道正已率下實力講求，數月以來，略有端緒。而創練北軍馬隊，甫經募集成軍，建立營規，選擇將弁，正在吃緊。且通省練軍，以後急須推廣舉辦，晉省素乏知兵之員，若勉强另派他員充數，必致盡墮前功。合無仰懇天恩俯念晉省武備邊防，關繫重要，准將新授廣東高廉道李秉衡留晉辦理營務，訓練諸軍，暫緩赴任。俟武備漸有規模，再行給咨赴粵，俾臣得收指臂之助，出自逾格鴻慈。是否有當，理合附片陳請，伏祈聖鑒。

旨：現在高廉一帶有應辦緊要事務，著仍遵昨日諭旨，飭令李秉衡迅赴新任，不得稍涉遲延。欽此。

飭催朱采到任片 光緒九年六月二十九日

再，前准吏部咨，光緒九年五月十二日奉上諭：山西汾州府知府員缺，著朱采補授。欽此。查朱采係直隸試用知府，平日講求水學，前隨游百川赴山東查勘黃河，此時不悉是否銷差。惟汾州所屬被文峪、磁窯兩水及諸澗河之患，已非一年。淤阻橫決，浸没民田，訟爭無已，實爲該府切膚之害。自去冬今春疊經委員履勘，定議修治，目前雨潦方盛，亟宜乘時施工。朱采既蒙授任此方，正可用其所長，盡其職守。相應請旨敕下李鴻章、游百川，飭令朱采刻期來晉，以便速赴新任，實於地方有裨。理合附片具奏，伏祈聖鑒。

旨：前據游百川奏，該員已赴新任矣。欽此。

請補甯武府知府員缺摺 光緒九年六月二十九日

竊查甯武知府王守愚呈請回籍葬親，經臣具題開缺，並聲請扣留外補。茲准吏部咨，彙復開缺，准留外補，業經咨部截缺在案。該府係專、衝簡缺，查照通行章程內開，開缺回籍葬親，應按終養遺缺序補。又知府丁憂、終養、迴避、撤回各項選缺出時，應以正途出身之記名分發人員請補。如無人，准以各項候補班前與各項候補正班人員統行酌補。又查吏部奏定章程，現任人員保舉以何項官階用，應歸候補班内補用人員。如遇所保指定之項缺出，祇准請補，不得請升等因。今甯武府一缺，臣督同藩臬兩司查得晉省並無正途出身記名分發人員，隨於通省候補班前、候補正班人員內逐加遴選。查有在任候補知府、代州直隸州知州俞廉三，現年四十二歲，係浙江紹興府山陰縣人，由監生報捐縣丞，指分山西。同治六年於越境剿賊案内奏保，七月初七日奉上諭：著俟補缺後以知縣用，並賞戴藍翎。欽此。八年於西河疊拏竄匪案内奏保，四月十九日奉上諭：著免補本班，以知縣歸軍功班前先補用，並賞加五品銜。欽此。九年於水師防渭出力案内奏保，十二月二十六日奉上諭：著賞换花翎。欽此。十年於防剿出力案内奏保，十一月初六日奉上諭：著俟補缺後以直隸州知州用。欽此。十三年三月題補武鄉縣知縣，以直隸州知州在任候補。光緒元年二月，丁母憂回籍守制二年。因前在晋省辦防出力奏保，請俟補缺後以知府用，十一月十七日奉旨：著照所請獎勵。欽此。服闋起復，三年十二月回省候補，四年十二月題補代州直隸州知州，遵例補交免保舉銀兩，照章以光緒五年三月初八奉文准補之日，作爲候補知府到省日期。是年於辦賑尤爲出力案内奏保，請俟開缺歸知府班後，加鹽運使銜，經部議准。七月二十一日奉旨：依議。欽此。是年七月請咨赴部，八月二十五日經欽派王大臣驗放，九月回省，十月十五日到任。六年於晋省辦理各軍轉運出力案内奏保，隨帶加二級，八月初九日奉旨：依議。欽此。八年七月調省辦理清查事務。該員實力奉公，明理練事，以之請補甯武府知府，實堪勝任，與例亦屬相符。據藩臬兩司會詳前來。合無仰懇天恩俯念員缺緊要，准以在任候補知府、代州直隸州知州俞廉三補授甯武府知府，實於地方有裨。該員係在任候補知府請補知府，銜缺相當。如蒙俞允，俟接准部覆後，再行給咨引見。應補知府免保舉銀兩，已飭赴部呈交。其代州任内，並無違礙處分，合併聲明。理合恭摺具奏。

旨：吏部議奏。欽此。

酌補應州知州員缺摺 光緒九年六月二十九日

竊照應州知州湯學治病故，業經臣題請開缺，並咨部截缺展限在案。查吏部通行章程内開，各省道府同通，直隸州知州，府屬知州遇有病、故、休選缺出時，先儘候補班前酌補一人，次將候補正班酌補一人。無論何項到班，均不准插用分先前、分間前、分先分間之人等因。今應州知州一缺，自奉新章以後，係病、故、休第一次出缺。晋省知州班内，坐補原缺、裁缺，即用迴避，即用留省，另補新班，遇缺先新班，遇缺均無人，應輪用候補班前人員酌補。查候補班前知州有陳道濟，因告假回籍措資，業已專案咨部。其次之姜振岐，亦已另案奏參。又其次之唐元齡，期滿甄别在出缺之後，照章均應扣補過班，自應於候補正班内酌量請補。臣督同藩臬兩司查有候補班儘先補用知州李恕，現年三十七歲，係順天寶坻縣人，由監生報捐雙月光禄寺署正，隨同統領毅軍提督宋慶攻克洪岡賊寨出力奏保，同治十一年七月二十三日奉上諭：著免選本班，以知州分省儘先補用。欽此。指省山西，光緒六年六月初十日，經欽派王大臣驗放，奏請發往，奉旨：依議。欽此。七年正月初三日到省，期滿甄别，奏准照例補用。該員才具明達，任事耐勞，以之請補應州知州，與例相符。據藩臬兩司會詳前來，合無仰懇天恩准以候補班儘先補用知州李恕，補授應州知州，實於地方有裨。如蒙俞允，該員係候補班儘先補用知州請補知州，銜缺相當，毋庸送部引見。

再，應州係屬選缺，因例限緊迫，是以改題爲奏，合併聲明。理合恭摺具陳。伏乞聖鑒。

旨：吏部議奏。欽此。

臺站北路得雨情形片 光緒九年六月二十九日

再，頃據大同鎮總兵張樹屏咨報，轉據駐劄口外之副將董履貞禀稱，近有商民郭萬年於五月十五日自庫倫前來，據稱庫倫南行十餘程，歸化城北行數程，牧草尚非斷絶，惟中間十數程，赤地蕭條，牲畜難行，現已於五月内得雨數寸不等等語。查該商民所計程數，自係指商旅行程而言，並非軍台官站。所有台站北路得雨情形理合附奏，伏祈聖鑒。

旨：知道了。欽此。

展緩巡閱軍政片 光緒九年六月二十九日

再，准兵部咨，光緒九年二月十五日奉上諭：本年輪應查閱直隸、山西、陝西、四川、甘肅五省營伍之期，山西即派張之洞逐一查閱。如有訓練不精，軍實不齊者，即將廢弛之將弁，據實奏參。等因。欽此。

查晋省丁、戊之間，兵丁死於饑者甚多，幾至無人應募。近年雖已募補，不免貧困尪羸，技藝生疏。現經嚴申戒煙之令，陸續汰换，驟難精强。軍實敝壞，無款修理。惟撫標精兵營練軍暨大同鎮練軍兩枝，軍容稍有可觀。此外各營路，非不多方申儆，終爲餉力所困。方今民力困於差徭，吏道期於安静，若循例出省查閲，徒多紛擾，無益戎行，誠恐不足以仰副聖上整軍經武之至意。擬俟明年春夏間，口外七廳改制，規模已立，練軍亦漸推廣整飭，臣即先赴北路出邊一行，既察邊情，兼核軍實。再俟河東鹽務整頓，漸有起色，即當親赴南路，以閲伍而兼巡鹽，届時再當奏聞。至光緒三年分、八年分兩次展緩軍政，謹當併案辦理，如有衰庸不職之將弁，仍當隨時考察參劾。理合附片陳明，伏祈聖鑒。

旨：知道了。欽此。

甄别庸劣不職各員摺 光緒九年六月二十九日

竊惟守令司牧之官，民生休戚所繫。臣於通省屬官中量材誘掖，因事董戒，望其濯磨振奮，共作循良。其有貽誤公事，難期造就者，自應隨時澄汰，以資激勵，而端趣向。查有蒲州府知府博啓，任信門丁，不勤政事，治獄粗率，教戒不悛。長子縣知[縣]豫謙，昏鄙輕佻，私收煙税。試用知縣程宏繼，内行不修，居官不謹。候補知州姜振岐，行卑言詐，妄糜公款。候補知縣張文林，器小性浮，難膺民社。即用知縣施朝銓，心地茫昧，不曉官方。興縣知縣龔履坦，性非誠謹，素多物議。翼城縣知縣侯承熙，習染過俗，尚欠歷練。甯遠廳通判訥勤，才具太短，不勝邊缺。

以上各員，未便姑容，相應請旨將蒲州府知府博啓開缺，留省另補。長子縣知縣豫謙，試用知縣程宏繼，均即行革職。候補知府姜振岐，候補知縣張文林，均以府經縣丞降補。即用知縣施朝銓，文理尚優，應請以教職歸部銓選。興縣知縣龔履坦，翼城縣知縣侯承熙，甯遠廳通判訥勤，均開缺留省另補。所遺蒲州府係衝、繁、難兼三要缺，應請旨迅賜簡放，以重職守。興縣、翼城均係部選之缺，晋省現有應補人員，應請扣留外補。甯遠廳通判係揀補之缺，現經奏准改章，亦應由外請補。合併聲明，伏祈皇太后、皇上聖鑒。

籌款捐資協濟東賑緣由摺并清單 光緒九年七月初七日

竊查山東河決爲灾，經年未塞，本年夏間，復決數口，汎濫數百里，灾民數十萬，流離昏墊，慘不可言。屢奉恩旨，頒發部帑，截留京餉江漕，多方拯救，海内臣民同深欽感。惟横流太廣，窮黎太廣，山東本省方汲汲於疏瀹宣防，工需浩大，屢見山東撫臣陳士杰等奏報，工費尚無所出，賑款自更爲難。疊經東省人士布告各省，乞糴呼援，情詞痛切。四川督臣丁寶楨，亦經捐集鉅款，奏明解濟。

溯查山西前當丁、戊大饑之際，山東大吏羣寮，仰稟宸謨，顧念大局，若借撥漕倉，借撥藩道運庫，折解輕賫，協濟賑需，協撥兵餉，以及官員紳民捐輸之屬，通計公私濟助，凡四十三萬餘金，全活晋民無算。竊惟天灾流行，各省代有。考之經傳，晋飢，秦輸之粟，秦飢，晋閉之糴。背施幸灾，春秋恶之，書爲炯戒。今山東重罹河患，度支竭蹶，灾不可忍，惠不可忘。况流民失業，嘯聚爲非，勢將轉徙河淮，紛紜畿甸。近聞灾民流至河南衛輝境内者頗多，已在山西境外，徙薪曲突，尤爲大局所關。晋省雖甚支絀，特較之山東，尚有緩急之分，誼不當漠然事外，視同秦越。查晋省善後一項，尚有餘存，此款本自各省協濟捐助而來，以受爲施，正爲允當。當與司道等籌議，即於善後款下，動撥銀三萬兩，馳解山東，以資賑撫。上爲聖主廣拯溺之鴻慈，下爲山西人民報施救患，以弭灾沴，而迓豐年。現據司局詳報，委同知丁啓宇管解，於七月初六日啓程。

維時通省各官聞知東灾情形，同聲憫念，多願捐貲助賑。由臣倡捐銀二千兩，學臣吕鳳岐捐銀四百兩，布政使易佩紳捐銀一千兩，按察使奎斌捐銀八百兩，冀甯道左雋捐銀六百兩，補用道高崇基捐銀三百兩，廣東高廉道李秉衡捐銀三百兩，並此外通省山東籍、非山東籍各官捐款，通計共捐集銀二萬二千三百兩，一併搭解山東應用，另繕清單，恭呈御覽。至此次捐賑，臣受恩優渥，捐數幾微，誼不敢仰邀議叙。其餘各員均係出於至誠，合詞堅稱，不敢仰邀議叙，情詞真切。合無仰懇聖明，鑒其急公好善之忱，自臣以下，均毋庸給予議叙，以奬其誠，不勝悚切之至。所有籌款捐資協濟東賑緣由，理合恭摺具奏。伏乞皇太后、皇上聖鑒。

謹將晋省各官，捐助山東賑款銀數，繕具清單，恭呈御覽。

計開

山西巡撫張之洞捐銀二千兩，山西學政吕鳳岐捐銀四百兩，布政使易佩紳捐銀一千兩，按察使奎斌捐銀八百兩，冀甯道左雋捐銀六百兩，補用道高崇基捐銀三百兩，奏留廣東高廉道李秉衡捐銀三百兩，河東道唐咸仰捐銀六百兩，雁平道廣蔭捐銀一百兩，歸綏道阿克達春捐銀六百兩，太原府知府馬丕瑶捐銀五百兩，澤州府知府蔣宗啓捐銀二百兩，署大同府知府丁體常捐銀四百兩，忻州直隸州知州曹熾昌捐銀五百兩，署絳州直隸州知州李焕揚捐銀五百兩，署平定直隸州知州沈晋祥捐銀二百兩，解州直隸州知州魏象乾捐銀二百兩，署豐鎮同知松昌捐銀二百兩，歸化城同知謙吉捐銀二百兩，署薩拉齊同知阿克敦布捐銀一百兩，陽曲縣知縣錫良捐銀五百兩，太原縣知縣薛元釗捐銀二百兩，代理榆次縣知縣張承熊捐銀二百兩，祁縣知縣胡德修捐銀一百兩，調署太谷縣知縣吴匡捐銀二百兩，調補平遥縣知縣楊恩溥捐銀三百兩，調署鳳臺縣知縣成熙捐銀二百兩，調署汾陽縣知縣徐炑捐銀三百兩，署介休縣知縣李延恩捐銀一百兩，孝義縣知縣孔廣熙捐銀二百兩，永甯州知州賀澍恩捐銀一百兩，調署長治縣知縣李其滋捐銀一百兩，調署長子縣知縣劉鍾麟捐銀二百兩，襄垣縣知縣李汝霖捐銀二百兩，署潞城縣知縣盧策捐銀二百兩，壺關縣知縣胡燕昌捐銀一百兩，代理鳳臺縣知縣善徵捐銀一百兩，調署高平縣知縣李羲銘捐銀二百兩，調署武鄉縣知縣陳寶楨捐銀一百兩，壽陽縣知縣陳守中捐銀一百兩，盂縣知縣劉鴻逵捐銀一百兩，署渾源州知州鄭景福捐銀二百兩，陽高縣知縣姚兆捐銀一百兩，朔州知州姚官澄捐銀一百兩，神池縣知縣汪澍捐銀一百兩，崞縣知縣龍朝言捐銀二百兩，繁峙縣知縣何才价捐銀一百兩，署臨汾縣知縣馬存樸捐銀二百兩，調署襄陵縣知縣趙輔堂捐銀三百兩，調署洪洞縣知縣李榮和捐銀二百兩，太平縣知縣朱光綬捐銀三百兩，曲沃縣知縣盧壽昌捐銀三百兩，署翼城縣知縣王煒捐銀一百兩，永濟縣知縣鄭灝捐銀三百兩，署臨晋縣知縣杜懷庚捐銀二百兩，虞鄉縣知縣崔鑄善捐銀一百兩，署滎河縣知縣董餘三捐銀一百兩，署萬泉縣知縣鹿學典捐銀一百兩，調署安邑縣知縣錢鏞捐銀二百兩，夏縣知縣萬啓鈞捐銀二百兩，調署稷山縣知縣馬鑑捐銀二百兩，趙城縣知縣王燿章捐銀二百兩。

以上各官共捐銀一萬七千三百兩。

署甯武府知府欒以紱捐銀一百兩，潞安協副將呼延霖捐銀二百兩，聞喜縣知縣張貽琯捐銀一千兩，河津縣知縣茅丕熙捐銀一千兩，徐溝縣知縣王勳祥捐銀六百兩，猗氏縣知縣馬毓芝捐銀五百兩，交城縣知縣賈成霖捐銀五百兩，署大同縣知縣隋聿修捐銀三百兩，署臨縣知縣張嵐奇捐銀三百兩，調署興縣知縣艾紹濂捐銀二百兩，靜樂縣知縣李兆勷捐銀二百兩，平魯縣知縣劉晋泰捐銀一百兩。

以上山東籍各官共捐銀五千兩。

通共捐銀二萬二千三百兩。

旨：張之洞著交部從優議叙。吕鳳岐、易佩紳、奎斌，均著交部議叙。其餘各員，著該部核給奬叙。欽此。

奏調洪汝奎來晋差遣委用片 光緒九年七月初七日

再，河東鹽務，至今日而極敝，新陳遞積，累至三綱，京餉西餉，急於星火。臣督飭河東道，減費恤商，緝私除弊，多方疏導，壅滯仍多。部臣復責令將積年陳欠分限帶銷，每限十萬，督趨嚴急，實覺無從措手。

查河東三省鹽法，大宗銷路，全賴陝、豫，陝、豫引額，倍於晋引。晋岸户口彫傷，整頓難期速效。陝、豫廣沃蕃息，四關六通，祇以羣私交灌，官引不行。欲救河東鹽務，非規復陝、豫引地不可。擬俟籌定辦法，當在陝、豫兩省，設局督銷，官商協力，官任緝私，商任運售，禁其攙短，通其轉輸，庶可於課餉有益。惟必須稍有才望者，乃勝此任。晋省道府大員中，長於綜核者，實苦無人，而奏調京外人員，又爲新定部章所格。查有已革兩淮鹽運使洪汝奎，學識素優，曾筦鹾運，樸老幹練，以長於綜核著稱。此次因案獲譴，已蒙賜環，是朝廷亦鑒其平日居官，量從寬宥。竊惟古人有言，使功不如使過。當此求才窘乏之際，合無仰懇天恩將該革員發交臣差遣委用，當令其經理鹾務，似可用其所長。該革員籍隸湖北，原籍安徽，服官江左。如蒙俞允，擬請敕下兩江、江蘇、安徽、湖北各督撫臣，令其迅速來晋，出自逾格鴻慈。臣爲課餉急迫、人才艱難起見，是否有當，伏祈聖鑒。

旨：洪汝奎已准張樹聲奏調，發往廣東差委矣。欽此。

光緒九年夏季委署知縣摺并清單 光緒九年七月初七日

竊查咸豐十一年十一月二十三日，奉上諭：嗣後各省州縣，無論奏調、委署、代理，每届三月彙奏一次，由吏部嚴行查核。如有違例更調等弊，即將督撫藩司分别參奏。欽此。歷經欽遵按季彙報在案。兹據藩臬兩司將光緒九年夏季分委署知縣各缺，詳請具奏前來。臣覆核無異，理合開繕清單具陳。

謹將光緒九年夏季分委署知縣各缺開繕清單，恭呈御覽。

計開

四月分：

調署榆社縣知縣廣魁病故，遺缺委補用知州唐元齡代理。

代理永和縣知縣李誠蔚撤省，遺缺委大挑知縣方在中署理。

五月分：

鳳臺縣知縣陳繼三調省，遺缺委署汾陽縣知縣成熙調署。

署汾陽縣知縣成熙調署鳳臺縣知縣，遺缺委陵川縣知縣徐炑調署。

署翼城縣知縣蔣良術調省差委，遺缺委拔貢知縣王煒署理。

黎城縣知縣董慶咸撤省察看，遺缺委榆社縣知縣葛士達調署。

六月分：

廣靈縣知縣楊亦銘撤省察看，遺缺委榆次縣知縣吴師祁調署。

旨：吏部知道。單併發。欽此。

誤考文生准以原名應試摺 光緒九年七月初七日

竊查晋省光緒三、四兩年誤考各生，業經前學臣王仁堪，於上年六月附奏，懇恩准予開復。奉旨：著照所請。該部知道。欽此。兹臣鳳岐接任考試以來，據平陽、汾州、蒲州、解州、絳州、霍州、隰州等屬生員，復以汾州誤考，係在光緒五年，其餘六屬，均係六年，因逃荒未歸，臨場除名。向臣之洞、臣鳳岐等紛紛籲懇奏請開復前來。當以光緒三、四兩年，他府州誤考各生，已蒙殊恩准予開復，若疊次奏請，未免漫無限制，批駁未准。惟查平、汾、蒲、解、絳、霍、隰各府州，於通省中被灾爲最重。上届係於光緒三年夏季以前歲考，彼時灾象初成，各該生恪守功令，猶能勉强赴試。夏秋後，生機日蹙，流離轉徙，覓食他鄉，漸至親屬罕在，田業皆空，邦族難復，欲歸無計，致誤六年歲考。是該生等誤考，雖在光緒六年歲事漸轉之時，而其逃荒遠出，實在光緒三年灾祲方殷之際。祇以輪考年分稍遲，以致被灾最重之區，轉未得一律仰沐恩施，其情亦殊可憫。况晋省邇來文風不振，宿學益稀，灾後童試人數，甚屬寥寥，往往有一縣童生之數，僅多於學額二三名、四五名者，其間仍是勉强充數。於是粗通章句，便作青衿，展轉流傳，愈趨愈下，宿儒鄉老，羣以爲憂。現經臣等極力籌議培養之法，仍恐驟難取效。惟有請將光緒五、六年誤考各文生，准以原名應試，俾令仍得進取，稍爲後學楷式。較之童幼淺學，僥倖濫竽者，自必加之數等，造就較易爲功。其年逾六旬，不願再試者，從寬給予衣頂。如此則於體恤孤寒之中，兼有振興學校之道。與臣之洞，往復相商，意見相同。合無仰懇天恩俯准將光緒五、六年平陽、汾州、蒲州三府，解、絳、霍、隰四州學誤考文生，仍以原名應試。六旬以外者，從寬給予衣頂，出自逾格鴻施。其該七府州誤考武生，應毋庸議。是否有當，謹合詞繕摺具奏。伏乞皇太后、皇上聖鑒。

旨：著照所請。該部知道。欽此。

總兵馬陞呈請開缺回籍養親據情代請摺[一]

光緒九年七月　日

竊查調署太原鎮總兵大同鎮總兵馬陞，係四川太平縣人，由行伍於咸豐二年出師廣、桂、湘、鄂、江、皖等省，洊升安徽撫標參將。因隨剿髮、捻，蒙賞冠勇巴圖魯名號，以總兵記名簡放。同治元年補授山西太原鎮總兵，調赴陝西，剿辦回逆。四年八月調補大同鎮總兵，五年四月到任。因防河出力保奏，八年十一月奉旨以提督記名簡放。光緒六年七月，調署太原鎮總兵。自出師以來，及服官晉省，迄今三十餘年，並未回籍。因生父身弱多病，未能迎養。現在親年七十六歲，值此垂暮之時，老弱日篤，若不亟圖歸省，於人子之情實難自已。咨請代奏開缺回籍侍養，以遂烏私等情前來。臣查該總兵，自蒞任以來，於營伍操防尚無貽誤。現以親老病增，呈請終養，係出至情。合無仰懇天恩俯准茲將調署太原鎮大同鎮總兵馬陞開缺回籍養親。所有太原鎮總兵篆務，即應遴員署理。查有遇缺儘先題奏總兵何鳴高，廉謹勇敢，熟悉機戎，堪以署理。因查光緒六年七月十一日奉上諭：山西太原鎮總兵張樹屏着調署大同鎮總兵。太原鎮總兵員缺，即着馬陞調署。欽此。查晉省兩鎮員缺同關緊要，而以大同鎮爲尤重。茲調署太原鎮總兵馬陞呈請終養，自應循例，仍以大同鎮總兵底缺請旨簡放。惟張樹屏與馬陞欽奉特恩，互相調署，已歷數年。自張樹屏到大同鎮署任後，即將所部樹軍分札歸綏一帶包頭等處巡邊緝匪，深資得力。張樹屏前年駐札包頭行營之日爲多。目前樹軍既不敢調移他方，張樹屏自亦未便遽回本任。此次總兵員缺應否即簡放太原鎮，仰或仍簡放大同鎮之處，相應聲明恭候欽定。所有總兵呈請開缺回籍養親緣由，理合繕摺具陳。伏乞皇太后、皇上聖鑒。

知縣外補壅滯懇恩量予變通摺[二]

光緒[九]年[八]月[二十]日

竊臣接准吏部咨，議覆前給事中戈靖等條奏，內開，嗣後各省知縣參革一項缺出，概令歸部銓選。並將知縣終養與降補二項所出之缺暨修墓等項，比照終養之缺，一併改歸內選，不得扣留外補等因。奏准通行，自應遵照辦理。惟查定例，知縣班內即用、候補兩項，遇有升、調、病、故、休所遺選缺，各按輪次序補。又知縣終養、改教、撤回、降補、迴避遺缺，以即用、候補兩班相間酌補。又知縣丁憂、參革遺缺，專以軍功候補人員酌補。原以即用、候補兩項班次最優，軍功人員勞績最著，而即用、候補、軍功各班人數亦最多，是以較各項試用人員於輪補外，更有酌補、

[一] 録自《京報》第五七一號。

[二] 以下二件録自底本，原件無日期，據抄本《張中丞撫晉奏疏》補。

新捐兩局書吏人等並提經手此批匯兑之巨興源票商賈世沅、車躍籠一併發交太原府，飭該司道督同審究，並傳當日局員一同質訊。彼此推賴狡展，紛紜數目，毫無端倪，未能定讞。經臣親提研鞫，賈世沅等理屈辭窮，始據供認，隱匿此項屬實。緣賈世沅、車躍籠均籍隸陽曲縣，在省城巨興源票號幫夥。光緒五年間，兩湖辦理晋捐，由平遥縣、祁縣各票商分批匯兑。彼時司庫新舊借用各票商放賑銀十九萬兩，議於匯款内先令坐扣三成，及匯項漸多，復令盡數坐扣，統由平遥縣承總結算。是年五月，祁縣三晋源號匯到兩湖第二十七批捐款，五月十五日期票銀一萬兩，坐扣三千兩，以七千兩轉託巨興源代交。已革藩司葆亨因甫有儘數坐扣新章，令車躍籠將交代之銀發回還欠。當時各省捐款由各該局耑差先將匯票寄到，葆亨皆將匯票即存内宅，並不交局交庫，俟商至期交銀再行劄庫兑收。此項匯票當即令其門丁楊清如掣給車躍籠携回，既不告知善後局立案，亦不札知平遥縣扣除欠款。嗣因各票商借款，均在平遥縣别號匯項内扣清，三晋源因將前次重扣之銀三千兩仍交巨興源退還藩庫，該鋪隨先將所掣匯票寄還三晋源鋪帳。車躍籠積慣出入司局，多識官吏，深知款項紛歧，公事淆闇，有機可乘，當將兩次銀共一萬兩暫存該鋪，觀望時局。催問則仍還司庫，不問則聊資周轉。屢至藩署門房探聽，無人憶及此項借款，既經在平遥别項扣清，此票現銀仍須向巨興源索回收庫，葆亨旋即罷斥，官員亦多更换，以爲無所查考。已故鋪夥王鑑起意隱昧，遂商允賈世沅、車躍籠三人俵分訖。臣覆加查驗，匯票上揑寫交庫日期，字跡與該鋪浮記帳簿水牌與三晋源來往帳目一一符合。並究出刺探庫吏收數及囑托别號代爲容隱各情，指證確鑿。賈世沅等俯首無詞，情願全數繳出。案無遁飾，應即擬結。經太原府擬議，由藩臬兩司覆核，並聲明賈世沅等將盗用銀一萬兩已於一年限内完清，光緒九年九月二十八日收庫，會詳前來。

查商人侵用匯兑捐項，律無專條。此案賈世沅、車躍籠聽從王鑑將三晋源托付代交藩庫匯兑捐項起意隱昧分用，厥罪惟均。其匯款係交庫公項，即屬在官財物，尚未交庫，即有守掌之責。該犯等商同侵欺，限内完贜，自應比例問擬。除王鑑業經病故外，賈世沅革去從九品職銜，與車躍籠均比依官物當付給與人，已出倉庫而未付給，但有人守責在官。若有侵欺者，計贜以監守自盗論。監守盗倉庫錢糧，不分首從，併贜論罪。一千兩以上斬監候，一年限内全完，減二等發落，杖一百，徒三年例各擬杖一百，徒三年。已革藩司葆亨於解到捐款匯票並不存局存庫，掣給商號匯票退還原銀，又不由局員庫官傳知飭局立案，任意出納，茫不省記。以致漫無稽考，奸商生心，隱匿銀款，實屬昏憒離奇，罕見罕聞。業經另案遣戍，應毋庸議。善後、新捐兩局提調以下各員，於兩湖匯款不符未能覺察，實屬疏忽。惟當時欠項則新舊錯雜，抵扣則章程屢改，匯票則藩司自存，掣給時並未傳知該局，且局員屢有更易，事非一手，疏漏有因。而此項究出短收隱匿情弊，仍係該局員等推究查出，即與自行檢舉無異。所有善後、新捐兩局委員，除承辦此項捐案之善後局員直隸州知州陳本業經奏革職，新捐局員知縣張文林業經奏參降調外，其隨同畫稿各員應請從寬免議。善後局書吏賈儼等於簿籍數目不能核對明確，惟大小委員尚且不能覺察，書吏更無足深責。且於發審時亦已屢受刑責，應免重科。除將該犯等所繳銀兩已飭司歸入善後正款以符原數外，理合繕摺具奏，並將全案供招咨部備查。伏祈皇太后、皇上聖鑒。

旨：該部知道。欽此。

請將侵匿釐税各員革職追繳片 光緒九年九月二十九日

再，晉省山僻之區，商貨蕭索，百貨釐金爲數甚屬微眇，惟洋藥及陝、甘土藥行銷頗多。而此項釐税，歷年罕有具報，幾於無收。大約奸商透漏者半，委員侵匿者半。緣晉省向來惡習，凡委辦釐務，名曰調劑，縱之吞蝕，上下相市，法紀蕩然。臣查知情弊，屢經嚴飭各員實力奉公。

現查出候補直隸州州判卞瓊，管理軍渡釐務，不遵釐則，減半賣放，既收之後，又不全行詳報，填寫釐票，不經吏役之手。所收銀錢，或託攬頭代爲經收，或撥兑各處，或並不給票，竟無總數可查，行徑詭密已極。計本年正月之内，侵匿藥税銀已有二千餘兩，其餘尚不知凡幾。候補知縣王懿恭，管理廟前鎮釐務，抽收不用官設吏役，減價賣放，並侵匿藥税銀四千餘兩。候補布庫大使毛頡雲，管理石皮村釐務，減價賣放，並侵匿藥税銀二千兩。該委員等經臣三令五申，教而不改，實屬怙惡藐法。其卞瓊一員，於查出後飭令繳出，免其參劾，乃竟負固狡横，分文不認。稟請查辦，復經先後飭令知州阮志謙、同知周桂敷等疊次查訊書吏、脚户，證據確鑿，乃始無可置辯。是該州判始終欺隱，尤屬敢於爲惡。若不嚴行劾治，何以整榷政而挽貪風。應請旨將卞瓊即行革職，仍澈查此外侵匿共有若干，照數追繳。其王懿恭、毛頡雲兩員，應請旨暫行革職，勒令繳出。儻能依限如數完繳，再行奏請開復。該三員若再抗延，均即從嚴參辦。

查外省通行惡習，先私後公，蒙蔽上司，袒護同寅，名曰顧大局，雖矯矯者亦復不免。遇有飭查之件，大率彌縫消化，十事罕得一真。即如此項釐税弊端，臣到晉後即知梗概，然歷次札查委查，率皆扶同徇隱。兹經嚴飭同知周桂敷密查，始得據實發露。似此任勞任怨，一洗外官積習，實爲難得。該員樸實勇往，平日委辦各事，皆能竭盡心力。除飭司存記獎勵外，合并奏明，以風通省官吏。

旨：另有旨。欽此。

參劾不職武員片 光緒九年十月二十三日

再，緑營錢糧向歸守備經管，本營副、參、遊等官往往疑有沾潤，以致上多苛求，下存挾制，動相攻訐，漫無紀綱，實爲晉省營伍惡習。疊經嚴檄禁戒，此風未能盡除。兹查有得勝路參將那琛，居心俗陋，改變外汛應撥租穀舊章，多招物議。得勝路守備蘇殿忠，性情桀驁，挾忿無禮，於存儲公款，任人挪借，迨經查辦，始行歸清，且妄稱庫銀被竊，凌逼兵丁。孟壽營遊擊德海，識見庸闇，意存需索，於操練發餉，藉端挑剔，不恤兵艱。平定營守備王福慶，性氣粗浮，且於該營應還倉穀之項，買補遲延。以上各該員，上不秉公，下不循分，均屬不知檢束，有乖政體。據大同鎮、太原鎮總兵先後咨請查辦懲處前來。相應請旨將那琛以遊擊降補，德海以都司降補，蘇殿忠、王福慶均以千總降補，以肅營政。至該員等所出得勝路參將、孟壽營遊擊、得勝路守備、平定營守備等缺，晉省現有應升應補人員，應請扣留外補。合併聲明，謹附片奏陳，伏祈聖鑒。

旨：著照所請。兵部知道。欽此。

設立鐵絹局片 光緒九年十月二十三日

再，晉省年額應解平好鐵、大小潞綢、農桑絹、生素絹、毛頭紙、呈文紙、硫磺等物料，價脚例動地丁正項，幫費取給通省攤捐，辦解責之各府廳州縣。臣前以攤捐之累，病官害民，奏請裁免，並請將綢、絹、紙三項折價解部。惟鐵之爲用最廣，又非他處所産，另行籌款造辦。旋准户部、工部、内務府議覆，綢、絹、紙三項行令仍解本色，不得不勉力辦解。當於省城設立鐵絹局，凡鐵、絹、綢、紙統歸承辦。硫磺一項，併責令辦運，以省擾累而便綜核。查有准補霍州直隸州知州杜崧年，老練廉明，辦事切實，檄委該員總司其事，將積年痼弊釐剔净盡，無名冗費概行裁除。惟此五大端，其細目又分九種，端緒紛雜，經費浩繁，例支價脚不敷甚鉅。現既裁免州縣攤捐，晉省本屬瘠土，籌款甚屬不易。曩年通省府廳州縣爲此數事，營營擾擾，猶覺竭蹶不遑，甚至佐雜微員，亦不免因之受累。臣既决計除去官民之累，不得不力爲其難，惟有督飭清源局司道責成該局員設法支持，多方撙節，以期無誤要需。據藩司詳請奏咨前來。除咨部外，理合附片陳明，伏祈聖鑒。

旨：知道了。欽此。

獲盜不力請將各員議處片〔一〕 光緒九年十月　日

再，臣前以沁源縣黎城縣衙署被劫，臨汾縣屬賈莊張萬洪家、刁家莊王金盛家、縣東關德昌合錢鋪内，被賊劫去衣飾銀錢等物。岳陽縣孫寨村孫維祖家被賊劫去銀錢衣飾，稷山縣城内永裕公錢鋪被賊劫去銀錢各案，贓賊未獲。於光緒九年五月初三日專摺奏參，請將疏防不力之現署榮河縣、沁源縣知縣董餘三，接署沁源縣知縣程宏繼，黎城縣知縣董慶咸交卸署缺。臨汾縣知縣現署洪洞縣知縣李榮和，均先交部議處。前署岳陽縣知縣李士珍，摘去頂戴留緝。調署稷山縣知縣馬鑑、沁源汛外委姚樂善、黎城汛外委郭華、平陽營把總楊幸喜、岳陽汛外委賈春華、稷山汛外委武占鼇，均摘去頂戴，仍各勒限兩個月嚴緝。奉旨：著照所請。該部知道。欽此。欽遵即轉行勒限嚴緝去後。迄今勒限已滿，臨汾縣張萬洪家被劫一案夥盜十人，已據李榮和等拿獲張何明即張登高等六名。又刁家莊王金盛家被劫一案夥盜六人，又據李榮和等拿獲張何明等三名，或獲犯過半，或獲犯及半，均兼獲盜首，例得免議。又該縣東關德昌合被劫一案，犯未弋獲，該縣李榮和前已調署洪洞縣離任。又前沁源縣知縣董餘三衙署被劫拒死兵丁一案，犯贓未獲，該縣前已調署榮河縣離任，均與在任勒緝者不同，應俟回任後按限接扣續參，與另案已革前署沁源縣接緝之程宏繼一併免其復參。其岳陽縣孫維祖家被劫一案，雖據報獲犯七名，該員李士珍僅獲王希華一名，餘俱係該代理縣楊光銓等拿獲。黎城、稷山兩案贓盜均未報獲，捕務均屬廢弛。據該管道府由司詳請奏參前來。除仍飭嚴緝各案贓盜務獲外，相應請旨將黎城縣知縣董慶咸、黎城汛外委郭華、前署岳陽縣知縣李士珍、岳陽汛外委賈春華、調署稷山縣知縣馬鑑、稷山汛外委武占鼇、沁源汛外委姚樂善、平陽營把總楊幸喜，均交部照例議處，以儆玩泄。理合附片陳明，伏乞聖鑒。

旨：著照所請。該部知道。欽此。

〔一〕以下二件録自《京報》第六三八號。

揀員接署副將等職片 光緒九年十月　日

再，署潞安協副將劉瑞卿撤省察看，應即揀員接署。查有臣標中軍參將瑞璋，勤慎詳明，堪以署理。遞遺之中軍參將一缺，查有署理臣標右營遊擊烏爾棍泰堪以兼署。除檄飭遵照外，理合附片陳明，伏乞聖鑒。

旨：知道了。欽此。

法釁已成敬陳戰守事宜摺 光緒九年十一月初一日

竊惟法蘭西貪悖不道，翦我屬國，偪我邊徼，脅越立約，意猶未厭，攻奪不已。聞法人接我照會後，漫不省改，依然進兵攻取北甯諸鎮，必欲吞滅劉團，盡有越地，且聞其調集兵船爲將來恫喝之計。事勢如此，邊患已亟，來春二月必有舉動。方今朝廷固已出滇、桂之師，修濱海之備，廟謨宏遠，度已計畫無遺。特是兵事秘密，外間不盡聞知，微臣杞憂，不勝過慮。竊以爲今日之事，定計宜堅，赴機宜速，自守宜固，料敵宜審，必如是而後有濟。敢就管蠡所及，謹陳戰守事宜十七條，敬爲我皇太后、皇上陳之。

一曰決戰計。中國素以息民睦鄰爲重，况值水灾餉絀，豈有輕言用兵。而今日法越之局，惟有一戰，何也。我助劉永福，法人久已昌言欲向中國尋釁，况今日中法之軍，顯然交綏，纖斃法人不少。彼若滅劉併越，必責我以償兵費，脅我以開滇岸。假使公然決裂，戰而不勝，亦不過索兵費，開滇岸而止。且法國自被德國攻破以來，安集未久，乃復逞欲橫行。今年夏踞馬達加斯加，而英人忌之。今年秋辱西班牙之主，而德人怒之。去年無故據河內，今年無故奪順化，吞噬不休，殘殺無度，而越人讎之。夫鄙遠徼利而不止者，兵必敗，始禍怒鄰而不悔者，國必亡。彼曲我直，彼先發，我後應，天道人心，可以一戰，今日之事，斷在不疑。再，戰計一決，首宜撤使。使臣不撤，彼謂我虛張聲勢，不破和局，早有以窺我之勇怯矣。事已至此，羈縻無益，宜令曾紀澤去法適德。法疑我與德結，必疑沮。此乃伐敵謀、堅士氣之要端也。

一曰固根本。能守而後能戰，兵家定理。故今日未論越南之戰，先講天津之防。津防實則廟算定，煙臺、旅順之防密，則天津安。中國虛實，西人纖悉皆知，天津能戰，則法人必不來，天津不能戰，則法人必來。事變無常，惟視乎我。根本既固，夫然後廟堂之上，可以從容運籌，前敵之軍，可以專心攻剿。他省海防，皆在其次。所有津防事宜，另陳於後。

一曰策敵情。法人若內犯，必以大隊擾廣東，而以虛聲怵天津。上海洋場麕集，必不輕擾。閩、浙非我所急，彼亦未必以全力爭。據探報言法人調集大中小鐵船四十餘艘，自係爲來華之計。就使屬實，大小船牽算合計一萬二千人，兵餉船械所費已在一千萬以上。沿海停泊接濟，其能到津者至多不過二十餘艘，共八千人。除守船外，能登岸者僅六千人。而此六千人中，又須節節留兵，疏通後路，轉運糧械，前敵不過五千人。我分軍更番以疲乏，獲級重賞以募之，此五千人能橫行中國乎。且粵南、廣東戰急，則津防自緩。相持數月，法人師老財匱，民怨商疲，越擣其虛，德議其後，法必破矣。

一曰擇戰地。志在必戰，則非争越不可。戰於海口，不如戰於越南。若全力争越，彼拒守之不暇，奚暇內犯。即或內犯，不能大舉，即或寇粵，不能擾津，即或到津，不能持久。且越之北境，山嶺多瘴，紅江究不甚廣，止行小輪，仍是陸戰山戰爲多。無論劉團，即滇、桂之軍，與法兵短長相去亦不甚遠。若近滇、桂之境，則險隘尤多。劉團爲正，我軍爲奇，越之義民爲助。此時法之於越，固已反客爲主，河内、順化、南定以及諸海口，處處留防。聞現在越地者，法兵約七千人，只二千爲法人，餘皆外募阿洲及越人耳。法國道遠而餉鉅，每一兵來華須七百元，其財力能有幾何，豈尚能有數萬水陸之衆擾我沿海哉。此化急爲緩，移短爲長之道也。

一曰用劉團。此時我於劉永福固已激勵而資助之矣，然臣竊以爲用之之道尚未盡也。越戕其王，國内大亂，國人讎法而德劉，衆望屬焉。敢請敕下徐延旭明諭永福，若能擊退法人，綏定越土，即封以越南，世守其地。永福本爲越之三宣提督，此事宜先授以武職崇銜，使爲越南監國，並資以精械巨餉。如此則民心有繫，士氣大振，必有奇功。從此受我卵翼，爲我屏藩，利莫大焉。夫陳、莫、黎、阮攻奪何常，況越南故王並不請命中朝。同治丁卯、甲戌以來，私與法約，引虎入室，自取覆亡，其罪本在廢黜之列。皇朝不利其地，欲民所欲，益足見怙冒宏仁，堂堂正正。此策若行，法人立將奪氣，賢於十萬師矣，若值此時勢而猶慮以此怒法，則失策之甚者也。

一曰用越民。不獨劉團可用，即越之義民、海盜亦皆可用。越俗素懦，今因其怒可以用之，此輩攻法人則不足，擾法人則有餘。法人據越之關税以給軍，若擾其税務，梗其運道，法人亦必不支。宜飭岑毓英、徐延旭、張樹聲、彭玉麟等招其頭目，厚加賞犒，獎以虚銜，令其轉相要結。此時順化、越都以南兵力不及，故法人得以專攻北圻。若全境同時蠭起，神疲力分，然後可乘也。

一曰務持久。法兵遠來費鉅，利在速戰。劉團其孤，我軍新集，忌在浪戰，萬有一挫，兵氣頓沮。此時宜申戒關外將士及劉團，務宜持重養威，觀釁伺隙，謀定後動。斷不必急攻堅城，耗損士卒，更不宜株守空城，爲礮樹的。但能相持數月，法人技窮力絀，必有變動，暑瘴漸作，法軍進退維谷。主客合勢，乘機急擊，旬日之内，可以盡逐法人，盡復越地矣。

一曰散敵援。欲與法戰，非禁他國接濟不可，此關不通，萬無戰法。夫法勢日强，非各國之利也。外國性情，我强則助我，我弱則否。此次聞法人與駐粵之英人、澳人商令將來接濟，皆以公法拒之，此正由我援越備戰、氣勢稍壯之故。宜急與英、德、美、澳、日本諸國開陳曲直，堅立要約，務守公法。若各國不接濟，擾粵已難持久，犯津更有所不能矣。

一曰防津。李鴻章威望素重，任寄素專，自必籌畫詳盡。特是京畿門户，責重而艱，備豫宜詳，兵力宜厚。大沽、北塘以及新城、紫竹林、三岔河諸處，皆須有犄角策應之師。兵力既恐不敷，淮軍士氣尤須激勵。李鴻章所部銘軍、盛軍兩枝，皆淮軍也，欲激勵銘軍，惟有用劉銘傳。該提督戰略素優，聞其羨慕文職，盡人皆知。竊謂駕馭人才之道，患其無欲，苟有可欲，便有可用。朝廷用人無方，軍興以來，文武互改者不少。假如予以文職，使爲幫辦津防，必能感奮圖報，不惟銘軍能戰，即盛軍亦必觀感激勵而赴戰矣。於國家毫無所損，而於津事大有裨益，振作淮軍之微權，似在於此。有李鴻章之持重閎深，有該提督之勇毅勃發，庶可相需爲用，應請垂詢李鴻章酌度覆奏。烏魯木齊提督金運昌，素爲淮將知名，今在西陲後路，並不喫重，現因餉絀，將所部各營裁撤南歸。似可速令來津，招集數營，分防一路，庶與津防舊有淮軍，可期聯絡。前提督曹克忠，素稱智勇，且係津人，地利熟悉。似可令該提督精募十營，分防一路。此皆津防實際，不然徒添生兵無益也。

一曰防煙臺。欲固天津，宜防煙臺。敵人不得煙臺以資接濟，斷不敢深入渤海，必宜有健將拒守。提督吳長慶，素性忠赤，意量宏遠，新定戰功於海外，前兩年屯防煙臺，規畫略有成算。今日我方自謀之不暇，何暇代爲朝鮮戍守哉。不如調回使守煙臺。惟所部六營略少，可令募足十營，不在擊賊海中，只責以不使敵船住泊，不使敵人登岸，其功即亦已不細。

一曰防旅順。從前洋人犯津，其淡水皆自旅順島載來，並在島中牧馬。旅順能守，則煙臺之軍方有力。旅順新建礮臺，戰守有資，惟宋慶所部在該島者止六營，王永勝新往亦止二營，金州、蓋平等處各只馬隊百名，亦有何用。宜令宋慶增募數營，使敷守禦。其營口原有宋慶二營，亦嫌太少，宜別擇一將，增兵守之。

一曰防粵。庚申之事，所以洋人徑犯天津者，以其時不諳洋情，津門開仗，而上海、閩、粵各岸仍與通商，任其接濟煤水糧械，一無禁制故也。今若與各國約，不得接濟，則法人不能飛渡北來，故戰事必自粵東始。粵民素强，敢與洋人戰，近以沙面之案，積憤思鬬，不惟兵勇，即鄉團皆勁兵也，激而用之，咄嗟可辦。近因籌備海防，民間慷慨捐輸，已成鉅款，其敵愾同心，可以想見。擬請密諭廣東督撫暨彭玉麟等，傳集紳士，密告各村，此案姑置勿較，待法事既定，然後議之。果能戰勝，不憂他國不交人抵罪。此事地方官須力任之，庶粵民不致逞忿樹敵，且其戰法亦必力矣。再，粵團義勇有餘，而散無統紀，竊恐一旦有事，玉石不分，轉難收拾。可否特命彭玉麟、吳大澂督辦廣東團練，而擇粵紳之有才望者佐之。如此，則有所繫屬，令出於一，有公戰而無私鬬矣。

一曰防江南、閩、浙。左宗棠鎮撫南洋，慷慨任戰，但長江廣闊，必須有相助爲理之人。楊岳斌功在長江，似可召起於家，令其協籌江防，有益無損。閩省及浙之甯波，民强能戰，在上海厦與洋人私鬬，土人即甚可用。應請敕下沿海各省，將江海防所險要形勢、礮臺法式速具圖説奏上，以備運籌。並令江、浙、閩、廣水陸各提鎮，北洋各防所大將，條上戰守方略，庶可以觀其志氣之强弱，材識之短長，防務是否認真，有事是否可恃。所謂知己百勝者，此也。

一曰籌餉需。統計滇、桂、廣東、天津、煙臺、旅順、營口、江、海、閩、浙各路三軍，除原有各營外，共新增募者一百七八十營。其中湘、淮、滇、桂餉章略有參差，多少牽算，共歲需銀四百餘萬兩，軍火各費約需銀百餘萬兩。然則多費六百萬金，可支一年，不過洋税十分之四五耳。各路新增兵數果其能戰，止此已足，如不能戰，再多無益。屢年扣存洋税四成，正爲今日，如庫儲無多，惟有商借洋款。現在張樹聲已向英商揭借，似宜速趁此時，向英、美各商借定銀五六百萬，分期取用。此爲應急大宗，其餘均恐零星無補。若兵鋒既交，或恐他國瞻顧，借款不易矣。

一曰備軍火。軍火所需甚鉅，新式各種利器，急宜令南北洋大臣速籌鉅款，向各國定購。廣儲備用，庶免臨時各國推諉。若恃土槍土礮，而與法人角，必致誤事。此費萬不可惜，迂執之説，萬不可信也。

一曰速文報。滇、粵奏報遲緩，事機不靈。且令滇、桂兩軍商擇便地，安設臺站以達廣東，由廣東電寄天津，總署代奏，較爲便捷。

一曰備重臣。南北籌防，需才甚廣，急而求之，勢將無及，重臣宿將，必宜亟儲。丁寶楨忠壯性成，素能擔當大事。此時蜀中無事，似宜暫時召詣闕廷，置之近地，或南或北，惟所用之，以備分任艱鉅。否則臨時徵召，道途悠遠，緩不濟急矣。鮑超聲威最著，而所用皆係南勇，紀律少遜，用之北方，到防既難，遣散尤不易。曩在廣東剿平髮逆，餘威猶震，粤事方急，似宜令赴廣東，分任一路。即募楚勇，亦較便捷，但營數不宜過多，以就近募廣勇爲便。此外宿將如郭寶昌、婁雲慶之類，均可調來近地，一旦有事，使率偏師，統以大臣，爲津郡以北後勁之師，勝於庸材新進多矣。以上數臣，不過隅舉，伏望敕下樞臣、總署諸臣考究體訪奏請，多調數員來京備用。

總而論之，防不如戰，近不如遠，遲不如早，而要以争越、封劉、戰粤、防津爲四大端。若已有戰衅而尚無戰心，徒有戰形而實無戰具，則其禍不可勝言。蓋今日中法事勢，彼無助兵之與國，我多習戰之宿將，此與道光庚子異者也。彼有後憂，我無内患，此與咸豐庚申異者也。有海防，無邊防，有越軍以分其勢，有劉團以殺其鋒，此與前三年俄事異者也。惟在宸衷獨斷，决機速行，小有利害，不爲動摇。古訓有云，兵者，聖人不得已而用之。今日用兵，事非得已，上可以告天祖，下可以告海疆之百姓、海外之友邦。伏望皇太后、皇上持以敬慎之心，守以堅强之志，破格以任賢，節用以養兵，時時存卧薪嘗膽之心，汲汲爲秣馬厲兵之計。固邊圉而振國威，正在今日。

臣睹此時勢，憂憤填膺。晋省偏僻，見聞遲陋，不揣迂闇，效其涓埃，以備聖明裁擇。此國家大計，並請敕交廷臣迅速會議施行。就中儻有千慮之一得，幸不以數語之不當、數事之不合而概棄置之，大局幸甚。不勝惶悚激切之至。

法患未已不可罷兵摺 光緒九年十一月初一日

竊臣前經條上法越戰守事宜一疏，正在繕發間，適聞法人攻下越南甯、西兩鎮，援兵失利之報，不勝憤懣焦灼。臣惟法人圖越窺滇，中朝不能不自固邊境，於是命滇、桂兩路出師，於是又命彭玉麟督辦廣東海防，於是又照會各國陳説曲直，明言用兵。凡此皆常經正理，然猶持重審慎，而後出之。以上三大端，海内臣民無不欽頌欣愜，以爲廟謨至當。任用得人，謀畫得策，中華將士之氣爲之勃然奮興。乃法人貪戾逞兵，復陷北圻數城，援師偶挫。竊恐此時必有以撤兵棄越、閉關息事之説動聖聽者。臣竊以爲不可，若果如此，則前功盡棄，而後患不可勝言矣。

夫夏秋以前，中國僅爲劉永福聲援，法人責言已多。此兩月來，中法之軍直已旗鼓相接，殺傷大當，法人恐我與越併力，姑置不議。將俟劉團已覆，越地已定，然後移兵來華，逞其索費、通滇之説。此時不顯然與我樹敵者，所以緩我之兵，誤我之謀，懈我之心而孤越之勢也。今若棄越棄劉，越必亡，劉必破，然而要求之舉，萬不能免。待至彼時，毫無牽制，從容來華，挾兵恫喝。既不言戰，便須聽其兵船入口，在廣則抵省城，在津則過沽塘。儻要求無狀，欲允之則不能，欲拒之則已入海口，悔之何及乎。夫既明知終有索費、通滇之事，則何如整軍鼓勇，一戰於越，再戰於廣，萬一竟不能勝，然後决之乎。况桑台之敗，不過偏師，大軍未動，北甯、西省兩鎮，久爲法逼，居民必已遷徙一空，安知非官軍、劉團見株守無益，移就便地，別爲掩擊之計乎。此時諒山數鎮猶在，三宣要隘猶在，順化諸處之義兵，紛紛四起，而爲法梗，法兵雖强，而占地愈多，去海愈遠，處處須設戍兵，節節須防後路，亦斷無大隊長驅直叩滇、桂邊關之理。此時乘已戰之局，藉劉團之助，因越民之擾，就陸戰之便，與之縱橫奮擊，安見不可終挫凶鋒。且從來有防則必有戰，有戰則不能無敗。前代英主明將及近日削平髮、捻諸勳臣，當起兵討賊之初，何嘗不敗，迨士馬日精，敵情日習，遂奏成功。法人屢敗於劉團，何以不餒。華兵素未與洋人交鋒，初戰間有挫衄，乃理之常，必相搏數次，然後曉所以破之之術。況自九月以來，華兵實已大勝兩次，若聞一敗而輒沮，敵未臨境而變計，滇、桂之大軍未集而罷兵，不知數年來紛紛擾擾，徵兵轉餉以供海防者，果何爲也。

爲今之計，惟有切懇皇太后、皇上凝神定慮，勿以忽遽失策。嚴飭雲南、廣西督撫協規合力，厲兵決戰。但期相機制敵，其攻守動静機宜，萬望勿爲遥制。迅催王德榜之軍出關以爲之助，激勵劉團，號召越衆。若劉永福尚能自振，即早定爲越南王，以繫越人之心，以奪法人之氣。一面敕廣備戰，敕津備守，其餘海疆一律速治防具。一切海防事宜，詳具前疏，伏望俯賜裁擇。就中用粤團以爲兵，借洋款以供餉，尤爲急務。法人見我確有鬬志，軍雖敗而氣不衰，必當逆計大舉内犯之難，深入要求之不易。若其越、廣兼擾，則彼勢分力單，師老餉絀，合水路之全力，因粤民之衆怒，大破之可也。即或相持不下，亦必大小數十戰，持之一半年，俟彼實有悔禍之機，再議息兵之事亦可也。否則忽而趣戰，忽而罷兵，將帥無所適從，諸軍爲之解體。從此海防一説，皆屬空談，豈惟一法，恐東西洋各國，皆將生心矣。臣深知時局艱難，豈敢妄逞虚憍好兵之論，誠以處此時勢，有如騎虎不下，惟有急急籌防，庶可不致墮敵計而貽後悔。事機日急，仰懇敕下廷臣與臣前疏一併迅速會議，聽候宸斷施行。伏祈聖鑒。

旨：張之洞奏法釁已成，敬陳戰守事宜暨瀝陳不可罷兵各一摺，著軍機大臣、總理各國事務衙門、王大臣會同妥議具奏。欽此。

越事關係大局請斷自宸衷片 光緒九年十一月初一日

再，此舉關繫大局，固宜令廷臣會議，以收集思廣益之功，然制勝之要，則尤視聖心之定與不定耳。從來舉大事者，必須毅然擔當，不計小利小害，乃能成功，而兵事爲尤甚，洋務爲尤甚。近年來洋務事體，朝野多議樞廷、總署諸臣之過弱，不免遇事遷就，此皆未諒樞廷、總署諸臣之苦衷也。恭親王兼領樞、譯兩府，皇太后、皇上倚任至篤，虚衷疇咨，事事取決。夫洋人强横，中外所知，若稍有妨礙，上不能免朝廷之責備，下不能謝天下之譏評，故不得不格外慎重，流於矜持，多以息事爲主。而皇太后所以不肯遽然用武者，則以聖主沖齡，慈闈聽政，不能不過求萬全，此又皇太后不得已之苦衷也。皇太后不肯力主用兵，恭親王自不能不力保和局。恭親王如此，其他樞廷、總署諸臣可知，外省疆臣更可知已。夫敵人虎狼無饜，而我執一不破和局之見，不遷就能乎。至於遷就，則廷議游移，將帥觀望，士卒迷惑，勿剛勿柔，且前且却，事事顧慮，處處受制。譬如與人角鬬，既欲擊之，又恐怒之，雖授以常勝之兵，無敵之礮，亦必不能取勝矣。

伏思祖宗付託之重在聖躬，即在皇太后，此外則惇親王、恭親王、醇親王，國之懿親，與同休戚。當此强鄰窺伺，藩屬急難，疆圉堪虞，自宜赫然震怒，奮武籌邊，事理當然，並非中國開衅。且中法已經開仗矣，華軍已屢殲法人矣。接仗兩三次與夫接仗數十次無甚區別也。劉永福不過一粤人耳，而屢敗法人，滇、桂諸軍亦曾獲勝，是華兵可敵法兵之明驗也。萬一屢戰不勝，多索兵費若干萬，亦不過多扣一年洋税三四成而已。即他國亦欲均霑，不過以合衆通商一策了之，於我無甚出入也。若戰而勝，則越地可保，兵費可免，國勢可强。夫必戰並無不測之虞，罷兵則必受要挾之累，利害相權，豈有罷兵之理乎。唐韓愈頌憲宗中興之功曰，凡此大功，惟斷乃成。伏望皇太后斷之於上，召見三親王，令其深思熟計贊於下。聖意主之，中外諸大臣謀之行之，朝廷於樞臣總署諸臣，但責其謀畫之盡心不盡心，而不計敵之强弱。於督撫將帥，但責其戰之力不力，而不可責其戰之勝敗。不論一事之利鈍，但論全局之得失，夫然後上下內外，文武軍民，同秉此堅定之一心。心定則氣壯，氣壯則力果，心定則神閒，神閒則智出。主餉主兵，任謀任戰，各竭其能，各效其力，十八省合爲一身，南北洋聯爲一氣。人謀既和，天道祐之。誠能如是，不必合天下之全力，即廣東省城之義民，足以破法人而有餘矣。臣區區愚誠，睹此時事孔急，不能不剴切上陳，伏祈聖鑒。

籌議京員津貼摺 光緒九年十一月十七日

本年四月，户部因言官條奏，議以京員津貼，令各省關提解外銷之款，奏准。咨行到晋。當飭司道於藩、鹽兩庫籌動外銷公款，於（八）［十］月內全數解訖〔一〕，咨明户部在案。

竊惟京秩清約，上軫皇慈，此體恤羣臣之渥恩，澄叙官方之本計。至於籌津貼而不耗正款，具見計臣苦心。特是愚臣管窺，以爲尚宜詳議，何也。京朝賢士大夫每自矜重，此項但責以不報部之款，便不能一一問所從來，款目渾淪，於受者有不安，一也。取給外銷，情同佽助，勢必省省發書，年年告糴，婉言敦趣，略法言情，以春秋之王人而恃監河之分潤，於政體有不肅，二也。無名巨款，一旦呈解，雖出竭力措畫，有如發其私藏於外省，籌解者有不願，三也。部臣原定二十六萬之數，已屬竭力搜羅，然散之羣僚，所增無幾，不能贍其身家，豈能如部臣所言，繩以峻法。於砥節勵廉之本意有不盡，四也。不特此也，既非庫帑，難加考成。創辦之始，各省已未必踴躍争先，寖假而逾期，寖假而缺額，五年以後，必減其半。少給則朝廷爲口惠，墊發則司農爲漏卮，於筦度支者有不便，五也。議者或謂徑支正款最爲正大堂皇，不思財用方艱，諸務省嗇，偏重一端，殆難輕議。臣竊本部臣維護正供之意，更爲推闡而疏通之。以爲欲使名正而用足，莫如作正開支。欲加支款而不傷庫儲，莫如指撥外款，歸入正款內銷。指撥之款有三。一曰釐金，取之奏案一成。一曰鹽務，取之雜課。一曰關税，取之溢解。

查各省釐金，皆有奏定外提一成以備本省公用。其出款雖云外銷，其入款實爲內案，不得與他項漫無稽考之外銷比。若於此

〔一〕據《京報》第六六八號校正。

一成内酌提十分之二三，合各省計已成鉅款。按其報收之數，可知一成之數，無所推謝。其原動此項者，或删減，或改支，聽該省自爲籌畫，此奏案一成之可指者也。凡鹽務，例設公項雜支，皆取給於雜課，名目甚多，各省鹺政不同，大致要當不遠。即以河東論，年額雜課二十七萬餘兩，例提二萬六千八百餘兩，以充鹽官養廉、部飯、解費及一切額設紙、硃、票、簿、酒筵、衣廪、花紅、棚廠等雜費，庶吉士幫俸即出其中，大約亦居雜課之一成。若於此項外用不入撥之一成内，亦提十分之二三，而移其原動此款之輕緩者，責令鹽道撙節另籌，便可不勞而理，此雜課之可指者也。自去年飭下各關額外溢解，當已陸續遵行。夫昨甫責其溢解，今又提其外銷，稍嫌重出。此項本在例定正額盈餘之外，正可移充此用，似可定一溢解之數，即以爲津貼京員之數。在司権者無大出入，當可不致爲難，此溢解之可指者也。

通計各省關税課、鹽務、釐金，歲入三千餘萬，核其一成應得三百餘萬。就一成中提其十分之三，多則百萬，少可得九十萬，十分之二亦可得六十萬。即將此次之酌提，定爲應解之常額。惟釐額無準，成數視其收數，量分數批，隨同京餉解部，歸入正款核銷，有餘者留備推廣之用。斯則朝廷養士，名正言昌，取之有名，稽之有籍，身受者不怍，督催者不難。此法一行，經久不敝，而於部臣原議不動帑項正供之意，適相符合。且爲數饒多，數倍原派，各員分給大可從豐。假使每員以五百金牽算，如部臣所擬一千四百員之數，亦止需七十萬金，所餘尚多。既無寠貧内顧之憂，必有國而忘家之報。夫以國用歲出數千萬，其耗於虚伍之餉糈、冗員之薪水、有司之虧欠、蠹吏之侵漁者，不知凡幾。若夫九重禁近之清班，六曹政事之總匯，苟可以激揚士風，裨益治理，雖多費帑金，亦不當惜。况乎籌之在正供以外，取之僅十分之三，不過量節濫支，稍除中飽，豈有合九海關、十四大省、八鹽運司道之全力，而不能辦此者哉。

臣身處貧疆，愧無理餉之策，亦何樂建議以自困。特以朝局所關，今幸沛此非常之恩，值此難逢之會，不能不更爲之規美善而計久長。在部臣自不肯存竭澤之心，在疆臣宜深明無外之義，各省大吏諒有同心。是否有當，伏祈聖鑒。

旨：户部議奏片併發。欽此。

請加翰詹科道津貼片 光緒九年十一月十七日

再，查户部原擬京員津貼之數，自數十兩至二百餘兩止，爲數頗廉。若以官品爲差，則翰林院編檢等官所得，定當有限，即科道較有增益，而最優之數，亦復無多。竊維翰詹之官，乃國家儲才之地，必使譽望清重，心力寬閒，可以覃精稽古，討論朝章，講求經濟，以備異日公卿之選。且部曹尚有養廉、飯銀、印結費，而翰詹無之。若編檢居五品之班，不得以階級論。至於臺諫之職，所司較繁，費用較廣，尤須峻其行檢，養其風棱，然後能正色糾繩，無所瞻顧。故翰詹職雖閒而用遠，科道位不尊而責重，惟此四項，必宜加優。

計京官用度，即十分刻苦，日須一金，歲有三百餘金，始能勉强自給。中贊以上員數不多，計編、檢約一百人，科道八十人，即每員歲給三百六十金，所增不過十萬，户部原派不敷，儘可加提。如臣此次摺内所籌，則更可加多，可至五百金左右。伏望敕部酌核，從優定議。至此四衙門加給之數，無論定議時出之内銷，出之外銷，均屬易辨，一聽部臣派撥。三晋雖貧，頗比大省。但使朝廷多得一賢才，臺垣多抒一讜論，其利亦已大矣。合併附片上陳，伏祈聖鑒。

[旨：覽。欽此。][一]

請明定報銷飯銀摺光緒九年十一月十七日

竊惟雲南報銷一案，因部費浩穰，以致言官糾劾，嚴旨按治。計此案獲譴者，内外大臣以及御史、司員、道府，下至書吏，凡三十餘人，可謂近年大獄。現經户、兵、工等部嚴定章程，通行各省，内外官吏，宜皆儆懼奉法。特是微臣區區之愚，尚不能無過慮者。蓋人之好利，非訓戒所能移，吏之作奸，非法令所能絶。當此時天威甫霽，爰書猶新，各部大臣亦皆有振作求治之意，或可暫爲斂戢，不旋踵而故智復萌矣。緣錢糧事體，最爲繁碎繳繞。款目不誤，駁其法式，出入不舛，駁其月日。或調查無干之案，或飭造無用之册。苟欲吹索，豈有窮期。雖有精明之堂司，亦難窮吏胥之伎倆。迨至有意作難，外省無從措手，不予費則鉅款難銷，欲予費則自干憲典，將令外省何所適從。且即欲予費，而不浮不冒，錢將安出，筦度支者不亦難乎。以臣所聞，從前歷辦軍需，凡有報銷，即有部費，特早年爲數較少，且風氣謹樸，職官自愛，惟部吏有之，司官以上則未聞焉。咸豐季年，始有司員招物議者。同治中年，始有局外之京官選入居間分潤者。至近三五年，而肆濫極矣。以多年大利之源，一旦欲盡絶之，令職官從此不扞法網可也，謂部吏從此不敢需索，恐部臣亦未之敢信也。

臣愚以爲馭胥吏之道，與待士大夫異，少恤其私，然後可使不大潰吾法。伏思各直省奏銷錢糧事件，皆有例定飯銀開支公項。即以山西論之，如地丁奏銷，有户部飯銀一千七百五兩零。大、朔兩府糧石奏銷，有户部飯銀一百八十兩。布政司交盤，有户部飯銀一千二百兩，均於耗羨項下動支。文武鄉場奏銷，有户部飯銀六十兩，於科場經費正項下動支。河東鹽課奏銷，有户部山東司飯銀六百兩，於鹽引雜課項下動支。朋馬奏銷，有兵部飯銀一百六七十兩不等，於朋合項下動支。前人立法，具有深心，故年例奏銷，不致格外挑剔，亦無格外使費。當日所以於軍需報銷未經議及者，國家治安二百餘年，征伐用兵，事非恒有。當時一案，軍務既竣，經手人員只了身事，豈慮後來。

竊揆今日事勢，以後海防邊備正宜經營，防勇練軍未能驟罷，豈得諱言兵事，不爲報銷籌一長策。似不若明予體恤，嚴定限制。查山西舊額，歲徵地丁銀三百二萬餘兩，奏銷飯銀一千七百五兩零，大較二千分之一。今擬略準此數從優倍給，定爲千分之一，每軍需善後報銷銀一萬兩，解飯銀十兩。約計此後各省銷案多者七八百萬，少者一二百萬，飯銀不過一二千金至數千金而止，尚不至駭人觀聽。俟本案核准後，照准銷之數核計飯銀，於一月内解部，既便核計，且免嫌疑。其案歸何部核銷者，即解何部，此項飯銀即在軍需本案湘平、升平項下動支。緣湘平一項，現經户部奏明行令扣提報撥，此本係外間節省贏餘、向不報部之款，以充此用，於庫款絶無所傷。而有銷案，即有升平，籌款不難，名義亦順。以理推之，如部議允行，各省督撫統兵大臣，殆無不樂

[一] 據《京報》第六六八號補。

從者。如此辦理，則部吏有紙筆辦公之資，無從藉口，其於銷案准駁，當可洗心斂手，帖然一聽堂司各官之所爲。儻再有藉端需索情弊，經部臣言官暨外省督撫統兵大臣查出，即行奏明，重治其罪。庶幾各部正直之大臣，賢能之曹司，可以執守新章，不虞蠹擾，秉公綜理，得行其志。而各直省有督兵理餉之責者，亦不至棘手而爲難。内不索費則外不浮銷，此亦理財節用之實際也。

旨：該部議奏。欽此。

年例物料請分别免解摺 光緒九年十一月十七日

竊惟晋省額解之物，其大端有五，曰鐵，曰綢，曰絹，曰紙，曰磺。每年例解平鐵一批共八萬四百九十八斤，好鐵四批共二十萬斤，大潞綢一批共三十匹，小潞綢一批共五十匹，農桑絹一批共三百匹，生素絹四批共一千二百匹，遇閏加四十匹，呈文紙一批共四萬張，毛頭紙一批共一百萬張，硫磺一批共十萬斤。各項物價、運脚，例皆動支地丁。然價脚之不敷者數倍，例款有限，各官攤捐，攤捐不敷，行户幫貼，騷然繁費，官民苦之。臣於上年六月具疏瀝陳晋省苦累情形，請免攤捐，並請將平好鐵一項議給津貼，均蒙恩旨允准在案。至綢、絹、紙三項，前請折價解部，經户部、工部、内務府議覆，仍令照舊造辦，並准工部疊次催解硫磺前來。

查以上各宗物料，在物產豐盈之時，價廉工省，尚以勞費無度，以致累年均有積欠。大祲以後，官吏工商無不大困，欠解愈多。自臣抵晋，極力經營，籌專款，設專局，選擇廉幹之員，釐剔弊端，盡除冗費，甘爲怨府，力任其難。計自上年正月至本年十一月，共籌解平鐵二批，好鐵十六批，大潞綢二批，小潞綢二批，農桑絹二批，生素絹八批，呈文紙二批，毛頭紙三批，硫磺三批。除臣任内兩年所解已足兩年之數外，并爲補解鐵、磺、紙十批，論晋省之物力，實已竭盡無餘。然通計從前積欠，截至光緒九年，除户部議免光緒三四五等年平好鐵十五批外，尚有未解平鐵一批，好鐵四十四批，大潞綢四批，小潞綢四批，農桑絹十一批，生素絹三十二批，呈文紙六批，毛頭紙十二批，硫磺三批。就此欠數合而計之，例價、例脚之應動地丁者，共需銀一十萬六千六百餘兩，幫價、幫脚之應出攤捐者，共需銀三十萬七千六百餘兩。若必一一補解，不惟攤捐已裁，幫費無從取辦，即例應正動地丁之款，爲數亦逾十萬，庫儲未免大傷。伏思以上數端，但使年額無虧，自可不闕於用。而各物又皆由庫款購辦而來，非如官民逋欠錢糧，多追一分，於帑藏有一分之益。今當度支匱乏之秋，若耗捐重金以求府庫充牣，積此纍纍不急之需，轆轤轉輸，致此陳陳相因之物，似爲非計。況攤捐所自來，自府州以至佐雜，無不有之。查欠此攤捐者，遠近二十年外。大小五百餘員，或已物故，或已參劾，或已離省，在晋者什不存一。凡欠解攤款，於例不能參追，即使追呼，亦終無濟。至於工少商疲，行户乏絶，更不待言。如此時而欲追集此三十萬之攤款，竊恐雖以劉晏之才，商鞅之法，亦必有所不能。徒令官吏愁歎，文牘繁滋，亦非所以修吏治而存政體也。

臣審度時勢，綜核盈虛，惟有晝分新陳，區别緩急。查潞綢爲典禮之用，硫磺乃軍（必）［火］所資〔一〕，無論晋省如何竭蹶，

〔一〕據楚學精廬一九三七年版《張文襄公全集校勘記》校正。

亦實新陳併辦。擬自光緒十年爲始，每年辦解本年大小潞綢、硫磺各一批，並搭解舊欠各一批。至鐵、絹、紙三項，質既重滯，數更浩繁，質重則轉運艱，數繁則工費大，正款既鉅，攤幫尤多。今方仰沐聖慈，掃除積弊，官民交慶，喘息稍舒。若此三項亦責以新陳併辦，舊攤既不能追收，新攤又不便科派，如此鉅款，籌措何從。且歷來部檄敦趣，責舊則移新，責新則遺舊，以致貽此鉅累，牽搭拖延，永無廓清之日。此等辦法，原可掩飾一時，但事理既有所不可，微臣愚拙之性，亦有所不爲，不得不瀝誠呼籲，量請裁免。合無仰懇天恩俯念晋省彫敝之區，公私交困，准將同治三年分起至光緒八年分止，欠解各批平鐵、好鐵、農桑絹、生素絹、呈文紙、毛頭紙，概予免解。俾臣得以專力於額運，年清年款，斷不至再有所虧。即按年認解之潞綢、硫磺新陳各一批，亦可兼籌無誤。庶幾庫儲既節，額運亦清，官累既紓，民困亦減，種種均有裨益。出自逾格鴻慈，理合繕摺具奏，伏祈聖鑒。

旨：該衙門議奏。欽此。

太汾兩府試行潞鹽片 光緒九年十一月十七日

再，河東鹽務積累滯引太多，課虧餉絀，催西餉則文移火急，責奏銷則部限森嚴。推究本省潞引不銷之故，則由於蒙鹽違例水運，浸灌潞綱，延及平陽、潞、澤等府，霍、隰等州，不復知有違禁越界之事。經臣申明定例，嚴飭沿河官吏咨會陝、甘兩省，曉諭商販，令其照例水運至皇甫川爲止。

查定例，蒙鹽陸運至晋者，止准由殺虎口入邊。今查殺虎口一路，程途稍覺紆迴，運銷蒙鹽既有益於商販，亦有裨於外藩。因擬酌量從寬，如有陸運入晋者，除殺虎口外，准其由皇甫川對岸之河曲縣渡河登岸，陸運至向銷蒙鹽之口内外三十四廳、州、縣地面行銷。其向行土鹽引之陽曲等三十州縣，亦准照舊兼銷，不准任意再由皇甫川下駛。惟太、汾兩府爲晋省南北適中之地，又爲蒙、潞各鹽接界之區，該兩府本係例定土鹽引地，因土鹽味劣産少，民食每多不敷。嘉慶十七年部議責令潞商承辦吉鹽六十四廳州縣引岸，而潞商不願兼辦，是以當時權宜辦法，聽其兼食蒙鹽。體察今日情形，若僅聽蒙鹽兼銷，而不兼銷潞引，必不能杜蒙私南路之浸灌，而護潞岸切近之藩籬。且查吉蘭泰引課六萬三千五百餘兩，先係潞商代完，以後改歸全綱攤認。是吉池銷無課之鹽，潞綱賠無鹽之課，事理不平，莫此爲甚。况充斥潞岸之蒙鹽，多倫諾爾、蘇尼特、烏珠穆沁、浩齊特、花馬池各處所産皆有，更非獨舊引有名之吉蘭泰一種而已也。因飭河東道酌提潞綱積引配鹽，轉運分赴汾州府屬之汾陽、平遥、介休、孝義，太原府屬之陽曲、太原、徐溝、文水、榆次、太谷、祁縣等十一縣，試辦行銷，以輔土鹽、蒙鹽之不足，價值務令減於蒙鹽。至土鹽仍聽民淋曬，蒙鹽仍聽民運售，民間願食（河）〔何〕鹽，悉聽其便，不准絲毫抑勒。據護理河東道黄照臨體察籌議稟請試辦前來。除飭委本任河東道高崇基督辦省城總運局，該護道督辦河東發運局會同籌辦外，理合附片具陳，伏祈聖鑒。

旨：户部知道。欽此。

參革石樓縣知縣汪恩湛片〔一〕 光緒九年十一月　日

再，臣訪聞候補知縣汪恩湛在署石樓縣任內，開報谷價不實，省控斷案不遵，查禁罌粟不力，當經派委候補知府劉鼎新密查去後。旋據查覆，該縣奉文採買倉谷，調驗糧店帳目，傳訊倉書斗級供詞，核與該縣原報谷價計浮開銀二千一百餘兩。又上年二月，據該縣里民具控，支差苦累。經臣查明，將縱丁滋擾之前石樓縣知縣王景義，劾治去官，控案發交太原府訊斷，已將各里支差各款大加裁減。每里每月不得過五千文，批行立案。汪恩湛適承王景義之後，不知儆懼，抗未遵行，以致本年二月，該縣煥文里於一月之間，用錢三十餘千，顯違斷案。又該縣栽種罌粟，並未禁絶，遺留之處甚多，藉貼補厘金爲名，就地按所出烟土之數抽錢，尤屬膽妄。以上各節，均已查有實據。似此貪劣藐法，斷難姑容。相應請旨將候補知縣汪恩湛即行革職。仍飭司查明浮冒入己谷價若干，如數追繳，以爲冒帑擾民者戒。理合附片陳明，伏乞聖鑒。

旨：著照所請。該部知道。欽此。

特參城關被劫疏防不力各員摺〔二〕 光緒九年十二月十二日

竊據調署太谷縣知縣吴匡詳報，光緒九年十月初六日傍晚，城内東街祥和玉錢舖被賊十餘人擁入舖内，拒傷舖夥趙淦、杜新田、陳廷贊、史恩顯，劫去銀錢、衣物，施放洋鎗，轟傷行人李四子、侯狗世、楊掌家，並刃傷行人柴前、郭元兒逃逸，計贜逾貫。柴前旋即因傷殞命。又據署絳州直隸州知州李煥揚詳報，光緒九年十月初九日夜，南關廂大川永錢舖被賊十餘人撞門進舖，拒傷舖夥黄小扣，劫去銀錢、衣物逃逸各等情。臣查城關人烟稠密，盗匪竟敢糾衆肆劫，拒傷事主，並傷行路多人，贜逾滿貫。該地方文武員弁事前既疏於防範，事後又未能上緊緝拿，捕務實屬廢弛。若不嚴行參辦，不足以示懲儆。兹據藩臬兩司詳參前來，相應請旨將調署太谷縣知縣吴匡、太谷汛外委趙光祥，署絳州直隸州知州李煥揚、絳州汛千總吴以年均先行摘頂，勒限兩個月，嚴緝贜賊，務獲究報。限滿不獲，再行嚴參。理合繕摺具陳，伏乞皇太后、皇上聖鑒。

旨：著照所請。該部知道。欽此。

陳明禁種罌粟情形摺 光緒九年十二月十二日

竊維栽種罌粟，耗民元氣，各省患之，晋爲尤甚，欲振中國之貧弱，必以此爲大端。臣於上年六月奏奉諭旨嚴禁，當經通飭各屬實力奉行。刊布告示，開陳利害禍福，行之以漸，動之以誠。與農民約，今年不得再種。即以栽種之有無，定地方官之功過。痛切告戒，至再至三。惟小民嗜利忘害，狃於積習。兼以從前示禁，非朝令夕更，旋禁旋輟，即地方官吏賄庇優容，以故官民習慣視爲具文。今欲革歷年錮習，非痛加拔除不可，欲使通省廓清，非首先攻堅不可。

查晋省種煙最盛之地，南爲交城，北爲代州，交土、代土之

〔一〕録自《京報》第六六七號。
〔二〕録自《京報》第六八〇號。日期據《京報》第七七八號推定。

名，聞於鄰省，而交城尤爲之冠。於是迭飭印委員弁先赴交城，分查互勘，窮數日之力，徧歷谿谷，不避幽險。其間東西壺盧峪，地如其名，素爲種煙淵藪，民俗較悍，號稱難治，亦復一莖不留。其查代州亦如之。各屬民户，以交城、代州之多且難，猶然禁斷，每有聞風自毁改種秋禾者。各牧令亦俱踴躍奉行，順流而下。並令地方官各視土宜，教之種桑、種棉、種麻、種藍、種蘋、種菜子、種花生以敵其利。其極苦貧民婦老無依者，酌給籽種，以濟其窮。其恃賄豪民、刁頑客户、紳庇兵包者，嚴提責懲，以儆其餘。其紳士、社長勸導有方者，匾額花紅以旌其善。屢次明察密訪，考之紳商士民，合通省計之，南交北代一律淨絶。其餘廳州縣，南濱黄河，北抵邊外，或什去八九，或什去六七，通省多少牽算，實已禁除十分之八。查沿邊各釐務，外來藥税較旺於前，則以進貨之多，可知土産之少。省城戒煙局，就醫購藥，絡繹不絶，則以吸食之少，可知禁除之多。果能從此賡續而行，大吏有司同心竭力，持之不變。三年以後，可期此害永除。

嘗考向來倡爲鶯粟不宜禁之説者，不曰違抗滋事，即曰錢糧難完，甚則曰於民有益，勿奪其利。今臣行之一年，但有偷延，絶無梗抗。但有官吏所不到，絶無百姓之不從。兩忙錢糧，輸將如故。至交城産煙最盛之鄉，經印委剴切開導，鄉民咸謂歷年有煙無穀，每村必有客民開設小舖，轉販外來雜糧，以供本村賒貸，收漿以後，盡數取償。且種易吸多，全家鳩鵠藍縷，利歸外販，害中本鄉。此次禁除，深知於衆小民有益，悔恨感發，至於泣下。可見民雖愚而可勸，習雖久而能移。所以向來不辦者，不過大吏畏難，有司好利。天下興利除弊爲難之通患，大率類此。現届冬令，又值曩時播種之候，已由臣重頒告示，再申厲禁，以期逐漸廓清，由勉强而馴至自然。

查督辦重大事務出力，例得奬叙。晉省查禁鶯粟，乃奉旨飭辦之件，關係通省民生風俗，且力破錮習，辦理尤難，不有勸懲，何以責效。除私受畝税之前，署石樓縣知縣汪恩湛另案奏參外，所有光緒九年分，督查鶯粟殫心竭力之雁平道廣蔭，應請旨交部議叙。其地方情形難辦，查禁尤爲出力，著有成效之交城縣知縣賈成霖，河曲縣知縣徐永吉，代理岢嵐州知州馬汝良，應請旨交部從優議叙。其辦理得法、著有成效之署屯留縣知縣張建功，署興縣知縣艾紹濂，陽曲縣知縣錫良，署高平縣知縣李羲銘，朔州知州姚官澄，應請旨交部議叙。其初辦較緩，經本管道督查，旋經力禁之署代州直隸州知州余振芳，應飭司記功一次。其承辦不力之永甯州知州賀澍恩，静樂縣知縣李兆勷，應請旨摘去頂戴，勒限明年認真禁斷，如再有遺枿，即行嚴參。報禁不實之垣曲縣知縣趙錫恩，趙城縣知縣王燿章，絳縣知縣劉斌，失察丁役縱庇之五臺縣知縣王步墀，應請旨撤任，責令幫同各縣查禁，如仍不出力，即行開缺。其玩禁捏報，辦理不善之故交村巡檢朱維篤，應請旨即行革職。其餘次等出力及疏懈各員，由臣分別給予外奬，飭司記功、記過，以示勸懲。臣爲正吏治而除民害起見，是否有當，伏祈聖鑒。

旨：著照所請。該部知道。欽此。

清查庫款完竣摺 光緒九年十二月二十日

光緒八年八月初八日奉上諭：張之洞奏晉省庫款陳緒太紛，漏卮太鉅，請設局勒限清查一摺。山西歷年以來，司庫出入款目，久未清理，皆由軍需、善後、交代各案弊混太多，亟應澈底清查，以重庫款。該撫現議劃清籌墊，删除濫交，禁止撥抵，釐正借動，稽核隱匿，所籌甚爲詳盡。即著張之洞責成該藩司等督飭局員認真稽核，迅將積年款項一律勒限清釐，毋任稍有含混。儻敢諉延，即將該官吏嚴行參辦。欽此。當經臣詳立章程，督飭清源局司道遴派各員，分承趕辦。

竊惟晋省庫款不清，歷年久遠，官員屢代，老吏稀存，檔案糾紛，簿籍多闕，惟有就現在案據，首尾兼綜，彼此參稽。據道光二十九年清查，詳於州縣之虧短，而略於司庫之盈虛。咸豐二年清查，原議將借款歸還，而隨還隨借，迄未釐清。於是督飭局員自向司房故牘中澈底蒐索數日，檢得道光二十八年舊案印摺一分，開列是年十二月二十六日應存數目，甚爲詳晰，與是年年底册籍核對相符，應即以是日實存之數爲此案清查之根。由此逐年遞推，截至光緒八年十二月底止，每一款分立一簿，每一員分任數門，務使本款一綫相承，各款符節密合，於是紛者就理，闕者仍完。底數既清，馭之以法，其大要有七。一曰區分内外。力護内款，嚴剔外銷，提收寄儲之正供，索還攤捐之司墊，以馭公私之雜糅。一曰墊款正銷。以例准之正用，除虛存之陳款，以馭贏絀之兩歧。一曰借款尋源。層遞過撥，各歸其根，以馭虛實之混淆。一曰勒清撥款。各屬抵解，勒限畫清，責之委員，不假吏手，以馭交案之虛懸。一曰更正借撥。兵差長餘，不准通融，以馭官虧之取巧。一曰先結另支。候領之款已充正用，月前權作開支，日後另議籌發，以馭雜案之葛藤。一曰核删庫債。庫内之外墊不必償，庫外之陳欠不必發，以馭積年之漏巵。

七法既立，實數乃見。通計舊管銀二百一十八萬四千七百三十一兩零。凡上届清查所存之正雜錢糧、扣成減平捐輸、扣存節省各項皆在焉。新收銀一萬五千五百二十三萬五千七百二十六兩零。凡節年正收之丁耗課税、成平捐釐、扣節雜款，凡節年續收之各屬正雜款，各官例賠款、司庫扣收款、平糶穀價、緩買寄儲款、兵米豆價糶剩曠餘款，凡本年續收之提回追繳各款，凡節年撥收之道廳州縣墊辦兵差、軍需、准銷、應抵各款皆在焉。開除銀一萬五千八百二十一萬六百七十三兩零。凡節年正支之軍需、京協餉，本省例支各款，凡循例暫行借支之年例應發各款，凡第一、第二、第三等案軍需，歷年京餉，歷年例支，光緒三四等年例支，因灾蠲免，此四項借支之正雜款。凡第三案軍需，歷年京協餉，光緒三四等年額餉例支，因灾蠲免，此四項借支之地方善後款。凡第二、三案軍需，第四案營務善後，歷年京協餉，塔城换防，此四項借支之外銷款。凡第三案軍需欠發之歸綏墊餉，各廳腰撥，第四案營務善後欠發之各廳腰撥皆在焉。綜計不敷之數，若將庫存現銀作爲儘數抵還墊欠，應不敷銀七十九萬二百一十五兩零。今將庫内現銀留存、緩還、墊欠，尚有銀七十二萬八千九百八十七兩零，則是應不敷銀一百五十一萬九千二百二兩零。内除借動地方善後一款一百一萬五千六百四十兩零，本係各省義民善士零星捐賑之款，專爲濟助晋民之用，奏借需還，核准有案。現當培養地方要政孔多，未便删除，應歸從容籌還外，今將歷年積欠軍需防餉，或係司庫籌借外款，或係各屬各營墊辦未領，雖經户部准銷有案，一概句除，明白立案，不還不發。計删除銀五十萬三千五百六十二兩零，實在存庫銀七十二萬八千九百八十七兩零，凡八年十二月庫儲報撥正雜各款皆在焉。蓋較之八年底原報庫儲之數增多實銀七萬有奇，銷去欠帳五十萬有奇。從此晋省藩庫除應還地方善後一端之外，脱然無累，更無債負糾纏之憂。無論存多存少，滴滴歸源，亦無名存實亡之弊。官不能蝕，吏不能欺，數十年塵霾絲棼之累，一舉而廓清之。以後設立會計簿，爲歲會月要之法，撫臣知其綱，藩司知其目，部臣知其數，可以隨時句稽，永遠循守。據清源局司道詳請具奏前來。

臣惟此案，數逾一萬五千萬，閲時三十有三年，事體實爲繁重。自開辦以至蕆事，局中司道及正佐委員，鉤索核正，備極艱辛，局無曠員，日無曠晷。臣才性迂鈍，於會計素非所習，不得不殫心苦思，反覆研求，期無舛誤。謹將四柱總數辦法大指，撮要奏陳。其各案原委，諸款門目，附繕清單，恭呈御覽。其逐案底據，分款細數，另造細册咨送户部。

再，此案本擬早日辦竣，因户部催辦營務善後報銷，與庫款相爲出入，故清查截止之期，亦應截至八年十二月底止。前經奏請展限與報銷同時告竣，奉旨允准。兹報銷甫竣，是以同時具奏，合併聲明。

旨：户部知道。單併發。欽此。

報銷營務善後用款摺 光緒九年十二月二十日

竊臣前准户部咨，議覆御史梁俊等奏軍需善後報銷内外辦法一摺。令將凡從前未經奏明兵勇數目、營制、員弁薪水、口糧、軍火、雜用等項，統限三箇月奏明報部，不准於奏銷後補報。光緒八年八月以前未經報銷各案，向來開單者，截至光緒八年十二月止照舊開單等因。查晉省光緒五年十二月以前軍需用款，業經前撫臣開單報銷。其自光緒六年正月起留防兵勇營制餉章等項，經臣考核詳悉，奏明立案。復以晉省賑務餘款，向來名曰善後，將來尚須專辦善後報銷，若軍需事體亦名善後，無從分析。是以奏請將辦理民事動用善後款者，即稱地方善後報銷，辦理兵事動用地丁正雜款者，即稱營務善後報銷，奉旨允准在案。

兹據清源局司道詳稱，晉省第四案營務善後用款，自光緒六年正月初一日起至八年十二月底止，留防各營兵勇應支薪公、口糧、津貼，添設口外各廳腰撥應需夫馬、工料，以及文武委員薪水、局費、役食、製造、采運雜支等項，按照章程詳細核算，共用銀一百一十二萬八千一百二十九兩零，均係實用實銷，毫無浮冒。計收地丁等款銀一百五萬四千一百七十七兩，尚不敷銀七萬三千九百五十二兩零。内有墊用司庫外銷款銀五萬四千六百二十九兩零，又欠發各廳腰撥銀一萬六千四百五十六兩零，又欠發運脚地租銀二千八百六十六兩零，皆係各廳州縣墊辦，分别開列清單，詳請具奏前來。

臣查報銷款目易滋冒濫，自部臣定稽核之法，刊畫一之章，但能内外同守範圍，自可無虞弊混。此次辦理第四案報銷，適值清查庫款事相表裏，凡一應動用款目，臣督飭司道及在局各員悉心句稽，必詳必慎。臣覆加綜核，稍軼部章者駁删，案據未的者覆查。今奏報之數，款款確實，毫無浮濫。其不敷數内墊用外銷款銀五萬四千六百餘兩，並各廳未領腰撥五成銀八千二百餘兩。臣有理餉之責，自不得不力求節用之方，已於清查案内列入删除，不再籌還籌發。即删剩之五成腰撥暨運脚地租共銀一萬一千九十四兩零，亦止准列抵本任交代欠款，不發現銀，以示限制。

再，此案因款目繁多，明算人少，同時辦理清查止此數員，復經臣屢次駁減覆核，是以具奏稍遲，合併聲明。

旨：該部知道。單併發。欽此。

票商隱匿賑款擬請加等治罪摺〔一〕 光緒九年十二月二十一日

竊臣承准軍機大臣字寄，光緒九年十一月十四日奉上諭：有人奏山西巨興源票商隱匿兩湖協濟賑銀一萬兩，經該撫查出勒繳全完，僅將該商擬定杖徒，失之寬縱，請飭勒罰充賑等語。著張之洞查傳該商酌度辦理，原摺片著抄給閱看。等因。欽此。查此案前經訊明勒繳，按例定擬具奏，奉旨：該部知道。欽此。茲復因有人陳奏，謂宜罰銀十萬以充賑，欽奉諭旨飭辦。當即飭傳該商東夥覆加嚴訊，責令認罰去後。茲據藩臬兩司轉飭太原府知府馬丕瑤，並添派委員公同查訊詳覆前來。據稱詳訊鋪東貢生劉錦堂、王鶴齡，王鑑之子陽曲縣生員王秉玉，暨賈世沅、車躍籠等。劉錦堂籍隸陽曲縣，居住北鄉固賢村，距城四十里，向來不管鋪事，隱匿一事，實不知情，衆供僉同。調到該鋪萬金帳簿，詳細查核。萬金帳者，凡商賈之鋪總計本利之老帳也。該鋪原入本銀三萬二千兩，算明外户欠該鋪之帳三萬六千餘兩，內有官帳三萬二千餘兩，皆有姓名可指，該鋪欠外號之帳亦三萬餘兩。此外鋪產省城房屋二所，一在牛市，一在水巷，共值銀七千餘兩，均已陸續抵還外債。本年二月案發以後，該鋪生理即已停閣，無人與之交易，争來催討欠帳。劉錦堂家産有鄉間住房一所，有田二百餘畝，以外別無資財，實係無力認罰。王鑑之子生員王秉玉，亦屬家業蕭條。至賈世沅、車躍籠在鋪充夥，僅受工資，兼分外股，別無資産可以追罰。詳加查訪，委無虛捏等語。查票商一行，大有區別。平遥、祁縣、太谷各匯號，百年生理，資本豐饒，自數十萬以至百餘萬不等。其析利雖密，心計雖苛，然舉動拘謹，不爲犯法誑人之事，何者，慮其惡聲一揚，生意之敗也。巨興源之鋪最爲晚出，資本輕微，三江兩湖一無分鋪，不得與平、祁、太諸大商齒。徒恃已故鋪掌王鑑交結官場，虛撑門面，向來行徑多不光明，或隱昧寄資，或强算重利，諸商皆鄙所爲。既歸賈世沅、車躍籠，尤爲輕浮狡譎，出入衙門，干預閒事，官吏丁役多與狎習，通省皆知。此項匿款沉埋數年，經臣飭局查出訊究。而當年匯款淆雜，該商夥異常狡横，承審各員束手無策。當時羣議，幾欲以分賠了事。臣審查情節，確係弊在該商，親提覆訊一晝夜，始據承招歷吐各情，曲折脗合。此案訊明之日，闔省商民翕然稱快，以爲天網恢恢。今原奏乃謂王鑑未必有其人，賈世沅、車躍籠決非首事侵匿，亦未免鑿空武斷矣。其至欲並此兩犯減等杖徒之罪而亦免之，此尤臣之所不能者。此輩牟利吞捐，臣所深疾，假使在前年賑務方殷之時，臣早已奏請立置重典。今據平時，自不能不仍守常例。然而歷年鋪掌、鋪夥，不論存亡，不分首從，概入爰書，似乎已無倖漏。假使臣稍爲寬縱，則此案乃光緒五年之事，罪當時鋪掌，飭令該鋪繳銀，亦可了結，又何必科兩犯之罪乎。晋人爲商爲宦者布滿都門，巨興源鋪東是否巨富之家，王鑑、賈世沅、車躍籠三人是否良善之徒，衆見衆聞，自有公論。總之，賈世沅、車躍籠承管鋪事，確係正身，則罪無可免。劉錦堂既不知情，又非巨富，則罰無可施。惟原奏內稱，山東水灾待賑，意欲加嚴懲創，以戒效尤，自係爲慎重賑務起見。竊思惟有

〔一〕録自《京報》第六九〇號。

於此案之犯從重治罪，辦法最爲正大。既奉有酌辦之旨，擬請將賈世沅、車躍籠二犯酌量加重，原擬係照例由斬監候減二等，定爲杖一百徒三年。今擬從重，由斬監候只減一等，改爲杖一百流三千里。並出示立案，將巨興源字號封閉，永遠不准再開，庶足以示懲儆而戒侵漁。是否有當，理合恭摺具奏。伏乞皇太后、皇上聖鑒。

旨：該部知道。欽此。

覆奏捐工各員並無劣蹟摺 光緒九年十二月二十一日

竊臣欽奉寄諭：有人奏該省道、府、同通等三十餘員捐辦工程，該撫請免開銜名，以全廉恥，辦理瞻徇等語。此項捐銀各員，仍著該撫查明有無劣蹟，據實覆奏，毋稍徇隱。原摺片著抄給閱看。等因。欽此。

查晉省劣蹟昭著各員，經臣節次參撤，驅逐離省。九月二十九日覆奏查辦葆亨等濫發朦銷一疏內，業經陳明在案。即工程局用等項糜費濫支過甚者，已均在劾逐之中。此項捐辦貢院工程各員，自係別無劣蹟，徒以薪水、津貼不免浮多。而究其所謂浮多者，皆由藩司議發，撫臣批准，絶非該員等冒領擅動之款，若論其咎，當在上司。是應參者已參，該員等並不在應參之列。因臣既劾治葆亨等，日以砥礪廉隅申儆羣吏。該員等爭自濯磨，欲藉報捐自明心跡，臣察其尚知愧勵，是以收其捐款，附片奏聞。原片内復經聲明，除參、故、離省外等語。十月初六日奉旨：知道了。欽此。其覆奏查辦葆亨等正摺内，尚有參劾挐辦之人。摺尾仰懇聖恩，此後於晉省官吏，但責實政，不究前失。同日欽奉寄諭：晉省吏治亟宜大加整頓，以肅官方。其從前鑽營助惡各員，業經張之洞先後參、撤、驅逐離省。此後仍著該撫隨時董戒，通飭所屬，砥礪廉隅，奉公守法，儻敢再蹈前轍，即行從嚴參辦。所請將晉省舊案從此清結，於該省官吏不復追究前失之處，即著照所請行。等因。欽此。是朝廷亦已鑒其並無重情，許其補過。且上年六月十二日初次參劾葆亨等一疏内，即經奏明，此外各局員懇恩免其深究，當即欽奉諭旨在案。

臣此次之奏請分別懲辦完結，不究前失，乃係遵旨辦理。今言者並不知臣在晉劾逐幾人，既未見臣此次查辦正摺，亦未見十月初六日聖上恩旨，復不看明臣原片文義，另有參、故、離省之員，而概以應參者屬之。此項捐工之員，豈能有當於事實乎。夫顯著劣蹟者已加嚴懲，而僅蒙濫惠者亦須捐繳，此可謂極力從嚴充類至盡之辦法，正所以飭簠簋而澄吏治。原奏乃謂簠簋不飭，恃以無恐，吏治之壞，伊於何底。抑何其深文巧詆如此也。

竊惟晉省自大祲以來，法紀廢壞，貪蠹成風，誠爲可恨。然而各種弊端，各員罪狀，民間無一紙之告發，言路無一疏之究彈，歷任撫臣無一款之參辦，事隔四年，官經三任。微臣到晉，既無隨員，亦無幕友，官皆舊日在事之官，案皆彌縫無迹之案。冥心鉤索，百計參稽，於是舉發，於是嚴劾，於是窮治追繳。計有關善後各案，遣戍參劾者，兩年來自藩司以至州縣十有餘員。查出奏明者，善後未奏之款三十八萬餘兩。提回追繳者，九萬六千餘兩。挐辦逮乎家丁，監追及乎商賈。蓋微臣之力止於此，而國家之法亦止於此。今言者乃謂臣爲消弭，謂臣爲瞻徇，此則臣之愚昧反覆思索而不得其解者也。溯當臣查辦諸事之始，規臣者曰疾惡太嚴，不勝其怨。勸臣者曰剔弊太盡，不勝其勞。諷臣者曰今日居官，祇宜見事辦事，各管各任，若追究前任陳案，是謂自生荆棘，慎勿自尋煩苦。然而臣一秉愚誠，不知其他，所辦諸事是否消弭瞻徇，今日山西吏治是否較從前日見其壞，聖明自有天鑒，天下自有公評。臣仰體皇仁，略知治體。竊以爲鷹鸇鸞鳳，道各有其宜，大惡加以罪謫，中材施以教化，人材乃奮，政事乃成。且大臣法則小臣廉，乃經傳昭垂不易之理。臣身爲大吏，故嘗厚責大員而薄責下僚。若刻深株連，糾纏不已，世間豈復有清結之舊案，一省豈復有可用之屬員。合無仰懇天恩，將臣九月二十九日查辦葆亨等一疏付之邸抄，並十月初六日所奉恩旨宣示中外，以釋臆説，而息苛論，不勝惶悚感幸之至。

旨：知道了。欽此。

謝賜福字摺 光緒九年十二月二十六日

竊臣忝綰疆符，再更歲籥，愧涓埃之未報，敢寵賚之希邀。茲於本年十二月二十日賫摺差弁回省，捧到御書福字一方，當即恭設香案，望闕叩頭祇領訖。欽惟皇上蘿圖防道，椒寢延釐。書披乙夜以時勤，暇備壬林而日懋。猶以萬幾之暇，用宏百福之頌。聖學淵涵，十采炳吉祥之字。天題瑋麗，一言括禄祉之文。臣叨與鴻施，感深鼇戴。所願箕疇敷錫，偕衢童壤叟以臚歡。行看桂海澄清，胥烏弋黄支而受祜。

調署州縣片[一] 光緒九年十二月　日

再，解州直隸州知府魏象乾，因病出缺。查有在任候補直隸州知州朔州知州姚官澄堪以調署。所遺朔州員缺，查有准補澤州府同知陳廷瑞堪以代理。永濟縣知縣鄭灝撤省遺缺，查有調省鳳台縣知縣陳繼三堪以署理。調署安邑縣知縣錢鏞因病出缺，所遺安邑縣知縣員缺，查有在省差委大同縣知縣許貞元堪以署理。據藩臬兩司會詳前來。除檄飭遵照外，理合附片陳明。伏乞聖鑒。

旨：知道了。欽此。

奏對調知縣摺[二] 光緒九年十二月　日

竊照知縣爲親民之官，必須人與地宜，方足以資治理。定例州縣等官，如才堪治劇現任偏僻，或止堪治簡現任煩劇，准酌量互調等因。良以政事有煩簡，人才有優拙，因地制宜，不容稍事遷就。茲查太原府屬之榆次縣，係沖煩難兼三要缺，地沖差累，獄訟煩多，現當減徭清屯墾荒理賦庶務方殷，措置不易。現任知縣吴師祁，現年六十一歲，江甯縣舉人，由大挑知縣捐指山西試用。咸豐六年，因勸捐出力，保歸候補班儘先補用。八年補授臨汾縣知縣。十年丁父憂開缺，服滿起復，仍發山西候補。同治二年補授榆次縣。十二年丁母憂開缺，服滿起復，仍指原省，復經補授今職，光緒四年六月到任。該員性情寬和，辦公穩慎，惟值定章剔弊諸務紛煩之際，經理未能從容，自應遴員對調，以期得力。查有天鎮縣知縣雷棣榮，現年四十九歲，陝西朝邑縣進士、簽掣福建即用知縣，改指山西，補授靈邱縣知縣，光緒五年十一

[一] 録自《京報》第六八三號。
[二] 以下二件録自《京報》第六九一號。

月到任。七年丁本生繼母憂開缺，服滿起復，選授今職，九年九月到任。該員精力强健，勤職愛民，以之調補榆次縣知縣，可期治理裕如。該員歷俸未滿，業經飭令赴部呈捐，所遺天鎮縣知縣員缺，地僻事簡，治理不難，即以該員吴師祁對調，亦堪勝任。如此一轉移間，洵屬人地各得其宜。該員等均無各項違碍處分，且均係初調，罰俸銀兩例免核計。合無仰懇天恩俯准以天鎮縣知縣雷棣榮調補榆次縣知縣。所遺天鎮縣知縣，即以該員吴師祁對調，實於地方有裨。如蒙俞允，該員雷棣榮簡缺調煩，毋庸引見。該員吴師祁以煩調簡，俟接准部覆後，照例給咨送部引見。據藩臬兩司會詳前來。理合繕摺具奏，伏乞皇太后、皇上聖鑒。

旨：吏部議奏。欽此。

奏請再停分發片 光緒九年十二月　日

再，臣前因晋省同、通、佐、雜、鹽務各官，日形壅滯，奏准停止分發三年。經部臣議停一年。奉旨：依議。欽此。計自光緒九年正月初二日接准部文之日，迄今將及一年。查此一年中，晋省同通、佐雜出缺無多，鹽務各官至今未出一缺，各班需次人員不特擁擠如舊，加以起復仍發到省，及捐免驗看註册各員紛至沓來，有增無減。體察情形，實難照常分發，合無仰懇天恩俯准將晋省勞績捐納兩項同通佐雜貳職並鹽務各官，無論指省改省，一律再停分發一年，實於澄清吏治不無裨益。據藩臬兩司、河東道會詳前來。理合附片陳請，伏乞聖鑒。

旨：吏部知道。欽此。

光緒十年

知縣人地相需遴員對調摺〔一〕 光緒十年正月　日

竊照知縣身膺民社，必須人與地宜，方足以資治理。茲查潞安府屬之黎城縣一缺，地當邊界，壤接豫疆，民强訟多，治理不易。且近年盜蹤出没，防範甚嚴。現任知縣董慶咸，年五十一歲，係順天府大興縣人，由監生遵籌餉例報捐知縣，選授左雲縣知縣。因人地未宜，奏請留省另補。嗣經題補今職。光緒七年四月到任，該員年力尚强，辦事循謹，到任以來，地方應辦事宜尚無貽誤。惟性情平緩，於臨邊之缺不甚相宜。查有屯留縣知縣劉鍾麟，年六十二歲，係順天府昌平州人。同治癸亥科進士，以知縣即用，簽掣山西，題補今職。光緒五年六月到任。該員識力老成，任事勤熟，以之調補黎城縣知縣，必能措置裕如。所遺屯留縣知縣一缺，地偏民樸，治理較易，即以該員董慶咸對調，亦堪勝任。該員劉鍾麟任内並無各項違碍處分。如此一轉移間，洵於人地各得其宜。合無仰懇天恩俯准以屯留縣知縣劉鍾麟，調補黎城縣知縣。所遺屯留縣知縣，即以該員董慶咸對調。實於地方有裨。如蒙俞允，該員等係簡缺對調，銜缺相當，毋庸送部引見。再，該員董慶咸任内有衙署被劫一案，經臣奏請交部議處，係有級可抵之員，合併聲明。據藩臬兩司會詳前來，理合繕摺具陳。伏乞皇太后、

〔一〕此件録自《京報》六九五號。

皇上聖鑒。

旨：吏部議奏。欽此。

知縣人地相需遴員對調摺〔一〕　光緒十年正月　日

竊維知縣爲親民之官，必須人與地宜，方足以資治理。茲查汾州府屬之臨縣知縣一缺，地處沿河，界連秦境，山徑叢雜，最易藏奸，捕盜緝私均關緊要。題署知縣門縉榮，現年三十七歲，内務府鑲黄旗德恩佐領下人，由附貢生遵例報捐通判，歸部選用。改捐知縣，復捐儘先補用，指分山西。光緒五年四月十八日到省，七年九月初十日題署今職。經吏部議准咨覆，尚未飭知赴任。臣到晋後，詳加體察。該員性情簡静，處事安詳。惟係初任人員，於此缺不甚相宜，未便稍涉遷就。查有汾西縣知縣胡鑑斗，現年四十七歲，河南舞陽縣人，光緒丁丑科進士，以知縣即用。簽掣山西，題補今職，光緒八年六月初一日到任。該員秉性樸質，辦公奮勉。前經委署臨縣，措置裕如。以之調補，可收駕輕就熟之效。所遺汾西縣知縣一缺，地僻民樸，治理不難，即以該員門縉榮對調，亦堪勝任。仍令照例試署一年，期滿稱職，再請實授。該員胡鑑斗任内並無各項違碍處分。如此互相對調，庶於人地兩得其宜。合無仰懇天恩俯准以汾西縣知縣胡鑑斗調補臨縣知縣。所遺汾西縣知縣，即以題署臨縣知縣門縉榮對調。實於地方有裨。如蒙俞允，該員等係簡缺對調，銜缺相當，毋庸送部引見。據藩臬兩司會詳前來，理合恭摺具陳。伏乞皇太后、皇上聖鑒。

旨：吏部議奏。欽此。

知縣人地相需遴員對調摺　光緒十年正月　日

竊惟知縣爲親民之官，必須人地相宜，方足以資治理。茲查平陽府屬浮山縣知縣一缺，山境遼闊，俗陋訟多，治理非易，非諳練精細之員難期勝任。題署知縣莊敏，現年四十一歲，山東沂州府莒州人，由監生遵例報捐府經歷選用。同治七年在直隸剿辦捻匪出力，保以知縣分發省分，歸候補班前先補用，簽掣山西。同治十年十二月初四日到省。光緒七年九月初十日題署今職。經吏部議准咨覆，尚未飭知赴任。臣到晋後，詳加體察，該員年力富强，奉公勤謹，惟閲歷未深，於此缺不甚相宜，未便稍涉遷就。查有沁源縣知縣董餘三，現年四十三歲，直隸遵化州豐潤縣人，同治甲戌科進士，以知縣即用，簽掣山西，同治十三年十月二十五日到省，題補今職。光緒六年二月二十八日到任，九年四月調署滎河縣知縣。該員事理詳明，守優才裕，於歷任内辦理一切，俱臻妥協。以之調補浮山縣知縣，可期措置裕如。所遺沁源縣知縣員缺，事簡賦輕，即以該員莊敏對調，亦堪勝任。仍令照例試署一年，期滿稱職，再請實授。該員董餘三，任内並無各項違碍處分。如此一轉移間，洵屬人地各得其宜。合無仰懇天恩俯准以沁源縣知縣董餘三調補浮山縣知縣，所遺沁源縣知縣即以題署浮山縣知縣莊敏對調，實於地方有裨。如蒙俞允，該員等係簡缺對調，銜缺相當，毋庸送部引見。據藩臬兩司會詳前來，理合恭摺具陳。伏乞皇太后、皇上聖鑒。

旨：吏部議奏。欽此。

〔一〕以下二件録自《京報》第七〇〇號。

委署知州片〔一〕光緒十年正月　日

再，署絳州直隸州李煥揚調省察看，遺缺查有沁州直隸州知州吴承恩堪以調署。所遺沁州直隸州一缺，查有候補知州駱崇周堪以署理。據藩臬兩司會詳前來。除檄飭遵照外，理合附片具奏，伏祈聖鑒。

旨：知道了。欽此。

請將知縣降補片〔二〕光緒十年正月　日

再，臣疊據永濟縣生員崔春性等，以該縣荒地差徭粮銀，民累商困等詞呈控。當經檄飭河東道黄照臨確查稟覆。一面將該縣知縣鄭灝撤任聽候查辦。旋據黄照臨查明，該縣荒地尚多遺漏，差徭宿弊未除，粮錢辦理不善，稟覆前來。經臣批飭厘定章程，並飭現署知縣陳繼三將荒地詳查獲勘，另行辦理，不准操切累民。惟查該員鄭灝□行近利，習染油滑，自任繁劇以來，於輿情每多不愜。而荒地差徭諸要政，辦理均未得宜，實屬難膺民社，未便姑容。應據實奏參，請旨將撤任永濟縣知縣鄭灝，以府經歷縣丞降補，以示懲儆。理合附片陳明，伏乞聖鑒。

旨：著照所請。該部知道。欽此。

程遵濂鄧元文捐助地方公舉請予建坊片〔三〕光緒十年正月　日

再，據署平遥縣知縣徐炑詳稱，該縣創立賓興文社，紳士道銜程遵濂首先倡捐五千兩，貢生鄧元文捐銀一千兩，並由各紳富陸續捐助，共銀一萬餘兩，發商生息，作爲鄉會試士子經費之用。程遵濂又另捐制錢一千串，照例作銀一千兩，以爲歲科考試卷之費。經該縣擬立賓興章程，造具清册，請將捐數最多之程遵濂、鄧元文照例建坊，由前藩司易佩紳轉詳請奏前來。臣查士民人等捐助地方公舉銀至一千兩者例准請旨建坊，給予樂善好施字樣。今平遥縣職員程遵濂等創建賓興文社，培植士林，集款生息，以期經久，洵屬好義急公。其捐數不敷請奬之户，已由該縣分别給予花紅、匾額，以示奬勵。所有捐銀六千兩之職員道銜程遵濂、捐銀一千兩之貢生鄧元文，慨捐鉅資，俾襄善舉，均核與建坊之例相符。合無仰懇天恩俯准照例各予建坊，以昭激勸。理合附片陳明，伏乞聖鑒。

旨：著照所請。該部知道。欽此。

總兵張樹屏患病懇請賞假片光緒十年正月　日

再，准大同鎮總兵張樹屏咨稱，因巡防積勞屢受風寒，鬱成火毒，致傷□疽等証。□及右耳顋頰諸處，腫痛異常，潰膿之後，氣血虧損，精神恍惚，非一時所能速愈。咨請奏開缺調理等情前來。臣查該總兵數年來駐軍包頭，督率樹軍暨大同練軍，巡防鎮遏，擘畫有方，邊地安謐，軍民翕服。兹以感患外証，當此春日融和，安心調理，不難日就痊可。現值邊防吃緊之際，似不便遽請開缺，惟所部樹軍各營、大同練軍五旂操防綦重。應即委員代統督率經理，俾免疏懈而專責成。查有記名總兵林成興隨張樹屏

〔一〕録自《京報》第七一九號。
〔二〕録自《京報》第七二二號。
〔三〕以下二件録自《京報》第七二三號。

營帶樹軍並辦理營務處，明練勇敢，熟悉邊情，堪以委令暫行代統。其鎮署日常事件，檄飭該鎮中軍遊擊代辦代行。遇有緊要事件，仍飭該代統暨該中軍等稟商張樹屏酌度辦理，不致貽誤。合無仰懇天恩俯准將張樹屏賞假兩個月，毋庸開缺，俾該總兵得以安心調理。一俟病痊，即令銷假，照常駐軍。除分別咨行外，理合附片具陳，伏乞聖鑒。

旨：張樹屏著賞假兩月。欽此。

請以姚官澄補授解州直隸州知州摺[一]

光緒十年二月　日

竊查解州直隸州知州魏象乾，因病出缺，業經臣具題開缺，並咨部截缺在案。所遺員缺，係繁難中缺，例應由外揀選題補。該州管轄四縣，民健政煩，所屬平陸、芮城兩縣，地皆濱河，界連豫省，兼之附近鹽池，現當整飭運務，禁止、緝私，責任綦重，非爲守兼優之員不足以咨治理。查吏部奏定章程，現任人員保舉以何官階用，應歸候補班内補用人員。如遇有所保指定之項缺出，祇准請補不得請升等因。晋省雖有記名分發候補及勞績保舉候補班前、候補本班、直隸州知州、並應升應調人員，非初登仕版，即人地未宜，未便稍涉遷就。隨於在任候補人員内逐加遴選。查有在任候補直隸州知州朔州知州姚官澄，現年五十三歲，順天涿州附生，由難廕知縣中式，咸豐五年乙卯科舉人，選授湖南藍山縣知縣，親老告近，改選山西嵐縣知縣，六年四月到任。同治二年補行大計保荐卓異，五年十二月因卓異俸滿併案引見，奉旨：着回任，准其卓異加一級，仍註册候升。欽此。七年調補汾陽縣知縣，九年升補朔州知州，十年十一月二十一日到任。十二年於防河出力案内保奏請在任以直隸州知州用，經吏部議准。是年十一月初八日奉旨：依議。欽此。光緒七年補行大計，復經保薦卓異，八年四月經臣奏保晋省循良各員案内，奉旨嘉獎。九年舉行大計，復經保荐卓異在案。該員操守謹嚴，才猷老練，任内並無違碍處分，以之請補解州直隸州知州，實堪勝任，與例亦屬相符。據藩臬兩司會詳前來。合無仰懇天恩俯念員缺緊要，准以在任候補直隸州知州朔州知州姚官澄補授解州直隸州知州，實於地方有禆。如蒙俞允，俟接准部覆後，再行給咨赴部引見。該員係再升之員，罰俸銀兩已飭令完解，合併聲明。理合繕摺具陳，伏乞皇太后、皇上聖鑒。

旨：吏部議奏。欽此。

特參各員片

光緒十年二月　日

再，聞粟城營素有虛任積弊，現經臣查出粟城營都司吳國華虛曠甚多，掩飾彌縫。接署粟城營都司候補守備郭從彪，踵襲前弊，意存觀望，前經檄委該管署潞安協副將劉瑞卿前往查辦，乃該副將事前既漫無覺察，及奉委飭查，亦未能據實發露。實屬有意瞻徇，如此相率欺蒙，衮衮一轍，尚復成何事體。自應據實嚴參，以昭炯戒。除咨太原鎮總兵何鳴高，將該營缺額兵數澈底確查，應存截曠銀兩悉數追繳外，相應請旨將前署潞安協副將候補副將劉瑞卿，以都司降補撤任。粟城營都司吳國華，即行革職。

[一] 以下三件録自《京報》第七二六號。

候補守備郭從彪以把總降補。所遺粟城營都司員缺，併請扣留外補。理合附片具陳，伏乞聖鑒。

旨：著照所請。兵部知道。欽此。

請留武職各員補用片 光緒十年二月　日

再，記名總兵李先義、補用副將吴元愷、兩江補用副將成發榮、儘先推補參將方致祥、兩江補用都司吴良儒等五員，向隨廣東水師提督吴長慶，轉戰直、東等省。又副將用候補參將借補直隸順義營都司賈吉齡，歷在楚、皖、陝、東等省攻剿髮捻，經前湖廣督臣官文等歷保今職，均係樸實勇敢，屢立戰功之員。因晋省將領需人，經臣迭次商明提督吴長慶、直隸督臣李鴻章先後咨送來晋。正值整頓練軍，選募北軍，分飭管帶操演，皆能切實訓練，破除營伍積弊。且熟悉洋式軍火用法，尤可爲各營漸開風氣。又記名總兵劉廣才，久經戰陣，歷隨湘毅軍管理營務，在晋多年。上年該軍遣撤，派令幫同總兵何鳴高管帶南旋，約束極爲嚴整，亦係可用之才。查晋省武職各員人材最缺，難期得力，經臣迭次奏明在案。當此講求武備之際，自以得人爲先，不能不多方物色。合無仰懇天恩俯准將記名總兵李先義、劉廣才留晋委用。補用副將吴元愷、兩江補用副將成發榮、儘先推補參將方致祥、兩江補用都司吴良儒均留晋省，各按原班補用。副將用候補參將借補直隸順義營都司賈吉齡開缺，仍以參將留晋補用。實於晋省兵事大有裨益。理合附片陳請，伏乞聖鑒。

旨：著照所請。兵部知道。欽此。

仍請以錫良升補代州直隸州知州摺〔一〕

光緒十年二月　日

竊照代州直隸州知州俞廉三准補甯武府知府，遺缺例應由外揀選題補。因晋省記名分發並各項候補班前、候補本班、現任州縣在任以直隸州候補候升暨應調應升人員，非現居要缺，即人地未宜。經臣督同藩臬兩司逐加遴選，奏請以陽曲縣知縣錫良升補。奉旨：吏部議奏。欽此。兹准吏部咨開，查錫良鑲藍旂蒙古進士，山西即用知縣，題補汾西縣知縣，光緒六年三月初八日到任。嗣經調補平遥縣知縣，復調陽曲縣知縣，八年二月二十二日到任，歷年已滿三年。惟代州直隸州知州一缺，既經請升，自應按照章程，即將荐舉卓異人員，儘先升補。該省現有應升直隸州知州卓異合例應升之員，所請以陽曲縣知縣錫良升補代州直隸州知州，核與奏定章程不符。應令查照例章，另行揀選等因。光緒九年十二月二十日具奏，奉旨：依議。欽此。咨行到臣。自應遵照辦理。伏查晋省保荐卓異引見回任應升之員，僅有永濟縣知縣鄭灝一員，該員輿情未協，控案過多，於上年十二月十二日附片具奏在案。查鄭灝既係因案撤省正在查辦之際，斷無再予升擢之理。此外並無卓異引見應升合例之人。且代州直隸州一缺，地當關門冲要，政務煩難，因地擇人，未便稍涉遷就。該員錫良，老成祥和，政事清肅，履任煩劇，措置均能裕如。歷俸已經期滿，並無違碍處分。以之升補斯缺，實堪勝任。合無仰懇天恩俯念員缺緊要，仍准以陽曲縣知縣錫良升補代州直隸州知州，實於地方有裨。如蒙

〔一〕録自《京報》第七三二二號。

俞允，應俟接准部覆，給咨赴部引見。至該員任内罰俸銀兩，應飭完繳清楚。據藩臬兩司會詳前來。理合繕摺具奏。伏乞皇太后、皇上聖鑒。

旨：吏部議奏。欽此。

暫留知州清釐局事片[一] 光緒十年三月十六日

再，晋省年例，應解鐵、綢、絹、紙、磺等件，例價、例脚不敷甚鉅，既派各官攤幫，又須行匠賠墊，實爲通省官民苦累大端，以致公私交困，拖欠日多。自攤捐裁停，籌款益艱，當於省城奏設鐵絹局，派委霍州直隸州知州杜崧年綜理其事。兹杜崧年蒙恩簡放河南汝甯府知府，自應欽遵，即飭赴任。惟自設鐵絹局以來，所有議立章程，裁禁宂費，釐剔弊端，無一不賴該員任勞任怨，苦志經營，始得掃除錮習，將各項物料按年清解。此後尤賴廉幹之員接辦其事，庶可永絶弊根。查有蒲州府知府沈晋祥辦事切實，條理精詳，堪以派委。惟現當接替之初，又值户部催繳免解、緩解各項鐵價等款，端緒紛煩，必須一手經理。相應請旨將新授河南汝甯府知府杜崧年暫留晋省清釐經手事件，一俟完竣，再行飭赴新任。理合附片陳請，伏乞聖鑒。

旨：著照所請。吏部知道。欽此。

口外編籍無礙游牧摺 光緒十年（二）［三］月二十六日

竊臣接准綏遠城將軍豐紳、歸化城副都統奎英來咨，具奏土默特界内歸化五廳寄居編籍，勢必占礙該旗游牧，擬請各廳體制復舊，勿編民籍一摺，抄奏咨會到臣。當即飛飭布政使奎斌、歸綏道阿克達春詳切查覆去後。

兹據奎斌稟稱，遵查七廳議編户籍，原以種地客民生齒日繁，故就邊外原有民人編户立籍，原有田地清畝立册，既非招内地之民添移邊外，亦非使邊外之民另占蒙地。清其根柢，定其法制，將來增丁減口有籍可稽，奪地逃糧有册可考。可以詰奸宄，可以禁侵占，不使如前之漫無稽查，於游牧何礙。前請編查户籍，實與該將軍等所引雍正十二年理藩院奏准設立牌甲之意正相符合。今該旗以民蒙雜居則相安，編籍則有礙。豈雜居足以禁侵占盗賣，一經編籍反無以禁之，如此持論，誠不可以理測。窺其不願之隱，所謂慌懼者，非懼客民占其地，實懼蒙官失其權耳。從前歸化等五廳蒙民交涉命盗重案，及有鬬徒罪以上之案，例有土默特蒙員會審，尋常詞訟向歸廳員自理，並無會審明文。近來無論地土錢債細故，一經在廳涉訟蒙古，即赴副都統衙門具呈，該衙門不問事之大小，即委蒙員會審。其興訟也，多係典荒奪熟，逐佃增租。有利則偏徇，無利則驅逐，恣意營私，已非一日。今知改設廳制，恐難施其故智，此不願之在蒙員者也。各處副都統於地方公事，例不干預，而歸化五廳向有交涉事件，儼然盡屬管轄，遇有商民事務，副都統亦出示曉諭。一經改制，慮失攙越之權，此又不便之在副都統者也。軍興以後，五方游民雜（居）［處］其間，强悍漸形，（土）［主］客混淆，殊非所宜，目前編籍清賦，實足綏邊弭患。乃庸常淺識，見不及此，上下謬執，殊難理解。該藩司去

［一］ 録自東吴仰止廬主輯《南皮張宫保政書》，一九〇一年上海圖書集成印書局印。

歲奉檄查邊，悉心體察，各廳編查户籍，係屬地方要政，且與土默特蒙古毫無妨礙。該蒙古安居自適，初不知改設爲何事，焉有無故慌懼之理。此不過無知蒙員造言生事，意在阻撓，（合將）［令其］慌懼，實非出自蒙情，編籍不致有礙游牧各情形查明稟覆等語。

又據阿克達春稟稱，查歸化等廳之在土默特地面，與直隸張、獨、多等廳之在察哈爾地面情形稍有不同者，察哈爾蒙古在本朝已編隸八旗，而土默特蒙古自命外藩，欲私分土，故邊制更難於措手。溯查土默特蒙部，明季時實已爲察哈爾林丹漢所襲滅，其部人或役屬於察罕，或逃匿於他處。我朝天聰年間，大軍征破察哈爾，進師歸化城，林丹漢由歸化城西遁，土默特頭目等始得集衆投誠。我朝興滅繼絶，令其仍居土默特游牧，復其前明順義王封爵。未幾該蒙人有與明邊將通謀，欲邀截大兵歸路，遂執其王，削其爵，因分土默特爲兩翼，而以投誠兩頭目世襲二都統分統之，嗣後裁併爲一，副都統又改爲由京簡放。當土默特投誠時，地已非其所有，而該參領等尚謂帶地投誠，一若不知其地爲我朝賞還之地。觀其所稱我朝定鼎，分界邊墻，各守各土，不容越占等語，殊有乖於普天王土之義。

至其所（虞）［慮］，民人一編户籍，即成土著，必致占蒙古之牧地，礙蒙古之生計，則有必不然者。查土默特部附近邊内，其服食起居竟與内地（人民）［民人］無異，漸至惰窳成性，有地而不習耕芸，無畜而難爲孳牧，惟賴民人租種其地，彼纔有糧可食，有租可用。故現在該蒙古以耕牧爲生者，十之二三，藉租課爲生者，十之七八。至該旗所謂游牧地、户口地者，自康熙年間以來，久已陸續租給民人，以田以宅，二百年於兹矣。該民人等久已長其子孫，成其村落，各廳民户，何止煙火萬家。此等寄民，即不編籍，亦成土著，歷年既久，寄民漸多。迨同治年間，因陝、甘回氛不靖，口外勤防喫緊，各軍有在此駐扎者，有由此經過者，迄今遺勇尚多。在雍正年間寄民尚少之時，僅止設立牌甲，已足稽查邊氓，而近來寄民之久居者益多，若僅設立牌甲而不爲編定户籍，則人無定名，籍無定户，土客混淆而莫辨，賦役散亂而難稽，欲施治理，誠難措手。現定編籍章程，亦無非就各廳原有之民人，查明户口，編立册籍。且所編既名爲户籍，則籍内亦止編户口，本與地土不相關涉。況蒙地例准民租，不准民買，民人雖編定户籍，地土則仍屬蒙古。嗣後蒙古所留爲牧廠者，蒙古若不租給民人，民人焉能占及牧地。且民（人）之編户籍，亦與蒙古之比丁册無異。蒙古比丁有年，初不聞生齒日繁，將民人擠回口裏。民人編籍以後，亦何至人稠地窄，將蒙古擠往後山。況（邊）［口］外寄民，若不編定户籍，則現在者既漫無稽考，未來者更漫無限制，不但有人滿之患，且恐盗賊竊發。蒙民械鬭，釁皆由此而起。若一編户籍，良民之有業者方能編收入籍，游民之無籍者亦即可驅逐出境，並將後來寄民定有入籍年分，則續來者亦有限制。庶客民不至麕集，蒙地亦無慮鳩居。而且户籍既編，則客土分而良莠易别，盗賊息而蒙民皆安。乃反謂不編籍，則雜居尚可相安，一編籍，則闔旗無不慌懼，此理甚不可解。至於著籍之户或有滋事之人，輕則查明原籍，遞回管束，重則徒流軍遣，國有常刑，當不慮滋事難逐，一登天府之版圖，即成莠民之淵藪也。至沿邊州縣，如晋省之保德州、河曲、偏關等縣，亦皆有會審蒙民交涉事件。該州縣不但印文内並無管理蒙古字樣，即官銜内未必有加理事銜明文。然蒙古不能不服其訊斷者，以國家自有（成）

[定] 例也。況我朝制度，凡理事官員皆能管旗民、蒙民各交涉事件，並不在乎印文内有無管理旗、蒙字樣。即如綏遠城將軍印文，並無管轄駐防旗人字樣，歸化城副都統印文，亦無管轄土默特蒙古字樣。若必將管轄事件逐一鎸入印章，恐數寸篆文，殊難一一賅載矣。總之，廳員雖改撫民，印文雖經改鑄，而撫民同通，仍請加有理事銜，業經奏明在案。該蒙古若恪遵朝廷定制，皇上諭旨，交涉事件斷不至難於辦理等情，先後稟覆請奏前來。

臣查口外七廳，因歷年吏治不修，邊政廢弛，深恐藪匪養癰，蒙民不能綏緝，是以奏請改爲撫民同通。奉旨允准後，復飭藩臬兩司，歸綏、雁平兩道籌議未盡事宜。因阿克達春久任塞外，奎斌熟悉邊情，特飭該道詳擬條目，該藩司親往體察。奎斌周歷回省後，據稱目前改章整飭，衆情帖然，欣欣望治。臣覆加（察）[審] 核，兼考諸歷任邊外各員，始行陳列十二條，於上年九月二十九日奏請敕議施行。兹閱豐紳等鈔奏，實深駭異。查户籍三等之外，里甲不具保結者，即行驅逐遞籍，並議編造牌册，分別良莠，此臣原奏之第五條也。清界限，察蒙情，使蒙無失牧之憂，此臣原奏之第六條也。臣仰體朝廷一視同仁之義，綏邊弭患之規，現在辦法皆民、蒙兩益之事。編籍一條，正是原本雍正年間奏准設立牌甲舊章辦理，既非遷内地流民以實邊方，亦非使現有客民另占蒙地。夫大青山以南，歸化城以東以西，延袤數千里，西漢元朔以來，久爲郡縣，即定襄、雲中、五原三郡之境，況以國家休養生聚二百餘年，士農工商數十萬户，斷無驅還口内之理。著籍與否，於蒙古生計何干。若如所奏，則是土客淆雜，轉可相安。法制井然，反生疑慮。臣愚思之，良所未解。竊惟遼瀋以北，吉林以東，乃聖朝龍興豐鎬之地，今皆編有民籍，版册蕃庶，學校莘莘，豈土默特一區便應自爲風氣。至摺尾所請體制復舊一條，尤近枝蔓。[謹] 考七廳規制，祖宗以來，屢有變通，無非因時制宜，日臻美備。土默特初設蒙古世襲副都統，繼改爲由京簡放副都統，並設常駐將軍。七廳初設協理筆帖式，繼改爲通判，繼又 [或] 改爲同知，繼又增設歸綏道。若必復舊而後可，然則將盡罷將軍、副都統一切文武各官，仍復世襲（副）都統，蒙部乃能安居乎。兹據奎斌、阿克達春先後查明稟覆各節，甚爲明晰淺顯。

總之，因編户籍而侵奪牧産，實無此理，因改撫民而蒙衆慌懼，實無其事。相應據實奏陳，仰懇敕部仍照臣前奏各條，迅速議覆，以便遵行。

（旨：前據豐紳等奏，業經户部議覆，仍著該撫等妥商具奏。該部知道。欽此。）

[所駁各條，字字切實，該將軍等前奏毋庸置議。][一]

謝頒賞聖訓摺 光緒十年三月二十六日

竊臣於光緒十年三月十七日，由山西駐京提塘賫到武英殿頒出恩賞，穆宗毅皇帝聖訓一部，當即恭設香案，望闕叩頭祗領訖。欽惟皇上日新典學，風動綏猷。乙夜勤思，闡往代圖書之祕。辰居布化，念先朝彝訓之垂。仰惟穆宗毅皇帝，道懋緝熙，治超隆古。誕敷文德，體乾撰而懔幾康。大告武成，禀慈徽以揚光烈。凡威棱所震疊，皆聲教所昭宣。合典、謨、訓、誥、誓、命諸體

[一] 此件具奏日期及行文舛、衍、脱十二處，均據中華書局一九九五年版《光緒朝硃批奏摺》第一一四輯，第一五五至一五九頁校正。原件無旨而有硃批，亦據該件删、補。

曰尚書，大哉一人之渙號。分天、地、春、夏、秋、冬六官爲周禮，焕乎五色之文章。蔚爲中興，登諸上理。我皇上率循遺矩，誦述舊聞，分目三十六條，爲書百六十卷。奎章輝映，燭天騰萬丈之光。秘笈璘彬，測海富十華之寶。臣未司勘校，叨與頒施。憶從木署簪毫，鳳詔壯輶軒之色。兹復桐圻拜賜，龍圖擴管籥之觀。仰高深而莫贊微詞，聞咨儆而彌增惕志。綸音未遠，感十二年侍從之臣。宬史常新，啓億萬葉承平之治。

密陳奎英阻撓邊事片光緒十年三月二十七日

再，臣疊據歸綏道阿克達春密禀，並閲該道致布政使奎斌密函，據稱歸化城副都統奎英，於地方公事多有意見。往往愚弄商民，離間同城文武，且搖惑從前駐紮之卓、勝、直字等營，別生枝節。民蒙交涉之事、争控之案，一味偏袒。即如清丈糧地，原爲袪民累而裕兵食，乃亦以恐被侵占爲詞，逞其私見。平時徇庇蒙古，阻擾地方，本非一端，亦非一日。尤可奇者，七廳改設，民蒙安帖，初無異詞。當土默特比丁之期，各蒙古齊集副都統衙門比造丁册，忽有譌言，欲將土默特蒙古徙往伊犂安插，空出蒙地全行入官。一時街談巷議，甚屬支離。隨經該道飭令歸化廳同知謙吉訪拏惑衆之人，始得寢息。詳細訪察，其言實出自副都統衙門等語。當臣飭議邊政時，風聞該副都統意欲從中梗阻，而又未便獨出己見，遽然形諸公牘，遂授意所屬各參領，令［其］聯名具禀。當爲據禀照轉，約將軍豐紳會奏，因豐紳未肯遽允，［因而］延擱至今。兹閲原奏，徵以所聞，該副都統之欲阻撓邊事，已屬信而有徵。

竊思邊地蒙衆，性情質樸，尚不致爲［所］煽惑，惟當各廳求治方殷，若遇事掣肘，必致有妨治理。（聞）［惟］該副都統因臣前奏七廳改制未與會銜，意甚不悦，故爾設法阻撓。伏思七廳同通改理事，人員爲滿漢兼用，此乃關繫地方官缺項選補之事，於蒙部無涉，更於將軍、副都統無涉，例無會銜之理。況直隷奏改張、獨、多三廳事宜，亦不聞會及察哈爾、熱河［兩］都統之銜。乃該副都統藉此爲詞，實則止如奎斌所禀，深恐蒙官失權，不能通事攙越之故。因是動輒爲難，凡查禁罌粟，籌辦兵糈，於關繫民人事件，無不從中攙越。初猶以爲畛域之見未泯，竟不料其罔識大體一至於此也。當此邊務方殷之際，似此不知大體，動發（不）［無］根之言[一]，人地似不相宜，將軍豐紳性情質厚不過爲所牽制，尚無成見。所有副都統奎英有意阻撓七廳吏治民事礙難辦理情形，理合據實密陳，伏候聖裁。

旨：留中。欽此。

參革疏防司獄拿問摺[二] 光緒十年三月　日

竊據調署甯遠廳通判豫臨詳稱，光緒十年正月初四日，該廳赴豐鎮押荒局禀商押荒事宜公出，委司獄陶奎代拆代行。旋據陶奎禀報，是月初六日夜四更時，狂風大作，詎監犯劉樹林、馬臘魚兒、張馬先仔、奔布、李有五名，乘禁卒、更夫人等睡熟，扭斷鐐銬，越獄同逃。旋即追獲劉樹林、馬臘魚兒二犯。奔布於追

[一] 以上脱、訛六處，據《京報》第七七四號校、補。
[二] 以下二件録自《京報》第七六〇號。

獲時畏罪自戕身死，飭役追拿無獲。訊係劉樹林起意糾邀越獄同逃等情。臣查劉樹林、馬臘魚兒，係聽從逸犯馬成應見財起意，殺死同伴張琪等一家三命，罪應斬決，已經通報，尚未覆審之犯。張馬先仔，係擅殺劉解才仔擬絞監候，業經具題，未奉部覆之犯。奔布，係在旗地夥同宗帶等三人，圖財害命，准厢藍旂弋獲審無確據。李有，係在察哈爾旗地搶奪過客馬匹，經歸化城拿獲訊明，行文各旗未經會訊，均寄禁該廳未定罪名之犯。該司獄陶奎專司監獄，並不小心防範，以致越獄同逃。雖據拿獲劉樹林、馬臘魚兒兩犯，奔布一犯畏罪自戕。惟尚有絞犯張馬先仔，並寄禁未定罪名之李有二犯未獲，實非尋常疏忽可比。更恐刑禁人等，有鬆刑賄縱情弊。據藩臬兩司轉據該管道府揭報前來。相應請旨將甯遠廳司獄陶奎革職拿問，以便提同刑禁人等嚴審確情，按律擬辦。該廳豫臨是否先期公出，有無捏飾規避，另行確查辦理。除飭提該司獄陶奎及刑禁人等來省嚴審外，所遺甯遠廳司獄員缺，晋省現有應補人員應請扣留外補，理合恭摺具陳，伏乞皇太后、皇上聖鑒。

委署各員缺片 光緒十年三月　日

再，忻州直隸州知州曹熾昌，因病請假，遺缺查有在省差委平定直隸州知州張彬，堪以署理。代州直隸州知州余振芳調省差委，遺缺查有陽曲縣知縣錫良堪以署理。遞遺陽曲縣知縣，查有署高平縣知縣李羲銘堪以調署。署大同府通判汪爾艎調省差委，遺缺查有太原府同知蕭讚堪以調署。所遺太原府同知員缺，查有試用同知張承熊堪以署理。署翼城縣知縣王煒諳習水利，值修理文峪河一帶工程，應與文水縣知縣吴曾榮互相調署。據藩臬兩司會詳前來，除檄飭遵照外，理合附片具陳。伏乞聖鑒。

旨：吏部知道。欽此。

奏參各員議處片[一] 光緒十年三月　日

再，臣前以太谷縣城内東街祥和玉錢鋪於光緒九年十月初六日被賊劫去銀錢、衣物，拒傷鋪夥趙淦等四人，並傷行人柴前等五人逃逸。柴前旋即因傷殞命。絳縣南關厢大川永錢鋪於光緒九年十月初九日夜，被賊劫去銀錢衣物，拒傷鋪夥逃逸。各贓賊無獲，於光緒九年十二月十二日專摺奏參，請將疏防不力之文武各員弁先行摘頂勒緝。奉旨：著照所請。該部知道。欽此。即經轉行勒限嚴緝去後。迄今勒限届滿，贓盗均無弋獲，捕務實屬廢弛。據藩臬兩司詳請覆參前來。仍嚴飭勒緝逸盗，務獲究報外，相應請旨將調署太谷縣知縣吴匡、太谷汛外委趙光祥、署絳州直隸州知州李焕揚、絳州汛千總吴以仁，一併交部照例議處。理合附片陳明，伏乞聖鑒。

旨：著照所請。該部知道。欽此。

補用同知等四員試用期滿甄別片[二] 光緒十年三月　日

再，道、府、同、通、州、縣、鹽大使候補試用各員在省一

[一] 録自《京報》第七七八號。
[二] 以下二件録自《京報》第七八〇號。

年，應加考分別煩簡補用，歷經遵辦在案。茲查有補用同知馬汝屏、遇缺即補知縣唐鈺、大挑知縣向迪明、試用鹽大使董務滋等四員，均已試用期滿，據藩臬兩司造册詳請甄別前來。臣查馬汝屏謹飭安詳，唐鈺勤奮耐勞，向迪明實力奉公，董務滋明晰諳練。考以律例，皆能通曉例意，堪以歸入各本班照例補用。除清册送部外，理合附陳，伏乞聖鑒。

旨：吏部知道。欽此。

榆次縣知縣吴師祁人地不宜開缺留省片 光緒十年三月　日

再，榆次縣知縣吴師祁人地不宜。經臣奏請與天鎮縣知縣雷棣榮互相對調。嗣經吏部覆奏，吴師祁任内有被劫之案二參起限，與調簡之例不符，應毋庸議。奉旨：依議。欽此。咨行到晉。自應欽遵辦理。惟查榆次地冲差累，民情多訟，現當減徭清屯墾荒理賦，諸務交集，設口甚非易易。吴師祁辦事尚屬妥慎，而才識風力以之整頓該縣，未能綽然有餘。既屬人地不宜，未便因調簡不敷轉令仍留本任。相應請旨將榆次縣知縣吴師祁開缺留省。遇有相當缺出，酌量另補。所遺榆次縣係衝煩難兼三要缺，應俟接准部覆截缺後，由外揀員請補。據藩臬兩司會詳前來。理合附片具陳。伏乞聖鑒。

旨：吏部知道。欽此。

籌改營制摺並單 光緒十年四月初七日

竊維綠營積弊無可挽回，勇營餉章、營制均勝綠兵。而其病在隨將領爲去留，不與地方相維繫，且不習風土，亦往往有遷地弗良之時。是以臣於光緒八年六月十二日條奏晉省事宜疏内，即經議有練主兵一條。嗣於八年十二月二十六日奉上諭：兵部奏請飭裁各省防勇，確覈兵額，以節餉需一摺。前因各省辦理軍務，於制兵之外，添募勇丁，疊經諭令裁減，現在各省尚存防勇二十餘萬，歲需餉項爲數甚鉅，不可不力圖撙節。如該部所稱，各該省制兵缺額數目，並將現存兵丁汰去老弱廢疾，或再酌裁汛鋪。其原缺與現裁兵額，悉擇防勇之精壯者挑補，仿直隸章程作爲練軍，其餘設法裁撤。自係爲節省餉需，補救時艱起見。著該大臣、督撫等各就該省情形，悉心酌度，奏明辦理。等因。欽此。仰見聖明整飭武備因時變通之至意。臣遵奉諭旨，謹將邊腹地形、營制詳加審察，與司道等暨太原、大同兩鎮總兵，往復籌商，規畫略具。擬將通省綠兵減額加餉，一律改爲練軍，大率參制兵、勇營之制而用之。取勇營之簡易，參以制兵之持久，化饑爲飽，化繁爲簡，化散爲整，化板爲活。惟歷考湘、淮營制及直隸練軍餉章，擇其最儉者，已三倍於綠兵餉額，縱使本省兵額甚寬，亦斷不能裁三並一。未見精進之功，先貽空虛之患，是練兵與節餉二者斷難並行。臣既慮武備之不修，復慮餉需之難繼，不得已建爲二議，惟聖明采擇焉。

查晉省兵額，合省標兩鎮共二萬一千七百六十七人，馬兵居七分之一，今擬通省口内口外共設四軍。撫臣兼提督爲一軍，太原、大同兩鎮各統一軍。口外七廳跨有漠南數千里，東涉察哈爾，西界河套，北盡大青山，南帶邊墻，遠控蒙回，新通商路。同治中年以來，俱屯重兵以備戰守，目前雖有樹軍暨大同練軍，分劄儌巡，究非經久定制。擬設歸化鎮挂印總兵官一員，鎮守山西口外七廳地方，該鎮亦統一軍。每軍皆四千人。提督向不管轄地方，故省標向止左、右二營，精兵左、右二哨，馬步共一千八百餘名。惟省會中權，必使兵力略厚，方足以握控制之勢，施遊擊之功。今擬畫省東之平定，省西之汾州府屬東四縣，省南之遼州，省北之忻州，各營汛地改歸提督任之，則兵數可與各鎮齊同。務使一提三鎮，内外相維，輕重相等。省標設馬步親軍一營、馬兵二營、步兵六營一旗，共馬兵六百人、步兵三千四百人。太原、大同兩鎮各設步隊親軍一營、馬兵二營、步兵五營三旗，每鎮共馬兵五百名、步兵三千五百名，並畫太原鎮屬之汾州西四屬汛地歸大同鎮添設之磧口營管轄，以均兵力。歸化鎮原居塞外，利在馳騁，騎兵宜多，擬設步隊親軍一營、馬兵六營、步兵三營三旗，共馬兵一千五百名、步兵二千五百名。步以五百人爲營，馬營半之。地方較簡者駐一旗，以三百人爲旗，皆如勇營之制。計通省四軍馬步一萬六千人，尚敷分布。裁汰者約居三分之一有奇，亦易就理，此爲第一議。核其餉數通年共需廉俸餉銀九十六萬四千餘兩。查近年本省綠營額餉、米乾、廉費，通年題估應銀五十萬三千余兩，本色米五萬一千餘石，豆七千六百餘石，通年亦應銀五萬兩以上。加以樹軍、湘軍、練軍，通年需餉，約八十三萬八千餘兩。現擬餉數似覺較多，然同治七、八年間，省南水陸各營通年用銀九十二萬兩，綏遠城防兵通年用銀六十七萬二千餘兩，神機營及天津馬步洋槍隊尚不在内，南北鎮調防官兵通年用餉十餘萬兩，加以綠營額餉歲需在二百萬以外。即至光緒五、六、七等年，歲需防練綠營各餉亦均在八十萬上下，而各州縣自募之勇請銷之數不與焉。果使制兵精强，何用糜餉另募，以此相較，所省多矣。萬一部臣必以餉重難行，則請暫緩歸化設鎮之議。擬通省分爲三軍，每軍亦四千人，共馬步一萬二千人，省標與太原鎮兵數汛地俱如前議。惟馬隊過少，擬大同鎮設馬兵一千，步兵三千。口外七廳惟有變通辦理，於省標、太原、大同三軍内擇其形勢較緩者抽調換防，大同鎮抽兩營，省標、太原鎮各抽一營，共爲四營，前往口外分紮薩廳、包頭、歸化、甯遠四處，一年一更，統歸大同鎮總兵節制調遣，内地邊防，尚可勉力兼顧。計通省三軍，馬步一萬二千人，通年共需廉俸餉銀七十一萬二千餘兩。較之額餉則加多，合以防餉則較少，於事亦尚可措持。是爲第二議。但照此議計之，則挑練者僅一萬二千人，裁數幾與相等，即將缺曠老弱查裁浄盡，亦斷難符此數。應請通省暫留守兵四千人，按原額支餉，缺額不補。三年可以裁畢，所費無多，且非經久之款。

總之，晋省近畿臨邊，武備爲急，練有用之兵，即是節無度之餉。晋省自爲固本之計，籌備此數尚不爲難。若再求節省，或減餉數，或減兵數，若非仍憂饑困，必致備禦空虚，於事實無所益，此則微臣之愚所不敢出者也。至裁留將弁，無論通省分立四軍、三軍，均擬留外委一百五十名，分駐於各廳州縣及要隘處所，責令訓練額設民壯，兼可暫管存留守兵，爲巡緝地方之用，聊藉以爲末弁升轉之階。其餘將弁，除選歸練營外，疲老不職者，即予罷斥，才堪造就者，分留各標作爲裁缺另補。現存樹軍，俟綠營裁改既定，即行遣撤，以節餉需。其練軍籍貫，亦須嚴立條章，不拘州縣。必用晋人，方可使主兵日强，懦氣漸振。

查省北如大同、甯武、朔平三府，保德、代兩州，人皆樸壯可用，省南如解、絳、霍三州，民風亦甚勁悍，一經提倡，三五年後，風氣自開。如此辦法其利約有十端。餉足易使，一利也。屯聚易練，二利也。虚伍易考，三利也。調防便捷，四利也。力厚能戰，五利也。專習火器，六利也。騎有專營，七利也。官氣漸化，八利也。例文減省，九利也。長爲晋用，十利也。儻蒙聖恩准行，謹當即日舉辦。此外如改定營名、修建營房、分防移調、習練火器、出省加餉、統領公費、長夫限制、支食廉俸、分設汛弁、變通借補、改鑄印信、暫留守兵各條議，列爲事宜清單。裁留兵馬，分營處所，亦照二議分列兵數清單。酌擬各項營制列爲餉數清單，裁留官弁列爲官數清單，擬留汛弁列爲分汛清單，並照議分繪設營地段輿圖二分，一並恭呈御覽。其餘未盡事宜，應俟舉辦後再行隨時奏陳。

旨：該部議奏。單六件，圖二件並發。欽此。

謹將晋省裁改兵制應議各事宜，分列十二條開繕清單，恭呈御覽。

一、改定營名。山西提督向駐平陽，太原鎮總兵向駐省城，嗣於乾隆年間，裁提督歸撫臣兼管，而以總兵移駐平陽，至今沿襲太原鎮之名，未經議改。現既擬省標設立一軍，並畫近省汛地，則太原營應歸省標管轄，應請將太原鎮改名平陽鎮，以清界限。省標向設中軍兼左營參將，右營遊擊，馬步兵一千八百餘名。今擬設中、左、右、前、後五營，馬步二千人。原以省城爲中權要地，兵力宜厚，核之原有兵額數亦相仿。計留中軍營參將一員，汾州營參將一員，盂壽營遊擊一員，粟城營都司一員。改太原營參將爲副將，添前、後、左、右四營遊擊各一員，親軍營都司一員。平陽鎮留中軍營遊擊一員，平陽營參將一員，蒲州協副將一員，潞安協副將一員，澤州營參將一員，運城營遊擊一員，平垣營遊擊一員，隰州營都司一員。改平陽營右營都司爲親軍營都司，改吉州營守備爲吉州營都司，添絳州營都司一員，裁東灘營都司一員，此二軍爲兩議所同。若照第一議，則大同鎮一軍應留中軍營遊擊一員，新平路參將一員，東路營參將一員，殺虎協副將一員，河保營參將一員，甯武營都司一員，偏關營都司一員。改大同右營遊擊爲大同營遊擊，添親軍營都司一員，磧口營都司一員，裁得勝路參將一員，助馬路參將一員，大同左營遊擊一員，高山城都司一員，天城城都司一員，北樓營都司一員，平型關都司一員，靈邱路都司一員，忻州營都司一員，平魯營都司一員，朔州營都司一員，靖遠營都司一員，歸化營都司一員。歸化鎮一軍添總兵官一員，親軍營都司一員，中軍營遊擊一員，左右營遊擊各一員，青山路參將一員，包頭路副將一員，達舍營參將一員，豐川營參將一員，豐鎮路副將一員，甯遠路遊擊一員，南海營都司一員，托城路都司一員，靖遠營都司一員。若照第二議，歸化暫緩設鎮，自可毋庸置議。惟大同鎮一軍較第一議多留得勝路參將一員，其餘應改、應添、應裁悉如前議。守備以下應俟挑選既定，再行分別裁留，未能預限營分。所留各缺向用滿員者仍用滿員，添設各缺均請定爲滿漢兼用。提督所統一軍，應管汛地，遇有因公處分，即照總兵官辦理。

一、修建營房。此次裁改兵制，減額加餉，設立練軍，零星塘汛，悉予裁併，擇要屯紮，勿令散居，庶氣聚易練。擬請仿照直隸練軍章程，無論馬隊、步隊，駐紮老營，一律浚濠築墻。營內應造營房，馬棚、馬槽，以及寒暑訓練之所。出征、防勦、巡哨各帶鍬鋤，支棚野宿，不得借住民房。其老營修房經費，准其核實開報。

一、分防移調。塘汛既裁，各營所管地段，應令仿練軍章程，於冬令派隊分紮，巡防、聯絡、會哨，嚴緝盜賊，春暖撤回老營合操。遇有調遣，若於各營旗内零星抽調，不惟隊伍散亂，難以稽查，且倉卒集凑，心志不齊，斷難得力。應即預定限制於挑練成軍後，遇有徵調，祇准指調一營、一旗，不准零星調派，致蹈緑營故習。

一、練習火器。緑營向以弓箭爲先，此次裁改制兵，弓箭固不得廢，惟臨敵制勝，首重火器。今擬令各軍，無論官弁兵丁，弓箭之外，均習火器。編隊之法，馬營中哨、親兵兩隊均用旗矛，仍各兼習連響洋槍。中哨正兵，一隊火器，二隊長矛，三隊火器。外哨五隊，一隊火器，二隊長矛、三隊火器，四隊長矛，五隊火器。四哨，同步營中哨。親兵一隊火器用新式洋礮，二隊旗矛，三隊火器用新式洋礮，四隊旗矛。用旗矛者，仍各習連響洋槍。其餘正兵各隊，均以一隊火器，二隊刀矛，相間輪用。五哨同。無論馬、步，火器概用洋槍，其旗矛、刀矛各隊，均令兼習洋槍。各標親軍營應用器械，由各統領擇其擅長者自行酌配，不定限制。各營應用軍裝器械，一切均由軍裝局給發，隨時小修，出自公費。其實有不堪應用者，准繳舊易新，不定年限。旗幟、號衣、號補以及馬隊鞍韂等物，均於成軍時發給一次，帳棚照章由軍裝局給發。

一、出省加餉。此次裁改營制，所定薪、公、口糧，不惟較湘淮章程大加核減，亦較直隸練軍餉章爲省。現以餉需支絀，本省出防巡哨概不加餉。如徵調出省，馬營月加柴草銀八十兩，步營月加柴草銀一百四十兩，步旗月加柴草銀九十兩，均分給全營采買應用，以免擾累民間。其什長、親兵、正兵、火夫，無論馬、步，每名均各月加銀六錢，以示體恤。回營之後，即行停支。

一、統領公費。通省各軍以提督爲總統，並自統一軍。以各鎮總兵爲分統，各統一軍。以副將、參將爲兼統，酌統一二營。提督爲撫臣兼管、兼統皆自帶一營，且所統人數無多，均不另給公費。惟各鎮總兵分統四千人，公事較繁，一切公用及校閲賞項，款無所出，應請酌給統領公費，以資辦公。查直隸練軍章程，統領自帶一營，照營官之例月支薪公費，如統至三千人以上者，每月加公費銀五十兩等語。是統領每員統兵至三千人以上者，計每月支薪公銀二百兩。今晋省裁改各軍，各鎮總兵官爲分統，不令自帶營旗，計所統兵數均在三千人以上。應援照直隸章程，每統領一員減半月給公費銀一百兩，以備校閲、犒賞及一切公費之用。

一、長夫限制。各省勇營無論行坐，均有長夫。直隸練軍長夫一項，准於開拔時添募，坐營停給。今擬酌量變通，坐營不用長夫，如遇本省出防，馬兵每哨准由地方官支車四輛，一營共支車二十輛。步兵每哨給車八輛，一營共支車四十輛。步兵每旗共支車二十輛，以備裝載帳棚、軍械、子藥等項之用。馬兵仍令乘騎馬匹，步兵列隊步行。徵調出省，馬營共設公長夫四十名。步營營官設長夫十二名，哨官設長夫三名，每隊設長夫二名，每步營共設長夫一百二十七名。步旗惟營官長夫減爲八名，每旗共設長夫七十七名。親軍營仿此，按哨數隊數計算。長夫口糧照火夫出省加餉之數，每名月支銀二兩七錢。

一、支食廉俸。查統領營哨各官，如係候補人員派充，薪公之外，自無廉俸可食。此次裁改營制，兵皆經制之兵，官皆實缺之官，廉俸銀兩應請照章支食。如按通省四軍應留官數計算，自總兵以至把總，各按官階應支廉俸，舊額照章減去成平，通年共需實銀三萬三千七百六十一兩零，如按通省三軍應留官數計算，通年共需廉俸實銀二萬四千九百八十四兩，應請隨同月餉一並支給。至心紅、紙張銀兩，提督歲支銀二百兩，總兵歲支銀一百六十兩，請仍其舊。其餘本色、折色、米豆、草乾及副將以下心紅、紙張、本色、折色、米豆、草束，概行停支。

一、分設汛弁。緑營外委，秩雖微末，爲各兵進身之階，自不可廢。現擬營制，外委一項未經編入，應請於通省一百八廳州縣所治及地方衝要之陽曲縣、王封廠等四十二處，共一百五十處，每處酌留外委一名，共一百五十名，均歸各地方官調遣。存城者責令訓練，額設民壯分設各鄉村鎮者，責令管帶。額設捕快，專司巡緝，如遇暫留守兵，地方兼可責令管束。遇有缺出，以馬、步各營額外外委拔補，如遇各營把總缺出，亦於此項外委内選拔。外委每名通年支養廉餉乾實銀三十八兩零，計一百五十名，通年共支實銀五千八百八兩零。

一、變通借補。長江水師借補章程，以大銜借補小缺，借至三級爲限。今晋省裁改兵制，尤以選將爲第一義，擬請照借補章程，量爲變通。提、鎮准借補副將，總兵、副將准借補參將，副將、參將准借補遊擊，參將、遊擊准借補都司，遊擊、都司准借補守備，守備准借補千總、把總，千總准借補把總、外委，把總亦准借補外委。無論何缺，每年借補統以三成爲限。其已經借補實缺之員，即以本銜在任候補，不得照借缺品級再行升借，其本非借補人員，升署升補，悉如舊例。

一、改鑄印信。緑營守備以上印信，由部鑄造頒發。此次裁改，除缺項照舊者毋庸另頒外，其擬改、擬添各缺，應俟裁改覆准，先行刊發木質關防，暫爲開用。另由臣詳開缺項營分及應頒印信清單，咨部鑄發，以資信守。其裁缺、改缺應繳各舊印，亦即截角送部繳銷。

一、暫留守兵。晋省兵額，馬、步二萬一千七百六十七名。如按通省四軍一萬六千人挑練，所裁約三分之一，自無庸再議酌留。若按通省三軍一萬二千人挑練，則裁數幾與相等，一時斷難遽裁。此數擬請於裁改營分及兵額素多之處，除精壯者挑練，老弱者汰除外，實有一時未能汰竣，每處准酌留數十名。即原係馬步戰兵，亦祇准食守兵之餉。通省以暫留四千人爲斷，嗣後額缺不補。限定三年，一律裁竣，不准踰越。至何處應留若干人以及通省共留若干處，此時未能預定，應俟選汰後，再將暫留數目詳細奏明。計守兵每名照章折實共月支米折餉銀一兩一分六釐，通省定爲一律，即遇向支本色米營分，亦不重支。先以四千名計之，每月需實銀四千六十四兩，三年共需銀一十四萬六千三百零四兩。所有本色米豆草束，無論官弁、馬步兵丁概予停支。應令通省各廳州縣按年出糶，將價銀解司充餉。

旨：該部議奏。單六件，圖二件并發。欽此。[一]

請緩解年例物料價脚例價銀兩摺[二] 光緒十年四月初七日

竊臣接准部咨，議覆晋省欠解年例物料，飭將綢磺兩宗新陳並解，平好鐵、毛頭紙一律緩解，呈文紙按年搭解，農桑生素絹按年分成搭解。又准另咨，所有前次奏准免解之光緒三、四、五等年平好鐵，此次准其緩解之舊欠平好鐵、毛頭紙，已於各年地

[一] 此旨與本册第二三二頁旨重復。

[二] 録自中國第一歷史檔案館編《光緒朝硃批奏摺》第八一輯，第二七八至二七九頁，中華書局一九九五年版。

丁奏銷案内動支價脚銀兩，飭即追繳報撥各等因，當經臣轉飭藩司、清源局、鐵絹局遵辦去後。茲據該司局詳稱，晋省欠解光緒五年以前平好鐵，光緒八年以前毛頭紙，除扣三成減平外，實支過價脚銀一十萬一百五十兩七錢七分二釐，其前次免解之光緒三、四、五等年平好鐵，應繳價脚銀一千三百八十四兩二錢五分七釐，已於七年六月繳還歸款，此次實應繳銀九萬八千七百六十六兩五錢一分五釐。伏查此項例支銀兩，數逾一十萬兩，時閲二十餘年，前經澈底清釐分別行查。原領之歷任陽曲縣催繳清款，有經承領後發商造辦，未據報驗實欠在商者。有並未發商，係屬官欠者。新章以後辦解各物，悉由局按照民價采買，該商等永無擾累之慮。故商欠各款，無不踴躍措交，並以鑪店存鐵存紙懇請作價抵償。凡係商虧，均已一律繳訖。官欠之款，在晋各員，亦已陸續呈繳。其或已參劾，或已離省，或雖有家屬而力難措繳者，疊次查催，尚多尾欠，攸關正款，未便任令久懸。因查歷年辦解各項方物，不敷價脚，向係各官攤捐籌補。現將未裁攤捐以前應解各屬之有著者，竭力催解。綜計陸續解到之數，覈與官欠價脚，不甚相懸。今舊欠鐵紙，即准緩解，前項攤捐，催收銀兩，本應留備該局辦運各物不敷之用。惟官欠價脚，部催嚴切，必須早籌歸款，不得不移緩就急，即以前項攤款代將例支價脚，先行繳完。且以官捐彌補官虧，於義亦尚允洽。所有應繳銀共九萬八千七百六十六兩五錢一分五釐，已於四月初三日由鐵絹局如數批解，藩庫彈收，歸回本款。惟生素絹一項，奉文按年分成搭解。晋省大灾之後，工匠短缺，即按年額之數織造，尚恐趕辦爲難，若再加增，實虞遲誤，是以上年曾經詳蒙奏請免解。茲查舊欠絹匹共三十二批，以每年搭解五六成計之，約須數十年方能竣事。而例支前項例價，計動用過地丁銀一萬一千九百五十兩零。以數十年方能解清之物料，必令萬餘金帑項懸壓多年，設使日後久欠無歸，更何以重庫款。思維再四，仍擬將已領之舊欠生素絹例價銀一萬一千九百五十兩四錢五分二釐，一併由鐵絹局先行設法措繳。其舊欠生素絹三十二批，應請再行奏懇天恩俯准一律緩解，以紓晋力而重庫儲。據藩司清源局具詳請奏前來。除將繳還免解緩解舊欠鐵紙例支價脚，並生素絹例價計銀一十一萬七百一十六兩九錢六分七釐，暨先已繳還過三、四、五等年平好鐵價脚銀一千三百八十四兩二錢五分七釐，一併飭由藩司列入本年秋撥册内報部撥用外，理合將繳還各前項銀兩，並懇恩准將歷年舊欠生素絹一律緩解緣由，恭摺具陳。伏乞皇太后、皇上聖鑒訓示。

平好鐵、呈文紙、生素絹、毛頭紙，均著准其緩解，以紓民力。該部知道。

修治四天門韓侯嶺路工完竣摺 光緒十年四月初七日

竊惟平治道路，通商惠工，經傳昭垂，以爲利民富國之要政。前於光緒七年七月經前撫臣衛榮光奏明，興修四天門工程，自晋省榆次縣什貼鎮起，至直隸獲鹿縣土門口止，由晋獨力認辦。即令湘毅軍與撫標練軍兩營分段認修，派[委]候補道吴其復督工。所需經費於善後款内籌動，請免專案造銷，奉旨允准在案。臣到任後，節次加派總兵何鳴高、副將呼延霖、參將申萬禄、副將吴元愷、都司吴良儒，督率諸軍，添雇夫匠，分段修治，常川駐工。並飭新授蒲州府知府前署平定州知州沈晋祥，會同履勘籌度，因地立法，稽核軍匠。

查此項路工跨直、晋兩省之境，東起土門，西訖什貼，首尾綿亘三百八十餘里。以中間有山嶺四處最爲險峻，故以四天門爲統名以括之。其實除四天門之外，巉巖峻坂，隤岸長灘，徧地皆是，連屬不絶，無處無險，無村無工，而河灘難越，岸曲易刷，其爲害與費工較之山嶺爲尤甚。其險要工段之在直境者，曰土門口，曰東天門，曰白王莊，曰微水鎮，曰井陘縣南關，曰三里橋，曰長崗，曰横口，曰東窯嶺，曰（板）［坂］橋，曰龍窩寺。其險要工段之在晋（省）［境］者，曰北天門，曰甘桃驛，曰固關，曰槐樹鋪，曰柏木井，曰西天門，曰青玉峽，曰翠蛟潭，曰橋頭，曰西郊，曰南天門，曰義井，曰平潭，曰石壖嘴，曰墩臺山，曰測石驛，曰張凈村，曰芹泉驛，曰紅泥坡，曰王强鋪，曰要羅山。以上各工，除修築道路、填平坑坎，均係土工，尚易修治外，其難者，大率土石相間，或專用石工，或鑲以石磡，或護以攔馬墻。山峻者，斬巖剗壁以益其寬。岸狹者，培土纍石以增其厚。道旁開渠以洩横流，隨處作橋以通車馬。而用力最爲艱苦者，則爲井陘南關、東天門、青玉峽、測石驛四處。

井陘南關石橋斷壞以來，涉水四次方達官道。今自南關外至東坡底止創築石堤六段，計長五里有奇，屹若長城，永免厲揭之苦。東天門既將舊路石工重修完整，因地勢過於斗峻，行旅畏沮，另於東南山麓創開新道七里有餘，高下聽民所由。青玉峽一段，兩山夾峙，以河爲道，山雨暴漲，漂没人畜，無所逃避。現於兩岸砌石成磡，中實碎石、沙泥，融以油灰，鉤擐牢固。義井至測石驛一段，灘路紆回，涉水者凡十二處，夏秋亦苦山水之患。今於平潭、石壖嘴、墩臺山三處創築石堤二里，内則因山開道，外則築壖護堤，堤内樹桑，堤外樹柳，可以方軌行車。所有各工於去年三、九、十二等月，本年三、四等月陸續據報完竣。經臣飭委署平定州知州蔣拱辰逐段勘驗，據禀工程堅實，均能合法，可期經久等情。又省南驛路中（互）［至］霍山，最險者爲韓侯嶺，該處爲七省通衢，千年巨險，北道既通，南路宜理。臣復檄委署霍州知州方能光、榮河縣知縣王希濂、副將胡有才於上年九月勘估興工。自靈石縣坡底鎮起，歷竹杆坡、山神廟、韓侯嶺、郭家溝、天險橋、仁義鎮、逍遥嶺、老張灣、溝窊窯，以至霍州北關止，計程九十里，分爲十一段。其間石崗土坡，間以河灘，處處施工，兼用土石，高者鑿之使平，陷者填之使實。其鑲石磡、開水道、護攔墻，一如四天門之法。現已據禀委勘，一律修治完善。此外潞安府西至洪洞縣曲亭鎮一路，計程三百五十里。東北自府城至黎城縣東陽關，計程一百四十里。平遥縣東關至沁源縣赤石橋一路，計程八十里。偏關縣至朔州秤溝一路，計程一百二十里。均係商旅必經，素不通車之路。節經分别批飭各該地方官相地鳩工，一律開通車道，於光緒八年、九年、十年先後具報工竣前來。

臣查晋地環山而處，道阻民勞，四天門、韓侯嶺之險聞於天下，今已一律坦蕩。冠蓋往來，任載絡繹，車馱無傾蹈之虞，人畜免漂溺之患。從此商悦工來，百貨蕃息，晋民生計，當必有所裨益。各軍工役辛苦兩年有餘，寒暑不輟，夏則雨汗，冬則斵冰，於行旅居民秋毫無擾。各該員弁於兩省連界奏辦要工兩年［來］，督率經營，始終勤奮，不無微勞。且考嘉慶年間，紳民捐修路工碑碣，計東天門一段即費數十萬兩。今該員等於兩省界連要工，躬率軍士，搭用民工，所費不過三萬數千金，於經費尤能核實節省。除將四天門、韓侯嶺其次出力各員弁兵勇，暨潞安、平遥、偏關等工施治較易，均由臣核給外奬外，謹擇其尤爲出力者繕擬清單，仰懇天恩俯准給予奬叙，以昭激勸。其武弁千、（總）［把］以下由臣咨部給奬，所需經費皆於善後款内動支。應請免其專案報部，即由臣飭令清源局司道核明確數，歸入善後案内造銷。

（旨：該部議奏，單並發。欽此。）

［太行之脊，古所稱懸車束馬處也，歷代修鑿，今益加平治，在事各員，准予奬勵。］［一］

請開復安頤處分片 光緒十年四月初七日

再，降調知府安頤，經臣於光緒八年九月奏請留晋，責令清查庫款，儻再有舛錯，從嚴參辦。如能力改前非，有益庫儲，亦當據實上聞。奉旨：著照所請。該部知道。欽此。該員自奏留晋省，隨同清源局司道清釐庫款，專司句稽，事事小心稟承，不敢稍涉怠忽。當初開局時，派入各委員未能諳習者居多，該員不憚煩勞，一一指引。偶遇書吏意圖弊混，尤必盡心抉摘，力護内款，嚴剔外銷。上年十二月清查完竣，删除陳年准銷兵差等項銀五十萬三千五百餘兩，其爲有益庫儲，已屬顯而有徵。

查該員原參係因承辦善後局務，於各款未能細加清釐，究屬疏忽，經臣請旨交部議處。吏部議以降一級調用，係公罪，恭候欽定。奉旨：不准抵銷。欽此。今該員自降調後，異常愧悔，於此次清查案内，殫竭心力，痛改從前疏忽之弊。自開辦以至蕆事，處處鉤索釐正，備極艱苦，實爲局員中最爲任勞任怨之員。竊惟屬員之得力與否，惟視上司爲轉移，有過宜懲，有功宜勸。合無仰懇天恩俯准將該員降一級調用公罪處分，准就原案開復，仍留晋省補用，俾示鼓勵，而策羣材。理合附片陳請，伏祈聖鑒。

潞鹽運陝在晋包釐片 光緒十年四月初八日

再，潞鹽運陝，係屬行銷引地，既經完納鹽課，本已不應再納釐金，第以陝省防軍未撤，需餉甚殷，前項釐金抽收已久，一時勢難遽裁。但晋省商販運鹽到陝，在總卡完釐以後，分路零運各岸，不能將釐票分裂，到他卡復行抽收，重疊完納，不無苦累，是以潞鹽日形疲滯。前於同治十三年間議於河東包納釐金，旋因經費難籌而止。查豫省於軍興之際，亦曾於會興鎮議抽鹽釐，咸豐六年經前撫臣奏准，於靈寶加引項下按年提銀二萬兩，解豫抵充釐金，軍務告竣，旋即停止。是晋省包完鄰岸釐金，久有成規，陝省事同一律，自宜仿照辦理。惟豫鹽額引二千二百九十九名零，陝鹽一千三百五十一名零，如照豫釐成案，每名完釐銀八兩六錢九分五釐，陝岸額引少於豫鹽幾及一半，釐數亦應隨減，恐不足以濟陝省軍餉之用。今擬將運陝鹽斤，責成商販於納課時每名完釐十二兩，呈交道庫，另款存儲，按季解陝應用，以後亦斷不停止。傳詢各商販，無不懽忻樂從，呈由河東道核議具詳前來。

臣查陝岸釐章，本係每名徵銀十二兩，此次援案議包，係令仍照陝章，並不限以豫釐之數，兼令常川籌濟，亦不限以停止之年。而且隨課封交，按名起解，於彼於此，較若畫一。在陝餉並無出入，而於潞商藉免留難，可期以後鹽引暢銷，晋課、陝釐兩

［一］以上脱、衍、舛六處據中華書局一九九五年版《光緒朝硃批奏摺》第一〇四輯，第三四三至三四五頁，補、删、校正。原摺無旨而有硃批，亦據該件删、補。

有起色。

旨：户部知道。欽此。

恭報交卸山西撫篆起程日期摺 光緒十年四月初八日

光緒十年四月初一日，准吏部咨，三月十七日内閣奉上諭：張之洞著來京陛見，山西巡撫著奎斌護理。欽此。

竊臣晋疆承乏，瞬逾兩年，夢寐觚棱，無時稍間。況值時事多艱，上勞宵旰，瞻戀尤深。茲聞恩命獲覲天顔，曷勝欣幸。當將任内經手緊要事件略爲清理，於四月初八日將山西巡撫關防，提督、鹽政各印信，並王命旗牌、文卷、書籍等項，飭委署中軍參將烏爾棍泰、太原府知府馬丕瑶賫交布政使奎斌接收護理。臣即於是日起程北上，趨詣闕廷。

臣比年以來，苦於才鈍事繁，勞頓過度，心血日虧，鬚髮多白。本年自入二月，諸病交作，心忡氣喘，舌燥咽痛，日食一餐，仍復不能運化。言語稍多，即覺舌本枯强謇澀。力疾從公，未敢請假。至三月中旬，甫覺略減。茲幸展覲有期，彌覺奮飛念切。謹當星馳就道，惟有於沿途稍用藥餌調理，不敢稽延。

旨：知道了。欽此。

請將蒲州協副將劉得勝開缺另補片〔一〕 光緒十年四月　日

再，蒲州協副將劉得勝油滑性諼，緑營積習過重，於本管營務毫不講求，現值整飭練軍之際，蒲州爲西南門户，難期得力。相應請旨將該副將開缺另補。所遺員缺，查有署澤州營參將儘先補用副將易松林堪以署理。准□澤州營參將申萬禄飭赴本任，以專責成。除檄飭遵照外，理合附片具陳。伏祈聖鑒。

旨：著照所請。兵部知道。欽此。

謝署兩廣總督摺 光緒十年四月二十九日

光緒十年四月二十八日内閣奉上諭：兩廣總督著張之洞署理。等因。欽此。聞命之下，欽悚難名。竊臣學術迂陋，本非任重致遠之才。溯自蒙恩撫晋以來，徒以地方簡静，尚能從容措置，兩年於茲，吏治民事粗有條理，才智精力已非有餘。茲復渥荷恩綸，移治嶺表。查兩粤濱海臨邊，形勢雄據，民蕃物博，庶政殷闐，臣之庸劣，實恐不勝。特現值時事多艱，整飭海防之際，分應勉策駑鈍，稍效涓埃。惟有俟到粤後，體察情勢，殫竭血誠，實力籌辦，以仰答高厚鴻慈於萬一。

到兩廣任謝恩摺 光緒十年閏五月二十三日

竊臣奉命署理兩廣總督，於五月十五日恭請聖訓，仰蒙綸音訓勉，温諭周詳，莫名欽感。陛辭後，當於十八日啓行，取道天津，乘輪航海，由津而滬，由滬而粤，於本月十六日行抵廣東省城。二十日准前任督臣張樹聲將兩廣總督關防、鹽政印信、王命旗牌等件委員賫送前來，臣當即恭設香案，望闕叩頭謝恩，祗領任事訖。

〔一〕録自《京報》第七八七號。

竊惟兩廣當華洋錯處之衝，兼水陸邊防之寄，政刑紛冗，兵食兼營。臣之迂疏駑弱，實不勝任。惟有澄清吏道，固結民心，綜核財源，修明軍實，以簡静爲馭繁之要領，以自强爲柔遠之本源。一應地方事宜，當會商東西兩撫臣，防務事宜，當會商兵部尚書臣彭玉麟、前督臣張樹聲，竭力認真辦理，以仰答高厚鴻慈於萬一。所有微臣馳抵署任、接篆日期并感激下忱，理合繕摺具奏恭謝天恩，伏祈聖鑒。

旨：知道了。欽此。

廣西提督黄桂蘭感憤自盡情形摺〔一〕 光緒十年閏五月　日

竊臣昨鑒廣西撫臣徐延旭電報：廣西提督黄桂蘭於三月十六日中惡出缺業，經附片奏報在案。先是三月初十日接黄桂蘭來咨，以官軍在北寧打仗，該提督躬親督戰，劉永福觀望不前，趙沃所統右路軍各營屢徵弗至，以致衆寡不敵，力戰一日，遂不能支，徐延旭原奏失實各節，咨請代奏。

本月初二日，復接黄桂蘭上月十五日咨，稱：提督自光緒五年調辦左江邊防，統領各營，迭將關外匪首陸之平、李亞生、楊大加伙、覃四姊等，或剿或撫，殄除净盡。七年八月督隊出關，密籌布置，於今三年。及越南之河内、南定兩省，先後爲法所陷，提督因南官之請，進駐諒江，並分營札北寧、湧球一帶。其時僅所部一軍，未嘗稍有畏怯。上年五月，撫臣徐延旭奉命出關，右路統領道員趙沃亦奉派至北寧，協同駐守。方幸指臂有助，豈意竟有本年二月十五日之敗。維時提督於重圍内，聞報北寧已陷，爲統帶陳朝綱、周炳林等擁護而出，所緩死須臾者，竊意諒江一帶尚有撫臣派防重兵，苟能固守，恢復不難。迨聞諒江、郎甲相繼亦爲法踞，大局已壞，尚冀收集各軍再圖一決。詎於二月二十九日連接撫臣咨函，請回諒山，商辦緊急軍務，並將提督所部各營，概行撥歸主事唐景崧節調遣。提督迭商，願仍任前敵，以拚一死，迄不允從。言之再四，始佯許給五營，而軍火糧餉及接應之師，均無從出。撫臣之心固早默識，獨恨提督未能在北寧之時授命，遷延一月，實負鴻慈。今當兵權盡撤，力竭計窮，目擊時艱，一籌莫展。自念受恩深重，既不能向疆場努力贖罪，又曷若一死明志，瀝血報誠。遺咨懇請哀矜，據情代奏，以表寸心。廣西提督劉劄付一道呈請代繳等情。並據黄桂蘭之子黄家猷稟稱，該提督於三月十六日在諒山行營仰藥自盡。遺有歷述當日情形清摺一扣，親筆遺書二紙，及徐延旭於黄桂蘭歿後親至營次手交作爲傷發身故報單底稿一紙，飭伴當陳萬勝畫押持其者，一併照録呈送前來。

伏查已故革職廣西提督黄桂蘭，向在李鴻章軍營帶勇，轉戰江、淮、皖、鄂、直、東、陝西各省，險阻艱難，屢建奇績。其平日頗明大義，尚非不能效死盡命者。惟粤西勇餉素薄，一切營規，因仍苟且。黄桂蘭以淮將統之，意在羈縻，究未能嚴加整頓。此次北寧之役，所部左營屢調不至，衆寡不敵，以於敗。忍死經月，冀得一當空夸莫張，乃以身殉。其時尚未聞革職拿問之嚴旨也。雖治軍失律，坐蹙藩封，該提督九原之下愧負國恩。而其致

〔一〕以下三件録自《京報》第八八九號。

敗之由與畢命之故，其實亦有不容没者。徐延旭奏報北寧失陷摺内所報前敵之事，當時倉卒，傳聞容有未確，即臣前次奏報，亦以北寧之失，朝廷宵旰垂廑，不得詳細，悉據徐延旭函牘聲叙。今邊軍挫衄，防務方殷，經武整軍，首在察覈虚實。賞必當功，罰必當罪，始足以激揚士氣。現在黄桂蘭、趙沃兩員，業經奉旨交潘鼎新、王德榜查訊奏辦。黄桂蘭兩次咨報各情，相應請旨一併飭下潘鼎新等秉公確查，以昭覈實。

除將黄桂蘭咨文、請摺、遺書及報單底稿各原件咨送軍機處察核，并抄録咨明潘鼎新查照，暨將繳到廣西提督劄付一道咨送兵部查銷外，謹繕摺具陳，伏乞皇太后、皇上聖鑒訓示。

奏請調李先義楊玉書吴良儒等員差遣片 光緒十年閏五月　日

再，兩廣爲南海首冲，洋務紛集，目前海防邊防均極吃緊，需才尤亟，查有山西委用記名總兵李先義，果敢有謀，血性真摯。山西候補知府楊玉書，學優才長，究心洋務。山西補用都司吴良儒，英鋭明亮，器局恢弘。均擬調粤差遣，以資臂助。應請敕下署山西撫臣奎斌，飭令該員等迅速來粤，用備任使。理合附片具陳，伏乞聖鑒。

奏請建坊片 光緒十年閏五月　日

再，光緒四年二月間，欽奉上諭：給事中□穆之奏，各省倉谷請飭整頓一摺。等因。欽此。當經恭録轉飭欽遵辦理去後。兹據布政使龔易圖詳稱：據肇慶府知府紹榮具禀，肇郡向無義倉，現由該府勸捐廉銀，並邀集該郡文武共捐銀三千兩，先行舉辦。又據署高要縣知縣蕭丙堃之母四品命婦蕭許氏，於其子捐廉外，復將故夫湖北補用參將蕭開泰所遺之款，及歷年膳養餘資，再捐銀一千兩，詳請專案具奏前來。臣等伏查士民人等助賑荒歉，捐銀一千兩以上者，例得請旨建坊，給予樂善好施字様。今署高要縣事陽春縣知縣蕭丙堃之母四品命婦蕭許氏，因肇郡捐辦義倉，於其子捐廉外，再捐銀一千兩，洵屬深明大義，任恤可風，核與助賑建坊之例相符。相應請旨將署高要縣事陽春縣知縣蕭丙堃之母四品命婦蕭許氏，准其建坊，給予樂善好施字様，以示旌獎。除將蕭許氏履歷册結送部外，臣等謹合詞附片具奏，伏乞聖鑒訓示。

旨：著照所請。禮部知道。欽此。

遴委提鎮副將各缺摺〔二〕 光緒十年閏五月　日

竊據署廣東陸路提督記名提督蔡金章禀稱，勦辦稔山會匪在營日久，積受潮濕，致發舊傷。請交卸印務回省醫治等情。提督有統轄各營之責，亟應遴員接署。查有在省統帶安勇調署南韶連鎮總兵鄭紹忠，樸誠勇毅，威望冠時，堪以署理。所遺南韶連鎮印務，查有現署廣州協副將副將銜萬州營遊擊黄龍韜，資望老練，熟悉情形，堪以護理。遞遺廣州協副將印務，查有統帶廣屬壯勇並省河緝捕師船記名總兵鄧安邦，謀勇兼優，深明形勢，堪以署理。伏查陸路提督本駐惠州，現在惠屬已就肅清，海防正形吃重，

〔一〕録自《京報》第八九四號。

應令鄭紹忠仍統原軍，並酌添勇營，留駐省防，藉收指臂之助。北江一路關繫重要，已飭黄龍韜速赴護任，一切營務恪守鄭紹忠成法，妥爲辦理。廣協近在省垣，應令鄧安邦統帶原營，照舊巡防，以資鎮遏。至卸署提督蔡金章，久歷戎行，曉暢開展，原統廣濟軍三營、器械糧銀，訓練已成勁旅，該員既已交卸提篆，擬令略加休息，仍飭照舊統帶廣濟軍，以備策應。期於各盡所長，各用所習，俾營伍防務兩有裨益，以仰副聖主廑念海疆之至意。除分别咨行遵照外，所有遴委提鎮副將各缺緣由，理合繕摺具陳。伏乞皇太后、皇上聖鑒。

旨：知道了。欽此。

參革欠解各員勒追摺[一]

光緒十年閏五月　日

竊照粤東光緒五年以前未結新案交代，業經遵限結報清楚。六、七、八三年交代亦經咨准部覆，定限十個月辦結。嗣查有參革知縣許肇元等十員，欠解交代銀米延不完解。又經臣倪文蔚會同前督臣張樹聲，恭摺奏請勒限嚴追在案。

茲查告病知縣李文烜，前在饒平縣任内欠解雜款銀一千九百餘兩。又參革知縣奎成，前在石城縣任内欠解雜款穀價銀一千三百餘兩，又收存高州鎮解還長夫折價米二十餘石。又參革知縣段鴻舉，前署會同縣任内，欠解正雜各款銀一千三百餘兩。又病故知縣王際元，前在封川縣任内欠解正雜各款銀四千二百餘兩，徵收三成裁兵米五百餘石。又病故知縣任成章，前代理澄邁縣任内欠解正雜款及谷價銀九百餘兩。又病故候補直隸州文禧，前在羅定州任内欠解正雜各款銀一千二百餘兩、米三百餘石、三成裁兵米二百餘石。又參革知縣賴煥辰，前在遂溪縣任内欠解正雜各款銀六千餘兩。又參革知縣毓麟，前在合浦縣任内欠解雜款谷價銀一千五百餘兩。又病故知縣劉鳳喈，前署從化縣任内欠解正雜款銀一千四百餘兩。以上九員，徵存正雜各款銀米爲數甚鉅，迭催未據完解，實屬任意玩延。據藩司糧道會同交代局詳請參追前來。除奎成、段鴻舉、賴煥辰、毓麟四員，均已另案參革，應候查明是侵是挪再行嚴參外，相應請旨將告病前任饒平縣知縣李文烜、病故前署封川縣知縣王際元、病故前代理澄邁縣知縣任成章、病故前署羅定直隸州知州文禧、病故前署從化縣知縣劉鳳喈五員，一併革職，限三個月内嚴催各該員及故員家屬與參員奎成等，各將欠解銀米掃數完解。倘逾限不解，或解不足數，立即查抄監追，以儆疲玩。所有查明欠解光緒七、八兩年交代銀米各員請革職勒追緣由，謹合詞恭摺具陳。伏乞皇太后、皇上聖鑒訓示。

旨：著照所請。該部知道。欽此。

密陳籌辦邊關添兵防備法軍情形摺[二]

光緒十年六月　日

竊臣於光緒十年閏五月十三日，曾將查明邊關形勢并探聞敵人舉動、添兵防備各情恭摺密奏在案。茲於閏五月十七日接廣西撫臣潘鼎新密函，抄寄總理各國事務衙門五月二十五日發來電開，奉旨：本日據李鴻章照録潘鼎新電信，法兵來至屯梅谷松以外，

[一] 録自《京報》第八九一號。

[二] 録自抄本《張文襄公電稿》。

桂軍防守嚴戒等語。著岑毓英嚴飭各營，仍紮原處，不准稍退示弱，不必先機接仗。倘法兵竟來撲犯，則衅自彼開，惟僅與之決戰，力遏兇鋒。並著岑毓英傳知劉永福，伊既與法結仇，越南亦無恩誼，前已屢受中國接濟之恩，此時自可率部來歸，以定趨向。劉永福如何答覆之處，即著迅速具奏。該軍糧餉軍火，仍著隨時接濟。飭令扼險駐守。欽此。仰蒙聖訓周詳，莫名欽佩感伏。

查法人居心叵測，臣前准大學士署北洋大臣李鴻章抄摺，密咨：法人在天津講解，已經畫押。所議簡明條約第二款內開，中國約明將所駐北圻各防營即行調回邊界等語。臣恐法人反覆無常，密飭駐扎文盤州大灘河陽各防，加意嚴守，不敢疏懈。惟滇勇不耐烟瘴，入夏以來，先後瘴故將弁百餘員、勇丁千餘名，患病未計內。只有粵勇二千五百名尚能耐烟瘴。臣曾經奏明專以粵勇二千五百人協同劉團防守文盤州大灘。其餘滇勇，移駐馬白關附近稍爲平和之處。並募補名額駐扎操練。該粵勇等旗幟、膚色與劉團相似，已諄諄告戒，若法人侵犯，務須併力抵敵，不准稍分彼此。

臣於本月初間連接廣東電報，並據前敵探稟，法人又募兵六千，新舊合共四萬人，將大舉來攻保勝。臣恐衆寡不敵，復奏明添調各路兵勇鄉團共三四萬人，上自河口新街蠻耗，下自猛康南角孝龍河陽馬白關，嚴加扼守。新調各營大約六月先後可到。若法人侵犯大灘文盤州，劉團與粵勇能於抵禦，彼族自知難而退。倘劉團不支，臣即督飭將領帶隊由馬白關間道衝出文盤州大灘以下館司關，斷彼後路。飭河口新街各防營，力扼敵衝，與奇兵約合，腹背夾擊。如能聚而殲旃，亦可稍紓積憤。臣受恩深重，得效命行間，惟有懔遵聖訓，竭力駑駘，以期仰答高厚於萬一。劉團所需餉銀、軍火，臣均源源接濟並不短。今奉旨飭臣傳劉永福率部來歸，仰見聖恩寬大，有加無已。臣查劉永福未經薙髮，仍用中華衣冠頂戴，似乎情殷内向，前經臣奏明在案。當此和戰未成，定彼心懷疑慎，首鼠兩端，且與法人仇怨已深，若法人不先請朝廷代爲安置，而遂許其率衆東歸，恐法人藉口尋釁，索取劉永福。與之則阻向義之心，不與則兵連禍結。此臣所以日夜憂思而不敢代爲請命也。

吏部主事唐景崧與劉永福共事最久，深知其爲人。屢與臣言，其視財太重，待下寡恩，毫無紀律，恐致覆事。臣初未遂信，迨相處數日，始知其言不謬。上年懷德之戰，法將李威利人少輕敵，以致敗亡。而劉永福部下最得力頭目如楊著恩等，均已戰死，小頭目亦傷亡不少。其後法人添兵報復，永福一敗而失丹鳳，再敗而失山西。嗣派援北寧，又不能力戰，徒擁虛名，辜負天恩。

臣目擊時艱，亟欲搜羅將才，共圖報效。而既知其人不可靠，不敢緘默欺隱，謹據實縷陳。應如何安置之處，出自聖裁。所有欽奉電寄諭旨，現擬籌辦情形，謹恭摺密陳，伏乞皇太后、皇上聖鑒訓示。

派兵援閩片光緒十年七月二十九日

再，准總理各國衙門本年六月十二日密電：奉旨，法人專注閩口，聚集多船，閩防日緊。前經彭玉麟等調撥兩船往援，所辦甚是。刻下該省情形尤急，兵力尚單，著該尚書等速再力籌援應。或調派陸兵由海道前往，應由何處進口，與該省電商定見，再行進發，以免疎虞。欽此。臣張之洞、倪文蔚與臣彭玉麟、張樹聲等公同商酌，欽遵力籌援應。

查粵東潮州距閩較近，署水師提督臣方耀舊部尚多，素稱得力。飛咨該提督選派副將銜督標補用遊擊方恭，督帶在陸豐縣屬查辦匪鄉之潮勇一營，馳回潮州汕頭。一面飭令署潮州城守營都司方鰲，將所部潮州防勇兩營交方恭接統。並令方恭添募潮勇一營，另募水勇一營，共成五營。就近在潮郡撥足軍火軍裝，由廣東善後海防總局會同東藩司籌墊兩箇月口糧銀兩及酌發輪船盤費，於六月三十日在汕頭陸續起程，乘坐毡拿輪船直赴福州進口，馳抵閩省，聽候調遣。並飭方鰲募補三營，照舊填紮，以固潮防。兹據善後海防總局司道會同東藩司詳稱，前准署水師提督臣方耀移知方恭，統帶援閩勇丁五營，所有旗幟、號衣、洋槍、洋藥一切軍械在潮郡就近添置齊全，雇募輪船由海道赴閩，聽候調遣。該軍口糧，奉文先發兩箇月，共約需銀三萬兩，輪船盤費每名約需洋銀十元，共二萬五六千元。又添置旗幟、號衣、軍械以及一切經費未能約計，請先籌撥銀五萬兩，統俟事竣另行造册具報等情，已由局照數給領。

伏查該軍係援閩之軍，去粵較遠，嗣後口糧應由閩省籌撥。所有粵省墊支口糧及船價、軍裝銀兩共計若干，俟支發清楚，作爲粵東協濟之款，移送閩省歸案報銷。詳請奏咨前來。臣等覆核無異，除咨明户部及閩省督、撫臣查照外，謹合詞附片具陳，伏祈聖鑒。

旨：該衙門知道。欽此。

接濟臺灣軍火餉項片 光緒十年七月二十九日

再，臣等准光緒十年六月二十三日總理衙門電稱，奉旨：劉銘傳各營急需軍火，著張之洞等趕緊大批設法，由臺南運往備用，並著源源接濟。等因。欽此。又奉六月二十九日、七月初三日兩次電旨：法人注意臺灣，設法接濟軍火，粵並撥餉。等因。欽此。欽遵各在案。

竊惟粵省海防喫緊，且正值餉需奇絀之時，惟臺灣孤懸海外，强敵垂涎，不敢不設法兼籌，以紓宸廑。當飭東善後海防總局暨軍火局司道竭力籌備銘營軍餉庫平洋銀二萬兩，又購覓嗶呠地洋槍一千四百桿，碼子五十二萬粒，洋火藥六百桶，雇用歷實莫輪船，委員解至淡水、臺北府點收轉解。嗣據該局司道報稱：歷實莫係英國輪船，已經雇定，定日開行。忽稱因中法開仗，裝運軍火，於公例不符，不肯運往。另雇常往臺灣之紅頭船裝運，其餉銀二萬兩，仍附搭輪船運臺交納等情。除飭該委員等迅速分别趕解外，謹合詞附片具陳，伏祈聖鑒。

旨：户部知道。欽此。

謝授兩廣總督摺 光緒十年八月初十日

光緒十年八月初六日，准吏部咨，七月初三日奉上諭：張之洞著補授兩廣總督。欽此。謹恭設香案，望闕叩頭謝恩訖。竊臣一介迂儒，治晋無效，甫覲光於日下，旋假節於炎洲。籌邊無一得之長，授任荷重申之寵。數春秋之典，惟大國乃有兼圻。稽漢史之文，凡爲真必須滿歲。懼負乘之逾量，糜頂踵以難酬。伏念時局艱難，海疆赤緊，修攘並亟，兵食交籌。臣惟有甄訪才賢，申嚴號令。枕戈待旦，豈惟運甓以習勤。擊楫臨流，不僅酌泉以明志。導黑水而入南海，奉揚徙鱷之皇威。標銅柱而來越裳，激勵跕鳶之士氣。所有防務吏治，當隨時與尚書臣彭玉麟、前督臣張樹聲及東西兩撫臣竭力籌辦，以仰答高厚鴻慈於萬一。

查覆張樹聲參款摺光緒十年八月二十八日

竊臣玉麟、臣之洞承准軍機大臣字寄，光緒十年五月十五日奉上諭：有人奏參兩廣總督張樹聲不符物望，難勝兼圻，推諉取巧，玩視邊防，貽誤地方，任性徇私各等語。前據張樹聲奏患病未痊，已有旨准其開缺。所參各款是否屬實，必須確切詳查。著彭玉麟、張之洞會同秉公查明，據實具奏，毋稍徇隱。又前有人疊次奏參廣東順德協副將利輝庇匪收規，營私溺職，候補知府黄杰奉委查案，得賄朦稟各情。先後諭令張樹聲、倪文蔚確查，尚未據該督撫覆奏。兹復有人奏參利輝藐法妄爲，軍政廢弛等款。並著彭玉麟、張之洞查照歷次奏參各節，一併澈底根究，據實參辦。摺五件、片一件，均著鈔給閲看。將此各諭令知之。欽此。遵旨寄信前來。承准此，臣等查閲鈔發各摺片，張樹聲被參各款大略相同。臣之洞抵任後，即與臣玉麟詳核卷宗，采訪輿論。一面檄飭藩臬兩司、運司、糧道，按照所參各節，確查禀覆。其有應行咨查者，即咨詢前督臣張樹聲，令其據實登覆前來。臣等復博訪周諮，互相考證，除順德協副將利輝參案頭緒紛雜，捐納道員陳桂士參案續奉寄諭，交臣之洞確查，原奏事極繁瑣，均與張樹聲無大關涉，應另行查明覆奏外，謹將前督臣張樹聲被參各款，先行逐一查明，敬爲我皇太后、皇上陳之。

如原奏内稱：越南河内初爲法人所困，曾遣使赴督署告哀乞援，張樹聲置之不理，並無一詞慰藉，致越人失望於中朝，而轉附法人一條。准該前督覆稱：法人謀佔越南北圻，規取河内，係在光緒七、八年間。七年十月，總署擬籌辦法，奏奉諭旨，飭下南、北洋及滇、粤各省參酌辦理。樹聲當派道員唐廷庚於十一月間賫咨前往越南順化國都，見其國王暨執政，將通商自强各事及聯絡外交之法，密爲探詢，隨機進説，導以先路。八年三月十一日覆奏密籌越南事宜大概情形摺内陳明在案。唐廷庚等至越南與其執政商詢一切及該國懇求各節，均經轉達總署核辦有案。該國並未遣使來粤告哀乞援，樹聲先派大員賫咨往詢，尤非置之不理，並無一字慰藉等語。查越南河内先爲法人所困，初無使臣來粤之事。至光緒九年正月，越遣使臣阮述、范慎遹來粤，經派員妥爲看待，嗣復派員送往天津，其時張樹聲尚未回粤督之任。

又原奏内稱：去歲越南不堪法人苛令，戕其國主。張樹聲若能乘機亟往定亂，越南民心尚未盡向法人，猶可挽回。乃張樹聲既不自往，又不遣人前往，致法人從容定計，收拾人心，越事遂不可問一條。准該前督覆稱：光緒九年十二月初九日奉旨，現聞越南民變，將該國嗣王戕害，禍亂方殷，著派張樹聲統帶兵勇前赴越南，相機勘定，直達順化，妥籌鎮撫。或由海道或由陸路前進之處，並著詳籌妥辦。等因。欽此。樹聲當以越南之禍與朝鮮内亂不同，海道難以前進，擬至廣西由龍州出關，電請總署代奏。欽奉十二月十四日諭旨：廣東至龍州道路遼遠，目前河内等處，節節梗阻，勢難遽達順化，於越事緩不濟急。前有旨令岑毓英出省調度，計日當已啓程。滇軍馳赴越境，較爲便捷，本日已改派岑毓英迅速前進，相機酌辦。張樹聲即著毋庸赴越，仍將廣東防務妥籌布置。等因。欽此。樹聲係電奏請行，奉旨毋庸赴越，未便復遣員前往等語。查該前督此節係奏明遵旨辦理。

又原奏內稱：法越初開衅時，前雲貴督臣劉長佑即函商措置兵船火器以爲戰具，張樹聲輒以餉糈無出，無從措辦復之。未幾調署直隸總督，則又對人鋪張，謂已部署嚴密，先自爲地。及此次回任，兵端已見，則畏懦不前，以前鋒委之彭玉麟。聞彭玉麟部兵三千，僅以千人委道員王之春出防瓊州，餘悉留省。張樹聲外和內忌，艱鉅則委之，事權則毫不假借，彭玉麟雖有智勇，亦無所施一條。准該前督覆稱：光緒七年夏間，樹聲接出使日本大臣何如璋譯寄西報，知有法人伯朗手般獻取東京之論，即經密致前雲貴督臣劉長佑豫籌守邊保藩之策。嗣後疊函往來籌商邊防，並無劉長佑先行函商措置兵船火器以爲戰具，樹聲輒以餉糈無出，無從措辦覆之之事。粵東海防因餉源艱窘，布置未密，節次奏陳，有案可考。調署直隸時，安有對人鋪張之事。直隸僚友甚多，此可問而知之者。至此次回任，法越兵端已開，樹聲兩次奏請出關，身當前敵。雖未奉俞旨，而是否畏懦不前，毋庸置辯。上年十二月初四日奉旨：瓊州備禦空虛，著派彭玉麟迅速前往擇地駐紮。等因。欽此。當與將軍臣長善、前撫臣裕寬會商，僉以瓊在偏隅，省爲根本，重臣未可輕出。公同商派道員王之春毅字兩營赴瓊駐防，會同臣玉麟電達總署，並會奏有案。其以千人防瓊，餘悉留省，並非樹聲主持等語。臣玉麟查去冬到防，與該前督籌議諸事，莫不和衷商搉，間有議辦而不能隨行者，實以餉項支絀，力不從心之故。謂其有心牽掣，殆不其然。至於身臨前敵，力肩艱鉅，乃統兵人員分內之事，亦臣玉麟應盡心力之事。臣玉麟以本兵奉命督辦粵防軍中之事，豈不能自主，何至聽張樹聲之忌而委之，此理不待辨而自明也。

又原奏內稱：張樹聲於鹽務、釐捐，百務廢弛。軍用不給，則借洋款以應，多費重利，往往爲洋商刦制。此次飭辦邊防，借洋款二百餘萬兩，往外國購買鐵甲船，又未確悉夷情，既付價而船不以時至，虛糜巨款，不得其用一條。查光緒八年正月奉旨飭粵省治水師，經該前督會同前撫臣裕寬議購快碰船、大根撥、大蚊船十艘，練一小枝水師，約須銀二百萬。設法向行商先爲墊付，請停解西征協餉二成，改撥加撥京餉十餘萬兩抵還籌借商款，五年清還。於光緒八年三月十一日會奏，嗣奉户部議准覆奏。行知該前督時，已赴直督署任，是以未經訂購各船，行商洋款亦未取用。上年秋間，該前督回任後，防務緊急，庫款匱乏。於十月十三日會同前撫臣裕寬奏准息借商款銀二百萬兩，擬以百萬兩辦防，百萬兩購穹艦二艘。迭次電詢各國出使大臣，外國並無現成製造合式鐵艦，若由船廠訂造，必須年餘始克告成。且法越之事未平，即有造成之船，各國皆援公法不肯運送來華，鐵艦一層，急難舉辦，將擬購穹艦之一百萬兩先行提應急需。其水師鐵艦，俟法越事平，另籌議購。於光緒十年四月初四日會同撫臣倪文蔚附片奏明各在案。嗣因防務緊要，續借之一百萬兩亦撥充軍餉，並未先付船價，此外並無另有息借商款之事。

又原奏內稱：前招商局唐廷庚以越南招商局爲法人所毀，捐辦槍礮若干助粵西軍用，張樹聲託以山路難運，扣留不發一條。查有候選道唐廷桂報效廣西軍火，經撫臣倪文蔚前在西撫任內會同該前督奏明，該道報捐德國克鹿卜後膛銅礮六尊、礮子九百六十顆，英國皮利後膛槍二百枝、槍子十萬顆，法國來福前膛槍一千一百六十枝，美國士兵令馬槍五百枝、四開金底銅帽一百萬顆。

經西省委員赴滬，由海道運至東省。據稟礮身太重，梧潯以上灘河水淺，轉運艱難，出關山路崎嶇，礮車亦不能行。當經該前督商明西撫臣倪文蔚，將礮六尊留東配用，其餘槍械，均運至梧州轉運關外，並無扣留不發之事。此外另解士乃打槍二千枝並子藥、水雷等件，運交前撫臣徐延旭應用，有案可稽。

又原奏內稱：此次廣西潰敗之提督黄桂蘭，素爲張樹聲、倪文蔚所信任，道員趙沃則爲徐延旭所信任，故兩人不和。張樹聲又意存左袒，黄桂蘭因益驕怙，不受徐延旭節制，以至於敗一條。准該前督覆稱：廣西邊防向由西撫臣主政，委任將領，調度各營，粤督不參異同。前撫臣徐延旭出關視師，黄桂蘭與趙沃分統左右兩路防軍，一切軍事皆禀承徐延旭，樹聲實無事左袒。徐延旭前後函牘，亦從無言及黄桂蘭驕怙不受節制之事等語。查黄桂蘭於光緒五年十二月張樹聲在西撫任內派令接統粤西防軍十二營，旋蒙簡放提督，統軍五年。此次援粤，以驕妄無律致敗，衆論僉同。徐延旭先以藩司統兵出關，勢難節制實缺提督，及任巡撫，月餘即已覆敗。至謂該前督左袒黄桂蘭，查無實據。惟黄桂蘭淮軍舊部，張樹聲職任兼圻，不能隨時督察，及早劾奏，邊事既經潰敗，在事文武諸臣，自當分任其咎。本年三月，張樹聲奏請嚴議，奉旨加恩改爲交部議處。是朝廷於此事已加譴責，自可無事苛求。

又原奏內稱：張樹聲辦理沙面案，進退無據。始爲洋商所持，則託美國領事調停，繼而各國領事刁難，又託太古洋行調停。該洋行復因以謊索重利，粤民無不爲之痛恨者一條。查沙面一案，係奉旨交藩司龔易圖專辦之件。當被焚之始，各國領事初擬所償之數甚鉅，經美領事喜默從中估計，各領事始從實報，共索三十六萬餘元。臣玉麟派委候補知縣張義澍以太古洋行願抽馬頭捐款調停。此案均經將經理案據咨報總署。嗣接總署函稱，以索款代墊，不宜給利，即未向太古借款。現已陸續定案，除税務司報失請示外，各國之款祇二十二萬六千餘元，疊經電請總署示遵，並無洋商刦制及謊索重利之事。

又原奏內稱：張樹聲所籌邊防，專事鋪張，毫無實濟。大小事件，輒恃電報請示總理衙門，希圖結媚卸過一條。准該前督覆稱：樹聲才智淺短，凡籌畫邊防各事，從不敢爲逾量之言，粉飾之説。邊事關係重大，疆臣不敢專擅，軍情不敢壅蔽。或請代奏，或請核覆，或須報達，均不得不電報總署。既無所用其結媚，亦無可藉以卸過。樹聲任內所籌邊防奏報，及與總署往來電報，移交在案，均可查核等語。查電報係奏准遵行，軍情緊急，沿江沿海各疆臣現均電達總署或電請總署代奏，冀可速達宸聰，無關結媚卸過之事。

又原奏內稱：張樹聲之子張華奎由舉人捐納郎中，素習干預公事。張樹聲前署直隸總督時，常馳赴任所，於李鴻章先後交替之際，猶不自韜晦。張樹聲本與李鴻章同籍姻親，附以起官，頗事趨承。李鴻章嘗召張華奎面誡之，華奎不能改。及隨任廣東，於邊事利權，遣將委官，攬權受賄，較前愈甚，粤省有大小總督之目一條。查張華奎於九年秋間隨任來粤，平日在署經理家務，從未出門，亦未曾見客。詳查司、道、府、縣候補各官，均未謀面。凡遣將委官，悉該前督自主，張華奎實係無攬權受賄之事，亦無大小總督之目。惟前署督標中軍副將記名總兵唐士貴頗招物議，經該前督查知，於本年正月即行驅逐離粤。外間議論，或係因此謠傳。

又原奏內稱：前惠州陸路提督方耀，軍政嚴明，土匪爲之斂迹。張樹聲撤令回省帶兵，實以其缺調劑私人蔡金章署理。及惠州亂作，乃令方耀率兵回惠勦滅。是惠州之亂，亦張樹聲調度乖方所致一條。查南韶連鎮方耀於光緒三年八月委署廣東陸路提督，五年五月交卸，係前督臣劉坤一任内之事。嗣於署潮州鎮任内，經前署督臣曾國荃飭令挑勇往欽州駐紮，九年八月奉寄諭調回，當經張樹聲派委接署廣東水師提督以防虎門。至該鎮交卸陸路提督，歷李占春、楊玉科兩任之後，蔡金章始署斯缺，並非緊接方耀之任。至於本年二月惠州歸善縣土匪黄金鞍、李亞都等糾衆滋事，先經蔡金章撥勇往辦。該前督嗣又商之方耀，添調得力兵勇會同蔡金章合力勦捕，旬日之間，首要各匪大半就擒，奏明有案。是該前督調度尚無不合。

又原奏内稱：張樹聲留辦洋務之候補道盛宣懷，乃曾經劉坤一劾奏之人，聲名最劣，張樹聲事事信任。盛宣懷惟事諂附洋人，實無所能一條。查九年十一月間，直隸候補道盛宣懷因香港電綫事來粤，該前督飭令承辦由粤至廣西龍州電綫。該道住粤，僅止旬餘，旋即回滬。嗣經該前督會同前撫臣裕寬奏調該道會辦沙面一案，該道旋因李鴻章奏留，並未來粤。

又原奏内稱：南海縣丞薛瑶光，因過爲前藩司剛毅撤省。張樹聲喜其逢迎，又令其次子向薛瑶光學習洋話，爲之説情留任。剛毅不從，復强令飭回陽江縣丞本缺，剛毅對衆有藩司不能撤一縣丞之語一條。查薛瑶光係陽江縣丞署南海縣丞，以通曉各國言語，久充洋務委員，遇有接晤洋人，令其在旁傳述問答之詞。因其爲人素爲物望所薄，前藩司剛毅撤其署南海縣丞，飭回本任，以示裁抑。該前督當經批准，並無爲之説情及令次子學習洋話之事。薛瑶光到陽江縣丞任後，又經糧道以洋務局乏人，稟請調省差委。蓋傳述洋語、繙譯洋文，此類人員，各省率皆權宜節取，實非該前督喜其逢迎而然。臣之洞到任後，即已另派洋務委員，然或遇洋務繁冗不敷奔走之時，間亦量加差遣。此後仍當隨時察看，如有劣蹟，即行嚴參。

至另奏又稱：廣西是該前督兼轄，屢聞警報，乃竟視爲膜外。及至北甯勢不能支，始遣王德榜、方長華接應，援兵未至，要隘已失。復於敗衄之後，自請處分以嘗試，居心尤爲取巧等語。查前福建藩司王德榜，於九年十一月經前兩江督臣左宗棠奏請募勇十營，由湘援越。道員方長華，於九年十二月經該前督會同前撫臣裕寬札飭募勇五營，由潯州、南甯一路出關。北甯不守，係本年二月間事，均有月日可稽。至總督例請處分，似非嘗試取巧。

伏查該前督被劾各節，或本無其事，傳聞失實。或原無大過，責備太苛，或已經聖裁，不必追論，似均可勿庸置議。

臣等竊維張樹聲素行謙謹，久歷封疆，刻意自愛，服官各省，類皆孜孜求治。初任粤督，聲望頗優，回任之後，非議頓集。今經臣等詳考案牘，按覈實政，以其設施，不宜有此。揆其致此之由，略有數端。一、由於上年七、八兩月，英人羅近槍斃華民幼孩一案，葡人戴阿士踢傷華民溺水一案，因格於洋例，不能令洋人抵償，民情憤怨，輒以袒畏洋人議之。一、由於海防事起，多用淮將淮軍。該前督之意，謂粤軍以驍悍勝，淮軍以訓練勝，欲以此示之準的，自是治軍正論。而本省將士，因疑有鄙夷粤軍之意。又該前督議防中路，故戰具、守具，先於此處布置，物力所限，他軍或未能遽行偏及，於是粤省將校，不悦滋甚。一、由於該前督謂兵力不敷，扼要以近爲宜，主守黄埔。臣玉麟謂藩籬當固，禦敵以遠爲宜，主守虎門，並沙角、大角兩山。現在兩策並行，始分終合。持論偶不甚相同，屬僚遂妄生揣測，謂爲懷忌掣肘。由是民志將心，各存成見，吹求附會，浮言遂多。今既解任治兵，督率所部辦防，在朝廷實爲保全、善任，在該前督亦得專力殫心於防務，必有裨益。

以上所陳，皆係覈實之言，平情之論。臣等奉命確查，斷不敢有一毫隱飾。所有查明前督臣被參各款，謹合詞據實覆陳，伏祈聖鑒。

旨：知道了。欽此。

樂會縣知縣徐漢章自盡訊明擬結摺〔一〕

光緒十年八月　日

竊照樂會縣知縣徐漢章在任服毒自盡一案，先經臣倪文蔚會同前督臣張樹聲恭摺具奏。光緒十年四月初六日奉上諭：樂會縣知縣徐漢章究竟因何服毒自盡，教官、典史有無逼斃改報情事。等因。欽此。遵轉飭訊辦。

查本案先由司檄委候補知府金桂馨等前往查提，嗣經該委員禀覆。查明已故樂會縣知縣徐漢章實係因病吞服洋煙自盡。並將樂會縣訓導羅朝棠、典史汪永華、書吏吴元瑞先後提到，飭發廣州府審辦。教諭伍栻先因丁憂回籍，亦即遵傳投到。正提訊間，據徐開錡以懷疑誤控等詞具結，赴府呈首。茲據廣州府知府蕭韶提集訊明，由臬司沈鎔經會同藩司龔易圖覆訊議擬前來，臣等覆加確核。

緣徐開錡籍隸湖北石首縣，向隨其父徐漢章在任讀書，從不干預公事。徐漢章係由甲戌科進士以知縣即用籤掣廣東補授樂會縣知縣，光緒四年十一月初四日到任。該縣素患肝氣病症，時發時愈。九年四月初三日考試武童馬箭，初七日考畢。該縣因閱射過勞，觸發舊疾，神色頗形不懌。隨閱武童名册共有八百餘人，恐内有假名朦混，經與典史汪永華談及，擬令該典史督同兵書吴元瑞前往各寓查開真名，再行發榜。該典史當以各童散寓城廂内外，稽查難徧，請仍由縣移學，責成廪保認真稽核，用杜浮冒。該縣當亦欣然首肯，旋置未辦。初九日辰刻列榜曉諭，十二日覆試。是日丑刻點名時候過早，各童多未齊集，以致應點參差。該縣點至二十餘名，陡覺病難支持，退入内署，邀請該縣教諭伍栻、訓導羅朝棠到署接點，代爲校閲。該縣即於十三日將患病緣由具禀該管道府，轉請給假調理，隨將武試停止。又於十四日禀府委員代理，以終試事。均經前署瓊州府知府貴全據情轉禀，並先由府飭委候補知縣鍾廷慶代理縣篆，接考武試。其時該府業已定期開考所屬文童，教諭伍栻等即於十五日赴郡送考。該縣病勢日重，每稱不如自盡以免受苦，家屬人等屢勸莫釋。詎於十六日夜三更後，乘間將房内舊存醫病洋煙潛行吞服，家屬知覺灌救無及，至十七日申刻殞命。徐開錡隨以伊父因病吞服洋烟殞命等情自行出名作禀，於十八日交該典史汪永華具文申報。該典史以官員事故向由家丁出名具禀，囑令改换，不允。該典史即亦照叙轉禀，由府報經藩司，飭委候補知府金桂馨前往確查，並傳親屬人等訊取供結核辦。乃徐開錡因父死非命，疑有别情，憶及伊父當日曾飭典史汪永華督同兵書吴元瑞查開武童真名，該典史有移學稽查之

〔一〕録自《京報》第九六九號。

請，伊父未予照辦。未幾招覆各童，遂爾應點參差，迨邀教諭伍栻等接點校閱，各童乃始照常應考，遂疑教官、典史有挾忿串掣，以致伊父被逼服毒自盡，一時痛父情切，即以前情做就呈詞。復因典史汪永華於稟報伊父出缺時，曾令改換家丁稟詞，疑有別項情弊，並將原報因病服毒緣由，指爲事後改報，一併牽列詞內，於五月初三日赴府具控。稟經前司飭將教官、典史一併撤調來省，委提人證、家屬解省澈訊。由藩、臬兩司詳經臣倪文蔚會同前督臣張樹聲奏奉諭旨，飭提確訊。隨據委員金桂馨等查明稟覆，並提到該縣訓導羅朝棠等解省發審。該徐開錡亦以懷疑誤控等詞具結呈首，經廣州府提集訊明，由藩、臬兩司覆訊議擬，會詳到臣等覆查。徐開錡既經訊認前情，伊父徐漢章委無被逼情事。質諸典史汪永華等，供亦相同。究鞫不移，案無遁飾。

查已故樂會縣知縣徐漢章素患肝氣病症，因考試過勞，病益加重，已據該縣生前兩次具稟道府有案。教官、典史果有串逼情事，既已決意自盡，正宜據實直陳，何以先後稟詞並無隻字叙及。即徐開錡初報伊父出缺，亦云因服毒，絕無逼斃字樣。直至事隔半月，乃以前情赴府呈控，其爲懷疑添砌，尚屬可信。既據徐開錡具結呈首，聲明徐漢章實係因病服毒自盡，即屬與人無尤，應毋庸議。徐開錡控詞失實，本應究坐。姑念伊父已死非命，訊因痛父情切，控出懷疑。且於未經集訊之先，即行據實首明。尚非始終誣執，應請免予深究。典史汪永華於該縣商令查開武童真名，請仍移學責成廩保稽查，自屬正辦。該縣未即照辦，事屬平常，無忿可挾。至招覆各童，應點參差，自因維時過早所致，尤非該典史所能串囑。該典史囑令徐開錡將具報伊父出缺稟詞改用家丁名字，係照向章辦理，訊無別項情弊。文内因病服毒各情，亦係徐開錡原稟聲叙，並無改報。教諭伍栻、訓導羅朝棠係印官病發，請暫代考，而該縣服毒自盡，係在該教諭等赴郡送考之後，更屬無從串逼。應與訊屬無干之兵書吴元瑞均毋庸議。該縣武試已經後任接考完場，案經訊明。未到人等免提省累。教諭伍栻先已丁憂離任，訓導羅朝棠、樂會縣典史准調昌化縣典史汪永華均係實缺人員，應飭回任及赴調任供職。書吏吴元瑞並飭回縣供役。除備録供詞咨部外，所有知縣在任服毒自盡訊明擬結緣由，臣等謹合詞恭摺具奏，伏乞皇太后、皇上聖鑒。

旨：刑部知道。欽此。

懇恩獎叙摺〔一〕　光緒十年八月　日

竊照粵東省積年新舊交代依限查辦完結，當經臣文蔚會同前督臣張樹聲將尤爲出力之候補道李葆貞等各援照直隸成案，奏請分別獎叙。奉旨：該部議奏。嗣准吏部議覆，查清理交代係屬應辦之事，自應按照光緒九年六月奏定章程，一概不准保奬。該督等援照成案，請將廣東候補道李葆貞等奬叙之處，均與嚴核保舉章程不符，應毋庸議等因。具奏。奉旨：依議。欽此。咨行到粵，即經轉行欽遵查照去後。

兹據藩司會同交代局司道詳稱：遵查嚴核保舉章程，部臣係於光緒九年六月初四日奏准，而粵東清理交代係於光緒九年四月底辦結，核計勞績在先，定章在後。若因續定章程不准保奬，遂

〔一〕録自東吴仰止廬主輯《南皮張宫保政書》，一九〇一年上海圖書集成印書局印。

將以前之勞績一概議駁，衡情未免向隅。且章程内聲明，凡不在此次嚴核條款之列者，亦仍照舊辦理等語。今清理交代係不在條款之列，似可照舊給奬。所有出力各員，詳請仍照前議分别奬叙前來。臣等伏查粤東交代，自道光二十八年起至光緒五年止，積壓一千一百餘案之多。其中頭緒紛煩，款目冗雜，勾稽考核，如理亂絲。奏定期限僅止一年六个月，爲期既促，查辦匪易。全賴在局各員晝夜勾稽，不辭勞瘁，始得依限一律辦竣。其光緒六年至八年，又有未結交代一百六十一起，復經該道李葆貞督率在事各員於光緒十年六月二十七日十个月限内，一律查辦完結。實屬始終出力，在事著勞。合無仰懇天恩俯准仍照前請，請將廣東候補道李葆貞，賞加三品銜。捐升知府多齡，請旨交部議叙。提舉銜試用通判啓壽，請俟補缺後以直隸州用。提舉銜試用知縣杜承洙、同知銜候補知縣徐沅，均請俟補缺後以同知直隸州用。經書羅光、鄧嶺、區升、羅培四名，均請以從九品不論雙單月遇缺儘先選用，以昭激勸。所有粤東清理交代出力各員，懇恩仍照前請，分别奬叙緣由，臣等謹合詞恭摺具陳，伏乞皇太后、皇上聖鑒訓示。

查明薪費請照舊章辦理摺〔一〕 光緒十年八月　日

竊於本年六月初四日准兵部咨：本部具奏會議船政大臣何如璋奏酌核輪船薪費、名額、練船各事宜一摺，奉旨：依議。欽此。抄録原奏由驛行文遵照辦理。查原奏内稱：船政大臣單開擬改二百五十匹至八十匹馬力各船名額銀數，均與前定章程有減無浮。五十四匹馬力輪船名額銀數仍照定章配雇，惟八十匹及五十四匹馬力外船公費銀數與原定之數均有溢支，應令酌核删減。至何船按時支給工費銀兩，閩廠向無如此定章，總以無逾原包之數核實扣計，庶有限制，如藉端浮冒，即行議駁。所以按進出口報單及提驗日記簿隨時核給，自爲核實起見。應令將各船行駛處所及進出口時刻提驗日記簿，每於月終備列細册咨部查核，以爲將來報銷根據。至閩廠外調各船並南北洋各船應否一律照辦，擬請旨飭下各該大臣及有輪船省分督、撫詳細籌酌，奏明辦理等因，咨行前來。當經飭局會同核議去後。

茲據廣東善後、海防報銷等局司道詳稱，本省緝捕各輪船月支薪糧銀數，向係按照馬力分别核較准銷有案，應請仍照本省舊章辦理。其輪船月支工費，閩廠擬於船政常支之外，如遇行駛按時另支一節。查本省緝捕各輪船工費，係按馬力之大小定工費之等差，歷經造報准銷，核其支數亦減於閩省。若照閩省於原定工費酌量核減作爲常支，如遇行駛按時另計加給，煩瑣難稽，轉恐滋生弊竇，請並照本省舊章辦理。至閩廠前次撥來飛雲、濟安輪船兩號，業於未准部咨之先，飭回閩省赴援，粤東現無由閩調到輪船，合併聲明等情，會詳請奏前來。臣等覆核無異，除咨明總理各國事務衙門及兵部查照外，謹合詞恭摺具陳，伏乞皇太后、皇上聖鑒。

旨：該衙門知道。欽此。

〔一〕以下二件録自《京報》第九七二號。

知縣陳禹年丁浚到省暫留學習片 光緒十年八月 日

再，新選仁化縣知縣陳禹年、新興縣知縣丁浚，各於光緒十年五月二十六日及六月初三日領憑到省，本應飭赴新任，惟仁化、新興二縣現在均清理逐年積案，必須明練讞事之員方能得力。該員等初膺縣任，於吏治一切事宜尚未諳悉，若遽飭赴任，恐辦理或有延誤。自未便因前有部議選授人員不准留省之文，稍涉拘泥。擬將新選仁化縣知縣陳禹年、新興縣知縣丁浚均暫行留省學習，俟熟悉地方情形，再飭赴任。茲據藩臬兩司會詳前來，臣等謹附片陳明，伏乞聖鑒訓示。

旨：吏部知道。欽此。

奏報調員到粵日期片〔一〕 光緒十年八月 日

再，准吏部咨，光緒十年七月初四日奉上諭：翰林院編修吳大衡請假在籍，著衛榮光傳知該員前赴廣東，交張之洞差遣委用。欽此。該員航海南來，於七月二十八日抵粵。現值海防吃緊之時，臣當即飭委辦理洋務防務，以資臂助。所有該編修到粵日期，除分咨外，理合附片陳明，伏乞聖鑒。

旨：知道了。欽此。

敬陳海防情形摺 光緒十年九月初三日

竊臣到任之初，即聞法人渝盟，警報狎至。揆其貪狡情形，深知宸謨明決，萬難遷就。汲汲以籌備戰守爲事，諮之同官，訪之將吏，綜核軍實，計畫餉需，按考輿圖，勸督團練。於是巡歷外海內河各礮臺，省城外陸軍各營壘。時已疊奉綸音，籌防籌戰。未幾而聞敵擾雞籠，未幾而聞敵攻馬尾，旋又聞有窺粵之信。事機日迫，舉凡設險、創臺、造船、購械，必需經年累月而後成者，勢皆不能興作，僅得就力之所及、時之所能爲者，竭力措置。查粵省帶海爲疆，無處非設防之所，而大端有四處：曰省防，曰瓊防，曰廉防，曰潮防。

省防最重而最難，虎門海口浩渺宏深，相距千二百丈，兩岸礮力不能相接。舊建各礮臺疏謬無法，背山平水，留煙收彈，一時猝難改造。即能改造，而寥寥數礮，亦何能遮絕重洋。沙角尤爲遼闊，礮臺竣工尚早，一也。內河深廣，兵船可抵城下，城垣痺薄，户宇闐塞。城外無劄營之地，城上無及遠之礮，二也。虎門之西，又有海口五，曰五門，而澳門不與焉。横門、磨刀門、崖門可進大兵輪，蕉門、虎跳門可行中小輪。口內港汊交通，皆達省垣，三也。香港敵可行船，澳門敵可登岸，英、葡皆素與法親，助械濟糧，情同邛駏。彼有頓舍之所，我無禁制之方，四也。洋人居粵已久，情民役洋人以爲利，教民資洋人以爲庇。地形營制，官吏舉動，纖悉備知，無從防察，五也。粵垣游民多逾十萬，鬬爭攘奪，幾於無日無之。省外交兵，則此輩將乘機而起。既禦外侮，兼防內訌，六也。河道如此紛歧，必有戰船，庶可扼守。粵省兵船兩艘，已燬於援閩之役。此外中小輪船皆緝私捕盜之物，並非戰艦。僅有洋製蚊子船一艘，土人仿製蚊子船一艘，恐無大用，七也。餉絀各省通患，而粵省庫儲常如懸磬，專恃借款辦防，

〔一〕録自《京報》第九八一號。

增營購械，繁費無等。加以協滇、協桂、援閩、援臺，實已無從羅掘，八也。

夫三洋海面，以粵爲衝，中國之有洋務，以粵爲始。探洋情，買洋械，以粵爲便。二十年來逐漸經營，早應備禦完密。乃歷來治粵者，習常蹈故，遠慮蔑聞。自去年秋冬以來，彭玉麟、張樹聲經營防務，漸有規模。彭玉麟忠壯勤苦，足以感發軍民。張樹聲於泰西礮械，素能講求，次第籌備，新造礮臺，略仿西式，始改舊觀。惟是事體繁重，經費艱難，且動爲各國洋人所牽制。而將吏習爲疲惰，大率狃於積習謬見，隱存儌倖無事之心。又多未見外洋戰陣，備禦之方，罕有成畫。臣與諸臣三令五申，考校督趣，夜以繼日，舌敝脣焦，三月以來，部署略定。

前路曰虎門，距省百二十里。虎門内東山麓一臺曰威遠臺，海心兩臺曰上横檔、下横檔，署水師提督方耀任之。虎門外東曰沙角，西曰大角，曰蒲州，彭玉麟始議於此三處新建礮臺。沙角，湘將提督婁雲慶任之。大角、蒲州，湘將提督王永章任之。是爲前兩路。中路曰黄埔，距省六十里。内海水勢東西流，中分爲二，以達於省。黄埔之尾曰長洲，居南北兩支之中，淮將提督吴宏洛任之，張樹聲行營駐焉。南支之南岸曰沙路，淮將總兵王孝祺、提督蔡金章任之。北支之北岸曰魚珠，署廣州協副將總兵鄧安邦任之。魚珠以内去省十里曰中流沙，水心有臺，遊擊黄增勝任之。是爲中三路。西南路距省十里曰南石頭，爲五門諸河達省之總道，湘將提督陶定昇任之，彭玉麟行營駐焉。再，西南距省四十里有兩河口，東曰石壁村，西曰五斗口，爲五門西來兼通佛山鎮之要道，副將利輝任之。分駐艇船二十，陸勇一營，築土臺於岸，是爲西南内外兩路。長洲之南北兩河，沈船載石，擇要攔塞，每一河内外攔塞兩道。以上皆海防也。

陸防東路，自魚珠登岸，可以抵省，爲曩年洋人登陸之熟路。除鄧安邦各營外，提督楊安典所部礮隊助之。魚珠岸上北亘大山，曰吉山。自吉山以西，南及獵德河濱，北抵燕塘山麓，迤邐至省城東門，陸軍可行大隊。此爲最衝，署陸路提督鄭紹忠所部東七營任之。陸防西路，自城西北八里之增步，可以登岸，軍火機器局在焉。鄭紹忠所部西二營任之，副都統尚昌懋、鍾泰所部旗兵、洋槍、擡槍隊四營助之。鄭紹忠營於城東北白雲山前，居中策應，東西何路有警，即親率大軍赴之。是爲陸防東西兩路。

至沙角、威遠有警，則佐以濂溪、竹溪二社團練。沙路有警，則佐以沙灣、菱塘二司團練。魚珠有警，則佐以鹿步司及東莞、新安兩縣團練。白雲山各營有警，則佐以慕德里等社團練。增步有警，則佐以三元等里、恩洲十四鄉、大瀝四堡團練。五斗口有警，則佐以五斗司、佛山鎮等處團練。若現有輪船，止可爲濟運巡探之用，艇船、扒船，舟鈍械缺，止可分泊汊港，藉作疑兵。其統率内河各船，相機擾敵，則總兵黄廷彪任之。於長洲左右屯雷勇洋划三十隻以護水雷。於新塘尾、魚珠、沙路、獵德、海珠等處各置渡船二十隻，以備調兵往來策應之用。至南海、番禺、香山、順德、新會、東莞、新安各縣分口支河，防不勝防。惟有責成各該營、縣，激勵民團，挑選練兵，雇募沙艇，號召漁拖，於河道較窄處設法攔截。建築土臺，購覓民礮，擇要而守，相機而戰，以沮敵人旁抄分擾之謀。此省防之大略也。

瓊州孤懸海中，水土毒惡，物産瘠薄，米糧仰給海北。去省二千餘里，文報艱難，孤危已甚。經署瓊州鎮總兵吴全美、署雷瓊道王之春竭力經營，尚不疎懈。該府之西，正對越南之海防口，地有銅鑛，久爲西人垂涎。自六月以來，法船屢往窺探量水。近譯西電，屢言法人攻臺後，即將圖瓊。設該處被兵，惟恃力守，外援無從飛渡，復爲之增營，增械，籌餉，籌糧。現在瓊州有勇十四營，粵省之力，止於如此。惟海口較淺，大兵輪須止於十五里之外，尚可設險力戰。其文昌屬鋪前司口門頗深，而一月兩潮，船入不便，陸行至府，路徑迂曲。惟儋州、崖州兩口最深，地窮水毒，不特省城鞭長莫及，即瓊郡亦難兼顧，人力所窮，此瓊防之大略也。

廉州北海一口去越甚近，自海防來之法船半日可到。所屬欽州，與越之海甯府毗連，一名芒街。而此中越交錯數百里之中，教民素多，皆係客匪，又爲九頭山海盜出没之區。廉州則高州鎮總兵張得禄與奏辦團練之總兵李起高任之，營於神開港。欽州則參將莫善喜與奏辦團練之前廣西提督馮子材任之，營於東興街。七月底突來教民數百，屯聚北海，調團練往，始行散去。又有法船五艘由越境岳山港登岸至芒街，號召教民，散給衣械，法酋復經逼我軍營壘，熟窺而去。法船半月始行，或欲沿海以擾東境，或踰山以抄西軍，俱未可定。惟有飭購舊礮，酌增勇營，聯絡峒團，撫用海盜，以爲固圉禦寇之計。查廉、欽一帶，水陸兼防，法船頃刻即可來，教匪窟穴不能去，且距省僻遠，多河少騎，文報難達，何況援應以後，邊患未有已時。此廉防之大略也。

潮州汕頭一口，近年始建有碕碌礮臺，臺既嫌孤，礮亦未備。自方恭數營舊勇援閩去後，新募尚須訓練，惟有責成該鎮道聯團集餉，就地籌防。由汕頭通揭陽一路，河道深廣，青嶼舊臺受敵失勢，現飭於青嶼以東之錢岡作水栅欄，截築兩臺，於入内港二十里之南北岸再築一臺，於距城三十里之雙溪嘴移置舊礮守之。至汕頭抵府九十里，河淺沙多，潮民素悍，内河陸路或非敵意所窺。此潮防之大略也。

目前急務，自不能不全力專顧省防。即以省防而論，水陸兼包已及四五百里，而八面受敵，諸國牽制。臺少巨礮，水無堅輪，水雷利用，苦其不多。塞河工鉅難於堅厚，各臺之礮，甫演準的，新募之營，未經訓練。度支絀而餉需益急，海面擾而釐税日虧，軍火搜諸香港而已窮，購之外洋而難到。團練能助勢而不能搏擊，陸兵能拒守而不能還攻。然且欲兼顧廣屬六門，遠馭瓊、廉兩郡，救鄰疆之急，供入越之軍，種種棘手情形，實爲事勢時日之所限。

臣本迂愚，未更兵事，倉卒受任，設施爲難。惟有仰禀聖謨，殫誠竭力，以忠義激士民，以重賞鼓勇士，以和衷聯諸將，以廣聽收羣策。每遇防務措置事宜，皆與尚書臣彭玉麟、前督臣張樹聲、撫臣倪文蔚虚衷商確，謀定而行。目前在事諸臣，毫無意見之參差，即湘、淮、粵諸軍，亦毫無畛域之間隔。各營皆有奮揚之氣，小民咸懷敵愾之心。設有敵警，將軍臣長善、撫臣倪文蔚分任城守，臣彭玉麟親督虎門一路，臣張樹聲親督黄埔一路，臣親督魚珠一路。上仗國威，下憑士氣，同心戮力，誓遏凶鋒，以保巖疆而紓宸慮。

旨：覽奏布置海防情形，所籌均甚妥協。即著該督會同彭玉麟等督飭各軍並激勵民團，隨時認真訓練，嚴密備豫，以期緩急足恃。欽此。

息借商款摺 光緒十年九月初三日

竊據廣東布政使龔易圖詳稱：粵東自上年八月間海防喫重，

經費不敷，經前督臣張樹聲等奏請息借香港匯豐銀行商款二百萬兩内先提用一百萬兩。本年三月間又因庫儲匱絀，無款騰挪，詳請會奏。並將所備商款留備購買鐵艦未提之一百萬兩，亦向該銀行提取，以應急需。閏五月以後海防更加緊迫，添募營勇，購辦戰守各具，所用業逾鉅萬。而奉撥湘軍營餉，西省出關道員方長華月餉，以及協滇、協桂、援閩、援臺添募之軍軍火之用，計續提匯豐銀行借款，僅餘五十餘萬，勉敷本省防營三箇月軍糧之需。設使兵衅一開，則用項更難預計，而外省協濟軍糧器械，仍須兼顧，勢不能不另籌鉅款，以備緩急。該司與各局、司、道等公同商議，各庫既無可再籌，要需又急如星火，惟有再向港商借用，以顧目前。此時若不早爲定議，誠恐一有戰事，借款即難應手，擬請照前借章程，再向匯豐、寶源等行借定銀一百萬兩，訂立合同印票。儻防務漸鬆，此項自不敢輕動，如戰事已開，庶免臨時無措等情，詳請具奏前來。

臣等查粤東籌辦本省海防，協濟鄰疆餉械，商款甫到，要需紛來，庫儲等於罄懸，捐輸已成弩末。該司所詳援案借款各情，自係爲海防日緊，慮及戰事既開，籌借無從設法起見。合無仰懇天恩俯准援案息借商款一百萬兩，以應要需。謹合詞恭摺具陳，伏祈聖鑒。

旨：户部知道。欽此。

唐景崧募勇出關片 光緒十年九月初三日

再，臣之洞等前奉電旨，飭令滇、粤進兵，規復北圻，並令各籌出奇牽制之策，當經轉電潘鼎新、岑毓英欽遵辦理。惟廣東欽、廉一路，山海艱險，若踰山入越，仍至諒山地方，轉形紆頓。是廣東奇兵一枝，自不如仍由鎮南關進取，入越後，再議會合劉團相機攻敵。

查四品銜吏部主事唐景崧久在越地，熟悉邊情，且素與劉永福相洽。擬令募勇協劉圖越，較之別遣生兵生將，便利尤多。當於七月初四日電請總署代奏。奉旨：張之洞電稱牽制以戰越爲上策，現令唐景崧募勇出關，與劉永福合力犄角，趕籌餉項軍火濟之，所辦甚是。已賞給劉永福記名提督，賞戴花翎，令將法人侵佔越地力圖恢復矣。唐景崧著賞加五品卿銜，即令張之洞傳旨，令其激勵劉永福奮勇進勦。等因。欽此。臣當即電致該主事募勇四營，迅速出關與劉永福會合，相爲犄角。一面撥解餉械，並助劉永福餉銀二萬兩，即飭該主事帶交，傳述天恩，激勵力戰。適有駐紮龍州之統領威遠軍候選道方長華因所部疾病較多，東西餉章未能畫一，經廣西撫臣潘鼎新電商裁撤。即以該道一軍之軍裝器械，全數撥給該軍應用。不敷者，陸續解濟。疊據電稟，於七月十六日將景字四營招募成軍，因候餉項解到，於八月二十日出關，取道牧馬、高平、宣光一路往會劉軍。

旨：户部知道。欽此。

爲張樹聲請恤摺 光緒十年九月十六日

竊前兩廣督臣張樹聲，於交卸督篆後出駐黄埔，親督各軍籌備戰守。日前患病增劇，暫回省城醫治，均經該前督奏報在案。臣等連日前往問疾，見其病勢愈篤，竊以爲憂。茲據該前督家屬具報，張樹聲於九月初八日申刻病故等情前來。

臣等伏查張樹聲，安徽合肥縣廩膳生，家世儒素。樹聲少負志節，讀書好爲深沈之思，尤究心經世之學。咸豐初年，粵逆方張，皖北盜蜂起。樹聲率其弟已故廣西右江鎮總兵樹珊，團鄉兵，築土堡拒賊。遠近豪俊，奉約束惟謹。大股悍賊來擾，屢挫其鋒。淮軍宿將，如前直隸提督劉銘傳、前廣西右江鎮總兵周盛波、湖南提督周盛傳等，皆樹聲所與聯團禦侮者。同治元年，今大學士直隸督臣李鴻章督師赴上海，令樹聲募勇從。樹聲爲言劉銘傳及周氏兄弟才武，左提右挈，各建旗鼓。淮軍之興，實樹聲爲之創也。

李鴻章克平江南，先後數百戰，樹聲靡役不與。三年，蘇、浙肅清。四年，樹聲補江南徐海道。銅、沛境内，湖團客民與土民日尋鬬戰，幾肇兵端。適捻衆東竄，湖團謀句賊，時故大學士曾國藩駐軍徐州，檄飭查辦。樹聲督同府縣，分別良莠，隨宜留遣，酌定善後事宜，安戢已亂，徐人至今頌之。

是年十一月擢直隸按察使，五年五月到任。先是捻首張總愚在運河東路竄擾連月，樹聲督辦省南河防，躬勸督各鄉設團築寨爲守望計。民感其誠，凡官令修墻浚濠之事，得樹聲一檄，婦子皆荷畚鍤恐後。緣河堡寨，千里屹然。遇警悉持械晝夜登陴，賊屢撲運河不得渡，遂殲焉。直隸訟案積壓萬餘件，吏治之疲，民生之困，均由於此。曾國藩時爲總督，與樹聲籌清釐之法，譔清訟事宜限期功過章程，樹聲實力奉行，積案全數清結。量移山西，旋擢布政使。十年十二月簡授漕運總督，調署江蘇巡撫，甫兩月，復署兩江總督，遂補授江蘇巡撫。所至孜孜求治，吏畏民懷，望實益隆矣。

十三年丁憂回籍，光緒四年冬服闋赴都。五年正月奉旨補授貴州巡撫，未至黔，調撫廣西。值粵將李揚才爲亂，出邊擾越南。越之北圻，夙多土匪，李揚才句結各股，蔓延四出，勢益張。廣西出兵勦辦，師久無功。樹聲至，激勵軍心，考核地勢，與提督馮子材計畫方略，數月之間，元惡授首，餘黨悉平。是年十一月補兩廣總督。廣東嶺海奥區，二十年來，治粵者習爲寬弛，紀綱淆紊，庶事墮廢，吏疵軍敝，膠固難理。樹聲正己率屬，首劾監司鎮將之不職者。調李用清、段起諸人，任以整軍理財各事。表朱次琦、陳澧之學行，以示風厲，風氣翕然一變。

八年春，調署直隸總督兼辦理通商事務大臣。朝鮮忽内亂，燬日本使館，日本兵艦連檣向仁川，内訌外偪，李氏宗祀幾危，樹聲得報，先遣兩兵輪東渡觀變。廣東水師提督吴長慶統軍駐防登州，樹聲知其可任，飛函令部署出師，調集兵商各輪，由登州橫海而東。一日夜，吴長慶率所部三千人齊達仁川，直入朝鮮國都，取李昰應送天津。先後十日，國中大定。日本大將海軍鄉頓兵海口，相顧錯愕，狡謀不敢發，皆樹聲策也。於時樹聲方病，累疏乞退，皆蒙温旨慰留，給假調理。

九年秋，法蘭西用兵越南，粵防日亟，樹聲奉命迅速回任，力疾銷假。七月航海抵粵，察看海防，則兵餉俱缺，礮臺、槍礮、水雷一切備禦之具，蕩焉無有，警報且日夜數至。樹聲由津南來時，即購帶哈乞開司毛瑟各洋槍、克虜伯過山各礮，並奏帶江南舊部提督吴宏洛淮勇五營，令駐常洲，併力扼險築二礮臺。益遣將募兵訓練，分布要害。復電致外洋訂購克虜伯大礮二十餘尊，毛瑟精槍數千桿，及虎門長洲應用水雷、電綫、炸藥、棉藥之屬，刻期運到。是年冬，臣玉麟至，復與樹聲及臣長善、臣文蔚通力合作。臣之洞到任以來，措置一切，得有所憑藉者，樹聲經營先事之力爲多。

樹聲既以病開缺，遵旨督所部辦理粤防。交卸後，即親駐黄埔行營，督率諸將備戰守，日登山涉海，相度形勢，講求礮準及攔河阻船，安雷發電，截擊援應各事。炎暑鬱蒸，海風尤厲，病體中之，遂不支。臣等以營中醫藥均艱，力勸暫至省城調治，終以積勞過甚，受病已深，服藥亦不效。臣等間日走視，蕭然布被，伏枕支離，惟以外患未平，聖恩未報，流涕嗚咽，無一語及私。昏瞀譫語，率皆部勒防務或大呼開礮擊賊，聞者悲之。樹聲忠偉誠懇，識量過人。平時治事，纖悉縝密，若拘謹已甚。遇大利害，當幾立斷，無稍回惑。即如朝鮮之役，非樹聲赴機神速，其不爲越南前事者僅矣。

臣玉麟老病日甚，臣之洞、臣文蔚未嫻軍旅，方藉張樹聲相與共濟。是以出關援閩，樹聲一再奉命，慷慨治行，均經臣等籲留。不謂其一病不起，賫志長逝。臣等檢閲其書疏稿草，所言經營海疆諸策，類多深識苦心。時事方艱，一時封疆舊臣，如樹聲之文武兼資，通達中外機要者，已不多有。今乃俄焉彫謝，不獨臣等痛失同志之助，尤不能不爲國家惜此人也。合無仰懇天恩飭部照總督軍營積勞病故例，從優議卹，並將該前督事迹宣付國史館立傳，以彰忠藎。張樹聲受列聖知遇，爲國大臣，以死勤事，予謚、建祠諸曠典，聖明自有權衡，非臣下所敢擅請。而該前督生平志事勳績，臣等誼屬同官，知之既稔，不敢不撮其犖犖大者臚舉上聞。

張樹聲長子舉人户部員外郎張華奎，次子附生張雲霖，三子張雲鵠年未及歲。

再，張樹聲遺摺，現據該前督家屬呈請代遞，謹一併附進，合併聲明。

旨：另有旨。欽此。

奏請旌表貞女摺〔一〕 光緒十年九月　日

竊據廣東肇陽羅道潘駿猷、廣東候補同知直隸州張鶴齡等呈報，查有同鄉安徽桐城縣貞女張方氏，現年五十歲，係前任廣東順德縣縣丞方奎焯之長女。秉性貞静，讀書通大義，在室以孝母聞。許字同邑儒童張傳榮，咸豐三年傳榮病殁，女聞以死自誓請歸於張，母憐而許焉。入門孝養翁姑，逮事祖舅，婉娩聽從，動中禮則。撫嗣子家麟成立，以育以教，皆有法度。前後經理三喪，心力殫瘁，詳慎庀冢，誠敬將祀，艱難支拄，歷三十年如一日。伏維聖明惇勵化源，崇尚節義，中外臣工凡以貞女烈婦舉奏者，皆蒙恩准旌表。兹如張方氏，貞心苦節，歷久不渝，宜邀綽楔之榮，不愧旌揚之典，理合聯名出具切結，備列事實清册，稟懇據情奏請旌表前來。臣等查貞女張方氏，生而淑慎，夙簡笑言，未修奠鴈之儀，遽賦離鸞之操。痛三辰之莫告，矢一死而靡佗。兩字懷清，隻身赴義。以婦代子，潔滌盥於重堂。撫姪作兒，綿詩書於繼世。在約能廣，履困以貞。霜節彌堅，已歷三十年之久。冰心獨抱，無慚□三錫之褒。合無仰懇天恩勅部准予旌表，以彰貞行而闡幽光。除册結咨送禮部外，臣等謹會同廣東學政臣葉大焯恭摺具陳，伏乞皇太后、皇上聖鑒。

旨：張方氏著准其旌表。禮部知道。欽此。

〔一〕録自《京報》第九八三號。

奏請議恤史得勝片〔一〕 光緒十年九月　日

再，據統帶武毅右軍記名提督吴宏洛稟稱：該軍左營幫辦總兵用補用副將史得勝，自咸豐年間投效軍營，隨勦各省逆匪，迭著戰功，洊保斯職。嗣隨駐江蘇吴淞砲臺，防守海口，亦經數年。光緒九年七月奉調粤防，正值事機緊要，趕建營壘，興築炮台，夙夜不遑，備嘗艱苦。以致感受瘴癘，觸發舊傷，於光緒十年六月初五日在營病故。懇照軍營立功後積勞病故例請卹等情。飭據廣東善後海防總局司道核議，造具履歷清册，具詳請奏前來。臣等伏查總兵用補用副將史得勝，歷年防勦，屢著戰功。此次奉調粤防，正值事機吃緊，建營築臺，昕夕督工，感受瘴癘，觸發舊傷，以致在營病故，殊堪憫惻。相應請旨勅部將史得勝按照軍營立功後積勞病故例議卹，以勵勞勩。除將該故員履歷册咨送部科查核外，謹合詞附片具陳，伏乞聖鑒訓示。

旨：史得勝著照軍營立功後積勞病故例議恤。該部知道。欽此。

委員調署知縣片 光緒十年九月　日

再，署揭陽縣知縣蔡凌霄，飭回定安縣知縣本任，所遺揭陽縣篆務應行委員接署。查有卸電白縣知縣鄒履端，老成穩練，聽斷勤明，堪以調署。該員任内並無盗劫已起四衆之案，據藩臬兩司會詳前來。除檄飭遵照外，臣等謹循例附片陳明。伏乞聖鑒。

旨：吏部知道。欽此。

知縣補缺遵例迴避遴員對調摺〔二〕 光緒十年九月　日

竊查定例，各省駐防旗員，其駐防處所五百里以内員缺，亦照旗員迴避直隸之例辦理等因。兹有准署龍門縣知縣許普濟，年四十歲，係京城鑲黄旂漢軍人廣州駐防，由進士以主事用，簽分工部。具呈改歸知縣原班銓選。光緒三年正月，遵照新章呈請分發，報捐□省廣東試用。是年五月二十日到省，准部咨行將來補缺如距駐防處所在五百里以内，照例迴避。題准署理龍門縣知縣缺。

查龍門縣距廣州駐防在五百里以内，例應迴避，應照例以别府相當之缺揀員對調。臣等督同兩司於相當各缺内詳加遴問，查有龍川縣知縣楊夢龍，年五十四歲，江西南昌縣人，由吏員議叙從九品職銜，投營差遣出力。奏准以從九品選用，賞戴六品翎頂。攻剿湖北葉□莊獲勝。保奏准以縣丞不論雙、單月，遇缺即選。並賞加提舉銜。隨同收復崇仁、宜黄兩城，保奏准免選本班以知縣不論雙單月遇缺儘先即選，並加運同銜，賞换花翎。又先於力解南安府城圍並復水城，奏准以本班留於湖南，歸候補班前儘先補用。旋奉奏改簽掣省分補用，簽掣廣西，親老告近，改掣廣東，題署鶴山縣知縣。尚未到任，丁憂服滿起復，赴廣西補用。遵例捐□原省，改指廣東歸候補原班補用。辦理恩平等縣匪徒出力保奏，准俟補缺後以直隸州知州用，題署今職。光緒四年十一月二

〔一〕以下二件録自《京報》第九八五號。
〔二〕録自《京報》第一〇〇四號。

具陳，伏祈聖鑒，敕部查照施行。

旨：該部知道。欽此。

截留京餉代雲桂購軍火片光緒十年十月二十六日

再，廣東省應解光緒十年分京餉及内務府經費銀兩，前據廣東布政使龔易圖、兩廣鹽運使瑞璋在於藩運兩庫籌備第二批京餉内釐金銀二萬兩、洋藥釐金固本京餉銀三萬兩、鹽課銀三萬五千兩、帑息銀一萬兩，第二批内務府經費鹽課銀一萬兩，共銀十萬五千兩，遵照部行現銀裝鞘。詳委候補同知格通額等於本年六月十八日起程，由内地押解赴京，當經臣等分别奏報在案。

該員等起程後，法人撲犯閩江，粵中警報迭至，傳聞有法人句煽澳門葡人及各屬教民由内地入擾之信。道路戒嚴，省外居民紛紛遷徙，誠恐稍有疏失，關係匪輕。當即飛飭沿途州、縣，將委員格通額等管解餉鞘截回，俟警信稍定再行起解。嗣後敵情略緩，正在催令啓程間，維時雲南、廣西兩軍轉戰關外，餉絀械缺，迭次咨商接濟，託購軍火尤爲迫切。正值粵東庫款匱乏之時，臣等以力不能代謀，義不可坐視，公同商酌，擬將前項截回已解之京餉銀兩，留爲雲、桂兩軍購辦軍火之需，當經電致總理衙門代奏請旨。旋於本年九月十四日准總理衙門來電，本日奉旨：據張之洞電稱，擬將藩、運兩庫京餉銀十萬五千兩截留爲雲、桂兩軍購軍火等語。此項京餉著准其截留，覈實購辦軍火，迅速解往應用。等因。欽此。當即恭録咨行欽遵，查照將前項銀兩陸續購辦軍火，解往雲南、廣西，以資兩軍進取之用。一俟軍火購辦齊全，銀兩支用完竣，再將軍火名目、件數、起解日期，及支過銀數覈實造銷。

再，臣等前請截留銀十萬五千兩，因電文簡略，僅聲叙京餉字樣。兹查内有内務府經費銀一萬兩，既經奉旨准留，應請與前項京餉一併截留，以符十萬五千兩之數。

旨：該衙門知道。欽此。

新選知縣李春暉留省學習片〔一〕光緒十年十月　日

再，新選樂昌縣知縣李春暉於光緒十年六月三十日領憑到省，本應飭赴新任，惟樂昌縣民刁俗敝，素稱難治，必須熟悉情形之員方足以資治理。該員李春暉初膺外任，於地方一切事宜尚未諳悉，若遽飭赴任，恐措置未能合宜，致有貽悞。自有未便因前有部議選授人員不准留省之文，稍涉拘泥，擬將新選知縣李春暉暫行留省學習以資歷練，俟熟悉地方情形，再飭赴任。據藩臬兩司會詳前來，臣等謹附片陳明，伏乞聖鑒。

旨：吏部知道。欽此。

委員調署知縣片〔二〕光緒十年十月　日

再，署香山縣知縣劉秉奎調署潮陽縣知縣，所遺香山縣知縣篆務，應行委員接署。兹查有署高要縣事陽春縣知縣蕭丙堃，才具開展，識力精詳，堪以調署。該員任内並無盜劫已起四叅之案，

〔一〕録自《京報》第一〇一二號。
〔二〕録自《京報》第一〇一三號。

據藩臬兩司會詳前來，除檄飭遵照外，臣等謹循例附片陳明，伏乞聖鑒。

旨：吏部知道。欽此。

粵海關籌解第三批京餉銀兩摺〔一〕光緒十年十月　日

竊照光緒元年四月間，接准户部咨，辦理海防大臣沈葆楨等奏准各關應還閩省借款，令自光緒二年正月起，按結如數提解部庫，以抵閩省應解京餉案内，每結指撥粵海關四成洋税銀六千兩。又上年户部奏准擬加京官津貼並令各省關籌解銀兩案内，粵海關應籌銀四萬兩。自光緒九年爲始，按年額解。又本年閏五月間，户部奏准部庫支絀請將粵海等關解陝月餉提還部庫案内，粵海關四成洋税項下，每月協陝之一萬兩，自本年閏五月起解部。又内務府廣儲司公用每年額撥銀三十萬兩，例分四季起解。以上各款均應趕緊籌解，以濟要需。查粵海關節次起解京餉，向由西商先行借墊，實難起解現銀。本年正月間，户部奏准各省關應解部庫銀兩，自光緒十年爲始，停止匯兑等因，咨行前來。經前督臣張樹聲會同臣文蔚，將粵海關税徵不敷解實在情形，於本年四月間附片陳明，請仍交商匯兑。奉旨：户部知道。欽此。恭録咨行查照在案。茲光緒十年分第三批應解部庫抵還閩省應解京餉等項銀兩，向西商志成信號借銀九萬九千六百兩，先行墊解，隨後由税收陸續歸還，以資周轉。飭據廣東布政使龔易圖遴委試用知縣德斌、試用鹽大使邵瑩領解光緒十年分第三批抵還閩省京餉銀六千兩，又京官津貼銀五千兩，又部庫提還協陝月餉銀一萬兩，又光緒十年秋季分廣儲司公用銀七萬五千兩，另加平銀一千一百二十五兩，又新增歸公加平銀一千八百七十五兩，抬費用項銀六百兩，統共銀九萬九千六百兩，飭令該委員等領賫匯單、文批，於光緒十年九月初十日附搭輪船，由海道進京前赴户部内務府分別報到，聽候飭傳交納。除分咨查照兑收外，臣等謹合詞恭摺具陳，伏乞皇太后、皇上聖鑒。

旨：該衙門知道。欽此。

爲吴全美請恤片光緒十年十一月二十八日

再，署廣東瓊州鎮總兵前福建水師提督吴全美，於本年八月十五日在署任内病故。業將委員接署總兵篆務緣由，附片奏明在案。茲據署雷瓊道王之春禀稱，吴全美，廣東順德縣人，由行伍久歷水師，洊保花翎都司，升補遊擊。咸豐三年，督帶紅單戰船赴閩援勦，克復厦門。四年調赴江南助勦，轉戰大江南北，逼下關，復蕪湖，解鎮江之城圍，清瓜揚之江面。其間焚船奪壘，戰功最多。經前統兵大臣向榮、都興阿等先後奏保驍勇第一，疊蒙聖恩賞給迅勇巴圖魯獎武金牌，頒發内府珍物。旋以浙江温州鎮總兵官奉總統江南水師之命，同治三年補授福建水師提督，江南肅清，凱撤回粵。該提督將積欠餉銀五十九萬餘兩暨温州鎮總兵任内應領俸廉銀兩一律報效，奉旨嘉獎，加廣本省文武鄉試中額各五名。五年在福建水師提督任内，因病開缺，回籍調治。光緒六年病痊，由籍請咨，經前督臣張樹聲、前撫臣裕寬奏留辦理海

〔一〕録自《京報》第一〇七五號。

防。旋署廣東水師提督篆務，統帶輪拖各船。九年冬間交卸提篆，接署瓊州鎮印務。時法氛已熾，該提督統帶水陸兵勇，親赴海口各礮臺，殫心布置，昕夕嚴防，瘴癘鬱蒸，不避艱苦。以致積勞成疾，觸發舊傷，在防病故。由該署道稟請奏懇恩施從優議恤。並聲明該故員次子藍翎都司吴定國、監生吴文沛均在營隨辦防務等情。飭據廣東善後局司道造具該故員生平戰功事實、履歷清册，核議詳請具奏前來。

臣等伏查已故署廣東瓊州鎮總兵、前福建水師提督吴全美，自咸豐軍興之初，即已統率戰艦，轉戰江南，功績甚多，知名甚早。其時賊勢方張，搘拄長江，尤非易易。至其先後捐廉捐餉，尤屬好義急公。此次署理瓊州鎮篆，適當海氛方熾之時，窮島孤懸，兵餉俱困。該提督於籌防事宜，會同文員實力經營，時逾半年，備極勞瘁。本年六、七月以來，法船屢往瓊州窺探量水，警信紛紜，該提督坐鎮籌防，軍民恃以無恐。該處水土毒惡，瘴癘交乘，該提督扶病親駐礮臺，躬親督率將士，敦勸不肯回城。乃海警方殷，宿將彫謝，不惟深臣等袍澤之感，亦上廑聖主鼓鼙之思。合無仰懇天恩俯准飭部將已故署廣東瓊州鎮總兵、前福建水師提督吴全美，照軍營立功後病故例從優議恤，並請將該故員戰功事實，宣付史館立傳，以彰忠藎。

旨：另有旨。欽此。

委員調署知縣片〔一〕 光緒十年十一月　日

再，番禺縣知縣侯甲瀛，現經調署電白縣知縣缺。其所遺番禺縣知縣篆務，即以署電白縣事吴川縣知縣裘伯玉調署，亦堪勝任。該員等任内，並無盜劫已起四參之案。兹據藩臬兩司會詳前來。除分檄飭遵外，臣等謹循例附片陳明，伏乞聖鑒。

旨：吏部知道。欽此。

分遣廣軍規越摺 光緒十年十二月二十七日

竊惟法人犯順擾閩以後，圍禁臺灣。朝廷指授機宜，保全南嶠。各省疆臣渡兵濟餉，百計俱施，然以阻隔重洋，艱難殊甚。粤東疊濟餉械，派兵往助，俱已陳明。熟籌今日敵情事勢，我不能遽逐法虜以去雞籠，法亦不能盡破我軍而踞臺地。惟有力争越南，攻所必救，庶不致率其醜類，肆毒孤臺。越圻漸恢，臺圍自解。屢奉諭旨，進兵越南，牽制敵勢，明見萬里，勝算無遺。前經臣之洞電奏争越南以振全局，復蒙諭旨飭辦欽遵在案。

自十月以來，法屢添新兵來華，大率赴越者三之二，赴臺者三之一。復據西電，法人决意併力先逐桂軍出越，再圖上拒滇南，誠以桂近滇遠，爲彼北甯、河内等處眉睫之患。此時滇軍及提督劉永福方攻宣光，未能即時東下。桂軍扼守觀音橋、谷松、那陽三路，雖獲勝兩次，爲敵所阻。兵力尚薄，必須由東路進兵，使敵首尾兼急，擣虚而入。

查前廣西提督馮子材，現在欽廉本籍奏辦團練。該提督老成宿將，久官粤西，曾征越匪，威望在人，罷兵未久，舊部尚衆，派令募勇十營。繼因該提督力陳出疆征討，兵力須厚，又准續募八營。計馮子材共統十八營，由欽州、上思州出邊，入越趨那陽

〔一〕録自《京報》第一〇四四號。

一路。據報於十二月初五日到龍州，先遣八營紮思陵隘口之外，惟續運八營軍械須正月中旬始到。又查右江鎮總兵王孝祺，現在粵省防營。該總兵戎行穩練，派令帶本部四營，抽撥省防粵軍四營歸其並統。計王孝祺共統八營，由梧潯溯江至龍州出關，入越趨諒山一路。據報於十二月十五日到龍州，軍裝器械廿二日到龍州。又查欽州參將莫善喜，素號能軍，自請率師圖越。意以法虜屢來窺伺欽境口岸，不如先發制人。因飭就原部二營增募三營，以爲馮子材後路策應。又據參將陳榮輝疊次上稟，請出奇兵襲越。因飭率新募習於越情水路勇一營，並由署雷瓊道王之春撥所部兩營助之，會合莫善喜並進。由臣玉麟抽省防湘軍一營，填紮瓊防，俟明正馮軍深入，相機進兵。計莫善喜共五營，陳榮輝等共三營，由欽州東興出邊，趨海陽一路。

又查五品卿銜吏部主事唐景崧，前經臣之洞奏派統帶四營入越，會合劉永福攻勦。嗣於十一月内宣光攻勦喫緊，准添二營。該主事由桂入越，縋幽踰險，千二百里非復人行之境，到防以來，勇略殊常，屢挫强敵。閱岑毓英奏稿，亦贊其奮不顧身，有膽有識，將滇軍潘德繼三營歸其兼統。自宜厚其兵力，以資展布，已飭俟宣光克後，添足十營。計唐景崧現有六營，正攻宣光，攻克後即下趨端雄一路。通計廣軍規越者，馮子材十八營，王孝祺八營，莫善喜、陳榮輝等並瓊軍共八營，唐景崧現有六營，共四十營。分爲四枝，分道進攻，遥相呼應，會合滇軍、桂軍、劉軍互爲奇正。優懸賞格，申嚴軍律，教民固不可濫誅，法人亦許其歸命。斷不准騷擾妄殺，驅衆資敵。

現因諒山各路告警，已電飭馮子材、王孝祺飛速分道往援，俟明年正月以後，各軍俱齊，械到餉足，事機當可漸順。惟軍資浩繁，餉固不資，械尤難購，内防外協，日不暇給。即使有餉有械，而上水轉運甚遲，關外辦糧甚苦。特是權衡時勢之緩急，上體宵旰之憂勞，不得不勉爲其難。現將藩運各庫之存儲，軍火各局之造辦，搜羅殆罄，應付邊軍。幸蒙聖恩准借商款，已奉電旨，俟陸續提到，當可支持。

自十月以來，七接密報，法虜將窺伺廣東，曾紀澤自英來電亦同。蓋深惡廣東爲臺、越各軍餉械之所資，力欲擾我以圖牽制。然制敵機要所在，斷不能爲之動摇。以上各節，均經隨時擇要電奏。

旨：知道了。欽此。

截擊瓊州客黎各匪摺 光緒十年十二月二十七日

竊照廣東瓊州府屬萬、崖二州黎匪，於光緒八、九年間糾衆出巢滋事，經前署雷瓊道劉鎮楚督軍勦平，酌留兵勇分紮，籌辦善後情形，經前督、撫臣先後奏報在案。嗣署雷瓊道王之春抵任，接統劉鎮楚原帶楚勇，汰弱留强，編爲春字前、後、中、左、右五營。

本年二月間據定安縣知縣陸寶書稟報，定安縣匪首林開信等招集萬、崖、陵、樂等州縣匪黨共二三千人，由十萬峝前來滋擾，經署瓊州鎮吳全美派署萬州營守備李渭培馳赴前途哨探，並由王之春派記名總兵侯勉忠管帶安勇新左營赴定安相機進勦。續探知該匪竄擾南閭、屯昌各處，復調副將劉文成管帶春字右營前往協勦。二月十三日侯勉忠馳抵屯昌，據報該匪入南閭後，經瓊山縣環鄉團勇在瓊山、定安之六合坡與匪接仗，陣亡附生一名、武生二名，團勇六名，擄去男婦十餘名，搶去耕牛數十隻，旋竄至下瓊等村滋擾。侯勉忠即於十四日由屯昌拔隊進攻烏坡，分三路前進。該匪見我軍驟至，逞凶力鬬。侯勉忠手刃一賊，各勇遂奮力攻擊，槍斃黎匪十餘名，殺傷十餘名，奪獲所擄耕牛數十隻，乘勝追趕。該匪敗竄，遂分二股，一由定安嶺、門市回竄楓木市、大塘等村，一由定安烏石坡回竄吕一圖、洋淤等村，仍屬聚於定安十排山黎崗，據險堅守。我軍進紮嶺門市、烏坡一帶，署瓊山縣知縣陳起倬督率勇役，會商侯勉忠分道進攻。劉文成一軍亦到，會同縣知縣杜紹唐已會營選派兵役、團練赴連界地方截拏，約定二月二十四日合力進兵。侯勉忠、劉文成分道出隊，冒險徑進。該匪踞住十排山口放礮抵拒，侯勉忠督勇猛攻，自巳至未，該匪抵死抗拒。陸寶書會商陳起倬會營，督帶兵役，密約紳團，雇覓鄉導，鈔出十排山後，期會侯勉忠火箭火彈前後環攻，寨内房屋盡然，我軍圍攻益力。該匪冒煙突出，奪路狂奔，由十萬崗而逸，土客各匪亦分路潰散。即將十排山内寨房、卡栅平毁，生擒首逆土匪黄亞三、散匪黄文閑、黎匪王打生等共十一名，客匪王亞昌等四名。訊認放火殺人、抗官擄劫不諱，即將該匪等正法。搜捕匿匪，擒斬八十餘名，繳驗首級五十二顆，旗幟刀槍四百餘件。截回被擄男婦六十餘名口，起出被搶耕牛二百餘隻並衣物無數。查點受傷勇丁十二名，陣亡瓊山縣團總附生陳鳳森、武生陳鳳昇、王日光、王正官並練丁陳啓秀等九名，傷亡定安縣團總監生黎奇並練目韓純貞等九名。此二月間勦捕客黎各匪，攻克十排山寨，平毁寨房、卡栅之情形也。

該鎮道等以該匪出没靡常，此次經勦逃散，仍恐乘間竄擾，酌留勇營以資防禦。迨六月初海防戒嚴，將安勇左營調回郡城，留春字四營分駐萬、陵、樂、定等處。七月初八、九等日連據駐紮定安屬土坡之春字右營副將劉文成、駐紮南閭之春字前營參將李奇珍報稱，近有客土各匪句引黎匪，偵探防營，撤回嘯聚七八百人，由十萬崗竄出，分作兩路，一由烏坡迤東出擾，一由南閭迤北出擾。並據定安、瓊山兩縣稟報，七月初九日，該匪由十萬崗竄至定安南閭附近會齊，往來瓊、定之皮三節欄、朗圯水口一帶肆刦。參將李奇珍先領所部並帶南閭團丁四百餘人，越境迎擊，於初十日抵定屬之南凱坡，突遇該匪列隊抗拒，前哨哨官揮軍力擊，斃賊頗多。匪即分兩股來撲，勇團間有傷亡，李奇珍怒馬直前，施放槍礮，擊斃執旗匪目二名。後哨哨官繞路横衝，各匪始紛紛敗遁，截回被擄男婦五十餘名口，奪獲耕牛數十隻。李奇珍奮勇力進，直入密箐小路，見匪股零落不接，放心前進。突有悍匪二十餘人於林間伏而狙擊，暗放冷槍。李奇珍受槍子兩傷，登時尋躡匪蹤，連刃數賊後，力竭陣亡。中哨親兵趕至合圍，當將匿匪同時砍斃，無一脱者。劉文成援軍繼至，鼓隊前驅，陣斬裹紅巾賊首五顆，槍斃數十名，逼賊於小溪間落水死者數十人，奪獲旗幟五面，小洋槍二十餘桿。賊勢不支，奪路奔竄，旋向嶺門、楓木等處潰散，亦有由思圖河敗竄退回老巢者。此七月間勦捕客、黎各匪獲勝，參將李奇珍遇伏陣亡，援軍追斬頗多，餘匪敗竄回巢之情形也。現經王之春添派道員李光炯管帶春字左營馳往協力守禦，以杜該匪竄突等情。據署瓊州鎮總兵吴全美、署雷瓊道王之春、瓊州府知府謙貴先後稟報前來。

臣等伏查黎、客各匪歷爲瓊屬大患，每年出掠，視爲故常，林深瘴重，進兵艱難。上年甫經官兵勦敗竄匿，近被上年僭、臨滋事逃入黎崗之客匪教誘，悍黠益甚。茲定、瓊匪黨因我軍注意海防，復敢糾合萬、崖、陵、樂各匪，乘隙出擾，亟應痛加勦洗，以防蔓延。經署瓊州總兵吴全美、署雷瓊道王之春疊次派隊會團截擊，頗有斬擒，並將十排山寨卡柵平毁，匪黨敗竄回巢，勦辦尚屬得手。本欲乘勝進攻，爲掃穴擒渠之計，祇以外患方殷，瓊郡海防緊要，未便專注内匪，致有顧此失彼之虞。除飭該鎮道等嚴督在事文武，激勵兵團，扼要堵截，毋任該匪復出滋擾。一俟防務稍鬆，即當別議方略，厚集兵力，分路大舉，勦撫兼用，力籌興利化俗之策，以期永靖地方。

參將李奇珍乘勝追賊，遇伏陣亡，殊堪憫惻，應請敕部照參將陣亡例賜恤。其陣亡之瓊山團總附生陳鳳森等，定安團總監生黎奇等，以及兵勇鄉團，一併查明請恤，以慰忠魂。至此次生擒首要各匪，平毁黎崗山寨卡柵，並歷次勦賊獲勝之員弁紳團，可否准臣等擇尤奏奬，出自逾格鴻慈。謹合詞具陳，伏祈聖鑒。

旨：知道了。著張之洞等督飭地方文武，激勵兵團，扼要堵截，隨時實力防範，毋任該匪復出滋擾。李奇珍著交部照參將陣亡例議恤，陳鳳森等著一併交部議恤。所有出力員弁、紳團，准其擇尤保奏，毋許冒濫。餘依議。欽此。

蔡錫勇留粵補用片 光緒十年十二月二十七日

再，丁憂三品銜候選知府蔡錫勇，在同文館肄業有年，光緒元年由總理各國事務衙門咨送粵東差委。嗣經出使大臣陳蘭彬奏帶出洋，派充駐美繙譯官。三年期滿，又經出使大臣鄭藻如奏充駐日參贊。該員以母老多病，未能遠離，力辭參贊一差，仍留粵東差遣。旋於差次報丁母憂，均經奏咨有案。近年粵東辦理防務，經前督撫臣派充實學館教習及文報局差使，深資得力。

臣之洞到任後，體察情形，大抵粵東官吏結識洋人者甚多，而講求洋務者甚少，向來號稱熟習洋務者，非學識粗淺，即品行猥雜。惟蔡錫勇志向端謹，才識精詳，因專派充當洋務局委員，承辦各事，均能深明大體，動協機宜，實爲辦理洋務不可多得之員。現准出使日本大臣徐承祖咨稱，奏調該員充當日本參贊、理事等官，本應飭令前往。惟粵東現值海防喫緊，日日有中外交涉事件，所有繙譯西報，查探洋情，遇有膠葛繁難之處，傳述語言，斟酌辯論，以及各營、各局洋弁洋匠，稽查調和，均關重要。臣等所任用者止此一員，自未便令該員遠赴外洋。

伏查該員久在實學館、文報局著有勞績，現係海防洋務最爲得力之員。合無仰懇天恩俯念粵東海防緊要，准將三品銜候選知府蔡錫勇留粵差遣，並俟該員服闋後以知府留於廣東補用。俾得安心壹志，探索籌畫，實於粵省洋防大有裨益。

旨：著照所請。該衙門知道。欽此。

馮子材起病片 光緒十年十二月二十八日

再，前任廣西提督馮子材，因病咨請前署督臣曾國荃奏請開缺。光緒九年六月十九日奉上諭：准其開缺回籍調理。等因。欽此。欽遵轉行遵照在案。嗣經前督臣張樹聲奏派辦理欽州本籍團練。臣到任後詢訪自欽州來省文武各員，僉稱病已就痊，精神矍鑠，於團練事宜認真籌辦。該提督來函亦稱自回里後，調理數月，病體漸痊。維時海防日急，屢奉進兵越南之旨，因該提督百戰宿將，熟習越情，當經電奏派令募軍出關攻勦，並另摺會同尚書臣彭玉麟、撫臣倪文蔚奏明在案。

查提督病痊，應赴宮門請安，聽候簡用。今該提督係奏派統軍會勦，自未能即時入都。相應附片奏明，懇恩敕部知照備案。

旨：兵部知道。欽此。

分設東西轉運局片 光緒十年十二月二十八日

再，關外諸軍所需餉械，計廣軍四枝固由本省供億，其廣西、雲南兩省出關各營及劉永福一軍，近多由東省籌濟，即津、滬解濟滇、桂者，亦皆由此轉解。是廣、桂、滇、越諸軍軍資所出，統以東省爲轉輸，無日無催餉之電音，無日無購械之文件，差員紛紜，匯兑繁瑣，流派既廣，端緒尤棼，歷經飭令東省各局司道兼綜辦理。惟是本省防務已極緊急，軍需已極浩繁，兼以援臺兵餉船械尤爲繁難，内外兼營，疲於肆應，必須另設專局，方有統紀責成。

查廣東省城爲軍實來源，應設東轉運局。廣西龍州爲出關總要，應設西轉運局。而南甯爲赴龍頓舍之所，又爲運滇分歧之區，應設西轉運分局。現派兩廣鹽運使瑞璋、候補道閻希范、蔣澤春總理東局，仍會同東藩臬兩司、糧道各局籌商辦理。派現駐龍州之西按察使李秉衡、左江道彭世昌總理西局。東局爲原，西局爲委，東局司撥餉購械，雇匠造船，先期籌畫。西局司籌匯催運軍糧臺站，臨事分撥，務使首尾貫通，呼應靈捷。

至運道自梧州溯流而上，水涸灘多，民船日少，往往停運待雇，費重行遲。現飭仿造廣西巡船六十艘，領以水師員弁，分班發運，以輔民船之不足。明年二月可陸續造成，較之專雇運船，可速一二十日，於軍務不無裨益。

旨：該部知道。欽此。

光緒十年廣東省司道府各員考語單[一] 光緒十年十二月　日

謹將光緒十年廣東省現任司道府各員出具切實考語，密繕清單，恭呈御覽。

布政使龔易圖　才幹優長，思力敏贍，精於綜核，博通洋務，實爲美才。惟廣東官場龐雜，民氣浮囂，籌餉事體尤多繁瑣，該司任事過鋭，用人稍雜，日久必滋浮議，於廣東地方頗不相宜。朝廷愛惜人才，似不如量移他省，於地方及該司均屬有益。

按察使沈鎔經　操行端謹，穩練勤明，辦事結實，輿論無間。

鹽運使瑞璋　精明幹練，差委秉公，整頓鹺綱，能知大體。

督糧道現署雷瓊道王之春　政術未能盡純，言論亦不盡著實，惟才幹頗好，於兵事素能講求。現在瓊防喫緊，該道於籌防諸事盡心經營，惟有視其防務如何，以爲功過。

南韶連道華祝三　老成端重，穩練宜民。

惠潮嘉道張聯桂　練達精能，振作有爲。

肇陽羅道潘駿猷　率屬公平，治事精細。

高廉道現署督糧道益齡　謹慎安詳，遇事講求。

雷瓊道現署高廉道崇絢　才具明晰，按部就班。

[一] 以下二件録自中國第一歷史檔案館編《光緒朝硃批奏摺》第四輯，第四〇四至四〇五頁，中華書局一九九五年版。

廣州府知府蕭韶　端潔任事，輿情愛戴。

惠州府知府楊霽　才猷明練，吏事整飭。

潮州府知府朱丙壽　安民察吏，諸事得宜。

肇慶府知府紹榮　辦事開展，盡心地方。

高州府知府現署廉州府知府李璲　廉樸慎勤，處事鎮定。

雷州府知府現署韶州府知府孫楫　學裕政優，歛才就範。

瓊州府知府謙貴　守端才穩，政事修明。

光緒十年廣西省司道府各員考語單 光緒十年十二月　日

謹將光緒十年廣西省現任司道府各員出具切實考語，密繕清單，恭呈御覽。

布政使張夢元　操守端確，思慮精詳，察吏理財毫無偏倚。

按察使李秉衡　清正篤實，膽識俱優，頌聲翕然，人無異詞。

鹽法道慶愛　才明事舉，奉職尚勤。

左江道彭世昌　端謹不浮，實心任事。

右江道啓莊　老成練達，堪資表率。

桂林府知府秦煥　有守有爲，措施悉當。

平樂府知府錫晋　年力强壯，才望中平。

梧州府知府梁俊　志端才健，勇於有爲。

潯州府知府現署南甯府知府延昌　奉公循法，吏事講求。

南甯府知府現署潯州府知府何昭然　才能幹濟，官聲素好。

慶遠府知府戴霖祥　循規蹈矩，謹樸無華。

鎮安府知府潘宗壽　謹守勤職，儒吏本色。

光緒十年廣東省總兵考語單〔一〕 光緒十年十二月　日

謹將光緒十年廣東省現任總兵各員出具切實考語，密繕清單，恭呈御覽。

陽江鎮水師總兵黄廷彪　熟悉水道，辦事老練。

碣石鎮水師總兵鄧萬林　戎行久歷，才力强明。

閩粤南澳鎮水師總兵李揚陞　老成歷練，營務妥協。

南韶連鎮陸路總兵現署水師提督方耀　才局恢閎，聲望久著，情形熟習，軍民倚重。

潮州鎮陸路總兵現署陸路提督鄭紹忠　忠誠廉正，任事樸勇，紀律嚴明，洵稱良將。

高州鎮陸路總兵張得禄　才具明達，議論可觀，尚須再求篤實。現經調省察看，另行具奏。

光緒十年廣西省總兵考語單 光緒十年十二月　日

謹將光緒十年廣西省現任總兵出具切實考語，密繕清單，恭呈御覽。

左江鎮總兵劉光裕　守端才穩，兵事熟嫻。

〔一〕以下二件録自中國第一歷史檔案館編《光緒朝硃批奏摺》第三八輯，第八一八頁，中華書局一九九五年版。

紳士捐産贍族呈請立案摺〔一〕 光緒十年十二月 日

竊據廣東布政使龔易圖轉據長樂縣申稱，據在籍紳士候選知縣孔繼周呈稱：紳族姓頗繁，豐瘠不齊，老病孤孀時虞失所。現已由紳捐置産業及現銀共計一萬三百七兩八錢四分，酌仿宋臣范仲淹義莊成法，將歲收租息銀兩永爲通族養老、勸學、存孤、恤寡、育嬰、惜字之用。並捐義倉穀一千石，爲歲歉救荒之舉。第恐將來子姪日繁，良莠不等，前項義捐産業、穀石或有變易。援照光緒五年，南海縣封職朱廷貴等捐置義田奏准成案，呈請轉詳奏咨立案。所有孔氏族中捐置義産、義倉，無論族人、外人，永不得擅行買賣。違者，即捐産人本支子孫，以盜賣論。庶義舉永垂不朽等情，由縣造具册結繳司核明具詳前來。

臣等伏查該紳孔繼周捐産贍族，恐致日久荒廢，呈請立案之處，核與南海縣朱廷貴等捐置義産成案相同。合無仰懇天恩俯准勅部立案，俾垂久遠。除將册結咨部外，謹合詞恭摺具陳。伏乞皇太后、皇上聖鑒，勅部立案施行。

旨：該部知道。欽此。

粤海關籌解第四批京餉銀兩摺〔二〕 光緒十年十二月 日

竊照光緒元年四月間，准户部咨，辦理海防大臣沈葆楨等奏准各關應還閩省借款，今自光緒二年正月起，按結如數提解部庫，以抵閩省應解京餉案内，每結指撥粤海關四成洋税銀六千兩。又上年户部奏准擬加京官津貼並令各省關籌解銀兩案，粤海關應解銀四萬兩，自光緒九年爲始，按年額解。又奏撥八旗官學工程銀款案内擬撥粤海關洋税銀四萬兩。又本年閏五月間户部奏准部庫支絀請將閩海等關解陝月餉提還部庫案内，粤海關四成洋税項下每月協陝之一萬兩，自本年閏五月起解部。又光緒十年分應解造辦處米艇銀三萬兩，又内務府廣儲司公用每年額撥銀三十萬兩，例分四季起解。以上各餉銀兩，均應趕緊籌解，以濟要需。查粤海關節次起解京餉，向由西商先行借墊，實難解現銀。本年正月間，户部奏准各省關應解部庫銀兩，自光緒十年爲始，停止匯兑等因，咨行前來。經前督臣張樹聲會同臣文蔚，將粤海關税徵不敷解實在情形，於本年四月間附片陳明，請仍交商匯兑。奉旨：户部知道。欽此。恭録咨行欽遵查照在案。兹光緒十年分第四批應解部庫抵還閩省應解京餉等項銀兩，擬仍查歷届成案，向西商會借銀十四萬五千八百兩，先行墊解，隨後由税收陸續歸還，以資周轉。飭據廣東布政使龔易圖遴委候補巡檢夏德順、候補鹽大使承惠領解光緒十年分第四批抵還閩省京餉銀六千兩，又官津貼銀五千兩，又八旗兵學工程銀五千〔兩〕，又部庫提還協陝月餉銀二萬兩，又光緒十年分造辦處米艇銀三萬兩，另加平銀四百五十兩，新增歸公加平銀七百五十兩，又光緒十年冬季分廣儲司公用銀七萬五千兩，另加平銀一千一百二十五兩，新增歸公加平銀一千八百七十五兩，抬費用項銀六百兩，統共借銀十四萬五千八百兩，飭令該委員等領賫匯單、文批，於光緒十年十月十八日附搭輪船由海道進京，前赴户部、内務府，分别報到，聽候飭傳交納。

〔一〕録自《京報》第一〇六九號。

〔二〕録自《京報》第一〇七九號。

所有光緒十年分例解米艇公用各項銀兩，均已依限解清。其餘未解銀兩，容當次第籌解。除分咨外，謹合詞恭摺具陳，伏乞皇太后、皇上聖鑒。

旨：該衙門知道。欽此。

捐添號舍請免報銷摺〔二〕光緒十年十二月　日

竊據内閣中書梁肇修、前翰林院侍讀學士李文田、編修廖廷相、潘寶璜、吏部主事郭乃心、前户部郎中葉衍蘭、户部主事易學清、刑部主事羅家勤、馮栻宗、揀選知縣何如恒等呈稱：竊維興廉舉孝爲士子進身之階，粵東地勢廣延，人材薈萃，每逢鄉試各府州縣生員貢監來省應考者，不下二萬人。惟貢院號舍總計原建及隨後添設東西文場共一萬一千餘間，按號録科，生員尚或見遺，貢監尤易被屈。伏念多士横經鼓篋，積學芸窗，所冀三載賓興，藉遂觀光之志。乃因限於號舍，不克入闈，其情未免向隅。轉瞬乙酉正科又逢鄉舉，茲查貢院西圍墻外尚有民房可以購買，添建號舍一千餘間，所需價銀及建造工料均由該貢監等自行捐助，毋庸將公項動支，理合聯具公呈，懇請據情具奏。紳等生長是邦，同深感戴，所有此項添建號舍，均係民捐民辦，並請仿照咸豐十一年修理貢院成案，免其造册報銷等情，由布政使會同善後總局核明詳請具奏前來。

臣等伏查咸豐十一年粵東紳民捐修貢院，增添號舍，民捐民辦，請免報銷，經前督臣勞崇光於同治元年十一月間奏明奉部覆准有案。統計貢院號舍原建及添設共一萬一千餘間，從前每届鄉試之期，按號録遺足敷分坐。近年文風日盛，生、監應試者幾及二萬。雲程在望，廣厦難容，士子志切觀光，每以不得入試爲憾。今紳士梁肇修等請於西圍墻外購買民房添設號舍一千餘間，所需地價工料由貢監諸生自行捐助，無容動支公款，自可准如所請，以期鼓舞人才。所有添建號舍經費，係民捐民辦，並未借動公項，核與咸豐十一年紳民捐修貢院准免報銷之案，亦屬相符。相應援案奏明，請旨照准，以順輿情。除飭司局札委廣州府督同南、番兩縣前往勘估興工添建及咨部查核外，臣等謹合詞恭摺，由驛具奏，伏乞皇太后、皇上聖鑒訓示。

旨：著照所請。該部知道。欽此。

遵議安置軍流各犯摺〔三〕光緒十年十二月　日

竊照光緒十年二月十二日准刑部咨：各省軍流徒犯脱逃日衆，亟宜變通整頓，妥議安置。又附近、近邊、邊遠三項軍罪，視三流道里，遠近相同，應如何量加删減，明示區分，請旨飭下各省，體察情形，妥議具奏等因。咨行到粵，當經行司妥籌核議去後。

茲據臬司沈鎔經具詳前來。臣等伏查軍流徒犯，類皆生事犯法之人，雖經投畀遠方，未必皆知懲創。設但嚴其黔束，不爲裕籌生計，欲其安居配所而不狡思免脱，蓋亦難矣。夫興築濟工，固爲善策，但修城、挑河、運糧、負炭一切力作之事，既非地方所常有，即非經久之良圖。至於設所棲流，量能授食，前人業有條議及之者，特以經費難籌，且虞聚處生事，致未施行。臣等悉

〔二〕録自《京報》第一〇七九號。

〔三〕録自東吴仰止廬主輯《南皮張宫保政書》，一九〇一年上海圖書集成印書局印。

慮參稽，徧檢成例，仰見朝廷矜恤軍流各犯，謀所安置立法本極周詳。查軍流各犯，年老篤疾，例許撥入養濟院，給予孤貧口糧。少壯者，有驛州縣發站當差，無驛州縣勻撥各衙門充當水草夫役，給予應得工食，俾資度日。其挾得微資，習有手藝者，交地保管束，聽其自爲謀生。如實係貧窮，但犯非盜竊及脱逃改發者，到配之後，由該管官察其人尚安静，酌借孤貧口糧一年，俾爲小販生理。以上各條，散見户、刑二部則例。歷年通行條例，誠能酌加纂輯，定爲成法，責成各州縣於各犯到配點驗後，詳加體察，分别老疾、少壯，有無資財、手藝，妥爲安置，毋使失所。並將如何安置情形，於收管文内，切實聲叙，報部查考。如是，老疾有養，少壯有役，習藝者自食其力，貧苦者藉本營生，凍餒無虞，防範自易。再能嚴飭夫頭、甲長慎密看守，官仍依期查點，時將脱逃被獲加等治罪各專條，剴切曉諭，以消各犯逸脱之念，而逃案或可期於日少也。充軍始於宋季，前明謂之國律。我朝因明之舊，停止句補，改軍衛爲五軍，與流犯並歸地方編管，然仍抄招知會兵部注名軍籍當差，與流犯僅屏遠方非無區别。嗣因諸從寬大，當差遂成具文。乾隆間又將流犯子孫一體入於軍籍，而軍、流乃始混而爲一。部議爲附近、近邊、邊遠三項與三流道里相等，擬併删減，酌留極邊、煙瘴二項，自係核實之道。惟五軍罪名，各有差等，絲毫未容增減。一旦去三存二，歸併則輕重無分，改纂則協中非易。似仍率遵成憲，量於附近、近邊、邊遠三項到配，酌加枷號月日，用示區分。並將流犯子孫，改照新疆遣犯事例，准於配所編籍爲民。惟軍犯子孫，仍注軍籍，庶幾名與實符，且使共知，一隸丹書，百世莫改。而軍、流輕重自不疑於無别矣。所有遵議量爲變通緣由，是否有當，臣等謹合詞具奏，伏乞皇太后、皇上聖鑒。勅部核議施行。

請補守備片[一] 光緒十年十二月　日

再，廣東黄岡協右營守備缺，經前督臣張樹聲奏請不入輪缺計算，仍准以應升班卓異俸滿千總蔣從翎升補。准兵部議覆：黄岡協右營守備缺，前經該督請以千總蔣從翎升補，經臣部查明第一輪已用過應升人員，此次應用應補人員，議令照章請補。今所請以蔣從翎升補之處，應毋庸議。仍令揀選應補合例人員請補，以符定章。於光緒十年閏五月二十二日具奏，奉旨：依議。欽此。等因。欽遵咨行前來。

查定例，各省題調武職各缺，如因員缺緊要，人地相需，將不合例人員保奏，應於摺内聲明，請旨交部核覆，恭候欽定等語。兹與署廣東陸路提督鄭紹忠在於陸路守備應補班學習期滿發回，以守備候題之雲騎尉世職各員内，詳加遴選。其奉旨名次在前之楊晏、李載明、張國榮、謝維嵩、朱騰蚊、劉雄超、王華德、李振邦、高春暉、孔憲、甘興章、周兆中、故其良、故起鵬、張耀光、何瑩光、魏志貴、梁國瑜、羅佩璋、張兆熊、蔣芳錫、盧爲霖、洗芳桂、楊毓璜、陳龍章、黄甫申、廖繩武、黄廷甲、邱錦鈐、林敬中、葉玉渠、劉永田、周惠清、秦烈堉、梁秋元，或於此缺人地未宜，或營務尚未諳練，均未便請補。查有署撫標左營守備事，督標中營學習期滿雲騎尉候補守備張國楨，年四十五歲，廣東羅定州人，同治六年九月初七日接准部覆准襲收標，嗣因學

[一] 録自《京報》第一〇七九號。

習三年期滿，給咨赴部引見。光緒三年十月初一日，經欽派王大臣驗放請旨：張國楨着發回本省照例用。於初二日覆奏，奉旨：依議。欽此。是年十一月初五日，由京回營。該員年力强健，營務明習，前經委帶綏靖營勇，邊防勤慎，現委署撫標左營守備，辦理裕如。以之補授黄岡協右營守備，洵堪勝任。雖名次在後，與例稍有未符，惟在前各員均有未宜，未便請補。員缺緊要，不敢稍涉遷就，謹隨摺聲明，合無仰懇天恩俯准以張國楨補授黄岡協右營守備，以免要缺久懸。如蒙俞允，該員曾經引見，奉旨發回候題，毋庸再行送部，應請勅部發給劄付，飭令赴任。臣謹會同署廣東陸路提臣鄭紹忠合詞附片具奏，伏乞聖鑒，敕部核覆施行。

旨：兵部議奏。欽此。

飭知縣各員赴任片〔二〕 光緒十年十二月　日

再，新選仁化縣知縣陳禹年、新興縣知縣丁浚、樂昌縣知縣李春暉，均先經到省繳憑。因該員等初膺外任，於吏治一切事宜尚未諳悉，當經先後奏明，飭令陳禹年、丁浚、李春暉，留省學習，再飭赴任在案。兹查該員等自留省學習以來，均於地方情形漸能熟悉，應即飭令陳禹年即赴仁化縣知縣，丁浚前赴新興縣知縣，李春暉前赴樂昌縣知縣本任，以專責成。據廣東布政使龔易圖具詳前來。臣等覆查無異，除咨明吏部外，謹附片陳明，伏乞聖鑒。

旨：吏部知道。欽此。

光緒十一年

特參不職文武各員摺 光緒十一年正月十九日

竊臣欽奉光緒十年五月二十八日諭旨：吏治、軍政、財用、民風各端，著張之洞於到任後，將一切應辦事宜認真經理，總期有利必興，無弊不革。等因。欽此。臣到粤之日，海防已警，征繕修防，日不暇給，按考粤中政事、吏道，龐雜固不待言，即兵食諸大端，大率紀綱廢弛，淆紊無章，惟有先就查出各員，據實上聞，分别懲儆。

查有總辦機器局江蘇候補道温子紹，經管該局多年，料價既多不實，工匠亦不足額，物議繁多，應請旨先行革職，澈底查辦，勒令賠繳。試用通判張光裕，委辦前山釐局，緝私勇丁缺額太多，公項亦多含糊。試用知縣丁墉，委辦後瀝釐局，於司事巡攔，中飽隱匿，縱容不究，聲名甚下。以上二員，應請以府經歷縣丞降補，仍勒令如數賠繳。試用知縣吕椿培，委辦四會釐局，挪移釐款，浮開公用，惟前數年於釐務頗能整頓，尚有前勞足録，應請暫行革職，勒令如數賠繳，再行奏明辦理。順德協副將利輝，性情近滑，委帶艇船，勇丁懈弛，多不在船，操防亦有缺額。署水師提標後營遊擊陽江鎮中軍遊擊黄增勝，所部勇丁多不足額，派守礮臺，並不講求操練，以致損壞洋礮二尊。惟利輝於省河情形

〔一〕録自《京報》第一〇八六號。

穩練精詳，深知大體，堪以調署。其所遺高州府知府篆務，查有候補班儘先補用知府常穆，廉静不浮，辦事精細，堪以署理。據廣東布政使龔易圖會同廣東按察使沈鎔經，具詳前來。除檄飭遵照，並將該府謝鉞因病出缺情由，另疏題報外，所遺廉州府知府缺，相應請旨迅賜簡放，以重職守。臣等謹循例附片陳明，伏乞聖鑒。

旨：知道了。欽此。

謝賜福字摺 光緒十一年二月二十日

光緒十一年二月十二日，遞摺差弁由京回粤，賫到御賜福字一方，當即恭設香案，望闕叩頭謝恩祗領訖。欽惟我皇上，斟元溥化，昭德諴民。隆孝養於璇闈，箕疇錫慶。耀威稜於璣鏡，榛麓延釐。值歲琯之更新，蒙雲書之下賁，龍圖媲寶，鼇戴銘恩。竊臣丹徼守官，紫宸瞻戀。鸞迴一紙，珍逾宋殿賜書。燕喜六章，榮比鎬京受祉。仰藉天題吉語，綏和五嶺之軍民。願將化宇祥符，滌盪九瀛之氛祲。

謝京察議敘摺 光緒十一年二月二十日

光緒十一年二月十七日，准吏部咨，正月二十四日奉上諭：朕奉慈禧端佑康頤昭豫莊誠皇太后懿旨，三載考績爲國家激揚(太)[大][一]典，中外滿漢諸臣，有能恪共職守勞勣最著者，允宜特加甄叙，以示優眷。兩廣總督張之洞，籌濟軍事，不分畛域，著交部議叙。等因。欽此。竊臣北土疏庸，南溟承乏，屬渝盟之思逞，爰征繕以同仇。簡將徵兵，有愧邊樓之籌畫。贏糧赴敵，敢言甬道之勤勞。恭逢考績於虞廷，遠荷頒恩於越嶠。褒甄逾分，感悚難名。臣惟有奉宸略以安攘，資凱軍以騰飽。從此濮鈆北户，永銷兵氣於師中。還瞻嵎鐵東瀛，遠鬯皇風於海外。益殫駑鈍，仰答鴻施。

請准以郭樹榕調補南海縣知縣摺[二] 光緒十一年二月 日

竊照准部咨行缺單内開：南海縣知縣盧樂戌以教職銓選，所遺南海縣知縣，沖繁疲難四項最要缺，例應在外揀選題補。該縣爲省會首邑，政務殷繁，時有發審要案及交涉洋務，非精明幹練、才識兼優之員，不足以資治理。臣等督同藩臬兩司於本省候補即用及應升各員内逐加遴選，非現居要缺，即人地未宜，實無合例堪勝斯缺之員。惟查有石城縣知縣郭樹榕，年四十一歲，山東濟甯直隸州人，由廪生中式同治三年甲子科本省鄉試舉人，戊辰科考取宗室學教習，在籍辦理團練出力保奏，奉上諭：著以教諭不論雙單月遇缺選用。欽此。旋赴黔營投效，克復興義府新城縣案内出力保奏。光緒元年正月十六日奉上諭：著免選本班，以知縣分發省分歸候補班前先補用。欽此。遵例捐指廣東並加同知銜。三年四月二十五日到省，題署石城縣知縣。八年八月二十四日到任，九年試署期滿，題准實授在案。該員穩練老成，辦事踏實，以之調補南海縣知縣，洵堪勝任。該員歷俸未滿三年，現飭遵例

[一]「太」應為「大」。據楚學精廬一九三七年版《張文襄公全集校勘記》改。

[二]録自《京報》第一一二九號。

赴部捐免，南海縣本屬題缺，今請調補，與例稍有未符。惟缺係繁要，人地實在相需，例得據實陳明，專摺奏請。據藩、臬兩司會詳前來。合無仰懇聖恩俯念省會首邑員缺緊要，准以該員郭樹榕調補南海縣知縣，實於要缺有裨。如蒙俞允，該員係現任知縣，請調知縣，銜缺相當，毋庸送部引見。所遺石城縣知縣，粤東現有應補人員，請扣留在外，俟接准部覆，另行遴員請補。臣等謹合詞恭摺具奏，伏乞皇太后、皇上聖鑒訓示。再，該員係初調人員，叅罰案内另行列册送部。又，該員任内並無承審積案及欠解糧錢、承緝未獲盜案已起降調革職叅限，合併陳明。

旨：吏部知道。欽此。

懇准以王承彦補授昌化縣知縣摺[一]　光緒十一年二月　日

竊照准升昌化縣知縣楊恩藻，於光緒八年九月二十八日病故。所遺昌化縣知縣，係烟瘴題調要缺。例應由外揀選調補。先經前督撫臣等題請，以揭陽縣縣丞金階升補。旋准部覆，以金階既有保舉以應升指定官階補用之案，自應按照定章，歸於知縣候補班内補用，不得仍按俸滿保荐候升之案，仍行請升。應另揀選。又經臣會同前督臣張樹聲題請以四會縣知縣陳善坡調補。茲准部咨，四會縣知縣陳善坡調補昌化縣知縣，尚未奉旨補准以府經縣丞降補仍應作四會縣降補開缺。至昌化縣係烟瘴要缺，自應仍按前任出缺，另行遴員更調。等因。查昌化縣知縣，係烟瘴外調要缺，必須能耐烟瘴廉能之員，方克勝任。臣等與藩、臬兩司於通省應調應升人員内，逐加遴選。非現居要缺，即人地未宜，寔無合例堪以調補之員。惟查開缺另補知縣王承彦，年五十二歲，直隸萬全縣人，由俊秀在江甯粮台捐輸米石作爲監生，以縣丞不論雙單月即選。遵籌餉例加捐，分發廣東試用。續加捐知縣，指分廣東分缺先用，免試用，並加同知升銜題補龍門縣知縣。同治八年八月二十六日到任。因地方難治，奏請開缺另補。光緒二年六月初四日奉旨照例另補。七月二十四日接到部文。該員勤慎耐勞，究心吏治，以之補授昌化縣知縣，實於烟瘴要缺有裨。但昌化縣知縣，係烟瘴要缺，例應以實缺人員升調。該員王承彦係由實任開缺留省另補知縣，與例稍有未符。惟人地實在相需，例得據實陳明，專摺奏請。據藩、臬兩司會詳前來。合無仰懇聖恩俯念烟瘴要缺緊要，准以該員補授昌化縣知縣，俾資治理。如蒙俞允，該員係曾任知縣，請補知縣，銜缺相當，毋庸送部引見。臣等謹合詞恭摺具陳，伏乞皇太后、皇上聖鑒訓示。

旨：吏部議奏。欽此。

特參知縣徵存地丁延不完解摘頂勒追摺[二]　光緒十一年二月　日

竊照地丁錢粮，乃維正之供，例應隨徵隨解。如遇交卸，尤應掃數解清，不容延宕。茲查有試用知縣陳瀛藻，前在澄邁縣任内，徵存光緒十年分上忙錢粮銀一千一百四十三兩九錢二分七厘，九年分截留奏銷銀六百二兩九錢七分七厘，羡耗銀四百五十六兩

[一] 録自《京報》第一一三〇號。
[二] 録自《京報》第一一三六號。

七錢五分一厘。又丁憂准補樂會縣知縣薄紹緒，前在文昌縣任内徵存光緒十年分錢粮充支兵餉銀三千六百七十九兩六錢二分。該二員欠解前項銀兩，爲數甚鉅，迭經嚴札催提，延不完解，實屬玩視正供。當此嚴辦交代之際，未便稍事姑容。據藩司龔易圖、臬司沈鎔經會詳揭參前來。臣等覆查無異，相應請旨將前署澄邁縣試用知縣薄紹緒[一]，先行摘去頂戴，勒限一月内將徵存未解各年銀兩，依限掃數完解。倘逾限不完，或完不足數，即行查明是侵是挪，從嚴參追，以爲玩視正供者戒。臣等謹合詞恭摺具奏，伏乞皇太后、皇上聖鑒訓示。

旨：著照所請。該部知道。欽此。

黄照臨調粵差委片 光緒十一年三月初二日

再，頃閱邸鈔，知署山西按察使河東道黄照臨，以回籍侍養奏准開缺。在該員自是至情肫篤，然臣之洞不免爲晋省惜之。查廣東政事極爲繁難，而人才最爲不敷。端緒之紛，習氣之壞，實爲十八省之最。無一而非利藪，無一而非弊端，官方、民俗、財源、盜案、軍政、洋情，奇變百出，周知已甚不易，整飭之難可知。而司道各局所辦之事，類皆博大緊急，關涉防務、洋務。現值海防孔亟之際，籌畫兵食，造船製器，購買外洋軍火，協濟各路軍需，用款動至鉅萬。用人難拘一格，往往因時創法，不主故常。不藉羣才，難言圖治，大抵欲求治粵，必須操守才略兼備者爲之。有守而拘隘者，能自檢而不能辦事。有才而疏縱者，能謀事而不能服人。必其守極正，其才極長，然後能内肅吏民，外應萬變。而挽回風氣，尤以清廉爲主。黄照臨清操卓絶，才力强毅，而又能權宜因應，警速如流，政績久著。即以在河東而論，清積弊，裁浮費，整鹺綱，功已不小。前蒙特恩，令權臬篆，固已仰荷殊知。臣之洞移治兩粵，恨不得與該員共事一方，徒爲耿結，無可如何。然每至政煩事急時，輒不能無指臂之思。今適聞其去晋歸里，竊敢仰懇於聖主之前。查該員之父母雖老而甚健，臣之洞所稔知。其母本係就養在署，其父每輕裝自湘來署看視，時來時往，强健可知。署山西撫臣奎斌摺内祗言晋省天寒，其母不服水土。粵湘接壤，水土不甚相懸，天氣極煖，水道可通，自於迎養尤便。

臣之洞與臣文蔚籌商意見相同，合無仰懇天恩俯念粵事至難，長才至少，將黄照臨發往廣東差遣委用，俾臣等得所襄助，將來必有大益於粵。

旨：另有旨。欽此。

都司嚴廣齡因公殞命議恤片[二] 光緒十一年三月 日

再，都司銜廣東撫標左營儘先補用守備承襲雲騎尉嚴廣齡，先經派在馬溜洲厘廠管駕保捷小輪船，巡緝私販。光緒十年三月初二日，巡至香山縣屬磨刀口洋面，適值梟匪駕艇走私，該守備督率船勇，奮力向拿。詎該匪燃礮拒捕，致該守備受炮重傷，次日身故。據廣東善後局查明，詳請奏恤前來。臣等伏查該員嚴廣

[一] 此句似應為：「相應請旨將前署澄邁縣試用知縣陳瀛藻及准補樂會縣知縣薄紹緒」。

[二] 録自《京報》第一一五七號。

齡，駕船緝私，身受炮傷致斃，係屬因公殞命，殊堪憫惻。核與請恤之例相符，合無仰懇天恩勅部照例議恤，以旌死事。除將該故員履歷册送部查辦外，謹合詞附片具陳，伏乞聖鑒訓示。

旨：著照所請。兵部知道。欽此。

剿辦瓊州黎匪出力各員酌保摺〔一〕光緒十一年三月　日

竊照廣東瓊州府屬萬、崖二州黎匪歷年滋事，經前督臣張樹聲檄行前署瓊州鎮劉成元、前署雷瓊道劉鎮楚督帶兵勇，分路進剿。劉鎮楚督軍攻剿萬州一路，全境已定，崖州迭次獲勝情形，於光緒八年三月十一日會同前撫臣裕寬奏奉上諭：出力員弁，准俟崖州事竣，一併擇尤請獎。等因。欽此。嗣劉鎮楚、劉成元添勇赴崖州剿辦，元惡授首，全境肅清。經前署督臣曾國荃將出力人等先行擇尤酌保，於光緒九年正月十八日會奏，奉旨：該部議奏。等因。欽此。均經先後轉行欽遵。續據劉鎮楚等將在事出力官紳開報，由廣東善後局司道覆核，列册詳請奏獎，前督臣張樹聲未及核辦移交前來。臣等伏查瓊州府屬黎匪，歷年在萬、崖二州各處滋事，前署雷瓊道劉鎮楚等督飭員弁，管帶兵勇，分路剿辦。將匪首李有章等，先後斬擒殆盡，地方一律肅清，在事官紳人等，深入瘴地，攻克堅巢，擒斬首要，或隨營嚮導，冒險探賊，解散匪黨，均屬異常出力，按册詳核，復加删减，尚無冒濫。謹繕列清單，恭呈御覽，仰懇天恩俯準給予獎叙，以昭激勸。其餘出力稍次員弁、兵勇，由臣等另行酌給外獎，合併陳明。謹合詞恭摺具陳，伏乞皇太后、皇上聖鑒。

旨：該部議奏。單併發。欽此。

請准以鄭荄調補海陽縣知縣摺〔二〕光緒十一年三月　日

竊照海陽縣知縣胡鑑，革職開缺，所遺海陽縣知縣係海疆沖、煩、難兼三要缺，例應由外揀員請調。該縣爲潮郡附郭首邑，民情强悍，械鬥成風，素稱難治。且地方濱臨海洋，稽查口岸出入在在均關緊要。非精明幹練之員，不足以資治理。臣等與藩臬兩司於通省現任知縣内逐加遴選，非現居要缺，即人地未宜，實無合例堪以調補之員。惟查有歸善縣知縣鄭荄，年五十四歲，河南羅山縣人，由咸豐辛亥科舉人中式己未科進士，以知縣即用，簽掣廣東，親老告近，改掣湖北，准補嘉魚縣知縣。同治六年九月飭赴本任，七年十二月丁憂。嗣服滿起復，捐加同知銜，請咨赴廣東原掣省分候補，題補歸善縣知縣。光緒四年三月十四日到任，歷俸已滿三年，現署順德縣知縣篆務。該員操履端謹，才具開展，以之調補海陽縣知縣洵堪勝任。惟該員由歸善縣海疆沖煩難要缺請調補海陽縣海疆沖煩難要缺，係以煩調煩，與例稍有未符。惟人地實在相需，例得據實陳明，專摺奏請。據藩臬兩司會詳前來。合無仰懇聖恩俯念海疆員缺緊要，准以該員鄭荄調補海陽縣知縣，俾資治理。如蒙俞允，該員係現任知縣請調知縣，銜缺相當，毋庸送部引見。所遺歸善縣知縣，係海疆沖煩難要缺，例應在外揀選調補。俟核准部覆，另行選員調補。臣等謹合詞恭摺具陳，伏乞皇太后、皇上聖鑒訓示。再，該員歸善縣任内，曾經接徵地丁

〔一〕録自《京報》第一一五八號。
〔二〕録自《京報》第一一六三號。

錢粮未完已起降調處分，查係實欠在民，並非徵存未解，係在恩詔以前，應行豁免。該員任内罰俸案件，已於光緒十年十月十一日欽奉上諭通行加恩寬免，毋庸列造。合併陳明。

旨：吏部議奏。欽此。

知縣奏銷後續完錢糧請改議緣由摺〔一〕

光緒十一年三月　日

竊照前准部咨，具奏籌備餉需摺内，所有錢粮奏銷，令該督撫一面具題，一面先將未完一分以上各員開單，專摺奏報。其有具奏後續完者，准其續行奏請歸本案開復。等因。欽奉諭旨咨行到粵，當經轉行欽遵辦理。茲據布政使龔易圖詳稱：廣東省光緒九年奏銷地丁錢糧銀米案内，原參瓊州府崖州尚未完地丁銀二千六百五十六兩六分二厘，先經開列經徵代理崖州事試用通判戴嘉齡未完五分以上職名，分别詳奉彙奏，並題參在案。嗣據該員戴嘉齡完解地丁銀一千六百六十八兩九錢九分七厘，業經雷瓊道庫兑收，充支兵餉。查户部則例内開，各直省經徵督催各官參後，或續報全完，或續完幾分，該督撫將應免處分分别題咨，即予減免開復等因。今該員戴嘉齡續經解過原參未完光緒九年分地丁銀一千六百六十八兩九錢九分七厘，應照減免之列及奏定章程辦理。查光緒九年分錢糧奏銷開報該員戴嘉齡未完五分三厘八毫四絲五忽，今於參後續完三分三厘八毫三絲五忽，實未完二分一絲等情，造册詳請具奏改議前來。臣等覆查無異，除嚴飭將未完銀兩趕緊掃數完解外，所有崖州經徵錢粮參後續完銀兩請改議緣由，謹合詞恭摺具陳，伏乞皇太后、皇上聖鑒，勑部改議施行。

旨：該部議奏。欽此。

請准以裘伯玉調補潮陽縣知縣摺〔二〕

光緒十一年三月　日

竊照潮陽縣知縣周恒重升補欽州知州開缺，所遺潮陽縣係海疆繁、疲、難三項要缺，例應在外揀選調補。該縣地處海濱，民情刁悍，械鬥成風，素稱難治。且巡緝外洋，稽查口岸，在在均關緊要，非精明幹練之員不足以資治理。臣等與藩、臬兩司於通省現任知縣内，逐加遴選。非現居要缺，即人地未宜，實無合例堪以調補之員。惟查有准調澄海縣知縣裘伯玉，年五十二歲，江西新城縣人。原籍福建光澤縣，由内閣供事咨送實録館當差。咸豐二年議叙從九品，指發廣東。七年遵籌餉例捐升知縣，仍發廣東試用，並加同知銜。丁憂回籍，辦理團練。同治三年勦滅洪巢，臺疆一律肅清，併案奏奬。奉上諭：著遇缺即補，賞戴藍翎。欽此。引見回粵，題署吳川縣。十二年正月十二日到任。光緒四年題請實授，接准部覆，試俸已滿三年，題調澄海縣知縣。於十年九月十三日接准部覆，調署番禺縣知縣，尚未到任。該員才識穩練，振作有爲，以之調補潮陽縣知縣，洵堪勝任。惟由准調澄海縣之海疆繁要缺，請調補潮陽縣海疆繁疲難三項要缺，係以繁調繁，與例稍有未符。但人地實在相需，例得據實陳明，專摺奏請。據藩臬兩司會詳前來。合無仰懇天恩俯念海疆員缺緊要，准以該員裘伯玉調補潮陽縣知縣，俾資治理。如蒙俞允，該員係現任知縣請調知縣，銜缺相當，毋庸送部引見。所遺澄海縣知縣係海疆

〔一〕録自《京報》第一一六四號。
〔二〕録自《京報》第一一六六號。

繁要缺，例應在外揀選調補，俟接准部覆，另行選員調補。臣等謹合詞恭摺具奏，伏乞皇太后、皇上聖鑒訓示。再，該員准調澄海縣尚未到任，並無承審積案及承緝未獲盗案已起降調革職参限。又，該員係再調之員，罰俸案件已於光緒十年十月十一日奉上諭通行加恩寬免，毋庸列造。又，該員吴川縣任内有經徵錢糧未完不及一分，查係實欠在民，並非徵存未解，係在恩詔以前，應行豁免，合併陳明。

旨：吏部議奏。欽此。

籌解第一批鹽課京餉等銀兩摺〔一〕光緒十一年三月　日

竊照承准軍機大臣字寄，光緒十年十一月十五日奉上諭：户部奏，預撥來年京餉，擬在地丁鹽課等款内指撥。等因。欽此。並清單一紙，内開，擬撥光緒十一年分京餉，廣東鹽課銀二十萬兩、帑息銀五萬兩，當經恭録轉行欽遵籌解。又，前准部咨，各省關匯解部庫各項銀兩，奏准自光緒十年爲始，概令籌備足銀，委員裝鞘親齎到部交納，勿再匯兑等因。亦經轉行遵照。嗣因粤東厘金及運庫應解京餉，難以現銀解部。據藩、運二司具詳，又經臣等恭摺奏請，仍舊交商匯兑在案。玆據兩廣鹽運使瑞璋詳稱，在於徵收光緒十年分省河鹽課項内，籌銀五萬兩，帑息項内籌銀一萬兩，並隨解一五加平飯食銀一千五百兩，作爲本年奉撥第一批京餉。又在鹽課項内籌銀二萬兩，並隨解平餘擡費等銀六百六十兩，作爲本年奉撥第一批内務府經費。所有本年籌解第一批京餉、鹽課、帑息共銀六萬兩，一五加平飯食銀一千五百兩，内務府經費鹽課銀二萬兩，平餘擡費等銀六百六十兩，共銀八萬二千一百六十兩，應請交商匯兑，以期迅速。當經飭令殷實銀號新泰厚、百川通，如數匯兑入京。遴委候補通判蔡壽嵩、大挑試用知縣馮瑩、候補鹽經歷施樑、候補鹽大使龔樹椿領齎匯單、文批，於本年三月二十八日在省起程進京，照章支取足色紋銀，分赴户部、内務府投納。合將籌解光緒十一年第一批京餉及内務府經費銀數及匯兑商名暨委員職名起程日期詳請奏報等情前來。臣等覆核無異，除核給文批飭令妥速匯解，並分别咨明户部、内務府兑收，其餘未解京餉等款銀兩，仍飭陸續籌解外，謹合詞恭摺具奏。伏祈皇太后、皇上聖鑒。

旨：該衙門知道。欽此。

廣軍會合各軍保關克諒撤兵回界摺 光緒十一年四月初二日

竊惟廣東奏派馮子材、王孝祺兩軍入越協勦，當於上年十二月奏明在案。至本年正、二月間，諸軍保關復諒，大挫凶鋒，當經前廣西撫臣潘鼎新隨時電奏。臣等僅於桂電所不及者，間有奏陳。惟來電與各路禀報頗多異同，深恐或有參差挂漏，即不足以服將士之心。現在款議粗成，邊防猶亟，謹將詳實戰狀上爲皇太后、皇上陳之。

查上年十二月法虜大股自船頭來犯，十九日攻谷松，二十九日陷諒山。本年正月初九日入鎮南關，桂軍將領楊玉科戰没，董

〔一〕録自《京報》第一一六八號。

履高重傷，諸軍多潰，惟蘇元春所部及陳嘉六營尚完。於是法踞諒山，於關外十里之文淵州築臺安礮，爲堅守計。龍州爲全軍後路，商民驚徙，遊勇肆掠，逃軍難民，蔽江而下，廣西全省大震。自太平、南甯以達潯梧，皆電報所通，水路所達，紛紛告急請兵，桂林空虚，倥偬籌備。先是幫辦軍務前廣西提督臣馮子材暨廣西右江鎮總兵王孝祺，於臘月先後抵龍，而募軍未足，裝械未齊。王孝祺率數營馳援出關，而諒已潰。馮子材原有之八營尚在東路，僅帶中軍兩營駐龍州。元旦聞警，乃留一營彈壓根本，親率一營赴南關，與王孝祺軍攔截潰勇，一面調八營來關晤商，撫臣潘鼎新告以守關無須該軍，令仍顧東路，遂以所部全紮關外，派隊親往督勦。初九日南關告警，復檄西援，十二日聞信折回時，法已於十一日晨焚關自退。馮子材素有威惠，爲桂、越人心所嚮，既還入關，衆心稍定。乃建議於關内十里之關前隘，跨東西兩嶺間，督所部築長墻三里餘，外掘深塹，爲扼守計。謂桂軍宜稍養鋭，自任以所部萃軍守之，營於嶺半，令王孝祺勤軍屯於其後半里許爲犄角。當是時，幫辦軍務署廣西提督臣蘇元春毅新軍、陳嘉鎮南軍，俱屯幕府，在關前隘之後五里。蔣宗漢廣武軍、方友升親軍俱屯憑祥，在幕府後三十里。潘鼎新率鼎軍屯海村，在幕府後六十里。魏綱鄂軍屯艾瓦，防艽葑，在關西百里，王德榜定邊軍屯油隘，專備鈔截，兼防入關旁路，在關外東三十里。獨廣軍兩枝當中路前敵。時值北海封口，西電皆謂法將由欽、廉攻南甯，斷桂軍後路，而廉州並無統將。臣等因桂軍漸集，擬調馮軍回顧欽、廉，又恐難於移動，當經電奏調廉，仍令馮子材酌度進退緩急。一面詢商該幫辦，或全不移動，但聲言即日東援，以定衆心，聽其斟酌。因潘鼎新屢電不以馮軍爲得力，不肯言留，故令該幫辦自酌，知其力任大局，必有權度。旋接潘鼎新覆電，謂蘇元春自艽葑調回，即令馮軍回廉。馮子材覆電則言該軍喫重，兩營亦難移調，當即電覆令其專顧桂防，不必援廉。此正月中旬以後，廣軍布置扼守前敵之實在情形也。

於時馮部全軍已成，桂軍休息漸定。越人密報法將出扣波，襲艽葑，攻牧馬，繞出南關以北，且斷唐景崧、馬盛治兩軍歸路。蘇元春率軍暨魏綱軍趨艽葑以待，馮子材遣五營扼扣波以邀之。二十七日，法數十騎率教匪至艽葑，官軍先在，驚走，扼扣波之馮軍突出奮擊，敗遁。獲其馱軍火大象一、擒匪黨二。二月初二日，法又争扣波，遇馮軍，脱洋衣、洋帽挂林木而竄。艽葑即長定府，法以越官長定府知府紿己，殺其子，遂無西犯意。馮子材請於潘鼎新，調蘇軍還中路。法將揚言以初八、九日犯關，馮子材料法必於初七日禮拜一出兵，決計先發制敵，羣議多不欲戰，潘鼎新以士氣未復止之。馮子材力争，率王孝祺軍於初五夜出關襲敵。山有賊壘三，安巨礮。我軍已入街心，自五鼓戰至初六日午刻，賊益盛，王孝祺馬中礮斃，易騎戰，率死士由山後攀崖而上，破其二壘，斃賊甚多。賊敗走，我軍傷亡亦多，未刻，我軍饑疲乃還。此二月初五、初六兩日，廣軍倡議出關，力戰破壘之實在情形也。

初七日，法果起諒山之衆，併力入關，直撲關前隘長墻，攻廣軍營壘。馮子材告諸軍曰，法再入關，有何面目見粤民，何以生爲。王孝祺以淮軍爲龍州人所詬病，諸軍多輕之，憤甚，皆誓與長墻俱死。法以開花礮隊循東西兩嶺進，向下轟擊，以槍隊撲中路。法謂越人皆馮内應，自以真法兵居前，黑兵次之，西貢洋匪又次之，教匪客匪在後。礮聲震天，遠聞七八十里外，山谷皆嗚，槍彈積陣前後者至寸許。我軍死戰，傷亡殊多，東嶺新築五壘未成，爲敵攻踞其三。王孝祺自率小隊抄敵後仰攻，敵稍却。戰至申刻，蘇元春援軍至，合力拒戰，諸軍竟日不食，至夜仍未收隊。是日王德榜自油隘出軍夾擊，據文淵之對山與敵鏖鬬數時，互有傷亡。遇賊運軍火乾糧之馱馬無數，逐之皆返走，法糧械遂不得入關。初八日清晨復大戰，賊來益衆，礮益緊。馮子材居中，蘇元春助之，王孝祺當右，陳嘉、蔣宗漢當左，左路即東嶺，敵礮最猛。馮子材與諸統領約，有退者，無論何將，遇何軍，皆誅之。復於各路設卡，以截殺逃者，馮子材、王孝祺各刃退卒數十人。賊勢狂悍致死，已薄長墻或已越入。馮子材年將七旬，短衣草履，持矛大呼，躍出長墻，率其兩子馮相榮、馮相華搏戰，將士齊開栅門湧出，諸軍覩馮子材如此，無不感奮。關外游勇、客民千餘，聞馮子材親出陣，皆自來助戰，伺便隨處狙擊。馮軍扣波五營自關外西路來夾擊其背，於是諸軍合力死鬬，短兵火器雜進。王孝祺部將潘瀛率選鋒袒臂裸體，衝入敵陣，故所部勤軍傷亡最多。陳嘉争東嶺三壘，蔣宗漢繼之，七上七下，陳嘉受四傷不退。至酉末，王孝祺已將西路賊擊敗，親率軍由西嶺抄敵後，與陳嘉等合擊，而王德榜之軍亦自關外夾擊東嶺之背，遂將三壘全數奪回。是日王德榜自清晨出軍甫谷，待敵援賊至，率隊衝之，賊截爲二。援賊因回槍擊德榜軍，我軍奮擊，大勝。部將張春發、蕭得龍戰最勇，斃法酋、法匪甚多，餘衆敗走。獲其騾馬五十餘匹，所馱皆槍礮彈、麪餅、洋銀之屬。德榜遂自外夾擊東嶺，奪還三壘。法鏖戰兩日，彈碼已盡，而後隊軍火被截，惶懼無措，頃刻間礮聲頓息，遂大潰。我軍任意斬殺，賊翻巖越澗而竄，教匪路熟先逸，法兵多殲。此戰所斃真法兵、黑兵千餘，法酋數十，客匪、教匪數百，逐出關十里而還。是日，馮子材、王孝祺身畔屢有開花礮子墜落未炸。我軍曩與法戰被挫之時，率皆陰雨霾霧，獨是日大開晴霽，風日光明。此初七、初八兩日，廣軍會合桂省主客各軍血戰大捷之實在情形也。

初十日，馮子材親率十營出關攻文淵州，法匪望風潰遁，追擊斃紅衣法酋一，遂復文淵。法以越官文淵州知州通馮，剖其腹殺之而去。十二日諸軍三路攻諒，法踞諒城固守，並扼對河北岸之驅驢墟，墟有王德榜舊壘甚固。黎明，王德榜進攻之士卒多傷，斃其六畫兵總一。午後諸軍至，王孝祺與王德榜兩軍戰尤力，傷亦多。孝祺部將潘瀛執旗先登，諸軍並進克之。法涉水而逃，併守諒城。十三日五鼓，馮子材軍楊瑞山、劉汝奇等潛渡河，攻諒克之。獲其軍械、糧米無算，皆納之官，軍無私焉。諸軍大至，法悉衆遁，分兵追勦，桂軍、楚軍追中路，廣軍追西路。十五日陳嘉攻谷松，賊勢仍悍，王德榜力援克之，斬三畫法酋一。馮子材軍退賊至觀音橋，破其巢。同日克復屯梅，屯梅即長慶府，生擒五畫法酋一，斬三畫法酋一。遂進軍拉木，逼攻郎甲，郎甲即諒江府。王孝祺進軍貴門關，連日諸軍追殺搜獲法兵極多，盡復去年官軍所駐邊界。此初十日至十五日廣軍會合諸軍，克諒後分兵追勦獲勝，復界之實在情形也。

越人久苦法虐，聞馮子材此次起家治兵，欣若望歲，越官、越民多來入關通款，當即密布間諜，宣慰招徠，及克諒後，遂慨然畫掃盪北圻之計。越官北甯總督黄廷經，糾集各路義民，立忠義五大團二萬餘人，皆建馮軍旗號，供糧米，作嚮導，或分攻，或助戰，北甯城内逃潰大半。李揚材之弟在北甯來報，官軍破郎甲，彼即率衆内應，馮子材各許官賞，分給旗榜。河内、海陽、太原等處，皆密受約信，紛紛畔法，西貢亦以重金購綫通款，已令莫善喜一軍由欽州襲廣安。時唐景崧一軍亦由牧馬進規太原，馮子材已定二十五日親率全軍進規北甯，並率勤軍同進，適奉停戰撤兵之旨，乃止。前軍馮紹珠、麥鳳標等於二十九日尚攻郎甲，是夜前軍聞九日旨，乃還。自三月十四日起，廣、桂、楚、鄂諸軍，連環捲紮，至二十日皆撤入邊。馮子材之軍分屯樟山、平而關、彬橋等處，王孝祺軍屯彬橋。此二月十六日以後，三月二十日以前，廣軍進規北甯，遵旨凱撤還界，屯防關内之實在情形也。

竊惟法虜自去秋敗盟以來，擾閩圍臺，增兵踞越，攻犯桂軍，諒陷關失，以後大局岌岌。此戰若再不利，則南、太將危，欽、廉隔絶，兩粤事體殆難措手，幸賴國家威福宏遠，詔令嚴明，諸將同心，士卒效命，遂獲大捷。克復越南一省，一府，一州，擒斬法酋六畫至一畫數十，法提督尼格里重傷，法之精鋭盡殲，客、教離散，全越驚擾。法虜自謂，入中國以來，未有如此次之受鉅創者。時滇軍亦獲大捷，於是法都震懾天威，舉國嗟怨，將其外部花利罷黜，倉卒乞款。聖上寬仁，不欲究武，俯允其請，休兵息民，是此戰勝負之所關，實非淺鮮。

在前敵親見戰事者，僉言法二次犯關，非有生力大軍，難遽言戰。非馮子材創築長墻，與王孝祺合軍死守，則諸軍無所依倚，更無戰守之法。當初六、七廣軍苦戰兩日之後，非蘇元春軍往援，陳嘉、蔣宗漢力拒東嶺，則馮軍亦將不支。非王孝祺軍疊次肉薄陷陣，橫衝敵堅，則馮、蘇諸軍，亦不能取勝。非王德榜截其後路，斷其軍火，關内外夾攻，則亦不能如此大潰。然非馮子材之素得人心，忠勇奮發，鎮邊安民，戢掠收潰，設險倡戰，料敵情，散賊黨，廣援應，則法亦不至如此摧破瓦解，惶駭遠遁。故諸將皆有功，而尤以該幫辦爲功首。然非李秉衡之廉勁公誠，堅鎮龍州，力持危局，上匡撫臣，下調諸將。弔死恤傷，多方慰勞，以撫殘軍。苦心撙節，悉力供賞，以勵將士。糧餉軍火，不分主客，隨宜接濟，則諸將亦不能成功。該護撫臣之搘拄挽回，其功不細。凡此皆參考各路電報、稟函，采訪關内外軍民輿論，並詢訪自龍來粤人員，公論確情，俱出一轍。

其廣軍屢次出力傷亡員弁勇丁，已由臣之洞咨照蘇元春、李秉衡會同各軍奏請奬恤，不致慮有掩没。聖主明見萬里，優奬戎行，其應如何特頒懋賞，朝廷自有權衡。惟是敵情軍勢，將略民心，臣等既考察詳實，不敢不詳晰上陳，不惟知以前之戰狀，亦可以籌後日之邊防。所有廣軍會合諸軍保關克諒，遵旨凱撤入邊各緣由，謹繕摺合詞具奏，伏祈聖鑒。

旨：留中。欽此。

請褒賞馮子材李秉衡片 光緒十一年四月初二日

再，馮子材三次出關，討平越亂，恩威並著。此次統軍赴龍，桂、越軍民聞其至，若得慈母，稱爲馮青天。其軍紀律最好，凡關外越人受法匪游勇之害者，關内民人受各軍騷擾之害者，咸來赴訴。馮子材亦視若子弟，惻然矜憫，爲之撫恤，示禁告戒諸軍。越官、越民争爲耳目，敵人舉動，悉來報知，近自北甯，遠至西貢，皆通消息。其軍出關後，扶老携幼，簞食壺漿，來相犒問，願供辦軍米，嚮導先驅，助官軍勦除法人，長爲天朝赤子。馮子材毅然自任，致書臣等，謂若假以事權，期以一年，肅清全越。由今觀之，全越則未可知，若乘勝進兵，滇軍東下，劉團橫出，數月之內，必可掃盪北圻。其撤兵之日，越民挽轡乞留，痛哭不舍，隨之入邊者甚多。師還以後，尚有越官紳阮文庭等數十人，到龍具稟請馮軍往勦，免遭法人報復殘虐，願糾各省義民以爲內應。其凱旋龍州，商民香燈爆竹迎迓者三十里不絶。當聞旨罷兵之日，馮子材以兵機方利，敵患方長，機會可惜，力持不願。電函並至，忠憤填胸，力請上奏阻止，謂必須責法人以越地還之越王，方可班師。嗣經傳示屢次續奉電旨，知成約難改，始肯還師。在身爲邊將者，志滅强虜，自是職分當然，如該幫辦之忠勇廉惠，决機料敵，戢軍愛民，考之古來名將，殆無以過。此乃文宗顯皇帝拔擢任用之人，留以備今日邊關緩急之用。到防之日，即奉特旨幫辦軍務，士氣爲之一振，故得成功。

至李秉衡，素有清望，爲臬司時，吏民久已翕然稱頌。及到龍州辦後路，即值大局將潰之時，屹然不動，收集吏民，嚴禁逃潰。前撫臣潘鼎新，平日撫馭將吏軍民，諸多不洽，屢次挫退，民怨軍離，威令久已不行。該護撫臣惟以至誠至公激勵將士，楊玉科戰没，輿尸通衢，無人過問，乃親迎其喪，痛哭厚斂，諸軍感泣。創設醫藥局治軍士之陣傷者，每日必兩三次往看，事緩後亦日往一次，多賴全活。於主客各軍將領，苦心調和，視同一家，糧餉軍衣，不分東局、西局，但擇其急者便宜應之。在軍自奉刻苦，濫費冒支，力持不予，於戰恤功賞，則搜括騰挪，力從其厚，一無吝惜。護撫命下之日，歡聲雷動，桂省官吏軍民，若慶更生。無論桂軍，即廣軍、楚軍諸大將，無不虛心相聽，願爲盡力。

大抵馮子材、李秉衡兩臣，其忠誠廉直皆同，而其得人心亦同。一戰之功不足喜，而邊疆文武大臣，能得人心爲有足恃。此後邊防，不論有事無事，當可措置得法。該兩臣均膺重任，克振大局，臣等既確有所知，不敢不據實上聞。其應如何優加褒賞之處，出自宸裁。謹合附片詳陳，伏祈聖鑒。

旨：留中。欽此。

景軍越境會剿及撤兵還界摺并清單　光緒十一年四月初二日

竊查五品卿銜四品頂戴吏部主事唐景崧，於上年秋間派令出關，會合滇軍及提督劉永福之軍進攻宣光，爲規越廣軍四枝之一，歷經奏報在案。查該軍行抵牧馬，值桂軍郎甲挫潰，前西撫臣潘鼎新令暫留防守牧馬。雲貴督臣岑毓英來函，慮道阻難達，囑其繞道入滇。唐景崧以進軍宜速，不願遷延時日於無用之地，仍由牧馬分起前進。山路險惡，糧運艱難，十月初旬抵宣光西北之三江口。宣光係石城，城内一山，法築礮臺下瞰。十一月初五日法攻劉永福部將吴鳳典營，勢甚危急，該主事親督將士力援獲勝，斃賊甚多，於是先率所部，進薄城外。宣光一帶，荒僻無路，但隨象跡以行。野象百十爲羣，夜行觸之則斃，該軍隨處開修，始漸能與各軍來往。復創該臺站，自龍州達於館司千數百里，設法分段馳遞，滇、桂之氣始通。十二月十一日，與滇將提督何秀林、總兵丁槐等合力進攻，滇軍爭南門外賊寨，約該軍截東門外援賊，劉永福、黄守忠截沿河援賊。賊大股自東門出，專擊粵軍，於山巔、城上、船中三面環施槍礮。營官參將談敬德已傷復進，再中礮，没於陣。營官都司盧貴重傷，參將王寶華兩傷，軍不少却，賊不得過南門，滇軍遂奪得寨。該軍擊沈舟中逸賊甚夥，劉軍奪賊舟三，賊多溺，自此賊伏不出。自十一日至十三日晝夜攻擊，未曾收隊。十五日該軍生擒逸賊二百餘，會滇軍猛攻，滚草填壕而進，奪獲城外礮臺，賊潰，死傷無算。城上槍礮密如驟雨，該軍逼城而壘，以草捆蔽身，衝彈運鉏，懸礮西北隅山巔，轟擊洋樓，城堞多毁。劉軍亦來助擊，賊紛竄，又生擒數十。據獲匪供，十一日之戰，斃五畫法酋一、四畫一、一畫二，法兵及教匪數百。自十七、二十二、二十六、二十八、二十九至本年正月初二、初三等日，俱有戰事，盡拔城外竹柵木樁，以雲梯草捆進攻。該軍據城北土阜俯擊，以鄉音誘客教匪投出百餘，皆釋去，偷渡者任其逸。嗣聞援賊將至，逼攻愈急，初八、初十、十一、十三等日，滇軍以地雷轟塌缺口三處，賊於缺口立木柵土壘，排列開花礮，伏地窟以守。該軍與滇軍屢衝缺口，懸賞募士，肉薄先登，前者傷亡，後者繼進，裹創血戰，雨夜不休，望見城内之賊紛紛倒斃。該軍入城而戰死者甚多，帶隊遊擊賴朝榮於十一日冒彈登城，殞於城上，參將鄒全鴻於初十日兩傷，參將鄧有忠於十三日重傷。通計數月來，營官帶隊戰没者二人、重傷者四人，哨弁以下，更難悉數。城中樵汲已斷，糧亦垂盡，教匪大半竄逸，賊勢危蹙，伏匿待斃。法自入中國以來，皆係撲犯官軍，獨宣光爲受攻被困之始，於上年十二月十一、十五、二十四等日，本年正月十三日，疊奉諭旨褒嘉，懿旨（頌）［頒］賞[一]。乃以桂軍失諒，移寇西援。

劉永福十六七等日左育扼戰，力竭敗退。援賊與城賊通連，恐致腹背受敵，遂與何秀林、丁槐等商，暫撤先鋒營，穩紮緩攻。時值法入南關，將窺牧馬，牧馬即高平省。該軍後路餉彈俱缺，慮被截斷，臣與岑毓英均令回防牧馬。該主事抵牧馬後，越官高太勦撫使梁俊秀願結北圻義民助戰，太原金英縣民亦來請兵。游勇渠魁梁正理、何三、謝二等擁衆甚多，皆來就撫，願受約束，助軍攻勦。越民自願集八十社，按月供梁軍糧餉。黄守忠所部約千人，已檄令東來，景崧各加撫勵部勒，自任攻太原一路，方欲進討，適已奉旨撤兵。現於三月二十日以前將該軍撤入邊界，分紮龍州之下凍一帶，與廣、桂各軍聯絡屯防，均經電奏在案。

當圍急時，法虜以玻璃瓶盛求救書順流放下，上插小旗，書：拾送端雄法營者，給銀二十元。被官軍截得數具，解送臣處。當經譯出，自言日夜攻擊，勢在垂危，不日將陷。又譯出西人自河内來洋信暨東京法人新聞紙，所言略同。盛稱宣光華軍力戰甚勇，攻圍有法，遊擊茂連拏鼇傷斃，再過七日，則城内無一生者。述左育之戰，則言法攻東京，以援宣一役爲最難，黑旗勇敢無匹。真法殲斃四百餘人，官兵廿五人，黑兵、教匪不與焉。蓋永福雖敗退，而法人守城與援宣之兵受創過甚，力敝氣沮，故僅解宣光之圍，不能上犯館司。其震怖之情，露於楮墨，至今法人猶深畏忌。

查該主事以文學書生親率偏師，越疆會勦，行無人之地千餘里，山箐幽險，不見天日，夜墮深塹，晝逢猛虎，馬蝗盈尺，噬人立斃，人馬顛隕，不可數計，購糧運械，尤爲艱苦。其人數比之滇軍、劉軍，不及其半，其後路之遠近難易，則又倍之。至於臨戰赴援，攻城奪壘，其摧鋒斬獲，每與諸軍相埒。將士致果效命，傷亡多於他軍。每有攻戰，該主事皆親履前行。其爲才能用衆，勇能克敵，已可概見，此軍以之防邊，可期得力。除宣光歷

〔一〕「頌賞」應為「頒賞」。據楚學精廬一九三七年版《張文襄公全集校勘記》改。

次攻戰獲勝雲、粵、劉三軍，已奏奉恩准，咨照岑毓英遵旨保奬並隨時奏恤外，合將截獲宣光法匪求救書暨西人河内來信、東京法人新聞紙譯出，繕單恭呈御覽。

旨：留中。欽此。

謹將截獲宣光法匪求救書暨西人河内來信、東京法人新聞紙譯出，繕單恭呈御覽。

譯光緒十年十二月官軍截獲宣光法匪玻璃瓶求救書

函面寫：即交沿途所遇法營礮隊官，如不遇礮隊官，即速投遞駐紮宣泰統領。

函背寫：安南人能將此文飛遞宣泰者，獲重賞。切速，切速。

函内寫：本處被華兵圍困，其數甚衆，日夜攻擊，勢在垂危。四圍九百碼之外，皆華兵所駐，密邇相逼，我軍不得不棄外壘而退守内城。惟南面一方距華兵尤近，相去僅二百碼，華軍由此掘挖地道，工程甚速，不日將陷我城，復於汙沃道上建築土壘，堅壁固守，此處即劉永福所駐，有黑旗二千人在此。謹此急報大營統領察照，由宣光法營發。火速，火速，火速。

另洋文一分辭意相同。

譯正月二十四日西人河内來信

法攻東京，以援宣一役為最難，然向與劉軍接仗，未嘗有易事也。宣光一城，在克來河旁之山谷中，距城百丈許有山臨之，易於被擊。去歲九月間華兵圍之，至月杪鏖戰一次，圍始解。後法留新兵守之，援兵仍回河内。越四日，華兵復圍之，至十二月初間，奮勇迎撲，城垣被毀三處，法苦不支，告急於河内。華人跨城數次，雖被擊退，而法兵死傷者亦甚多。其時法已據諒山，統兵官即調前營副將幾阿樊你之兵趨援。宣光計法兵二營，一真法兵，一越南土著。又有大礮一隊，哈乞開士礮一隊，由克來河沿流而上，水程甚遠。直至正月十六日始見黑旗有礮臺在都約地方，距宣城約六英里，形勢甚佳。臺設山上，繞以矮樹，船礮既不能及，陸礮亦難擊中。共有小臺八座，内聯濠溝，外築短垣，上開礮眼，下挖地道。垣以外有竹桿三重，槍隊護垣一道。再前十五丈，樹土盡芟，劉軍伏垣内地道，既得地利，復善策應，法人連攻四次不克，進至第五次，始攻入第一重垣，死傷甚衆。黑旗勇敢無匹，敗退時仍以藥筒、藥包、石塊、小刀擲擊法人。忽見法之黑兵從左邊攻入，有一華人自知逃避不及，即焚火藥房，轟斃法兵四十人。是日下午，法攻第二重土壘，華人相持不若前次之堅。法營大礮又可翼助其步兵，至黄昏後，華人尚保存土壘數座，夜間出圍法人，旋被擊退。次日軍心稍懈，未刻宣圍始解。華人所開地道距宣光城垣僅三丈，垣上有五缺口，皆填滿華屍，可見華人攻城之勇，又可見哈乞開士礮及開花礮近攻之利。是役法守宣城之兵，死者一百五十，其餘受傷過半。法兵穴地而居，以避槍礮，已閲三十六日，設再遲七日援兵不至，必俱死矣。法之官報載，援兵死者四百六十七，其中二十五係員弁，大約不止此數，向來土著之兵死者，法人從未計及。觀河内醫院受傷者之多，幾無安置處，法之失利，已可概見。其援兵現劄宣城，華軍離城僅二英里，法之不敢迎擊者，蓋自知其力有不及，欲待援兵再至，然後圖之。聞日内有法兵五千來越，現已有到河内者，俟其全到，將由紅河以取保勝。法人亦自知欲到保勝，非數月不可，或須延至今冬，可見法人在越不甚得手。所謂增兵者，不過補陣亡病故之缺而已，四十日以來，法兵之受傷病故已有二千名。現在法軍第二隊駐守諒山，糧運艱難，未能得力，其在宣光之第一隊，衹可固守城池，冀不為華軍攻陷已耳。目下情形如此，和議無期，殊非法人之幸。傍觀者始以為去冬之戰，和局可復，及覩現在情形，覺戰事終未易了，不禁為之太息。夏月酷暑炎蒸，進兵不易，其新到之兵，尤不堪其苦。去年英四月，法人多受瘴斃命，一交六月，濕證痢又將繼而發矣。

譯東京法人新聞紙

華十二月初旬，法軍聞華人欲奪回宣光之護城礮臺，若攻奪宣光與太原州，廣西、雲南兩處之兵可進而聯守，雲南兵勇又足拒越南兵之鎮守地名得及黑河者。法將軍方帶兵二隊前往諒山，即聞雲南官軍圍繞宣光城，華十二月十一日，華軍即攻擊此城。觀華軍圍攻形勢，布置極善，想華人必有曾往歐洲軍政書院練習戰法者。華軍趁河水乾淺之時，多人携帶軍械，徑望城垣前往，即向墻邊峒穿窟穴，埋以地雷。華十二月廿七日侵晨，華軍燃發地雷多具轟擊，城墻即行傾塌，遂乘勢奮攻，竟被法軍擊逐，並斃多人。是時法總兵率兵丁在城内日夜急築土壘，幸華軍不能進城。華人又聞法人救兵將到，愈速欲奪護城礮臺，於華正月初八日再用地雷三具，攻塌礮臺之墻，傾卸甚闊。鎮守此礮臺之法兵又將華兵驅逐。是日法遊擊名茂連挐釐者陣斃，又有兵官二人受傷，法兵斃命十二人。

又譯東京法人新聞紙

以今日之華軍，較二十五年前大相懸絶。此次中法交戰，華兵勇敢異常，又有兵官善於管帶。圍宣光城之法，甚合歐洲軍政書院所教習者，放槍礮均有準的，且儲備彈子甚多。法軍斃命不少，其死傷實數尚未知確。正月十六、十七兩日，法軍死傷者約三百人，内兵官二十五人。另鎮守宣光之法兵六百人，已有三分之一在陣死傷。中國交戰時，法國淺水小輪船亦燃礮助擊，惟河水太淺，礮船不能駛進。

唐景崧可任兵事片 光緒十一年四月初二日

再，五品卿銜四品頂帶吏部主事唐景崧，前奉朝命，經越入滇，崎嶇蠻荒，經營調護。去年黄桂蘭潰退後，該主事接統殘軍，支持敗局，扼守觀音橋，最當前敵，爲人所不肯爲。此次越境出師，首擊宣光，屢挫强敵，躬冒礮火，備嘗瘴癘。岑毓英前奏言唐景崧奮不顧身，有膽有識，致臣書亦同。

臣察其爲人，既能親臨行陣，深悉洋戰利病、越地情形，又能籌畫大局，撫馭民夷，條理井井。如此人才，實不易得，洵屬可任兵事，無愧邊才之選。現因奉旨保奏宣光出力各軍，該主事稟稱事不償願，無功可録，不敢仰邀保奬等語。其應如何奬勵之處，應請俟岑毓英奏到，恭候聖明裁度，出自逾格鴻慈。理合附陳，伏祈聖鑒。

旨：留中。欽此。

籌議闈姓利害暫請弛禁摺 光緒十一年四月二十日

竊於光緒十年九月三十日承准軍機大臣字寄，九月初八日奉上諭：翰林院代遞檢討潘仕釗奏變通挽回鉅款一摺，廣東闈姓賭局疊經申禁，兹據該檢討奏稱，澳門開設闈姓公司，利歸他族。

現在海防需餉，請飭體察情形，能否將澳門闈姓嚴禁，抑或暫將省城闈姓弛禁等語，著張之洞、倪文蔚妥議具奏。至所稱副將彭玉夥同奸民何貴等私收闈姓各節，並著確切查明究辦。等因。欽此。又於十一月十七日承准軍機大臣字寄，十月二十三日奉上諭：御史何崇光奏稱，省城開設闈姓廠，視澳門開廠流弊尤甚，請飭申明厲禁等語。著張之洞、倪文蔚歸入潘仕釗前奏，熟權利害，一併妥議具奏。另片奏，請將闈姓賭匪陳恒等嚴拏懲治，並著查明究辦。等因。欽此。又於十一月二十九日承准軍機大臣字寄，十一月初六日奉上諭：據翰林院侍讀梁耀樞、順天府府丞楊頤奏，闈姓詭謀復開，縷陳科場舞弊、商賈受累、奸民縱恣、賭匪横行四害，請旨嚴禁。並聲明澳門僻居一隅，視從前闈姓已減十之六七等語。闈姓弊端甚多，本應嚴申禁令，惟須一律禁止，不使利歸他族，方爲上策。若如該侍讀等所奏，不特省城未便弛禁，即澳門亦可逐漸禁絶。應如何設法辦理之處，著張之洞、倪文蔚悉心籌商妥議具奏。等因。欽此。臣等博訪周咨，熟權利害，於十一月二十七日電奏請旨。旋准總理衙門電開，十一月二十九日奉旨：彭玉麟等電稱粤省闈姓請暫弛禁濟餉等語，著依議行。仍隨時體察，如察有流弊，即行奏停。欽此。欽遵查照，先後咨行在案。

伏查廣東闈姓一事，自前撫臣張兆棟奏請申禁以來，遂爲澳門利藪，於是議塞漏卮者，率皆以此爲言，並不因籌餉而起。海防既亟，籌澳防、籌軍餉者言之尤切。臣玉麟上年五月條陳廣東事宜疏内，本有闈姓弛禁一條，臣之洞到任之初，曾經録稿相示。自八月奉妥防澳門之電旨，九月奉能否弛禁之寄諭，當經分別會飭司、道、府、縣各官妥籌詳議。旋據布政使龔易圖、按察使沈鎔經、鹽運使瑞璋、督糧道益齡會同善後局，轉據廣州府知府蕭韶、署南海縣知縣危德連、署番禺縣知縣侯甲瀛詳稱，自同治三年至同治十年，歷經地方官查拏，闈姓罰認軍需，疊次共罰繳銀四十餘萬兩，均經奏明在案。光緒元年申禁以後，奸民私於澳門設局，輸資葡人，澳酋作護，官力遂窮。藉此巨資購船置礮，近且接濟法虜，窺伺省垣，澳爲粤患，中外共知，爲叢驅爵，有名無實，藉寇資盜，有損無益。現經紳商具呈，如蒙弛禁，情願認捐巨餉。此時餉源無出，亦可藉紓目前之急。即據誠信堂商人張榮貴、敬忠堂商人楊世勳等呈請合辦，以六年爲限，共捐洋銀四百四十萬元，五箇月内先繳一百五十萬元，其餘二百九十萬元按年分繳。當經邀集省城大紳暨各書院山長，前赴明倫堂團捐局公同面議，再三諮訪，僉謂可行。並據署水師提督方耀、署陸路提督鄭紹忠咨呈稱，防務甚急，絶澳之援，增我之餉，無逾於此，應請速辦等情，會詳請奏前來。臣等會查潘仕釗所奏言弛禁便，何崇光、梁耀樞、楊頤所奏言弛禁不便，兩説判然若水火之不相入。恭繹九月初八日諭旨則曰，熟權利害。十一月二十九日諭旨則曰，不使利歸他族。宸謨二語，精要無遺，實爲此事之權衡，羣言之斷制。

謹先言資敵之害。葡與法通，確有明證。上年七月二十一日之電旨，十二月初二日曾紀澤（輪墪）［倫敦］之電信，香山縣丞之密禀，以及港澳各項探訪員紳、洋商之密報，皆謂法將借地泊船屯兵，由五門窺省，許以法向租澳地酬葡。去秋開戰後，法領事薩來思之子即潛寓澳，各屬教民多逃赴澳，以至代招游匪，運助火食，鑿鑿可稽。海警方殷之時，接濟苦於不能斷，口岸苦於不勝防，豈更可豐其羽毛，資其巢窟，害一也。

或曰中法兵衅有時而弭，葡雖助法何妨，則請言養寇之害。粤省大患，首在香港、澳門，一東一西，塞我門户，百事不得自由。藪奸撓法，伏戎乘虚，港猶隔洋，澳則接壤。所幸澳尚貧弱，商業蕭疏，近年茶商頗爲減色。自闈姓移館以後，游民雲集，賈販争趨，各項公司，日增月盛。澳民增一商，澳酋增一餉，澳酋歲收闈姓税數十萬，他税亦數十萬，澳商歲增數百萬。於是增兵額，加礮臺，以二十萬向外洋租置戰艦，聲勢日張。彼商務不足自存，我驅華商租税以富之，坐使肘腋之間增一强鄰，廣州永無安枕之日，害二也。

或曰葡雖富强，亦無能爲，則請言自耗之害。財物止有此數，枝强則幹弱，外溢則内虚。三十年來，廣州商利半移香港，此已無從追論。澳門陸路相接，逋逃尤便，闈姓開先，公司踵後，洋界日富，省會日貧。損境内有釐有税、安分守法之良商，而益界外法令不及、徵税不加之奸富，害三也。

或曰何不如言者所云，查分館責兵役以禁之，則請更言妨政之害。自明文申禁以後，大吏避開闈姓之名，而又欲攘開闈姓之利，於是造爲截緝之説。委派員紳，各路搜截，爪牙四出，白晝横行，分館之家，得規者免。佛山爲近郊大鎮，偵知其館最旺，利最豐，委紳陳桂士作綫掩捕，官得罰款七萬，兵役地棍所得可想而知。民間大擾，遂被言官參奏。上年七月初六日欽奉寄諭，飭臣之洞查辦在案。數年來，肇慶、韶州、清遠之分廠如故，官商之投買如故，紳棍衙蠹之陋規如故。上造子虚烏有之言以欺朝廷，下行告緡没入之法以罔百姓。名實相違，進退無據，成何政體，害四也。

或曰言者所陳，尚有責巡船，禁渡船之法，則請言擾民之害。有羶則蟻往，有市則賈來，澳館大開，利徒安阻。夫賣闈姓者，人給數葉之卷，買闈姓者，人挾數寸之紙。縣縣有之，日日有之。必將於各屬通澳水陸各路歧塗支港，設巡船數百號，駐巡役數千人，凡往來之商旅良賤，解衣倒篋，人人搜檢，終年無休。王道蕩平之世，安有如此政體哉。即使爲之，而巡邏之賣放，赴澳洋人之夾帶，北自京城、上海，南至暹羅、吕宋、新嘉坡，中外輪船之遞送，果有何術可以禁絶。查澳館初開之年，葡酋歲責税餉十餘萬，上年遞增至三十餘萬，必其利厚，然後税多。若謂近年已減十之六七，何以澳商認税争充，轉加三倍。然則禁令之行與不行，投買之減與不減，亦略可知矣。禁則無矣，擾則有之，害五也。

有此五害，即無捐餉助軍之舉，亦宜解此虚懸之文網，以塞切膚之漏卮矣。且即以籌餉而論，去秋以來，强敵在門，連營在野，外援臺、閩、滇、桂，内防廣、潮、廉、瓊，軍械、工程、礮臺、河道，繁費萬端。京餉已留，借款已罄，釐税不足，勸捐不應。自交冬令，事益急而餉益枯，始則停工，繼則欠餉。臣等與司道將領外費拊循，内困羅掘，日夜憂焦。其時歲暮天寒，各營將士，枕戈待旦，若非幸蒙聖恩，得此巨款百餘萬，聊濟目前，粤事殆不堪設想。夫籌餉事體，何一不取之於民，抽收捐集，銖黍皆艱，即每年數十萬亦何容易。軍餉多一來源，即民間少一搜括，此則瞻軍實之與恤民生，尤顯然相爲表裏者也。

至何崇光等各疏，大指略同，命意何嘗不美，陳義何嘗不高。然但論闈姓之當禁，而不考歷年之未嘗禁，且不思禁省不禁澳之不如不禁。諸臣皆爲粤人，而並不考粤事，殆非核實平心之論乎。此舉自奉旨飭議後，臣等即懸牌揭示，禁絶官吏使費，與受同科。

責令該商將向來各衙門規費數十萬盡數歸公，加入正款。於是正項由三百萬加認一百四十萬，似已塞盡利孔。周諮博訪官紳士庶，衆論攸同。若謂此數百千文武紳民，人人皆爲賭匪所役，語語皆懷關説之私，斷無此理。若謂商賈受累，奸徒得規，則省、澳有何區別。厲禁愈嚴，索規愈暴，陳桂士以得規參所得者，省禁澳開之規也。彭玉亦以得規參所得者，亦省禁澳開之規也。此皆諸臣原奏所言者也。

至科場弊端，自宜嚴杜，特是作弊者在省與在澳同。粤省向有匪徒，名爲闈棍，扛姓包槍，招摇射利，歷年有之。惟在學政考官明於校閲，監臨提調嚴於關防，自無弊竇。查粤中司文衡者，物議紛紜，適在光緒元年既禁闈姓之後。潘仕釗疏内已詳，不待煩言而解。現經臣之洞、臣文蔚等嚴章明示，凡關涉學政考官及各衙門人等，不准投買。責成該商稽察，如投買之人與得標之人可疑者，即行舉發查究，將所得之彩充公。該商隱匿不舉，即封其館，不准開設。使棍徒無從獲利，其弊自絶。臣等學術才性，素近迂拘，若僅恃此爲防海之良圖，理財之上策，臣等雖陋，尚不至此。然當此安攘交亟之際，而有權宜弭患之方，既已詳考博議，利害較然，斷不敢飾空論以欺聖明，務虚名而滋實禍。所有闈姓暫行弛禁一節，現已飭行司局恪遵十一月二十九日電旨，妥爲辦理。以後仍隨時體察，如有流弊，即行奏請停止。

抑臣等更有進者，此舉原屬權宜，不得不然，終必須禁絶根株，方爲常經至計。以後粤防，自必日求强固，惟有俟我兵力漸强，船礮足備，先行移檄澳酋，約彼不得梗令庇匪，違者絶其通商，然後省、澳一律通禁。護符既餒，令下風行，庶乎坐言起行，確有實際，此則臣等所竭力圖之而寤寐不敢或忘者也。至副將彭玉、澳商陳恒、何貴等在澳設廠收規各情，由臣之洞、臣文蔚另行查明覆奏。

再，何崇光等摺係交臣之洞、臣文蔚議奏，因此議原係司道具詳，紳商具稟，經臣玉麟與督臣、撫臣公同飭議批准，先於上年十一月二十七日會銜電奏，是以此次摺奏，仍會同列銜，合併聲明。

旨：知道了。欽此。

請派瑞璋兼辦洋務片 光緒十一年四月二十日

再，粤省爲南洋首衝，港澳密邇，中外交涉之事，視他省爲繁，照會函牘，無日無之。粤省向無關道專辦洋務，光緒七年，前督臣張樹聲、前撫臣裕寬奏請將廣州一口，派糧道專管尋常洋務事件，由道轉申。奉旨：該衙門知道。欽此。欽遵。並經總理衙門照會各國公使轉行領事遵照在案。無如各國領事，狃於故常，事無鉅細，並不經由糧道，仍係逕達督署，動輒來署索見，瀆擾不休。自光緒九年藩司龔易圖經總理衙門暨前督臣張樹聲奏派辦理汕頭、沙面兩案，因是遇有各項緊要洋務，每飭該司與之晤接，操縱較爲活便。以該司係奉旨派辦，品秩較崇，各國洋人尚肯與之交接。現在龔易圖調任湖南，即將卸事離粤，除經手汕頭、沙面兩案已經定議外，現在隨時商辦要件尚多，若不另派大員，則遇事無人可與辯論，實多窒礙。

查兩廣鹽運使瑞璋，事理明澈，局度安詳，由總理衙門章京出任關道數年，於各國性情風尚及各口通商條約，均能諳習，若令兼辦洋務，當可斟酌妥協。合無仰懇天恩將粤省現在未結洋務各案，飭派運司瑞璋辦理，嗣後遇有洋務要件，即飭該司與之面加商酌，函牘往來，官階體制與藩司相近，洋人當無異詞。臣仍當覆加裁酌，妥籌辦理。其尋常事件，仍由糧道會同該司妥辦。如蒙俞允，應請敕下總理衙門查照龔易圖成案，函知各國駐京公使。其如何措詞，應由總理衙門酌度。如此，則辦事既有層次，辯析可期周詳，臣亦可藉收臂指之助，於粤省洋務不無裨益。

再，此係因運司瑞璋諳悉洋務，是以請旨派辦，並非委令運司衙門永遠專辦，合併聲明。

旨：著照所請，該衙門知道。欽此。

北海關税礙難遽定額數摺〔一〕 光緒十一年四月　日

竊准户部咨，廉州府屬北海關税，擬照該關奏報，多收年分以二萬三千兩作爲正額，外加盈餘銀一萬二千兩，每年共徵正額盈餘銀三萬五千兩，自本年十月二十六日起，照額徵收，俟一年期滿，隨同粤海大關，一律奏報。如有虧短，查照定例，分別議處着賠等因。光緒十年十二月初四日具奏。奉旨：依議。欽此。欽遵咨行到粤。臣等伏查廉州府屬北海地方，前於同治十年間，經前監督臣崇禮會同前督臣瑞麟，查明内地商販每在該處運銷洋貨，奏准設立關廠，專收此項洋貨税銀，歸入常税造報。開辦伊始，歲收尚多。迨光緒三年，北海添設洋税關，稽徵洋船裝運貨税。洋船機輪快捷，商販樂其速於行銷，於是北海洋貨由華船裝運者漸屬寥寥，常税所收日形減色矣。溯查前監督臣歷年奏報各關徵收貨税摺内，北海關一處，光緒四年以前每年約可收銀二萬二三千兩。五、八兩年及九年僅收一萬七千餘兩至一萬九千餘兩不等。此則洋關既設，常税日短之明證也。兹經部議，該關常税照多收年分以二萬三千兩爲額，又外加盈餘銀一萬二千兩。户部按籍而稽，第論其暢旺之年不復深求其消長之故，微特外加之一萬二千兩徒存其目，即定額之二萬三千兩照徵亦有爲難。臣海緒身任榷司，例議固不敢辭，於税帑恐仍無益。查該處係偏僻之區，雖設有洋、常兩關，乃過路埠頭，並無行棧，亦無大宗貨物，迥非富庶通商口岸可比。且自本年正月以來，節據禀報北海口岸已爲法船封堵，商民遷徙一空。三月以後，仍有法艦來往游弋，華商船隻疑慮不前，税收因之大絀。臣等審此情勢，正恐本年該關常税求如最淡之年而不可得，若以徵收最旺之數，責諸短絀日甚之時，又復加以盈餘定爲永額，勢誠有所不能。再四籌維，惟有據實奏懇恩施，准將北海關本年常税暫緩定額，仍當督飭管關員役切實稽徵，儘數報解，不任欺隱。一俟商民漸集，船貨流通，再由臣海緒查看情形。如果收數較旺，再行酌定税額，奏明辦理，庶督徵較易爲力，額數不致虚懸。是否有當，謹合詞恭摺具陳，伏乞皇太后、皇上聖鑒，勅部議覆施行。

旨：户部議奏。欽此。

粤海關籌解第一批京餉銀兩摺 光緒十一年四月　日

竊照粤海關税户部奏撥光緒十一年分京餉銀二十萬兩，新增

〔一〕以下二件録自《京報》第一一八三號。

盈餘銀六萬兩，限五月以前解到一半，十二月初間全數解清。嗣准總理各國事務衙門節次來電，欽奉懿旨，賞給蘇元春等營出力兵勇内帑銀三千兩、廣西各軍内帑銀五千兩、雲軍内帑銀五千兩，此項銀兩即由粤海關應解京餉内劃解等因。均經遵照劃解轉給。又，光緒元年間准户部咨，各關應還閩省借款，自光緒二年正月起，在四成洋税項下每結提銀六千兩解部，以抵閩省應解京餉。又，光緒十年十二月初七日接准部咨，清單内開奏撥近畿防餉案内，議將粤海關四成洋税項下，光緒十一年應解陝西軍餉銀十二萬兩，仍令全數解部，作爲近畿防餉之用。又内務府廣儲司公用每年額撥銀三十萬兩，例分四季起解。以上各款銀兩均應趕緊籌解，以濟要需。查粤海關節次起解部庫各款銀兩，向由西商先行借墊，勢難起解現銀。光緒十年四月間，經前督臣張樹聲會同臣文蔚，將粤海關税徵不敷解實在情形，附片陳請仍交商匯兑。奉旨：户部知道。欽此。恭録咨行查照在案。兹光緒十一年分應解第一批京餉等款，經向西商志成信銀號借銀一十五萬三千二百二十八兩，先行墊解，隨後由税收陸續歸還，以資周轉。飭據廣東布政使龔易圖遴委試用縣丞慶濬吉壽、試用從九品劉粲、候補鹽經歷施櫟，領解光緒十一年分第一批京餉銀五萬兩，内除撥解署廣西提督蘇元春等營賞項銀三千兩，廣西各軍賞項銀五千兩，雲軍賞項銀五千兩外，實解銀三萬七千兩，另加平銀五百五十五兩，飯銀一千七十三兩，抵還閩省京餉銀六千兩，協陝月餉改撥近畿防餉銀三萬兩，又光緒十一年春季分廣儲司公用銀七萬五千兩，另加平銀一千一百二十五兩，新增歸公加平銀一千八百七十五兩，抬費用項銀六百兩，統共解銀一十五萬三千二百二十八兩。飭令該員等領賫匯單文批，於光緒十一年三月十五日起程，附搭輪船，由海道進京前赴户部、内務府。分别報到，聽候飭傳交納，以期妥速。除分咨查照兑收外，臣等謹合詞恭摺具陳，伏乞皇太后、皇上聖鑒。

旨：該衙門知道。欽此。

參革知縣王懋官審辦片[一] 光緒十一年四月　日

再，候補知縣王懋官自前年秋間委辦各炮臺工程，經手款目甚鉅，臣之洞訪聞該員有浮冒情弊，當經傳到，面加開導，令其據實自首。該員狡辯不服，現經密委廣州府知府蕭韶查覆，弊端顯著，爲數甚多，亟應澈底清查。伏思砲臺工程何等緊要，廣東籌餉何等艱難，臣等夙夜焦思，外憂軍實，内軫民艱，方深疚愧。乃以錙銖羅掘之資，飽貪吏谿壑之欲，價款既有虚浮，臺工必多偷減，實堪痛恨。相應請旨將王懋官先行革職，以便嚴行審辦，查明侵冒若干，如數追繳。理合附陳，伏乞聖鑒。

旨：王懋官著先行革職，嚴訊究辦，餘依議。該部知道。欽此。

參革遊擊蕭慶勝片 光緒十一年四月　日

再，粤省防營衆多，時虞滋事。本年二月間，經臣訪聞，有外來武職假冒營官率匪勒詐情事，當飭中軍官前往，查獲藍翎儘先遊擊蕭慶勝一員，發交營務處訊明。該遊擊係湖南邵陽縣人，光緒八年春間來粤投營，未經收留。於本年二月二十二日邀同湖

[一] 以下三件録自《京報》第一一八五號。

南散勇陳起鳳等四人，假造號衣，至西關陳塘街娼寮，聲稱係親軍營營官，奉差查拿妓女送官。意圖娼寮多給銀錢，始行放回。正喧鬧間，街坊人等知係訛詐，集衆喝捕，中途將妓女截回。該遊擊當即逃逸，旋被查獲，供認不諱。並獲散勇陳起鳳一名，供詞相同。查驗該員獎札尚非作僞，除飭縣將娼寮查封，隨同滋事之散勇分別懲緝外，查該遊擊冒充營官，糾夥訛詐，實屬刁劣營混，有害軍律。應請旨將蕭慶勝即行革職遞籍，交地方官嚴加管束，獎札照案查銷。謹附片奏陳，伏乞聖鑒。謹奏。

旨：著照所請。兵部知道。欽此。

奏請停撥帑息銀兩緣由摺 光緒十一年四月　日

竊據兩廣鹽運使瑞璋詳稱，案照光緒十一年京餉，奉准户部咨行奏撥廣東運庫帑息銀五萬兩，業經該司於起解本年第一批京餉案内籌解帑息銀一萬兩，詳請奏咨在案。溯查帑息一項，係於雍正七年在各標旗營存項内撥出銀二十三萬二百四十五兩二錢五分四厘，分給省、潮各商承領，每兩每月輸息一分五厘。内省河各商承領本銀二十一萬五千二百四十五兩二錢五分四厘，潮橋各商承領本銀一萬五千兩。計自雍正七年起至咸豐九年止，除陸續完過息銀四百餘萬兩外，尚未完息銀九十一萬三千一百四十七兩八錢五分二厘。咸豐十年，前兩廣鹽運使羅動以粵省迭遭兵燹，地方糜爛，從前承領帑本之舊商，多已逃亡故絶。查明前項息銀内，省、潮無商懸埠共未完銀三十一萬八千七百八十兩五錢九分六厘，均屬世遠年湮久成無着。又省河招回新商之埠，未完息銀五十九萬四千三百六十七兩二錢五分六厘，雖已招有新商，惟各商均非原領本銀之人，責令認還舊商懸欠，原係代人賠累。擬援照閩省鹽商欠完課成案，提本停息，分年完繳。詳經前督臣勞崇光、撫臣耆齡奏請，將原發帑本及省商各埠未完舊息共銀八十二萬四千六百一十二兩五錢一分，自咸豐十年起，每年提銀二萬兩，先行歸還本銀接繳舊息，停止新息。其無商懸埠所欠息銀，俟招有新商，照案續辦。隨奉准户部議覆，以所請每年繳銀二萬兩，年限過寬，行令自咸豐十年起，每年完繳銀五萬四千九百七十四兩零，分作十五年本息一律清完。其無商懸埠舊欠息銀，並令趕緊招商，分年匀繳。嗣於同治三年間，又經前兩廣鹽運使方濬頤，以前項帑本息銀部議每年繳銀五萬四千九百餘兩，商力實有未逮。所有前項帑息，内除同治元、二、三年先後解過京餉銀一十三萬兩外，其餘所欠帑本息銀，擬自同治四年起責成各商每年籌繳銀三萬兩，仍照閩省成案歸本停息。其無商懸埠舊欠息銀，俟招有新商照案接續提繳等情，由司解經前督臣毛鴻賓、署撫臣郭嵩燾會同具奏。奉准户部議覆，令將帑本銀二十三萬二百四十五兩二錢五分四厘，並除解過京餉下欠之舊息銀七十八萬三千一百四十七兩八錢五分二厘，無論是否懸埠，均責成現辦各商遵照原限每年交銀五萬四千九百七十餘兩，勿得縣毫蒂欠等因。均經飭行各商遵照完繳在案。伏查前項省、潮各商原領帑本及積欠舊息，自同治四年以後起計，尚應繳銀一百一萬三千三百九十三兩一錢六厘，迭經各前司及該司設法催據各商陸續籌解，現已一律清完。内除同治四年起至光緒十年按年奉撥帑息銀五萬兩解完京餉，計共解過京餉銀一百萬兩外，尚收存未解尾數銀一萬三千三百九十三兩一錢六厘。今光緒十一年京餉奉行奏撥帑息銀五萬兩，所撥已逾原欠之數，除將帑息尾銀儘數解清外，尚不敷銀三萬六千六百餘兩。查前項各商承領之帑本息銀既已清完，不敷之銀無可徵解。惟事關京餉要需，雖本款尾數不敷，自應另籌解足。該司現擬在於鹽課項下湊解銀三萬六千六百六兩八錢九分四厘，連帑息尾數銀一萬三千三百九十三兩一錢六厘，仍遵限分批解京，以敷原撥五萬兩之數。以後帑息一項應請停其指撥，所有省、潮各商承領帑本息銀，現已照案掃數全完，並無蒂欠，懇予停撥。並奉撥本年京餉不敷擬在鹽課湊解足數各緣由，詳請具奏前來。臣等覆查無異，除咨明户部外，謹合詞恭摺具奏。伏乞皇太后、皇上聖鑒。勅部查照施行。

旨：户部知道。欽此。

魏長熙調署澄海縣知縣片[一]

光緒十一年四月　日

再，署澄海縣事試用知縣葛肇蘭調署海豐縣知縣。所遺澄海縣知縣篆務，查有海豐縣知縣魏長熙，才長守潔，吏治素嫻，堪以調署。該員任内有盜劫已起四叅之案，在恩詔以前，應請豁免。據藩臬兩司會詳前來，除檄飭遵照外，臣等謹循例附片陳明，伏乞聖鑒。

旨：吏部知道。欽此。

續增勇丁并規越援臺各營補陳備案摺

光緒十一年五月二十五日

竊查上年七月以前布置海疆各營及分遣規越援臺各軍，經臣等於十月、十二月兩次奏報在案。八月以後，粵防日形喫重，法船退出長門以後，多來香港，聲言擾粵。沙路爲中路之南路，地最向外，前接蓮華山，後通南石頭，王孝祺勤軍四營一哨，不免單薄，因移北岸提督蔡金章所部廣濟軍三營紮沙路迤南，以助勤軍。北岸專責之署廣州協副將鄧安邦，令其選調東莞新安團勇三千名，編爲六營，官給口糧，分紮魚珠前後之蚧岡、烏涌等處，以爲魚山、獅山各礮臺犄角。其時水雷俱已徧下，令記名總兵劉寶春趕造洋舢板三十隻，配水勇四百五十四名，分泊黄埔、虎門、沙角、蒲州一帶，巡護水雷。又募善於泅水之勇丁一百名，令廣西試用知縣張義澍管帶，以備攻燬敵船。十月間，派王孝祺統八營一哨出關援剿，所部内有安勇一千五百名，係由署陸路提督鄭紹忠營内抽撥，因令鄭紹忠添募安勇四百名酌量填補。有礮勇三百名，係由遊擊黄廷耀營内抽撥，因令黄廷耀添募礮勇一百五十名。并於黄廷耀紅單船水勇五百名内裁撥一百五十名，仍合成礮勇三百名，填紮原防。勤軍既行，沙路太單，令蔡金章添募五百名，連原部三營，副將黄德耀團勇一營，以資防守。令陽江鎮總兵黄廷彪於東滘口建造礮臺，添募親軍一百名守之。

嗣接臺灣來電，法人將棄臺圖粵，臘正之交，香港、惠州一帶會匪頗多蠢動，有句結法匪之謀，省城戒嚴。尚書臣彭玉麟親駐沙角，臣之洞即擬出省赴黄埔、魚珠一帶督勦，添募親軍四百名，臣文蔚添募親軍五十名。正月初旬以後，南關被寇，龍州危急，廉州封口，南甯以下，沿江驚擾，遊勇土匪乘機肆掠，潯梧各郡皆來東省請兵。其時省防方急，各軍皆有分地，設有緩急，

[一] 録自《京報》第一二〇四號。

無可抽調，而周家盛、廖長明兩軍尚無入桂音信。雖經奏調龔繼昌率軍來粵，爲期尤遠。因令記名總兵李先義招募廣勝軍二千五百名，以備赴急援勦之用。自正月初即定議遣吴宏洛一軍渡臺，擬移沙路之軍填守長洲。令記名總兵劉樹元招募湘軍兩營，併撥他處原有湘軍二營益之，填守沙路。此粵防本省節次添募之營也。

廣、桂、滇、越諸軍餉械，皆由東省轉輸，軍情日急，解運日繁，民船既多稽遲，又須待沿江扒船輪轉護送，不免躭延。上年冬間，飭督標左營參將蔡其昌酌量龍甯一帶灘河情形，造轉運船六十號，募配水勇五百五十五名，取其裝運護送合而爲一，較可迅速。派知府張賡雲赴龍州設西轉運局，募勇五十名，以資防護。十二月間准提督馮子材咨，前敵攻勦喫緊，防護糧餉需人，該軍添募收放局勇丁六十名。正月初署懷集營守備副將龔尚春自請卸任，率勇援臺。其時吴宏洛正在籌船東渡，聞臺北淮勇病亡過多，粵省新來淮勇尚衆，因另派龔尚春帶淮勇五百人先到汕頭，設法東渡，現已據報到臺。五品卿銜吏部主事唐景崧於宣光撤圍後，奏明調回桂邊，防扼牧馬。其時桂軍多潰，敵勢蔓延，牧馬爲歸順、鎮安屏蔽，地勢可斜出南關之後，敵所必争，情形緊急。因電飭該主事添募二千人，俾可獨當一面，進規太原。黄守忠所部，先經奏明飭調隨唐景崧助勦。旋據唐景崧報，黄守忠率衆一千人到防，編爲兩營，分紮下凍等處。此規越援臺節次添募之營也。所有前後添募各勇應造花名等册，均俟造繳齊全，再行彙造送部查核。據善後海防局營務處各司道會詳請奏前來。

臣等查以上續增水陸各項勇丁，均係奉旨停戰撤兵以前之事，爲省防者尚不甚多。大率皆因協助臺、越、滇、桂而起，不惟出關渡海者，固係外援，即屯駐本省者，亦多因廣軍外調，致需增兵填紮。故粵餉之累，不累於本省而累於鄰疆。臣等現正體察情形，將各路防勇酌量分別撤留，以節餉需。

旨：該部知道。欽此。

補陳保衛教堂情形片 光緒十一年五月二十五日

再，上年七月初三日，閩江開戰，法領事師克勤盤踞省城，殊無行意。竊思界限不清，則軍心疑惑，奸細公行，内外通連，防務無從下手。當即於初四日照會該領事，責該國於雞籠、馬尾兩次先開兵端，令其率同法國商民、教士即行出境。該領事包藏禍心，不願令教士離粵。覆書不允，始行相隨而去。嗣於七月二十五日准軍機處咨，欽奉七月初六日諭旨，法國商、教一律保衛。仰見聖德如天，實爲攻心伐謀之上策。

查粵民强悍好義，亦喜生事。平日教民倚恃洋符，抗官作惡，士民切齒，若徒加厲禁，必更激成衆怒，更無保全之法，將又蹈沙面覆轍，波及他邦。先經與在事諸臣商定，一聞戰信，立飭地方官出示，將法國教堂概行封禁。諭以法人開衅，擾害地方，所有法國教堂物業，均應查封備抵，此與官物無異，不得擅動。凡法國教士出境，密飭地方官妥爲防護。若習教民人，敢有通敵接濟者，立誅無赦，其安分者，不准殺害。一面優懸賞格，若法寇犯境，痛加勦除。并諭以粵民衛國同仇，素深嘉尚。惟是誅犯順之法兵，奪臨敵之船礮，則爲勇士。害安分之教民，燬封閉之教堂，則爲亂民。勇士有賞，亂民有刑，各不相假。其時省内外衆怒洶洶，傳書集衆，意欲盡燬法産，攻擊教民，見此示後，衆情稍定。復經責成團練紳耆剴切開導，通省有司營弁多方鎮撫。自七月至十月以來，據廣州等府各屬稟報，查封教堂之案二十餘起，計教堂并公署行棧九十五所，什物飭役看管。護送出境兩廣法教士五起，共十名，其改裝潛逃者，無從悉其名數。又欽州有教堂違約置買私産一案，暫令入官管業。綜計各教堂物業，間有被閒人侵損者，尚未大加殘毀，亦有教民自行拆毀者。惟省城賣麻街教堂，於十月二十一日因看街兵棚失慎，延燒數間，旋即撲滅，至於法國商教都無所傷。教民積惡者，多遁至香港、澳門，欽州教民多至越南，餘則畏罪伏處或移徙他鄉，頗有悔教求免者，均無傷害。廉州府屬潿洲墩，教民所萃。本年正月法船來封北海，串誘墩内教民助亂攻廉，該教民不從，當經飭令該府、縣善爲獎撫。其各國教堂，民間未能分晰，偶有生事，計所損失，尤屬幾微。均經官弁隨時彈壓，酌量調處息事。

法領事師克勤徬徨香港，深銜粵省之首倡驅遣，明懸賞格，慙恨萬分，因致信孤拔，令其攻粵報復。所以法船出長門時，津、滬、閩、港各電，皆言將擾廣東。而孤酋意在臺灣，未聽其計，此事探訪甚確。不知當時情事，若領事不行，教師不去，教堂不封，則在粵法人早已噍類無遺，而教民之禍亦不可問。現在款局已定，按照公法，事在開戰以後，法人斷無責問之理。如將來法使妄聽該領事所嗾，强詞追論，伏懇敕下總理衙門嚴加駁斥，以杜妄求。

旨：該衙門知道。欽此。

請留蕭韶片光緒十一年五月二十五日

再，廣州府知府蕭韶蒙恩擢授湖北荊宜施道，現已委員接署，俟署任人員到省交替後，即當飭令赴鄂。查該員官聲最好，爲通省官場之冠，曾經臣之洞年終密疏臚陳，臣文蔚上年露章薦舉各在案。

竊惟粵省最爲難治，吏治亟須整飭，久在聖鑒之中。由其政繁俗悍，華洋錯處，事雜言哤，非素得人心，雖有良法惠政，動多扞格。該員端潔公明，剛柔得中，專務力行，周悉民隱，每當盤錯糾紛之際，該員出一言、行一令，衆情立即帖服，相悦以解。由其皎然之操，愛民之意，久爲粵人所信，而又久官省垣，熟習地方情形，以故令行禁止。目前籌防籌餉，百事艱難，水潦爲灾，賑撫尤急，非有得民練事之員，實難措手。該員行將去粵，臣等失此臂助，殊切徬徨，僚屬紳民，咸爲悵惘。

竊思粵省實缺各道員，才猷政術各有所長，特較之該員最爲粵民所感孚，尚屬有間。可否仰懇天恩，於廣東各道中與蕭韶對調一缺，實於粵省吏治民生，大有裨益。

旨：留中。欽此。

籌議海防要策摺光緒十一年五月二十五日

竊維自强之本，以操權在我爲先，以取用不窮爲貴。夫欲善其事，先利其器。百工居肆，君子致道，經之明訓也。器械不利，與空手同，不能及遠，與短兵同，史之良規也。自法人啓衅以來，歷考各處戰事，非將帥之不力，兵勇之不多，亦非中國之力不能制勝外洋，其不免受制於敵者，實因水師之無人，槍礮之不具。故臣抵粵以來，首以購備軍火爲務，分向歐美各洲，不惜重金廣求利器，遠募洋將以資教練，並訪求粵省究心雷械之員弁工匠，凡稍有才藝心思者，皆令多方試造，以冀逐漸擴充，開茲風氣。往時華軍與洋人角逐，每苦不敵，近來滇、桂出關之師，漸得各種後膛快槍，已能取勝。儻更有陸路車礮、地雷等具，加以主客之形，衆寡之勢，勝算實可自操。即臺北諸役，人自爲戰，尚能遏其内犯，如有利械，何敵不摧。玆雖款局已定，而痛定思痛，尤宜作卧薪嘗膽之思，及今不圖，更將何待。

臣夙夜籌思，當時急務，首曰儲人材。夫將帥之智略，戰士之武勇，堂堂中國自有干城腹心，豈待學步他人，别求新法。獨至船臺礮械，則雖一藝之微，即是專門之學，有船而無駕駛之人，有礮而無測放之人，有魚雷、水雷而無修造演習之人，有礮臺而不諳築造攻守之法，有槍礮隊而不知訓練修理之方，則有船械與無船械等，故戰人較戰具爲尤急。查泰西各國，莫不各有水師、陸師學堂。粤省曩年設立實學館，近改名博學館，以教繙譯、算法，因經費未敷，規模未廣。臣擬就博學館基址設水陸學堂一所，參考北洋、福建水師學堂章程，慎選生徒，延聘外洋教習，並令陸續募到之通曉火器、水雷、輪機、駕駛、臺壘工程之洋弁，皆集其中，講習水戰、陸戰之法。外如繙譯西國兵書，測繪地圖，並電學、化學、重學、氣學、光學等項有關於兵事者，以及製造火藥、電綫、强水、紅毛泥各種技藝，均可量能因性，分門講求。並選有志氣肯用心之將弁，亦入其中博習討論，以備將材之用。此時儲育之經費無多，而異日備用之功效甚大，臣以爲宜急籌者一也。

次曰製器械。去年各省設防以來，所購軍火不下數百萬金，而良楛不齊，且損重費，甚至居奇抑勒，藉口宣戰停運截留。種種爲難，令人氣沮。其運脚、保險、行用等費，扣至四、五成不等，仰人鼻息，實非長策。查外洋所恃以爲戰者四，其争戰於外海者恃鐵艦，其水陸攻守兼用者恃快槍、巨礮，其設守於海口者恃各種水雷。鐵艦之製，費鉅工遲，即穹甲衝快各船，費雖稍減，然如所定濟遠之式，每艘已需銀六十萬，事體重大，機算精微，未便率爾施工。粤廠現雖試造淺水輪船，亦爲練習人材，漸求造法，而於快船巨艦，不易躐幾，謹當另籌辦法，專疏上陳。惟各種槍礮乃水陸所急需，查後膛前膛，利鈍迥别，一不避風雨，二迅速，三及遠，四輕捷，五穩便。輕捷者，克虜伯三千斤之礮，其力與英、法前膛萬斤者等，而簡速靈活過之。穩便者，後膛礮可以蔽身入彈，不必探身出外裝洗。敵彈緊密之際，後膛槍可以卧放滚進。洋兵笨整，彼不能學，此前敵將士屢次苦鬭思索而得之者也。比年各軍將士漸已曉然後膛之利，不復偏執故説。是故船利雷猛，則省礮臺，臺堅礮準，則省陸營。敵在海口，以一臺禦之而有餘，及其登岸，以十營防之而不足。連年各省海防募勇數百營，耗費無算，良由臺、礮俱無可恃，不得不多備陸勇，以爲平地搏戰之謀。然深入野戰，所傷已多，且勇散多則可憂，械久存而不敝，故節餉之道，自礮臺始。礮有臺礮、船礮、行營礮三種，其用各别。臺、船礮皆以身長擊遠爲貴，船礮非輕則船不能勝，惟德之克虜伯廠爲宜。臺礮略重無妨，即英之亞吾士郎廠亦尚可用。克虜伯之礮，内管外箍皆用純鋼，其製較難。亞吾士郎之礮，鋼管外加熟鐵箍，其製較易。近上海購有製十八頓礮之機器，用亞吾士郎之内鋼外鐵，用克虜伯之來福綫、後開門各法。如使所製能成，其重已及三萬斤，彈遠能至十六里，中國各海口礮臺似已足用。臣近閲大學士左宗棠疏請閩省船政兼鑄礮廠，心韙其論。蓋閩廠地基堅固，規模宏闊，工匠衆多，其中機廠皆足備用。若就原有之拉鐵鑄鐵各廠增置機器，以製十八頓之礮，當所能爲。特是鑄巨礮最難，德國克虜伯廠中能主持鑪冶，心知其意者，止有二人。故巨礮難於猝成，即成亦不能多。惟有一面購備，一面學製。若陸路行營車礮，其用尤廣，其製尚易。近來考求洋兵陸戰，專恃礮隊擅長，槍隊次之。以槍禦礮，短長懸遠，勝負立形。若中國有礮隊，則彼之長技盡失，故行營礮尤不可緩。如克虜伯車礮之六生特、七生特半口徑者，南北皆宜之。八生特口徑者，北方平原以及守營攻壘宜之，其機器購之德國葛魯孫廠。又有烏拉秋司行營鋼銅礮，内用鋼管，外用銅套，雙層緊束，以水力壓擠，性純質輕，亦可參用其法，以期利便，其機器購之德國、奥國各廠。連珠礮則諾登飛、哈乞開思兩種皆良，而哈乞開思新加爲二寸徑之礮彈，可穿雷艇，其用尤精，其機器購之德國力拂廠。又有分截行營鋼礮，分携合放，利於踰山行遠，德國克虜伯廠有之。又有田雞礮，製樸價廉，利於憑城據嶺，夾岸擊船，英、德廠皆有之。此上數種，華廠足可仿造。至各國後膛槍，標新鬬巧，而通國一律，從不參差。中國各軍，亦宜畫一，以免彈馬混淆，手法錯亂。屢經校驗，大抵單響者，以德之毛瑟爲最，擊靶取準，遠較遜於馬梯尼三十步，而機托堅樸過之。連響者以美之五響黎意槍爲最，遠於毛瑟十步，近於六響哈乞開思十步，而穩定不摇，槍尾不坐均過之。十槍中，速於哈乞開思者三槍，而吐子無病亦過之。其機器購之美國林明登廠。近毛瑟亦有八子連響之式，其機器亦購之德國力拂廠。如於單響、連響各擇定一種，雇匠購器設廠自造，尚不爲難。又如各種水雷，以魚雷最爲猛烈，一物而兼船、礮、雷三者之用。而布扼海口，則有浮雷、沈雷、撞雷、伏雷、伺雷、射雷，專視港口淺深以别其用。其中機竅繁細，電機雷括，争之毫釐。臣近飭各員及所延西人悉心考校，雖内中膽管購自外洋，而模範筒殼皆能自製。雷艇形模較小，機器尚簡，亦應隨雷自製。既有精槍礮，尤宜有精火藥，既求力猛，且防漲裂。德廠礮則宜用杜屯考甫廠之棕色藥，英廠礮則宜用一孔餅子藥。擬先製測驗漲力速率之機器，再向各廠購法，雇匠仿造，并造炸藥棉藥，則可以因應不窮矣。至洋師洋匠，惟宜求之德國，其人性樸而學精，近年所製各種船械，甲於歐洲各國。取法造槍或可用美匠，造雷或可用丹匠，此兩國人性和平，尚能盡力。此外他國，夸詐不馴，平日則不盡其術，臨時則刁難，變幻甚多，斷不可用。粤工多習洋藝，習見機器，於造槍、造彈、造藥、造雷皆知門徑，香港素多鐵工，尤易招致。擬歸閩廠造礮，而礮彈及隨礮各件附焉。粤廠造槍、造雷、造藥，而槍彈、雷艇及隨槍各件附焉。槍廠行之有效，則漸可試造行礮。各省撥用者，繳價歸廠，兩廠既成，各省皆足。臣以爲宜急籌者二也。

次曰開地利。山澤之利，王者所重，外洋富强，全資煤鐵，我中國煤鐵之富，遠駕四洲。如謀製船礮，取資重洋，以銀易鐵，何所底止。况中國之鐵質堅栗，而性柔韌，以製礮槍，實勝洋産。徒以考地不精，故鑿空而無得。不能深求，故得而旋棄。不知煉法，故不盡其用。兹擬訪求外國專門鑛師三人，或搜求地塥，或化分鑛質，或煎煉成器，各專其責。搜求得地，再考化分，化分有質，則歸煎煉。儻能煉鐵成鋼，其用尤大。至煉生鐵，宜用高鑪、汽機、風具，煉熟鐵宜用砂鑪、氣錘，煉鋼鐵宜用畢士買鑪、西門馬丁鑪。緣中國鐵質多夾燐硫，皆須先煉出磺强水再入鑪冶，始成純質。儻非實得真授，貿然開采，徒耗巨資。考福建之穆源、古田、安溪等處，皆産善鐵，兼饒煤垩。即廣東之惠州、清遠等處，産鐵亦佳。粤商豔此利者頗多，集股亦易。臣近於省城設立鑛物局，招商試辦，茲已略運鑛砂到省，開鑪試煉，如有實效，再行分投勘辦。鑛本所需，由商鳩股，而地勢便否，土民願否，則由官酌度，以免滋事。閩鑛供閩，粤鑛供粤。大抵商人自謀，約有數弊，一、不能延聘真師，二、不能考尋善地，三、不能烹煉得法，四、不能得貨即售。如官爲聘師、尋地，授法、考工，所産之鐵收歸官用，則槍礮因有煤鐵而工易成，煤鐵因鑄槍礮而銷易廣，二者相輔，商得其利，官收其功。且購之内地，其價必廉於外洋，轉輸不竭，實爲藏富於民之道。異時鐵艦火路，資用尤繁，如使此事可成，人情騖利，踊躍争趨，集資益宏，取效益遠，臣以爲宜急籌者三也。

斯三者相濟爲用，有人材而後器械精，有煤鐵而後器械足，有煤鐵、器械而後人材得以盡其用。得之則權利操諸我，失之則取予仰於人。而粤省尤爲要策。大抵外洋入華，必以粤海爲首衝，粤防能固，彼即越疆遠襲，而軍火接濟、書報往來，皆須取道粤疆。如其兵精械足，守固財饒，水師陸師俱成勁旅。大敵來，則斂船依臺，入口自防。小敵來，則縱船出洋，横海邀截。彼斷不能深入狂駛，肆意侵陵。又況自廣而桂，而滇，沿邊二千餘里，以後三省邊防永無弛期。所需軍火槍礮之屬，委輸取求皆於粤東是賴。若儲偫充足，則不惟供支滇、桂，并可波及湖、湘。故欲辦東南海防，西南邊防，均不能不先立基於粤海，而立基之要，則以人材、器械、地利爲先。惟是百端并舉，一省難支。竊計閩與粤鄰，聲氣相通，臺、瓊孤懸海外，形勢又相類，既爲輔車脣齒之依，即宜爲率然首尾之應。兩省各盡其力，各專其任，成事則相資，用法則互考，務使智勇聰明日增月益，大開風氣，則南洋成一關鍵，實天下得一轉樞。儻再遷延歲月，不汲汲爲補牢求艾之謀，以後海防日亟，邊患日深，何從措手。

臣愚以爲今日之務，無急於此，惟念三者籌資甚鉅，莫敢爲先。因思近蒙天恩允准，定借洋款内有定購美國氣礮一百萬兩。昨據出使美國參贊蔡國楨電稱，該礮蓄氣不足，其製未精，未與定購。擬請提動此款，以爲粤省學堂、槍廠、雷廠之需。又查閩省新借洋款四百萬兩，一時當難用竣，當可以提百萬以爲閩廠製礮之用。約計造槍藥、雷艇機器、營建廠基、洋師洋匠來華資費、開辦物料需費在百萬内外，若造大礮，各種行礮，機器、洋匠、物料亦將百萬。幸閩無造廠之費，爲數約略相敵，籌辦之始，當可足敷。以後常年經費，除各省分用收回原價外，當再隨時核計，另籌專款。果能製造日精，人材日出，物産日增，則因機利導，鐵艦、火路次第舉行，可絶外人壟斷之謀，即建中國久大之業，天下幸甚。左宗棠、楊昌濬老成碩畫，度早已成算在胸，特以事本貫通，必須齊力協規，不能不連類而及。如蒙俞允，應請敕下左宗棠、楊昌濬等籌議奏辦。臣當咨商閩省，并分致南、北洋暨外洋出使大臣，詳考學堂章程及槍礮船雷機器各種價值，設廠雇匠各項工程，及早開辦，隨時詳細奏報。

旨：留中。欽此。

教練廣勝軍專習洋戰片 光緒十一年五月二十五日

再，越地滇、粤諸軍與法人攻戰累年，利鈍亦已共見。查洋兵陸戰，首恃過山礮隊，次則連響快槍。然而身帶槍彈、乾糧、洋酒、皮墊等物約重十許斤，殊爲累重。每欲進兵，先修寬路，進不馳驟，退必安眠。禦之之法，若我亦有及遠之行礮、快槍，各帶短刀，散隊分擊，伏地疾進，要之險隘，迫之藪澤，分番夜擾，不使休息，必能取勝。至於地營、地雷均爲守壘扼險所必需，惟是礮準、槍機、營工、雷式，非經訓練，臨敵終無把握。大抵膽力本於天生，謀略視乎臨事，軍火技巧，練之平時。特是湘軍營堅戰勇，而於洋式軍火每多不屑深求。淮軍於洋械素知講求，而步趨洋操，頗嫌太板。粤軍最爲悍猛，不畏礮火，而平日不耐勞煩，憚工作而厭操練。三者各有所長，自成風氣，若欲督責諸將領，驟令就我繩墨，頗有所難。

查總兵李先義久在津、滬，於外洋軍火素稱熟悉，所部廣勝軍五營，皆擇其才力强健而又受約束、耐勞苦者。該軍新立章程，不分門户，營哨各官，不拘一省，勇丁南北皆有，不限一方。近日多購克虜伯行營車礮、上等快槍，發給該軍精加練習，舊式刀矛，概屏不用。專練數端，一、礮準，一、卧槍，一、散隊，一、夜戰，一、疾行，一、踰濠登山，一、造地營，一、安地雷，一、兼演洋式火箭，一、行軍電綫。兼派洋弁爲教習，但學其鎮静嚴肅之意，槍礮取準之法，築臺造壘之式，考究洋械機括、子藥利病。至洋操陣式，麕聚方行，隊伍甚板，進退遲鈍。近日關越諸捷，屢以此爲我軍所乘，斷宜棄之不學。口令概用華言，以防流弊。其營規、紀律、築壘、掘濠諸工作，則采用湘、淮規制，明定賞罰，嚴加考核。每半月臣親臨校閲一次，總以近日之實驗爲師，不以舊式之虛文爲美。期於專備洋戰，避短用長，務成勁旅。俟一軍練有成效，再當推行諸營，以期次第改觀。

旨：知道了。欽此。

雇募德弁片光緒十一年五月二十五日

再，今日行軍要務，如施放各種後膛槍礮、魚雷、水雷以及測繪地圖、建造各種礮臺、急就土壘、行軍電綫、安設地雷、修整軍器諸事宜，將士皆當通曉。外洋將弁類皆出身學堂，練習有素，現當講求海防之際，必須有洋弁爲之教習，則兵勇、工匠人等易得窾要。

查各國武備，近以德國爲最精，而且親睦中華，確有協助之誠。去年開戰以來，凡粤省與德商辦諸事，從不以局外宣戰等語藉口推諉，皆係依期到粤。故軍事需用西人，惟該國人尚爲可信。當經電致出使大臣李鳳苞，與德國海部密商，選派藝優性穩之德弁四員。計雷分一員，每月給薪水銀三百兩。郎概一員，每月給薪水銀二百兩。賴格一員，每月給薪水銀六十兩，該員另給飯食。均於光緒十年十月二十一日抵粤。馬駟一員，每月給薪水銀三百兩，於光緒十年十二月十五日抵粤。又電致出使大臣許景澄，選訂德弁柏廬、歐披次二員，每員每年給薪水銀三千六百兩，於光緒十一年四月初七日抵粤。又令在籍候選道何獻墀，在香港訪募德弁威勒西一員，每月給薪水銀一百四十四兩，於光緒十年十月十六日抵粤。以上七員於上項各種藝法各有所長，皆能教練，均與先後訂立合同，來華差遣。其薪水均係在德國議定數目，照合同支給。并與訂明，如改用中國冠服，照德國官階給與武職品級頂戴。雷芬、馬駟均應給四品頂戴，郎概、柏廬、歐披次均應給五品頂戴，賴格、威勒西均應給六品頂戴等語。抵粤之後，臣詳加考校，諸能嫺習，當經分别派充各項教習。其薪水、飯食等項銀兩，即就各該洋弁抵粤之日起支，其來粤川費及繙譯通事工金，均於薪水外另行支給。據善後、海防局司道詳請奏咨前來。查該德弁等身列營伍，當封口宣戰之時遠來效用，而且願遵用中國冠服，其輸誠慕化洵屬可嘉。該弁等在其本國原係有職人員，即改華服，似宜戴用頂戴。合無仰懇天恩俯准照原訂合同分別賞給頂戴，以資鈐束，而策後效。將來若教練著有成效，再當奏請獎勵。

旨：德弁雷芬等均著照所請，分別賞給頂戴。該衙門知道。欽此。

展設欽廉雷瓊電綫片光緒十一年五月二十五日

再，瓊州孤懸海外，正與越之海防一口相直。廉州所屬海面，欽州所屬陸路皆與越接。各該處文報素遲，急遞亦在十日之外，設有兵警，廉、欽則調度難施，瓊郡則音信阻絶，實爲可慮。上年海防緊急，各路戒嚴，港越之間，法船如織。惟有趕造電綫，以捷軍報，當飭直隸候補道盛宣懷詳籌定議，飭善後局會同總辦兩廣電報局副將王榮和，委員分道勘估，次第興辦。所需外洋物料，分向上海、香港等處采購，有倉卒難集者，並與丹國大北電綫公司商借，乃就兩廣原綫設法展接。自横州舊綫南出一歧作綫，經靈山、合浦達廉州府城，南抵北海，計綫路三百四十四里。由廉州作綫東行，經遂溪、海康、徐聞至雷州府屬海安所二塘港口，入海作綫，南行渡海至瓊州屬海口迤西之天尾村登岸，東行達瓊州府城，東抵海口，中間海港溪河分設水綫數處，計水陸綫路共五百一十六里，海綫四十七里有奇。瓊口海綫上岸之處，擇於水淺地僻處所，即有兵事，不致爲敵所斷。自廉州府城新綫西出一歧達欽州城，計綫路二百里有奇。又查龍州至鎮南關尚一百二十里，冬春之間，關内外戰事方急，電信到龍後，與前敵往返馳報動須三四日，不免仍有遲誤。關内十五里爲幕府，以後邊防難弛，商路新開，此地常有大將屯兵之所，應接龍州舊綫，南行直抵幕府，計綫路將及一百里。

所設各綫路係作工時相度地勢，裁彎取直，移濕就燥，較之原勘里數略有出入，合計有減無增。分設廉州、北海、雷州、瓊州、欽州局各一，添設潯州局一，以便察驗通塞，隨時修理。所需工料各費，於海防經費項下動支。惟水綫較陸綫爲貴，海綫尤貴，因欲趁臺事方急時趕設海綫，故十月中旬海綫先成。

嗣據報横廉綫於十二月十九日竣工，廉瓊綫於二月二十九日竣工，廉欽綫於二月初十日竣工，久經分投傳報。龍州幕府新綫因潯梧大水，運料阻滯，近日電綫中阻，尚未據報，於本月内亦可竣工。各局所收商報，藉以津貼巡修局費。據善後局司道詳請奏咨前來，除電奏並咨總理衙門、户部外，理合附陳，伏祈聖鑒。

旨：該衙門知道。欽此。

試造淺水輪船摺光緒十一年五月二十五日

竊惟海防之要，無論戰守，必有水師戰船以援礮臺，礮臺以護戰船，臺、船相輔，其用乃宏。南、北洋尚有快船、衝船數艘，粤東則并此無之，僅有閩廠撥來舊製飛雲、濟安兩兵船。去年六月初旬，聞法船集於馬尾，即日派往赴援，督帶官參將高騰雲戰没，兩船皆燬。此外本省中小各輪，皆非戰船，僅可供捕盜、緝私、轉運之用，其洋製、仿製（文）［蚊］子船兩艘，不能出海，即用之内河，而礮笨船脆，受敵則不固，運駛則不靈。亦欲購製戰艦，而時日既難猝辦，經費亦無所出，惟有經營礮臺，廣購軍火，以爲陸防陸戰之計。然而虎門廣闊，五門紛歧，西江後路，時有擣虛拊背之憂，望洋興歎，終非長策。且日視法艦之往來港越，濟餉濟兵，竟無從稍梗凶鋒，實深憤懣。因與署水師提督臣方耀籌議，巨艦快船，固不可期，若有淺水輪船十餘艘，縱不能縱横於大洋，亦可馳逐於六門之内外。其時海警方殷，未知所届，若不反求諸己，探討經營，三年之艾，何由而得。適於冬間有闈姓捐餉之舉，蒙恩允准，决計酌提此款，創始爲之。

查黄埔向有船澳，係光緒三年前督臣劉坤一購之英商者。乃博訪水師將弁，招致香港工匠，（采）〔採〕取香港華洋船廠圖式，令明於算理者推究斟酌，度華工之所能爲者擬成一式。大率長英尺十一丈，廣一丈八尺，艙深八尺六寸，喫水六尺，馬力七十八匹，内用康邦卧機，冷水氣櫃，雙輪暗車。前後兩桅，桅身上半可以伸縮。下用鐵脅，旁施鋼板。船頭後膛巨礮一，船尾中等後膛礮一，前後桅盤懸連珠礮各一，船腰兩旁配連珠礮各一。取其身淺行速，可於六門内外貫穿往來，内可過黄埔以至省河，外可出虎門以達香港，至於沿海近岸亦尚可行。其機器物料，分購於外洋、香港、上海。創辦之始，蓋造廠屋，置辦鑪具，所費較多。造成數艘以後，算校漸確，器用漸備，工役漸熟，當可較省。先於闈姓款内提洋銀二十萬元，交署提臣方耀應用。當經派委臬司沈鎔經、候補道施在鈺，會同署提臣督飭各員弁，細心試辦。去年十二月定議，本年正月募匠、購料、修廠、置器，二月興工，先造四艘，約八月内可成二艘，十月内可成二艘，四艘成後，如尚利用，即當籌款續造。察其機鑪馬力是否靈捷堅固，船身礮位是否量配停匀。儻有不精，隨時修改，俟有募到洋匠，更可與之商榷。有此船十艘，可以衛虎門，有三十艘，可以徧防五門，旁扼西海。謹當隨時籌畫造船、養船專款，量力爲之。船成以後，所有額設緑營水師紅單船概行裁汰。捕盗緝私，以此代之。其船費、兵餉，亦可併養此項淺輪。語云：大輅始於椎輪，又云：不索何獲。從此，員弁、工匠身（親）〔視〕其事，心通其法，自當益造益精，未（嘗）〔始〕非練習人材之一道[一]。所有用費，應俟工竣時核實奏報。

要之，此船但爲守禦六門而設，若欲攻擊羣舸，出没重洋，非有鐵甲穹甲快船之屬不可。體大法精，需費亦鉅，工料稍差，即成棄物。且中國學製，廠地、機器、工師、物料諸須創爲，成工亦太遲緩。此時惟有專籌巨款，購之外洋，以應急需。及此三數年間，練駕駛於中華，學製造於西國，兩者確有把握，方可舉辦，謹當另疏籌議上陳。

旨：據奏，試造淺水輪船，現已先造四艘。著俟造成後詳加察看，如果合用，再行奏明辦理。該衙門知道。欽此。

創造礮划設立廣安水軍摺　光緒十一年五月二十五日

竊惟粵東防務，當去年秋冬之間，中路首衝自虎門以内至黄埔、魚珠、沙路、南石頭等處，水陸戰守之具，已有規模。惟迤西蕉門、横門、磨刀門、虎跳門、厓門五口，外廣而内歧，交午

〔一〕以上舛誤四處，據中華書局一九九五年版《光緒朝硃批奏摺》第六四輯，第八三五至八三六頁校正。

旁通，皆可互達。巨艦可入口百里或數十里，中小輪則可由五門而薄省垣，由磨刀門入西江而薄肇慶。敵若犯境，必以巨艦綴我中路，而以餘船旁突五門，窺我堂奥。雖於西路近外之盤古廟、梅角村、菱角洲、右口汛、博刀沙、大律口、圭沙等處，近内之陳頭、五斗口、蔗園口、銀河口、東滘口等處，築壩造簰，酌量攔塞，分築土臺，屯軍安礮。特是臺粗礮小，力量殊薄，若無水師，萬一敵船闖入省河，將坐視其縱横城下。復經分駐紅單船水勇以助各臺，調集各路巡緝扒船以資策應。然而紅單重滯，非風不行，板屋高大，招礮引火。扒船頭方底平，行駛甚遲，船腰有艙，阻塞漿路〔一〕，皆非戰具。徒以別無可用之船，不得不姑就固有者布置應急。至臘、正之交，警報日亟，皆謂將襲五門，以窺粵省，臣之洞、臣文蔚屢與將弁詢究省河如何防禦，率多游移無詞。此時欲製淺水輪船而倉卒難成，已購外洋雷艇而阻絶難到，不得已而思其次，惟有用舢板礮划之一法。蓋省河非鐵艦所能到，礮划以多制寡，以小制大，以散制整，未爲非計。

查法人慣用水雷傷我兵輪，惟有舢板可以防彼攻襲。本年正月十五、十七等日，浙江鎮海口内南洋兵輪三艘將法船雷艇擊敗，即得舢板之力。是此船可以禦敵，確有明徵。去冬，已先令署南海縣知縣同知危德連試造數號，驗之可用。因與臣玉麟籌商定議，即委危德連暨提督王光耀、前記名總兵柏正才購料設廠，創造舢板礮划一百號。募勇配礮，以百號分爲三營，統名爲廣安水軍，營制餉章俱照長江水師規制，間有不便，稍加變通。照章併造長龍四號，爲統領營官營務處乘用，一切工匠由臣玉麟向長江調集，併令熟習樸實之營弁親兵監造，選派湘軍習於水師之將弁爲統帶營哨官。其募配水勇之法，定爲湘勇三分之二，粵勇三分之一。非導以湘勇不解駕駛，非參以粵勇無從練習，他年運用漸熟，便可多配粵軍。緣紅單扒船，起居皆便，長江礮划，船面無屋，夜施布帳，粵勇敢戰而不耐苦，故向不喜用此式之船。前撫臣蔣益澧曾於粵省造舢板多隻以供巡緝，行用靈捷，有案可據。此船製造甚速，早經造成多隻，六月内一律竣工，即可成軍操演，爲粵省内河水師開此風氣。

大抵粵防爲五門計，爲省河計，以多造淺水輪船，多購魚雷艇，多布水雷爲上策。此數百里間，縱横港汊，彌望沮洳，無地可以建堅壘，無路可以通軍行。目前勉造土臺，類多孤露隔絶，蓋其地勢斷非礮臺所能徧防，陸營所能肆應。無陸隊，則礮臺爲孤注，無臺船護守，則攔河樁壩、簰船、水雷皆爲棄物。方今巨艦水師未成，淺水輪船未備，惟有礮划水軍之舉，尚可剋期觀成，此外更無防守内河之法。要之，以槳船禦兵輪，似乎不敵，然而裏河支港，迅駛環攻，護我之水雷，擊彼之雷艇，雖無摧破巨艦之大力，確有便捷如意之實用。

粵省刦盜最多，水路尤甚，舊設之扒船，器械朽鈍，練兵饑疲，積習亦深。將來防務大定，即以此項礮划分撥附近省河各段巡緝，漸減舊船，勝之遠矣。其造船工料，編營薪糧，配用礮械，應俟成軍後核實奏報。目前即將所募紅單水勇先行裁撤，移其船租餉項以充此軍之用。

旨：知道了。即著照所議辦理。該尚書等務當督飭各員覈實製造，隨時認真操練，以資巡緝。該部知道。欽此。

〔一〕「漿路」似應為「槳路」。

南海等縣圍基被水冲決及委勘撫恤情形摺[一] 光緒十一年五月　日

竊本年五月間雨水過多，西、北兩江潦水同時盛漲，河流宣洩不及，以致廣州府南海縣屬之花岡等圍，三水縣屬之石版等圍，新會縣屬之潮連等鄉基圍，花縣屬之石塘等圍，肇慶府高要縣屬之銀江等圍，均被水冲決漫溢。又清遠、廣甯、四會、開建、高明等縣亦復同時被水，基堤多被冲決，田禾淹浸，房屋坍塌，人口間有溺斃。而廣州省城亦因迭次大雨，下流壅塞，兼以潮水日夕盛漲，所有城西各街道及附近之洩水泮塘等處鄉村，盡遭淹浸。目覩情形，實深憫惻。臣等接據各縣先後禀報，當經飭司委員分赴查勘。並飭會同地方官，將被水貧民先行撫恤。惟此次各屬被水受灾甚重，業經札飭司局酌提銀兩，會同在城各官倡捐賑款，分飭委員購帶糧米、錢文，派撥輪船，馳往妥爲賑撫。並將上年辦理海防官運所儲谷石碾米，運往平糶。諭令愛育堂紳董再勸紳商、富户，一併捐助採買米石餅餌等物，協同載往，分別賑濟，俾小民不致失所。現在天色晴霽，潦水雖已逐漸消退，而廣、肇兩屬沿河基堤被決者不下數十處，早禾歉收，小民顛沛流離，籌修匪易。擬由官先行籌捐修費，以爲之倡，仍飛飭各該委員等，會同地方官督率紳董業户，趕緊設法疏消積水，量力踴躍題捐，迅將各圍基決口修築完固，以工代賑，以應秋耕。除俟各委員將查勘過各圍基決口實在闊深丈尺，田禾淹浸若干，民房人口倒塌淹斃若干，錢糧應否蠲緩，及此外各屬有無同時被水，一律禀覆到日，再行分别辦理。所有南海等縣先後禀報被水冲決圍基及委員查勘撫恤情形，臣等謹合詞恭摺由驛馳陳，伏乞皇太后、皇上聖鑒。

擬赴被水地方查勘撫恤片 光緒十一年五月　日

再，此次廣、肇二屬被水最重，實爲數十年所未有。哀鴻徧野，蒿目惻心，雖經飭司委員分赴查勘賑濟，而灾區甚廣，深恐撫恤未周，或有諱飾情事。臣文蔚現擬親赴被水各屬逐一查勘撫恤，以惠灾黎。並督飭將被決各圍基赶緊脩築完固，俾應秋耕。除俟查辦完竣再行奏報外，所有現擬親赴被水地方查勘撫恤各緣由，臣等謹先行附陳，伏乞聖鑒。

奏請變通鼓鑄片[二] 光緒十一年五月　日

再，黔省實黔局鼓鑄事宜，向係在於貴陽、大定兩府設局興辦。軍興後，因工本無出，停爐略已二十餘年。其京鉛一項，陸續運存四川永、瀘兩局，積至二千餘萬斤。雖奏明變價濟餉，而銷路阻滯。計先後委員運銷，不過百餘萬斤，迄今未經售竣。現并除去撥滇之鉛斤，所餘尚多。臣嗣以需費愈繁，軍事甚棘，協餉不至，羅網俱窮，艱窘情形至斯，而極當萬無可籌之中，爲瑣屑權宜之計，舍銷鉛别無生財良策。第賣鉛必須與鑄錢相輔而行，而鑄錢又非寬籌工本不可。當兹庫儲如洗之時，萬難有此鉅款。因查前雲南撫臣林鴻年，前因滇省銅廠久廢，奏請在於東川府屬招商墊本開廠辦銅，欽奉諭旨允准在案。黔省與滇省同一艱難，

[一] 以下二件録自《京報》第一二一四號。
[二] 録自《京報》第一二一三號。

採銅既可招商，鑄錢自可興辦。溯自雍正年間，滇省運錢赴漢口交易，曾經辦有成案。茲值黔餉支絀，似亦可仿照，變通辦理。且設官局之貴陽、大定兩府，賊氛未靖，道途多阻，亦非商民所樂趨。臣與軍需局司道悉心籌議，查得仁懷廳界連川省，商賈輻輳，舟楫可通，買銅運鉛較爲便捷。當將鑄錢章程、賣鉛價值，妥議條款，委員前赴該廳，相度地勢，設立鼓鑄局。出示曉諭，招集殷富商民，由永、瀘兩局領賣官鉛，赴局興辦。凡建造鑪房、雇覓工匠及製造一切器具之資，皆歸商民墊本措辦。實鑄錢一釧，完納鑪金錢一百文。其錢質之輕重，乃銷路之通塞所關，即成本之盈虧所係，聽該商因地制宜，酌量配鑄，亦不限以制錢成法。該商所領官鉛并鑄出錢，均准其運往川省等廣爲銷售。鉛斤仍照舊章，按例價繳銀。水陸運資，概不另作開銷。所有應繳錢鑪、鉛價，責成委員隨時稽查催收，彙總解省，以濟軍餉，不得任其拖延。現在各商麕集均照遵行布置已有端倪，不日即可開辦。仰懇天恩俯准興辦，俾借商本以鑄錢，即用鑄錢以銷鉛，非惟成法不致久廢，於鑪務、軍需亦均不無補助。臣并咨雲南、四川、湖南、湖北各督、撫臣查明通飭各屬，遇有商民買運銅、鉛及領辦錢文過境，一體驗明放行，免其完納鑪税，勿得留攔阻滯外，臣爲籌餉起見，是否有當，理合附片具奏。伏乞聖鑒訓示。

旨：依議。欽此。

兩粤被灾賑撫情形摺[一] 光緒十一年五月 日

竊查廣西東路各郡縣，入夏以來，雨水已多。湘江、灕口、潯江、柳江同時並漲。五月初二日，桂林省城外江水驟漲二丈餘，東、西、南三面圍灌入城，沖壞官廨民房，淹斃人口。城外東洲花橋一帶尤甚。桂林府屬上下游興安、靈川、全州、義甯、永福、陽朔等州縣，同時被水。聞係蛟患。潯州府屬桂平、武宣、平南、貴縣等縣，亦於是月初四、五等日，江水驟漲三丈餘，漂没民房，淹浸田畝。潯州爲左右兩江總匯之區，此次因右江水大所致。梧州府兼承桂潯之下游，是月初六日，河流灌入府城，平地水深數尺。沿江官民船簰，盡被沖没漂散，溺斃人口。梧州府屬之懷集縣，是月初四日大雨猛注，勢如傾盆。城垣、衙署、河岸、民房均被沖塌，人口多遭淹斃，案卷、倉儲、軍械悉已漂失。平樂府所屬平樂、昭平、永安、富川，柳州府所屬來賓，亦復同時被水。臣之洞迭據西布政使，鹽法道、左江道，桂林、梧州、潯州各府，臨桂、興安、昭平、懷集、貴縣、桂平、平南各縣，先後禀報前來。數日之間，肇慶峽口人畜浮屍、破屋、壞船，隨波而下，合抱樹亦都沖拔逐流，多有逃生男、婦抱持樹頂、屋脊，隨波迅駛，沿途呼救，慘不忍言。水勢狂急，船槳難近，亦間有遇救得生者。臣秉衡駐防龍州，均屬相距較遠，雖經隨時批飭委勘籌辦在省司道，會督員紳，設法拯救，而文報稽遲，電線中斷，灾民延頸待澤孔殷。西省向稱貧瘠，軍興以後，庫儲蕩然。富民鮮少，灾區甚廣，博濟無從，飛書東省告急。臣之洞兼轄兩省，詎無膜視。但值兩省同遭水患，萬分焦灼。一面立時派員携帶銀米馳赴最重之懷集迅速拯救，一面督同東省司道竭力籌議。非急速撥款前往西省，協力賑撫，則溝壑餘生愈難存活，且流徙嘯聚，伏莽乘機

[一] 録自《京報》第一二二七號。

爲患尤鉅。擬請於去今兩年東省應解户部備荒銀二萬兩項下，除東賑請動一萬兩外，所餘一萬兩仰懇恩准動支，以充西賑。並於運司庫款暫行借墊銀二萬兩，陸續籌款歸補，由局籌措銀一萬兩，集捐銀一萬兩，共銀五萬兩，分别委員携往賑濟，仍以各屬禀報被水輕重爲賑款等差。

查梧州府屬懷集縣受災最重，應作爲一路，派委即用知縣黄維清携銀一萬兩馳往辦理。梧州府屬之倉梧縣，平樂屬之富川賀縣，或地居下游，或受災亦甚，應作爲一路，派委候補道蔣武琛、候補同知危德連，携銀一萬五千兩，馳往辦理。并令該道、該同知稽查照料各路。桂林府屬之臨桂、興安、靈川、義甯等縣，並全州附省重要被災尤廣，應作爲一路，派委候補知府薛謙携銀一萬五千兩，馳往辦理。潯州府屬之桂平、平南、武宣、貴縣，並柳州府屬之來賓縣，被災較次，應作爲一路，派委補用同知黄寶田携銀五千兩馳往辦理。平樂府屬之平樂、昭平兩縣，永安州桂林府屬之陽朔、永福二縣，被災互有輕重，應作爲一路，派委試用同知蔡道衡携銀五千兩，馳往辦理，會同地方官紳，酌量情形，但須盡心核實，妥爲撫恤。不必拘泥遷延，往返待報。其被災尚輕，距東太遠之凌雲一縣，應由西省另行妥辦。聞西省父老言此次水災爲百年以來所未有，皆由臣等德薄才庸，吏治闕失，以致兩省被災，而兩省民生更爲艱苦，焦慮尤深。惟有隨事盡心通力合作，督飭西省司道暨各該地方官，多方籌畫，撫恤流亡，以仰副聖主勤恤邊氓至意。所有西省猝被水災，請由東省動支備荒銀兩，並借款籌措以資賑濟各緣由，謹合詞恭摺具奏。伏乞皇太后、皇上聖鑒訓示。

瀝陳被水並請款籌捐撫辦摺[一]　光緒十一年五月　日

竊查本年五月初間，西、北江水同時盛漲。南海等縣決圍，淹村被災甚重，漫水已及省城西關，業經臣等將查勘撫恤大概情形恭摺奏報在案。伏查北江自曲江以下經英德、佛岡、清遠、花縣，西江自蒼梧以下，會黔、桂、鬱三江之水，而入粤境，經開建、封川、德慶、高要、高明，同匯於三水，直趨南海。其時霪雨過多，復直西省發洪，蛟流尋丈，奔送而來。肇屬之四會、慶甯，受懷集綏江之水，均踞南海上游，廣屬之新會，肇屬之鶴山，受西北江分支之水，均處南海下游，亦值河潦匯注，山濤陡發。省河收水既多，出路復阻，宣洩不及，因是各屬暴漲。高者至一丈七八尺，水到之處，遇圍即決，遇村即淹，或自高原掩覆而來，或自下流倒行而止，□據印委各員禀報，南海縣漫決四十一圍。三水全縣三十三大圍概行漫決。清遠漫決十七圍，墟場村莊均被淹浸。四會漫決二十八圍，城墻被水冲裂。花縣漫決兩圍。高要縣漫決十二圍。肇慶府城被水壅浸，南門下牌十一版不没者一版。新會、高明、鶴山圍基間有漫決，每一圍或一二口，或決十三四口，每一口寬或十餘丈，或一二百丈，深或七八尺，或三丈五六尺。廣甯上游暴漲，下游倒灌，水高至四丈有奇，沿河九十六鄉盡皆淹浸。開建水湧入城，冲刷民房不少。德慶沿河鄉村多被淹浸。封川水抵城下，城外街舖民居悉被淹浸，水與檐齊。佛岡城内水深三四尺，城垣衙署多有冲塌，沿河村墟受傷。其界連清遠

[一] 以下二件録自《京報》第一二二八號。

之韶州府屬英德縣城厢内外，亦被水淹。下游各村田廬冲坍，雖輕重不同，要皆各有傷損。各處溺斃人口，漫浸田禾，淹塌官私廬舍，冲失船簰竹木，稟報紛來。每作批檄，心爲震慄。緣此次水灾，由於淹水與蛟水並行，不及防避，綿延十餘州縣，潰決數十百隄。或一圍之内兼包數千家，一隄之決貽害數十里。田園、廬墓、財物、米穀，一切資生之具，盡付横流。計所耗失以千萬計。灾民皆露處於山麓隄頂，棲息之所、炊爨之具蕩然無有。官紳分投設賑，每一處就食者日數千人。其轉死於洪波巨浪中者，約略查計已在千人之外。早稻田禾既經蕩盡，而被水較深之區能否補種晚稻，尚未可知。困迫情形實堪憫惻。考諸案牘，自道光一十四年以後無此大水。臣等奉職無狀，以致地方罹此巨灾，悚惕疚責，無以自容。前於稟報初到時，當經一面飛飭各處地方官極力拯救，一面籌款遣員，乘輪帶船，運載錢米，星夜馳往分投救急。並分向洲渚隔絕處所，濟渡灾民。其時米價驟踊，提取海防案内新儲倉穀，碾米平糶，分派輪船拖帶海口商販米船，迅速駛赴灾區。並給照招商，前赴外省買米回粤，以資接濟。計五月中旬，司局倉卒籌款並愛育堂紳董捐款、肇羅道潘駿猷、肇慶府知府紹榮捐款，分投買米賑濟。此外署水師提督方耀、署陸路提督鄭紹忠，捐資購粮餅，散給錢文。以及香港商民捐集銀米自行施濟。通計散出賑米已在二萬石之外，兼以麪餅、乾粮、錢文，稍資存活。目前漲勢雖平而積水未退，潰決處一片汪洋，若不急趁此時赶築圍隄，疏消積潦，補種晚禾，俟再有秋漲踵至，下半年生計全無指望，冬秧亦復難栽，此十餘萬飢民若何安集，爲患不堪設想。臣等與司道等籌議，惟有以工代賑，及速籌款築圍，或量作口内月堤，或分作攔水小埂，俾得防續漲而顧晚收。至於水勢過深處所，只可俟冬令水涸再爲興修。

查粤省田圍，除南海桑園圍外向係民捐民辦，此時各村物力蕩盡，救生不贍，斷難自謀。即聞有本縣殷户尚可勉力勸捐，非有官款倡辦亦難鼓舞。約計需款甚鉅，即倡率築圍暨目前撫恤，亦非有十四五萬金不能措手。而粤庫正當防餉困絀之際，羅掘已窮。查前准户部咨，東省每年解部備荒銀一萬二千兩。藩庫現尚有光緒十年未解八千兩，本年應解一萬二千兩，此款既爲備荒而設，現當粤灾方急，留以賑粤洵爲名實相當。擬懇聖恩俯准即將備荒項下動支銀一萬兩，並於藩庫税羡項下提動銀二萬兩，以充東省賑撫之用。如蒙俞允，此係以工代賑並須另行籌捐湊集交民間自行辦理，應請免其造册報銷。此外所短尚多，急切無從籌措。擬即暫於粮道庫款挪借銀二萬兩墊發，應即陸續籌款歸補，由局設法籌措銀三萬兩。臣等與尚書臣彭玉麟並率同司道府縣各官，倡捐銀二萬餘兩，並勸諭紳富人等量力捐助，合計動、借、籌、措四項約略現可湊銀十萬餘兩，分撥應用。其不敷之數，即當接續多方籌措。惟辦事必須得人，查有署陸路提督臣鄭紹忠，廉潔樸實，久得民心。光緒七年三水賓圖各圍工程即該署提督督率興修，甚爲妥速。被灾各處，即其桑梓，辦理必能盡心。當即咨照該署提督携帶款項馳往三水、清遠、四會、花縣被灾最重之區，迅速查勘，勸導紳民捐資自衛，酌量地勢及時趕辦。並派委候補道周炳勳復往各處周歷，携帶銀米接續賑撫，體察緩急，隨時馳報，以憑籌辦。南海灾區頗廣，決圍甚多，責成廣州府知府蕭韶、署南海縣知縣張琮辦理。高要受灾最先，淹決亦廣，責成肇羅道潘駿猷、肇慶府紹榮，督率各該屬辦理。其餘較次處所，分飭委員會同地方官分別撫恤，毋任流離失所。此次惠州府屬河源縣，亦於五月初間雨多江漲，沿溪沖没田廬，淹斃人口，被灾較輕，已飭該府縣妥爲撫恤。並飭各將領營汛加意彈壓，嚴緝匪徒。臣等惟有仰體皇太后、皇上拯民飢溺德意，殫竭心力，急籌妥辦。惟望從此雨暘時若秋水順平，庶可從容補救。所有東省被灾詳細情形、現辦工賑撫恤、請動支備荒銀兩並備款應急、籌捐集資各緣由，謹合詞恭摺具奏。伏乞皇太后、皇上聖鑒訓示。

參革通判遞籍片光緒十一年五月　日

再，揭陽縣職員黄翔龍光緒四年在潮州晋捐分局由增生遵例報捐儘先補用通判，指分廣西加鹽提舉銜，並免保舉五年。該縣勸辦義倉積穀各紳，以黄翔龍家尚殷實，因令在局經理各捐户交存穀價銀兩。迨捐項收齊，時閲三年，該黄翔龍延不買穀上倉，以致人言嘖嘖。經縣再四諭催，猶復置若罔聞。七年四月間，適縣城内有張貼匿名揭帖，污衊前任福建巡撫丁日昌情事，共疑係黄翔龍捏造。該縣將其傳案禀經前撫臣裕寬批飭，提省發交廣州府會督讞局委員澈訊追辦。該黄翔龍一味狡賴，屢訊無供。由府禀司飭縣查傳人證未到。嗣復禀經臣等行司飭縣確查。兹據該縣以黄翔龍前收義倉捐項自提省後，業由局紳向其家屬陸續催令籌繳買穀上倉，核之原日收捐簿據，銀數虧短無多，容再諭局查明，勒限清繳。至匿名揭帖是否黄翔龍捏造，迭經暗訪明查，仍無實據。惟闔邑紳民僉謂黄翔龍平日行同無賴，遇事把持，曾因教唆詞訟及糾約異籍游棍，科斂錢文，倡設家會祠屋未成，疊被呈控。即此劣跡昭彰，洵屬冠裳敗類。禀由藩臬兩司核議詳請斥革等情前來。臣等覆查無異，相應請旨將報捐鹽提舉銜提分廣西儘先補用通判黄翔龍斥革，遞交地方官嚴加約束，用示懲戒。執照據供霉爛，無憑追繳。捏造匿名揭帖之人，飭緝獲日另結。除分咨吏、刑二部外，臣等謹合詞附片陳明，伏乞聖鑒。

旨：著照所請。該部知道。欽此。

劉永福禀已整隊待發片[一]光緒十一年五月　日

再，頃接劉永福五月初一日來禀，據稱，現已檢點什物，挑選三千五百人，整隊待發，專待前禀批示，請設法搬運軍火。並稱，岑毓英擬起程日給銀一萬，到粤給銀兩萬，如此時能發三萬兩則路費有資，否則頗難措辦，遂難起程等語。

旋接岑毓英五月初八日咨：據永福禀稱，束裝以待，決無再延。縱或偶有羈遲，亦必先行移駐南溪，用踐入關之約。請發給關防，并咨行兩粤沿途州縣，庶無阻滯，均已批鑒等語。

查屢次滇咨，俱稱收存劉餉六萬，已付三萬，尚存三萬。核計粤解劉餉，由滇軍轉交者尚不止此數。無論後批到否，此項固已足敷。岑毓英兩起分給之説，當係以此堅其行意。臣已電囑其人數多少，滇電力言只可帶數百人，多則恐沿途滋擾。至搬運軍火，陸運太費，水運經由法境，亦多窒礙兩節，臣均復以聽岑毓英酌度惟是。兩文相距數日，餉項則滇給少，而所望者多。人數則所請多，而許帶者少。炮械一節，未經議及。據劉禀，則所待尚奢。據滇咨，則行計已決。情事參差，竊恐仍就定議，或係永福未敢久延，而諸多未定，故姑遷至南溪以俟後命，亦未可知。

[一] 録自抄本《張文襄公電稿》。

查南溪在保勝西南，隔江七十里，屬滇境。果能先移此地，徐圖安置，亦可免法人藉口。較之遠徙，尚可從速。至此地是否相宜，應請敕下岑毓英妥籌飭辦，理合附陳，伏祈聖鑒。

籌辦劉永福内徙情形摺 光緒十一年六月初六日

竊臣於二月二十三日欽奉二十二日電旨：法人現來請和，於津約外別無要求，業經允其所請。等因。欽此。同日又奉電旨：劉永福一軍必須妥爲安插。等因。欽此。

臣查津約第一條，有無論何人侵犯北圻，中國均應保全護助之語。法人此條之意，即指劉永福而言。法與永福仇衅山積，永福不去越，則法人必不相容。中國既不能違約而助永福，然永福曾經授職統軍，爲國宣力，亦斷無代法人翦除之理。惟有令其去越，則葛藤自解，既可結束款局，兼可保全猛將。其時適接雲貴督臣岑毓英咨電，謂永福遣弁來粤募勇，意欲東來就餉。該督詞意，甚以永福離滇赴粤爲喜，此臣調屯思欽之議所由來也。嗣經委員孫鴻勳等賫文赴越傳達停戰撤兵諭旨，該員親見永福，剴切宣諭。據永福面稱，感激天恩，深願内徙，惟在越年久，部多累重，但求妥爲措置，俾得成行。委員帶回一稟，内有請示數條。一、求帶舊部三千人入關。一、請給木質關防以資統率。一、歷年軍士戰没者家屬皆加收養，約有數千家，義難棄之，此項丁口求爲安置。一、歷年出力傷亡將士，乞臣奏請奬卹。一、積年礮械甚多，乞爲設法運致。一、備言保勝險要，擬令其子通判劉成良留守其地，以固滇防等語。臣體察情形，若不許其統帶數營，則心不自安，又似置之閒散，必不樂於内附。多帶越衆，則其部下不盡馴謹，恐日後轉爲永福之累。因岑毓英咨有劉部并招回黄部不過二千人之語，故許其帶一二千人。如得力舊部不多，數百亦可，不必勉强湊數，以少爲佳。入關後，必令募足五營。關防許其入邊發給。其餘衆丁口，則令給貲留越，安業謀生。奬卹則允爲上請。礮械則告以精者酌帶，粗者稟商岑毓英酌辦，内地精械甚多，毋庸搬運勞費。至其子劉成良留越一節，則駁飭不准。以前餉項，目前資費，則咨照岑毓英於解到劉餉，從寬發給。當經逐條批答，併咨岑毓英轉飭酌辦，兼令唐景崧加函催促，各在案。奬卹一條，當經電奏，仰蒙俞允。由臣奏請種種招徠，無非欲其速入邊關，早定款局，復派總兵馬宗駿、州判孫鴻勳等再往敦趣。乃接岑毓英函咨，但云五月中啓行。唐景崧接永福四月二十七日來信，亦無准期。而法人方且坐踞澎湖，以待保勝之退。嚴旨屢下，西顧憂勞，若再遷延相持，成何事體。

查永福征戰越境二十餘年，根深柢固，一旦盡棄故壘，重覓新巢，實非容易。自法攻北圻以來，越官率多依附永福，聞其内調，咸詣委員請留。今滇軍已撤，越人糾衆拒法者甚多，更必藉永福以爲固。雖永福左育敗後，部衆多離，而其積威虚聲，尚足悚動法越。法酋勃里也及五畫以下兵官，日向委員探問永福之去否。以臣揣之，大抵永福一人甚願内徙，而難免不爲部衆所累，越人所留。不來則懼負朝恩，來則重棄故土，是以動多牽制，大有進退維谷之情。昨據永福二月遣來募勇之營官劉正興面稱，接永福信，知已將資産陸續變賣遷移，如因道遠累重，猝難赴粤，亦必讓出保勝，就近先移滇境等語。惟是廣越相去二千餘里，該軍實情殊難遥度，岑毓英近在咫尺，其撫馭機宜可以隨方因應，宣慰操縱，似尚非難。臣又嚴檄永福，令其迅速啓程，遵旨先入雲境，再議東行。一切措置之法，迭次函檄批稟，俱已周詳。其有未盡事宜，變通辦法，令其就近稟商岑毓英酌辦。不得以聽候粵批爲詞，亦毋庸俟委員到彼，致稽行期。并函致岑毓英，永福應帶若干人，先到何處，屯紮餘衆若何安置，輜重礮械若何運致，或竟難赴粵，止肯稍移至滇邊地界，悉請該督就近裁酌。并囑察其是否果能離越，如實有爲難之處，亦令其切實稟覆，飛速奏達，上聽聖裁。

所有催調劉永福近日情形，除隨時電奏外，理合繕摺具奏。如有諭飭辦理之處，仰懇先由電旨傳達，俾臣早得奉到遵行。

旨：覽奏均悉。前據岑毓英電奏，劉永福一軍據報於五月二十四日起程赴粵，沿途夫役糧米已飭開化、廣南兩府備辦，諒可遄行無阻。目下該提督計將抵粵，即著該督懍遵前旨，飭令迅赴思欽一帶妥爲安置。欽此。

劉永福舊部另投別軍片 光緒十一年六月初六日

再，據劉永福四月間稟稱，該提督舊部員弁營官黃俊芳、謝炳安、陸東環、劉文謙、朱冰清、梁三、劉志雄、練忠和、王玉珠、韋高魁、鄧遇霖、梁茂林等十二人，哨弁黃爵元等十人，均係另投別軍，現紮越南紅花江一帶。此項舊部現隨別營，不同進關者，日後有無事故，不與永福干涉等語。又接岑毓英五月初一日電稱，劉團自左育潰後，逃歸阮光碧、王玉珠、湯宗政三處不下千人，朱冰清、劉文謙、劉志雄等帶歸何元鳳六百人，又黃俊芳、梁茂林、陸東環、謝炳安等各帶各部歸覃修綱、張世榮又千餘人。所存不過數百人，謬爲大言，該督過保勝曾詰之等語。體察永福來稟之意，殆深恐黃俊芳等各樹一幟，不肯附從，知其散處越地，將來必爲法梗，意在聲明已投他軍，以免後累。岑毓英此電之意，蓋力斥永福之非，謂其不應大言部衆多人，求索重餉。然電稟互證，是以上諸人，現不在永福部下，尚屬可信。

查近日越地游勇義民結營拒法者蠭起，諒平一帶，華、越約六七千人，宣興以上華、越約二萬餘人。大率越人自知必遭法虐，又已習見法兵伎倆，故連結游勇，供給糧米，與法爲難。恐非法人一時所能安戢，亦非中國之力所能措處。永福能速離越入滇，中國即已踐言，此外只可付之不問。故永福之部衆漸離，在永福則爲失勢，而在中國則甚爲有益。誠恐法人强指爲永福部下，籍口刁難，謹先陳明，以備總署辯論駁折。

旨：該衙門知道。欽此。

妥籌安置劉永福事宜摺 光緒十一年六月二十九日

竊臣屢接雲貴督臣岑毓英咨，并劉永福來稟，知已率其家屬部衆移入滇界文山縣地方。所有該提督遠行不易，暨現在催調情形，疊經臣電奏驛奏在案。該提督到粵之期計亦不遠，必須及早籌定辦法，以期經久無弊。

竊惟朝廷所以處永福者，必兼安插、保全、任使三義而有之，乃爲周妥。欲息邊衅，故須安插。該提督素有忠勇之名，敵國所憚，故須保全。予以高官，資以重兵厚餉，若置之冗散，則虛糜可惜，故亦須量能任使。俾該提督得盡其長，而國家得收其用。

查安插之地，兩廣邊腹皆不相宜，臣原議欲處以思、欽者，爲其鄉土所在，且欲資以捍邊也。前兩年法人來議越事，但云溯紅江，通滇境，尚無通桂之説。今年停戰之始，臣曾力請將諒山、廣安等省留爲甌脱，因未悉詳約，通商已兼滇、桂，又請拒其桂境通商，蓋中法隔絶，則處此自無所嫌，今桂岸之商已許，甌脱之議不行，而思、欽教民最多，以永福處此，其部下與越太習，出入莫禁，聲氣相通。設越民稍有不靖，必爲法人藉口，不曰黑旗之舊部，則曰粵將之指揮，衅隙滋多，聞該提督已自不願。若處之歸順、鎮安等州，其地毗連保樂，既接越邊，亦近滇境，其不便與思、欽、文山略同。若如該提督所請處之南甯，則此地滇桂樞紐，商民輻湊，尤非屯兵之所，桂省官民皆不謂便。若處之内地，甚或移之他省，則南北異地，山海異宜，部衆必不願從行，即使果行，亦歸無用。且該提督爲人性情直率，禮節麤疏，一半年後，疆臣或以節餉之故而罷其兵，文吏或指部卒之疵而攻其短。枝節紛紜，必致該提督終受其累，亦甚非朝廷招徠激勵之本意也。臣愚熟思，惟有處之瓊州，則一無窒礙，而於海防甚有益。粵防惟瓊防爲最可慮，其地之荒陋貧瘠，不及臺灣什之一，而最近越南，海防港口朝發夕至。去年以來，法船屢來量水窺探，設有敵警，惟有付之良將，奬率瓊島軍民自爲戰守，無從援應。瓊防固，則可與廉郡犄角，爲外洋入華之梗。瓊防疏，則敵人得以屯泊舟師，休息兵馬，爲粵省眉睫之憂。而且内防峒黎，外備海盜，水土惡劣，將吏視爲畏途，欲求良將，正苦乏人。查岑毓英奏，屢有簡授劉永福一實缺海疆總兵之請，竊思若朝廷即以瓊州鎮處之，似甚相宜，大要其利有五。

瓊越隔海，法於海防譏禁甚嚴，華人無保人執照者不得登岸。該提督部下既無挑衅之方，法人亦無吹詬之具，法疑既釋，永福亦安，一也。

非使該提督統帶一軍，則體貌太輕，部曲難散，勢必不能内附，故臣曾許其到粵募足五營。然此五營之餉，加以薪費軍火，一年所費不貲。惟瓊州防海防黎，近數年來常有四五營屯駐其地，越事既起，陸續增至水陸十一營，事平以後，亦難全撤。然細考歷年瓊防各營，未見一律精鋭，該提督所部，不惟能戰，而且耐炎瘴，習山險，較之外募，利鈍迥别。減彼增此，則養此五營，不爲虚耗，二也。

該提督近年部衆稍離，由於越亂商阻，稅失餉缺。今正左育之挫，由於我之重兵俱在宣光，僅能分兵往援。該軍血戰兩日，遂不能支，然其勇猛威名，久播四裔。本年三月，委員到越，與法酋勃里也及大小兵官言及，畏忌之情，形諸詞色。親見法兵船上所懸畫圖，皆繪劉永福歷次擊敗法兵戰狀。粵省及外埠各國洋人談及該提督，無不敬服稱贊。以諸藩敬憚之人，扼南洋首衝之島，則隱然有老羆當道之勢。萬一法人再萌窺伺，該提督上爲公義，下爲私讎，必能力戰死守，無勞督策。且必終日防維，隨事經畫，將使蕞爾孤島，屹若長城，三也。

瓊州生黎年年出巢侵掠，終未一大衄之，餉不耗於剿而耗於防，軍不死於戰而死於病，列戍相持，實非勝算。故臣於上年冬底請奬剿黎疏内，陳明以後尚須大舉剿辦。然而内地將士，斷不能踰險深入。以該提督所部辦此，自易得力。且猛將健卒，勞則有功，逸則生事，責以剿生撫熟，伐木開山，其事亦非一兩年所能遽定。瓊屬昌化銅鑛極旺，久爲各國垂涎，更以餘力督率所部開鑛、墾田，則瓊州之内患既除，地利亦興，其益甚廣，四也。

該提督輸誠内附，斷無可疑，深感國恩，惟有竭力圖報。若必慮其部衆稍雜，恐有不馴，則瓊島孤懸，一應軍火、餉銀、糧米無一不仰給内地，譬如嬰兒，專待乳哺。六轡在手，控馭非難，五也。

兼此五利，似於安插、保全、任使之道均尚有合。反覆思之，無踰於此。惟處之瓊州，即宜授以實缺，若徒使屯紮其地，則形迹似乎流徙，必生疑畏。查本任瓊州鎮總兵賴鎮邊，人甚開展明練，而未見有獨當艱鉅之才。升任後，現尚仍在大鵬協本任。爲處劉永福計，似可將賴鎮邊調任他省總兵一缺。如臣議尚有可采，可否由電密諭臣知。緣處桂處瓊，辦法不同，以便豫爲籌計。俟該提督有赴粤起程確信，臣即當電奏上聞，再請明旨簡授。

伏思該提督倔强越地垂二十年，所任三宣提督，轄境甚廣，其保勝地方營壘礮臺，累年經營，極稱完固。自興化以上數百里，沿江險仄，人馬不能並行，實有一夫當關之勢。且獨此數百里間，山嶺迴複，毒瘴薰蒸，外人斷不能堪。而保勝以南則爲三猛十州之地，内通老撾，田多米廣，近年已爲黑旗、黄旗據有十分之六，築室墾田於其中，丁口蕃息，資産綿延。目前雖不盡屬劉部，然該提督若不去越，則此輩可離而亦可合。該提督屯踞已久，儼然有土司酋長之勢，越官越民奉令惟謹。臣此次檄調，議者咸料其不來，今一旦盡棄故壘，率衆來歸，非感激聖恩，恪遵朝命，斷不至是。查該提督在越，與法本無妨礙，徒以受越之官，忠越之事，忿越之坐受魚肉，挺身血戰，積成深讎。法人屢經招之，該提督義不肯往。觀其盡忠於藩國，知其必能效節於皇朝。惟望朝廷優異矜全，顯以作天下忠臣勇士之氣，而隱以固孤危難守之瓊，粤防幸甚。

旨：張之洞奏安置劉永福事宜一摺，覽奏均悉。瓊州孤懸海外，選將駐兵，諸宜審慎。劉永福到粤後，著張之洞傳見，詳加察看，將其性情才略究竟何如，所部勇丁是否安静守法，據實電奏，候旨定奪。欽此。

緩開塞河片光緒十一年六月二十九日

再，廣東省城洋船馬頭，向在黄埔，距省四十里，自咸豐末年，始駛入城西南四里之沙面白鵝潭。查省河入虎門後至黄埔尾之長洲，分爲兩支。南一支溯流經沙路至沙面，北一支溯流經魚珠過省城南，亦至沙面。北支較淺，南支較深。沙路計攔截兩道，外沈船石，内作橋樁，魚珠内至中流沙亦攔截兩道。去年七月海防戒嚴，即將沙路一支兩層口門塞斷，華洋官商輪船專由魚珠一路行走，魚珠暨中流沙留口門十五丈，其商船較大者，即至黄埔起剥，換船入内。至各國護商兵船，洋行往來香港之渡輪，仍可駛至沙面，行之十閲月，毫無窒礙。

今和局已定，逆揣各國洋人必欲請開各沙路河道。惟攔河工程勞費極多，將及一年始有規模，阻截固難，開通亦不易。前年秋，初議攔河時，各領事屢來阻撓，極費籌維，始能舉辦。去年塞斷沙路口門時，洋人亦欲阻止，嗣見中國戰志甚堅，亦遂無詞。今擬即將沙路一支不必開通，輪船專由魚珠，以後海防較易爲力。且攔截器具設在水中，中間空隙皆寬一二丈，僅能阻船，不能阻水，於省城行水絶無妨礙。茲特豫爲陳明，應請敕下總理衙門查照，如遇洋使干瀆時，與之辯阻，實於海防有益。

旨：該衙門知道。欽此。

克復諒山賞給諸軍銀片〔一〕光緒十一年七月初一日

再，去年法渝盟，欽奉諭旨，懸賞激勵軍士便宜行事。至冬間，桂防既危，軍益急，經臣等先後函電文檄宣示關内外諸軍，如有首先迎擊法寇者、克城者、奪壘者、大勝者，分別等差，優立賞格。其生擒者，計名。斬級者，計級。獲酋者，計劃。俱酌量比照粵省所懸賞格。無論廣、桂、湘、鄂諸軍，一體給賞。桂餉支絀，由東代籌，以壯士氣。

至本年二月，文淵、南關、諒山疊次血戰大捷，主、客各軍均經護撫臣李秉衡、署西提臣蘇元春，在桂餉内，均酌核賞給。除已由桂省發給各案外，其克復諒山賞銀三萬兩，係由東省支發，各軍統分。

又，以前廣西提督臣馮子材所部，前得諒山，另由東省加賞一萬兩，專賞馮軍。其王德榜軍甫谷之戰，賞銀一萬兩。因兵係客，數係東許，東、西兩省各任其半，由東局支給銀五千兩。

此外，東軍克諒攻宣各枝，歷次擒、斬、傷、恤各賞號，應俟各該軍造報核銷。

據廣東善後局會同轉運局司道詳請奏咨前來。理合附陳，伏祈聖鑒。

旨：户部知道。欽此。

添建礮臺軍械所片光緒十一年七月初一日

再，粵省外海内河各衝要，如虎門内外之沙角、大角、上下橫檔、威遠山，黄埔左右之魚珠、沙路等處，自上年設防以來，陸續築臺安礮，已有規模。惟限於經費、日力，酌量騰挪布置，而水陸遼闊，仍嫌礮少臺單，如遇有警，不足以資策應。臣等周諮將領，體察形勢，虎門一段，沙角以外十三臺取勢甚遠，然能外擊而不能内擊。威遠、橫檔扼敵最衝，然能迎擊而不能橫擊。且威遠原配巨礮亦少，必宜於沙角舊臺地址增臺置礮，與威遠、橫檔鼎足相倚，取勢較緊，因於沙角環抱之處，依山迤邐築臺四座。威遠舊臺背山貼水，最爲無法，因於舊臺後山半築臺三座，又將舊臺八礮移置山阜較高處所，築臺八座，皆令參差散處，不聚一隅。下橫檔各臺未能回擊駛過之船，因於下橫檔山頂增臺一座。上橫檔亦就舊臺添置巨礮一尊，以便回擊。大角當大洋西來之路，礮亦嫌少，因於大角增臺二座。黄埔一段，長洲較爲完密，惟魚珠屏蔽趨省陸路，原臺尚孤，因於魚珠以内之獅山築臺二座，蟹山增臺一座。沙路遠接蓮華山、獅子洋，最爲近外，地勢散漫，因於沙路以外之馬鞍山增臺二座。共應添十八臺，均采取西法作露天臺式，以灰沙洋泥層層舂築，皆有暗道、兵房、藥庫。濱海餘地較寬者，酌量加築濠墻。即飭各營統領督勇募工，分承修築。先經臣等電託出使大臣李鳳苞，與德國兵部議購克虜伯二十一生特後膛大礮十六尊，本年二月内到齊，分發新增各臺。各臺於春初興工，六月告竣。大率各臺皆各因地勢聯絡呼應，將弁工匠漸臻熟習，臣等復嚴加核計，故作法較從前各臺爲合，經費亦較從前爲省。

又粵東連年購置軍械，爲數繁鉅，舊有軍裝局地方狹小，不

〔一〕録自抄本《張文襄公電稿》。

敷儲放。現於新城內素波巷另建軍械所一區，正月內興工，亦經告成。此外水陸各隘，尚有應增臺壘之處，亟宜乘此防營未盡裁撤，分投舉辦，藉資勇力，尚可較省、較速。統俟各工一律告竣，由各統領委員將工料銀兩覈實報局，再行核明報銷。

旨：該部知道。欽此。

租購調撥各輪船補陳備案片光緒十一年七月初一日

再，廣東省內河外海，向設巡緝輪船二十餘號，上年防務日緊，需輪甚多，或分撥沿河沿海防營各統領，專供運濟裝械、兵夫，或專泊虎門，稽察華洋輪船，瞭望哨探，以及防守、攔河，巡護水雷，運送礮臺料物，巡徼五門內外。至於轉運滇、桂、越南餉銀、軍火、電桿、兵勇，均須輪船拖送梧州，幾於無日無之。且惠、潮、廉、瓊一帶同時辦防，每須由省載送勇丁，運解餉械，以及傳遞軍報，偵探敵情，均不可少，舊有各輪，不敷調遣。事機緊迫，倉卒無從裝造，衹可租購洋輪，並將鹽關緝私船隻調撥來防應用。援臺事急，來往泉、閩、廈、汕之間者，需用尤多。

自光緒九年十二月起，先後共購買中等輪船二號，曰廣凱，曰廣威。小輪船五號，曰定功，曰報捷，曰克膚，曰奏捷，曰飛電。以上共買中小輪船七號，均係委員分赴香港等處購辦，或係洋行自用之船，照價讓出，或係洋行出售之舶，議價購來。船身新舊，機器精粗，質料厚薄，未能一律。各該船原有水手多屬華人，暫資熟手，即領駕駛。尚未拔補兵額，其薪糧各項係比照馬力酌量支給。一俟拔補營兵，核定薪糧，再將各該船長寬丈尺以及購買價值，一併造册送部。又租雇中等輪船二號，曰益得利，曰米利亞士顛。租雇小輪船三號，曰金安，曰金利，曰永昌。以上輪船五號，本有華人配駕，租用久暫無定，衹須派員管帶，毋庸更配人役。又調粵海關所設緝私大輪船一號，小輪船二號，運司所設緝私輪船三號，與租買各輪船俱備轉運巡探之用。以上各輪船價值、租銀、薪糧等項，統在善後局海防項下開支。

現在防務漸定，其買定之輪船，即以之分派巡緝。其租雇調撥之船，均經分別退還。謹合詞附片具陳，伏祈聖鑒。

旨：該衙門知道。欽此。

廣西梧州至龍州展設電綫動用經費開單報銷摺光緒十一年七月初一日

竊照光緒九年間法越搆兵，廣西籌辦邊防，事機緊急，軍報由驛往來，時虞遲緩。經前督臣張樹聲會同前廣東撫臣裕寬、前廣西撫臣徐延旭，於是年十一月二十八日奏明，將廣州電綫展至龍州，飭令直隸候補道盛宣懷招商承辦廣州至梧州一節。其梧州以上，由官建造。照津滬路綫成本核算，約需費十餘萬兩，請借用出使經費銀十萬兩，分派各省籌還。不敷之數，由粵籌之。奉旨：知道了。著准其於出使經費項下借用銀十萬兩，暫勿庸由各省籌還。該衙門知道。欽此。欽遵在案。

茲據總辦電報事宜直隸候補道盛宣懷詳稱，光緒九年十一月十八日奉札委辦廣州至龍州電綫，以通軍報。其廣州至梧州一節，仍由商局認辦。維時蘇、浙、閩、粵陸綫工程尚未造竣，當經移緩就急，調回總辦粵閩工程委員知府余昌宇，督率員弁工匠人等，於九年十一月二十四日由廣州向西開工。派都司美世清督同洋匠先行勘路，並收備造閩粵陸綫之機器、物料，挪備應用。一面託丹商大北公司向外洋采購，照數撥還。又派知府黃建笎、同知周冕在廣州設局辦理轉運。布照磨談震臨赴廣西購辦電桿木料。旋照路艱工，尚嫌緩不濟急，須再添一路，分頭趕造，以期速成。十年正月間，復調回總辦浙閩工程副將王榮和，督率銘軍兩哨以及工匠人等，於三月十四日馳抵南甯開工，造至龍州爲止。十年閏五月，兩路工程一律蕆事。統計此次添設電綫經費，共用庫平銀十萬二千五百兩一錢九分三厘四毫七絲六忽，援照津滬電綫成案，分款開單，詳請奏銷。再，廣州至梧州所設電綫，悉照原議由商人報效，惟因趕設此綫，致將閩粵陸綫工程停待半年，商人喫虧尤甚，悉以由廣州至梧州設綫委員、工匠薪工火食等項免向商人科派，略示體恤，合併聲明等由前來。

臣查廣西梧州至龍州計程約一千六百里，鳩工伊始，關外戰事適開，實屬途遠機急。該道盛宣懷徵調部署，前後僅閱半年，全工告竣。所有經費十萬二千餘兩，核之原估十餘萬兩之數，有減無浮，似應准其照數核銷。除撥領出使經費銀十萬兩外，其不敷二千五百一兩一錢九分三厘四毫七絲六忽，查照原案，由粵省籌款發給，以清款目。所有廣西梧州至龍州展設電綫動用經費，援照津滬電綫成案開單核實報銷緣由，理合開具簡明清單，會同廣東撫臣倪文蔚、護理廣西撫臣李秉衡繕摺具奏。伏祈聖鑒。

旨：該衙門知道。單併發。欽此。

呈四月分電旨電奏摺〔一〕光緒十一年七月初二日

竊臣於上年十月間具奏，請將海防緊要事件電致總理衙門代奏者，每月照録原文，匯奏一次，并因欽奉電旨，間有碼數參差之義難解者，繕單呈請敕發總理衙門核對存案。如有舛誤，即咨照更正。當經恭録電旨、電奏各件，截至光緒十一年三月底止，先後具摺奏陳在案。茲將十一年四月分歷次電旨、電奏匯繕清單，恭摺具奏，以備查核。伏祈皇太后、皇上聖鑒。

旨：該衙門知道。單二件併發。欽此。

謝賞戴花翎摺光緒十一年七月二十八日

竊臣准護理廣西撫臣李秉衡咨，准户部咨，光緒十一年五月十五日内閣奉上諭：廣西關外各軍，屢獲大勝，深堪嘉尚。兩廣總督張之洞撥軍籌餉，用奏膚功，允宜一體加恩，著賞戴花翎。等因。欽此。恩言下逮，感悚難名。伏念臣學愧鶡冠，職兢鵜翼，守官嶺表，疆理交南。憤鯤身跋浪之祅氛，禀鳶泊擣虛之廟算。四正四隅之營陣，僅出偏師。三郊三遂之芻糧，敢言宿飽。天威遠暢，月捷頻聞。此前行力戰之勞，皆中旨發蹤之效。頒來汗號，蠅附尾以何功。榮以羽儀，鼃戴恩而知重。臣惟有益蒐戎備，期阜邊儲。當關嚴蟻穴之防，橫海肄犀軍之隊。取鯨鯢而爲京觀，戢兵賡周武之詩。若鴻毛之遇順風，賀聖獻王褒之頌。務殫駑鈍，冀答生成。

〔一〕録自苑書義等主編《張之洞全集》第一册，第三三五頁，河北人民出版社一九九八年版。

委署知府片〔一〕 光緒十一年七月　日

再，廣州府知府蕭韶已授湖北荆宜施道，所遺廣州府知府篆務，查有署韶州府事雷州府知府孫楫，熟悉民情，通達治體，堪以調署。所遺韶州府知府篆務，查有試用知府徐瑋文，老成精細，處事周詳，堪以署理。據藩、臬二司會詳前來，除分檄飭遵外，臣等謹循例附片陳明。伏乞聖鑒。

旨：吏部知道。欽此。

委署司道片〔二〕 光緒十一年七月　日

再，布政使龔易圖奉旨調任湖南，自應交卸起程，當飭調補廣東布政使沈鎔經即赴新任，以重職守。新任按察使于蔭霖到任尚需時日，查有兩廣鹽運使瑞璋，明慎安詳，處事穩練，堪以委令署理。遞遺運司一缺，查有調東差遣奏派辦理粤東轉運局之廣西候補道蔣澤春，操守端廉，辦事結實，堪以委令代理。該員宦粤日久，兩省情形均所熟悉，與上年九月江西候補道程桓生委署兩淮運司成案亦屬相符。除分檄飭遵外，謹合詞附片陳明。伏乞聖鑒。

旨：吏部知道。欽此。

調員留營差遣片〔三〕 光緒十一年七月　日

再，粤省上年辦理海防兼援台、越，一切營務、洋務，在在需員差委。現有前福建古田縣知縣降補府經縣丞魏邦翰，講求海防，博通洋務，曾充閩省通商局文案。當即咨調該員來粤差委。該員清理交代經手查□，於十月二十二日到粤，當經臣咨部查照。嗣遴派該員於正月間馳赴關外前敵差遣，並咨明廣西護撫臣各在案。兹准吏部咨，稱軍務省分請調候補候選人員，飭令遵照定章奏明辦理等因，咨覆前來。臣查降補府經縣丞魏邦翰，熟悉營務、洋務，經臣飭調來粤，復派赴前敵差遣，兹准部覆行令奏明辦理。合無仰懇天恩俯念邊防緊要，准以降補府經縣丞魏邦翰留於兩廣軍營，以資差遣。理合附片具陳，伏乞聖鑒訓示。

旨：著照所請。吏部知道。欽此。

請照例補給世職片 光緒十一年七月　日

再，前准兵部咨，同治七年九月分各省督撫、將軍、府尹等將歷年出師陣傷亡故文武員弁、生監人等，咨部議卹。謹按定例章程議給卹銀世職，應請將陣亡照例議卹之從九品蔡喜澍、蔡錫光均照經制外委例，各給卹銀一百兩。同治七年十二月二十二日具奏。本日奉旨：依議。欽此。等因。當經前督臣轉行遵照。嗣據嘉應州知州姚克濬詳據州民蔡繩紀、蔡繩祺禀稱，竊繩紀祖父蔡喜澍，繩祺嗣父蔡錫光，各於嘉慶二十五年及咸豐五年在部報捐從九品職銜。咸豐九年二月間，髮逆石國宗由閩竄攻嘉應州城，繩紀祖父蔡喜澍、繩祺嗣父蔡錫光均在城内辦團督勇固守。城陷巷戰，力竭被戕，荷蒙彙奏請卹。奉准兵部咨，照經制外委例議給卹銀一百兩。惟日久未奉議給世職，禀懇轉詳奏請補給等情。即經飭據廣東善後局司道查明，嘉應州城於咸豐九年間被賊攻陷，

〔一〕録自《京報》第一二五五號。
〔二〕録自《京報》第一二六七號。
〔三〕以下二件録自《京報》第一二六八號。

在城奉辦團練，督勇隨同官軍守城禦賊，被害死難官紳人等或已議給世職於當時，或請補給於事後，業經部議照准在案。今從九品蔡喜澍、蔡錫光事同一律，祗奉兵部照經制外委陣亡例給卹銀一百兩，日久未奉議給世職，未免向隅等情，詳請奏明補給前來。臣等覆核無異，合無仰懇天恩勅部，將被戕從九品銜蔡喜澍、蔡錫光照例補行議給，以慰忠魂。除咨部查照外，謹合詞附片具陳。伏乞聖鑒。

旨：該部議奏。欽此。

籌借晉款陳明片[一] 光緒十一年七月 日

再，上年十二月臣以粵省防急餉絀，電奏請敕署山西撫臣奎斌於晉省生息公款内，籌借銀二十萬兩解粵，由粵按年納息。仰蒙恩允。茲准奎斌節次來咨，於善後鐵捐兩款内，各籌撥銀十萬兩，解津匯粵。旋准北洋大臣李鴻章電稱：第一批於正月十二日到津，第二批於三月二十五日到津，當經分別匯寄至粵，由善後局照收充餉。應給息銀，應照粵借匯豐洋款成案用息九釐，每兩七釐五毫。第一批十萬兩，自光緒十一年正月初一日起息，第二批十萬兩，自四月初一日起息，每年分兩季解晉應用。至如何歸本之處，應俟咨商山西撫臣妥辦。據廣東善後局司道詳請奏咨前來，除分咨外，理合附片陳明，伏乞聖鑒。

旨：户部知道。欽此。

試用知縣期滿甄別片[二] 光緒十一年七月 日

再，查定例，内開期滿教習、俸滿教職知縣分發各省試用者，到省二年後，令該督、撫照例甄別，按班序補。又准部咨，嗣後無論何項出身，凡係補缺，應行具題者，試用期滿，由該督、撫詳加甄別專摺具奏各等因，咨行遵照在案。茲查教職俸滿分發知縣聶大昇，江西清江縣廪貢，由德化縣教諭俸滿保薦赴部，經欽派王大臣驗看覆奏，奉硃筆圈出，以知縣用。欽此。呈請分發，遵例捐指廣東試用。光緒九年四月二十七日到省，試用已滿二年，例應甄別。據藩、臬兩司詳加察看，具詳請奏前來。臣等覆加察核，該員聶大昇，樸實安詳，心地明白，堪膺民社。臣等謹會同附片陳明，伏乞聖鑒。

旨：吏部知道。欽此。

甄別貪劣不職正佐各員摺 光緒十一年八月初一日

竊惟廣東吏道猥雜，法廉罕講，疊經臣等屢疏瀝陳。臣之洞本年正月奏參不職文武摺内曾經聲明，地方各官另行察看甄別在案。茲經臣等會同隨時體察，查有試用知府鄒覲皐，每經奉委出差，專務需索，查辦沙田案，物議沸騰。候補同知李玉棻，藉差營私，不顧公事。候補同知際安、試用通判潤惠，均係充當釐差，聲名平常。試用通判劉鼎，鑽營招摇，膽大妄爲，聲名最劣。試用通判范鼎，委辦土火藥局，開報工料，多有不實。署儋州事試用知縣黄湘林，性情粗鄙，苛索地方。英德縣知縣秦侍堯，才識庸陋，不勤民事。署揭陽縣事電白縣知縣鄭履端，平日公事，尚

[一] 録自《京報》第一二七〇號。
[二] 録自《京報》第一二七一號。

稱明晰，不知循分，營求妄爲。署徐聞縣事試用知縣宗樹蘭，年力衰頽，難期振作。候補知縣陳惟，不修行檢，難膺民社。試用通判陶家馥、試用縣丞張正容、試用從九品符國瑞，俱充海防捐局委員，句結土棍，包攬承充，漁利擾商，肆行無忌。香山縣丞倪文寶，操守不謹，嗜利擾民。所有鄒觀皐一員，應請旨即行革職。李玉棻、際安、潤惠三員，均請以府經歷縣丞降補。劉鼎一員，應請即行革職，永不叙用。范鼎一員，應請暫行革職，確切查究，責令賠繳，俟查辦完結後，再行奏明請旨辦理。黄湘林一員，應請即行革職。秦侍堯、鄭履端二員，均請以府經歷縣丞降補。其英德縣一缺，粤省現有應補人員，應請扣留外補。宗樹蘭一員，應請勒令休致。陳惟一員，應請以巡檢降補。陶家馥、張正容、符國瑞三員，均請即行革職。符國瑞一員，情節尤重，並請永不叙用。倪文寶一員，應請即行革職。

此外，道、府、州、縣佐貳中，有乖官方者，尚復不少。惟舊染過重，參不勝參，當擇其事屬既往，情節稍輕者，驅逐回籍，免令敗羣害政。其法難姑容者，仍當隨時嚴察，認真沙汰。以期吏治蒸蒸，漸臻起色。

旨：另有旨。欽此。

特參鹽務洋務營伍不職各員摺 光緒十一年八月初一日

竊查粤省不職地方官吏，業經臣會同東撫臣查參，另摺具奏。

茲查有潮州運同錢瑨，糊塗濫用，信任非人，欠課甚多，屢催罔應，借領運木，拖欠尚鉅。查潮橋爲粤鹽大宗，獨當一面，儻馴致巨款無著，關繫非輕。現經檄飭運司委員查辦，并派潮州府知府朱丙壽會同該運同經理，以期維持大局，相應請旨將錢瑨暫行革職，仍留本任，勒限運銷。如逾限不完，即行從嚴參辦。候補運同江懋勳，居心險詐，罔利營私，累商歛怨。委充省河緝私，毫無整頓。並訪聞有緝獲私鹽，隱匿入己，及賣放漏釐私貨情弊，應請即行革職，仍嚴行查辦追繳。候補運同鄧清鳳，委充梧州緝私，不恤商情，專務漁利，應請以鹽知事降補。洋務委員陽春縣丞薛瑶光，前因被人參劾，奉旨查辦，經臣於上年八月會同尚書臣彭玉麟奏明，隨時察看。一年以來，詳查該縣丞僅通洋話，並無所長。當差既屬貪鄙，心術尤多悖謬。應請即行革職，驅逐回籍，交地方官嚴加管束，不准在粤逗留生事。署欽州營參將候補副將莫善喜，所部營勇缺額太多，性情殘暴，多玷官箴。惟該副將素有驍勇敢戰之名，應請即行革職，仍留於省城防營效力，責令自贖。署新會營參將候補副將柏慶，不諳兵事，需索汛弁，拔補兵缺不公，應請以都司降補。儘先參將鄧韞輝，不守營規，貪利生事，應請即行革職。署佛山鎮都司候補都司謝其中，履歷含糊，在任比匪縱盜，貪黷卑鄙，應請即行革職，永不叙用。

旨：另有旨。欽此。

密陳求治需才情形片 光緒十一年八月初一日

再，竊惟自强之道，從自治始。漢臣諸葛亮之治蜀，法度立而兵食乃足，故撫臣胡林翼之治楚，名實核而征討有功。故吏治之與邊防，體用相資，實爲表裏。臣到粤以來，海氛旁午，外修戰備，內考官常，董戒兼施，甘爲怨府。疊次瀝陳論奏，分別舉劾，久在聖鑒之中。無如習氣既深，指臂殊少，僅竭一人之精神才力，欲以句稽衆局，廉察通省，勢有不能。夫承流分職，司道之任，曾經奏請嚴飭通省文武大員、司道提鎮，精白乃心，同任勞怨。復經先後會同撫臣奏調在籍道員李興鋭、前河東道黄照臨，無非以該二員廉樸勁直，正可藥粤省之弊。李興鋭兼長於工政，黄照臨又究心洋防，冀以風兹敝俗，分理艱鉅。嗣因李興鋭已引見，未邀允准，黄照臨經吏部以終養人員向無奏調成案議駮。

目前自沈鎔經任藩司後，官場風氣漸變，新授臬司于蔭霖治行端篤，知之有素，不日來粤，以後政事財用自當漸有起色。惟是海防百端，正宜及時開辦。粤省如善後、營務、釐金、海防捐、軍械、船雷製造各局，皆須專員綜理，條緒甚多，規模甚廣。無時不關涉外洋，無事非出納鉅款。廣東候補道雖有十數員，能辦事者不過兩三人。餘皆或近庸陋，或近油滑，盡劾似覺太苛，然斷難委以要政。且治兵、考工，尤非專門不辦，仍須多有賢員協助現任司道爲之，始克有濟。合無仰懇天恩飭令李興鋭俟勘界事竣，仍赴粤東差委。至黄照臨一員，湘粤接壤，迎養非難，前疏已經陳明，似於陳情本意無所妨礙。竊思查成案以爲准駮者，部臣之職守。擇人材而維大局者，聖上之權衡。可否懇頒特旨，發往廣東差委，儻他日蒙恩簡任粤省一缺，此尤逾格鴻施，粤事之幸，非臣下所敢擅請者也。伏懇聖明俯念整飭海疆，必有人才，方能措手，俾微臣得資襄助，一洗粤省官場積弊，振此清明之正氣，以爲安攘之本原。謹附片披瀝密陳，伏祈聖鑒。

旨：李興鋭勘界事畢，尚有另行簡用之處。黄照臨業經部駮，現在該省又無軍務，所請均毋庸議。欽此。

爲陳嘉請恤摺[一] 光緒十一年八月　日

竊統領毅新鎮南各軍貴州安義鎮總兵、記名遇缺簡放提督銜、頭品頂戴、訥恩登額巴圖魯、賞戴花翎賞穿黄馬褂、雲騎尉世職陳嘉，於本年七月初四日在龍州營次傷發病故。臣元春等親理其喪，妥爲照料後事，另行遴員接統所部各軍。所遺安義鎮總兵員缺緊要，相應請旨簡放，以重職守。

查該故員陳嘉，係廣西荔浦縣人，起家軍旅，忠勇性誠。當同治七年，隸臣元春部下，剿辦黔苗，委帶勇營，大小數百戰，克府廳州縣城以十計，苗寨苗巢以百計，全股殄滅無遺，苗疆肅清以該員功爲最。光緒七年因臣丁憂給假治喪，撫臣奏派該員代統臣軍，駐防寶慶，時逾四月，深得軍心。上年三月，隨臣來粤剿土匪莫夢弼於思恩，臣秉衡始與識面，見其樸誠勇敢，訥訥不言功，而每戰身先，非他將比，心竊異之。及其出關禦敵也，初捷於船頭，聯捷於陸岸，於紙作社。冬暮敵大至，該員指揮將士，鏖戰數晝夜，力不支，受創昏倒，左右掖之去。既覺，揮刀叱退從者，誓不還，卒能激勵將士，轉敗爲功。今春二月遂有關前之捷，既而克文淵、復諒山，悉破威坡、山莊、堅老、谷松諸壘。臣等奏蒙恩旨褒嘉，特頒珍物，並賞給頭品頂戴、雲騎尉世職。是其功績卓著，盡在聖明洞鑒之中。惟該員隨臣元春十有七載，竭誠報國，實有同心。臣奉命督辦邊防，並資臂助。乃因傷病卒殞厥身，使人扼腕。蓋其老於戰陣，久歷瘴鄉，積病已深，被傷尤重。當谷松初下，病正亟，强之回，諒山聞警，呼卒舁以行，

[一] 録自《京報》第一二九一號。

仍赴前軍。三月班師，駐關前隘，病加劇。臣秉衡遣醫往視，囑來龍就醫，不聽。臣因勘脩南關工程之便，復赴其軍敦勸。歸後屢函促之始來，來已不可爲矣。鱗傷徧體如刻畫然，損一目，嘗潰脱碎骨碗許，鉛子未出者尚十數。每云歷戰陣，出血過斗，年未五十，時苦不支。此番受峻補之劑百餘，卒無起色，固知其非死於病也。疾革，部將來視，猶問營務敵情及關城工作，無他語。臣元春適因會商防務來龍，與臣秉衡同一往視，仍喃喃計軍事。臣秉衡竊謂多年心目間，似此將領，實未數遇。時艱未已，需才孔殷，如陳嘉其人，用之捍邊、衛内，未嘗不有裨益。與臣之洞函牘論及，以深韙其言，不虞其中道云殂。此臣等所以嘆息，爲國家惜良將之不易得也。合無仰懇天恩俯賜破格優恤，並將該故員生平戰績宣付史館，以彰忠藎而勸勤事。出自高厚矜全。臣等謹合詞恭摺由驛具陳，伏乞皇太后、皇上訓示。

旨：另有旨。

徐賡陛被參活埋人命審明定擬摺[一] 光緒十一年八月　日

竊照已革通判徐賡陛被參各款，先經前署督臣曾國荃、前撫臣裕寛逐一確查。於光緒九年三月會摺覆陳，聲明活埋鄭承望一案，提訊供詞含混，必應澈底根究，方免枉縱，批司行府集訊，將徐賡陛請旨革職聽候訊辦。奉旨：徐賡陛著先行革職，聽候訊辦。鄭承望被埋身死一案，情節甚重，必須嚴切究辦。即著該督撫嚴訊確情，定擬具奏。欽此。行司轉行欽遵。

旋據南海、番禺二縣差查城廂内外，並無徐賡陛蹤跡。經前督臣曾國荃、前撫臣裕寛，於光緒九年七月十三日奏請通緝。是日即據徐賡陛赴藩、臬二司衙門投到，飭發看管委審。又經前督臣張樹聲、前撫臣裕寛奏明停緝，並經惠州府知府楊霽，將屍子鄭媽厚、勇丁黄得勇及當時跟隨徐賡陛下鄉之門役鄧安三名，解省發審訊供，添差行提要證陳梁英等質訊。一面咨部展限。嗣承准軍機大臣字寄：光緒九年十一月初十日奉上諭，有人奏已革署廣東南海縣知縣徐賡陛，被參潛逃。等因。欽此。欽遵。旋據鄧安在候審公所患病，醫治無效，於光緒十年九月初一日病故。由府委員驗明詳報，並無别故。前督臣張樹聲卸事，臣之洞接准移交，催提勇丁李興、要證陳梁英即梁英、林平中，並應訊之鄭林氏四名解省，飭發廣州府，並先後札委候補道施在鈺、候補知府萬方煇會審。兹據廣州府等審明議擬解，經廣東按察使沈鎔經會同布政使龔易圖、候補道施在鈺覆訊定擬解勘前來。臣等親提研訊。

緣徐賡陛籍隸浙江烏程縣，由副貢生報捐通判，分發福建試用。迴避改指廣東。光緒四年八月，委署陸豐縣事。該縣民鄭承望素性凶横，與分居胞弟鄭承霖即鄭亞玉向不和睦，時加欺陵。光緒五年七月十八日，鄭承霖雇人挑穀赴墟售賣。鄭承望聞知，教令其子鄭媽厚，糾合向與鄭承霖有嫌之族人鄭牛建即鄭吴見、鄭亞添、鄭祖恩、鄭亞闉，徒手赶至村外，搶得穀三石挑回，按股俵分碾食。承霖之妻鄭林氏控縣，差拘無獲，添派勇丁宋求、黄得勝協拿。八月初六日，宋求等拿獲鄭牛建，押解赴縣。鄭承望糾率十餘人，分持刀棍，追至中途，將鄭牛建奪脱，並喝令不

[一] 録自《京報》第一二九六號。

知姓名人出木棍毆傷宋求額顱、左肩逃逸。宋求等見人多勢凶，不敢追捕。時徐賡陛在鄰鄉催糧，宋求就近禀驗，並請派勇嚴拿。十六日早，徐賡陛督帶勇役，馳往鄭村掩捕，當將鄭承望拿獲，押帶回縣審訊勒交。尚未出村，鄭承望倔强叫駡，徐賡陛慮被族衆打奪，喝令勇役用刀禁制。鄭承望不服，仍行叫駡。徐賡陛吆喝李興遂用刀戳傷鄭承望咽喉右倒地。徐賡陛察看傷重，料無生理，又因鄭姓族大、凶悍，隨令即在路旁掘一土坑，深約二尺餘，飭將鄭承望植立坑中，用土掩至臍腹，反縛兩手示衆。鄭承望移時殞命。徐賡陛即飭地保傳屬收殮，嚴諭族紳交犯候辦。並因李興辦事孟浪，帶回縣署責革。是日，鄭承望之妻鄭陳氏患病在家，鄭媽厚逃出未回，經鄭承望子壻陳梁英、林平中於次日聞信赶往，看明屍傷，買棺殮埋。徐賡陛未經詳報，旋經調署南海縣事，隨被奏參查辦。嗣經前督撫臣逐款查明覆奏。奉旨：徐賡陛著先行革職，聽候訊辦。欽此。行司轉行欽遵。先是徐賡陛於光緒八年二月二十九日交卸南海縣篆在省候訊。至九年四月初二日因患怔忡咯血病症，差人赴藩司衙門掛號請假。續因病勢沈重，於是月初八日移居離城十五里之白雲寺醫調静養。迨奉文看管，差查城厢内外，並無徐賡陛蹤跡。又經前督撫臣於光緒九年七月十三日奏請通緝，徐賡陛適於是日午後因病痊進城銷假，一聞通飭緝拿，赴藩、臬二司投到，飭發看管，奏明停緝。並先經惠州府知府楊霽將鄭媽厚、黄得勇、鄭林氏及當時跟隨徐賡陛下鄉之門役鄧安三名，解省發審訊供。添差行提陳梁英等質訊。一面咨部展限。旋經報鄧安在候訊公所病故，由府委員驗明詳報，並無別故。將李興、陳梁英、林平中、鄭林氏飭發廣州府，並札委候補知府萬方煇會審。茲據廣州府等審明議擬解司復訊定議解勘前來。臣等會提覆訊，據供前情不諱。誠恐尚有不實不盡，復按照原參續參各節，逐層嚴詰。如原參徐賡陛令兵役將鄭承望活埋致死，掩至半體，令勇目黄德用加砍一刀一節。詰據該革員供稱，當委因鄭承望受傷將死，掘坑令其植立示衆。如果意在活埋致死，則儘可掘深土坑，放倒掩埋，何必令其植立，又何必掩至半體，再令勇丁加砍一刀。至黄德用即黄得勇，並非另有黄德用其人。又如續參徐賡陛服官粤省多年，歷署大缺，眷口、家丁不下數十人。如果挈眷逃走，則夫馬絡繹，道路皆屬耳目。前摺所云，查無蹤跡者，特不肖官幕暗通消息縱之使去一節。詰據該革員供稱，伊交卸之後，即將眷屬送回原籍，幕友家丁早已星散，隨身止剩一僕，僑寓省城。後因患病移居白雲寺，道路甚近，行李無多，臨走時並未向人告知，是以人不經意，查無蹤跡。又如續參，白雲寺近接省城，地近名勝，遊人衆多。徐賡陛甫任首縣，在官時狂妄狼戾，酷聲素著，紳民切齒。奉旨嚴拿，何至久居城外，無人舉發。即使該革員自知罪重，杜門不出，而同省官幕豈竟禁絶往來，官親家丁豈竟禁絶出入。乃反謂地方偏僻，信息罕通，無由得知一節。詰據該革員供稱：伊出城養病在先，奉旨革審飭縣看管在後。到寺之初，寺僧原知來歷，伊恐知交過訪，不能屏絶應酬，静心養病，預囑家丁、寺僧勿露蹤跡。嗣前督撫臣於九年七月十三日奏請通緝，伊即於是日進城報到。七月十三日以前並未奉旨嚴拿，是以無人往來，無人舉發。假使有人通信，自必早日進城，何致遽被通緝。惟伊既被奏參，不候結案，擅自出城養病，無論近在城外、遠赴他省，同一，罪無可逭，何必添此一層捏飾，重蹈欺罔之罪等語。飭據署番禺縣知縣裘伯玉差傳白雲寺僧開性，解府提訊，供詞相符。並據出具不敢扶同捏飾甘結，案情似無遁飾。

查例載：現任職官，負罪潛逃，犯該軍流以下者，無論本罪輕重，一經脱逃被獲，俱改擬絞監候。又聞拿投首於本罪上減一等。又律載：恐嚇取財計贜，准竊盜論。又竊盜贜一兩以上至一十兩，杖七十。又斷罪無正條，援引他律，比附加減定擬各等語。此案已革通判徐賡陛，前在署陸豐縣任内，因鄉民鄭承望教令其子鄭媽厚糾同族人鄭牛建等，搶奪分居胞弟鄭承霖穀石，經鄭承霖之妻鄭林氏控縣，差拘無獲，添派勇丁協同將鄭牛建拿獲。鄭承望輒敢糾衆持械，中途將鄭牛建奪脱，並將勇丁宋求毆傷，實屬罪犯應死。該革員將其拿獲帶回審辦勒交，鄭承望倔强叫駡，該革員慮彼族衆打奪，喝令李興用刀禁制，戳傷鄭承望咽喉，掘坑植埋，因傷身死，係擅殺應死罪人，按律罪止滿杖。即其諱匿不報，從重比照規避律，加等問擬，亦罪止杖六十、徒一年。惟該革員於被參之後，並不静候審訊，輒往離城十五里之白雲寺養病。雖據差人請假，究未稟候批示，以致奉文看管，查無蹤跡，實與潛逃無異。迨聞通飭緝拿，自行投到，即屬聞拿投首。遍查律例，並無已革人員負罪潛逃作何治罪明文。若照現任負罪潛逃擬絞，似無區别。自應比例量減問擬。徐賡陛應比照現任職官負罪潛逃，犯該軍流以下者，無論本罪輕重，一經脱逃被獲，俱改擬絞監候例上減一等，杖一百、流三千里。係聞拿投首，應再減一等，杖一百、徒三年。事犯到官，羈管均在光緒十一年正月初四日欽奉恩旨以前，核其情罪，不在部議條款不准減等之例，可否援減之處，恭候欽定。勇丁李興聽從下手，致傷鄭承望身死，即屬餘人按例罪止擬杖，業已責革，免其重科。宋求傷經平復，應免提質，以省拖累。鄭媽厚於奪犯之時，訊未在場，其聽從伊父教令，糾搶穀石，事屬侵損，應以凡論，鄭承望死由觸犯官長，並非該犯貽累，自應仍視所犯本條科斷。查鄭媽厚係鄭承霖期親，卑幼犯尊，以凡論竊盜贜一兩以上至一十兩，杖七十律上加一等，杖八十，係爲從，仍減一等，杖七十，免刺。事犯到官，亦在恩旨以前，所得杖罪准予寬免。鄭承望教令其子搶穀，復聚衆奪犯傷勇，本干律擬，業已被傷身死，應毋庸議。勇丁黄得勇，訊無用刀加砍，寺僧開性，亦非知情藏匿，均毋庸置議。鄧安在押病故，看役人等訊無凌虐情弊，亦毋庸議。鄭承望屍身殮埋已久，傷經屍屬供明結求免檢，且非應抵人命，應請毋庸啓檢，以免蒸刷之慘。鄧安屍棺飭屬領埋，贜穀照追給領，逸犯鄭牛建等飭緝獲日另結。除備録供詞咨部外，所有審明定擬緣由，臣等謹合詞恭摺具陳，伏乞皇太后、皇上聖鑒，勅部核覆施行。

旨：刑部議奏。欽此。

知縣各飭赴本任片〔一〕 光緒十一年八月　日

再，新選徐聞縣知縣楊逢篁、四會縣知縣史光溥均先經到省繳憑。因該員等初膺外任，於地方一切事宜尚未諳悉，當經先後奏明，飭令楊逢篁、史光溥留省學習，再飭赴任在案。兹查該員等自留省學習以來，均於地方情形漸能熟悉，應即飭令楊逢篁前赴徐聞縣知縣，史光溥前赴四會縣知縣各本任，以專責成。據調補湖南布政使、廣東布政使龔易圖具詳前來。臣等覆查無異，除咨明吏部外，謹附片陳明，伏乞聖鑒。

旨：吏部知道。欽此。

〔一〕録自《京報》第一二九一號。

岑傳霖調署新會縣知縣片[一] 光緒十一年八月日

再，新會縣知縣彭君穀調省差委，所遺新會縣知縣篆務，應行委員接署。茲查有高明縣知縣岑傳霖，才識穩練，辦事勤能，堪以調署。該員任内並無盜劫已起四參之案。茲據藩、臬兩司會詳前來。除檄飭遵照外，臣等謹循例附片陳明，伏乞聖鑒。

旨：吏部知道。欽此。

籌解鹽課京餉等款銀兩摺[二] 光緒十一年八月日

竊照承准軍機大臣字寄：光緒十年十一月十五日奉上諭，户部奏，預撥來年京餉，擬在地丁鹽課等款内指撥銀七百萬兩，着於來年開印後分批起解。另片奏，光緒十一年内務府經費，擬撥廣東鹽課銀五萬兩，着於來年開印後陸續徑解内務府交納。等因。欽此。並清單一紙，内開擬撥光緒十一年分京餉廣東鹽課銀二十萬兩、帑息銀五萬兩，當經轉行欽遵籌解。又光緒十年分鹽課應解京餉，經臣等奏請截留銀四萬兩，作爲代滇購買軍火之用。旋准户部咨，部庫用款日增，存款日減，截留各項京餉一節，斷難照准，應趕緊照數解部，以供要需。又准户部咨，内務府具奏，廣東截留光緒十年分鹽課銀一萬兩，請由户部咨行，迅速補解一片，於光緒十一年三月初七日具奏，奉旨：依議。欽此。飛咨遵照等因。又，廣東運庫應解京餉，難以起解現銀，仍請交商匯兑。又，粵商承領帑本，息銀全完無欠，懇予停撥。並奉撥本年京餉，帑息項下銀數不敷，擬在鹽課項下湊解。均經臣等分別恭摺，奏奉諭旨，轉行欽遵各在案。

茲據代理兩廣鹽運使蔣澤春詳稱，光緒十一年分，奉撥京餉廣東鹽課銀二十萬兩、帑息銀五萬兩，内務府經費鹽課銀五萬兩，又奉行補解光緒十年分京餉鹽課銀四萬兩，補解光緒十年分内務府經費鹽課銀一萬兩，共銀三十五萬兩。先經前司在於徵收光緒十年分省河鹽課項内籌解京餉銀五萬兩、内務府經費銀二萬兩，又在帑息項内籌解京餉銀一萬兩，並隨解鹽課一五加平飯食、平餘拾費等銀二千一百六十兩，作爲本年奉撥第一批京餉及内務府經費，於本年三月二十八日委員蔡壽嵩等匯解赴京投納，詳奉報在案。茲由司在於徵收光緒十年分省河鹽課項内籌解光緒十一年分京餉鹽課銀五萬兩，又在光緒十年分省河鹽課項内補解光緒十年分京餉鹽課銀二萬兩，並隨解一五加平飯食銀二千一百兩，作爲本年第二批京餉，又在光緒十年分省河鹽課項内籌解光緒十一年分内務府經費銀一萬兩，補解光緒十年分内務府經費銀一萬兩，並隨解平餘拾費等銀六百六十兩，作爲第二批内務府經費。所有本年籌解第二批京餉鹽課銀七萬兩、一五加平飯食銀二千一百兩、内務府經費鹽課銀二萬兩、平餘拾費等銀六百六十兩，共銀九萬二千七百六十兩，飭令殷實銀號百川通、新泰厚、日昇昌、蔚長厚，如數匯兑進京。遴委廣東新班先用巡檢榮曜、候補鹽知事林預棻，領賫匯單文批，於本年六月二十六日在省起程進京，照章支取足色紋銀，赴户部、内務府投納。合將籌解光緒十一年分並補解光緒十年分各項京餉，及内務府經費第二批銀兩數目，

〔一〕録自《京報》第一二九六號。

〔二〕録自《京報》第一二九九號。

暨匯兑商名，委員職名，起程日期，詳請奏報等由前來。臣等覆核無異，除核給文批，飭令妥速匯解，並分咨户部、内務府兑收，其餘未解京餉等銀，仍飭陸續籌解外，謹合詞恭摺具奏，伏乞皇太后、皇上聖鑒。

旨：該衙門知道。欽此。

委護署道篆片〔一〕光緒十一年八月　日

再，現准部咨：欽奉上諭，蕭韶著調補廣東惠潮嘉道，所遺湖北荆宜施道員缺，着張聯桂調補。欽此。當經轉行欽遵。查惠潮嘉道張聯桂調補湖北荆宜施道，應即交卸起程。新授斯缺之蕭韶，在省尚有經手要件，未能即赴本任。所遺惠潮嘉道篆務，查有現署督粮道益齡，處事精詳，鎮静不擾，堪以調署。遞遺督粮道篆務，查新授惠潮嘉道蕭韶，熟悉民情，輿輪愜協，堪以委令署理。又署雷瓊道王之春，現須往辦勘界事宜，所遺雷瓊道篆務，查有瓊州府知府謙貴，識見明敏，才具開展，堪以委令暫行兼護。除分檄飭遵外，臣等謹附片具奏，伏乞聖鑒。

旨：吏部知道。欽此。

各路防營分别裁留摺光緒十一年九月初四日

竊惟廣東自光緒九年越事萌動，即有防軍。至十年夏而海警戒嚴，至十一年春而邊防益迫，加以遵旨赴援臺、閩，經營越圻，水陸營勇，遠徵近募，逐漸增加。處八面受敵之區，不得不作無米爲炊之計。本年春季，款議略定，各省漸可息肩，而臺、澎之波未平，保勝之局未定。粤爲越境比鄰，南洋外户，仍不能不盛我軍威，隱相懾制，以杜狡謀。迨五月内，澎湖肅清，防務解嚴，自宜亟爲裁軍節餉之計。當經臣等體察强弱，分别緩急，會商尚書臣彭玉麟次第減汰。惟撤營過驟，易啓戎心，游勇太多又虞生事，不得不循序相機辦理。

計數月以來，省内省外防軍，署水師提督方耀所部，先後裁去六營零二百名，留省防四營、潮防二營。署提督鄭紹忠所部，先後裁去十一營零四百名，留省防三營，惠防一營，北江防勇兩營，併親軍一百名，沙面巡勇二百名。署廣州協副將鄧安邦所部，先後裁去兩營零四百三十名，又裁去所部東莞團勇六營，留省防一營零一百名。舊設巡緝兩營，提督婁雲慶所部在粤續募湘勇兩營，提督王永章所部續募湘勇兩營，總兵劉樹元所部續募湘勇兩營，先後全裁。提督蔡金章所部廣濟軍四營，先後全裁。提督楊安典所部礮隊，裁一營，留一營，仍分爲兩底營。總兵李先義所部廣勝軍裁去一營，留四營。提督吴宏洛武毅軍五營，除先遣赴臺一營外，裁三營，留一營，歸入粤省廣勝軍。總兵劉寶春所部護雷洋舢板水勇四百五十四名，知縣張義澍所帶水勇一百名，全裁。總兵黄廷彪親軍一百名全裁。署順德協副將利輝所部裁去二營，并裁紅單船十號，留陸營一營。赤溪協副將吴迪文所部一營及親軍三十名全裁，并裁紅單船十號。水師遊擊黄增勝所部兩營先後全裁。水師遊擊黄廷耀所部裁去一營零五十名，并裁紅單船十號，留礮勇一百名。副將黄德耀所部一營全裁。香山縣知縣蕭丙堃所部招安義勇裁去七十二名，留二百名。署大鵬協副將賴鎮

〔一〕録自《京報》第一三二七號。

邊所部一營裁去四百名，留一百名。督標親軍裁去四百名，留一百名。營務處親兵一百名全裁。其副將龔尚春援臺淮軍一營，裁留應由福建撫臣劉銘傳酌辦。此外尚有副將黄榮華所部新設内河舢板廣安水軍三營，副將黄金福所部舊設綏靖營巡勇一營，均仍其舊。此省防裁留之軍也。

高州鎮所部分防廉、欽，共四營，全裁。現委王孝祺署該鎮，即以所部勤軍現存四底營填紮欽州。署參將莫善喜新舊四營全裁。參將陳榮輝所部兩營先後兩次全裁，即以馮子材所部現存六底營填紮。由閩赴廉之遊擊方沿所部五營，截回潮州全裁，選其精鋭併入潮防老營。此廉防裁留之軍也。

瓊州鎮所部兩營，裁一營，留一營。雷瓊道王之春所部粤軍五營零二百五十名，今裁三營零二百五十名，留兩營。都司鄭廷宗所部水勇八百名、紅單船二十號，全裁。此瓊防裁留之軍也。

潮防原有之營先後裁去方文、方鼇等營共一千二百名，留二營歸入方耀所部六營計算。惠州歸善縣自十年稔山會匪滋事後，該縣募勇三百名，全裁。計惠留鄭部一營，潮留方部兩營，此潮防、惠防裁留之軍也。

出關會滇會桂征軍，提督馮子材所部先後裁去十五營，留三營，仍分爲六底營，并親軍一百名。以前分屯龍州、上思州、欽州、廉州，今桂軍已敷防守，擬將屯龍之營撤回。右江鎮總兵王孝祺所部先後裁去六營，留兩營，仍分爲四底營，并親軍一百名，屯廉州北海。底營者，每營按正營人數減半，惟營哨官尚存各營名目。意在減勇數以節餉項，存營底以壯聲威。一旦有事，熟手將弁具在，軍裝器械皆全，即可募足全營，尚不爲難。唐景崧十營先後裁去九營，留一營。仍分爲兩底營，并親軍一百名，屯龍州西下凍土州。其黄守忠兩營，本爲安插遠人，附屬唐軍，勢難遣撤。應另行籌酌奏明辦理，尚仍其舊。西江襲邕潯梧一帶轉運船水軍五百五十五名全裁。其劉永福一軍，原擬五營，應俟抵粤後實有幾營，再行酌定奏辦。此出關征剿凱旋分防裁留之軍也。

統計各路裁撤水陸勇丁五萬三千八百餘人，每月可省餉二十餘萬。計現存者，廣境、桂境共尚有四十餘營，無可再減。所有已裁各營，均經分别道路遠近，酌給資糧。籍隸外省者，或以輪船送至上海、揚州，或雇民船送出粤省北界，由江西、湖南分遣。量其餘資，可抵湘、鄂、江、皖、直、東各原籍，以免逗留滋事。或已據報裁竣，或正檄行遵辦，一切俱屬安謐。此外無著游勇甚多，亦經分起隨時資遣。

惟是海警雖息，海防難弛，已成之臺壘不能不守，新置之礮械不可不練，健將勁卒不可不儲養以備緩急。粤省水陸盗匪時常竊發，不能不借兵力以資巡緝。所有原防地段，或分營移紮，或併力扼要，仍責令隨時訓練，以紓餉力，而期持久。

旨：該部知道。欽此。

查明洋款數目請飭各省關分還摺 光緒十一年九月初四日

竊臣於光緒十一年五月初七日承准總理各國事務衙門來電：本日奉旨，廣東所借洋款，除動用外餘存若干，著張之洞迅速詳晰奏報，候旨撥用。欽此。臣當即飭行司局查覆去後。

兹據布政使沈鎔經會同善後海防局司道詳稱，廣東省第一次借匯豐洋行銀一百萬兩，係爲本省海防之用。第二次借匯豐銀一百萬兩，原係備購鐵艦，旋以海防無款，改作防費。均係前督臣張樹聲奏明辦理，次第支放。臣於上年秋間，查明前款已竭，防急費重，奏准向匯豐第三次借銀一百萬兩應用。又於十二月間，以粵餉不繼，奏准向匯豐第四次再借五十萬五千鎊。按照外洋時價，每鎊值銀三兩九錢八分五釐一毫四絲九忽零，合銀二百一萬二千五百兩二錢九分三釐。統計本省海防案内所借洋款共銀五百一萬二千五百兩二錢九分三釐，聲明粵借粵還，不累各省各關。計自上年夏間至本年春杪，省防緊急，水陸戒嚴，瓊海常見敵船，廉口復經封堵。所有支發防餉，建築礮臺，購買華洋軍火、船隻、裝械，以及一切布置河道守具，轉運製造，在在均需鉅款。前項借款計已支用無餘，此粵省海防案内歷借洋款收支之實數也。

此外粵省代借寶源洋行一百萬兩，又第五次與匯豐洋行議借七十五萬鎊。按照每鎊價銀三兩九錢八分五釐一毫四絲九忽零，合銀二百九十八萬八千八百六十一兩八錢二分二釐。以上代借各案洋款共銀三百九十八萬八千餘兩，均經臣先後由電奏准。其寶源一百萬兩係奏明分撥滇、桂餉各四十萬兩，劉永福餉二十萬兩。匯豐借款七十五萬鎊内，係奏明援臺規越，共一百萬兩，臺、越各半支用。又奏明籌備鮑超軍餉一百萬兩，先准部行，以鮑餉由川省支應，此項另款存儲。嗣以滇、桂邊防餉絀，續經節次奏明，改解滇、桂各四十萬兩，鮑餉十萬兩，桂省邊防購礮十萬兩。又奏明定購氣礮一百萬兩，均經聲明由各省關認還，先後奉旨允准在案。因洋行以鎊數合計，除上兩項二百萬兩外，實存九十八萬八千八百六十一兩八錢二分二釐。此粵省代借洋款收支現存之實數也。以上等由，由該司局核明詳請覆奏前來。

伏查粵省代借各案洋款共銀三百九十八萬八千八百六十一兩八錢二分二釐，係奏准由各省關合力籌還之款。所有歷次合同，亦經分案咨送户部。計應還本息，轉瞬届期。應請旨敕催部臣，查明歷次合同内載應還本息日期、銀數，作速指定各省關分還數目，行令遵照撥解，咨粵查照。並請嚴定撥解遲延處分，以免臨期貽誤。大率粵省所借洋款，先後共九百萬兩零，爲本省海防而借者約五百萬兩，爲滇、桂、臺、越各省買礮而借者約四百萬兩。本省借者經前督臣張樹聲借二百萬，臣借三百萬，俱已收清支訖，此應粵省藩、運兩庫歸還。外省借者，已用者三百萬，現存候撥者約一百萬，此應各省關歸還。爲滇、桂用者，似應由向有滇、桂協餉省分認還，應候部臣酌派。

伏思粵省爲三洋之首衝，越寇之接境，本應各省合力通籌，以顧前敵。祇以海疆同時設防，腹省各有協款，計臣撥派，已費籌維，當時艱事急之時，臣誠不敢以無餉藉口，貽誤邊疆，更不忍以煩數請撥，上勞宵旰。是以將本省海防五百萬兩，聲明粵用粵還，獨肩其難，獨任其累。區區苦衷愚悃，當在皇太后、皇上天鑒之中。將來悉索抵支，能否如期照付，實已不易周轉。至於代借約四百萬兩，專爲維持全局，協濟鄰封，合無仰懇天恩敕部於分派各省關案内，粵省邀免再派，以免失期洋賈，偏累巖疆。粵省幸甚。

旨：户部速議具奏。欽此。

籌議大治水師事宜摺 光緒十一年九月初（五）[四]日(一)

竊臣承准軍機大臣字寄，光緒十一年五月初九日奉上諭：現

(一) 此件日期據底本奏議目録校正。

在和局雖定，海防不可稍弛，亟宜切實籌辦善後，爲久遠可恃之計。前據左宗棠奏，請旨敕議拓增船礮大廠，昨據李鴻章奏，仿照西法創設武備學堂各一摺，規畫周詳，均爲當務之急。自海上有事以來法國恃其船堅礮利，横行無忌。我之籌畫備禦，亦嘗開立船廠，創立水師。而造船不堅，製器不備，選將不精，籌費不廣。上年法人尋衅，疊次開仗，陸路各軍屢獲大勝，尚能張我軍威。如果水師得力，互相援應，何至處處牽掣。當此事定之時，懲前毖後，自以大治水師爲主。船廠應如何增拓，礮臺應如何安設，槍械應如何精造，均須破除常格，實力講求。至於遴選將才，籌畫經費，尤應謀之於豫，庶臨事確有把握。著李鴻章、左宗棠、彭玉麟、穆圖善、曾國荃、張之洞、楊昌濬各抒所見，確切籌議，迅速具奏。江蘇、廣東本有機器局，福建本有船廠，然當時僅就一隅創建，未合全局通籌。現應如何變通措置，或扼要設總匯之所，或擇地添設分局，以期互相策應，呼應靈通，並著李鴻章等妥議奏辦。總之，海防籌辦多年，糜費業已不貲，迄今尚無實濟，由於奉行不力，事過輒忘，幾成錮習。該督等俱爲朝廷倚任之人，務當廣籌方略，行之以漸，持之以久，毋蹈常襲故，摭拾從前敷衍之詞，一奏塞責。李鴻章、左宗棠摺著分別鈔給閲看，將此由六百里各諭令知之。欽此。仰見聖天子澄清海宇，安不忘危，此誠今日第一要務，所當合天下之全局，而殫精併力以成之者也。

竊惟戰、守兩事，義本相資，故必能海戰而後海防乃可恃。三十年來環地球諸國，無不以船礮爲强國之計，即蕞爾之倭，亦且經營恐後。獨中華以物力不給之故，歷年設廠購船，僅開其端，未暢其用。自去年用兵以來，海上攻守得失之故，中朝士夫、邊疆將帥，皆已曉然。今雖越事略定，而外患方殷，法逼滇桂，俄窺琿春。且俄與倭争朝鮮，英與俄争印度，英與德又復分踞朝鮮各島，伺便攘臂於其間。四夷鬬争於中華洋面，而我亦將受其敝，故海防諸大端，天時人事，無可再緩。臣於五月二十五日陳奏海防要策疏内聲明，快船巨艦另籌辦法，專疏上陳。適奉諭旨飭議，謹竭其愚慮，通籌全局，切實核計，分條臚舉，敬爲我皇太后、皇上陳之。

一曰分地。中華洋面，北起吉林，南訖欽州，延袤萬里，不比長江水師止二千餘里江面，可以一提督統之。若將海上水師合爲一軍，勢有難行。海闊路遠，呼應不靈，一也。沙礁口岸，一將難悉，二也。操練勤惰，督察難周，三也。沿海有警，不受調度，四也。禀報遥度，虚實難憑，五也。需才太多，一區難備，六也。竊謂宜分爲海軍四大枝。北洋爲一枝，旅順、煙臺、琿春屬焉。南洋爲一枝，浙江屬焉。閩洋爲一枝，臺灣屬焉。粤洋爲一枝，瓊州屬焉。所轄洋面，各有專責，遇有大敵，仍責令各枝合力攻擊，互相援應。每枝設海軍統領一員，左右翼分統各一員，轄於統領，官階暫不拘定，以便斟酌人材。其統領應令中外大臣各舉所知，上聽朝廷簡擇任用。其分統應由各統領自擇，奏明派委。俟規模大備，再議設立額缺，或即名爲某洋海軍提督，左右翼總兵，均聽該洋面督撫節制調遣，而統隸於京師。以總理衙門總統四枝，以便通計度支，權衡緩急，整齊規制，選擇人材。譬如前代本兵之職，總司調度天下兵馬，而各省諸鎮，仍受各省節制。若不兼歸本省調度考察，有警之時，必致擇便觀望，遇急不赴，捏報遇風擱淺，遇敵獲勝，貽誤戎機。

一曰購船。鐵甲巨艦，工用繁重，算理精微，中國工廠未備，非數年之内所能學製。僅一閩廠，即製亦不能多，粤廠甫學淺輪，難求速效，惟有購之外洋以應急。粵洋海軍一枝，擬配水帶鐵甲船三艘、鐵甲魚雷船六艘。每一鐵甲巨艦、兩鐵甲雷船爲一隊，統領左右翼各領一隊，三隊合爲一軍。水帶鐵甲者，德國伏爾鏗廠新創之式，不用全身鐵甲，止於水（淺）［綫］上下數尺及旋臺、八角臺上加鋼面鐵甲，其不甚要害處所，則略省鐵甲。安大礮五，前爲旋臺礮一，中爲八角臺四隅各礮一，魚雷筒四，首一尾三。據西人及曾出洋者言之，皆謂此式頗善，比定遠所費較省。鐵甲魚雷船者，德廠新創，於船首施鐵甲，既可攻鐵艦，又可禦哈乞開思連珠礮，並安大礮一尊，此爲最新最利之船，而費不甚多。若有三水帶鐵艦、六鐵甲雷船合爲一軍，可以一戰。有如此者四軍，不難縱横洋面，摧破强敵，度財量力，中國尚能辦此。快船較廉，隨後酌增配用。設海面有事，敵緩則一軍獨禦，敵盛則諸軍合攻。惟此係臣一人管窺之見，因一粵以推之全局，既審船力，兼計財用，斟酌通籌，約計船式船價，擬爲此策，以備采酌。至南北洋、閩，或已有鐵艦，或自有船廠，應配何等船隻，自必各有精思良策，應由各該疆臣酌辦。惟戰艦必須有港口可以收泊，有礮臺可以助護，方能操縱如意。中華海口，除虎門深廣可容巨艦，津、閩、臺及廉、瓊各口，鐵艦皆不能收入，吴淞潮退時亦不能入。我船若少，懸泊外海，必受敵船圍攻。若僅製快船，收口則便，出洋縱擊當敵之巨艦則難。故鐵艦不宜甚少，方能在海面結陣自固。

一曰計費。上項所稱水帶鐵甲船，每艘約需銀一百萬兩有奇，現與德國出使大臣許景澄電商，屬其與該廠酌式議價，參用各式，務求盡善。擬每一艘以一百萬兩爲率，三艘并雷礮電燈之屬，約需三百六十萬兩，鐵甲雷船每艘約九萬兩，六艘并雷礮約需七十八萬兩。大小九船并械約共四百三十餘萬兩。洋例買多則價減，若承辦之員清廉核實，將經手茶金五釐提出歸公，約計四百萬，必能辦此。設或船式尚可酌改，再能多省，即以所餘湊製快船，以備廉瓊淺海之用。大抵一軍以四百萬兩爲率，四軍共需銀一千六百萬兩。惟工作之良楛，價值之貴賤，全視乎人。造船無非英、德兩廠。粵船，臣當與許景澄暨曾紀澤熟商圖式，博詢廠價，諮訪水師名手，慎重舉辦，以期工良價實。

一曰籌款。大舉鉅款，斷非枝枝節節所能辦。頃接曾紀澤咨，知洋藥税釐併徵一節，已經議妥，剋期開辦。除正税三十兩外，計每箱徵併釐八十兩，每年中國入口洋藥約計實有八萬箱以外，若能杜絶偷漏，計每年可徵併釐六百四十萬兩。此等洋關鉅款，正宜作洋防之用，計五年可得舊有新增藥釐共三千二百萬兩，較舊收釐數捐數約增一倍。擬提出五年收數之半，銀一千六百萬兩，每年三百二十萬兩以爲造船專款，不分何口所收，統提統用。惟各省向徵藥釐及各項捐抽，皆有待用之款，今擬設海軍四枝，粵洋爲四軍之一，用款亦應得四分之一，就四分之一，一百六十萬兩内劃提一半，應得八十萬兩，五年適得銀四百萬兩，各口併計共得一千六百萬兩，恰敷造船之用，餘仍留作本省向來支銷及他項撥用。若每年所收不及六百四十萬，總以分半劃提爲度，五年不足，則以六年續成之。各口收數，未能一律，應請通盤合計，以每年各口統提一半爲率。蓋北洋爲神京拱衛，南洋乃南北咽喉，閩有孤懸之臺，敵所窺伺，而粵爲諸蕃入華之首衝，七省洋面之鎖鑰，水師之設，無一可緩。必有此鉅費專款，通力合作，則水師可望必成。

一曰定銀。洋例貨價議妥，先付三分之一，貨成起運，又付三分之一，貨到付清。亦間有定銀略少者，或付五、六分之一，分五六次交價。惟第一次定銀若少，則第二次付價須早。此項船礮價一千六百萬兩，定銀五分之一須三百二十萬兩，尚宜另籌，擬請由户部墊八十萬，飭出使大臣在該國銀行暫借八十萬。或即在該船廠挪墊認息，更爲簡易，向有如此辦法，約期一年，俟藥釐收獲，陸續匯還。今戰事已息，無人居奇，大約四五釐息即可籌借，一年即還，受累尚輕。計墊借共一百六十萬餘，分令四川、湖北、湖南、江西、安徽沿江五省，限數勸捐，以足此數。兩江督臣曾國荃原奏曾有五省協濟之議，若以捐爲協，似更覺有可措手。至沿海七省海防多費，應免認捐。其腹地五省，每一省認捐三十二萬兩，共一百六十萬，由部頒發實官空白照若干張，仰懇天恩准予於現定減成數内再減二成，聲明此捐專爲購辦鐵甲船之用，此數滿後，即行截止，不准減成。國家恩澤，入人至深，各省士民近年目擊海氛，咸懷義憤，知此舉關繫中外大防，且又核給實獎，優予減成，必當同思敵愾，踴躍輸將。定銀早集，則船工速蕆。此項部墊之款，於五年外船價交足後，由各關洋藥加釐項下分年扣還。

一曰養船。自定議開工之日起，兩年後各船陸續來華，即須籌養船之費。五年之後，即將此提半造船之藥釐約三百二十萬兩，仍分四股，以充四枝海軍將卒師匠及修船之費。應俟臨時籌議章程，奏明請旨辦理。所餘仍當撙節積存，以充續造新式堅利戰艦之用。

一曰修船。巨艦兩年必須一修，故製船必先製澳，工費甚鉅，一澳需費數十萬，造成亦須二三年，且必在設有礮臺防衛完密之地。粤省黄埔船澳淺窄，當徐籌開拓之計。香港現有英商新造極大船澳，兩年外可竣。粤澳未成，粤船或可暫向香港修理。各省有無可作大鐵艦船澳之所，應請敕下各該省預籌備用。

一曰練將。中華水陸學堂，津、滬、閩本有規模，粤省現始創議，奏請撥款開辦。俟籌有定款，自當選擇師生，認真講求。惟讀書考索，成效迂緩，百聞不如一見，古有明箴，擬選派精壯用心之員弁生徒出洋習練。其一途，隸於出使大臣，分發各國學堂、水陸營伍、礮臺、船廠，分科學習。其一途，駕坐練船，周歷華洋各海口，先中後外，藉以周知諸邦口岸形勢、戰船規制，練習風濤，駕駛練船，即爲學堂，兼可講習諸藝。向來習西學者，皆取聰穎少年爲之，取其語言文字易於通曉。臣愚以爲戰陣之道，膽先藝後，習藝術則但取聰悟，習戰陣則先在勇敢，否則聞礮而伏，見敵而避，藝學雖精，曾有何用。故文弱學徒，即使各技精通，只可以備船中專門職司之用，臨時主持調度，禦敵涉險，仍須勇將壯夫，方有實際。此項出洋員弁，文者先取其志趣端正，書理明通。武者先取其膽勇過人，或經戰陣，但能耐勞，不拘年齒。雖洋文、算術未能造微，但得其戰守布置大端，即已足用。惟粤省從無能出外國洋面之船，此時海氛既平，南北洋快船尚多，應請敕下南北洋酌撥完固寬大兵輪一艘，以備駛用。其養船之費，即由粤支。至於京秩旗營人員，似可由總理衙門每年揀發一二十員分赴各國，分門學習，回華後考其所能，分等優獎，所費非鉅，裨益宏多。

一曰船廠。閩廠規模已備，自可由此開拓。竊揣快船一種，閩廠生徒當所優爲，滬廠亦略有憑藉，惟粤省本無船廠。本年春間創造淺水兵輪，乃因海氛猖獗，憤激試辦，既無舊基，亦無經費。目前粤省餉力大困，又須籌辦購戰船、設槍廠、築礮臺等事，尚無所措，船廠實有未逮。竊擬俟新造淺輪四艘告成後，察看利病如何，當設法專籌一小款，每年酌造兩三隻，由粗入細，積少成多，俟藝熟工多，再當騰挪財力，定議大舉，五年之內暫且購之外洋。

一曰礮臺。臺船相輔，其功乃彰。西式之臺不一，或尖或圓，或蓋或露，或作聯堡子堡。或陸路當衝作大礮壘，可以啓閉往來。或水路當衝作浮礮臺，可以迎頭擊敵。此兩式最得力，而費太重。或以鐵，或以石，或以紅毛坭，鐵最堅而最費，遽難仿造。粤東省防虎門内外一路，年來新造各臺，略有規模，雖不能盡合西法，然已不沿舊式，其間參差不齊，闕略未備，惟有隨時量力修改增補。其五門要隘，現已另籌辦法續行，另摺具奏。至廉、瓊海口爲南洋第一重門户，關繫最重，急須堅臺巨礮，惟工費太鉅，此次專疏奏陳。考西人之論礮臺，法式甚多，其淺顯而緊要者，約有數條。一、山坳嶺曲，隱蔽擊敵，不宜孤露。一、臺外須作坦坡，不得壁立。一、扼要處須有數臺犄角，不宜聚礮於一臺。一、連臺多作犬牙形，以便兩臺礮力相接夾擊，名曰十字火，謂兩礮交會成十字形。一、臺後不宜背山，以免敵彈反擊。一、臺上不宜多人，以免多傷摇衆。一、臺上礮堂不宜寬，以防炸彈墜落。一、臺後宜有回擊小礮，以防敵襲。一、臺旁登岸處宜作濠隄，伏連響快礮、快槍，以防敵人舢板登岸。一、臺成後，以礮轟試，壞則更造。粤省各臺，限於地勢、財力，勢難概行改作，惟有酌量修補。英廠新出地藏礮一種，坎地爲臺，上施鐵蓋，適與地平，人伏地中。其礮以水機升降，用意似頗精密，沿海無山阜者，甚爲相宜，擬購一尊試用。至各省海口，應由各疆臣自行酌辦。

一曰槍械。粤省原擬請籌款開設槍雷各局，已於五月二十五日具奏。俟奉旨俞允，即擬開辦。大礮擬歸閩、滬鑄造，前疏已經聲明。至廣東省城内有機器局，城西增步又有軍火局，地狹工少，章程淆雜，以經費無出，器具未備，僅能製小鋼礮、開花子、尋常洋火藥、白藥、水雷殼、洋火箭，修理船礮尋常機器。除火藥、火箭尚好，其餘能成而不能精。設局十有餘年，僅動用銀數十萬，迥非津、滬、閩各局之比。現正澈底清查，選員覓匠，重加整頓。茲擬將機器、軍火兩局併歸城西增步一局，以就水運之便，且便督察，統名爲製造局，仍製槍礮彈、火藥等物。其修理魚雷、學製淺水兵輪者，歸黄埔雷局。船局俟籌有經費，即可逐漸擴充。

大要欲成水師，必宜合力造船，分地治兵，專責以别綱目，總會以聯氣勢。而水師、礮臺、槍械三端，水陸戰守，相資爲用。然水師未成之時，則礮臺尤要。就製械言之，則槍彈與行營礮尤要。蓋購槍可用數年，購彈斷不能支三月，一舉而購槍數千則易，一舉而購礮數十則難。自宜分條並舉，循序程功。期以一年半而鑄槍礮廠成，兩年而礮臺備，三年而水師立，五年而水師大備，自足以隱懾强敵，靖我環瀛。惟是經費甚難，人才尤不易。伏望朝廷破除常格，多方鼓勵。部臣少寬文法，不事苛求。其如何考察獎勵，用人不拘常格之處，應請敕下總理衙門，查照南北洋、閩省辦理章程，推廣核議通行，庶幾大開風氣，計日成功。

伏讀此次聖諭，閎遠精詳，於安攘大計，包括無遺。而事過輒忘一語，洵足以抉盡近世痼病，發聾振聵。凡爲臣子者，敢不竭誠籌維，以副明訓。謹就愚慮所及，今日事勢物力所能行者，臚陳覆奏，不敢以空言塞責，伏祈聖鑒，敕議施行。

旨：據奏籌辦水師事宜，不無可採。惟該督擬以洋藥税釐作爲經費，此事各國能否一律商允，尚無把握。前經欽奉懿旨，先從北洋精練水師一支，此外分年興辦。該督所奏各節，著交海軍衙門隨時察度情形，俟餉項有著，次第推廣辦理。該衙門知道。欽此。

勸令僑商捐資購造護商兵船片光緒十一年九月初四日

再，外洋各埠華商甚多，如新嘉坡、新舊金山、河内、海防、西貢、暹羅、横濱、秘魯以及檳榔嶼、檀香山等處，大埠六七，小埠十餘，華民約在百萬以外，粵人最多，閩次之，浙又次之。祇以僑居異土，每受洋人欺凌，羣情憤鬱，延頸喁喁，仰冀國威遠加覆庇，若勸令各埠捐貲購造護商兵船，必所樂從。外洋賦斂最重，每一人身税，或歲徵十元、八元，多者至四五十元。今爲華民謀自衛之方，除大商願輸巨貲者不計外，假如人捐二元，亦可得百數十萬兩，約可造快船五六艘。船成後，分赴各埠周巡護商。儻以船數不敷，未能一埠二船，則每埠一年内閒駐數月，時來時往，議定有事時，各埠之船調集相助，其養船之費，即由各埠捐抽。此船應另設外洋海軍統領一員，各埠距粵洋較近，擬即歸粵省調度。一旦中國海面有事，亦可酌調駛至南洋一帶，以助聲勢。從此皇威遠播，海外商民咸蒙乂安之福，似於中外大局不無裨益。

查出使大臣張蔭桓，籍隸粵東，熟習中外情形，擬請敕下該大臣體察外埠商情。如此事可行，即令妥籌辦法，責成該大臣選擇廉潔明幹之員，分赴各埠，會同領事、紳董善爲勸諭，不得抑勒。先與各埠商定船式，俟捐有成數，陸續匯寄英、德船廠，及早興工。一面隨時分批奏請優給獎叙，仍加廣原籍學額中額。各埠華商必有神祠、書院、公所之類，如能捐輸巨款，可否每埠各賞給御書匾額一方，懸於公所，既足以示好義之殊榮，尤足以昭聲教之無外。

核計近年以來，外洋華民捐助賑款、防餉者，爲數已不爲少。臣采訪外埠輿情，僉謂此舉若有旨敕辦，並派欽使勸諭，經收必可踴躍。其養船經費、各埠輪調章程，應令張蔭桓與出使英、法、美、日本各大臣會商奏明辦理，似亦徠遠馭外之一助也。

旨：另有旨。欽此。

籌辦廉瓊礮臺摺光緒十一年九月初四日

竊惟廣東省防，經年以來，粗有端緒。至廉、瓊兩口，則以限於事力，惟恃屯軍列壘，以備陸戰。北海於今正新築兩臺，而巨礮闕如。查瓊州近距海防，一日可達，孤危固不待言。廉州至廣西南甯止四日程，若敵由廉襲邕，則南斷龍州之後路，北據梧江之上游，西絶百色之運道，一路有失，而廣、桂、滇三省皆病。去臘今正，法人即有此謀，西電言之鑿鑿。兵輪絡繹，封口兩月，開礮數次。幸方恭援臺之軍自汕東還，陳榮輝規越之軍自瓊北渡，我軍既盛，得以形勢相持，敵人不敢遽動，諒山既捷，廉危始解。今海氛雖平，越防日逼，而要害所在，彼此共知，此次法人受創於粵，他日如法人生事，必自廉、瓊始。不乘此時築堅臺、練巨礮，終爲兩廣肘腋之憂，故往日則瓊最急，今日則廉尤重。

查廉州北海關以東，沿海平衍，惟冠頭嶺、馬鞍山、電白寮三處略有岡阜，可築數臺。臺後可築護臺數壘，口門內可伏魚雷、水雷。欽州水路則龍門口，陸路則那梭墟，皆宜量設礮壘。瓊州則府東北八十里濱海有嶺曰木欄頭，下臨銅羅、羅斗兩沙，礁多水曲，扼香港、越南往來之路，必應築臺據險。海口舊臺無用，海口關以西曰西場，曰金牛嶺，前有竹林，後有陂陀，可以築臺劄營，沿港可築礮，隄港內可用雷艇。大率廉瓊兩口，宜各築堅臺十餘座，配克虜伯大礮十餘尊。其餘各隄壘，輔以克虜伯中小礮二三十尊，田雞礮數十尊。港內伏雷艇數艘，水雷多具。然後戰守有資。約計築臺壘、購礮雷，共需銀八十餘萬，無從籌備。因思臣之洞前次奏請開辦快槍、槍彈、行營礮等廠，擬動奏准各省關認還之氣礮洋款百萬，未奉覆旨。竊念要需難緩，鉅款難籌，擬請將廉、瓊礮臺暨開辦槍廠兩案，均於此項內分撥動支，以便一面訂礮，一面勘地築臺。計礮到必須一年，臺成亦須經歲，而購機、募匠、建廠各項亦不能一時全付。有此現款，即可兩端並舉，勻挪應用。以後再當陸續分籌，踵而成之，免致延誤歲月。

至廣西龍州關內應築礮臺，前於六月十九日，經臣之洞會同西撫臣等奏准動支籌備鮑餉餘款十萬。查鮑餉本係奏明由各省關認還，今擬將桂防礮臺十萬兩併歸氣礮存款下支用，毋庸各省關認還。惟粵省應還洋款已有五百萬，併息約三百萬，十年方能還清，未清之前，力難加認此款。合無仰懇天恩俯念粵洋爲海疆各省之屏蔽，廉、瓊爲兩廣水陸之首衝，且在今日，情形尤爲喫重，至於南關前敵，更不待言。此項洋款二十五萬鎊，約銀九十八萬餘兩，敕部暫派各省各關代粵墊還，粵省邀免併派。俟十年後粵省借款還清，即將此款本息分作三年勻還各省。祇以藉紓喘息，並非終累鄰疆，揆之情理，似非過當。且桂防十萬，亦請由東省認還，是粵省但圖騰展於目前，而甘任艱難於日後。部臣明於會計，各省疆臣共矢公忠，粵之竭力籌維，當可共諒。若部議必欲責之於粵，并此通力合作、周轉一時之計而亦不能行，則此項洋款無從措還，謹當存儲，聽候部撥。所有廉、瓊礮臺暨槍廠諸事，勢必延緩，以後本省能否籌畫，實未可知。獨是牖户綢繆，不宜再緩，此時若因無力而束手，將來必致臨事而蒼黃。事關全局，伏望宸斷施行，大局幸甚。

旨：户部速議具奏。欽此。

購配克虜伯礮解交畿輔各軍摺 光緒十一年九月初四日

竊查上年冬間，南北洋時有警報。臣於十二月內訪得上海泰來洋行有克虜伯八生特車礮九十三尊，車架子彈全備，價值尚廉，剋期可到。當以此等精礮，最爲北方陸戰之利器，大批平價，頗不易遇，亟應速爲購致，以備緩急。隨飭委員知縣惲寶善，在滬訂立合同，由粵付定銀五萬兩，擬請分給津軍及曹克忠、張曜各營之用。並懇電飭南洋暨上海道將合同驗收，礮到由北餉付價等情，於二十六日電奏。二十八日奉旨：據張之洞電稱，滬泰來行有八生車礮九十三尊，各帶彈四百，議定每尊一千三百四十兩，已立合同，由粵付定，擬分給津軍等營等語。著李鴻章、曾國荃、張之洞會商辦理。總以按期銀械並清，勿似德國購艦事爲要。等因。欽此。當經臣電商李鴻章、曾國荃，飭原議委員於正月內與該行約定，催令迅速解運去後。其時法人雖有禁阻華械之說，該行仍然依約起運，於四月內將此項車礮全數運到。計克虜伯八生特後膛新鋼礮九十三尊，車架器具全，並包鉛開花子二萬七千九百箇，子母彈九千三百箇。計礮一尊，配開花子母彈四百箇。查外洋陣式，車礮六尊爲一隊，竊思若配足一百零八尊，可敷十八營之用。適有前飭直隸候補道盛宣懷，在該行訪購前式礮十八尊，身長口徑均同，每尊配彈四百亦如之，亦經運到。就中提出十五尊，合之九十三尊，共得八生特車礮一百零八尊。經臣派員驗明，九十三礮雖購買現成之物，與新造者無異，其來福綫絲路完好，火門不鬆，鋼底門劈各件俱屬堅緻，其另購十五礮亦俱全整可用。其價并解津運費約十五萬兩左右。除粵已墊付五萬兩外，其餘十萬兩擬即於鮑餉洋款餘存十萬兩改撥支付，應照原案由各省關認還。緣此餘款十萬，先經奏准提充廣西南關礮臺之用，現經另摺奏請，將此十萬併支氣礮存款，十年後由粵認還。是以此款騰出未動，據善後海防局司道查明詳報前來。

臣惟近年外洋各國陸戰專恃礮隊，北地平衍，無山谿之險可恃，尤非有車礮不可。現在海防弛警，而近畿要地，備禦不可不嚴。查近日軍營皆知過山礮之利，粵中將領聞知，咸欲請領。惟粵省平原不多，祇以分撥各礮臺、各陸營作爲守壘阻隘之用，未免零拆可惜。現既配有車架，不如北地車馳馬驟，始足盡此礮之長。以近日戰事驗之，若以中國宿將統礮隊十八營，與西軍角逐於平原曠野之間，必可制勝。此項車礮，擬即委員解赴天津，請李鴻章派員驗收，就近分撥近畿各軍應用。似於神京防衛，不無裨益。

旨：該衙門知道。欽此。

沙面案賞恤款向滙豐洋行借發片〔一〕

光緒十一年九月初五日

光緒九年間，粵省城外沙面地方，因英商太古洋行所置輪船有踢傷華人落水身死情事，一時民情憤急，驟起釁端，以致住居沙面洋人暨粵税關員役房屋物件多被焚毁。先據英、法、德、美各國使臣向總理衙門索討恤款，經總理衙門奏派前廣東布政使龔易圖與廣州各國領事商辦，隨經龔易圖酌量議給銀數，稟商前督臣張樹聲及臣，先後電咨總理衙門，核定示覆給發。該司以本案肇釁之由，係因太古洋行而起，此項賞恤銀兩即責令該行於來往省港輪船搭客水脚銀兩加抽呈繳，以應支銷。第水脚係屬零星抽繳，而賞恤之項爲數頗巨，本省庫儲又無閑款可以墊支，因與滙豐洋行訂借銀一十四萬三千四百兩，俾得早日發給，將案了結，仍嗣輪船水脚銀兩陸續繳到撥還歸款。此項借款適與海防案内第三次借滙豐銀一百萬兩之款同時并借，是以該洋行即附入海防借款之内，一并訂立合同，所訂合同業經送部查核在案。惟此事本末部臣無案可稽，誠恐查閲合同誤會廣東海防另有借銀十四萬餘兩之數，謹附片陳明。

旨：户部知道。欽此。

請留武員差遣補用片〔二〕

光緒十一年九月　日

再，記名提督前借補貴州清江協副將陳松，先因丁憂回籍守

〔一〕録自苑書義等編《張之洞全集》第一册，三六一至三六二頁。
〔二〕録自《京報》第一三三九號。

制。服滿起復，奉旨發往廣西差遣，來東繳憑，經兵部尚書臣彭玉麟咨明。廣西留東差委記名提督邵升堂，於上年五月隨同鼎軍赴廣西軍營，嗣經總兵王孝祺派充營官，打仗出力，現因勤軍裁減來東。記名總兵徐贊彪，經臣於上年九月内派赴臺灣助剿，經福建撫臣劉銘傳派往大武崙及新竹縣等處，督率勇團防剿。臺防事竣，現已回粤。山西補用副將吴元愷，經臣於二月内電咨署山西撫臣奎斌，調令赴津赶募勇丁來粤。該員等經臣委派各營要差，均甚得力。現在粤東防務未可稍懈，該員等皆係久歷戎行曾著戰績之員，合無仰懇天恩俯准將陳松、邵升堂、徐贊彪、吴元愷，留於廣東水陸軍營差遣補用，以資任使而裨防務。除飭取各該員履歷造册咨部外，理合附奏，伏祈聖鑒。

旨：著照所請。兵部知道。欽此。

揀員請補守備片[一]　光緒十一年九月　日

再，准兵部咨：廣東碣石鎮標中營守備邱榮高病故，遺缺係外海水師題補第四輪第四缺，輪用儘先人員，既據聲明扣留，應即迅揀合例人員請補。等因。查定例，各省題調武職各缺，如因員缺緊要，人地相需，將不合例人員保奏，應於摺内聲明，請旨交部核覆，恭候欽定等語。兹會同署廣東水師提督臣方耀，在於經部核准註册序補之外海水師儘先守備内，詳加揀選。其名次在前之龔振高、林成、蘇永祥、沈榮光、鄭奮揚、湯廷相、滿俊，均於此缺人地未宜。黄炳麟因出缺在先，丁憂服闋在後，周榮宗告假往江浙措資未回，均未便請補。黄廷琛現已另片請補水師提標左營守備員缺。惟查有澄海營左營左哨千總儘先守備蔡烈熙，年四十三歲，廣東廣州府澄海縣人，由勇目在南省洋面迭次捕盜出力，遞拔澄海營左營左哨千總。光緒四年三月二十六日給札於潮州、臺灣、香港、南洋各埠勸捐晋賑、分濟豫賑出力案内，經直隸總督李鴻章具奏以守備儘先補用，經部議准，於光緒五年七月初九日奉旨：依議。欽此。咨送履歷，經部覆註册序補。該員年力强健，熟習水師，並無在外省軍營叅革朦保情弊。以之補授碣石鎮中營守備，洵堪勝任。雖名次略後，與例稍有未符，惟在前各員均不合請補，未便稍涉遷就，謹隨摺聲明，合無仰懇天恩俯准以蔡烈熙補授碣石鎮中營守備，俾營伍藉資整飭。如蒙俞允，候部覆到日，給咨送部引見，以符定制。謹會同署廣東水師提督臣方耀附片具陳，伏乞聖鑒，勅部核覆施行。

旨：兵部議奏。欽此。

籌解第三批鹽課京餉等款銀兩摺[二]　光緒十一年九月　日

竊照承准軍機大臣字寄，光緒十年十一月十五日奉上諭：户部奏，預撥來年京餉，擬在地丁鹽課等款内指撥銀七百萬兩，着於來年開印後，分批起解。另片奏，光緒十一年内務府經費，擬撥廣東鹽課銀五萬兩，着於來年開印後，陸續徑解内務府交納。等因。欽此。並清單一紙，内開擬撥光緒十一年分京餉，廣東鹽課銀二十萬兩、釐息銀五萬兩，當經恭録轉行欽遵籌解。又光緒

[一] 録自《京報》第一三五六號。

[二] 以下二件録自《京報》第一三六六號。

十年分鹽課應解京餉，經臣等奏請截留銀四萬兩作爲代澳購買軍火之用。旋准户部咨，截留各項京餉一節，斷難照准，應赶緊照數解部。又准户部咨，内務府奏，廣東截留光緒十年鹽課銀一萬兩，請由户部轉行迅速補解。奉旨：依議。欽此。咨行到粤。至廣東運庫應解京餉，難以起解現銀，仍請交商匯兑。又粤商承領帑本息銀全完無欠，懇予停撥。並奉撥本年京餉，帑息項下銀數不敷，擬在鹽課項下奏解足數。均經臣等分别奏奉諭旨轉行欽遵各在案。

兹據代理兩廣鹽運使蔣澤春詳稱，光緒十一年分奉撥京餉廣東鹽課銀二十萬兩、帑息銀五萬兩、内務府經費鹽課銀五萬兩，又奉行補解光緒十年分京餉鹽課銀四萬兩，補解光緒十年分内務府經費鹽課銀一萬兩，共銀三十五萬兩。經前司及該代理司於光緒十年、十一年分省河鹽課及帑息項内，籌解本年及補解光緒十年分各京餉並内務府經費共銀一十七萬兩，作爲本年第一、二批京餉及内務府經費先後委解京，詳奉奏報在案。兹由司於徵收光緒十一年分省河鹽課項内，籌解光緒十一年分京餉鹽課銀六萬兩，補解光緒十年分京餉鹽課銀二萬兩，並隨解一五加平飯食銀二千四百兩，作爲本年第三批京餉。又在光緒十年分省河鹽課項内，籌解光緒十一年分内務府經費銀一萬兩，並隨解平餘抬費等銀三百三十兩，作爲本年第三批内務府經費。所有本年籌解第三批京餉鹽課銀八萬兩，一五加平飯食銀二千四百兩，内務府經費鹽課銀一萬兩，平餘抬費等銀三百三十兩，共銀九萬二千七百三十兩，飭令殷實銀號百川通、新泰厚、日昇昌、蔚長厚如數匯兑進京。遴委候補通判倪思鐸、隆井場大使恩奎，領賫匯單文批，於本年八月二十六日在省起程進京，照章支取足色紋銀，分赴户部、内務府投納。合將籌解光緒十一年分並補解光緒十年分各京餉及内務府經費第三批銀兩數目，暨匯兑商名、委員職名、起程日期，詳請奏報等由前來。臣等覆核無異，除給批匯解並分咨户部、内務府兑收，其餘未解京餉等銀，仍飭赶緊籌解外，謹合詞恭摺具奏，伏乞皇太后、皇上聖鑒。

旨：該衙門知道。欽此。

粤海關籌解第三批京餉銀兩摺 光緒十一年九月 日

竊照光緒十一年分京餉，户部奏撥粤海關洋税銀二十萬兩，新增盈餘銀六萬兩，限五月以前解到一半，十二月初間全數解清。又光緒元年間准户部咨，各省關應還閩省借款，自光緒二年正月起在四成洋税項下，每結提銀六千兩解部，以抵閩省應解京餉。又光緒十年十二月間，准户部咨，奏撥近畿防餉案内，議將粤海關四成洋税項下，每年應解陝西軍餉銀十二萬兩，自十年閏五月起改撥部庫，應令解至十二月止。光緒十一年仍令全數解部，作爲近畿防餉之用。又奏准擬加京官津貼，令各省關籌解銀兩案内，粤海關籌解銀四萬兩，自光緒九年爲始，按年額解。又光緒九年間，户部奏撥八旗官學工程銀款案内，擬撥粤海關洋税銀四萬兩。又内務府廣儲司公用每年額撥銀三十萬兩，例分四季起解。以上各款銀兩均應赶緊籌解，以濟要需。查粤海關節次起解部庫各款銀兩，向由西商先行借墊，勢難起解現銀。光緒十年四月間，經前督臣張樹聲等將粤海關税徵不敷解實在情形奏明，請仍交商匯兑。奉旨：户部知道。欽此。恭録咨行在案。兹光緒十一年分第三批京餉等款銀兩，經向西商志成信銀號借銀二十一萬八千一百二十兩先行墊解，隨後由税收陸續歸還，以資周轉。飭據廣東布政使沈鎔經，派委補用鹽大使承惠、試用縣主簿李準、候補巡檢夏德順、張嵩年，領解光緒十一年分第三批京餉銀五萬兩，另加平銀七百五十兩、飯銀一千四百五十兩，新增盈餘銀三萬兩，另加平銀四百五十兩、飯銀八百七十兩，抵還閩省京餉銀六千兩。又部庫抵還協陝月餉銀一萬兩，協陝月餉改撥近畿防餉銀三萬兩，京官津貼銀五千兩，八旗官學工程銀五千兩。光緒十一年秋季分廣儲司公用銀七萬五千兩，另加平銀一千一百二十五兩，新增歸公加平銀一千八百七十五兩，抬費用項銀六百兩。統共銀二十一萬八千一百二十兩。飭令該委員等領齎匯單文批，於光緒十一年九月初五日起程，附搭輪船，由海道進京，前赴户部、内務府分別交納，以期妥速。除分咨查照外，謹合詞恭摺具陳，伏乞皇太后、皇上聖鑒。

旨：該衙門知道。欽此。

恭聆懿訓瀝陳下忱摺光緒十一年十月初九日

竊照勘界大臣鄧承修到粵，臣等恭請聖安。該大臣口傳八月初一日請訓時面奉皇太后懿旨，張之洞在廣東辦事認真，甚肯用心，汝可傳諭張之洞知之。欽此。跪聆之下，感悚難名。

伏念臣才性庸駑，謬承海疆重寄，時事多艱，安攘並亟，不過竭此血誠，不自愛其心力，不敢稍避嫌怨。徒以迂鈍過甚，或有其志而智不周，或有所見而力不逮。兵食宜足而要務尚多未遑，官方宜澄而積習未能盡化。省躬循職，疚愧實多。仰蒙慈訓遥頒，不加譴責，轉邀獎勉，隆天厚地，感激涕零。惟有恪遵訓諭，認真以祛粉飾之痼習，用心以規善後之要圖，以冀仰答鴻慈於萬一。

旨：知道了。欽此。

派員隨勘滇桂邊界摺光緒十一年十月初九日

竊臣於光緒十一年八月十一日承准軍機大臣字寄，七月二十日奉上諭：總理各國事務衙門奏請派大臣勘定滇粵邊界一摺，據稱，現接法國使臣巴特納照會，近接外務部電咨，已派浦理燮等六員勘定邊界，於中曆十月初三日即可行抵河内等語。越南北圻與兩廣、雲南三省毗連，其間山林川澤，華離交錯，未易分明。此次既與法國勘定中越邊界，中外之限，即自此而分。凡我舊疆，固應剖析詳明，即約内所云，或現在之界，稍有改正，亦不得略涉遷就。本日已降旨派周德潤前往雲南，鄧承修前往廣西，會同各該督撫辦理勘界事宜。即著岑毓英等，各委明幹之員，帶同熟習輿地之人，周歷邊境，詳加履勘，繪具圖説，以備考證。一俟法國勘界大臣到後，即由周德潤、鄧承修與岑毓英、李秉衡會同勘定。該大臣等務當詳細審慎，按照條約持平辦理，是爲至要。將此由六百里諭知岑毓英、張之洞、張凱嵩、倪文蔚，並傳諭李秉衡知之。欽此。等因。

兹勘界大臣周德潤、鄧承修等於八月二十四日到粵，當經與該大臣等詳述邊關情形，籌商一切。並先經電商護西撫臣李秉衡，分派將吏，先行查繪草圖。該大臣等於九月初旬，先後啓程西行。署雷瓊道王之春來省接見後，即回瓊州部署一切，由瓊、廉徑赴龍州相候。五品卿銜主事唐景崧因定議劉永福毋庸赴龍，現亦由龍取道南甯赴滇。

查此次勘定中越邊界，爲以後邊防樞紐關繫甚鉅，必須有熟諳法文繙譯，通曉西法輿圖測算、繪畫之人隨同前往。況兩廣、雲南三省，沿邊將及三千里，惟有分投測繪，再成總圖，庶可精詳，且免曠日。現經探聞法國派來繪圖人員甚多，約計二十餘人，尤應廣爲儲備。惟是各省習法文者甚罕，精西法輿圖者亦不多，邊關瘴遠，擇人殊難。當經分向粵、港、閩、滬多方采訪調集後，覆加考驗，分派應用。計桂邊繙譯二員：福建船政總監工、守備李壽田，六品頂戴陶瑟瓚。測算繪圖十二員：監生鄒璡，八品頂戴羅國瑞，廣州駐防附生韓貞元，八品頂戴姚文炳，監生祝永清、鄒澄，貢生陳槼，船政學生劉義寬，監生孔繼燊、李播榮，知州顧潮，都司黎中配。以上各員，令赴龍州，備鄧承修、李秉衡委用。滇邊繙譯一員：船政學生、都司林慶昇。測算繪圖四員：廣東水雷局教習、六品頂戴老潁安，八品頂戴王紹衡，七品頂戴王仁增，原在龍州軍營之船政學生石紹祖，該學生並可兼充繙譯。以上各員，令赴蒙自，備周德潤、岑毓英等委用。並分向上海、香港購置測繪儀器、表尺、圖籍、紙筆一切器具物料，携帶同行。兩項人員，搜羅殆徧，實難多得。查滇邊勘界事宜，數月之內斷不能遽行舉辦。因與周德潤商定，俟桂界事竣，再將測繪各員分撥赴滇應用。並派委明習桂邊情形之同知黄賓田、尹恭保，直隸州知州鄧兆松、知縣賴聯桂及佐雜數員，供鄧承修等差委。

至此次分畫之疆域，即爲他日戰守之要害。現接外洋電稱，法國分界之員，係兵部武官狄色爾、海部武官布依納等。竊思該國勘界多係武職，意在考究形勢，審探路徑，用意甚深，在我亦應揀派將官隨往體察。查有總兵侯勉忠、李寶賢，副將李定勝、馮紹珠、黄義德，參將梁振基、桑儒修、龍名晃，都司王德標、莫善積、葉華泉等十一員，均係久經戰事，熟習越邊情形，當派隨往邊境，令其周歷險要，審度築臺設戍處所，考究軍行出入道路，藉資閱歷，以備他日有事之用。其西省明習員弁，應另由護西撫臣李秉衡派委。至東境欽、越交界，另行會同東撫臣倪文蔚委員先行履勘，繪具草圖，以備覆勘。

竊維勘界之舉，於兵情商路兼有關繫，或剖析舊疆，或更正現界，該大臣等自能欽遵諭旨，按照條約持平辦理，不涉遷就。臣如有所見，謹當隨時會商在事諸臣，竭力籌辦，斷不敢略涉遷就，以仰副聖主慎固封守之至意。

旨：知道了。欽此。

派員先勘欽越交界片 光緒十一年十月初九日

再，臣等欽奉寄諭：越南北圻與兩廣、雲南三省毗連，其間山林川澤，華離交錯，未易分明。此次既與法國勘定中越邊界，中外之限，即自此而分。凡我舊疆固應剖析詳明，即約內所云，或現在之界，稍有改正，亦不得略涉遷就。本日已降旨派周德潤前往雲南，鄧承修前往廣西，會同各該督撫辦理勘界事宜。即著岑毓英等，各委明幹之員，帶同熟悉輿地之人，周歷邊境，詳加履勘，繪具圖説，以備考證。等因。欽此。

查兩廣界越之處延袤二千餘里，自必先從桂邊開辦。所有東省欽州、越南交界處所，正宜先期查勘明晰，繪具草圖，以備勘界大臣覆勘，較爲省便。當經飭委通判劉保林、直隸州州判張炳麟，並由督辦欽廉防務提督馮子材揀派熟習將弁，署廉州府知府李璲、署欽州知州余鑑海派委熟習員紳，偕同該委員等詳加履勘，繪圖附説，以備覆覈。

旨：知道了。欽此。

密陳滇桂勘界機宜片 光緒十一年十月初九日

再，越圻西路興化以上，自劉永福移軍入關，其故地即爲游勇所踞，部黨甚盛，越官越民和之，河窄地險，以逸待勞。聞九月内法兵屢次上攻，俱未獲勝，至今未過興化。至東路諒山所屬暨高平、太原、北甯等處，游勇與越團亦復麕聚。自四月間法兵爲黄廷經、阮氏兩枝所敗，以後法兵未與接仗。揆此情形，一年之内，法人斷不能遽定越亂，滇界固不能遽達，桂界亦難一律暢通。法領事師克勤在粤晤鄧承修，曾有或先辦桂界之語。

查新約邊界設關收税之處，應在諒山以北。考鎮南關至諒山四十里，出關至文淵十里，亦稱八里。文淵至驅驢三十里，驅驢與諒山僅隔一河，驅驢在河北，諒山在河南。此次桂、越分界設關之處，竊以爲必須力争以文淵州爲限。該處大山分峙，其山頭安礮，飛彈可擊至南關内之關前隘。若就鎮南關設税關通商，則法亦於此設領事，中外之險，法與我共，將來實無防遏之策。惟發議之始，尤宜先争驅驢，與約内諒山以北之語無礙。驅驢不得，再議文淵，如此或可就範。税務司赫政過粤時問臣之意，臣即告以止能讓出諒山，總在文淵以外。此節已與鄧承修、李秉衡籌商，應俟臨時竭力辦理。儻税關分界可在文淵，並應議定法人不得於此築礮臺，謹附片密陳，伏祈聖鑒。

旨：知道了。欽此。

酌留湘軍摺 光緒十一年十月初九日

竊臣等准兵部尚書臣彭玉麟咨，以粤省防務解嚴，奏請將湘軍裁撤。昨閲邸鈔，奉上諭：彭玉麟著賞假三月，回籍安心調理，毋庸開缺，並毋庸開巡閲長江水師差使。餘著照所議辦理。等因。欽此。

查彭玉麟自前年冬來粤辦防，由湖南、江蘇等省調來湘軍八營，長江親兵二百名，到粤添募湘軍六營。以道員王之春毅字兩營防瓊州，以提督婁雲慶五營防虎門外迤東之沙角，以提督王永章四營防虎門外迤西之大角、蒲洲，是爲省防中路最近外之海口。以提督陶定昇三營防五門、沙路兩河交匯之南石頭，彭玉麟親駐其地督之，是爲省防西路最近内之衝要。沙角、大角山上礮臺，皆湘軍新築，南石頭、海心岡礮臺，則就舊臺修葺，分配巨礮，教習操練。嗣後省防益急，因又於沙角、大角、蒲州等處增臺益礮，並由粤省續募湘軍六營，共計新舊調募湘軍二十營零二百名。於是虎門、横檔之粤軍，長洲、沙路、魚珠、中流沙之淮、粤各軍，得以聯絡犄角，省防始固。以上防所辦法，疊經臣等奏明在案。

此次彭玉麟奏請盡罷湘軍，自係因陳請撤防回籍，不能不將所部全軍一併請撤，以清界限。惟查沙角、大角爲外衝，南石頭爲内衝，皆爲必不可不守之地。近以力籌節餉，將本省防營疊次大加裁減，共裁去一百餘營。由粤續募湘軍，亦經撤遣，所留甚爲緊迫。大率皆量其所守礮臺地勢，酌留屯戍，率以一營而守數臺，僅敷守臺操礮、看護營壘之用，無可減少，亦無可移動。其提督方耀、鄭紹忠、署廣州協副將總兵鄧安邦所部，因該提鎮等既係本轄，又皆土勇，與各地方相習，略分其半，以分駐東、西、北三江諸郡縣河道，巡緝匪盜，頗形不敷，目前尚未據報裁竣。若湘軍全撤，窒礙殊多。無營填紮，臺空礮息，外户弛備，他族生心，一也。勉撥數人，僅同看役，必至礮閒而不放，臺荒而不修。數月之後，各礮器具闕失鏽澀，即成廢物。鉅萬購求之利器，兩年締造之工程，坐視委棄，二也。若另募新營，無從籌餉，三也。即使有新營可補，或有事再謀屯紮，而將士生疏，猝難熟練礮性，明習地形，另起爐竈，費多益少，四也。至於瓊州孤島，外海內黎，現存鎮道三營，實不敷防峒黎、緝海盜之用，若再將郡治勇營掣動，則海防未免空虛，所有築臺練礮等事，更無可用之軍。當經與彭玉麟籌商，惟有酌留湘軍八營。沙角地段最廣，緜延七里，大礮臺十六座，小礮土臺不與，留慶字三營守之，以提督熊鐵生統帶。大角、蒲洲兼包兩山大礮臺七座，留定字兩營守之。南石頭兩岸暨水心大礮臺四座、海心岡土礮臺一座，留定字一營分守之。均以提督陶定昇統帶，令該提督駐大角。瓊州留毅字兩營，仍歸王之春統帶。統由粤省督撫調遣。所需月餉，除由江蘇、湖南、長江撥解者停止勿庸再解外，前經户部撥定廣東釐金項下東北邊防經費八萬兩，粤海關六成洋税項下東北邊防經費十二萬兩，應請留爲防粤湘軍八營專餉。至户部於上年續撥廣東實官捐輸銀十萬，爲彭玉麟一軍專餉。粤省捐務大疲，所收微渺，殊難指用。除釐金、海關兩項湘餉二十萬兩外，不敷尚多，應仍遵照部議，於捐輸項下動支。如捐數不足，應由粤省另行籌濟。此八營營制餉章，均經與彭玉麟商定，一切悉照湘軍舊制，不得稍有更改。

竊惟從前粤省防務，以事緩餉絀，不過略事補苴。其緊要隘口，外蔽旁衝，並無專營防守。虎門尚不能顧及，何論虎門以外，瓊海之遥。自彭玉麟率湘軍來粤後，始創扼守沙角、大角之議，氣勢雄闊，軍容嚴整，終日築臺，按期演礮，各國洋輪出入望之，皆爲肅然。又復近扼南石，遠鎮瓊島，上年法船屢次窺伺，聲言內犯，均未敢逞，未必非防營整密之效。臣等所以敢於將本省防軍頓裁大半，實係因與彭玉麟籌定預計地段，留此八營爲汰弱留强之計。且臺爲該軍所修，礮爲該軍所練，愛惜培護，習險設備，自當遠勝他軍。恭繹疊次諭旨，現雖法人就款，安不忘危，孜孜以練軍、造船、洋防、邊防爲最。復經臣等奏請，於廉、欽、瓊等處，籌款購礮築臺，爲牖户綢繆之計。從前未經設守之處，尚思補其罅漏，以防未然。况已練之軍，已設之險，且係形勢必争之處，一旦去之，實爲可惜。合無仰懇天恩俯念粤防緊要，已練勁軍難撤，本省餉力難支，准將湘軍八營仍留省、瓊駐守，就原撥餉項開支，實於海防大局關繫殊非淺鮮。不勝感悚待命之至。

旨：著照所請。該部知道。欽此。

潮屬被水堤工竣事片〔二〕 光緒十一年十月　日

再，查潮州府城外水道名曰韓江，其源出於福建汀州，南流會嘉應州之水，以注於此，又南至澄海縣入海。本年八月初旬，府屬大雨，韓江暴漲，府城外水長一丈五六尺，澄海縣城外七八尺，城內皆尺餘至數寸不等。沿江鄉村爲海陽、饒平、澄海三縣所轄，素恃堤岸以保田廬。海陽縣屬秋溪鄉南堤，饒平縣屬隆都

〔一〕録自《京報》第一三七八號。

之大巷等堤，澄海縣屬雲嶠鄉等堤，先後被水決卸，各計數十丈。堤內田園廬舍多被淹浸，小民蕩析離居。經該管道府委員會縣分投捍衛拯救，府城南、北兩堤幸保無恙。其餘各堤段間有損漏，尚無大碍。被水各鄉，除澄海縣雲嶠鄉淹斃婦女三口外，餘無損傷丁口。近海水消迅速，田廬並未被淹，亦無倒塌房屋，惟晚稻損壞甚多。海陽縣秋溪等鄉，饒平縣隆都各鄉，涸復田畝，尚可補種雜糧。澄海縣雲嶠等鄉，補種已覺較晚。節經印委各員分別查勘，設法撫卹，居民尚可不致失所。並由惠潮嘉道張聯桂籌動閑款銀一千兩，潮州府知府朱丙壽捐銀二千兩，發交紳士赶修堤基。署水師提督方耀適值巡洋至彼，立飭所部將弁，督雇人夫併工搶築，並會商紳董捐助工費。臣等聞報，飭司無論何款，先行提銀五千兩解往濟賑。一面派委候補同知沈鴻壽前往查勘。茲據稟稱，最要之澄海縣屬雲嶠鄉堤工六十餘丈，已於八月二十日合龍。海陽、饒平交界之秋溪鄉，堤工一百餘丈，已於九月初六日合龍。其餘被沖各堤，决口尚輕，均由民間自行次第修復等情。並據該道府縣等稟報相同。至被淹田畝究有若干，是否一律堪以補種，能否不致成災，錢糧應否蠲緩，此外有無同時被水州縣，應候印委各員分別勘覆到日，另行辦理。

據廣東布政使沈鎔經會同善後局司道詳請具奏前來。臣等覆核無異。所有潮屬海陽等縣被水各鄉籌款委員前往勘卹並築搶堤工現已一律工竣緣由，謹合詞附片具陳，伏乞皇太后、皇上聖鑒。

旨：知道了。即著飭屬迅將撫卹事宜認真辦理，毋任一夫失所。欽此。

藩司因病出缺委員署理摺[一]　光緒十一年十月　日

竊廣東布政使沈鎔經，於本年夏間以積勞過甚，中氣久虛，感受暑濕，時患時癉氣喘之證。屢經具稟請假。臣等均囑其靜心調理，以期速痊。茲據該司家人稟報，該司於本月十八日夜半正在辦公，陡發舊疾，勢甚危劇，醫治罔效，遂於十九日因病出缺等情。臣等查該藩司沈鎔經，廉明勤幹，爲守兼優，前在臬司任內，每遇地方公事及海防一切要務，無不盡心籌辦，悉臻妥善。本年升授藩司，於六月蒞任，時值霪潦爲灾，兼以遣撤營勇，庫儲支絀，籌餉維艱。該司斟酌緩急，於京協各餉及本省應需之款，均能分別解支，並無延誤。而居官儉約，治事公平，尤爲粵省官民所敬服。臣等與之籌商諸事，悉協機宜。兩載以來，深資襄助。不意未竟其用，遽爾感疾不起，寔堪惋惜。除將該司政事勞績詳叙另奏，懇恩賜恤外，所遺藩司一篆政務殷煩，未便曠悞。查有署督粮道惠潮嘉道蕭韶，守正不阿，綜核精密，熟悉地方情形，民情最爲愛戴，堪以署理。其遞遺督粮道篆務，查有試用道李蕊，樸誠廉幹，辦事認真，堪以署理。除分檄飭遵並咨照吏部外，所有廣東藩司員缺，應請迅賜簡放，以重職守。謹合詞恭摺馳奏，伏乞皇太后、皇上聖鑒。

查明部行改補知縣摺　光緒十一年十月　日

案准部咨，同治八年七月初十日奏准各該省應行更換請補缺，

[一] 以下三件録自《京報》第一三七七號。

該督撫於接到部文後，另揀合例人員依限請補，係例應題調者即專摺具奏。等因。咨行遵照。廣東省原瓊山縣知縣周錫璋降補遺缺，以即用知縣邵謙和題補，由吏部議駁，行令按限揀員更補等因。臣等伏查存銷畫一章程内開，知縣終養、改教、撤回、降補、迴避，所遺之選，欽將進士即用與各項候補人員分班酌補輪用，進士即用將進士即用班前及進士即用本班二員酌量請補，即積進士即用正班之缺。再有缺出，於候補班前及候補本班人員内酌量請補，即積候補正班之缺。以上五項遺缺合爲一班，統積計算，如遇同月之缺，仍應簽掣缺之先後次序，分班酌補等因。前出遂溪縣缺，已用即用知縣賴煥辰補。今瓊山縣知縣周錫璋降補一缺，奉行駁飭，應仍以改教等四項統積。上次用至即用止，此次應接用候補班前候補正班人員酌補。兹會選有候補知縣劉思敏，年四十一歲，湖南新甯縣人，由監生於同治四年在江西米捐局遵籌餉例報捐縣丞職銜。是年投效精捷營，隨同雲南臨元鎮總兵江忠朝，在江西南安府守城解圍並收復水城案内出力保奏。同治五年三月十一日奉上諭：著以縣丞選用。欽此。同治十一年在湖南協黔捐局捐足縣丞三班，指分廣西試用，並免赴部驗看。是年七月初一日離營。十二年捐案奏准，由湖南驗看領咨。十三年二月十二日到廣西省，因迴避照例改發廣東試用。十三年八月初八日到廣東省，先因隨同援黔苗疆肅清，並剿滅丹古亂苗，及盪平四脚牛逆巢，前後三案出力保奏。光緒三年七月十八日奉上諭：着免補本班，以知縣仍留原省歸候補班補用。欽此。遵例捐免保舉。嗣請咨赴部引見，驗放分發給照，于六年十月二十四日到省甄別，堪以補用。該員精力强健，才具開張，以之試署瓊山縣知縣與例相符。據藩、臬兩司會詳前來，相應請旨，准以候補知縣劉思敏署理瓊山縣知縣，仍俟試署期滿，如果稱職，另請實授。如蒙俞允，該員係候補知縣請補知縣，銜缺相當，毋庸送部引見。臣等謹會同恭摺具奏，伏乞皇太后、皇上聖鑒訓示。

旨：吏部議奏。欽此。

再，粤東省補缺，例限九十日。此件部文聲明坐六月初六日發行，按照限減半計算，應以十一年七月二十一日准咨，三月起限辦理，今在限内更換請補，並無遲逾，合併陳明。

旨：吏部議奏。欽此。

甄別大挑知縣片 光緒十一年十月　日

再，查定例大挑舉人到省後，試用一年期滿，該督撫隨時甄別咨部。其甄別堪以知縣用者，即以該員期滿之日作爲甄別日期。又准部咨，嗣後無論何項出身，凡係補缺，應行具題者，試用期滿，由該督撫詳加甄別，專摺具奏。等因。咨行遵照在案。兹查大挑試用知縣何超俊，江西湖口縣人，由優廩生中式同治九年庚午科本省鄉試第三十八名舉人。光緒六年庚辰科會試後，大挑一等，以知縣用，簽掣廣東回籍候咨。嗣奉文咨取來粤。光緒十年四月十四日到省試用，已滿一年，例應甄別。據藩、臬兩司詳加察看，詳請具奏前來。臣覆加察核，該員何超俊，才具開展，識□光明，堪膺民社。除該員履歷册送部查核外，謹合詞附片具奏，伏乞聖鑒訓示。

旨：吏部知道。欽此。

知府到省委赴讞局學習片〔一〕 光緒十一年十月 日

再，新授廉州府知府鶴山，於光緒十一年八月初五日領憑到省。本應即行飭赴新任，惟該員甫經到省，於地方情形尚未熟悉。若遽飭令赴任，恐措置未能合宜，致有貽悞。自未便因前有部議選授人員不准留省之文，稍涉拘泥。擬將該員鶴山，先行委赴讞局學習，俾資歷練，再飭前赴廉州府新任。茲據藩、臬兩司會詳前來。臣等謹附片陳明，伏乞聖鑒。

旨：知道了。欽此。

知府應行迴避揀員對調摺〔二〕 光緒十一年十月 日

竊照定例，各省地方員缺，在原籍五百里之内者，俱行迴避。如係知府缺，則以本府屬交界地方至本人原籍住址計算。至升選之員領憑赴任時，未及周知，到任後，查明始知原籍僻徑小路與任所在五百里以内者，准即詳明督、撫酌量改調。迴避人員無論指缺對調及留省另補，仍俱准行。等因。茲查高州府知府李璲，係廣西梧州府蒼梧縣進士，祖居府城。由刑部湖廣司郎中光緒七年記名，以御史用。八年，截取記名，以繁缺知府用，補陝西道監察御史，轉掌江南道監察御史。十年二月十九日奉旨補授今職，於是年八月初六日到任。到任後，查得府屬信宜縣邊界之丕根與廣西岑溪縣接壤之雞卵地方起，至岑溪縣馬嶺樟木墟五十五里。樟木墟至藤縣太平莊八十五里。太平莊至蒼梧縣戎墟七十里。均係陸路。戎墟至蒼梧城三十里，係水道。俱偏僻小徑，統由高州府轄屬交界地方起至該府原籍梧州府蒼梧縣城内住址，計程共二百三十五里，係在五百里以内，例應迴避。稟經藩臬兩司查明屬實，自應照例於本省知府相當缺内，揀員對調。

茲查有惠州府知府楊霽，年四十八歲，正紅旗漢軍恒泰署佐領下人，中翰林院編修，歷充教習庶吉士、實録館纂修。光緒二年京察一等記名，以道府用，三年補授江蘇松江府知府□赴任，丁母憂，服滿，補授山西平陽府知府。六年六月到任。七月丁父憂回旂，服滿起復。八年十一月十九日奉旨補授今職，於九年四月二十日到任。該員識卓才優，體用俱備。惠州府與高州府缺均係請旨簡用冲煩難三字要缺，以之對調，洵屬人地相宜。合無仰懇天恩俯准以惠州府知府楊霽調補高州府知府，所遺惠州府知府員缺即以李璲調補。如蒙俞允，該員等均係現任要缺知府，遵例對調，銜缺相當，毋庸送部引見。據藩、臬兩司會詳前來。臣等謹合詞恭摺具奏，伏乞聖鑒訓示。

再，本案該員李璲，係光緒十年十月二十九日稟報到司，因飭行確查覆到詳辦。又該員先經調署廉州府知府，合併陳明。

旨：吏部議奏。欽此。

請補授水師守備片〔三〕 光緒十一年十月 日

再，准兵部咨，廣東水師提標左營守備陳國麟病故，遺缺係外海水師題補第四輪第三缺，應用儘先人員，既據聲明扣留，應

〔一〕録自《京報》第一三七八號。
〔二〕録自《京報》第一三八一號。
〔三〕録自《京報》第一三八二號。

即迅揀合例人員請補等因。查定例，各省題調武職各缺，如因員缺緊要，人地相需，將不合例人員保奏，應於摺内聲明，請旨交部核覆，恭候欽定等語。茲會同署廣東水師提督臣方耀，在於經部核准註册序補之外海水師儘先守備内詳加揀選。其名次在前之龔振高、林成、蘇永祥、沈榮光、鄭奮揚，均於此缺人地未宜。黄炳麟因出缺在先，丁憂服闋在後，均未便請補。惟查有調補水師提標中營左哨千總儘先守備黄廷琛，年四十一歲，廣東廣州府順德縣人，由勇目在廣西江南本省剿匪捕盗出力，遞保儘先千總，拔補赤溪協右營右哨千總，調補水師提標右營前哨千總。同治十三年三月十五日，接札續調補今職。於光緒十年八月初十日接札，先因剿辦越南蘇幗漢等股匪出力案内保奏，以守備儘先補用。同治十二年十一月二十二日奉旨：著照所請獎勵。等因。欽此。又因剿辦儋臨客匪出力案内奏准加都司銜，造送履歷，經准部覆註册序補。該員諳練風濤，熟嫻槍砲，並無在外省軍營參革朦保情弊，以之補授水師提標左營守備，寔堪勝任。雖名次略後，及籍隸本府，與例稍有未符，惟在前各員均不合請補，未便稍涉遷就，謹隨摺聲明。合無仰懇天恩俯准以黄廷琛補授水師提標左營守備，俾營伍捕務藉資整飭。如蒙俞允，俟部覆到日，給咨送部引見。一面揀員對調，以符定制。謹會同署廣東水師提督臣方耀附片具陳，伏祈聖鑒，勅部核覆施行。

旨：兵部議奏。欽此。

奏請建坊片〔一〕光緒十一年十月　日

再，據善後海防局司道詳稱，據南海縣職員同知銜何獻墀，爲故父何準廷、故母何潘氏各捐洋銀一千五百元，折實銀一千零八十兩，共銀二千一百六十兩，由局兑收，充支海防經費，詳請援案奏明，准予建坊前來。臣等查該職員何獻墀，爲其故父母各捐銀千兩以上以助軍餉，實屬急公可嘉。核與捐助軍需實銀一千兩以上，准其請旨建坊之例相符。相應請旨，將同知銜何獻墀故父何準廷、故母何潘氏准其在本籍建坊，給予急公好義字樣，以示嘉獎。除咨部外，理合附陳，伏乞聖鑒。

旨：著照所請。該部知道。欽此。

奏請量予獎勵張樹聲之子片〔二〕光緒十一年十一月　日

再，據原任兩廣總督張樹聲之子，前户部候補員外郎張華奎呈稱：竊司員故父，前任兩廣總督張樹聲，上年夏間在任因海防需餉孔急，倡捐銀一萬兩解充海防經費，奏明不敢仰邀獎叙在案。嗣准部咨，奉旨飭部核給獎叙，咨行查明，各捐員願得何項獎叙，按照常例請獎虚銜封典，並准其移獎子弟，造册咨部核辦等因。故父旋以積勞在廣東防營病故，未及咨覆。司員世受國恩，倖叨一第，不敢以先人報效之忱爲嗣子梯榮藉。次弟附生張雲森、三弟童生張雲鵠，均欲仰承先志，不敢仰邀恩獎等情呈懇據情轉奏前來。伏查該故督張樹聲，勳勤卓著，前以勞瘁歿於軍中，疊蒙恩旨寵卹有加。茲其子張華奎於故父前捐海防銀兩復能仰承先志，

〔一〕録自《京報》第一八九五號。
〔二〕録自《京報》第一八九九號。

瀝辭奬敘，尚屬深明大義。應否俯如所請，俾遂其報効之忱，抑或特沛恩施，將該故督之次子張雲森、三子張雲鵠量予獎勵。出自聖主逾格鴻慈。既據具呈請奏，未便壅於上聞，謹附片具陳，伏乞聖鑒。

旨：户部核議具奏。欽此。

知縣王懋官委辦礮臺工程浮冒請懲儆摺（一）

光緒十一年十一月　日

竊照候補知縣王懋官委辦各礮臺工程，經手款目甚鉅，訪聞有浮冒情弊，經臣等附片奏參，奉旨：王懋官著先行革職，嚴訊究辦。等因。欽此。當即轉行司局及營務處司道，會同嚴行審究，追繳詳辦。前據廣東布政使沈鎔經會同署廣東按察使瑞璋、善後局營務處各司道詳稱，飭據廣州府督同讞員委員飭傳該革員到案，悉心研訊。據該革員王懋官供稱，於光緒九年八月間，奉委辦理黄埔支應局事務。自是年九月間開辦起，至十年八月撤局止，統計建長州、沙路、魚珠礮臺二十六座並小礮臺一十三座，連官廳、演武廳物料工匠以及買地、伐樹一切工價，共用銀三十六萬三千九百二十兩零。內除建造長橋工料銀五萬八千八百六兩五錢四分二釐一毫，係由統領武毅右營記名提督吴宏洛自行領價支發，又局中經費銀三千五百三十一兩六錢五分四釐四毫，係按月給發薪水雜用外，其餘工料連工匠各項價值由營代購者共銀一十五萬八千六百八十六兩三錢三釐三毫，由該革員採買者一十四萬二千八百九十五兩七錢一分三釐五毫，二共銀三十萬一千五百八十二兩一錢六分八毫。所有看貨議價各事均託司事趙福昌向各店鋪交易，即各營代購物料價銀亦由趙福昌經手給發，事後開列用款銀數，交與該革員閲看，照數造册呈繳善後局核銷。趙福昌於撤局後即已轉回原籍南海縣屬河頭鄉居住。該革員先不知趙福昌有浮開冒銷情事，是以前奉傳詢諭令自首，尚用言分辯。迨奉委查弊端顯著，該革員亦自赴各店查對簿據，與趙福昌原開數目諸多不符，往追趙福昌，不知去向。又往趙福昌向來認識各店訪尋趙福昌蹤跡，至南海縣屬大新街同昌銀錢店，據稱，趙福昌久未見面，惟有存放洋銀三萬兩在該店内生息。因思該司事家素貧苦，何能有此巨款，始知實有前項情弊。正欲稟請拘究，即奉飭傳追等情。詰以該員既司支應，何致任聽人弊混毫無覺察。據稱，當時實因刻不容緩，恐給價太少或致有誤要工，不敢過於挑駁。又因兼辦攔河工程，物料逐一須往驗收，難以並顧。趙福昌在伊處管賬多年，平日尚覺誠實，是以支應局購買物料、給發銀兩均交趙福昌經手。不料該司事乘機舞弊，浮開巨款，實非始念所及料。自知用人失當，咎無可辭，請飭拘究追。該革員當日僅司支應，若物料至臺建造工程，另由營員經理，與伊無涉等語。並據將原造支銷銀兩底册呈繳到府，核與册報數目相符。當查册報購買物料，以何大成磚瓦店、公昌源聚杉木店、鉦隆銅鐵店、聯和石店，數目較鉅。究竟向來交易，是否實係趙福昌與之往來，實在浮開若干，趙福昌果否有現銀三萬兩存在同昌店内盤放生息，又經札飭南海縣查拘趙福昌解質，並赴同昌店確查稟覆，一面摘傳何大成等店主何潔卿等到案查訊。據供，黄埔支應局先後向伊等購買物

（一）録自《京報》第一九〇三號。

料，委心腹司事趙福昌與之往來交易，始終並未與王懋官見面。並據聲稱，當時工程緊急，本店貨物不敷應用，託人到香港各處轉購者亦屬不少。是以價值未能一律，轉購各貨因非本店生理，簿內亦未登記。經手司事趙福昌有無乘機浮冒，伊等並不知情等語。提同王懋官所用家丁人等質訊，供亦相符。當將何潔卿等省釋，一面就王懋官原報銀三十萬一千五百八十二兩一分六釐八毫，按照時價核實折算，約多銷銀一成六分七釐左右，計銀五萬三百六十四兩二錢。內有未領銀一萬三百六十四兩二錢，除飭查明趙福昌實有存銀若干悉數追起備抵外，不敷銀兩應即勒令該革員自行賠繳。隨據南海縣稟稱：趙福昌屢緝未獲。飭據差役稟稱，查詢趙福昌家屬委有現銀三萬兩存在同昌店内生息，該家屬母老子幼並無男丁，無從拘解，前項銀兩如何來歷，亦不知情。隨即親赴同昌店，傳出該店主楊裕源，查訊無異。現已如數起出，稟兑繳收。至每月息銀，已據趙福昌家屬先期取出，一時難以追繳等情。並據王懋官聲稱：已遣人回籍，赶緊變産備抵。現已匯寄來粤連寓所資財設法挪湊，業經湊有銀一萬兩，連追起趙福昌存銀三萬兩，並應領現欠各鋪户工匠物料工價銀一萬三百六十四兩二錢，情願不領，由該革員自行清理。三項合計，已符五萬三百六十四兩二錢之數等語。隨將認賠銀一萬兩呈繳前來。伏查該革員王懋官承辦礮臺工程支應局務，如何力求撙節，核實支銷，乃竟漫不經心，假手他人，以致司事從中舞弊浮開冒銷，本屬咎無可辭，姑念當時委因兼辦攔河臺工緊要，未能親身經理，尚屬事出有因。現在司事趙福昌雖未就獲，業經查出寄頓銀兩，悉數追起，並傳到各鋪户當堂質訊，始終並未與王懋官當面交易。其爲該革員僅止所用非人，並無自行侵冒入己，尚屬可信。既據將應賠銀兩，於到案後如數湊繳，並將未領之款，自願賠出清還，是雖玩忽於前，尚知愧奮於後，業經革職，可否從寬免議。何大成等各鋪户訊無通同舞弊情事，其代購貨物因非本店生理，是以未經登記入簿，尚無不合。逸犯趙福昌飭緝獲日另結等由，稟由司局營務處覆核會詳請奏前來。

臣等伏查革員王懋官委辦礮臺工程侵冒銀兩一案，既經司道等飭據府局訊明，係該革員委用非人，假手司事，以致從中舞弊浮開冒銀，實屬咎無可辭。該革員前當兼辦攔河工程，臺工催促緊要，未克親身購辦，尚非有心侵冒。已據起獲司事寄頓銀兩及該革員應罰賠款，亦已如數繳出，並未領之款，情願自行賠出清還，尚知愧悔。惟查近年辦理海防，需費浩大，各該員等承辦要工，支領巨款，宜如何親身綜核，乃任聽司事侵冒浮開，事前未能查出，事後始據賠款，若各營各局事事皆如此顢頇糜費，必待督撫自行查訪，始克究追，則雖疆臣勞精敝神，亦難有濟。自應從重懲處，以儆將來。相應請旨將王懋官發往軍臺，效力贖罪。其前任藩司龔易圖失於覺察，亦應併請交部議處。惟已經另案革職，應請免其置議。除嚴飭緝司事趙福昌，務獲究報，及咨部查照外，臣等謹合詞奏陳，是否有當，伏乞皇上聖鑒訓示。

欽越邊界亟應改正摺 光緒十一年十二月初一日

竊惟廣東欽州一境，東南濱海，西北負山，有如昔、時羅、貼浪、思勒、羅浮、河洲、澌凛、古森八峒地，向係隸屬中華，與廣西及越南犬牙相錯。如昔、時羅、貼浪三峒，密邇内地，與越境尚少膠葛。思勒、羅浮、河洲、澌凛、古森五峒地，則自宋明以後，不設關卡，半爲安南侵蝕，遠非從前舊址，以致華夷參錯，險要全失，殊乖固圉保疆之道。從前越爲屬藩，中外界限尚可稍爲渾涵。今該國歸法人保護，此時勘界，一歸越壤，其土地即淪爲異域，其人民即棄爲侏儒。近聽邊民呼籲之聲，遠攷歷朝沿革之故，不得不爲聖主瀝陳之。

查欽、越接界地方，先經臣等派通判劉保林等，又經督辦欽廉防務前廣西提督馮子材，派都司陶烈武等，先後帶同熟悉邊界土民，詳加履勘，以備將來勘界時辯論。茲據該員等勘畢，各呈界圖，並五峒紳耆、廪貢生王永儒等六十人公禀聲稱，自廣西思陵土州南境外沿十萬山而南，其處名三不要地。舊志謂廣東不要，廣西不要，安南不要，古之甌脱是也。自此沿丈二河東南行，經河東之峒中、永安、雁慕、新安州、潭下、河檜、河西之舊街，直抵海口。兩岸崇山峻嶺，有險可守，居民約數萬，皆華人。查係前朝古界，因越爲屬國，不甚拘限。地由民間自墾，就近納税越官，仍赴欽州考試，在庠序者甚多，廬墓皆在其中，懇勿棄之異域。並云，分茅嶺即銅柱分界處，今名坑謝，在上思州，屬北崙汛外，相距約五日程。又云，據欽州志，明宣德間，黄金廣等以五峒九十九村外附交址，林希元請還四峒，而羅浮峒未還，以致江平、黄竹各村墟混入越界。故欽州素有八峒之名，今缺其一。

又據署欽州知州余鑑海禀稱，嘉、道以前，五峒地曠人稀，耕鑿不及之區，任越墾闢，始於江平設萬甯州，續於芒街設海甯府，而移萬甯於河檜潭河以上，改立新安州。華民十居其九，其間紳商多欲内附。若趁勘界之便，將新安、海甯一帶收回内地，則中越以海爲界，有險可憑。

又據調署廉州府知府李璲禀稱，考府志，欽州各峒，黄姓世鎮其地，宋爲峒主，明罷爲峒長。分茅嶺在州西南三百六十里，即古森峒地，有漢將軍馬援、唐節度使馬總所立銅柱，爲中國交阯分界處。三不要地亦在古森峒，爲水土極惡之區，又荒僻險遠，難以統轄。雍正六年，督、撫會疏，請歸欽州就近撫綏，故北有北崙汛，東有白雞汛，設兵戍守，各等情。

竊查廣西上思、下思、思陵三州，沿邊以外，有崎嶇荒僻地數百里，東爲廣東欽州，西爲越南諒山、廣安，南濱大海，有快子籠、亞漊灣、九頭山、青梅頭諸島嶼，北界北崙、扶隆、愛簟等隘，而十萬大山盤亘其中。其地總名古森峒，亦稱三不要地。最高之山曰分茅嶺，嶺有銅柱，實爲歷朝中華邊徼之地。遠憑銅柱，近據方志，有歸欽州撫綏之案，有入欽州學籍之人。歷來峒主、峒長本係華人，此時土著民居，皆非異族。而又形勢在所必争，邊氓急於内附。按照條約，亟應改正，自宜畫歸華界。上游緊接廣西三峒、思陵土州之地，下游直出新安州海口，東包青梅頭、海甯府芒街，接連竹山、江平、白龍尾一帶，以正封域。該處山僻瘠壤，彼當不復措意。惟芒街即海甯府，濱海，形勢尤要。法國設有教堂。與欽州東興汛僅隔一小河，冬令即涸。又江平近接防城墟，又在東興之後，去州城僅百餘里，均屬華離要害之地，不能不與力争。應請旨電飭勘界大臣鄧承修，與法使勘辦辯論，庶邊氓不至終淪異域，而於設防固圉，實大有裨益。

旨：張之洞等奏，欽州與越南接壤地界，應照志乘所載，及時改正等語。該處地圖已由該督咨送，著鄧承修、李秉衡於桂界議定後，酌量情形妥愼辦理。欽此。

請定盜案就地正法章程摺光緒十一年十二月初一日

竊照粵東山海交錯，民情獷悍，盜匪之熾，甲於他省。溯查同治二年間，前督臣毛鴻賓奏奉上諭：嗣後廣東省除廣州府及佛岡同知拏獲逆匪盜犯，仍行解省勘審外，其距省較遠之各府、廳、州、縣所獲拜會從匪，拒敵官兵，及迭次行刦，夥衆持械，拒捕傷人，罪應斬梟、斬決各犯，由各該州縣審實後，即解送該管道府覆審録供具詳，該督撫核明情節確實，即行飭令就地正法。一俟軍務完竣，盜匪歛迹，即行奏明，仍照舊章辦理。此外尋常命、盜案件，著仍照例解勘。等因。欽此。歷經遵照辦理。嗣於光緒八年四月，刑部議覆御史陳啓泰等條奏内稱，嗣後除土匪、馬賊、會匪、游勇案情重大並形同叛逆之犯，均准就地正法。其餘尋常盜案，予限一年規復舊制。儻實係距省窵遠，均照秋審事例，解送該管巡道訊明，由督、撫分别題奏，不准援就地正法章程。等因。奏准咨行到粵。復經前督撫臣議奏，嗣後除實係土匪、馬賊、會匪、游勇案情重大並形同叛逆之犯，及原例内罪應斬梟者，仍由該州縣體察情形，隨時稟請就地正法，按三箇月彙奏一次。其餘尋常斬決盜犯，自光緒九年五月初八日爲始，規復舊制。高、雷、廉、瓊、潮、韶六府，嘉應、南雄二直隸州，解道覆勘，移司核詳題奏，免其解省，不准先行正法。經部議覆准，咨行飭遵在案。

然自此次省章既行以後，盜案日多。近年海防多事以來，各路投營遣撤之游勇，紛至沓來，往往句結土匪，打單嚇財，入村攔路刦掠慘殺。加以各處積匪結黨拜會，受雇助鬭，肆搶勒贖。此外洋犯、鹽梟，縱横出没，時而在洋伺刦，時而登陸剽掠。一經兜拏，輒即連檣結陣，放礮抗拒，形同叛逆，本年以來已經多起。其内地之東、西、北三江，均爲盜匪之藪，往來舟楫以及各處渡船，動輒被刦。陸捕則駛艇而逃，水緝則登岸而逸。臣等接閲各屬稟報刦案以及另行訪聞，查出盜案日凡數起，無一非執持洋槍火礮，糾夥多人，其事主懼禍未經呈報者，不知凡幾。雖疊經懲儆，該管嚴飭勒拏，並將情重著匪批行正法，以期稍知儆懼。無如營汛疲懦，有司拘牽，實情不盡稟聞，真盜或致狡脱，以致水陸盜案，有增無減。省垣附近，屢有白晝行刦。近日英國貴翰商輪，亦有在洋面被盜匪刦殺船主之事。商民悚息，伏莽日深。是目前粵省土匪、會匪、游勇、鹽梟、鬥匪、洋、盜七種合而爲一，若再因循拘泥，必致釀爲亂階。臣等職在地方，覩此情形，實深焦慮。

查光緒八年部章曾經指明，土匪、馬賊、會匪、游勇案情重大並形同叛逆之犯，均准就地正法。所謂案情重大四字，包括甚多，原未嘗稍形寬縱。即粵省奏定章程，亦係聲明上項土匪各犯及原例罪應斬梟者，均准就地正法。乃各州、縣狃於積習，不問案情輕重，藉口已復舊章，不肯從嚴稟辦。經年以來，文告諄諄，拘執罔聽。除南、番兩縣外，罕有稟報拏獲游勇土匪嚴辦之事，是以匪徒益無忌憚，恣意横行。

查就地正法章程，原屬辟以止辟。部章所謂案情重大，自係由地方官酌核情節。近來各直省辦理持械夥刦、凶暴衆著之案，皆係不分首從，一律先行就地正法梟示。矧粵省盜匪無一案非糾夥，無一盜不持械，所持之械，無非洋槍洋礮，及獲械訊供，無一犯非迭刦多次。且忽海忽陸，忽土忽客，忽自行糾刦，忽助鬥逞兇。又與會、土、械鬥各匪、洋盜、鹽梟互相出入，其情節實與尋常盜賊迥異。即如內河外海各盜，駕船列礮，大夥橫行，刦殺拒捕。如廣東艇匪一項，較之北省馬賊，騎止一人，人止一槍，尤爲兇悍，實爲土匪之尤。若拘泥本省章程，凡斬決盜犯，情節雖重，舊例無斬梟明文者，動須解勘題覆，輾轉稽延，不足示儆，甚至狡翻、誣攀、刦逃、越獄，隱患不可勝言。至此等盜匪，多有此案附夥，而彼案糾邀，此案行兇，而彼案接應，其愍不畏法之心，同惡相濟之罪，實屬無分軒輊。若過爲文法所拘，必致意存避就，倖脱稽誅。此非因時立制，實不足以安善良而遏亂萌。

臣等督同臬司、廣州府等體察地方情形，悉心核議，應請嗣後拏獲持械夥刦兇暴衆著之各項盜匪，無論水陸，不分首從，凡有案情重大、罪干斬梟斬決者，一體照土匪、馬賊、會匪、游勇章程，先行懲辦。其距省較遠者，由該廳、州、縣審實後，酌核道路遠近，如有道、府同城者，解由該管巡、道、督、府覆審。不同城者，即分別解由最近之該管或道、或府、州覆審。如犯多路遠者，即由道、府、州親赴所屬覆審。均録供通稟督撫，核明情節，確實批飭，就地正法。案情重大者，仍傳首犯事地方，懸桿示衆。其廣州府屬及佛岡、赤溪二直隸同知所獲盜匪，仍於審實後録供解府，審明通稟，批交臬司會同營務處司道覆訊明確，稟候核飭，就地正法。案情重大者，梟示曉示民間，拒捕者格殺勿論。并將通省此項正法盜匪，按三箇月彙奏一次，逐案補具供看，由府送司詳咨。一俟盜風止息，即照舊例辦理。州、縣、營汛諱盜縱匪者，查出從嚴參辦。據署按察使瑞璋詳請具奏前來。臣等詳加覆核，不敢拘泥以殃民，惟有嚴法以弭亂。考諸文武軍民人等，衆論僉同。謹合詞繕摺奏陳，伏祈聖鑒，敕部速議施行。

旨：刑部速議具奏。欽此。

爲沈鎔經請恤摺 光緒十一年十二月初一日

竊已故廣東布政使沈鎔經於本年（一）〔十〕月十九日因病出缺〔一〕，業經臣之洞等奏報在案。查該藩司由進士即用知縣分發江西，歷任長甯、上饒、新建、貴溪等縣，潔己愛民，息訟治盜，興學養士，所在皆有循聲。上饒有九龍山爲齋匪窟穴，以計訪擒其渠魁，亂萌始息。嗣選授安徽太平府知府，郡無城郭，該司濬壕置柵，盜賊屏息。調安慶府時，值皖北水災，殫心拯濟，以工代賑，盛暑奔馳烈日中，董率撫輯，全活無算。居官守正，不畏强禦。臣玉麟巡江過皖，備悉其詳，心甚敬之，洊升安廬鳳道。

光緒九年擢授廣東按察使，粤民勁悍，健訟械鬬，命盜重案最多。莠民恃洋人爲護符，豪族以良懦爲魚肉。該司明慎公勤，一介不取。抵任以後，清釐積案數百起，詳結京控要案十餘起，用法皆得其平。尤以廉正風厲僚屬，力遏奔競，遇事守經而體察衆情，通達政體，處人和遜而不爲苟同，其所施設，輿論翕然。十年春間，兼署兩廣運司。粤鹽積年疲銷，課餉甚窘，該司任事數月，釐剔奸蠹，設法疏銷，除正額照解外，復帶完價款銀七萬兩，籌捐海防經費銀二十二萬兩，餉銀賴以挹潤。五月後法事愈棘，粤防戒嚴，沿海各口，營屯林立，軍書旁午。該司總理營務處係其專責，凡調和將士，肅清內奸，經營臺壘，舉辦團練，無不竭盡心力，區畫得宜，臣等深資其助。時方議發大軍進規越南，

〔一〕沈鎔經因病出缺日期據《京報》第一三七七號是在「十月十九日」。見本册第三三九頁《藩司因病出缺委員署理摺》。

援助滇、桂，計畫已定，而苦於饋餉無出。本省財力已竭，兼須援濟臺、閩，藩司困於持籌，不能兼顧。該司遂兼任籌規越之餉，百計羅掘，瀝誠勸諭紳富，捐集鉅款，出關之軍乃得成行。歲暮寇急，出巡各營，申儆戒備，除夕駐守海壖，與將卒共勞苦，而司中公事，仍復親自經理，不少休息。

本年四月調任粵藩，六月接篆。防務甫解，撤留省內、省外、關內、關外各營，數至四萬餘人，移屯併戍，給資清餉，費益浩繁，散勇雲布。時西、北兩江大水爲災，人心惶惶，深慮擾動。該司籌款資賑，復派員弁分途押送，均各帖然回籍。一面籌措鉅款，議修廣、肇兩府圍堤，考核圖經，規畫工料，現已籌度略定。該司以粵省吏治久敝，亟思激揚而廓清之。自受藩篆以來，嚴立章程，銓品人才，孜孜如恐不及。數月以來，屬吏欣欣，皆有争自濯磨之意。八月以後，洋款届期，京協各款待解尤急，司庫搜括殆盡，該司焦思籌畫，嚴稽出納，力杜浮冒，鉤校簿書，夜分不息。自夏間積受暑濕，重以勞瘁過甚，中氣耗損，致患風痺危證，濕瘡徧體。雖在假中，仍力疾伏牀，手治官書，與臣等函商兵食要政。使牘往來，日猶數起，調理稍愈，即勉出治事。十月十六日委赴波羅廟致祭南海神，因令就近察閲牛山新築礮臺工程形勢，勞頓不支。十八日還省，頓發前病，適作函稟陳公事，發函擲筆，倒枕困伏，氣息頓微，風痰驟湧，遂以不起。殁之日，布被蕭然，一如寒素，僚屬無不同聲痛悼。

竊維粵省物博民龐，事變日多，而習氣日靡，吏事、兵事、餉事，無一不費整理。若該司之才識操守，久爲粵省官民信服，使之久任，必能轉移窳俗，整飭官常。本年五月，奉旨令保奏籌濟滇、桂各員，已擬將該司首列剡章。一旦因病出缺，臣等失指臂之助，尤不能不爲國家惜此人也。合無仰懇天恩垂念該司盡瘁防務，遘疾殞生。飭部照藩司軍營立功後積勞病故例，從優議恤。並將生平政績查付史館，列入循吏傳，以爲以死勤事者勸。出自逾格鴻慈，不勝感悚待命之至。

旨：沈鎔經生平政績，著准其宣付史館，列入循吏傳。所請議卹之處，著毋庸議。欽此。

請開缺回籍調理摺 光緒十一年十二月十八日

竊臣幽冀下士，學術迂疎，以編修積資十有七年，薦陞坊局，孤根薄植，獨被特達之知。朝廷軫念時艱，廣開言路，應詔竭慮，屢有敷陳，不加譴訶，轉邀遷擢。復以疏論邊事，奉旨命赴總署，遇事諮商。旋蒙不次殊恩，由内閣學士授任晋撫。上年四月奉召入覲，遽聞督粵之命，其時惶悚踧踖，莫可名言。祇以海防喫緊，宵旰焦勞，欲受任則力不勝，欲固辭則義不敢。當於四月二十九日謝恩摺内，曾將才智精力皆不勝任，據實陳明在案。陛辭之日，復經披瀝上陳。旋即乘輪泛海，星馳赴粤。甫到省門，海警已迫，當與尚書臣彭玉麟、前督臣張樹聲、撫臣倪文蔚等併日趕辦，酷暑蒸灼，不容喘息。粵省當八面受敵之區，又須兵食並籌，東西兼顧，内防外援，無一不難，無一不急。臣竭其心思，夜以繼日。而吏弊盜源，復不能不竭力補救。自到任以至解嚴，夜寐不過數刻，罕有解帶安息之事。粵中賓客之多各省所無，接晤同僚將吏、他省委員，每自平旦至於日暮，甚至夜分未已。今年以來，飲食日少，精力日減，言語稍多，即覺舌本枯强謇澀。五月猝值水灾，臣方患瘡證，困頓床蓐，痛楚萬狀，仍力疾自作函牘，延客卧内，日與僚屬籌措賑務。秋間即擬具疏乞罷，以西省邊防未定，界務未舉，東省裁營、留戍、餉款、隄工，正在糾紛棘手之際，未敢上陳。近來病勢益深，加以喘嗽氣逆，用心稍久，即發怔忡。據醫者云，由於心血過傷，肝脾俱病，惟有静養調理，非藥餌所能速效。

竊思粵事雖漸有端緒，而兩省邊防、海防各善後事關久大，籌畫艱難，必須蓄艾卧薪，始克有濟。若事過輒忘，敷衍目下，必致貽悔將來。近日政務繁難，仍未稍減，斷非孱病之軀所能勝任。惟有仰懇天恩俯准微臣開缺，回籍調理，俾得從容醫治。另簡廉公閎毅之大臣來粵接任，以免貽誤。臣年未五十，儻蒙福佑，漸臻痊復，惟當葆性攝生，讀書學道，俾識力稍有增益，或可爲將來報國之資，不勝感悚屏營之至。歷次奉旨飭查飭議要件，略已就緒，另疏上陳。目前緊要事務，臣仍當力疾辦理。謹恭摺具奏，伏祈聖鑒。

旨：著賞假一月，毋庸開缺。欽此。

查辦匪鄉摺 光緒十一年十二月二十七日

竊維廣東莠民爲害地方者，約有三類，一曰盗劫，一曰拜會，一曰械鬬。盗以搶掠，會以糾黨，鬬以焚殺，三者互相出入，統名曰匪。會多則爲盗，盗强則助鬬，鬬久則招募會、盗各匪皆入其中。習俗相沿，蘖芽日盛，擾害農、商，撓亂法紀。盗以廣州府屬沿海各縣，肇慶、韶州兩府沿江各縣，及廉州、瓊州兩府洋面爲最多。會以惠州府屬及毗連香港之九龍司等處爲最多，高、廉所屬亦漸蔓衍。鬬以惠、潮、廣三府爲最多，廉、瓊次之。廣、惠、潮匪徒則以香港、澳門爲窟穴，廉、瓊匪徒則以越南爲逃藪。

溯查同治以前，潮州府屬最號難治，焚殺相尋，田地荒蕪，商旅裹足，錢糧抗完，民不畏官，幾同化外。經前督臣瑞麟於同治七年奏派署潮州鎮總兵方耀帶兵勦辦，周歷匪鄉，清理積案，先後拏獲首要匪犯一千一百餘名，盡法懲治，民情大懽，近十餘年來，潮屬遂爲安土。嗣後，同治十年有查辦韶州、翁源等縣土匪，廣州、東莞劫擄械鬬之案，同治十二年有勦捕東西兩省交界高、廉等處伏莽之案，光緒三年有查辦惠州匪鄉之案，無不懾以兵威，勒交匪犯礮械，一時稍爲斂跡。終以未經大加懲創，撤營之後，其結盟、拜會、劫鬬、報復如故。比年以來，沿海辦防，未及清理，内地高州之電白，惠州之稔山，於光緒八年、十年先後滋事，雖經勦辦，未絶根株。兼以游勇、海盗、鹽梟、會匪、暴鄉、悍族互相句煽助勢，黨類益衆，仇殺益多，礮火攻擊，動連一二十鄉，村鎮劫掠月至二三十起。其大姓恃强凌弱，豢匪抗官，視爲常事，非文告所能禁，非縣汛所能理。若不趁此防務已定，軍事稍暇之時，由統兵大員酌帶營勇前往歷來滋事地方，督同該管文武，剖分良莠，詳查釁由，示以軍威，勒交匪械，如敢抗庇，即行圍捕，痛懲積惡，重治窩家，申嚴條約，鈐束化導，則將來禍患誠恐未已。臣等維安良除莠，古有明箴，欲爲杜遏亂萌之謀，必先行辟以止辟之政。迭經督辦欽、廉防務前廣西提督馮子材，署水師提督方耀，署陸路提督鄭紹忠電函往復，屢次面商，均以爲此時必應辦之事，未可養癰遺患，以致燎原難滅。

現擬將粵省各州縣著名匪鄉澈底查辦，會匪、盗匪、鬬匪一體清釐。以惠、潮爲一路，廣州爲一路，廉州爲一路。惠州海豐、陸豐兩縣，悍鄉最多，匪徒最衆，從前竪旗倡亂，已非一次，近日情形兇横日甚，此處應先行舉辦。擬以方耀專辦，該處鄰近水師所轄者附焉。其餘惠、潮所屬各縣屬陸路提督所轄者，則會同鄭紹忠專辦。廣州屬番禺、東莞、香山、新會、新甯、清遠、花縣、佛岡等處，督同署廣州協副將鄧安邦辦理，韶州、肇慶兩府界連廣屬者亦附焉。其近海匪鄉，則以方耀會同辦理，以馮子材專辦。欽、廉等處，其洋面盜匪及九頭山匪巢，則飭陽江鎮總兵黄廷彪統帶兵輪暨該管水師巡艇，協同馮子材之軍勦捕。

至於訊供定罪，究以前之案情，立以後之約法，必須道府大員會同妥辦。惠州即委署惠潮嘉道益齡，廣州即委署督糧道李惢，廉州即委署廉州府李璲會同辦理。責令該道府等督率委員將捕獲捆送各匪，調核案卷，研究是非。其情節較重、素行不法、有擄殺糾匪實據者，即予正法，餘則分別懲治、保釋。翦除積年巨憝，以生其儆畏之心。扶持一鄉端人，並予以鈐束之柄。略仿潮州章程，設立約正、約副，族正、族副，房正、房副，責成稽查勸導，給以札諭，榮以頂戴、匾額，以後該鄉如有各項匪徒，即令舉首捆送。令悍徒皆歸於統紀，獷俗以漸而轉移，國法彰明，穢瑕滌盪，庶可保全良善，杜絶亂階。

馮子材勳威夙著，性慈愛民，以辦本地土匪，自可裕如。方耀、鄭紹忠歷年辦匪，久著成效，均能明達事理，不致冤誣，衆所信服。臣等又諄囑馮子材等轉飭各將弁，辦案與戡亂有別，捕匪與禦敵不同，仍當酌量重輕，寬猛相濟，毋得過爲操切。至於劣紳豪棍，保匪誣良，於此舉甚爲不便，其造作謠言，蜚辭誣搆，恐所不免。臣等惟有勤商辦法，考究實情，不以浮言而撼大局，以仰副聖主綏靖海疆，子惠邊氓之至意。

旨：著照所請。該部知道。欽此。

請嚴定械鬭專條摺光緒十一年十二月二十七日

竊據廣東按察使于蔭霖詳稱，查粵省民情强悍，每因睚眦小怨、田山細故，輒即不候官斷，招雇外匪，約期械鬭。主鬭之人，大率係其族首、族紳、祠長之不肖者。名爲兩族、兩鄉互鬭，實則臨時雇募土匪、鹽梟、海盜及一種專習綫槍、游手亡命之徒。號召者或數百人，或千餘人，附和者或數村，或數十村。外洋利器，隨處可購，是以洋礮、洋槍、旗幟、刀械無一不有。又復高築寨墻，建造礮臺，有攻擊三五年而互鬭不已者，有已經和息而挾恨復鬭者。

臨鬭之時，高竪大旗，對放巨礮。若攻入彼村，即恣意焚殺搜搶，所燒房屋動以數百間計，所殺人口動以數十命計，甚至掘毁墳墓，擄捉男女，拒殺兵差，兇殘不法，無異化外。且鬭勝之村，動輒殘毁田禾薯蔗數百畝，砍伐樹林果園數千株。故此數村經一次械鬭，即喪失一二年或數十年之資産，其隱害民生者，尤非細微。此等惡習，惟廣州府之番禺、東莞、增城、新甯、新會，惠州府之歸善、陸豐、海豐、博羅、長甯、河源，潮州府之潮陽、揭陽爲最，他郡縣亦多有之。其惠州所屬，近日甚至傳聞有設卡斷路、殘食人口之事，殘忍藐法，各省罕有。

互鬭之村，鬭散即止，每不據實具報。而地方文武規避處分，亦不免代爲隱飾，習以爲常。即或馳往彈壓捕拏，該匪等悍然不理，兇鬭如故。或迎拒官長，不令入村。或兵役無多，不敢近前。必俟其鬭散，然後邀致鄰近紳耆從中排解，責令交匪繳械。於是賄買頂兇，任意搪塞。所繳者皆破壞無用之械，所交者皆蠢愚老疾之人，不特必非爲首，抑且並非爲從。彼主謀肇衅斂錢、糾衆幫鬬行兇者，轉得逍遥法外。縱使懸賞拏獲，而人多鬬急、槍礮如雨之際，究竟何人下手傷人，何槍何礮之傷最重，亦屬無從質證。照例懲辦，罪止軍流，毫無儆畏。推原其故，由於粵民聚族而處，祠産素豐，事無大小，皆聽族首、族紳、祠長號召。族首等賢否不齊，主鬬者既藉勢豪，兼恃財力，取公帑以恣揮霍，斂衆費以供侵漁。而所雇覓之匪徒，又足以爲之羽翼，但有得財之樂，從無償命之苦。地方官因無兵力，傳首謀則不到，勒凶匪則不交，官法既窮，私忿益熾，以故江河日下，羣相效尤。歷年大吏及地方官明知其弊，特恐操之過急，激成事端，得辦理不善之咎，不得不將就了結。民强官弱，法令不行，實情不敢上聞，嚴辦諸多窒礙，所以積弊至於此極也。

查從前髮逆滋事，徒以養癰成患，馴至不可收拾。今外患甫平，内訌宜靖。現奉檄行文武大員分往各縣匪鄉，查明新舊各案，推究致鬬之由，判明曲直，勒交積匪，審明案據，立予嚴懲。各就該處情形，從民所便，責成鄉長、族長、房長，層層鈐制，約束化導，以後遇有匪徒生事，則令禀報綑送，以期永靖地方。惟查例載，廣東省糾衆斂費，約期械鬬仇殺，人數雖多，致斃彼造一命者，主謀糾鬬之首犯，發極邊足四千里充軍。二命者，實發雲、貴、兩廣極邊煙瘴充軍。三命者，發新疆給官兵爲奴。四命以上，絞立決。十命以上，斬立決。二十命以上，斬決梟示。其隨從下手傷重致死、應行擬抵者，各依本律例擬抵。傷人及未傷人者，亦按各本例分別治罪。又廣東械鬬案内，如有將宗祠田穀賄買頂凶、搆釁械鬬者，於審明後，除主謀買兇之犯，嚴究定擬外，查明該族祠産，酌留祀田數十畝以供祭費，其餘田畝及所存銀錢，按族支分散。若族長、鄉約不能指出斂財買兇之人者，族長發遣，鄉約杖徒各等語。如下手傷重，方議抵償，主謀糾鬬，不皆重典。而爲從傷人及並未傷人之犯，照爲從減等，罪止滿流。即照軍器傷人，亦止擬軍。詳繹例文，自以鄉里尋仇，尚非鉅患。僅言鬬，則無焚擄之流毒。僅言械，則無槍礮之利器。僅言糾衆，則無梟匪、海盜之叢集。僅言仇殺，則無抗官拒捕之重情。是以下手者，仍照共毆。主謀者，尚多差等。

竊惟今昔情形實多不同。變通之道因時而宜，重典之刑因地而用。近年廣東械鬬，聯村聚衆，殺害無辜，焚毁搶擄，抗官拒敵，傷及兵差，形同叛逆。罪坐所由主糾者似無寬貸之理。而爲從之犯，各項匪盗畢萃其中，專以幫鬬爲生，不過殺人漁利，並非本族、本村與彼造夙有不解之仇、切膚之患。槍礮轟擊之際，殺傷之多少，亦不能自爲限制，下手之輕重，更無從推究主名。揆其兇悍情形，實係真正土匪。配所逃回，必更報復滋害。然非當互鬬之時派兵圍捕，則真犯決不能拏獲，主謀亦無從追究。且使此鄉尋鬬殘害，彼鄉未經報復之時，若早發官兵，將肇衅之鄉認真圍捕，能將首禍幫兇勒交數名，立置重典，則彼鄉冤憤既平，自不致尋仇蔓禍，保全實多。伏查同治六年刑部奏定章程，天津鍋匪數十人以上，持械聚鬬，殺傷搶掠，就地正法，拒捕者格殺勿論等語。其所以特從重典者，原爲除暴方可安良。况以廣東鬬匪，數累千百，械必槍礮，較之天津鍋匪，僅聚數十，僅持刀械者，情節尤爲重大。相應詳請奏明，另立專條，從嚴辦理。寬免州縣處分，責令實禀實辦，以儆兇匪而遏亂萌等情前來。

臣等查粵省械鬬，實爲諸匪之藪，惡俗不革，内患堪虞，該司所陳，係屬實在情形。惟有據實瀝陳，仰懇聖明俯念廣東械鬬日多，情形兇悖，藪盜養匪實爲地方治亂所關，勅部特立專條，准將粵東械鬭匪犯，凡糾衆數十人以上，招雇匪徒，放火器殺傷人命，擄虐男婦，焚燒房屋，搶毀資財之案，其主謀者，斂錢糾鬭者，受雇持械幫鬭、審明素行不法、兇暴顯著者，無論殺傷幾命，是否係該匪所傷，均照土匪例，不分首從，一律就地正法。情節重者，酌加梟示。向來管事之該族首、族紳、祠長，於聚鬭之前數日不行出首，既鬭之後十日内不行交犯，即以主謀同論。至鬭鄉祠産，查係赴他鄉尋鬭及定地互鬭者，除酌留香火資三十畝外，盡數入官，以爲義倉、社學之用。雇覓無資，則亂源可止。其因强鄉生釁尋鬭，弱鄉集衆應敵，因而殺傷焚擄者，但科鬭罪，祠産免其入官。若此鄉雖經受害，不候官兵拏辦，自行糾匪前赴他村報復殘害者，不論致鬭先後，一律辦理。其未傷人、放火、擄生、劫財及人數較少者，暨他村尋鬭，僅在本鄉自衛拒鬭，致有殺傷，並無殘暴情形者，仍照舊例辦理。各屬再有鬭案，准其請兵圍捕，務將主謀糾斂及幫鬭真犯拏獲究辦，抗拒者立予格殺。并懇格外天恩將從前凡有鬭案處所之地方官，無論已報未報，概免其應得處分，俾免瞻顧。以後州縣遇有鬭案，據實禀報懲辦，免其議處。如再有諱匿粉飾，致主謀、鬭匪遠颺者，一鄉肇釁尋鬭，地方官不早請兵獲匪嚴辦，以致釀成互鬭巨禍者，均予從重參處。庶足以抑强安弱，漸變澆風。

旨：該部議奏。欽此。

勦捕洋匪摺光緒十一年十二月二十七日

竊查粵洋向來多盜，廉、瓊海面以九頭山爲巢穴，省城六門内外海面以香港、澳門爲逃藪。九頭山孤懸越境海中，巖谷荒邃，匪踪麕聚，伺便出劫。本年十月間，准督辦欽廉防務提督馮子材函咨，欽州近海之猫尾海、沙井、茅嶺各處，屢有匪徒駕艇行劫，擄人勒贖，且防城墟等村，竟有登岸搶掠，傷斃人命情事。查係結連九頭山盜匪，勢甚猖獗，疊經該處商民禀訴，請撥師船前往勦辦。又據署廉州府李璲、署龍門協副將梁正源禀，大略相同。當經派委陽江鎮總兵黄廷彪統帶兵輪四艘，馳往廉瓊洋面，會同高州瓊州兩鎮、龍門協副將、陸路防勇拖扒各船，併力勦辦，均聽馮子材調度。所需陸勇即由馮子材所部酌撥，附載各輪隨同攻勦，並囑馮子材就近雇募拖船，配給勇械，以爲輪船輔助。如匪蹤竄匿山島，即登岸搜勦，如逃至沿海村鎮，即會合陸勇防營兜拏。疊接馮子材等文電，已於洋面連遇匪船，勦擊數次，除殲斃溺斃外，擒獲多名解交地方官審辦。

至於港澳之藏垢納汙，習爲故事。近在省門，逃犯會匪，藉爲糾約栖息之所，劫盜於此窩贓，私梟於此屯鹽，連檣巨舸，泊於洋界，不能過問。其間夾帶私硝、私火藥，違禁濟匪，私土、私貨，闖越課釐，更爲餘事，任意出没，無所不有。巡船若少，則開礮拒敵，動輒損船傷兵。官輪本屬無多，水師習氣尤重，海面遼闊，此防彼竄，從前防務倥偬，未能騰出船力。九月間有匪黨僞稱客商，搭附英國貴翰商輪，行至澳門外萬山洋面，突起戕害船主一名，傷管輪等三人，飽掠而去。即另用小艇接運，遁至澳門，寄贓伏匿。經臣等訪聞，並據英領事照會請拏。現派廣西催餉委員、思恩府知府劉恩濬，廣東直隸州知州曾紀渠，副將黄金福，統帶輪拖各船，並配陸勇，統巡六門内外洋面，所有鹽務、釐局、海關輪拖各船，均聽調遣。以期通力合作，會合水師將弁，遇有海盜、鹽梟各匪，一律勦捕，截之華界洋面，待其駛來，即行攻擊。並預行知照香港、澳門洋官，遇有追捕竄至洋界，即行協緝交出，近日已拏獲數起解省。現在匪蹤仍未大戢，復經嚴飭各路設法合力勦捕，務期大創羣醜，殲擒渠魁，以靖海疆，而安商旅。

旨：覽奏已悉。即著督飭派出員弁實力勦捕，以靖洋面。仍由該督等隨時妥辦，約束水陸弁勇，毋任別滋事端。欽此。

分撥毛瑟槍摺 光緒十一年十二月二十七日

竊查去年臺圍緊急，越戰方殷，內地需械，急如星火，港滬售賣已罄，所存者類皆零星舊式之物。經臣之洞密電柏林，託李鳳苞設法覓購毛瑟槍二萬枝、子彈一千萬顆，包送到華，分撥各省應用，於九月二十六日電奏請敕李鴻章與李鳳苞定議。嗣准總理衙門電開，二十八日奉旨：精械急須多購，即著李鴻章、鄭藻如、蔡國楨定礮。李鳳苞業經交卸，著電許景澄定槍，先行籌款妥速辦理。等因。欽此。當即欽遵轉電分別辦理。

嗣經李鳳苞、許景澄先購到槍一萬一千枝、彈五百五十萬顆，併運費由户部墊付銀二十萬九千六百五十二兩四分七釐，奏明由受槍省分照數解還部庫。其餘九千枝，屢接許景澄函電，前經遵旨如數購定，不能退還，一併陸續運華。計續到九千枝、彈四百五十萬顆，並運費由粵墊付銀一十四萬六千五百七十三兩四錢八分三釐。另由香港運至省城黄埔，[運]費並息銀由粵墊付銀二千五百四十五兩七分四毫。總計槍二萬枝、彈一千萬顆，均已到粵。部、粵共墊付銀三十五萬八千七百七十兩六錢四毫。分計受槍一千枝、彈五十萬顆，應攤銀一萬七千九百三十八兩五錢三分。

查粵省及滇、桂各軍，已由臣等另行購備毛瑟等槍分別解濟，此項槍彈，本年春間經臣等派員運解楊岳斌行營一千枝、彈五十萬顆，劉銘傳行營一千枝、彈五十萬顆。又副將龔尚春援軍携帶槍五百枝、彈五十萬顆，已另由粵省付價。其二千枝應於粵省濟臺餉內扣回解部墊款銀三萬五千八百七十七兩六分。又撥張曜嵩武軍槍一千枝、彈五十萬顆，又解滬聽李鴻章分撥槍四千枝、彈二百萬顆。計五千枝，應由北洋解還部庫銀八萬九千六百九十二兩六錢五分。尚存槍一萬三千枝、彈六百五十萬顆，分撥未定，以致部、粵墊款至今尚虛懸無著。

竊謂中法接仗之初，以器械不精，難操勝算，迨關外各軍陸續皆得後膛新槍，遂能奮厲無前，大褫敵魄，可知中國無不可用之軍，而有必當講求之械。現在粵省歷經購備精械，已屬敷用，即直、東、兩江、閩浙籌辦洋防有年，想亦不虞缺乏。惟京畿各營正在講求訓練，東三省目前急宜經營，甘肅、新疆餘氛未定。此外如甘肅關外及河南、陝西、四川、湖南等省防軍，皆以距海遥遠，尚多沿用舊槍，後膛新械甚少。若每處勻受若干枝，籌價既不爲難，而利器足資要用。擬將此項槍彈撥解神機營三千枝，東三省三千枝，新疆軍營三千枝，陝西、四川、湖南各一千枝，每千枝配彈五十萬，應由户部核定價值，何處解粵，俾部庫及粵省得以收回墊付之款，似覺兩有裨益。部款關係緊要，固應迅速歸還，粵自辦防協鄰以來，羅掘已盡，此後善後籌邊各事宜及帶還洋款，無一不需鉅款，尤盼此項早日收還，俾得稍事補苴。據廣東善後、軍械等局司道詳請奏咨前來。臣等覆核無異，相應具奏請旨。如蒙俞允，其京營、東三省所需，臣等當即遣員解赴天津，由北洋大臣點收，分別轉解。其新疆、陝西、四川、湖南、河南所需，應由各該省派員赴粵領運，應解價款照案解還户部及粵省，以清懸欠。

旨：該衙門議奏。欽此。

陳明同時告病片 光緒十一年十二月二十七日

再，臣因病軀不支，於本月十八日專摺奏請恩准開缺回籍調理，計已上邀宸鑒。乃臣將奏稿咨行後，於二十六日夜始接撫臣倪文蔚函稱，已於初九日因舊病復發，疏請開缺。其時并未接准撫臣咨會，不勝爽然。查撫臣前以請假奏稿相示，詞意似欲引退，臣當即勸以休息旬日，即可復元，并告以臣自五月間病體已形委頓，秋間即擬乞罷，因粵省緊要爲難之事尚多，且有應行覆奏之件數起，俟諸事趕辦略清後，即當上陳。撫臣精力尚好，而臣病勢日深，萬難久任，若兩臣同時求退，似有未便，諄勸其萬勿引退，撫臣當已應允，不再續假。本月初一日假滿，即出城與臣會同閱操，連日屢經晤談，僚屬亦無人言及，是以臣疏即行拜發，初不意撫臣已先自入告也。

竊恐朝廷未悉其中情形，以督、撫同時乞病，事不多見，不敢不縷晰陳明。目前地方一切要政，仍與撫臣及司道等籌商妥辦，竭力整頓，不致上貽宸廑。伏祈聖鑒。

旨：留中。欽此。

張聯桂捐賑請旌獎片〔一〕 光緒十一年十二月 日

再，廣東本年五月間，西、北兩江潦水盛漲，廣肇各屬圍基田廬多被冲決淹浸。經臣等督飭司道籌撥銀兩，並倡率各官及諭飭愛育堂紳董廣爲捐助，以資賑卹。所有辦賑修基情形，疊經奏報。嗣欽奉頒發廣東賑款銀三萬兩，又經委員分投賑濟在案。茲據准調湖北荆宜施道、現任廣東惠潮嘉道張聯桂呈稱，該道已故親母二品命婦吴氏遺命，如遇水旱偏灾，即將所存釵釧首飾變資助賑。現值廣東籌賑需款，業將前項存件變賣湊足庫平洋銀一千兩，呈請兑收備賑。並據呈明不敢仰邀獎叙。臣等伏查士民人等捐助賑銀一千兩以上，例得請旨建坊，給予樂善好施字樣。從前廣東水灾曾有命婦伍俞氏捐助銀一千兩，經前督撫臣奏請建坊，奉旨允准。今該道張聯桂遵母遺訓，捐助賑銀一千兩，實屬好義急公，核與建坊之例相符。據善後總局司道詳請具奏前來。相應請旨將二品命婦張吴氏，准其建坊，給予樂善好施字樣，以示旌獎。臣等謹合詞附片具陳，伏乞聖鑒訓示。

旨：著照所請。禮部知道。欽此。

請調補知府摺 光緒十一年十二月 日

案於光緒十一年四月初十日准吏部咨開，欽奉上諭：廣東廣州府知府員缺緊要，着該督撫於通省知府内揀員調補。所遺員缺，着成治補授。欽此。查廣東廣州府爲省會首郡，管轄一十四縣，地方遼闊，政務殷繁，且時有緊要案件發交推鞫。非精明幹練熟悉情形之員不足以資治理。臣等與藩、臬兩司於通省現任知府内逐加遴選。查有雷州府知府孫楫，年五十六歲，山東濟甯直隸州

〔一〕以下二件録自《京報》第一九一四號。

人，由一品廕生奉旨内用員外郎，簽分工部。中式咸豐元年辛亥恩科順天舉人，二年壬子恩科進士，改翰林院庶吉士散館，以内閣中書用，歷升吏部主客司郎中，補福建道監察御史，轉掌陝西道監察御史，補授工科給事中，轉補兵科掌印給事中。同治元年丁憂，三年服闋，補授户科給事中，俸滿截取，奉旨記名以繁缺道員用。六年京察一等，奉旨記名以道府用，補授高廉道。八年丁生母憂，十年服闋，於甘肅捐輸案内賞戴花翎。十二月奉旨補授高廉道。光緒二年關隴肅清保獎籌解協餉各員案内，賞加鹽運使銜。六年四月奉旨開缺，送部引見。十月經吏部帶領引見。奉旨，以知府用。八年三月選授今職。於九年三月二十日到任。現署廣州府知府篆務。該員先後官粵十餘年，洞悉民情，周知利弊，才長識卓，有守有爲。以之調補廣州府知府，洵堪勝任，與例亦屬相符。據藩、臬兩司會詳請奏前來。合無仰懇天恩俯准以雷州府知府孫楫調補廣州府知府，實於省會要缺有裨。如蒙俞允，所遺雷州府知府員缺，遵旨即以成治補授。再，該員孫楫係現任知府揀調首府，銜缺相當，毋庸送部引見，亦毋庸核計衆罰。合併陳明。所有揀員調補首郡知府緣由，謹合詞恭摺具奏，伏乞皇太后、皇上聖鑒訓示。

旨：吏部議奏。欽此。

知縣飭赴本任片[一]　光緒十一年十二月　日

再，新選增城縣知縣楊士模，先經到省繳憑。因其時增城縣查辦積案正當吃緊，該員甫經到省，於地方情形尚未諳悉，經前督撫臣奏明，飭令楊士模留省差委學習在案。茲查該員自留省學習以來，於地方事宜漸能熟悉，應即飭令該員前赴增城縣知縣本任，以專責成。據廣東布政使沈鎔經具詳前來[二]。臣等覆查無異，除咨吏部外謹附片陳明，伏乞聖鑒。

旨：吏部知道。欽此。

覆查保甲完竣摺[三]　光緒十一年十二月　日

竊照州縣編查保甲，向於秋收後責成該管道府州親往認真抽查，督、撫於歲底彙奏一次，歷經遵照辦理。道光三十年三月初三日奉上諭：保甲爲弭盜要務，無如積久生玩，有司視爲具文，大吏置之不問，鄉保甲長既不得其人，盤查守禦諸法廢弛，甚至窩藏匪類，勾引奸宄，是安民反以害民，不可不急思整頓。著直省各督撫嚴飭各州縣，力復舊章，實心辦理。並飭該管各官，隨時巡查，毋稍疏懈。欽此。

又，於是年十一月二十六日奉上諭：近來各省盜賊搶劫之案纍纍，甚至湖南會匪滋擾，兩粤賊勢蔓延，推原其故，皆由保甲之法不行，以致莠民無所忌憚。本年春間曾經降旨，通諭各直省督、撫，嚴飭該管州縣力復舊章，實心辦理。迄今已逾半年，各省大吏並未將現辦情形據實覆奏，是直以通諭爲虛文，視保甲爲故事，無怪各省搶劫之案層見迭出，毫無儆畏也。盜匪一日不除，閭閻一日不靖，安良除暴時廑朕懷，各督、撫、府尹身任疆圻，宜如何勤思綏緝，著即遵照前奉諭旨，各將地方現辦章程據實具

[一] 録自《京報》第一九一八號。
[二] 沈鎔經已於十月十九日病故。此處疑誤，或係沈生前具稟。
[三] 録自《京報》第一九二一號。

奏。州縣中認真奉行著有成效衆所共知者，即應加以鼓勵。其奉行不力或虚詞欺飾及藉端擾累者，亦即指名嚴參懲辦，以肅吏治而清盜源。毋得以空言覆奏，至良法美意徒成具文。將此通諭知之。欽此。經通飭各屬欽遵查照。茲届光緒十一年分秋收查辦之期，據各廳州縣將地方户口，查照省城辦法，逐細編查保甲完竣。經該管道府州親往抽查造具册結，由藩司核明會詳請奏前來。

臣等伏查編查保甲，仿自周官，於詰奸禁暴之中寓保善安良之意，誠能貫以實心，行以實力，洵屬弭盜良規。粤省保甲事宜，向選幹練委員分段經理。省外各屬一體照辦，尚無虚飾擾累情弊。近因各路防營凱撤，游勇繁多，深虞勾串土匪潛行滋事。已隨時嚴飭地方官，督率紳耆，認真辦理，慎密巡防。並勸諭紳民講求團練，與保甲相輔而行。據地方文武及各路緝捕員弁陸續拿獲要犯，均經隨時照例懲辦在案。現值抽查事竣，臣等仍當飭屬嚴密查察，不許日久生懈，有名無實，以仰副聖主綏靖海疆之至意。所有光緒十一年分覆查保甲完竣緣由，臣等謹合詞恭摺具奏，伏乞皇太后、皇上聖鑒。

旨：知道了。欽此。

暫緩同知赴部片[一] 光緒十一年十二月　日

再，廣州府海防同知陳坤，老成明練，勤於吏治。委辦一切事務，咸能盡心核辦，悉臻妥善。經前督撫臣於光緒九年大計保荐卓異，先後准部咨行飭令請咨赴部引見，均經轉行遵照有案。茲查該員陳坤，先經派委總辦清查藩庫，各款年深數鉅，款目糾紛，該員逐細勾稽，深爲得力。現甫辦有端緒，未便遽易生手，致稽時日。合無籲懇天恩俯准該員陳坤，暫緩赴部引見。俟清查事竣，再行飭令領咨北上。據藩司沈鎔經具詳請奏前來[二]，除咨明吏部外，臣等謹附片具陳，伏乞聖鑒訓示，勅部知照。

旨：著照所請。吏部知道。欽此。

奏參承審知府片[三] 光緒十一年十二月　日

再，廣東試用知府金桂馨，委充省城讞局總辦，承審洋盜重案。真則應誅，冤則應釋，乃累月之久，並無一字稟覆，實屬任意延宕。又於已革歸善縣知縣通判王序賢門丁詐贓之案，門丁並不到案，而被詐之監生林超然等提省待質，拖累公所年餘不結不釋，經臣三次嚴批、五次面告，廣州府轉飭將原告保釋，置若罔聞。似此玩延拖累，即予嚴參褫革亦不爲過。惟念粤省吏治，積年異常疲玩，不止該員一人，亦不止讞局一處。先予薄懲以觀後效。相應請旨將廣東試用知府金桂馨，暫行革職，責令迅速清厘各案。如三個月之内，再無振作實效，即當續行參處，以爲泄沓者戒。如知愧奮，再行奏請開復。讞局爲廣州府專責，知府孫楫督催不力，應即由臣飭司記過。如該局仍前疲玩，即將該府一併參處。臣爲緝盜清訟起見，謹附片奏陳，伏乞聖鑒。

旨：著照所請。該部知道。欽此。

[一] 録自《京報》第一九二三號。
[二] 沈鎔經已於十月十九日病故。此處疑誤，或係沈生前具稟。
[三] 以下三件録自《京報》第一九三四號。

調署總兵片 光緒十一年十二月　日

再，瓊州所屬儋州、臨高、澄邁等處，現有黎、客各匪滋事。署瓊州鎮總兵記名提督劉成元僅能循分供職，未見大有振作，應即調省。所遺瓊州鎮總兵篆務，查有前經調省會辦營務處之高廳鎮總兵張得禄，久歷戎行，志氣頗壯，近來辦事益加奮勉，堪以署理。並飭令會商雷瓊道，將海防善後事宜及現在滋事之黎、客各匪，分別妥籌辦理。除檄飭遵照外，理合附陳，伏乞聖鑒。

旨：兵部知道。欽此。

委員暫署運司片 光緒十一年十二月　日

再，兩廣鹽運司篆務，前因鹽運使瑞璋署理臬司，經臣等奏委廣西候補道蔣澤春代理。現在新任廣東臬司于蔭霖，業已到任。署臬司、鹽運使瑞璋奉旨補授江西按察使，自應交卸起程。新任運司王毓藻到任尚需時日，惟代理人員例不接收交代。查蔣澤春自代理數月以來，守潔才優，整飭鹺政，應即委令署理，以便接收交代。除檄飭遵照外，謹附片陳明，伏乞聖鑒。

旨：吏部知道。欽此。

粤海關籌解第四批京餉銀兩摺（一） 光緒十一年十二月　日

竊照光緒十一年分京餉，户部奏撥粤海關税銀二十萬兩，新增盈餘銀六萬兩，限五月以前解到一半，十二月初間全數解清。又光緒元年間准户部咨，各關應還閩省借款，自光緒二年正月起在四成洋税項下，每結提銀六千兩解部，以抵閩省應解京餉。又光緒十年十二月間，接准部咨，清單内開奏撥近畿防餉案内，議將粤海關四成洋税項下，每年應解陝西軍餉銀十二萬兩，自光緒十年閏五月起改解部庫，應令解至十二月止。光緒十一年仍令全數解部，作爲近畿防餉之用。又奏准擬加京官津貼案内，粤海關應籌銀四萬兩，自光緒九年爲始，按年額解。又造辦處米艇每年應解銀三萬兩。内務府廣儲司公用，每年額撥銀三十萬兩，例分四季起解。以上各款銀兩，均應赶解，以濟要需。查粤海關節次起解部庫各款銀兩，向由西商先行借墊，勢難起解現銀。光緒十年四月間奏准，仍交商匯兑在案。兹光緒十一年分第四批京餉等款銀兩，經向西商志成信銀號借銀二十四萬四千三百二十兩先行墊解，隨後由税收歸還，以資周轉。據署廣東布政使蕭韶，遴委候補同知祁兆熙、試用縣丞慶濬、候補鹽大使張晋、善寶，領解光緒十一年分第四批京餉關税銀五萬兩，另加平銀七百五十兩，飯銀一千四百五十兩，新增盈餘銀三萬兩，另加平銀四百五十兩，飯銀八百七十兩，又抵還閩省京餉銀六千兩，又部庫提還協陝月餉銀一萬兩，又協陝月餉改撥近畿防餉銀三萬兩，京官津貼銀五千兩，光緒十一年分造辦處米艇銀三萬兩，另加平銀四百五十兩，新增歸公加平銀七百五十兩，又光緒十一年冬季分廣儲司公用銀七萬五千兩，另加平銀一千一百二十五兩，新增歸公加平銀一千八百七十五兩，抬費用項銀六百兩，統共銀一十四萬四千三百二十兩，飭令該委員等領賫匯單文批，於光緒十一年十一月二十日起程，附搭輪船，由海道進京，前赴户部、内務府，分別報到，

（一）録自《京報》第一九三六號。

聽候飭傳交納，以期妥速。所有奉撥光緒十一年分京餉並例解公用各銀兩，均已依限解清。其餘各項未解銀兩，容再赶緊籌畫批解，以應要需。除分咨查照兑收外，臣等謹合詞恭摺具陳，伏乞

皇太后、皇上聖鑒。

旨：該衙門知道。欽此。

籌解第四批鹽課京餉等款銀兩摺〔一〕光緒十一年十二月　日

竊照承准軍機大臣字寄，光緒十年十一月十五日奉上諭：户部奏豫撥來年京餉。等因。欽此。並清單一紙，内開擬撥光緒十一年分京餉廣東鹽課銀二十萬兩，帑息銀五萬兩，當經恭録轉行欽遵籌解。又光緒十年分鹽課應解京餉，前經臣等奏請截留銀四萬兩作爲代滇購買軍火之用。旋准户部咨，截留各項京餉一節，斷難照准，應赶緊照數解部。又准户部咨，内務府奏廣東截留光緒十年分鹽課銀一萬兩，請由户部轉行迅速補解。奉旨：依議。欽此。咨行到粤。至廣東運庫應解京餉，難解現銀，仍交商匯兑。又粤商承領帑本息銀全完無欠，懇予停撥。並奉撥本年京餉帑息項下銀數不敷，擬在鹽課項下湊解足數，均經奏奉諭旨，轉行欽遵各在案。茲據代理兩廣鹽運使蔣澤春詳稱，光緒十一年分，奉撥京餉，廣東鹽課銀二十萬兩，帑息銀五萬兩，内務府經費鹽課銀五萬兩，又奉行補解光緒十年分京餉鹽課銀四萬兩，補解光緒十年分内務府經費鹽課銀一萬兩，共銀三十五萬兩，經前司及該代理司於光緒十年、十一年分省河鹽課及帑息項内籌解。本年京餉及補解光緒十年分京餉，並内務府經費共銀二十六萬兩，分作本年第一、二、三批京餉及内務府經費，先後匯委解京，詳經奏在案。茲由司於徵收光緒十一年分省河鹽課項内籌解光緒十一年分京餉鹽課銀四萬兩，又籌解帑息本款尾銀三千三百九十三兩一錢六釐，並在鹽課項内湊足奉籌帑息銀三萬六千六百六兩八錢九分四釐。隨解一五加平飯食銀二千二百九十八兩二錢六釐八毫二絲，作爲本年第四批京餉。又在光緒十一年分省河鹽課項内籌解光緒十一年分内務府經費銀一萬兩，隨解平餘抬費等銀三百三十兩，作爲本年第四批内務府經費。所有本年籌解第四批京餉鹽課帑息共銀八萬兩，一五加平飯食銀二千二百九十八兩零，内務府經費鹽課銀一萬兩，平餘抬費等銀三百三十兩，共銀九萬二千六百二十八兩零，飭令殷實銀號百川通、新泰厚、日昇昌、蔚長厚，承領匯兑。遴委候補通判李鳳山、候補鹽知事王寶元，領賫匯單文批，於本年十一月二十六日起程進京，照章支出足色紋銀，分赴户部、内務府交納。今將籌解光緒十一年分第四批京餉及内務府經費銀數暨匯兑商名、委員職名、起程日期，詳請奏等由前來。臣等覆核無異，除給批匯解並分咨户部、内務府兑收外，謹合詞恭摺具陳。再，本年運庫奉撥京餉、内務府經費，並奉行補解光緒十年京餉、内務府經費共銀三十五萬兩，均已照數解清，合併陳明，伏乞皇太后、皇上聖鑒。

旨：該衙門知道。欽此。

〔一〕録自《京報》第一九三八號。

光緒十一年廣東省司道府各員考語單〔一〕

光緒十一年十二月　日

謹將光緒十一年廣東省現任司道府各員出具切實考語，密繕清單，恭呈御覽。

署廣東布政使惠潮嘉道蕭韶　才練思深，處事謹慎，熟習地方情形，遇事務臻周密。

廣東按察使于蔭霖　廉直持正，不徇情面，不染習氣。於察吏、懲貪、禁盜、戢匪諸事，極力整頓，尤得今日治粵要領。

廣東南韶連道華祝三　老成穩練，端謹詳明。

廣東肇陽羅道潘駿猷　識通心細，現在督修所屬高要等縣圍工，殫心勤職。

署廣東惠潮嘉道高廉道益齡　修飭自愛，明晰安詳。

署廣東高廉道雷瓊道崇絢　循分盡職，周妥無誤。

卸署廣東雷瓊道督糧道王之春　才具優長，志力敏鋭。現奉派出差廣西，備嘗勞苦。冬間瓊州剿辦客黎各匪，仍係該道兼顧，隨時電飭所部各營趕辦，得以妥速蕆事。

署廣東廣州府知府雷州府知府孫楫　器局端重，明達有體。

調補廣東高州府知府惠州府知府楊霽　守優才裕，吏治究心。

廣東潮州府知府朱丙壽　辦事勤慎，吏民相安。

廣東肇慶府知府紹棨　心地坦實，地方盡心。

署廣東廉州府知府調補惠州府知府李璲　廉能有識，政事修明。

兼護廣東雷瓊道瓊州府知府謙貴　端謹不浮，公事明練。

光緒十一年廣西省司道府各員考語單

光緒十一年十二月　日

謹將光緒十一年分廣西省現任司道府各官出具切實考語，密繕清單，恭呈御覽。

署廣西布政使按察使慶愛　和平諳練，治事勤明，慎於綜覈，情形熟悉。

廣西左江道彭世昌　端謹切實，堪資表率，地方要務力求整飭。

兼護廣西鹽法道桂林府知府秦煥　愛民勤事，有守有爲。

廣西平樂府知府錫晋　小心練習，尚無貽誤。

廣西潯州府知府延昌　恪謹盡職，表率攸資。

廣西南甯府知府何昭然　守潔才長，辦事認真。

廣西柳州府知府熊壽山　勤幹有爲，不涉懈弛。

廣西慶遠府知府戴霖祥　愿樸自持，謹守規矩。

廣西鎮安府知府潘宗壽　恂謹寬舒，尚不浮華。

光緒十一年廣東省提督總兵考語單〔二〕

光緒十一年十二月　日

謹將光緒十一年廣東省現任提督、總兵各員出具切實考語，密繕清單，恭呈御覽。

廣東水師提督方耀　才智恢闊，奮發有爲，情形最熟，聲望

〔一〕以下二件録自中國第一歷史檔案館編《光緒朝硃批奏摺》第四輯，第五八三至五八六頁，中華書局一九九五年版。

〔二〕以下二件録自中國第一歷史檔案館編《光緒朝硃批奏摺》第三九輯，第一八八至一八九頁，中華書局一九九五年版。

素著。

署廣東陸路提督潮州鎮陸路總兵鄭紹忠　廉潔樸誠，紀律、膽勇均爲近十年以來粤將之冠，輿論最爲推服，緩急最爲可恃。

廣東陽江鎮水師總兵黄廷彪　熟習海道，曉暢戎行，治軍謹飭，遇事奮往。

廣東碣石鎮水師總兵鄧萬林　明晰安詳，營政無誤。

閩粤南澳鎮水師總兵李揚陞　前在軍營並任實缺多年，尚稱老練。惟年力就衰，稽察難周，營務未能整頓。

署廣東瓊州鎮高州鎮陸路總兵張得禄　才明力健，深知奮勉。

署廣東高州鎮廣西右江鎮總兵王孝祺　樸實果毅，戰略優嫻，艱苦不辭，能知大體。

光緒十一年廣西省提督總兵考語單 光緒十一年十二月　日

謹將光緒十一年分廣西省現任提督、總兵各官出具切實考語，密繕清單，恭呈御覽。

廣西提督蘇元春　才略優長，熟習邊務，治軍持重，慮事精詳，能得軍心，久膺簡寄。

廣西左江鎮總兵劉光裕　明穩老練，營伍整肅。

粤桂學政甫經到任尚未開考片[一] 光緒十一年十二月　日

再，各省學政，每届年底，應由督撫將考試情形密行陳奏。查廣東學臣胡瑞瀾、廣西學臣李殿林，均係於十二月甫經到任，年内尚未開考。合併聲明，伏祈聖鑒。

光緒十二年

劉永福到粤摺 光緒十二年正月十九日

竊臣於上年七月二十六日接總署來電，本日奉旨：張之洞奏安置劉永福事宜一摺，覽奏均悉。瓊州孤懸海外，選將駐兵，諸宜審慎。劉永福到粤後，著張之洞傳見，詳加察看。將其性情才略究竟何如，所部勇丁是否安静守法，據實電奏，候旨定奪。欽此。

伏查劉永福於上年三月以後，經臣委員前赴越南館司關傳旨罷兵。五月間由保勝移至滇境文山縣之南溪，八月初由滇啓行入桂，九月間由百色行抵南甯，十二月間由南甯率部赴廣，並思、欽不便屯紮各節，疊經臣隨時驛奏電奏在案。查南溪距保勝數十里，僅隔衣帶一水，經雲貴督臣岑毓英多次飭催，該提督請發欠餉，請帶多軍，請代運送礮械，請遷移家口之費，請安置越衆之資，久未就緒。揆其大意，一則以經營多年，棄之可惜，一則以舉部來歸，意存畏疑，一則以内徙處所，滇便粤難，是以河上徘徊，仍復觀望，不免專待粤省委員到後，面叩情形，始定東來之計。直至七月底委員孫鴻勳先後到彼宣述聖恩，指陳利害，示以臣批檄手書各條，保以來必無患，許以奏奬該軍，並賚給賞犒服

[一] 録自中國第一歷史檔案館編《光緒朝硃批奏摺》第四輯，第五八二頁，中華書局一九九五年版。

飾各物，所部皆喜，乃始慨然就道。

其時從赴南甯者部衆，强弱共三千餘人。臣豫飭左江鎮劉光裕、左江道彭世昌暨委員等照料彈壓，並奏派主事唐景崧前往諭導一切，隨經該提督分別妥爲資遣，將其家屬並部下眷口送至賓州安置。當初調入關之始，不能不許其率衆自隨，檄令准帶五營，豫爲刊發福軍統領並五營營官關防，以安其心，嗣亦奉准帶二千人之旨。及到南甯後，電飭該提督推誠開諭，謂人多適足爲累，令減爲五底營，每營二百人，外親兵一百人，差委將弁十員。營制餉數略照楚軍章程，統領公費，視常格稍優。大抵存五營之名，以隆體貌。減人數之實，以省煩擾。省月餉、加公費，以圖持久。並諭以如有征戰，再准將五營募足，手定該軍營制規條一紙發往，該提督奉令維謹。其時新約已行，桂商已通，甌脱之議，尚未可必，該軍將士之意，遂欲留止南甯。屢接護廣西撫臣來電，力言西省邊腹皆不宜處。臣前雖有請處瓊州之議，但既奉旨察看，未便遽行擬議。然不指定屯紮處所，則軍無定向，彼既不免顧慮，臣亦無從安排。熟察情形，暫時惟有徑處之廣東省城爲宜。一取其在臣左右，得所依倚，其心自安，臣亦可就近察其軍律才具。一取其近隸臣標，鈐轄易施，且省門軍容尚盛，不致或萌驕滿。一取其與粵省文武各官相習日久浹洽，諸事易商。一取其地當省會，衆人屬目，不致譌言附會，別生枝節。嗣於十二月二十二日率部抵省，即令該軍屯紮東門外十五里之龍泉岡，豫爲築壘以待。綜計行經兩粵境内水陸數千里，以至登岸歸營，不擾釐税，不圂街市，出之邊外新附之勁軍，尤爲難得。臣接見該提督，感激涕零，自稱蒙聖朝高厚之恩，誓當盡力報效，捍禦邊陲。臣慰以盡釋疑慮，戒以奉法束下，勉以異日勛名，仍派赴越諭調之委員州判孫鴻勳、通判陳文埒經理該軍營務，爲之講論書史，隨時規勸，指示禮數，通其隱情。旬月以來，肅然安静。

伏思該提督雄長越地，根蒂已深，據保勝以爲奥區，連三猛十州以爲後路，法人屢經遣使納賂連和，令其假道罷兵，決意不允。自斬法國大將李（咸）〔威〕利以後，大振華風，連摧凶燄，事刊西報，名播諸洋，最爲法人所忌。永福一日不去，則法人一日不安。故澎湖之退否，專視保勝爲遲速，無理要挾，上勞宵旰。臣仰遵詔旨，深維大局，始則議調，繼則頻催，而事多葛藤，又費駕馭。岑毓英不欲處之於滇，李秉衡亦不欲處之於桂，於是廣東不得不獨任其難。檄諭函電數十次，委員航海赴越，深入法營，由河内至館司傳旨者一次，由河内再上至興化被土寇擊回者一次，由龍州取道越邊，行荒險無人之地，出開化抵南溪者一次，由南甯、百色亦出開化、南溪者一次，由粵送餉赴百色、相待伴送同來者一次。崎嶇瘴毒，礮火艱危，由越往者從人被害，由桂往者士馬多亡，人人皆病，僅乃得達。至於繁費無算，更不足言。幸該提督不違朝命，黽勉東來，燔其積聚，棄其軍資，携其老弱，盡棄故土，來效馳驅。一路約束，秋毫無擾。遵遣遵裁，悉依條教。此皆兩省官民所共見共聞者也。

臣察其爲人，沈静驍鷙，知恩畏法，勇而有謀，深明洋戰窾要。又肯講求後門槍礮，是其所長。特生長邊鄙，質地甚樸，聽言易受人欺。吝惜財物，不忘人過，是其所短。至於不識文字，性情間有暴急之處，乃武將常情，無足爲異。其治軍紀律，在越則甚疏，入關則甚整，是本有治衆之才，但視其加意與否。若用之兩粵海防，宿望所資，最易見效。其於他省，是否能爲遷地之良，則尚未可知。惟該提督久擁羣部，號令北圻，越地大小各官，無不承風聽命，一旦内附，情勢迥殊。然於臣極爲恭謹，與各官相接，亦皆謙和如禮，且安家賓州，將爲求田問舍之計，是其輸誠報效，心跡顯然。溯查上年岑毓英電奏，曾有請授永福海疆一鎮之請。故臣前作函電招之，有云中華一鎮，遠勝南越三宣，不過藉此閫職之榮，堅其内附之念。今既遵旨到粤，合無仰懇天恩可否授以兩粤總兵一缺。并請明諭，仍令統帶本部，駐紮省城原防，訓練部勇，聽候調遣，如此則可勿庸前赴本任，數年後體察情形，再爲奏明辦理。該提督益當感奮心安，而亦不致以文法未嫻，致干吏議。似於激勸保全之道，均屬相宜。其部下員弁，前已奉旨准由臣保奬，另摺奏陳。

竊惟朝廷之待該提督，前後恩施賞賚，優渥非常。而該提督先則苦戰捍邊，屢破强敵，今則毁室歸朝，恪遵法度，亦尚能不負國家。臣之所以處永福者，大抵嚴馭以法，而寬給以資，令其常親端人，代爲檢束部將。惟在以後，疆臣推誠相待，善爲拊循。勿以節餉爲詞而遽罷其兵，勿以部衆細事而苛繩不已。庶幾平日無嫌，緩急有用。則所以厲海内忠臣猛士之氣，即所以絶敵國妄生窺測之心，於海防大勢不無裨益。

旨：劉永福已簡放南澳鎮總兵，仍著統帶本部駐劄原防，訓練部勇，暫緩赴任。欽此。

特參各員革職嚴追摺〔一〕 光緒十二年正月　日

竊照粤東省光緒八年以前各屬未結交代，業於光緒十年六月内結報清楚。其九年以後交代，亦經照例責成本管道府州就近督算，依限結報。嗣查有前署陽江縣已故同知阿克丹布等，徵存銀米延未完解，業經奏參革職勒追在案。兹查有病故知州譚鼎勳，前署從化縣任内欠解正雜款銀一千五百餘兩、米七十餘石。又病故知縣張惇銘，前署高要縣任内，欠解正雜款銀六千餘兩、米一千四百餘石。又病故知縣周震泰，前署德慶州任内，欠解正雜款銀六千餘兩、米三百五十餘石。又病故知縣徐漢章，前署樂會縣任内，欠解正雜款銀一千二百兩零。又病故知縣何兆渭，前署文昌縣任内，欠解正雜款各價共銀八百餘兩。又病故知縣邱蔭梅，前署始興縣任内，欠解正雜款銀一萬一千八百餘兩。又病故知縣阮賡唐，前署博羅縣任内，欠解正雜款銀四千餘兩、米三百餘石。又病故知縣周家瑜，前署吴川縣任内，欠解正雜款銀一千二百餘兩、米八百五十餘石。又病故知縣莫汝霖，前署平遠縣任内，欠解正雜款銀一千二百兩零、米七十餘石。又病故准補按經歷喻蕃昌，前署陽江縣任内，欠解款銀三百餘兩、米一百石零。又丁憂知縣謝維邪，前在開建縣任内，欠解正雜款銀一千九百餘兩、米九十餘石。又參革知縣嵩壽，前在徐聞縣任内，欠解正雜款銀一千六百餘兩。又參革試用通判陸寶書，前署定安縣任内，欠解正雜款銀二千五百餘兩、米二百四十餘石。以上一十三員徵存正雜各款銀米，節經勒限嚴催，延不完解，實屬任意玩延。現當整頓交代之際，未便稍事姑容。據藩司、糧道會同交代總局詳請揭參前來。除嵩壽、陸寶書二員已另案參革應俟查明是侵是挪再行專摺嚴參外，相應請旨將已故前署從化縣補用知州譚鼎勳、已故前署高要縣知縣張惇銘、已故前署德慶州試用知縣周震泰、已故前

〔一〕録自《京報》第一九四七號。

樂會縣知縣徐漢章、[已故前署]文昌縣知縣何兆渭、已故前署始興縣知縣邱蔭梅、已故前任博羅縣知縣阮賡唐、已故前署吴川縣知縣周家瑜、已故前署平遠縣知縣莫汝霖、已故前署陽江縣丞准補按經歷喻蕃昌、丁憂前任開建縣知縣謝維邦一十一員，一併革職，與叅革知縣嵩壽、陸寶書二員，勒限三個月内嚴催各本員暨故員家屬，務將欠解交代各款銀米照數完解清楚，倘逾限不完，此外如查有交代未清之員，即當立予叅處照例嚴懲，以爲玩視交代庫款者戒。所有列叅欠解交代銀米各員緣由，臣等謹合詞恭摺具奏，伏乞皇太后、皇上聖鑒訓示。

旨：譚鼎勳等均着即行革職，與嵩壽等一併勒限分別嚴追各該員及各該故員家屬將欠解銀米照數完解。倘逾限不解，即着嚴參查抄監追。餘依議。該部知道。欽此。

請准建坊片[一] 光緒十二年正月 日

再，光緒四年二月間欽奉上諭，給事中崔穆之奏，各省倉穀請飭整頓一摺。等因。欽此。當經前督撫臣轉飭欽遵辦理去後。茲據署廣東布政使蕭韶詳稱，據署興甯縣知縣王鴻治申詳，該縣向無義倉。現經倡捐廉銀，督同紳士陳偉謀等設法勸辦，總共捐得洋銀七千二百八十八兩七錢一分，建造倉厫十一間，採買穀四千七十六石，分儲各厫。業經親詣勘明，所建倉厫均係工堅料實，所儲穀石亦皆乾潔，飭令該紳等妥議經管章程，以垂久遠。查該紳陳偉謀，係知府銜江西補用同知，遵其故父二品封職陳清翰遺命，倡捐銀一千兩。又福建試用同知彭廷樞捐銀一千五十兩，理合造具事實，册結倉圖，詳請具奏前來。臣等伏查士民人等助賑荒歉捐銀一千兩以上者，例得請旨建坊，給予樂善好施字樣。今該紳陳偉謀遵父遺命，捐助義倉銀一千兩，又彭廷樞捐銀一千五十兩，洵屬好義可風，核與旌奬之例相符。除將捐數不及千兩及在事出力各官紳由臣等分別奬勵外，相應請旨將已故二品封職陳清翰，准其建坊，給予樂善好施字樣。福建試用同知彭廷樞，交部議叙，以昭激勸。除倉圖册結送部查核外，臣等謹合詞附片具陳，伏乞聖鑒訓示。

旨：著照所請。禮部知道。欽此。

特參各廳州縣擇尤懲限通緝摺[二] 光緒十二年正月 日

竊查粵東盜風恣肆，經臣等於奏請將水陸盜匪先行就地正法摺内詳細瀝陳在案。溯查自光緒元年以後，此十年中每年各屬具報刦盜内有六年皆二百數十起，有四年皆三百餘起。其未呈未報者尚復不少。自光緒十一年春夏以來，臣等迭經嚴檄飭辦，刊發告示，申明部章前以海防緊急，地方官或有未能兼顧之處，至六月中旬，防務解嚴，復經臣等三令五申督飭水陸各營會同各州縣，專力捕務，分別懲勸。雖據陸續獲解新舊各案匪盜多名，訊明情節重大者，照章先行正法，而各屬刦案仍復未見止息。甚至省城内外，並有匪徒肆搶。該地方州縣責有專司，若不擇尤示懲，設法通緝，深恐亂萌將滋。當經督同臬司于蔭霖查核光緒十一年將

[一] 録自《京報》第一九四九號。
[二] 録自《京報》第一九五一號。

正月起至十二月止，除洋盜拿獲正法三起不計外，計報有劫案者五十一州縣共劫案三百四十九起。內有劫殺拒捕重情者四十五起，已被獲正法者八起，破獲二三犯未審辦者五十八起。除一縣五案以下者不計外，南海七十五起，以船户周帶渡船劫殺二命，事主蔡謙和、又梁雨亭各家拒傷二人，三案爲重。三水縣三十五起，以事主霍瓊書家劫殺一命，梁洪基家劫殺一命，鄧庭珍家劫殺一命，張晋祥家拒傷一人，四案爲重。順德縣三十一起，以事主羅垣又陳錡華家劫殺各一命二案爲重。番禺縣二十九起，以事主鄭朗帶家被劫多贓，黄祖義家劫殺一命兩案爲重。花縣一十七起，以事主徐阿義家劫殺一命，又末阿四家劫殺一命傷一人二案爲重。四會縣十一起，以事主韓廣虞家劫殺二命，韓梁氏家拒傷二人二案爲重。東莞縣十一起，以船户英明劫殺一命，事主梁阿閏家劫殺一命二案爲重。新會縣十起，以事主馮灌昌、船户李傑渡船各劫殺一命二案爲重。增城縣九起，以事主黄廣閏家劫殺一命傷二人，又杜德馨家劫殺一命傷二人二案爲重。高要縣九起，以事主黎祝年家内拒傷二人一案爲重。曲江縣九起，以官姓木排劫殺一命、傷一人，事主黄仁富家拒傷二人二案爲重。高明縣七起，以惠和店拒傷二人一案爲重。東安縣七起，以林卓臣油船劫殺三命、傷五人一案爲重。鶴山縣六起，以李鏗龍店劫殺一命一案爲重。翁源縣六起，以吕有昌家拒傷二人一案爲重。佛岡廳六起，以黄金濟家及李永恩店各拒傷一人二案爲重。新甯縣六起，以朱榮昌家劫殺一命、傷三人，又李聖富家拒傷一人二案爲重。開平縣六起，以伍超明店劫殺二命一案爲重。以上失事各處劫案既已迭出，又復動有殺傷，實屬漫無法紀。查廣東歷年於盜案僅止循例題參，從無專摺奏參，以致疲惰罔應。惟案數過多，若必責其刻期將本案首夥全獲，勢有難辦。法即虚懸，惟有酌擬變通整頓之法，綜核一縣幾案，合爲考成，不分何縣何案，互有訪詳，較有實濟。兹擬將五起以上，照例題參疏防。六起以上，除照例分限開參外，先將該管文武特參示儆，總核通緝，以冀力挽頹風。據該臬司開單具詳前來。除武職由臣之洞另摺奏參外，相應請旨將署南海縣知縣張琮、署順德縣知縣鄭焱、署番禺縣知縣裘伯玉、花縣知縣饒繼惠、四會縣知縣史光溥、東（苑）〔莞〕縣知縣王煦、署新會縣知縣岑傳霖、署增城縣知縣陳紹棠、曲江縣知縣魯宗頤、署高明縣知縣劉駁聲、東安縣知縣陳自新、署鶴山縣知縣席寶書、翁源縣知縣史賓臣、佛岡同知岳齡、署新甯縣知縣沈春輝、署開平縣知縣莫東奎等十六員，一併摘去頂戴。三水縣知縣方維幹，因有諱飾情事，另片奏參。前署高要縣知縣丁墉，業經另案奏參降補應免置議。一面勒限會同營汛上緊緝拿，内有已經調任交卸者，責成新任之員接緝，並令卸任之員一體選派丁壯，懸賞購綫，協同訪拿。六起至十五起，自此次奏參之日爲始，限兩個月破案過半。十六起至三十起，限三個月破案過半。三十一起以上，限四個月破案過半。較之疏防初參例限，實已展竟數月。如能依限緝獲，不分畛域破獲他縣盜犯者，兩案准抵一案。或拿獲著名有案巨匪者，亦准抵算。其一縣十六起以上，如能多獲本境著名盜首者，一案准抵兩案。均准合計功過。據實聲明詳請分別奏請開復。如緝獲真盜甚多、訊明懲辦遠逾章程定數之外者，仍酌量奏請奬勵。倘限滿無獲，或獲不及數，分別本任、接任，續行撤參。似此早予奏參，嚴立限期，寬定獲犯名數，並准其協緝互抵酌予奬勵，則通力合作，見盜即緝，匪徒自無所容。所有特參盜多且重，未經獲犯各廳州縣，擇尤示懲，勒限通緝緣由，謹合詞奏陳伏乞皇太后、皇上聖鑒。

奏參武職員弁分别示懲摺〔一〕光緒十二年正月　日

竊查廣東盜風日熾。所有盜多獲少地方各廳、州、縣職名，業經臣會同撫臣奏參在案。查盜賊緝捕，文武並重。粤省盜悍且多，僅恃州縣捕役，勢難有濟。各營汛員弁當無軍務之時，捕盜是其專責。上年六月中旬以前，防務倥偬，或亦有未能兼顧之處。乃解嚴以後，盜案仍復繁多，事先既不嚴防，事後又不速獲，厥咎較州縣爲重。惟千把職分卑微，必須兼責本轄都守備實力查催，自應一併嚴參勒緝。據臬司各營查開呈報前來，相應請旨將武職兼轄盜案三十起僅獲一起之署順德協右營都司鄧鎮邦，盜案五十九起僅獲六起之署廣州協右營守備李祥二員，均從重暫行革職，仍留本任勒緝。其次盜案較多之廣州協右營守備白玉、署三水營守備蔡珠、增城營右營守備莫勝章、署增城營右營守備李繁盛、新會左營守備但承恩、署四會營守備楊金甲等六員，一併摘去頂戴。專汛盜案較多之李村汛署廣州協左營把總梁國材、西關汛署廣州協左營把總梁鎮鏗、隆慶汛廣州協左營把總馮錦華、三漕汛順德協左營把總李鈺光、四會縣城守把總陳兆威、容奇汛署順德協左營把總李來、蘆包汛三水營把總白世濂、曹峒汛增城營右營把總王鎮安、西南陸汛署三水營把總熊士仁、九江沙口汛順德協左營把總徐盛標等十弁，均從重暫行革職，仍留本任勒緝。其次之專汛協防各弁由臣重加懲責。其統轄之副將、參將、遊擊各員由臣嚴飭記過，均勒令會同州縣照限緝拿。其限期案數通緝抵算續參開復各章程與文職一律辦理。如泄沓如前，限滿無獲，即並將統轄各將，一體奏參。所有特參盜多且重疏防未獲武職專兼營汛員弁，擇尤分别示懲，一體勒限通緝緣由，理合恭摺具奏，伏乞皇太后、皇上聖鑒。

特參革降知縣片光緒十二年正月　日

再，三水縣知縣方維幹，先經臣等訪聞有諱盜玩懈情事。前署海康縣知縣李健鵬，訪聞有縱盜貪婪情事。即飭藩司委員赴海康密查，飭臬司委員赴三水密查。兹據該司等覆稱：查得方維幹平日於所轄盜案未能認真緝拿，其經營汛紳士拿獲綑送者，不肯細心研訊。每予取保釋回。計釋放獲送盜匪窩匪多起，毫無斟酌，且未報盜案甚多。該縣距省咫尺，疊經嚴飭兩月之久，聞委員往查，始據禀稱補報十年、十一年劫案十六起。類多藉詞掩飾，亦無一名破獲。調閲所繳盜案原摺，與委員所查仍有數案不符。是業已跡涉諱匿，疏縱恐亦難免。李健鵬怠於政事，贓污狼藉，物議沸騰。每遇命案，多委典史往驗。各處拿獲綑送贓盜，不肯嚴訊，有保即放。當此嚴核捕務整飭官方之際，未便稍事姑容，先後禀覆詳請奏參前來。惟粤省諱盜積習由來已久，不止一縣一任。兹查出方維幹一員，若遽按本例重處，似失偏枯。擬請旨將三水縣知縣方維幹，以府經歷縣丞降補。以後再查出各屬有諱盜情事，即當奏請照例革職。前署海康縣事澄邁縣知縣李健鵬，既已弛縱兼犯貪婪，應請旨即行革職，以爲諱盜縱盜貪婪不職者戒。謹合

〔一〕以下三件録自《京報》第一九五二號。

詞附片具陳，伏乞聖鑒。

請准以曾紀渠補授南雄直隸州知州片 光緒十二年正月　日

竊照南雄直隸州知州王錫誥，因委赴廣西稽查引地數年尚未回省銷差開缺，歸光緒十年八月分截缺，係題調要缺，例應由外揀選。當經臣等請以迴避即用直隸州知州曾紀渠題補。接准吏部咨覆，曾紀渠業經奏留福建補用。廣東原省已斷所請補授南雄直隸州知州，應毋庸議。其南雄直隸州知州缺，應令另行揀選等因。查定例，各省道府同知、直隸州，如係奉旨命往，或督撫題明留於該省候補並著有勞績，經督撫保奏奉旨先儘補用遇缺即補者，均無論應題應調應選之缺，令該督撫酌量才具，擇其人地相宜者，悉准先儘補用。又吏部畫一章程內開，道府直隸州知州遇題調要缺以候補人員請補時，應先儘記名分發人員酌量請補。如果人地實係不宜，始准聲叙以各項候補人員請補。又道府直隸州知州，遇應用候補時，先儘科甲出身人員。如科甲出身人員不合例，或人地不宜，應令詳細聲明，方准以別項出身人員請補各等因。今南雄直隸州知州題調要缺，地當省北冲途，政務殷煩，必須精明幹練之員方克勝任。茲查候補應補人員内現無記名分發之員。至如候補科甲出身人員，均係人地不宜。惟查有迴避即用直隸州知州曾紀渠，年三十七歲，湖南湘陰縣人，由廩生以知縣候選。同治三年江南克復，奉上諭賞給直隸州知州照例補用。在本省率團撲滅會匪出力保奏。十年三月奉上諭，賞加知府銜，並賞戴花翎。光緒四年選授連州直隸州知州，是年十一月初二日到任。因迴避胞伯前署督臣曾國荃開缺，改掣江西補用。旋經欽差大臣彭玉麟奏調來粵差遣，俟防務告竣，仍歸廣東補用。十年五月准吏部咨准留於廣東，以直隸州知州歸於迴避即用班内補用。於六月十五日領咨到省序補，續由前任學政臣馮爾昌保荐人才，奏奉諭旨送部引見，請咨赴京。九月初四日奉上諭，着交左宗棠差遣委用，隨即入閩差委，奏准改發福建補用。復經奏准給咨仍回廣東候補。十一年十月二十五日准吏部咨行照准，先於是年六月初五日領咨回省。該員操履端潔，聽斷精明，政通人和，卓著循績。前任連州歷俸已滿，係迴避即用人員，又經保荐人才，應無論煩簡補用，以之補授南雄直隸州知州實於要缺有裨。但該員奏准回粵補用，係在南雄州出缺之後，與例稍有未符。惟人地實在相需，例得據寔陳明專摺奏請。據藩臬兩司會詳前來。合無仰懇聖恩俯念員缺緊要，准以該員曾紀渠補授南雄直隸州知州，俾資治理。如蒙俞允，該員係迴避即用直隸州知州，請補直隸州，銜缺相當，毋庸送部引見。臣等謹合詞恭摺具陳，伏乞皇太后、皇上聖鑒訓示。再，該員係迴避即用人員，毋庸核計參罰，合併陳明。

旨：吏部議奏。欽此。

飭部查核施行片[一] 光緒十二年正月　日

再，據廣東按察使于蔭霖詳稱，貴州候補道葉正因，係湖南郴州桂陽縣附生。於咸豐八年在京銅局，由附貢生報捐通判，旋保同知。同治七年克復龍里、貴定兩城案内保奏。奉旨：着以知

[一] 録自《京報》第一九五七號。

府留黔儘先補用，並賞戴花翎。欽此。復於湘軍勦破老團荆巢及肅清河西案内保奏。奉旨：着以知府升用，先换頂戴。欽此。是年九月十三日到黔。十年正月委署興義府兼攝興義縣事。八月勦平貴定等處賊巢，又克復興義縣都匀府各城案内保奏。奉旨：着賞給直勇巴圖魯名號。欽此。十一年克復興義府城案内保奏。奉旨：着俟補知府缺後，以道員用，並賞加鹽運使銜。欽此。十三年於克城剿賊肅清全境案内保奏。奉旨：着賞换愛什蘭巴圖魯名號。欽此。光緒二年，於克復下江永從廳縣各城剿平六洞賊巢案内保奏。十一月十四日奉旨：著免補知府，以道員仍留原省補用。欽此。八年因監修城垣出力保奏。□月十七日奉旨：著給予加級。欽此。十一年春請咨由廣西起程赴部，五月十六日行至廣東西甯縣屬孖埇河面，被賊駕艇持械搶奪銀兩衣物，所有各案保舉行知亦概被搶失。將來到部無可呈驗，因取具同鄉官印結禀乞詳請奏咨前來。伏查該員保案行知現均搶失，赴部無憑呈驗，自係寔情。業飭赴緊嚴緝本案贓賊，如有執持前項行知之人一併拿究，以杜假冒。除咨部暨分咨各省外，應請勅部查核施行。謹附片奏陳，伏乞聖鑒。

旨：該部知道。欽此。

已塞沙路永遠不宜復開摺 光緒十二年二月二十五日

竊惟因地設險，立國大經。粤省自辦理海防，所有黄埔入省水路兩支，分用船石、橋樁兩道攔截，費盡唇舌，工料不貲，始克辦成。南支曰沙路，口門業已塞斷，北支曰魚珠，尚留口門十五丈以通舟楫，行之年餘，各國護商兵船、港澳渡船，照舊往來。惟專行中國各口岸之洋行商輪，喫水較深，到黄埔後另雇他船剥運入省，於通商情形，毫無窒礙。嗣因和局已定，魚珠一支已開，臣逆揣各國洋人，必欲併開沙路河道，若如所請，從前心力勞費，盡付東流，以後設再有海警，防務更難措手。當將沙路不必開通，輪船專由魚珠，實於海防有益各節，於上年六月二十九日附片奏明。奉旨：該衙門知道。欽此。

隨於七月初四日據美國領事喜默照會，有水師員希虔慎願偕中國官勘察河道，搬移阻礙等語。八月初四日又據德國署領事穆麟德照會，沙路塞斷，海船只在黄埔上下貨物，小船剥載多延時日，應請撤除，照舊往來。如恐礙難，則開一十五丈之闊口。儻仍未便，則酌派特權委員，將尋常公事在黄埔就近辦理等語。又於七月十九、八月二十三、九月初一、十九等日，節據英國署領事嘉托瑪文函，均請將省河南支開通。復准總理衙門咨，據德國、英國駐京公使各以前情函致總署，咨粤查辦。又據英、法、美、德、奥和瑞、丹等國領事照會，請將南支開通二十丈等情。經臣以沙路開通工程浩大，既與商船無甚阻礙，尚須徐議酌行。又以沙路閘口礙難開通，所請黄埔設一特權之員，事隸海關，俟與粤海關商辦，先行照覆。旋咨准粤海關監督轉據税務司賀璧理覆稱，查上年進出口輪船共一千零六十七隻，内德國船九十隻，不及十二分之一，他國船多至十餘倍，並無躭延，豈有德船獨被海關躭延之説。且將上年未塞時一二兩結，比較本年一二兩結，逐船推算，躭延不及一日，無至二三日者，貨卸畢而單照未到者，十中無一。秋冬水涸，船至大沙頭亦須躭延。德領事所請添派委員在黄埔辦理尋常日行事件，則輪船洋行必須預設分行，而駐省貨主勢不能移至黄埔，於洋船仍屬無益等情。臣又以南支水道攔塞，於通商大局實無所妨，不必更議開通，照覆各國領事在案。

查洋舶入華，最大者曰公司輪船，向來只到香港，不能駛入虎門。其洋貨發售存港者多，入省者少，間有來省者，由渡船自港零星運寄。次曰夾板帆船，洋貨皆由載運，向亦僅到黄埔，不能行抵省城。歷年通商定章，至今不易。其直抵省城沙面者，則洋行所設來往香港、澳門之渡輪，各國之護商兵輪，並通商口岸各洋行所設之商輪及招商局之商輪。現在渡輪、兵輪照舊抵省，而各岸洋行商輪以喫水較深，未能駛入。究竟此等船隻來自中國口岸，亦僅上海一處，其南而瓊、廉，北而汕頭、厦門、福州，皆由香港發軔，並不經由省城，故爲數獨少。且所載悉係華貨，其所搭悉係華人，其起剥費用出自華商華民，與洋人毫無干涉，而所費又復有限。乃借有礙行船之利爲詞，欲摇撼粤東已成之防局，居心殊不可問。計英、美在華分行，各岸洋輪尚多，德國已少，法國並無一輪，奥和瑞、丹更不足論，其爲商利損益，與各該國何涉，何必聯幫瀆請。此其注意在中華形勢、海防，不在該國商務，尤屬顯然。蓋沙路一支，但能三年不開，自然沙長灘多，巨艦永難駛入。若專由北支一路，不惟魚珠以内水淺行遲，且自四沙口起，須先過牛山新造礮臺，再過長洲、魚珠各礮臺，關鍵既多，防遏歸於一路。全力扼此，簡要易施，其爲利害出入，實相懸絶。況沙路塞口，淤沙已漸長，現實亦費鉅難開。竊惟通商馬頭原在黄埔，咸豐季年，各岸商輪擅自深入，徑抵沙面，不載條約，斷不宜聽其妄瀆，以致棄已成之鉅工，縱入室之隱患。上年十月内各領事復有照會詢及此事，詞氣已鬆。近英領事費里德來晤，亦略言之，臣直告曰不能。彼遂默然。揆此情形，若能始終明言堅持，彼斷無强干中國海防之例，兩年以後，彼自寂然。此事所關甚鉅，不得不再行詳切瀝陳，仰懇敕下總理衙門立案，永遠不予曲從，粤防大局幸甚。

旨：該衙門知道。欽此。

潮綱廢弛委府兼辦片光緒十二年二月二十五日

再，兩廣鹽運分司運同錢瑨，糊塗濫用，欠課甚鉅。前經臣之洞奏奉諭旨，暫行革職留任，勒限運銷在案。兹據署廣東布政使蕭韶、署兩廣鹽運使蔣澤春詳稱，潮橋運同一缺，引地行銷廣東之潮州、嘉應，福建之汀州，江西之贛州、甯都，地聯三省，路隔千數百里，額引八百二十一程，場課餉項一十三萬有奇。自咸豐、同治年間各省匪擾，引地疲壞，埠商倒歇，每年奏銷約在七成以上。其銷路有大河、小河之分，行潮、嘉、汀州者爲大河，行贛、甯者爲小河，大河官代商辦，小河商仍埠舊。官辦者，晒價、運脚悉出於官，無重資不能周轉。商辦者，運脚由商，晒價由官，亦非重資不能接濟。每年旺銷，全在於冬。魚鹽、菜鹽，百倍口食，全在資本充裕，於春秋天氣朗晴之時，將一年冬銷預爲晒儲，官運、商運源源往來。若既無餘資，又貸重息，不及冬季，場埠已少存鹽，魚、菜大宗，半飽私販。且船户不加鼓舞，挑販無術招徠，亦難一律疏暢，流通往來。鹽務盛時，運同印票，商號極爲珍貴，以故借易息輕，運速課足，十數年來銷至七成有餘，已形竭蹶。

至該運同錢瑨，不諳綜核，又多耗累，因其虧欠日鉅，商號益復不肯通挪。以至運則無費，晒則無本，雖有可銷之路，亦無可售之鹽。現查該運同自奏參勒限以後，僅將六年分奏銷正餉解足，其七年課餉，甫經破白未完尚多。似此疲累日深，必致虧帑無底。應請將錢瑨撤任，勒限嚴追，照例參辦。惟揀員接署，實難其人，各鹽員深知此時難於措手，無不視爲畏途。竊思此時欲籌補救之方，惟有令潮州府知府兼署運同，則晒價、運脚，尚能籌墊，巡丁、船户，呼應亦靈，必能自顧考成，力清課項。查潮州府知府朱丙壽，公事穩練，情形熟習，於上年八月委令協同該運同籌運督銷，尚能細心考求，陸續催解。應即委該府朱丙壽兼署潮州鹽運分司運同，責令將以前滯引設法疏銷，並飭查明錢瑨任内有無徵課未解及存鹽未銷，詳覆核辦，庶免潮橋課餉，愈久愈誤等情，詳請具奏前來。

臣等查潮橋分司爲粤鹽課餉之大枝，其官商兼運章程，於通綱大例之外，自爲風氣，去省遥遠，亦非運司之所能代謀。大率鹽之晒運，皆責於官，銷之旺歉，惟視資本。近年以來官本久未充裕，加以錢瑨之昏庸疲玩，虧欠尤多。若僅將該員參追而不令籌一變通之策，必致潮綱大壞，不可收拾，雖任任參追，無益於課。該司等議令潮州府兼辦，實爲因時補救之宜。除檄飭遵照分別撤任嚴追督飭籌銷外，謹合詞附片具奏，伏祈聖鑒。

旨：著照所請。該部知道。欽此。

籌議廣西邊防摺 光緒十二年二月二十五日

竊臣等於光緒十一年七月二十八、八月初二等日，先後承准軍機大臣字寄，光緒十一年七月初五日奉上諭：鎮南、馬白二關，爲滇桂入越邊要處所，現當和議甫成，越南游匪爲患，關内亦多伏莽。此後分界通商，中外人民往來尤夥，必須大枝重兵添紮要隘，以戢奸宄而靖人心。著岑毓英、張之洞、張凱嵩、李秉衡悉心會商，將如何添設提鎮專官，確核兵勇營數，或留現在得力勝兵以充新額，汰腹地無用常卒以省空糧，何處總紮，何處分防，一切通盤籌畫，繪圖貼説，縷晰覆陳，候旨定奪。其新設各營，尤須選練精實，能戰能守，一兵得一兵之用，勿以疲弱應汰之兵濫竽充額，用副朝廷慎固邊防、消弭隱患之至意。將此由五百里諭知岑毓英、張之洞、張凱嵩，並傳諭李秉衡知之。欽此。仰見聖主鞏固邊防、精核武備之至意，臣等無任欽服，當即公同詳加籌議。

伏查廣西南邊綿亘二千餘里，原設隘所一百零九處，分卡六十六處，與越南之諒山、高平、宣光等省接壤。山菁紛歧，路路可通，而鎮南關至龍州一路較爲寬平，故曩爲中越使命、商賈往來之通衢，東出太平、南甯，西出歸順、鎮安之總匯。且自龍州以東，河灘漸廣，舟行下水，直達潯、梧，其視全桂腹地，東省上游，據有建瓴之勢，實爲兩粤利害所關。當此款議既成，外防游匪，内靖伏莽，鎮南一關，尤爲中外鈐轄。聖諭所謂紮要隘、添重兵者，無以易此。惟南關固居極衝，而關之中後、關之左右各路，均須擇要設防，而後氣勢不形單薄，不致有腹背受敵，肘腋乘虚之慮。大要分爲三路。鎮南關口及關以内之關前隘，再近内之憑祥土州爲中路。自關以東，明江廳轄之由隘，甯明州轄之羅隘，思陵土州轄之愛店隘，上（恩）[思] 州轄之百崙隘、剥機隘爲東路。自關以西，龍州廳轄之平而、水口兩關，下凍土州轄之希局隘、峺花隘，順州轄之頻峒隘、隴邦隘，小鎮安廳轄之平猛隘、峒隆隘、剥淰隘、百懷大隘等爲西路。

以上各隘皆須屯兵，中路最急，東路隘口較少，西路地段較長，原有防軍三十二營，聲勢僅能聯絡。現在餉需極絀，須籌經久之計。而越境游勇蔓延，全邊未靖，又值勘界未定之時，未便示人以弱，勢難多議裁減。兹於本年正月起認真汰留，裁去八營，併爲二十四營，以十二營專防鎮南關中路，以四營分防東路，六營分防西路。路寬者，築臺安礮，路窄者，設卡開濠，甚僻者，掘斷禁阻。戍所豫造地營，營外多栽刺竹，無事則各分守地，督飭操練，有事則酌量緩急，抽調赴援。俟冬間界務大定，再當裁去四營，中路酌減兩營，西路酌減兩營，以節餉需。

以後全桂大勢，注意邊防必宜有大將親臨控制調度，擬請將廣西提督由柳州移駐龍州，原有提標制兵五營，擬撥中軍參將一營隨來龍州，以資策遣而符體制。將原屬新太協之龍憑營都司改爲龍州城守遊擊，隸於提標，照例設該遊擊中軍守備。新太協駐紮太平府，距龍最近，應併將新太協副將率其所轄左營都司、馗纛營都司共兩營，改爲專屬提督，毋庸轄於左江鎮。其新太協右營守備一營應即裁汰。

柳州東屏桂省，北控黔、湘，苗疆緊要，擬請添設柳慶鎮總兵一員，鎮守柳州、慶遠、義甯、融懷等處地方，駐紮柳州府。以提標存留左右兩營遊擊改爲鎮標左右兩營，左營即爲該鎮中軍。提標前後兩營，應俟邊軍規模詳定，即行裁汰。所汰之兵，發給一年餉銀、兵米，俾資改業，官弁遇缺另補。並撥柳州城守都司一營，附近之慶遠協副將、義甯協副將、融懷營參將率其所屬各營，俱統轄於柳慶鎮。其沿邊常駐二十營，提督爲總統，其下酌設分統，現在提臣蘇元春係奉旨督辦邊防之員，熟悉邊情，深孚衆望，一切自應統歸調度。以後若提臣不兼督辦者，亦宜於防勇内指定十營，屬於提督本標，以厚兵力。

龍州開關通商，重兵所萃，宜有文職大員同任邊事。擬請設太平歸順兵備道一員，總轄全邊，駐紮龍州廳，以左江道所屬太平府全境暨東邊南甯府屬之上思州，西邊鎮安府屬之小鎮安通判，歸順州隸之。沿邊統屬一道，以期聯絡一氣。上思州即撥歸太平府屬。小鎮安、歸順距太平較遠，應升歸順州爲直隸州。小鎮安改爲鎮邊縣，加通判銜，屬於歸順州。該道兼轄太平一府，歸順一直隸州所有漢土廳、州、縣土司管理，整飭邊防，監督關稅，以及經理一切中外交涉事宜。設道庫大使一員，經管關稅瑣務。應用繙譯，委員由該道選擇調委。

惟查左江道駐南甯，轄泗、鎮、南、太四府，鹽法道駐省，轄桂、平、梧、鬱四府州。今左江道既撥出太平一府，而鬱林州遠在全省東南一隅，距南甯止五百餘里，距省將及千里，督察難及，諸多不便。該州屬之博白、陸川等處毗連廣東高、廉，素爲匪徒出没之區。擬撥鬱林直隸州改屬左江道，以協形勢而資治理。其需餉之數，沿邊水土惡劣，瘴癘薰蒸，百物昂貴，與腹地情形迥異，與向年防剿土匪尤相懸殊。若照内地桂勇餉章，萬難得力。應照從前奏案，正勇月餉三兩二錢，以及營哨各費，俱照現章。合計邊軍二十營，加以軍火、軍裝、轉運、製造、修臺、築壘、電局雜支各費，以及遣處游勇、撫恤邊氓，所費不貲，而軍火尤爲鉅款，每月至少亦需銀六萬兩。現就本省儘力搜羅，再能此後釐金不致短收，地方安謐，每年可得三十萬兩，計每月仍短實銀三萬五千兩，無可再少。目前二十四營所需尚不止此數，非藉外省接濟，無從支持。查現准户部咨，以後滇餉，除四川原解練餉、抵捐兩項共銀二十八萬五千兩照常撥解外，再由湖南月協銀二萬兩，四川月協銀三萬兩，是滇省一年外協的餉已有八十八萬五千兩之多。廣西所請協餉僅四十二萬尚不及雲南之半，實係刻苦節省，免致部撥爲難。惟有仰懇天恩飭部指撥近省有著之款。可否仿照從前西征協餉，近日東北邊防經費考成，按月源源撥解，以濟急需而免遲誤。所慮者，新約原有法税較輕之議，關税開收以後，三聯票暢行，沿江釐金必然大減，彼時税釐能否相敵，尚不可知。擬請飭部於此項關税留充邊餉，除該關費用外，免撥他用，若税多於釐，則請減協餉，税釐並絀，則續請加撥，應俟屆時據實奏明，請旨辦理。

至通省綠營馬步戰守兵丁，原額六萬二千七百一十五名，同治四年、五年兩次裁減一萬零九百八十二名，迨十二年與光緒元年、三年三次復補新增六百五十二名，較之原額，裁將及半，所存實不爲多。茲擬將提標裁汰前後兩營，新太協裁汰右營一營，其内地勇丁迭次裁減，尚有水陸二十餘營，散布防遏，常患不敷。近日懷集、貴縣、博白等縣，疊出聚匪滋擾之事，未敢過涉空虛。現復將腹地防勇騰挪裁撤兩營，各營長夫一律裁減，以冀稍資節省，此外兵勇一時實難再裁。其沿邊之新太協、鎮安協、上思營都司各營，將來徐加體察，或就龍州現存勇營内改勇補兵，或裁兵留勇，藉此日分防之舉，即爲將來併省之階。此外無論兵、勇，如有可裁之處，自當行之以漸，力圖撙節，以期減一冗食之軍，即省一艱難之餉。

至改勝軍以補新額，誠爲經久至計，但綠營規制細密，其間分（汎）［汛］地段，挑拔章程，俸薪等差，推補缺項，一成不易，必須周詳貫通，方無窒礙，目前猝難定議。且綠營積習驟難更改，久在聖鑒之中。而兵餉自有通行例章，邊關喫緊處所，若照綠營辦法，則恐難資飽騰。若改稱練軍，比照直隸練軍章程，餉數並不能減，其與勇名異實同，而轉成常設之標營，永久之經費。竊擬俟兩三年後體察敵軍距邊遠近，各隘緩急，餉源盈歉，内地伏莽能否漸清，邊腹通籌，或尚能再加併省。儻作爲額兵規制，既難猝定，定即不便屢改。似只可就目前事勢力量，斟酌維持，如有因事變通，隨時議奏，較爲活便。據廣西藩、臬兩司會同善後局司道核議會詳前來。

臣等疊次往復函電熟商，並將圖説郵寄參考，意見相同。謹遵旨先行縷晰覆陳，並將沿邊要隘、分布重兵駐防處所，會圖貼説，恭呈御覽。其添設鎮道等官，建置經費各事，及改撥標兵營汛詳細章程，暨其餘未盡事宜，仍俟陸續陳奏。是否有當，伏候聖明裁奪，勅部議覆施行。

旨：該衙門議奏。圖留覽。欽此。

會籌保護僑商事宜摺 光緒十二年二月二十五日

竊臣等承准軍機大臣字寄，光緒十一年十月十一日奉上諭：張之洞奏，外洋各埠華商甚多，勸令捐購護商兵船，養船經費由各埠捐抽，歸粵省調度等語。著張蔭桓抵粵後與張之洞先行會商，再於經過處所，體察情形，能否照辦，悉心妥籌具奏。原片著鈔給張蔭桓閱看。等因。欽此。臣蔭桓行抵粵省，正與臣之洞會商間，復准軍機大臣字寄，光緒十一年十二月十四日奉上諭：翰林院代奏編修鍾德祥條陳時務一摺，所稱南洋各島特派使臣遴員分駐一節是否可行，並著張之洞、張蔭桓歸入前奏，一併會議具奏。原摺著分別鈔給閱看。等因。欽此。

竊惟中華人民散處外洋各埠，略分工、商兩途，百年以來，生聚日盛，雖僑居異域，而頻年捐賑、捐餉，不忘本源，深堪嘉尚。特以謀食他方，漫無統屬，不免爲他族欺虐。大約海外各國之待華人，情形雖不一致，而意存畛域則一。有官申理，則共慶來蘇，無所控告，則苛虐殊甚，秘魯、古巴昔苦今安，是其明驗。年來舊金山埠華工深受埃利士黨匪徒之害，焚殺驅逐，駸駸未已。詢諸洋人，據云，華工在美歲得傭值，除日用外，餘悉寄以贍家，歲計約數百萬兩等語。竊謂此乃争工專利者倡爲謬論，謂此舉益華而耗美，藉以聳聽作難。查美使西華回國，曾著書力闢此説。大意謂華人以工易資，美商以工作所成者獲利，假如給華工者百萬，則所成之工，所出之貨，其獲利斷不止百萬，於美有益無傷。各國有識者皆韙之。是華民在洋，主客兩益，推之羣島，更屬不貲。

綜計諸洋華民數逾百萬，除世居海外及孤身出洋者，約十之八，有家屬通音問者，約十之二。尚有二十萬人每年寄家，少者數十，多者千百，酌中牽算，人以百元爲率，亦有二千萬元，爲銀一千數百萬兩。果能保護無虞，其獲利回華者，復能諭禁鄉鄰吏胥不得訛詐，從此聲息常通，不忘歸計，日推日旺，實爲中國無形之益。若化外視之，則沿海各省華民生機日蹙，甚非中國之利也。誠得兵輪爲之保護，設官爲之經理，則威靈仰藉乎天朝，疾苦可達於宸聽，雖不必事事代謀，而聲勢遥通，自然生計安穩，羣情嚮慕，必可收效將來。惟發端伊始，必當審慎，庶免爲彼族所撓。誠如聖諭，創始非易，經久之計尤須豫籌。臣蔭桓陛辭時，業將大略情形陳奏。茲與臣之洞會商，惟有仰禀宸謨，詳慎妥籌，因其自然，加以激勸，不稍勉强，不涉張皇，應俟委員前往查詢，方能定議。

至鍾德祥所稱南洋各島特派使臣，遴員分駐，自爲辦事得手起見。查原奏内稱，小吕宋爲日斯巴彌亞屬島，而距日國都城幾二萬里，新嘉坡爲英屬島，而距英國都城遼遠亦復相等。僅設領事，名微權輕，遇有機變，必株待使臣商辦，往返動逾四五十日，阻誤可虞。請特派使臣，辦事仍由使臣遴擇妥員爲領事官，分駐各島，益昭慎重。小吕宋現已禀願捐費，儻有使臣南出，各島商民，必能仿照小吕宋共捐公款，尤爲惠而不費。又稱，增設一使，恐難位置，如遣使駐小吕宋，即作爲出使日國之副使各等語。

臣等查外洋各島所設頭目兵官悉秉承於外部，專使駐劄一島，徒擁虚名。而該國都城相隔遼遠，遇有要件，仍須面商外部，往返奔馳，恐轉失專駐之效。即副使分駐，仍不能舍外部而就議於島酋，是該使若駐彼都城，則與現辦情形無異，若分駐各島，遇事不獲與外部迅商，徒恃文牘往還，仍屬隔閡如故。專使之職分雖尊，未見其有實益。臣等悉心籌議，南洋各島設官，不外保民、集捐二事，而以保民爲首要。誠能爲民興利除害，則民情愛戴，自無不急公慕義，踴躍輸將。其中小吕宋華民，曾屢求派領事保護，並有自籌經費之説。從前各使臣雖經議及，未有端緒，諸臣函牘略言，先須澈查，方能議辦。臣蔭桓在京，曾與總理衙門大臣商及。抵津後晤北洋大臣李鴻章，言小吕宋設領事之舉，疊與日國使臣相商，該使借島酋以延宕，恐難猝辦，須到彼與該國外部熟商定議等語。

臣蔭桓抵粤後，適於正月間有小吕宋商董葉龍欽、陳最良、林光合、許志螺等來華，呈遞華商二百九十家公禀，求設領事。

廣西邊餉若干，即將該省原派別項實解之數減撥若干，俾得騰挪兼顧。庶於邊防大局藉可支持，不獨爲桂省一隅計也。至廣東現處極窘之際，本省現支撥解要款，均極浩繁，義則不能不顧，力則萬難再籌。然論廣西意計所及，則廣東協餉較他省爲可恃。可否將廣東應解固本京餉銀十二萬兩，懇恩免解，俾得此款以濟桂餉。蓋直隸練軍餉項固屬綢繆要需，而廣西邊關設防尤當前敵沖要。在直隸來源較廣，當不計此區區。必且廣東有可羅掘，方可不誤協解。否則左支右絀，難爲無米之炊。雖將藩司重處嚴參，亦仍無益。若部臣於固本一款必不允改撥，則此次廣西邊餉懇恩准免派撥，以免兩誤。出自逾格鴻慈，謹將各省關情形略陳梗概，以備户部核酌。是否有當，謹合詞附片具陳，伏乞聖鑒訓示。

旨：覽。

特參疏防典史革拿摺〔一〕

光緒十二年二月　日

竊據署順德縣知縣鄭葵申詳，據典史柯益壽禀稱，光緒十一年八月二十日夜定更時候，附近縣監民房失火，延燒監所更篷。由典史督同刑禁人等查點各犯刑具，分起提往署外土地祠暫避。時因黑夜，中途人衆擁擠，致將該犯梁亞新等九名沖散。各役分路追尋無蹤，禀由典史轉報到縣。維時該縣因勸辦團捐有緊要事件到省面禀，是夜由省旋署舟次接據禀報，兼程回縣，會營懸賞勒緝等情。臣等即行司先後委員確查，並由該縣回署查明具禀。均稱是日順德縣城内並無民房失火情事，當時共走脱人犯十一名，登即捉獲二名。緣該日傍晚將届收封，禁卒等晚飯未完，監門未及上鎖，各犯乘間扭斷鐵銬，一同闖出竄由東門分路逃逸。典史柯益壽聞報會營追捕，登時將梁亞幅、周亞賢兩名捉獲。梁亞幅因拒捕受傷，旋即身死。餘俱逃匿無蹤。臬司于蔭霖抵任委員覆查無異。查該犯梁亞新係因聽從夥搶事主向亞維，身帶銀兩在場，並未動手，亦無綑縛按捺重情，審擬軍罪，首犯未獲，監候待質。李亞皁、陳火勝均因在縣屬聽從搶奪幼女周亞連已成，審擬絞監候，奉文列入秋審情實。莫亞洸、崔亞勝、亞老、梁亞幅、胡亞什，均係供認行劫得贜。何亞拾係放銃致傷謝烽奇身死，兇犯□沙樓幗、周亞賢係供認疊竊得贜，或解審翻供，或監候待證覆訊之犯。典史柯益壽於印官公出，應如何嚴密防範，乃竟漫不關心，致任重囚同時逃脱多名。事後又不據實禀報，種種荒謬，實非尋常疏忽可比。有無鬆刑賄縱情弊，亟應提同刑禁澈底根究。該署縣鄭葵因公出境，先未查明失火各情，據報申詳，旋即更正，雖非有心捏飾，惟先事未能豫防，亦應從嚴叅辦。據臬司會同藩司轉據該管道府揭報前來。除飭將該署縣及典史撤任委員接署，並飛飭各屬一體嚴緝逃犯李亞皁等，務獲究辦外，相應據實叅奏，請旨將順德縣典史柯益壽革職拿問。飭司提同刑禁人等來省澈訊實情，從嚴擬辦。並請將署順德縣事歸善縣知縣鄭葵交部議處，勒限協緝。限滿有無弋獲，分別辦理外，臣等謹合詞恭摺具奏，伏乞皇太后、皇上聖鑒訓示。

再，本案係因再三委查以致奏報稍遲，合併陳明。

〔一〕以下四件録自《京報》第一九六七號。

藥廠失事人員請賜恤片光緒十二年二月　日

再，上年粵省赶造火藥以備各台、各營及分解省外、關外各路軍營槍砲之用。當經分別咨行署水師提督方耀、記名總兵署廣州協副將鄧安邦、候補通判劉鼎、試用知縣蔣星熙，分投設廠試行製造。維時需用工匠太多，工拙不齊，器具亦良楛不一。事在倉猝，布置難周。節據署廣東按察使瑞璋會同布政使沈鎔經、善後局司道詳稱：委員通判劉鼎，在佛山鎮柵下鋪創設火藥廠一所。於光緒十年十一月初六日據報，因併工赶造爲時過久，杵臼相觸，陡然發火，斃傷工匠一名。監工委員候選從九品黄培、司事生員趙儒焜，查係一併轟斃。燒去火藥約八千斤。又委員蔣星熙在西村地方創設火藥廠一所，於光緒十一年四月十九日未刻雷電交作，擊斃工匠一名。雷火四散，轟燒廠屋八間、火藥一萬餘斤，燒斃散工六名。並將先後轟斃工匠，厚加撫恤。當經飭令赶緊覓地，另行製造、存儲。嗣據升任廣州府知府蕭韶，委員在南海縣屬三元里□紳民税地一所。該業户聲稱，因公建用，不敢領價。該升府遂添購餘地，前通河涌後無民居，共建存儲藥庫一十八座，前後各五座，左右各四座，每座平分三間，設巷立柵，環墻挖濠，外建兵房、工役住房，名曰永安庫。計添購地價等銀一萬八千三百九十三兩一錢七分四厘，又挖濠工料，除署陸路提督鄭紹忠派勇協浚不領薪工外，共銀三千二百六十五兩九錢四分八釐，統共用銀二萬一千六百五十九兩一錢二分二釐，於十一年七月一律工竣，經該升府蕭韶造報。查勘各工程均屬核實，其製造廠所現已訪得出洋通曉火藥學生，由製造局行設法改造，由司局查明分案詳請具奏前來。臣等查，佛山鎮藥廠被火轟燬，委係試辦迫促，事出不意。而西村藥廠被雷擊燒，尤屬人力難施。所有監造委員通判劉鼎，業經另案革職，應毋庸議。其無從救護之監造委員試用知縣蔣星熙，應請免其置議。監工委員從九品黄培、司事生員趙儒焜，均屬因公慘斃，因併懇恩勅部議恤，以勵死事。其傷斃工匠等，業已分別從厚撫恤。應用藥庫，亦另行建造告竣。謹合詞附片陳明，伏乞聖鑒。

旨：黄培、趙儒焜均著交部議恤。餘依議。欽此。

請將歸善縣知縣鄭荄開缺片光緒十二年二月　日

再，州縣爲親民之官，自必人地相宜，方資治理。查署順德縣事歸善縣知縣鄭荄，居官尚稱勤慎。惟其本缺歸善係屬濱海要區，民情素稱强悍，伏莽猶多，該員謹厚有餘，剛斷不足，當此查辦匪鄉之時，自非智勇兼資，難期整頓，未便飭回原任。相應請旨准將署順德縣事歸善縣知縣鄭荄開缺另補。臣等爲因地擇人起見，是否有當，謹合詞附片具陳，伏乞聖鑒訓示。

旨：著照所請。吏部知道。欽此。

請開復知縣廖鴻詞摺光緒十二年二月　日

竊照候補知縣廖鴻詞，前在封川縣任内及德慶州開平縣任内，欠解正款共銀二千一百餘兩、部款共銀二千四百餘兩，迭經嚴追延不完解，經前撫臣裕寬彙同吴應廉等各員奏請革職勒追。欽奉諭旨：着照所請，該部知道。欽此。欽遵當經轉行嚴飭完解去後。茲據藩、臬二司會同交代總局具詳，該員廖鴻詞前在封川縣等任内，徵存正、部各款銀兩均於被叅後掃數清完，請將原叅革職之案具奏開復等情前來。臣等伏查該員廖鴻詞於被參後，將各任内徵存正、部各款全數完清，尚知愧奮。相應請旨將候補知縣廖鴻詞原參革職之案，准其開復，以昭激勸。所有知縣徵存正、部銀兩參後全完請開復原官緣由，謹合詞恭摺具奏，伏乞皇太后、皇上聖鑒訓示。

旨：著照所請。該部知道。欽此。

調署知縣片[一] 光緒十二年二月 日

再，署陽春縣知縣董汝礪調省另候差委，所遺陽春縣知縣篆務，應行委員接署。查有署番禺縣事准調潮陽縣知縣裘伯玉，勤慎老成，堪以調署。其所遺番禺縣知縣篆務，查有遂溪縣知縣鄒翼清，守潔才長，堪以調署。又署鶴山縣知縣席寶書調省另候差委，所遺鶴山縣知縣篆務，應行委員接署。查有卸任文昌縣知縣王承鋆，才具穩練，堪以調署。該員等各任内均無盜劫已起四參之案。據藩、臬兩司會詳前來，除分檄飭遵外，臣等謹循例附片陳明，伏乞聖鑒。

旨：吏部知道。欽此。

調署知縣片[二] 光緒十二年二月 日

再，曲江縣知縣魯宗頤，係新選韶州府知府譚承祖妻弟，例應迴避。所遺曲江縣知縣篆務，應行委員接署。查有清遠縣知縣羅煒，才識兼優，辦事結寔，堪以調署。該員任内並無盜劫已起四參之案。據藩、臬兩司會詳前來。除檄飭遵照外，臣等謹附片陳明，伏乞聖鑒。

旨：吏部知道。欽此。

籌解第一批鹽課京餉等款銀兩摺[三] 光緒十二年二月 日

竊照承准軍機大臣字寄，光緒十一年十一月二十八日奉上諭：户部奏豫撥來年京餉，擬在地丁、鹽課等款内指撥銀七百萬兩，着於來年開印後分批起解。另片奏，光緒十二年内務府經費擬撥廣東鹽課銀五萬兩，着於來年開印後陸續徑解内務府交納。等因。欽此。並清單一紙，内開擬撥光緒十二年分京餉廣東鹽課銀二十萬兩，當經恭録轉行，欽遵籌解。又粤東運庫應解京餉，難以現銀解部，歷經臣等奏請仍行交商匯兑在案。玆據署理兩廣鹽運使蔣澤春詳稱，在於徵收光緒十一年分省河鹽課項内籌銀五萬兩，並隨解一五加平飯食銀一千五百兩，作爲本年奉撥第一批京餉。又在鹽課項内籌銀二萬兩，並隨解平餘抬費等銀六百六十兩，作爲本年奉撥第一批内務府經費，並加平飯食平餘抬費共銀七萬二千一百六十兩，飭交殷寔銀號百川通、蔚長厚、日昇昌、新泰厚承領匯兑入京。遴委卸陽江同知輔良、候補鹽大使王慶頌賫匯單文批，於本年二月十六日在省起程進京，照章支取足色紋銀赴户部、内務府投納。合將籌解光緒十二年第一批京餉及内務府經費銀兩、匯兑商名、暨委員職名、起程日期，詳請奏報前來。臣覆核無異，除分咨户部、内務府兑收，其餘未解京餉等款仍飭陸續籌解外，謹合詞恭摺具奏。伏乞皇太后、皇上聖鑒。

旨：該衙門知道。欽此。

[一] 録自《京報》第一九七一號。
[二] 録自《京報》第一九七四號。
[三] 録自《京報》第一九九〇號。

查革肇潮兩府稅廠積弊摺光緒十二年三月二十一日

竊臣等承准軍機大臣字寄，光緒十年七月二十六日奉上諭：有人片奏，肇慶府黃岡稅廠吏書、巡役，皆以厚資謀充。該府收受規費，每年收稅十餘萬兩，祇報解三萬餘兩，又有黑錢等名目刻剥商人，侵蝕正稅。每年有解藩署陋規，前藩司剛毅未經收受，飭令解足溢額一萬兩充公，該府敷衍塞責。東江白沙廠所收洋紗、煙絲、釐金，全充軍餉。惠潮嘉道張聯桂，前在潮州府任內，將稅釐減輕，以致洋紗、煙絲兩項，悉往潮州東關輸納，祇入私囊等語。著張之洞等認真查辦，一併據實覆奏。原片著鈔給閱看。等因。欽此。當經臣等行司逐一認真查辦，因防務倥傯，委員往查，久無確切情節，駁令覆查。並因案情牽涉前藩司，添委肇陽羅道潘駿猷查覆。又先後密委候補道李蕊、奏留差遣河南候補道朱壽鏞、山西偵探委員直隸州知州陳占鰲、通判徐敦詒、降補知縣楊光銓、鹽大使周志端，迭赴肇、潮兩府分別密加訪查，互相印證，復札藩、臬兩司查核擬議。茲據署布政使蕭韶、按察使于蔭霖、署督糧道李蕊、肇陽羅道潘駿猷、河南候補道朱壽鏞會同稟覆前來。臣等參考覆核，詳加酌定。

查原奏內稱，肇慶黃岡稅廠每年收稅十餘萬兩，報解者祇三萬餘兩各節。查黃岡稅廠即黃江稅廠，只徵西江下水貨物，從前徵收稅餉，遞年約銀八九萬兩不等，並無收至十餘萬兩之多。而每年應解正稅銀一萬二千八百兩，院司養廉三百八十餘兩，羨餘銀一萬五千九百五十兩，片奏加徵盈餘銀二萬兩，橋羨銀一萬兩，共銀五萬九千餘兩，有閏之年加增羨餘銀一千七百餘兩，共銀六萬九百餘兩，即從前加徵盈餘、橋羨兩項，止解六成，已不止報解三萬餘兩之數。且尚有該廠緝私勇餉、簰夫工食、賞犒、平水、火耗、解費等項費用，並有肇慶端溪書院經費，肇慶綠營操演山梁經費，白石卡巡丁口糧，分攤科場經費，歲脩景福圍幫費，皆出自該廠稅餘。此皆多年舊案，爲數實屬不貲。該府紹棨到任後，嚴懲包攬，募勇巡緝，所用查廠之人，復能誠實出力，以故日有起色，光緒十一年收至十萬餘兩。原額內有片奏加徵盈餘銀二萬兩、橋羨銀一萬兩，係嘉慶年間增加。自咸豐元年粵匪滋事，正稅短絀，加徵盈餘及橋羨兩項多不報解，同治七年，升任藩司王凱泰詳定章程，令兩項均須解至四成，同治八年加至六成。光緒九年升任藩司剛毅飭令解足十成，俟一年以後察看情形再行稟辦，亦經該府遵辦。是該府已將正餘解足，並非止解三萬餘兩。

又原奏內稱，若所謂黑錢、辦用錢、包攬錢，乃額外尅剥商人者，並有入櫃錢，乃書役侵蝕正稅者尚不在內各節。查黑錢一項，係簽子手句通商人少報貨稅所得，名曰黑錢，此無定款，亦無定數。此項即一名入櫃錢。又包攬錢一項，乃無業地棍熟識書、巡，扛攬納稅，名曰包攬仔，從中取利，亦無定數。此兩項本屬爲該府所力禁者，當不致任聽侵蝕正稅。惟辦用錢一項，實爲累商。藥材、雜貨按稅每兩收三四錢至五六錢不等，木料、茶葉每兩七錢，柴炭每兩多至一兩四錢，此廠書、巡役所得者，每年共約收銀九萬餘兩。又有原奏未及之官釐頭一項，按稅每兩抽三四釐至七八釐、一分不等，此官房幕友及總房、散房家丁所得者，每年共約銀五千餘兩。又有原奏未及之船頭錢一項，米船每隻一千三百文，穀船六百。墟艇錢一項，分大中小號各數百不等。此兩項係充關廠雜用者，每年共約銀五六千兩。又該廠徵税係收洋銀，向有彌補平水、火耗、解費銀兩，名曰三六平餘。該廠書於應補平水各項之外，有額外加平一錢四分至二錢六分、三（兩）［錢］一分不等〔一〕，此廠書所得者，亦原奏所未及，每年共約銀一萬七八千兩。以上各項痼弊，相沿由來已久，數目散碎難稽，商賈亦不深明其故，紹榮到任以來，並無該廠徵收上控之案，該府雖未能摘發杜絶，尚不至有心庇護。

又原奏内稱，黄江廠書吏、巡攔皆費厚資承充，該府既受多金，不得不代爲庇護。聞從前書役承充五年，先納規禮銀五萬元。前年冬間，朱姓承充加至八萬五千元，而每年節禮約四千兩、廠費約五千兩尚不在内。巡役則每名值千兩，係私相授受，官祗收堂禮百金各節。查該廠書吏照例五年充補一次，現在書吏朱安係於光緒九年九月内奉札供役。其巡攔人役亦名簽子手，額設四十名。向來陋習，書、巡於承充之時，有繳納規費之事，其規費係合廠書巡統換朋凑合計充規，并幕友、家丁、司、道、府、縣房費及一切雜費，共須六、七、八萬元不等，並非廠書一人即納此巨款。至節禮、堂禮向來亦有此名目。大率各項收受與否，視乎官之貪廉，並無一定。又該廠向有簰規、火燭兩項，均有廠書按日供備，非官所得，合計通年所費甚巨，尚不止原奏廠費之數。原奏所謂廠費，並無其名，當係即指此項。肇慶府知府紹榮，素行尚屬謹飭，查無收受各項規禮之事。

又原奏内稱，該府每年解藩署陋規三千兩，前藩司剛毅不肯收受，飭令解足溢額銀一萬兩充公，該府勉强試辦，敷衍塞責各節，查該府早年聞有每年解繳藩司季規銀三千六百兩，近已停止多年。若值承充之年，尚有廠書繳納藩署規費三千兩之事，收否亦無一定，視乎藩司，惟事須數年一遇。升任藩司剛毅在粤日，適值關書承充，未收此項，令該府將加徵盈餘、橋羨兩項照額完解。其光緒九年分之項，該府既已遵解，似無敷衍塞責情事。龔易圖在藩司任内未值承充，其並無規費自不待言。

綜而論之，黄江一廠正餘各項值銀六萬兩左右，該府照額完解外，以之開支各項公用，尚屬從容。而書巡浮收勒索，至逾正税一倍，實爲有累商民，其中尤以充規爲百弊之根。每遇廠書將滿之年，各色吏胥商民集股謀充，視如置産，其爲朘商蠹税，勢有必至，理有固然。今欲兼收利國利民之益，必宜斷以拔本塞源之計。故欲去浮勒，非盡革書巡之充規、廠費各項規禮不可。欲除規費，非盡除廠書、巡攔名目年限不可。欲免謀充索費，尤非改章另設委員承辦不可。不然，雖使裁規革費，書吏必然盤踞把持，别立勒索名目，甚至串攬漏税。該府必仍不免上司之誅求，種種之浮費，誠恐仍將襲舊收規，聽其滋弊。且該廠距府城三十里，該府不能親往稽察，但委之幕友、家丁，斷不能透悉商情，抉發吏弊。

溯查同治五年，前廣東撫臣蔣益澧奏改太平關章程，委員試辦，革除書吏各項人役名目使費，至今宿弊廓清，自應仿照辦理。擬請將黄江税廠以後改委府、廳一員前往試辦，駐廠稽徵，將廠書、簽子手名目裁除，改用司事，雇募巡丁，可以隨時更换責革。不准幕友、家丁干預税務，不准有官房、總房、散房各名目。刊給三聯印票，分别存發報查，按月開報。將所有出自商民之額外

〔一〕「兩」似應為「錢」。

加平、辦用錢、官釐頭、船頭錢、墟艇、黑錢、包攬錢共七項概行禁革。至該廠向有花押小票錢，每貨船一隻銀一錢，即梧關之紅單錢，差艇看船錢每船一百文，挂號錢每船一百文，收旗錢每船三十文，均係下水。此數項略與梧關同，爲數甚微，以資散役、差艇雜用，應准均仍其舊。敢有別立名目，違章私收者，從嚴懲辦。其出自該廠書吏之充規、節禮、堂禮、簰規、火燭共五項，及藩司衙門之季規、充規一併概行禁革，違者與受一律從嚴參處。並將裁革核定數目章程，榜示該廠十里内外，勒石水陸通衢，商民共見，永遠遵行。其所收税項，除原有之正税、羡餘、片奏加徵盈餘、橋羡四項，務令照額解足外，其餘悉數歸公，儘數解省。至該廠簰租、簰夫、司事、巡丁薪工賞犒，撥船陸勇口糧等項，所需實繁，擬按税項之數，酌提一成以爲廠用。惟肇慶向有之端溪書院經費、緑營操演山梁經費、白石卡巡兵口糧、分攤科場經費、歲修景福圍幫費，礙難删除。且該府及肇陽羅道辦公無資，亦應仿照太平關章程籌給公費，均於向有之三六平餘項下分别撙節，匀撥支給，不得傷及税款。通計此後商賈過肇慶者，每年可省銀十二萬餘兩。除税廠改歸委員試辦，候旨遵行外，現已先飭將各項浮收、各種規費一律即日裁除。

此案原查委員、山西直隸州知州陳占鰲，籍隸潮州，熟悉本省商情，又無官場惡習，迭次委查諸弊，均能力任勞怨，得以纖悉無遺。現即委令前往暫行幫辦，以免書吏把持違抗，久擾商民。以後如委辦之員果能稽徵有效，較之舊額正税、盈餘、加徵盈餘、橋羡四項原數，加至一倍，擬即奏懇恩施照異常勞績給予獎勵。此肇慶黄江税廠遞年盈絀、現在定章整飭積弊之實在情形也。

又原奏所稱，張聯桂前在潮州府任内將東關税釐減輕，以致洋紗、煙絲悉由汕頭來往東關輸納一節。查潮州府東關衹徵落地税，並不抽釐。至洋紗販自外洋，煙絲産自福建永定等縣，汕頭未開口岸之先，洋紗係由省城泝東江而上，至惠州府龍川縣屬之老隆司，水陸並運，分抵潮州府屬揭陽縣、嘉應州屬各縣銷售。煙絲出産之處，本與潮州府城一水相通。從前商販或順流徑下，過府關，抵汕頭，由海道分運各處。或中途即折入嘉應州境，泝流至長樂縣，陸運越歧嶺以達老隆司，换船沿東江而下，趨省會。其時東江之白沙地方尚未設有釐廠，迨夫釐廠既設，汕頭口岸亦開，華洋貿遷，四通八達，於是洋紗之專銷於潮、嘉兩屬者，煙絲之不專銷於廣東省城者，大抵由汕頭口出入，經過潮州府關。同治九年潮州府知府何慶齡稟經前督臣瑞麟批准，東關完税照則稽徵。蓋洋紗一項，昔則東江有水陸並運之煩，今則汕頭有一葦可杭之便，煙絲一項，昔則踰嶺入江而衹注粤省一處，今則順流出口而分售沿海各區，難易固殊，趨避自審。所有洋紗、煙絲兩項經由東關，非因減輕税項而然。張聯桂前在潮州府任内，委無減則徵收之事。

又原奏内稱，東關餉有定額，添收洋紗、煙絲兩項，則衹入私囊一節，查潮州府徵收商税，每年應解正額銀六千九百四十二兩，税羡餘銀一萬二千二百五十九兩，商税、部費銀二千七百八十四兩，火耗銀二百零八兩，加增盈餘銀二萬兩，有閏之年，加增税羡銀一千三百七十九兩，部費銀二百九十兩，共銀四萬三千八百餘兩。加以補足洋銀平水、解費需銀五萬餘兩。又該廠各卡勇糧、工食、紙燭、賞犒之費，每年需銀一萬餘兩，此外地方公用爲數甚多，該府歷係遵則徵收，照額完解。查潮州東關收税，舊以茶葉、白麻、魚紙爲大宗。近十餘年來，茶、麻毫無徵收，魚紙日形短絀，綢緞概行透漏，各項廣貨報税者亦甚稀少，茶、麻等項短收之税，專賴花紗銷路較廣以補之。大率遞年徵收銀八九萬餘兩不等，較之十年以前所增無多。較之嘉慶、道光年間沙船盛行、釐金未設、民豐税旺之時，則遠有不逮。張聯桂以旺補缺，餘充公用，並無歸入私囊情事。自張聯桂去任後，近年潮關情形大致相同。至該廠向無朋充鉅規及辦用錢等苛索名目，尚不至擾累商民，與肇慶情形不同，應仍照舊章辦理。此潮州府東關税項，本關互有盈絀，無關弊竇之實在情形也。

臣等伏查肇慶税廠之旺，由於近年桂境商賈流通，紹榮稽徵得法而然，地方公用取給該廠税餘者甚多。潮州税廠之旺，由於花紗、煙絲乘輪改道所致，又須抵補他項短收。肇慶府年額解銀六萬兩，潮州府年額解銀四萬三千餘兩。其餘除彌補平水、火耗、解費外，以充廠用及地方公用之需，計肇廠於正額外已加羨餘，又增加徵盈餘，又加橋羨，較之舊制已加解三次。潮廠於正額外，已加商税羨，又加盈餘，較之舊制已加解兩次。

竊思關税一項，原有定額，果其解額無虧，既使略有餘饒，亦爲法之所不禁，此等羨外之羨，餘外之餘，留爲地方及本署辦公，原可率循其舊。第粵省現當庫儲匱乏，防務孔艱，似此雜項公用，逐一撙節，津補防需，未始非以公濟公之法。查肇慶府向解之加徵盈餘、橋羨二項共三萬兩，合計歷年實解六成，尚短銀一萬二千兩。自升任藩司剛毅任内，始令全解，然原詳僅令試解一年，再行察看情形，亦非定案。今擬改章，委員責令常年將此一萬二千兩解足。其光緒十年、十一年之加徵盈餘各二萬，橋羨各一萬，均已飭照數接續解足。至原額正、餘四項以外，凡有所餘，悉數歸公。此係將向來各項地方公用改支他款，並將該府用度極力裁省騰挪而出。每年儘數解省，約可於額外解銀三萬兩内外以充海防經費。飭潮州府將該關一切公用自行設法撙節，竭力稽徵，自光緒十二年春季爲始，每年於額外解銀二萬兩以充海防經費。合計此兩項共約銀五萬兩，應併名爲額外節省防費，每年按四季批解善後局，專爲充支海防經費，無論何事，不得挪用。暫以十年爲限，十年之内，不得無故輒請減免。十年之後，如果商貨銷路實有變遷，再當體察情形能否定額，奏明辦理。一面嚴飭肇慶府暨幫辦委員遵照裁定新章辦理，盡革規費，嚴懲索擾。並飭潮州府不得因曾解節省防費，於例外多徵病商。似此分別辦理，兩廠增解之數，固於防費可稍資貼補，而肇慶改章，永除苛斂，顯以蘇息商賈，即隱以保全正項税釐，尤爲目前要務。

湖北荆宜施道、前潮州府知府張聯桂，查無減收入私情事，應請毋庸置議。肇慶府知府紹榮經徵黄江廠税，業已遵解足額，查無收規庇護情事。其於該廠書巡多取累商，未能防查禁絶，本屬不合，惟積弊相沿，非止一任，且現擬改章委員試辦，應予從寬。請旨將該府紹榮革職，仍留本任，以觀後效。肇陽羅道潘駿猷近在同城，未能覺察，亦有不合，惟此次查出各弊，係該道會同訪查稟聞，尚與始終含糊者有間，自應一併從寬。請旨將潘駿猷交部察議，仍責成該道以後將肇慶税廠實力督察，力杜弊端。

再，此兩案因屢次駁查，派員密訪，詳核章程，是以覆奏較遲，合併聲明。

旨：覽奏均悉。紹榮著革職仍留本任。潘駿猷著交部察議。該督等請將肇慶、潮州兩廠添解額外節省銀兩及肇慶税廠改章試辦各節，均著照所請行。仍著督飭該道府及委員等實力經理，毋任稍有弊混。餘依議。該部知道。欽此。

存儲礮臺專款片 光緒十二年三月二十一日

再，粵省海防前年喫緊之時，敵氛旦夕可至，物力又極艱難，只能先其所急，先顧虎門及黄埔一帶中路。其五門要隘，只可量設土臺、土礮，静以待之。然肘腋空虚，處處可致侵軼，斷非長策。

查五門海口深廣，距省遼遠，内河港汊太多，勢難徧行設戍，節經派委鎮將、文員、洋弁周歷數次，詳加測勘。查得近内最爲扼要者略有三處。一路曰南沙洲，由横門旁入，至此可襲虎門横檔之後。一路曰大良河口，由横門入内，至此可以趨順德出省河。一路曰甘竹灘，由磨刀、虎跳兩門入内，至此可以直上西江。三處皆上、中等兵輪所可到，均須設守。每處須分别當衝夾河築堅臺，安大礮，始能有益。計需分築大小礮臺二十餘座，新式巨礮十六尊，新式次等礮四十餘尊。因所費過多，減半購配。礮價、臺工約需五六十萬，此款萬無可籌，論省防則萬不可不辦。反覆焦思，惟有銖積寸累，逐漸經營。現擬將肇慶、潮州兩府新增每年額外節省防費銀五萬兩專款存儲，以備此三處礮臺之用，不准挪作别用。按年催收，隨時訂購，接續興工，共以十年爲期，三年可造成一處，十年而畢。每年將此款收齊訂礮、布置大略情形奏明一次，臺礮配齊時專案奏報。各臺若成，五門内防自固，此乃萬不得已羅掘補苴之策。

旨：該部知道。欽此。

廠書罰款助修堤工片 光緒十二年三月二十一日

再，黄江廠書、巡浮收累商各節，此次摺内業經詳陳，自應嚴加懲儆。惟查該廠書雖係朱安一人出名供役，實則書、巡數十家朋分。朱安素充關幕，原名朱安藻，今係衆書雇募應名，並非獨享其利。若僅將朱安一人懲辦，其名則是，其實則非。於蠹吏仍無所損，而積弊過久，人數過多，亦難一一究治。

臣等準情酌理，除飭將朱安責革外，即照原奏充規八萬五千元之數，令該廠曾經獲利之書、巡等公同罰繳洋銀八萬五千元，即以助肇、廣一帶西北兩江被水之區修築圍隄之費，藉示懲儆。緣此項錢物，本係取之過肇商民，今以累民者還而利民，實爲人情之大順。現既改章裁除書吏，似可免其追究。此項旋經湊齊解繳省局，分發各工支用。

旨：知道了。欽此。

查革梧關積弊摺 光緒十二年三月二十一日

竊臣之洞於光緒十年六月承准軍機大臣字寄，閏五月初七日奉上諭：有人奏，廣西梧州關税加費過多，請飭永遠全裁等語。又有人奏，廣西積弊太深，亟宜剔除一摺，所陳梧關弊竇大略相同。均應確查嚴禁。至所稱釐金各卡應行酌量裁併，州、縣案件株連太多，請飭隨到隨結，不得拖累無辜。藩司衙門吏房爲肇慶黄姓盤踞，百弊叢生，應飭查明驅逐各節。該省積習相沿，必應嚴查禁革。著張之洞、潘鼎新按照所奏各條，確切查明，將一切弊端悉行釐剔，毋得有名無實。等因。欽此。當經臣之洞咨會前廣西撫臣潘鼎新據實查明會奏，迭次札飭西布、按二司會查各在案。潘鼎新迄無一字答覆。嗣據西兩司覆稱，潘鼎新於光緒十年奏明梧關公費解交省局，亦未准抄摺咨會。臣秉衡在臬司任内，以越事緊急，奉旨駐龍辦理後路事宜，旋蒙恩命暫護撫篆。又奉光緒十一年六月十八日上諭：張曜奏廣西被水成災，擬籌賑款一摺，據稱廣西梧州府向有應徵税銀，軍興以後，加徵養勇經費，每年約計十六七萬，此後勇營裁減，徵款未停。現值籌賑艱難，請飭將本年經費全行提充賑務等語。著李秉衡查明，先將本年經費提歸賑需。嗣後此項經費應酌減若干，其餘提歸公用之處，並酌奏明辦理。欽此。經臣秉衡一面提充賑款，一面恭録轉行署廣西布政司慶愛、署按察使沈康保查辦。

其梧關一案，經臣等迭次委員密訪，西省委知府黄宏藻、東省委直隸州知州陳占鰲、通判徐敦詒、降補知縣楊光銓、鹽大使周志端、從九品張祖恩，先後分別密查，並會委奏留差遣河南候補道朱壽鏞覆加確查，會同西藩、臬兩司核議稟覆去後。兹據覆稱，查原奏内稱，梧州府關税自咸豐七年後加抽經費，爲招集鄉勇保衛地方起見，凡往來貨物，於正税銀一兩外，加抽銀一兩，每年合計約加抽銀四五十萬兩。均收銀而不給票，肆意侵漁，無從查考。加費過多，請飭永遠全裁一節。查梧關加抽經費，實係咸豐初年艇匪、土匪肆擾，前任梧州府知府陳瑞芝（幕）［募］勇剿捕，經費無出，集商籌議，按貨抽捐，以供勇費，有税費相等者，有費多於税者。嗣後賊平勇少，而經費如故，商人屢以爲言，乃減去舊數之半。先設分局十二處陸續裁撤。光緒六年復將木雙分局裁去，或由粵東會館經費局抽收，或由水旱兩關帶抽。兹經委員改裝易服前往，向往來商民分投密訪，或佯作商賈赴關納税，或潛搭貨船覩其收費。並傳訊該局司總梁寶琛等暨平碼館商董茂興、公昌、聚豐、信全昌等，調集水旱關各帳簿暨書巡等私簿，互相參核，計該府每年所收經費約銀十萬兩有奇，實無三十萬至五十萬之多。該州自兵燹後，正税未能足額，即以經費撥補。又廣西巡撫、藩、臬、鹽道衙門辦公不敷，歷年於梧關經費項下撥解公費。此款早年出自税餘，後因軍興税絀，改在經費内動支，從前係每年三萬兩。此外雖有節壽之説，收與不收，視乎上司。光緒十年減爲二萬二千兩，裁去節、壽，餘作該府陸勇兩營及護關扒船之餉費。惟查歷年經費之數，官收雖不過十萬有奇，而商人所費實不止此。吏胥、巡役、家丁、地棍、船户浮收包吞，皆所不免。雖無檔册可稽，追出書、巡分銀底帳及船户、木商完［納］經費底簿，按月核計，全數約略可知，約計每年大率收銀十七萬兩，實爲商民巨累。

此外尚有因頭一款，爲原奏所未言及。此款係由書吏算船估税而起，定例榷算米穀豆麥各船之法，以長一丈、廣一丈、深五尺爲五因，一因五千斤，五五共作二萬五千斤。他貨二三因至七八因不等，皆有定則。書吏欺愚商賈，如米則謂例應七因，今私讓爲六因，應納使費若干，故曰因頭。商人懇囑關吏，不令報足十成，甘於税外私納規費，名爲讓減一因，實已暗增一因。先則商人利其隱漏，繼則關吏踵事多求，既屬病商，亦兼蠹税。計暗加因數，每年約銀二萬兩，私得因頭，每年約銀五萬兩，係書巡（幕）［募］丁所得。又有外費一款，係書巡府差人等所得，每年約銀六千餘兩。又有現費一款，乃上下水零星雜貨物，若缸、瓦、桂碎、爆竹、彩錢、筆竹、木梢等類，皆例不收税之物，係查船巡丁所得，每年約銀五千兩。又有柴火銀一款，乃無税無費之物，每柴一束收錢一文，係充該廠日用，每年約銀一萬三千兩。合而計之，正税尚屬有限，而商賈於正税之外所費至二十餘萬，商民怨苦實不能堪。羣蠹縱橫，人思染指，情弊之深，至斯而極。

查該廠經書七名，算房七名，銀房十名即官銀匠，巡役四十四名，内正總四名，亦稱籤子手，亦稱尺手。書巡皆五年一换，經書、算房、銀房及正總更换時，各納充費一千兩上下不等，此條最爲諸弊之根。查梧州一區，既有例設税廠，又有釐金總局，又有經費局，一日之内三次榷徵，百金之貨完至什一，實爲病商苛政。且經費一局，商民費至二十餘萬兩，而國家並不能用其分文，尤出情理之外。況徵歛愈重，商賈愈困，趨避走漏，句串影射愈多，西省税釐大局將不可問。自應將經費一項即行裁免抽收，以蘇疲商，而保正餉。並將該府所（幕）[募][一]勇丁兩營（金）[全]數裁撤[二]，以節糜費，由西省另派防營駐梧巡查彈壓。令該府於經收正税，自行竭力稽徵，不得藉口缺額，别圖彌補。從前該廠徵解税項，係前後遞推牽搭，淡旺不均，或淡月而所解極多，或旺月而所解甚少，應改令按照定額計日攤解，以免藉口賠累。此後該廠徵税，俱按定則估算，不准浮加一因。其餘吏役私收之因頭、分費、規費等項一律嚴除，永免商累。並刊給三聯印票，分别存發報查。其廠書、巡役充規概行禁革。惟根蒂不除，弊端決不能斷。應將廠書、算房、銀房、籤子手、尺手等名目、年限一概革除。廠中查船、核算、繕寫、記簿俱改用司事。籤手、尺手改募巡丁，既無報部額缺，充滿年限即可隨時另募，隨時革换，庶可杜賄充婪索之弊。惟向來各項人等仰給此廠者不下數百家，此次裁除太鉅，若不酌籌飯銀，限一定數，必至另開需索刁難之弊，防不勝防，甚至包串漏越，轉虧正款。擬令按正税之數，每兩止許收飯銀五分，分給司事、巡丁一切人等，統在其内。不准多取分毫，亦不准别立名目。

查梧州釐局，向有商捐三江緝捕簰一項及鹽包小釐一項，以養護商扒船。每兩五分，每年約銀一萬二千兩。現經臣秉衡飭將此項緝捕簰委員、勇役、扒船概行裁撤，另派水師扒船巡護，緝捕簰、鹽包捐項概行免交。計以此項抵税廠飯銀之數，每年商民尚可少納銀七千餘兩。此外貨船一隻有紅單銀一錢，有挂號錢上水一百文、下水二百文，有收旗錢三十文，皆散役、差艇所得，爲數甚微，應准均仍其舊。又查上項所開柴火銀一項，銷路甚廣，取之甚微，積之甚鉅，無税無費，尚不至爲商民之累，此項一萬三千兩即遵旨提充公用。查西省鄉闈經費，例銷止一千九百餘兩，不敷甚鉅，向係由各州、縣派捐銀一萬四千餘兩，其餘由外籌補，各屬瘠苦難支。應即於此項内按年提銀七千兩解存司庫，備支科場經費。以後各州、縣應攤闈費，立案永遠免派。至舊日院、司、道公費二萬二千兩，原係辦公之需，臣秉衡及司、道等均未提作私用。惟現既停抽經費，不宜累及該府，惟有極力撙節。擬裁減一萬六千兩，即以柴火銀餘款六千兩分季解交善後局，分充巡撫、藩、臬、鹽、道各衙門辦公之需。並將此次裁革減定各項數目，榜示該廠十里内外，並勒碑水陸通衢，人人共見，永遠遵行。計税費均按例定因法徵收一項，裁減約二萬兩。經費一項，官私裁除約十七萬兩。因頭一項，裁除約五萬兩。外費、現費兩項，裁除約共一萬二千兩。緝捕簰捐款、鹽包小釐兩項，除抵充飯銀外，裁減約七千餘兩。通計此後商賈過梧關者，每年約可省銀二十五萬兩。若有浮收勒索逾於定章之外者，被人告發或經查出，嚴行

[一] 以上脱、舛四處據楚學精廬一九三七年版《張文襄公全集校勘記》補、校正。

[二] 「金數」，應作「全數」。

參辦。並嚴禁梧州府永遠不准餽送上司節壽，如有私送私收者，與受均一律參處。

又原奏内稱，廣西藩司衙門有吏一房、吏二房，向係廣東肇慶府人黄姓充當。而作弊惟吏一房尤甚，盤踞日久，視缺分之肥瘠索取規費一節。查廣西正佐各缺，原有詳定輪委、酌委章程。前藩司張夢元謹小慎微，在任日每有缺出，必詳核輪委、超委各册，照章辦理。現署藩司慶愛一本定章，間有人地未宜改爲酌委者，隨時稟由臣秉衡酌定，始行懸牌詳委，傳到各員面給委札，不經書吏之手。官場並無閒言，似無延擱索規之弊。至補缺本有定例，無論酌補之缺，均詳由臣秉衡悉心核定，分别題奏辦理。官員繳憑，例應於到任後扣明程限有無逾違，具結列批送司，按季彙繳。其間有聲扣舛錯，駁查更正以致稽延，亦事之所有，並無半年後始行繳憑之事。藩署吏一房書吏，前藩司張夢元於到任時查閲卯册，見係黄姓居多、且籍多肇慶者，業已分别更换。吏二房書吏，查無黄姓之人，署藩司慶愛隨時訪查，各書尚無弊竇。其有承充年滿者，概行撤换，一有弊端，立予革究。

又原奏内稱，廣西釐金各卡，自桂林順流而下，省垣上下兩關卡，陽朔縣城一卡，平樂府城一卡，照平縣城一卡，梧州府城三卡。自梧州府溯流而上，則至藤縣一卡，濛江一卡，平南縣之白馬塘一卡，大烏墟一卡，桂平縣之大隍江墟一卡，潯州府城兩卡。又自潯州府分南北河溯流而上，其南河則横州之南鄉墟一卡，永湻縣城一卡，南甯府城三卡，宣化縣之三江口一卡，右江平馬墟一卡，百色城一卡。其北河則至武宣縣屬之濁水河一卡，柳州府城兩卡，融縣長安墟一卡，古宜墟一卡，慶遠府之懷遠鎮一卡。皆大河船隻所常經。其餘窮鄉僻壤私設之卡，尚難盡悉。各卡有督辦，有幫辦，有委員、司事，有尺手、巡丁，除耗費侵漁外，報解不過十中一二，朘削商民，應於府城舊設釐卡酌量裁併。其外卡除擇要者酌留一二處，其餘概行删汰一節。查廣西地瘠山多，舟楫可通之處，乃有商賈聚集，是以開設釐卡，皆在濱河口岸。而四境多與雲、貴、廣東、湖南等地連界，支河歧出，並無扼要總口堪以歸併抽釐。不得不於桂平、梧潯、南甯、百色、柳州、慶遠等府屬沿河市鎮，設立正分各卡，或管抽收，或司查驗。設卡之數，雖似較繁，實因杜絶繞漏，並非節節重徵。蓋西省釐金章程，凡商民囤貨，發行時抽落地釐金一次，販運貨物由鄰省入境者抽入境釐金一次，由本省運赴鄰省者抽出境釐金一次。無論落地、入境、出境，均止抽收一次，經過各卡驗票放行，概不重抽，辦理多年，歷久相安。水陸設卡之外，陸路祗泗城府屬汪甸卡一處，稽查滇省繞道入粤之貨，其餘僻遠之區，實無一卡。歷來設卡之所，必先詳由撫臣批示，大張曉諭，方無抗違，更不能任意私設。至各卡有督辦、幫辦、委員、司巡等名目，則係量釐務之繁簡分别酌派，其應支薪水經費，向有定章，不能任聽虚耗。歷經查察整頓，將行爲卑陋、聲名平常之試用縣丞蔣錫熊、吴桂森，從九品尹鋆一、史葛森、徐溥，試用通判程銑先後參革，並將開報含混之通判陶用中，加平漁利之司事、丁憂湖北巡檢孫新原即孫仲裘參革究辦在案。近年釐數每年總在六七十萬之間，廣西貧瘠省分，貨少商稀，抽數尚不爲絀，似無侵隱之弊。如果報解不過十之一二，則每年收數當在四五百萬，從何有此巨款。所議裁汰釐卡一節。查前次給事中劉曾、戈靖先後奏請查辦，均經澈底查核。凡有可裁之卡，已欽遵諭旨裁去二十餘處，無可再裁，經前撫臣覆奏有案。臣等亦知抽釐爲不得已之舉，如能隨時裁撤，以恤商艱，原屬善政。無如邊防孔殷，餉需緊迫，廣西別無可籌之款，惟有仍請循舊辦理。嚴飭承辦各員，倍加謹慎，力杜煩擾，容俟時務漸緩，再行體察情形，酌議裁併。

又原奏内稱，州、縣案件株懸太多，候質之人，概行監押，書差私行拷撲，停給粥飯，必索詐得遂而後已。炎暑薰蒸，禁卒又不打掃囹圄，以致死於饑餓、拷撲、瘟疫者纍纍。該管官定有月報限期，各州、縣多空文回覆，其實案仍延閣不辦一節。查各州、縣辦理一切案件，先經升任撫臣張樹聲照直隸清訟章程，將積案監禁、管、押、逸犯四種分别管收，除在四柱按月册報，專派委員將各屬月册逐案詳核，隨時飭催訊結，分别功過。自理詞訟，只准一原、一被、一證，或證至二三人而止。令頭門外懸挂粉牌，將在押人名、案由、月日及有無刑具，逐一開載。儻有私押、私刑，准該家屬喊禀，並由省隨時委員密查。如並未懸牌及開報不符者，懲處。臣秉衡起家州縣，於恤民一端，時兢兢以此爲意。前在臬司任内，深恐各州、縣有名無實，復經通查各屬未結各案，應辦者依限詳辦，應釋者取保開釋。各州、縣陸續禀報遵行，雖才具短長不一，尚不至延擱不辦。其候質之人，分别取保候訊，並非概行羈押。並嚴飭各州、縣清查監獄羈所，勿令禁役勒索凌虐。曾經委員密查，分别懲儆，尚無十分荒謬情弊。署臬司沈康保到任後，仍不時嚴加查催。惟州、縣斷不能人人勤明，差役更不能忘情訛詐，惟有隨時密訪，隨事重懲。有被控及查出者，不稍寬貸，或可獄少冤民。此又非章程文檄所能爲功者也。據該司、道等先後查明議擬，分别禀覆前來。

臣等伏查此次飭查各節，以梧關經費爲最要，此事前曾經言官論及，此次奉發一片一摺，皆論此事，其爲病商厲民，亦可想見。此次臣之洞委員往查，書巡等許以重賄，加以恐嚇，該委員堅拒不聽，因遂造言傾陷，希冀撤回。臣等察知狡謀，不爲所動，然則積弊之深，澈查之難，更可概見。現經裁撤經費局，革除廠書、籤手，裁減公費，禁止節籌，改章立案，勒石永遵，當可於恤商保餉，均有裨益。丁憂梧州府知府梁俊，未能禁止書巡多取病商，迭經飭查，復不行據實禀明查禁節費充公，咎無可辭。惟經費局歷經相沿，弊端積重已久，未便專責一人，致有偏枯。且該府平日居官，尚能辦事，似可量予從寬。相應請旨將梁俊以同知降補，以示薄懲。其嚴禁藩署書吏盤踞把持，以及整頓釐務、清理訟獄各節，均係實在情形。至光緒十年梧關解存公費，臣秉衡與西藩、臬兩司、鹽道，俱係存局充公，並未移作私用，臣秉衡上年先已奏明提作賑撫水灾之用在案。十一年臣秉衡等公費亦已遵旨提解。

再，此件因臣等六次委員密查，始得查核詳實，且須察度情形會商定章，是以覆奏較遲，合并聲明。

旨：另有旨。欽此。

停止沙田各捐摺 光緒十二年三月二十一日

竊臣等於上年十二月初二日承准軍機大臣字寄，光緒十一年十一月初七日欽奉上諭：御史熊景釗奏粤東沙田派捐請飭裁撤一摺，據稱該省派收富捐、房捐、牙釐捐，及魚、肉、油、酒等捐，並徵收沙田，苦累小民等語。該省前因辦理防務，徵收沙田捐輸，現在防營漸撤，用款較減，著將此項捐輸即行裁撤。此外因辦防新增各項捐輸，並著一律停止，以恤商民。至沙田升科一事，正賦攸關，豈容奸民蔽匿，迭經户部奏催辦理。著該督撫督飭所屬，查明已升科若干畝，未升科若干畝，即將未經升科之沙田迅即確查妥辦，並著將辦理情形詳晰具奏。將此各諭令知之。欽此。仰見聖主軫念民艱，培固根本之至意，曷勝欽服。當即恭録行司欽遵辦理。

兹據署廣東布政使蕭韶詳稱，粤省庫儲支絀，用項浩繁，久已入不敷出。自籌辦海防以來，需費尤鉅，内防各口，外援四鄰，無一而非鉅款，無一稍可緩圖，不得不取資商民，多方補綴。統計自光緒九年以來，粤省辦理各捐大率有五：一曰沙捐，一曰紳富捐，一曰停止防費改抽之牙捐，一曰房鋪捐，一曰當捐。

其沙捐一項，查粤省沙田利息最厚，弊端最多，斥鹵久熟不肯補升，溢坦日增終不首報。同治五年原辦升科，儘呈報之數勘丈，於同治九年停止。光緒十年春間，前督臣張樹聲暨臣文蔚因籌辦海防，查知溢坦未報，斥鹵未升者尚多，援照成案改辦沙捐，以期簡易。臣等於光緒十年八月曾專札切飭司局議辦升科，請給部照，爲正本清源之策，並舉臣之洞前在山西辦理豐甯馬廠官荒升科，發給部照，民情樂從成案爲據。迄以防務倥傯，清丈無暇，司局未能定議。查光緒元年二月成案，沙田一畝捐銀二錢，沙田業户，類皆富紳大户，連阡累陌，此項捐數甚微，絶無苦累。從前未辦防務，此項均能樂輸，此次照案辦理，並未創立一法，多抽一文，察看輿情，似無窒礙。上年西、北兩江雨潦爲災，新會、香山等處並未成災，然亦間有漲溢被水之處，經臣等當即批示立免捐抽有案。故光緒十年所收十四萬餘兩，十一年祇收十一萬餘兩。此辦理沙捐實無苦累小民之實在情形也。

紳富捐一項，係於光緒九年海防緊急，粤省各官公議捐廉充餉，以爲紳富之倡，官捐至五萬九千兩。各處紳民食毛踐土，具有同仇報效之忱，自亦未便阻遏，亦經前督臣張樹聲會同臣文蔚奏准辦理。其書捐則由各紳富自行酌量認繳，仍照章請獎貢監封典虚銜。臣之洞到任旬日，即與臣文蔚會商，於光緒十年六月刊發明示，曉諭各縣，所有紳富捐，悉作爲團練經費，自捐自用，自衛身家，不以提充省用。前委勸紳富捐各員即行調回，責成地方官會紳勸辦。然多有家資數十萬以至百萬並未輸納分文者，亦皆聽其自然，不便抑勒。且自光緒十一年春間起即罕有書捐，僅有收繳。故以粤之富甲東南，除捐項留充團費外，僅據繳捐銀十五六萬兩，以之支發鄧安邦所謂東莞新安團勇及添補各團軍火、軍裝之費，不敷尚多。此歷辦紳富捐之實在情形也。

牙捐一項，本於光緒十年四月抽收海防經費成案。查從前海防經費，係愛育堂商董勸辦，即在各行户中自行抽繳，每年認交銀三十一萬餘兩，經前督臣張樹聲會同臣文蔚奏明在案。嗣因收繳未能如數，而防務益緊，需款繁多，因思定一抽收章程，以免推諉，而期推廣。查粤省貿易向章，買主每兩扣平三分，名爲九七銀水。令買主補足十成實價，於此項三分補平之内抽繳銀二分四釐，餘六釐以給行户，謂之九七補平捐。因端緒煩瑣，且不欲官吏經手，仍歸行户承辦，故亦稱爲牙捐，亦經臣等於上年九月奏明在案。計自設局開辦以來，臣隨時稽察，多方防弊，嚴札手書，面飭切責，殆難殫述。章程未周者，隨時更定。局員辦理不妥者，經臣等於光緒十一年八月奏參通判陶家馥、縣丞張正容、從九品符國瑞等三員，節次撤换八員。商人有違章多抽者，亦隨時斥退查辦，具有案牘統計。省城附近各行認定捐款，通年可收銀七十萬兩，已收者四十萬兩，隨時充支防餉。若省外大縣巨鎮，酌量添辦數處，計所收不止百萬。原議本擬俟收繳一年後，得其實數若何，確知其利病所在，或改爲官督紳辦，或酌設官牙行請頒牙帖，令牙行經收，以杜外行商人冒承中飽之弊。至魚、肉各捐並未抽收。鮮魚一行實係大宗，從前曾抽坐賈釐金，後經停止，此次並未捐及。省城官商所萃，每日屠行所售豬隻，總在三千以外，銷流極大，從前亦有屠行豬欄坐釐，亦經停止。即如四川省，向抽肉釐爲通省夫馬三費等局專款，近年因海防需餉，加抽肉釐，復增鉅數。此次牙捐，屠行、豬欄本擬仿照川章議抽，嗣因行欄爭承，並未舉辦。油、酒本係商業大宗，榷酤之法，古今不廢，即係牙捐之一端，並未另立專名。此項鉅款，終以中飽難防，恐爲民累，因將牙捐一項於上年十二月刊發告示概行停止。此辦理牙捐係由舊案海防經費一項改抽，並未開辦魚肉捐，亦無另辦油、酒捐之實在情形也。

房捐一項，始於光緒十年。查粵省房租一項實爲富户貲産大端。其時外警日聞，匪徒蠢動，西關及城外紳民僉請募勇巡護，因與局紳籌議，於省城、關外、河南三次闤闠繁盛處所，令業户捐房租一月，四鄉皆未捐抽，官收七成，民留三成，以爲局費。除省城外，令各州、縣查明情形，酌量勸捐。嗣據各屬禀覆，情形不一，每縣或捐二三千兩，或數百兩，勸辦者止有數處。當察其不易舉辦，即令外屬勿庸辦理。計收到者，則以支發西關、沙基巡勇及東莞、新安、南海、沙灣等處調防團勇及添補各團軍裝、閱團犒賞各費。計省城及外屬零星數處，僅收銀七萬餘兩即行停止。所辦未及百分之一，且僅捐一月，似尚無傷。此開辦房捐抽收無多之實在情形也。

此外有原奏未及之當捐一項。查當商本係殷富之家，各省遇有籌費之舉，勸捐當商，事所常有，無關大衆商民。光緒九年前藩司剛毅任内，令每當鋪一家捐銀一百兩，未經議獎，亦未收齊。此次勸令當鋪報捐監生，上等者捐監二名，次者捐監一名，移獎子弟者聽。列入上等者僅止十分之一二，數甚輕微，又有獎叙，仍懷觀望，收繳無多。此歷辦當捐之實在情形也。

以上沙捐、富捐、房捐、牙捐，統計四項捐輸，於上年秋冬間先後一律停止，兩年内共止收銀約八九十萬兩。較之道光、咸豐年間粵省每有軍需要款，紳商捐助動逾二三百萬，實相懸殊。蓋雖當防費窘迫之時，必以固結民心爲計，粵省籌餉未能擴充，實由於此。且其中以之支發團費巡勇者居多，仍係民間自用。至沙捐停止，改辦清丈升科，誠爲至計，惟經費先需鉅款，約計一二年後方能見效，而目前來源已竭，出入相懸甚鉅。京協、防餉、洋款三大宗未知如何措付，若不另行籌措，必致貽誤匪輕，難當重咎。容再體察情形，趕緊設法，詳請奏辦，以濟眉睫之急等由，詳請具奏前來。

臣等伏查粵省歷年開辦諸捐，實因防餉緊急，萬不得已，暫行設法抽繳，悉經熟議酌辦，未敢稍涉病民。沙捐、富捐皆有本省成案，富捐尤係各省通行，皆係勸之巨室殷商，與小民絲毫無涉，且係聽其自認數目，核給獎叙。勸諭之時，隆以禮貌，寬其限期，但有渾涵，並無抑勒。牙捐係本之行户防費成案，稍爲變通，隨時查禁。房捐乃係僅抽一月業租，藉充團費，且未全辦，似均不至苦累。除當鋪捐監能否隨時勸導，應聽各州、縣酌辦外，其餘各項皆於上年六月撤防以後以至冬底陸續停撤。

竊惟籌餉之策，何一非取資商民，但使事在可已，自係少一捐即省一累。無如海防緊急之際，遠則瓊、廉、潮各口，近則省防六門，處處可危，假如力絀防疎，敵船闌入，稍有不虞，土匪乘之，各屬騷動。即就廣州屬六大縣而論，其時濱海紳富商民所耗失貲財，當不知幾千億萬。是以每遇籌款之舉，皆係采集各官紳條議，由前、今司道等覆加酌核，籌商累月，始定一議。凡係違道病民者，立加駁斥。即如參將鄧韞輝因出位言利，經臣之洞於光緒十一年八月奏參革職在案。臣等皆係書生，於宏才遠略則自愧不能，至於恤民固本之大經，則刻刻講求，以爲首務。

綜考前年海防有事以來，開源節流諸大端，深費部臣籌計。兩淮則抽捐川鹽，湖南則鹽斤加價，江蘇則開辦牙帖，四川則加抽肉釐，臺灣則派各縣捐輸，數至百萬，此皆見諸邸鈔以及咨行奏牘。至於髮、捻滋事以來，除四川常年按糧捐輸百餘萬不計外，湖南之西征協餉，係於釐金内帶抽五成，江蘇之畝捐、指捐、門捐、釐金内加抽二成善後，浙江、福建之絲捐、茶捐，山西之富户捐輸，此外各省之一切捐款，廣東之歷届籌捐，其爲藉資商民，情事一轍。歷來督撫統兵大臣奏牘所謂籌款，無非出之捐抽。粤省舊案現章，收數用款，未能人人深悉，以致局外之人及過客游士，但見名目較多，以爲皆係創舉苛派，傳爲苦累小民。臣等悚愧交集，寢饋難安，自應遵旨一律停止。現在並無絲毫捐派有礙民生之處，堪以仰紓宸廑。惟餉源已竭，出入相懸，本年正月奏指提、補解、新增京外各餉，暨未准湘餉、未經議定之賓源洋款並運庫不敷，竟短至三百數十萬兩。計境内境外、省内省外水陸裁汰至一百餘營，節省不爲不多。現擬遵旨開辦沙田升科，照章留闈姓捐款摺内核計已短銀二百餘萬兩。近又加以節次部咨駁催、清丈，但非一二年内所能收效。洋款既有必還之期，部檄屢增嚴解之款，現在三路辦匪，瓊州勦辦客黎及舊日水陸巡緝之兵不能盡去，礮臺海口軍機一切善後之計不能盡蠲，流已無甚可節，源亦難於再開。臣等與司道各官日夜焦灼，不知所以爲計，如籌有妥善辦法，無損民生，復能有益國計，再當奏明請旨辦理。

旨：户部知道。欽此。

懇恩續假摺光緒十二年三月二十一日

竊臣以病軀不支，難勝疆事，於上年十二月具奏，懇恩准予開缺回籍調理。本年二月十七日差弁回粤賫回原摺，後開軍機大臣奉旨：著賞假一月，毋庸開缺。欽此。跪聆之下，感悚莫名，當即一面經理職守，一面設法調治，冀得就痊。無如經月以來，政務之繁愈甚，舉凡規畫善後、督察盜案、部署匪鄉、裁汰諸軍、綜節庫款、核催圍工、籌畫沙田、懲勸將吏、料理一切交涉事宜，千條萬緒，紛至沓來，無一非棘手之事，無一有可循之例。加以痼習太重，曲折太多，急之則棼，緩之則玩，每有一事，無不煩屢次之文牘語言。然人才止有此數，又不便操之過急，而廣東撫臣適在假中。臣督率司道鎮將各官籌思經營，并會商東西兩撫臣辦理。其接見僚屬，鉤考案牘，仍復夜以繼日，寢饋不遑，並無片刻休息之時。故轉瞬匝月，病體仍未輕減。惟聞近日各省疆臣引病者較多，未敢遽行瀆請，惟有仰懇天恩再予賞假一箇月，俾得加意醫治，其地方政務仍當力疾辦理，俟届時揣度精力是否尚能支持，再當據實上請。

旨：著再賞假一月。欽此。

謝賜福字摺 光緒十二年三月二十一日

光緒十二年二月初九日差弁回粵，賫到御賜福字一方，當即恭設香案，望闕叩頭祗領訖。欽惟我皇上道涵萬彙，德幬八埏。綏藩安丹徼之氓，躋於仁壽。布澤奉璇闈之訓，必有豐年。值鳳紀之更新，荷龍章之下賁。雲書耀日，海國生春。臣職任珠江，忱馳玉陛。一字九疇之錫，綸綍榮叨，兼圻兩載之恩，涓埃未報。稽同天於堯典，共慶東作西成之休徵。覩益地於虞圖，永頌北燮南諧之郅治。

籌設鎮缺摺 光緒十二年三月二十四日

竊惟廉州府境處廣東極西南隅之地，南臨大海，有北海、龍門兩口。所屬欽州，西南界越之海寧府，西包中越交界之分茅嶺、三不要等處大山，西北接廣西之土思州。土思、思陵兩土州，皆有通越邊隘。所屬合浦，北接廣西之博白所屬靈山北接廣西之橫州，皆爲積匪好亂之處。該府陸路營汛歸高州鎮轄，水師有龍門協兩營歸瓊州鎮轄。

查高州鎮統轄高、廉、雷、羅四府州營汛，駐劄高州府。自北海通商，華洋紛錯，廉郡已爲要衝。越事既變，廉屬遂爲外洋入華北岸水陸第一道門户。高州鎮總兵常年帶兵駐防北海，兩年有餘不能旋署。而高州鎮轄境遠及羅定西北一帶，與廣西之岑溪、容縣、北流、陸川、博白等縣壤地相錯，均爲伏莽所在。高郡本屬電白、信宜等處，向多會匪，光緒八年十二月，會匪莫毓林等謀爲不軌，雖經撲滅，餘孽至今未净。該鎮若常駐廉郡，則於高、羅等處腹營邊備鞭長莫及，若仍駐高遥制其餘，礮械、臺壘、港口等事，斷不能并力經營。且防海之要，尤在水師，而龍門協水師副將隸於隔海之瓊州鎮，呼應不靈。今昔情形緩急迥異，審度時勢，必宜變通。

前奉光緒十一年七月初五日寄論，令臣之洞與西省撫臣籌議鎮南關邊防事，宜添設提、鎮，扼紮重兵。仰見朝廷廑念邊疆，因時立制之至意。臣等因將東省邊情、營制與提鎮司道等集議詳籌，僉謂廉、欽設防，在今日極爲喫重，然形勢必取近便，水陸必須兼資。宜分高州鎮所轄自石城縣以西之陸路各營，瓊州鎮所轄自海安所以北之龍門協水師兩營，專設一鎮，駐劄廉州。但高州鎮屬各營撥出既多，轄境過狹，而陽江鎮事務較簡，宜分陽江鎮所轄自陽江廳以西之沿海水師各營，撥歸高州鎮。自陽江廳以東之赤溪協，亦仿香山、順德水師各協營之例，自爲獨營。庶幾輕重相宜，遠近相等。擬請於廉州特設總兵一員，名曰北海鎮水陸總兵，駐劄廉州府，以廉州營遊擊爲北海鎮標中軍兼左營遊擊。陽江鎮左營兵數較多，陽江鎮右營既有都司，復有守備，同駐電白縣城，應移右營都司駐廉州府城，爲北海鎮右營都司。即撥陽江右營兵二百名，並撥陽江左營兵二百名隸之。陽江鎮左營遊擊改爲陽江營遊擊，尚存兵四百二十餘名。陽江鎮右營守備改爲電白營守備，尚存兵三百一十餘名。其龍門協副將兩營，欽州營參將，雷州營參將均歸北海鎮統轄。石城縣爲廉、雷兩府往來之道，應將向駐石城之化石營都司改爲石城營都司，隸於北海鎮。化州距高較近，仍應屬高爲便，應將化州城守千總改屬於高州鎮右營都司。靈山縣爲廉郡北門，兩省商旅要道，匪多俗悍，素患空虚。查羅定右營都司駐新興之河頭汛，事少兵多，雷州右營守備駐遂溪之白沙塘，地僻事簡。應移該守備爲靈山營守備，即撥雷州右營兵一百名，并撥河頭汛兵二百名隸之，屬於北海鎮左營遊擊。河頭汛尚存兵二百七十餘名，雷州右營尚存兵二百六十餘名，令歸雷州左營守備管轄。北海商埠日盛，交涉事繁，且有税關釐局，防護宜嚴。應移龍門協右營都司并所屬弁兵五百四十餘名駐防北海，并分防潿洲墩，仍歸龍門協管轄。計北海一鎮統轄本標中軍兼左營一遊擊，右營一都司，水師龍門協一副將，陸路欽州營、雷州營兩參將，石城營一都司。各營地皆濱海，該鎮居中控馭，形便責專。

并擬請將陽江鎮裁省併入高州鎮，亦改爲水陸總兵。以陽江鎮所轄之陽江左營遊擊、吴川營都司、（硇）［碙］洲營都司〔一〕、分防電白之陽江右營守備，併歸高州鎮統轄。陽春營守備駐陽春縣，向隸肇慶協副將。該縣距肇慶甚遠，中隔新興大嶺，地形插入陽江廳、羅定州之間數百里。應將陽春營守備改屬於陽江營遊擊，亦統轄於高州鎮。計高州一鎮統轄本標中軍，兼左營一遊擊，右營一都司，陸路羅定協一副將，水師陽江營一遊擊，吴川營（硇）［碙］洲營兩都司，電白營一守備。本轄氣勢較爲團結，且高郡距廉較陽江爲近，一旦海防有事，與北海鎮易於呼應。其陽江鎮所轄之赤溪協副將、水師左右兩營，距高遠而距省近，應改爲獨營，徑隸於水師提督。至於洋面，責成水師各營，向有分地統鎮，雖改地段，仍舊毋庸更定。其北海、高州兩鎮巡洋事宜，應照向來水師總兵巡洋班期辦理。似此一轉移間，將弁額兵並無增益，而廉州設有重鎮，則可專力籌防，高州鎮屬地勢緊湊，則可便於調度，既無東西兼顧之慮，亦免邊腹偏重之虞。據陽江鎮總兵黄廷彪、署瓊州鎮、高州鎮總兵張得禄，藩、臬、運三司督糧道會議稟詳，並准水陸兩提督咨覆前來。

臣等伏查今日之廉州，邊海交衝，實爲粤省重鎮。該鎮既不能暫離防所，復不能遥控高、羅，建設專閫，洵爲要圖，不兼水師，亦多窒礙。而高州鎮遠防廉、欽，實不如近扼吴、電，陽江鎮屬境既狹，即毋庸自爲一鎮。若照現議裁併改撥，則北海、高州兩鎮均有海防之責。地勢環接，控扼易施，水陸兼轄，洋防易固。實於内鎮外防，均有裨益。謹繪具圖説，恭呈御覽，伏候聖明裁奪，敕部速議施行。其未盡事宜，容俟奉准後續行議奏。

旨：兵部速議具奏。圖併發。欽此。

陳明廣東洋務情形并委蔣澤春兼辦片 光緒十二年三月二十四日

再，前因粤省洋務過繁，遇有要件，須先派大員與之辯論，方有層次。經臣奏奉諭旨，派委兩廣鹽運使瑞璋兼辦洋務在案。瑞璋旋經升授江西按察使離粤。上年十二月間，出使美、日、秘國大臣張蔭桓道出粤省，面語臣云，廣州法領事法蘭亭向該大臣稱，遇有要事，如臣未暇接晤，只須擇一可以商酌定議之人與之商辦亦可等語。是各國領事但求有人與之接見，爲彼了事，即臣不常與見，亦尚無妨。查署兩廣鹽運使蔣澤春，明亮老成，凝重得體，經管此事，必能妥協。現擬即委該署運司辦理洋務，要件仍由臣授以大指竅要，令接晤後稟覆，由臣核定。不過取其免來屢瀆，且可商度詳審，易於轉圜。如察其情形緊急，非面見不可，

〔一〕查《辭海》、《漢語大字典》均無「硇」字。疑應作「碙」字。《清史稿·地理志》吴川縣有「碙州」。《漢語大字典》第二四三〇頁有「碙洲」條。

臣即立予接見。大抵交涉之事，不能不辦，而操縱之權，不能不施。

查領事職分本卑，介乎官商之間，西洋各國於此等人員，待之與他項職掌之官有異。各國公使方與中國大臣督撫敵體，領事分際本殊。祗以近年洋人深悉中土虛實，狡妄日甚，兼以廣東向來於交涉之件過形遷就，是以愈久愈肆，瀆擾不休，每隔數日必來一見。驕蹇不遜，要求無厭，無論極瑣細不情之事，一來函牘，即須應允，即須速辦，其函牘之語，無非凌侮挾制之詞，幾非敵體。故論廣東洋情，不特非各國交際之常例，且亦爲中國各口岸領事之所無。一切商務、居址、交際、游歷，逐漸侵占，任意踰違，不合條約明文，亦無奏咨成案，此類甚多。祗因洋人暴横，歷任疆臣恐生枝節，諸多隱忍，以至今日。其已往之失，已難追改，而日熾之燄，急宜防維。

自臣到任後，待之稍加嚴重，其妄干者明予斥拒，失禮者立即駁詰。其函牘之無禮過甚，混瀆不休者，則置之不答，然亦每每開誠直言，略去故套，以情理剴切勸導，彼似亦頗有聽悟之時。臣遇有應告知該領事之事，或派地方官，或派局員，或派司道，或另派委員，或約之使來，或令委員作函與之，並無一定。彼亦積久相安，近來似覺稍爲安分，函牘措詞亦漸謙和。故英領事曾屢次自赴釐務局商辦各事，或自尋晤洋務委員商辦一切，均不盡拘歷年體式。

竊思此次派委運司蔣澤春辦理洋務，似總理衙門竟可勿庸知照該國公使，待其來署詢問，即告以此事粵督已經奏明，粵省洋務仍是粵督辦理，此不過多委一大員可以時常晤商，免致躭閣之好意，彼自無詞。蓋預先知照則彼將以爲專待該使商定，或反刁難，若徑由臣酌辦，則彼自氣沮。

至於交涉各案經臣駁斥者，如英商德喇吉私販爆竹案，漏越釐金，訊詰詞窮，領事嘉托瑪認錯罰銀，並函稱該國公使屬向臣致謝。番禺縣民崔七、順德縣民鍾評山等假冒洋行案，搜出洋文合同，洋人當現、津士等親寫悔狀，英領事韓仕認錯，願聽封禁。南海縣民何回生私販火水油被緝案，冒稱英民洋行，藉傷訛詐，勢甚洶洶。經臣駁覆傳訊，旋據該領事嘉托瑪照會，報何回生病故。英國貴翰輪船在澳門外洋面被刦案，領事費里德函索卹銀，意在責賠，臣正言拒之而止。高要縣英國教堂被鬧案，經臣飭縣查結。領事費里德來函，現據教士查出教民辛炳南去年所報失單，數目鉅而且虛，已將辛炳南斥出，不准在教内理事，請予銷案。德國領事穆麟德借輪向肇慶頂符山遊歷，經臣駁以條約所無，穆麟德復以前任常借有案，盛氣强索。臣駁以前任錯誤，本任不能照辦，遂即中止。至前年法國教堂間有被鬧人滋鬧損失各案，法領事師克勤初到粵時，文牘索賠，責令委員會同教士查辦，其勢尤爲狂悍。經臣直言開戰以後之事，例得勿論，無可查辦。其公使在京瀆擾，經總署力斥其妄，數月來遂已寂然。若能始終堅持，彼斷無理可説。

以上各案，其先皆甚横肆，似乎事在必行，及經多方折駁，亦遂默然轉圜。大抵臣體察在粵洋情，徇之則驕，折之則謹，逞刁蒙混，得步進步，與中華之奸商訟棍略同。所言固亦未必可信，所求亦未必期於全予准行。在粵省則扛攬私貨，香港則包庇私鹽，無非得規漁利，既違中外約章，亦犯該國禁令。蓋洋人來粵最久，譎猾尤甚，迴非早年初通中國之洋商及目前在其本國之西人，尚略有守信質魯之意。粵地華洋相習，但餌之以利，洋人亦往往肯爲我用。即如前年去年法氛未息之時，有一香港法人，時爲我密報法人動静情形，十得七八。年來有英人謝耳仕、美人士邊臣，皆爲釐局作綫引拏私貨私土，故粤省之探測洋情亦較他省爲稍易。駁之之道，所求事件，有理者力認辦妥，不必推諉，不待催促。無理者直言拒駁，亦不周旋。若再瀆擾，則竟置之不理，百折不回。彼雖島夷，亦有政體、公論。彼雖强悍，亦有形勢牽掣、兵餉不便之處。斷不能因無理細故，輒啓衅端。領事無理生事，亦斷非其國外部之意，彼看無可如何，自然消沮歇手。而尤在日夜孜孜經營戰守，講求船礮，使彼知我時時有不忘戰事、不甘隱忍之志，則可省無數口舌波瀾，此尤無形之折衝，探源之因應。粤省洋務，確係如此情形，他省口岸洋情，似亦相類。

總之，臣承乏海疆，自當上稟朝廷懷柔之略，隱折他族侵凌之燄，既以防微杜漸，亦即以息事安人，惟有量力審勢，妥慎辦理。若故與海外諸邦違約逞忿，致挑衅端，臣固有所不敢。若遇華洋商民交涉事件，强詞偏袒，自處於曲，致失我國家大公同仁之政體，臣亦有所不爲。凡所力持嚴拒者，要皆於理宜爭、於約不背，於勢可行之端，斷不致自生枝節，上勞宸慮。

旨：覽奏均悉。尋常交涉事件，可由該督派員晤商，至事關緊要及領事初到請見，仍著該督與之面晤，免滋藉口。該衙門知道。欽此。

大員之母年未百齡五世同堂請旌表摺[一]　光緒十二年三月　日

竊查定例壽民婦年未百齡五世同堂者，令該督撫分别年歲給與匾額，賞給緞疋、銀兩。又滿洲、漢人三品以上文武大員之父母、妻室，有年届百齡親見七代，或未届百齡五世同堂，例得建坊給匾者，請旨勅交内閣另擬字樣進呈欽定，以昭優寵等因。兹據署廣東布政使蕭韶詳，准廣東候補道鍾懿蓉等移報，有同鄉記名遇缺儘先題奏提督畢什固圖巴圖魯，廣東肇慶協副將刁經明之母刁劉氏，係廣西潯州府武定縣人，生於嘉慶丙寅年，計至光緒十二年現年八十一歲，生子二人，孫十人，曾孫十人，元孫一人，親見八代，五世同堂，理合繪具宗圖造册加結，移請旌表等情，由司覆核轉詳前來。臣等覆查該壽婦刁劉氏，秉性温柔，持躬淑慎。事重闈而盡孝，早著賢聲。撫弱子以成人，更傳德訓。澤延後嗣，欣看蘭桂之齊芳。壽躋遐齡，喜值桑榆之溢慶。歷聖世五朝之歲月，膺閨門一品之光榮。宜荷旌揚以彰人瑞。除將宗圖册結送部查核並咨廣西撫臣查照外，臣等謹合詞恭摺具奏，伏乞皇太后、皇上聖鑒，勅部核覆施行。

旨：禮部議奏。欽此。

調補知府片　光緒十二年三月　日

再，准調高州府知府楊霽，飭赴調任。所遺惠州府知府篆務，查有試用知府夏獻銘，諳練廉勤，辦事結實，堪以署理。又署雷州府知府嚴家疇，調省另候差委。所遺雷州府知府篆務，查有先經請補未准部覆之廣州府遺缺知府成治，才具明敏，遇事講求，堪以先赴任事。據藩臬二司會詳前來。除分檄飭遵外，臣等謹循

[一] 以下二件録自《京報》第二〇〇五號。

例附片陳明，伏乞聖鑒。

旨：吏部知道。欽此。

特參貪劣不職各員摺[一] 光緒十二年三月 日

竊照廣東吏治繁重，仕途猥雜，臣等認真考察，遇有貪縱之員，亟應隨時參劾。兹查有試用同知龍德泗，居心險詐，藉差營私。連州知州文魁，才具平庸，官聲甚劣。連州州判蔣耀東，行爲謬妄，怨讟沸騰。試用巡檢黄茂山，嗜利妄爲，行同無賴。均未便稍事姑容。據藩、臬兩司會詳揭參前來。相應請旨將試用同知龍德泗、連州直隸州知州文魁、連州直隸州州判蔣耀東，均即行革職。試用巡檢黄茂山革職，永不叙用，以儆官邪。所遺連州直隸州知州選缺，粤省現有應補人員應請扣留外補。連州直隸州州判選缺，自光緒十年奉行新章後第一次出缺，應請歸部銓選。所有特參貪劣不職各員緣由，謹合詞恭摺具奏，伏乞皇太后、皇上聖鑒訓示。

查閲旗緑各營附省各營陣式技藝摺[二] 光緒十二年三月 日

竊臣准兵部咨，光緒十一年二月十七日内閣奉上諭：本年輪應查閲營伍之期，廣東即派張之洞逐一查閲，認真簡校。如有訓練不精、軍實不齊者，即將廢弛之將弁，據實參奏，毋得視爲具文。等因。欽此。上年文武闈事竣，當即會同廣州將軍臣繼格、滿洲副都統臣尚昌懋、漢軍副都統臣鍾泰，於十一月二十六、二十七等日，親赴校場查閲。駐防各旗營官兵及駐防水師裁併步軍營，漢仗均屬壯健，抬槍各陣整肅聯絡，其洋槍隊各陣尤爲純熟敏捷。馬步各箭中靶九成以上，弓皆六力以上，貫跤對械攻騙馬各項技藝，均能矯捷。軍裝器械並皆堅利鮮明。又於十二月初一、初三等日，會同廣東巡撫倪文蔚，校閲督標撫標廣州城守協各營練軍及撫標廣協存營額兵並屯紮附省之綏靖營、砲隊營、廣勝軍。各營勇丁均無老弱充數，除存營額兵外，一律俱操後膛洋槍，間以行營車砲，均參用洋操陣式，惟全用中國口號。步伍嫻整，火器靈捷，洋槍抬槍中靶五七八九成不等。額兵操演舊陣騎射刀牌雜技尚屬可觀。軍械完備，馬匹足額，盤查鉛藥公費等項均無虧缺。所有兵勇技藝出色者，已當堂獎賞，及記名拔補。兵勇技藝生疏者，分别責革示懲。各將軍中尚無廢弛之員。查近年武備專以火器爲主。海疆首冲尤須後膛槍砲方能制勝。粤省旗營、練軍營、勇營，一律皆用後膛洋槍桿，其訓練較熟者亦配給行營車砲。查旗營原有歷年撥給毛瑟士乃得各種洋槍及前膛洋製車砲。此次校閲，體察各旗兵丁俱能愛護勤操，日有起色。當經飭局挑選新購毛瑟士槍一千五百枝，新購克虜伯後膛車砲十二尊，添給旗營，俾令馬步中各營一律改爲毛瑟槍，配成炮隊四隊、果能從此精練不已，有事時當可爲一大枝勁旅。各營官兵以督標練軍正營、撫標練軍、督標練軍副營爲勝，廣州協練軍次之，各營存營額兵又次之。勇以砲隊營爲最，廣勝軍綏靖營次之。陣式則緑營較多。材力則勇營較壯。現仍諄飭各將備加意訓練，痛除積習，講求外洋軍火收儲施用各事宜。務期有事必資實用，以仰副聖主奮武綏

[一] 録自《京報》第二〇一〇號。
[二] 録自《京報》第二〇一一號。

疆，寔事求是之至意。此外未閲水陸各營官兵，或派船分路緝捕，或調撥查辦匪鄉，容俟隨時察看情形，再行次第簡閲。所有查閲廣東省城旗緑各營官兵及附省各營勇丁緣由，理合繕摺具奏。並將官弁兵勇箭槍中靶成數繕列清單，恭呈御覽，伏乞皇太后、皇上聖鑒。

旨：兵部知道。單併發。欽此。

奏參清遠縣知縣羅煒片[一] 光緒十二年三月 日

再，清遠縣地方素稱盗藪。現經臣等嚴定章程，整飭盗案，經臬司于蔭霖查出，調署曲江縣清遠縣知縣羅煒，前在清遠任内，匿報盗案甚多。即就光緒十一年而論，共出盗案六十七起。内劫殺二起。盗犯亦無一獲。現經署清遠縣知縣俞煥開列案内月日，皆經事主呈報有案，實屬長奸玩法，無以復加。去年夏秋以來，臣等屢札通飭，嚴禁諱盗。准其補報，極爲諄切。乃該縣置若罔聞，不改惡習。南海等縣，因盗多獲少，前經臣等奏明分别摘頂勒緝在案。各縣係已報未獲，尚加叅劾。若諱飾如此之多，視消弭爲長策，置民生於不顧，自更不能稍事姑容。相應請旨將羅煒即行革職，以爲諱盗殃民者戒。據藩、臬兩司轉據該管道府揭報詳請奏叅前來。謹附片具奏，伏乞聖鑒。

旨：羅煒著即革職。該部知道。欽此。

裁減各衙門公費片 光緒十二年三月 日

再，廣西潯州、平樂兩府，及懷集、桂平、賀、貴等縣，向有應解巡撫、藩臬兩司、鹽道各衙門公費銀二萬二千二百兩，由來已久。潯州出自開税溢收項下，平樂及懷、桂、賀、貴四縣出自税羡米折項下，此款出自羡餘，無累商民，且臣秉衡及各司道亦未提作私用。惟西省近來税收不旺，已據前藩司張夢元禀飭，將潯州府應解公費三千一百兩裁免，令其撥補正税。其減剩之一府四縣應解公費銀一萬九千一百兩，應仍令分季解交善後局，以濟各衙門公用。合計潯、平六府縣公費並梧關應解公費，共裁減銀一萬九千一百兩。兩項統共存留銀二萬五千一百兩。此外再無絲毫規費。據藩臬兩司查明具詳請奏前來。臣等查此款向來不累商民，通省亦無異議，因現當清查梧關税款，應予一併澈查核減，力求撙節歸公，以爲激勵表率之助。謹合詞附片具陳，伏乞聖鑒。

旨：著照所請。户部知道。欽此。

舊案盗犯悉照新例處決片 光緒十二年三月 日

再，臣等因粤省盗風日熾，請將各項盗匪無論水、陸，不分首、從，罪干斬梟斬决者，仍先行就地正法。經刑部議准具奏，奉旨：依議。欽此。咨行到粤，當即行司欽遵辦理。臣等督同臬司于蔭霖，詳加覆議。查各屬刦盗現經拿獲審實羈繫纍纍者，皆係舊案。若新出盗案，其獲犯與否尚未可知。倘將舊案盗犯仍然循舊解勘，則是徒有嚴懲之名，並無速辦之實。殊不足以資儆惕，與此次奏請嚴辦之意仍有未合。既經奉旨允准，自應新舊案一律辦理。除已經擬定罪名題咨到部者仍聽候部覆外，此外無論新案、

[一] 以下三件録自《京報》第二〇一五號。

舊案，已獲犯、未獲犯，已招解、未招解，現即概照此次奏准章程一律先行正法梟奏，以收懲暴安民之效。據臬司議詳前來，除批行通飭外，理合附片奏明。伏乞聖鑒。

旨：刑部知道。欽此。

陳明籌辦軍械等項片[一] 光緒十二年三月 日

再，廣州駐防各營於光緒六年，經前任將軍臣長善挑選甲兵一千五百名，練習洋鎗、洋砲、洋式陣法。所有加餉犒賞費用，每月需銀三千九百五十兩零，歷經飭司在善後局撥款支放，奏明在案。嗣將旗營水師裁汰附入原設步軍營編爲兩翼，合隊操練。十年、十一年粵防吃緊之際，此項洋鎗隊及步軍營分定地段扼紮巡防，由善後局每月津貼口糧數千兩。上年撤防以後，僅將新增口糧停止。其加餉犒賞銀並巡防旗兵口糧，每月共銀四千一百餘兩，照舊支放。現因添練砲隊，每月加餉銀二百兩，並操練需用火藥洋碼修理各費，每月需銀將及五千兩，通年約需銀六萬兩。現復飭局撥新毛瑟鎗一千五百枝，後膛克虜伯七生半車砲十二尊，並配鎗砲各彈，移解廣州將軍臣繼格發交各營，俾資操練，務期飽騰精鋭可備干城。謹附片陳明，伏乞聖鑒。

旨：知道了。欽此。

參革都司懲辦片 光緒十二年三月 日

再，統領福軍記名提督劉永福，上年遵旨入關。有慣充營混之劉正興，自稱係儘先都司，聞福軍將到，赴該提督行營投効，聲稱與粵省各衙門均所熟悉，並捏造粵省信函，自願代爲承辦一切。該提督因甫經内附，未悉内地情形，不敢違拂，遂令劉正興在營暫供差遣。詎劉正興窺視該提督居心樸厚，該軍人地生疏，任意欺蒙嚇詐。於購辦軍裝、粮米各件，設法盤剥，造言招摇，該軍無不怨恨。經各營官公稟劉永福，並向臣稟訴。經臣詢問，劉永福面稟相同，請予查究。當飭營務處司道傳到劉正興查訊屬實，由該司道等詳請懲辦前來。臣查提督劉永福自到粵以來，紀律嚴明，營弁勇丁均能守法。都司劉正興，以積猾營棍，欺愚邊軍，恐嚇造言，招摇漁利，流弊甚大，自應從嚴懲辦，以肅戎行。惟查劉正興自供係江蘇清河縣人，向人忽稱係寶應縣人，忽稱係廣西人。詢之該軍各營官，並采訪粵人，則稱劉正興係廣東嘉應州人，且調騐獎札，並無都司以下保獎之階，閃爍支離，難保無隱匿詐冒情事，相應請旨將都司劉正興即行革職，發往軍台効力，嚴加管束，以示懲儆而免生事。除獎札咨部查銷外，理合附片具陳，伏乞聖鑒。

旨：劉正興著即革職，發往軍台効力。兵部知道。欽此。

瀝陳華僑被害粵省辦理情形並請敕催懲辦摺 光緒十二年四月十六日

竊臣於本年二月初四日准總理衙門電稱，本日奉旨：倫墩電報，華民在美被害，中國索賠，總統却之。粵督電致駐美大臣，謂將報復等語。美使田貝歷次照會，均允拏人究辦，現亦以前信來問。閩、粵華民在美甚衆，若該督果有報復之語，恐粵省人民

[一] 以下二件録自《京報》第二〇一七號。

藉端滋事，或波及别埠洋房，必致枝節横生，難於收拾。儻係好事之人播散謡言，該督必應實力查禁。美國向係真心和好，此次照會，詞亦恭順，切不可因此開衅。究竟該督有無此説，并著先行電聞。欽此。臣當即將粤省辦理情形，遵旨由電先行覆奏在案。

此事先於上年十月初七日准出使美國大臣鄭藻如來電，内稱現有焚殺華人案向美議辦，請查沙面案内償美銀數等因。當經查案電覆，並囑其須照本案華民所失之數賠足，務宜財命兩究。迨本年正月十七日，香港東華醫院接舊金山中華會館電報，云及華民財産被毁五十餘萬，傷人不少，商務大礙。並接甯陽公司電報略同，囑醫院將此電刊布，並致信省城愛育堂紳董勸阻華人，切勿再往。該埠華人類多粤籍，粤省既聞此信，衆憤洶洶，争欲攘臂生事。臣立即密飭愛育堂及東華醫院各董事，申以手諭，責令開導阻止。略言朝廷保護，粤省催辦，以緩其鼓煽之勢。又云美國懲禁美匪傷斃，以平其結轖之怒。又云仇衅若遂大作，華工必全被害，以怵其生事之妄，而動其郤慮之心。責令遇有紛傳，務各妥爲勸解。仍密飭地方文武揭除傳帖，隨機防阻。蓋當衆怨沸騰之際，若文告禁令但有督過粤民之詞，而無究治洋匪之事，必至激而愈憤，立生事端，沙面一案，可爲前車之鑒。時美、英兩領事疊來文函，請爲彈壓，法、德領事，亦有照會，意甚悚急。流言旋即停歇，街市安謐如故。美、英領事均具牘致謝，察其詞意，美領事喜出望外。

先是金山電到之際，臣一面電奏，一面電鄭藻如，詞意略同。大指皆言粤動公憤，洋商悚懼，囑使臣力商美國保護、懲禁，得該使臣一電，可宣示息事等語。倫墩電報所載，粤督電美謂將報復等詞，此由華洋文字屡繙易誤。金山事起以後，洋人在粤省自知理屈，皆有戒心，因懼生疑，傳譌失實。倫墩原電載入香港日報，美、英領事據以來詢，當即正言答復，並囑英國當自禁謡傳，美國當力籌保護，以敦睦誼而昭平允。

伏思我聖朝仁聲義問，普浹遐荒，亭育蒼生，詎分倫類。臣忝守封疆奉宣德化，如彼殘害華民，其國官吏助惡，萬難容忍。惟有奏請執約公評，甚至閉關絶好。交鄰制敵自有正道，何至以血氣之尋仇，作安攘之上策。至近日粤省民情静謐，似不致另生枝節，堪以仰紓宸慮。臣仍隨時密飭防範，以免他虞。惟是近又據該埠中華會館紳董商工人等寄到公禀數件，蓋有商號廣聯興等一百六十七家圖記，託愛育堂紳董來臣衙門投遞，懇臣代爲轉達。其中備言焚刦殺逐種種遭害，臚列各案，内如光緒十年十二月間夭李架埠一案，焚鋪逐商，劫財七萬餘元。十一年七月二十五日洛市丙冷埠一案，慘殺廖臣頌等二十八命，傷十五人，焚毁鋪屋財物值十四萬餘元。七月二十八日舍路埠一案，慘殺莫月英等三命，焚燒煤廠約值數萬，旋將華人盡逐。八月十一日倒路粉坑一案，枉殺李駒南等五命。九月二十八日喊罷埠一案，焚逐失財數萬。十二月初四日尾矢近地一案，慘殺伍厚德等二命。皆爲無辜被匪殘害，歷赴洋官控告有案。其餘密謀殺害，不可勝紀。以致卓忌埠、禮静埠則有被逐之事，興當埠、杯市埠、喜路卜埠、鈴近埠、匿架市埠、泗市地埠、鉢倫埠、云乃埠、坎下埠、古魯姐埠、粒卜緑埠亦皆有定期議逐之事。

其金山大埠，華民住房則有十苦之訴，洗衣裳館則有六不近情理之訴，統大小各埠工商人等，則有七難之訴。所謂十苦者，金山大埠住房，每人限地八尺，不足八尺者，查拏監禁，謂之拏房。拏房之苦，計地少絀，同居概捉，一也。監後，寓財盡竊無追，二也。回華有期，暫寓被禁，三也。到埠資乏，借寓亦拏，四也。畏捉夜行，卧街被打，五也。工藝出監，無處傭食，六也。監房地狹，疾癘益增，七也。入監勒銀，始任贖出，八也。監轇鬢亂，被翦違制，九也。昏夜巡查，破牕越屋，十也。所謂六不近情理者，洗衣館八九百間，木樓木屋歷數十年，乃借防火，私擅勒令改建甎樓鐵門，既非美廷所命，別處又不一律，一也。拆改不獨勞費，工衆無處容身，二也。甎鐵本重租貴，主客兩受其害，三也。曬棚謬謂惹火，別處樓棚更多，四也。任意拏人罰銀，被擾至數百間，五也。洋館木樓、曬棚，何以不用此律，六也。所謂七難者，一爲欲守業之難，二爲欲拒匪之難，三爲求保護之難，四爲居散埠之難，五爲居大埠之難，六爲業工者之難，七爲業商者之難，等語。查該埠會館來禀，係填本年正月呈遞，正月以後情形，亦恐不甚懸殊。今粤東衆憤經勸導而暫平，海外遺黎積煩寃而莫訴，湮塞之極，易起他端，不於粤中，亦必有在。臣既據出洋粤民呈遞公禀，不敢不據實瀝陳，上達宸聽，爲民請命。

竊思金山各埠，始則利華民之工勤價省，多方招徠開鑛修路諸工，美商藉華工以獲利者，不知其幾千億萬。乃因埃利士黨人嫉妬把持，合謀驅逐，殘毒焚掠以奪其貲財，勒逼行主辭用華工以斷其生路，華工既無生計，華商亦遂賠折窮蹙，留不能留，歸不能歸，保護亦無從保護，情形實爲危慘。假如將此十餘萬華民盡行驅歸中國，沿海各省何處容之，既屬可閔，亦多隱憂。此外南洋諸埠，設皆踵事效尤，何堪設想。美與中國雖無嫌隙，但此事係由美境土人專利而起，其視華工，究不免稍存畛域。且該國官員近亦多有埃利士黨人在内，故多設苛政，幸災助虐，實有此情。幸蒙聖恩，令總署詰其公使，使臣責其外部，美國總統及其議院始漸籌議護禁。疊接鄭藻如電，言美已調兵緝匪，斃匪一名，傷數名。議院多願照賠，洛士丙冷案可望賠足，餘案催賠未定議各等語。近日凶燄漸息，大有轉機，鑿崙等埠兵仍未撤，臣復經屢電懇其催辦，以安粤人。昨美使田貝到粤，臣極力優禮款接，即與直言，美應緝匪、賠資、永籌保護。並告以粤待美商如此優厚，美國何以如此虐待華民，囑以彼任保護華工，則臣任保護美商。若不能辦好，地方官雖嚴法懲禁，人心終不悦服，於美國商務處處有礙。且各國傳播，皆謂美權不能禁制匪徒，既於該國聲名大損，匪黨把持工作，勒價生事，亦於該國商利多傷。該使臣甚爲欣感，且有慙歉之意，力陳中美素睦，該國現正極力懲護，必有公平辦法。並云美已獲匪七人，尚未訊定，訊明即須辦罪。又託其電催外部，該公使覆云，已經發電，各等語。

查新任使美大臣張蔭桓甫經抵任，鄭藻如與該外部議辦多日，已有端緒。若原議之人與之辯論，彼外部自難翻覆。近於三月二十七日電奏，請敕鄭藻如暫留美國，會同辦理保護華民各案。旋接總署二十八日覆電，本日奉旨：張之洞沁電已悉，洛士丙冷案尚未定議。張蔭桓到後，著鄭藻如暫留會同經理，將從前各案議定善後章程，再行回華。欽此。當經電達鄭藻如欽遵辦理。臣愚以爲此事關（繫）［繫］甚大，若辦理得法，從此重溟黎庶皆獲安全，拯之於水深火熱之中，庇之於高天厚地之内，聲靈愈廣，人心愈固，於大局甚爲有益，不獨金山一埠爲然，更不獨美國華工一事。

總之，緝匪、賠資、善後三事，缺一不可。且察今日事機情勢，三事皆所能行，而緝匪爲尤要。查沙面一案，僅燒洋房十四間，而償款至十七萬，今金山殺掠重情過之十倍，若彼不認真懲辦，太爲不平，以後交涉事體愈難措手。此次田貝偏行各口，察其來意，即爲察看各省華民是否與美商尚能相容，意頗惴惴。體察各國洋報議論及美國情形，甚恐中國因此與美失和，頗欲善了。蓋中華斷無報復之舉，而美商切己，各國旁觀，則實有恐動公憤，彼此互相抵制之勢。是以美國前與中國訂續約之大臣安杜盧及根省大書院，皆痛責美國官吏不能保護、不速賠償之非，力勸執政按理照約速爲辦理。刊諸紐約日報，足見公論大同，理直勢順。惟該國匪黨過多，美官難免袒護，若非朝廷極力責讓，則彼亦遂聽其自然。能緊一分則必有一分之益。合無仰懇天恩敕下總理衙門，照會美國駐京署使臣電催該國，並電敕鄭藻如、張蔭桓力詰外部，務將以上焚殺搶逐各案，應抵者議抵，應償者追償，應緝者速緝，應卹者給卹，迅速澈底嚴辦。并請美總統特頒明文惋惜，不得以酌償十餘萬，監禁七八人含糊率結。總期已死之數十命，已失之數十萬資財，不致歸於無著。此後之工商物業如何調護保全，務令遵約照最優之國一體相待，一一會商妥辦。俟各案緝賠一切善後俱有確實辦法，妥善章程，再令鄭藻如回華，則六合以內，戴德嚮風，永沐皇仁於無既矣。

旨：該衙門知道。欽此。

駁斥法領事索賠銀兩片 光緒十二年四月十六日

再，法領事師克勤上年回粵後來文，請委員查辦教堂燬去各物，當經臣函牘駁斥。嗣該國公使在京妄瀆，復經總理衙門駁斥在案。昨又據領事法蘭亭照稱，教士、教民被害，共失去銀三十八萬餘元，係光緒十年十一年之事，因地方官未能實力保護，開到失單三十三張，請委員會同辦結等語。

查該領事所請謬妄已極，無論損失甚微，揑造虛誕，即使真損鉅萬，亦無向中國饒舌之理。當即照復駁斥，略言戰後和前之事，無可議辦，無可歸結。該國在粵領事人等仰賴我皇上無外深仁，粵中文武各官奉宣德意，粵民遵旨守法，該國官商教士身命物業始獲瓦全。今不知上感聖恩，下謝粵民，復爲此請，實屬不合情理。如必欲糾纏前事，則辦理海防以來，中國各路兵費及稅釐短收爲數甚鉅，然此係國家款項，不肯與鄰國計較。即專就商民言之，閩、臺、浙、甯商民傷損何限，然此係他省，亦姑置不論。即專就粵省言之，擄黃海之渡船，封北海之商口，省、潮、廉、瓊道路梗阻，貨物停銷，合計廣東各口商、工、船、漁共虧折銀約三百八十萬兩，須先將此項查辦歸結，再爲查辦教堂零星什物等語。並將此事電告北洋大臣李鴻章，請其告知該國公使戈可當。旋接李鴻章電稱，調法蘭亭移閩，派白藻泰往粵，係修好之意，白謹慎和平，必無此等惡習。求一言爲介，望善待之等語。

查核情形，此案經總署正言斥拒，臣疊次痛駁，法國已將法蘭亭撤調離粵，白藻泰復懇李鴻章先容，是法廷斷無此妄想，戈使已自知法蘭亭妄索之非。其氣已折，其術已窮，若永遠堅持，自然消沮。廣西教堂甚多，將來如亦有妄請，臣與廣西撫臣自當一律駁斥。大抵兩廣洋務，率皆類此。各該國並無生事之意，各公使亦不敢遽設可行之想，皆由領事生端嘗試。加以明駁力拒，即遂寂然。謹將此事駁復大略情形奏明立案，以備日後稽核。除鈔録節次來往文函，咨送軍機處、總理衙門外，理合附片奏陳。

旨：該衙門知道。欽此。

洋商夥串華民包送私貨請旨知照外洋約禁摺光緒十二年四月二十六日

竊惟廣東華洋錯處，河道紛歧，向多透漏税釐之事。近來每有無賴洋人勾串內地莠民，夥同走私漁利，歷年課餉，深受此累。經臣飭令釐務局並南海、番禺兩縣密加訪查，並由局僱用洋人謝耳仕潛爲耳目。前於光緒十一年二月查出省城河南地方有假洋行六家，均係華民所開，託名洋人，以便走私包攬。一名非亞協，又名非亞黑，即番禺縣人崔七所開。一名津士，即順德縣人鍾評山所開。一名羅法，一名當現，一名四丁利，一名當等。當查確華民行主爲何人。其當現一名，聞别發覺懼罪，即於二月十二日赴釐務局親寫悔狀，以後不預販私之事。非亞協一名，經英人謝耳仕查出與華人所立洋字合同，備知受僱包攬之狀，於二月十一日赴局呈請約同委員勇丁往拏。初至非亞協行，遇有煙土二箱到門知事敗露，棄之而逃。續至津士行，經謝耳仕搜出煙土多件，計共煙土二百十四箱，拏獲該行僱工華人二名，並提到中國字賬簿，歷年走私登記不諱。據該僱工供稱，津士實係受僱，行主爲鍾評山，販私屬實等語。因飭查拏崔七、鍾評山二名，將該行等查封入官。迺署英領事韓仕以案情未實，函請質訊。當傳華洋兩造到案，委員會同該領事訊問，而非亞協避匿不到。洋人津士與謝耳仕等對質，供證確鑿，的係包攬。津士又請狀師來省，意圖翻案，洋狀師商釐又詢知原委，不肯代管，津士始願具悔狀息事。所封假洋行，叠據英、美各領事信函照會，懇請撤封給還，均未之允，彼亦無詞。此以華行捏作洋行之實據也。

又於三月十八日經承釐商人王念供，在城西渡頭緝獲自佛山運來之漏釐爆竹一百箱，係內地剥船裝運，並非洋舢，亦無洋人在船，英領事韓仕照會，以爲係英商德喇吉之物。當查炮竹係土貨，産於佛山內地，英商未領單，不應免釐，華商販運更不應漏釐。曾經臣電覆公使叙明情節，訊詰無詞，嘉託瑪情願遵章繳釐、認罰銀兩完案。臣飭局從寬照准，韓仕來函稱謝。

又於五月十七日戌時，英人謝耳仕在關廠迤東一里有半之海幢寺以下河面，拏獲走私洋藥八十件。署英領事戈頒納來文，謂係印度商法德嘉販自香港者，報税後，四點餘鐘將運回洋行，致被誤拏。查此案是否走私，總以被緝地方時刻爲憑。法德嘉洋行在河南地方，名曰南記洋行，與海關草廠相對。若由輪船馬頭起貨，回行應自關廠對渡徑至南岸，片刻可到。乃此艇沿流東下，已過該行渡口一里餘，直過海幢寺而東。且香港渡輪向來未刻到省，即時起貨報關，向例四點鐘收關，若完税後即行回省，何至咫尺河面，行至二三點鐘之久，以致戌刻尚在下流迤東數里游弋，其爲包攬華貨、偷漏釐金，實無疑義。先後傳質兩造初訊，據法德嘉自帶來之證人艇户亞瑞供，忽云該艇在元壇廟被緝，忽云在南記行尾，已無一定。又供稱被緝之時，潮水已乾等語。查五月十七日係子午潮，卯酉退，可見實係戌刻，且衆供當日拏獲時，天氣將昏，到岸報局時，街鼓已交二更。城外更鼓向來較早，夏至後初昏正是戌刻，衆證確鑿。法德嘉所言地面、時刻，均屬舛錯不符。當初訊之後，領事忽來函請將前後往來照會註銷，欲以後一次彼造一面之供爲斷。臣飭該局仍執初供原證再訊，亞瑞匿不到案，另换一艇户名亞賊者作證，年貌不同，即領事常來之書識，跟丁亦僉稱非是。復添出案外之印度人加蘭治爲證，並以發貨單係法德嘉之貨，且稱電報香港被緝時刻係屬酉初，嘵嘵辯執。

查核香港貨單，上寫加蘭治寶號，並無南記洋行及法德嘉之名。香港電報局皆有洋人，其發電底單係多日始行呈出，已難憑信。且果係理直，何以偷換艇户，該領事詞窮而去。該領事忌謝耳仕爲我效力，因向臣言謝耳仕爲人不端，並來函言釐局不應用英人。臣答以釐、税一理，税務司何以即係英人，彼遂默然。

嗣於八月二十五日復有法德嘉私販洋藥被緝一案，委員陳瑞濤亦在海幢寺下河面查獲該艇，有單花大土九十件，無印花白土二十四包。法德嘉當即將無花私土抛棄水中，經巡勇撈獲。法德嘉始則詈駡，繼則哀求將無花私土給還，云此係他人之物，並云給價贖還。署領事嘉托瑪疊次函牘索還，一味狡混。凡粤省洋藥由民船入口，兼有海關印、釐局關防者爲雙花。由洋輪入口只有關印者爲單花，單花者，完税未完釐之物也。無花者，並無海關印花，則直接漏税之物也。洋商固不必完釐，洋商亦不應漏税。果法德嘉之物耶，則漏税應辦，非法德嘉之物耶，則不應代人護送。法德嘉曾説係他人之物，是出頭護送，已自承認，正與不准洋商護送之條相背。且現護實係大土九十件，法德嘉稱係八十件，其白土二十四包，直不承認。斷無巡勇獲少報多之理，尤無已貨不知件數之理，其爲受僱護送，尤屬顯然。本年正月二十七日英領事費里德親至緝私委員陳瑞濤寓所，云該領事已允法德嘉之求，託陳瑞濤改换兩次原禀，改説在海關馬頭緝獲，而言在海幢寺下河面[一]，該員不允。二月初三日、初四日兩日，法德嘉偕一印度洋人來見該員，送給大土一件、洋銀二百元，力托代爲掩飾。該員當即將銀退還，將私土呈局，現封存局庫。以後法德嘉屢來尋晤該員，費里德亦疊邀該員赴該領事署，婉言有事商量，該員來往有洋文信可據，情虚賄囑，可謂確鑿。查法德嘉疊次以走私被緝，皆早經派人查明，實係華商之貨。前案地面、時刻不合，後案件數、包數不符，而且悔匿吐實原證，偷換要證，洋商賄屬委員，領事托改原禀，種種荒謬，實爲積慣舞弊之尤，此以華販捏作洋販之實據也。

又於九月十九日，承辦煤油局商人張紹英在省河緝獲走私油四十箱，私船開槍拒捕，先被私匪槍傷巡丁陳成、馮載、馮興三名，墮水何亨一名。旋格斃私匪李福生一名，格傷何回生一名，捉獲同艇李亞希一名，奪獲洋槍刀械，驗明巡丁、火丁、器物屬實。英領事嘉托瑪照會以爲何回生、何英明久居香港，係英屬民，何回生現開張太釐洋行，應照英例辦理，李亞希係該行僱工。而何回生則供係南海縣人，在太釐行充司事，何英明即其姪，李亞希亦供何回生係中國人，並自稱名李子敬，係番禺縣監生，並不名李亞希，向充增沙鹽務司事，此次係搭船到省，並非何回生同夥。而何回生據領事稱，係洋行行主，自供則稱係司事，已屬矛盾。冒充洋人，固干禁令，華洋合夥開行，亦違約章，均無一是。查何回生元名何慎之，一名何來，一名何飛鸞，係同知職銜，現充上海招商局司事。曾經左副都御史陳蘭彬奏帶出洋，其時並聞新派使臣張蔭桓亦擬奏帶出洋，並無英籍之説。仍應照中國走私拒捕例科斷，飭催集訊籌辦。領事自知理屈，於十月初三日忽來照會，稱何回生旋已身故，可見窘急搪塞。此以華人捏作洋人之實據也。

查洋人在中國貿易，係其本分，兹乃勾串中國莠民，假冒洋

[一] 此句「言」字疑為「非」字或「不」字之誤。

行，販私射利，歷年假行所漏釐金不知幾十萬，疊經破案，不知斂迹。其領事復爲之事後相幫，架詞恐嚇，撓我抽釐緝私之權。從此內地奸民恃符妄行，不肖洋商恣意包攬，中國稅課釐餉，豈復可問。實屬違背條約，有辱邦交。其歷年假冒洋行所漏釐金，應令賠還。商民公論，皆謂此由領事圖利包庇，衆口一詞。揣其無理干預，會訊不公各情節，難保其必無此事。據釐務局司道前後查明具詳前來，相應據實奏明，仰懇敕下總理衙門咨照出使英國大臣曾紀澤，令告外部嚴禁，並知會該國駐京公使，詰其歷年假洋行六家所漏釐金數十萬，速議作何賠償。囑其嚴飭現任領事費理德將法德嘉治以屢次違例販私之罪，驅逐離粵。曉諭各洋商，不准勾串內地奸民犯法走私。從前領事韓仕、弋販納、嘉托瑪失察假洋行屢次扛庇私販，大屬不合。姑念已經離粵，應屬英使將該三員嚴飭記過，如領事再違約包庇，即行撤換，另委正派領事來粵妥辦，以爲違約多事、妄干權利者戒。

旨：該衙門知道。欽此。

粵海關籌解第一批京餉銀兩摺[一] 光緒十二年四月　日

竊照光緒十二年分京餉，户部奏撥粵海關洋稅銀十萬兩、新增盈餘銀六萬兩，又是年東北邊防經費奏撥粵海關六成洋稅銀十二萬兩，又是年籌邊軍餉奏撥粵海關四成洋稅銀十二萬兩、六成洋稅銀二十萬兩，又京官津貼每年粵海關應籌銀四萬兩，又內務府廣儲司公用每年額撥粵海關稅銀三十萬兩，例分四季起解。以上各款銀兩均應趕緊籌解，以濟要需。查粵海關節次起解部庫各款銀兩，向由西商先行借墊，勢難起解現銀。光緒十年四月間奏准仍交商匯兑在案。兹光緒十二年分第一批京餉等款銀兩，經向西商志成信銀號借銀一十二萬九千七百兩，先行墊借，隨後由稅收歸還，以資周轉。據署廣東布政使蕭韶，遴委候補同知承恩、准留廣東候補知縣魏邦翰，領解光緒十二年分第一批京餉銀二萬五千兩，另加平銀三百七十五兩，飯銀七百二十五兩，又東北邊防經費銀一萬兩，又籌邊軍餉銀一萬兩，京官津貼銀五千兩，又光緒十二年春季分廣儲司公用銀七萬五千兩，另加平銀一千一百二十五兩，新增歸公加平銀一千八百七十五兩，抬費用項銀六百兩，統共銀一十二萬九千七百兩，飭令該委員等領賫匯單文批，於光緒十二年四月初四日起程，附搭輪船，由海道進京，前赴户部、內務府分別報到聽候飭傳交納，以期妥速。除分咨查照兑收外，臣等謹合詞恭摺具陳，伏乞皇太后、皇上聖鑒。

旨：該衙門知道。欽此。

請獎勵武弁片[二] 光緒十二年四月　日

再，廣州旗營洋槍隊官兵分中、左、右三營，自光緒元年起陸續添練。光緒三年七月，經前督臣於兩屆查閱營伍案內，將出力各員附奏允准在案。嗣經前將軍臣長善奏明，將駐防水師裁汰改爲步軍，合之原額步甲共計一千名，統爲步軍營，分編左、右兩翼，一律操練。本屆臣會同將軍臣繼格等校閱，其練成之洋槍

[一] 録自《京報》第二〇二一號。
[二] 録自《京報》第二〇二五號。

隊固已益臻嫺熟，新練之步軍營亦甚整鋭可觀，皆由歷任將軍臣盡心訓練，俾得各成勁旅。而管帶教習各員，指授有法，歷久彌勤，不無微勞足録。亟應遴禦侮之才，備干城之用，經臣會商將軍副都統臣開列最爲出力各員銜名，繕具清單，恭呈御覽。查步軍營亦係操演洋槍，且新設之營，教練已習成效，自應一體列獎。合無仰懇聖恩查照成案，俯准獎勵，俾各軍益加鼓舞、勤奮，其於邊鄉駐防俾益良多。其出力稍次各員，由臣移咨將軍副都統臣酌給外獎，以示限制。理合附片奏陳，伏乞聖鑒訓示。

旨：兵部議奏。單併發。欽此。

學臣出缺請旨簡放摺[一] 光緒十二年四月 日

竊據羅定直隸州知州杜庭璆稟稱：廣東學政胡瑞瀾於本年四月初一日按試到州，已患氣喘腹瀉，照常校閲，積患辛勞，至是月十四日試竣，十五日力疾就道赴連州，詎料開船行未十里，忽轉痰症，醫藥罔效，即於是日酉刻，因病出缺。據該學政家丁稟報，經該州會督同在城文武，將身後事宜妥爲照料。委員將學政關防齎送赴省等因前來。

臣等伏查學臣胡瑞瀾前曾督學粤東，清勤夙著，上年銜命復莅此邦，正承惠州一案物議紛紜之後，先聲所至，士氣已伸。到粤後，以沿途勞頓即患氣喘，按試肇慶、羅定兩棚，關防嚴密，考校公明，場内監試督察，必躬必親，摘發槍替弊端，評騭文字高下，力疾從事，不肯稍加休息。真才振奮，衆論翕然，實爲粤省士林之幸。乃以抱疚勤勞，遽至不起，深堪惋惜。應俟棺柩到省，由地方官接送回湖北原籍。所有廣東學政一缺，相應請旨迅賜簡放，以重學校。

查各省學政遇有事故，例由督撫暫行署理。又雍正十二年、乾隆二十四年，先後議准學政離任，將印信交巡撫代理，歷經辦有成案。茲學臣胡瑞瀾出缺，該衙門逐日均有應辦公事，臣等公同商酌，即由臣文蔚循例暫行兼理。至本年連州等處歲試尚未舉行，應俟新任學臣到日再行補考。除兼理接任日期由臣文蔚另疏題報並咨部外，謹合詞由驛具陳，伏乞皇太后、皇上聖鑒訓示。

再，學臣繕就遺摺一扣，由該家丁齎交臣代爲呈遞，合併聲明。

旨：另有旨。欽此。

在籍侍衛何綸章恃勢武斷究辦片[二] 光緒十二年四月 日

再，據廣東按察使于蔭霖會同署布政使蕭韶詳稱，訪聞香山縣在籍藍翎侍衛何綸章，恃勢横行，武斷鄉曲。每遇地方公事，無不出頭包攬。本年署香山協右營都司馮錫榮，先後拿獲著匪歐六、翟老振混名李事付兩名，該侍衛均央請求釋，並私許送銀八百兩了事。該縣飭將匪屋查封，該侍衛抗違不遵各等情。當經委員候補知縣廖鴻詞往查屬實。並據調署香山縣知縣蕭炳堃面稟相同。查廣東著名大盜，平時往往倚恃一二濫紳爲之庇護，得以肆行無忌。一經破獲，該濫紳又爲賄賂説情，出頭保釋。此風不革，

[一] 録自《京報》第二〇三一號。
[二] 録自《京報》第二〇四五號。

則盗風終無平靖之日。亟應嚴予懲儆，以昭炯戒。請將該侍衛何綸章奏叅革職，以便審辦前來。臣等伏查該侍衛名列搢紳，竟致庇護盗匪，關説行賄。其平日恃符妄爲已可概見。相應請旨將藍翎侍衛何綸章暫行革職歸案，審訊究辦。謹附片具陳，伏乞聖鑒。

旨：何綸章著暫行革職歸案審辦。該部知道。欽此。

保奬籌濟滇桂餉械異常出力人員摺〔一〕

光緒十二年五月二十二日

竊臣准護廣西撫臣李秉衡咨，光緒十一年四月初八日具奏，廣西用兵越南軍火餉項悉咨各省協濟一片内稱，東省在事各局員不遺餘力，由臣查明保奬等因。奉旨：著照所請。即由蘇元春等咨行張之洞查明保奬。欽此。并准雲貴督臣岑毓英咨，光緒十一年四月十二日具奏宣光臨洮護騰出力人員分案請奬一摺内稱，關内運籌餉械出力人員，兩粤則由臣查明請奬等因。光緒十一年五月十五日奉上諭：餘著照所議辦理。等因。欽此。先後分別咨行到臣。竊惟法人不道，背約稱兵，吞食越藩，憑陵一海。仰賴皇太后、皇上宸衷獨斷，撻伐伸威，邊將官軍，效忠敵愾，於是二月初八日桂軍大捷於南關，滇軍大捷於臨洮，同日奏功，天人合應，强虜惶駭，俯首就款。前敵將士，渥荷殊恩，并蒙俯念籌濟軍實之勞，准予保奬。仰見聖天子微勞必録，敷宣德意，欽感同聲。

查廣東籌濟鄰疆，時歷三年，關四省。自光緒九年越南有事，廣西軍火糧餉，即皆仰給廣東。臣到任後奉旨兼顧臺防，并濟滇、桂，維時庫藏空虚，軍儲尤乏，自顧尚倶不暇，特以遵奉廟謨，欲摧法虜，惟有用各省各軍之全力，以規越南。越寇既破，一圖自解，當與尚書臣彭玉麟、撫臣倪文蔚通籌熟計，疊經電奏陳明，因與撫臣倪文蔚督飭司道及各局員日夜措置，援守兼營，始則傾濟軍資，繼則出軍大舉，先資劉永福，用唐景崧以助滇，繼遣馮子材、王孝祺兩軍以助桂，後調派陳榮輝諸軍屯欽越界上，乘便攻剿，以爲關外諸軍聲援。彼時洋款未借，凡内支外協之餉，皆係零星羅掘，嗣借款雖諧而洋行種種刁難，百計籠絡，甫得陸續提用。軍火一項，或搜求工匠，晝夜趕造，或密訪外洋，設法商買，未得則憂難買，既購則憂難到，既到則憂難解。至籌運之艱，則省港咫尺，法艦縱横，因租僱洋輪，伺便密進。其進赴關外者，則越東之桂軍，越西之唐軍、劉軍，經桂逾滇轉入越境之滇軍，相距阻遠，頭緒紛繁，而接濟臺、閩，復於協助滇桂之外，另行設法冒險，先後密進餉械十餘批，尚不在此數内。冬間戰事益亟，催解軍書，急如星火，猶恐梧江迂緩。九分由海程道欽廉以達桂界，數次以後，即爲法人所覺，游巡北海，意圖邀截，屢遇敵艦，或以行近淺水，或以昏夜疾超，突越敵船，應期急至。及馮子材、王孝祺兩軍與桂軍各營大戰南關，直抵諒山以外之長慶府，該委員等不畏礮火，轉進軍前，以故諸軍得以應手。種種越疆涉險，渡海瀕危，實與隨同打仗無異。至于進解唐景崧、劉永福餉械，又皆遠涉異域，行千里無人之地，瘴毒蛇虎，險阻艱難，出生入死，轉輸無竭。其進解滇軍者，或由南寧以達百色，或由百色而經解滇營，逾境過遠，船夫倶艱，幸賴天威遠庇，水陸各路，轉

〔一〕録自苑書義等主編《張之洞全集》第一册，第四六二至四六四頁，河北人民出版社一九九八年版。

進餉械，一無損失。而尤難者，則四鄰分援之日，正本省三路戒嚴之時，十年秋以迄十一年春，省門則日日待敵，瓊、廉則岌岌可慮，而仍於萬難之中，力破捨己從人之説，以爲移緩就急之舉。在臣等固於義不敢漠視，亦恃在事文武員弁俱能仰體宸慮，視各省如一家，竭盡心思，不避艱險。兹蒙甄叙俯加，凡此艱苦情形，實係異常出力，與尋常勞績不同，與南洋各處轉進人員准照異常勞績該各部議核准成案相符，而艱險過之。現在滇、桂各軍將士，均蒙恩賞優，如此次該員弁等籌餉械運交關外前敵各軍，往來瘴鄉，親冒礮火，與身在河内者無異。當敵船封口之時，乘輪密運，屢於洋面與敵輪相值衝突，危險似又與外洋接仗無大懸殊。兹謹將尤爲出力人員，切實核減單恭呈御覽。至此係兩案出力應奬人員併爲一案，請奬人數尤屬簡少，仰懇聖恩俯准照擬給奬外，所有遵旨保奬籌濟滇、桂餉械，冒險運解，異常出力各員，併案匯奬緣由，謹會同廣東撫臣倪文蔚合詞繕摺具奏。伏乞皇太后、皇上聖鑒。

旨：該衙門議奏。單二件併發。欽此。

照録清單：

謹將購造軍械管帶輪船護送轉運出力之洋人，酌議奬叙，繕具清單，恭呈御覽。

計開

英國人司徒華，管帶輪船，護運餉械，海防緊急時不肯辭退。英國人柏專敬，製造出力，運濟諸軍。該洋人二員，均請賞加都司銜。權授中國副將英國人蒡士尼，爲能在上海代辦軍械出力，擬請賞加總兵銜。

旨：覽。欽此。

財政艱窘分擬辦法摺 光緒十二年五月二十二日

竊照承准軍機大臣字寄，光緒十一年五月初八日奉上諭：現在海防善後用項浩繁，必須通盤籌畫核實、經理，方足以裕度支而紓國用。各該省關每年所入之款，究竟實有若干。其常年例需及現在添支防勇、局卡、餉需、薪水各款，實在費用若干。此後常年可以裁減、歸併、節省之款若干。各該將軍、督、撫、監督等切實核計，逐款分晰開單，限於奉旨一月内詳細奏報。毋得稍涉含混，藉詞延緩。將此由六百里諭知各直省將軍、督撫，並傳諭粵海關監督知之。欽此。當經轉行欽遵。嗣因藩、運兩庫款項繁多，其中有無可以裁省之款，亦須行查登覆，前項款單難以依限開造，奏明展限辦理。隨准户部咨，部頒册式飭令造報，歲出歲入，係指已經開支之實在數目而言，五月初八日上諭，係指十一年以後支款應裁併節省而言，本非一事。飭於本年三月内將光緒八、九、十三年歲出、歲入款册照式填造。至奉旨裁併節省之款，亦不得以裁併此次海防暫用之款搪塞了事等因。

本年三月初四日欽奉寄諭，上年八月間欽奉慈禧端佑康頤昭豫莊誠皇太后懿旨：通飭各直省督撫裁勇節餉，從光緒十二年起，每省每年可得若干，奏明專款存儲，解部備用，限於十一年十一月内定議覆奏。嗣據各該省陸續奏到，惟廣東省至今尚未覆奏。此項銀兩，係於常年部撥各款外專案飭令籌撥，前議旗兵加餉，關繫根本至計。現在王公官員俸銀及旗緑各營餉銀，均照舊制全數放給，需款尤鉅。該督撫自應力顧大局，設法撙節，專款解部。究竟該省可籌若干，著張之洞、倪文蔚竭力籌措，務於每年應解京協各餉外籌定數目，迅速覆奏，不得以無可報解等詞一奏塞責。至庫款出入數目，該督撫於上年九月間奏請展限，現又將届半年，仍未奏報，並應速行詳查，開單具奏。將此由四百里諭令知之。欽此。又經轉行欽遵飭催造報去後。

茲據署廣東布政使蕭韶、署兩廣鹽運使蔣澤春會同善後釐務各局司道詳稱：粵省藩、運兩庫每年入款，合地丁、太平關稅、田房雜税、鹽課、貨釐一切雜款，並海關撥款、洋藥、釐餉等項，暨新增之弛禁捐款，另捐之洋藥、防費、膏釐，綜計所入不過四百五十餘萬兩。至於每年出款略分五類。一、常年例支，如本省旗綠俸餉、糧料、文武養廉、解部料價、部飯、州縣坐支之類是也。一、部撥餉項，如京餉、加餉、東防、籌邊、固本、備荒、京員各省協餉是也。一、舊案添支，如十年以前原有勦匪防黎、勇營軍餉及巡緝兵勇口糧、旗營津貼、輪船扒船薪糧、局卡經費、各項工程之類是也。一、新案添支，如近年續增水陸防軍之薪糧，軍火之尾欠，軍械、礮臺、河道之工程，水雷、魚雷、雷艇、電綫、製造等局，匪鄉勘界各經費之類是也。一、籌還洋款，如代還西征借款，本省兩次借款，滇、桂寶源借款是也。大率例支銀二百一十六萬七千餘兩，舊案添支一百三十四萬六千餘兩，新案添支銀一百三十一萬七千餘兩。舊案率爲緝捕、勦匪、防黎，新案專爲海防，此三宗皆爲本省用度。部撥並催提舊欠京協各餉一百六十七萬三千餘兩，洋款一百一十一萬五千餘兩，綜計出款共約銀七百六十一萬九千餘兩。以收抵支，計不敷銀三百零五萬四千餘兩，此粵省預計本年收支之實在情形也。

查粵省雖稱蕃庶，從前地方平靖，入款不過額收丁課，出款不過額支餉需，源足流簡，歲收歲支，亦僅敷用。每有大事，無非取給紳商捐輸。自商岸通而洋行歇，香港盛而富商移，引埠懸水客招而鹽綱散。咸豐軍興以來，防協各款愈增愈多，然而内寇零匪、土兵舊械所需不鉅，至光緒六年，始有海防之議，略加籌度，未及大舉。光緒九年，越事既起，邊海俱防，需款浩大，以致藩、運兩庫，悉索靡遺，挪用墊發，寅支卯款，歷年綜核，收支不敷甚鉅。所幸沙田、行户、鹽埠等項尚可隨時籌捐，各省協款亦視本省財力酌盈劑虚，尚無需解足十成，此中挪展後先藉資敷衍。現在京協各餉，部催緊迫，皆須實解，迥非從前各省協餉之比。各項洋款，不能逾期。而本省界務孔棘，邊海俱籌，盜匪方熾，客黎未靖，除新增防勇節次裁撤一百餘營外，其餘礙難盡數裁併。所有留防之軍餉，善後之經費，巡緝、辦匪、遣勇、防黎、勘界諸費，外洋軍械之尾欠，皆爲必不可少之需。此外年例支銷，各有占定額數，局卡各費，俱經節次裁刪。以目前用款論之，併省實不爲少，而所需仍復不貲，固無餘存，仍多鉅欠。

至本省舊有入款，除丁課、正賦，申嚴定章，實力督徵，大率歷年無甚出入外，近年因海防倥偬，來往兵勇官差過多，加以水灾，釐金減色。復因港、澳走私，他族庇送，藥餉、鹽務受累日深。現在多方整頓，剔弊、緝私，以後僅可不致短絀。若新籌入款，則所有捐款，於冬間悉經停止，沙田升科收效尚遠，爲數亦不能甚多。鑛務雖已開局招商，收效在七八年以後。前請留實官捐輸稍資補苴，未知能否邀准。既無鑿空生財之方，亦無百事俱廢之理，仰屋蒐索，焦灼萬分，實不知所以爲計。該司、道等反覆籌議，惟有將出入不敷情形瀝陳請奏，以備户部裁度。然僅備陳支絀而不勉籌一支持騰展之法，徒致上煩宸慮，即部臣亦難代謀，必致往復瀆陳，貽誤事機。竊擬分爲三項辦法。

一爲節省。現將防勇、練兵、輪船、製造及一切各費，並藩運兩庫常年例支竭力裁併。大約防營可省三十餘萬，他項舊案、新案添支項下及一切雜費可省二十餘萬，常年例支項下可省約三萬，通計可節省約五十六萬。至於外銷各項，極力裁汰，以之湊補正項急需者不下三四萬，尚不在此數内。

一爲請緩。擬將部撥催補京協各款，酌量緩急，請旨分別暫准緩解、減解、帶解、抵解、免解，俟粤力稍蘇，陸續籌補。或俟光緒十四年以後補解，或俟光緒二十一年以後補解。所擬緩籌之數，大約二十餘萬。如蒙俯准，亦可暫紓眉急。以後儻能籌措應手，稍可敷用，仍當自請酌量增解，不敢推諉。

一爲奏請另籌。除實捐一項，懇准留用外，現擬將巡緝經費一項就地籌捐。此兩項數難預定，大約少則二三十萬，多則五六十萬。並擬催收紳富已捐未繳各款，暨將寶源洋款兩年尾數二十餘萬兩，本省洋款按年十萬兩，一併懇請改撥粤海關籌還，准其分抵應解本省俸餉、防費舊欠、旗緑兵餉新撥之款。

統計節省、請緩、另籌三項共一百七八十萬兩，此外尚短銀一百萬兩以外，實無設措之術。如果籌有辦法，再當詳奏辦理。其糧道庫各款，每年例支皆有不敷，無關通省度支大局。謹就本年正月現存兵勇實數並各項用款，就三年内酌中核計，并將議擬三項辦法，繕列清單詳請具奏前來。臣等詳加覆核，其出入相懸不敷太鉅，委係實在情形。竊惟庫款支絀，各省所同，而粤省所以虧短尤多、窘迫尤甚者，其故有八。

各省餉需多者則撥款輕，供億繁者則自用簡。直隸有海防者也，而淮軍有專餉，畿軍有專餉，練兵有固本餉，海防有北洋經費。甘肅、新疆、雲南有邊防者也，而西征、滇防各有的餉。江蘇財賦素饒，海口較少。四川協撥雖鉅，邊事尚鬆。福建現已劃出臺灣，京餉亦少。此外腹省，雖有奉撥之款，尚無新增之費。廣東有廣、潮、廉、瓊各口海防，有欽州邊防，有本省洋款，有代還西征洋款，有代還滇、桂、寶源洋款，共一百一十一萬。而本年部文嚴催解京、滇餉款，或增或補，或提藩、運兩庫，至一百四十九萬。内外兼籌，接應不暇，一也。

滇、桂、甘、吉有邊無海，江、浙、閩、東有海無邊，廣東兼之。即專以海防而論，奉、直、東、江、浙、閩之海防，地勢近内，事機較緩。廣東海防，香港則鄰英，越南則鄰法。廣州口闊港多，廉州濱臨大海，遠不如閩口之險隘。瓊郡狹小荒瘠，更不如臺灣之富饒。故無論外洋何國有事，粤洋皆爲首衝前敵，勢尤急而費尤多。善後籌邊，屢頒明訓。若將礮臺師船之防軍概從罷遣，水陸戰守器具、練習人才、一切製造之工用不剏規模，將來有事時始爲臨渴掘井之謀，必致糜費而誤事。故他省或可弭兵節用，粤省正當征繕經營，二也。

財賦不外丁、税、鹽、釐四端。廣東土田沃饒，而丁糧素輕，不惟難望三江，抑且遠遜北省。釐金向止一起一驗，至於坐釐，或有或無，較之江、浙、湘、鄂爲數已輕。且潮州以富强而無釐，瓊州以貧瘠而無釐，省城以通商口岸而無行釐。鹽務引地雖廣，而廣屬蕃庶精華之地，皆爲港、澳私販充斥，形格勢禁，無從防維。潮橋分局一枝，久爲漳私所拒，年年賠累，無所底止。至於沿海之地，多爲魚鹽影射，亦不便操之過蹙。自輪舶盛行，太平關税項已屬支流，其餘各府雜税，爲數亦復有限，三也。

凡屬海邦，大利全在商舶，鉅款全在關榷。江蘇最稱富饒，而兼有各海關撥解南洋海防經費、製造局經費、輪船經費。福建之船政，有閩海關撥款。浙江之浙海，北洋之三口，撥款皆多。此皆取之本省關税者也。廣東粤海關常、洋兩税收數素旺，而大宗皆係撥解京餉、西餉、東餉、南北洋應用。廣東本省歷年有部撥常税旗緑各營兵餉七萬兩，從未解足，且尚遞欠三年，始行補解。有奏定洋藥税項下歲撥海防經費二十四萬兩，近年大率僅解七八萬，間有解至十萬外者。本省用款未獲，多爲協助，四也。

從前西征洋款，各省各關分還，即近日福建洋款，亦係江海、浙海、閩海各關分還。廣東與福建同辦一事，而本省自還。且前督臣所借洋款，奏准本省專款指還者，今又改换要需，亦令另行籌還。甚至代滇、桂、臺、越所借寶源、匯豐洋款，奏准各省分還者，除部撥之外，其餘亦均責之粤還，五也。

各省勇營，滇、桂餉數較輕，最多者三兩二錢或二兩四錢、一兩八錢不等。湘、淮各軍餉數雖重，各營多有蒂欠。即如淮軍，平日止發九關、十關足餉。此外各省防餉，或輕或欠，大率必居其一。廣東勇餉舊章，平日即按楚軍營制，正勇三兩六錢，什長、護兵以次遞加，出省征調日加二分，正勇加至四兩二錢，按月支發，從無蒂欠。相習已久，驟難更變，較之他省所費已多，六也。

廣東自紅匪滋事以後，曹沖客匪、惠潮鬮匪、高廉土匪、稔山會匪接踵滋擾，盜匪迄未止息。同治五、六年間，羣盜縱横，民不聊生，於是東西北三江以及廣屬内河沿海，皆有巡緝、兵勇、扒船隨時捕治，稍得安戢。目前盜風復熾，正須大加獮艾，此項兵勇、船隻需費甚鉅，斷難裁省。且皆係零星分駐，必須土人素習河道、能覓眼綫者爲之，其於防海守隘、練槍演礮之營勇絶不相涉。此項用費出於制兵防勇之外，實爲他省所無，七也。

各省出入，率皆不敷，然按籍而計，雖短一二百萬，問所以支持補苴之道，不過積（久）［欠］協餉與欠發勇餉兩端[一]。即如粤省向撥西征之餉，止解七八成，他省協餉，如滇、桂、黔、塔，或少至一成，或全未撥解，此中藉可騰展。今户部以歷年未解之西征餘款二十萬改撥爲籌邊軍餉，即須實解，京餉增多十萬，尤難欠緩。本省旗緑兵餉，雖撥粤海關洋税十萬，難望撥解，是無形之中，已增多實銀三十萬，八也。

綜此八難，似皆非各省之所有。臣等才智淺拙，心計粗疎，如部臣所云運籌有術，實臣等之所不逮，悚愧憂灼，寢饋難安。伏思粤省爲洋務發端，歷次首先被兵之區，兼鄰英、法、葡三國所屬之境，當中華洋面第一道門户之地。積累雖深，而當日有不能不先其所急之勢。餉項雖竭，而此後不能不爲綢繆善後之謀。水陸廣袤，而緑營已經裁汰三成，則制兵驟難再減。河海紛歧，盜賊出没，則巡勇亦難議裁。至畿邊各款，皆關安攘大計，凡爲臣子者，誼當不待部撥，自請分籌，方爲盡職，但使稍可周轉，斷無瀆懇恩慈之理。自去年以來，臣等督飭司局各員極力整飭入款，鉤稽裁汰，日夜不遑。凡釐務、餉項查有弊端，防務稍有浮糜，歷經參劾追繳者，文武凡十五員，奏報有案。其撤差、驅逐者尚不在内。剔弊懲貪，甘爲怨府，上有聖明之鑒照，下有士庶之見聞。無如核省雖鉅，短欠仍多。

查上年九月，臣等奏陳動款趕辦海防善後各事宜，嗣准部咨，令臣等自行陸續籌辦。竊思所謂自行籌辦者，不過就地籌款，取資商民。今日粤省情形，誠非別開財源，萬難措拄。無如事雜言

[一]「積久」疑為「積欠」之誤。

哤，責多諒少，加以綜核之才殊屬不多，再謀開源，實非易事。夫一省財賦止有此數，地偏事簡者，則取之於節省，若萬無可省者，則取之於外籌。今籌者停止，撥者日增，舊案、新案、本省、他省之洋款，俱重疊累集於粵，無米之炊，何從取辦。在部臣，總攬全局，精核無遺，斷無獨苛求於一粵之理。自係因粵省萬難情形尚未深悉，而籌邊則路路俱要，派撥則省省俱難，臣等亦不敢不代爲計及。此次所奏困絀情形及籌擬辦法，均係勉力籌維，或暫圖騰挪，或尚待羅掘，其間絶無纖毫推諉之意。合無仰懇天恩俯念粵力已竭，粵事方殷，南洋首衝，關繫全局，敕下户部通籌熟計，俾粵省得以應付支持，不致遷就貽誤，海疆幸甚，臣等幸甚。

旨：户部速議具奏。單三件併發。欽此。

請指定專款備還本省洋款摺 光緒十二年五月二十二日

竊照前因光緒九、十、十一等年，海防緊急，軍餉無出，經前督臣張樹聲、前撫臣裕寬奏借洋款銀二百萬兩作爲第一次、第二次，臣之洞、臣文蔚兩次奏借洋款銀三百萬兩作爲第三次、第四次，共五百萬兩以供本省防餉。現經善後局核計開單，每年應還本息之數，自七十餘萬至八九十萬不等，必應籌備專款，臨時撥還，方免失信遠邦，有妨關票。前准户部光緒十一年八月初二日來咨，詢及粵省藩、運二庫籌還洋款，究係動支何項銀兩，行令咨覆等因。

查張樹聲等所借，係奏明在粵東應解西征協餉及劃還甘省洋款，按八成而計，每年須解銀六十七萬二千餘兩，自光緒十年起全數停解，以還本省現借商款。嗣准户部議覆，該省應解西征款項，除劃還洋款仍舊批解外，其餘實解協甘之款，即自光緒十年爲始，作爲該省陸續歸還現借商款之需。臣等所借，係奏明由藩、運兩庫籌還，未經指出的款。現經督飭司道等詳加核計，粵省洋藥各項釐費爲藩庫歲入之鉅款，計釐金一項，除經費外，每年所入不過十一萬餘兩。光緒五年，海防經費無出，始議另行捐抽海防經費，經商人黄進源包辦，每年認繳四十二萬元。光緒七年，續行捐抽膏釐，經商人虞齊政包辦，並包防費，每年認繳九十萬元。迨商辦虧折，改歸官抽，復經減成招徠商販，於本年四月咨明户部在案。計正釐、防費、膏釐等項歷年所收，除經費外約五六十萬兩不等，上年收數最絀，僅得四十七萬兩有奇。現經設法招徠，力除中飽，派撥輪拖多方緝私，始據商人黄昌禮等包釐承餉，自認總在六十萬兩以外，試辦三箇月後再行定數。果使無意外變更虧折，約略可敷此項分還洋款之大半。

再，查光緒九年十一月，户部議覆前督臣張樹聲等奏借洋款，已准將粵省應解西征款項除劃還洋款外，其實解協甘之款，作爲歸還該省借款。迨十年十月，復有西征軍餉改撥近畿防餉之咨，單開廣東省應解西餉劃還洋款四十九萬餘兩、塔餉三萬兩内，除光緒七年所借四百萬兩洋款案内，光緒十一年還銀二十四萬三千餘兩仍由該省歸還外，尚應解銀二十七萬餘兩。茲再指撥光緒十一年近畿防餉二十四萬兩，尚餘銀三萬六千餘兩，免其報解等因。查粵省原撥西征餉八十四萬兩，遞年勉力籌解暨代還借用洋款，不過解至七八成，約銀五十餘萬至六十餘萬兩不等。今除劃還甘省借款二十四萬餘兩，餘尚不敷還前督、撫臣原借洋款本息之數，若再改撥近畿防餉，此外借款更屬虛懸。且光緒十一年，粤還甘省借款及本省第一、二、三、四次借款，爲數九十三萬餘兩，已浮於原解之實銀六十餘萬兩，實屬無力再籌，迭經臣等奏請改撥在案。

復准部咨，廣東省光緒十年連閏原應協甘餉十成銀九十一萬兩，除扣抵海防經費十九萬兩、代還洋款四十萬兩外，其餘協甘銀二十二萬九千餘兩，准留爲該省歸還借款。光緒十一年三月部咨，代還洋款兩案還清，可以騰出餉力二十餘萬，適值近畿辦防，故有指撥近畿防餉之議等因，咨照前來。伏查此次部臣所指協甘十成之餘款二十二萬九千餘兩一款，向來未經籌出解過，矧值經費萬分支絀之時，豈轉能驟將虛欠增爲實款。且光緒十一年無閏之年，十成協餉亦僅八十四萬兩，並無餘存二十二萬餘兩之多，即令有此款逾額籌解，而還張樹聲等原借第一、二次洋款每年四十萬兩内外，不敷已多。合臣等續借第三、四次洋款每年應還八十萬兩内外，所短在五十七萬兩左右，更何從設法支付。

惟洋款既在所必還，部撥又未能稍緩，臣等再四籌畫，惟有請將每年實協西征餉數内劃留實銀二十萬兩。張樹聲奏准原案雖係實銀六十餘萬兩，今部撥要款甚多，本省餉需尤鉅，臣等未敢援案堅懇多留。擬請於西征本款内指定每年撥銀二十萬兩，作爲抵還本省洋款本息之需。其餘於洋藥各項釐餉内儘數湊還。如有不敷，另行設法籌補，萬一稍有贏餘，即留爲籌還洋款較多年分彌補之用。其鎊價或有增加之處，亦當由此款内籌補。查洋藥正釐每年止十一萬餘兩，係聽候部撥之款。其餘另行捐抽防費、膏釐等項，從前皆係充支本省海防暨外銷之款，合計西征、藥釐兩項共僅留銀三十一萬餘兩，其餘尚短銀五十萬兩。萬不得已，併將本省防費暨外銷之款添入。此本非支撥京協餉之款，且尚須設法整頓，方可免敷此數。特如此辦法，不過先其所急，力任其難。而洋款雖屬有著，防費更將無措，尚須設法另籌。據署廣東布政使蕭韶會同海防善後局司道具詳前來。合無仰懇格外天恩俯念粤防歷年最久，粤借洋款係四次借到，三年分用，合計不爲甚多，俯准查照部准原案，於西征協餉實數併准指定洋藥、釐餉等項内湊足撥還。懇請飭下户部，勿於西征項下另撥他餉，以紓粤急。無任悚切屏營之至。

旨：户部議奏。單併發。欽此。

籌捐巡緝經費摺光緒十二年五月二十二日

據署廣東布政使蕭韶、按察使于蔭霖會同善後局司道詳稱：竊查粤省盜風最熾，州、縣捕役力有不及，額設營汛不敷分布，省外各路向來招募巡勇，添撥練兵，配駕拖扒等船，分布省河及東西北三江、西海、江浦、香新洋面等處水陸緝捕，計兵勇數千名，各路商旅藉獲無虞。此項薪糧、船隻、軍火、器械每年需銀三十餘萬兩，而購綫、懸賞各費不與焉。此款不在防餉之内，現值庫儲奇絀，用款浩繁，而牙捐、沙捐及省捐海防經費，又已一律停止，此項巡緝薪糧各費，實屬無從撥發。各路湘、淮、粤軍防營，已四次續加裁撤，屢經臣等檄行節省用款。無如盜匪日横，巨案日多，商賈居民均受擾害，迭經將疏防文武嚴參勒緝，若將巡緝兵勇船隻概行裁撤，地方將不可問。惟是此等常年鉅款，各庫無可搜羅，現經督同廣州府南、番兩縣，並會商省標四營將領，邀集地方紳士公同酌議，惟有就地籌辦，以商人集腋之資，還爲商民自衛之用。

查省城爲各貨總匯之區，並未設立釐卡。同治八年經前督、撫臣奏明，在省城佛山、江門、陳村繁盛處所補抽百貨坐釐，由商承辦。較之行釐數目輕減一半，兼係補抽其所未及，並非重疊徵收，故歷年相安，即承辦商人亦復從容餘裕。且以行釐、坐釐一併核算，方諸江、浙等省之兩起兩驗，及湖南、江西等省釐則，爲數已覺輕微。光緒十年，該署藩司蕭韶在廣州府任時，曾隨同前升任藩司剛毅邀集愛育堂紳董，勸辦海防經費，無不報效情殷，此即釐金無多，行户不甚爲難之明證也。設使巡緝無具，劫掠公行，商賈豈能懋遷，閭閻何從安謐。現惟有勸令各行量力捐助經費，專爲水陸巡緝，保護商民之用。查愛育堂即爲省城各行商賈薈萃公所，向來專作有益地方公舉善事，本省外省商人等素所信服。今議由各行商捐資緝盜，該紳董誼關桑梓，自屬義不容辭，舍此之外，委係無從設法。擬即在於省城設立公所，遴派端謹廉潔、輿情素孚之員，督同紳董籌辦巡緝經費。酌量商務情形，以銷路之旺淡，定銀數之等差，務期衆情樂從，毫無勉强。責成愛育堂各行自行稽查，隨時消息，不令稍有滋累。似此民捐民用，於各行並無苦累，而地方可期乂安。

至上兩年防務緊急，分派委員前赴各州、縣，勸諭紳富捐助防餉，經將所收捐數先後彙報請奬在案。其中已捐未繳之款，綜計尚不下十萬餘兩，已繳各捐户心頗非之。竊謂此項本屬自行認寫之款，並無强派抑勒，若不一律收齊，則先繳者已充防費，後者得免解囊，似不足以示公允。以後地方公舉，必皆觀望遷延，實於激勸之道多有窒礙。現在粵庫窘迫，更甚於前，除未捐者勿庸再勸外，此項已捐未繳之十萬餘兩，應仍催令繳齊，以濟急需，並照章補請獎叙等情，詳請具奏前來。

臣等伏查粵省盜匪方滋，斷無將巡緝兵勇、船隻概行裁撤之理。而庫帑艱難，正議撙節，又實有不能支付此等巨款之勢。至地方公捐經費衛良緝盜，各省多有。即如廣東香山、順德之護沙軍費，專爲保護沙田，設船、募勇以備巡緝，歷係民捐民辦，官不與聞。茲則保護商民，事關全局，衆議均屬僉同。但非官督紳勸，無以集事，既以議定資以衛民，他項不得挪用，即與民捐民用無殊。該司道等所稱巡緝經費萬不可省，而舍此又無從設法，委係實在情形，體察輿情，似無不便。至已捐未繳之款，似應一律收齊，方足以昭平允。

再，此事係采集衆議，實無窒礙，如蒙俞允，仰懇迅賜訓示遵行，俾得及早勸辦，庶於庫款稍資撙節，合併聲明。

旨：著照所請。該部知道。欽此。

試造淺水輪船工竣摺光緒十二年五月二十七日

竊臣等前因粵省現無水師兵輪，六門海口内外扼守無具，當於闈姓捐款内提洋銀二十萬元，交署水師提督臣方耀等督飭員弁就省河黄埔設廠，選募華工，采取香港華洋船廠圖式，試造淺水兵輪四艘，以之防護海口，援應礮臺。於光緒十一年五月具奏，奉旨：據奏試造淺水輪船，現已先造四艘，著俟造成後詳加察看，如果合用，再行奏明辦理。該衙門知道。欽此。

茲查該輪船四艘於上年冬間陸續造成試水，名之曰廣元、廣亨、廣利、廣貞。入春以來，安配礮械，選派弁勇工役，練習駕駛，漸次嫻熟，經臣等於五月二十三日親往閲驗操演。船身計長英尺一百一十尺，船面闊英尺一十八尺，艙深英尺八尺半，喫水英尺七尺半，合中尺六尺一寸有奇。工料多自港來，故皆以英尺估計。廣元、廣貞兩輪馬力七十八匹，速率每四刻行英里十里，合華里三十三里。廣亨、廣利兩輪馬力六十五匹，速率每四刻行英里九里，合華里三十里。船面頗低，以便攻戰，輪聲甚小，以免驚敵。船後皆雙車暗螺，內用康邦卧機內兩船兼用冷水氣櫃。前後皆活桅兩枝，龍骨左右帶以鐵脇，水淺上下輔以鋼板。船頭安四頓半後膛鋼礮一尊，船尾安九生口徑克虜伯鋼礮一尊，桅盤、船腰各配一諾登飛連珠礮，共三尊。護礮皆有鋼板，礮房與前奏所擬式樣相符。當即駛赴虎門內之蓮花山海面樹立礮靶，該四輪連環操演，察看礮力與船力相稱，礮準約得什之五六，船身轉捩頗靈，行駛亦速，機器一切磨擦光潔，雖係華工所造，視洋造者尚堪彷彿。計該四輪本船工料，修建船廠工料，委員司事人等薪工，載運起落各項物料、夫價，廠局什物，繪圖暨雜項，統共用銀一十二萬五千一百餘兩，槍礮各件係就臺局現存者酌量配用，價值不在此內，另購存鐵木各料銀一萬七千五百餘兩。除原撥闈姓捐款二十萬元合洋銀一十四萬兩外，尚墊支銀二千六百餘兩。准方耀咨，據監造赤溪協副將吴迪文等造册具報，飭營務處司道點收，具詳請奏前來。

臣等伏查粵廠試造淺水兵輪，事屬創辦。工匠募之華人，機器造之本廠，款項由勉强羅掘而來，法式由集思考索而定，以視津、滬、閩廠局面恢閎，工用精博，遠不相侔。今一年之內成船四艘，總計船值、礮械，大約每艘不過五萬金。遠而瓊山淺洋，近而省河西海，均堪行駛。船頭之礮，可擊水路八里，中靶五里，以之防護內河暨近海各口，頗爲合用。現經選派員弁管帶，分駐六門內外，會合所在師船，一體巡緝內河外海盗匪。比較各輪船丈尺、馬力照支薪費章程，每船月支薪工、加餉、公費等項銀六百八十二兩零，以符成案。應俟籌有款項，再行添造多隻，以固粵防。

旨：該衙門知道。欽此。

奏參府州縣各員片[一] 光緒十二年五月 日

再，粵省仕途猥雜，必應隨時澄汰方可挽回風氣。臣等督同藩、臬兩司，時加考察。查有候補知府國文，狡詐牟利，行同市井，應請旨即行革職。候補知府程卓山，鄙俗多事，難勝表率，應請旨以通判降補。試用同知艾況，品行猥下，不守官常。試用通判凌紱曾，居心鄙陋，攬事妄爲。候補知縣辛光萃，素多不謹，難膺民社。以上三員應請旨均以府經歷縣丞降補試用。同知費裕昆，前經差委，均有物議。試用通判畢聯珠，舉動多謬，習染頗深。降補府經歷縣丞陳嵩壽，前因案被參降級，仍然不知收斂。以上三員目前雖無顯著劣迹，斷難望其安静循法。應請旨均行驅逐，各回本籍，免致敗壞吏習，多生事端。理合附片奏禀，伏乞聖鑒。

籌解第二批鹽課京餉等款銀兩摺[二] 光緒十二年五月 日

竊照承准軍機大臣字寄，光緒十一年十一月二十八日奉上

〔一〕録自《京報》第二〇五三號。
〔二〕録自《京報》第二〇五六號。

諭：户部奏豫撥來年京餉。等因。欽此。並清單一紙，内開擬撥光緒十二年分京餉，廣東鹽課銀二十萬兩，當經恭録轉行欽遵籌辦。又粵東運庫應解京餉，難以現銀解部，歷經臣等奏請仍行交商匯兑在案。兹據署理兩廣鹽運使蔣澤春詳稱，光緒十二年分奉撥京餉廣東鹽課銀二十萬兩、内務府經費鹽課銀五萬兩，先在徵收光緒十一年分省河鹽課項内籌解京餉銀五萬兩、一五加平飯食銀一千五百兩、内務府經費銀二萬兩、平餘抬費等銀六百六十兩，共銀七萬二千一百六十兩，作爲本年奉撥第一批京餉及内務府經費，於本年二月十六日委員輔良等匯解赴京投納，詳奉奏報在案。兹又在徵收光緒十二年分省河鹽課項内籌解五萬兩，並隨解一五加平餘銀一千五百兩，作爲本年第二批京餉。又在鹽課項内籌銀一萬兩，並隨解平餘抬費銀三百三十兩，作本年第二批内務府經費。所有本年籌解第二批京餉鹽課銀五萬兩、一五加平飯食銀一千五百兩、内務府經費鹽課銀一萬兩、平餘抬費等銀三百三十兩，共銀六萬一千八百三十兩，飭令殷實銀號百川通、蔚長厚、日昇昌、新泰厚承領匯兑進京，遴委候補知縣邱錦清、候補鹽大使王爾度領齎匯單、文批，於本年四月二十六日在省起程進京，照章支取足色紋銀，分赴户部、内務府投納。合將籌解光緒十二年第二批京餉及内務府經費銀數目並匯兑商名，暨委員職名、起程日期詳請奏報前來。臣等覆核無異，除分咨户部、内務府兑收，其餘未解京餉等款，仍飭陸續籌解外，謹合詞具奏。伏乞皇太后、皇上聖鑒。

旨：該衙門知道。欽此。

剿辦九頭山洋匪摺光緒十二年六月二十日

竊照粵省北海與越南連界，洋面有九頭山孤懸海中，距欽州屬東興司海口西南約百里，越南新安州海口東南百餘里，爲瓊、廉兩郡商漁船隻必經之路。該山四島錯峙，周圍六十餘里，物産瘠苦，所居並無越民，皆係中國沿海無業及犯案逋逃之人。該山因舟師不入巡查，積年窩聚盜匪，或駕艇攔劫過往商旅，或剽掠沿海村鎮居民，久爲邊海大患。同治十二年十月間前督臣瑞麟奏派副將雷秉剛等統帶兵船，前赴九頭山、亞婁灣一帶勦捕，斬獲多名。奏奉諭旨，將出洋勦匪各員弁分别獎勵。嗣後連年皆有九頭山洋盜出劫之案，屢經瓊、廉一帶文武各員隨時在海面緝拏，救出被擄商民，禀報有案。終以兵力尚單，未能常往該山搜捕。光緒十一年六月間，據瓊州鎮、道、府禀報，派員督率師船在感恩縣漁鱗洲洋面擒拏盜首阮先等，訊明係由溺斃之匪首劉亞鳳等在九頭山集夥出劫，經臣等批飭按擬懲辦，奏明在案。上年秋冬間，疊據廉、欽等處商民呈控海盜劫掠之案甚多，皆供係九頭山一夥分股四出，以李廣興爲首，吴大肚五次之，其勢日横。經督辦欽廉防務前廣西提督臣馮子材函商，以九頭山窩聚洋盜、陸盜，日聚日衆，若不從此入手，則北海盜匪皆以我師鞭長莫及，負嵎擾邊，後患未已。當於上年十二月奏明由馮子材酌撥營勇水陸相機勦捕各在案。

先是署龍門協副將梁正源於九月初十日督船巡至潿洲東邁，遇盜船四隻，該副將飭中軍都司梁鼎勳、署右營守備邱志貴督兵開礮，該匪還礮拒敵，弁兵猛擊，焚燬匪船一隻，奪回民船一隻，救出被擄水手何亞美等六名。時值北風大作，不能窮追，各匪紛紛梟水逃逸。查點勇目曾永和中礮斃命，兵勇龐文標等受傷十名，分别撫卹醫治。

十月二十三日巡至三娘灣外洋，見大匪船一隻追擊商船，督率師船連放槍礮，首尾夾擊約三時之久。各匪拋棄槍礮，意圖涉淺竄逃。當駕舢板追趕，生擒盜首吴鳳春即吴青、洪潮和盜匪張定珍、禤許陳、吴四、禤延錢、王二、廖觀養、駱維堂等九名，擊斃十餘名，奪獲盜船一隻，大礮一尊，小礮二尊。

旋經臣咨會馮子材派隊配船出洋，添派陽江鎮總兵黄廷彪督同該副將梁正源，率領輪拖各船隨同勦捕。准馮子材先後咨報，於十一月二十、二十一、二十八等日經署欽州營參將楊瑞山督弁楊岑英、黄彪在白龍尾洋面分投截拏，擒獲盜匪陳計然、鄭七、蘇原等三名。梁正源率帶輪拖，哨見白龍尾洋面匪船五隻連檣而來，梁正源激勵弁勇破浪而入。該匪膽敢開礮與弁勇接仗，兇悍非常。自巳至未三時之久，擊沈匪船一隻、燒燬二隻，各匪紛紛落海淹斃，餘仍駕船且戰且逃。各弁勇奮不顧身，躍過賊船，擒獲盜匪徐亞保、黄大、鄭光喜、黄得香、張亞黑、黄亞四、陳廣複、龐亞二、伍文珍、鍾廣生、伍亞二、陳老快、鍾亞二、林亞保、陳炳通等十五名，内龐亞二、陳炳通傷重立斃。起出被擄商民林書檢等四名，奪獲匪船二隻、大礮二尊、洋槍四枝。尚有匪船三隻，忽先忽後，意在連幫拒敵，迨見官兵追殺，即駕船飛遁。弁勇鼓勇急追，直至青梅頭洋面。該匪還礮拚抗，自寅至午鏖鬭五時之久，經弁勇施放火礶，連燒匪艇二隻，該匪始梟淺水逃竄。當燒斃十數名，溺斃甚多，格斃七名，割取首級七顆，追獲匪艇一隻，擒獲盜匪鄧三、黄亞石、藍亞二、温石保、李發勝、米五、王晚七名，奪獲大礮三尊，洋槍二枝。

知府馮相榮遂督率萃軍，會商黄廷彪、梁正源遠出大洋，合籌追勦。督飭管帶輪拖各船之知縣李家焯，都司劉華青，守備黎炳泰、黄廷琛，府經歷石佩瓊，參將符堅高，守備陳才業，千總黄輔成等於十二年正月初六、初七、初九等日齊抵九頭山、亞婁漘洋面，與匪船相遇，擒獲盜匪謝大鼻二一名，餘匪敗遁上山。各軍水陸分進，派定輪拖由通籠港、大港口等處進攻，並分布各船繞至北港巡截。前軍由沙白環一路直擣山上賊巢，於山險箐密之地，該匪樹栅負拒，一見官軍，先行開槍。黄廷彪、馮相榮等督軍四面進攻，該匪抵死抗拒。我軍與該匪互施槍礮，攻戰兩時之久，砍栅而入，登時平燬巢栅，斃匪多名，我軍受傷十餘名，生擒梁亞簡、鄧三九、吴亞晚、吴亞三、劉亞大、黄亞烏、黄進酉、黄助球等八名，起出被擄商民麥朝對等十五名，搜獲槍械甚多，其釋械聽命者免死，其藏匿抗拒者分投追勦。

查該山地分四環，當將賞格勸諭四環里長將匪交出，並引導官兵搜拏，以别良莠。據里長符國章等報稱，山上竄出之盜，潛逃駕艇出洋，當被後軍揮船截住轟沉，斃匪甚多。各軍會合兜勦，當將匪首李廣興、李廣彦、麥生、吴大肚五、譚初五名一併擒獲，並擒獲著匪鍾四、吴二、郭六、顧三、闕二、鄧貞斤、黄亞三、馮東養、黄實青、鄭煥南、陳亞二、張亞發、馬亞英等十三名，共十八名，内麥生因傷旋斃。奪獲匪船一隻，鐵礮、洋槍、火藥、軍械多件，業經電奏在案。嗣經官軍入山搜捕，又獲盜匪陳亞晚、曾得有、趙亞和、李良、陳士彬、竇亞隆、竇亞九、黄六、張五、緒福求、陳亞花四、翁四、鍾大、林永芳、駱亞五等十五名。查係賊寮，均行焚燬。其被脅可原者，俱經李家焯訊明分别保釋。其先時聞風竄出之匪，責成該里長具結限拏。餘衆查無抗拒情形、眼綫指證者，嚴諭里長約束安業。各軍遂即駛回欽州。當經馮子材將所獲各匪發交署欽州知州余鑑海審訊明確，將積年劫殺抗官之著名匪首李廣興、吴大肚五、李廣彦、譚初，夥匪鍾四、吴二、郭六、黄晚、顧三、關二、鄧貞斤、黄亞三、馮東養、黄實青、陳計然、鄭七、蘇原、陳亞花四、翁四、鍾大、梁亞簡、張五、徐亞保、陳老快、黄大二十五名正法梟示，其餘質審明確，分別辦理。計陣亡勇目一名，弁勇受傷二十餘名，重加卹賞、醫藥。察看九頭山情形，經此次大加懲創，水陸附近匪盜失其所恃，當可稍爲斂戢等因，咨報前來。

臣等伏查九頭山横亘北海，界連華越，藏納盗匪，伺便出没，歷有年所。廉、瓊沿海居民，華洋往來商旅，均受其害。以致近來北海内外洋面劫案日多。現值越南舉辦界務之際，廉、瓊水陸防務均形喫重，若不亟趁此勘界未定時早爲清釐，則將來必致招納内奸，句串越匪，影射鄰邦，常爲邊患。現經斬獲著匪多名，巢穴既覆，洋面當可漸就肅清，實於戢匪防邊不無裨益。其此次出洋勦捕盗匪出力之員弁兵勇等，合無仰懇天恩俯念遠出大洋擒渠掃穴，不無微勞。可否查照同治十二年成案，准由臣等擇尤分別奏請奬卹，以勵將士而靖海疆，出自逾格鴻慈。除咨照馮子材併嚴飭該鎮將督率兵勇，仍於洋面認真巡緝、隨時截拏外，所有派軍勦辦九頭山、亞婆灣洋匪，擒斬首夥、攻燬賊巢、安輯島民各緣由，臣等會同督辦欽廉防務前廣西提督臣馮子材、水師提督臣方耀謹合詞具奏，伏祈聖鑒。

旨：著准其擇尤保奬，毋許冒濫。欽此。

力疾銷假並謝兼署撫篆摺 光緒十二年六月二十二日

竊臣前因病體未痊，奏懇續假一月，於五月十三日差弁賫回原摺。後開軍機大臣奉旨：著賞假一月。欽此。荷恩慈之矜恤，彌銜感於私衷。遵即趕緊醫調，仍一面照常治事。一月以來，體氣雖仍如常，肝鬲漸覺清爽。適於六月十四日准吏部咨，光緒十二年四月二十七日奉上諭：倪文蔚著來京陛見。廣東巡撫著張之洞兼署。欽此。二十一日准撫臣倪文蔚將廣東巡撫並太平橋監督各關防、王命旗牌、文卷，委員賫送前來，並循例將兼理廣東學政關防并一應卷宗移送到臣。當即恭設香案，望闕叩頭謝恩，祇領任事。

伏念臣兼圻謬領，兩載於兹，庸材孱軀，正求罷退。乃荷聖慈優容，迭予假期，復兼職任。鴻施逾格，感悚難名。當此疆事緊要，責無旁貸之時，臣惟有力疾暫行銷假，將兩衙門公事分別籌維，一律整飭。本任固係職守攸關，署任亦不敢稍涉忽略。勉策駑庸，惟力是視，以冀仰答高厚鴻慈於萬一。

旨：知道了。欽此。

籌解第二批京餉片（二） 光緒十二年六月　日

再，接准部咨，光緒十二年分京餉案内奏明擬撥太平關常税銀十五萬兩等因，當經轉行辦解。隨據藩司在於司庫先行籌銀四萬兩，作爲第一批，飭委候補知州田明曜等領解，赴户部投納。并附片奏報在案。兹據署藩司蕭韶詳稱，現復在太平關常税項内，

（二）録自《京報》第二〇六八號。

籌撥銀三萬兩作爲第二批，即行起解。遵照部行，以實銀裝鞘，飭委候補知府顔守基等領解，於光緒十二年六月初六日起程，由内地挨站運解進京，赴户部投納等情，詳請具奏前來。除給發咨批飭令委員迅速起解外，臣等謹附片陳明，伏乞聖鑒。

旨：户部知道。欽此。

委署代理州縣各缺摺〔一〕光緒十二年六月　日

竊准部咨，咸豐十一年十一月二十三日奉上諭：給事中嵩延祜奏各省更調州縣，請飭部嚴定章程。等因。欽此。欽遵辦理在案。兹據署廣東布政使蕭韶詳稱，光緒十一年夏季分出有清遠縣知縣羅煒調省，遺缺以靈山縣知縣鄧倬堂調署。其所遺靈山縣知縣，以署永安縣事試用知縣鄧清圻調署。又署昌化縣知縣余汝霖病故，遺缺以截取進士知縣李作楨代理。又署定安縣知縣盧炳識調省，遺缺以候補知縣劉本鏡署理。又署高要縣知縣丁墉撤任，遺缺以試用知縣彭眙蓀赴署，因另有差委，改委分缺先用知縣王崧署理。又海豐縣知縣魏傳熙調署澄海縣知縣缺，所遺海豐縣知縣缺，即以署澄海縣事試用知縣葛肇蘭調署。又署樂會縣知縣陳第榮調省，遺缺以試用知縣張廣權署理。又新會縣知縣彭君穀調省，遺缺以高明縣知縣岑傳霖調署。又陸豐縣知縣張振鏞調省，遺缺以分缺先用通判童朝珍代理。又署萬縣知縣包永昌調省，遺缺以候補知縣舒寬迪署理。均無違例更調情弊，遵照定章具詳前來。臣等覆查無異，理合會同恭摺具陳，伏乞皇太后、皇上聖鑒。

旨：吏部知道。欽此。

遵章彙奏片光緒十二年六月　日

再，前任順天府尹蔣琦齡等條奏疏通正途案内，經部議奏，嗣後各省州縣缺出，先委正途一人，次委勞績一人，再將各項委用試用人員輪次一人，仍將輪委班次並出缺日期詳叙，每届三月奏報等因。於同治元年六月初五日奉旨：依議。欽此。咨行到粤，即經分别酌委挨委員缺班次，按章奏咨在案。兹光緒十一年夏季分出有靈山縣知縣鄧倬堂調署清遠縣知縣，遺缺以署永安縣事試用知縣鄧清圻調署。又署定安縣知縣盧炳識調省，遺缺以候補知縣劉本鏡署理。又海豐縣知縣魏傳熙調署澄海縣知縣，遺缺以署澄海縣事試用知縣葛肇蘭調署。又署陸豐縣知縣張振鏞調省，遺缺以分缺先用通判童朝珍代理。以上四缺，俱係挨委簡缺，例應按班輪委。因各該縣地方緊要，暫時酌委署理代理，均不入班次積缺計算。又署樂會縣知縣陳第榮調省，遺缺輪用委用試用班，以試用知縣張廣權署理。據署廣東布政使蕭韶列册詳請具奏前來。除册送部外，臣等謹合詞附片陳明，伏乞聖鑒。

旨：吏部知道。欽此。

委署代理各缺片光緒十二年六月　日

再，前任順天府尹蔣琦齡等條奏疏通正途案内，經部議奏，嗣後各省州縣缺出，先委正途一人，次委勞績一人，再將各項委用試用人員輪委一人，仍令將輪委班次並出缺日期詳叙，每届三月奏報等因。於同治元年六月初五日奉旨：依議。欽此。咨行到

〔一〕以下四件録自《京報》第二〇七〇號。

粵，即經分別酌委挨委員缺班次，按季奏咨在案。兹光緒十一年秋季分出有廣甯縣知縣許方亮調省，遺缺以候補知縣徐沅署理。又署海康縣知縣李健鵬調省，遺缺以試用知縣彭保義署理。以上二缺，係挨委簡缺，例應按班輪委，因各該縣地方緊要，暫時酌委署理，均不入班次積缺計算。又署連平州知州何斌調省，遺缺輪用正途班次以優□分發知縣徐多鈴署理。又遂溪縣知縣鄒翼清調省差委，遺缺輪用勞績班次候補知縣潘承芬署理。又署興甯縣知縣王鴻治調省，遺缺輪用委用試用班次試用知縣邱星署理。據署廣東布政使蕭韶列册詳請具奏前來。除册送部外，臣等謹會同附片陳明，伏乞聖鑒。

旨：吏部知道。欽此。

籌解第二批地丁京餉片 光緒十二年六月 日

竊准部咨，光緒十二年原撥京餉案内，廣東奉撥地丁銀十萬兩等因。咨行到粵。當經督飭司道欽遵籌解去後。隨據［署］布政使蕭韶在於司庫地丁項下籌銀二萬兩，作爲起解第一批原撥京餉，遵照部行以現銀裝鞘，遴委候補知州田明曜等由内地挨站運解進京，赴部投納，並恭摺奏報在案。兹據署布政使蕭韶詳稱，在於司庫地丁項下，再籌三萬兩，作爲起解第二批京餉。遵照以現銀裝鞘，遴委候補知府顔守基等由内地挨站運解，於光緒十二年六月初六日起程進京，赴部投納等情，具詳前來。臣等覆查無異，謹合詞恭摺，由驛具奏，伏乞皇太后、皇上聖鑒。

旨：户部知道。欽此。

查明欠解銀米各員勒限嚴追摺[一] 光緒十二年六月 日

竊照粵東省光緒八年以前各屬未結交代，業於光緒十年六月内結報清楚。其九年以後交代，亦經照例責成本管道府縣就近督算，依限結報。嗣查有前署英德縣已故同知阿克丹布等徵存銀米未完解[二]，業經奏參革職，勒追在案。兹查有病故參革知縣劉樹典，前署封川縣任内，欠解徵存雜款銀三千七百餘兩、徵存米九百餘石。又病故參革知縣鍾廷慶，前在樂會縣任内欠解徵存正雜款銀九百餘兩，節經勒限嚴追，延不完解，寔屬任意玩延。現當整頓交代之際，未便稍事姑容。查該二員先已另案委革，相應請旨勒限該故員劉樹典、鍾廷慶家屬，務於三個月内，將欠解交代各款銀米照數完解清楚。倘逾限不解，或解不足數，即行查抄監追，以儆疲玩。所有查明故員欠解交代銀米，勒限嚴追緣由，臣等謹合詞恭摺具奏，伏乞皇太后、皇上聖鑒訓示。

旨：著照所請。該部知道。欽此。

欠解銀米參後全完各員請旨開復摺[三] 光緒十二年六月 日

竊照粵東光緒六、七、八等年各屬未結交代，業經咨部定限

[一] 録自《京報》第二〇七三號。

[二] 「阿克丹布」一員，此件指其為「前署英德縣已故同知」，而於本册三六二頁《特參各員革職嚴追摺》中指其為「前署陽江縣已故同知」。孰是孰非，存疑。

[三] 以下二件録自《京報》第二〇七四號。

清結。嗣因限滿，查有告病知縣李文烜，前在饒平縣任内欠解雜款銀一千九百餘兩。降補州同前任羅定州知州范麓軒，前在南雄州任内欠解徵存米一百餘石。經臣等先後奏請革職勒追。並查有叅革候補通判馮寶封，前在臨高縣及萬州各任内，尚有欠解正雜銀一千餘兩，又經奏請再行勒限完解。均經欽奉諭旨：著照所請。該部知道。欽此。欽遵轉行，嚴飭完解去後。兹據署布政使蕭韶、署督糧道李蕊棻，會同交代總局司道詳稱，查李文烜、范麓軒、馮寶封各員，欠解各款銀米被叅後，業據各該員先後如數批解清楚，請將原叅革職之案具奏開復等情前來。臣等伏查該員李文烜等於被叅後，各將欠解銀米全數完解，尚知愧奮。除候補通判馮寶封原叅革職之案，已於完解光緒五年以前交代銀兩案内奏請開復外，相應請旨將前任饒平縣告病知縣李文烜，降補州同前任羅定州知州范麓軒，原叅革職之案，准其開復，以昭激勸。所有查明欠解交代銀米叅後全完各員請開復原官緣由，謹合詞恭摺具奏，伏乞皇太后、后上聖鑒訓示。

旨：該部知道。欽此。

保員鹽大使以知縣留原省補用片光緒十二年六月　日

再，光緒四年正月二十五日准吏部咨，所有前貴州巡撫曾璧光奏請勞績保舉，核與例章不符，應行駁正人員，於光緒三年十二月十九日具奏。奉旨：依議。欽此。鈔單知照内開，廣東遇缺儘先即補鹽大使周駿炳，前據原任貴州巡撫曾璧光於全黔肅清案内保奏。奉上諭：着免補本班，以知縣仍留原歸候補班補用。欽此。業經臣部欽遵註册。今核計該員所著勞績，係在丁憂期内，照章應奏請撤銷。惟查該員到省文稱丁憂回籍，後奉調赴貴州軍營，並未將何人奏調及何年月日奏准詳細聲叙。臣部碍難辦理，應令該撫等查明覆奏，再行核辦等因。業經前撫臣張兆棟檄飭查覆。據該員周駿炳禀稱，先於同治九年冬間奉前貴州提督札飭，由粤購辦軍火解黔營交納。維時正值興義一帶軍務吃緊，奉飭留任，隨同官軍攻剿，克復都勻、八寨廳、興義府各城，即行回粤銷差。嗣於十二年十一月間訃丁母憂，請咨回籍守制。十三年三月到籍。是年十月，復奉貴州提督由籍調赴黔營。因軍務底定回籍，於光緒二年七月服闋回粤禀到。當時具禀未將先後入黔各緣由詳晰聲叙，致奉部駁飭查，係屬疎漏，理合據實禀覆等由。復據情行黔確查，嗣准貴州撫臣林肇元咨，覆查該員周駿炳，於同治九年經前貴州提督委辦軍火來黔。十年隨同官軍收復八寨諸城，異常出力，經前貴州巡撫曾璧光列入全黔肅清案内保舉，免補本班以知縣仍留原省歸候補班補用。於光緒元年正月十六日奉旨允准在案。該員立功在前，丁憂在後，所保知縣實係補録前勞等因。核與該員周駿炳所禀無異，亦與部定丁憂以前着有勞績仍准予保之例章相符。據藩司具詳請奏前來，相應籲懇天恩俯准飭部將該員周駿炳仍照原保免補鹽大使本班，以知縣仍留原省歸候補班補用，以示鼓勵。臣等謹會同附片覆陳，伏乞聖鑒。

旨：吏部議奏。欽此。

道員華祝三暫緩引見片[一] 光緒十二年六月 日

再，南韶連道華祝三，老成明練，爲守兼優。在任十一年，地方吏治深資整頓，業經前督撫臣光緒六年、九年兩次大計，保薦卓異，先後□部咨行飭令請咨赴部引見，均經轉遵照在案。茲查南韶連一帶係屬北口衝途，向爲盜匪淵藪，現值奏准，分任文武大員查辦各屬匪鄉，正須得人治理。該道華祝三，久於其任，熟悉情形，應飭督屬會同委員，澈底查辦，以期除莠安良，未便遽易生手。合無仰懇天恩俯准該員華祝三，暫緩赴部引見。俟查辦匪鄉就緒，再行飭令領咨北上。除咨明吏部外，臣等謹附片具陳，伏乞聖鑒訓示。

旨：著照所請。吏部知道。欽此。

甄別知縣片 光緒十二年六月 日

再，查定例大挑舉人到省後，試用一年期滿，該督撫隨時甄別，堪以知縣用者，即以該員期滿之日，作爲甄別日期。又准部咨，嗣後無論何項出身，凡係補缺應有具題者，試用期滿，由該督撫詳加甄別，專摺具奏等因。咨行遵照在案。茲查大挑知縣羅燕臣，江西贛縣增生中式同治十二年癸酉科本省鄉試第五十七名舉人。光緒六年庚辰科大挑一等，以知縣用，簽掣廣東回籍候咨。嗣取咨來粵。光緒十一年三月初二日到省試用已滿一年，例應甄別。據藩臬兩司詳加察看具詳請奏前來。臣等覆核該員羅燕臣事理明晰，才具開張，堪膺民社。除將該員履歷造册送部查核外，謹合詞附片具奏。伏乞聖鑒訓示。

旨：吏部知道。欽此。

革員欠解銀米勒限嚴追摺[二] 光緒十二年六月 日

竊查州縣徵存地丁銀米，例應隨徵隨解，不容稍事稽延。粵東牧令交卸後，輒將徵存之項延不完解，以致交代逾限不能結報，實屬大干功令。茲查有已革試用知縣黄湘林，前署儋州任内，交代初叅限滿，未據造册移交後任結報。先經查開職名，咨部查叅在案。現據該員于交代二叅限内造册結報到司。因册造款目不符，發回改造。並查該員有徵存正款銀一千八百餘兩、米五百五十餘石，疊經勒限嚴催未據完解，實屬任意玩延。據藩司糧道會同交代局，詳請叅追前來。查該員先經另案叅革，相應請旨勒限該革員三個月内，將欠解交代銀米，掃數完解。倘逾限不解，或解不足數，查明是侵是挪，分别查抄監追，以儆疲玩。所有革員欠解交代銀米請勒限嚴追緣由，謹合詞恭摺具奏，伏乞皇太后、皇上聖鑒訓示。

旨：著照所請。該部知道。欽此。

揀員調補知縣摺[三] 光緒十二年六月 日

竊照准部咨行缺單内開，電白縣知縣鄭履端降補開缺，所遺電白縣知縣係沿海煩疲難三項要缺，例應由外揀選調補。該縣地處海疆，民情强悍，且稽查口岸，巡緝外洋，在在均關緊要，必

[一] 以下二件録自《京報》第二〇七五號。
[二] 録自《京報》第二〇八八號。
[三] 以下二件録自《京報》第二〇九一號。

須精明幹練之員，方足以資治理。臣等與藩、臬兩司於通省現任知縣內，逐加遴選。非現居要缺，即人地未宜，實無合例堪以調補之員。惟查有徐聞縣知縣楊逢篁，年五十八歲，山東甯海州人，由拔貢中式咸豐己未恩科順天鄉試舉人。同治元年壬戌科會試，挑取謄録。二年七月領修皇清奏議大臣年表，成列爲一等，題請以知縣歸雙月舉人班内候選。七年九月初七日奉旨：依議。欽此。光緒五年投效中城勇局，因會同協緝迭次出力，奏請以不論雙單月議叙本班先選用。八年十一月二十五日奉旨：依議。欽此。十年六月選授徐聞縣知縣，十一年七月十六日到任。該員識見明達，處事精詳，以之調補電白縣知縣，洵堪勝任。該員歷俸未滿三年，現飭遵例赴部捐免，與例稍有不符。第人地實在相需，例得據實陳明，專摺奏請。據藩、臬兩司會詳前來。合無仰懇聖恩俯念海疆員缺緊要，准以該員楊逢篁調補電白縣知縣，俾資治理。如蒙俞允，該員係現任知縣請調知縣，銜缺相當，毋庸送部引見。所遺徐聞縣知縣員缺，粵省現有應補人員，請扣留在外，俟接准部覆，另行選員請補。臣等謹合詞恭摺具奏，伏乞皇太后、皇上聖鑒訓示。再，該員任内並無承緝案件及承緝未獲盜案、征解錢糧已起降調革職參限，又無參罰案件，合併陳明。

旨：吏部議奏。欽此。

提督鄭紹忠丁憂請暫留署任摺 光緒十二年六月 日

竊據署廣東陸路提督潮州鎮總兵鄭紹忠牘稱，該署提督經奏明查辦匪鄉，於四月初督軍前赴惠州府城，即會地方官次第辦理。並分遣弁勇查辦附近博羅、長甯等處。茲於五月二十五日接到家信嫡母盧氏於五月二十四日在三水縣本籍，因病身故。紹忠係屬親子，例應丁憂，請奏開陸路提督署缺暨潮州鎮總兵本缺，並派員接辦匪鄉事宜前來。查定例，提督、總兵丁憂，均應行離任回籍守制。惟查該署提督忠勇性成，紀律嚴肅，前由潮州鎮總兵本任調署南韶連鎮北江水陸地方，深資鎮馭。自本年奏署陸路提督，籌防調度悉協機宜，伏莽不興，軍民愛戴。目前查辦匪鄉正在吃緊之際，東至惠屬，北至韶州、連、陽，西至開□，戢匪捕盜，端緒煩多。皆由該署提督調撥所部，分投辦理。該署提督統轄全省陸軍，兼統舊部安勇各營。廣東各鎮，威望才器足濟接辦者實難其人。查同治十二年，該員鄭紹忠在署南韶連鎮總兵任内，丁親父憂，經前督臣瑞麟奏請暫留署任，查辦東西兩省交界土匪。奉旨允准在案。茲臣與撫臣水師提督暨司道等公同商酌，惟有奏請仍留該員提督署任，以專責成。合無仰懇天恩准將丁憂潮州鎮總兵署陸路提督鄭紹忠，暫留廣東陸路提督署任，素服辦事，飭令督率各營並所部安勇，俾將惠州、廣州、肇、韶等郡匪鄉，次第辦理，一清伏莽，於地方實有裨益。如蒙俞允，應俟各屬匪鄉一律辦竣後，再令該員回籍守制。至該員係由潮州鎮總兵署理提督，如蒙恩准暫留陸路提督署任，其潮州鎮本缺，相應請旨迅賜簡放，以重職守。臣爲整軍戢匪亟需熟習地方大員起見，是否有當，謹會同廣東撫臣倪文蔚謹繕摺具陳，伏乞皇太后、皇上聖鑒。

知縣應行迴避揀員對調摺〔一〕光緒十二年六月　日

竊照定例，姻親屬中妻之兄弟、嫡妹之夫，俱分屬至親，同在外官，不無所瞻顧，亦應令官小者迴避。又准部行劃一章程內開，知府以下等官，所管止一府、一州、一縣，鄰府州縣即非其所轄、所屬，有本族外姻親屬爲其轄屬，各項官員例應迴避者，俱由該督撫於本省內酌量調補，以別府之缺揀調。又定例，州縣以上等官迴避，應行揀選對調者，其所調之員如未經到任，或歷俸未滿者，仍准一律揀調各等因。茲據韶州府知府譚承祖稟報，所屬之曲江縣知縣魯宗頫，係該府妻弟，例應迴避等由到司。當經札飭該員魯宗頫交卸離任，並委員接署在案。查曲江縣知縣魯宗頫，江南豐縣人，由舉人考取宗學漢教習，辛未科大挑一等，分發東河，以知縣用。是科會試中式進士，以主事用，籤掣工部，分虞衡司行走，請改歸知縣原班銓選。遵照新章呈請分發，簽分直隸，親老告近，改掣廣東。光緒三年六月到省，題署曲江縣知縣。准部覆，十一年四月二十七日到任，尚未試署期滿實授。現與韶州府知府譚承祖係外姻親屬，自應照例迴避，以別府所屬選缺知縣揀員對調。茲查有始興縣知縣鄭守昌，年四十八歲，福建閩縣人，由舉人光緒六年庚辰科會試大挑一等，以知縣用，簽掣廣東。是年十一月到省試用，期滿甄別，堪膺民社，題署始興縣知縣，准部覆尚未到任。該員人甚精明，辦事勤慎。始興縣與曲江縣均係部選兩字簡缺，以之對調，洵屬人地相宜。合無仰懇聖恩俯准以始興縣知縣鄭守昌署曲江縣。所遺始興縣知縣缺，即着魯宗頫調署。均俟試署期滿另請實授。如蒙俞允，該員等係現任知縣，遵例對調，銜缺相當，毋庸送部引見。據藩、臬兩司會詳前來，臣等謹合詞恭摺具奏，伏乞皇太后、皇上聖鑒訓示。

旨：吏部議奏。欽此。

委署總兵片光緒十二年六月　日

再，准兵部咨，光緒十二年三月二十一日奉上諭：廣東南澳鎮總兵李揚陞著開缺送部引見。欽此。當經咨行欽遵。查新授南澳鎮總兵劉永福先奉諭旨暫緩赴任，所有南澳鎮總兵篆務，應行委員接署，以便李揚陞交卸請咨進京。查有廣東碣石鎮總兵鄧萬林，明白穩練，堪以調署。除檄飭遵照外，謹會同閩浙總督臣楊昌濬附片陳明，伏乞聖鑒。

旨：兵部知道。欽此。

革員王序賢被參藉案詐贓勒索審明定擬摺光緒十二年六月　日

竊照已革試用通判王序賢，被參前代理歸善縣任內，藉案詐贓及勒索書吏陋規等情一案，經督臣張樹聲會同臣倪文蔚查明覆奏。光緒十年閏五月二十五日奉上諭：王序賢著即革職，嚴行訊辦。等因。欽此。當經欽遵行司委提人卷飭發廣州府審辦。隨據該革員王序賢及監生林超然、民人林桂常、革吏鍾龍驤、薛鳳鳴，先行赴府投到，署藩司蕭韶前在廣州府任內，會同總辦讞局候補府金桂馨訊供參差，稟請飭拿門丁李誠及行提人證未到卸事。該

〔一〕以下四件録自《京報》第二〇九六至二〇九八號。

署府孫楫抵任，照案催提。因李誠屢緝未獲，經提到譚芳、黎湘二名，連卷發府訊辦。並據該歸善縣申稱，前庫吏譚福祥外出貿易，屢傳未到。差役譚芳等先因誤公斥革，現傳解等情。由署廣州府孫楫等提集訊明擬議，解經廣東按察使于蔭霖會同署布政使蕭韶覆訊定擬解勘前來。臣等親提嚴訊，並查核前來委員查覆各節。如覆奏王序賢被參藉案詐贓，前經委員候補同知增亮，會同前署歸善縣鄒之麟傳訊，林桂常、林超然供稱，光緒七年八月內，王序賢到平山墟催糧，因林湛然被朱丁保呈控，差傳林湛然管押。王序賢及跟役人員共勒去洋銀三千兩，始行釋放。經林桂常等出具切結一款。緣王序賢籍隸安徽太平縣，由監生報州吏目遞補通判，加五品銜，分廣東試用。光緒七年，委代理歸善縣事，六月二十五日到任。七月初一日有縣屬平山墟林湛然，在墟旁涌邊出恭，被朱丁保看見。因其面似麻瘋，污染涌水□門，責令出錢塞涌。林湛然不依。其姪林亞檜在旁斥罵、譌詐，用拳毆傷朱丁保左臂膊，並聲稱捉拿送官。朱丁保逃出，乘便取去皮衣兩件，稱俟塞涌交還。旋於初二日，以林湛然將伊擄捉關禁控縣。適林湛然患病，其子林桂常在郡城讀書，因囑伊分居堂弟監生林超然，以朱丁保藉塞涌勒詐，糾衆搶毆等情，代其呈訴。經王序賢飭差傳訊。適八月初三日王序賢帶同丁差親到平山墟催糧，行署設在該墟東嶽廟內，就近傳訊。林湛然不認捉禁，飭在行署押候，派門丁李誠看管，催傳朱丁保質訊未到。王序賢即往隣村催糧。李誠探知林湛然有錢怕事，乘機指官撞騙。向林湛然聲稱，本官訪聞平日武斷鄉曲，現又被人控告，定要帶縣監禁，詳革功名，照例嚴辦。如肯送官洋銀三千元，謝伊洋銀一千元，並送看管規銀二百兩，伊爲本官信任，立當向官求説了事。林湛然畏懼應允，言明共送洋銀三千兩。正在寫單交執，適有與林湛然素識之差役譚芳有事往尋李誠，看見林湛然在旁寫字，彼此並未言明各散。嗣王序賢回至行署，據報林湛然患病交保醫調。林超然前往探視，其子林桂常亦由郡回家，林湛然僅將被押行署交門丁李誠看管致被索詐銀兩情由告知，並未説明是否係縣官勒索，抑係門丁指官詐騙。林超然等亦未問悉。嗣據差役將朱丁保、林超然帶案。經王序賢提訊，控情均有不實，因鄉鄰釁起口角，斷令朱丁保交還所取衣服，批飭林超然傳諭林湛然不得再在涌邊出恭，補回朱丁保醫傷藥資銀四錢，涌水照舊不准塞斷，取結銷案。其時林湛然因病未到。九月間譚芳赴鄉辦公，途遇林湛然查問寫交銀單情由，林湛然告知，並稱銀經交付，囑勿聲張。譚芳回縣，維時王序賢因錢糧催徵不起，託人借銀湊解。譚芳以縣官甫經得受林湛然銀兩，何以又須借銀，即向李誠查詢，不能隱瞞。當將起意撞騙，並非王序賢主令詐贓情由告知，囑其不可聲張。譚芳因李誠係屬門丁，恐説出實情被其尋害，不敢張揚。李誠即於九月底自行辭退回省。林超然因時常出外，林桂常不管家務，究竟林湛然於何月日在何處交銀，李誠有無分送縣官，均未理會。林湛然於八月間病故。嗣欽奉上諭有人奏參王序賢於朱楊氏控伊子朱丁保被林姓捉戕，該縣藉案捉押林湛然詐贓等因，行司委員增亮馳往歸善縣，會縣傳集林超然、林桂常研訊。林超然因林湛然當時曾經説及係被縣官管押，交門丁李誠看管，致被索詐銀兩。料係縣官主使，即係被王序賢及跟役人等勒去洋銀三千兩，始行釋放。林桂常亦隨同供指，並各具結繳案等語。提集研訊，供悉前情。並據王序賢供稱，李誠即李斗山，廣西博白縣人，派司門閽，並帶往鄉間辦案催粮。當時林湛然與朱丁保互控，因朱丁保尚未到案，是以暫行看管，並無另有訪聞林湛然武斷鄉曲欲行帶回縣署詳革究辦之事，亦未另有朱楊氏控案。李誠如何向林湛然指官撞騙嚇詐銀兩，伊不知情。提同差役譚芳詰訊，據稱李誠向林湛然詐贓，經伊事後查詢，縣官實未得受銀兩，不敢妄指。質訊林超然等，亦稱當時因問林湛然説及係由縣官管押門丁看管，致被詐索銀兩。是以前次縣委傳訊，有王序賢及跟丁人等勒去洋銀三千兩之語，實在是否王序賢自行得受，抑係門丁指官撞騙，伊亦不敢妄指。此查詢王序賢被參藉案詐贓並無實在證據之情形也。

又如覆奏王序賢被參勒索書吏陋規。委員候補同知增亮會同前署歸善縣鄒之麟，傳訊倉房典吏鍾龍驤、庫房典吏薛鳳鳴，同供光緒七年六月，王序賢到任，向索陋規，親到伊等家中催迫，共捐繳洋銀一千三百三十兩。並役滿吏譚福祥供稱，王序賢不知何故到伊家中，將器物毁壞，經譚福祥及鍾龍驤等各具切結一款。緣王序賢代理歸善縣事，於前任時，其門丁李誠曾向倉房典吏鍾龍驤、庫房典吏薛鳳鳴索取規銀。鍾龍驤等疑係王序賢囑令所取，即稱向無此款，未經致送。該縣錢粮鄉間向設粮站，分派書差駐站徵收，各距城較遠者，將銀交由該處殷實鋪户，匯交縣城錢店暫收。該書逢十報卯，逢二繳銀。是年八月三十卯稔山墟及二多祝墟各粮站所徵銀兩，該站書匯交城内德豐錢店收儲。詎德豐店於九月初二日關閉歇業，鍾龍驤等聞知向追。該店東張德貴應允十四日交清。至期無銀，往找張德貴，即赴各處尋覓。是日，王序賢查知鍾龍驤等徵銀不繳，飭差催繳傳審。適鍾龍驤等往尋張德貴未回，不及赴案。王序賢悮聞鍾龍驤等係前聽庫吏譚福祥主使，抗不到案，即於十六日親帶差役黎湘、梁超等，先到鍾龍驤家中拿獲鍾龍驤交差。梁超押解回署未上鎖練，途中人多，致被擠散。王序賢復往譚福祥家查拿未遇，即責成其家屬交出。該家屬不服分辯，王序賢一時氣忿，順手將案上花瓶盆盌擲爛。轉回署中，查問鍾龍驤，稱已擠散。王序賢疑係脱逃，提差梁超責革具文通禀。梁超革後，即與鍾龍驤家工人韓亞申揑造王序賢向倉庫典吏索規不遂，帶差親往勒詐之言，互相傳播。前署惠州府郁承慈訪聞，即據情禀揭。鍾龍驤擠散後與薛鳳鳴設法籌措，經張德貴備銀交還，由鍾龍驤等繳銀投案。隨奉檄委候補知府夏獻銘到縣查明，王序賢前禀鍾龍驤等經徵錢糧延時報繳，係屬實情。續據繳清無欠。其赴譚福祥家内，亦非因索規起釁。郁承慈係聞鍾龍驤家屬傳謡言，因而通禀，非實有其事，禀經批飭將鍾龍驤革究。王序賢奉批後，傳到德豐店東張德貴，提同鍾龍驤、薛鳳鳴，訊明錢粮銀兩實因錢店歇業輾轉查追，致稽時日，並非有心不繳，嗣因尋張德貴未回，不及赴案，亦非聽從譚福祥主使抗傳。惟報繳遲延，將其典吏斥革另充，時因署内房屋坍塌必須赶緊修理，先經飭傳匠頭沈亞平勘估，共需工料銀一千三百三十兩，當堂罰令鍾龍驤等公同捐修。因捐項未繳，先日庫存孤貧口粮等項銀内提借銀四十兩，發交匠頭購料開工。並於下鄉徵粮時，經過鍾龍驤等住宅，先後飭差黎湘及親自登門催繳。(王序賢)［鍾龍驤］、薛鳳鳴二人即共捐繳銀一千三百三十兩。經王序賢給發收單，還清前借庫款。惟時鍾龍驤等聞有動用庫款修署之言，因憶鍾龍驤到任時門丁李誠曾説房書應送規銀，嗣飭捐銀修署，又親到家内催追，疑係索規未遂，藉名索銀肥己。隨欽奉上諭，有人奏參王序賢索取倉庫兩房陋規不遂，親到譚姓家内勒追等因，行司委員增亮馳往歸善會縣傳訊。鍾龍驤、薛鳳鳴以伊等前疑王序賢索取，既已被人奏參，正與伊等意見相同，即供稱王序賢到任，向索陋規未遂，親到伊等家中催迫，不得已共捐繳洋銀一千三百三十兩。又據譚福祥供稱，王序賢不知何故到伊家中，將器物毀壞各等語，並各具結繳案。業經委員連林超然等各結，一併呈繳，由司詳請奏叅革審。茲提王序賢研訊，據供，當日委止派鍾龍驤等捐銀修理衙署，並無飭令門丁李誠向索到任陋規侵吞入己情事。有承修工匠可問，所借庫款銀兩，於鍾龍驤等捐項繳到時如數清還，有庫簿可查。飭據歸善縣查訊稟覆，核與王序賢所供相符。惟因提同鍾龍驤等質訊，據供伊等所捐銀兩委爲修理衙署之用，惟因王序賢到任時門丁李誠曾向索取規銀，隨後又嚴催派捐銀兩，疑係藉名肥己，是以委員會訊，未將捐修衙署一層詳晳供明，自知供吐失實，咎無可辭等語。此王序賢被叅勒索陋規查訊，實係藉案科罰之情形也。

茲查門丁李誠屢次飭緝未獲，提現到人等詳加研訊，據各供認前情不諱。再三究詰，矢口不移。似無遁飾，應即先行擬結。查律載，有司官非奉上司明文，因公擅自科歛所屬財物，杖六十。贓重者坐贓論。又坐贓致罪各主者，通算折半科罪，五百兩，罪止杖一百、徒三年。又監臨官吏挾勢求索所部，内財物計贓，准不枉法論。又有禄人不枉法，一百二十兩以上絞監候。又律載，棄毁人器物者，計贓准盗論。又各例載稱准，但准其罪，亦罪止杖一百、流三千里。又例載，現獲之犯稱逃者，爲首無事主證佐指認者，將現獲之犯按例擬結監禁。倘正犯日久無獲，監候待質。如原擬杖罪已過三年，咨部核覆，取具的保釋放，俟緝獲正犯，再行質審。又律載，誣輕爲重者，反坐。所剩若未論决笞杖收贖。又，不應爲而爲之，事理重者，杖八十各等語。此案已革試用通判王序賢，前在代理歸善縣任内，據縣民朱丁保呈控，監生林湛然擄提關禁，將林湛然押候，派門丁李誠看管，致李誠指官撞騙捏稱：經王序賢訪聞，林湛然武斷鄉曲，又因被人控告，欲行帶縣監禁革辦。如肯送給銀兩，可以向官關説求免，向林湛然嚇詐得銀三千兩。現經提集質訊，王序賢堅稱實未得受前項銀兩。縣差譚芳亦稱曾經李誠告知，委實李誠自行起意乘機撞騙，並非王序賢主令詐贓。惟現在李誠尚未就獲，事主林湛然等又不能切實指誣是否狡供避就，無從懸揣。至王序賢到任時，李誠向倉庫兩房典史鍾龍驤、薛鳳鳴索取規銀，亦訊非王序賢授意。鍾龍驤等並未致送，係屬無據空言。其親到鍾龍驤、譚福祥家查拿，並將譚家花瓶等物擲爛，係由鍾龍驤徵銀不繳，及誤聞譚福祥主使抗傳所致，並非因索陋規起衅。嗣值催粮經過，順便催繳修署捐項，亦非催追陋規。惟因修葺衙署，未奉上司明文，輒敢擅自科罰鍾龍驤、薛鳳鳴等銀兩，歸入公用，雖訊非侵吞入己，究屬不合。查審辦鍾龍驤等原案，係因延繳糧銀斥革示懲，尚非枉法。核其科罰各主銀數共一千三百三十兩，折半銀六百六十五兩，應照作贓論罪折半科算。其擲爛譚姓花瓶盤盌，估值紋銀五錢，照棄毁人器物律，計贓准竊盗論罪，正杖六十。應如藩、臬二司所擬王序賢應從重，依有司官非奉上司明文，因公擅自苛歛所屬財物，杖六十，贓重者坐贓論，坐贓五百兩，罪止杖一百、徒三年律，擬杖一百、徒三年。事犯到官在光緒十一年正月初四日欽奉恩旨以前，核其情罪，係在准減之列，應准減爲杖一百，照例納贖。惟門丁李誠索詐林湛然銀兩一案，如果王序賢僅止失察，照例議處，罪止擬杖。現在既因李誠在逃未獲，林湛然等又不能切實指證，應請將該革員王序賢照杖罪人犯例監禁待質。事犯到官，雖在恩旨以前，惟逸犯李誠依枉法贓例，罪應擬絞，應俟緝獲李誠質明，再行分別辦理。革役鍾龍驤、薛鳳鳴，因王序賢到任，曾經門丁李誠向索規銀，即於縣委查訊時，將派捐修署銀兩並不分晰供明，混稱王序賢回索規銀，到家催追，共捐繳洋銀一千三百三十兩。雖非有心誣告，亦屬咎有應得。如果訊實，王序賢應坐以求索所部財物計贓，准不枉法論。有祿人不枉法贓一百二十兩以上，絞監候律，仍依各例稱准者，罪止杖一百、流三千里。贓係入己，不准收贖。兹審得王序賢派捐修署，止係因公擅自苛斂，應依坐贓五百兩律，罪止杖一百、徒三年。鍾龍驤等係屬誣徒爲流，並非全誣，且屬切己冤抑，雖係胥役控告本管官，毋庸加等。查鍾龍驤等係各自取銀具結，並無首從，應行各照律問擬。鍾龍驤、薛鳳鳴合依誣輕爲重律之流並折杖二百四十，餘得實杖一百、徒三年，折二百應各反坐，剩杖四十未論決，係懷疑誣控與平空誣告有間，應各酌減一等，反坐杖三十。律稱未決收贖，係指誣人應收贖之罪而言，兹所誣王序賢索贓入己之罪，例不准贖。鍾龍驤等反坐剩杖，亦不准其收贖。惟事犯到官係在恩旨以前，仍應准予援免。差役譚芳於李誠告知起意詐贓情由，並不舉發，亦屬不應，合依不應重律杖八十。事犯在恩旨以前，惟到官在後，仍應折責發落。已因另案革役，毋庸再議。林超然等所控各情，因聞林湛然告知係由縣官管押，交門丁看管，致被索詐銀兩，是以有王序賢及跟役人等勒去銀兩之語，並非有心誣指，應與具結得實亦無主使抗傳之譚福祥，均毋庸議。鍾龍驤等報繳糧銀遲延，業已訊明斥革。收單據供遺失無憑查起，擲爛花瓶等物□估。追案染起因被責革，輒與韓亞申造言帶差索規，飭縣查拘究懲。逸犯李誠即斗山，飭緝獲日另結。委員夏獻銘與增亮查詢各節，或案已得實，或事出有因，均毋庸議。案經審明，無干省釋。未到人口免提省累。除備録供詞咨部外，所有審明定擬緣由，臣等謹合詞恭摺具陳，伏乞皇太后、皇上聖鑒。勅部核覆施行。

旨：刑部議奏。欽此。

委署總兵片 光緒十二年六月　日

再，廣東碣石鎮總兵鄧萬林，現經調署南澳鎮總兵。所遺碣石鎮篆務，現當惠州查辦匪鄉之際，碣石地屬陸豐，是爲積□之藪，極關緊要。必須該鎮與水師提督臣方耀合力截拿，方能有濟。查有升授瓊州鎮總兵留署大鵬協副將賴鎮邊，才力開展，熟悉情形，堪以署理。□賴鎮邊所遺原署大鵬協篆務，地接香港，會匪出没，又適當惠屬盜匪竄逸之衝，查有升調赤溪協副將吴迪文，勇敢有爲，水陸熟練，堪以調署。除分檄飭遵外，理合附片陳明，伏乞聖鑒。

旨：兵部知道。欽此。

革員章逢吉聽信丁役詐贓審明定擬摺[一] 光緒十二年六月　日

竊照已革試用知縣章逢吉，前署臨高縣任内，聽信丁役詐贓，致革生林鍾等索還贓錢，滋生事端一案，經前督臣劉坤一、前撫臣張兆棟會摺奏參。光緒四年十二月初十日奉上諭：章逢吉著即革職拿問，並將該丁役一併提省，澈底根究詐贓實情，按律懲辦以儆官邪。等因。欽此。行司委提人卷飭發廣州府審辦。旋經提

[一] 録自《京報》二〇一〇號。

到該革員章逢吉連卷宗發府，並據接署臨高縣會營，獲犯林鍾、林金蘭二名解發質審。該前府提訊章逢吉供，無借案詐贓情事。林鍾等供認，藉諭索詐、聚衆滋事並投入客匪、拒敵官兵不諱。林鍾旋即在監病故。委員驗報。行提林金蘭覆訊明確，解經前臬司審明轉禀，前督撫臣批飭，就地正法。並將林鍾戮屍，一併傳首犯事地方懸竿示衆。各前府禀提丁役人證未到，先後卸事，該署府孫楫抵任照案催提。嗣據該縣以門丁吴禧屢緝未獲，提到差役符忠一名，札發該府。並據臨高縣禀稱，人證柯三林、彭大發、馮三堂均已病故。彭二璜在雲南貿易，業已趕回訊明取結。因值患病，碍難解省。差役符忠先因誤公斥革，出外生理，亦係飭赶唤始回等情。並繳到彭二璜供結一紙，禀繳到府。兹據［署］廣州府孫楫等審明議擬。解經廣東按察使于蔭霖會同署布政使蕭韶覆訊定擬解勘前來。臣等親提研鞫，緣章逢吉，籍隸福建龍巖州，由監生報捐從九品，選授山西應州安東衛巡檢，遞捐知縣，指發廣東試用，委署臨高縣事，於同治十三年十一月十五日到任。光緒元年十一月初八日，據徐聞縣民金利興以伊船裝載青黛，駛至臨高縣屬德彩港内發賣，收得洋銀二十九元、錢一百三十餘千文，十一月初五日二更時候，被賊持械刦去銀錢衣物等情，報經該署縣章逢吉會營查拿，並諭生員林鍾協拿捆送。林鍾持諭起意索詐，往文嘉村聲稱奉諭拿賊，並捏稱官諭派捐捕費，嚴限勒繳。該村畏其兇横，不敢查問。經彭二璜出錢一百六十千文、柯三林出錢一百千文、彭大發出錢八十千文、馮三堂出錢二十千文，均經林鍾收去花用。二年三月間差役符忠查知，即告知門丁吴禧，報經章逢吉差傳林鍾到案訊明押追。嗣經林鍾函囑伊子林金蘭，將贓錢照繳章逢吉，因錢須給事主，毋庸繳署，查得符忠夥開益元堂藥鋪，飭令吴禧傳諭符忠，將錢暫存伊鋪，仍押林鍾覆訊究辦。林鍾乘間脱逃。經章逢吉詳革嚴拿。彭二璜等知被林鍾藉諭索詐，赴縣控告。章逢吉□以錢經追出，准予領回。彭二璜等因林鍾、金蘭父子黨羽衆多，武斷鄉曲，屢被擾害，情願將錢幫充勇糧，請縣雇勇拿辦。詎林鍾等懷挾彭二璜等控告之嫌，蓄意報復。於三年八月十六日糾衆多人，前往該村尋毆不遂，搶奪牛隻。復據彭二璜等報經章逢吉會營懸賞購緝，並因彭二璜、彭大發前曾當勇辦團，益元堂存項又係彭二璜等願作勇糧，遂將該項發交彭二璜等雇勇五十名，歸伊管帶緝捕，林鍾等聞拿逃走，以事由門丁差役報官追贓而起，並不知錢已雇勇，疑係章逢吉侵吞，功名又被詳革，心懷忿恨，即以章逢吉聽信丁役借案詐贓等情，上赴道府呈控。並勾結外匪，標貼長江，希圖抗拒挾制。時據章逢吉報經該管道府移營查辦，並將章逢吉撤□，札委候補通判邱仁洵前往代理。十月二十二日章逢吉卸事，仍在城内租住民房清理交代。林鍾等查知，復於十一月初一日藉赴新官投遞公呈爲名，糾衆入城，前赴章逢吉寓所吵鬧，勒還錢文。當經代理縣邱仁洵會營喝拿，始行逃走。邱仁洵報經道府，移會瓊州鎮派撥弁兵赴縣拿辦。並經該道府以章逢吉被控聽信丁役詐贓，林鍾等復於該員卸任後聚衆向其索還贓錢滋釀事端，禀經前督撫臣專摺奏參。欽奉諭旨，革職拿問，行司提到，章逢吉發府審辦。比林鍾等逃出城外，慮被拿獲，復糾夥黨多人，意圖抵禦。迨官兵到鄉圍捕，各抵敵不住，四散逃走。適四年九月間，儋州臨高客匪因與士民藉端肇衅，糾衆爭鬧，林鍾等聞知逃往和舍村投入客匪股内，意圖報復，隨同各匪焚劫擄殺，並有攻駐臨高縣城之謡。嗣派文武大員，督帶兵勇馳往剿辦。五年春間攻克和舍匪巢，林鍾等因客匪退距儋州屬之石頸地方，迭次拒敵交兵。四月初五日官軍攻破石頸，林鍾等復與客匪竄往臨高縣屬□番區凹內，幫同死守。初九日又經官軍克復。林鍾等奪路奔逃，儋臨客匪全股盪平。經前督撫臣飭次奏報，隨據臨高縣營獲犯林鍾、林金蘭兩名，解省發府。經前府訊悉前情，詰以章逢吉有無詐贓，林鍾等稱係懷疑誤控，並無確據。林鍾旋既在監病故，委員驗報，經提林金蘭覆訊明確，經前臬司審明轉稟，前督撫臣批飭就地正法。並將林鍾戮屍，一併傳首犯事地方，懸竿示衆。各前府稟提丁役人證未到，先後卸事。該署府孫楫抵任照案催提，嗣據該縣以門丁吴禧屢經未獲，提到差役符忠發審，並據臨高縣查明事主柯三林、彭大發、馮三堂均已身故。差傳事主彭二璜訊取供結，稟繳到府。玆據該府等審明議擬解司覆訊定擬，解勘臣等親提研訊，據各供認前情不諱。並據該革員章逢吉供稱，追出贓錢三百六十千文，經飭事主彭二璜等按照時價換銀一百八十兩，雇勇五十名，每名給口粮銀三兩，自光緒三年八月十八日招雇起至十月初三日撤勇止，計一個半月，共口粮銀二百二十五兩，尚不敷銀四十五兩，經該革員捐廉彌補。均因彭二璜等經理支發，伊並無聽信丁役借案詐贓情事，門丁吴禧先已斥革不知下落等語。核與各供及彭二璜供結相符，究詰不移，應即議結。伏查此案革生林鍾藉諭索詐在押，同子林金蘭迭次糾匪毆搶標貼抗拒長江，並於本管官卸事後前往寓所吵鬧，勒還贓錢，已屬罪有應得。迨兵勇圍捕，復敢投入客匪股內，隨同焚劫擄殺，拒敵官兵，尤屬行同叛逆。林鍾、林金蘭二犯，既經該前撫訊明從重，照謀叛不分首從皆斬律，擬斬立決，加擬梟示，將林金蘭解勘正法，並將林鍾戮屍一併傳首示衆，均毋庸議。已革知縣章逢吉，前署臨高縣任內，據丁役報知林鍾藉諭詐贓，傳案押追，並無不合。嗣追出贓錢，發交雇勇，係因事主彭二璜等願充勇粮，請官雇勇拿辦，所有交發勇粮，係飭彭二璜等經理，不經丁役之手，其被控詐贓，亦據林鍾等供明，懷疑控告。章逢吉稱無聽信丁役借案詐贓情事，尚屬可信。林鍾等勾匪標貼長江，聚衆入城，係挾恨追贓詳革及懷疑吞贓所致，亦非章逢吉激成。惟金利興呈報貨船被劫，並不詣勘通詳，實屬有心諱匿。章逢吉應照諱盜例革職，業經斥革，應毋庸議。差役符忠訊無通同索詐，其收存贓錢係由官諭。門丁吴禧亦無説□詐贓情事，均免置議。吴禧並免緝拿。林鍾在南海縣監病故，禁卒人等訊無淩□情弊，亦毋庸議。盜犯及隨同林鍾等滋事各匪，飭縣查明嚴緝獲日另結。金利興船隻被劫，及匪徒聚衆入城文武疎防，及各參限並監斃斬犯一名，均在光緒十年十月十一日恩旨以前，例得免議。章逢吉業已革職，其餘文武及管獄官各職名，應請免開。犯故圖結飭取另送，案經訊明無干省釋。未到人證免提省累。除備録供詞咨部外，臣等謹合詞恭摺具陳，伏乞皇太后、皇上聖鑒，勅部核覆施行。

旨：刑部知道。欽此。

請旌奬片〔一〕 光緒十二年六月　日

再，據署廣東布政使蕭韶詳稱，海防勸捐助餉案內，據新會縣職員〔二〕陳兆棟遵祖父陳元亮命捐洋銀一千兩，香山縣職員陳

〔一〕以下四件録自《京報》二一〇二號。

〔二〕此處疑脱文一段，即有關李璿、李肇基捐銀事。陳兆棟據後文應為南海縣職員。

應芝遵父陳國芬命捐洋銀一千兩，新甯縣職員梅贊榮遵母梅阮氏命捐洋銀一千零八兩，直隸候補知府柯欣榮遵祖母柯盧氏命捐洋銀一千兩，署廣西思恩府知府黃鵬飛遵繼母黃林氏命捐洋銀一千兩，候選知府張振勳遵父張彥三、母張卓氏命捐洋銀一千四百四十兩，各據聲稱，不願獎叙。李璿、李肇基、陳兆棟、陳應芝、梅贊榮捐項，分繳藩庫兑收。柯欣榮、黃鵬飛均海陽縣人，張振勳大埔縣人，其捐項係繳潮州府捐輸分局兑收，俱充支海防經費等情，詳請具奏前來。臣查新會縣職員李璿等所捐銀數，悉在千兩以上，核與建坊之例相符。既據聲明不願本身獎叙，相應請旨將新會縣職員李璿之祖父李猷立、生母李吴氏，李肇基之祖母李林氏，南海縣職員陳兆棟之祖父陳元亮，香山縣職員陳應芝之父陳國芬，新甯縣職員梅贊榮之母梅阮氏、梅楊氏，職員柯欣榮之祖母柯盧氏，黃鵬飛之繼母黃林氏，大埔縣職員張振勳之父張彥三、母張卓氏，各准在本籍建坊，給予急公好義字樣，以示嘉獎。除咨部外，謹附片具陳，伏乞聖鑒。

旨：著照所請。該部知道。欽此。

鹽運各司至省飭赴新任片光緒十二年六月　日

再，新授廣東布政使高崇基，新授兩廣鹽運使王毓藻，現已先後抵粵，均即飭赴新任。署布政使惠潮嘉道蕭韶，仍委署督粮道篆務，以重職守。除檄飭遵外，謹附片具陳，伏乞聖鑒。

旨：知道了。欽此。

舊金山華商集捐給匾奏明立案片光緒十二年六月　日

再，粵東海防勸捐助餉案内，又據駐舊金山埠總領事黃遵憲勸諭，該埠華商先後捐集匯到洋銀一萬六千三百二十七元零。亦由善後局兑收，充支本省海防經費。伏查舊金山埠華商貿易外洋，不忘桑梓，捐資匯粵以助籌防，實屬深明大義，急公可嘉。臣已與前撫臣倪文蔚，公同撰擬桑梓輸誠四字匾式，咨送出使大臣鄭藻如轉發懸挂，以示鼓勵。兹據署廣東布政使蕭韶詳請奏明立案前來，除咨部外，謹附片具陳，伏乞聖鑒。再，廣東巡撫係臣兼署，毋庸會銜，合併陳明。

旨：該部知道。欽此。

紳商在洋捐助防費懇請獎叙摺光緒十二年六月　日

竊照粵東海防經費，經前督撫臣奏准，仿照直隸、山東賑捐章程，開辦捐輸，以資接濟，並勸諭外洋貿易各華商，一體捐助在案。兹據署廣東布政使蕭韶詳稱，廣東增城縣人職員鄭嗣文，由外洋嗶叻埠解到捐輸洋銀二萬三千零五十一元。聲明内一千五百元，係該職遵其母命所捐。又銀一千五百五十一元係埠内粵商零星捐集。餘銀二萬元係該職自捐。查該職等遠泛重溟，不忘桑梓，深明大義，實堪嘉尚。應請將鄭嗣文之母鄭賴氏，暨該職，及埠内粵商，分別奏獎。鄭嗣文於光緒八年間，已在福建茶葉洋藥加捐軍餉案内，由捐職知府報捐道員職銜，並加四級，請給祖父母及本身妻室正二品封典。此次獨捐鉅款，應如何給獎，未敢擅自便擬，解到銀兩充支本省海防經費前來。臣伏查士民人等捐助軍需實銀一千兩以上，例得請旨建坊，給予急公好義字樣。今增城縣職員鄭嗣文遵母命捐洋銀一千五百元，兑銀一千零八十兩，核與千兩以上建坊之例相符。相應請旨將增城縣職員鄭嗣文之母鄭賴氏准在本籍建坊，給予急公好義字樣。啤叻埠粤商共捐洋銀一千五百五十一元，既係零星捐集，該埠向有會館崇祀關帝，素著靈顯，應援照節次成案，仰懇頒給啤叻埠中華會館扁額一方，由臣轉發，敬謹懸挂，以答神府。其餘鄭嗣文自捐洋銀二萬元，如何奬叙，並懇飭部議給，以示鼓勵。除咨部外，理合恭摺奏陳，伏乞皇太后、皇上聖鑒。再，廣東巡撫係臣兼署，毋庸會銜，合併陳明。

旨：啤叻埠中華會館崇祀關帝素著靈顯，著南書房翰林恭書扁額一方，發交張之洞轉發該處，敬謹懸挂。鄭賴氏著准在本籍建坊。鄭嗣文所捐海防經費，著該部議給奬叙。欽此。〔一〕

特參貪黷昏惰各員摺〔二〕 光緒十二年六月　日

據廣東按察使于蔭霖會同署布政使蕭韶詳稱：查有龍川縣知州楊夢龍，於經由鄉鄭塘鄉張姓擄殺銃斃兩案，控告不理，匿不驗報，以致積仇激忿釀成八命重案。卸署歸善縣候補同知張相中，於陳立容、梁晋建等錢債之案，縱容門丁勒索欠户不釋，以致陳姓糾衆奪犯，集聚婦女鼓噪滋鬧，該員致被毆傷凌辱，又不□禀請辦，聽受賄求模糊了案，並不禀報。卸事開平縣候補知縣莫東奎，嗜好既深，遇事婪索，私派鋪捐，任内盗案數起，止報一案，餘皆不勘不報，均未獲犯。卸任恩平縣調補香山縣知縣張耀堂，於民間盗案率准免勘，積有一百五十一起之多，均未禀報，亦未獲犯。遇有命案，濫用家丁相驗，並有故縱匪徒情事。卸署鶴山縣候補知縣席寶書，罕出視事，一切委之家丁，藉懸賞捕盗爲名勒索乾没。又勾結劣紳令送德政牌。臨高縣知縣佛光，因循玩忽，措置乖謬，於縣屬土客尋仇報復搶擄，並不認真查緝，釀成竪旗滋事重案。卸署欽州事候補知縣金鑑海，疲軟無能，不分皂白。有案關兇犯殺匪不提訊一次者，械鬥斃命者從未捕拿一人者，同罪要犯或辦彼而釋此者，有呈請調放十餘次經置不理者，以致民忘有官，益無忌憚。德慶州知州方鼎銑，優柔寡斷，於州屬巨匪不能查拿，致受丁書把持蒙蔽。信宜縣知縣雷澍春，不能理獄，水弱民玩，審辦要案未能敏速，民間不免拖累。新安縣知縣唐大琬，於辦理海防不能均實，判斷案情亦欠明允，復不能稽察家丁，致招物議。以上十員劣跡雖有等差，均屬政事不修，輿情不洽。惟迭經委員暨飭該管上司、該縣後任查明實蹟，詳請分別叅辦前來。

臣查粤省吏治之弊率在貪黷廢弛兩端，往往命案不親驗，盗案不勘報，械鬥案不訊辦，縱容丁差劣紳勾串索賄，閣案庇匪，冤者不伸，兇者不問，以致憤積益深，抗官滋事。聽斷謬而案益煩，官法廢而民益横。既據該司等考察詳實，自應分別懲儆。查楊夢龍諱匿鬥案致釀多命。張相中昏憒招辱，受賄容隱。莫東奎荒惰貪鄙，諱盗太多。張耀堂匿案不報，委丁相驗。席寶書不理民事，藉名漁利。佛光玩忽重案，養癰釀禍。金鑑海，油滑廢弛，

〔一〕此旨録自《京報》第二〇九五號。
〔二〕以下二件録自《京報》第二一〇三號。

玩視民命。以上七員應請旨均即行革職。方鼎銑不能治匪，多受欺蒙。雷澍春性情疲懦，案多拖延。唐大琬才欠明決，馭下不嚴，以上三員應請旨均開缺留省另補。其歸善縣張相中任内，抗官滋事各犯，暨德慶州方鼎銑任内，舞弊丁書，以及該員延閣諱匿各案，應即嚴催，分別勘報拿辦斷結。至龍川、臨高、德慶、信宜等州縣皆係選缺，粤省現有應補人員，應請扣留外補。所有特叅貪黷昏惰諱匿釀案各員，理合恭摺具奏。再，廣東巡撫係臣兼署，毋庸會銜，合併陳明，伏乞皇太后、皇上聖鑒。

旨：東龍川縣知縣楊夢龍，諱匿鬥案，致釀多命。前署歸善縣知縣候補同知張相中，昏憒招辱，受賄容隱。前署開平縣候補知縣莫東奎，荒惰貪鄙，諱盗太多。前任恩平縣調補香山縣知縣張耀堂，匿案不報，委丁相驗。前署鶴山縣候補知縣席寶書，不理民事，藉名漁利。臨高縣知縣佛光，玩忽重案，養癰釀禍。前署欽州知州候補知縣金鑑海，油滑廢弛，玩視民命，均著即行革職。德慶州知州方鼎銑，不能治匪，多受欺蒙。信宜縣知縣雷澍春，性情疲懦，案多拖延。新安縣知縣唐大琬，才欠明決，馭下不嚴。均著開缺留省另補。餘著照所議辦理。該部知道。欽此。〔一〕

請奬叙獲盗各縣片 光緒十二年六月　日

再，越南盗首阮先，勾結欽州吴川〔二〕盗匪王漳等，聚衆在瓊州府崖州、儋州、感恩縣等處洋面，迭次劫擄。經前署雷瓊道王之春會商鎮府酌派留防員弁，選帶兵勇，分駕紅單巡拖各船，密會地方營縣，在魚鱗洲、北黎各洋面合力勦捕。所有獲盗情形先經臣等于光緒十一年七月初一日奏報，聲明出力員弁與陣亡受傷各兵勇及地方應奬䘏職名查明，分別奏請奬䘏。奉旨：兵部知道。欽此。伏查此次各員弁涉歷波濤親冒砲火，或首扼凶鋒，或窮追力捕，合軍生擒大夥洋匪盗首阮先等八名，擒獲格傷盗夥徐牲等八名。擊斃溺斃者一百數十名。擊沉匪船五隻，起出被擄事主十三名，陣亡兵勇六名，受傷三十二名，洵屬異常出力，未便没其微勞。查同治三年九月十三日准吏部咨，嗣後各省獲盗人員，如係舉發巨案，拿獲著名大盗，勞績與戰功無異，請予破格奬勵。准指定應升官階，專摺保奏，免其送部引見，以示優奬等因，通行遵照在案。武員獲盗與文員事同一律。今本案盗匪聚衆在洋，迭次劫擄，臨拿復敢拒敵官兵。所獲又係越南著名盗首勾結内地大夥洋盗。該文武員弁兵勇將此股盗匪殲除殆盡，洵屬異常出力，非尋常獲盗可比。核其勞績，洵如部章所云，實與戰功無異。據藩、臬兩司，會同善後司道核議詳請擇尤奏奬前來。臣等覆核無異。查兩廣督標儘先守備遞保都司遊擊鄭廷宗、都司銜准補水師提標左營守備黄廷琛、署海口營叅將南鎮右營遊擊陳榮輝，以上三員均統帶師船出洋圍捕，親率弁勇，不避砲火擒斬大夥洋匪。鄭廷宗請歸都司班儘先補用。黄廷琛請以都司儘先升用。陳榮輝請加副將銜補用。都司柳開士、督標水師營右哨把總儘先千總楊安、花翎都司銜已革廣東水師提標中營儘先守備黄正達，以上三員均駕船追捕，親身開砲轟擊匪船奮勇争先，洵屬異常出力。柳

〔一〕此旨録自《京報》第四八一四號，光緒十二年八月十二日。

〔二〕據《清史稿·地理志·廣東》，吴川屬高州府，此處作「欽州吴川」，存疑。

開士請加遊擊銜。楊安請俟補千總後以守備儘先補用。黃正達請開復守備原官原銜，翎枝准補。連平州知州前署瓊山縣知縣陳起倬，購探盜蹤，選派役勇，協同拿獲鄰境大夥洋匪，擬請給隨帶加二級。合無仰懇天恩俯准照擬給予獎叙，以昭激勸。其出力較次員弁兵勇，由臣等酌給外獎，並將陣亡受傷兵勇應給恤賞另行照例辦理外，謹會同水師提督臣方耀合詞附片具陳，伏乞聖鑒。

旨：該部知道。欽此。

請頒沙田部照摺 光緒十二年七月初一日

竊臣前欽奉上諭：沙田升科一事，正賦攸關，豈容奸民蔽匿，迭經户部奏催辦理。著該督、撫督飭所屬，查明已升科若干畝，未升科若干畝，即將未經升科之沙田，迅即確查妥辦具奏。等因。欽此。當即恭録欽遵，督飭司局籌議辦理。近准户部咨，現擬改辦升科，誠爲正本清源之計。粵省地居濱海，沙坦較寬，此項退水之田，素稱膏沃，獲利既厚，流弊滋多。是在妥議章程，豫定期限，嚴稽匿税，慎選賢員，一切事宜果能經理認真，自必立覘成效。況仿照山西豐寧馬廠成案辦理，更當確有把握，萬不至若從前之因難中止。務須妥速籌辦，勿涉因循等因。復經轉行飭辦。

茲據廣東布政使高崇基會同沙田局司道詳稱，粵省沙田以廣州府屬香山爲最多，順德、新會、東莞次之，番禺、南海又次之，潮州府屬海陽、揭陽、潮陽、澄海等縣爲數有限。自嘉慶二十三年查辦升科以後，所有新沙溢坦，斥鹵成熟，雖迭經報查清丈，飭令照則升科，終以未經部覆核定，未能入額編徵。各業户坐擁膏腴，仍完斥鹵輕則。至沙田畝數，溯查嘉慶二十三年奏案，已查明奏准升科者五千三百餘頃，此項名爲老沙。咸豐三年屯田變價案內，除由官屯虛税無人承領五百餘頃外，實定則升糧者一千四百餘頃。同治六、七等年清丈案內，查出溢坦繳息升科者五百餘頃。光緒七年補升案內，查出斥鹵成熟應按則補升者四千餘頃。此各項皆爲新沙。此外近來新增溢坦自當不少，但未經呈報勘丈，無從懸擬。合計老沙、新沙有案可稽者共計一萬一千三百餘頃。至同治年間清丈案內，奏報沙坦一萬九千餘頃，查與司案、縣案皆不相符，似係舛誤，無關收息銀數出入，應俟查明致誤之由，另行辦理。

惟查老沙、新沙皆未請給部照，民間但憑墾單、縣照、司照管業。其間或有遺失，或經典售，影射侵佔，啓争受累，均所不免。此次擬請除原額民田外，無論老沙、新沙，一律换給部照。其每户田不及一頃者，以一户爲一照。其一户田過一頃者，以一頃爲一照。如數頃、數十頃之外，尚有尾零數十畝，亦儘數填給一照，以便買賣分析。老沙無庸再丈，按册核給，新沙清丈明確，立時填給。嗣後民間買賣過割，以此爲憑。仍詳加查勘，分別上則、中則，升科起徵，永遠免其攤派捐抽。此次繳息定則，俱較舊章酌量從寬，庶國課漸充，民情亦順。現已詳察輿情，酌擬章程，一面遴員設局，延商公正大紳，出示開辦。惟必須頒發户部空白執照，隨時填給，方期鼓舞。其照式由粵省酌擬，咨部核定刊發，詳請具奏前來。

臣查廣東查辦沙田之案，自道光二十四年以來，已不下五六次。或溢坦歸屯，或屯田變價，或斥鹵補升，或呈報溢坦，或海防沙捐，查勘累年，籌捐多次，惟始終未領部照，未編賦額。以故清如不清，丈如不丈，不能取信於民，由來已久。此次遵旨清丈升科，應頒部照，隨丈隨給，使各沙户曉然於此舉，實爲便民安業，一勞永逸之計。執有此紙，以後或買賣，或管業，永息訟爭，更無派累，庶可踴躍趨事，一律澄清。

查臣前在山西巡撫任内勘辦豐甯官荒馬廠，即係奏准頒發空白部照，隨丈隨給，一時租户耕氓無不争先引勘，惟恐清丈委員到來之晚，事理相同，民情可見。竊聞直隸、奉天等處丈勘荒地辦法略同，此次部咨既准仿照山西豐甯馬廠成案，催令速辦，相應援案奏請，現即委員赴部領解此項部照回粵，以期妥速。合無仰懇天恩飭部迅速頒發空白沙田執照一萬張，交委員領回，俾得及早勘辦。一俟辦有成數，隨時咨報，實於清賦便民大有裨益。

旨：著照所請。户部知道。欽此。

請派大員澈辦瓊州客黎各匪摺光緒十二年八月初十日

竊惟瓊州一府，孤峙海南，黎巢其中，民環其外，地瘴而瘠，民弱而惰。其爲地方之害者，一曰客匪，一曰黎匪。客匪大率皆籍隸嘉應州及廣州府屬之新甯，肇慶府屬之恩平、開平、高明、鶴山等縣。言語風俗，自爲一種，土人不與爲昏姻。或云即係仡人，非若他省僑寓民户皆謂之客民也。其性勤苦力作，悍猛齊心，所到之處，土民無不視爲他族，積爲深讐。在瓊有老客、新客之分，老客寄居百餘年，較爲安分。新客則多係同治年間恩平、開平、高明、鶴山、新甯、陽江等處滋事客匪，前撫臣蔣益澧奏明安插高、廉、雷、瓊等府，廣西容、賀等縣，瓊屬之儋州、臨高、澄邁皆有之，漸衍及萬州、陵水等處。

查瓊屬沿海民居之地，患在沙瘠，近山膏腴之區，患在瘴癘，至銅、鉛各鑛，皆在黎境。土民安於貧弱，地利坐荒，瘴地腴田，多屬客産。光緒五年客匪滋事，經前督、撫臣派軍前往，分别懲辦，遷之雷、廉，乃未久而潛回故里，爲匪如故，以後土客之衅遂成。黎人所居最深處曰黎母山，其地居瓊之中，盤亘數百里。現在未經開通之處，縱横二百餘里，十三州、縣環之。定安、會同、樂會、萬州、陵水、崖州等處，皆有峒口出入。前代生黎獠狉荒陋，爲患尚輕，百年以來，熟黎與民人往來，習爲狡黠，生黎漸稀，出巢益數。諸黎以儋州、臨高爲最馴，陵水之俸黎、歧黎爲最悍，崖黎富强，亦易滋事。其出也，北路則定安當其衝，而波及於瓊山。南路則萬州、陵水當其衝，而旁擾於會同、樂會。從前出掠，不過附近内山而已，近七八年來，客匪、游勇散入其中，奉惠州客民陳鍾明、陳鍾青爲總頭目，合生黎、熟黎、客匪、游勇爲一夥，名爲黎而不盡真黎，遂敢離巢數百里大肆劫殺。其軍火鹽米皆由客民接濟，每牛一頭易槍一枝，火器既具，黨羽益多，得以抗拒官軍，習爲戰鬥，歲必出巢兩三次。該處官軍未嘗認真痛勦一次，不過零星分防，尾截零匪，幸其回巢，以爲了事。大率客匪以黎峒爲負嵎，藉黎人爲聲勢，黎匪以客匪爲嚮導，藉游勇爲附從，客黎糾結，全瓊遂無安枕之日。此二十年來客、黎各匪蓄毒搆衅，句結滋蔓之實在情形也。

其儋、臨客匪一股，自光緒五年查辦遷徙以後，當時設局籌費，給予圖記，使客籍紳士自加約束。而局紳楊元珍、陳贊桂、阮祖禄等庇匪仇民，匪徒益無所畏忌。迨上年冬間，澄邁紳團入臨高搜捕，復爲該局紳阻回。時值歲旱米貴，人心摇動，匪首黄鄒保等結新老各客，於十一月揭竿遽起，到處裹脅，雜匪、游勇乘機附和，旬日之内，衆至二千餘人。以臨高之和舍、蘭洋、岑崙、南豐，儋州之抱舍、田表、樂基、那大、四方山、大星等市爲老巢，擾至澄邁之金江、司瑞溪等處。金江爲澄屬大鎮市，該處既破，賊勢蔓延臨、澄百餘里間。所到村莊，恣意焚殺，勒索資財，民間積聚一空。而陵、萬黎匪復有出掠會、樂之信，合郡驚擾。臣聞報後，即電飭署瓊州鎮總兵劉成元、護雷瓊道瓊州府知府謙貴，調集駐瓊各軍，以兩營防黎，以三營勦客，黎匪旋退。合軍進勦西路，參將陳榮輝率粤軍，提督張拔萃率楚軍，迭據鎮、道禀報，節次擊賊獲勝，收復金江、楓樹市、西峯、下嶺等村。官軍進紮那大、和舍，擒斬匪首劉真贊、陸真佑、林鴻猷、龐六石等暨餘匪多名。匪首黄鄒保、温河清率黨赴陳榮輝營投誠，温河清並斬其黨范亞先、江二來獻。請照光緒五年安插儋、臨客匪成案，將此股投誠丁口移徙欽州之白龍尾，墾荒自給等情前來。

臣查該鎮道迭禀，以該匪屢經官軍戰勝，畏勦投誠，自願交凶就徙，始定撫議。乃經臣訪聞，官軍並未痛勦，民恨客匪，痛入骨髓，咸以此策爲非，且白龍尾在欽州西南海濱，正與越境毗連，豈有將無數匪徒置之界上，自貽邊患之理。當經駁飭再議，遂至枝梧無策。其時衆論參差，民情惶惑。竊思督辦欽廉防務提督馮子材，威望素優，欽、廉僅隔一海，情形易悉。往復詢商，該提督謂客匪不可信，未勦而撫，亦非長策。適瓊民亦紛紛赴欽呈訴，懇馮子材發兵往勦。當經電奏請旨，飭派馮子材親赴瓊州察看情形，孰宜撫，孰宜誅，以定辦法，兼籌黎事。六月十三日奉旨：此項餘匪，業經就撫，義無盡誅，著馮子材赴瓊妥籌安插，仍隨時妥商張之洞，詳慎辦理，勿得稍有輕忽。欽此。遵即恭録咨催。

馮子材於七月初旬抵瓊，而黎警又作。自本年春間黎匪出擾瓊山之屯昌市，七月間逆首陳鍾明部下黎客雜匪千餘，擾定安之南閭、仙溝、雷鳴各市及澄邁之新吴市。同時另有儋州匪徒陳鍾銘糾衆滋事，攻掠感恩縣西鄉黎、漢各村。至陳榮輝所撫客匪，飭令造册送點，遷延避匿，其頭目多自營逃歸，撫局竟未就緒。臣迭次派員赴瓊密查，接閱該處探報，並由馮子材暨道員方長華封送紳民公牘數十起，備知該客匪異常兇悍，文詞悖逆，土民連年受害甚酷。即如去冬出擾澄邁，所屬焚掠至百餘村，戕害良民至七八百人，擄掠婦女至百餘口，劫去耕牛至二千餘隻，財物至值錢百餘萬串。迨官軍進勦，雖有斬擒，而巨憝未殲，大股仍在。勉爲就撫，首鼠兩端，其用心叵測。黎匪今秋出擾，距安定縣城止三十里，焚殺亦甚凶慘。回巢時，告虜脅運送財物之民人云，俟下次出巢再併給扛擡價值，尤爲狂悖。自馮子材到瓊後，羣情欣悦，籲懇爲民除害。

臣綜核情形，客匪、黎匪皆宜勦撫兼施，若再不亟圖良策，大拯瓊民，糜餉分防，永無底止。受害愈深，失業愈衆，養癰長寇，合勢燎原，數年以後，必致瓊地全爲羣匪糜爛而後已。查前署雷瓊道王之春遵旨隨同勘界，所部久無主將，漸就懈弛。先於六月間檄委在東差委之廣西候補道方長華赴瓊籌辦客黎各匪，即接統其衆，將原有春字、毅字各營重加整頓，汰弱留强，編爲八底營，統名瓊軍，仍飭聽馮子材節制。近日疊與馮子材電商定議，客則臨以兵威，分别良莠，誅其凶悍爲亂、抗拒不悛者，撫其安分謀生、真心悔罪者。或即用爲官兵前驅，攻黎自贖，或遷往他處相宜地方。應俟臨時察看情形，由馮子材督飭方長華暨瓊屬地方官妥爲辦理。黎則先勦積年逆首陳鍾明一股。先將附和擾害之外匪亂黎痛加懲創，以次招徠良黎，宣布朝廷德意，相機進兵。

如其勢順情通，再議深入老山馴生關土之策。

伏查本年正月二十二日寄諭：瓊州黎人迭次滋事，重煩兵力，果能設法化導，變狉獉爲馴擾，實當務之急。等因。欽此。仰見聖謨廣運，灼見孤島籌防，必先自清內患始。儻能從此長驅深入，倣照前明以來海瑞諸人開通黎峒十字路之議，據其腹心，通其險阻，令其薙髮嚮化，設立土目，從此漸開礦利，廣植禾蔗，增益賦税，利民通商，於海防實大有益。即使地終不能富，民終不能强，而瓊地永除心腹之患，瓊民永免塗炭之苦，亦地方官必不容己之責，當務爲急，誠如聖諭。此臣所以熟籌深念，不能不爲大舉澈辦之計者也。惟地勢廣闊，山箐深邃。今擬客黎兼辦，數路並進，兵力過單，無濟於事。馮子材所部萃軍除留欽防外，帶赴瓊者四底營，茲酌派十四底營，益以瓊軍八底營、陳榮輝全字兩底營，調往協勦之。王孝祺勤軍一底營，當可勉敷分布。惟餉源奇窘，祇有飭司局設法挪湊，移緩就急，暫爲應付。并咨商馮子材勸諭紳民，曉以大舉安民之意，就地籌集經費，以助軍需。

至該前署鎮劉成元、兼護道謙貴，於該處賊鋒恣肆，生靈荼毒，官軍未能得力，並未詳切稟聞，籌畫妥實辦法，但以賊匪敗退就撫爲詞，敷衍了事。實屬玩忽因循，昧於事機，自應予以懲儆。除接署瓊州鎮張得禄在任日淺，業經病故，應予免議外，相應請旨將前署瓊州鎮總兵、記名提督劉成元交部議處，兼護雷瓊道瓊州府知府謙貴革職留任。前署海口營參將、南澳鎮右營遊擊陳榮輝，輕於撫匪，草率敷衍。且所報戰狀，不免鋪張，尤爲軍營積習，亦應懲儆。姑念該參將深入瘴地，尚有斬獲，擬請將陳榮輝革職留任，責令將所撫各匪刻日造册送交馮子材辦理，以竟前局。如始終不能切實出力，即行從嚴參辦。馮子材現督辦欽廉防務，應請明降諭旨，令該提督兼督辦瓊州客黎事宜，其鎮道以下官暨瓊防各營兵勇悉歸節制，以一事權。

旨：此項客黎各匪，必應分别良莠，勦撫兼施。著馮子材督率各營相機辦理，以靖地方。其禀報不實之提督劉成元，著交部議處。知府謙貴、遊擊陳榮輝，均著革職留任。該部知道。欽此。

請奬勵都司連美片[一] 光緒十二年八月十七日

再，據劉永福禀稱：遞補游擊參將廣東督標儘先補用都司連美，於光緒九年夏間，隨同前吏部主事唐景崧帶勇出關。適當北圻戰事吃緊之際，唐景崧即派連美赴福軍聽用。該提督察其勇猛善戰，即將所部黄黑旗朱冰清、葉成林、練忠和、張慎泰四將勇丁合爲一軍，名曰福字武煒營，令連美統帶。是年七月初三，八月初一、初二、初三，十一月十五、十七等日，河內聽［？］懷德等處與法軍接戰，屢獲大捷。該參將皆在行間，衝鋒力戰，擊斬悍酋甚多。至十年春間，該參將患病，令其入關就醫。茲當飭查部下應奬人員，理合臚叙戰績，請予奏奬等情前來。

臣查連美早年從戎，轉戰廣西、廣東、河南各省。當戰事初起，敵燄方張之際，獨能深入越境，督率義旅，屢挫兇鋒。其時滇、桂他軍皆僅嚴兵防守。連美與福軍協力破敵，尤爲難得。既據禀請奬勵，自未便没其前功。合無仰懇天恩俯准將遞補游擊以參將仍留原標儘先補用，並賞給勇號，以昭激勸。出自逾格鴻施，除另繕履歷清單咨部外，理合附陳，伏祈聖鑒。

旨：覽。欽此。

[一] 録自抄本《張文襄公電稿》。

請奬勵同文館各員等摺[一] 光緒十二年八月二十日

竊廣東同文館自同治三年設立以來，每届三年在館各員暨漢文教習、分教習等教有成效均經奏請奬勵在案。茲自光緒九年至本年又閱三載，奴才等曾將在館學成諸生當堂考試，擇其西文、漢文優長者五名，奏請分别給予繙譯生、附貢生。奉旨：該衙門知道。欽此。欽遵復在案。所有館中提調漢文教習及館長、分教習等均能常川在館，認真教誨，不無微勞足録，自應查照向章，酌請奬叙，以示鼓勵。茲謹將各該員等分别擬保開列清單，恭呈御覽。可否照給奬叙之處，出自逾格鴻施，除開具各員履歷咨部外，謹合詞恭摺具奏。伏乞皇太后、皇上聖鑒。

旨：劉秉和等均著照所請奬叙。該衙門知道。單、片併發。欽此。

總兵出缺請旨簡放摺[二] 光緒十二年八月　日

竊據護理廣東雷瓊道謙貴、署瓊州鎮中軍游擊劉幹清禀稱：署瓊州鎮總兵事高州鎮總兵張得禄，因剿辦客黎各匪積勞受瘴，於本年七月十一日病故。禀請委員接署前來。臣查瓊州現當剿辦客黎各匪及籌辦海防善後之際，該鎮有統轄水陸各營之責，未便曠缺久懸。查有署欽州營叅將事記名總兵楊瑞山，勇敢穩練，紀律嚴明，堪以署理。除檄飭遵照外，其張得禄所遺本任總兵實缺，應即請旨簡放。惟查本年六月十九日准兵部咨，新改北海鎮水陸總兵，應否即以舊制陽仁鎮總兵黄廷彪、高州鎮總兵張得禄隨缺移撥，抑或另行請旨簡放。並各營原設現在實缺人員如何改補，及北海鎮應設千把外委若干名，由何營抽撥，各弁缺如何考拔，均飭下該督，迅即查明覆奏等因，咨行到臣。查現議分高州鎮所轄添設北海鎮應裁陽江鎮總兵缺，而以該鎮所轄併入高州鎮，業經奏奉俞允，自應將該兩鎮隨缺移撥。本擬請以高州鎮總兵張得禄改爲北海鎮總兵，以陽江鎮總兵黄廷彪改爲高州鎮總兵。正在籌議覆奏間，適據張得禄病故，相應請旨將新設北海鎮總兵迅即簡放，並以黄廷彪改授高州鎮總兵，俾令各專責成，以符奏案。合併聲明，伏乞皇太后、皇上聖鑒訓示。

審明逆倫犯婦按律懲辦摺[三] 光緒十二年八月　日

竊據和平縣知縣陳塏驗報民婦梁陳氏謀毒本夫梁亞林，並悮毒翁姑梁觀禄、老梁黄氏及夫兄之妻小梁黄氏各身死，並夫兄梁亞觀平復，將犯證解省等情，當經藩司飭發廣州府讞局審辦去後。茲據審擬由司解勘前來。臣親提研鞫。緣梁陳氏，籍隸和平縣，係梁亞林之妻，梁觀禄、老梁黄氏係梁亞林之父母，梁亞觀、小梁黄氏係梁亞林兄嫂。同居共爨。梁陳氏素性潑懶，梁亞林屢向毆責，梁陳氏心懷忿恨。光緒十二年六月初一日下午，梁陳氏從園地工作回歸，梁亞林因時候尚早，嗔懶欲毆，經梁觀禄勸住。梁陳氏愈加氣忿，尋思梁亞林家貧貌醜，相待刻薄，終無出頭之

[一] 録自臺北故宫文獻編輯委員會編《宫中檔光緒朝奏摺》第三輯，第一一一頁，臺北故宫博物院一九七三年版。
[二] 録自《京報》第二一二五號。
[三] 録自《京報》第二一二六號。

日。稔知斷腸草毒人，起意將梁亞林毒死改嫁。初二日午後，梁陳氏獨自赴山檢柴，採得斷腸草十莖。慮人看破，將葉摘去携回，順手放在厨房簷口所挂竹籃内，意欲乘間熬取草汁，放在梁亞林粥椀給食。是日傍晚時分，梁陳氏在房洗浴，小梁黄氏將菜連草一併洗切，放在粥鍋。梁陳氏浴畢出房，見菜粥已竟煮熟，往看籃内剩有菜葉，不見毒草，知已同菜誤煮，不敢出聲，即揑稱氣痛進房睡卧。梁觀禄等各將菜粥用椀裝食後，各毒發腹痛倒地滚喊，經梁觀禄分居胞弟梁亞春同妻游氏聞喊赶往查問，料係中毒，邀同族鄰梁星新等用藥灌救。詎梁觀禄、老梁黄氏、小梁黄氏、梁亞林均毒重殞命。梁亞觀食粥較少，嘔吐平復。維時梁陳氏畏懼將鍋内剩粥傾潑厨外灰堆，用灰掩理。梁亞春瞥見喝問，梁陳氏情急，跑進厨房自取菜刀割傷咽喉，梁亞春赶攏將刀奪落，向其盤出實情。正擬綑送，即經縣訪聞獲犯，驗報飭醫，隨將犯婦解省發審招解，提審據供前情不諱，究無起衅别故，亦無同謀加功之人，案無遁飾。查律載：妻毆夫之父母殺者，凌遲死。又謀殺夫已殺者，凌遲處死。又例載：兩犯凌遲重罪者，於處决時，加割刀數各等語。此案梁陳氏因屢被伊夫梁亞林毆責，挾忿起意，將其毒斃，並誤毒翁姑梁觀禄、老梁黄氏、夫兄之妻小梁黄氏各身死，並夫兄梁亞觀平復。例無子婦謀殺人誤殺已死之翁姑作何治罪專條，自應照毆殺律定擬。妻毆殺夫之父母與謀殺夫罪名同一，凌遲應即從重科斷。梁陳氏除誤毒夫兄之妻身死及夫兄平復，罪止斬候滿徒不議外，合依妻毆夫之父母殺者凌遲處死律，擬凌遲處死。該犯婦之犯凌遲，於處决時加割刀數。查和平縣距省在三百里以外，當於審明後恭請王命飭委按察使于蔭霖、撫標中軍叅將鳳鳴，將該犯婦梁陳氏綁赴市曹正法。係婦女照例免其梟示。小梁黄氏過失殺夫之父母本干例擬，業已同被毒斃，應與灌救不及之梁亞春等均毋庸議。出産毒草處所，飭縣剷除净盡，以全民命。除供招咨部外，所有審辦緣由，理合恭摺具奏，伏乞皇太后、皇上聖鑒。再，兩廣總督係臣本任，毋庸會銜，合併陳明。

旨：刑部知道。欽此。

副將戴美武守備歐陽焕防營不力請革職片[一] 光緒十二年八月　日

再，臣訪聞本年七月間，黎匪出擾定（海）［安］縣之雷鳴市。駐紮該處春字前、左兩營將弁始終並未出隊邀擊，當即電致提督馮子材確查去後。兹准該提督查明電覆，原帶春字左營副將戴美武、前營守備歐陽焕，於黎匪肆擾時，來既不截，去復不追。經該處百姓哀求，始行出隊，而賊已飽掠歸巢，實屬庸懦無能。且平日治軍紀律亦甚疏懈，業經道員方長華將該弁撤回聽候查辦等情前來。臣查戴美武、歐陽焕，身任管帶，於黎匪出没不能邀擊一戰，聽其焚掠飽歸，縱寇殃民，實堪痛恨。本應從重懲辦，姑念瓊防各軍一時均未能得力，未便專責該將弁二人。相應請旨將副將戴美武、守備歐陽焕即行革職，以肅軍律。謹附片奏叅，伏乞聖鑒訓示。

旨：戴美武、歐陽焕均著即行革職。兵部知道。欽此。

［一］以下二件録自《京報》第二一三〇號。

飭令知縣各回本任片 光緒十二年八月　日

再，部選海康縣知縣寅保，經前督撫臣飭令留省學習。新興縣知縣葛堯臣，經臣會同撫臣倪文蔚飭令留省學習。均經先後奏明在案。兹查該員等，自留省學習以來，於地方公事均能留心講求，漸就熟悉。應即飭令寅保前赴海康縣知縣，葛堯臣前赴新興縣知縣各本任，以專責成。據廣東布政使高崇基具詳前來，除咨明吏部外謹附片陳明，伏乞聖鑒。

旨：吏部知道。欽此。

請獎勵粤海關監督海緒片[一] 光緒十二年八月　日

再，粤海關監督海緒，在任兩年，關税事宜頗難措手，迺該監督實力稽征，設法整頓，歷年應征租項及新增盈餘銀兩征解足數之外，光緒十一年溢解常税銀四萬三千四百餘兩，十二年溢解常税銀四萬四千二百餘兩，綜計兩年之内溢解八萬七千餘兩。上年捐兩粤水災賑銀二萬兩，又捐東三省鎗價銀二萬兩，交卸之際，仍復竭力籌措要需鉅款，不存諉卸之見。核其征收較前數年爲最旺，捐繳公項亦最多，而於中外交涉事宜均能與臣及前撫臣倪文蔚熟商妥辦，以期妥協。伏查前任粤海關監督崇禮、文銛俊、啓崇光，均因辦理關務出力，歷經前督撫臣奏蒙聖恩優加獎勵，今該監督海緒任滿交卸，其榷務出力並捐助要需較多之處，臣未敢壅於上聞，謹援案附陳，伏乞聖鑒。

旨：海緒著以内務府三院卿候補。欽此。

請旨查辦劣幕沈彬摺[二] 光緒十二年八月　日

竊查劣幕沈彬，在粤多年，迭經言官列款參奏。前督撫臣查覆，於光緒十年七月奉旨勒令立回浙江德清縣本籍。伊子舉人沈相與番禺縣學附生沈掞一併改歸原籍，沈彬父子概不准在粤逗留。當經咨行飭遵在案。乃近來經臣訪聞，沈彬仍在粤省逗留，匿名就幕生事罔利，勢燄薰灼，不勝駭異，嚴檄飭司，確查辦理。兹據廣東按察使于蔭霖會同布政使高崇基詳稱，奉札後即令南海縣知縣張琮、番禺縣知縣陳起倬，飭傳沈彬來署，面加曉諭，令其切實變産携家遵旨回籍，毋任抗違。

旋據該縣覆稱：面晤沈彬，婉切開導。據該幕聲稱，房屋未經變賣，家小無從搬移。若到臬司衙門，斷斷不能任憑辦理。正嚴飭再傳間，忽於七月初八日，據沈彬遣人赴縣呈報，已於本日乘輪起程，並不與該縣謀面。近日或云逃往香港，或云匿遷省城等語。並據南、番兩縣暨委員知縣周福昌等查明，沈彬於被參後，仍霸踞理事同知館地。傳詢理事同知貴璋，據稱，該廳幕席久由沈彬倚勢兼充，因該幕被參後，婉爲辭却，乃仍復强薦其姪沈承慶充當，並勒加修金二百元，實則公事仍由該幕執筆。又查出其子沈掞現仍就開平縣幕。又查出沈彬在衛邊街置有房屋，租賃連福堂娼館三所。其餘查出該幕所置房屋，除住宅外，共有出租房屋一百一十二所，均書海隅書屋買契，即係沈彬營置。又查出沈彬在粤海關，用沈超詭名充有清書一缺。咨准粤海關監督覆稱，

[一] 録自《京報》第二一三三號。
[二] 以下三件録自《京報》第二一三四號。

清書實有沈超之名。又據番禺縣查出伊第三子沈掞於光緒六年歲試入番禺縣學，前次查辦，該幕隱匿不報，仍圖冒籍。又據該兩縣稟稱，該幕自言另以沈文仁之名保舉三品銜知府。從前參摺但知有沈彬之名，查其子入學年額册籍，父名果係用文仁字様各等語。因復博訪輿論，詳切察核，查明沈彬前數年實以一人兼充撫署、廣州府、理事同知三幕，又使其兩子分充南海、番禺兩縣幕。省城津要一手把持，分布族衆，廣薦門徒，通省刑席十居五六，每委一缺，指名勒薦，皆與議明視其館金多少，照半分肥。凡不出該幕之門，及不聽薦舉者，輒百計中傷之。由其廣通聲氣，恣意招摇，公事任情准駁，顛倒是非。謀缺求差者，争趨其門。一時州縣從風而靡，賄賂公行。幕席既壞，吏治因之，流毒之烈至斯而極。據該幕家貲積至二十萬金之多，人所共知。若非骫法婪賄，安得有此。從前被參各摺所稱，該幕攬權納賄，蠹政病民，其門如市，富甲一時各節，實非虛妄。至今官幕切齒，商民詬厲。伏思沈彬以屢經參劾奉旨飭令父子回籍之人，時逾兩年，不但不携家回籍，且添置業産，愈增愈多。又匿名霸充理事廳刑席，又令其長子充開平縣幕，又隱匿其三子冒籍番禺生員之名，又捏名承充海關清書，明目張膽與官場結納往來，蒂固根深，無一非爲抗旨盤踞之計。且包娼、窩賭久列彈章，而衛邊街房屋仍租開娼館三處，藐法妄爲，貪鄙惡劣，莫此爲甚。現經飭查驅逐，猶敢公然明言抗違，潛匿香港不受傳喚。若僅空言驅逐，則聲氣素通，手眼甚大，憑依既固，狡窟難除，不久潛歸依然盤踞。試思豈有全家在粵，貲産在粵，而能隻身去粵之理。狡玩之計爲顯然。惟有詳請奏明請旨斥革嚴辦，即將該幕家屬並子姪嚴行驅逐出粵，變産罰半充公，俾無顧戀。其子沈掞冒入番禺縣學，從前查辦時，隱匿不報，本應斥革，姑從寬免，勒令改歸浙江德清縣原籍。移知粵海關將捏充之沈超卯名革退。庶可永免粵省蠹害等由具詳前來。

臣查沈彬從前壟斷要幕，納賄招摇，捏名冒保，劣蹟多端，兩被言官參劾。經兵部尚書彭玉麟論奏種種作奸犯科，僅予驅逐，已從寬典。乃奉有勒回本籍之旨以後，霸幕充書，匿名冒籍，窩娼殖産，違旨抗傳，狂悍惡劣毫無忌憚。臣迭次飭司道等查明驅逐，皆爲該幕狡展抵搪，抗不遵行。今飭臬司于蔭霖查辦，乃始盡行發露。被參勒逐後尚敢如此，則從前之恣睢招摇更可想見。若非從嚴懲辦，勒令變産移家離粵，則盤踞者轉瞬復來，流毒者終無底止，巨蠹害政，國紀蕩然。迹其貲産充盈，無非攬權納賄而得，相應懇請諭旨飭下吏部，查明沈彬即沈文仁，冒保三品銜，即行斥革。將沈彬發往軍台効力贖罪，永遠不准再充幕友。並查傳沈彬即日赴案投到發遣，一面飭令該家屬將所有房屋，除娼館照例查封外，其餘勒限一個月全行變賣。一半由家屬携帶回籍，不准寄頓粵省另置産業，一半繳官解交山東充賑。如沈彬始終抗匿不出，以及逾限不將房屋變賣，即由官估變，所獲價銀全數入官，解交山東充賑。咨行各省督撫，仍加等治罪。其子姪親屬一概勒歸本籍。沈掞所入番禺縣學改歸浙江德清縣學，其所充關書沈超，已由臣咨照粵海關監督革退。似此認真懲儆，庶通省官幕知有朝廷法度，於粵中吏治人心不無裨益。理合恭摺具陳，伏乞皇太后、皇上聖鑒訓示。

旨：覽。沈彬即沈文仁，著即行斥革，拏獲到案，發往軍台効力贖罪。餘照所議辦理。該部知道。欽此。

請頒發關防片光緒十二年八月　日

再，准兵部咨，光緒十二年五月初三日奉上諭：兵部奏遵議廣東裁併改撥總兵各缺一摺，廣東陽江鎮總兵著即裁撤，改設北海鎮水路總兵，以資控制。其高州鎮陸路總兵，並著改爲水路總兵。欽此。等因。抄録原奏，恭録諭旨，咨行前來。

臣伏查北海鎮水路總兵，係屬新設之缺。高州鎮陸路總兵，現已改爲水路總兵。相應請旨飭部先行鑄造廣東北海鎮水路總兵並廣東高州鎮水路總兵關防各一顆，迅速頒發來粤，以資鈐用，而昭信守。其餘一切未盡事宜，俟詳核妥籌，另行分别奏咨辦理。謹附片具陳，伏乞聖鑒。

旨：著照所請。禮部知道。欽此。

南韶連三屬歲科併考請旨遵行摺光緒十二年八月　日

竊查廣東歲科兩試，除雷州、瓊州、廉州、陽江廳四屬向例歲科併行外，其餘廣州等處六府四直隸州均係歲科分試。近年人文日盛，考數益多，兼以水陸迢遥，程期難必，歷届按期辦理計月已乏寬餘，雖值度歲歇夏之時，往往照常考校。前任學臣胡瑞瀾僅於肇慶、羅定兩府州舉行歲考。臣之洞曾將棚多路遠等情電奏陳明。臣鳴鑾奉命視學，緣恐試期甚迫，於陛辭日具摺奏請，航海赴任，以期迅速而重試事。當邀俞允，並聲明接任後即加緊按行，尚恐諸行局促。用是聞命以迄履任甫及五旬，不敢稍涉遲延。今將歲科兩試日期逐一核計，無論如何趕辦，實屬不敷。若將試期勉强歸併，難免草率之虞。向例於肇、羅試竣，接考北江之南、韶、連三屬。現在已届初秋，若乃循例接試，北江距省較遠，水程逆流而上，澗泉涉發，秋雨連綿，皆屬事所恒有。路程往返，未能剋期。且連州一屬，四月間業經取齊□□停試，生童均各散歸。今若再行檄調，重耗旅費，寒畯殊苦不支。而他郡試子之引領望考者不能如期就試，轉至向隅。

臣等再四躊躇，往復函商，各棚試期委實無從騰展，惟有將南、韶、連三屬緩至科試時，歲科併考，庶幾通省試期可照章按行，不至遲誤，實乃萬不得已爲此一時權宜之計，變通辦理。查道光十三年江西學政翁心存以補行正科鄉試辦理録遺，稍稽時日，曾援照乾隆、嘉慶年間成案，奏准將南安、贛州兩屬暫行歲科併考，正以試事急迫恐致誤期。今廣東事亦相類，可否仰懇聖恩准將廣東之韶州、南雄、連州一府二州暫行歲科并試，嗣後不得援以爲例，請旨遵行。臣等爲鄭重試事起見，謹合詞據實具奏。是否有當，伏乞皇太后、皇上聖鑒訓示。

旨：著照所請。該部知道。欽此。

調員差遣片(一)光緒十二年八月　日

再，廣東海防善後百事待舉，治兵籌餉，製造交涉，需才甚衆，求才甚艱。若非博訪旁蒐，實無以爲指臂之助。茲查有降調前浙江按察使陳寶箴，才長幹濟，學識深通，久在湖南防營，深明兵事。該員堪任以籌辦邊海防務諸事宜。上年正月臣電奏調東

(一) 録自東吴仰止廬主輯《南皮張宫保政書》，一九〇一年上海圖書集成印書局印。

差遣，奉旨允准。旋准江西撫臣來咨，該員患病未愈，未能赴粵分發補用。知府桑彬，通達物情，綜核精練，心術誠懇，操守可信。廣西候補知府石承霖，廉樸精勤，能任勞怨，在廣西辦理釐金著有成效。今春降服丁憂回籍，不久即將服闋。該兩員堪任以籌餉製造諸事宜。試用知縣前湖北候補縣丞陸維祺，操履端潔，熟悉洋務，曾在湖北充宜昌關委員，極爲出力。該員堪以委辦釐税交涉諸事宜。合無仰懇天恩俯念粵省防務洋務需才孔亟，請旨飭下江西撫臣，催令陳寶箴仍遵前旨迅速赴粵差委。並將桑彬、石承霖、陸維祺等（四）[三]員發往廣東差遣委用，俾臣得資任使，勉濟時艱，感戴鴻慈，曷其有極。如蒙俞允，桑彬現在順天，石承霖現在貴州各原籍，陸維祺現在湖北，應請飭下各該督撫府尹，催令該員等迅速來粵，石承霖服闋即行起程，以應急需。謹附片具陳，伏乞聖鑒。

大修廣肇兩屬圍堤工竣摺 光緒十二年九月初三日

竊照上年水災緊急之際，賑饑堵決，多方拯濟，自八月後災象稍舒。臣與前撫臣倪文蔚及司道等籌議，僉謂備災之計，與其補救於事後，不如豫防於未然，因擬籌集鉅款，大修沖要圍堤，曾於上年十月初九日將大略情形奏明在案。

查廣、肇兩府水害，考諸省志，從前每數年、十數年而一見，近二十年來，幾於無歲無之。其患常在西江，若助以北江，則爲害愈烈。上年通省潰決圍堤一百五十餘，而高要、高明、四會、清遠、三水、南海六縣所屬一百二十九。高要、高明受西江之水，四會受綏江及西江之水，清遠受北江之水，三水、南海兼受西、北兩江之水，故此六縣爲最沖。餘縣或地勢較高，或受水較緩，或去海已近，旁溢倒灌，爲患稍輕。當九月間派員携帶算生，勘繪圖式，籌計辦法。於此六縣中擇其圍大田多當沖受灌者若干處，分别首沖、次沖、又次沖酌加培築，分爲三路。南海圍多事繁，自爲一路，責成前署督糧道蕭韶督同署南海縣張琮辦理。嗣蕭韶委署藩司，即專令張琮經辦。三水、清遠河多溜急，面面皆沖，工程最爲喫重，合爲一路，責成署陸路提督鄭紹忠辦理。高要、高明、四會地處上游，合爲一路，責成肇陽羅道潘駿猷辦理。湘軍統領提督陶定昇籍隸岳州，熟諳堤工，檄調其部下弁勇赴肇慶幫同工作。

查圍基本屬民工，然其時民困未蘇，非由官先發鉅款以爲之倡，不足以資鼓舞。而司局各庫正當無款可籌，且借修圍基，仍須帶征歸還，事亦膠葛。查有誠信、敬忠兩堂商人捐修會館銀三萬餘兩，曾於上年九月間奏明發交紳董收儲，改作修築圍堤之用。又查辦肇慶府黄江税廠書巡浮收累商案内，該廠書巡等罰繳銀八萬五千元，七兑合銀五萬九千五百兩，以助廣肇災區修圍之費，本年三月奏明在案。又光緒九年間，直隸籌賑局司道以順直水災刊印捐資，經前督臣張樹聲行司分發勸辦，嗣據各屬陸續捐繳，計收存銀四千三百兩零二錢二分，因爲數無多，其時順直賑務已竣，尚未彙解。又上海協賑公所紳士嚴作霖等解來助修東省圍工、西省路工規平銀二萬七百三十三兩六錢九分四釐，除撥解西省外，尚存銀一萬五千二百四十七兩六錢七分。又在上年試辦牙捐項下提銀十二萬兩，又率同各官捐集銀二萬六千五百二十一兩零四分四釐。計共籌撥捐集銀二十五萬五千五百六十八兩九錢三分四釐，均充本案大修圍堤之用。於上年十月興工，本年四、五兩月先後告竣。查南海縣地居首要，勢處下游，現將該縣西北兩鄉較爲喫重之五十二圍一律加高培厚，並於沖要處所加作內圍，或添作石磡，建造石閘。就中以筲箕篤、大攬背、烏茶坾、花岡、南沙、茯洲頭、三水南岸、珊門、大良、官洲、大珊、下龍灣、基羅格、南北大富，共十五圍基爲最要，共支用銀一十萬零二千兩，由該署縣張琮督率紳董修理，核實支發。至兼跨南海、順德兩縣最大之下桑園、東西園已於上年九月照案於籌備堤岸項下發銀一萬兩，交園紳修築。此係該園生息專款，並非正項，業經於本年二月專案奏明。

計南海境內當沖較大之圍，僅良鑿一圍，因原修堅固，未經發款加修。三水縣爲西、北兩江所匯注，上年全縣三十三大圍概行漫決，雖經修復，此次必須加培完固。其衝要各圍，於頂溜趺塘處所，必須間用石壩，或用石築基，或參用灰沙，以期堅穩。此次計培築大小四十八圍堤，就中以縣前、魁岡、深水、擔竿、涌尾、江根、榕塞、東海、口壩、石頭岡兩圍、上梅坾、下梅坾、長洲、青塘、永豐、大陵、鳳起、蜆殼、白泥、谿陵、雄旗、蜆塘、竈岡二十四圍堤爲最要，共支用銀六萬四千九百零七兩一錢三分二釐。清遠縣除石角圍外，有基無圍，上年漫決十七基隄，被災亦重。此次計培築二十二基隄，就中以下界牌、上界牌、恒頭、花岡、山塘、金亭、正江口、倒水灣、黃岡、捕屬三壩十基隄爲最要，共支用銀一萬五千零六十九兩五錢四分一釐。以上三水、清遠兩縣均由署陸路提督鄭紹忠督率地方官、營汛兵勇、紳董修理，核實支發。高要縣上承梧州三江，下束於羚羊峽，水勢易漲難消，上年受災最先。此次計培築二十四圍，就中以景福、羅秀、豐樂、大灣、白石五圍爲最要。內景福一圍近護府城，羅秀一圍爲高明各圍門戶，決口深廣，屢築屢潰，尤須大加修築。粵省民圍向止用人築牛踐，今於高要最衝各圍，或酌加夯硪，或幫石護根，或須打樁沈船，或須運土填潭。羅秀一圍尤極費手。共支用銀四萬二千六百九十兩零六錢三分七釐。高明縣圍基較少，地方最瘠。此次計培築十四圍，就中以上秀麗、下秀麗、三洲下圍、大沙下圍、白鶴五圍爲最要，共支用銀一萬一千九百六十八兩九錢五分。四會縣當懷集、廣寧、高要下游，每遇西江、綏江並漲，上注下灌，交受其害。上年漫決各圍均已修復，此次計擇要培築十五圍，就中以倉豐上、倉豐下、大興、馬安四圍爲最要。共支用銀一萬三千九百七十四兩五錢。以上肇慶屬三縣圍工，係由肇陽羅道潘駿猷督率該府縣暨肇慶督標協營弁兵、委員、紳董修理，核實支發。又打樁機器租價、測繪地圖薪工、勘修委員夫馬等項共銀六千二百九十六兩五錢一分四釐，通計六縣一百七十五圍隄加高培厚以及添造石工、重築基址，統共用官款銀二十五萬六千九百零七兩二錢七分四釐。除以上籌撥捐集銀二十五萬五千五百六十八兩九錢三分四釐，尚不敷銀一千三百三十八兩三錢四分。在司庫海陽等縣塘租奏留充公項下撥銀一千三百三十八兩三錢四分充支足數。

此次因有官款助修，民情極爲踴躍，用能妥速蕆功，現據各路陸續具報工竣。除南海之大有、巾子、銀涌、蜆殼、孝墩五圍興工較晚，將次修竣，續行勘收外，其餘逐一委員驗收，均屬堅實完固，足以捍衛田廬。其酌發官款之數，各視當衝等差、業戶貧富、工程大小，斟酌消息，或官一民二，或官民各半，或官款多至什之七八，亦間有因災深民困，全資官力者。大抵南海各圍，民籌多於官款。肇屬高要、高明、四會三縣各圍，官民約略相等。

三水、清遠兩縣各圍，官發多於民捐。通盤牽算，略以官民各半爲率。此外尚有愛育堂紳董自行捐資助修者，不在此內。

惟查廣東圍基向係民捐民辦，其修築圍基力有不足者，定例由官借給修費，分年帶徵歸還。僅南海桑園一圍，其中村落田畝最多，嘉慶二十二年前督臣阮元借支庫款銀八萬兩發商生息，遞年歸本存息，以備歲修。道光十三年廣、肇兩府大水，前督臣盧坤等籌集官捐銀三萬五千餘兩，紳富鋪租捐銀三十五萬餘兩，均充賑濟，至修圍之費，仍奏明借給，分限五年免息征還。光緒四、五等年，清遠縣石角圍沖決，該圍爲三水、南海兩縣保障，前督臣劉坤一等勸集民捐銀八萬餘兩，修成石工。此次水災，適當海防倥偬，重勞民力之後，而當沖各圍，不能不急修以備春漲。若勸捐恐涉遲緩，借款亦多葛藤，故擬籌集鉅款爲官民合辦之策，以資感發而速成功。計此次大修，官籌銀數，合之去年夏秋堵決代賑八萬九千餘兩之數，統計已及三十四萬餘兩。今年水勢雖覺稍緩，而五月盛漲時，較之上年高要僅差四尺九寸，三水僅差二尺六寸，南海僅差一尺三寸，各圍幸獲安全。惟南海之射洲、肚窩、琴沙、巾子四圍，高明之陳深水等一圍沖決，或數丈、或十餘丈，皆係低窪小圍，傷稼尚屬無多。但使每年少決十餘圍，即爲民間保全錢穀百餘萬。所動各款，除會館捐款、廠書罰款本係奏明專備圍工之用外，借用順直賑捐存款，目前順直正有水災，應由粵另行籌捐歸還。滬紳捐款出於樂施善舉，粵官捐款尤係分所應爲，均不敢邀請奬叙。塘租奏留充公一款，本係各官應領之項，令其節省輸助，扣發辦公。其牙捐一項，因海防需餉，甫經試辦，並非向有庫款。且防海、修圍，同一保衛民生之事，今以取之於商者，用之於農，似於情理尚順。各圍均經詳加查核，委係實支實用。此係官民合辦，且並未動支正項錢糧，應請免其造册報銷。仍飭各屬督令各圍總業户人等，各就該圍向章，隨時妥爲保護，自行培築，日增月益，常保無虞。其各圍修過丈尺、銀數、官款數目，一面刊刻徵信録宣示周知，由廣東布政使高崇基會同善後局司道詳請具奏前來。

臣伏查此次大修廣、肇兩屬沖要圍隄，乃仰體慈恩浩蕩，軫念邊黎，故亟於懲前毖後之時，勉爲曲突徙薪之計。溯考粵省修圍成案，關係重要者共三起。前督臣阮元則借款提息，專充桑園圍歲修，意在先其所急、惠而不虛。盧坤則賑款捐放，圍款征還，意在分別常變，俾救急之與循法並行不悖。劉坤一則專作最沖大圍石工，意在擇要併力，成效較鉅。三督臣辦法不同而用意精密，實皆爲經久良規。此次水患過廣，災民過衆，防務粗定，游匪日多，必宜先保今年農收，方免眉睫之患，勢不能專顧一、兩大圍，從容籌修。又以海防民困之餘，專勸民捐，必致畏難貽誤，暫借帶征，亦多觀望不前。今昔時勢不同，故不得不羅掘大舉，官倡民和，合力成之。此後遇有修築圍基之事，仍應按照定例借款征還，或籌修最要一兩處，方爲經久之法。此次工程係屬官民合辦，核實支發，並未動用正款。其滬紳集捐，粵省官捐，均係仰體聖慈，救災盡職，出於至誠，不敢仰邀議叙。相應將修築各圍隄加培丈尺、石壩工段、籌發款銀數分別清單，並繪具西、北兩江水道及此次修築各圍隄圖，恭呈御覽，仰懇敕部查照，免其造册報銷。至各官捐助銀數、銜名，已於賑撫堵決案內開單奏陳，毋庸重列。

旨：該部知道。單、片、圖並發。欽此。

修築潮州府屬各堤工竣片光緒十二年九月初三日

再，上年七月潮州府屬韓江水漲，沖決海陽、饒平、澄海三縣堤岸，淹損田廬，當經潮州道府籌捐銀三千兩及時賑撫，臣復飭司籌撥銀五千兩，委員前往勘辦工賑，業經會同前撫臣奏明在案。該處近海，水消迅速，田廬並未久淹，尚無大礙。惟三縣堤岸沖決甚廣，經該屬紳董在籍福建補用知府郭廷集等籌議，集款興修。估計海陽縣屬秋溪、堯里等鄉堤基修費銀五萬餘兩，饒平縣屬隆都等鄉堤基修費銀一萬五千餘兩，澄海縣屬洪橋等鄉堤基修費銀七萬二千七百餘兩。而海陽南堤，自郡南之安南廟起至龍都長橋止，計長八千一百餘丈。保障三縣，捍衛府城，沖決計數十處，若僅略事補苴，終屬敷衍之計，必須一律加高培厚，庶可收一勞永逸之功。估計全堤修費約需銀一十六萬餘兩，此次紳民集議，原擬自行籌捐，前將發去官款銀五千兩分撥海陽、澄海各二千兩，饒平一千兩爲之倡率。小民自衛身家，踴躍爭先，已集資十一萬八千餘兩，尚短銀四萬餘兩，力難再籌，競赴該道府呈懇發款助工。因查上年海陽縣紳富海防捐輸已捐未繳之銀尚有一萬餘兩，經該道府稟請將此項如數催收，即發作津補此項堤工之用，其餘不敷之數，再勸令殷户量力題捐。其澄海縣屬之洪橋鄉堤岸，民間籌捐不敷，亦擬將該縣紳富欠繳海防捐項二千六百餘兩催收撥用。當經臣批飭照辦。查署潮州鎮中軍遊擊方鰲，情形熟悉，素能聯絡紳董，因飭該遊擊及該府縣分派委員督工趕辦。統計三屬賑撫修築之費，除民捐不計外，上年由司所發之款，係在沙田、海防捐項下撥銀五千兩。茲催收紳富海防捐款撥給銀一萬二千六百餘兩，共銀一萬七千六百餘兩，均隨時發交各該屬紳耆領出，彙同民捐，自行經理支用。其紳富捐款催繳不齊者，應由民間自行籌捐足數。現據該道府稟報，饒平、澄海各堤均已告成，惟海陽南堤工程較鉅，趁此秋晴，併力趕築，亦即陸續竣工。

查潮郡素稱殷實，該處堤工向係民捐民辦。此次因上年水勢過猛，沖決太多，迫近郡城，急須修築鞏固，需費浩繁。又適當廣、肇兩府被灾之時，賜金籌款，工賑兼施，該屬紳民同時呼籲，未便概從膜置，致涉偏枯。且所動皆係捐款以資補助民堤，尚屬相當，應請併免造册報銷。

辨認欽州老界繪圖列證請旨飭辦摺光緒十二年九月初七日[一]

竊臣欽奉光緒十一年七月二十日寄諭：本日已降旨派周德潤前往雲南，鄧承修前往廣西，會同各該督撫辦理勘界事宜。即著岑毓英等各委明幹之員，帶同熟悉輿地之人，周歷邊境，詳加履勘，繪具圖説，以備考證。等因。欽此。又奉十月初二日寄諭：目前分界自應以會典及通志所載圖説爲主，仍須履勘地勢，詳加斟酌。周德潤、鄧承修親自履勘該處地形，瞭然在目，自可相機辦理。岑毓英、李秉衡就近面商，務臻妥善。張之洞、張凱嵩身任地方，如有所見，亦當詳告，以資商榷。等因。欽此。本年四月間，勘界大臣鄧承修自桂返廣，商詢一切，該大臣面稱，疊奉電旨，現在先辨認老界，自當欽遵辦理。

查欽州接壤越南，有三都八峒，地方轄境甚廣。自廣西上思

[一] 此件日期在底本奏議總目中為九月初三日。孰是孰非，存疑。

州沿邊之十萬大山起，歷分茅嶺，跨二丈河而下，南至舊址，漫漶不可復識，與桂之鎮南，滇之馬白，儼然設關戍守者不同。是以中越地勢華離參錯，民夷雜處。有既入越界後，行數十里復得華界者。有前後皆華界，中間斗入一綫，名爲越界者。有衙署里社尚存華名，檔案可據者。有錢糧、賦稅輸繳本州，列名學册者。有田宅廬墓全屬華人，並無越民者。固由越爲屬藩，不甚考究，亦以邊地荒遠，地方官未能撫馭周密之故。今越歸法護，界務一定，邊防因之。欽州距廉、瓊甚近，若水陸形勢險要盡爲他族偪處，則他年貽患，悔不可追。且華民數萬户，廬墓數百年，紳民老幼泣訴環求，亦斷不能置之度外。近譯法人所繪越南地圖，其指爲新界之處，竟將欽州西南一帶劃入越境。若我於老界再不切實辨認，必至内地轉爲侵佔，此臣所以悚惶憂慮而不能已者也。

臣自上年八月即委通判劉保林等與督辦欽廉防務提督馮子材所派都司陶烈武等，就近密勘沿邊形勢。疊據五峒紳耆公稟籲懇，復參稽志乘，調查檔案，並據該府州縷稟各節，所言皆符。當於上年十二月會同前撫臣倪文蔚奏請電飭勘界大臣鄧承修與法使勘辦辨論，並將草圖按據呈稟各件咨送在案。嗣經添派知府尹恭保帶同繪圖人員前赴該峒邊界，重加履勘，徧考舊聞，續查案據。復飭隨同勘界督糧道王之春覆加研核，益得其詳。大抵該處中國老界確鑿可據之證，共有十端。皆係原本本朝史館官書、部案、公牘、刊本、省府縣志、知州學官册檔、印契，越南國王印文，峒長世傳有印分單。正與前奉諭旨以會典、通志爲主之意相符。實應全行辨明認還，方昭公允，與滇、桂邊地新與法人商議改正者迥然不同。

特恐法使無理狡執，出於意外，一時遽難定議。臣與王之春密切籌商，竊擬就圖畫爲四綫。第一綫，中越歷來分疆舊址。第二綫，將中國老界酌議先行，認還一半，於邊海大勢尚不甚失。第三綫，於老界内最切近者先行勘認數處，餘再商辦。第四綫，即現界近内地方，乃近年來中朝涵容藩服，未經詳辨確認之界也。總之，第一綫乃中華舊壤，土應我屬，民應我護，並非格外争多。即萬不得已，第二、第三兩綫，亦當力辨堅持，方不致棄所固有。如此則自遠而近，較有層次，屆時當相機辨論，隨時請旨辦理。彼雖貪狡，當亦有就我範圍之處，且即老界尚待勘明，現界亦不至更從剥削。謹繪圖分綫，並將十證繕列清單，恭呈御覽。相應請旨飭下總理衙門暨勘界大臣鄧承修、北洋大臣李鴻章，查照圖證、界址，與駐京法使暨勘界法使逐條勘論。務使舊界得以辨認收還，不致全行淪棄。海疆幸甚，邊氓幸甚。

旨：該衙門知道。單、圖併發。欽此。

謹將欽州與越南接壤地方，查係中國老界，詳列確證十則，以備辨認，繕列清單，恭呈御覽。

第一證，分茅嶺爲中國界。分茅嶺在州西南三百六十里，屬貼浪都古森峒地，爲漢將軍馬援、唐節度使馬總立銅柱之所，銅柱在新安州外。相傳山脊生茅，南北異同，乃中國與交址分界處。見歷代史書圖經及一統志省府州志。

第二證，三不要地爲中國界。三不要地在分茅嶺北，與十萬大山接。雍正五年，户部議准廣東總督孔毓珣奏，廣東廉州府欽州西北地名三不要，與廣西之上思州、安南之河口接壤，與廣東龍門協相近，請歸併欽州，以便就近撫綏。而該地有三村，曰白鷄、白鴿、白灘。又有土名曰北崙，最爲險要，請於龍門協派撥千總兵丁設汛防守巡遊彈壓。從之。見東華續録。

第三證，十萬大山以南循丈二河兩岸，南抵新安州，濱臨大海，皆爲中國界。十萬山在州西北，丈二河在州西南，至新安州入海。乾隆二年巡撫楊文乾批飭欽州嘑鷄、松徑等村，夷人歷來未征輸，澌凛、羅浮等八峒因山岡磽瘠，歲只納丁銀四十兩。前人立法，深得撫綏羈縻之道，毋庸報墾升科等語。查八峒即包分茅、丈二、萬甯、新安在内。河東之峒中、永安、雁慕、潭下、河檜，河西之新安舊街直抵海口，皆屬貼浪峒境，是該處皆爲欽州完納丁賦之地。見廉州府志·記事門。

第四證，新安州江口爲中國界。新安州，今土人稱爲先安，在州西南。其江發源於十萬大山，沿丈二河而下入於海，有雲屯、海鎮在新安府雲屯縣之雲屯巖内，海中番舶舟船多聚於此，永樂中設市舶提舉司。見方輿紀要及廉州府志·經政門。

第五證，思興水西岸潭下、河檜、六虎村一帶爲中國界。潭下、河檜、六虎村均在州西南思興水之西，新安江口之東。潭下又名大潭，河檜又名下街，六虎村又名駝六村，屬貼浪都，今越人私稱爲萬甯州。其地士子多入欽州學籍，及保奬、捐輸、議叙職員，累世廬墓在此。見明萬歷三十八年峒長分單及欽州學册。五峒紳耆廪貢生王永儒等禀。

第六證，古森港海口爲中國界。古森河今名古森港，在州西南，距東興十餘里。明宣德間，欽州峒地入安南，嘉靖二十一年壬寅，莫登庸納款還侵地。遣指揮王相、劉滋、知州文章經歷姚明相畫定疆界，思勒以潭鱗溪爲界，河洲以砼溪江爲界，澌凛以三岐江爲界、古森河爲界。見廉州府志·建置鄉都門及疆域圖。

第七證，澌凛峒、三岐江海口爲中國界。三岐江在州西南，源自思興小水，東南流出東興口，分爲三道，一繞砼街之後，一經岳山、萬注之北，一南行出古森港入海。查明嘉靖間收回侵地，澌凛以三岐江爲界，又澌凛峒南至大河爲界，即指此。見廉州府志及明嘉靖十一年峒長分單。

第八證，砼街爲中國界。砼街在州西南，東興僅隔一小溪，爲佛淘涇巡司地。明宣德間，黄金廣等以澌凛、羅浮、河洲、古森、思勒五峒佛淘涇巡司屬地附黎氏，嘉靖壬寅歸還。今砼街五里有佛淘巡撫舊署水驛遺址，近年越人始私稱海甯府。按一統志，欽州西南二百四十里，有甯海廢縣舊址，唐屬陸州。蕭梁曰海甯郡，以在海南，有陸路通海北，故名。正與今東興與砼街帶水之隔相符。越之海甯府本於蕭梁之海甯郡，似無疑義。再砼街之北有山名長山，山下有村名長山村，屬羅浮峒，地與松柏隘接。見明萬歷三十八年峒長分單暨一統志、廉州府志·建置·鄉都門、欽州志·古蹟門。

第九證，江平、黄竹爲中國界。江平、黄竹在州西南，距思勒十里，距防城三十餘里，去州城約一日程。明崇禎間係潘土目將田土私賣與越民爲業，並無官文書案據。見峒長後裔黄輔文等公禀。江平，爲欽州安良社地，今猶名安良街。見明萬歷三十八年峒長分單，街門刻字現存。江平五方雜處，漳、泉、惠、潮人最多。乾隆二十年，知府周碩勛請移州判署於思勒，以稽察江平。見廉州府志·藝文門。江平民人何殿舉賣與熊昌屋契，乾隆間經欽州州判判斷。見欽州州判署檔案，現經委員調驗此契，與原案同。

第十證，海面快子籠、青梅頭以南至九頭山附近諸島，皆爲中國界。諸島皆在州西南，爲大洋中越相接之處。所居皆係華人，並無越官、越兵駐紮。查九頭山即狗頭山。同治九年十二月前兩廣總督瑞麟因欽州洋面鄰接亞婆蕅、狗頭山等處，向爲洋盜窩聚之所，除派兵勦辦外，照會越南國王派兵會勦。旋接該國王呈覆，下國廣安海分原無亞婆薖、狗頭山等名號，現派工部署參知阮文邃等管帶師船，往廣安省之白藤江按截等候等語。是白藤江口以外海中諸島，並非越境所轄，其爲華界無疑。見同治十年正月十一日越南國王呈覆原文，現存兩廣督署有案。

謹按：欽州邊越之地有三都八峒，曰如昔都、時羅都、貼浪都，如昔峒、時羅峒、貼浪峒、思勒峒、河洲峒、羅浮峒、澌凛峒、古森峒。是三都可統八峒，故有稱都不稱峒者，要皆歷向中國納賦、聽訟、應試之地。其西北之分茅嶺屬古森峒，爲漢唐立銅柱之所。其西南之新安州屬貼浪都，爲明設市舶司之所。三歧江等處屬澌凛峒，硭街等處屬時羅都，爲明設佛淘巡司之所。江平、黄竹等處屬思勒峒，爲乾隆間議移設州判之所。自明宣德間黄金廣擅以五峒、佛淘巡司附黎氏，嘉靖壬寅莫登庸納款還侵地，而江平、黄竹復爲潘土目所私賣，官吏未及深究。國初以遷海之禁，近海居人較稀，越民漸多雜處。雍正五年始正三不要北崙之界，華民漸復故居。江平一隅閩、廣人尤夥，故乾隆間有移東興州判於思勒以稽察平江之案。近年越人私設土目，因蕭梁海甯郡之稱設海甯府，又設萬甯州等名號，並無明文。至邊越峒地雖間有納税於越者，據乾隆二年巡撫楊文乾批牘，則指明八峒皆爲欽屬，歲共納丁銀四十兩，毋庸報墾升科，尤爲明白無疑。查北起十萬山，南循丈二河兩岸直抵大海，西包新安州，皆在八峒之内，即古森、貼浪、澌凛、河洲諸峒之境。土民人人皆知，我朝免其履畝升科而令其納丁銀，不過體恤邊氓，並非棄之度外。嗣後峒民自墾，間納越税，乃係越人之誤，不得因越之違法私徵，遂謂欽州歷有丁銀之地應入於越也。故丈二河東之河檜、潭下等處，河西之新安、舊街等處，華民十居其九，或取入州學，或獎叙職員，學册、部照、廬墓、契券歷歷可據。至九頭山，越人自謂非其所有，現有該國王呈文足據。綜此十證，確爲中國老界無疑。今勘認中國老界，自新安州以東，皆應辨明認還，若分茅古嶺及岳山、萬注以東硭街、江平、黄竹、石角、句冬山脚等處插入腹地，圖籍案卷炳然可稽，則辨認尤不容含混者也。

竊擬將欽、越交界地圖分爲四綫。第一綫，西北起十萬大山、三不要地、分茅嶺，跨丈二河兩岸，歷東岸之峒中、永安、雁慕、平寮，西岸之舊街、新安州，至新安江口入海，海中包雞頭山、抬山諸島，至大洋止。第二綫，西北亦起十萬大山、三不要地、分茅嶺，歷峒中、丈二河，沿思興水之西里、火馬頭、山脚、六虎、必那、大嶂、大小茅山、下棠、潭下、河檜，海中包快子籠、青梅頭、副大門、九頭山諸島，至大洋止。第三綫，西北亦起十萬大山、三不要地、分茅嶺（峒），歷［峒］中[一]，横抵思興小水，沿思興水之東循河而下，出三歧江口，包石夾、岳山、萬注、硭街、竹山、江平、萬尾、黄竹、石角、句冬山脚，海中亦包快子籠、青梅頭、九頭山諸島，至大洋止。第四綫，則近年中越接壤未經詳辨確認之界也。即使第一綫地界暫未能遽行劃還，其第二、第三兩綫，西北猶收十萬大山、三不要地在内，東南遠則包潭下、河檜，近猶包硭街、江平在内。洋面猶包快子籠、青梅頭、副大門、九頭山在内。尚存舊日水陸險要，界限亦較分明。與雍正年間部案，乾隆、道光、同治以來地方賦税、學籍各案，亦尚

[一] 疑「峒」字應置於「歷」字之下。

相符。其應如何勘認之處，伏候聖裁。

委署道篆片[一] 光緒十二年九月　日

再，現准吏部咨，光緒十二年七月二十三日奉上諭，蕭韶着補授浙江按察使。欽此。當即轉行欽遵。查惠潮嘉道蕭韶，先經委署督糧道，今升浙江臬司，所遺粮道篆務應行委員接署。查有試用道閻希范，才具開展，勇于任事，堪以署理。除檄飭遵照外，謹附片陳明，伏乞聖鑒。

旨：吏部知道。欽此。

上年水灾籌措賑款奏請立案摺[二] 光緒十二年九月　日

竊照光緒十一年廣、肇兩府水灾，動借籌措辦理賑撫工賑各事宜，業經臣會同前撫臣倪文蔚迭次奏報在案。伏查此次水患内於西潦下德北江，並溢延袤十數縣，潰決百餘堤。受灾之烈，爲道光二十四年以後所未有。饑民急待撫綏，決圍亦須堵築，既顧秋收藉可以工代賑，其時正當防餉之際，又值西省巨灾，萬端交迫乃於無可設法之中羅掘拯救。略分數端：採辦香港洋米，碾動安平倉穀，委員委紳運往散放，爲米賑。携帶銀錢前赴灾區，酌量散給，爲錢賑。購買麪餅、藥材、搭蓋蓆棚以及雇船脚渡、施棺掩埋，爲雜賑。倒塌房屋酌給修費，爲屋賑。各縣決圍官民合辦，水淺者搶築決口堵塞水竇，水深者先作月堤圍基以防内決，兩衛秋耕，兼以贍養饑民、消彌匪徒，爲工賑。綜計米賑共用銀三萬七千二百七十三兩六錢零九釐，錢賑、雜賑共用銀五千七百三十八兩九錢九分九釐，屋賑共用銀二千一百四十兩零四分。工賑一項，堵築廣屬南海、三水、清遠、花縣、從化，肇屬高要、高明、四會等縣圍基決口，肇慶府修理護城各工共用銀八萬九千七百一十九兩五錢六分四釐。委員盤費、薪水等項共用銀三萬五千八百一十二兩零六釐。内藩庫動支備荒銀一萬兩，税羨銀二萬兩，糧道庫借撥普濟堂經費銀二萬兩，惠棚弊標罰充公銀三萬五千一百兩，各官捐集銀四萬八千四百八十二兩零六釐。當時事煩勢急，或交印委或交紳董，有一賑之後復事再賑、三賑者，有初查未到，及帶款不敷陸續補賑者，有數員、數紳一道同時並賑者。堵築各決有一次估定者，有酌量添修者，有兵勇雜入工賑助築者。大率以官款借導其始，勸令民間凑集趕築，或由本圍業户出資，或由愛育堂紳董義助，民款多寡既有參差，各圍辦法亦難畫一。

總之，各就灾區情形紳民公議，不令拘牽文法往返傳報。既無定額可限，亦無減成可循。但令各員激發天良，務求實濟。所有前項開過銀兩，皆係實支實用，並無浮冒。此外尚有省城愛育堂自行籌集，並本省紳商士庶捐交該堂助款，如數動撥，酌量輕重，分别發交紳董承領核實散給，已於上年十月奏明在案。自秋冬後暘雨尚屬應時，灾民早已復業。所有代賑堵築之各圍決口，亦於上年七、八、九等月據報一律工竣統計在案。各款，查備荒本屬正支，税羨例充公用，糧庫、道庫以備專需，至弊標罰款銀一項原案奏明充公充餉本非例有入款，酌提放賑，亦屬名正言順。各官捐款，皆以服官斯土，誼所應爲，不願上請奬叙。綜計所用

[一] 録自《京報》第二一五四號。
[二] 以下二件録自《京報》第二一五七號。

五款，均未動支正項錢糧。

查上年五月二十八日會奏摺内業經奏明，動撥備荒一萬、税羡二萬、挪借糧道庫二萬，應急陸續籌補。並聲明東省賑撫工賑須另行籌措湊集，請免造册報銷。七月初三日奉上諭：著照所請辦理。等因。欽此。應請照案辦理，無庸造册報銷。仍將賑撫堵决各縣各項收支，詳晰數目，刊刻徵信録轉發各縣，以昭鄭重。據廣東布政使高崇基，會同善後局司道，分開收支工賑官捐清單，詳請奏明立案前來。

臣查去年水灾，事機緊急，當時臣與前撫臣倪文蔚及司道各官，籌畫羅掘，諄戒守令，慎選妥員，分投賑濟。斟酌緩急，不泥文法，於浮費力求撙節，通計盤費，薪水等項不及千金。其堵築代賑一項，係官民合辦。三水、清遠、四會、花縣各決口，併係咨交署陸路提督鄭紹忠一手經理。高要各決口交肇陽羅道潘駿猷督同肇慶府知府紹棨、署高要縣知縣王崧經理。高明各決口由善後局交愛育堂紳董經理。南海各決口交前廣州府知府蕭韶督同署南海縣知縣張琮經理。從化零星決口交蕭韶發給該縣交紳經理。鄭紹忠、蕭韶等員於救灾事體皆係殫心竭力，奔走焦勞，勤勤懇懇。且各該縣自行捐辦之事甚多，臣隨時詳察印委各員及發紳經辦各項賑款實無浮冒。謹將各項收支總數、工賑細數、官捐總數，開繕清單，恭呈御覽，懇請飭部仍遵前旨免其造册報銷。至微臣德薄政闕，致此灾祲，方深内疚，以及本省各官目擊灾黎困苦，深愧撫恤未周，雖竭力捐濟，不過仰體慈惠推廣聖恩，略紓急難，稍塞督責。若再忝邀甄叙，愈覺惶悚難安。臣因各官不敢邀奬出於至誠，所有官捐清單，僅列銜名總數，不再分開細數，合併陳明。除咨户部外，理合繕摺奏陳。再，廣東巡撫係臣兼署，毋庸會銜，合併聲明。伏乞皇太后、皇上聖鑒訓示。

旨：户部知道。單三件併發。欽此。

第九十三次盗犯正法開單彙奏摺光緒十二年九月　日

竊照粤省近年盗風日盛，經臣會同前撫臣倪文蔚，于光緒十一年十二月初一日奏請，仍予先行就地正法，經刑部核議覆准。嗣後廣東省拿獲持械夥刦兇暴衆著之各項盗匪，無論水陸，不分首從，凡有案情重大罪干斬梟斬決者，一體照土匪、馬賊、會匪、遊勇章程，先行懲辦。其距省較遠者，由該廳、州、縣審實後，酌核道路遠近，如道府同奏者，解由該管巡道督同覆審。不同城者，即分别道路，除由最近之該管或道或府州覆審。如犯多路遠者，即由道府州親赴所屬覆審，均録供通稟督撫，核明情節確實，批飭就地正法。其廣州府屬，即佛岡、赤溪二同知所獲盗匪，仍於審實後，録供詳府，審明通稟，批交臬司會同營務處司道覆批，交同知確稟候示核飭，就地正法。案情重大者，梟示。拒捕者，格殺無論。並將通省此項正法盗匪按三個月彙奏一次。光緒十二年正月十四日具奏，奉旨：依議。欽此。等因。咨行到粤。當經通行欽遵辦理。查廣東省第九十二次辦過盗犯經臣彙奏在案。兹查自光緒十二年四月初八日至七月初八日，復届三个月，應歸第九十三次彙奏。據各屬及緝捕員弁報獲盗犯共七十八名，經該府縣訊明録供報解，由臬司會同營務處司道覆訊，稟經臣會同前撫臣倪文蔚核明，批飭就地正法。案情較重者，酌加梟示。據臬司于蔭霖將辦過盗犯名數、案由開繕清單，詳請具奏前來。臣覆核無異，除飭司備録全案供招咨部，及洋盜另行具奏外，所有第九十三次正法盜犯謹彙繕名數案由清單，恭摺具奏。再，兩廣總督係臣本任，毋庸會銜，合併陳明。伏乞皇太后、皇上聖鑒。

旨：刑部知道。單併發。欽此。

知縣欠解請旨革職勒追摺[一] 光緒十二年九月　日

竊據廣東布政使高崇基會同署督糧道蕭韶詳稱：查有前任增城縣病故知縣楊士樸、前署海康縣已革知縣李健鵬，交代初參限滿，均未據造册移交後任結報，先經咨部查參在案。現據該故員等於二參限内造册結報到司，因款目不符，發回改造。並查得該故員楊士樸有徵存正雜款銀七千二百餘兩、□缺穀二十餘石、徵存米七百九十餘石。又革員李健鵬有徵存正雜款銀三千六百餘兩、米七百餘石。迭經勒限嚴催未據完解，詳請參追前來。相應請旨將已故增城縣知縣楊士樸暫行革職，勒限該家屬與李健鵬一併於三个月内各將欠解銀米穀石掃數完解。倘逾限不完，或完不足數，即查明是侵是挪，分别查抄監追。所有參追前任知縣欠解交代銀米緣由，謹繕摺具奏。再，兩廣總督臣係本任，毋庸會銜。合併陳明。伏乞皇太后、皇上聖鑒。

旨：著照所議。該部知道。欽此。

副將利輝參案覆奏議結片[二] 光緒十二年四月至九月　日

再，光緒十一年九月十七日奉上諭：有人奏，廣東順德縣西華、塘利兩鄉，因築圍栅械鬬多年，劣紳從中包庇，糾率匪徒突入塘利鄉，殺傷多人。副將利輝納賄，責令私和，縱暴殃民等語。著張之洞等，將所參各案提省嚴訊，秉公斷結，毋任延累。利輝等如有賄縱情事，即行嚴參懲處。等因。欽此。臣奉到寄諭後，當經會同前撫臣倪文蔚，札飭藩、臬二司，委員及廣州府確切查辦。兹據廣東按察使于蔭霖會同布政使高崇基詳據委員候補同知莊允懿及廣州府知府孫楫，按照原參各節逐一查明，先後稟覆前來。

如原參副將利輝不能移營彈壓反從而納賄責令私和一節。現經委員等查明，該副將僅於光緒八年五月間會同該前縣袁祖安前往該鄉覆勘圍基一次。此後西華、塘利兩鄉互鬬，利輝因巡緝在外，未經親自到鄉，均派弁兵前往彈壓。案既久懸，兇尚未獲，屍親復迭次上控，自無私和情事。既未私和，即無從納賄。所參自係傳聞之誤。

又如原參支解屍身分懸樹上一節。飭據委員及廣州府檢查縣卷，並無赴縣呈報有案。復經該委員親往塘利鄉逐細訪查，祇據該鄉人等聲稱，光緒十一年三月間，有鄉民江以榮不知去向，傳説被西華鄉人殺斃。究竟是否被殺滅屍，並無實在證據。

又如原參因築圍械鬬多年，聞有劣紳從中包庇，督率匪徒突入塘利鄉，殘殺刃傷多人一節。查塘利鄉民潘逵德等，先後被梁亞南等致斃。所稱殘殺刃傷多人，似即指此。西華鄉生員梁藻勳

[一] 録自《京報》第二一五八號。

[二] 録自中國第一歷史檔案館編《光緒朝硃批奏摺》第一一〇輯，第八七七至八七八頁，中華書局一九九五年版。

等先因另建子閘啓衅，各屍親上控均以梁藻勳等率兇尋鬬，實爲罪首禍魁。所稱包庇之劣紳，自係指梁藻勳等毫無疑義。業據順德縣將該生等衣頂通詳斥革。惟查梁藻勳等業已畏罪遠颺，博訪周諮，衆口如一。伏查塘利、西華兩鄉築閘械鬬，梁藻勳首先肇衅，迭據指控率匪尋鬬釀成巨案，雖江以榮被殺傳聞未盡可據，而潘逵德、潘科宇被傷斃命，積衅實由梁藻勳乘間添建子閘作俑。探原追論，實爲本案厲階，亟應嚴拏懲辦。至此案先經該前署縣馮泰松斷將子閘拆毁，後經前署縣鄭荄斷令另開一涌，均係由縣辦理，利輝僅於梁騰章翻控之後，由該署縣袁祖安會同前往覆勘一次，仍飭照馮泰松原斷。兩造均未具遵，該屍親等至今尚迭控不已。統核前後情節，均非利輝所得主持，其並無納賄責令私和，尚屬可信。該副將利輝自委辦南海、順德、三水等縣緝捕，常駐江浦行營，於西華、塘利兩鄉互鬬，事起倉猝，未能親身前往，亦屬事出有因。且既經派令弁兵彈壓，尚非置地方於不顧，似不得目以縱暴殃民。此案實由梁藻勳被革之後，業已遠颺，迄未獲案，以致未能審結。惟利輝被參各節，既經查明，未便以梁藻勳弋獲無期，致奉旨飭查之案久懸莫結。據實詳請先將利輝參案覆奏議結前來。

臣覆加查核，均屬實情。順德協副將利輝既無納賄私和，縱暴殃民情節，應請毋庸置議。除飭緝梁藻勳等務獲究辦，並將知府嚴家疇被參一案另摺具奏外，理合附片據實覆陳。再，廣東巡撫係臣兼署，毋庸會銜，合併陳明，伏祈聖鑒。

知道了。

酌保粤東西兩省勘界出力員弁摺[一] 并單

光緒十二年十月二十四日

竊照隨同出關勘界出力各員，經臣等援照歷辦勘界成案，擬請擇尤保奬，於光緒十二年七月初四日附片具奏，八月二十四日差弁賫回原摺，奉硃批：另有旨。欽此。并准軍機處抄單内開：本日軍機大臣面奉諭旨：鄧承修等奏請將隨同出關勘界各員奬勵等語。王之春著交軍機處存記，楊宜治著以户、刑二部員外郎升用，廖錫恩著以知縣選，其餘員弁著准其擇尤酌保，毋許冒濫。欽此。仰見朝廷甄録前勞，不遺邊遠之意，曷勝欽感。當即恭録轉行欽遵。隨據粤東西兩省善後局司道查開出力各員弁，請予奏奬前來。伏查此項人員勞績次第，臣之洞等與臣承修先經在粤公同核擬。竊東西兩省辦理界務，爲時已及三年，該員弁等久歷烟瘴邊荒之地，備極艱辛，而于諸務隨同辦理，悉臻妥貼，不無微勞足録。即經奉旨准予擇尤酌保，理合擇其尤爲出力者查開勞績，繕列清單，恭呈御覽，合無仰懇天恩俯准照擬奬叙，以昭激勸。其千把以下武弁咨部核給奬叙，除另繕各該員弁履歷咨部外，謹合詞恭摺奏陳，伏乞皇太后、皇上聖鑒訓示。

該部議奏。單并發。

謹將廣東、廣西勘界異常出力文武員弁擇尤酌擬奬叙，繕具清單，恭呈御覽。

計開

[一] 録自苑書義等主編《張之洞全集》第一册四九四至四九六頁，河北人民出版社一九九八年版。

户部主事曾丙熙，請免補主事，以本部員外郎遇缺即補。四品銜候選員外郎潘志學，請以知府不論雙單月儘先即選。鹽運使銜、廣西補用道華本松，請賞給二品頂戴。廣西儘先補用道蔡希邠，廣東候補知府尹恭保，廣西補用知府劉汝奇，均請賞加三品銜。湖北候補同知直隸州黃長齡，請以知府仍歸原省前先補用。廣東候補直隸州知州劉保林，請以知府儘先補用。廣東補用知州署欽州知州李受彤，請以直隸州知州遇缺即補。留浙補用知州顧潮，請以直隸州知州儘先補用。廣西候補知縣張炳榮，請以直隸州知州前先補用。山西試用知縣何見楊，請歸候補班前先補用。廣東前先補用知縣楊自明，請補缺後以直隸州知州補。廣西候補知縣嚴家驥，請以知州前先補用。候選知縣李壽田，請以同知直隸州不論雙單月遇缺儘先選用。舉人陳陔，請以知縣不論雙單月儘先選用，并加五品銜。候選直隸州州判張炳麟，請以知縣前先選用，并加五品銜。廣西候補州判周熿，請以知縣用。廣西補用布庫大使吴森榮，請以知縣仍留原省補用。分發省分儘先補用鹽大使馬復賓，請以知縣仍分省儘先補用，并加五品頂戴。廣東候補鹽大使方鳳鳴，請以知縣用。直隸州用補用知縣六品銜分省補用縣丞任克成，請以知縣仍歸原班補用，并換五品銜。候選縣丞王春霖，請以知縣不論雙單月前先選用。候選縣丞彭思桂，請以知縣不論雙單月儘先選用。廣西候補縣丞高世澄，請以知縣仍歸原省遇缺前先補用。知縣用廣西補用縣丞梁卓漢，請以知縣仍歸原省補用。廣東候補鹽知事王執，請以鹽大使仍歸原省前先補用。儘先補用州判廣西龍州照磨楊必康，請俟補州判後，以知縣補用。分省補用巡檢吴達雲，請以縣丞仍分發省分前先補用。廣東補用巡檢余世德，請俟補缺後，在任以主簿儘先補用。廣西補用從九品李華彬，請以縣主簿仍歸原省補用。已革廣西試用從九品周文庸，請開復原官，仍留原省補用。縣丞銜馮鋆，請以縣丞不論雙單月儘先選用。廣州駐防漢軍附生韓貞元，請以主簿不論雙單月儘先選用。監生孔繼燊，請以主簿不論雙單月儘先選用。文童姚炳文，請以巡檢不論雙單月儘先選用。記名總兵陳兆興，請交部從優議叙。湖南撫標儘先參將陳祥珀，請以副將儘先前補用。補用游擊廣西上林營都司劉鯤，請以參將儘先補用。廣西旭纛營都司升補游擊伍起祥，請加副將銜補缺後儘先游擊。廣東候補都司黎中配，請免補都司，以游擊儘先補用。廣東水師提標中營儘先補用都司黃秀玲，請以游擊仍留原標儘先補用。廣東補用都司陶烈武，請加游擊銜。廣東儘先守備李森，請以都司儘先補用。廣西撫標補用守備符度，請以都司仍留原標儘先補用。儘先拔補千總黃輔文，請以守備留于廣東，遇有水陸缺出，儘（出）〔先〕補用〔一〕，并加都司銜。儘先拔補千總何學禮，請以守備儘先補用。

密陳于蔭霖才堪大用片 光緒十二年十月二十四日

再，升任臬司于蔭霖到粤以來，事事能舉其職，其嚴治盜匪，一洗從前彌縫拘攣之習，最爲治粤急務，清釐、訟獄，勤求民隱，於劣員、猾吏、濫紳、訟棍悉心按考，一繩以法，厓岸嚴峻，請託不行。蒐拔人材，如恐不及。臬司向兼營務處，於防營兵食諸事，隨時贊助，知無不言。遇有洋務事體，與之籌商，類皆批隙導窾，既能力顧本源，復能通達時勢。凡臣所鋭意整飭之事，無

〔一〕「儘出」似應作「儘先」。

不實力推行。臣有籌計未當之處，無不遇事規益。志同道合，坐言起行，屬吏有定趨，法令無隔閡。近數月來，吏習似已大爲轉移，捕務亦已得其要領。如該司之持正秉公、宏達剛斷，不獨爲粤省第一賢員，察其才器不凡，洵堪大用。今將去粤，僚屬士民同聲戀惜，微臣尤覺頓失臂助，焦慮傍徨。

伏思廣東華洋錯處，邊海兼防，而吏治疲敝，盗匪横行，積毒已久，在各直省中首稱難治。僅有守者，不足以懲官邪，除民害。僅有才者，不足以變風氣，服羣情。如該司之才望、設施，適爲粤省對證之藥。現在粤省，近有察吏詰奸之本務，遠有籌邊防海之宏規，若無賢才，誰與爲理。該司已蒙簡擢，其才品早在聖鑒之中，將來自必洊膺重寄，宸衷自有權衡。惟是粤省當百端交集之秋，值甫有轉機之日。臣承乏海疆，恩深責重，種種緊要實在情形，亦何敢不據實上達。在該司莅不習之滇省，未必即有速效可觀，而粤遽少得力大員，未免前功頓棄。朝廷睠懷南服，必蒙照察無遺。臣爲地方利害起見，披瀝密陳，伏祈聖鑒。

旨：留中。欽此。

密陳瓊防人才片 光緒十二年十月二十六日

再，瓊州海外孤懸，密邇越界，水土毒惡，地瘠民貧，穀米仰給腹地。外而防海，内而防黎，儋州、臨高、澄邁一帶又須兼防客匪，加以游勇莠民，句結滋擾，皆爲心腹之患。歷年瓊民困於殺掠，瓊餉竭於屯防，外侮内患，交迫兼營，實非經久之計。現屢接提督馮子材電稱，已經攻克什密老巢，勦平黎首陳鍾明一股，從前滋事客匪亦經懾服就撫，容俟另摺詳奏。惟黎山尚未開闢，其中種類繁多，未通聲教，大軍一撤，又慮出巢肆擾，重煩兵力。惟有欽遵本年正月二十二日寄諭，將該黎人設法化導，變獉狉爲馴擾，始爲一勞久逸之計。如能逐漸歸化，納土編氓，則因其頭目以省兵力，息其殺掠以安土民，開其鑛利以徠商賈，蓄其雜糧以資軍食，内安食足，而後可言防海。

查兵部侍郎曾紀澤原奏稱，近日瓊州情形，較之臺灣尤爲喫重。法人既據全越，即不能忘情於瓊州，在我宜增瓊州之守備，以杜法人之覬覦等語。洵爲深明形勢，切中肯綮之論。是今日籌瓊之要，以治軍防海爲歸宿，而必自撫黎開山始。惟是大軍深入，事機頗順，而黎情未得，化導難言，善後事宜更未能即時就緒。必須選閎通堅卓之大員，任以地方重寄，親歷巖峒，周察習俗，通其情性，布以恩威，束以條教，令其熟者爲我用，生者不爲我患，則黎通而瓊安矣。然此非尋常監司之比，必破格而後可言得人，必得人而後可言闢土。聖諭所謂經久之計，未雨綢繆，無過於此。

查雷瓊道一缺，向由内地揀員調補，臣於粤東實缺道員内逐加體察，實無堪調之員。如督糧道王之春，才具優長，智慮縝密，熟諳營務，前曾署理雷瓊道，在粤省各道中極爲出色之員。惟該道向係統帶湘軍，該軍戍瓊兩年，不習水土，營官弁勇病没纍纍，故歷年只在附近州縣地方防截，斷不能深入黎峒。該道現經調回内地，署篆高廉，自未便再令前往，此外更難其選。臣悉心思索，查有山西汾州府知府朱采，廉勁果毅，勤樸耐勞，器識甚閎，志趣甚遠，久在北洋，深通洋務。臣在晋時，深悉其才，其所區畫設施，既不爲淺陋凡近之圖，亦絶無蹈空粉飾之弊。現在瓊事緊要，如蒙天恩破格擢用，畀以事權，必能披榛闢莽，爲國家完此奥區，粤防大局亦得犄角無慮，實於邊海皆有裨益。

又，卸署兩廣鹽運使、廣西候補道蔣澤春，守潔才練，明澈精詳，老於戎行。歷在廣西辦理苗疆土司各匪，俱能措置妥帖，其與撫黎等事情勢相同，於斯缺亦能勝任。理合據實密陳，以備朝廷任使。

旨：留中。欽此。

請換總兵敕諭片[一] 光緒十二年十月　日

再，據廣東高州鎮總兵黄廷彪稟稱：本年十月十三日欽奉頒到光緒十一年十二月十九日撰給高州鎮總兵官坐名敕諭一道，仍照舊制撰給，與現在改撥營制未符，稟懇奏請換給，以資遵守等情前來。

臣查原設高州鎮總兵鎮守高、雷、廉、羅等府州地方，專轄陸路營汛。前經臣奏准專設北海鎮水陸總兵，裁併陽江鎮，改設高州鎮爲水陸總兵，已將原轄之石城、廉州、雷州、欽州、徐聞各營將弁兵丁撥歸北海鎮統轄。改設高州鎮仍駐扎高州府城，鎮守高州、陽江、羅定等府廳州地方，統轄本標左、右二營暨羅定、陽江、吴川、電白、陽春、硇州、東山水陸各營，與北海鎮轄地環接，均有海防之責。其巡洋會哨章程，亦經臣議定奏明在案。該鎮自改設以來，水陸兼轄鎮守地方既與原制不同，而巡海綏邊内鎮外防情形亦異海防。有事則應與北海鎮聯絡一氣，力固藩籬。無事則應整軍設險，綏靖洋面，申警拆堠，遏緝奸宄，安輯軍民。該鎮黄廷彪現奉到坐名敕諭一道，既係均照舊制撰給，自應奏請更换，俾名實相符，得以瞻奉遵循，克盡厥職。相應請旨飭下内閣，查照改撥營制及現在情形另行撰擬，恭呈欽定頒發，以資遵守。其現奉坐名敕諭一道，俟换給敕諭到日，即由該鎮恭繳。除將改設議准原案抄送内閣並咨兵部外，理合附片具奏，伏乞聖鑒。

知縣留省學習片[二] 光緒十二年十月　日

再，新選封川縣知縣山民、澄邁縣知縣張文林，均經到省繳憑。查封川縣界連廣西梧州，素爲盗匪出没之區。澄邁正值剿撫黎匪籌防吃緊之際。該員等甫經到任，於地方情形未能熟悉，擬將該員山民、張文林留省學習，俾資歷練。據藩、臬兩司會詳前來。謹附片陳明，伏乞聖鑒。

旨：吏部知道。欽此。

革員徐賡陛專辦省城西南路盗匪片[三]

光緒十二年十月　日

再，前准同治三年十一月吏部咨，降革人員經該大臣督撫奏調奏留或投効留營當差，開具緣事案由，出具考語奏明並咨部存案。庶使才能出衆、人地相需之員，得以即時效力等因。兹查有已革候補通判徐賡陛，前因在陸豐縣任内，擅殺應死罪人鄭承望一案，被參革職查辦。經臣會同前撫臣倪文蔚查明，照例擬議奏結，經刑部核准減等納贖完結。奏奉俞允咨行在案。

[一] 録自東吴仰止廬主輯《南皮張宫保政書》，一九〇一年上海圖書集成印書局印。
[二] 録自《京報》第二二〇〇號。
[三] 録自《京報》第二二〇一號。

查該革員操守廉潔，不畏疆禦，歷署各縣均有政績。其在陸豐，官聲尤著。緣惠州府屬陸豐、海豐兩縣，匪鄉最多，攻鬥殺掠，草芥人命，幾同化外。該革員在任時，政尚嚴肅，聽斷明決，捐廉募勇，捕誅積惡，重治窩家，一時匪戢民安，遂爲前督撫臣所器異，調署南海首縣。自該革員以擅殺罪人獲咎，官斯土者，羣懲覆轍水懦民玩，蘊毒養癰，不及三年，遂有稔山會匪之亂，陸豐被害尤慘。至於今日猶復重煩兵力。該處紳民創深痛鉅，事後追思，僉謂使該革員久於其任，防患消萌，斷不致生此厲階，衆口一詞。此斯民直道之公，非臣一人之私言也。查該革員擅殺罪人鄭承望，乃依糾黨奪犯傷差罪應斬梟之犯。雖係咎有應得，究屬嚴於疾惡，情有可原。臣於上年奏結該員參案者自不能不就案論案，按例定擬。然所犯並非贓污等款，訪之衆論，僉謂該革員才守膽識，實勝常流，辦匪尤其專長，徒以梭角峭厲氣矜，未免怨家遂多。然其歷任治績頌聲終不可掩。查粵省現當辦匪緊要之時，廣、惠各府開辦匪鄉，而瓊州正在勦撫生黎，開山闢土需才，均屬甚急。於文吏中欲求幹練强毅兼通吏事、兵事之才，殊難其選。臣與臬司于蔭霖博考旁搜，實有乏才之歎。查各屬匪鄉，現經奏派三提督督軍分辦，惠州屬經水師提督方耀辦理，漸有端緒。廣州屬及西、北兩江，地段太廣，署陸路提督鄭紹忠現擬由廣屬東北路，馳往北江廣韶界連各縣辦理。廣州屬經前廣西提督馮子材留軍辦理。兩江肇慶一路現檄委署肇慶協副將黃金福辦理。惟廣屬省河以西之西南一路，南海、順德、香山、新會、新甯等處，河海交錯，盜匪紛紜一路，獨形空虛。亟須專責辦理。現經飭令該革員管帶綏靖營勇，責成專辦省城西南路水陸盜匪。俟辦有成效，即令前赴瓊州馮子材軍營，隨同辦理黎匪，於地方必有裨益。臣爲粵省辦匪緊要人才難得起見，謹附片奏明，伏乞聖鑒。

旨：著照所請。該部知道。欽此。

瓊州府知府謙貴兼護道篆片[一] 光緒十二年十月　日

再，雷瓊道崇煦，於光緒十二年九月二十日在任病故。所遺雷瓊道篆務，查有瓊州府知府謙貴，操守謹飭，明練安詳，久官海南，情形熟悉。現當瓊州勦撫黎匪兵事紛紜之際，未便另委生手以致意見或有參差。應即委令該府謙貴兼護，以期妥協。除檄飭遵照外，並將該員崇煦病故緣由，另疏題報聲明，雷瓊道缺容即另行選員調補外，臣謹附片奏陳。再，廣東巡撫係臣兼署，毋庸會銜，合併陳明，伏祈聖鑒。

查明十一年分征收錢糧銀米未完一分以上各員摺[二] 光緒十二年十一月初十日

竊准部咨，光緒六年正月二十五日奉上諭：户部奏籌備餉需一摺，著於奉到此旨後，督率藩、運各司，並該關監督等，悉心經畫妥籌定議，據實覆奏。等因。欽此。當經前督撫臣移會粵海關監督，暨督同藩、運兩司釐務交代兩局司道，遵照部行各條，分別妥議。內有嚴核地丁各項奏銷一條，議請嗣後如實係未完分

[一] 録自《京報》第二二〇八號。
[二] 録自中國第一歷史檔案館編《光緒朝硃批奏摺》第六五輯，中華書局一九九五年版。

數較多，有關革職降調處分者，始行請奏。其僅係降留罰俸處分，仍照舊章隨案具題，以歸簡易，彙案覆奏在案。嗣准户部議覆，前定嚴核奏銷章程專摺奏報，係爲清理弊源起見，仍應遵照將地丁鹽課各奏銷有關處分者，一面具題，一面開單，專摺奏報。續又准部咨，具奏明定處分一摺，內開，各省縱未能依限具題無難隨時入奏，乃有已過具題之限，始將未完分數出奏者。有逾限數月，尚未具奏者。若不查照例限明定處分，則臣部前奏幾成具文。惟有請旨將各項具題之限，作爲奏報未完分數之限，凡此項閣鈔到部，由部標明出奏日期。倘例限已逾，始據出奏。臣部即於覆奏時，隨時附參。如奏報逾限，實係司、道、府、州、縣、衛等官承辦遲延者，應令該督撫於摺内據實聲明，由部將承辦之員奏請議處等因。均經轉行遵照去後。

茲據廣東布政使高崇基詳稱，粵東省光緒十一年分所有經督征地丁錢糧銀米未完一分以上各員，理合遵照繕具清單。並聲明本案光緒十一年分奏銷，應於十二年五月底限滿。催據各屬將經督征地丁錢糧銀米數目依限造繳。惟封川縣遲至十月二十五日始行造送到司，計遲延四月有餘。所有遲延職名，係前署封川縣事准補乳源縣知縣續經病故周濟仁，相應開列詳請具奏等情前來。臣覆核無異，除咨部外，謹繕簡明清單，恭摺奏陳。再，兩廣總督係臣本任，毋庸會銜，合併陳明。伏祈皇太后、皇上聖鑒。敕部核覆施行。

該部議奏。單併發。

請旌恤摺〔一〕　光緒十二年十一月初十日

竊據廣東候補直隸州知州吴宗焯等稟稱：同治元年十月間，髮逆陷湖北竹山縣。有同鄉改指廣東候補知府吴廷燀之配妻吴朱氏，遇匪逼迫，憤罵慟哭。賊怒攢刃，體無完膚。長子永全，年甫五齡，直前救護，同時被害。長女喜姑，年甫八齡，哭罵不已，刀傷後脛，暈絶復生。維時積雪盈尺，子女偃伏尸側，再歷晝夜，賊去收殮，朱氏面目如生。又，弟婦吴郭氏遇賊近前，投巖立隕。堂叔六品軍功吴應富，因督勇運解軍糧，遇賊迫降不辱，刃脅身亡。洵屬一門節烈，鄉里咸知。當經本縣紳耆詳其事實，載在縣志。吴廷燀近官東粵，與職等誼屬桑梓，見聞的確，理合開具殉難事實，册結聯懇奏請旌恤等情前來。

臣查髮逆竄擾，平定以後，各省紳民婦女殉難捐軀，凡經查明奏報者，莫不蒙恩旌恤。今湖北竹山縣改指廣東候補知府吴廷燀之配妻吴朱氏等，或罵賊捐軀，或投巖取義，不愧名媛大節。吴永全等或援親被害，或矢死不降，洵爲志士仁人。凡此闔門之節烈，悉由聖澤之涵濡。相應據情仰懇天恩俯准分别旌恤入祀建坊，以闡幽光而維風化。除册結送部外，臣謹會同廣東學政臣汪鳴鑾恭摺具奏。再，兩廣總督係臣本任，毋庸會銜，合併陳明。伏祈皇太后、皇上聖鑒。

著照所請。該部知道。

〔一〕録自中國第一歷史檔案館編《光緒朝硃批奏摺》第二十七輯，第五九七至五九八頁，中華書局一九九五年版。

查覆大南沙築圍一案摺 光緒十二年十一月二十五日

竊臣於上年承准軍機大臣字寄，光緒十一年三月十九日奉上諭：有人奏，廣東頻遭水患，皆由土豪占築圍壩牟利所致。現聞順德縣人胡玉林即胡傳盛，串通劣紳羅家言，賄託香山縣知縣蕭丙堃，領批圈築大南沙田數百頃，迨各業户赴沙踏勘，胡玉林膽敢率衆放槍，幾釀巨案，請飭查辦等語。私築圍壩，壅塞水道，例禁綦嚴。若如所奏，胡玉林等强築武斷，漁利殃民，實爲閭閻之害。著張之洞、倪文蔚按照所奏各節澈底查辦，據實覆奏。等因。欽此。當經行司委員澈底查辦。並據封職何太英、陳言羣、職員胡祖彝等以胡玉林霸築勒收，舉人黄玉書以何太英逞勢故害等情先後具控，經候補知府金桂馨前赴順德大南沙勘訊明白。因兩造纏訟不休，復經委員前署督糧道李葰親赴該沙查勘稟覆，飭催廣州府知府孫楫提訊斷結。嗣據該府以飭縣查明各情，兩造延不到案申覆。正在催提間，本年十月内據在籍户部候補主事羅家勤、翰林院編修黄玉堂及官紳舉貢等八十九人聯名呈控何崇光之胞姪何祖榮兄弟倚恃侍御之勢，包匪挖壳，傷害農田，毆辱約紳等情。監生何祖榮訴詞亦訐護沙約諸紳，謂因禁築大南沙圍挾嫌誣控。復據黄玉書等呈控何太英串同姻親陳言羣等糾黨串噬，恃符匿審，密囑其子妄奏等語。復委署督糧道閻希范親赴順德，督同兩司委員知府萬方煇、知縣陳瀛藻、順德縣知縣魏傳熙、香山縣知縣張文翰等併案查訊，飭司覆核。

茲據東按察使于蔭霖會同東布政使高崇基、署督糧道閻希范詳稱，查大南沙築圍被參一案，如原奏内稱胡玉林等串賄霸築，漁利殃民各節。查大南沙築圍係舉人黄玉書倡首，有香山縣原稟及各控案可證，胡玉林雖亦在事，不能主持，並非倡築。原奏内謂築圍阻塞水道一節。查圍多方能阻水，不能歸咎於大南沙一圍。勘明該沙西南面有光緒四年麥汝良等所築之罟步圍，西面有光緒三年胡承勳所築之牛角圍，北面有光緒七年何太英等所築之浮墟圍，皆與大南沙毗連，黄玉書等議築係仿效三圍辦理。又原奏内稱每畝勒收圍底銀二兩餘，每畝扣實田八釐，及串紳羅家言賄通香山縣知縣蕭丙堃批准一節。查黄玉書等築大南沙，議每畝收圍底工費銀二兩六錢五分，扣提涌佔田六釐，亦均係沿襲上三圍舊規，絲毫無異，黄玉書等沿案請築，蕭丙堃沿案批准，似無須羅家言從中賄通。又原奏内稱，圈築大南沙田數百頃，並未向各業户商允，各業户赴沙踏勘，胡玉林放槍拒逐，幾釀巨案一節。查大南沙共有潮田三百餘頃，現經黄玉書等圈築僅有七十餘頃，只及四分之一。此次稟築大南沙圍，已據黄玉書黏呈各業户簽名知單三紙，計二百八十九户。又經護沙公約出長紅通知，并無一人到約説及不願築圍。是未向業户商允一層，實無所據。雖有陳言羣、胡祖彝等搆訟，皆係有爲而爲，不允既非公論，阻築亦非實情。當圍工將竣時，何太英雇（蛋）［疍］民數十人，連船駛至大南沙，欲將該圍挖毁，值圍上工作人衆，以致彼此口角争鬧，并非出自業户，亦無放槍拒逐情事。至原奏内所稱築圍牟利，先許劣紳出稟，謝資若干，分溢田若干，酬袍金若干，謂之挂銅錘、乾食麪等項名目一節。查此等陋習，從前築罟步、牛角、浮墟三圍均所不免，亦不獨築大南沙爲然。此查明大南沙築圍一案，並無阻水、串賄、放槍、拒逐各節之實在情形也。

又查何太英夥同其戚陳言羣等與黄玉書疊次互控一案。何太英等呈，一則謂沙棍倚豪霸築，鍬傷税業。再則謂築圍將使肥田變瘠。三則謂攬抽圍底溢田，徒飽棍徒慾壑。獨不思該封職倡築浮墟沙圍九十餘頃，其事甫逾五年，其地僅隔一涌。大南之築，皆由浮墟作俑，何得以己所曾爲之事靦顔責人。前經在廣州府呈遞和息，又行復控，謂黃玉書不遵照合約割田補價等語。經該道調閲合約，約尾係陳言羣之子副貢生陳廷顯代父簽名，誠有議割換田十四頃一條。訊據何太英供稱，己分只有田二十餘畝在圍，陳言羣供稱，己分只有田六十餘畝在圍，乃約内令割田十四頃計一千四百畝，其爲包攬別業，挺身扛訟，顯然易見。且合約内云，議明聽業户揀擇，不要受水冲射之田，自是以瘠易腴，何以約内另條反令補田價銀三千兩。既云田價，何以約内云所欠田價三千兩，立單作爲泛常貿易，揭充本錢。約内所稱立單共銀五千一百五十兩，除田價三千兩，尚有二千一百五十兩，又作何項之用。約内又云，交銀後務與何封翁出力辦妥銷案。並云，入控到堂者日後減收圍底銀一半，附控未到堂者減收圍底銀四分之一。附控者尚得以次沾利，則倡首扛訟者，獨享其贏可知。種種詭謬貪横，合約内已自和盤托出。現據黃玉書等供稱，已交何太英銀一千七百兩。據陳廷顯供認收入大南公所不諱，勒索已有確據。至胡祖彝、胡尚傢、胡廷鎔等訊據供稱，該族姪有田四百餘畝，被黃玉書等霸築在圍，願另拆出。查該田中邊俱有，何能拆出。現圍已築成，勢必將全圍拆毁。該職員並非真欲拆出，明係見何太英詐索得利，競起效尤，外則挾黃玉書等以賄和，内則藉收族人訟費，亦無非爲乘機漁利起見。至黃玉書等築大南沙圍，以數百户共有之業倡爲興築，先禀請築五十頃，後推擴至七十餘頃，實爲多收圍底，多扣溢田之計。雖踵效罟步、浮墟之故套，而牟利則一。查現圈築之田共有七十七頃零，計收圍底可得銀二萬零二百餘兩。九四交田，可溢田四頃六十六畝零，除圍基涌道應佔去田二頃八十畝，尚餘溢田一頃八十六畝零。每畝約值三十兩，計所得溢田可值銀六千餘兩，統共可得銀約二萬七千兩。雖據黃玉書等供稱，築圍實用工本銀一萬四千餘兩，墊資甚鉅。現因訟案未結，圍底銀分毫未收，溢田亦未扣清。而意在藉公營私，致使强户覬覦，藉口興訟，亦屬咎由自取。

竊思大南沙圍既築成，若遇水潦盛漲，圍中田畝不受浸灌，各業户亦自均沾利益。儻果有不便，何太英等何不控於甫築之時，而控於築竣之後。且圍中業户數百家，獨何、陳、胡數姓纏訟不休，各姓均少赴控。顯係争强漁利，一切換田拆田，控請毁圍之説，皆爲假託。現經該道於訊明後，飭令凡在圍中業户，各守原址，各安己業，不准以割換拆出爲詞，致使强户取贏，弱户喫虧。何太英、陳言羣等詐贓五千餘兩，除立單未支之銀不准索交，其交銀一千七百兩，飭令順德縣追繳充公。黃玉書等核計將來所收圍底溢田，除歸還墊本，餘利約有銀一萬三千兩，俟明年開收後，飭將餘利銀一萬三千兩全數提出，罰繳充公。乃黃玉書自知認過，具結遵依，而何太英雖理屈詞窮，恃老恃勢，一味横蠻，抗不遵斷，致陳言羣、胡祖彝等因亦從而違抗。此查明大南沙築圍互控，實因一則意圖沾潤，一則恃勢婪索，現經勘明訊斷，一遵一抗之實在情形也。

又查何祖榮被控挖壙傷田，庇匪毆紳一案。據聯名原呈内何崇光之姪庠生何祖康與弟何祖安、何祖榮倚勢包匪挖壳，到處傷人田畝，復督匪艇數十艘，向神步臺經禁海道肆挖，本邑護沙公約禁止弗恤。九月初三日，臺勇及沙艇拏獲壳匪陳亞銀等七名，挖壳鐵具十餘件，何祖康兄弟膽率壳匪多人到臺搶奪。適臺弁已將売匪繞道解約，竟將臺內旗幟、器械毀散。隨鬮進護沙公約，大肆咆哮，聲言我侍御第作事，誰人敢管，要將売匪搶去。約紳前江西上饒縣知縣區作霖勸阻，竟敢毆傷右目。當將売匪解縣，區作霖傷亦驗明。伏查何侍御第父兄橫恣，子弟效尤，欺民藐官，素無畏憚。今搶匪鬧約，更將老成紳士毆傷，藐法兇橫，實爲歷來世家所未經見。士林聞之，無不切齒，集縣明倫堂會議，咸謂公論具在，國法宜彰。緣岸蠔売所以保護沙田，該縣護沙約公議禁止挖蠔，係屬歷年成案。何崇賢身列約紳，乃其子何祖榮等率匪挖蠔，鬧約索匪，致將區作霖毆有微傷，有臺勇葉萬青目擊爲證，經順德縣知縣魏傳熙驗明傷痕。如謂黃玉書一人與之有嫌，與八十餘紳何涉。已據邑紳羅榘、龍景愷、潘玉璿、羅家勤、羅彤熙、楊康等到案訊明，衆供如一，僉稱何祖榮等庇匪毆紳，係所親見。伊家倚言官之勢，不法之事甚多，此其一端等語。傳訊何祖榮等，始猶以偶從神步臺經過，聞艇呼聲，因往解散，并非包庇爲詞。及提陳亞銀等面質，供係聽何四少使令，何祖榮乃無詞可辯。復據委員萬方煇、陳瀛藻查明覆稱，何祖榮等平日包匪挖売，每年收売艇規銀至千餘兩。此次鬧約，其叔何崇德並要糾人搶奪，幸得邑人阻止，否則幾釀大事。區作霖被毆，激動闔邑公憤，赴明倫堂簽名集議者至三百餘人等語。尤可異者，此案既控之後，何祖榮赴臬司控辯，並不遵例遣抱具呈，公然以何太史第函封投，並夾入伊胞叔何崇光新升給事中紅報單一紙投進。以此二節證之，不獨此案包規、庇匪、毀約、毆紳，其平日種種恃勢橫行，已可概見。黃玉書控稱何太英密囑其子妄奏等語，恐非無因。此查訊因大南沙築圍，滋成挖蠔一案之實在情形也。

統查築圍、挖蠔兩案始末情形，加以博采輿論，順德闔縣皆以爲咎不在何太英、何祖榮等，而實在何崇光。平心論之，大南沙久成奏案，何崇光身居諫垣，不應不知。其父及子姪親戚藉大南沙索詐蔓訟，何崇光亦不應不知。自宜婉切貽書，勸戒其父兄，約束其子姪，令此事早爲處息，方爲無愧科目朝紳之選。乃經此案入奏之後，其父岳子姪勢焰加張，揚言鄉里，若惟恐人之不知，並不禀請差拘。而何太英擅綑職員胡心如解省，並不繕呈遣抱，而何太英逕行面遞此案節略於前藩司龔易圖之前。今且愈橫愈甚，至公然投報紅、遞訟函，駸駸以勢力凌挾官府。陳言羣係何崇光之妻父，結黨樹幟，助勢索銀，供認不諱。其禀內有經言官參奏，章墨未乾等語，顯係隱有所挾。

查何太英不過一微末武弁，近年雄視一鄉，父子祖孫相率强霸。其著有控案者，其第四子崇賢，以强霸税田爲孀婦梁胡氏所控。其孫桂芳以扛佔沙田爲貞婦潘吳氏所控。其第七子崇烜，以扛幫霸耕圍田、搶割桑禾，幾釀巨案爲周殿樞所控。綜考一門衆案，種種暴橫，然則闔縣公論，歸咎於縱使之人何崇光，亦殊難以自解也。此案何太英、陳言羣之老悖貪橫，何祖榮等之少年狂誕，置闔縣水利民生於不恤，藐公論國法於不顧，種種妄爲，厥咎均有難恕。然探原論事，無非恃有身列諫垣之人，應請將何太英先行交該地方官嚴加管束。其何太英與陳言羣索詐銀兩，勒令如數追出充公，强立銀單銷燬，並將監生何祖榮、生員何祖康等分別發縣、發學，從重戒飭。舉人黃玉書築圍浮派銀一萬三千兩，悉數遵結充公，仍責令該地方官嚴加管束，不准再蹈牟利滋訟情事。胡祖彝、胡廷鑅等如果始終抗斷滋訟，再行飭縣嚴懲。惟現值清丈沙田之際，首宜整頓劣紳把持積習。何太英等舉家恃勢婪索、抗斷、庇匪、毆紳，公呈衆論率皆牽涉何崇光。此案若不秉公裁斷，不獨大南沙一案纏訟不休，將來於辦理沙田之全局大有妨礙。至翰林院編修黃玉堂，係舉人黃玉書之胞兄，黃玉書既與何太英互有控案，自應引避，乃控何祖榮等公呈列名在前，以致何祖榮等以挾嫌誣控爲辭。蓋兩案事雖各别，衅實相因，公呈雖係闔邑紳士聯名，非僅黃玉堂一人具控，究屬不知避嫌，似亦微有不合。惟給事中何崇光、編修黃玉堂皆係京官清要，未便擅加評論，亦未敢緘默不言。相應詳請奏明，請旨分别辦理。其何太英之第四子何崇賢、其孫何桂芳被控各節，與現控係屬另案，應飭縣傳集秉公訊斷，另行議結。其第七子何崇烜查已身故，上年案經順德縣斷結，應予免究等情前來。

臣查粤省沙田向爲豪紳利藪，每一沙中，皆係有力者出爲首事，斂費築圍，所派工料之數，每有浮多，名曰圍底。又藉堤涌占地之名，各業户復於每田一頃中提田六畝以酬首事，名曰六釐溢田。各圍雇人看田，名曰沙夫，亦名沙骨。充沙夫者，每名先納充規數百元於首事，名曰投沙骨。此乃順德各沙相沿陋習，其他縣各沙，亦復大同小異。蓋由沙田皆係上腴，類多託名斥鹵，延不加升，隱匿溢坦，抗不首報。勢之所在，利即歸之，利之所在，訟即因之，訟不能决，鬭即隨之。此案大南沙築圍被參各款，以阻礙水道一節爲最要。疊據前今署督糧道李蕊、閻希范等親往履勘，該處海汊交錯，沙灘分羅，並非適當大溜入海之口。若論沿海各縣各沙俱有圍田，致阻水勢，理自有之。若謂止此一沙，區區面徑五里、身高六尺之圍，遂能壅遏狂瀾，且謂阻及上游數百里外西北兩江之水，竊恐近於附會。且何太英爲首所築之浮墟沙一圍，地在其北，事在其先，彼圍不阻水道而獨責此圍，所控殊妄。至該圍係黃玉書倡築，胡玉林並非首事。築圍之人，各業户現有簽名願築知單。其口角争鬧，係何太英雇人掘圍所致，並非出自業户，亦無放槍拒逐之事。該圍沿案請築，該署縣蕭丙堃沿案批准，無所用其賄通，現經查明，羅家言委無串賄之事。其圍底溢田之數，陋習相沿，各圍所同，黃玉書沿舊派收，其築圍工費皆係墊辦，尚未收到，現經飭令俟收齊時，將餘利盡數罰繳充公。既無阻水、串賄、釀案各節，胡玉林、羅家言、蕭丙堃等應請勿庸置議。

惟查此案搆訟實情，皆由各欲牟利而起。黃玉書沿舊浮派，本有不合，但尚未經入手。而何太英、陳言羣勒寫借單，强割腴田，訛索已經入手者至一千七百兩之鉅。以何、陳兩家之田八十餘畝，勒换他户之田至一千四百畝之多，已屬貪横。且黃玉書遵斷罰繳，而何太英抗不遵依銷繳息訟，尤爲恃勢藐法。至順德紳士公呈控告何祖榮等庇匪毆紳一案，皆經查訊屬實，並查出何崇烜、何崇賢、何桂芳被控强霸各案。以一家祖孫子姪，横行鄉里，恫喝官紳，致動闔縣公憤，且正當委員查訊之際，公然以函封訟呈，並加給事中報單投送臬司衙門，是其一味恃符妄爲，罔知法度。於臬司衙門如此，其於該縣可知，其於鄉里更可知。現在順德衆憤沸騰，僉謂何太英、何祖榮及陳言羣等無從深責，實由給事中何崇光庇縱主使所致。竊思何崇光身爲言官，其是否知情，臣斷不欲加以苛責。惟此起奏案，既因抗斷不結，被控庇匪毆紳一案，又復暴横日甚。現當奉旨查辦沙田升科之際，法令不行，官吏束手。臣若委曲徇隱，不行據實奏聞，不惟無以息大南沙一圍之鬭訟，亦無以服順德闔縣之人心，相應據實奏明。其應如何辦理之處，伏候聖裁。至在籍翰林院編修黃玉堂，適當前案未結之際，亦隨衆列名呈控，其疎忽之處，似亦稍有不合，相應請旨交部察議。舉人黃玉書沿舊派收圍底溢田，並未收到，現已重罰充公，應請免其置議，仍交該地方官嚴加管束。其封職何太英、陳言羣，監生何祖榮，生員何祖康，職員胡祖彝、胡廷鑅等，應請將何太英先行交地方官嚴加管束，何祖榮、何祖康從重戒飭。如果始終抗斷不悛，滋訟生事，以上各名均即各予嚴行懲辦。其何崇賢等各案，飭縣另行查訊議結。至沿海沙田，如查有實係阻礙水道之處，斷不准私行築圍，賄串官紳，率行批准。上年七月已經臣會同前撫臣倪文蔚通飭示禁在案，應再嚴飭禁止，以杜流弊。

旨：另有旨。欽此。

瓊軍獲勝籌辦招撫摺 光緒十二年十一月二十七日

竊臣前因瓊州客、黎各匪殘害地方，爲患日鉅，奏請特派統兵大員大舉澈辦，勦撫兼施。奉旨：此項客、黎各匪，必應分別良莠，勦撫兼施，著馮子材督率各營相機辦理，以靖地方。等因。欽此。仰見宸謨廣運，誅暴救民之至意，曷勝欽佩。

查前奏聲明，黎則先勦積年逆首陳鍾明一股，先將附和擾害之外匪亂黎痛加懲創，以次招徠良黎。誠以馮子材到瓊之初，各匪聞風懾伏，獨陳鍾明一股糾衆寇掠定安縣南閭、仙溝、雷鳴各市，焚殺慘酷，擾及澄邁，是其力悍性頑又在諸匪之上。諸亂黎素奉爲總頭目，全瓊軍民苦之，亟應先行翦滅以彰天討。疊准馮子材咨報，打密、什密兩寨爲逆首陳鍾明巢穴，地居萬山之中，道路險遠。馮子材自督總兵林長福、知府馮相華諸軍進攻中路，派知府馮相榮、通判劉保林率軍由萬州東路進兵夾擊，與中路之軍會於什密。飭道員方長華率瓊軍出西路，由儋、臨一帶進兵，會攻黎山以分賊勢，兼以控禁客匪，使其不能與黎匪合勢助逆。陳鍾明聞大軍將至，先退入嶺門內之打密黎巢，該處地勢險邃，該逆於沿路密插竹籤，漬以藥水，塞斷隘路，其溪澗上流均先期下毒。陳鍾青則踞萬州之長沙寨，與爲犄角。馮子材一面整軍進攻，並飭道員方長華、通判劉保林等設法招致匪黨林開信，令誅陳鍾青以自贖。密飭萬州文武紳團乘機進擊以爲官軍嚮導。八月二十一日，林開信偕兄開忠、夥黨符用廷等密約該處團勇，潛入逆寨，突起圍擒，匪衆驚起救護格鬭，林開信等與團勇等奮勇衝擊，將陳鍾青殺斃，斬獲該匪首級，並斷其六指右手一隻，生擒逆子陳添與等，餘匪被團勇擊散，官軍繼進，當將長沙一寨奪據。查點團勇，間有受傷，林開信、林開忠受傷尤重。維時陳鍾明尚在打密，聲言親督大股赴萬州九甲復仇。九月十三日馮子材親駐嶺門，督飭各軍踰險深入。十五日知府馮相華率萃中右各營至雙溪灘，正將渡河之際，瞥見對岸山上有賊柵一座，匪衆三百餘人，鳴鑼吹角下山迎撲。都司張福啓首先突擊，各營皆奮勇攻戰，約一時許，匪始挫敗。乘勝疾追，河寬三里，其地無橋梁船筏，將士皆鳧水而渡，進至黃竹。賊於當路樹石柵二，峙列左右，槍自石縫中出。我軍分路冒險進攻，都司譚信祖奪獲左柵，都司張福啓攻破右柵，各軍一湧而進，匪勢不支，翻崖穿林而遁。因天晚樹密，未能窮追，計共破賊柵三、獲槍械旗幟多件。該匪中槍斃者，率由後隊拖匿巖峒，約數十起。官軍亦傷亡十二名，淹斃三名。此初次進勦攻克雙溪灘、黃竹等賊柵之實在情形也。

十七、十八等日，遊擊馮驊、知縣蔡其銘攻奪二渡溪、喃喻等賊柵。二十日張福啓、譚信祖、蔡其銘、馮驊冒雨攻奪總口山要隘。二十一、二十三、二十九、十月初一等日，總兵林長福、守備陳江志、張有德由八村進破牛軛壟、暫對、分界嶺等賊柵。計數日内馘級、生擒共百餘名，搜斬二十九名，擒獲匪目王那寒、陳亞六、卓均勝、范蒟蘭、范亞二、黄三、林觀松等。我軍被賊槍彈毒籤傷亡者四十餘名。其東路一軍，知府馮相榮、通判劉保林由萬州九甲進勦西峒之黎，以斷賊援。九月二十一、二十二、二十三、二十八、二十九等日，參將符堅高、守備陳才業由田心進攻克南水峒。參將梁振基、副將馮紹珠由水割村進攻克番署坡、竹窟嶺等處，焚燬黄志成匪柵。都司陳榮坤與符堅高、梁振基、陳才業由竹窟嶺進，合軍力戰，攻破西峒匪首陳文中逆巢，獲其妻小，斃匪甚多，奪獲大礮一，糧米、火藥、軍械甚夥，弁勇受傷二十餘人。各軍距打密漸近，該逆退至打密以内二十里之什密老巢，率衆死守。中隔溪水三道。連日盲風陰雨，嵐霧迷漫，咫尺不辨。十月初旬天氣漸晴，中路各軍涉水進攻，馮相榮、劉保林亦率各營從東路會攻，漸逼賊巢。初六日馮相榮、劉保林親督都司王得標、哨弁楊步雲、廖得琳、楊士丞、馮明進等冒險進攻什密，守備蔡必壽、哨弁陳德芳、龔源桂從山旁小路合擊。千總黄輔成、哨弁陳學榮、李暢春攀崖緣樹繞攻山後，馮相榮、林長福亦督軍趕到，合軍逼攻。以火箭、火藥包射擲柵内，斃匪極多，自辰至未攻擊四時之久，始將什密賊巢攻破。逆首陳鍾明率死黨突向後山逃逸，蔡必壽追及，該匪等回頭拒戰，當經蔡必壽將陳鍾明砍斃，生擒逆子陳良嶸一名，搜斬悍匪數十名，餘匪踰山亂竄。計陳鍾明一股悍黨，悉就殲除。此疊次攻破柵卡及攻克陳鍾明老巢、殲除首逆之實在情形也。

惟是此股巨匪就平以外，各峒亂黎歷年句結外匪凶殺擾害者，大小尚十餘股，多在萬州、陵水一帶，亟須分別辦理。中路諸軍自深入黎峒以來，糧運艱阻，冒雨涉水，饑凍交乘，兼以染受瘴氣水毒，疲病不支，營官哨弁歿者十餘，勇丁尤夥。馮子材當將萃中、萃右兩軍暫行撤出嶺門，屯紮烏坡就醫，督飭別營由萬州、陵水進勦馬嶺匪首黄清、廖二弓匪首胡那肥兩股。馬嶺匪寨林密濠深，該匪火器甚多，我軍連日進攻，伐其竹木。二十九日，馮相榮、劉保林督軍力攻竟日，哨弁區錫鏞、梁廷獻斬柵先登，立將馬嶺匪巢攻破，斃匪數十名，生擒黄亞濃、王亞董、符代貞三名，奪獲抬槍、洋槍多件。匪首黄清由巢後地孔竄出，率餘衆奔赴廖二弓，陳文中亦附。餘各軍追擊，俱有斬擒，哨弁楊步雲、楊士丞斬馘最多，獲賊礮二。此次斃匪甚多，我軍亦有傷亡。查陵水山内黎峒每一峒稱爲一弓，廖二弓在馬嶺東三十餘里，山勢險阻，爲五十年以來陵水黎匪肇亂之地，與哮黎十八村接壤，該弓收集各匪七八百人與哮黎匪衆千餘聯爲死黨，哮黎一種在羣黎中最爲蠻悍。三十日攻克廖二弓匪巢，哮黎來援，爲我軍擊退。十一月初一日進勦十八村哮黎，該匪潛伏山溝叢草中，伏礮邀襲官軍，斃勇丁四人。馮相華、劉保林分飭諸軍用槍礮四應轟擊，斃匪無數。該匪始披靡敗退，不能歸巢，由山僻小路四竄。擒獲哮黎匪首黄亞養，所有十八村等處卡寨三十餘，以次一律焚燬。此續勦馬嶺、廖二弓、十八村等處獲勝、迭平逆寨之實在情形也。

刻下近外黎山一帶悍匪屢殲，賊巢多毁。樂會七峒總匪首王打文，素習邪術，夥黨千餘，積年攻剽焚殺村寨，受害者無算。其爲匪尚在陳鍾明之先，亦經定安團紳訓導莫如瑾等率團圍擒，解營伏誅。馮子材已由萬州馳赴陵水，親督官軍暨官吏紳團招諭良黎，令其薙髮歸化。一面搜勦各匪，一面伐木開山，節節廓清，期於直抵五指山，爲開通十字路之計。至道員方長華所統瓊軍，由西路進兵，自駐和舍、司那、大市等處。該處爲澄邁、臨高、儋州界上客、黎錯雜之地，先招撫白沙峒花黎，犒以牛酒，諭令開路前導，抗拒者即行助勦，欣然聽命。元門峒黎三百餘，夙稱凶悍，地有金鑛，亦願薙髮改裝歸化。又干脚峒黎符朝志等聲稱静候安撫，該道分別犒勞。即派營官遊擊李渭培、提督邵升堂、參將桑儒修、遊擊徐永元率四營進元門峒，提督張拔萃、參將張學詩、副將朱廷棟以三營出白沙峒，徑抵紅毛上下兩峒，沿途撫納小水峒、馮墟峒暨龍頭七坊、薄沙各峒生黎。該軍亦以受瘴多病，暫撤四營回南豐調理休息，另募土勇更代前進，以三營仍紮白沙紅毛，以圖再舉。至客匪一項，聞大軍渡瓊，伏匿觀望，首鼠兩端，既不出犯官軍，亦不造册聽候安插，遷延數月，始有願就撫遷徙者三百餘人。當由馮子材派員點驗押送渡海，交署高廉道王之春分發電白、吴川、茂名等縣安置。匪首黄鄒保、温河清譎詐反覆，竄匿深山，始終不出。經方長華懸賞購綫，密派遊擊李渭培、千總胡友勝等深入巢穴，設法擒獲，搜獲腰間有大元帥印布一方，已將該逆首二名解交馮子材大營，訊明正法。其安插客匪，沿途潛逃，至高州時，止二百餘人，近日聞已全行逃歸，肆惡如故。瓊州紳民向臣籲懇請將該匪痛懲妥處，以免後禍。馮子材以諸軍方專力辦黎，擬俟黎事就緒後措置客匪。臣現正與該提督電商，再行相機妥辦。此方長華一軍擒獲匪首、迭撫峒黎之實在情形也。

查黎地中、東、西三路現經分軍勦撫，踰險苦戰，歷年積惡之亂黎與近年倡亂之客首相繼誅擒，羣黎震懾，紛來求撫，請薙髮，送丁册。而將士瘴鄉攻勦，病殁甚多，深爲可憫，經馮子材咨請分別獎卹，并據方長華禀報前來。臣查此次馮子材督率各軍渡海辦黎，自當中堅，直攻什密，數旬之内，殲逆破巢，旋又親督各軍，攻克萬、陵各賊寨無數。按瓊州緯綫處赤道北十八度至二十度，尚在臺灣之南三度，距赤道尤近，故黎地黎匪與臺灣生番地勢夷情大略相類。其地亂山窮谷，野樹蔽天，雨多晴少，不分四時，晴午則毒熱，雨夜則寒凉，溪澗縱横，深一二尺、三四尺不等，每日須涉水三四道，暴漲暴消，無橋無船。匪徒伏匿其間，我軍逐層掃盪而進，行則隊伍難齊，卧則支帳無地。該逆阻隘拒我，以逸待勞，我軍攀險仰攻，入生出死，雕勦猱擊，終日疲勞，較之内地行軍，艱苦十倍。而且水土惡劣，毒瘴霪雨，霧潦水濕，死亡纍纍，前者僵仆，後者繼進，争先恐後，義無反顧，遂能殲渠搗穴，大振軍威。西路瓊軍不避瘴險，深入各峒，迭撫生黎，並能生擒漏網首逆黄鄒保等，亦足以大快人心。此次攻勦處所，皆爲數十年來官弁兵勇未到之區，計嶺門去定安縣已一百九十里，嶺門進至什密又一百八十二里，什密距五指山僅九十里，廖二弓暨十八村去陵水縣一百三十餘里，儋州至那大一百二十里，那大至元門峒一百八十里。皆由提督馮子材志氣忠壯，獎率諸軍，親歷奇險，愈進愈勇，是以將士用命，所向有功。現在移軍萬州，誓清哮黎，現正與臣籌商開山通道及將來開屯設長，興利化俗之策。該提督規畫久遠，動中機宜，儻能仰藉天威，開通羣峒，盡化諸黎，實爲治瓊長策。所有此次攻克黎巢，擒斬首逆，疊次獲勝出力文武員弁，合無仰懇天恩俯准由臣查明保奏，請旨優奬，以鼓士氣而策全功。出自逾格鴻慈。其傷亡瘴故者，容俟一併查明，奏請敕部議卹。

旨：覽奏均悉。此次進勦黎客各匪，連破峒寨，殲擒首逆，辦理尚屬得力，仍著相機調度，勦撫兼施，俾臻安輯。所有迭次出力員弁，准其擇尤保奬，以示激勸。餘依議。欽此。

拿獲滋事首要各犯訊明正法摺〔一〕光緒十二年十一月　日

竊於上年八月間，據署廣東開建縣知縣張杓稟報，飭聞有匪首陳武輝、莫金馨等，在縣屬簡頭涌太尉山，招集匪黨，意圖豎旗滋事。該處與廣西懷集縣屬甯峒大水拱地方毗連，該縣先期會營調團並移會隣封營縣直抵匪巢，合力圍捕。該匪竟敢持械拒敵，當被格斃三名，追捕搜獲莫亞汶、莫汶瑞、唐興才、蘇炳光、植鳳韶、莫梓梅、紀牛牯樹、蘇亞養八名，餘匪趨嶺奔竄。當在篷寮内起獲槍刀、旗械多件，黄紙僞示一張，木印一顆。將匪寮焚燬净盡。並據署廣西懷集縣知縣陳善寶稟同前由。該縣會營擒獲植亞發、莫亞楨、黎亞珠、沈世枝、李亞佑、莫盛希、陳林淙、高觀禮、李莫懷等九名。又據廣西賀縣知縣孫宏輝稟，會營緝獲陳汶秋一名，各等情，稟報前來。臣以本案首要各匪尚多在逃，當經嚴檄飛飭兩省文武一體懸賞圖形嚴拿，委員馳往開建會縣將已獲各犯先行審辦。嗣經署西路提督鄭紹忠，飭據肇慶協儘先千總孔屏，在封川、賀縣交界，緝獲匪首陳武輝一名。又據開建縣知縣金召棣稟，派勇購線，在湖南江華縣地方，續獲莫金馨、唐興基二名，解省一併□發廣州府讞局審辦。據陳武輝供，係廣甯縣人，向在東西兩省遊蕩，以算命、種痘、看風水爲業。光緒十一年七月間與開建縣善造假銀之莫金馨，暨幫造假銀之蘇炳光，遊勇植鳳韶等，商同糾衆搶掠豎旗起事。約定八月初一日在太尉山上會齊。先在該處搭蓋篷寮一所，因莫金馨家祖墳風水甚好，又肯幫助米飯，莫金馨之子莫亞汶爲王，製黄旗一面，上寫大賢國字樣，並刻木印一顆，刊刷僞示一張，尚未張貼。該犯陳武輝，叫莫亞汶派伊爲元帥，蘇炳光爲軍師，莫汶瑞爲閣老，黎積洸爲將軍，江青爲總兵，植鳳韶、唐興基、唐興才爲先鋒，植耀都、陳潮英、植亞賢、紀牛牯樹、莫榮珍爲旗頭。莫冠標爲隊長，鄧廷渭爲書手。其餘附和盜匪並夥脅鄉民約有一百餘人，俱爲散丁。莫梓梅、植亞發、鄧亞養俱在散丁之内。尚有該犯糾邀廣西懷集縣盜匪李業修等，允許幫助數百人，至期未到。商議先到懷集添招夥黨，槍擄攻城。再到賀縣、開建等處滋擾。八月初一日，正在齊集造飯間，即被官兵圍拿等語。莫金馨等供詞相同。並飭據委員同知姚純前赴開建縣，就近迭次提訊莫亞汶等五犯，供詞均相符合。由廣州府知府孫楫稟經廣東按察司于蔭霖會同營務處司道覆訊無異。臣查該犯陳武輝，以風水惑衆，起意糾衆搶掠，既豎旗滋事，且刊刻僞印、僞示，各授僞職，實屬狂悖不法，罪不容誅。當經批飭將陳武輝、莫金馨、唐興基三犯，及莫亞汶、蘇炳光、莫汶瑞、植鳳韶、唐興才五犯，正法梟示。陸續緝獲之餘匪，除紀牛牯樹、鄧亞養、莫盛希、陳林淙、高觀禮、李莫懷、莫梓梅七犯受傷病斃外，其植亞發、莫亞楨、黎亞珠、沈世枝、李亞佑、陳汶秋等六犯皆係無名匪徒，附和鬭搶，聞官兵將至，當即四散。已飭各該縣，確切訊明，分别究釋。其餘臨時脅從鄉愚，出示免究，以安反側。在逃匪犯黎積洸等，勒緝務獲懲辦。

〔一〕録自《京報》第二二二七號。

此案該兩縣文武，於匪徒起事之先，即經訪聞，會督兵團，迅速親往圍捕，立即擊散。復將爲首最要各犯設法弋獲懲辦，得以及早撲滅，不留遺患，辦理尚屬認真。除將在事出力員弁由臣酌給外獎外，謹會同護理廣西巡撫臣李秉衡合詞恭摺具陳。再，廣東巡撫係臣之洞兼署，毋庸會銜，合併陳明，伏乞聖鑒。

旨：知道了。欽此。

請復拐匪就地正法舊章摺光緒十二年十二月初七日

竊查同治五年十月二十五日奉上諭：瑞麟等奏，拐賣人口出洋之奸徒，請於審明後即行正法等語，所見甚是。此等奸徒以誘拐人口出洋爲漁利之計，其情罪甚爲可惡，著即照該督等所擬，於審明後爲首斬決，爲從絞決，由該督撫提勘後即行正法，以挽頹風。仍著將決過人犯三箇月彙奏一次，以憑查核。欽此。欽遵行知遵照在案。自此辦理誘拐出洋之案，一經獲犯審實，立予駢誅，匪徒咸知斂跡。嗣於同治十三年前撫臣張兆棟以略誘出洋之案逐漸稀少，請將拐匪照尋常死罪人犯審解勘題。光緒二年七月，前督臣劉坤一議覆前督臣英翰原奏嚴定拐騙人口罪名摺内聲明，將審辦誘拐人口出洋匪犯，請仍循例解勘，奏准刑部咨覆。嗣後粤省拏獲誘拐人口出洋匪犯，被誘之人訊非情甘出口罪應斬絞立決之案，由臬司覆審解勘具題，聽候部覆辦理，毋庸先行正法。併聲明隨時察看情形，如果日後匪徒膽敢肆行略誘，再當奏請從嚴懲辦等因。原例雖未變更，辦理遂多周折。從此地方官拘泥遷就，率以犯供拐未出洋爲詞，曲爲開脱，必待起出人口供稱拐賣處所，始行按辦，以至案懸日久，多從寬貸。殊不知遠賣出洋，安有起出之日，因之將就了結，終無嚴辦之期。該匪習見習聞，毫無顧忌，略賣之風日甚，實由於此。現據各州、縣稟報拐案，幾於無旬無之。蓋緣粤地濱海，港汊紛歧，香港、澳門皆屬洋界，法令不及。逋逃所歸，輪船麕集，隨意可之，較之内地，難於敗露。且賣至外洋之價，較之内地爲豐，其賣出人口而得慶生還者，百無一二，以故罹此害者較他省尤多尤酷。夫一人被拐舉室倉皇，其父母或因之輕生，其家室或因而離散。出洋者受苦工之磨折，陷異域而殞生，呼籲無門，收骨無所，冤慘孰甚。查匪徒刦奪財物，無論有無致斃人命，贓數多寡，罪皆大辟。今拐賣人口者肆行略誘，贓數既多，流轉出洋，動輒殞命，其情節較强盗殺人得財，尤爲慘毒。而現在辦法尚從常典，展轉解勘，復需時日，實不足以挽救頹風。亟宜規復舊章，並於就獲審明後，不分首從，均即立置重典，俾奸徒知所儆畏。據廣東按察使于蔭霖會同布政使高崇基具詳前來。

臣詳核例意，體察粤省情形，此等略賣人口出洋匪徒，其出洋漁利，無殊於海盗，其傷害人命尤重於刦財。竊查本年十二月初三日准刑部咨，定擬南海縣拐婦衛駱氏罪名照强盗律斬決一案。原咨内稱，迷拐者以人爲財，人已被迷，拐走即屬得財，雖藥未起獲，惟經船户救醒，供證實屬確鑿，豈得因其未賣，治罪反可輕減等語，具見部臣深悉粤省情形，執法懲奸之意。雖藥迷之與出洋情事各别，而拐賣之無殊於强盗，理有可證。該司等現詳各節，係屬實在情形，擬請嗣後略誘拐賣之案，除立時由内地起出被拐人口，訊明並非圖賣出洋及起獲之人實係情甘出洋、並非略誘者，仍照定例辦理外。其確有證據，實係略賣出洋而捏稱賣往內地者，或狡稱被拐之人情甘出洋毫無憑據，及妄指轉賣處所，查無蹤跡，時逾三月仍未起獲者，均暫行照强盗得財律，不分首從一律斬決，先行正法，歸入奏辦各路匪鄉案内就地懲辦，彙案奏報。如此明定章程，庶州、縣不至曲爲開脱，而匪徒知儆，民命保全。一俟此風稍息，再行體察情形，奏明辦理。

旨：著照所請。刑部知道。欽此。

請開鐵禁摺 光緒十二年十二月初七日

竊據兩廣鹽運使王毓藻會同廣東布政使高崇基詳稱，各省鐵斤、鐵器定例不准下海，所以預防移濟洋盗也。海禁既開，今昔情形迥異，每歲外洋銅鐵入口不下數千萬斤，所售槍礮器具不下數百萬件，銷銀不止數百萬兩，有來無往，理殊不平。近年來各省講求鑛務，率以煤鐵爲大宗，粤鐵尤屬精良，而銷路不廣，即欲行銷沿海各口，陸運脚費既繁，海運又冒法網。徒使洋鐵到處流通，大利盡爲所奪。廣東現設鑛政局，鼓舞商民，應請將兩廣鐵斤、鐵器免禁出洋，至出口之處，一體照例完納税釐，詳請具奏前來。

臣查粤鐵出産素饒，行銷不廣，聽其頓滯一區，不惟洋鐵徧行，漏卮難塞，即粤鐵盈積，私販亦難禁絶，徒令鑛法多一窒礙，工商少一營生。伏查光緒九年十二月，臣在山西巡撫任内，會同北洋大臣李鴻章奏請將山西鐵斤准由天津出口轉運各處。奉旨：著照所請。欽此。現在晋鐵由津出海轉運奉天省，久已欽遵辦理。廣東、廣西事同一律，且廣東現在開辦鑛政，該司道等所請援案免禁出洋，係爲利民通商起見，相應據情奏懇天恩俯准兩廣鐵斤、鐵器海運出洋銷售，以興鑛政而惠商民。

旨：著照所請。該部知道。欽此。

光緒十一年分催征舊賦完欠數目摺〔一〕

光緒十二年十二月十九日

竊照各省每年奏銷時，應將征收歷年舊欠正雜錢糧數目及未完分數考成專摺奏報。現届辦理光緒十一年分奏銷之期，除是年應征新賦銀米已未完數目業據司詳另核具奏外，兹據廣東布政使高崇基詳稱，查自同治五年起至光緒十年止，舊欠未完地丁備支經費連緩征，除續完及豁免外，尚應征銀一百六十一萬三千八百二十八兩零。内已完銀六萬九千一百八十七兩零，未完銀一百五十四萬四千六百四十兩零。另從前各州縣征存未解地丁及備支經費共銀一萬三千九百六十六兩零，全未完解。又舊欠耗羡銀二十六萬一千七百六十二兩零，内已完銀一萬一千五百六十二兩零，未完銀二十五萬一百九十九兩零。另從前各州縣征存未解耗羡銀一千九百四十七兩零，全未完解。又自道光三十年起至光緒十年止，舊欠民米連緩征除續完及豁免外，尚未完米六十六萬八千四百九十五石零。内已完米二千六百二十六石零，未完米六十六萬五千八百六十九石零。另從前各州縣征存未解米五萬四千八百一十三石零，内已完米四千一百五十三石零，未完米五萬六百六十石零。以上各屬征存未解地丁、備支、耗羡等銀，業於交代案内

〔一〕録自中國第一歷史檔案館編《光緒朝硃批奏摺》第八一輯，第三八九至三九〇頁，中華書局一九九五年版。

參追勒催完解。其未完米石，係由歷年各路辦理軍務，就近提支軍需，未據赴司領解。現經嚴飭各屬，領解清款，分別收支。再，光緒十年八月初五日欽奉恩旨豁免光緒五年以前民欠錢糧，所有各屬未完同治十一年起至光緒五年止民欠錢糧，業經通飭據實開報。現尚未據各屬列册申繳齊全，請俟嚴催各屬册報到日，查明征存在官及實欠在民數目，另行分别催提造册請豁。現在奏銷册內，仍作未完列報，合併聲明等情詳請具奏前來。臣覆核無異，謹將所有光緒十一年分征收舊賦完欠數目，謹循例合詞恭摺具奏，並繕清單敬呈御覽。伏祈皇太后、皇上聖鑒，敕部查照施行。

户部知道。單併發。

征收光緒十一年分錢糧比較上三年數目摺[一] 光緒十二年十二月十九日

案准部咨，各省征收錢糧比較限期，統以年底截數，次年二月造報。春撥之時，即將新賦項下額征若干，蠲緩若干，已未完若干，舊賦項下帶征若干，應征若干，比之上三年或多或少一一注明，另行開單奏報。即以道光五年春撥爲始，一律遵照辦理。嗣又准部咨行，此次各直省單開未完分數，總以年底未届，奏銷不能全完爲詞。是通年全額錢糧尚未征齊，不若仍以奏銷截數開單具奏比較更爲周匝各等因。轉行遵照在案。兹辦理光緒十一年分奏銷之期，除循例題報外，據布政使高崇基將光緒十一年征收錢糧，比較上三年數目，注明入季解道留支各數，併查明征收未解一項，於現辦十一年奏銷遵照定例歸入未完項下開列，專案咨部等情，開單請奏前來。臣覆核無異，謹恭摺具陳，並繕清單敬呈御覽，伏祈皇太后、皇上聖鑒，敕部查照施行。再，兩廣總督係臣本任，毋庸會銜，合併陳明。

户部知道。單併發。

盤驗藩庫銀數及通省征收錢糧銀米完欠數目摺[二] 光緒十二年十二月十九日

竊照每年奏銷時，例應將藩庫實存正、雜銀兩及應征銀米完欠數目，分晰盤查具奏。兹届光緒十一年分奏銷之期，經臣率同司、道各官赴庫盤查。計捐貢、監等款，正項銀三十三萬七千二十九兩零，耗羨銀五十九萬三百八兩零，雜項銀一百二十一萬六千五百兩零。因正項錢糧銀兩不敷支放，歷年暫將以上正雜各款全行借墊，應俟征解還款，逐加查驗相符，並無虧短情弊。其應征地丁、民屯糧米，據布政使高崇基、署督糧道孔憲瑴，將完欠數目分晰開報前來。臣覆查光緒十一年分額征地丁等項，實應征銀一百一十萬二千一百三十三兩零，內已完銀八十六萬五千三十二兩零，尚未完銀二十三萬七千一百一兩零。計完七分以上，未完二分有餘。又額征米石，實應征米三十四萬五百三十九石零，內已完米二十八萬七千五百七十二石零，尚未完米五萬二千九百六十七石零。計完八分以上，未完一分有餘。現經督同藩司、糧道，將未征民欠銀米，勒限趕緊征完。如有逾延，即行查參。除

[一] 録自中國第一歷史檔案館編《光緒朝硃批奏摺》第六五輯，第六一〇頁，中華書局一九九五年版。

[二] 録自中國第一歷史檔案館編《光緒朝硃批奏摺》第八一輯，第三九一頁，中華書局一九九五年版。

將司庫實存銀數及各屬現年征收已未完分數照例分案造册題咨外，所有盤驗司庫銀數及光緒十一年分通省征收錢糧銀米完欠數目各緣由，臣謹循例恭摺奏報。再，兩廣總督係臣本任，毋庸會銜，合併陳明。伏祈皇太后、皇上聖鑒。

户部知道。

查覆收支款目尚無歧誤摺光緒十二年十二月二十六日

竊准户部咨，議覆臣與前撫臣倪文蔚奏廣東省收支款目一摺，以入款一端與部查數目懸殊，令將入款、出款查明分晰，開單具奏。光緒十二年八月初十日具奏，奉旨：依議。欽此。抄録原奏咨行到粤，當即轉行司局欽遵辦理。兹據廣東布政使高崇基會同鹽運使王毓藻暨善後釐務各局司道開列清單，逐條登覆，詳請奏咨前來。

臣查本年五月内所奏粤省艱窘短絀各節，皆係實在情形。前單所列收款銀四百五十六萬五千餘兩，係約計現年應入之數，而部咨謂收款所報數目不確，行令查覆。查部單所開六百二十七萬五千餘兩，係以光緒九年報數爲例，年分不同，已難一轍。其多列之數（則）[别]有三端：一爲舊管六款，併入新收計算，溢出銀七十九萬餘兩。一爲續完舊欠十一款歸入常額計算，溢出銀八十萬八千餘兩。一爲節扣十一款作爲實銀計算，溢出銀三十萬九千餘兩。查舊管本非每年新收，似不能以入款論，且從前舊管因積年軍需挪用，尚未歸補，其數祇係虚列。續完舊欠乃九年分所收遠年舊欠，亦非歲入定額，多寡尤難預定，是以前單未經列入。其節扣各款，或已列入正雜各項之内，或因本款並未收足，無從扣存。此三款皆係例報之數，且多虚列之名，未可作爲現年實數者也。其間弛禁藥釐兩項，部單亦有重複誤計之處。此外間有參差，皆於清單詳晰聲覆。其飭查節省支用各款，自當另案分别咨覆造報。至前奏請緩、請減、請免之新舊京協各餉，部覆仍令照解，現經陸續分别籌解，奏明在案。

惟部臣謂，廣東出款日增而收款日減，致以殷富省分變爲艱窘等語。臣待罪巖疆，生財無術，循繹之下，悚愧萬分。特是廣東出款之不得已，而增收款之有增而無減，有不得不陳明於聖主之前者。

查廣東之累，不患入款之少而患出款之多。現計光緒十二年一年之中，撥解過京協餉并補解、帶解、抵解各餉共銀一百五十三萬餘兩。其中抵解者亦係動支實銀。又清還本省第一、二次匯豐洋款本息銀五十萬零三千兩，第三、四次匯豐洋款息銀二十八萬四千餘兩，代還滇、桂借用寶源洋款本息銀三十九萬餘兩，内除抵解東北邊防尾數約四萬兩，抵解舊欠近畿防餉十萬四千餘兩外，實還洋款一百零三萬餘兩，兩項共計銀二百五十六萬餘兩，而本省防餉、善後、緝盗匪鄉、辦黎、勘界諸費不與焉。綜考同治元年以至光緒十年，撥解各餉及清還借款，從無如此之多者。計前此二十餘年中，實解各款少於本年者居多，大率皆在一百五十萬以下，其甚少者則五六十萬至三四十萬。第論本年撥解各餉之數，已溢於海防無事之時，再加洋款百餘萬，其數目浩大，實爲粤省從來未有之創聞。夫以多事之區，承積累之後，而支解之鉅如此，雖甚富饒，豈能不窘。此則一由近年海防之急需，一由目前部撥之嚴急，非粤省所能自主者也。至目前善後諸費，越已淪敗，粵獨當衝，邊海俱防，綢繆難緩。伏讀上年五月初九日諭旨，以懲前毖後，事過輒忘，垂爲大戒，宏謨深慮，日月不刊。此則地勢使然，時勢使然，必當懍遵籌畫，不敢諉諸艱窘而不爲者也。加以粵省内河外海之羣盗，東、西、北三江及廉屬之匪鄉，瓊州全境搆亂之黎客，皆從前數十年醖釀留遺，伏戎貽患，以至今茲，民庶不安其生，地方將不可問。此固非粵省近日新增之事端，而微臣之好爲勞費也。

若論粵省收款，年來力濬財源，痛懲糜費。除例收賦課不計，近兩年防務倥偬，因時籌辦者不計外，[計]自今年起，每歲新增之款，有現捐巡緝經費約三十二萬，弛禁捐款三十五萬，貨釐整頓補抽約較上年增多十三萬，鹽務籌捐善後經費十萬，潮州、肇慶兩關增解海防經費五萬以外，洋藥包釐於原包數六十萬之外增加二十萬，合計歲增一百一十萬，似不得謂之日減。無如以上各項，皆係因事添籌，各有待用專款，無從抽出移作撥餉之用。至例收之款收支，原奏曾經聲明，丁課正賦歷年無甚出入，更無虞其驟減。

總之，洋款自還而撥款不減，此殷富之所以變爲艱窘也。撥款已多，而關繫地方大局利害之事不能不辦，此艱窘者之所以愈形艱窘也。假使海防善後以及緝盗、辦匪、平黎諸端概從敷衍彌縫，百事俱廢，而聽其貽誤於冥漠無形之中，未嘗不可歲省巨金，從容支應。將來必致外有事而無備，内有患而難除。即使事過境遷，幸而聖上譴責不及，而微臣清夜疚心，亦無以對朝廷而謝百姓。今因部催嚴急，已將本年撥款大略應付，然而無非挪移借貸，剜肉醫(瘡)[創]。明年本省應辦事宜，正未知所以爲計，以後如何籌解，實無把握。前經奏請將實官捐輸展限一年，留爲粵用，如蒙聖慈俞允，或尚可稍濟目前。茲再懇切申請，無任悚惶待命之至。

(硃批)户部知道。單併發。(欽此)〔一〕

請編定瓊州鄉會試中額摺 光緒十二年十二月二十六日

竊照瓊州孤懸海外，逼近越南，情形較臺灣尤爲吃重。前經兵部侍郎曾紀澤論奏，奉旨飭將黎人設法化導等因。當經分飭欽遵，次第籌辦在案。

茲據廣東布政使高崇基、按察使于蔭霖詳稱：溯查自海防有事以來，瓊州情形最爲緊急，歷經奏派文武大員分布防營，竭力籌辦，並勸諭該處士民捐資團防，以爲官軍之助。本年以黎、客各匪滋事，經臣奏明大舉澈辦，先清内患，仰秉宸謨，勦撫兼施。數月以來，將士用命，紳團協力，已將歷年搆亂之黎酋客首，次第殲除。現飭各軍深入老山，撫黎開(道)[導]，締造經營，餉需支絀，尤不得不藉資民力。爲日方長，觀成非易，必須紳士倡導，俾庶信從，始能歷久不懈。

查瓊州府所屬十三州縣，幅員方二千里，不少英才績學之人。前代名臣通儒，如邱濬、海瑞諸人，史册輝映。國朝乾隆、嘉慶年間，科第頗多。嗣後稍稍不振，然如瓊山、文昌、定安、會同等縣，近日文風仍復可觀。該府地瘠士貧，府治距省會海陸一千

〔一〕以上舛、脱、衍五處據中華書局一九九五年版《光緒朝硃批奏摺》第八六輯，第一六九至一七二頁，删、補、校正。

七百餘里，所屬南境州縣距府治又八九百里。每逢大比，資斧艱難，而重（躡）［趼］竭蹶，趨赴省門者甚不爲少。徒以遠處海南，風氣近樸，遊學不易，非無篤志近思之士，或少修飾潤色之功，與腹地郡邑合較，自不免相形見絀。以故近十科以來，每科鄉試大率七八百人至九百餘人，往往竟無一人獲雋。至北上春官，往返尤屬不易，會試中式者，數科間得一人。殊無以堅其勵學之心，鼓其進取之志。查臺灣未經分省之時，向定有會試中額二名，鄉試則原編至字號田字號共四名，迭加至七名之多，今瓊島孤懸，近鄰越海，較臺灣尤爲重要。應請援案奏請每［科］文武（科）鄉試編爲玉字號，取中三名，會試取中一名，均由廣東鄉會試中額撥出等情，由兼護雷瓊道瓊州府知府謙貴稟經該司等核議會詳請奏前來。

臣查瓊州地形最爲喫重，防海、平黎、團練、捐輸皆資民力，而士族單寒，登進不易，若不亟思培植，何以鼓舞人材。抑臣尤有慮者，方今異學旁流，離經畔道，所在橫行。瓊州爲通商口岸，外鄰越境，內接潿洲墩，民俗傳習，素稱哤雜，尤賴薦紳儒林，蒸蒸繼起，維持化導，庶免鄉愚懵昧，見異思遷。查鄉、會試撥加中額，現有臺灣成案可援。今瓊、臺地勢略同，而海防尤衝，寒士尤苦，鄉試人數至八九百名，不爲不多。合無仰懇天恩俯准援案將廣東鄉試民卷中額八十三名内撥出三名，編定玉字號，每科就瓊州府屬取中三名。會試人數在十名以上，懇恩於廣東中額撥出一名取中。若不及十名，臨時無庸請旨，以示限制。其武鄉試、會試，亦擬請照文闈名數編定中額。如蒙俞允，即自光緒十四年鄉試、十五年會試爲始，庶邊士登進有階，益勵敵愾同仇之氣。愚民詩書被澤，不爲異端邪說之歸。感戴皇仁，曷其有極。

（硃批）禮部議奏。（欽此）［一］

前任同知知州欠解銀米勒限嚴追摺［二］

光緒十二年十二月二十六日

竊據廣東布政使高崇基會同署督糧道孔憲瑴詳稱，查有前署南澳同知潘維麒、前任德慶州方鼎銑、前任連州文魁，交代初叅限滿，均未據造冊移交後任結報，先經咨部查叅在案。現據該員等於二叅限内造冊結報到司，因款目不符，發回改造。並查得潘維麒徵存雜款銀六百餘兩，方鼎銑徵存正雜款銀一萬四千五百餘兩、米四百餘石，文魁徵存雜款銀一百餘兩，疊經勒限嚴催，均未據完解，詳請叅追前來。相應請旨將前署南澳同知候補通判潘維麒，暫行摘去頂戴，勒限三箇月。前任德慶州開缺另補知州方鼎銑，暫行革職，與已經另案叅革病故之前任連州知州文魁家屬，一併勒限四箇月，各將欠解銀米埽數完解。儻逾限不完，或解不足數，即行查明是侵是挪，分別查抄監追。所有叅追前任同知知州欠解銀米緣由，謹繕摺具奏。再，兩廣總督係臣本任，毋庸會銜，合併陳明。伏祈皇太后、皇上聖鑒。

著照所請。該部知道。

［一］以上衍、舛五處據中華書局一九九五年版《光緒朝硃批奏摺》第五二輯，第三八五至三八七頁，刪、校正。

［二］録自中國第一歷史檔案館編《光緒朝硃批奏摺》第八一輯，第三九三至三九四頁，中華書局一九九五年版。

彙奏光緒十二年五月至十月咨結交代各案摺〔一〕

光緒十二年十二月二十六日

竊於本年四月准户部咨，前經本部於光緒十年八月十五日具奏，申明州縣交代例限，並請嚴定藩司處分一摺。欽奉諭旨，行文各省欽遵。凡交代各案，應令分别已未完結，半年彙奏一次。併將已結若干案，有無未解銀兩，於何月日提解司庫，逐案聲叙，飛催查照辦理等因，咨行到粤。即經飭行遵照辦理，並將光緒十一年十一月起至十二年四月底止，陸續咨結各案列單奏報在案。茲據廣東布政使高崇基詳稱，自光緒十二年五月起至十月底止半年屆滿，所有陸續咨結各屬交代共四十六案，均係光緒九年以後新案。交代内有四十二案，各該員任内徵收正雜錢糧銀米各款，先經支解清楚，並無未解之項。其餘四案徵存銀米未據解清各員，業已另案奏參勒追。應俟續解有項，隨時分别詳辦等情前來。臣覆核無異，除飭司將四案欠解銀米認真嚴追，並將未結交代嚴催結報外，理合繕單具奏。再，兩廣總督現係臣本任，毋庸會銜，合併陳明。伏祈皇太后、皇上聖鑒。

該部知道。單併發。

特參革降武員弁摺〔二〕

光緒十二年十二月二十六日

竊臣准廣西提督臣蘇元春咨稱：據署提標中軍參將國樑稟，訪聞永甯營員弁有營伍廢弛，糧餉不清情事。正在稟請查辦間，隨奉札行據永甯營守備龍得勝稟揭，該營把總以紹勳請餉舞弊。復據以紹勳訐控該守備龍得勝侵吞曠糧公費、賣補糧缺、開賭收規、扣攤兵丁號褂銀兩、隘兵不招不放、賞罰不均等款。飭即撤調確查稟辦等因。遵將守備龍得勝、署永甯營千總張德陞、把總以紹勳撤調查訊。

旋據龍得勝稟稱：本年二月，營中輪派把總以紹勳赴省請領本年春、夏二季俸餉，於三月初三日領運到營。初四日傳該把總以紹勳、千總張德陞及書目人等將銀驗收，見包封印花均有損壞，内有一封拆出銅錢一千一百零二文。又查出該把總支用銀五十一兩六錢七分四釐。詢據隨同請領兵目冉宗揚等稟稱，二月二十八日領餉運至華昌店，眼同把總以紹勳將銀照數安放桶内，封鎖置於該把總房内，目兵另房居住。三月初一日自省起程，查點原銀内少一封，再四詢取，該把總始在箱内取出一封，放在桶内。初三日到營，即將原桶暫存營中公櫃，鎖匙該把總親帶，並未交出。當經該守備面斥，以紹勳俯首無詞，隨繳出銀二十一兩，並扣除支該把總本年春季俸銀，合共作繳銀五十一兩六錢，實短繳銀一百兩。該把總情願具限繳清，因書識林秀溥代其央求，暫允從緩等語。核與訪聞各情大略相同，當調集該營弁兵等隔别研訊，均稱以紹勳請餉舞弊，與龍得勝所稟各情相符，該把總亦無言可辯。

復將以紹勳稟控該守備龍得勝各款逐一查訊，如所稟侵吞曠糧四十四名及所領公費一節。據代理守備仇茂斌查覆，永甯營兵丁並無虚伍，内有梁臣等三十五名陸續開革，均已隨時募補，有季册甘結可憑。檢查本年三月呈報季册，核對尚屬相符。其每年請領公費銀六十兩零，據稱近年各營操練甚勤，僅足添購子藥。查閲該營軍械，均屬光潔，子藥亦有盈餘，尚非虚語。又所稟賣

〔一〕録自《京報》第二二四八號。

〔二〕録自《京報》第二二五七號。

補糧缺一節。查該營募補壯丁，均須目兵教練，技藝熟習，始能驗補。惟該守備不下教場考驗，輒在署驗補，復聽信營書林秀溥説情，不免有瞻徇之處。又所稟串同吏目馬宗瀚、巡檢馬華禄開賭收規一節。查上年十月間，該守備訪聞以紹勳防汛與吏目馬宗瀚等及紳團不睦，將該把總調防屯秋汛。該把總疑爲吏目巡檢等傾陷，挾嫌妄指，實無開賭收規情事。又所稟攤扣兵丁號褂銀兩一節。查上年係閲兵之期，該營兵丁自願製備號衣，均歸目兵集貲自辦。該守備並無攤扣之事。至各隘兵丁均募補有人，該守備亦無他項劣迹。原稟所稱隘兵不招不放及賞罰不均各節，均無其事。以紹勳短繳銀兩業經龍得勝籌墊賠補。營書林秀溥暨軟弱各兵，已經仇茂斌分别責革募補。

查該把總以紹勳於領出俸餉膽敢抵换制錢，反砌詞誣控該管，實出情理之外。該守備既經查出該把總弊端，不即稟辦，輒聽書識林秀溥央求從緩追繳，實屬不知輕重。且平日招募兵丁，雖無賣缺實據，究不免瞻徇充補，廢弛營伍。調署永甯營千總張德陞，於營規毫無整頓。既知以紹勳抵换餉銀，又不即時舉發，亦有不合等情，咨請參辦前來。

臣查把總以紹勳抵换餉銀，誣控該管，殊屬狡妄。守備龍得勝庸懦怠玩，毫無振作。千總張德陞於該管瞻徇屬弁貪詐，均不能舉發，亦屬不合。均未便稍事姑容，相應請旨將廣西永甯營守備龍得勝、把總以紹勳即行革職。署永甯營千總提標中營左哨千總張德陞以把總降補，以肅營伍。其龍得勝所遺守備員缺，係部推之缺，廣西現有應補人員，應請扣留外補。除將西提標中營左哨千總、永甯營把總各缺選弁拔補，暨咨明户、兵二部外，謹會同護廣西撫臣李秉衡、廣西提督臣蘇元春恭摺奏參，伏祈皇太后、皇上聖鑒訓示。

龍得勝、以紹勳均著即行革職。張德陞著以把總降補。餘依議。該部知道。

奏報十一月分雨水糧價摺[一] 光緒十二年十二月二十六日

竊照廣東省光緒十二年十月分雨水、田禾、糧價，業經臣恭摺奏聞在案。茲查廣東省城本年十一月分，上、中、下三旬得有微雨數次，晚禾均已登場，雜糧次第收穫，麥苗、園蔬望雨尚殷，各屬稟報與省城大略相同。糧價較上月並無增減，民情静謐，堪以仰慰聖懷。所有十一月分雨水、糧價，謹繕摺具奏，伏祈皇太后、皇上聖鑒。

知道了。

前修佛山河道工程丈尺銀數開單奏報摺[二] 光緒十二年十二月二十六日

竊照前因粤東紳士被參假公勒捐侵吞巨款一案，經前督臣張樹聲會同前撫臣裕寬將查明訊辦情形具奏，並將清濬佛山河道收支銀數清册隨奏咨部查核。准工部咨：即將前項修濬各工丈尺銀

[一] 録自中國第一歷史檔案館編《光緒朝硃批奏摺》第九四輯，第四一八頁，中華書局一九九五年版。

[二] 録自《光緒朝硃批奏摺》第九八輯，第三〇一至三〇三頁，中華書局一九九五年版。

數詳細開單奏報，照例切實具題。並將承辦紳董仿照何例、何案辦理成案鈔録，及保固甘結，一併送部核辦等因。當經轉飭遵照。嗣據司道轉據，查明當日佛山河道淤塞，紳商集議疏濬，聯舉封職李應材、梁應琨董理，一切銀兩收支悉歸行户經管。至於仿照何例、何案，商民紳董皆所未諳。良以民捐民辦，但求實用實支。至保固甘結，例由經理紳董具繳。現在李應材、梁應琨均已病故，此外無當日經理之人。會詳請咨免其造册結報。又經前署督臣曾國荃據情咨明户、工二部，准工部咨覆，應令據實奏明，仍開單奏報，照例具題，以憑核銷。並續准咨，催限三箇月辦結各等因。均經先後轉行遵照。兹據廣東布政使高崇基，會同按察使于蔭霖、署督糧道閻希范詳稱，據廣州府知府孫楫詳，據署南海縣知縣張琮詳飭據職員梁元超、梁世澂稟稱，本案前奉提訊，當將收支銀數及各工丈尺逐一造册，繳蒙詳咨，嗣奉咨行飭將仿照例案鈔録及保固甘結送部。又經鈔録原呈清册，陳明未能仿例，無從具結各實情在案。佛山全河七十餘里，河面有深淺廣狹之殊，沙泥有堅浮乾洳之異，今一律疏濬深闊，并開復久經淤塞之銀河故道，甃平兩岸泥土瓦礫，拆去佔河舖尾一千餘間，皆由各段分管之人覈實估價量力給工。非如平地開河，丈尺若干即可通融計算者比。當日紳商集議疏濬，原有司事之人其聯舉故紳李應材及職父梁應琨董理，不過列名稟報，總司其成，款項實無經手，公費亦不收受。所有鳩工估價銀兩收支，悉由該處倡捐行商公舉司事分段經理。工程則歸委員糾察，夫役則由司事調遣。前項工程丈尺、收支銀數，業於前次開列清晰，若必按日按工推究詳細，無論本案工程五年始竣，紛紜襍遝，纂造維艱，抑且事經十載，時事變遷，經手物故，無從查核。竊惟前繳清册皆係商人實用實支，並無浮冒，理合查照原册再繕清單呈繳等情，由府縣核明備録清摺，遞繳會核轉詳前來。臣覆查係屬實在情形，除分咨户、工二部外，謹照清摺繕列清單，恭呈御覽。再，廣東巡撫現係臣兼署，毋庸會銜，合併陳明。伏祈皇太后、皇上聖鑒，敕部查照施行。

該部知道。單併發。

薦舉州縣人才摺 光緒十二年十二月二十七日

竊惟廣東吏治頹敝，甚於各省，歷年以來，多方整飭，參撤不少。然（吏）[使]有効無舉，亦無以發人興起之思，而端其趨向之準。臣督同廣東布政使高崇基、按察使于蔭霖詳加甄選。大要以心地爲本，操守爲先，而復覘其才具，考其成效。

查有現署新會縣准補高要縣知縣包永昌，清剛樸訥，皎然不欺。抵任兩月之間，訊結覊犯八十餘名，結案百餘起，平反盜犯五起。前在萬州署任，親率團練捍禦黎匪，境内乂安，至今民頌其德，無愧悃愊無華之目。現署香山縣優貢分發知縣張文翰，明決勤能，遇事敢任。歷任劇縣，皆有政聲。到任以來，獲著匪五十餘名，訊明前任積盜百餘起，措置繁難，迎刃而解，輿情翕服，人樂爲用，可（謂）[爲]濟事應變之才。現署欽州試用知州李受彤，廉潔精細，條理詳明，委查事件，不蹈瞻徇之習。其在署任，殲除地方積匪多起，興學化俗，百廢俱舉，頌聲卓然，洵屬爲守兼優之選。現署澄邁縣試用知縣楊蔭廷，樸質少文，貧不易操。上年冬間客匪滋事，募勇禦賊，多所保全。審理案件，下鄉履勘，絲毫不累民間。前在署文昌縣任内，革除傳呈陋習，捐修便民所，以處候審者。親查速判，書役不能索擾。去任時，父老遮道請留，至今民猶思之。署連平州知州優貢分發知縣徐多珍，處脊能廉，審斷明慎，緝盜有方。籌辦倉穀，著有成效，所謂日計不足，月計有餘者，庶幾近之。署開平縣補用知縣温樹棻，操守可信，才識老練，委辦要案，（卓）［綽］有操縱，可以理煩治劇。

以上六員，才守治績均有可觀。雖才性各有不同，要皆有盡心民事之實際，無俗吏油滑、浮靡之積習，在粤省州、縣中，均屬出色之官。似應上達朝廷，以風羣吏。據該兩司會詳請奏前來，理合據實上聞。合無仰懇天恩俯將該員等予以嘉勉。不獨該員等益當感奮，期造循良，庶通省牧令皆有所感發興起，於吏治大有裨益。

（硃批）另有旨。（欽此）〔一〕

候補試用各員期滿甄別片〔二〕 光緒十二年十二月二十七日

再，勞績捐納候補試用知府、同、通、州、縣，到省過班一年期滿，例應分別考察面試，甄別具奏，歷經遵辦在案。茲查有候補班儘先補用知府吴廷燀，辦事穩練，局度安詳。候補班儘先補用同知嚴巃，才具明晰，奉公勤幹。試用同知承恩，年壯才明，趨公奮勉。試用同知徐作恭，年力富强，差委妥慎。儘先補用通判盛錫藩，心地明白，諳練公事。試用通判李浹棠，年力正强，辦事精細。試用通判黄贊勳，年强才裕，差委克勤。試用通判陳柏森，年力正强，才具明妥。試用通判舒志，年强力健，黽勉趨公。候補班儘先補用知州唐鏡沅，才力幹練，治理優嫻。候補知縣陳廷宣，循謹詳明，講求吏事。試用知縣蔣星熙，年壯力優，才具通敏。均經詳加考察，分別照章考試，堪以各按本班序補。據藩、臬兩司具詳前來。除將各該員詳細履歷開單咨明吏部外，理合附片具奏。再，兩廣總督現係臣本任，毋庸會銜，合併陳明，伏祈聖鑒。

吏部知道。

特參遊擊革留片光緒十二年十二月二十七日

再，本年七月間，瓊州黎匪出擾定安等處。管帶瓊防春字右營儘先遊擊柳開士所部營勇病故、逃亡頗多，該遊擊未經即時補足，以致隊伍單薄，黎匪經過附近之處，該營未能攔截，實屬防剿不力。惟該遊擊平日遇事尚屬勇往勤奮，相應請旨將遊擊柳開士暫行革職，仍留瓊防軍營效力，以觀後效。理合附片奏陳。伏祈聖鑒。

著照所請。兵部知道。

特參各員片〔三〕 光緒十二年十二月二十七日

再，粤省不職之員，疊經隨時參劾，以冀稍知儆畏。無如錮習驟難轉移，其貪墨昏惰者仍復不少。茲查有卸署長甯縣候補知縣柳應喬，故縱匪徒，物議沸騰。卸署新興縣候補知縣俞功懋，藉案派累，不恤民艱。卸署龍門縣候補知縣晏檠，拖累平民，斷

〔一〕以上衍、誤五處據中華書局一九九五年版《光緒朝硃批奏摺》第四輯，第八三四頁，校正。
〔二〕以下二件録自《京報》第二二四四頁。
〔三〕録自《京報》第二二五一號。

獄不洽。該三員均屬難膺民社。相應請旨將柳應喬即行革職，俞功懋、晏燊均以府經歷縣丞降補，以肅官方。據廣東布政使高崇基、按察使于蔭霖會詳前來。理合附片奏陳，伏祈聖鑒。

另有旨。

查明禁革桂皮把持商人覆陳摺〔一〕 光緒十二年十二月二十七日

竊臣之洞於光緒十二年六月十四日承准軍機大臣字寄，光緒十二年五月二十一日奉上諭：有人奏，廣西州縣隱匿命案，有授意賄和及縱凶不辦等項情弊等語。另片奏，桂平等縣有奸商把持桂皮行市，及詭稱包税，抑勒價值，串通關書舞弊情事，窮民受累，釐税日減等語。並著張之洞等確查禁革，以除積弊。原摺、片均著鈔給閱看，將此諭知張之洞，並傳諭李秉衡知之。欽此。當經恭録，移行兩省欽遵查辦。除廣西州縣隱匿命案各情另行查明覆奏外，其奸商把持桂皮行市一節，查原奏内稱，粤西潯州、梧州府屬之桂平、容縣、藤縣、平南等縣，山谷連綿，居民種植桂樹爲生。歲剥桂皮，販運售賣，每百斤約值價七八兩。西省於平南之大烏墟，抽收桂釐。每年税銀四五萬兩，向無擾累，民安其業。同治年間，忽有廣東奸商潘元記、鍾永泰等號十大家，詭稱包税，把持行市，不許他人販賣。在該處張貼粤海關告示，賤值勒買。向之桂皮百斤值價七八兩者，初猶予價二三兩，漸而勒措至七八錢，尚不敷種植剥工之費，居民漸至失業。光緒十一年，又有奸商謙益堂徐姓，效其故智，設法將十家退去，一家包攬，壟斷獨登，勒措尤甚。數十萬户窮民均被其害，生計日蹙。該處釐税近亦減色等語。

查桂皮一項，東、西兩省皆有。西桂産平南、桂平、容、藤四縣，東桂産羅定一州。而販運出口之道又分兩途：東路水運，西桂由潯、梧順溯西江，東桂由羅定内河至肇慶，亦順溯西江沿流而下，至廣州省城出海，此爲舊道。西路水陸並運，西桂由梧、潯逆溯西江，趨鬱林州至廣東廉州府北海口出海，此爲新道。因北海關三聯單於光緒四年已經開辦，其時粤海關三聯單未行，故洋商改由鬱廉一路，以避兩省沿江釐税。華商仍由梧、肇一路，稍分餘潤。上年粤海關始行聯單，於是洋商販桂者，統歸西江順流水運。洋商改水運，則獲利益豐。華商多經沿江税釐則成本益重。從前西桂由華商販至東省賣與洋商載運出口，每百斤值銀十餘兩，其在西省亦值八九兩，桂户獲利頗厚，種植日多。自廣東羅定州桂皮盛出，其利遂分。近十五六年來，出貨多而出口之價日賤，釐抽密而販商之利日微。兼以聯單暢行，華商淡薄，故買價不得不低。每百斤僅給銀八九錢，幾不敷采剥工本。洋商知華商成本過重不能與争，亦遂以輕價收買。兩省産桂之區情形略同，蓋因聯單而販桂之商病，因華洋買價皆低而種桂之户尤病。此東、西兩省桂皮生理遞年耗減之實在情形也。

至商人承辦包抽，始於道光末年怡順堂商人等，咸豐五年有和濟堂之鍾全記、潘元記、倫永泰、霍合記等十家。蓋桂皮專銷洋舶，運售有時，屯户平日收買以供巨商采辦。潯、梧等處種桂業户不下數十萬家，屯户不下數百家，其勢散漫難稽。昔時招商

〔一〕録自《京報》第二二五三號。

承辦，原爲責成稽查，杜絶走漏税釐起見。行之久而弊生，遂有把持抑勒之事。中間屢有革換，仍復積弊相承。上年十月准粤海關監督海緒咨稱，以謙益堂商人宗兆祥等十四家接辦桂皮税釐，而無徐姓商人名目。嗣經臣之洞查得該商人謙益堂較前商收買出價稍多，西桂每百斤銀一兩三四錢不等，東桂每百斤銀一兩七八錢不等，尚無串通關書舞弊情事。然利權所歸，仍復不免掯勒。當將該商立即斥革，出示嚴禁，札飭東西兩省釐局，以後責成本地屯户抽收地税，永禁東省販商壟斷居奇。獨是桂户之累，無論把持與否，要以價低利薄爲患。計西桂出口時價每百斤值銀四兩八九錢，東桂略賤，販商自西而東，潯、梧之桂釐税、運脚、鋪棧、打包、綑工約共需銀三兩二三錢。羅定之桂，約共需銀二兩六七錢。加以貨本，獲利幾何。購之土人，價自不得不廉。華商之買價既廉，洋商之買價亦必不肯厚，故既禁把持以治標，尤宜減税釐以治本。現經定章令東、西兩省桂皮概由出産處所抽落地税一道，此後經過兩省關卡一概驗單放行，無論税釐均不再抽分文。惟至粤海、北海兩關出口時，照例完正税一道。其一切换照、驗船、子口、雜費概行裁革。復與粤海關監督增潤商允，於完正税時尤須極力體恤。東省落地税委員在羅定州設局，每百斤抽銀五錢。西省落地税開辦有年，潯梧總局向係每百斤抽銀七錢二分，亦令減爲五錢，以歸一律。無論是華是洋，不向販桂之商抽收，惟責成賣桂之户照繳。此係援照各直省府縣徵收行户落地雜税舊例辦理，與臣秉衡往返函商，意見相同。現據東西藩司東西釐局分别議詳稟覆，並經潯桂總局委員金佐基、羅定州知州杜庭璆、委員蔡逢恩等稟報遵章開辦前來。

臣等查廣西土貨，惟桂皮最爲商販之大宗，山農之厚利。羅定山僻生計攸關，皆必宜設法護持。惟桂户之累固患把持，尤患價賤。現在辦法貨無壟斷，途免徵抽，薄收地税責成屯户。大抵輕采運之成本，以紓桂商。禁包攬之桂商，以恤桂户。減東省之税釐雜費以保西釐。方今兩省度支並絀，專恃釐捐，然商之不行，釐於何有。故不得不通籌力斷以養財源。現查開辦數月，西桂收買價值已漲至二兩三錢有零，東桂亦不相上下。小民生計稍舒，足見減釐之效。嗣後外來販商再有妄請包辦者，立案永遠禁止。如本地屯户有抑勒價值情弊，亦當隨時查禁革退懲辦，以仰副聖主子惠商民之至意。所有遵旨查明禁革桂皮把持商人並現辦減徵恤商各緣由，謹合詞恭摺覆陳，伏祈皇太后、皇上聖鑒。

該衙門知道。

光緒十二年九至十一月電旨電奏開單具奏摺[一]

光緒十二年十二月二十七日

竊臣於光緒十年間具奏，請將海防緊要事件電致總理衙門代奏者，每月照録原文，彙奏一次。並因欽奉電旨間有碼數參差、文義難解者，繕單呈請敕發總理衙門覈對存案。如有舛誤，即咨照更正。奉旨允行。所有光緒十二年七月以前恭録電旨並電奏，均經具摺奏陳在案。至本年八月分，並未欽奉電旨，亦無電奏之件。兹將光緒十二年九、十、十一等月歷次電旨、電奏彙繕清單，恭摺具奏。伏祈皇太后、皇上聖鑒。

該衙門知道。單二件併發。

〔一〕録自中國第一歷史檔案館編《光緒朝硃批奏摺》第三三輯，第二二二頁，中華書局一九九五年版。

揀員調補知縣摺[一] 光緒十二年十二月　日

竊照海陽縣知縣胡鑑革職開缺，所遺海陽縣係海疆冲煩難兼三要缺，例應由外揀員請調。先經奏請以歸善縣鄭蒸調補。嗣准吏部咨覆：同係附郭首邑，缺項相同，所請應毋庸議。復經題請以清遠縣知縣羅煒調補，接准吏部咨覆：該員羅煒業經革職，其海陽縣知縣員缺，仍令另行揀選等因。查該縣爲潮郡附郭首邑，民情强悍，械鬥成風，素稱難治。且地方濱臨海洋，稽查口岸出入，在在均關緊要。非精明幹練之員，不足以資治理。臣督同藩臬兩司於通省現任合例應調補人員内，逐加遴選。非現居要缺，即人地未宜，實無堪勝任斯缺之員。惟查有饒平縣知縣惠登甲，年四十八歲，甘肅安化縣人。由廪生中式，同治八年補行壬戌恩科甲子正科本省鄉試舉人。光緒二年丙子恩科會試中式進士，以知縣即用，籤分廣東。三年三月十九日到省，題補饒平縣知縣。九年三月二十日到任。該員樸實明慎，勤民耐勞，以之調補海陽縣知縣，洵堪勝任。但該員歷俸未滿三年，現飭遵例赴部捐免，與例稍有未符。惟人地實在相需，例得據實陳明，恭摺奏請。據藩臬兩司會詳前來，合無仰懇天恩俯念海疆員缺緊要，准以惠登甲調補海陽縣知縣，俾資治理。如蒙俞允，該員係現任知縣請調知縣，銜缺相當，毋庸送部引見。所遺饒平縣缺，粵省現有應補人員，應請扣留外補。該員任内有接徵經徵未完光緒九、十年分錢糧，係公處分，例不核計，並無承審積案及承緝未獲盜案已起降調革職条限。係初調人員条罰案由，另行列册送部，理合繕摺具奏。再，兩廣總督係臣本任，毋庸會銜，合併陳明。伏乞皇太后、皇上聖鑒。

旨：吏部議奏。欽此。

揀員委署知縣片[二] 光緒十二年十二月　日

再，署高要縣知縣王崧調署揭陽縣知縣，所遺高要縣知縣篆務，應行委員接署。查有卸高明縣知縣岑傳霖，才具明晰，勤慎安詳，堪以署理。該員任内並無盜劫已起四条之案。據藩、臬兩司會詳前來。除檄飭遵照外，臣謹循例附片陳明，伏乞聖鑒。

旨：吏部知道。欽此。

團練捐資協防出力官紳擇尤保奬摺[三]

光緒十二年十二月　日

竊照廣東各屬官紳辦理團練，協助海防要地，籌捐以資經費，地方賴以安堵。先經臣會同前撫臣倪文蔚，于光緒十二年五月二十七日附片具奏，奉旨：着准其擇尤保奬，毋許冒濫。欽此。當經恭録轉行欽遵。兹據廣東布政使高崇基、按察使于蔭霖，會同營務處海防善後局司道，將在事尤爲出力官紳，核明勞績，列册詳請奏奬前來。臣伏查粤省邊海遼闊，口岸煩多，防不勝防。各路雖有兵勇扼紮，尤賴民間團練添築土台，禁遏奸匪，協防助戰。衆志成城，用能益壯聲威，全疆安謐。至廉、欽水陸兼歷，瓊州孤危隔海，得力於團練者尤多。核計數十州縣，歷時年餘，集費鉅萬，不在海防請奬之内，實爲難得。以後藉資民力，爲日方長。臣按册覆核，尚無冒濫。謹繕列清單，恭呈御覽。合無仰懇天恩

[一] 録自《京報》第二二三五號。
[二] 録自《京報》第二二三六號。
[三] 以下二件録自《京報》第二二三七號。

俯准照擬給奬，以資觀感。出自逾格鴻慈，其職分較微之弁由臣咨部核奬，理合恭摺具陳。再，廣東巡撫係臣兼署，毋庸會銜，合併陳明。伏乞皇太后、皇上聖鑒。

旨：該部議奏。單併發。欽此。

粵防出力員弁擇尤保奬摺光緒十二年十二月　日

竊臣前以粵省防務吃重，懇將在事出力員弁，酌予奬勵，以勸將來。于本年五月二十七日，會同前撫臣倪文蔚具奏。七月初八日差弁賫回原摺，奉旨：着准其擇尤保奬，毋許冒濫。欽此。仰見聖主厪念海疆有勞必録之意，曷勝欽感。當經恭録分行司局各營□查去後。玆據廣東布政使高崇基、按察使于蔭霖，會同營務處海防善後局司道詳稱：粵省自光緒九年夏間，奉旨遵辦邊防。十月兵部尚書臣彭玉麟奉命來粵辦理海防，分投在置，迄十一年秋間始行陸續撤防。在事出力文武員弁，節經省局各司道，惠潮、高廉、雷瓊各道，水師提督方耀，署陸路提督鄭紹忠，湘淮各軍統領陶定昇等，切實查開，由該司道等核明列册詳請奏奬前來。臣伏查粵省防務時歷三年，省防、瓊防、廉防、潮防當沖之地，多至四口，陸海延袤二千餘里，主客各軍一百餘營之多。其中實在出力人員爲數不少，玆蒙朝廷甄録前勞，擇尤給奬，自應嚴加選核。所有留粵湘軍，謹于此次列單請奬。其已經撤調遣回湖南之湘軍各營員弁勇丁，應由兵部尚書臣彭玉麟查明保奬。臣就原開各單切實删減，未敢稍涉冒濫。所請皆係按照例章，亦無過優之處。理合開繕清單，恭呈御覽。合無仰懇天恩俯准照擬給予奬叙，以爲將來籌辦海防人員之勸。出自逾格鴻慈，除將各員履歷即行詳開清單咨部，其千把以下各弁咨部請奬，出力稍次各員弁由臣酌給外奬外，所有遵旨保奬粵防尤爲出力人員，謹會同前辦理廣東防務兵部尚書臣彭玉麟合詞具奏。再，廣東巡撫係臣兼署，毋庸會銜，合併陳明。伏乞皇太后、皇上聖鑒。

旨：該部議奏。單併發。欽此。

保舉前廣州將軍長善政績情形片〔一〕光緒十二年十二月　日

再，前廣州府將軍臣長善，在粵最久，平時整頓旗營地面，威惠兼施，約束嚴明，稽查周密，盜賊屏迹，軍民感頌。奏設洋隊步軍營，並練行營車砲，加給口糧，實事求是，教練純熟。自籌辦海防以來，日夕簡練，設法鼓舞。並仿製地雷、洋火箭諸器具，軍容精整，實出緑營之上。上年該將軍與臣暨前撫臣倪文蔚籌商城守事宜，分派所練洋槍、擡鎗各隊屯紮城外西北一帶，擇地扼守，與署陸路提督臣鄭紹忠一軍相爲犄角。其分守各城旗兵，督令詰查出入，奸匪無從混迹。其時副都統臣尚昌懋、臣鍾泰，同心協力。嗣後將軍臣繼格接任，精益求精，省防益臻鞏固。方今廣州駐防皆聽講求外洋軍火，練成勁旅，推論創開之由，實該將軍十餘年經營之力，洵於粵防大局有裨。所有將軍臣長善歷年辦理練兵籌防情形，臣不敢壅於上聞，理合附片陳明，伏乞聖鑒。

旨：長善著交部從優議叙。欽此。

〔一〕録自《京報》第二二四〇號。

保薦李秉衡片〔一〕 光緒十二年十二月　日

再，護理廣西巡撫布政使李秉衡，操守清介，自奉刻苦，已爲人之所難。其用人辦事，一秉至公，不徇情面，不避嫌怨，愛民出於至誠。上年籌辦賑務，以極苦省分，多方籌湊，全活甚多。至於拊循邊軍，愛恤將領，各營尤深感愜。綜核餉需，力屏虚浮，百計撙節，支持。自廣西來者文武紳民衆口一詞。其官聲之好，實爲近日罕有。因該員本任尚係藩司，而現護撫篆，是以另片奏陳。伏祈聖鑒。

奏請旌表摺〔二〕 光緒十二年十二月　日

竊據廣東候補鹽運司陳耀先等禀稱：查有同鄉河南祥符縣貞女馮張氏，現年三十三歲。係前廣東香山縣知縣張耀堂之長女。秉性貞静，幼侍母疾，恒數夜不寐，病劇刲股以進，母遂獲瘳。故里黨以孝稱。許字浙江仁和縣已故廣東試用通判馮鎧之子儒童馮祖培爲室。光緒元年，祖培病殁，聞訃絶粒三日，誓以身殉，家人環守得免。念夫族近宗無人，停棺未葬，難歸故鄉，請歸馮治喪。父母憐而許之。乃斬衰奔喪，撫棺號痛幾絶。葬翁姑及夫回櫬，儉約持家，絜馨將祀，經營窀穸，心瘁力殫，貞操苦節越十餘年如一日。伏查貞女過門守節，凡經内外臣工奏請者，皆蒙恩准旌表。今該女事同一律，理合聯名開列實據，出具切結，禀懇奏請旌表等情前來。

臣查貞女馮張氏，幼嫻内則長字名門，未偹奠鴈之儀，遽賦離鸞之操。奔喪告莫，誓完太璞之貞。負土成墳，願畢慎終之禮。守身赴義，矢死靡他。節比青松，已歷十餘年之久。芳流彤管，無慚三錫之褒。合無仰懇天恩俯賜旌表，以彰貞行而闡幽光。除册結咨部外，謹會同廣東學政臣汪鳴鑾恭摺具奏。再，兩廣總督係臣本任，毋庸會銜，伏乞皇太后、皇上聖鑒。

旨：馮張氏著准其旌表。禮部知道。欽此。

甄别千總片〔三〕 光緒十二年十二月　日

再，案查乾隆六十年准兵部咨稱，嗣後各省甄别千總年終彙咨報部時，其甄别及數者，於咨内聲明。如果無衰庸戀缺應行甄别之處，令該督撫等將無可劾叅緣由切實聲明具奏。等因。歷經遵辦在案。

臣查每年甄别千總，廣東省應劾五員，今光緒十二年分廣東省劾去四會營千總譚德廣一員，甄别尚未及數。此外各鎮協營千總，據各提鎮咨覆逐一詳加查核，俱尚勤慎供職，並無衰庸應劾之員。臣仍當留心考察，如有年力就衰，及操防懈怠者，即行隨時劾叅，以肅營伍，斷不敢稍事姑容。至廣西省各營千總甄别是否足數，未准廣西提臣咨會，容俟咨催到日，另行辦理，合併陳明。理合附片具奏，伏祈聖鑒。

兵部知道。

〔一〕録自中國第一歷史檔案館編《光緒朝硃批奏摺》第四輯，第八四一頁，中華書局一九九五年版。
〔二〕録自《京報》第二二四九號。
〔三〕録自中國第一歷史檔案館編《光緒朝硃批奏摺》第三九輯，第四五二頁，中華書局一九九五年版。

官紳捐助賑銀請准建坊片[一]

光緒十二年十二月　日

再，光緒十一年五月間，西、北兩江潦水盛漲，大雨傾盆，晝夜不絕。廣、肇兩屬圍基多被衝決，查勘成灾。經臣會同前撫臣倪文蔚督飭司道籌撥銀兩，並倡率各官紳廣爲捐助，以資賑恤。所有辦賑修基情形，迭經奏報在案。查有清遠縣紳士道銜候選鹽運同麥霖芳，遵其故父麥崇光、故母麥朱氏遺命，捐助賑銀一千兩。又六品頂戴甘濟霖，遵其故父甘子能、故母甘劉氏遺命，捐助賑銀一千兩。又五品翎頂候選布經歷麥穎芳，遵其故兄原任山東即墨縣知縣麥瑞芳遺囑，捐助賑銀一千兩，解局放賑，詳請給獎。當經前撫臣倪文蔚批令查明彙獎去後，兹據布政使會同善後局司道分别查明，詳請具奏前來。臣伏查定例各省士民捐助賑銀一千兩以上者，請旨建坊，給予樂善好施字樣。今該紳麥霖芳等，各遵遺命捐銀一千兩，核與建坊之例相符。相應請旨俯准麥霖芳爲其故父麥崇光、故母麥朱氏，甘濟霖爲其故父甘子能、故母甘劉氏，均各合建一坊。麥穎芳爲其故兄原任山東即墨縣知縣麥瑞芳自行建坊。請各給予樂善好施字樣，以昭激勸。除咨部查照外，臣謹附片具陳。再，兩廣總督係臣本任，毋庸會銜，合併陳明。伏祈皇太后、皇上聖鑒。

著照所請。禮部知道。

廣西平糶費用在備荒經費下開支片[二]

光緒十二年六月至十二月　日

再，本年五月間，廣西米價騰貴，匪徒煽動。當經臣飭廣東藩司挪款買米二萬石，運往平糶，附片具奏在案。查廣東每年有應解部備荒經費銀一萬二千兩，其時西糴方急，而東款支絀，猝難籌措，當即將此項備荒經費挪動，并另行籌挪銀二萬八千兩，共湊成四萬兩，爲買米及運脚等費。此米分作四批運往，交西省善後局暨桂林府知府秦焕設局減價發糶。嗣後市價漸平，經該府等將餘米暫爲存倉，以備接濟明春。其米價、運費及減價賠折共用若干，應俟糶完後，由西省核計稟報。查備荒之與平糶，洵爲名實相當，此項銀一萬二千，應即在備荒經費下開支。據廣東藩司高崇基具詳請奏前來，理合附片具陳。再，廣東巡撫係臣兼署，毋庸會銜，合併聲明。伏祈聖鑒。

該部知道。

[一] 録自中國第一歷史檔案館編《光緒朝硃批奏摺》第二七輯，第六一七頁，中華書局一九九五年版。

[二] 録自中國第一歷史檔案館編《光緒朝硃批奏摺》第九一輯，第六二頁，中華書局一九九五年版。

光緒十三年

升授雲南藩司于蔭霖丁憂請旨簡放摺〔一〕 光緒十三年正月十七日

竊照升授雲南布政使廣東按察使于蔭霖，先經臣以該司於盜匪諸事極力整飭，附片奏請暫留數月，俟辦有端緒再行交卸。於光緒十二年十二月二十四日齎回原摺，後開軍機大臣奉旨：特旨簡放人員輒行奏留，此端萬不可開。況現在雲南地方情形較廣東尤爲緊要，即著飭令于蔭霖將經手事件清理完竣，即赴新任，以重職守。欽此。當經恭録轉行欽遵，飭令迅速清理。旋據該司聲稱，奏請陛見。原摺齎回，後開軍機大臣奉旨：著毋庸來見。仍遵前旨，即赴新任。欽此。即經飭令交卸馳赴雲南藩司新任。另片奏報在案。茲據雲南藩司卸廣東臬司于蔭霖報稱，於本年正月初七日，接到電報家信，知親母趙氏於光緒十三年正月初七日子時在京病故。蔭霖係屬親子，並無過繼，例應丁憂回籍守制等情前來。查該司既經丁憂，所遺雲南布政使員缺，相應專摺奏聞請旨迅賜簡放，以重職守。理合恭摺奏陳。再，兩廣總督係臣本任，毋庸會銜，合併陳明。伏祈皇太后、皇上聖鑒。

另有旨。

揀員調補知縣摺〔二〕 光緒十三年正月十七日

竊照現准部咨，香山縣知縣張燿堂革職開缺。所遺香山縣知縣，係海疆繁疲難兼三要缺，例應由外揀選調補。查該縣爲濱海要區，政務殷繁，轄屬澳門地方，華洋雜處，撫綏彈壓均關緊要，非精明練達之員不足以資治理。臣督同藩臬兩司，於通省現任應調人員内，逐加遴選。非現居要缺，即人地未宜，實無堪勝斯缺之員。惟查有博羅縣知縣韓燁祚，年五十九歲，山東章邱縣人，由廩生中式同治三年本省鄉試舉人，光緒六年庚辰科大挑一等，以知縣簽分廣東試用，期滿甄别，堪膺民社，題署博羅縣知縣，十一年十二月初九日到任。該員操守廉謹，辦事切實，以之調補香山縣知縣，洵堪勝任。但該員試署未滿，及歷俸未滿三年，現飭遵例赴部捐免，與例稍有未符。惟人地實在相需，例得據實陳明，專摺奏請。據藩、臬兩司會詳前來。合無仰懇聖恩俯念海疆員缺緊要，准以韓燁祚調補香山縣知縣，俾資治理。如蒙俞允，該員係現任知縣請調知縣，銜缺相當，毋庸送部引見。所遺博羅縣知縣缺，粵省現有應補人員，應請扣留外補。該員任内並無承審積案及承緝盜案、征解錢糧已起降調革職參限，亦無罰俸處分。理合繕摺具奏。再，兩廣總督係臣本任，毋庸會銜，合併陳明。伏祈皇太后、皇上聖鑒。

吏部議奏。

〔一〕録自《京報》第二二七七號。

〔二〕録自中國第一歷史檔案館編《光緒朝硃批奏摺》第四輯，第八五七至八五八頁，中華書局一九九五年版。

奏報十二月分雨水糧價摺〔一〕 光緒十三年正月十七日

竊照廣東省光緒十二年十一月分雨水糧價，業經臣恭摺奏聞在案。茲查廣東省城十二年十二月分上、中、下三旬，得有微雨數次，雜糧收穫已畢，二麥秀發，望雨尚殷。各屬稟報與省城大略相同。糧價與上月並無增減，民情静謐，堪以仰慰聖懷。所有十二月分雨水糧價，謹繕單具奏，伏祈皇太后、皇上聖鑒。

知道了。

丁憂副將暫留署任摺〔二〕 光緒十三年正月十九日

竊據署兩廣督標中軍副將准補廣西新太協副將王世清呈稱，該副將籍隸河南汝州，親父王釗於光緒十二年十一月初四日在籍病故。該副將於本年十二月十九日在署任聞訃丁憂，係屬親子，例應回籍守制，請委員署理等情前來。伏查副將丁憂，例應離任回籍守制。王世清由廣西撫標中軍參將署廣西潯州協副將，經前督臣張樹聲行調卸署來東。時值海防喫緊，委令會辦營務處事務，嗣委署兩廣督標中軍副將。該員潔己自愛，整頓營務，臣標原有練兵兩營，自該副將始創以勇營之制，部勒操練。粵省練兵、紮營、駐防，惟此兩營爲然。現值籌辦海防善後，遇有要件經臣隨時委辦，均極勤奮妥協。因省河緝捕緊要，並委統帶内河巡緝輪拖各船，力除濫費積弊，勇丁選補足額，修船配械，軍容一新。臬司于蔭霖商立章程，嚴密巡緝，獲匪甚多。該員練軍、緝匪熟悉情形，實爲將領中得力之員。水陸練兵船勇均資整頓，甫有規模，似未便更易生手。該員准補新太協副將，尚未引見給劄赴任。其廣西撫標中軍參將底缺，亦未補人。合無仰懇天恩俯念現辦善後練軍辦匪諸事均關緊要，准將丁憂副將王世清，開新太協副將本缺，暫留兩廣督標中軍副將署任，素服辦事，俾一切藉資得力。俟海防善後妥定，再行飭令回籍守制。臣爲整飭營務起見，謹會同廣西提督臣蘇元春合詞恭摺具奏，伏祈皇太后、皇上聖鑒訓示。

著照所請。兵部知道。

剿辦洋匪出力人員擇尤酌保摺 光緒十三年正月十九日

竊照廣東廉州北海與越南連界之九頭山、亞婁瀼等處洋面，竄聚匪徒，出洋登岸至瓊、廉、雷一帶，肆行劫殺，久爲邊海大患。臣於光緒十一年十二月奏明咨照提督馮子材，酌撥營勇，相機勦捕。並派陽江鎮總兵黄廷彪，督同署龍門協副將梁正源，率領輪拖各船，隨同協勦。經將擒斬首夥、攻燬賊巢、安輯土民各緣由，於上年六月二十日恭摺會同奏報。其出力之員弁兵勇人等，懇准擇尤奏獎。奉旨：著准其擇尤保獎，毋許冒濫。欽此。當經轉行遵照。茲准馮子材咨，並據黄廷彪稟查明在事各員勞績，由營務處核詳請奏前來。

臣查九頭山孤懸海中，界連越洋，藏納寇盜，擾害商民，歷有年所。同治十二年因擒斬著匪多名，焚燬賊寮，經前督臣瑞麟奏保在事出力文武員弁五十餘名，欽奉諭旨，均照異常勞績給獎。

〔一〕録自中國第一歷史檔案館編《光緒朝硃批奏摺》第九四輯，第四二五頁，中華書局一九九五年版。

〔二〕以下二件録自《京報》第二二八三號。

良以該將士等遠涉大洋，深入重地，艱危險阻實倍内地行軍。此次各將弁奮勇出洋，連日攻擊，先清海面匪船，直抵該山老巢，掃穴擒渠，多斃悍匪，安輯島民，水陸均就肅清，中外商旅得免戒心，邊氓悉臻安堵，辦理迅速尤爲得手。謹遵旨援案擇其尤爲出力者，繕列清單，恭呈御覽，仰懇天恩俯准照擬給奬，以勵戎行。出自逾格鴻慈。其武職千把以下，由臣咨部給奬。謹會同督辦欽廉防務前廣西提督臣馮子材、水師提督臣方耀恭摺具奏。再，廣東巡撫現係臣兼署，毋庸會銜，合併陳明。伏祈皇太后、皇上聖鑒。

該部議奏。單併發。

彙奏請襲世職摺[一] 光緒十三年正月十九日

竊准兵部咨，同治元年二月十六日奉上諭：嗣後陣亡殉難各員子孫承襲世職，著兵部行文各該督撫轉飭各州縣，將應襲職名迅速查取，徑行具報，毋庸由府司轉詳。等因。欽此。又准兵部咨，襲職發標人員名數孔多，查册結宗圖已到人員各按襲職發標，三月彙奏一次等因。同治二年正月二十五日奉旨：依議。欽此。又准兵部咨，嗣後請襲世職，應於文册内聲明於何年月日及在何處陣亡殉難，並議給世職奉旨日期，逐一詳細報明，毋得遺漏等因。均經轉行遵照在案。兹光緒十二年冬季分，據合浦縣詳，送請襲雲騎尉羅焜先、陳瑞梁均年已及歲，請襲職發標。經臣逐一驗明，均堪發標學習。又據陽江同知詳，查明承襲雲騎尉譚松年，先於年未及歲，奏准承襲，後在家讀書，已考取陽江廳學附生，現在年已及歲，請以文生員兼襲，照舊考試。又據四會縣詳，查明請襲雲騎尉黃楨才，係肇慶府學附生，年已及歲，請以文生員兼襲，照舊考試。又據香山縣詳稱，廕生蔡繼忠，年未及歲，請承襲雲騎尉世職等情前來。

伏查定例承襲世職，令嫡長、嫡次、庶出子孫承襲。如無嫡長、嫡次、庶出子孫，許令弟姪應承繼者承襲。又承襲雲騎尉世職，年已及歲，免其送部，令該督撫驗看具題，俟題准後，就近發標學習，支食全俸，扣至三年期滿，出具考語，給咨送部引見。又承襲雲騎尉人員，如本係文武生員兼襲，不願廢棄舊業照舊考試者，給予世職俸銀。又緑營陣亡官員，議給世職應行承襲人員，准襲後，給予半俸各等語。今請襲雲騎尉羅焜先、陳瑞梁均年已及歲，請襲職發標。承襲雲騎尉譚松年，先於年未及歲，准襲後在家讀書，已考取文生員，現已及歲，呈請兼襲，照舊考試。請襲雲騎尉黃楨才，係文生員，年已及歲，呈請兼襲，照舊考試。廕生蔡繼忠，年未及歲，請襲雲騎尉。均核與定例相符，相應彙繕案由清單，恭呈御覽，請旨敕部核覆，將羅焜先、陳瑞梁發標學習，支食全俸，仍照例扣滿三年，出具考語，給咨送部引見。譚松年、黃楨才俟奉旨准兼襲後，仍在籍肄業考試，照例給予世職俸銀。蔡繼忠准襲之日起，給予半俸，俟及歲時，照例考驗辦理。除將各該員親供宗圖履歷册結咨送部科查核外，理合恭摺具奏，伏祈皇太后、皇上聖鑒。

兵部議奏。單併發。

[一] 以下二件録自中國第一歷史檔案館編《光緒朝硃批奏摺》第三九輯，第四六七至四六九頁，中華書局一九九五年版。

甄別千總片光緒十三年正月十九日

再，乾隆六十年准兵部咨稱，嗣後各省甄別千總年終彙咨報部時，其甄別及數者，於咨内聲明，如果無衰庸戀缺應行甄別之處，令該督撫等將無可劾叅緣由切實聲明具奏等因。歷經遵辦在案。臣查每年甄別千總廣西省應劾二員，今光緒十二年分廣西省劾去調署永甯營千總汛務提標中營左哨千總張德陞一員，甄別尚未及數。此外各鎮協營千總，據各提鎮咨覆逐一詳加查核，俱尚勤慎供職，並無衰庸應劾之員。臣仍當留心考察，如有年力就衰操防懈怠者，即行隨時劾叅，以肅營伍，斷不敢稍事姑容，合併陳明。謹循例附片具奏，伏祈聖鑒。

兵部知道。

購辦機器試鑄制錢摺光緒十三年正月二十四日

竊惟粵省制錢，自咸豐七年以後，三十年來未嘗開鑄，官錢日乏，商民病之。臣比年以來，久欲整頓圜法，惟舊例辦法，虧耗過多，限於物力，未能舉辦。上年與廣東布政使高崇基詳籌熟商，博采衆議，惟用機器製造，則錢精而費不鉅。當經電致出使英、德各國大臣考究機器價值及鑄造之法。疊接使英大臣劉瑞芬函電，喜敦廠機器全副每日作工十點鐘，能鑄造銅錢二百七十萬箇，並寄來喜敦廠機器價目，廠屋圖式。計上等機器全副，内參大號造銀元機器四架，另鎸刻銅錢文母模一副、子模十副，鎸造銀元母模四副、子模八副，製造鋼模所用之鋼料，隨時購辦。合計機器、鋼模，外加運脚保險，以（鎊）［榜］價折合約需銀二十五萬餘兩。建造廠屋佔地縱横六十丈，地面須布鐵板，墊洋泥，除地基外，工料約需銀五萬餘兩。粵省城内民户稠密，地基過昂，約需銀數萬兩，不得以爲常例。此外常年所需鎔銅、鎔銀洋製泥罐，每月約需銀二千六百兩，鑄銅、鑄銀鋼模鋼料，每月約需銀一千零八十兩，鍋爐烘銅片所用上煤、枯煤、栗（煤）［炭］每月約需銀三千兩。洋匠四名，薪工每月約需銀八百六十兩，匠夫三百餘名以及員役薪工、挑運雜（貨）［費］，每月約需銀二千四百兩。綜計一切，每年約需銀十二萬兩。原議機器一年半造成，三批運送。首批七箇月到，每日可造銅錢四十萬箇。次批又五箇月到，每日可添造銅錢五十萬箇，并銀元十萬圓。三批又六箇月到齊，每日可共造銅錢二百六十萬箇，銀元十萬圓。總計仍符每日鑄錢二百七十萬箇之數。每月可造銅錢七萬八千緡，銀元三百萬圓。通年約停工三十日，除搭鑄銀元數百萬圓外，約得銅錢九十萬緡。查銅鉛配合之劑，銅質若少，即不能受機器軋力，應以紫銅六成、白鉛四成爲率。

考錢法輕重，歷代多以唐初之開通元寳爲準，其制重今庫平一錢。蓋古之稱物皆以銖兩計，後世十錢爲兩之名，即由開通錢而得，宋太宗時太平通寳，真宗時咸平元寳、景德元寳，重皆如之。我朝（順治十年以前所鑄）［順治元年開鑪鼓鑄］即重一錢。康熙十九年聖祖仁皇帝諭令，一文重一錢，誠以輕重適中，名實相稱，此制最爲經久。今擬即鑄此式，每一文重庫平一錢。並擬於錢文背面上下，鑄庫平一錢四字，以杜私鑄。合計每千重庫平六斤四兩。粵省錢價一千五百文值銀一兩，今暫以香港上等洋銅、洋鉛時價（合）［核］計，銅鉛價本暨物料、工費、火耗與鑄成所值銀數大率相等，不致虧折。機器所（鑄）［成］，輪（廓）［郭］

光潔，字體精好，私爐斷難相混。鑄成後，或發商易銀，或購買官物，或搭放餉項，按照市價臨時酌量，務順羣情，不限定搭放成數，亦不預定折合銀數，以免軍民受累。

竊惟上古鑄幣本意，開山澤之鑛，鑄通行之貨，固以利民，即以富國。今以外洋銅鉛充鑄，衹屬一時權宜。緣洋舶銅鉛煉精耗少，易受模範。港去粵近，價值亦平。滇銅、黔鉛，所産至富，而提煉未淨，價脚過昂，目前難資應用。查西南諸省多産五金，此乃天地儲此無盡之藏，以供國家邊防之用。今日爲西南實邊計，莫如大興鑛務，就近鼓鑄一端。然非下手試（辨）〔辦〕，參考贏虧，并變通采煉、鼓鑄、轉運之法，其事必不能舉。天下事每憚於勞費而創始，故臣願以粵省創之。茲擬并用内地銅鉛搭鑄并行，其式樣配料輕重一切相同，用以較其精粗，核其息耗。粵省一面試辦，一面與雲貴總督臣考核銅鉛價脚，由兩省自行講求開采鎔鍊之法。如半年以後，核計粵鑄無虧，則（就近滇黔）〔滇、黔就近〕開鑄，節省必多。

查貴州威甯州一帶爲産鉛之所，亦兼出銅，黔省近年即於該州設局鼓鑄，以取利便。惟山路阻遠，機器難至。考黔鉛運道，向由威甯陸運十站至永甯縣，水運三站至四川瀘州，委員於此設局轉運。滇銅産雲南東川府，與威甯鄰境，滇銅運道亦由威甯東下瀘州，亦於瀘州設局轉運。是四川瀘州實爲滇、黔銅鉛會集之所，而去該兩省又甚近。瀘州濱江富庶，商賈輻凑，爲川南綰轂之區，若由川、滇、黔三省合力集資購置機器二副，溯江至瀘建一大廠，滇銅、黔鉛并四川本省之銅俱就此局鑄造。三省自行籌商酌劑，每年各鑄錢若干緡。計兩副機器歲可出錢一百八十萬緡，浮江而下達於沿海，上供神京，旁濟吴楚，制錢（通暢）〔暢通〕而滇、黔已受無窮之益矣。如此則鑛商鼓舞，開采日蕃，價值漸減，鎔煉漸精，即專用内地銅鉛鼓鑄，不致虧折，廣東及他省所需，更無須取給外洋，庶爲經久之道。行之大效，（更）〔並〕可於漢口設機鑄造，以期四達旁流。以京師及各直省之銀，易川、滇、黔三省之錢，自相灌輸，大利仍在中國，似於京外民用、邊餉、邊民均有裨益。

但目前粵鑄兼用中外銅鉛，虧折過鉅，力有不支，惟有搭鑄銀元，或有餘息藉資彌補，庶免以虧耗牽掣，致阻圜法。其試鑄銀元辦法，另片詳陳。至此項購器造廠之費，需銀三十餘萬兩，粵省庫款支絀，無可撥動，現經與弛禁商人酌（款）〔議〕，令其代向富商挪借此數應用，將來陸續由外籌還，不動正款。俟機器到粵開鑄三個月後，當將各項工費，商民行用確實情形，詳晰奏聞。據該藩司高崇基具詳前來。除〔現〕已電致出使大臣劉瑞芬立約購運，飭縣委員購地建廠外，理合恭摺奏陳，伏祈聖鑒。

（硃批）户部速議具奏，片併發。（欽此）〔一〕

試鑄銀元片 光緒十三年正月二十四日

再，廣東華洋交錯，通省皆用外洋銀錢，波及廣西，至於閩、臺、浙、江、皖、鄂、煙臺、天津所有通商口岸，以及湖南長沙、湘潭，四川打箭鑪，前後藏無不通行，以致利歸外洋，漏卮無底。竊惟鑄幣便民，乃國家自有之權利，銅錢、銀錢理無二致，皆應

〔一〕以上衍、脱、舛等十五處均據中華書局一九九五年版《光緒朝硃批奏摺》第九一輯，第六八七至六九〇頁删、補、校正。

我行我法，方爲得體。且粵省所用洋銀，皆係舊洋爛板，破碎黴黑，尤爲隱受其虧。粵省此次訂購鑄錢機器，内兼有鑄銀元機器，擬即選募西人善鑄銀元者來華試造。若附在錢局内鑄造，計此歲鑄銀元三千萬枚之機器，其機器價值、廠屋、工料、火耗，一年所費不過四五萬金。專設一廠，亦不過十餘萬金。外洋銀元每元重漕平七錢三分，今擬每元加重一分五釐有奇，定爲庫平七錢三分。銀元上一面鑄光緒元寶四字，清文、漢文合璧。一面鑄蟠龍（文）［紋］，周圍鑄廣東省造庫平七錢三分十字，兼用漢文、洋文，以便與外洋交易。鑄成之後，支放各種餉需、官項與徵收釐捐、鹽課、雜税及粵省洋關税項向收洋銀者，均與洋銀一同行用，不拘成數。銀色務與外國上等洋銀相等，銀質較重而作價、補水均與相同，商民趨利，自易風行。若日久通行，民間自行加價，亦聽其便。聞外洋銀元頗有贏餘，雖每元加重一分五釐，斷無虧折。如蒙允行，懇請頒發明旨，粵鑄銀元除京餉外，各省協餉解款、完納華洋釐税、民間交易，准其一體行用。開鑄時，即當將（銀樣）［樣銀］恭呈御覽。試造之初，先鑄一百萬元，察其能否流通，陸續添鑄，多至五百萬元而止。如不能暢行，隨時停鑄，殊不爲難。即略有虧耗，亦甚微渺，可以預決，當由粵省籌補，不動庫款。一年以後，粵省果能暢行，當將工費細目，贏餘實數，詳晰奏咨。届時擬請敕下户部體察酌劑，由部購置機器一副，在天津設局鑄造，頒發通商口岸一體通行。粵省銀元，仍懇准其鑄造，由户部酌定限制歲鑄若干，如有息款，即以彌補鑄錢虧耗。計户部機器一副，日鑄十萬元，歲可鑄三千餘萬元。即以每歲鑄千萬元計之，數年之後，充牣海邦，流通域外，雖不藉以裕國用，亦足以保利權。粵省試其端，而户部權其利，揆時度勢，似尚無所窒礙。

總之，鑛務、錢法、銀元三事，相爲表裏，交互補益，如環無端。鑛産盛而後鑄銅、鑄銀有取資，鼓鑄多而後西南各省銅、鉛有銷路。以鑄銀之息，補鑄銅之耗，而後錢法可以專用内地銅、鉛，而無虞虧折。迨至開采日多，銅價日賤，官鑄無虧，商趨其利，民便其用，邊軍資其餉，實西南徼外之邊備，塞東南沿海、沿江九省之漏卮，未必非自强之一端也。所有粵省擬請試鑄銀元以備户部推廣各緣由，相應附片具奏，請旨敕下户部速議覆施行。

［覽］。〔一〕

籌解第一批鹽課京餉等款銀兩摺〔二〕 光緒十三年正月二十四日

竊照承准軍機大臣字寄，光緒十二年十二月初二日奉上諭：户部奏，豫撥來年京餉，擬在地丁、鹽課等款内指撥銀七百萬兩，著於來年開印後，分批起解。另片奏，光緒十三年内務府經費擬撥廣東鹽課銀五萬兩，著於來年開印後，陸續徑解内務府交納。等因。欽此。並清單一紙，内開擬撥光緒十三年分京餉廣東鹽課銀二十萬兩，當經恭録轉行欽遵籌解。

又，粵東運庫應解京餉難以現銀解部，歷經奏請仍行交商匯兑在案。茲據廣東按察使兼署兩廣鹽運使王毓藻詳稱，在於征收

〔一〕以上舛、誤二處及硃批據中華書局一九九五年版《光緒朝硃批奏摺》第九一輯，第六九〇至六九二頁校正、補充。

〔二〕此件録自《京報》第二二八二號。

光緒十二年分省河鹽課項内籌銀五萬兩，並隨解一五加平飯食銀一千五百兩，作爲本年奉撥第一批京餉，又在鹽課項内籌銀二萬兩並隨解平餘拾費等銀六百六十兩，作爲本年奉撥第一批内務府經費，合共銀七萬二千一百六十兩，飭交殷實銀號百川通、蔚長厚、日昇昌、新泰厚承領匯兑入京。遴委候補鹽大使夏慶荃、試用鹽知事楊静安，領賫匯單文批，於本年二月初五日起程附搭輪船進京，照章支取足色紋銀，分赴户部、内務府投納，詳請具奏前來。臣覆核無異，除分咨户部、内務府兑收，其餘未解銀兩仍飭陸續籌解外，理合恭摺奏陳。再，廣東巡撫係臣兼署毋庸會銜，合併陳明。伏祈皇太后、皇上聖鑒。

該衙門知道。

廣東洋藥税釐照原數劃留專還本省洋款摺〔一〕 光緒十三年正月二十四日

竊臣於光緒十二年十二月二十二日承准總理衙門電開，洋藥併征，現定各省釐局截至新正初八爲止，初九起一律歸洋關開辦，其香澳附近六廠因税司趕派不及，暫由各該委員照新定一百一十兩分别征收税釐，三月初九起統由海關併征。等因。又於本年正月初九日承准總理衙門咨開，會同户部具奏洋藥税釐併征，由各關與税司合力開辦等因一摺，奉旨：依議。欽此。咨行到粤。當經分别咨行粤海關監督暨司局欽遵辦理。兹據廣東布政使高崇基會同善後釐務各局司道詳，據該商人黄昌禮稟稱，上年認繳洋藥釐捐八十萬兩，係合通省藥釐而言，今劃出省河、汕頭、海口、北海等處，歸洋關辦理，所餘香澳六廠爲數無多，應如何扣抵餉款之處，事多膠葛。情願自正月初九日起一概退辦，香澳六廠釐捐亦歸海關委員併征，以一事權等情。查該商所稟，尚係實情，即經准其退辦。所有三月初八日以前，香澳附近六廠藥釐，咨由粤海關監督增潤歸併常關抽收。此遵照新章截清日期撤退商辦併歸常、洋各關辦理之情形也。惟查此項商包藥釐，臣於上年五月奏明湊還本省洋款，經户部議准具奏。奉旨：依議。欽此。嗣以初議包抽之六十萬兩不敷洋款本息，而所請劃留西征款二十萬兩湊還一節，户部未准。因體察該商情形尚可支持，令每年加繳餉銀二十萬兩，合共八十萬兩留爲歸還本省洋款本息專款。復於上年十二月覆陳廣東藥釐業經加抽，無可提解案内，詳晰聲明具奏在案。現查洋藥併征新章已行，釐款歸入海關彙收，所有藥釐專還本省洋款一案，本係粤省有著的款，户部核准，奉旨允行之案，自應查照原案辦理，應由廣東洋關所收藥釐暨香澳六廠暫收藥釐内，每年仍照商人包定原數劃出銀八十萬兩，按月匀解藩庫兑收轉付。如與洋款稍有贏絀，應留爲彌補本息較多年分，及榜價增長之需，以符奏案。此係粤省向有之釐，歷年本省待用之款，並非額外懇請加撥等情，詳請具奏前來。臣覆核無異，相應請旨敕下户部轉飭該監督，於廣東洋關征收洋藥項下，每年劃出藥釐銀八十萬兩，留粤按月匀解藩庫兑收，作爲歸還本省洋款專需，以免貽誤。其正月初九日至三月初八日此兩月内香澳六廠暫收藥釐，應由該監督核實征收，儘數撥歸洋關抵補。理合恭摺具奏。再，廣東巡撫係臣兼署，毋庸會銜，合併陳明。伏祈皇太后、皇上聖

〔一〕録自中國第一歷史檔案館編《光緒朝硃批奏摺》第七二輯，第三三至三四頁，中華書局一九九五年版。

鑒。

户部議奏。

知府嚴家疇被參縱丁訛索案先行議結摺〔一〕

光緒十三年正月二十四日

竊照承准軍機大臣字寄，光緒十一年九月十一日奉上諭：有人奏，廣東順德縣西華、塘利兩鄉因築圍栅械鬬多年，劣紳從中包庇，糾率匪徒突入塘利鄉，殺傷多人。副將利輝納賄，責令私和，縱暴殃民。徐聞縣武生陳濂等與蘇泮林挾有夙恨，因外羅埠失火延燒，遂控蘇泮林糾衆放火。知府嚴家疇縱令門丁李朗山訛索，案懸莫結等語。著張之洞等，將所參各案提省嚴訊，秉公斷結，毋任延累。利輝、嚴家疇等如有賄縱情事，即行嚴參懲處。原摺均著鈔給閱看，將此各諭令知之。欽此。欽遵。經臣會同前撫臣倪文蔚，札飭藩、臬二司，將兩案分别查辦。其順德一案現經查明，另片覆奏。至徐聞一案，由司委員候補通判陳吉麟馳往，按照所參各節，逐一訪查，行提人卷，解省質審。兹據廣東按察使于蔭霖會同布政使高崇基詳稱，提到原被人證，調核案卷，參以委員查覆情形，按照原參各節，嚴切訊究。

如原參陳濂、顔俊、林世傑等，因與蘇泮林挾有夙恨，適去年十二月外羅埠失火延燒，陳濂等遂控蘇泮林糾率勇丁白日放火一節。訊據蘇泮林供稱，外羅埠失火之日，伊父子正與楊華山等因另案在縣對質，委無放火情事。因被林世傑等誣控，心疑陳濂等前將伊收租工人斥責，並有討債舊嫌，恐係從中唆攏。故以陳濂、顔俊串囑陷累等詞赴府控訴。據陳濂供，蘇泮林工人符妃五，因向梁竹成等討租口角，聲言如無租錢，定將篷寮焚燬。伊與顔俊因符妃五收租蠻横，見事不平，曾向斥責。光緒十年十二月十七日莫什湘酒店失火延燒梁竹成、文廣興及林世傑等篷寮十五間，林世傑疑係蘇泮林父子糾人暗中放火，意欲具控，向伊與顔俊告知。伊等因挾蘇泮林等討債口角舊嫌，未向阻止，隨聞林世傑與梁竹成等以蘇泮林父子糾人放火等詞，在雷州府控告蘇泮林。亦以伊與顔俊挾恨串囑林世傑揑控等詞赴府呈訴，委無串囑情事。據梁竹成、文廣興供，向在外羅埠搭蓋篷寮生理，寮地係蘇泮林産業，蘇泮林遣工人符妃五收取地租，因無錢應付，兩相口角，符妃五聲言要把篷寮焚燬。適埠内莫什湘酒店失火延燒伊與林世傑等篷寮共十五間，林世傑因蘇泮林工人曾有無租燒屋之語，遂疑蘇泮林糾人放火，邀伊等公同呈告，因無實據未允。不料林世傑竟自列首名，並背簽伊等名字，赴府控告，實無聽從陳濂等串揑情事。

又如原參知府嚴家疇既不虚心研鞫，復縱令門丁李朗山從中訛索，曲直不分，案懸莫結一節。訊據蘇泮林供，門丁李朗山僅見一面，並未接談，亦無向伊索過銀錢。伊未告過嚴知府，亦未告過門丁索詐。上年在省控告陳濂等賄託李朗山舞弊呈詞，係伊母投遞。伊在押，並不知情。又據蘇光謙供，李朗山實未見過，並不認識。因伊父被押，疑係陳濂等賄託李朗山舞弊，是以控告。再三究結賄串及訛索實據，並許以但能指實，必爲重辦，蘇泮林父子並無一語指實。

伏查此案總以蘇泮林父子有無糾衆放火，陳濂是否挾嫌誣控，

〔一〕録自中國第一歷史檔案館編《光緒朝硃批奏摺》第一〇九輯，第九九二至九九五頁，中華書局一九九五年版。

及知府嚴家疇有無縱令門丁訛索爲緊要關鍵。茲經飭據委員查明，及會提確訊，外羅埠失火之日，蘇泮林父子正在縣署質訊，其爲並無糾衆放火自屬實情。林世傑輒以蘇泮林等工人符妃五曾有如不給錢即將篷寮燒燬之語，疑爲蘇泮林父子放火，混行呈控，固屬誣罔，而陳濂等明知林世傑欲行具呈，因懷挾蘇泮林等從前討欠口角之嫌，並不阻止梁竹成等，被林世傑背簽名字，亦不及早首明，以致蘇泮林等因其工人符妃五蠻索地租，經陳濂見事不平斥責，並因有討欠舊嫌，即疑係陳濂等串同誣告，復以林世傑赴府越控，准理將其傳押勒交其子蘇光謙質訊，復疑爲陳濂等賄託門丁舞弊，先後具控。迭訊蘇泮林等，據供前後所控陳濂等串誣賄託，均係出自懷疑。所參門丁訛索一事，蘇泮林不惟不能指證，且堅稱並無其事。是蘇泮林父子迭控陳濂等各情，均屬譸張爲幻，亟應擬結。乃蘇光謙主使其父蘇泮林，抗不具遵，並以被控各案必須悉予斷結，意圖挾制。查蘇泮林父子捏控各節，審係虛誣，已屬咎有應得。其平日居鄉爲富不仁，控案纍纍，無非倚勢妄爲盤剝强霸等事。提省之後，又經莫子鵬等控其藉契强佔搶割禾稻，及楊華山等具控買業遺糧，譚其琛具控串賣繼産私相授受等案，皆應澈訊，第與本案均不相涉。蘇光謙明知不能一併擬結，輒慫恿其父堅稱必須全結，方能具遵，顯係恃符狡展。現在本案既經查訊明確，並無遁飾，自應先行擬結。未便任其刁抗，致令全案拖累。已革訓導蘇泮林，年老昏憒，一切皆由其子蘇光謙主使，業經另案斥革，應請發交地方官嚴加管束，免予深究。蘇光謙於本案訊係誣控，再三究詰，俯首無詞。自知此外控案尚多，情罪難逭，堅欲全予了結，冀遂其延案拖累之計，狡健已極。若不斥革審辦，殊無以儆刁訟而杜效尤。已革武生陳濂，訊明係被誣累，惟明知林世傑所控不實，並不阻止。又有見事不平之語，是其平日好事生端已可概見。梁竹成、文廣興亦明知林世傑背簽名字，並不首明，均屬不合。陳濂、梁竹成、文廣興均照不應重律發縣杖責發落。陳濂在海康縣另有控案，應與蘇光謙一併發回各該縣，將被控各案分別澈訊究辦。顏俊業已病故，應毋庸議。林世傑捏控放火重情，飭縣勒緝獲日另結。前署雷州府知府嚴家疇，雖經查訊並無縱丁訛索情事，門丁李朗山被控舞弊亦經蘇泮林等供明係屬懷疑誣控，其將蘇泮林發押，係爲勒交其子蘇光謙，速圖結案起見。惟於林世傑赴府越控，並不詳查虛實，輒以控情重大，遽行准理，雖係事出因公，究屬輕率，亦應量予薄懲等由，議擬詳請具奏前來。臣覆加查核，均屬實在情形，相應請旨將福建試用縣丞蘇光謙即蘇光岱，即行斥革發縣，將被控各案分別訊辦捐照追繳咨銷。並將前署雷州府知府試用知府嚴家疇交部察議，俟勒緝林世傑獲案日，訊明究辦。除此次所奉寄諭飭查副將利輝一案另片覆奏外，所有訊明知府參案先行議結緣由，理合繕摺奏陳。再，廣東巡撫係臣兼署，毋庸會銜，合併陳明。伏祈皇太后、皇上聖鑒。

著照所請。該部知道。

開復各員處分片〔一〕

光緒十三年正月二十四日

再，據廣東按察使王毓藻會同廣東布政使高崇基詳稱，查署

〔一〕録自中國第一歷史檔案館編《光緒朝硃批奏摺》第四輯，第八七三至八七四頁，中華書局一九九五年版。

南海縣知縣張琮，原參盜案七十五起，除前任五起，實在七十起。已破獲本任案四十四起、前任案三起，獲犯四十六名。翁源縣知縣史賓臣，原參盜案六起，破獲五起，獲犯十八名，最重之呂有昌一起亦已破獲。前署新甯縣知縣沈春輝，原參盜案六起，除光緒十一年分一起，實止五起，破案三起，獲犯三名，最重之朱榮昌一起亦已破獲。佛岡同知岳齡，原參盜案六起，破獲三起，獲犯四名，最重之李永恩一起亦已破獲。丁憂東安縣知縣陳自新，原參盜案七起，破獲二起，獲犯七名，該令於丁憂交卸後選派丁壯隨同武營拏獲鄰境盜犯十六名，照章准其抵銷。前署高明縣知縣劉駿聲，原參盜案七起，該令於卸事後選派丁壯隨同營員，陸續拏獲鄰境盜犯七十餘名，照章准其抵銷。前署番禺縣知縣裘伯玉，原參盜案二十九起，破獲二十起，獲犯三十七名，最重之鄭朗常、黃祖義二起亦已破獲。該員現已病故。以上七員奉參後，皆能認真緝捕，或破案已經過半，或拏獲鄰境多盜，均屬深知愧奮。又查三水縣原參盜案三十五起，破案三十三起，獲犯二十八名，最重之張晋祥、霍瓊書、梁洪基三起亦已破獲，均核與開復章程相符。請將各該縣並各該營汛弁摘頂及暫行革留各處分奏請開復前來。臣覆核無異，除三水縣知縣方維幹業因另案降調應毋庸議外，相應請旨將署南海縣知縣張琮、翁源縣知縣史賓臣、前署新甯縣知縣沈春輝、佛岡同知岳齡、丁憂東安縣知縣陳自新、前署高明縣知縣劉駿聲、已故前署番禺縣知縣裘伯玉、署三水營右營守備蔡珠、署廣州協右營守備白玉，原參摘去頂戴，及蘆包汛三水營把總白世濂、西南陸汛署三水營把總熊士仁、署廣州協右營守備李祥、李村汛署廣州協左營把總梁國材、西關汛署廣州協左營把總梁鎮鏗、隆慶汛廣州協左營把總馮錦華，原參暫行革職仍留本任各處分，一併准予開復，以資觀感。謹附片具陳。再，廣東巡撫係臣兼署，毋庸會銜，合併陳明。伏祈聖鑒。

著照所請。該部知道。

迭次拿獲會匪洋盜訊明正法摺[一] 光緒十三年正月 日

竊照廣東歸善縣屬稔山會匪於光緒十年二月聚衆滋事，當經官軍剿捕撲滅，均經前督撫臣奏報在案。其漏網匪目經順德、歸善各營縣續獲要匪陳亞奎等六名，解交水師提督方耀行營，訊明正法。復經把總鄧吉暉在香港附近地方，設法擒獲首犯黃金安一名，行文漢官，交解提省審明，經臣批飭正法。又洋盜一項，粵海最甚。迭據總帶輪船都司銜儘先千總武永泰，在新安縣屬零丁海面，擒獲洋盜梁亞深等十一名，解交廣州府。又據署龍門協副將梁正源，督飭右營都司曾德銘、賴桂林，右營守備滿俊、千總滿傑，署欽州營參將楊瑞山，督飭哨弁楊岑英、黃彪，會同萃軍弁勇等，督率輪拖各船，先後在西蜆洋面亞婆深、三娘灣、白龍尾、荷包河等處海面，擒獲洋盜黃景順即黃三等八名。並據梁正源督飭龍門協千總曾顯、魯滿傑及合浦縣團紳鄭炳堃，北海汛把總覃應韶，陽江鎮右營都司鄭廷熊等在三娘灣南洋、雞洋等處擒獲洋盜吴鳳春即吴青等十四名。均解交督辦欽廉防務前廣西提督馮子材行營。又據鄭廷熊會同中軍守備陳國保、電白縣典史張錡等，率帶兵役練勇在二蓮頭、沙嘴及蓮赤堡等處，拿獲洋盜黃亞

[一] 録自《京報》第二二七八號。

得等五名，解交高州府。據管帶輪船儘先補用遊擊楊必仁，在臨高縣屬葫蘆港洋面，拿獲洋盜吴新發等七名，解交雷瓊道。又據赤聽協在挑尾園等處，拿獲胡亞海等二名。並據管帶輪船都司陳良傑，在新安縣屬鵶州洋面，拿獲盧亞勝一名。均解交廣州府。又據吴川營都司德恩、守備李炳超、外委彭藹芝、蔣榮詔、額委林廷香、軍功黄獻昌、代防麻斜汛外委何瑞光，先後在吴川縣屬廣洲灣洋面，擒獲洋盜龐士得等十一名，解交吴川縣。又據歸善縣稟獲土匪楊留發等四名，解交惠州府，轉解署陸路提督鄭紹忠行營。均經各該道府審明，分別由臬司營務處覆訊稟辦，並由馮子材、方耀、鄭紹忠督飭地方印委，訊明録供咨報。經臣核明，先後批飭就地正法各在案。兹據臬司于蔭霖將正法各犯開具名數案由清單，詳請具奏前來。臣覆核無異，除飭司備録供招，咨部查核，並勒緝逸犯，務獲究辦外，所有續獲征辦捻山會匪首要，並獲辦洋盜、土匪各緣由，謹彙繕清單恭呈御覽。再，廣東巡撫現係臣兼署，毋庸會銜，合併陳明。伏乞皇太后、皇上聖鑒。

刑部知道。單併發。

迴避知縣仍留原省補用片〔一〕光緒十三年正月　日

再，原指廣東試用知縣沈麟書，迴避從堂兄前任臬司升任藩司沈鎔經，改指江西補用，未經離省，適沈鎔經病故，現無應行迴避之人，似可毋庸迴避，仍留廣東補用。前經由司具詳咨請部示。旋准部覆，已逾正展限期六個月之外，應照章仍令前赴指省分候補，不准請留原省補用。所請將該員迴避改指江西補用之案註銷之處，應毋庸議等因，咨覆到臣。自應遵照部示，給咨該員赴江候補。惟查該員沈麟書前次稟請迴避，請咨赴江西候補之時，正軍務吃緊之際，需員差遣。經前督臣張樹聲奏留廣東軍營差委，聲明俟防務稍鬆，再行給咨赴江候補。欽奉諭旨允准。今升任藩司沈鎔經既經病故，已無應行迴避之人。况沈鎔經病故時，該員尚未銷差。雖逾領咨限期，實係在軍營辦公，且經奏留，並非該員自行迴避，就與定章所指逾限不行，請咨適值應行迴避之親族別有事故離省者不同。今該員既非無故遲延自行逗遛粤東，亦無應行迴避之人，據藩司高崇基具詳前來。合無籲懇天恩俯准飭部查照前咨，將試用知縣沈麟書迴避改指江西補用之案註銷，仍留廣東原省按班補用，以資熟手。出自鴻慈，除咨吏部外，臣謹附片具陳，伏乞聖鑒。

吏部議奏。

運篆委臬司兼署片光緒十三年正月　日

再，准吏部咨，欽奉上諭：雲南布政使，着于蔭霖補授。王毓藻着補授廣東按察使。欽此。當即轉行欽遵去後。經該司等自行奏請陛見。現據該司等聲稱，原摺齎回，後開軍機大臣奉旨：着毋庸來見。等因。欽此。

查廣東按察使于蔭霖業已升授雲南布政使，自應飭令交卸，馳赴新任。其廣東按察使即令王毓藻到任，並以新授兩廣鹽運使英啓月内即可到粤。所有運司篆務飭由王毓藻暫行兼署，以免紛

〔一〕以下二件録自《京報》第二二七九號。

更。理合附片具陳，伏乞聖鑒。

吏部知道。

彙奏第九十四次正法盜犯名數摺[一] 光緒十三年正月　日

竊照粵省近年盜風日熾，經臣會同前撫臣倪文蔚於光緒十一年十二月初一日奏請，仍即先行就地正法，經刑部核議覆准。嗣後廣東省拿獲持械夥劫兇暴衆著之各項盜匪，無論水陸，不分首從，凡有案情重大，罪干斬梟斬決者，一體照土匪、馬賊、會匪、游勇章程，先行懲辦。其距省較遠者，由該廳州縣審實後，酌核道路遠近，如道府同城者，解由該管巡道督同覆審。不同城者，即分別解由最近之該管或道或府州覆審。如犯多路遠者，即由道府州親赴所屬覆審，均録供通禀督撫，核明情節確實，批飭就地正法。其廣州府屬及佛岡、赤溪二同知所獲盜匪，仍於審實後，録供解府審明通禀，批交臬司會同營務處司道覆訊明確，禀俟核飭，就地正法。案情重大者，梟示，拒捕者，格殺勿論。並將通省此項正法盜匪按三個月彙奏一次。光緒十二年正月十四日具奏，奉旨：依議。欽此。等因。咨行到粵。當經通行欽遵辦理。查廣東省第九十三次辦過盜犯，經臣彙奏在案。兹查自光緒十二年七月初九日起至十月初八日，復届三個月，應歸第九十四次彙奏。據各屬及緝捕員弁報獲盜犯共一百四十二名，經該府縣訊明録供報解，由臬司會同營務處司道覆訊，禀經臣核明批飭就地正法。案情較重者酌加梟示。據臬司于蔭霖將辦過盜犯名數造具案由、罪名册，詳請具奏前來。臣覆核無異，除將案由、罪名册送部查核，並飭司備録全案供招咨部，暨洋盜另行具奏外，所有第九十四次正法盜犯謹彙繕名數案由清單，恭摺具奏。再，兩廣總督係臣本任，毋庸會銜，合併陳明。伏乞皇太后、皇上聖鑒。

刑部知道。單併發。

委署道員片 光緒十三年正月　日

再，署督糧道事肇陽羅道孔憲瑴，現經飭赴肇陽羅道本任。所遺督糧道篆務，查有卸署惠潮嘉道本任高廉道益齡，謹飭安詳，明達政體，堪以署理。除檄飭遵照外，謹附片具陳，伏乞聖鑒。

吏部知道。

斥革舉人李廷槐片 光緒十三年正月　日

再，據廣東按察使王毓藻會同布政使高崇基詳，據署新會縣知縣包永昌禀稱，該縣舉人李廷槐，素不安分，壯歲聯結棍徒九人，包攬詞訟，擇肥而噬，有九如堂名目。同治十一年，因包庇族匪李世篷奪犯一案，經前撫臣張兆棟題請斥革，隨准刑部咨，以事犯在同治十一年正月初四日恩旨以前，免其斥革。該舉人幸邀寬典，仍復不知悛改。此次查辦匪鄉，該鄉七堡爲著名匪村，該縣包永昌查開各匪姓名，諭該舉人具限交案。迺李廷槐未交一匪，反向該營縣求將其堂姪爲匪李孫指掌一名摘釋。不允所請。竟敢暗給李孫指掌川費，令其潛逃安南。似此有心庇縱，已屬大干法紀。且查該鄉應繳沙田經費及積欠多年錢粮，延不完繳，均由李廷槐一人庇抗所致。又屬胆大妄爲。此而不懲，無以靖地方

[一] 以下三件録自《京報》第二二八二號。

而清田賦。請將該舉人李廷槐奏明斥革審辦前來。臣查粵省各屬匪鄉，類有一二地棍勢豪爲之主持徇庇，是以匪徒明目張胆，無所顧忌。該舉人李廷槐，從前劣跡多端，幸免褫革。近復庇匪抗糧，怙惡不悛，日甚一日，實難再事姑容。相應請旨將李廷槐革去舉人歸案，審辦追繳。除咨部外，理合附片奏陳，伏乞聖鑒。

李廷槐著革去舉人，歸案審辦。餘依議。該部知道。

恭報交卸兼署撫篆日期並懇賞假調理摺光緒十三年二月十七日

竊照新任廣東撫臣吳大澂現已抵粵，臣當將廣東巡撫關防及太平橋監督關防並王命旗牌、文卷等件，於光緒十三年二月初九日委員賫送撫臣接收，臣即日交卸署任。

伏念臣當兼權撫篆之日，正勉銷病假之時，孱軀本未復元，而吏治、軍政、餉需、盜案、洋務、邊情，兩衙門公事，一時並集，尤無喘息之暇。誠以委畀之厚，時事之艱，不敢不勉策疲駑，獨自搘拄。現在署任雖獲交卸，而本任職守繁重依然，幸同官有人可資商榷，亟擬趁此調養宿疴。兼因感受春寒，觸動肝木舊證，鬱塞作痛。醫者謂病（原）［源］在於用心太苦，有乖消息之宜，必須息心静養，非藥餌所能驟效。惟有籲懇天恩賞假一月，俾得調理速痊，勉圖報效。至日行緊要事件，臣仍當力疾會商東西撫臣妥爲辦理。

（硃批）著賞假一月。（欽此）[一]

剿撫各黎開通山路摺光緒十三年二月十七日

竊查瓊州黎匪，自攻克陳鍾明什密老巢，平燬馬嶺、廖二弓、十八村匪寨後，軍威已振。［惟］西峒逆首陳（文）［汶］中，馬嶺逆首黃清，廖二弓逆首那肥即胡那肥、那閃，陵水逆首丁鬚生、藍紅衫、胡明時，樂會逆首賴文成等負嵎抗拒，死黨尚多。又有僞大將軍鄭顯昌，係光緒七年閏七月奉旨飭拏未獲之逆首，瓊民多罹其害。均應亟爲勦辦，以伸國法，而快人心。當經提督馮子材派直隸州知州劉保林督率部勇勦辦那肥一股，道員楊玉書、知府馮相榮率軍追（剿）［捕］陳（文）［汶］中、黃清各匪，分飭紳團搜捕餘孽。

上年十一月二十七日，探知那肥踞廖二（弓）［巖］老巢，濠深（巖）［卡］密，（上）［排］列礮石爲死守計。劉保林派隊進攻，先燬堅木柵十餘層，該逆猶抵死不退。二十八日我軍直逼老巢，以火箭飛射寨中，知縣石佩瓊、主簿楊士丞、巡檢楊桂振等繞出山後圍攻，自辰至午，賊勢不支，棄巢向後山越竄。石佩瓊督勇猛追，那肥中槍倒地，經楊桂振割取首級。逆黨回援，楊士丞猝爲飛彈所中，登時陣亡。各軍四面兜擊，（殄）［殲］斃悍賊百餘名，奪獲槍械三百餘件，陣亡勇丁九名，受傷三十餘名。生擒匪供，那肥槍斃屬實，餘匪逸出無幾。維時陳（文）［汶］中竄入陵水首弓之打鐵村。十二月初一日，楊玉書、馮相榮暨團紳譚喬紳分帶兵練馳往圍捕，該逆奪門狂竄，練長林明志奮勇（持）

[一] 以上衍、舛三處，據中華書局一九九五年版《光緒朝硃批奏摺》第四輯，第九一〇至九一一頁刪、校。

[搏]鬭，槍斃逆首陳（文）[汶]中。練長吳金章生擒僞先鋒胡那耀，並斃匪夥多名。初七日楊玉書、馮相榮、劉保林移營廖二嶺尾，逆首那閃率黨出栅拒戰，猛鷙異常，我軍合力圍攻，礮傷該逆左脚，始經就擒，解交馮子材大營訊明梟示。連日各軍（勦捕）搜山，丁鬚生、藍紅衫、胡明時三逆以次就（擒）[獲]。總兵林長福率萃右軍搜勦烏坡一帶餘匪，初一至初五等日，將横山固[圈]賊（黨）[栅]一併攻燬，生擒賴金昌、王打狂等匪，殲斃逆黨數十名，我軍亦有傷亡。知府馮相華率萃中軍分搜定安望天嶺、天峒嶺一帶，擒斬逆匪賴文才、夥黨黄亞二等九十餘名。萃右軍擒獲逆首賴文成暨匪黨胡鳳尾等八十餘名。劉保林所部萃左軍擒獲黄昌明等一百餘名。萃前軍擒獲林成珍等一百八十餘名，[各屬紳團擒送黄打東等二百九十餘名。]均係積年（黨）[兇]匪，供認迭次殺掠不諱，經馮子材先後飭令正法。東、中兩路匪勢已經涣散，惟鄭顯昌、黄清未獲。十二月二十一日，偵知鄭顯昌率其死黨盤踞萬州黎峒，馮子材飭署萬州營遊擊方敬選派弁兵會合萃軍馳往圍捕。千總張德星、五品軍功朱廷光，首先奮勇深入黎巢，將該逆生擒解營正法。本年正月十二日，馮子材自赴寶停司督勦，令馮相榮、劉保林分率勇團搜山。是夜躡及黄清於廖二弓灣洲地方，都司陳榮坤、守備劉步高連槍擊斃之，令降黎認明屬實。並將平日濟匪致富，被控多案之土棍李榮誥拏獲[訊明]正法，合縣稱快。

當萃軍漸移瓊南之時，中路定樂毗連之嶺門、烏坡一帶尚有餘匪，當經臣之洞由省另派福軍四營，益以土勇兩營，前往搜勦撫定。其西路客匪黄鄒保、温河清夥黨，前次雖經投誠，渡海安插，仍復潛回故地，伺便糾衆劫掠，怙惡不悛，法難寬宥。經道員方長華派軍擒斬匪首陳贊桂、匪目張秀生、鄧亞生、賴官生等四十三名，稍輕者分别發交州縣懲禁保釋，仍飭該處紳團勒拏餘匪，以期安緝。又有儋州匪首陳鍾銘，藉報復爲名，糾衆滋擾感恩地方，焚殺淫掠，黎、漢各村均被其害，上年八月奏明在案。[經]方長華派府經歷毓濂等設法擒獲，[解]交馮子材大營訊辦。以上情形，接據馮子材暨方長華、楊玉書、護雷瓊道謙貴等節次咨報，稟報前來。

計定、樂、陵、萬、澄、感各匪俱已漸次廓清。惟崖州一屬，處瓊郡之極南，距府城將及千里，山谷最深，瘴毒最重，[多]從古人迹未到之（處）[所]。該處生歧最悍，自道光九年至十一年戕官爲亂，經前督臣李鴻賓督軍勦平，卒以官兵未能深入（草）[羊]林嶺以北黎村，自此叛爲生黎，不納丁糧。[近年]抱寨、抱丑、打蕩等村黎匪，四出焚殺甚慘，紳民屢經稟請勦辦。又陵、崖交界之卜馬峒，在五指、七指之間，地勢深險，素爲匪窟，此兩處尤應乘機勘定。此時將士久勞，饋餉不易，然不就此兵威，一律底定，則瓊地病根未除，聲教終梗，以後難期再舉。臣之洞熟加籌度，亟宜恪遵一勞永逸之諭，廓清崖境，以竟全功。當經與馮子材電（函）[商]定議，激勵諸軍多備醫藥，移師南路。病者撤出善地調養，壯者鼓勇深入。令馮相榮、馮相華、劉保林等（三）[之]軍由東路進，方長華之軍由西路進，會合紳團，分别勦撫，務令直抵生歧巢穴。應俟辦有端倪，再行奏報。此萬、陵各匪肅清後，現又移辦崖匪之實在情形也。

現在亂黎漸稀，則撫定良黎有可措手。臣之洞酌擬撫黎章程十二條刊發傳布。一、官軍此舉，專爲勦除亂黎，招撫良黎，開通十字大路，以期黎、漢永遠相安，其良黎秋毫不擾，毋庸畏懼。

一、從前爲匪黎人，投誠者免，抗拒者誅，擒斬來獻者重賞。一、投誠各黎，無論生熟，一律薙髮改裝。一、投誠黎首，開送户口册，綑獻匪徒，繳呈槍械。一、投誠黎衆，隨大軍伐木開山，前驅嚮導，仍按計里數，酌給賞犒。一、將來開通生黎大路後，選擇要地設官撫治，安營彈壓。各村黎長助勦開路有功者，授爲土目，就中酌設（局）總土目數人。散目給頂戴，總目授土職，自爲約束，仍聽地方官選黜。略仿（黔、滇）［滇、黔］各省土司之例，不令吏胥索擾。一、開通後，黎人仍安生理，有主之田，斷不（能）强奪，惟抗拒者籍産入官，充官軍屯田之用。一、開通［後］，田業三年内不收賦税，三年之外，務從輕則起徵，斷不（科）［苛］斂。一、開通後，黎境有鑛各山，由官商開采者，給錢租賃，絶不强行佔踞，黎、漢均享其利。一、開通後，民人鹽、布、百貨與黎地牛、木、糧、藥等物，在各峒口設場互市，來往暢通，公平交易。嚴禁漢民訛賴盤剥，總令於黎人有益。一、設立土目之後，應各具永遠不敢殺掠抗官、藏匿匪徒（之）切結存案。所屬有犯，責成該土目拏送到官，按律懲辦。一、每數村仿内地設一義學，延請塾師習學漢語漢文，宣講聖諭廣訓。所需經費，就地籌辦。令在籍紳士、總兵林宜華、副將符鴻升等，分遣通曉黎語團紳，經歷各峒，剴切宣諭。其霞黎、苗黎、哮黎、乾脚歧各種類多裸處，酌給衣袴，令其漸被冠裳之化，馴其頑悍之俗。現據各路稟報，已經薙髮改裝、就撫造册者，東路丁口三萬餘，北路一萬餘，西路四萬餘。

查撫黎以開路爲先，開鑿險隘，芟焚林莽，令其四通八達，陽光照臨。人氣日（甚）［盛］，則嵐（嶂）［瘴］自消，水毒自除。前代雖有開通十字路之議，迄未舉行。康熙二十［八］年，瓊州鎮總兵吴啓爵勦［平］南勞峒黎後，亦曾議及，中作而輟。綜考黎峒形勢，北以十萬峒之牛欄坪爲要，東以太平峒之什密爲要，東南以寶停司爲要，南以羅活峒之［樂］安司爲要，西南以古振州峒爲要，西以紅毛峒之凡陽爲要，皆出入衝要，可以屯兵足食之所。

茲擬開大路十二道。一、由樂會之嘉（漬）［績］市西行，經石壁、船埠、加嶺、中平河濫出五指山之北，西抵牛欄坪，此爲東北路。一、由萬州之興隆、五甲西北行，經長沙營、什密、（禁）［樂］會、南峒七（邨）［村］，出五指山之東，亦抵牛欄坪。一、由定安之銅甲口西北行，過毛祥口，出五指山之南，西抵五指山下水滿峒。一、由陵水之烏牙開至寶停司，又由崖州之藤橋亦開至寶停司，再由寶停司西行，横開一路，越七指山［西］抵崖州屬樂［安］司，此爲東三路。均責成道員楊玉書辦理。

一、由崖州東之三亞口西北行，越（華）［羊］林大嶺，出五指山之西，抵凡陽，此爲東南路，責成道員楊玉書暨知府馮相棨、馮相華辦理。

一、由儋州南豐市東行，經大水、番畲、元門、紅毛、合（棘）［辣］諸峒，東南抵五指山下水滿峒。一、由紅毛［下］峒南行，經番響、毛貫諸峒，出五指山之西北，經凡陽南抵樂安司。一、由儋州（之）調南市東南行，經七坊、刀（缸）［釭］諸峒，南抵感恩、古振州峒，（北）［此］爲西三路。一、由昌化東行，經古振州峒東，亦抵樂安司，此爲西南路。均責成道員方長華辦理。

一、由崖州西之九所市北行，經樂平汛東北，抵樂安司，此爲南路，責成署崖州知州劉保林、署崖州協副將方敬會合方長華辦理。

一、由定安之嶺門南行，經蚺蛇峒、十萬峒、牛欄坪、南勞峒抵五指山，過山南至水滿峒，此爲北路。一、由嶺門西南行，經三坎溪、豬母灣、加釵峒，出黎母山之南，抵紅毛峒，此爲西北路，責成督帶福軍同知孫鴻勳辦理。

統由馮子材考核督催，並飭瓊州道府激勵各屬紳團，同力協助。大率參考前明海瑞、俞大猷諸人之説加以變通推廣。所開之路［略］如井字形，其餘［由］各州縣團夫分開小路，以合於大路，縱横貫通，同時並舉，分地定限，會合聯接，勇團土黎，併力作工。［路］以一丈六尺爲度，極險仄處以八尺爲度，人力所不能施者，以炸藥轟裂之。所到之處，伐木焚莽，搭橋鑿井。經過黎歧，隨宜撫定。分遣員生測繪地圖，並令沿途察看各河道，是否可行船筏，以備運出老山材木百貨。測看各山鑛苗種類，以備開采。山内地形土性宜於種植何物，以阜物産而贍瓊民。路通地闢之後，應於内山要隘廣饒處所，建置城寨，設官安營，以資化導控制，舉辦一切，俾此奥區永爲樂土。

竊惟瓊（郡）［州自］唐代建州置縣以來，峒黎叛服不時，屢煩兵力。良由山深（林）［箐］密，恃險爲患，外匪附和，荼毒益深，勞費防守，直無安歲，［矧近鄰越南外憂方亟，腹心之疾未除，則海防益無把握］，與臺灣生番情形無異。乃蒙聖主明見萬里，采兵部侍郎曾紀澤之奏，特頒諭旨，令籌經久之計。臣等仰秉宸謨，策勵諸將，稔惡亂黎，誅擒殆盡，開荒鑿險，漸化榛狉。目前路工已得十分之四，（統）［約］計五月間，路工可一律告成，羣黎亦可［期］撫定。一切善後事宜，臣等當妥議奏陳。所有疊次攻克萬、陵等處匪巢，殲除首要，以及深入老山，撫黎開路各員弁，艱險勞瘁，迥異尋常，應懇恩施，由臣等存記，俟全瓊肅清後彙案奏請獎敘。

（硃批）覽奏均悉。即著張之洞等將勦撫各事宜妥籌辦理，以靖地方。所有出力各員弁，著俟全瓊肅清後，准其擇尤彙案奏保，毋許冒濫。（欽此）〔一〕

請獎勵瓊州官軍摺〔二〕 光緒十三年二月十七日

竊照瓊州黎、客各匪連年滋事，經臣之洞奏派提督馮子材督軍進勦，將逆首陳鍾明等殲除，平毁中路什密、東路馬嶺、廖二弓等處匪巢，安撫西路良黎，生擒稔惡客首，當於上年十一月恭摺具奏。光緒十三年正月二十一日奉旨：覽奏均悉，此次進勦黎客各匪，連破峒寨，殲擒首逆，辦理尚屬得力。所有迭次出力員弁，准其擇尤保奬，以示激勸。等因。欽此。仰見聖主眷顧邊防，勸功行賞之至意。當即恭録咨行欽遵辦理去後。兹准馮子材並據道員方長華將迭次出力員弁紳團，查明造册，由營務處司道核明詳請奏奬前來。

伏查瓊州黎匪老巢多在萬山深處，歷年官軍未能深入，以致兇燄日熾，民不聊生。此次馮子材親督各軍，縋幽鑿險，蒙犯瘴癘，直擣中堅，殲渠破壘，復攻克東路陵、萬賊寨多處。西路瓊軍，亦將近年倡亂客首次第擒獲，羣黎讋服，紛求就撫。其勦辦

〔一〕以上衍、脱、舛等五十五處據中華書局一九九五年版《光緒朝硃批奏摺》第一一七輯，第二〇五至二一〇頁刪、補、校正。

〔二〕録自中國第一歷史檔案館編《光緒朝硃批奏摺》第一一七輯，第二一〇至二一一頁，中華書局一九九五年版。

情形與臺灣生番無異，而深入苦攻，奏功迅速，實爲近時所僅見。謹遵旨擇尤保獎，繕列清單，恭呈御覽。册開各員，臣等切實核減，合無仰懇天恩俯准照獎，以勵戎行而策後效，出自逾格鴻慈。其千把以下照章咨部給獎，除將傷亡瘴故將弁查明另案奏請敕部議卹外，謹會同前廣西提督臣馮子材恭摺具陳，伏祈皇太后、皇上聖鑒訓示。

該部議奏。單併發。

添調福軍赴瓊片光緒十三年二月十七日

再，上年十月，萃軍攻克什密老巢後，因冒瘴苦戰，兼以不服水土，病歿纍纍。當將各營撤出嶺門，調息傷病將士。分軍由屯昌進紮陵、萬，專勦馬嶺、廖二弓等處股匪。業經奏報在案。

查自萃軍撤退後，中路無勁兵填紮，在瓊各軍，皆未堪此瘴癘，正擬添調生力兵勇，以代疲病而竟全功，適記名提督南澳鎮總兵劉永福請假回廣西賓州安置家屬，並往博白縣省墓。所部福軍五營尚留省城，該軍將士以入關後未立功效，自願赴瓊助萃軍勦撫黎匪。

當查該軍久在關外，素習艱苦，能忍煙瘴，到彼如果相宜，將來即令在彼墾田開礦，既可節省軍儲，安插人衆，瓊防添此一枝勁旅，更有大益。即經檄飭前委經理該軍營務之同知孫鴻勳，選帶四營前往，由中路進，并於到瓊後添募土勇兩營，以資嚮導。每營二百人，仍隸福軍，編爲福軍新左、新右營，以便鈐束。劉永福銷假回東後，仍留省防，俟將來體察情形，若亦令該提督赴瓊，是否相宜，再行奏明請旨辦理。現在該軍悉遵孫鴻勳調度，渡瓊以後，秋毫無擾，於撫黎開山諸事，甚爲得力。

（硃批）知道了。（欽此）

爲張福啓等請恤片光緒十三年二月十七日

再，遊擊銜廣東儘先補用都司張福啓，自馮子材渡海勦辦黎匪，該都司踴躍請行，首率一營，由嶺門深入黎峒，爲諸軍先。雙溪灘、黄竹等處賊寨，爲陳鍾明什密老巢第一重門户，巖深河廣，該都司鳧水而渡，麾軍猛攻，首克堅栅三處，旋復冒雨會合諸軍，攻奪總口山要隘，大挫凶鋒。是此次殲渠掃穴，該部司尤爲首功。詎以日日渡河，冒雨受溼，兼受瘴氣水毒，致嬰重病，歿於營次，各軍同聲痛惜。計該營弁勇傷亡瘴故最多。

又查有六品銜分省補用縣主簿楊士丞，向在萃軍，派充哨官。上年十月，隨同大軍攻克什密老巢，復經攻勦廖二弓黄清匪巢，斬馘最多，均經奏報在案。此次進勦廖二岩那肥一股，該主簿力追該逆，中槍陣亡，該逆及其悍黨率爲我軍所殲。

查張福啓首克黎巢，殞身瘴域，楊士丞以文吏親身搏戰，奮勇捐軀，均屬深堪閔惜。合無仰懇天恩俯准敕部將遊擊銜儘先都司張福啓照遊擊軍營立功後積勞病故例，從優議恤。六品銜分省主簿楊士丞照六品陣亡例，從優議恤，以慰忠魂。其餘疊次傷亡瘴故員弁兵勇，容俟查明，另行彙案奏請賜卹。

（硃批）著照所請。該部知道。（欽此）

謝賜福字摺〔一〕 光緒十三年二月十七日

光緒十三年二月初十日，摺弁回粵，賫到御賜福字一方，當即恭設香案，望闕叩頭祗領，欽惟我皇上泰運斟元，乾圖受祉。體璇闈之訓政，百度修明。仰黼扆之當陽，萬幾親覽。章懸雲漢，出三殿而到百蠻。輝起文昌，望京華而依南斗。鴻施寵賁，鼇戴滋虔。臣奉職炎方，馳忱宸極。三年疆寄，未答涓埃。一字天題，永綏吉劭。珠江瓊島，靖邊徼之波瀾。梅嶺桂州，涵方春之雨露。所有微臣感激榮幸下忱，謹繕摺叩謝天恩，伏祈皇太后、皇上聖鑒。

知道了。

署任總兵賴鎮邊丁憂服滿摺〔二〕 光緒十三年二月十九日

竊照總兵銜廣東大鵬協副將賴鎮邊，於光緒九年五月二十二日在任聞訃丁親母憂，例應回籍守制。經前署督臣曾國荃奏稱，大鵬協副將駐紮新安縣屬九龍地方，孤懸海澨，華洋雜處，賴鎮邊膽識兼優，兵民愛戴，辦事極有血性，而於該處地方情形尤爲熟悉，現值海防喫緊，懇將賴鎮邊暫行留任，改爲署理，俟防務稍鬆，再行飭令回籍守制等因。隨准兵部咨，光緒九年六月十七日奉上諭：曾國荃奏副將丁憂請暫留署任一摺，廣東大鵬協副將賴鎮邊，業經簡放瓊州鎮總兵，著即改爲署任，餘著照所議辦理，該部知道。欽此。並准兵部發給署理總兵劄付承領在案。嗣據賴鎮邊呈報，自光緒九年五月二十二日聞訃丁憂起，不計閏扣至光緒十一年八月二十二日，二十七箇月服闋，業經據情咨報。茲准兵部咨覆，賴鎮邊前報丁憂時，經該督奏奉上諭，改爲署任，今該鎮服滿之處，應令奏明辦理等因前來。伏查賴鎮邊於尚未簡放瓊州鎮總兵之時，在大鵬協副將任内丁憂，奉旨改爲署任，並經接領署劄。今該總兵業已服滿，現署碣石鎮總兵篆務，辦事甚屬認真，理合將該署任總兵賴鎮邊服滿日期，會同廣東水師提督臣方耀恭摺奏明，伏祈皇太后、皇上聖鑒訓示。

賴鎮邊著實授瓊州鎮總兵。兵部知道。

揀員升補陸路參將摺〔三〕 光緒十三年二月十九日

竊准兵部咨，廣東增城營參將缺係陸路題補第一輪第六缺，應用現任遊擊請升，行令迅揀合例人員奏請升補等因。查定例陸路題補之缺，輪用應升人員，先儘以卓異人員升補，遊擊以上歷俸二年方准保題。又定例各省題調武職各缺，如因員缺緊要，人地相需，將不合例人員保奏，應於摺内聲明，請旨交部核覆，恭候欽定等語。茲會同署廣東陸路提督臣鄭紹忠詳加揀選，現任陸路遊擊人員内，雖有曾經薦舉卓異之員，惟未引見注册及合例應升之員，均於此缺人地不宜，未便請補。查有廣東惠來營遊擊吉學盛，年六十四歲，安徽壽州人，由軍功在安徽等省勦匪出力，遞保花翎儘先遊擊，補授廣東潮陽營遊擊。嗣因調赴鮑家灣堰口

〔一〕 録自中國第一歷史檔案館編《光緒朝硃批奏摺》第四輯，第九一一至九一二頁，中華書局一九九五年版。

〔二〕 録自《京報》第二三四六號。具奏日期據中華書局一九九五年版《光緒朝硃批奏摺》第三九輯，第五四三頁定。

〔三〕 録自《京報》第二三〇七號。具奏日期據上書第五四四頁定。

集東洋渡三覺寺及霍邱縣堵剿，迭次殺斃生擒賊匪多名，於肅清皖江北岸出力員弁案內彙保。同治二年十一月二十日奉上諭：著以參將補用。欽此。又因奉調入淮軍盛字營，在江蘇地方攻克常州城，於克復宜荆溧陽嘉常等城案內保奏。同治四年九月十五日奉上諭：著賞加副將銜。欽此。又於是年隨調蒙城，接解雉河重圍案內保奏。同治四年十一月十四日奉上諭：著以副將儘先補用。欽此。又因勦平任賴捻股及張總愚捻股，直東肅清，於歷在皖鄂省出力人員案內保奏。同治七年八月初九日奉上諭：著以總兵記名簡放。欽此。嗣因軍務告竣，於同治九年四月初九日到潮陽營遊擊任，續准調補撫標右營遊擊、南韶連鎮左營遊擊，復准調補今職，均已接劄，歷俸期滿。該員勇健有爲，戰功久著，並無在各省參革朦保情弊，以之升補增城營參將，洵屬人地相需。現任遊擊人員內雖有曾經薦舉卓異及應升之員，惟不合請補，現當整飭營伍之際，總期要缺得人，未便稍涉拘泥，謹隨摺聲明，合無仰懇天恩俯准以吉學盛升補增城營參將，俾營伍藉資整頓。如蒙俞允，俟部覆到日，給咨送部引見以符定制。謹會同署廣東陸路提督臣鄭紹忠合詞恭摺具奏，伏祈皇太后、皇上聖鑒。敕部核覆施行。

兵部議奏。

請以朱國安補授連陽營遊擊摺〔一〕 光緒十三年二月十九日

竊照廣東連陽營遊擊張起鵬勒休，遺缺前准部咨，應用儘先人員，經臣會同署廣東陸路提督臣鄭紹忠奏請以督標中營儘先補用遊擊朱國安補授。現准兵部咨，尚有儘先中次在前之方杜一員，摺內漏未聲叙，應令查明，聲覆到日，再行核辦。光緒十二年十二月二十三日奏，奉旨：依議。欽此。等因。咨行前來。

伏查方杜一員，尚未造送履歷咨部注册序補，且該員於此缺人地亦屬不宜，不合請補，謹查明聲覆。合無仰懇天恩俯念員缺緊要，仍准以朱國安補授連陽營遊擊，俾營伍捕務藉資整頓。如蒙俞允，俟部覆到日，給咨送部引見以符定制。謹會同署廣東陸路提督臣鄭紹忠合詞恭摺覆奏，伏祈皇太后、皇上聖鑒，敕部核覆施行。

兵部議奏。

請將黃榮華等十員留粵差委片 光緒十三年二月十九日

再，總兵銜補缺後補用總兵儘先副將借補湖北漢陽鎮標中營左哨都司黃榮華，經兵部尚書臣彭玉麟奏調來粵，記名提督王光耀、花翎記名總兵李星文、花翎儘先參將熊常富、總兵銜兩湖補用副將張貴文、副將銜兩江儘先遊擊吴建壽、補用都司劉華青、儘先守備陳玉祥、都司銜山西撫標儘先補用守備秦金照、四川督標雲騎尉補用守備白維楨，前因海防喫緊，先後來粵投效，迭經臣派委要差。或統帶廣安水軍，或管帶廣勝軍勇營，或創造舢板礮船，或委帶巡緝輪船，或派赴廉瓊潮各路防營差委，或赴援臺

〔一〕以下六件録自中國歷史檔案館編《光緒朝硃批奏摺》第三九輯，第五四五至五五二頁，中華書局一九九五年版。

灣在臺帶勇，均甚得力。現在廣東海氛雖已靜謐。防務未可稍懈，該員等皆係久歷戎行曾著戰績之員，合無仰懇天恩俯准將黃榮華、王光耀、李星文、熊常富、張貴文、吴建壽、劉華青、陳玉祥、秦金照、白維楨等十員，留於廣東差委。遇有水陸缺出，分別補用、借補，以資任使而裨防務。除飭取各該員履歷造册咨部外，理合附片具奏，伏祈聖鑒。

著照所請。兵部知道。

請准以謝玉泉補授守備片 光緒十三年二月十九日

再，廣東四會營守備缺，前准部咨，應用儘先人員。經臣會同署廣東陸路提督臣鄭紹忠奏請以督標中營藍翎儘先補用守備謝玉泉補授。現准兵部咨，謝玉泉儘先名次在四十名後，核與奏定章程不符，礙難議准。至聲稱該員係曾補連陽營守備，因丁憂退回，與初次請補者不同。惟此次由儘先人員請補，究未便不按儘先名次核計，所請亦毋庸議，行令查照定章，另揀儘先合例人員請補。光緒十二年十月二十日奏，奉旨：依議。欽此。等因。咨行前來。伏查四會營守備缺，地方緊要，現當辦理積匪之際，必須精明幹練之員方資得力。該員謝玉泉，材力精壯，營務勤能，於四會地方情形熟悉。且現准部行新章，丁憂人員免其退回，該員雖名次在後，究係前在核准名次章程以前補准之員。況該員係以禮去官，與因案退回者有間。合無仰懇天恩俯念員缺緊要，准以謝玉泉補授四會營守備，俾資整頓而免向隅。嗣後不得援以爲例，如蒙俞允，俟部覆到日，即行給咨送部引見以符定制。謹會同署廣東陸路提督臣鄭紹忠合詞附片覆奏，伏祈聖鑒。敕部核覆施行。

兵部議奏。

請准以白琚補授守備片 光緒十三年二月十九日

再，准兵部咨，廣東惠州協左營守備倪義忠勒休，遺缺係陸路部推之缺，應用儘先人員。既據聲明扣留，應即迅揀儘先人員請補等因。查定例，各省題調武職各缺，如因員缺緊要，人地相需，將不合例人員保奏，應於摺内聲明，請旨交部核覆，恭候欽定等語。茲會同署廣東陸路提督臣鄭紹忠，在於經部覆准注册序補之陸路儘先守備内，詳加揀選。除黃宗錦因案勒令離營查辦外，其名次在前之李森泰、葉卓和、黃雄高、陳增福、黃得心、高顯章、楊文釗，或人地未宜，或營伍未嫻，均未便請補。查有督標中營花翎儘先守備白琚，年五十歲，廣東廣州府清遠縣人，由勇目遞保把總，撥營拔補，復於攻克福建武平及廣東長樂各城出力案内保奏。同治六年正月十二日奉上諭：著以守備儘先補用，並賞戴藍翎。欽此。又於勦辦靈山、欽州匪徒及越南漏網餘匪出力案内保奏。光緒二年三月初三日奉上諭：賞加都司銜。欽此。飭發督標中營效力，造送履歷，經部覆准注册序補。嗣於勦辦儋臨客匪案内奏請賞換花翎，光緒六年五月初四日奉旨：著照所請獎勵。欽此。該員明白果敢，捕匪勤能，並無在外省叅革朦保情弊。現署清遠營左營守備，辦理裕如，以之補授惠州協左營守備，洵堪勝任。雖儘先名次在後，與例稍有未符，惟在前各員均不合請補，現當整飭營伍之際，未便稍涉遷就，謹隨摺聲明，合無仰懇天恩俯准以白琚補授惠州協左營守備。如蒙俞允，俟部覆到日，給咨送部引見，以符定制。謹會同署廣東陸路提督臣鄭紹忠合詞附片具陳。伏祈聖鑒。敕部核覆施行。

兵部議奏。

請准以梁文海升補守備片光緒十三年二月十九日

再，廣西右江鎮右營守備羅存德病故，所遺守備員缺，係題調之缺，接准部咨行文，迅揀現任人員升調等因。查定例，各省題調缺出，先儘現任人員揀選調補。如無合例調補者，准於應升人員内保題升用。又題調缺出，照例揀選具題，其有員缺緊要，人地實在相需，而所保之員與例稍有未符者，將不合例之處，詳細聲明，請旨交部核覆各等語。

查右江鎮右營守備缺，駐紮泗城府城，係煙瘴題調之缺，必須熟習風土，能耐煙瘴之員，方克勝任。粤西内地守備，非現居要缺，即人地未宜，實無堪以調補之員。臣與廣西提督臣蘇元春於現任應升人員内詳加揀選，查有左江鎮右營左哨千總梁文海，年五十歲，廣西南甯府宣化縣人，由行伍隨勦出力，遞拔今職。光緒元年十二月十四日接劄。因越南勦匪出力保獎。光緒三年五月二十六日奉旨：著以守備補用，並賞戴藍翎。欽此。隨因六年俸滿，咨部留任。旋於光緒八年軍政案内保薦，給咨晋京，經欽派王大臣驗放，請旨准其卓異加一級註册，回任候升。光緒十年九月十六日覆奏，奉旨：依議。欽此。該員營務老練，操防認真，且熟習風土，能耐煙瘴。右江鎮右營守備，非該員本府之缺，以之請補，洵堪勝任。惟調缺請補，與例稍有未符，第人地實在相需，例得專摺奏請。合無仰懇天恩俯念煙瘴要缺需員，准以左江鎮右營左哨千總梁文海，升補右江鎮右營守備，以期人地相宜。如蒙俞允，該員係軍政卓異保送奉旨回任候升之員，今請補守備，毋庸送部引見。應請給予右江鎮右營守備劄付，令其赴任。其所遺左江鎮右營左哨千總弁缺，俟接准部覆，再行選弁拔補，合併陳明。臣謹會同廣西提督臣蘇元春合詞附片具奏。伏祈聖鑒。敕部核覆施行。

兵部議奏。

請准以朱錫康補授都司片光緒十三年二月十九日

再，廣西上思營都司龔紹良升補遺缺，係題調之缺，接准部咨行文揀員升調等因。查定例，各省題調缺出，先儘現任人員揀選調補，如無合例調補者，准於應升人員内保題升用。又題調缺出，照例揀選具題，其有員缺緊要，人地實在相需，而所保之員與例稍有未符者，將不合例之處，詳細聲明，請旨交部核覆各等語。

兹查上思營都司，駐紮南甯府上思州城，地處邊境，水土惡劣，必須精明强幹、熟習邊情風土、能耐煙瘴之員，方克勝任。粤西現任都司守備，非現居要缺，即人地未宜，實無堪調堪升之員。兹會同廣西提督臣蘇元春詳加揀選，查有花翎儘先補用都司朱錫康，年三十四歲，江蘇金山縣人，由武童投效軍營，隨勦楚省各匪，遞保儘先千總。嗣因奏保諒山出力員弁案内，光緒十一年五月十五日奉上諭：千總朱錫康免拔千總，免補守備，以都司儘先補用。並賞戴花翎，留於廣西，遇題推缺出，儘先補用。欽此。因在越南打仗受傷，奏准免其騎射，現仍在龍州差遣，甚爲得力。該員遇事奮勇，熟習邊情，節年從役越南，歷派防扼南太上思一帶邊隘，出入瘴鄉，於上思地方風土邊情最爲熟習，並能耐煙瘴。前在外省軍營，亦無叅革、朦混、保舉情弊。以之請補此缺，洵堪勝任。惟該員係儘先人員，請補題調之缺，與例稍有未符。第上思營界連越南，人地實在相需。且查同治四年夏間，龔紹良請補上思營都司，亦係由儘先人員請補，經部覆准，理合援案聲明奏請。合無仰懇天恩俯念要缺需員，准以儘先都司朱錫康補授上思營都司，俾收得人之效。如蒙俞允俟接准部覆，即行給咨送部引見，以符定制。臣爲都司員缺緊要起見，謹會同廣西提督臣蘇元春合詞附片具奏。伏祈聖鑒。敕部核覆施行。

兵部議奏。

瓊廉防餉無出請准留用捐輸一年摺〔一〕

光緒十三年二月十九日

竊准户部咨，本年正月十三日議覆臣之洞奏，廣東省截留海防捐輸銀兩並再請展限一摺，本日奉旨：依議。欽此。恭録咨行到粵。查原奏内稱，海軍衙門一切經費、東三省練兵需餉，惟恃此捐輸一項。權其重輕，較該省尤爲緊要。況外省收捐，一經准其截留，往往私自減成，廣爲羅致，必致京捐大爲減色。是以户部於上年十二月奏請將海防捐輸統歸部庫兑收，撥解海軍衙門應用，所有各直省捐輸，均令依限一律普停。既經奉旨允准，自應一體欽遵，不能因粵東一省，頓改奏定之案。所請粵省捐輸暫行留用，並再展限一年之處，應毋庸議。該省海防捐輸依限停止，並將本年正月起至三月止捐收銀兩，專款存儲，聽候部撥。至瓊廉餉需緊急，亦屬實情，應由該省另行妥籌接濟。至光緒十二年二月初七日止共收正項銀兩若干，内撥解彭玉麟行營銀兩若干，如有盈餘，應解海軍衙門等語。查部臣以海軍需費，東三省需餉，令各省一律停捐。至瓊廉餉需緊急，令粵省另行妥籌，具見部臣維持國計，兼顧邊防，臣等何容再瀆。惟粵省現在情形，舍截留捐輸，委無可籌之款。暨捐輸在粵，於京捐無礙，且尚有益於京捐者，敬敢一一陳之。

查廣東自光緒十一年十二月奉旨停止各項抽捐後，不敷過鉅。如開辦巡緝經費，專爲内河水陸巡緝而設，他款不得挪支。洋藥釐金專供借款。沙田清查收效尚遲，貨鹽各釐經整頓後稍有起色，究未大增收數。所恃以濟急者，此新例捐輸耳。今若停止另籌，派捐則紳商不願，加釐則商賈咨嗟，名目愈新，則疑懼愈甚，此必不可行之勢也。至粵省捐輸，不獨取資内地，近而南洋諸島，遠而新舊金山，其大姓巨商素多慕義急公之舉。若寬限一年，廣爲勸辦，則湊集鉅款尚有可期。若捐局遠在京師重溟，信息不甚靈通，衆情未免觀望。且經商外洋，兑寄不易，駮查履歷，往返需時，本無服官之心，復有周折之慮，殊難期其踴躍。是粵捐之停，於粵防固有損，而於户部未必有益。竊思創立海軍，誠爲目前大政，粵省本應竭力供億，仰贊朝廷無外之宏規。儻蒙恩准仍留捐輸，展限一年，粵省當竭力設法遵章勸辦。此一年内，無論收數多寡，必當提解銀二十萬兩作爲海軍衙門餉費，其餘始充本省邊海防餉之用。如此則海軍於京捐所收之外多增一鉅款，户部

〔一〕録自中國第一歷史檔案館編《光緒朝硃批奏摺》第五七輯，第五六四至五六六頁，中華書局一九九五年版。

祇爲不費之惠，而粵餉稍有補苴之資，似於大局尚無窒礙。至光緒十二年二月初七日以前，粵東甫經開辦，收數無多，除撥解彭玉麟行營餉銀十萬兩外，餘款業經湊支彭玉麟留防湘軍月餉，並無餘存。應與二月初八日以後收數一併另行造册報銷，以清款目。據廣東布政使高崇基會同海防善後局司道詳請具奏前來。臣等查粵省上年准留捐輸，專爲瓊廉防餉起見。本年各省情形不同，現在瓊州正辦撫黎開山事宜，並勦南路崖匪，事機順利，不容中輟。若因餉匱撤兵，則前功盡棄，海防棘手，甚爲可惜。至廉欽界務一竣，即當嚴辦邊防，防務既未便弛而不籌，財源亦不能鑿空而裕，除截留捐輸之外，一時殊難設法。該司道等所陳，委係實在情形，且於收捐項下認定提解鉅款以供海軍，餘始留充粵用，於部臣力顧要需之意似亦不相矛盾。合無仰懇天恩俯念粵省防餉殷絀，無從另籌，仍准暫留新例捐輸一年，至本年十二月底止，以供邊防、海防餉需。至此項截留後，當隨時解足海軍餉費銀二十萬兩，不敢貽誤。謹合詞繕摺瀝陳，伏祈皇太后、皇上聖鑒訓示。

著照所請。户部知道。

請飭部更正賞給王德榜軍銀片[一]　光緒十三年二月　日

再，上年七月臣與前撫臣倪文尉附奏廣、桂、湘、鄂各軍給賞情形，聲明甫谷之戰，王德榜軍賞銀一萬兩。因兵係客軍，數係東許，東西兩省各任其半，由東局支給銀五千兩等情。兹准護廣西撫臣李秉衡咨稱：王德榜楚軍，西省實由西餉内提銀一萬兩充賞。隨由東省轉運局接到臣批，已在西省發之後復另由東款賞銀五千兩，乃爲一事，不與西省相涉。計東西兩省共賞銀一萬五千兩，各鈐領備案。東省前奏聲叙有誤，礙難報銷，咨請奏明更正前來。

臣查王德榜軍賞項，臣原擬東西兩省各給五千兩，共湊成一萬兩。其時因省轉運局未接到臣批定數目，護撫臣以賞未便久待，即由西局發給銀一萬兩，告知該軍將士係西省餉項内賞給。及臣批到時，西省固未便收回，東局以臣已有函電將東賞若干之數知照楚軍，亦礙難食言不給，因又發給東賞五千兩。當時運局未經詳晰聲覆，以致前奏漏未將西款五千叙入，相應請旨飭部查照更正，以符報銷。謹附片具陳，伏祈聖鑒。

該部知道。

奏陳核獎同文館各員等摺[二]　光緒十三年三月初九日

光緒十三年正月二十九日准兵部火票遞到吏部咨，議覆廣州將軍繼格等奏廣東同文館每届三年酌情獎勵，自光緒九年至本年又閱三載，將提調漢文教習及館長、分教習等分别擬保開單給獎等因。欽奉諭旨允准。查該將軍等此次保奏各員，除武職應由兵部辦理，其保獎文職各員，覈與例章相符者，應行照准。其與例章不符之試用直隸州州同王清傑，請俟補缺後以直隸州歸候補班前先補用。設員非軍營異常勞績，所請並非應陞之階，覈與定章不符，應令另覈奏明請獎等因。奏准咨行前來。奴才等悉心參酌，

[一] 録自抄本《張文襄公電稿》。
[二] 録自臺北故宫文獻編輯委員會編《宫中檔光緒朝奏摺》第三輯，第一二〇頁，臺北故宫博物院一九七三年版。

擬將館長試用直隸州州同王清傑，請改補缺後，以知州歸候補班前先補用，以示獎勵而資勸勉。出自逾格鴻慈，所有遵照部議將同文館出力人員另行覈獎緣由，理合恭摺具奏，伏乞皇太后、皇上聖鑒，敕部覈覆施行。

吏部議奏。

京員津貼請仍照原派數目籌解摺 光緒十三年三月十七日

竊惟我朝優待臣工，京官於正俸外復有恩俸，而外任復益以養廉銀，尤爲前代所未有。光緒九年間，户部因言官條奏，議令各省關提撥外銷之款，作爲京官津貼，計每年（擬）［撥］解京官津貼銀二十六萬兩。會同吏部酌定章程，於十年間奏准各衙門四品以下京官、翰、詹、科、道及内閣各部院侍讀、郎中、員外郎、主事、中書、小京官等官，每年各按三百兩、二百四十兩、一百六十兩、一百兩數目開放在案。至十一年十二月間，户部以在京官員放給全數俸銀，奏明停止津貼，各省關仍將原撥津貼之款，解部搭放俸餉。在部臣自以增餉繁鉅，派撥爲難，故不得已而出此。特是俸銀、津貼莫非聖恩，名實固不必區分，而贏絀實不能無異。

查京員四品以下，歲俸一百五兩至四十五兩有差，此次議給全俸，不過補足近年減成之數，並非全數新增。近時物力之貴，日用之昂，迥非往昔可比，且員數蹌濟，銓補需時。竊惟澹泊所以明志，乃儒臣守道之本懷，而爲學必先治生，亦先儒探源之要論。京朝諸臣，直禁近之地，處清要之班，氣節學術，關繫國家元氣，似仍宜曲加體恤，用示激揚。惟軍實官常，必須兼籌無礙。

伏查各省海防敉平，用度漸簡，疆吏榷使，無不恪遵訓諭，精心綜核，力戒浮糜，如各省關再將内銷、外銷各用款分別設法節省，計每年所籌，自數千金至二三萬金不等，尚不至無從措手。似可即照户部奏准搭放俸餉二十六萬兩之數，令各省關各按原數力籌另解，關繫神京要需，斷不至推諉貽誤，至京員津貼，仍照原案籌解，即仍照原案支給，但稍資衆擎之力，實大助六計之廉。臣等承乏粤疆，當此度支困絀，外銷日少，初何敢建議擴充，惟省關分籌尚不甚多，誠仰見聖主體恤羣工，既已澤霈非常，允宜循行不替。合無籲懇天恩俯念京秩清約，係屬實情，除遵旨放給全俸外，伏請敕下户部核議，可否令各省關即照此次部議，將津貼改爲搭放俸餉之二十六萬兩，仍按原省原數另籌解部，作爲搭放俸餉專款。其原派京員津貼一款，照舊籌解户部，仍照原議之數分給，似於贍軍、養廉兩無滯礙。省關諸臣仰體聖慈，度有同心，而朝廷惠養在其中，臺閣儲器亦在其中，裨益良非淺鮮。

（硃批）現在京員已給全俸，自毋庸另予津貼。該督等所奏，意存見好，著不准行。（欽此）[一]

援案擇尤獎勵籌濟滇桂餉械出力各員摺[二] 光緒十三年三月十七日

竊臣之洞於光緒十二年五月二十七日會同前廣東撫臣倪文蔚

[一] 以上衍、舛三處據中華書局一九九五年版《光緒朝硃批奏摺》第八六輯，第二〇一至二〇三校正。

[二] 録自中國第一歷史檔案館編《光緒朝硃批奏摺》第五輯，第一九至二〇頁，中華書局一九九五年版。

具奏，籌濟滇桂餉械冒險運解異常出力人員併案彙奬一摺。奉旨：該衙門議奏。等因。欽此。嗣經吏部、兵部分別准□奏奉諭旨咨行到粤。查吏部原奏，此項出力人員應照尋常勞績核議。兵部原奏，雖稱關外洋面不同内地，應酌量從優給奬，而仍多所核改。部臣慎重名器，嚴核保案，自應遵照辦理。惟查此案籌濟出力各員，購運艱苦，出入礮火，道阻且長，歷時復久，且以兩省奏准保奬之案併爲一次奏請。較之轉運臺灣餉械艱險相同，而桂邊則有鎮南關之勝，諒山省、文淵州、長慶府之克。滇邊則有宣光省、臨洮、廣威、不拔等府縣之捷。使强敵讋服，大局底定，胥由士馬飽騰、槍械精足所致。是餽運之關繫大局似尤非臺防所可及。查臺防轉運人員，經臺灣撫臣劉銘傳奏懇恩施，悉照原擬給奬，經部核准在案。其南洋轉運出力人員，經部核准照異常勞績給奬，亦在案。此次廣東奬案事同一律，似未便獨使向隅。臣等深念各員解運危苦之情，復體部臣慎重名器之意，斷不敢過事瀆請。謹於奉駁文武員弁六十一人中，再加選核擇其迭履艱難、屢瀕危殆尤爲異常出力者十員，分別請照原擬給奬，暨酌量減等改奬。其張懋德等五員，遵照部議另核請奬。籲懇天恩俯念該員等皆係關外洋面異常勞績，准照所請給奬，以昭激勸而勵將來。内有鹽務人員，查係候補候選，並非實缺。且適當海防喫緊之時，差委勢難拘泥，該員等均在關外及洋面冒險出力，與内地勞績迥別，應懇一併准予照奬。出自逾格鴻慈，理合繕具清單，恭呈御覽。謹合詞恭摺具陳，伏祈皇太后、皇上聖鑒訓示。

該部議奏。單片併發。

請奬赴越招劉永福入關出力人員片[一]

光緒十三年三月十七日

再，臣之洞前將派赴越地滇軍傳達諭旨及招致提督劉永福一軍入關異常出力之候選同知孫鴻勳等，附奏請奬。於光緒十二年十月初一日奉旨：覽。欽此。嗣經吏部核議，以同知孫鴻勳、通判陳文埒、布政司理問鄺其照、巡檢孫魯、戴承澤五員奬叙與定章不符，應令另核請奬。奏奉諭旨，咨行到粤。臣等查該員孫鴻勳等於光緒十一年三月偕税務司吴德禄、新關幫辦佛弼執禮，自香港乘輪赴越之海防，取道河内前進，親見法東京總管，留住法軍旬日。沿途土寇充斥，邀截殺掠，見洋人同行，攻擊益力，立斃從人一名，重傷一名，幾瀕危殆，始達雲貴督臣岑毓英大營及劉永福行營，傳達諭旨，體察劉軍情形，剴切宣諭，事竣返至河内。孫鴻勳先乘輪趕回粤省，面陳事宜。維時滇軍雖如期撤退，而劉永福尚扼守保勝，澎湖未收，大局未定，中外亟亟莫不以劉永福不肯輕去越南，恐生他變爲慮。臣之洞復飭孫鴻勳暨通判陳文埒賫領文件，另由桂越邊界分道前往劉營招徠。所歷皆無人之地，觸犯毒瘴、猛虎，僕馬僵斃殆盡，僅而得至，劉永福時已徙入滇邊，距越不遠，尚擁强兵。該提督，忠勇性成，自異常流。而部衆久羈荒服，率多野性難馴，游移不免，謂保勝乃百戰所得，越邊係熟游之地，一旦委棄遠去，實難恝然。且孤軍歸命，人地生疎，疑懼塞胸，異説紛起。孫鴻勳等向該提督開譬百端，要以

[一] 録自中國第一歷史檔案館編《光緒朝硃批奏摺》第一一九輯，第五七六至五七七頁，中華書局一九九五年版。

信誓，復聯絡其親信，傳諭其部衆，衆心樂從，一波不起，全軍開拔來粤，沿途照料，秋毫無擾。孫鴻勳先趕回東省密陳一切，復還至廣西南甯將其部衆遣撤大半，僅留千餘人來東，資遣去留，悉臻周妥。以上各情，歷經奏明在案，實屬異常出力。

查出洋人員勞績，向與軍營同論。該員等遠涉重洋，親入法軍，爲時久而歷境險，似較尋常出洋人員其難過之，而卒能招致驍將猛士相率來歸，尤爲有裨大局。提督劉永福已蒙恩簡授南澳鎮總兵，税務司吴得禄亦渥蒙恩賚，而招致該提督全軍入關之委員，獨不得邀優獎，未免向隅。臣等查照部議，復將例章不符者分別核減改獎。候選同知孫鴻勳三赴劉營，備嘗艱險，應改請以知府儘先選用。廣東補用通判陳文埒，仍請以直隸州補用候選。布政司理問鄺其照，仍請以同知儘先選用。廣東候補巡檢孫魯，仍請俟補缺後以鹽大使仍歸原省前先補用候選。巡檢戴承澤，改請賞加六品銜。仰懇天恩俯准照獎，以爲奉差異域者勸。出自逾格鴻慈，謹附片覆陳，伏祈聖鑒。

覽。

籌還西征案内新借洋款第十二期本息銀數日期摺〔一〕

光緒十三年三月十七日

竊准户部咨，督辦新疆軍務通政使劉錦棠等會奏，左宗棠借用匯豐洋行銀四百萬兩，請飭各省於應協甘餉項内，按期籌撥，解交上海採運局兑收交還等因。光緒七年八月初八日奉旨：該衙門知道，單併發。欽此。等因。咨行前來。當經行司欽遵籌解。所有光緒七年十一月初一日第一期起至十二年十月初一日第十一期止應還本息銀兩，均經飭司節次委員領解赴滬歸款，恭摺奏報在案。

嗣准户部咨，前陝甘總督左宗棠於光緒七年借用洋款四百萬兩，向由各省關於應協西征餉内劃扣歸還。現在甘肅光緒十一年分餉銀，經臣部專案另行奏撥。陝甘前借洋款除業經歸還不計外，尚有應還本息，自應徑由各省解交江海關道彙齊，按期歸還，毋庸由各海關分還本息，以歸畫一。光緒十年十月二十三日具奏。奉旨：依議。欽此。等因。復經轉行遵照。

兹據廣東布政使高崇基詳稱，甘省新借洋款案内，現届光緒十三年四月初一日第十二期，廣東省應籌還本銀一十萬兩、息銀四千八百七十五兩，自應遵解江海關道彙齊歸還。惟粤省前次解還此項銀兩與上海所用平色稍有參差，此次擬請仍交商號匯兑，遴派委員領賫文批匯解，以期迅速而免轇轕。兹在藩庫内籌撥銀五萬二千四百三十七兩五錢，又在運庫内籌撥銀五萬二千四百三十七兩五錢，合共本息銀一十萬四千八百七十五兩，於光緒十三年三月初十日給委員試用鹽經歷簡允熙、試用巡檢秦鳳璪領交日昇昌、蔚長厚匯交江海關道投納，彙齊歸還。並將第十二期本息各印票掣回送銷。所有廣東省應還陝甘新借洋款本息銀共一百一十三萬一千五百兩，業已遵照分作十二期籌還清楚等由，詳請具奏前來。臣等覆核無異，除咨兩江督臣曾國荃檄行江海關道查照辦理，及分咨户部、總理衙門暨甘肅新疆撫臣劉錦棠、陝甘督臣譚鍾麟查照外，謹合詞恭摺具陳，伏祈皇太后、皇上聖鑒。

該衙門知道。

〔一〕録自中國第一歷史檔案館編《光緒朝硃批奏摺》第八一輯，第四二九至四三〇頁，中華書局一九九五年版。

詳陳澳界利害立約尚宜緩定摺 光緒十三年四月二十四日

竊臣於光緒十三年三月二十（四）日承准總理［各國事務］衙門咨稱，洋藥税釐併徵新章，香港與澳門會辦各節，於光緒十三年二月十三日奏奉硃批：依議。欽此。恭録咨行到粤。

查原奏内稱，竊查洋藥自印度販運來華，聚於香港、澳門，分赴各口銷售，必須英、葡兩國相助稽查，方可杜偷漏繞越之弊。上年正月間，奏請飭派（道員）邵友濂會同總税務司赫德前往香港，與英官會商辦法。查知港地雖爲（握）［扼］要，尚須與澳門會辦始能得力。澳門自前明嘉靖時即經葡國佔居，歲輸（租）［税］課二萬金。迨至國初，知該處被佔已久，難以收回，遂改税課爲地租，僅令輸銀五百兩，按年完繳。自道光二十九年以後，并此項（銀兩）［租銀］亦未交納。近年該國屢求訂約通商，因澳門之事争論未定，輒作罷論。刻下因洋藥税釐併徵一案，非與葡國商辦，則澳門之偷漏無從巡緝。是以［上年］十二月間開辦併徵之後，即密飭赫德派税務司金登幹就近前往葡國，徐圖辦法。茲據赫德申稱，現（已）准葡國外部電（信）［稱］：一、派使來華擬議通商條約。二、葡國永駐澳門管理一切。三、葡國不（得）讓其地於他國。四、香港所允辦法，澳門亦類推辦理。以上四層，現值香、澳税務開辦在即，（即）由金登幹在彼畫押爲據。一面照會英國使臣，轉致葡國派使來華議約，并飭（知）［駐］澳（門）洋官，即［日］照（所）議開辦，各等語。查澳門久爲彼國盤踞，今縱不准其永遠居住，亦屬虚文（又）徒於税務多添窒礙。并無收回該地之實際。儻能議約有成，則權有專歸，［事無隔閡］，（税務可期無缺）向之偷漏税課者，今可設關。向之招納叛亡者，今可緝匪。向之拐騙丁口者，今可安插稽查。而且與新加坡等埠鄰近，藉可通達消息，尤爲得力。

再查葡國貧困日甚，如法、美、俄、德各國，皆有財力，無不垂涎澳門，冀以巨款購得其地爲駐兵之所。是不讓其地於他國一層，尤應於議約之先，切實聲明，杜絶覬覦。所議各節，似宜照行，請旨飭下兩廣督臣遵辦，并札飭總税務司飭金登幹先行畫押。至同治年間原定未换條約各款，今昔情形不同，所有應增應删各節，應（候）［俟］該國使臣（至）［到］華詳細核議，隨時另行請旨辦理等語。臣惟葡人僦居澳門，歷有年所，總署因其久假不歸，且慮他國垂涎，陽資其権税緝奸之力，陰禁其併吞授受之謀，原所以曲示羈縻，裨益國計。（所以）［此舉］臣初見港報，尚覺將信將疑，未幾接到總署來文，方知成（謀）［局］已定，（迫）［焦］灼徬徨，不可言喻。頻月以來，通籌利害，竊恐羈縻之意雖善，滋長之患方多，茲事體大，有不得不瀝陳於聖主之前者。

查澳門爲香山縣（管）轄，距省城二百餘里，陸路可通，實爲廣東濱海門户。非如瓊州之孤懸海外，亦非如香港之矗立海中。葡人雖盤踞多年，不交租銀，不守界址，然亦幸中國之不屑與較。至絜權量力，我之可以逼葡，葡之不足病我，事理甚明，今［若］因［一］事［之］要求，曲徇其請，遷就立約，在葡人固始願不及，即他國亦相顧驚疑。夫因練軍而始籌餉，乃因籌餉而先損權，可慮一也。

葡之住澳，本以圍墻爲界，墻外民田户籍，悉隸香山（管轄）。葡人逐漸越佔，又屢向界外村民勒收田房租鈔。迭據望厦村紳民聯禀赴愬，經臣先後委員會勘，照會葡官查禁在案。名爲租界，猶得加以詰問，立其隄防。若竟界以管理一切之權，（將）［是］此後土地人民盡歸葡屬，以（後）［及］水界附島，皆將視若固有，是其政令既行於澳中，管轄將及於澳外，界限混淆，潛滋暗長，可慮二也。

中國濱海各省，租界林立，一切管轄辦案權利章程，幸有公法可循，條約可守，雖暫無退還之舉，亦莫生覬覦之心。今有澳門爲例，則日後諸强國乘機伺便，接踵效尤，拒之則有厚薄之嫌，應之則成滋蔓之勢。且此次英、葡同一幫緝，英人倡議主事，德色尤深。葡則成效未見，已有先施。英若美利能收，能無厚報，可慮三也。

粤民僑寓澳門人數衆多，良莠互異，南、番、香、順等縣商民往來省、澳者何止數萬，往往兩地置産，兩地行商，無從限斷。至於閒民濫匪往來如織，尤無紀極。西例凡生長於某國之地，即可隸籍爲某國之民，領取［屬民］票據，恃爲護身之符，遇有犯事，地方官不能以華法治之。即如光緒十一年南海縣民何回生走私一案，何回生現隸民籍，家有職官，人所共知。乃英領事來文，以其久居香港，冒入英籍，公然（據）［指］爲英國屬民，前車可鑒。查英國稽核較嚴，猶不能無冒濫給票之弊，葡國貪鄙陋劣，若以澳門歸其管轄，奸民將取巧冒籍，四出作奸。葡國必漁利扛幫，紛紛移索。民無定籍，官法不行，可慮四也。

澳門藪盜庇奸，由來已久，臣到任後所有照會葡官提（究）［取］要犯，雖不無往返駁詰，亦均陸續交出。以視港官之扣留員弁，勒請訟師，糜費曠日，或交或否，聽憑洋官（辦理）［訊斷］，往往始終不交者，難易較殊。租界與屬地辦法不同，確有明驗。今若改歸管轄，以後不獨拐騙人口難於過問，即緝匪一節，亦將藉口洋例，如香港之節節刁難。彼之事權愈專，我之隔閡愈甚，可慮五也。

葡踞澳門，得之無名。未立條約，利益不能與各國同霑。葡人犯事，可歸地方官審辦。通商以來，未聞有葡人遊歷傳教之事，（彼）非不願來，實不便來也。今若與［之］立約，必有遊歷傳教之條，彼族將藉此爲營私之計。將來交涉教案，必有歐洲各國之人所不屑爲者，葡人則優爲之，可慮六也。

葡人貧困日甚，各國垂涎澳門，誠如總署所云，冀以巨款購得爲駐兵之所。然名爲租界，環瀛共知，猶未敢公然取求，顯干名義。今改爲葡轄，我縱能禁葡人之不得轉讓，豈能保各國之不以力爭。設竟效併越吞緬之故智，不取之於我，而取之於葡，葡人爲自主之國，而無可求援，中國爲局外之觀，而無從庇護。澳（門）雖蕞爾，逼近省垣，此後水陸籌防，均難措手，實爲肘腋之患，非（獨）［惟］唇齒之憂，可慮七也。

有此數弊，雖（併）［藥］徵得效，利害兼權，似亦不能無鰓鰓之過慮。特是草約已立，勢難中止，微臣愚陋，竊思今日挽回補救之策，約有五條。

一曰細訂詳約。查簡約雖經金登幹畫押，而詳細條約應删應增，仍須俟葡使到華會同總署核議，請旨辦理。其永駐澳門一條，原因協辦藥徵，格外（見）［允］讓租銀，非畫地歸葡者可比。且約有不得轉讓他國之文，可見澳門係中國讓與葡國居住，仍係中國疆土。應聲明［澳門］讓與葡國永遠居住，免其租銀，不得視爲葡國屬地。其不讓地於他國一條，應聲明澳門仍係中國疆土，葡國不得［轉］讓（於）［與］他國。如此則我有讓地之名，而無損權之實，（仍與）［於］原約之義毫不相背，既可關葡人之口，亦不至生他國之心。

一曰畫清界限。有陸界，有水界。何謂陸界，東北枕山，西南濱海，是爲澳門，其原立之三巴門、水坑門、新開門，舊址具在，志乘可徵，所築礮臺、馬路、兵房，均屬格外侵佔，應於立約時堅持圍墻爲界，不使尺寸有踰。彼所重在租界，界外之地本屬可有可無，我讓則彼取，我争則彼棄，斷不至因此遂廢前議。何謂水界，公法載地主有管轄水界之權，以礮子能及之處爲止。[若]兩國土地毗連中隔小河，則以中流爲界，此係指各國自有之地及征伐所得者而言。澳門本係中國之地，不過准其永遠居住，葡人只能管轄所住之地，宜明立條款，所有水道准其船隻往來，不得援引公法，兼管水界。

一曰界由外定。准葡住澳，免其租銀，水界仍是中國所有，自無水界之可分。陸界至舊有圍墻爲止，葡人於同治初年，將圍墻拆卸，希圖滅跡，然墻可拆而舊址終不可没，將來約有成議，似應由粤省督撫臣就近派員，會同葡使親往勘驗，詳查舊址，公同立界，俾免影射踰越。

一曰核對洋文。查赫德申稱所訂草約四條，與澳門洋報所載者，文義輕重懸殊。第一條，派使來華擬議通商條約，洋文内加須有利益均霑字樣。第二條，葡國永駐澳門管理一切，洋文内加悉與葡國別處屬地無異字樣。草約内澳門字樣凡三見，洋文皆作澳門及澳門附地，查附地二字意極含糊，不惟將圍墻外至望厦村(陰)[隱]括在内，即附近小島、毗連村落，皆可作附地觀。至謂與葡國別處屬地無異一語，措詞亦謬。雖洋報所載，未盡可信，要其有意朦混，藉圖侵占，傳説必非無因。既與總署奏案不符，亦非奉旨准其永駐之本意。應請飭下總署，先將草約漢、洋文詳細校對，以防狡混，而免侵越。

一曰暫緩批准。立約雖有成議，批准權在朝廷，此各國之通例。(美)[英]國煙臺條約，光緒二年所立，有未經批准三條，直至上年始行議定，成案可(據)[援]。自應明與之約定，約後須俟税釐款項大增，拐騙逃亡隨(捉)[提]隨解，諸事(皆)[均]有明效可徵，兩國始行批准互换，庶彼不得終售其欺。

以上五條，皆就原約之中力籌萬全，其間自必有總署所已經計及者，亦容有澳地情形總署所未能深悉者，謹竭[其]管蠡所及，以備挽救之資。

竊思葡人至貧至弱，素爲各國所輕。食用則仰資粤産，貿(易)[遷]則專仗粤商，其於粤尚不能無所顧忌。今既允(其)[與]立約，并准其永住澳門，港報所譯，又有利益均霑之條，是葡人所獲已多，即此次詳約有所删增，亦足饜其願望，況所陳各端，皆就草約立論，未嘗有所變更。應請飭下總理衙門，於該使來華時，就臣所陳，細與(辨)[辯]論，極力堅持。彼能就我範圍，自可照此立約，如其不從，是棄約出自葡國，草約自可任作罷論。香港徵税章程仍前舉行，而於拱北關多設巡船，前山廠多派巡丁，水陸截緝，漏私當亦無多，而葡人必大有所不便，利害相形，不數年間，彼終不能不就所議來求立約。如此則所損於釐税者少，所全於大局者多矣。臣職在守土，利害之大，不敢不詳籌瀝陳，並將澳門地形繪圖貼説，恭呈御覽。

(硃批)該衙門知道。(欽此)[一]

[一] 以上衍、脱、舛共五十五處，據中華書局一九九五年版《光緒朝硃批奏摺》第一一二輯，第五五九至五六四頁删、補、校正。

請斥革劣紳摺 光緒十三年四月二十四日

竊照前欽奉上諭：沙田升科之事，正賦攸關，豈容奸民蔽匿，迭經户部奏催辦理，著該督撫督飭所屬，查明已升科若干畝，未升科若干畝，即將未經升科之沙田，迅即確查妥辦具奏。等因。欽此。當經恭録欽遵籌辦在案。

兹據廣東布政使高崇基、按察使王毓藻會同沙田局司道詳稱，查東莞縣屬土名西大坦沙坦，自道光初年漲積，即經該縣武舉王遇春之父王鎮安私行佔墾，匿不報官，迨王遇春、王葆真父子相繼仍前霸爲己業，同治五年，因橋朗村陳姓争佔，始以王萬全等出名赴縣報墾一十頃零六十畝。其後久逾試墾之期，仍不繳息升科。經該前縣裘伯玉、盧樂戍先後勘丈，查出熟田並水白坦，較當日報墾之數多至兩倍，照例應將該沙坦全數歸官，另行招佃承耕，仍勒追歷年侵收花息，以示懲罰。乃王遇春父子恃其豪横，置若罔聞，既不遵繳花息，仍復照舊霸耕，迭經傳質，抗不到案。此次設局清查沙田，王遇春先經病故，其子王葆真霸佔抗違如故。且查該處厚德、涌口兩鄉王姓各户，已辦升科沙田應完經費一萬八千餘兩，勒催半年，僅繳二千兩，皆由王葆真從中包攬阻撓所致。查王葆真中式同治十二年癸酉科，本省鄉試第八十五名舉人，光緒二年捐納郎中，分發户部。似此恃符妄爲，實於清查沙田大有關礙，詳請奏明斥革究追前來。

臣等查粤省地大物博，衣冠如林，各屬紳士中，廉正持躬，慷慨好義，足爲鄉閭矜式者，指不勝屈。而鄉曲之間，倚勢牟利、魚肉良懦，顯干法紀者，亦往往而有。向來地方官於此等案件，率多遷就消弭，鮮有直發其覆者。良以强宗巨室，聲氣易通，投鼠忌器之嫌，瞻顧卻步之慮，誠所未免。臣之洞到粤以來，於賢紳則優加敬禮，於豪猾害民者，從不敢稍存瞻徇。如香山縣侍衛何綸章庇匪歐六、翟老振一案，順德縣給事中何崇光大南沙築圍一案，南海縣舉人李錫培、户部主事張琯生、户部郎中潘譽徵等馬頭岡建閘糾衆焚傷一案，新會縣舉人李廷槐庇匪李孖指掌及抗繳沙田經費一案，先後奏奉諭旨斥革究辦。非不知其蓄憤思洩，必將播煽浮言，遇事暗中掣肘。然國紀不肅，則惠政不行，豪强不戢，則良弱不安。士習不端，則民俗不化。故甘以一身府怨叢謗而不恤，但使一懲百儆，則臣等亦不願以苛察自居。今沙田爲奉旨籌餉要政，而王葆真佔種膏腴六十餘年，既不遵例納息完糧，亦不退出，似此霸匿包抗，若相率效尤，於賦則餉需大有妨礙，仍不能不從嚴究辦，以資整頓。相應請旨將東莞縣舉人捐納户部郎中王葆真暫行斥革，以便歸案提追究辦。

（硃批）王葆真著暫行斥革，歸案究辦。該部知道。（欽此）

籌解旗營加餉第一批銀數摺[一] 光緒十三年四月二十四日

竊照光緒十一年九月十四日承准軍機大臣字寄，光緒十一年八月二十二日欽奉慈禧端佑康頤昭豫莊誠皇太后懿旨：前據侍郎薛允升奏請飭裁減勇營，將中外各旗營加餉訓練一摺，當經諭令軍機

〔一〕録自中國第一歷史檔案館編《光緒朝硃批奏摺》第五七輯，第六〇九至六一〇頁，中華書局一九九五年版。

大臣會同户部妥議。茲據會議具奏，今欲酌加旗營餉需，惟有將各省營勇裁減浮濫，每省每年各裁節銀二三十萬，分批解部，以供加餉練兵之用等語。著各直省將軍、督撫破除成見，迅將各該省現有勇營，切實核減。其裁勇所節之餉，從光緒十二年起每省每年可得若干，先行奏明，專款存儲，分批解部備用。不准以斟酌情形無可裁撤等詞一奏塞責。等因。欽此。當經恭録分行司局欽遵籌解。上年三月間，以粵省餉力萬難籌措，先向商號挪借銀十萬兩，匯兑赴京，飭委候補知縣周駿炳、降補府經歷縣丞李玉棻赴部交納。經臣之洞會同前撫臣倪文蔚恭摺奏報，並聲明此項出於節省何款，一時實未能指定，容俟妥籌款項，再行具陳。復經臣之洞於覆奏查明廣東原奏收支款目尚無歧誤摺内附列清單，聲明旗營加餉一款，係欽奉懿旨飭籌之件，無論如何爲難，自當竭力籌措。擬自本年爲始，以後每年解足十萬兩，仍俟籌定動支款項，另行奏明立案各在案。

茲據廣東布政使高崇基詳稱，光緒十三年分應解前項旗營加餉銀十萬兩，現尚未能籌定專款，擬仍先向商號挪借銀五萬兩，作爲第一批起解，交日昇昌、百川通、蔚長厚、新泰厚、蔚泰厚五家商號匯兑赴京，飭委試用通判符翕、候補縣丞慶濬，領賫匯單文批，於光緒十三年四月十六日起程，由海道進京，支取銀兩赴户部交納等情詳請奏咨前來。臣等覆核無異，除飭司將本年尚應解銀五萬兩趕緊設法籌解，並指定款項，再行具陳外，謹合詞恭摺具奏，伏祈皇太后、皇上聖鑒。

户部知道。

光緒十二年十二月至十三年二月電旨電奏開單具奏摺〔一〕光緒十三年四月二十四日

竊臣於光緒十年間具奏，請將海防緊要事件電致總理衙門代奏者，每月照録原文彙奏一次。並因欽奉電旨，間有碼數參差，文義難解者，繕單呈請敕發總理衙門覈對存案。如有舛誤，即咨照更正。奉旨允行。所有光緒十二年十一月以前恭録電旨並電奏均經具摺奏陳在案。茲將光緒十二年十二月本年正月二月歷次電旨、電奏彙繕清單，恭摺具奏，伏祈皇太后、皇上聖鑒。

該衙門知道。單二件併發。

稅司代收新香六廠貨釐宜防流弊摺 光緒十三年四月二十五日

竊臣等於本年三月初一日會同粵海關監督臣增潤電奏，新稅司馬根法來格到粵，來議附近香、澳六廠代徵百貨稅釐事。有關華洋界限大局利害，現已具摺詳奏，可否暫緩改章，俟奏到後仰懇聖裁詳察，并交總署、户部會同妥議，如確無窒礙，再當請旨遵行。又官鹽例有引地，按引繳課。私鹽向以香、澳爲藪，四出充斥，若抽其釐，便成官鹽，各處可銷，充占引地，正課無出，商必不從，各等語。正在具摺詳奏間，三月初六日准總理衙門來電，初五日奉旨：張之洞等朔、東、先等電均悉，香、澳六廠歷收爲數無幾。等因。欽此。伏讀之下，欽悚莫名。

〔一〕録自中國第一歷史檔案館編《光緒朝硃批奏摺》第三三輯，第二二五頁，中華書局一九九五年版。

查洋藥稅釐併徵，實有大益於中國餉項，經總署籌議經年，始有成説，臣等實深欣幸。此次奉旨飭行，粵省即於正月初九日遵辦，統交海關徵收，於正月二十四日奏明在案。若稅司代徵貨釐，臣等先無所聞，僅於二月初十日接總署初九日電稱，香、澳各廠巡緝抽收事宜，統交稅司代辦，補抽貨釐十數萬，即由稅司經收，詳細情形專函另達。二月十二日接總署本日電稱，鹽私走澳，已囑赫飭新派稅司巡船幫緝。向章，私鹽是否入官，赫以加重抽釐爲勝，各等語。

事關財賦要政，更改舊章，臣等與增潤有監收之任，有地方之責。其時尚未接到總署函牘，户部咨行，而馬根法來格來粵，遽請接辦，並未賫帶公文，倉卒之際，不能不益加詳審，縷晰上陳，祇候飭議妥善，以期久遠無弊。非敢稍涉拘泥，聽受浮言，坐誤朝廷至計也。荷蒙聖明曲垂鑒察，暫罷稅司私鹽抽釐之議。復經總署傳諭赫德，將停關停驗之洋例更改，悉照華章辦理，不令貨船延擱。臣等前電所云商情不便一節，竊幸可冀相安。至此外窒礙之端，似不能不一一慮及。惟既欽奉嚴旨飭行，自應先行遵照辦理，除常稅由增潤飭辦外，釐金一項，由臣等轉行司局，飛飭該六廠遵於三月初九日一律移交新稅司接收訖。

伏思代抽稅釐一節，另爲一事，與洋藥實不相謀。總署兩次來電，一則曰經收釐金不致無著。再則曰收得之款照舊分撥。是粵省向有之釐並不減少，就事論事，豈不樂從，初一日電奏業經聲明。至廠員侵漁中飽，乃臣等所深惡而痛絶者，臣之洞到任後，於釐廠各員參撤甚多，使其有之，方欲盡發其覆，上陳於聖主之前。上年十一月遵查覆奏汲水門六廠洋藥稅收支數目，奏裁歲支七萬金，覆奏北海關定額，請加歲額正餘七千金。若瞻徇屬員之私囊，致礙國家之巨餉，臣等何敢出此。查新、香六廠補抽貨釐，上年六月甫經議定陸續開辦。其地逼處（澳、港）［港、澳］，開辦之初，洋官、洋商句串華商，造言阻撓。臣之洞持之甚堅，剴切曉諭，始得相安。計每年所入雖止十數萬金，而保全内地之貨釐實屬不少。且凡事皆日久而弊生，此次開辦未及一年，又多洋界牽制，收數尚不爲少。臣等隨時明查暗訪，似尚無賣放中飽情事。此臣等電奏所論，固非阻撓併徵，亦非不交釐廠之實在情形也。

竊謂餉項固屬難籌，隱患亦不可不杜，用人固貴專一，流弊亦不可不防。謹將豫防此後窒礙各節暨稅司到粵以後情形，並前電未及詳奏之處，敬爲聖主一一陳之。

一曰踰險。查六廠曰汲水門，曰九龍司，向設有九龍司巡檢、大鵬協副將，曰長洲，曰佛頭洲，此四廠水陸均屬新安縣轄，在省城外東路虎門之外，近接香港。曰馬留洲，曰前山寨，設有前山同知，此兩廠水陸均屬香山縣轄，在省城外西路横門、磨刀兩門之間，近接澳門。是以歷届奏報稱爲新、香六廠。汲水門爲香港入省海道必由之路，九龍爲香港赴省城暨惠州陸行必由之路，佛頭洲爲香港赴潮州、汕頭海道必由之路，長洲爲香港赴澳門海道必由之路，前山爲澳門入香山陸行必由之路，馬留洲爲澳門赴高、廉、雷、瓊四府海道必由之路。廣東省垣東爲香港所阻，西爲澳門所扼，事事牽制，已有喉骨胸刺之憂。自同治七年以後，釐務局、粵海關先後開辦藥釐、藥稅、百貨稅，在該處分設六廠，計海關、釐局共十二廠。上年補抽貨釐，以九龍附於汲水門，故亦稱五廠。各該廠委員、勇役、輪拖各船分投巡緝，人數不少，自洋界過此，隱若關隘，各廠聲勢聯絡，與洋界消息易通，哨探亦便，於徵榷之中，實兼有巡防之益。今英、葡藉洋藥併徵一端乘機要挾，始欲撤卡，繼欲代徵常税釐金，後并欲代徵［抽］私鹽釐金。於是數百里海面巡船、巡勇胥授權於洋人，將來必有事事掣肘之憂，藩籬盡撤之患。此形勢之窒礙，一也。

一曰混界。九龍與香港對岸，汲水門、長洲、佛頭洲皆各自爲島，環繞香港，近香港耳，非香港也。馬留洲、拱北灣均在澳門西，隔海亦各自爲島。前山在澳門西北，陸路相連，中隔關閘，近澳門耳，非澳門也。洋人妄稱香、澳六廠，已隱伏蒙混占地之根，本年二月初五日臣之洞電達總署在案。乃三月十一日接新税司馬根來函，封寄赫德單銜告示一紙，内稱澳門附地添設新關一處，名拱北關，香（澳）［港］附地添設新關一處，名九龍關等語，實堪駭異。傳有之，惟器與名，不可以假人。今乃以分明我疆指爲外邦附地，既敢懸諸告示，從此登諸案牘，英、葡兩國得步進步，居之不疑，粵省政令，不能出海口一步，後患豈可勝言。近年住澳葡人，於三巴門外踰界徵租，臣之洞屢與勘查辯駁，正在設法禁制，其（耽耽）［眈眈］之意，確有明徵。在赫德或由委曲求成，圖加薪俸所致，然臣等不敢謂英、葡必無希圖占地之心。此界務之窒礙，二也。

一曰侵權。楚材晋用，從古有之，洋關開設之初，中國未悉外國商情，不能不暫用洋人。然洋員但司查艙驗貨，其法令文告，仍由南、北洋大臣監督，關道主之，税司間有曉諭，不過諭知洋商、洋船而已，其徵銀仍存關庫，故有利而無弊。今馬根法來格來粵，並未持有總署公文，總税司申文竟由赫德單銜出示，諭飭華商、華民、華船，並不知會海關。是粵海［關］兼轄之説，不過徒存其名，遇有民船、華商罰禁懲辦，概由税司徑行主持發落，地方大吏並不與聞，州縣更無論矣。西例最重者權利，今以洋員全奪地方官之權，撓我内政，以後粵省虎門以外縱横數百里，耳目所習，將不復知有華官法度，非特利權有損，并於事權有妨。易曰，履霜堅冰至。言漸之不可不慎也。此事權之窒礙，三也。

一曰擾民。現又接總署來函，據赫德申呈，香、澳兩處新設分關，華船有從通商口岸前往者，有從不通商口岸前往者，有從不通商口岸未設粵海分關處前往者。可分三等抽收，按通商税則完納正、半各税，發給船牌等語。所謂通商口岸者，有洋關處所也。不通商口岸者，有常關無洋關處所也。不通商而又無粵海分關者，内河行釐、坐釐及各府雜税設關設卡之地也。赫德因洋藥併徵，而闌及貨釐、關税，今更因新、香六廠之一隅，侵及沿海内河之常税、雜税、行坐各釐，且欲將各屬民船民貨悉改用洋税章程，盡籠粵省内外大小之利權，併而歸之香、澳之地税司之手，齊之以洋關之法。疑民改制，全省紛擾，得隴望蜀，長此安窮。此民情之窒礙，四也。

一曰有礙海防。昨准粵海關監督增潤咨稱，接赫德照會内稱，新設海江防私巡緝税務司之缺，查有粵海關右副税務司葛雷森堪以充補等語。該税司當即將來管帶新設巡輪之員。查該税司專爲緝私而設，只可稱管帶緝私輪船，何以攙入海江防字樣。若謂防私即係緝私，文義亦屬牽强，顯係蒙混影射，欲以税務司而兼海防、江防之事。查光緒初年，赫德曾有自請充總海防司之説，經故協辦大學士沈桂芬駁斥而止，以前證後，顯然可疑。今合六廠水陸船勇均由洋弁管帶，並有外洋新造巡輪十一艘，江海皆可任意來往。一旦有警，或與英國稍有違言，所帶之兵船，所踞之關卡，向無華官在事，豈能驟令全行交出，棘手殊多。此海防之窒礙，五也。

一曰虚誑不實。英人原議香港設關，洋商不報税，不得開箱，故我如其請以予之。今港官不允洋界設關之舉，港商不允不開箱之條，近雖聞有出具保單議罰之説，恐走漏（亦）［已］所不免。至香港向有煙膏公司，每年繳餉十八萬元於港官。併徵既重，不漏私土，必漏私膏。查每土一斤熬膏八兩，是藥膏之税釐，應較藥土加倍。今總税司議每膏百斤收税三十七兩五錢，釐一百兩。是未成膏者藥土，百斤税釐一百一十兩。既成膏者藥膏五十斤，實係藥土百斤，只完税釐六十八兩有奇。港之膏商包攬圖利，必争熬膏分運。港官之膏餉日增，中國之藥徵日絀，每年八百萬之數，誠恐難期。彼願已償，而我利未見。此食言之窒礙，六也。

一曰要挾無已。准總理衙門咨稱，澳門歸葡國管轄，訂立新約，已經奏准咨行。此事關繫甚鉅，立約必須詳審，另摺詳陳。查中國各省租界甚多，雖暫無收回之舉，而種種管轄辦案權利章程，租界與屬地判然各别。果使藥徵有效，而英人市德，援澳門以爲詞，各國效尤，援英、葡以爲例，拒之則不允助緝，許之則枝節日多，舐糠及米，何所底止。此滋蔓之窒礙，七也。

爲今之計，似宜熟籌盡利防弊之法，約有數端。

一、請先行試辦一年。伏讀此次電旨，本有此後辦理，設有窒礙，儘可隨時變通，復歸舊制之明文，仰見聖慮周詳，默寓時措咸宜之妙。惟事關文涉，必以豫定爲宜，擬請敕總署與英、葡約明，作爲試辦，如一年後尚無成效，或别有窒礙，即當仍復舊章。

一、請添設華官。各廠除税司外，仍由粤省每廠各派委員一人，税司報總署，委員報督撫監督，互相維繫。即如洋關雖用税司，仍歸監督關道造報，督撫按結奏聞，並無掣肘之事。今釐金係地方官所收，常税係監督專管，督、撫兼轄，自應有地方委員在事，一以存餼羊之意，一以備習練之資，他日設須改章，亦易接手。

一、請由總署明文行知總税司、新税司，此六廠係代（抽）［收］内地税釐，所辦理皆係民船、華商之事，此六廠照舊歸督撫兼轄，或總督兼轄。查各海關無不歸所在督、撫兼轄者，此係各洋關通例，况代收民船貨税貨釐，尤有不同。

一、以後該關遇有曉諭商民之事，仍照向章由總督、監督出示，税司不得徑自單銜出示。

一、體制文移宜照各海關通例，令該税司用銜名印文申報總督，照會監督。總督、監督應行知照該税司之事，照章分别劄知、照會，以符向章，不得僅用信函。收數由督撫、監督照舊分别奏咨，以備稽核而便維繫。

一、九龍司、拱北灣兩處，以後總税司、新税司文牘，宜稱爲粤地，不得混稱香、澳附地，速將從前告示錯誤更正。

一、議明徵銀不宜交香港匯豐銀行，［亦］不得於九龍地方令匯豐擅設分號。查各該廠設有巡船巡勇，向來不致疎虞，每月所收，儘可遵照總署、户部所定分撥之數分别解交。海關、釐局存儲無多，自無庸存放香港。各海關税司向無自設銀庫之事，此六廠自應照辦，以符通例。

一、巡船管帶管駕各弁，宜仍用中國員弁，由粤省派委，聽税司調遣考察。如有不力及舞弊者，准該税司申報總督，立時撤參更換。

一、管巡船之（員）［洋］弁，只宜稱管帶緝私船税務司，將海江防三字删改，以昭核實。

一、九龍税司現住香港，並不住九龍，至拱北税司亦不住拱北灣，在澳門賃屋居住。所有該兩關廠卡，乃中國辦公之所，官吏體統所繫，商民衆目昭彰，其屋舍仍用中國公所舊式，不得改易前觀建造洋樓。緣該廠距洋界太近，易涉嫌疑，亟應豫爲之防，以定民志。

一、議定以後他處税釐不得援例推廣。

總之，洋藥併徵，與常税、釐金本是截然兩事，英國既允開辦，即由海關原設之税務司併徵，似亦未嘗不可，該兩國果肯助緝，則隨時函知、電知省城原設之新關税務司，儘可稽察不漏。或以九龍、拱北專設税司，便於聯絡。則洋藥自歸税司，税釐自歸委員，並無干涉，並無妨礙，何以税司必欲代我抽收民船貨船貨釐。其中自別有用心所在，已屬顯而易知。且廠員未必人人皆不肖，大吏未必任任皆縱容，固間有舞弊之事，亦常有發覺參黜之時。極而言之，止此六廠，縱有數千金雀鼠侵蝕之微，似亦不敵數百里門庭隱患之鉅。此事在總署反覆酌定，無非爲有裨國計，極費籌維。然立法不厭精詳，庶期盡臻美善。竊揆赫德之爲人，大約類乎儀、秦縱横一流，才幹甚敏，心計甚深，爲中國效力有年，非無勞績可觀。而其意實欲兼攬各國之權，互相挾持以自重。此舉增税則似乎利華，得地則似乎利葡。移界據險，布散徒黨於海面，盡存税銀於匯豐，市德樹援於澳門，（其策）[則]仍歸於利英，而其實則歸於自利。朝廷駕馭羣（材）[才]，自必已灼見隱奥，似宜量加限制，庶得其力而不受其欺。

伏思廣東爲中華海疆第一道門户，粤防弛則沿海皆爲兵衝，粤力盡則南洋更無可恃，此事關涉重要，臣等屢與司道以下各官籌議，無不同切隱憂。諭旨自不敢不遵，而有關地方利害，此舉未盡事宜自亦不能不計。臣等雖至愚極陋，亦知共體時艱，斷不致爲粤省地方官與税司争權，况無損粤餉，更何必爲粤省司局與税司争利。特以中外大防所繫，苟有管蠡之見，不敢不上達宸聰，誠恐他日流弊漸著，悔不可追，則臣等罪戾滋重。伏懇聖明俯加權度，敕下總理衙門、户部詳核妥議，請旨遵行，大局幸甚，粤省幸甚。臣等荷聖上高天厚地之恩，受一方疆土人民之寄，但願所言之不驗，不願朝廷之有悔，不勝惶悚屏營待命之至。[謹合詞繕摺奏陳，并將六廠地形繪圖貼説，恭呈御覽。伏祈皇太后、皇上聖鑒。]

（硃批）該衙門議奏。片、圖併發。（欽此）[一]

六廠貨釐宜儘徵儘解并請免指撥片 光緒十三年四月二十五日

再，汲水門等處六廠補抽貨釐，現已歸併税司徵收。前接總署來電云，收得之款照舊分撥。又據税司馬根面稱，所收釐金暫存匯豐，聽候提用，各等語。

查釐金本無定額，此項補抽貨釐，開辦未及一年，計自上年六月底、七月初各廠先後開辦至本年二月底止，此八箇月内，共收銀約十萬兩。初辦數月，類多周折觀望，冬臘後收數逐漸增多。所謂每年可收十數萬之説，原係就現收數目按月約計而言。至此

[一] 以上衍、脱、舛共十四處，據中華書局一九九五年版《光緒朝硃批奏摺》第七七輯，第五一至五八頁删、補、校正。

後商情既孚，規模既定，必更日有增益，事理昭然，歲收或能增至二十萬以外，亦未可知。但以後之旺淡，終難臆料。若定額徵若干，則長收固不能作爲贏餘，短收亦難責稅司賠繳。似宜令該稅司儘徵儘解，所收釐金，按月解交釐務局充用。分別造册，具報總理衙門暨兩廣總督、粵海關監督衙門查核。可否請旨敕下總理衙門飭知總稅司轉飭照辦。

至該六廠開辦之由，因粵省近年富商貿易，羣遷港澳，大宗貨物，皆由輪船，近海港汊民船復多繞越，以致内地釐金日形虧絀，是以設法開辦新、香海口補抽，原欲以海口之所長，補内河之所短，而猶虞不足，此乃通省正釐盈虛相抵，並非閒款可以存儲。相應籲懇天恩飭部毋庸指款提撥，庶無窒礙。

再，該六廠所收，另有棉花、棉紗、豆子、火柴、火水油五項，係抵補省城坐賈釐金。又有帶抽商捐巡緝經費貨物數種，向由各該廠就近帶收，現在廠員既撤，只可一併交稅司暫行代爲試辦。所收棉紗等五項，係應歸入省城坐賈之款，所收巡緝經費，更係另案商捐奏明專款待支之項發交，釐則章程内已經聲叙明晰，皆不在每年十數萬正釐之内，合併聲明。至於收數，稅司有册可稽，臣等當飭司局併入粵省原有補抽貨釐，照案分晰造報，以備稽核。

揀員調補副將摺〔一〕 光緒十三年四月二十五日

竊照案准兵部咨，准補廣西新太協副將王世清據報丁父憂，應令退回廣西撫標中軍參將本任。其所遺新太協副將係題調之缺，行令迅即揀員升調等因。當經轉行遵照。查定例，題調缺出先儘現任人員揀選題調等語。廣西新太協副將駐太平府城，係煙瘴要缺，必須熟習風土、能耐煙瘴之員方克勝任。茲會同廣西提督臣蘇元春詳加揀選，查有廣西義甯協副將謝讚，年五十六歲，廣東新會縣人，由勇目節年勦匪出力遞保花翎，以副將儘先補用，洊保平樂協副將調補今職。光緒十一年正月二十二日接領調補義甯協副將劄付，前因節次打仗受傷，奏准免其騎射。該員守謹才優，辦事切實，能耐煙瘴，前經署理新太協副將，辦理裕如。以之調補此缺，洵堪勝任。且非本省人員，與例相符。合無仰懇天恩俯准將該員謝讚調補新太協副將，俾於地方營伍有裨。如蒙俞允，該員係對缺調補，毋庸送部引見。所遺義甯協副將，係題補之缺，粵西現有儘先副將應補人員，應請扣留外補，合併陳明。臣謹會同廣西提督臣蘇元春合詞恭摺具奏，伏祈皇太后、皇上聖鑒。敕部核覆施行。

兵部議奏。

調署總兵等篆務片 光緒十三年四月二十五日

再，署廣西右江鎮總兵記名提督蔡金章調東另有差委，所遺篆務，亟應委員接署。該鎮駐札百色，爲滇、桂兩省咽喉，有督率防管彈壓伏莽之責。查有左江鎮總兵劉光裕，老成穩練，紀律嚴明，堪以調署。所遺左江鎮總兵篆務，駐札南甯爲龍州後路，尤關緊要。查有現在龍州軍營新授右江鎮總兵張春發，戰功卓著，熟悉鎮南關内外地勢情形，堪以調署。除分檄飭遵外，理合附陳，

〔一〕以下二件録自《京報》第二三七〇號。

伏乞聖鑒。

兵部知道。

揀員補授副將片[一] 光緒十三年四月二十五日

再，廣西慶遠協副將員缺，先經臣會同廣西提督臣蘇元春奏請，以儘先補用副將董履高補授。現准兵部咨，查董履高之前，尚有劉錫萬一員，摺內漏未聲叙，仍令查明聲覆到日，再行核辦等因。光緒十三年二月十九日具奏。奉旨：依議。欽此。咨行前來。伏查該員劉錫萬，因有光緒九年二月十二日准兵部咨飭查該員劉錫萬保獎各案奉旨日期，查明一併報部，再行核辦等因。是該員劉錫萬儘先補用副將，兵部尚未核准注册，未便請補副將。所有慶遠協副將缺，仍請准以儘先補用副將董履高補授，俾期人地得宜。俟接准部覆，即行給咨赴部引見，以符定制。除咨覆兵部查照外，臣謹會同廣西提督臣蘇元春合詞附片具奏，伏祈聖鑒。敕部核覆施行。

兵部議奏。

請准以李成德借補守備片光緒十三年四月二十五日

再，廣西永甯營守備龍得勝革職，遺缺係部推之缺，接准部咨，既據扣留外補，行文迅揀儘先在前人員請補等因。當經轉行遵照。查武職扣留外補各缺，例應將儘先人員挨次請補。其有事故及人地未宜者，准將名次在後人員揀補。又同治七年十二月十五日經部議覆直隸總督臣曾國藩奏，酌議推廣武職借補章程，副、參、遊借至都、守止等因。查廣西永甯營守備駐紮桂林府屬永甯州城，該處(猺獞)[瑤、壯]雜處，撫馭最爲喫重。必須熟悉風土、辦事勤能之員，方克勝任。粤西儘先守備各員均於此缺人地未宜，未便遷就請補。茲會同廣西提督臣蘇元春按照部定推廣借補章程，於應借補各員内詳加揀選。查有廣西提標右營右哨千總儘先都司李成德，年二十九歲，廣西柳州府馬平縣人，由行伍節年隨勦出力，保獎把總藍翎，遞拔今職，光緒十二年五月初四日接劄。因諒山案内出力保獎，光緒十一年八月二十一日奉上諭：著免補守備，以都司儘先補用，並賞換花翎。欽此。該員年力精健，屢著戰功，且熟習風土。永甯營守備非該員本府之缺，該員係儘先都司借補守備，核與部定推廣借補章程相符，以之借補永甯營守備，洵堪勝任。惟此缺應用儘先守備人員，以儘先都司借補，與例稍有未符，第人地實在相需，例得奏請。合無仰懇天恩俯念要缺需員，准以該員李成德借補永甯營守備，俾地方營伍有裨。如蒙俞允俟接准部覆，再行給咨赴部引見，以符定制。臣謹會同廣西提督臣蘇元春合詞附片具奏，伏祈聖鑒，敕部核覆施行。

兵部議奏。

請准以葉維光升補水師都司片光緒十三年四月二十五日

再，案准兵部咨，准補龍門協副將戴朝佐，准給署劄開其底

[一] 以下四件録自中國第一歷史檔案館編《光緒朝硃批奏摺》第三九輯，第六六八至六七三頁，中華書局一九九五年版。

缺，所遺水師提標前營都司，係內河水師題補第一輪第三缺，輪用預保無人，照章以第一輪第六缺揀發班內人員抵補。等因。經臣會同廣東水師提督臣方耀揀以順德協右營保舉補用都司盧勝，奏請補授。光緒十三年正月二十二日差弁齎回原摺，軍機大臣奉旨：兵部議奏。欽此。尚未接准兵部議覆。茲據報盧勝已於光緒十二年九月二十三日病故，除另行咨報外，其所遺水師提標前營都司缺，應照原出缺次另行揀員請補。查揀發班內補用都司合例請補之但承恩一員，現亦續報病故。已送履歷未准部覆之利成耀先已病故。葉維光、陳理二員，均未造送履歷經部覆准歸班序補。此外揀發班並無應補之人，照章預保揀發俱無人，應以第九缺應升、應補人員請補。查部行輪缺章程，世職期滿發回候題者，歸應補班補用。現查內河水師並無期滿世職發回以都司歸應補班補用人員，應即在於應升人員內揀員升補。又定例，內河水師缺出，如用應升人員先准歷俸二年以上者揀選保題實授。如無合例之員，准於未滿年限員弁內揀選保題升署各等因。茲會同廣東水師提督臣方耀在於內河水師應升都司班內詳加揀選。查有肇慶水師營中軍守備補用都司葉維光，年五十五歲，廣東廣州府東莞縣人，由武生隨營在本省剿匪出力，遞保藍翎儘先守備，撥歸順德協左營候補。嗣於隨剿東江髮逆克復長樂及保守連平各城出力，奏請以都司補用，並換花翎。同治九年五月十九日奉旨照准。又於統帶輪船出洋緝捕及會剿亞婁灣洋匪暨省河緝捕出力案內，奏請俟補都司後，以遊擊升用。同治十二年十一月二十二日奉硃批：著照所請獎勵。等因。欽此。由部擬補肇慶水師營中軍守備，同治十三年九月二十四日接劄。該員老練勤奮，熟習水師，且歷俸最深，並無在外省軍營參革朦保情弊，以之升補水師提標前營都司，洵堪勝任。其保舉補用都司，尚未造送履歷咨部覆准注册歸揀發班序補，是以仍歸應升班請補，雖籍隸本府與例稍有未符，謹隨摺聲明。合無仰懇天恩俯准以葉維光升補水師提標前營都司，俾營伍藉資整頓。如蒙俞允，俟部覆到日給咨送部引見，並揀員對調以符定制。謹會同廣東水師提督臣方耀附片具陳，伏祈聖鑒，敕部核覆施行。

兵部議奏。

彙奏請襲世職摺光緒十三年四月二十五日

竊准兵部咨，同治元年二月十六日奉上諭：嗣後陣亡殉難各員子孫承襲世職，著兵部行文，各該督撫轉飭各州縣，將應襲職名迅速查取，徑行具報，毋庸由府司轉詳。等因。欽此。又准兵部咨，襲職發標人員名數孔多，查册結宗圖已到人員，各按襲職發標，三月彙奏一次等因。同治二年正月二十五日奉旨：依議。欽此。又准兵部咨，嗣後請襲世職，應於文册內聲明於何年月日及在何處陣亡殉難，並議給世職奉旨日期逐一詳細報明，毋得遺漏各等因。均經轉行遵照在案。茲光緒十三年春季分，據長樂縣詳，送請襲雲騎尉曾纘承，年已及歲，請襲職發標。經臣驗明，堪以發標學習。又據鶴山縣詳稱，廕生呂日民，年未及歲，請承襲雲騎尉世職等情前來。伏查定例，承襲世職令嫡長、嫡次、庶出子孫承襲。如無嫡長、嫡次、庶出子孫，許令弟姪應承繼者承襲。又，承襲雲騎尉世職，年已及歲，免其送部，令該督撫驗看具題，俟題准後，就近發標學習，支食仝俸，扣至三年期滿，出具考語給咨送部引見。又綠營陣亡官員，議給世職應行承襲人員，設廣安水軍，經辦理廣東防務兵部尚書臣彭玉麟奏調來粵派委，統領廣安水軍，嗣委署督標水師營參將，經臣奏請留於廣東，遇有水陸缺出分別補用、借補。光緒十三年四月初三日差弁賫回原摺，欽奉硃批：著照所請。兵部知道。欽此。業經造送履歷咨部註册。該員精明幹練，素嫻水師，且現署斯缺並統帶廣安水軍暨三水段緝捕巡船，兼統西北兩江釐鹽緝捕船隻事務，一切均能實力整頓，並無在外省軍營參革朦保情弊。以之借補督標水師營參將，實屬人地相需。雖有名次在前合例借補之外海水師參將二員，惟人地未宜，未便稍涉遷就。謹隨摺聲明，合無仰懇天恩俯准以黄榮華借補督標水師營參將，俾營務捕務藉資整頓。如蒙俞允，俟部覆到日給咨送部引見，以符定制。謹會同廣東水師提督臣方耀合詞恭摺具陳，伏祈皇太后、皇上聖鑒，敕部核覆施行。

兵部議奏。

請准以鮑燦升補瓊州遊擊片 光緒十三年閏四月二十一日

再，准兵部咨，瓊州鎮中軍遊擊張志高，以都司降補，所遺瓊州鎮中軍遊擊缺，係陸路題補第一輪第六缺，輪用現任人員請升，應令先准薦舉卓異俸深應升人員請補等因。查定例，陸路遊擊缺出，輪用應升人員，先准卓異人員升補。此外查明到任日期，歷俸二年以上，方准保題升用。又各省題調武職各缺，如因員缺緊要，人地相需，將不合例人員保奏，應於摺内聲明，請旨交部核覆恭候欽定等語。瓊州鎮中軍遊擊駐劄瓊州府城，分轄瓊山、文昌、定安各縣地方，現當籌辦海防善後勦撫瓊州各屬客黎各匪之際，防緝最爲緊要，非精明幹練熟悉地方情形之員弗克勝任。茲會同署廣東陸路提督臣鄭紹忠在於現任陸路都司應升人員内詳加遴選，雖有薦舉卓異之德恩一員及歷俸較深之文斌、書麟、李奮采、蘇鎮超、楊金甲五員，惟均於此缺人地實未相宜。查有崖州協陸路中軍都司鮑燦，年四十九歲，廣東廣州府香山縣人，由武童赴江南勦匪著績遞保儘先守備，加都司銜，擬補廣東高州鎮標左營守備，調補肇慶協左營守備。光緒三年軍政薦舉卓異，升補崖州協陸路中軍都司。光緒七年二月初三日接劄，隨委調署赤溪協右營都司，嗣於光緒九年十一月十九日到任，歷俸二年以上。該員整軍恤士，熟悉情形，且能耐瓊屬煙瘴，以之升補瓊州鎮中軍遊擊，洵屬人地相需。雖有薦舉卓異及歷俸較深之員，惟均屬人地未宜，未便遷就，謹隨摺聲明，合無仰懇天恩俯准以鮑燦升補瓊州鎮中軍遊擊，實於要缺有裨。如蒙俞允，該員現因俸滿另行給咨送部，應請俟引見後，由部發給劄付，令其赴任。謹會同署廣東陸路提督臣鄭紹忠合詞附片具陳。伏祈聖鑒，敕部核覆施行。

兵部議奏。

暫免都司對調片〔一〕 光緒十三年閏四月二十一日

再，案准兵部咨，具奏各省應行迴避人員由部開單行催一摺，於光緒十二年二月初三日具奏。奉旨：依議。欽此。鈔録原奏清單咨行前來。當將單開奉催應行迴避各員，分別揀員題請對調在案。並飭各鎮協營查明，此外如有應行迴避人員，亦即呈請揀員

〔一〕 以下二件録自《京報》第二三九三號。

對調。茲據署廣東陽江鎮總兵記名提督陶定昇呈稱，鎮屬赤溪協中軍都司黄喬陞，廣東廣州府順德縣人，光緒八年十一月十九日接劄赤溪協中軍都司，駐劄赤溪廳地方。黄喬陞於此缺係籍隸本府，呈明揀員對調等由前來。查廣東外海水師都司十一員内，赤溪協中軍都司係黄喬陞本缺，赤溪協右營都司駐劄新甯縣屬廣海寨城，香山協中軍都司駐劄香山縣城，香山協右營都司駐劄香山縣屬小河洲汛，大鵬協中軍都司駐劄新安縣屬大鵬所城，均係廣州府屬地方，應毋庸議外，其餘陽江鎮右營都司丁志德已准補海安營遊擊，尚未引見開缺補人，此缺現已改爲北海鎮右營陸路都司。吴川營都司陳元杰、硇洲營都司詹明亮、龍門協中軍都司梁鼎勳、龍門協右營都司王龍章、碣石鎮右營都司鄭汝鴻，均係廣州府人，不合調補。赤溪協中軍都司現在既無可調人員，合無仰懇天恩俯准將赤溪協中軍都司黄喬陞暫免查缺對調，仍俟有隔府合例人員再行揀員更調，以符定制。如蒙俞允，恭候命下遵行。謹會同廣東水師提督臣方耀附片具陳，伏祈聖鑒。

兵部議奏。

揀員補授守備片 光緒十三年閏四月二十一日

再，准兵部咨，廣東清遠營左營守備陳得貴病故，遺缺係陸路部推之缺，上次已用過儘先三人，此次照章應用期滿武進士。既據扣留外補，應令迅揀期滿武進士合例人員請補等因。查前准兵部咨，奏定疏通營用武進士補缺章程内開，嗣後部推守備缺出，自此次奉旨之日起各計，各省無論部中擬補、該省請補，統計補用儘先三人後，插補營用武進士一人。無論由武生兵生中式武進士，統按到標五年期滿，揀選在前並無事故者請補。同日期滿以科分名次先後爲斷。倘該員與是缺人地不宜，或遇本府本營之缺，准先請補另揀對調，不得聲請過班，請補時毋庸調取引見，給劄令其赴任。至各省駐防武進士以營守備用者，分發本省學習五年期滿，應與該省漢武進士一體請補。各項武進士既有推缺可補，不得再補題缺。如有請發鄰省學習者，應即掣發推缺鄰省，毋庸核計題缺等因。於光緒九年七月十二日奉旨：依議。欽此。茲清遠營左營守備員缺，會同署廣東陸路提督臣鄭紹忠在於陸路期滿營用武進士内詳加揀選。其到標在前之成傑，已保舉歸儘先都司班。謝繼鼎丁憂尚未服闋。均不合請補。查有督標中營效力期滿營用武進士陳國保，年五十八歲，廣州駐防正白旗漢軍上甲喇京城烏爾棍布佐領下人，由武生應道光己酉科廣東鄉試中式武舉，庚戌科會試未第，揀選二等，以營千總用，發回督標中營效力。因剿辦省北逆匪出力，奏奉諭旨：以千總補用，並賞戴藍翎。欽此。咸豐八年委補廣東駐省正提塘，同治五年七月任滿卸事。七年進京應戊辰科會試，中式武進士。奉旨：以營守備用。欽此。同治十年九月赴部投供，奉發回本省督標效力，於同治十一年二月初九日到標，嗣因效力五年期滿，咨准部覆注册，俟有該省部推缺出照章辦理。該員勤奮安詳，深諳紀律，現委署東山營守備，於營伍緝捕均能認真整頓，以之補授清遠營左營守備，洵堪勝任。雖有到標在前之員，惟不合請補，謹隨摺聲明，合無仰懇天恩俯准以陳國保補授清遠營左營守備，俾營伍藉資整頓。如蒙俞允，該員係本省駐防旗人，毋庸迴避，照章亦毋庸送部引見。應請敕部給與劄付，令其赴任。

兵部議奏。

光緒十三年三四月電旨電奏開單具奏摺〔一〕光緒十三年閏四月二十一日

竊臣於光緒十年間具奏，請將海防緊要事件電致總理衙門代奏者，每月照録原文，彙奏一次。並因欽奉電旨，間有碼數參差，文義難解者，繕單呈請敕發總理衙門覈對存案。如有舛誤，即咨照更正。奉旨允行。所有光緒十三年二月以前恭録電旨並電奏均經具摺奏陳在案。兹將光緒十三年三、四兩月歷次電旨、電奏彙繕清單，恭摺具奏。伏祈皇太后、皇上聖鑒。

該衙門知道。單二件併發。

委派陳寶箴總理省城内外緝務片〔二〕光緒十三年閏四月　日

再，廣東省門左右毗連港澳，横帶沿海諸沙海汊，河道廣闊紛歧，盗匪剽忽，巡緝保甲諸事宜極關緊要。署陸路提督鄭紹忠自上年冬間移營北江，辦理廣屬三水、清遠、佛岡，韶屬英德、翁源，連屬陽山等廳縣積匪，署廣州協副將總兵鄧安邦現在辦理東莞、增城積匪，於派拏各案時有破獲。而於省城内外全局未能兼顧，必須特委大員綜持其事，方無涣散隔閡之弊。查有降調浙江按察使陳寶箴，經臣之洞於上年八月奏調來粤差委，奉旨允准在案。該員於十二月到粤，先經委派營務處辦理諸臻妥協。現經委派該員會同廣東按察使王毓藻，總理省城暨南海、番禺、香山、順德、新會等五縣巡察緝捕、保甲團練各事宜，於省城設立緝務總局。所有各該處緝捕勇丁、各段巡船歸其統率，水陸汛防緝捕、營弁練兵歸其考核，飭令隨時親往各處周巡督緝，以專責成而資整頓。謹附片具陳，伏祈聖鑒。

知道了。

籌議移設廣西邊要各缺事宜摺光緒十三年五月初三日

竊臣等上年具奏籌議廣西邊隘分營扼紮，請撥的餉，酌移提督駐所，添設鎮道以資分任各節。奉旨：該衙門議奏。等因。欽此。旋經兵部會同吏部、户部議奏，欽奉諭旨，刷印原奏咨行到粤，當經轉飭議覆去後。兹據署廣西布政使凌彝銘、署按察使周鶴會同善後局司道籌議詳覆，並准廣西提督臣蘇元春咨轉，據該營將守備等節次禀覆，該提督逐加考核，先後造具清册呈送前來。由臣秉衡、臣元春商定具稿，咨送臣之洞核辦。

查原咨詳内稱，柳州府提標額設制兵六營一千二百六十名，除分防外，存城八百餘名，現在中營移駐龍州，擬裁去前後兩營，所留左、右、城守三營，僅留五百十六名。若照原撥汛防之永福、雒容、象州、柳城、馬平等州縣屬境二十一處，則存城兵額較少，不敷操防。擬將中路所管之永福縣城守、深定、黄冕寨、沙鹿寨

〔一〕録自中國第一歷史檔案館編《光緒朝硃批奏摺》第三三輯，第二二六頁，中華書局一九九五年版。

〔二〕録自中國第一歷史檔案館編《光緒朝硃批奏摺》第四〇輯，第二四六頁，中華書局一九九五年版。惟該輯認定此件日期為「光緒十三年三月至十四年四月」。今據《京報》第二五九二號及《光緒朝硃批奏摺》第五輯，第五一一頁相關内容，定日期為「光緒十三年閏四月」。

五汛改歸桂林營，就近分防。前、後兩營所管之雒容縣城守、中渡、洛垢、高嶺、象州城中、大東、馬平縣穿山等七汛，左、右兩營所管之馬平縣振柳、白沙、三都、雞公、五都、流山、柳城縣城守、太平等八汛，改歸柳慶鎮左、右兩營及柳州城守營分別派防。其各汛在郡城之左者，撥歸左營。在郡城之右者，撥歸右營。其土博、魚窩、下吉三汛，前因匪徒滋事，於光緒三年添設，現在地方安静，應即裁汰，歸入五都汛，以省繁冗。又中路之振柳、白沙、流山三汛，附近城南，應歸城守營就近管理。計各汛派出兵一百七十五名，存城尚有四百一十一名。擬於裁汰前、後兩營内挑留十四名，合成六百名，仍分六戰四守，每百名内設馬兵六名，以符舊制。其鎮標左營兼管中軍，差務較繁，擬撥二百五十名，右營擬撥二百名，其餘一百五十名歸入城守營。所有存留各兵，應在五營内一併挑選，務期精壯足額，毋任疲冗充數。其餘者即作爲前、後兩營，悉予裁汰。惟左營遊擊所轄，原有守備、千、把各員，今既兼管中軍，較之左營尚少千總一員，自應一併添設。又柳州城守營都司所轄，原有千、把、外、額六員，向無防汛，今既派有分防，不敷差委，應添設外委一員、額外二員，即在前後兩營員弁内酌撥。其永甯州守備一營，原歸提標中營，應改隸鎮標左營管轄。至龍州城守營遊擊所有原防苛村汛、水口關兩處，悉仍其舊。應設守備一員、千總一員、把總二員、外委二員、額外二員，即在原營員弁内挑補。並添設下凍土州防汛，以臻周密。又新太協右營應行裁撤，所有該營守備原駐之明江廳，及各弁分防之甯明、海淵、思凌等汛，應由馗纛營弁兵接替。撥提標中營弁兵填防平而關、鎮南關、由隘三處，以補龍憑、馗纛兩營所遺之額。其餘該兩營及左營原防各汛，悉仍其舊。又上思營都司向隸左江鎮管轄，亦係責任邊防，原奏未經議及，茲應將該營都司改爲專屬提標，以歸畫一。此外尚有平樂協副將、全州營參將、賓州營參將、桂林營游擊四協營，向歸提標舊轄，應照原制，無庸更改。除新設龍州城守營中軍守備，原係内地部選之缺，今移駐龍州煙瘴地方，亦應改爲煙瘴題調缺。其餘改撥各缺，均應仍照舊制辦理。其建造移設提督、道員以下文武各衙署，應由西省籌撥經費，另行奏咨辦理。此遵照部議，查明移改營制並續擬分撥之詳晰情形也。

至所擬新設太平歸順兵備道一員，控制邊關，經理中外交涉諸務，責重事繁，非精明幹練、熟習兵事之員，弗克勝任。擬請作爲衝難邊要兼煙瘴題調缺，酌照廣東雷瓊道、直隸津海關道、湖北漢黄德道之例，由外酌量奏請升調揀補。歸順州知州缺，原繁難兼煙瘴題調要缺，今升爲直隸州管轄鎮邊一縣，擬請仍作繁難煙瘴要缺，由外揀員調補，五年俸滿，在任候升。小鎮安通判一缺，原係煙瘴要缺，今改爲鎮邊縣，屬於歸順直隸州，擬請作爲繁難煙瘴要缺，由外揀員調補，三年俸滿，在任候升。並添設道庫大使一員，鎮邊縣典史一員，擬均作爲煙瘴調缺，三年俸滿，在任候升。其餘上思、鬱林等州，僅係撥隸，别無更張，其缺分自應照舊，並援案擬給該道員及道庫大使、鎮邊縣知縣、典史各員廉俸役食銀兩，暨添設裁改各營之俸餉等項銀兩，分别核明造册備查。其餘未經添設各營，毋庸備造，以省繁牘。此遵照部議，體察地方情形，酌定逐項缺分之詳晰情形也。

至小鎮安通判改爲鎮邊縣，該處應試童生向入鎮安府學者，今爲歸順直隸州屬縣，自應另設學額，擬請歲科每試取進四名，廪生二名，四年一貢，武童歲試取進四名。該州縣均係科歲併行，即令就近附在鎮安府城考棚校閲。並擬援照崇善、淩雲、天保等縣併歸太平、泗城、鎮安等府學兼管成例，將鎮邊縣生童由歸順直隸州學正兼管，毋庸另設該縣訓導，以節縻費。又上思州改歸太平府轄，向之赴試南甯者，自當改赴太平。惟太平考棚狹窄，未能容納多人，應令上思生童仍赴南甯考試。俟該處籌款另建寬展考棚後，再行飭赴太平考試。此又改設縣治，另定學額，就近赴考、兼管之詳晰情形也。

所有新設之柳慶鎮總兵一缺，應請旨迅賜簡放。其新設之太平歸順道一缺，俟部議核定缺項後，即當由廣西撫臣會同督臣酌量揀員，分别升調請補，以便舉辦一切事宜。所有鎮道暨此外添設各缺，均請敕部頒發關防印記，以資信守。其餘未盡事宜，應俟該鎮道到任察看情形，陸續詳請奏辦。

至廣西協餉解未足額，臣之洞已飭廣東藩司陸續竭力籌解。其各省欠解數目，業於上年十一月會同奏明，應請敕部查照前奏，指撥的餉，以濟要需。

（硃批）該部速議具奏。（欽此）

創設槍彈廠片 光緒十三年五月初三日

再，廣東前因籌辦海防，購運軍火，兼濟滇、桂後膛槍彈一項，需用尤多，採辦維艱，必須購置機器，自行製造，始可取用不盡，無庸倚藉外洋。當（經）飭海防善後局委員在上海泰來洋行購運製造槍彈機器一副來粵，價銀二萬五千九百八十餘兩。正擬設廠開辦，適前廣西撫臣潘鼎新亦在泰來洋行訂購槍彈機器一副，由委員運解到粵。時西省已將撤防，准護理廣西撫臣李秉衡咨商，西省無力設局開辦，所有前購機器請留東省備用。復經飭局籌款，將機器及造子銅片物料價值，委員、洋匠川資，暨運脚、保險等費，由東撥給，計共銀三萬一千三百餘兩。當即遴委江蘇補用知縣薛培榕會同地方官，在於省城大北門外二十里番禺縣屬之石井墟購地三十一畝有奇，創建製造槍彈廠一所，地居省城後路，較爲穩便。上年九月經始，本年五月落成。計頭門一進，公務廳兩進，機器大廠一座，鍋爐、打鐵、烘銅殼、造木箱、裝子藥房共五處，儲料、發料庫各一，另有裝蠟餅、紙餅、火藥等房及工匠住房、厨房等二十餘間。外加甎墻一道，高一丈、周圍二百零四丈，共支工料連地價銀一萬七千三百餘兩。安設機器兩副，能造毛瑟、馬梯呢、士乃得、雲者士得四種槍彈。試辦之初，每日約造二千顆，熟習之後，每日可造八千顆，目前即可試火開造。此外尚有需用鎔銅、輾銅等機器，併應添蓋廠屋，容俟陸續購辦。

（硃批）（該部議奏）[該部知道。]（欽此）[一]

購備禮物回贈英國大臣片[二] 光緒十三年五月初三日

再，上年由英領事費里德轉述該國外部來文，該國居首大臣暨外部、兵部、藩部公同寄贈臣時辰表兩枚，當經奏明請旨應否收納，並擬從豐酌買用物回贈該國香港總督。奉旨：著准其收納，

[一] 以上衍、舛四處，據中華書局一九九五年版《光緒朝硃批奏摺》第一〇二輯，第一七九至一八〇頁校正。

[二] 録自中國第一歷史檔案館編《光緒朝硃批奏摺》第一一一輯，第二八〇頁，中華書局一九九五年版。

餘著照所議辦理。該衙門知道。欽此。當經欽遵收納。現由臣購備顧繡堂畫二幅、舊甆瓶一對、綢緞八疋，本擬照送該國香港總督，因係署任，屢經易人，商之英領事，亦以回贈該國居首大臣兼管外部者較爲合宜。即經臣致函現駐廣州口岸英領事啊哩吧吐德，令其轉贈，並叙述彼此友誼關切之意，聲明此係奉旨准臣回贈之件，非同私禮。該領事已覆函允即轉寄回國。理合附片陳明。伏祈聖鑒。

知道了。

旗民案件責成保甲局片[一]　光緒十三年五月初三日

再，本年閏四月二十三日夜間，據署南海縣知縣張琮禀稱，省城内該縣所屬四牌樓地方有堆撥值班旗兵鑲紅旗馬甲榮祥積雅渾，因買水横枝花草，將民人劉華宣毆傷。經該管禀知將軍臣繼格，將榮祥積雅渾鞭責枷示，是晚駐防男婦老幼多人，擁至協領衙門，繼至將軍衙門求免枷示，頗涉喧嚷。正飭署督標中軍副將王世清、撫標中軍參將鳳鳴、理事同知貴璋暨該縣張琮，馳往察看情形，人衆業已解散。旋准將軍臣繼格、副都統臣鍾泰咨同前因，除不善開導之該管佐領、防校等官應由將軍、副都統臣自行核辦外，當經臣等飭令藩、臬兩司督同廣州府理事同知南海、番禺兩縣，妥議章程出示曉諭。查廣東省城保甲局除本街民紳外向設有旗紳四員，以後責成該段保甲局委員督飭旗民各紳認真到局，時加勸導，互相輯睦。遇有口角細故，隨時排解，勿令生事。並咨會將軍副都統臣嚴飭各該旗堆撥官兵妥爲彈壓。如有旗民交涉案件，照例由該兩縣會同理事同知秉公持平訊辦，以免滋生事端。理合附片陳明，伏祈聖鑒。

知道了。

揀員補授參將摺[二]　光緒十三年五月初三日

竊准兵部咨，廣東欽州營叅將熙昌病故，遺缺係陸路題補第二輪第一缺，應用儘先人員，既據扣留，應令迅揀合例人員請補等因。查定例，各省題調武職各缺，如因員缺緊要，人地相需，將不合例人員保奏，應於摺内聲明，請旨交部核覆，恭候欽定。又，儘先人員均按奉旨先後挨次補用，如名次在前之員實在揀選不得其人，必須按名指實於此缺何項人地不宜，方准將名次在後之員請補。又，陸路叅將，如請補之員籍隸本省例應迴避，於摺内聲明揀選隔省對調各等語。欽州營叅將駐劄欽州城，係煙瘴要缺，與越南毘連，現當勘界甫定籌辦邊防之際，非精明幹練之員弗克勝任。茲會同署廣東陸路提督臣鄭紹忠在於經部覆准注册序補之陸路儘先叅將内詳加揀選。其名次在前之曾遠輝、周本權，或告假回籍措資，或赴湖南修墓，均未報回營。賴國恩、盧泰、楊朝漢、劉大榮、張正履、顏金均於此缺不甚相宜，不合請補。

查有准補撫標右營遊擊儘先叅將方鼇，年五十九歲，廣東潮州府普甯縣人。由勇目歷在閩、粵等省剿匪，遞保花翎儘先遊擊，並給尚勇巴圖魯名號。嗣因查辦潮州積案出力，奏請加副將銜。

[一] 録自《京報》第二四一六號。

[二] 以下二件録自中國第一歷史檔案館編《光緒朝硃批奏摺》第三九輯，第七二八至七三一頁，中華書局一九九五年版。

同治十二年八月十二日奉硃批：著照所請獎勵。等因。欽此。又因勸辦晋捐出力，奏請改爲俟補缺後以叅將歸廣東陸路儘先補用。光緒六年正月三十日奉旨：該部知道。欽此。七年五月奏請補授廣東撫標右營遊擊，准兵部咨議覆，准其補授，行令給咨赴部引見後再行給與劄付令其赴任。光緒七年九月初一日覆奏。奉旨：依議。欽此。該員前保俟補缺後，以叅將仍歸廣東陸路儘先補用，業經核准，應以此次補授遊擊覆奏奉旨之日起，歸入叅將班内注册，遇有該省題推陸路叅將員缺，按照新章，挨次序補。又因粤防出力案内保奏，俟補叅將後，以副將儘先補用。奉旨：該部議奏。欽此。尚未准部議覆。該員老成幹練，强毅有爲，能耐煙瘴。現署潮州鎮中軍遊擊，於營伍捕務均能實力整頓，以之補授欽州營叅將，實堪勝任。雖儘先名次略後，及籍隸本省與例稍有未符，惟在前各員均不合請補，未便遷就，謹隨摺聲明。合無仰懇天恩俯准以方龍補授欽州營叅將，以重邊防而資整頓。如蒙俞允該員於准補遊擊案内應行送部，現請補叅將係籍隸本省，俟部覆到日，容臣在於西省叅將内查缺對調，再行併案給咨送部引見，以符定制。謹會同署廣東陸路提督臣鄭紹忠合詞恭摺具奏，伏祈皇太后、皇上聖鑒，敕部核覆施行。

兵部議奏。

揀員補授守備片 光緒十二年五月初三日

再，准兵部咨，廣東撫標右營守備李世傑病故，遺缺係陸路部推之缺，查前出各缺已用儘先三人、武進士一人，此缺照章應用分發差官儘先守備，既據扣留，應令迅揀合例人員請補等因。查前准兵部咨，片奏變通差官補缺章程内開，嗣後差官留差一年者，除題推各缺到班仍按到標先後與各項儘先人員序補外，准其於推缺用過武進士一人後，插用差官一人，亦以到標先後爲序。於光緒十年九月二十七日具奏。奉旨：依議。欽此。等因。遵照在案。兹會同廣東巡撫臣吴大澂、署廣東陸路提督臣鄭紹忠在於分發差官歸陸路儘先守備班内詳加揀選。查有督標中營分發差官儘先守備祥保，年五十三歲，京都鑲藍旗漢軍惠善佐領下人，由馬甲中式咸豐乙卯科武舉，辛酉科補行，庚申科會試未第，揀選二等籤掣兵部差官，於同治六年七月内充補。因接遞軍報奏請加都司銜，同治七年七月二十日奉旨：依議。欽此。同治九年七月内三年期滿考列一等，帶領引見，奉旨，以營守備用。十年七月内留差一年期滿，准指省免試用以守備儘先補用，呈請分發廣東。同治十二年十月十三日到標，造具出身履歷册咨准部覆，遇有廣東陸路題推守備缺出，照例序補。該員勤勉詳明，講求營務，現署廣東饒平營守備，辦理裕如。以之補授撫標右營守備，洵堪勝任。且到標名次在前，合無仰懇天恩俯准以祥保補授撫標右營守備，俾營伍操防藉資整飭。如蒙俞允，俟部覆到日給咨送部引見，以符定制。臣謹會同廣東巡撫臣吴大澂，署陸路提督臣鄭紹忠合詞附片具陳，伏祈聖鑒。敕部核覆施行。

兵部議奏。

鹽大使徐多鈞等試用期滿甄別摺〔一〕 光緒十三年五月初三日

竊查前准部咨，嗣後佐貳雜職等官，除欽奉特旨發往並曾任

〔一〕録自《京報》第二四一五號。

實缺人員外，其餘無論何項出身，凡係補缺應行具題者，試用期滿，由該督撫甄別具奏等因。歷經遵照辦理在案。茲據兩廣鹽運使英啓，會同廣東布政使高崇基，將捐納鹽大使試用一年期滿之徐多鈞等各員，逐一詳加考察具詳請奏前來。臣等覆加察核，開列清單，出具考語。理合繕摺具奏，伏祈皇太后、皇上聖鑒訓示。

吏部知道。單併發。

遊擊陳榮輝開復處分片〔一〕 光緒十三年五月初三日

再，廣東南澳鎮右營遊擊陳榮輝，前因在瓊州海口營參將署任内，輕於撫匪，稟報不實，經臣奏參請將該遊擊革職留任，奉旨允准在案。查陳榮輝自被參後，經提督馮子材調赴前敵，帶勇剿匪，隨同萃軍進攻萬州、陵水一帶黎巢，平毁馬嶺、廖二弓、十八村等處逆寨，撫定各峒良黎，遇事奮發不避艱險。本年三月，進兵剿辦崖州黎匪，道路愈遠，瘴毒愈甚，該員均身在行間，歷久不懈，絶無畏避，尚屬深知愧奮。合無仰懇天恩准將南澳鎮右營遊擊陳榮輝開復革職留任處分，以昭激勸。出自逾格鴻慈，謹附片具陳。伏祈聖鑒。

陳榮輝著准其開復革職留任處分。兵部知道。

籌解部墊西征欠餉起程日期摺〔二〕 光緒十三年五月二十日

竊臣增潤於光緒十三年閏四月初六日奉户部劄開，本部速議新疆巡撫劉錦棠等奏請由部墊發西征欠餉，擬於各省關應行解部款内指撥，以應急需。光緒十三年四月初八日具奏。奉上諭：户部奏速議西征欠餉，請於各省關應行解部款内指撥一摺。等因。欽此。並鈔録清單劄行前來，當即欽遵照辦。查黏單原奏内開，各省關丁亥年應行解部之款，改令彌補西征欠餉。粤海關應解部庫籌邊軍餉四成洋税，劃出銀六萬兩，又粤海關應解部庫京餉六成洋税，劃出銀二萬兩，限本年五月底解至甘肅轉解應用等因。但爲期太速，深恐貽誤。即於五月初四日照數籌撥前項銀共八萬兩，發交西商志成信銀號匯兑甘肅，以期妥速。除咨會陝甘督臣、新疆撫臣查照暨呈明户部察照外，理合將報解日期謹合詞恭摺專案奏報，伏乞皇太后、皇上聖鑒。

户部知道。

知縣文博等摘頂勒追摺〔三〕 光緒十三年五月　日

竊據廣東布政使高崇基、署督粮道益齡會同交代總局司道詳稱，查有前署東安縣知縣文博，前任西甯縣知縣田郅軒，前署始興縣知縣尹兆烜等，各任内交代初叅限滿均未據造册移交後任結報。先經咨部查叅在案。現據該員等於二叅限内造册結報到司。因款目不符，飭發改造。並查得該員文博有徵存正雜款銀五千六百餘兩、米一千四百餘石，田郅軒有徵存正雜款穀價銀五千四百餘兩、米二十餘石，尹兆烜有徵存正雜款銀五千七百餘兩，疊經

〔一〕録自《京報》第二四二六號。
〔二〕録自中國歷史檔案館編《光緒朝硃批奏摺》第五七輯，第六五七至六五八頁，中華書局一九九五年版。
〔三〕以下三件録自《京報》第二四一五號。

勒限嚴催，均未據完解詳請叅追前來。相應請旨將前署東安縣補用知縣文博、前任西甯縣知縣田郅軒、前署始興縣候補知縣尹兆烜等三員，暫行摘頂，勒限四個月各將欠解交代銀米掃數完解，倘逾限不完或解不足數，即行查明是侵是挪，分別嚴叅。所有叅追前署知縣欠解交代銀兩緣由，謹合詞恭摺具奏，伏乞皇太后、皇上聖鑒訓示。

文博、田郅軒、尹兆烜均著暫行摘去頂戴，勒限完解。餘依議。該部知道。

徵信册與奏銷册並造片光緒十三年五月　日

再，臣等案准户部咨開，具奏議覆御史劉恩溥奏清厘民欠一摺、片一件，並議章程十條，各樣銀錢糧草完欠徵信册式五本。現在章程册式均已刷印完竣，應即頒發各省，通飭各屬於光緒十二年下忙截止之日，一律舉辦。所有册式未能詳細明白之處，亦由各該省各就地方徵收情形，將册式酌量更改，咨部議覆等因。經臣之洞札行司道，照依部咨事理，通將册式頒發各屬，遵照辦理。臣大澂到任後，亦經專札司道，嚴催各州縣依限造册，勿許稽延各在案。

兹據廣東布政使高崇基、署理廣東督粮道益齡詳稱，各屬花户完納錢糧，向多疲玩。每至下忙，逾限欠數尚多。必待奏銷屆期，設法催徵，始能踴躍。其中户名欠數亦極繁碎，業户置買田産又復推割無常，必須殫心查造，專力鈎稽，恐難依限辦竣。現仍通飭各屬，先將民欠未完數目詳細確查徵存實數。如查有捏完作欠，挪移虧空情事，立即禀請揭叅，决不稍事姑容等因，詳請核辦前來。

臣等查錢糧爲國家維正之供，必當嚴杜虧挪隱匿等弊，澈底清查。實爲理財本源之務。部頒徵信册式，事在必行，自應責令各屬州縣剋期造報，不容推諉延宕。惟廣東歷届錢粮奏銷，必待十一月始能赶齊，十二月具題。連年拖延庫款，隱受其累。然積習相沿，疲玩已久，竭力整頓，非旦夕所能速效。查廣東省河鹽課奏銷，自咸豐五年後積壓累年，經前督撫臣奏准，每年赶早一個月，至光緒八年，已復例限。潮橋鹽課，亦係奏准每年赶早一个月，以漸規復原限。上年經臣之洞於兼署撫篆時，即仿照本省鹽課成案辦法，督同藩司通飭各屬，勒限徵解，嚴定功過。自光緒十二年分爲始，每届奏銷、赶早一個月。所有十二年應辦銷册，赶緊催造。定於本年十一月具題，以後逐年赶早一个月，五年之後，即可復歸舊制，遵照例限造報。臣大澂現經飭派委員，分投確切查催，躬自設法鈎稽。從此逐漸厘正，當有實效可期。此項應造徵信册，當與錢糧奏銷册同時並造，一併咨部查核，庶已完銀米與未完銀米兩册互校，可無叅差不齊之數。除飭藩司督粮道發飭各屬州縣遵照赶辦，並隨時調核紅簿，實力稽查外，臣等謹附片陳明，伏乞聖鑒訓示。

户部知道。

調署知府片光緒十三年五月　日

再，選授廉州府知府吴錫璋，前經委令署理肇慶府知府篆務，經臣之洞附片奏報在案。兹飭署理廉州府事准調惠州府知府李璲，前赴惠州府調任。所遺廉州府知府缺，應飭吴錫璋交卸肇慶署篆，即赴廉州守本任，以專責成。所遺肇慶府篆務應行委員接署，查有試用知府黄杰，老成持重，爲守兼優，堪以署理。據藩、臬兩司會詳前來。除檄飭遵照外，謹合詞附片陳明，伏乞聖鑒。

吏部知道。

故令周濟仁革追摺〔一〕 光緒十三年五月　日

竊據廣東布政使高崇基、署督糧道益齡會同交代總局司道詳稱，查有已故前署封川縣知縣周濟仁交代初參限滿，未據造册移交後任結報，先經咨部查參在案。現據該故員於二參限内造册結報到司，因款目不符，發回改造。並查得該故員有徵存正雜款銀二千五百餘兩、米四百六十餘石，迭經勒限嚴催，未據完解，詳請參追前來。相應請旨將已故前署封川縣准補乳源縣知縣周濟仁暫行革職，勒限該家屬四個月將欠解銀米掃數完解。倘逾限不完，或解不足數，即行查明是侵是挪，分别嚴參。所有參追已故知縣欠解銀米緣由，謹合詞恭摺具奏，伏乞皇太后、皇上聖鑒訓示。

周濟仁著暫行革職，勒令該家屬依限完解。餘依議。該部知道。

全瓊肅清分别裁留營勇通籌善後事宜摺 光緒十三年六月十三日

竊照瓊州黎客各匪，自上年八月奏明大舉潡辦，勦撫兼施，各路以次廓清。惟南境崖州一隅，黎歧怙惡負嵎，未經勘定。臣等前於本年二月奏報陵萬肅清進勦崖黎摺内聲明，趁此軍威，策勵將士，鼓勇深入，以竟全功。欽奉硃批：即著張之洞等將勦撫各事宜妥籌辦理，以靖地方。等因。欽此。當即恭録咨行，欽遵辦理在案。

查南林嶺黎巢在崖州之東一百六十里，高峰深谷，險峻異常。匪首譚亞吉與其黨吉文香等句結附近各峒黎匪，據險結寨，乘便四出擾害。該峒黎恃其地遠山深，歷年屢抗官軍。疊准提督馮子材咨報，崖屬各黎歷經分（别）［投］撫諭，各峒相繼薙髮歸誠。惟該逆首譚亞吉謂官軍斷難深入，抗不受撫，經馮子材即派知府馮相榮、馮相華等督率各營，激勵將士，由藤橋、三亞一帶進兵，山險水毒，兵勇節節開通，攀援而進，募集土團，以爲鄉導。至三月十七日遊擊馮驊、守備陳才業由蘿蓬嶺入山，攻破南路賊栅。十八日參將符堅高、遊擊陳德成由大茅峒入山，攻破東路賊栅，進逼老巢。適馮驊等南路官軍攻入，復派道員楊玉書由紅花村小路入山，與馮相榮、馮相華所部會合並進，冒險鏖鬭，賊勢不支，敗奔回巢拒守。同日，知縣石佩瓊、守備蔡必壽等亦攻奪西路賊卡三座。十九日馮相榮等親督各軍勇團攀崖踰澗，四面仰攻，誓以必克。該逆乘高死守，槍石雨下，勇丁頗有傷亡。相持半日，道員楊玉書多方激勵諸軍，從山後攻進，知縣沈寶光、巡檢楊桂振等分軍賈勇猱進，猛攻縱火，該逆始行潰竄，我軍登將南林老巢攻克。先後殲斃悍賊二百餘名，追擒匪黨二百餘名，奪獲槍械及牛隻、穀米無算。惟逆首譚亞吉、吉文香逃逸未獲。連日馮相榮等督軍搜山，四月初三日，知縣蔡其銘於紅花峒拏獲吉文香一名。閏四月二十五日馮相華、蔡其銘督率弁勇躡及逆首譚亞吉於

〔一〕録自《京報》第二四一四號。

南林峒附近深谷中，生擒解營驗明正法。沈寶光先後拏獲卓五生、藍亞對、陳亞爛等三名，各弁勇搜山生擒琶生馬、王用書二名，殺斃符光清一名，皆係著名積匪。其大茅峒、十二弓等數十村峒皆請繳械、交匪，均經楊玉書詳訊情節，審察良莠，分别誅、釋，不令稍有枉濫。署崖州協副將方敬、署崖州知州劉保林分派弁兵團勇搜捕各峒匿匪，亦經斬獲多名，崖境一律肅清。此官軍破巢擒渠廓清崖境之實在情形也。

嗣因天熱瘴盛，瓊地已無大股應勦之匪，自宜撤兵節餉，詳籌善後。當於五月初四日電奏請旨，飭馮子材統率萃軍仍回欽州原防。瓊州善後由臣等督飭雷瓊道朱采籌辦。欽奉電旨允行在案。馮子材於奉旨後還至瓊州府城，與道府各官商酌一切，即於五月内凱撤回欽。查馮子材原統萃軍新舊各營，並撥歸統率之全字兩營，共二十二底營。現裁遣十七營，陸續運送渡海，俟抵欽後，分起給資裁撤。酌留五營，分防欽州邊界，并彈壓廉屬積匪。瓊軍除撥歸署高廉道王之春兩營帶赴東興外，現經酌定方長華原統各營暨朱采新募各營，孫鴻勳所帶新福軍兩營，重加選汰，統名爲瓊軍，共成十底營，分屬朱采及方長華統率調遣。並合之在籍總兵林宜華等所帶土勇土團，辦理善後，搜捕逸匪，撫安生歧，培修道路。已飭相度要隘分建碉卡，以資控制。並經馮子材咨商酌定，瓊郡各屬除文昌無黎外，其餘十二州、縣，准各募勇五十名，以資防緝。此瓊郡勦匪事竣分别裁留勇營之實在情形也。

其各屬就撫各黎，據道員方長華、楊玉書，知府謙貴，同知孫鴻勳等稟報，除以前就撫各户口外，南路崖州新撫丁口二萬三千餘尚未報齊，中、西兩路瓊山、定安、儋州、昌華、感恩等處陸續就撫丁口十萬三千餘，東路萬州、陵水尚未報齊。其間本係生黎者十之七，本係熟黎而歷年頑梗，化爲生黎者十之（七）［三］，均已薙髮改裝，造册編户。其附近新開大路者，逐漸推廣化導招徠。至深山生歧，既不出爲民害，亦不致阻礙商路鑛山處所，則聽其跧伏孳生，不復過問。

前奏定開闢大路十二道，經西路道員方長華、東路道員楊玉書、北路同知孫鴻勳、南路署崖州協副將方敬、署崖州知州劉保林等各照前奏，分定地段，督率弁勇團夫，設法開鑿。均皆依限開通，四面交會聯接，皆可達於五指山下。同知孫鴻勳、國子監典簿韓方炳、知縣周林皆親至五指山，繪具該山形勢道里，甚爲詳晰。各段間有黎峒梗阻之處，經各該員宣諭激賞，恩威並用，以次一律暢通。合併接算，計所開通道路共三千六百餘里。此外復勸督各州縣團紳另開小路。萬州五道，一由中興市至樂會五村，一由番葛坡至陵水黎、萬嶺門，一由金雞寮至分界水，一由黄麋坡至深田，一由西峒至長沙。陵水三道，一由馬嶺弓至七指嶺，一由文村弓至寶停司，一由北渡溪至藤橋市。定安四道，一由打運至三坎溪，一由銅甲口至牙打，一由新興坡至打喃們，一由新興坡至牛欄坪。崖州二道，一由郎蔞汎至官坊河，一由抱懷村至樂安所。澄邁二道，一由岑崙墟至臨高垂南村，一由岑崙墟至瓊山、那略、大溪。儋州一道，由塘源市至元門峒。臨高一道，由蘭洋市至加（嘉）［喜］村。感恩一道，由北黎村至古振州。昌化一道，由縣城南經大田黎峒，亦至古振州。樂會一道，自陽江市至黄村。會同一道，由石壁溝至萬州什密村。共開小路二十二條，均已與大路接合。疊經臣等委員密勘官開各路，林莽芟除，山石開鑿，輿馬俱可暢行者十得其五。餘或限於地勢，或迫於日期，未能依前定丈尺開足。已飭俟秋涼後隨地召募土黎，設法轟鑿增修，多造堅固木橋，務令一律寬通。并於衝要平坦處所，搭蓋棚寮，設立墟市，以便商旅往來。此各黎就撫造册及原定大小各路一律開通之實在情形也。

查瓊州孤懸海外，黎客交訌，股數紛雜，地方苦瘠，憑藉無資，其難易與臺灣判若霄壤。特以連年黎客寇掠，民不聊生，逼近越疆，海防尤亟。臣等恪遵光緒十二年正月二十二日所奉綢繆未雨，化導獉狉之諭旨，力籌餉需，拊循將士，堅持定見，竭力圖維，不敢畏難自阻。現在勦匪諸事略定，其善後事宜，大要約有數端：

一、移民墾田。黎山既通以後，查其田土，皆屬饒腴，土煖雨多，一歲三熟，遠勝於瓊屬山外州縣。除有名諸嶺而外，多係坡坂綿延，可資種植。即山谷之中，亦多産佳［木］藥材（木），並無荒崖棄土。計現在人跡可到可耕者，何止（數）十餘萬畝，種禾、種薯、種藍、種蔗，無所不宜，聽民自便。文昌縣人稠田少，每年出洋趁工服賈者甚多，已飭縣出示曉諭，民人願入山墾種者，聽其自擇地段認墾，報官勘明給照，三年内免其升科。並令文昌團紳副將符鴻升廣爲勸導。他縣民人願往開墾者，一律辦理，民情甚爲踴躍。數年之後，瓊地米穀日多，閒民日少，庶於本務不無裨益。

一、招商伐木。商務以林木爲大宗，現飭朱采於撫黎局内附設招商局，開采山木，並委發粤差委記名提督謝鴻章、貴州候補知府席時熙專辦。招商伐木事務，略分官辦、商辦二法。官辦則派員率帶土勇深入老山，無論良材雜樹，一律砍伐。成材者，堆積溪河兩岸，轉售商人。叢雜者一併芟除，亦可充搭棚、蓋屋、爲薪之用，藉以豁其陰霾，消其瘴氣。商辦則指定何山，限以四至，先給護照，始令開采。官山量材納税，黎産公平價買。現粤商分赴定安、萬州、崖州等處，勘得近河道處山林極夥，尚可設法運出，集股前往者絡繹不絕。

一、助商開鑛。黎境各峒有五金鑛者甚多，惟昌化所屬大豔山銅鑛最旺，銅苗上洩，多産石緑，故亦名石緑山，府志名爲峻靈山，宋以來即稱其山常有寶氣。嘉慶三年，曾經督撫臣奏請開采鼓鑄，以省遠運滇銅。同治四年，有西人與香山監生林騰漢私議欲開此鑛，經前督臣瑞麟查知，照約阻止。現有香山職員張廷鈞集資往開，募黎作工，經營已及兩年，機器現亦購到，察其鑛苗確係豐美，現經設法鼓舞開通，並許由縣營力爲保護，免致土黎索擾。目前粤省正在設局鑄錢，如此鑛暢旺，鑄錢即可取資瓊産，可免外購洋銅。大率材木之利在一年以後，墾田之利在兩年以後，銅鑛之利在三年以後。雖不能驟致富庶，總可期瓊地商民生計日裕，公家亦資其益，庶不致以一切經（營）［費］，全行仰給内地。

一、設官（之）［控］制。疊次與馮子材、方長華等函牘籌商，博采衆議，僉謂新經開通處所，凡形勢衝要、距城遼遠之區，如定安之十萬峒，萬州之什密峒，定安（控）［之］凡陽，感恩之古振州，崖州之大本弓，瓊山之水會所等處，皆須設官。既以彈壓黎村，兼防土團擾害，並經理開墾、招商、修路諸事，方不致通者復阻。此六處均應量設同知、通判、州判、縣丞等官，并移置營汛。惟目前經費未裕，地利未開，瘴氛未淨，應暫派委員及帶勇將弁就以上各處駐紮經理。以後體察情形，或增或移，徐圖建置。至生黎各峒，前明以來，多設有世襲總管，類皆刁黠貪横，平日則苛虐黎人，伺便則句結外匪，突出劫掠。此後應即一律革除，擇循謹者派爲村長、峒長，所轄村峒，多者酌給頂戴，予以把總外委等職銜，由地方官選黜，不准世襲。責令奉法緝匪，免致負固爲亂。

一、除弊化俗。各黎性固愚獷，亦甚樸魯，平日每爲奸民剥削，尤應加意體恤。查知黎村糧賦，向來不免爲蠹胥地棍抑勒欺蒙，現據署崖州知州劉保林禀稱，已查明量加核減，復經嚴飭各屬一律查核，力除苛累。如有奸商欺騙盤剥，團勇［索］擾（索），奸民誣害，一併嚴行懲辦。其建立義學一節，萬州已設有六處，此外各州縣飭令一律酌辦。先令粗通華語，略識漢文，宣講聖諭、廣訓，使知禮義法度之大端，且免爲奸民所愚。至客匪一項，自上年秋冬以來，歷經方長華派軍查拏勒交正法者一百餘名。惟客强土弱，積憾過深，而客民賦性凶很，官軍一撤，難保不糾衆報復。現經方長華［督］飭地方官傳集土客各紳，剴切勸諭，解釋宿嫌。查有漏網未獲之客匪，綑送者給賞，容隱者連坐，若土人仇殺誣陷（者），亦必按律治罪。土村匪徒，一律清釐懲辦，但目前尚須兵威彈壓，方能責令遵守。其有悍暴客民習慣生事者，貸其一死，勒令携家離瓊，不容逗遛。先除其敗類，繼之以持平，庶可經久相安。以上善後各事宜，當督飭雷瓊道朱采次第切實籌辦，陸續具奏。此又現在撫綏良黎，輯和土客，通籌善後之實在情形也。

臣等查崖州爲瓊南瘴癘最重之區，而南林一嶺，山深水毒，尤爲險惡。楊玉書督軍攻克逆巢後，旋即感瘴身故，其餘員弁勇丁疫歿者不少，卒能備歷艱險，克竟全功。論其攻戰斬獲，則不如大股外寇之多，論其艱苦病困，則難於內地十倍。此由懿旨優渥，珍藥遥頒，將士等感戴聖恩，歡聲雷動。馮子材親駐瘴鄉，令其子弟深入絶險，故各營（先登）［登先］效命，益復奮往無前。此次攻克崖境堅巢，生擒首逆，各路員弁冒瘴鑿險，撫定生黎，分開道路，闔郡暢通。從此全瓊肅清，實爲異常出力。在事文武員弁紳團兵勇，應懇恩施，遵照本年四月初三日欽奉批旨，彙案奏請奬叙。

（硃批）據奏勦撫情形，辦理尚屬周妥。所籌善後事宜，該督等務當督飭所屬，實力奉行，毋得徒託空言。此次出力人員，准其遵照前旨，擇尤保奏，毋許冒濫。該部知道。（欽此）〔一〕

爲楊玉書等請恤片 光緒十三年六月十三日

再，鹽運使銜奉調廣東差委、山西候補道楊玉書，上年十月派往瓊州軍營差委，經馮子材委令總理營務，並總辦撫黎開山事宜。該員拊循將士，督催工程，招徠黎岐，遍歷陵水、萬州各黎峒，冒瘴越險，艱苦備嘗。本年三月，會同知府馮相榮等督軍進勦南林匪巢，身先士卒，深入其阻，擒渠掃穴，戡定崖黎。旋以受瘴過深，回至崖州三亞地方，遽行病故。查該員年力正强，慷慨任事，撫綏黎衆，恩信甚孚，力戒濫殺，嚴禁騷擾。其病歿也，生熟各黎聞之，多爲感泣野祭。壯志未伸，殞身瘴域，臣等失此臂助，悼惜同深。

又查委赴瓊州軍營差委各員弁，文員如廣東試用知縣晁振翮、同知銜廣東候補知縣陳烈、廣西候補同知直隸州羅家泰、廣西補用知縣石佩瓊、廣西候補知縣陳仕、同知銜江蘇候補知縣陳治安、

〔一〕以上衍、脱、舛十三處，據中華書局一九九五年版《光緒朝硃批奏摺》第一一七輯，第二一一至二一七頁删、補、校正。

揀選知縣拱覲楓、汪（樹）［澍］生、候選直隸州州判王國棟、户部候補筆帖式岳志、候選國子監典簿韓方炳、廣東補用布經歷顧恩裕、補用布照磨李維馨、試用巡檢吴淵。武員如記名總兵易榮華，總兵銜副將朱廷棟、劉德森，副將銜參將黄秉朝，遊擊彭致和、李續金，都司譚信祖、邵興、杜明益、梅立本、何蘭芳、石啓發，守備陳江志、蔡必壽、王雲光、武（貞）［員］泰、白維楨等，或轉戰直前，或開路深入，或冒險招撫，或力疾勘工，均先後染瘴在營病故，深堪憫惜。

查瓊州黎峒，晝熱夜凉，天時既殊，瘴霧毒泉，水土尤惡。各員弁觸暑登山，渡河受濕。攻勦黎匪，則藥箴、水毒、放蠱、禁咒，防不勝防。伐木通道，則嵐氛蒸鬱，林莽糾紛，蛇虺飛蝗，所在充斥，觸之即病，一病即斃。各該員等志在報國，慷慨請行，百折不回，置死生於度外，較之臨陣捐軀者，忠壯實屬相同，而堅忍尤徵定力。合無仰懇天恩俯准敕部將鹽運使銜道員楊玉書，照軍營立功後積勞病故例，從優議恤。其餘文員廣東試用知縣晁振翮等十四員，武員總兵易榮華等十七員，均請照軍營立功後積勞病故例從優議恤，以慰忠魂。其有本年二月瓊州勦辦黎客各匪、遵旨保獎案内奏保陞銜、陞階，經部議核覆奏准者，均請照陞銜、陞階從優議恤。出自逾格鴻慈。尚有傷亡瘴故員弁兵勇未及查明者，容俟另行彙案奏請賜恤。

（硃批）楊玉書及晁振翮等十四員，易榮華等十七員，均著照軍營立功後積勞病故例從優議恤，餘依議。該部知道。（欽此）〔一〕

查辦匪鄉已有端緒摺光緒十三年六月十三日

竊照粵省積匪糾結，經臣之洞會同前撫臣倪文蔚奏明，分爲三路督營查辦，澈底清釐，所有盗匪、會匪、鬭匪，一體懲辦。水師提督方耀分辦惠潮一路，署陸路提督鄭紹忠分辦廣韶肇一路，督辦欽廉防務前廣西提督馮子材分辦欽廉一路，會同各道、府督率委員將獲送各匪訊明分别懲辦。光緒十二年二月十五日奉旨：著照所請。該部知道。欽此。嗣以各屬地方遼闊，伏莽尚多，前奏三路所指各州縣，係屬擇要舉隅，此外各屬如有著名匪犯，自應比照推廣，一律查辦，以期一勞永逸，莠去良安。又經分别咨行各屬遵照辦理。臣大澂到任，亦經嚴飭各屬會同營員認真查辦去後。

省東一路，惠州屬海豐、陸豐兩縣最爲凶横不法，久同化外。水墘、（浚）［後］徑、東洲坑、沙港等鄉尤爲蠻悍，該兩縣辦清，然後惠州各屬有可措手。茲准方耀咨報，親督員弁兵勇於上年四月内行抵陸豐縣城，分諭海豐、陸豐兩縣設立公局，遴選公正紳士入局辦事。每鄉公舉鄉約正副、房族正副，責成稽查。將歷年械鬭、拜會、搶擄、劫殺等案匪犯，按鄉諭飭查拏綑送。派委參將何長清，遊擊方沿、蔡申、方杜、丁惠良，從九張志焕，都司林飛鴻，把總方億，帶勇分駐碣石、南塘、甲子、大安、河田等處查緝勒交。十月内移駐海豐縣，派委降補守備方恭、署海豐縣丞周運春、從九吕長庚、已革副將莫善喜、副將黄國安、遊擊林

〔一〕以上衍、舛四處，據中華書局一九九五年版《光緒朝硃批奏摺》第一一七輯，第二一七至二一九頁校正。

進陞、都司李國清、守備方記興，帶勇分往青坑、可塘、捷勝、(仙)[汕]美、公平、梅隴、赤石、鵝埠等處查緝勒交。歷九閱月，迭據兩縣各鄉遵交及營(并)[弁]拏獲各項匪犯劉亞拂等共四百六十五名。均據供認歷年豎旗拜會，從逆攻城，戕官傷勇，糾鬬傷人，以及迭次搶劫擄禁，誘拐出洋，姦淫覇奪等情。復經詳詢鄉族，實係素行不法凶暴衆著之匪，經署惠潮嘉道益齡、署惠州府知府夏獻銘，督同審案委員候補同知增亮等覆訊明確，録供咨報，就地懲辦。惟應辦之匪過多，其情節稍有可原者，痛加懲責，交該鄉紳約族長領回，責令保結約束。以前鬬案，由委員會同地方官剖分曲直，秉公處斷，一律解息。該兩縣匪徒抗官害民，習爲故事，亂萌已彰，官法久廢，此次痛加懲創，一清積惡，民情欣悦。并詳擬善後章程，嚴禁烏旗、紅旗名目，不令結黨搆禍。追出覇奪財産，添建書院九處，義學四十三處，嚴定鄉規，均經臣等核明，轉飭地方官認真遵辦。並准咨報拏獲潮州府屬澄海縣已革生員楊春英等供認，因抗繳沙田花息，起意聚衆罷市，糾邀積匪蔡亞柯等搶毁局廠，挾制官長，並究出蔡亞柯等另犯搶奪姦佔，械鬬傷斃人命各案。潮州民俗素悍，近(來)[年]已知奉法，斷不宜使頑梗復萌，經該提督馳赴澄海，親督兵團拏獲訊明，當將供認之楊春英等十三犯就地正法，以昭炯戒。其餘隨同滋(鬬)[鬧]之蔡廷林等，分別責懲發落，衆論翕服。現經商定，該提督即行移師惠州府城，將歸善、博羅、長甯、永安、龍川、連平、河源、和平等八州縣接續一律辦清。此方耀辦理惠州海豐、陸豐兩縣及潮州府屬澄海縣匪鄉之實在情形也。

省北一路，通稱北江，以廣屬之三水、清遠、花縣，韶屬之英德、翁源，連州屬之陽山及佛岡廳爲多匪，而清遠一縣尤爲著匪所從出之區。故去年與鄭紹忠商定，將東路略加布置後，即專辦省北七廳縣，親駐清遠，居中調度。西江之肇慶屬四會、廣甯二縣，附近清遠，一併查辦。茲准鄭紹忠咨報，上年自赴惠州府與方耀商定辦法後，歸途取道東莞，布置一切，隨即移營駐劄清遠，將佛岡、英德、翁源、陽山、花縣、三水、四會、廣甯各屬同時舉辦。派委三江協中軍都司朱煇煌、候補遊擊常林、三水營守備蔡珠、署清遠營遊擊江志、署南韶鎮標右營都司黄忠保、署連陽營游擊顔金、候補遊擊王榮武、都司陳達、署四會營守備劉成等，各帶兵勇，會同各廳縣督飭團紳查緝勒交。就中惟清遠之潖江司、英德之潭頭鄉，素稱盜匪之藪，四出爲害。計鄭紹忠在惠郡歸善拏獲匪犯黄水嬌等十三名，在東莞獲匪黄扁頭才等十六名，在三水、清遠、佛岡等廳縣獲匪劉松等一百四十二名，均經惠州府並委員候補知府薛謙等悉心研鞫，各供認迭次搶劫、糾鬬、擄殺不諱，稟經臣等批飭就地正法。本年(東)[來]，北江行旅暢通無阻，此鄭紹忠辦理北江一路廣、韶兩府屬匪鄉之實在情形也。

特是廣屬地段太廣，鄭紹忠難以兼顧，且省城迤東之東莞、增城兩縣，距省甚近，而東莞風俗最悍，其毗連博羅之鐵岡鄉及學夏、江邊等村，積年劫掠、械鬬、擄殺、拒捕、抗官習爲常事。又竹溪、蓮溪二堡所屬各鄉，歷年兇鬬，附近白濠、寶塘及弱小各村附和幫鬬，築臺架礮，互相殘殺。即經添派署廣州協副將總兵鄧安邦前往專辦，分東莞、增城爲近省東路。獲犯劉子寬等五十二名，經委員候補知府嚴家疇等訊明供認迭次械鬬擄殺及行劫打單之犯，稟經批行正法，餘犯分別(礅)[墩]禁、保釋。其省西路肇慶府所屬沿江州縣，地居上游，毗連西省，歷年匪徒游勇攔江登岸，劫掠商民。德慶州所屬之渌水村匪首陳定邦，積慣窩匪銷贓，出貲主謀，黨羽衆多，以致四近河道盜賊充斥。即經派委署肇慶協副將黄金福專辦西江水陸一帶。計先後拏獲匪犯梁亞楊等十名，交肇羅道府覆訊明確，禀經批飭正法，餘犯分别（礅）［墩］禁、責釋。其窩盜巨匪陳定邦等四名，提省訊明懲辦，已歸入第九十五次盜案彙奏在案。現在西江水路肅清，商旅稱便。又省西南路廣屬之新會、新甯，肇屬之恩平、開平、鶴山等［各］縣偏在一隅，壤地相接，河海交錯，盜匪繁多，自應别爲一路。且新甯之新昌、荻海二村，匪徒最多，歷年擄殺窩盜，挖河争利，斂財糾鬬。其張逕等村甄、李兩姓，互相糾鬬，擄捉殺傷甄姓男婦多名，兩村房屋數百間盡行燒燬。又開平之塘朗村，械鬬習慣，其著匪楊有興屢經拒傷官兵，必須專員帶隊圍拏。節經先後派委陽江鎮總兵黄廷彪、已革通判徐賡陛、都司司徒驥等督帶兵勇，會同地方營員前往查辦，臨以兵威，始陸續具結交匪。計該員等先後共獲匪犯譚亞高等一百零一名，均經委員知府吴尚恭等訊明，禀報臣等批飭正法。此近省東路鄧安邦，省西路黄金福，省西南路黄廷彪、徐賡陛分投辦理之實在情形也。

其南海、番禺二縣，經地方文武隨時查辦，計獲積匪何亞（福）［幅］等三十六名，均經廣州府知府孫楫督同縣委訊明，實係素行不法，迭次擄劫殺傷之犯，隨時禀由臣等核飭正法各在案。廉州一路，靈山界連廣西，鬬案、盜案最多，欽州濱海鄰越，地方遼闊，素爲匪徒游勇出没之所。馮子材派委知府馮相華、劉汝奇，欽州營守備賴連會等各帶兵勇，會同各該地方文武，督飭紳團查緝勒交。因馮子材駐紮欽州，距廉較遠，所有欽州境内暨沿海獲到匪犯，由署欽州知州李受彤審擬，禀由馮子材核明批辦。其合浦、靈山二縣拏獲匪犯，由署廉州府知府李璲審擬禀辦。嗣馮子材渡瓊辦黎，分留營哨會同地方官辦理。迭准馮子材咨報，並李璲禀報。欽州九坡塘村農正廪等，歷年據險滋事，抗官拒捕，形同叛逆。經李受彤會同萃軍圍捕，焚其匪巢，殲斃著匪農正（典）［興］等十一名，擒獲農正廪等［一］十五名，訊明正法。靈山平吉墟劉、廖兩姓，積年鬬殺多命，焚擄不休，築有礮樓，閉栅拒捕，經馮相華暨署靈山縣知縣鄧清圻等督軍圍拏攻破，擒獲匪首劉相田，並懸賞緝獲廖乃寶等七名，發府訊辦。又經李璲訊明，由營縣解到合浦、靈山匪犯廖二等四十三名，均供認械鬬擄殺，迭次搶劫，節次禀經臣等批飭正法。情節較輕之犯，分别墩禁、枷責、保釋。目前欽靈一帶，漸知畏法。此馮子材辦理廉州一路之實在情形也。

以上各路自開辦起至本年五月止，合計共正法積匪九百零六名。

臣等伏查粤省各屬刦盜、拜會、械鬬各匪，日肆兇横，幾同化外。此次奏派大員督兵按鄉查辦，紀律嚴肅，各鄉士庶，皆知此舉實係爲民除害，紳耆送匪，均能踊躍從事。方耀、鄭紹忠、馮子材皆係各辦本籍，情形既熟，威信素孚，所辦各項積匪，大率皆鄉族攻指綑送，或據控派員訪拏，必其案據確鑿，衆論痛惡者，始予正法。其爲匪皆不止一年，所犯尤不止一案。逃逸未獲之匪，皆經榜列姓名，懸立重賞購緝，令其鄉族遠近周知。即使一時未能逮獲，亦斷不敢復回鄉里。如此嚴加懲治，洵足以安閭閻而快人心。其已經辦清處所，飭令各地方官選擇正紳，嚴立鄉規，隨時稽察約束，舉報綑送。荒陋獷悍之區，酌設義學，以期永臻安輯，漸化頹風。

現在東路之海豐、陸豐等縣，西路之德慶、封川、高要、東安、西甯、恩平、四會等縣，西南路之新甯、開平、恩平等縣，北路之清遠、三水、英德、花縣、佛岡廳等處，廉州屬之欽州、靈山等處，自去冬今春以來，盜案頗稀，鬬案漸息，確係清查匪鄉之效。惟廣屬南海、番禺、順德、香山、新會等縣，則盜案鬬風尚未甚戢，且打單之風日熾。由於近來港、澳弊端愈出愈奇，四出打單，勒取重金，以供巡役包庇之費。且沿海諸沙居民寥落，最易藏奸，盜匪聚會分贓，逃匿出没，多在此等處所。現專設緝務總局，所有省城暨附省南、番、香、順等縣緝捕、保甲、團練統歸此局辦理，派委奏調差委前浙江按察使陳寶箴會同臬司王毓藻總司其事，前經奏明在案。現將省城各項緝捕水陸勇丁歸併汰留，申嚴賞罰。添派輪船，四出巡緝。委員分赴各縣，勸導城鄉力行團練，並勸諭順德護沙約紳整頓護沙艇，由官調遣，以佐緝匪之用，紳民均屬樂從。三數月以後，當可漸有端緒。

至此次查辦匪鄉在事文武員弁官紳，緝匪勤奮，訊斷詳審，諸無枉縱，俾良民得以乂安，應由臣等查明，酌給外獎。其從前失察拜會、械鬬、罷市之地方官，民狃於積習相沿，官限於兵力不足，尚非有意疏縱，相應仰懇恩施，免其置議。

（硃批）著照所請。該部知道。（欽此）〔一〕

肇慶税收加倍請分年購礮摺 光緒十三年六月十三日

竊照肇慶府黄江税廠前因弊端太多，經臣之洞奉旨查明禁革各項規費，改章恤商，遴委山西候補知府陳占鼇前往試辦。並擬經徵之員，若較原額正餘四項加至一倍，即照異常勞績請奬。其潮州府東關税廠，亦於此案内查明覆奏，請定爲每年加解節省銀二萬兩。所有肇慶税廠除原額四項解足外，所餘銀兩暨潮廠加解銀二萬兩，併名爲額外節省防費，暫以十年爲限，十年之内，不得輒請減免各等因，於光緒十二年三月二十一日會同前撫臣倪文蔚具奏。奉旨：該督等請將肇慶、潮州兩廠添解額外節省銀兩及肇慶税廠改章試辦各節，均著照所請行。等因。欽此。並以省垣五門設防需增礮臺，同日附片奏明，請以此項節省防費專備五門分年購礮，不准挪作别用，每年將此款收齊訂礮布置情形奏明一次。奉旨：該部知道。欽此。均經欽遵分别飭辦各在案。

自該委員接辦後，疊經臣等隨時督飭嚴密稽查。兹據委員陳占鼇報稱，自光緒十二年五月二十二日接辦起至十三年五月二十一日止，届滿一年，連閏十三箇月，共收正税、盈餘等銀一十二萬二千二百二兩七錢四分八釐。查黄江廠每年應解正税銀一萬二千八百兩，院司養廉銀三百八十餘兩，羨餘銀一萬五千九百五十兩，加徵盈餘銀二萬兩，橋羨銀一萬兩，遇閏加增羨餘銀一千七百餘兩，共額解銀六萬九百餘兩。現計連閏十三箇月，經徵銀一十二萬二千餘兩，係屬加倍。除廠用於原定一成數内撙節支用，計不及一成，銀一萬一千一十一兩五錢三分四釐，實解繳司局銀一十一萬一千一百九十一兩二錢一分四釐。

伏查肇慶關税徵解久未足額，臣之洞上年改章之時，飭令原額正餘四項務照解足，凡有所餘，悉數歸公，並將該府用度極力

〔一〕以上衍、脱、舛十三處，據中華書局一九九五年版《光緒朝硃批奏摺》第一一九輯，第一九三至一九八頁删、補、校正。

裁省，約計每年額外祇期溢解銀三萬兩内外，以充海防經費。乃改章僅及一年，除應解連閏銀六萬九百餘兩外，竟溢解五萬有奇，誠爲始願之所不及。若非該員陳占鼇任勞任怨，力除浮糜，則積弊雖經禁革，未必遂拔根株，成效縱有可觀，未必驟增鉅款。今收數既已加倍，此後經徵各員無所藉口，循此辦理，不致仍前短絀。且撙節廠用，力顧解款，實於粤省餉需大有裨益。計前項新增節省溢解銀共五萬兩有奇，并潮廠新增節省銀二萬兩，上年奏案本係留充海防經費，專爲五門購礮之需。

又該廠應解橋羨及加徵盈餘兩項共三萬兩，咸豐以來久未徵解，同治八年以後解至六成，尚欠解一萬二千兩。臣之洞上年查明覆奏，責令該廠以後每年將此一萬二千兩解足，此項亦係新增。查核舊案，橋羨、加徵盈餘兩款，係撥充水師燂洗戰船之費，由外省支銷，粤省師船年久失修，近年燂洗之費，尚可酌量緩發，所有此項新增解足銀一萬二千兩，應一併添作買礮之用，三項合計共銀八萬二千兩。本年三月臣等校閲前路虎門、中路黄埔一帶礮臺，礮位尚未敷用，且間有參用前膛舊式者，必須一律改換新式長礮，方收致遠命中之功。上年十一月二十八日臣之洞覆奏汲水門六廠藥税摺内，請將粤海關節省六廠經費，分年撥爲虎門礮臺之用，部議核准。今六廠藥税改章，此款無著，仍須另籌。

又潮州汕頭海口形勢實以鼇頭、馬尾、馬矢三山爲最要，自海防有事以來，與鎮道各官考核詳審，較之蘇安、崎峰舊臺尤爲扼要，應於此三處分築新式礮臺，酌配巨礮十尊，則潮防可臻完固。當經電致出使［法］、德（國）大臣許景澄，與克虜伯廠議妥，擬購十五生、三十五倍口徑新式長礮五十尊，架件全，每礮一尊配彈二百顆，實心、開花各半，棕色藥二百出，其價勻十年匯交，礮亦十年分運。計礮、架、彈、藥四項共需銀三百五十二萬四千七百四十六馬克，外加運費、保險約二十萬馬克，以現時馬克價折合共約需銀八十三萬五千餘兩。分作十年匯付，每年約需銀八萬三千五百餘兩。以肇、潮兩廠節省溢解防費每年八萬二千兩計之，適足敷用，僅短千餘金，尚易添足。潮廠二萬兩，業有定額可循。肇廠六萬二千兩，但使責成委員實力稽徵，當不致大有盈絀。如或不敷礮價，按年由外籌補。明年礮到之後，再當分年陸續接辦臺工，並酌量分撥潮州各海口礮臺應用。儻潮州尚有别款可籌，亦隨時提撥凑支礮價，以後仍每年於收款收礮後具奏一次。據廣東布政使高崇基會同海防兼善後局司道詳請具奏，並（飭）［請］將委員陳占鼇照案請奬前來。

臣等伏查上年奏定肇、潮兩廠額外節省銀兩充支海防經（賈）［費］，曾經奏明專爲購礮而設，茲擬訂購後膛長礮五十尊，以之分布虎門、五門、潮州等處礮臺，均爲必不可緩之需。現已咨商海軍衙門，一俟咨覆核准（後），即（行）電致許景澄匯價購定，刻期運華。［蓋］粤省當萬分支絀之時，而又不能不爲未雨綢繆之計，惟有銖積寸累，庶免臨時周章。此款由蒐羅整頓而來，且須經歷十年之久，必須堅守成議，始不廢棄前功。至肇慶（税）廠［税］改章試辦，一年連閏徵收加倍，該委員陳占鼇實屬稽徵得力，自應遵照奏案，照異常勞績請奬。合無仰懇天恩俯准將該員山西前先補用知府陳占鼇以道員仍歸原省儘先補用，以示鼓勵。

（硃批）該衙門議奏。（欽此。）［一］

［一］以上衍、脱、舛九處，據中華書局一九九五年版《光緒朝硃批奏摺》第五七輯，第六七一至六七四頁删、補、校正。

籌解第二批鹽課京餉等銀片〔一〕 光緒十三年六月十三日

再，廣東運庫籌解光緒十三年分第二批鹽課京餉銀五萬兩，隨解一五加平飯食銀一千五百兩，又籌解内務府經費銀一萬兩，隨解平餘抬費等銀三百三十兩，共銀六萬一千八百三十兩，先據詳報兑交殷實銀號匯兑進京。飭委五品銜補用通判張國楨領齎匯單文批，於本年五月初三日在省起程，附搭輪船赴京。業經奏明在案。兹據兩廣鹽運使英啓會同布政使高崇基詳，據該委員張國楨遣丁稟稱，該員奉委領解本年第二批鹽課京餉等銀，於五月初三日自省起程，次日行抵香港覓搭輪船，因無便輪開行，守候至初九日，忽染瘴溼，牽動風痰舊疾，以致兩脚疲軟，行動維艱，延醫診治迄未就痊。香港係屬洋界，並無地方衙門，無從呈報，專丁赴省具稟等情。當經職司英啓札委署兩廣鹽經歷趙爾豐前赴香港，驗明張國楨患病屬實，委無捏飾規避情事，出具印結稟覆前來。伏查京餉關係緊要，委員張國楨在途患病，未能前進，自應另委接解，俾免延誤。

查有試用通判張澤樹堪以派委接解，並搭解光緒十三年分另款加復俸餉銀三千六百兩，光緒十年分欠解加復俸餉銀三千六百兩，共搭解銀七千二百兩，連鹽課京餉合共銀六萬九千三十兩。飭令原領銀號，併領妥匯。飭據張國楨將原領咨批匯單逐件繳回，換給文批，交該委員張澤樹接解。據報於六月初六日在省起程，仍由海道赴京，合將管解本年第二批鹽課京餉委員張國楨在途患病，另委接解並搭解加復俸餉銀數、職名、起程日期，詳請奏咨前來。臣等覆核無異，除咨移内務府、户部户科、都察院、江南道查照外，理合附片具陳，伏祈聖鑒。

該衙門知道。

總兵鄧安邦暫緩陛見片〔二〕 光緒十三年六月十三日

再，據新授潮州鎮總兵鄧安邦稟稱，前在署理廣州城守副將任内，欽奉上諭補授潮州鎮總兵，當即恭摺叩謝天恩，並籲請陛見。嗣差弁齎回原摺，奉硃批：著來見。欽此。應即委員接署交卸起程前來。臣查廣東水師提督臣方耀，於上年蒙恩補授廣東水師提督。奉旨：著來見。欽此。時因開辦惠州屬之海豐、陸豐兩縣匪鄉正在喫緊之際，未便停待間斷，經臣於十二年五月二十四日附片奏請留辦匪鄉，奉旨允准在案。現在海豐、陸豐辦匪事宜業經完竣，該提督即當入都瞻覲。竊念惠潮一帶爲省東瀕海要衝，民情强悍，不可無威望素著熟悉情形之武職大員静爲鎮攝。臣詳加審酌，因飭令鄧安邦先赴潮州鎮本任，俾提臣方耀束装北上。所有該鎮分辦東莞一帶匪鄉未盡事宜，仍令兼顧，迅速清理，以期一律完竣。合無仰懇天恩俯念海疆緊要，准令鄧安邦暫緩赴都，俟提臣方耀回任後，再行入京陛見，實於地方有裨。謹附片具陳，伏祈聖鑒。

著照所請。

〔一〕録自《京報》第二四六五號。

〔二〕以下二件録自《京報》第二四六八號。

劉永福調署碣石鎮總兵片 光緒十三年六月十三日

再，新授潮州鎮總兵鄧安邦、調署廣東碣石鎮總兵瓊州鎮總兵賴鎮邊，均即飭赴本任，以專責成。賴鎮邊所遺碣石鎮篆務，查有新授閩粤南澳鎮總兵劉永福，樸質勇敢，長於馭兵，堪以調署。除分檄飭遵外，理合附片陳明，伏祈聖鑒。

兵部知道。

劉永福暫緩陛見片〔一〕 光緒十三年六月十三日

再，據新授南澳鎮總兵劉永福禀稱，前奉諭旨補授南澳鎮總兵，當經具摺叩謝天恩，並籲請陛見。差弁賫回原摺，奉硃批：著來見。欽此。應即束裝北上，俾申瞻覲等情前來。

查劉永福所帶福軍五營，前經分撥四營，另行委員帶赴瓊州助勦黎匪，現值瓊郡肅清，擬將福軍裁撤三營，以節餉需，仍留兩營並親兵一百名俾資操防。惟該鎮所部，多係邊關勇丁，現飭優給資糧船隻，妥爲遣撤資送，擬請恩准該鎮稍遲一兩月，俟八月内裁營事竣後，即行入都陛見，庶可從容料理。是否有當，伏祈聖鑒。

著照所請。該部知道。

添調福軍赴瓊片〔二〕 光緒十三年六月十三日

再，上年十月萃軍攻克什密老巢後，因冒瘴苦戰，兼以不服水土，病没纍纍。當將各營撤出嶺門，調息傷病將士。分軍由屯昌進紮陵、萬，專勦馬嶺、廖二弓等處股匪，業經奏報在案。

查自萃軍撤退後，中路無勁兵填紮，在瓊各軍皆未堪此瘴癘，正擬添調生力兵勇以代疲病而竟全功，適記名提督南澳鎮總兵劉永福請假回廣西賓州安置家屬，並往博白縣省墓，所部福軍五營尚留省城。該軍壯士以入關後未立功效，自願赴瓊助萃軍勦撫黎匪。當查該軍久在關外，素習艱苦，能耐煙瘴，到彼如果相宜，將來即令在彼墾田、開鑛，既可節省軍儲，安插人衆，瓊防添此一枝勁旅更有大益。即經檄飭前委經理該軍營務之同知孫鴻勳，選帶四營前往，由中路進，並於到瓊後添募土勇兩營，以資嚮導。每營二百人，仍隸福軍，編爲福軍新左、新右營，以便鈐束。劉永福銷假回東後，仍留省防，俟將來體察情形，若亦令該提督赴瓊是否相宜，再行奏明請旨辦理。現在該軍悉遵孫鴻勳調度，渡瓊以後秋毫無擾，於撫黎、開山諸事甚爲得力，理合將添調福軍赴瓊緣由，先行附片奏陳。伏祈聖鑒。

知道了。

請開復瓊州知府片 光緒十三年六月十三日

再，瓊州府知府謙貴，前因該處黎、客各匪滋事，官軍不能得力，該府並未詳切禀聞妥籌辦法，經臣奏參，請將該府革職留任，奉旨允准在案。

茲查瓊州黎匪，自提督馮子材督率各軍踰險苦戰，將歷年積惡黎首陳鍾明等相繼誅擒，繼將萬州、陵水侾黎匪巢攻燬多處，並督飭道員方長華招撫西路各峒黎人，擒斬倡亂客首黃鄒保等，

〔一〕録自《京報》第二四八一號。

〔二〕以下二件録自中國第一歷史檔案館編《光緒朝硃批奏摺》第一一七輯，第二一九至二二〇頁，中華書局一九九五年版。

羣黎震懾，相率求撫。該府謙貴督率各屬整飭團練，隨同官軍搜剿各匪，弋獲首要，招撫良黎，派員雇夫踰越險阻，添置鋪遞，安設電綫，彈壓郡城及海口地方，民情極爲安謐，辦理均臻周妥，俾馮子材無後顧之虞，得以一意進取，深入黎峒，大振軍威。瓊郡向稱瘠苦，該府多方勸導紳民捐集鉅款，以助軍實。綜計數月以來，該府辦團、濟餉暨籌辦一切撫綏事宜，出力極多，洵屬深知愧奮，力贖前愆。現當軍勢得手，開山通道剿撫緊要之際，全賴地方官獎率紳團協同辦理。合無仰懇天恩將瓊州府知府謙貴先行開復革職留任處分，以昭激勸，俾該府益知奮勉，克竟全功。謹附片奏陳，伏祈聖鑒訓示。

謙貴著准其開復。吏部知道。

行銷湘省粵鹽請予停止加價摺〔一〕光緒十三年六月十三日

竊據兩廣鹽運使英啓詳稱，據埠商梁履和等具稟，查樂桂埠鹽行銷粵省者樂昌、曲江、乳源三埠，行銷湘省者郴州、永興、宜章、興甯、桂陽、臨武、藍山、嘉禾八州縣。引繁餉重，辦理素難。光緒十年間，署湖南撫臣龐際雲以新招防勇三千名餉無從出，援案奏請將行湘粵鹽每斤加價二文以濟餉需，並奉部議，此項加價後是否不致滯銷，課項仍無短絀，務期有實用而無流弊，方可舉行。仍令防務撤後奏明停止。自奏准加價後，粵鹽之抵湘者，即經湘省將此項加價錢文增入釐金各卡帶抽。是樂桂行湘引鹽在粵既完納釐餉，又須兼納湘釐，復抽加價。一鹽數徵，成本增重，不能敵私。以致連年埠引短折，鹽包積倉，動逾巨萬，虧本賤售仍無起色。商力艱困，轉輸不前。凡此情形，衆所共悉。查行湘粵鹽加價，係援川淮成案辦理。今四川、兩江已將川淮運楚鹽斤加價奏請停止。粵鹽事同一律，亦應將加價照停。況郴、桂等八州縣本係粵埠引地，與借地行銷者不同，引鹽久積，課項必致大絀，部議原令撤防停止，今湘省早已撤防，若不將此項加價停止，埠引斷難暢銷，於粵綱大有關礙等情到司。伏查樂桂埠行湘鹽斤餉釐繁重，商人轉輸本形竭蹶，自湘省抽收加價以來，成本愈增，更不敵私，以致埠銷滯鈍，應完餉款岌岌難支。設因加價虧折，引停課缺，貽誤實非淺鮮。且湘省加價之舉，部議原令防務撤後奏明停止，今湘省早經撤防，粵引極見滯銷，似宜遵照部議將行湘粵鹽加價錢文一律停止，以昭平允等因，詳請具奏前來。

臣伏查廣東省近年奏撥部協各餉以及籌還洋款，需用浩繁，地丁釐金之外即以鹽課爲大宗。通綱課餉，又以樂桂一埠爲最鉅。自湘省增抽加價，商力不支，遞年額引不能清折。現在湘防早撤，若不將此項加價停止，實於粵綱有礙。合無仰懇天恩俯准飭下湖南撫臣將樂桂埠行湘粵鹽查照部議原案停止加價，以紓商困而顧引餉。出自鴻慈，除咨部外，理合恭摺具陳，伏祈皇太后、皇上聖鑒。

户部議奏。

創辦水陸師學堂摺光緒十三年六月十四日

竊惟古今人才皆出於學，學之爲事，講習與歷練兼之。（近）

〔一〕録自《京報》第二四六九號。

[今]日海防要策，首重水師兵輪，次則陸軍火器。外洋諸國，於水陸兩軍皆立專學，天文、海道、[算學]、輪(算)[機](駕駛)、礮械、營壘、工作製造，分類講求，童而習之，畢生不徙其業，是以稱雄海上。我朝聖武恢閎，中國人材所萃，將才何一不備，兵法何一不精。特是時勢不同，船礮機算諸端，至今日而巧者益巧，烈者益烈。若欲(應)[因]時(制)[應]變，固非設學不可。近年天津、福州皆設水師學堂，而天津兼設武備學堂，以練陸師，誠以二者不可偏廢也。廣東南洋首衝，邊海兼籌，應儲水陸師器使之材，較他省爲尤急。光緒三年，前督臣劉坤一捐銀十五萬兩，奏明生息爲儲養洋務人才之用。光緒六年，[粵省欽奉諭旨，開設學堂教育成才，經]前督臣張樹聲、撫臣裕寬於省城東南[四]十里長洲地方，(就)[於]前款內撥銀建造(實)學館，分派教習，考選學生肄習西洋語文、算法，用(項)[款]取之前(次)[項]息銀，特以限於費絀(定)額(較)少，此外有關兵事諸端，未能肄及。

臣之洞到任後，察看該館生徒學業，尚堪造就，改名博學館，於奏請籌辦閩粵兩省開設學堂各務摺內聲明在案。臣等審度時勢，公同籌商，[玆擬]即就其地(改)[設]爲水陸師學堂，並須添購地段，增建堂舍[數所]，以區功課而臻完備。其水[師]、陸師均各額設七十名，先挑選博學館舊生通曉外國語文、算法者三十名爲內學生，再遴選曾在軍營歷練、膽氣素優之武弁二十名爲營學生，再(擬)[招]選業已讀[經]書(史)、能[行]文(章)、年十六以上、三十以下(之文生)[者]二十名爲外學生，無論生監、[儒童]俱准就學。其水師則學英國語文，分管輪、駕駛兩項，管輪堂學機輪理法、製造、運用之源，駕駛堂學天文、海道、駕駛、攻戰之法。其陸師則學德國語文，分馬步、槍礮、營造三項。內學生取其繙譯已曉，算法已諳。營學生取其兵事已歷，膽氣已壯。外學生取其志向已定，文理已通。惟營學生、外學生兩途，年齒較長，學習外國語文稍有不便，應於洋教習之外，添用華繙譯一名，轉相解授，以便領悟。其房舍則分爲水師誦堂，水師操堂，陸師誦堂，陸師[礮]操場，陸師馬步(礮)操場[等所]。其規制課程，略仿津、閩成法，復斟酌粵省情形，稍有變通。大抵兼采各國之所長而不染習氣，講求武備之實用而不尚虛文。堂中課程，限定每日清晨先讀四書五經數刻，以端其本。每逢洋教習歇課之日，即令講習書史，試以策論，俾其通知中國史事、兵事，以適於用。在堂者一律仍准應文武試，以開其上進之(程)[路]。其營學生、外學生兩途，年歲不必甚幼，庶可辨其志趣氣質，不致虛養庸下之材。語文但取粗通，不(必)[令]以此一端，耗其(心)[精]力(目)[日]力。總期[於]由粗[以]入精，必不使逐末[以]遺本。水師學成之後，撥入練船，另設練船正教習、槍礮[教習]、帆纜教習、測算教習四員，皆用洋弁。在船課(讀)[督]，即在中國沿海口岸遊行。認真練習一年(之)[以]後，再選其(材)[才]藝尤長者，分赴外國學堂、兵船學習。其陸師則三年學成後，擇尤出洋，分赴各國學堂陸軍練習。水陸均令每年九月在堂，三月在船、在營。遇有外洋(有)[兵]事，(擬)[援]照西國通例，前往觀覽，以資考鏡實事。

現在購買地基、添造學舍、興築場廠，約估需銀六萬餘兩，每月員弁薪水、華洋教習薪費、學生贍費、丁役工食，約需銀五千兩，按之津、閩章程，已屬(節)省[之又省]。堂中應用書籍、機器，隨時添置。除博學館原有每年息銀六千餘兩外，應於

前即由粵自奏等因。合併聲明。

（硃批）該衙門知道。（欽此）[一]

查明潯梧兩廠短徵税銀請分别著賠寬免摺 光緒十二年六月十四日

竊臣等接准户部咨，遵議廣西省潯、梧兩廠短徵税銀，擬令勒限追賠一摺，光緒十二年十二月二十五日具奏。本日奉旨：依議。欽此。原奏内開，廣西潯、梧兩廠税課，自同治十一年十月起至光緒十一年五月止，歷任經徵之員共短徵銀七十六萬六千九百餘兩。伏思關税爲歲入常供，不容絲毫拖欠。本年據兩廣總督張之洞查奏梧關經費病商摺内聲明，每年商賈於正税之外，費至二十餘萬，廠員例外苛求，較正税多至數倍，則謂税課不旺，税餘短絀，其誰信之。且梧關積弊如彼，潯州壤地相接，亦難保無前項情弊。請旨飭下兩廣總督、廣西巡撫，嚴飭藩司即將潯、梧兩廠自同治十年十月起至光緒十一年五月止短徵銀兩，在於歷任經徵各員名下，按照任、卸日期核定短徵應賠各數，勒限追繳。先將如何勒追之處，詳悉開單，限三箇月具奏報部。該督、撫同爲國家倚任大臣，務當共濟艱難，力任勞怨等因。當經臣等飭行遵照去後。茲據署廣西布政使周鶴核明該兩廠短徵正餘銀數，議請分别著賠寬免，具詳前來。

臣等覆查廣西潯、梧兩廠，自軍興後，税課未能暢旺，歷年短徵缺額，尚係實在情形。前因户部指撥該兩廠應徵盈餘銀兩，協濟黔餉，歷經各前撫臣將兩廠正税尚絀盈餘無徵情形奏明。並將梧、潯兩廠短徵正盈銀兩，經徵各員無力賠繳，援案奏請豁免，經部議准各在案，可爲明證。比年因部撥兩廠税銀以供邊餉，每多徵解不前，復經臣秉衡嚴切稽（查）[察]，督催徵收，實難足額，以致未能按期批解。是該兩廠税課歷年徵收短絀，實非捏飾。上年奉部行查歷年徵解款目，又經臣等查明該兩廠短徵正税，勒賠足額，盈餘實無徵收，分别賠正免餘，具奏在案。茲准部議，以臣之洞查奏梧關經費病商摺内聲明，商賈於正税外費至數倍，應令將短徵銀兩勒限追繳。在部臣慎重公款，誠不爲過。惟情節尚有可原，辦理應加區别，祇宜整頓將來，未能概追既往。其中實在詳晰情形，有不得不瀝陳於聖主之前者。

查盈餘一項，必須商貨甚旺，於徵足正税外，尚有來貨可徵，始謂盈餘。今梧廠經費出自商捐，與税課判然兩事。同此一貨，既已照則抽收正税，復於額外捐繳經費，並非别有貨物可抽盈餘銀兩，是盈餘因貨多而有，經費與貨税並行。有正税一兩而捐費一兩有餘或至二兩者，故（工科）[正税]徵至五六萬，（兩）[而]經費已至十萬有餘。推原其故，僉言當日貨物稀疎，不得不重抽其費，以濟急需，此足爲商貨不多之據。若税課則悉按户部則例徵收，不能因收數短絀，輒有加增，是以經費雖重，仍與盈餘無涉。至臣之洞前摺所稱商賈每年費至二十餘萬，係連書巡、丁役、地棍、船户人等中飽之數而言，聲叙甚明，並非專指經費一款。其實在官所收經費，不過十萬有奇，而各項支銷皆從此出。溯查此項經費，當時原因商人稟請募勇保衛商船而設，節節屯防，節節護送，所需餉械實屬不貲。迨賊平勇數漸減，而各前任撫臣即已將經費陸續撥補正税足額，旋又令撥解公費，且於正税足額之外，仍令賠繳盈餘三四成，是已歷經設法規復

[一] 以上衍、脱、舛八處，據中華書局一九九五年版《光緒朝硃批奏摺》第六四輯，第八七八至作八一八頁删、補、校正。

正餘稅(額)[項]。而廣西土匪仍時竊發，游勇散練所在劫掠，隨時添募勇丁，仍不能少。

至所收經費，每年參差不齊，既非年年一律，亦非徑歸私槖。臣之洞原奏亦經聲明，此項商捐經費撥補本廠正稅暨支給水陸勇糧。并因西省院、司、道公費早年出自稅餘，後因軍興稅絀，改在經費項下動支等情奏明在案。假使當時巡撫、藩司若肯早加綜核，勒令彌補盈餘，未必不可撙節浮費，以資[注]挹(注)，乃失可爲之時而不圖，視現有之財而不問。今事過境遷，歷任各員大都病故、丁憂、參革、[降]黜(降)，在西省者寥寥無幾。前既無力賠補，今雖督責嚴切參劾查抄，恐亦終無實濟。而因臣之洞查奏各弊，舉發無遺，遂致窮追既往，誠恐嗣後引以爲戒，遇有此類事體，相顧莫肯抉發矣。從前歷任督撫豈無見聞，乃積弊相仍，從未澈底查奏，正恐一發其覆，督責因之，貽累斂怨，致興大獄。故凡積重之弊，振之愈難，實由於此，似於疏壅除蔽之道，不無關繫。且平心論之，表正景直，責在上司，今不究歷任撫、藩，專責歷任知府，實不足以服屬吏之心。若因此株累遠年巡撫、藩司，追呼蔓延，竊恐朝廷亦有所不忍。臣等再四籌商，確加體察，竊以爲懲前毖後，義各有歸，事貴持平，方昭大順。先年潯、梧兩廠盈餘，或收未足額，[或]實係無徵，皆非徵存虧挪可比。而梧廠究有經費一款，雖查無入己確據，究屬不知撙節糜費，惟有酌量再令著賠。擬將每年額徵盈餘，仰懇天恩俯准寬免十分之六，其餘四成，責令歷任經徵各員如數賠繳，按照例限，分別清完，以示[懲]儆(懲)。

其潯廠稅項，地較僻遠，伏莽未清，徵收尤爲短絀，正稅缺額尚多，迥非道光年間廣西未亂以前之潯州可比。此等情形，商旅皆知，且向未另抽經費，與梧廠情形截然不同，曾於上年三月二十一日附片奏明，早經裁免解省公費，撥補正稅足額在案。若非實係短徵，西省撫、藩何必出此，儻再令賠繳盈餘，更屬無詞可措，督責難施。應懇逾格恩施，將該廠歷年未徵盈餘，概予豁免，以示區別，而昭平允。

臣等受恩深重，當此籌餉爲難之際，誠如部議，分宜力任勞怨。臣秉衡於該兩廠解省公費，從未提用，短徵之款，又非臣秉衡任內之事，無所用其瞻顧。臣之洞於該兩廠積年弊竇，澈底查奏，抉摘無遺，並力爲裁汰冗人，禁除經費，久已甘爲怨府。此項各員短徵盈餘之款，苟有可追，斷不敢自負初心，意存見好。實以今昔(時)[事]勢不同，各員無從措辦，臣等今不能追，恐後此亦更無可追者，審度情形，不得不仰邀格外之恩，以存寬大之體。且除弊之法，要在寬其既往，力杜將來，此後潯、梧兩廠，除正稅外，所有盈餘，亟宜設法嚴加催督。户部經徵，處分周詳，無可更議，惟有責成本省上司，較爲切近而有實(濟)[際]。

查西省每年奏撥餉銀四十二萬兩，俱係計口授食，實用急需，部議准撥三十六萬兩，尚少六萬兩。現在用數實已苦加撙節，萬難核減，尚須續行奏請撥足。臣之洞愚見，竊擬將梧、潯兩廠額定盈餘銀六萬兩，此後即請飭部撥充西省軍餉，以足四十二萬之數。西省貧困已極，此後西省撫、藩待此支發軍餉，耳目既近，利害切身，督催稽核，自必不遺餘力，似於國計商情兩有裨益。

(硃批)户部議奏。(欽此)[一]

[一] 以上衍、脱、舛十二處據中華書局一九九五年版《光緒朝硃批奏摺》第七二輯，第九四至九八頁删、補、校正。

量開河道口門與英使妥商交犯辦法摺 光緒十三年六月十四日

查廣東由黃埔入省有水路兩支，北曰魚珠，南曰沙路。上年辦理海防，用船石樁椿將南支塞斷，船隻出入統由北支，全力防此，簡要易施。自防務解嚴後，各國使臣領事屢請開通沙路，迭經臣奏請敕下總理衙門立案，不予曲從。誠以粵防攸關，不得不守此成局，以冀淤沙漸增，用固吾圉。乃年來，在粵領事仍紛紛陳請，各國使臣亦向總署曉瀆，以洋船不能直達省河，洋商受累爲辭，務請開通沙路以利船商。經總理衙門與臣内外堅持，頻年以來，極費唇舌，不與通融，而彼族仍紛紜不已。上年七月接總署來咨，深以兩年内之饒舌，不能置之不理爲慮，自是深思熟計之意。本年四月經臣詳細聲復，並以體察情形，統籌全局，如別有善法，再當籌議舉辦等情，函達總署在案。誠恐將來難保不藉端要求，似不可不籌一抵制辦法，以爲量予變通之計。

查沙路攔河共有三處，一在四沙尾，一在長洲後，一在海心岡。三者以長洲之橋爲最固，計長二百五十餘丈，純用大洋木築成，開之尤未易易。必不得已，將來擬擇中央水深處開通口門十五丈，兩傍加樁各兩排，中納石塊，日久挂淤，當可漸臻鞏固。至於有事時填塞口門，應俟臨時相機料理。其餘四沙尾、海心岡兩處，亦可倣此辦法。惟是當日攔截河道，費盡心力，工料不貲，始克辦成。今爲利便洋船，許其開通，則彼亦必有利便於我者，相與對易，方昭公允。

查年來粵省嚴緝盜匪，所有著名大憝，皆以香港爲逋逃藪。向來到港提犯，諸多爲難，須有事主眼證，當堂質訊，情節口供偶有參差，犯之狀師即爲開脱。每提一犯，須用狀師各費數千金，猶不能必其交解，實爲條約所無。近日匿匪愈多，窒礙尤甚。擬請旨敕下總理衙門，與英使妥商，議立專條，嗣後交犯，務以兩廣督臣公文爲憑，文到自行交解，無須事主質證，不得藉端刁難。彼如允從，即許以從權暫將沙路開通，彼得便利英商之益，而我收澄清盜藪之功，似尚可以相敵。雖於河道一節勉從其請，略加變通，於目前戢匪安民事宜，不無裨益。

（硃批）該衙門知道。（欽此）

請開復知縣丁墉片〔一〕 光緒十三年六月十四日

再，廣東試用知縣丁墉委辦後瀝釐廠，於司事巡攔中飽、隱匿，縱容不究，經臣之洞查明奏參，以縣丞降補，勒令如數賠繳，奉旨允准，行令確切查追在案。茲據廣東釐務局司道會同布政使高崇基、按察使王毓藻詳稱，伏查降補縣丞丁墉，前辦後瀝釐廠，經收釐金未能核實辦理，致令司巡串同商賈隱漏驗照銀二千二兩二錢六釐，現於參後如數賠繳清楚，是該員雖疏忽於前，尚知激發於後，與始終玩視者有間，請開復原官以觀後效，詳請具奏前來。

臣等查丁墉前於司巡隱漏驗照釐銀未能查出，係屬失察，與自行作弊不同。既據該司道等查明，如數追繳清楚，尚知愧奮，合無仰懇天恩俯准將降補知縣丁墉開復原官，以觀效後。出自逾格鴻慈，謹附片具陳，伏祈聖鑒。

丁鏞著准其開復原官。該部知道。

〔一〕録自《京報》第二四七〇號。

懇准將遊擊黃龍韜以原品休致片〔一〕光緒十三年六月十四日

再，現准署廣東陸路提督臣鄭紹忠咨開，據卸護理南韶連鎮總兵准補萬州營遊擊黃龍韜稟稱，竊遊擊現年六十五歲，廣東廣州府東莞縣人，由武舉歷年在廣西、廣東等省剿匪出力，遞保花翎遊擊，加副將銜，奉委護理南韶連鎮篆務，緣准補萬州營遊擊案內，應行引見，奉飭交卸請咨進京。遵於光緒十三年正月二十四日卸護南韶連鎮總兵篆務，回省聽候給咨。但遊擊前帶兵勇水陸剿匪歷十餘年，感受風溼，兩足舉動維艱，每於春夏間時發時愈。向以身受厚恩，亟當勉力圖報，乃年將七十，血氣就衰，舊病頻生，自忖難期振作，未敢以病軀戀棧，致滋貽誤，理合稟懇開缺回籍調理等情。當經移准瓊州鎮飭取該遊擊親供，及委員驗明取具驗醫各結，咨送到署。提督查定例，巡閱營伍及軍政之年，武職員弁均不准告病乞休，如有告病乞休即勒令休致等語。光緒十一年，係值巡閱營伍之年，瓊州鎮屬陸路各協營官兵未經閱驗，光緒十三年届當舉行，軍政水陸各標鎮協營官員應舉、應劾尚未辦理。今遊擊黃龍韜因年老患病稟請開缺回籍調理，照例應行勒休咨會核辦，並送供結前來。

伏查遊擊黃龍韜歷委署理副、參各缺，辦事極能認真，緝捕得力，臣抵任時即經委護南韶連鎮總兵篆務，數年來整頓營伍綏靖地方，原屬將官出色之員。光緒十一年臣奉旨巡閱廣東營伍時，因辦理海防，省外各標鎮協營官兵未經閱驗，光緒十三年舉行軍政正當開辦，該員告病乞休。原應照例勒令休致，惟念該員前帶兵勇水陸剿匪歷十餘年，迭著戰功，以致感受風溼，兩足舉動維艱。現因年老就衰，稟懇開缺，實無捏飾規避情弊。合無仰懇天恩俯准將該遊擊黃龍韜原品休致，以示體恤之處。出自逾格鴻施，除供結存案外，理合會同署廣東陸路提督臣鄭紹忠附片具陳。伏祈聖鑒。

黃龍韜著以原品休致。兵部知道。

請暫免查缺對調都司片光緒十三年六月十四日

再，准兵部咨，議覆廣東赤溪協右營都司缺，准以東山營守備梁國桐補授。該員籍隸本府，應令揀員對調，以符定制等因。當經轉行遵照。

茲會同廣東水師提督臣方耀，詳加揀調。查廣東外海水師都司十一員內，除赤溪協右營都司係梁國桐本缺，陽江鎮右營都司丁志德已准升補海安營遊擊，尚未開缺補人，現已移改爲北海鎮右營陸路都司，俱毋庸議外，至赤溪香山大鵬各協中軍都司，及香山協右營都司，均駐扎廣州府屬。梁國桐於此四缺俱籍隸本府。此外吴川營都司陳元杰、硇洲營都司詹明亮、龍門協中軍都司梁鼎勳、龍門協右營都司王龍章、碣石鎮右營都司鄭汝鴻，均係廣州府人，於赤溪協右營都司亦籍隸本府，俱不合調補。此缺現在無員可調，合無仰懇天恩俯准暫免查缺對調，俟有合例之員再行揀請調補。如蒙俞允，恭候命下遵行。謹會同廣東水師提督臣方耀合詞附片具奏，伏祈聖鑒。

著照所請。兵部知道。

〔一〕以下二件録自中國第一歷史檔案館編《光緒朝硃批奏摺》第三九輯，第七七八至七八〇頁，中華書局一九九五年版。

懇准將吴鉁等留粵差委片〔一〕 光緒十三年六月十四日

再，前署山西撫臣奎斌以海疆多事派委知縣用山西候補縣丞吴鉁、候補縣主簿張良檽來粵偵探。該員等於光緒十一年二月到粵，正值海防緊要，在在需員委用，經臣歷派要差，均能不避艱險，當經咨明吏部暫留該員等廣東差委，並咨山西撫臣查照在案。兹准部咨，軍務省分請調候補、候選人員均須奏明調往。今該督咨請將該員等留省差委，核與章程不符等因。

臣查廣東現在海防善後瓊州剿撫黎匪各事宜，需員甚殷，該員等自前年到粵以來，歷經派委各項重要差務，均能得力。瓊州瘴癘甚重，人多畏沮，該員等奉差不避尚足以赴事機而資策遣，似與他處差委者不同。且早經咨明山西撫臣有案，理合遵照部咨奏明。仰懇天恩准將山西候補縣丞吴鉁、候補縣主簿張良檽暫留廣東差委，以期得力。謹附片具陳，伏祈聖鑒。

著照所請。吏部知道。

驗收軍器數目片〔二〕 光緒十三年六月十四日

再，粵省自光緒十年六月以前所購外洋槍礮、水雷、魚雷等件數目，歷經奏明在案。兹據海防善後局司道詳稱，光緒十一年六月以後截至十二年七月底止，粵省購買各項外洋槍礮，或係先定陸續運到，或係需用特赴外洋購置。計先後經留東差委廣西上林營都司劉鯤在香港采買雲者士快槍五十五枝，在上海泰來洋行買分截礮一尊。職員何獻墀在香港買後膛鋼礮一尊、威活後膛鋼礮一尊。職員石應麟在香港買前膛洋槍六百二十枝。降補通判王藻章在香港買堅力地長快槍九百八十七枝、暗士當前膛鋼礮四尊、士乃打快槍一千二百四十五枝。廣西試用知縣張義澍在香港買前膛鋼礮三尊。出使德國大臣許景澄代購二十一生鋼礮三尊。至所需子藥、銅帽、碼子等物均已購配齊全，分撥各礮臺各營配用。所需價值等項容再分晰造報。所有此項外洋槍礮數目，均在光緒十二年八月二十日奉准户部咨文之前定購，種類紛繁，數多畸零，現經分別查清，應請照案奏咨以便將來歸案核銷。嗣後如有購買外洋船械槍礮等事，自當遵照部文辦理等由前來。

臣等伏查前項槍礮實係光緒十一年六月以後定購，在光緒十二年八月二十日接到部文之前，因件數紛雜，陸續運到分別驗收，現經統行查報，是以彙奏稍遲，合併聲明。除咨海軍衙門並户、工、兵各部查照外，理合附片具陳，伏祈聖鑒。

該衙門知道。

創建廣雅書院摺 光緒十三年六月十六日

竊惟善俗之道，以士爲先，致用之方，以學爲本。廣東、廣西兩省，地勢雄博，人才衆多，文學如林，科名素盛。惟是地兼山海，東省則商賈走集，華洋錯居，西省則山鄉磽瘠，瘴地荒遠，習尚强悍，民俗不齊，見聞事變，日新月異。欲端民俗，蓋必自厚士[風]始，士風既美，人才因之。

查兩廣總督舊治肇慶，設有端溪書院，爲總督課士之所，兩

〔一〕 録自中國第一歷史檔案館編《光緒朝硃批奏摺》第五輯，第一八二頁，中華書局一九九五年版。

〔二〕 録自《京報》第二四七〇號。

省人士，皆得肄業其中。自總督移治廣州，書院不能親臨考校整飭，雖歲時封題課試，規矩縱弛，士氣不揚。且原有齋舍止四十間，大半敝漏，不足以容來學。每逢應課，大率借名（虚）［重］卷，草率塞責。臣到粤以來，兵事倥偬，又值水旱爲灾，未遑及此。比年海宇清宴，民生粗安，一切籌辦諸事宜，規模略具，兩省人士屢以整頓書院爲請。當經委員會同肇慶道府勘議興修，特以限於地勢，該書院東鄰府學宫，西鄰肇慶協署，後城前市，無從展拓。且以肇慶山水峭急，游學者少，除肇慶一屬外，他處諸生罕有至者。官紳士林僉謂宜别有經畫，設於都會，於事爲便。

查省城粤秀、越華、應元三書院，專課時文，齋舍或少或無，肄業者不能住院，故有月試，而無課程。前督臣阮元所建之學海堂，近年鹽運使鍾謙鈞所建之菊坡精舍，用意精美而經費無多，膏火過少，又以建在山阜，限於地勢，故有課［程］而無齋舍。竊思書院一舉，必宜萃處久居，而後有師長檢束、朋友觀摩之益。至於稽核冒名代倩，猶在其次。且以上各書院，多爲東省而設，西省不得與焉。東省外府，亦罕有應課者。臣以文學侍從之臣，過蒙聖恩，濫忝兼圻之寄，才識迂（絀）［拙］，無所建明，至善俗儲才之端，職所當爲，不敢不勉。因於廣東省城西北五里源頭鄉地方，擇地一區，其地山川秀傑，風土清曠，建造書院一所，名曰廣雅書院。

考江西白鹿洞書院、湖南嶽麓書院，皆遠在山澤，不近城市，蓋亦取避遠囂雜，收攝身心之意。廣州省會地狭人哤，尤以城外爲宜。計齋舍（一）［二］百間，分爲東省十齋，西省十齋，講堂、書庫，一切具備。延聘品行謹嚴、學術雅正之儒，以爲主講，常年住院，定議立案，不拘籍隸本省外省，總以士論翕服爲主，不得徇情濫薦。調集兩省諸生才志出衆者，每省百名肄業其中。講求經義、史事、身心、經濟之學，廣置（書）［經］籍以備誦習。宋儒周子曾官嶺南，著有德惠，並無祠宇，於義闕如。今建祠院中，并祀古今宦寓名賢、本省先正有功兩粤文教者，以示諸生宗仰。肄業生額數，東省廣州府三十名，肇慶、高州、惠州三府各十名，韶州、潮州兩府各六名，瓊州府、嘉應直隸州各五名，廉州、雷州兩府各四名，南雄直隸州三名，連州、羅定兩直隸州各二名，陽江直隸廳一名，駐防一名，連山、赤溪、佛岡三直隸廳共一名。西省桂林府三十名，梧州、潯州兩府，鬱林直隸州各十名，平樂、南甯兩府各八名，柳州府七名，思恩、慶遠兩府各五名，太平府三名，泗城府二名，鎮安府一名，百色直隸廳、歸順直隸州共一名。遠郡下邑，師友尤（難）［艱］，各屬徧及，以示公溥。豐其膏火，每月兩課，校其等差，優給獎賞。道遠各府州，分别遠近，加給來往盤費。總令（其）負笈住院，静心讀書，可以自給，免致内顧爲憂，紛心外務。

院内課程，經學以能通大義爲主，不取瑣（屑）［細］。史學以貫通古今爲主，不取空論。性理之學，以踐履篤實爲主，不取矯僞，經濟之學，以知今切用爲主，不取泛濫。詞章之學，以翔實爾雅爲主，不取浮靡。士習以廉謹厚重爲主，不取囂張。其大旨總以博約兼資、文行並美爲要歸。不住院者，不領膏火，以便考其行檢。無故不得給假，以期專壹有成。嚴立規條，責成監院考察約束，違者即行屏黜，欲其不分門户，不染積習。上者效用國家，次者儀型鄉里，以仰副聖天子作育人才之至意。

其書院常年經費，所需甚鉅，臣以歷年積存廉俸公費等項捐置其中，並順德縣沙田充公之款，南海紳士候選道孔廣鏞等捐款，發商生息，（歲）共［歲］得息銀七千一百五十兩。查黃江稅廠羨餘，歷年即以提充端溪書院經費，自改章後，徵收較旺，上年臣奏定三六平餘一項，除支銷外尚有贏餘，即於此款內每年撥銀五千兩。又於紅鹽變價充公項下每年撥銀五千兩。撥款、息款，共歲得銀一萬七千一百五十兩，以充書院師生膏火，監院薪水，人役工食，一切祭祀，歲修雜費。至建造地價工料，經順德［縣］青雲文社、省城惠濟倉各紳，愛育堂各董事，誠信堂、敬忠堂各商，聞風鼓舞，情願捐貲修造。現已於閏四月二十日集款購料興工，約計十月可成，當經札委兩廣鹽運司會同東布政司督飭委員妥爲辦理，並飭監院教官妥議一切詳細章程，稟定立案。

現經臣發題各屬諸生，試以文字數首，出色者即行調取。並咨商兩省學臣，如有才志可造之士，亦即咨送。竊惟易象有云：君子以居，賢德善俗。言賢者會集，則俗自化也。論語有云：君子學以致其道。言同學講習，則道易成也。惟望從此疆臣、學臣，加意修明，維持不廢，庶於邊海風氣人才，不無裨益。

其舊有端溪書院，臣已檄飭道府酌提書院本款，就原有規模修葺完整，並酌加諸生膏火，釐整章程，以存舊觀。學海堂年久失修，亦經飭司量爲葺治，於原設專課生十名之外增設十名，會課改爲每月一次，責成學長申明舊日章程，以期無廢前規。

（硃批）該部知道。（欽此）[一]

遵保提鎮各員摺并清單 光緒十三年六月十六日

竊臣於四月二十一日承准軍機大臣字寄，光緒十三年四月初八日奉上諭：各省提鎮大員均有專閫之責，必須才略素優，方足以資整頓。邇來軍務敉平，尤應安不忘危，物色將才，用備任使。著各直省督撫於軍營著績人員內，無論實缺、候補，各就其人之才具，或長於陸路，或熟於水師，出具切實考語，分別保奏。其曾經引見發往各省差委之提、鎮各員，本欲令其練習營伍，以備緩急，並著隨時留心察看，如有才識出衆之員，一併奏保，聽候簡擢。各該督、撫身膺疆寄，以知人爲最要，務當確切考察，勿採虛聲，勿徇情面，用副朝廷訪求人才，整飭武備之至意。將此各諭令知之。欽此。仰見聖主經武綏疆，慎重閫寄之至意，曷勝欽服。

查咸豐軍興以來，將才蔚起，指不勝屈。此後邊海兼防，較之內地戰事爲尤難，專閫之才殊非易易。如曾經與外洋接戰者，或本有戰績，［而］近來又肯講求練習新式軍火、礮臺、戰船等事者，尤不易得。廣東、廣西兩省歷年辦理邊防、海防，將領雲集，其戰功之等差，才略之長短，皆已明白彰著。臣三年以來，隨事考核，證以公論，凡該員等謀略、膽氣、操守、紀律，一一確考默識。每遇成績昭然，緩急可恃者，則必優加敬禮，傾心倚任，激勸鼓舞，以備國家干城之選。茲奉旨保奏，謹就東西兩省實缺、候補軍營差委各員中詳加甄核，擇其才識尤爲出衆者，繕具清單，切實注考，恭呈御覽。再，所保皆係長於陸路，合併聲明。

（硃批）王孝祺等均著交軍機處存記。（欽此）[二]

[一] 以上衍、脱、舛十三處，據中華書局一九九五年版《光緒朝硃批奏摺》第一〇五輯，第三三七至三四〇頁刪、補、校正。

[二] 以上衍、脱三處，據中華書局一九九五年版《光緒朝硃批奏摺》第三九輯，第七八〇至七八一頁刪、補。

謹將東西兩省軍營才識出衆之提、鎮各員，繕具清單，恭呈御覽。

記名提督廣東北海鎮總兵王孝祺　該員忠勇老練，簡重質樸，推功讓能，深明大體。從前在淮軍多年，歷著戰績。前年鎮南關、諒山之捷，該員首率所部勤軍，偕馮子材所部出關夜襲敵營，隨即扼守關前隘，最當前敵。疊次大戰，破敵克城，萃軍克捷，多賴該軍犄角之力，實爲功卓資深之將。

記名提督婁雲慶　該員忠勇堅果，紀律嚴明，在霆軍將領中，勛績久著。前隨尚書彭玉麟來粵辦防，建議扼守沙角礮臺，鋭然自任，獨當外海首衝，臺工堅實，規畫精詳，實爲緩急可恃之將。

記名提督熊鐵生　該員閎深勇猛，才略優長，素稱霆軍健將。前隨彭玉麟來粵，分守沙角各臺，任事伉爽，訓練精熟，紀律極爲嚴整，可當大敵。

記名提督陶定昇　該員誠篤勇往，廉明恤士，久在老湘營中合字營立功。前經彭玉麟奏帶來粵，分防南石頭、蒲州各礮臺，治軍練礮，事事盡心。

記名總兵劉樹元　該員勇決鎮静，不避艱險，久在湘軍立功。經彭玉麟奏帶來粵，分防虎門外大角蒲州礮臺，迅速節省，馭軍整嚴有法。

補用總兵奏補廣西慶遠協副將董履高　該員端重勇勁，深悉兵機，歷在淮軍立功。前在關外谷松、威坡等處禦敵，諸軍不支之時，獨率一軍力戰，骸骨被礮打折，調治年餘始獲痊愈。現經調至廣東統帶廣勝軍，治軍嚴肅，訓練精勤。

記名提督廣西右江鎮總兵張春發　該員驍勇精詳，能謀能戰。關外戰功卓然，爲定邊楚軍中將領之冠，衆論僉同。

記名提督蕭得龍　該員勇鷙謹嚴，衝鋒堅守，皆其所長。久在湘軍，從征西路，卓著戰績。上年在關外立功，名亞於張春發。

記名提督貴州安義鎮總兵蔣宗漢　該員膽略俱優，能耐勞苦，係已故提督楊玉科得力部將，南關之戰，厥功甚偉。

記名提督謝鴻章　該員志遠氣鋭，曉暢戎機。前在黔軍立功，已經借補貴陽營右營遊擊，海防緊急時，自請開缺來粵效力，貴州撫臣奏明奉旨允准。現委辦瓊州撫黎開山事宜，條理精明，實爲武職中不可多得之員。

再請開缺回籍調理摺 光緒十三年六月十六日

竊臣前因假期屆滿，病難速痊，懇恩准予開缺回籍調理。本年五月十四日差弁賫回原摺，奉硃批：著再賞假一月，毋庸開缺。欽此。恩慈曲逮，感悚難名，當即趕緊延醫調治，冀得速痊。所有地方及交涉事件，仍須黽勉籌辦，神智愈鈍，休暇愈稀。瞬經一月，所患肝鬱、氣痛、怔忡、眩暈等（症）［證］，有增無減，精神委頓不支，接見僚屬語言稍多，輒覺舌强氣喘。醫者云，心血虧耗太過，若非屏息勞煩，培養元本，斷難就痊。

臣以一介腐儒，受恩深重，捐糜頂踵，不足云酬。特念（病日增困）［病困日增］，久妨賢路，心思既竭，無補時艱，自憾早衰，徒滋負疚。惟有再行籲懇天恩俯准開缺回籍調理，另簡公忠大臣來粵接任，以免貽誤。臣獲卸仔肩，庶得留心攝衛，惟冀蘇沈疴而圖後效，非敢安偷惰而外生成。至日前緊要事件，仍當力疾會商東、西撫臣辦理。

（硃批）著再賞假兩箇月，毋庸開缺。（欽此）〔一〕

揀員升補都司摺〔二〕 光緒十三年六月十六日

竊准兵部咨，廣西右江鎮標左營都司尚國瑞病故，所遺都司係題調之缺，行文迅揀合例人員升調等因。當經轉行遵照。查定例，各省題調缺出，先儘現任人員揀選題調如無合例堪調者，准於應升人員内保題升用。又題調缺出照例揀選具題，其有員缺緊要、人地實在相需，而所保之員與例稍有未符者，將不合例之處詳細聲明，請旨交部核覆各等語。廣西右江鎮標左營都司駐紮百色廳城，係煙瘴題調要缺，必須熟悉風土、能耐煙瘴之員方克勝任。粤西現任都司非現居要缺，即人地未宜，均無堪以調補。此外現任歷俸先滿年限各守備亦無堪升之員。茲會同廣西提督臣蘇元春詳加揀選，查有鎮安協右營守備黄廷芳，年五十七歲，廣西南甯府宣化縣人，由行伍歷年隨勦保獎藍翎拔補千總，遞補今職。光緒六年十二月十二日接劄，七年六月二十四日到任。前請補三里營都司，因員缺距籍在五百里以内，經部議駁行令退回守備本任。該員辦事勇往，營伍整飭，且熟習風土、能耐煙瘴。右江鎮左營都司缺距該員本籍在五百里以外，以之請補此缺，洵堪勝任。該員現雖歷俸已逾三年，惟先於尚國瑞出缺時到任，歷俸未滿年限，且調缺請補與例稍有未符。第人地實在相需，例得專摺奏請，合無仰懇天恩俯念要缺需員，准以鎮安協右營守備黄廷芳升補廣西右江鎮標左營都司，庶於地方營伍均有裨益。如蒙俞允，俟接准部覆，再行給咨赴部引見以符定制。所遺鎮安協右營守備員缺，

係題調之缺，容俟接到部覆另行照例揀員請補。合併陳明。謹會同廣西提督臣蘇元春合詞恭摺具奏，伏祈皇太后、皇上聖鑒。敕部核覆施行。

兵部議奏。

總兵林宜華留省差遣片 光緒十三年六月十六日

再，前署福建漳州鎮總兵記名總兵林宜華，籍隸瓊州，前經告病回籍。上年客黎事起，該總兵先後條議事宜，於黎客情形、進兵利弊，剖晰分明，區畫詳盡。嗣經委辦撫黎事務，綏安良善，力禁騷擾。黎山人跡罕到，官紳從前所繪圖説得之傳聞者多，於現開道路不盡符合。惟該鎮所呈較爲可据，足徵究心時務，實爲武職中不可多得之員。該鎮既於瓊海情形熟悉，才能任事，現值海防需才之際，合無仰懇天恩准將前署福建漳州鎮總兵記名總兵林宜華留於廣東差遣委用，以收得人之效。謹附片具陳，伏祈聖鑒。

著照所請。兵部知道。

請准以李榮陞補授守備片 光緒十三年六月十六日

再，准兵部咨，廣東陸路提標左營守備關貴昌准調補廣州協

〔一〕以上衍、舛四處據中華書局一九九五年版《光緒朝硃批奏摺》第三三輯，第四二三至四二四頁校正。

〔二〕以下八件録自中國第一歷史檔案館編《光緒朝硃批奏摺》第三九輯，第七八二至七八九頁，中華書局一九九五年版。

左營守備，所遺陸路提標左營守備係陸路部推之缺，應用儘先人員。既據扣留，應即迅揀儘先合例人員請補等因。查定例各省題調武職各缺，如因員缺緊要、人地相需，將不合例人員保奏，應於摺内聲明，請旨交部核覆，恭候欽定等語。茲會同署廣東陸路提督臣鄭紹忠，在於經部覆准註册序補之陸路儘先守備内，詳加揀選。除李貴德告假回籍尚未回營，黃宗錦因案勒令離營查辦外，其名次在前之李森泰、葉卓和、黃雄高、陳增福、高顯章、楊文釗、黃永安、何懋鑣、吴錦、黃國棟、彭文光、黃麟翔、何鴻飛、馬松貴、劉建勳、崔連鑣，或人地不宜，或營伍未嫻，均未便請補。查有督標中營藍翎儘先守備李榮陞，年五十九歲，廣東廣州府新會縣人，由撫標左營兵歷隨勦匪出力遞保藍翎外委把總，同治元年壬戌科本省鄉試取中第七十九名武舉，揀選二等，以千總補用。同治八年赴陝甘省投效軍營，隨同勦匪，於蕩平金積堡賊巢甯靈肅清案内保奏。同治十年十月初三日奉上諭：著免補千總，以守備仍留原省儘先補用，並加都司銜。欽此。銷差回粵，造送履歷，經部覆准註册序補。該員久歷戎行，營務熟練，並無在外省參革朦保情弊。現署撫標左營守備，辦理裕如，以之補授陸路提標左營守備，洵堪勝任。雖儘先名次在後，與例稍有未符，惟在前各員均不合請補，現當整飭營伍之際，未便稍涉遷就，謹隨摺聲明，合無仰懇天恩俯准以李榮陞補授陸路提標左營守備。如蒙俞允，俟部覆到日給咨送部引見，以符定制。謹會同署廣東陸路提督臣鄭紹忠合詞附片具陳，伏祈聖鑒，敕部核覆施行。

兵部議奏。

請仍以原擬之員補授遊擊片 光緒十三年六月十六日

再，廣西右江鎮右營遊擊缺，先經臣會同廣西提督臣蘇元春奏請以馗纛營都司伍起祥升補。將該員歷俸未滿三年及不合例之處奏明，請先給署劄，俟扣滿年限，另請實授。旋准部咨，議覆廣西右江鎮右營遊擊員缺，請以馗纛營都司伍起祥升補議駁一摺。光緒十三年四月十八日具奏。奉旨：依議。欽此。鈔録原奏内開，廣西右江鎮右營遊擊員缺，係邊俸調補之缺。據稱粵西内地遊擊實無堪調之員，請以馗纛營都司伍起祥升補。查伍起祥歷俸未滿三年，廣西省不乏俸滿合例應升人員，遽請以伍起祥升補之處，與例不符，應毋庸議。應令另揀俸滿合例應升人員請補，以符定制等因，咨行前來。

伏查廣西右江鎮右營遊擊係煙瘴之缺，必須熟習風土、能耐煙瘴之員方克勝任。粵西省雖有俸滿都司，惟均於此缺人地未宜。伍起祥准升馗纛營都司，係於光緒十年六月二十一日接劄到任，在右江鎮右營遊擊趙全病故開缺之後上年請補遊擊，計歷俸未滿三年，與例原有未符。第人地實在相需，例得專摺奏請。該員現歷邊要，熟習風土，能耐煙瘴，且歷俸至今亦届滿三年，以之請補此缺，洵堪稱職，舍此驟難其選。合無仰懇天恩俯准仍以該員伍起祥准補右江鎮右營遊擊，俾期人地得宜。如蒙俞允，該員前補都司引見迄今已滿三年，應俟本案接准部覆，即行給咨赴部引見，以符定制。其所遺馗纛營都司，係題調之缺，容臣照例辦理，合併陳明。除咨覆兵部查照外，臣謹會同廣西提督臣蘇元春合詞附片具奏，伏祈聖鑒，敕部核覆施行。

兵部議奏。

請准以聶顯彰升補都司片光緒十三年六月十六日

再，前出有廣西三里營都司劉志仁升補，遺缺係題調之缺，應即以合例人員題請升調。因一時驟難其選，經臣等查以鎮安協右營守備黃廷芳請補。接准兵部咨，該員距籍在五百里以内，例應迴避，應令揀選合例人員調升等因。查定例，各省題調缺出先儘現任人員揀選題調，如無合例堪調者，准於應升人員内保題升用。又題調缺出照例揀選具題，其有員缺緊要、人地實在相需，而所保之員與例稍有未符者，將不合例之處詳細聲明，請旨交部核覆各等語。廣西三里營都司駐紮思恩府，屬上林縣三里地方，係煙瘴題調之缺，必須熟悉風土、能耐煙瘴之員，方克勝任。粤西現任都司及歷俸先滿年限各守備，均於此缺人地未宜，現無堪以調補之員。

兹會同廣西提督臣蘇元春詳加揀選。查有提標中營守備聶顯彰，年三十三歲，廣西桂林府全州人，由武進士歷年隨勦出力保奬以守備儘先補用，准補廣西撫標右營守備，調補今職。光緒八年八月十六日接劄，是年十一月調署義甯協右營守備。十一年三月初一日飭赴本任。該員年力精壯，幹練勤能，且熟悉風土，能耐煙瘴。三里營都司缺距該員本籍在五百里以外，以之升補此缺，洵堪勝任。該員現雖歷俸已滿三年，惟三里營都司劉志仁升補開缺時歷俸未滿年限，而調缺請補與例稍有未符。第人地實在相需，例得專摺奏請。合無仰懇天恩俯念煙瘴要缺需員，准以提標中營守備聶顯彰升補三里營都司，以期人地相宜。如蒙俞允，俟接准部覆，再行給咨赴部引見，以符定制。其所遺廣西提督標中營守備員缺，原係部推之缺，現因奏改廣西邊要各缺，擬將此缺移駐龍州，改爲煙瘴題調之缺，尚未接准兵部核覆，應俟核覆到日再行分别請補，合併陳明。除咨覆兵部外，臣謹會同廣西提督臣蘇元春合詞附片具奏，伏祈聖鑒，敕部核覆施行。

兵部議奏。

請准以何貴龍調補都司片光緒十三年六月十六日

再，前出有廣西上思營都司龔紹良升補，遺缺係題調之缺，應即以合例人員題請升調。因一時驟難其選，經臣等查以儘先都司朱錫康援案請補。接准兵部咨覆，龔紹良請補之案，係在奏定章程以前，應毋庸置議。其廣西上思營都司員缺仍令另揀合例應調應升人員請補等因。查定例，題調缺出先儘現任人員揀選調補，須熟悉邊情風土、能耐煙瘴之員，方克勝任。兹會同廣西提督臣蘇元春復於内地都司各員詳加遴選，查有麥嶺營都司何貴龍，年四十四歲，廣東番禺縣人，由侍衛選補今職，光緒七年三月十三日到任。該員才具開展，營伍歷練，且熟悉風土，能耐煙瘴，以之調補上思營都司，洵堪勝任，理合會摺奏請。合無仰懇天恩俯准即以該員何貴龍調補上思營都司，以實營伍。如蒙俞允，該員係對品調補，毋庸送部引見。其所遺麥嶺營都司員缺，係部推之缺，粤西現有儘先都司人員，應請扣留外補，合併陳明。除咨覆兵部外，臣謹會同廣西提督臣蘇元春合詞附片具奏，伏祈聖鑒，敕部核覆施行。

兵部議奏。

請准以王啓明升補守備片 光緒十三年六月十六日

再，廣西隆林營守備張其祥病故，所遺守備員缺係題調之缺，接准部咨行文迅揀合例人員升調等因。查定例，各省題調缺出，先儘現任人員揀選調補，如無合例調補者，准於應升人員内保題升用。又題調缺出，照例揀選具題，其有員缺緊要，人地實在相需，而所保之員與例稍有未符者，將不合例之處詳細聲明，請旨交部核覆各等語。查隆林營守備駐紮泗城府屬西隆州城，係烟瘴題調之缺，必須熟習風土、能耐烟瘴之員，方克勝任。粤西内地守備，非現居要缺，即人地未宜，現無堪以調補之員。臣與廣西提督臣蘇元春於現任應升人員内詳加揀選，查有梧州協右營千總王啓明，年四十七歲，廣西桂林府臨桂縣人，由兵生中式武舉，隨勦出力遞保藍翎，以千總儘先補用，拔補今職，光緒二年九月十五日接劄。隨因六年俸滿，咨部留任。換給劄付。該員年力正强，營務明練，且熟悉風土，能耐烟瘴。隆林營守備非該員本府之缺，以之請補，洵堪勝任。惟調缺請補與例稍有未符，第人地實在相需，例得專摺奏請。合無仰懇天恩俯念烟瘴要缺需員，准以梧州協右營千總王啓明升補隆林營守備，以期人地相宜。如蒙俞允，俟接准部覆，再行給咨赴部引見，以符定制。其所遺梧州協右營千總弁缺，再行選弁拔補，合併陳明。臣謹會同廣西提督臣蘇元春合詞附片具奏，伏祈聖鑒。敕部核覆施行。

兵部議奏。

委署提督總兵篆務片 光緒十三年六月十六日

再，廣東水師提督方耀現在入都陛見。所遺水師提督印務，查有調補新設北海鎮總兵署高州鎮總兵記名提督王孝祺，器識忠壯，功卓資深，堪以署理。其王孝祺所遺原署高州鎮總兵印務，查有奏留廣東調遣記名提督熊鐵生，才略優長，紀律嚴肅，堪以署理。除分檄飭遵外，所有委署提督、總兵篆務緣由，理合附片陳明。伏祈聖鑒。

兵部知道。

新設道員一缺另刊關防片〔一〕 光緒十三年六月 日

再，新設廣西太平歸順道一缺，控制邊關經理諸務最爲緊要。擬請作爲冲煩難邊要兼烟瘴題調缺，由外酌量奏請升調揀補。經臣等於本年五月，會同奏明在案。茲查該道經管鎮南關税務，例應另刊鎮南關監督關防一顆，發交該道祇領兼管，以昭慎重。謹合詞附片具陳，伏祈聖鑒，飭部歸併前摺核議施行。

該部知道。

正法盜犯案由罪名造册送部查核摺〔二〕 光緒十三年六月 日

竊照粤省近年盜風日熾，經臣張之洞會同前撫臣倪文蔚，於光緒十一年十二月初一日奏請，仍予先行就地正法。經刑部核議覆准，嗣後廣東省拿獲持械、夥劫、兇暴衆著之各項盜匪，無論

〔一〕録自《京報》第二四六八號。
〔二〕録自《京報》第二四六九號。

水陸，不分首從，凡有案情重大，罪干斬梟斬决者，一體照土匪、馬賊、會匪、游勇章程，先行懲辦。其距省較遠者，由該廳州縣審實後，酌核道路遠近。如道府同城者，解由該管巡道督同覆審。不同城者，即分别解由最近之該管或道、或府州覆審。如犯多路遠者，即由道府州親赴所屬覆審。均録供通禀督撫，核明情節確實，批飭就地正法。其廣州府屬及佛岡、赤溪二同知所獲盗匪，仍於審實後，録供解府審明通禀，批交臬司會同營務處司道，覆訊明確，禀後核飭就地正法。案情重大者，梟示。拒捕者，格殺勿論。並將通省此項正法盗匪，按三個月彙奏一次。光緒十二年正月十四日具奏，奉旨：依議。欽此。等因。咨行到粤。當經通行欽遵辦理。

查廣東省第九十四次辦過盗犯經臣張之洞彙奏在案。兹查自光緒十二年十月初九日起至十三年正月初八日復届三個月，應歸第九十五次彙奏。據各屬及緝捕員弁報獲盗犯共一百四十六名，均經訊明，分别解由該管道府州及臬司會同營務處司道覆審録供，禀經臣張之洞核明批飭就地正法。案情較重者，酌加梟示。據臬司王毓藻將辦過盗犯造具案由、罪名册，詳請具奏前來。臣等覆核無異，除將案由、罪名册送部查核，飭司備録全案供招咨部，暨洋盗另行具奏外，所有第九十五次正法盗犯謹彙繕罪名清單，恭摺具陳，伏乞皇太后、皇上聖鑒。

刑部知道。單併發。

請旌表貞女摺〔一〕 光緒十三年六月 日

竊據鎮平縣知縣鄒之鄰詳稱，本邑貞女鄧陳氏，係監生陳上珍之女，秉性貞静，事親盡孝。自幼許字候選知府鄧步湘之長子鄧福升爲妻，氏年十六歲於歸有日，詎先婚期一月，福升忽患病身故。氏聞訃號慟痛不欲生，父母憐之，許其奔喪。氏入門成服，撫棺痛哭，截髮毁容，朝夕悲哀，聞者無不感傷。氏念夫無後，懇請舅姑擇同宗之子文成爲福升嗣子，含辛茹苦，撫養劬勞，迄今守貞一十五年，現年三十歲。孝事舅姑，人無閒言。理合開具事實，加結詳請奏懇旌表等情前來。臣等伏查貞女過門守節，凡經内外臣工奏請者，皆蒙恩准旌表。今該貞女鄧陳氏，事同一律，合無仰懇天恩俯准飭部旌表，以彰貞行而闡幽光。除册結咨部外，臣等謹會同廣東學政臣汪鳴鑾恭摺具奏，伏乞皇太后、皇上聖鑒訓示。

著照所請。禮部知道。

委署州縣各缺片 光緒十三年六月 日

再，羅定直隸州知州杜廷璆，因病開缺，業經循例具題在案。其所遺員缺，查有現任佛岡同知高紀，辦事勤明，不避勞怨，堪以調署。遞遺佛岡同知篆務，應行委員接署。查有新選兩廣運同文炳，才明心細，穩練安詳，堪以署理。據藩、臬兩司會詳前來，除分别檄飭遵照外，臣等謹附片陳明，伏乞聖鑒。

吏部知道。

〔一〕以下三件録自《京報》第二四七〇號。

請准以王耀曾補授澄海縣知縣摺光緒十三年六月 日

竊照澄海縣知縣裘伯玉，調補潮陽縣知縣。所遺澄海縣知縣，係海疆繁難要缺，例應由外揀選調補。如無合例堪調之員，准以奉旨命往及曾任實缺候補並進士即用人員酌量請補等因。前撫臣倪文蔚同臣張之洞題請以即用知縣陳紹棠。嗣准吏部咨覆，該員陳紹棠，前署增城縣知縣有摘頂勒緝之案。現在並無開復，所請補授，應毋庸議。澄海縣知縣員缺，應令另行揀選等因。查該縣地處海濱。政務煩劇，非精明幹練之員不足以資治理。臣等督同藩臬兩司於通省現任知縣合例應調人員内逐加遴選，非現居要缺，即人地未宜，實無堪以調補之員。惟查有進士即用知縣王耀曾，年三十六歲，福建侯官縣人，由附生中式本省光緒元年乙亥鄉試第十二名舉人。九年癸未科會試中式第一百二十二名貢士。殿試三甲第一百一十六名進士。朝考三等引見，奉旨：以知縣即用。欽此。簽掣四川。親老告近，簽掣廣東。十一年五月二十日到省。該縣才具穩練，聽斷細心，以之補授澄海縣知縣，洵堪勝任，與例亦屬相符。惟係調缺，遵照部駁另行揀補，例得專摺具奏。據藩、臬兩司會詳前來，相應請旨准以王耀曾補授澄海縣知縣，俾資治理。如蒙俞允，該員係即用知縣請補知縣，銜缺相當，毋庸送部引見。臣等謹會同恭摺具奏，伏乞皇上聖鑒訓示。

吏部議奏。

請旌表貞烈婦摺〔一〕光緒十三年六月 日

竊據廣東候補道張銘澍等禀稱，查有同鄉湖南長沙府湘潭縣貞烈婦石朱氏，係民人朱士清之女，廣東候補未入流朱嘉楨之胞妹，端莊淑静，至性過人，母病割股療治獲愈。該氏自幼許字同鄉庠生石先雯之子文童石世綬爲室。咸豐二年湖南遭髮逆之亂，朱士清携眷來粤游幕，道途梗塞，未克嫁娶。咸豐十一年九月十六日石世綬在家病故。同治元年七月初一日訃信始行到粤，適朱士清父子外出，石朱氏接閱耗音，悲慟幾絶，誓以身殉。經家人再三勸慰，該氏矢志彌堅，謂家人曰：女子從一而終理也。夫死我何偷生爲。竟絶粒。七月初八日殉節身故，時年二十二歲。職等誼屬同鄉，見聞真切，不忍聽其湮没，理合造具事實册結，禀懇奏請旌表前來。臣等查貞烈婦女，凡經内外臣工奏請者，皆蒙恩准旌表。今湖南湘潭縣貞烈婦石朱氏殉節捐生，殊堪憫惻，合無仰懇天恩俯賜飭部准予旌表，以彰烈行而闡幽光。除將册結送部查核外，臣等謹會同廣東學政臣汪鳴鑾合詞恭摺具陳，伏乞皇太后、皇上聖鑒訓示。

著照所請。禮部知道。

知縣留省學習片光緒十三年六月 日

再，新選三水縣知縣孫汝源，於光緒十三年三月二十一日領憑到省。本應飭赴新任，三水縣地處西北兩江之衝，民情强悍，訟獄繁多，素稱難治。現值查辦匪鄉之際，必須能勝煩劇之員，方足以資整頓。該縣係捐納知縣，初登仕版，於地方一切情形尚未熟悉。若遽飭令赴任，恐其措置未能合宜，臨□貽誤。雖經接

〔一〕以下二件録自《京報》第二四七一號。

有部咨，選授人員不准留省，然地方緊要未便稍涉拘泥。擬將新選之三水縣知縣孫汝源，暫行留省學習，俾資歷練，再飭赴任。據藩、臬兩司會詳前來。臣等謹附片陳明，伏乞聖鑒訓示。

吏部知道。

候補府州縣期滿甄别片〔一〕 光緒十三年六月　日

再，勞績捐納候補試用知府、通判、知縣到省過班一年期滿，例應分别考察面試甄别具奏，歷經遵辦在案。兹查有試用知府吴尚恭，才優心細，聽斷詳明。試用知府富純，遇事講求，精明練達。試用通判潘維麒，質樸耐勞。試用通判陳金按，留心民事。試用通判向熙，勤慎從公。候補通判曹乃楣，才明識練。候補班前先補用知縣劉德恒，辦事勤能。均經詳加考察，分别照章考試，堪以各接本班序補。據藩、臬兩司具開前來。除將各該員詳細履歷開單咨明吏部外，臣等謹附片具陳，伏乞聖鑒。

吏部知道。

〔一〕録自《京報》第二四七二號。